2004

天津社會科學年鑑

王辛仲題

图书在版编目（CIP）数据

天津社会科学年鉴. 2004年卷/天津市社会科学界联合会编著. —天津：天津人民出版社，2005.6
ISBN 7-201-05061-3

Ⅰ.天… Ⅱ.天… Ⅲ.社会科学—天津市—2004—年鉴 Ⅳ.C122.1-54

中国版本图书馆 CIP 数据核字（2005）第 053219 号

天津人民出版社出版、发行
出版人：刘晓津
（天津市西康路 35 号　邮政编码：300051）
邮购部电话：(022)27117107
网址：http://www.tjrm.com.cn
电子信箱：tjrmcbs@public.tpt.tj.cn
天津市海龙印刷有限公司印刷

*

2005 年 6 月第 1 版　2005 年 6 月第 1 次印刷
880×1230 毫米　16 开本　33.75 印张　13 插页
字数：980 千字　印数：1-1500

定　价：168.00 元

党和国家领导人视察天津

2003年5月1日，中共中央总书记、国家主席胡锦涛在中共中央政治局委员、中共天津市委书记张立昌，中共天津市委副书记、市长戴相龙陪同下在天津视察。

（宋子明 摄）

2003年12月11日—13日，中共中央政治局常委、国务院副总理黄菊在中共中央政治局委员、中共天津市委书记张立昌，中共天津市委副书记、市长戴相龙陪同下在津考察工作。

（宋子明 摄）

2003年6月2日—3日，中共中央政治局委员、书记处书记、中宣部部长刘云山在中共中央政治局委员、中共天津市委书记张立昌，中共天津市委副书记刘胜玉陪同下在津视察工作。

（陈国兴 摄）

2003年1月21日，国务院副总理钱其琛在市委副书记、市长戴相龙陪同下视察梁启超纪念馆。

天津市领导视察工作

▲ 2003年2月1日，中共中央政治局委员、中共天津市委书记张立昌到南开大学给著名数学大师陈省身先生拜年。

◀ 2003年10月21日，天津市市长戴相龙、副市长张俊芳在天津师范大学心理与行为研究中心视察。

▲ 2003年，中共天津市委副书记房凤友到市委党校看望专家学者。

◀ 2003年4月1日，中共天津市委副书记刘胜玉在梁启超纪念馆调研。

2003年5月12日，中共天津市委常委、市教卫工委书记陈超英为在抗击“非典”中创立的“叶欣班”授旗。

天津市人大常委会副主任王述祖，副市长张俊芳在天津商学院调研。

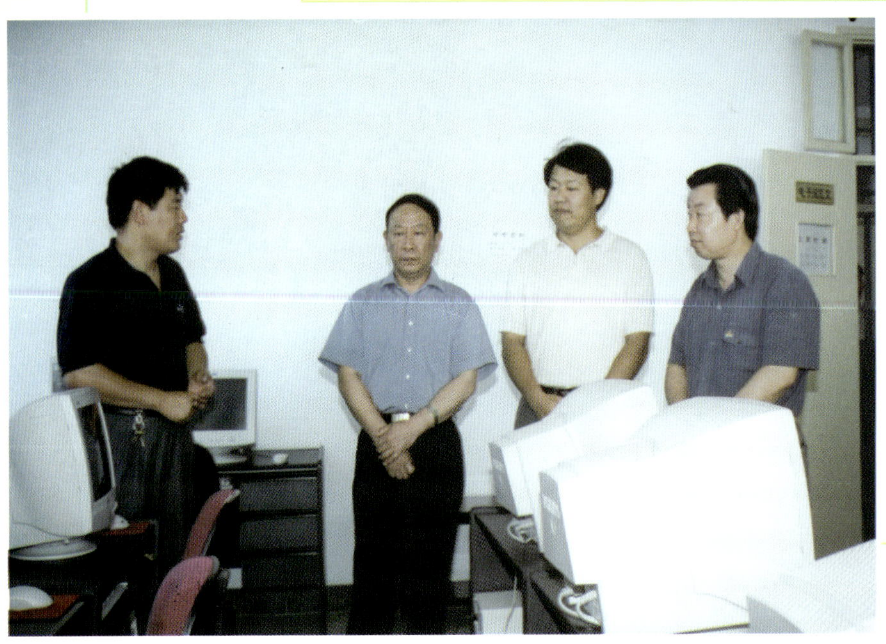

天津市人大常委会副主任俞海潮到天津市教科院调研。

市领导视察天津社联

2003年1月8日，中共天津市委副书记刘胜玉到天津市社会科学界联合会调研。检查了解学习贯彻党的十六大和市委八届三次全会精神的情况，并看望慰问了社联机关的干部职工。市委办公厅副主任戴新来、市委宣传部副部长陈浙闽等有关负责同志参加了调研。

市委副书记刘胜玉作重要讲话。

市委副书记刘胜玉认真听取市社联党组书记万新平的工作汇报。

市委副书记刘胜玉与市社联党组全体成员合影留念。

2003年6月18日，市委宣传部和市社联联合召开学习《"三个代表"重要思想学习纲要》理论座谈会。市委副书记刘胜玉出席并讲话。

2003年11月28日，中共天津市委副书记刘胜玉等市领导出席由市委研究室、市社联共同主办的"回顾总结'三五八十'理论研讨会"。

2003年7月16日，市社联与天津日报社联合举办"学习胡锦涛同志'七一'重要讲话理论座谈会"。

2003年3月23日，由南开大学主办的“发展金融市场、振兴天津经济”高层论坛在天津开发区举行，中共天津市委副书记、市长戴相龙出席并致辞。

2003年9月10日，首届“民营经济发展·天津论坛”在津举行，中共天津市委副书记、市长戴相龙和国务院经济发展研究中心党组书记、副主任陈清泰出席开幕式并作演讲。

2003年10月28日，“金融学科发展与人才培养恳谈会”在天津财经学院举行。

2003年11月15日，第二届公司治理国际研讨会在南开大学举行，全国人大常委会副委员长蒋正华、天津市市长戴相龙出席开幕式。

2003年9月6日，中共天津市委常委、滨海新区管委会主任皮黔生参加“南开大学日本研究院”揭牌仪式暨“东亚区域经济合作”国际学术研讨会。

2003年10月13日，南开大学、《今晚报》、河北区政协、梁启超纪念馆共同举办纪念梁启超诞辰130周年暨“梁启超与近代中国社会文化国际学术研讨会”。

2003年12月1日，“知识转换与社会改革”国际学术研讨会在南开大学举行。

2003年7月15日，中共天津市党校校长会议在市委党校召开，中共天津市委副书记房凤友，市委常委、市委组织部部长史莲喜出席。

2003年12月12日，教育部专家组对南开大学国家经济学基础人才培养基地进行验收评估。

2003年3月14日，南开大学举行“国家文科基础学科（哲学、历史、经济、文学）人才培养基地”挂牌仪式。

天津市教育委员会组织本市有关专家学者对各高等院校申报社会科学重点学科基地进行评估。

▲ 2003年11月11日，天津市行政学院院长王全文与乌克兰国立哈尔科夫行政学院院长马斯达沃伊共同签署双方学术交流合作协议书。

▲ 2003年，天津财经学院院长张嘉兴向诺贝尔经济学奖得主、被誉为“欧元之父”的美国哥伦比亚大学经济学教授蒙代尔先生颁发客座教授聘书。

▲ 2003年9月，天津医学高等专科学校与澳大利亚科廷大学护理学院洽谈合作办学。

▲ 2003年12月，詹晓宁博士兼职教授致聘仪式暨学术报告会在南开大学举行。

◀ 2003年10月16日，韩国仁川广域市教育院院长南基斗率研修团来天津行政学院研修，图为开班仪式。

2003年10月15日，京津沪渝社科联协作会在北京举行，天津社联党组书记万新平出席会议。

2003年12月10日，市国际贸易学会召开年会暨征文颁奖大会，市社联党组书记万新平（右二）出席。

2003年1月14日，天津市台湾研究会第二届理事会二次会议暨学术年会在天津社科院召开。

2003年，天津市档案学会召开第三次青年学术交流会，图为交流会会场。

2003年11月27日，天津商业文化协会在天津文学专家楼举办“提高企业市场核心竞争力培训班”。

南開大學 國際商學院

国际商学院院长李维安教授。

李维安教授（后左一）获第10届孙冶方经济科学奖。

国家教育部对学院申请公司治理研究中心重点研究基地进行评估。

中国公司治理评价报告研讨会。

教育部哲学社会科学重大攻关项目—中国民营经济制度创新与发展问题研究会场。

南开大学国际商学院成立于1929年，其缔造者陈炳富先生，堪称中国管理学的开拓者之一。现任院长李维安教授。

本院现有工商管理、管理科学与工程、图书档案学3个一级学科中的11个本科专业；13个硕士学位授权学科（专业）；拥有工商管理一级学科博士学位授权点，包括企业管理、会计学、技术经济与管理、旅游管理、公司治理、人力资源管理和图书馆学 7 个博士学位授权点。学院主办的《南开管理评论》为核心期刊。

《南开管理评论》获奖证书与奖杯

目前全院专职教师116人，其中教授38人，博士生导师25人，副教授55人，讲师23人。学院的本科生、研究生在校人数4800多人。学院图书资料中心共有中外文图书15万余册，期刊700多种。有35个多媒体教室，11个专业实验室，近5000平米。

国际商学院在改革中求发展，现已成为学科优势突出，专业设置合理，师资力量雄厚，管理运作良好，综合实力居于全国前列的商学院。2004年本院被评为天津市“十五”立功先进集体。

天津市城市规划设计研究院 **介绍**

李春梅院长

高金炳书记

天津市城市规划设计研究院成立于1989年。得益于所处的这个时代和每一位员工不懈的追求，我们的事业在十几年中得以蓬勃发展。目前，院本部下辖 1 个分院、2 个研究中心、6 个规划设计所、1 个专家工作室、1 个建筑设计所及多媒体中心、信息中心等生产和服务部门。一个具有规划设计、建筑设计、工程咨询甲级资质的综合性研究院已初具规模。

十几年来，我们一直致力于建设一支高水平的人才队伍，以为长远的发展奠定坚实的基础。我们秉承以人为本的宗旨，努力营造一个具有广泛包容性的学术氛围，尽可能为每一个人的全面发展提供最大的空间。由此，吸引了来自全国各地、覆盖各个专业领域的技术人才，逐步形成了一支年龄结构、专业结构比较合理的技术团队。在全部二百多名专业技术人员中，具有高级技术职称的87名，其中享受国务院特殊津贴的专家8名，天津市政府授衔专家3名。

十几年来，我们一直致力于技术领域和业务地域范围的拓展，以适应城市发展对规划不断提升的需求。现在，已由一个以规划设计为主，业务比较单一的设计机构，逐步发展到包括规划设计、建筑设计、道路及工程设计、环境景观设计等技术领域的综合性设计机构。而同样具有意义的是，在服务于天津城市建设和经济发展的同时，我们逐步参与到区域和全国规划设计市场的竞争中，业务遍及全国二十多个省、市、自治区。

十几年来，我们一直致力于进行广泛的对外技术合作与交流，以求进一步提高我们的技术水准。先后与美国规划师协会、泛亚易道、英国伟信、美国WRT、加拿大宝佳、西班牙里卡多博菲、日本川口卫等学术团体和设计公司在各个领域进行合作，并先后派出十几批、数十位专业人员到国外进行参观、考察和学术交流。

当然，最使我们感到自豪的是，在过去的十几年中，能够始终致力于总结、思考和探索城市建设中社会、经济、环境协调发展的途径，并把每一点滴体会，溶汇到每一个项目中：天津市城市总体规划、海河两岸综合开发改造规划、天津市国土规划、中心城区综合交通规划、天津市海岸带发展战略规划、情系百姓规划、绿色家园规划、天津市城市空间发展战略规划…… 同样值得欣慰的是，我们的工作日益得到社会的认可，近60个项目获得了部、市级以上的奖励。

我们深知，过去的十几年，放在历史发展中去考量，是如何的微不足道。而面对新的发展时期，我们将始终保持规划人所特有的社会责任感，恪守崇高的职业道德，通过不断的创新，共同推动我国规划事业的发展，并以我们持续提高的项目品质，更好地回报和服务于社会。

TUPDI
企业文化

职工迎春联谊会

十佳青年表彰

院先进表彰

院职工参观"三五八十"成就展

规划院合唱团演出

迎春联欢会

乒乓球比赛

棋牌类比赛

多功能厅

职工食堂

规划与设计方案

海河综合开发改造规划

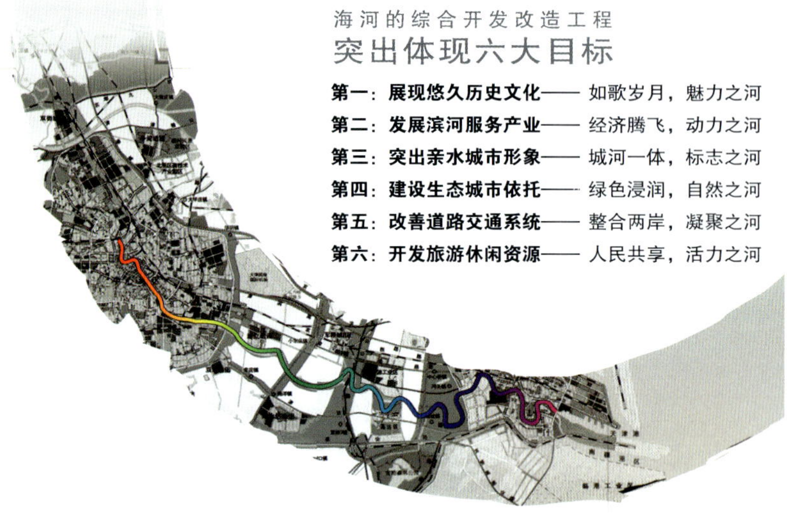

海河的综合开发改造工程

突出体现六大目标

第一：展现悠久历史文化——如歌岁月，魅力之河

第二：发展滨河服务产业——经济腾飞，动力之河

第三：突出亲水城市形象——城河一体，标志之河

第四：建设生态城市依托——绿色浸润，自然之河

第五：改善道路交通系统——整合两岸，凝聚之河

第六：开发旅游休闲资源——人民共享，活力之河

文化带	经济带	景观带
海河是天津的母亲河，孕育了天津的现代文明和文化都市的底蕴。通过综合开发改造，强化传统文化，弘扬海河文化，提高天津城市的文化品位。	以海河两岸开发为杠杆，带动两岸房地产业，集聚金融保险业，促进商业、交通、旅游、娱乐、餐饮、文化和中介服务的发展。吸引更多的人流、物流、资源流、信息流。	在建筑、灯光、绿化、桥梁设计上要做到别致，相互协调，充分体现天津历史文化的底蕴，吸纳世界文化的精华，展示都市文化的风貌。

天津王兰庄花园小区

此项目获得“詹天佑土木工程大奖优秀住宅小区提名奖”

天津市梅江南居住区规划设计方案

此项目获建设部规划设计二等奖

天　津　市

中心城区综合交通规划

此项目获建设部规划设计二等奖

图纸名称：

2020年道路网系统规划图

图纸编号：T01-003

图纸简要说明：

中心城区道路系统采用环放结构，由四条环路及十四条放射线构成规划路网主骨架。市区道路网包含快速路、主干路、次干路和支路四个结构层次。

中心城区快速路系统由两环、两横、两纵、两条快速联络线组成。

中心城区规划路网密度平均为每平方公里7公里，规划道路面积率为20%。

图　例

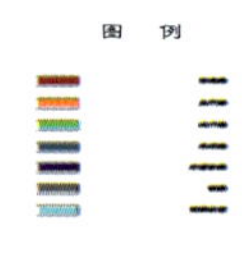

天津市规划和国土资源局

天津市城市规划设计研究院

Planning & Design

天津大学 管理学院

天津大学管理学院院长、博士生导师齐二石教授

毕业于天津大学管理学院的莘莘学子们

天津大学在职人员攻读工商管理硕士学位研究生开学典礼

重大项目稽查人员任职培训班开学典礼

天津大学首届MPA全体同学向管理学院赠送纪念品

天津大学首届公共管理硕士学位证书颁发仪式

天津大学是全国高校中最早创立管理学科的六所学校之一，也是全国最早成立管理学院的学校之一。

本院现有教职工160人，博士生导师32人，其中6人为外聘。教授35人，副教授及高级工程师、副研究员共55人。教师中国家级有突出贡献的中青年专家2人，国家863专家1人，教育部“跨世纪优秀人才”1人，天津市政府授衔专家3人，博士43人，硕士73人，是一支水平较高、年富力强的师资队伍。

管理学院现有“管理科学与工程”（一级学科授权）国家重点学科、博士点、博士后流动站；有技术经济及管理、系统工程等7个博士点。有硕士专业22个并设有工商管理硕士（MBA）。有工程管理、工业工程等7个本科专业。目前全日制在学博士生、硕士生近2000人，本科生900余人，成人教育学生2000余人。

外国语言文学文化研究中心

修刚教授

陈法春教授

林克难教授

张滨江教授

孙毅兵教授

马钟元教授

张晓希教授

该中心经天津市教委组织专家进行评审、考察和市教委（津教委科[2004]9号）批准，于2004年5月11日正式成立，是天津市普通高等学校人文社科重点研究基地之一。该中心学术委员会主任为修刚教授，基地中心主任为陈法春教授。根据学校重点学科建设发展的需要，将原有相关研究所（翻译研究所、中外比较文化研究所、美国研究中心）和新增设的研究所（美国黑人文学研究所、英语语言教学研究所、莎士比亚戏剧与诗歌研究所、日本文化研究所）下设在该中心。

翻译研究所

建于1991年9月。该所力求在充分发挥我院外语翻译优势的基础上，开展翻译理论和实践研究。现任所长林克难教授在国内译学研究领域具有较高的学术地位。

中外比较文化研究所

1996年3月成立。所长由修刚教授兼任。该所以中西文学、文化、哲学、社会学、语言学的关系为研究对象，充分发挥多语种、多学科的优长，开展中日、中美、中英、中西思想文化比较和中外文学等领域的比较研究。

美国研究中心

建于2002年6月，主任为张滨江教授，副主任为佟立教授（兼）。主要研究方向：美国社会与文化；美国文学；美国哲学与后现代主义；全球化与美国管理。该中心成立以来，在核心期刊发表论文多篇，出版作品多部，如《新新词语双语词典》（150万字）、《哈佛蓝星双语名著导读》（360万字）、《西方后现代主义思潮研究》（37万字）等。目前正在从事全球化与后现代问题以及21世纪美国社会文化新趋势等省部级重点科研项目的研究。

美国黑人文学研究所

建于2004年9月，所长为陈法春教授（兼）。主要研究方向：美国黑人文学与美国主流文学的关系。已完成科研项目《美国黑人文学对美国梦的双重心态》和《乐园的排斥性与美国黑人对主流社会种族主义的矛盾心态》，发表《于迂回中言“惨不堪言”之事——〈娇女〉叙事手法的心理意义》等多篇论文。该研究所将同美国州长州立大学建立学术联系，开展美国黑人文学合作研究。

英语语言教学研究所

建于2004年9月，所长为孙毅兵教授。主要研究方向：英语教学理论与实践。该研究所旨在加强英语教学理论研究，提高英语教育研究水平，已取得多项研究成果，如《翻译过程中的文化交融》等。

莎士比亚戏剧与诗歌研究所

建于2004年9月，所长为马钟元教授。主要研究方向：莎士比亚戏剧与诗歌。该研究所的特点是，学术理论研究与研究生教学相结合，已取得多项研究成果，如《读〈哈姆雷特〉随笔》等。

日本文化研究所

建于2004年9月，所长为张晓希教授（兼）。主要研究方向：日本文化。该研究所的宗旨是通过多视角的研究，揭示日本文化的精神实质和其对中国传统文化的吸收、借鉴以及日本文化与人文精神的内在关系，已取得多项研究成果，如《日本诗歌的文体》等。目前正在从事省部级重点项目《中日市民文学的比较研究——以中国明清与日本近世为中心》的研究。

天津外国语学院科研处供稿

学院召开第一次科研工作会议。

信用理论与信用风险防范高级研讨会在天津财经学院举行。

天津财经学院党政领导班子多年来高度重视哲学社会科学的研究工作，并取得了令人瞩目的丰硕成果：近3年全院教研人员在核心期刊公开发表的学术论文与“九五”相比，年均增长6.77%，其中学术界最为重视的国际四大“检索”文章与“九五”相比，年均增长100.02%，各类基金来源的省部级以上研究课题总数与“九五”相比年均增长147.75%，其中国家级课题增长66.67%。各类科研成果获奖（级别）质量构成继续提升，第八届天津社科奖本院共获得25项，获奖总数比第七届增长67%。在第九届天津社科评奖中，学校在获奖总数保持基本平稳的情况下，有4项成果荣获一等级，实现了零的突破，彻底扭转了本院在科研成果政府奖方面缺少一等奖的局面。近年来，为国民经济有关实际部门提供咨询服务的“横向课题”数量也呈现突飞猛进的增长，这一变化不仅加强了学院哲学社会科学服务经济建设的力度，提升了广大教师应用理论解决实际问题的能力，而且也扩大了本院在广大企业界的影响。

在学院举办的青年学者论坛成立大会上，李维安教授作学术报告。

学院出版的各类专著和取得的科研成果。

学院开展国际间的学术交流活动。

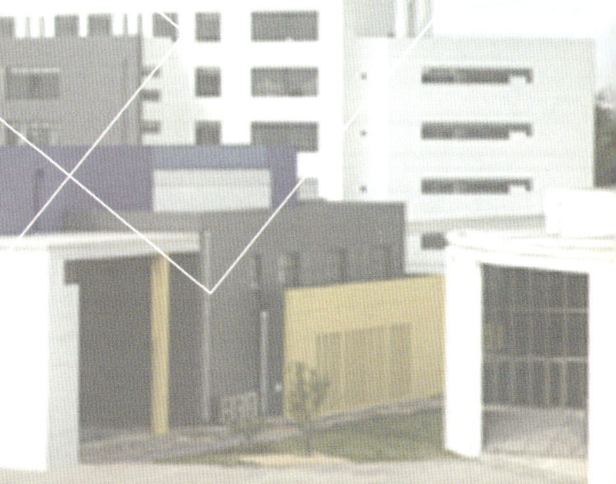

天津科技大學 泰达校区

Tianjin University of Science & Technology

环境优美、绿草如茵的校园一角

泰达学院图书馆

泰达校区广场喷泉

天津科技大学泰达校区启用仪式

宽敞明亮阅览室

泰达校区体育场

小桥流水通幽处

天津科技大学泰达校区坐落在天津经济开发区的泰达高校园区内，与开发区合作建设。本校区坚持为天津、华北乃至全国经济与社会发展服务的方针。以本科与研究生的教育为主，设置海洋科学与工程、生物技术与工程、食品工程、材料与化学工程、艺术设计等方向的专业，目前在校学生5200余人。

泰达校区安装有卫星接收系统和无线调频广播系统、校园网及视频会议系统与校本部连接。本校区并引入社会化管理模式，师生用餐、购物、借书、上岗、洗浴等活动均实行“一卡通”。校区拥有多媒体教室、图书馆、机房、体育场等各类教学、文体、生活设施。整个校区绿树环绕，草坪连片，小桥流水通幽，湖面波光粼粼，环境静谧宜人。体现了“生态型、开放式、国际化”的办学宗旨。

凯樂維自費出國留學中介服務中心

由天津社会科学院主办的凯乐维自费出国留学中介服务中心是经过国家教育部、公安部批准的自费出国留学中介服务机构。该中心着眼于中外教育交流，培养国际化人才，促进与国外各大学的学术往来。目前已经开通日本、韩国、新西兰、德国、加拿大、俄罗斯、英国、澳大利亚、法国、塞浦路斯等10余个国家的留学渠道，向国外数十所大学派遣自费留学生，其中派往日本和韩国的留学生数量稳定增长且中签率较高。该机构可根据出国留学生的意愿与国外高等学校直接联系，提供相关国家和大学的翔实介绍，并协助办理出国证件及手续。凯乐维中介服务中心严格按照中国法律程序运作，公平公正，透明度高；遵守协议，信守承诺；服务周到，信誉度高，在天津市有很好的声誉和广泛的影响。

俄罗斯学校来华面试学生

赴日留学生在接受日语培训

赴韩留学生《录取通知书》发放仪式

赴韩留学生语言培训结业典礼

电话：23681537　23360186

TEDA 天津泰達旅行社

天津开发区泰达旅行社总经理赵刚

经理、部长在研究工作

旅行社接待大厅

接待员向游客作耐心、细致的讲解

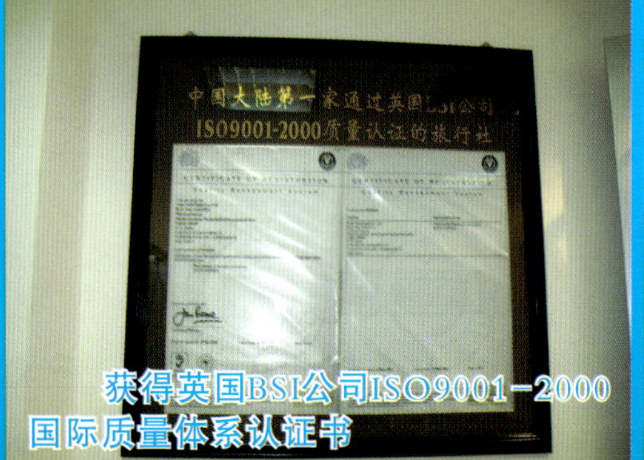

获得英国BSI公司ISO9001-2000国际质量体系认证书

公司简介

天津开发区泰达旅行社有限公司成立于1999年2月，是经国家旅游局批准，天津开发区工商局注册的以旅游、会议、会展、商务交流等为主业的旅行社。本社是天津市商业文化协会的会员单位。本社确立“生产产品之前，首先生产人”的经营理念，以“体察顾客心理、掌握顾客需求、持续改进服务、达到顾客满意”为质量方针，先后获得“质量百优示范旅行社”和“重商德、守信誉单位”的荣誉称号。2002年2月通过了英国BSI公司ISO 9001-2000国际质量体系认证，成为中国大陆第一家获此认证的旅行社。

“工业旅游”是本社的主打产品，至今，已接待国内外游客9.2万人次，取得良好经济效益和社会效益，本社已通过国家旅游局的验收，有望成为中国首批工业旅游景区。“承办会议”是本社新创品牌项目，近几年来共接办国内外不同规模、不同类型会议20余项。针对知识界、学术界的“文化旅游”是本社的另一发展目标，“为企业界、教育界、学术界架起文化交流的桥梁”是本社新时期的经营理念，由此被天津市旅游局确定为天津市特色旅游项目之一。

本社还为您精心策划了近百条国内精品旅游路线，供您参考选择，泰达旅行社丰富多彩的旅游产品和温馨热情的全面服务，将给您留下美好的人生回忆。

泰达旅行社总经理赵刚携全体员工祝各界宾朋事业兴旺，万事如意！

温馨走天涯　满意在泰达

地址：天津开发区第一大街晓园西路4号
电话：(022)62001627　66202641
邮编：300457　传真：(022)66202642
E-mail：TEDA5876@yahoo.com.cn

《天津社会科学年鉴》编辑委员会

目　　录

特　　载

学科综述

学术专论

天津经济社会发展对策研究

学术活动

对外及港澳台学术交流

科研课题

获奖成果

机　　构

国家部委人文社会科学重点研究基地

学术团体

学会概述

分会简介

学术期刊

期刊概述

Contents

Especial Edition

Summarizing Subjects

Marxism

Philosophy

Economics

Law

Academic Monograph

Study on the Countermeasure of Economic and Social Development in Tianjin

Activities of Academic

External Academic Exchange Including Hong Kong • Macao and Taiwan

The Subjects of Scientific Investigation

The Prize-Winning Achievement

Institution

The Main Research Base on the Humanities and Social Science of Ministries under the Country

Academic Communities

Community Summarization

Branch Summarization

Academic Periodicals

Summarization

Brief Introduction

特　　载

在“三个代表”重要思想理论研讨会上的讲话

（2003年7月1日）

胡锦涛

在中国共产党成立82周年之际，在全党兴起学习贯彻“三个代表”重要思想新高潮的重要时刻，中央有关部门联合召开这个理论研讨会，具有十分重要的意义。

会议的主要任务是：认真贯彻落实十六大精神，交流学习、宣传和实践“三个代表”重要思想的体会，推动全党更好地兴起学习贯彻“三个代表”重要思想新高潮。希望大家紧紧围绕会议的主题，密切联系党和国家事业发展的新要求，密切联系干部群众的思想实际和工作实际，总结经验，交流心得，努力把研讨会开成一个提高认识、统一思想，推动学习、深入贯彻的会议。

兴起学习贯彻“三个代表”重要思想新高潮，是十六大提出的一个战略举措，也是近年来全党全国学习贯彻“三个代表”重要思想活动的继续和深化。2000年2月，江泽民同志明确提出“三个代表”要求。从那时以来，学习贯彻活动大体经历了三个阶段。第一阶段是从2000年2月到2001年6月。“三个代表”要求的提出在党内外、国内外引起强烈反响，全党全国以极大的热情开展学习研究，对这一重要思想的认识不断深化。第二阶段是从2001年7月到2002年11月。江泽民同志代表党中央在庆祝建党80周年大会上发表重要讲话，系统阐述“三个代表”重要思想的科学内涵和基本内容，全党全国深入学习贯彻，有力地推动了改革开放和现代化建设。第三阶段是从十六大到现在。十六大把“三个代表”重要思想同马克思列宁主义、毛泽东思想、邓小平理论一道确立为党必须长期坚持的指导思想，提出了学习贯彻的根本要求和工作部署。十六大以来，各地区各部门围绕主题、把握灵魂、狠抓落实，形成了学习贯彻十六大精神的热潮，取得了学习贯彻“三个代表”重要思想新的明显成效。现在，这一重要思想更加深入人心，对我国社会主义现代化建设和党的建设起到了有力的指导和推动作用。

“三个代表”重要思想反映了我国最广大人民的共同意愿，体现了当今世界和中国发展的时代精神，显示了马克思主义科学理论的强大力量，是全党全国人民在新世纪新阶段继续团结奋斗的共同思想基础。要实现全面建设小康社会的宏伟目标，必须把学习贯彻“三个代表”重要思想不断引向深入。这就是党中央提出在全党兴起学习贯彻“三个代表”重要思想新高潮的重大现实意义和深远历史意义。我们要通过兴起学习贯彻新高潮，切实使广大党员和干部在对“三个代表”重要思想的时代背景、实践基础、科学内涵、精神实质和历史地位的认识上达到新的高度，在认真贯彻“三个代表”重要思想的根本要求、始终做到“三个代表”上取得新的成效，解放思想、实事求是、与时俱进，同心同德地为全面建设小康社会、开创中国特色社会主义事业新局面而奋斗。

下面，我想结合自己的认识讲四个问题，同大家一起研究讨论。

一、“三个代表”重要思想同马克思列宁主义、毛泽东思想和邓小平理论是一脉相承而又与时俱进的科学体系，是马克思主义在中国发展的最新成果

坚持以反映时代特征和实践要求的科学理论指导实践，并根据实践的新鲜经验不断推进理论创新，是马克思主义政党坚持先进性、不断推进事业发展的根本保证。我们党从诞生之日起就把马克思主义确立为自己的指导思想，并在长期奋斗中坚持把马克思主义基本原理同中国具体实际相结合，产生了毛泽东思想、邓小平理论和“三个代表”重要思想这三大理论成果。

十三届四中全会以来，以江泽民同志为主要代表的当代中国共产党人，高举邓小平理论伟大旗帜，准确把握时代特征，科学判断我们党所处的历史方位，围绕建设中国特色社会主义这个主题，集中全党智慧，以马克思主义的巨大理论勇气进行理论创新，逐步形成了“三个代表”重要思想这一系统的科学理论。这一科学理论在建设中国特色社会主义的思想路线、发展道路、发展阶段和发展战略、根本任务、发展动力、依靠力量、国际战略、领导力量和根本目的等重大问题上取得了丰硕成果，用一系列紧密联系、相互贯通的新思想、新观点、新论断，进一步回答了什么是社会主义、怎样建设社会主义的问题，创造性地回答了建设什么样的党、怎样建设党的问题。党中央同意印发的《“三个代表”重要思想学习纲要》，比较系统地概括了“三个代表”重要思想在改革发展稳定、内政外交国防、治党治国治军等方面取得的理论成果。“三个代表”重要思想的形成，表明我们党对共产党执政规律、社会主义建设规律和人类社会发展规律的认识，达到了新的理论高度，开辟了马克思主义发展的新境界。

“三个代表”重要思想的形成，不仅表明我们党在理论的自觉性和实践的主动性上达到了一个新的高度，而且在马克思主义和科学社会主义发展史上也是具有重大意义的事情。“三个代表”重要思想紧密结合新的时代条件，生动而具体地坚持和发展了马克思主义，赋予马克思主义新的鲜活力量，再一次有力地证明马克思主义基本原理仍然是我们正确认识和运用人类社会发展规律的锐利思想武器。“三个代表”重要思想是坚持马克思主义的典范，又是发展马克思主义的典范。

第一，“三个代表”重要思想坚持马克思主义的世界观和方法论，创造性地运用它们分析当今世界和中国的实际，为我们在新的时代条件下运用辩证唯物主义和历史唯物主义认识和把握社会发展规律、更好地推进我国社会主义事业作出了新的理论概括。辩证唯物主义和历史唯物主义的世界观和方法论，是马克思主义最根本的理论特征。马克思主义坚持从社会物质生产特别是生产力和生产关系的矛盾运动来解释世界，把生产力作为推动社会前进最活跃、最革命的力量，认为生产力的总和决定着社会状况。始终代表中国先进生产力的发展要求，是对马克思主义关于生产力和生产关系、经济基础和上层建筑的辩证关系这一基本原理的运用和阐发；始终代表中国先进文化的前进方向，是对马克思主义关于物质生活和精神生活、社会存在和社会意识的辩证关系这一基本原理的运用和阐发；始终代表中国最广大人民的根本利益，是对马克思主义关于人民群众是推动历史前进的动力这一基本原理的运用和阐发。“三个代表”重要思想所具有的基本点，马克思主义经典作家都有论述，但把发展先进生产力和先进文化、实现最广大人民的根本利益同坚持党的先进性联系在一起，上升到党的性质和宗旨的高度，上升到党的指导思想的高度，构成一个完整的体系，这是当代中国共产党人对辩证唯物主义和历史唯物主义的创造性运用和发展。“三个代表”重要思想既坚定不移地坚持了马克思主义的世界观和方法论，又赋予它们鲜明的时代精神和实践要求。

第二，“三个代表”重要思想坚持党的最高纲领和最低纲领的统一，为我们坚持马克思主义的最终奋斗目标、根据实际制定和实施推动我国社会主义发展的科学战略提供了新的理论基础。实现物质财富极大丰富、人民精神境界极大提高、每个人自由而全面发展的共产主义社会，是马克思主义最崇高的社会理想。“三个代表”重要思想强调树立共产主义的远大理想和坚定信念，同时强调共产主义只有在社会主义社会充分发展和高度发达的基础上才能实现，实现共产主义是一个非常漫长的历史过程，要立足我国正处于并将长期处于社会主义初级阶段这个实际，脚踏实地地为实现党在现阶段的基本纲领而不懈努力。在我国社会主义初级阶段，我们党作为执政党的根本任务就是发展生产力，发展是我们党执政兴国的第一要务。发展是以经济建设为中心、经济政治文化相协调的发展，是促进人与自然相和谐的可持续发展。中国共产党人要坚持以兴国为己任、以富民为目标，走适合中国国情的社会主义发展道路，经过长时期的努力，不断使经济更加发展、民主更加健全、科教更加进步、文化更加繁荣、社会更加和谐、人民生活更加殷实，不断促进人的全面发展，不断向党的最终目标前进。忘记远大理想而只顾眼前就会失去方向，离开现实工作而空谈远大理想就会脱离实际。“三个代表”重要思想既鲜明地坚持了马克思主义的社会理想，同时又为在锲而不舍的努力中不断朝着实现共产党人的远大理想和最终目标胜利前进指明了现实途径。

第三，“三个代表”重要思想坚持马克思主义关于无产阶级政党必须植根于人民的政治立场，注重从人民群众的实践中汲取养分，为我们坚持马克思主义的群众观点、不断实现最广大人民的根本利益提出了新的理论要求。马克思主义政党的一切理论和奋斗都应致力于实现最广大人民的根本利益，这是马克思主义最鲜明的政治立场。“三个代表”重要思想强调中国共产党是中国工人阶级的先锋队，同时是中国人民和中华民族的先锋队，是中国特色社会主义事业的领导核心。建设中国特色社会主义的根本目的是不断实现好、维护好、发展好最广大人民的根本利益，党的理论、路线、纲领、方针、政策和工作必须以符合最广大人民的根本利益为最高衡量标准。必须坚持实践第一的观点，以最广大人民的实践为理论创新的源泉，以实现最广大人民的根本利益为理论创新的目的。这些重要理论观点，适应我们党的历史地位和执政条件的发展变化，适应我国人民利益要求和社会结构的发展变化，为我们在新的时代条件下更好地坚持马克思主义的政治立场提出了全面要求。

第四，“三个代表”重要思想坚持马克思主义与时俱进的理论品质，体现了马克思主义理论创新的巨大勇气，为我们坚持马克思主义基本原理、不断在实践中推进理论创新打开了新的理论视野。坚持一切从实际出发，理论联系实际，实事求是，在实践中检验真理和发展真理，是马克思主义最重要的理论品质。这种与时俱进的理论品质，是一百五十多年来马克思主义始终保持蓬勃生命力的关键所在。“三个代表”重要思想强调实践没有止境，创新也没有止境，党的全部理论和工作要体现时代性，把握规律性，富于创造性。“三个代表”重要思想创造性地运用马克思列宁主义、毛泽东思想特别是邓小平理论，紧密结合新的实践，提出了关于建立社会主义市场经济体制的思想，关于公有制为主体、多种所有制经济共同发展是我国社会主义初级阶段的基本经济制度的思想，关于按劳分配为主体、多种分配方式并存的思想，关于实行全方位对外开放战略的思想，关于社会主义物质文明、政治文明和精神文明协调发展的思想，关于正确处理改革发展稳定的思想，关于建设社会主义法治国家的思想，关于依法治国和以德治国相结合的思想，关于走中国特色的精兵之路的思想，关于巩固党的阶级基础和扩大党的群众基础的思想，等等。这些都是对马克思主义理论的重大贡献。“三个代表”重要思想既坚持马克思主义基本原理，又不从书本、概念和抽象的原理出发，而是一切从实际出发，深刻总结实践创造的新鲜经验并上升到理论，在推动马克思主义的发展中卓有成效地坚持了马克思主义。

总之，“三个代表”重要思想贯穿了马克思主义的红线，在许多重大方面丰富和发展了马克思主义。这为我们提供了重要启示：理论创新必须以坚持马克思主义基本原理为前提，否则就会迷失方向，就会走上歧途，而坚持马克思主义又要以根据实践的发展不断推进理论创新为条件，否则马克思主义就会丧失活力，就不能很好地坚持下去；最广大人民改造世界、创造幸福生活的伟大实践是理论创新的动力和源泉，脱离了人民群众的实践，理论创新就会成为无源之水，就不能对人民群众产生感召力、对实践发挥指导作用。学习贯彻“三个代表”重要思想，既要全面把握它同马克思列宁主义、毛泽东思想和邓小平理论一脉相承的特征，也要全面把握它在继承前人基础上不断与时俱进的特征。在新的历史条件下，坚持“三个代表”重要思想，就是真正坚持马克思列宁主义、毛泽东思想和邓小平理论；高举“三个代表”重要思想的旗帜，就是真正高举马克思列宁主义、毛泽东思想和邓小平理论的旗帜。

二、“三个代表”重要思想是新世纪新阶段全党全国人民继往开来、与时俱进，实现全面建设小康社会宏伟目标的根本指针

新的时代呼唤新的理论，新的理论指导新的实践。学习贯彻“三个代表”重要思想，根本目的就是要推动全党更好地带领人民群众把中国特色社会主义事业推向前进。

马克思、恩格斯曾经说过:“一切划时代的体系的真正的内容都是由于产生这些体系的那个时期的需要而形成起来的。”我们党在指导思想上的与时俱进,都产生于党和人民事业发展的实践进程中,也都是为党和人民事业发展的现实需要服务的。在毛泽东思想指引下,我们党团结带领人民取得了新民主主义革命的伟大胜利,并取得了社会主义革命和建设的巨大成就。在邓小平理论指引下,我们党团结带领人民取得了改革开放和现代化建设的伟大成就,成功走出了中国特色社会主义的新道路。没有毛泽东思想的正确指引,就没有中国革命的胜利和社会主义基本制度的确立。没有邓小平理论的正确指引,就没有改革开放和建设中国特色社会主义新道路的开辟。“三个代表”重要思想是面向21世纪的中国化的马克思主义,是指引全党全国人民为实现新世纪新阶段的发展目标和宏伟蓝图而奋斗的根本指针。

十六大提出,我们要紧紧抓住本世纪头20年的重要战略机遇期,集中力量全面建设小康社会。这个宏伟目标令人振奋又十分艰巨。在实现这个目标的征程中,我们将长期面对以下三个重大课题。一是要科学判断和全面把握国际形势的发展变化,正确应对世界多极化和经济全球化以及科技进步的发展趋势,妥善处理影响世界和平与发展的各种复杂和不确定因素,抓住和用好重要战略机遇期,在日益激烈的综合国力竞争中牢牢掌握加快我国发展的主动权。二是要科学判断和全面把握我国将长期处于社会主义初级阶段的基本国情,正确认识和妥善处理人民日益增长的物质文化需要同落后的社会生产这个社会主要矛盾,紧紧抓住经济建设这个中心不动摇,正确处理好改革发展稳定的关系,推动物质文明、政治文明和精神文明协调发展,不断增强综合国力,逐步实现全体人民的共同富裕。三是要科学判断和全面把握我们党所处的历史方位和肩负的历史使命,正确认识和妥善处理党在改革开放和发展社会主义市场经济条件下执政遇到的新情况新问题,以改革的精神加强和改进党的建设,不断提高党的领导水平和执政水平,增强拒腐防变和抵御风险能力,始终成为团结带领人民建设中国特色社会主义的领导核心。能否始终解决好这三个重大课题,关系我们党和国家的前途命运,关系全面建设小康社会的成败。“三个代表”重要思想为我们正确认识和处理这些重大课题提供了科学理论和科学方法,指明了方向。

——“三个代表”重要思想系统概括我们党对社会主义建设规律的探索成果,科学预测现代化建设的发展趋势,规划了中国特色社会主义发展的宏伟蓝图和一整套发展战略。坚持贯彻“三个代表”重要思想,始终把发展作为党执政兴国的第一要务,把创新作为党必须长期坚持的治党治国之道,把不断改善人民生活作为处理改革发展稳定关系的重要结合点,坚持四项基本原则,坚持改革开放,聚精会神搞建设、一心一意谋发展,我们就能经过不懈努力实现既定的发展目标。

——“三个代表”重要思想依据改革开放和现代化建设的新实践,紧紧把握我国社会生活和社会结构的深刻变化,对建设中国特色社会主义的依靠力量作出了科学判断。坚持贯彻“三个代表”重要思想,始终认为包括知识分子在内的工人阶级、广大农民是推动我国先进生产力发展和社会全面进步的根本力量,在社会变革中出现的新的社会阶层是中国特色社会主义事业的建设者,最广泛最充分地调动一切积极因素,妥善处理各种利益关系和社会矛盾,切实维护社会稳定,形成全体人民各尽其能、各得其所而又和谐相处的局面,我们就能集聚起推进事业发展的强大力量。

——“三个代表”重要思想全面审视当今世界格局的变化,准确判断国际形势的发展趋势,深刻分析国际社会各种力量和矛盾的交互运动,提出了我国外交工作的战略策略方针。坚持贯彻“三个代表”重要思想,始终奉行独立自主的和平外交政策,高举和平与发展的旗帜,维护世界多样性,促进世界多极化和国际关系民主化,推动建立公正合理的国际政治经济新秩序,我们就能不断为我国现代化建设营造和平的国际环境和良好的周边环境。

——“三个代表”重要思想把党的建设新的伟大工程同中国特色社会主义伟大事业紧密联系起来,赋予党的性质、宗旨、指导思想和任务以丰富的时代内容,确定了党的建设的总体部署。坚持贯彻“三个代表”重要思想,以加强党的执政能力建设为重点,不断提高党的创造力、凝聚力和战斗力,不断巩固党的阶级基础和扩大党的群众基础,我们党就能在世界形势深刻变化的历史进程中始终走在时代前列,在应对国内外各种风险考验的历史进程中始终成为全国人民的主心骨，在建设中国特色社会主义的历史进程中始终成为坚强领导核心。

总之，全面贯彻落实“三个代表”重要思想，关系党和国家工作的全局，关系实现全面建设小康社会的宏伟目标，关系中华民族的伟大复兴，关系中国特色社会主义事业的长远发展。全党同志一定要从这样的高度不断增强学习贯彻“三个代表”重要思想的自觉性和坚定性，牢固确立“三个代表”重要思想在全党一切工作中的指导地位，自觉用“三个代表”重要思想指导自己的思想和行动，在建设中国特色社会主义这一前无古人的伟大实践中继续创造新的辉煌。

三、“三个代表”重要思想的本质是立党为公、执政为民，学习贯彻“三个代表”重要思想必须以最广大人民的根本出发点和落脚点

相信谁、依靠谁、为了谁，是否始终站在最广大人民的立场上，是区分唯物史观和唯心史观的分水岭，也是判断马克思主义政党的试金石。对于马克思主义执政党来说，坚持立党为公、执政为民，实现好、维护好、发展好最广大人民的根本利益，充分发挥全体人民的积极性来发展先进生产力和先进文化，始终是最紧要的。全国各族人民是建设中国特色社会主义事业的主体，人民群众积极性创造性的充分发挥是我们事业成功的保证，不断实现最广大人民的根本利益是我们党全部奋斗的最高目的。

我们说，始终做到“三个代表”，是我们党的立党之本、执政之基、力量之源。这里的“本”、“基”、“源”，说到底就是人民群众的支持和拥护。“乐民之乐者，民亦乐其乐；忧民之忧者，民亦忧其忧”。人心向背，是决定一个政党、一个政权盛衰的根本因素。马克思主义政党的理论路线和方针政策以及全部工作，只有顺民意、谋民利、得民心，才能得到人民群众的支持和拥护，才能永远立于不败之地。我们党八十多年的一切奋斗，无论是战争年代浴血奋战推翻“三座大山”，无论是建立社会主义制度、开展大规模的社会主义建设，还是进行社会主义改革开放和现代化建设，归根到底都是为了实现好、维护好、发展好最广大人民的根本利益。

实现人民的愿望、满足人民的需要、维护人民的利益，是“三个代表”重要思想的根本出发点和落脚点。“三个代表”是相互联系、辩证统一的整体。只有不断解放和发展生产力，增强国家的经济实力，才能为建设中国特色社会主义文化和实现人民群众的根本利益提供雄厚的物质基础。只有不断发展和繁荣社会主义文化，才能不断满足人民群众日益增长的精神文化生活需要，才能为发展生产力提供强大的精神动力和智力支持。只有不断提高人民群众的物质文化生活水平，改革和建设才能具有坚实的群众基础，人民群众才能始终以饱满的热情投身到中国特色社会主义的伟大事业中来。发展先进生产力和先进文化是实现最广大人民根本利益的基础和前提，实现最广大人民根本利益则是发展先进生产力和先进文化的目的和归宿。人民群众既是先进生产力和先进文化的创造者，又是其成果的享有者。这不仅提出了坚持立党为公、执政成果的根本要求，而且指明了实现立党为公、执政为民的根本途径。

学习贯彻“三个代表”重要思想，必须牢牢把握立党为公、执政为民。这是衡量有没有真正学懂、是不是真心实践“三个代表”重要思想最重要的标志。

第一，坚持立党为公、执政为民，必须落实到党和国家制定和实施方针政策的工作中去。方针政策对党和国家工作的全局起指导和推动作用。抓住这个环节落实立党为公、执政为民的要求，坚持用人民拥护不拥护、赞成不赞成、高兴不高兴、答应不答应来衡量我们的一切决策，就能在全局上把握住贯彻落实“三个代表”重要思想的根本出发点和落脚点。坚持党的基本理论、基本路线、基本纲领和基本经验，制定和实施深化改革、促进发展、保持稳定的各项方针政策，都要把实现好、维护好、发展好最广大人民的根本利益作为依据，都要统筹兼顾、舀善处理各方面的利益。各级党委和政府要坚持从群众中来、到群众中去的工作路线，倾听群众呼声，反映群众意愿，集中群众智慧，推进决策科学化民主化，创新发展思路，努力使我们的方针政策更好地体现人民群众的利益，使先进生产力和先进文化更快更好地发展起来，不断让人民群众得到实实在在的利益。

第二，坚持立党为公、执政为民，必须落实到各级领导干部的思想和行动中去。各级领导干部都要牢固树立全心全意为人民服务的思想和真心实意对人民负责的精神，做到心里装着群众，凡事想着群众，工作依靠群众，一切为了群众。要坚持权为民所用、情为民所系、利为民所谋，为群众诚心诚意办实事，尽心竭力解难事，坚持不懈做好事。要始终把群众的利益放在第一位，在各项工作各个环节都细心研究群众的利益，心关群众疾苦，体察群众情绪，努力动用说服教育、示范引导和提供服务等方法，做好新形势下的群众工作，团结带领群众不断前进。领导干部必须深入基层、深入群众，特别是要到最困难的地方去，到群众意见多的地方去，到工作推不开的地方去，同那里的干部和群众一道，努力排忧解难，化解矛盾，打开工作局面。要切实加强党风政风建设，改进领导方式和领导方法，转变思想作风和工作作风，坚持防止和克服形式主义、官僚主义，坚决维护人民群众的合法权益，始终与群众心连心、同呼吸、共命运。各级干部都要自觉接受监督，绝不脱离群众、绝不贪图安逸，绝不以权谋私。

第三，坚持立党为公、执政公民，必须落实到关心群众生产生活的工作中去。坚持立党为公、执政为民，不能停留在口号和一般要求上，必须围绕人民群众最现实、最关心、最直接的利益来落实，努力把经济社会发展的长远战略目标和提高人民生活水平的阶段性任务统一起来，把实现人民的长远利益和当前利益结合起来。群众利益无小事。凡是涉及群众的切身利益和实际困难的事情，再小也要竭尽全力去办。要时刻把群众的安危冷暖挂在心上，对群众生产生活面临的这样那样的困难，特别是对下岗职工、农村贫困人口和城市贫困居民等困难群众遇到的实际问题，一定要带着深厚的感情帮助解决，实把中央为他们脱贫解困的各项政策措施落到实处。

近一个时期以来，全国大多数省区市发生了非典疫情，对广大人民群众的身体健康和生命安全构成严重威胁。党中央、国务院把防治工作列为各项工作的重中之重，采取了一系列果断措施。全国上下紧急动员起来，同这场突如其来的疾病灾害展开了一场艰苦卓绝的斗争。中央还及时地向全党全国发出了坚持一手抓防治工作这件大事不放松，一手抓经济建设这个中心不动摇，齐心协力夺取抗击非典和促进发展双胜利的号召。经过不懈努力，现在非典疫情已经得到有效控制，防治工作取得了阶段性的重大胜利，国民经济保持了较快增长的良好势头。这场波澜壮阔的斗争，奏响了弘扬中华民族伟大精神的嘹亮凯歌，书写了中国人民不畏艰险、敢于胜利的壮丽诗篇。这一胜利的取得，首先要归功于全党和全国各族人民的团结奋斗。在抗击非典的斗争中，各级党组织和政府加强领导、精心组织、扎实工作，充分发挥了核心作用和领导作用；广大党员和干部以身作则、身先士卒、经受考验，切实起到了先锋模范作用和表率作用；全国各族人民万众一心、众志成城、群防群控，开展了一场声势浩大的人民战争；地方和军队广大医务工作者和科技工作者迎难而上、奋不顾身、顽强拼搏，组成了战胜非典的强大突击队。国际社会也对我国的防治工作给予了大力支持和帮助。成绩来之不易，经验尤为珍贵。我们要继续以对人民高度负责的精神，毫不松懈地抓好经常性防治措施的落实，坚决防范疫情再次发生。同时，要认真总结抗击非典工作的宝贵经验，查找工作中的不足和薄弱环节以及干部思想作风方面暴露出来的问题，切实加强公共卫生体系建设和应急机制建设，切实改进有关工作，切实转变干部的思想观念和工作作风。这次抗击非典的实践再一次证明，只要我们认真实践“三个代表”重要思想，始终把最广大人民的根本利益放在第一位，切实把关心群众的工作做好、做细、做实，我们就能集聚起强大的力量，战胜一切艰难险阻，断把改革开放和现代化建设推向前进。

总之，学习贯彻“三个代表”重要思想，必须坚持尊重社会发展规律和尊重人民历史主体地位的一致性，坚持为崇高理想奋斗和为最广大人民谋利益和一致性，坚持完成党的各项工作和实现人民利益的一致性，切实把立党为公、执政为民具体地、深入地落实到各项工作中去。

四、坚持用马克思主义态度学习贯彻“三个代表”重要思想，用“三个代表”重要思想指导新的实践，并努力在实践中继续发展马克思主义

当前，摆在全党全国人民面前的一项重大政治任务，就是把“三个代表”重要思想学习好、贯彻好、落实好，务必在武装思想和指导实践两方面都取得新的成效。为此，要注重做到以下三个结合。

第一，坚持学习理论和指导实践相结合。我们党历来高度重视理论工作，目的就是要通过强有力的理论指导，使党和人民的事业不断从胜利走向新的胜利。学习的目的全在于运用。只有同指导实践相结合才能把理论学深学透。要深刻认识学习好、运用好科学理论对推进事业发展的重大意义，大力弘扬理论联系实际的马克思主义学风，努力做到学以致用、用以促学、学用相长。全党同志特别是领导干部要全面系统地学习“三个代表”重要思想，切实领会其科学内涵和精神实质，着力掌握其科学态度和创新精神，努力提高马克思主义理论水平，不断增强科学判断形势的能力、驾驭市场经济的能力、应对复杂局面的能力、依法执政的能力和总揽全局的能力。要按照关键在坚持与时俱进、核心在坚持党的先进性、本质在坚持执政为民的根本要求，密切联系改革开放和现代化建设和实际，联系本地区本部门的工作实际，坚持用"三个代表"重要思想指导实践、解决问题、推动工作。要紧紧围绕实现全面建设小康社会的宏伟目标，抓紧研究解决本地区本部门改革发展稳定中的重大瓯题，抓紧研究解决群众生产生活中的迫切问题，抓紧研究解决党的建设中存在的突出问题，真正把"三个代表"重要思想落实到各项工作中去，体现到各级党组织和广大党员的行动中去，成为推动事业实现新发展、开创新局面的强大精神动力。

第二，坚持改造客观世界和改造主观世界相结合。"三个代表"重要思想是指导我们改造客观世界的思想武器，也是指导我们改造主观世界的思想武器。学习贯彻"三个代表"重要思想，既要对事也要对人。对事，就是要用"三个代表"重要思想来指导工作、推动社会实践。对人，就是要用"三个代表"重要思想来武装头脑、指导自我修养。如果只对事不对人，或者只对人不对事，都不能真正学习贯彻好"三个代表"重要思想。领导干部不树立正确的世界观、人生观、价值，不解决好权力观、地位观、利益观问题，就不可能领导好改造客观世界的工作。现在，有些党员干部思想空虚，意志衰退，抵御不住拜金主义、享乐主义、极端个人主义的诱惑；有些地方和部门存在严重的形式主义、官僚主义作风和弄虚作假、铺张浪费行为以及各种消极腐败现象。产生这些问题的原因很多，但从根本上说是一些干部放松了主观世界的改造。在学习贯彻"三个代表"重要思想的过程中，要紧密联系自己的思想实际，坚定共产党人的理想信念，提高思想政治水平，加强道德品质修养，牢记"两个务必"，真正做到在改造客观世界的同时改造主观世界，寓改造主观世界于改造客观世界的过程中，用改造主观世界的成效来推进客观世界的改造。

第三，坚持运用理论和发展理论相结合。毛泽东思想、邓小平理论和"三个代表"重要思想，是我们党在长期奋斗和艰辛探索中取得的宝贵精神财富，是我们事业胜利前进的根本保证，全党同志一定要倍加珍惜。在未来的征途中，无论遇到什么样的困难和风险，我们都要坚定不移地以马克思列宁主义和毛泽东思想、邓小平理论和"三个代表"重要思想为行动指南。中国特色社会主义是不断发展的事业，我们在前进中还会遇到这样那样的新情况新课题，还要应对各种可以预料和难以预料的风险和挑战，因此还要继续进行新的实践和新的探索。正如江泽民同志所指出的："要使党和国家的事业不停顿，首先理论上不能停顿。否认马克思主义的科学性，丢掉老祖宗，是错误的、有害的；教条式地对待马克思主义，也是错误的、有害的。我们一定要适应实践的发展，以实践来检验一切，用发展着的马克思主义指导新的实践。"全党同志必须认识到，我国社会主义的自我完善和发展还有许多重大课题需要进一步探索和回答，还有大量工作需要去做。比如，如何切实抓好发展这个党执政兴国的第一要务，如何进一步完善公有制为主体、多种所有制经济共同发展的基本经济制度，如何建成完善的社会主义市场经济体制，如何走新型工业化道路、统筹城乡经济社会发展，如何扩大就业和促进再就业，如何进一步深化收入分配制度改革、健全社会保障体系，如何在更大范围、更广领域和更高层次上参与国际经济技术合作和竞争，如何推动整个社会走上生产发展、生活富裕、生态良好的文明发展道路，如何更好地实现坚持党的领导、人民当家作主和依法治国的有机统一，如何最广泛最充分发调动一切积极因素、不断为中华民族的伟大复兴增添新力量，如何在新的历史条件下不断巩固马克思主义在意识形态领域的指导地位，如何弘扬和培育民族精神，如何改革和完善党的领导方式和执政方式，如何以加强党的执政能力建设为重点全面推进党的建设新的伟大工程，等等。"三个代表"重要思想既是我们推动实践创新的根本指针，又是我们深化理论探索的崭新起点。我们必须坚持解放思想、实事求是、与时俱进，从理论和实践的结合上不断研究新情况、解决新况题，做到自觉地把思想认识从那些不合时宜的观念、做法和体制的束缚中解放出来，从对马克思主义的错误的和教条式的理解中解放出来，从主观主义和形而上学的桎梏中解放出来，不断有所发现、有所创造、有所前进。

广大理论工作者在理论的研究、宣传和贯彻方面肩负着重要责任。理论研究只有同社会发展的要求、丰富多彩的生活和人民群众的实践紧密结合起来，才能具有强大生命力和影响力，才能实现自身的社会价值。全面建设小康社会的宏伟事业为广大理论工作者施展聪明才智提供了广阔舞台。希望广大理论工作者认真学习和宣传“三个代表”重要思想，认真研究改革开放和现代化建设提出的重大理论和实际问题，在认识世界、传承文明、创新理论、咨政育人、服务社会方面不断作出新的建树。各条战线、各个领域的广大知识分子都要联系自己的思想和工作实际，自觉学习和贯彻“三个代表”重要思想，不断创造新的业绩。

同志们！当前，学习贯彻“三个代表”重要思想新高潮正在全国兴起。各级党委要按照《中共中央关于在全党兴起学习贯彻“三个代表”重要思想新高潮的通知》的要求，切实加强领导，结合本地区、本部门和本单位的工作实际，做到精心组织、周密安排、及时指导、加强督促，不断将学习贯彻活动引向深入。要采取切实有效、丰富多彩的方式方法，力求贴近现实、贴近群众，努力提高学习贯彻的成效。要把兴起学习贯彻“三个代表”重要思想新高潮的活动，同开展共产党员先进性教育活动结合起来。各级领导机关和领导干部要做好表率，带头学习，带头运用，努力推动全社会形成自觉学习贯彻“三个代表”重要思想、万众一心为全面建设小康社会而团结奋斗的生动局面。

最后，祝这次研讨会取得成功。

（新华社北京7月1日电）

在纪念毛泽东诞辰110周年座谈会上的讲话

胡锦涛

同志们，朋友们：

今天，我们在这里隆重集会，纪念中国共产党、中国人民解放军、中华人民共和国的主要缔造者，中国各族人民的伟大领袖毛泽东同志诞辰一百一十周年。

毛泽东同志是伟大的马克思主义者，伟大的无产阶级革命家、战略家和理论家，是近代以来中国伟大的爱国者和民族英雄，是领导中国人民彻底改变自己命运和国家面貌的一代伟人。他早年投身革命，在长期艰苦的革命斗争中成长为党的第一代中央领导集体的核心。他为中国新民主主义革命的胜利、社会主义革命的成功和社会主义建设和进行，为实现中华民族的独立和振兴、中国人民的解放和幸福，做出了彪炳史册的贡献。毛泽东同志毕生最突出最伟大的贡献，就是领导我们党和人民找到了新民主主义革命的正确道路，完成了反帝反封建的任务，建立了中华人民共和国，确立了社会主义基本制度，并从中国实际出发探索社会主义建设和道路，为古老的中国赶上时代发展潮流、阔步走向繁荣昌盛创造了根本前提，奠定了坚实的理论和实践基础。

在旧中国这样的半殖民地半封建的东方大国，毛泽东同志等中国共产党的缔造者面对着农民占人口的绝大多数，分散的小农经济、小生产广泛存在，又遭受着西方列强侵略和压迫的特殊国情，中国革命的条件与马克思、恩格斯、列宁所分析的西方资本主义国家进行无产阶级革命的条件极为不同，要真正运用马克思列宁主义来指导中国革命，必须紧密结合当时的中国国情和时代条件，寻找适合中国实际的革命道路和革命方略，并作出科学的理论概括。这是关系中国革命能否取得成功的极为关键的问题，也是无产阶级革命史上极其复杂的新课题。毛泽东同志创造性地运用马克思列宁主义基本原理，深刻分析中国社会形态和阶级状况，经过艰苦的实践和探索，明确了中国革命的性质、对象、任务和动力，提出通过新民主主义革命走向社会主义的两步走的战略，制定了新民主主义革命的总路线，开辟了以农村包围城市、最后夺取全国胜利的革命道路。在长期的革命斗争中，毛泽东同志和他的战友们缔造了一个用马克思列宁主义革命理论和革命风格武装起来的无产阶级政党、一个在党的绝对领导下为人民的解放事业英勇奋战的人民军队、一个团结全民族绝大多数人共同奋斗的统一战线。我们党依靠这三大法宝，团结带领人民浴血奋战、顽强奋斗，终于夺取了新民主主义革命的胜利，实现了近代以来几代中国人梦寐以求的民族独立和人民解放。中华人民共和国的建立，彻底结束了一百多年来中国人民受压迫、受奴役、受侵略的黑暗历史，彻底结束了旧中国四分五裂、民不聊生的黑暗历史，彻底结束了在中国绵延几千年的封建专制统治的黑暗历史。中国人民从此站立起来了，中华民族的发展开启了新的纪元。

新中国成立以后，以毛泽东同志为核心的党中央带领全国人民，在迅速医治战争创伤、恢复国民经济的基础上，不失时机地提出了过渡时期总路线，创造性地完成了由新民主主义革命向社会主义革命的转变，使中国这个占世界人口四分之一的东方大国进入了社会主义社会，实现了中国历史上最深刻、最伟大的社会变革。社会主义改造基本完成以后，我们党带领人民转入全面的大规模的社会主义建设。毛泽东同志和党中央带领全党全国人民对适合中国国情的社会主义道路进行了艰苦探索，并取得了重要的理论成果。我们不仅建立起独立的比较完整的工业体系和国民经济体系，为社会主义现代化建设奠定了重要的物质技术基础，而且积累了在中国这样的社会生产力水平十分落后的东方大国进行社会主义建设的重要经验。由于在中国建设社会主义是一项崭新的实践，人们对如何走出适合中国国情的社会主义道路还缺少规律性认识，加上当时严峻复杂的国际环境的影响，我们党在社会主义建设道路的探索中发生过曲折，毛泽东同志晚年特别是在文化大革命中犯了严重错误。但正如邓小平同志所指出的，毛泽东同志晚年的错误是第二位的，是一个伟大的革命家、一个伟大的马克思主义者所犯的错误，他的历史功绩永远是第一位的。

在革命和建设的长期实践中，以毛泽东同志为主要代表的中国共产党人，努力推进马克思主义的中国化，形成了具有鲜明中国特点的科学指导思想，这就是毛泽东思想。毛泽东思想在新民主主义革命、社会主义革命和建设，革命军队建设、军事战略和国防建设，政策和策略，思想政治工作和文化工作，外交工作和党的建设等方面，以独创性的理论丰富和发展了马克思列宁主义。时代的条件、人民的实践孕育了毛泽东思想，毛泽东思想指引和推动了中国社会的前进。毛泽东思想是马克思列宁主义在中国的创造性运用和发展，是被实践证明了的关于中国革命和建设的正确的理论原则和经验总结，是中国共产党集体智慧的结晶。在任何时候任何情况下，我们都要始终高举毛泽东思想的伟大旗帜。

中国出了个毛泽东，这是中国共产党的骄傲，是中国人民的骄傲，是中华民族的骄傲。在为中国人民不懈奋斗的光辉一生中，毛泽东同志表现出了一个伟大革命领袖高瞻远瞩的政治远见、坚定不移的革命信念、炉火纯青的斗争艺术和杰出高超的领导才能。在中国革命和建设的壮丽历史画卷中，在祖国九百六十万平方公里的锦绣大地上，都留下了他作为一代伟人的风采。他不仅赢得了全党和全国各族人民的爱戴和敬仰，而且也赢得了世界上一切向往进步的人们的敬佩。毛泽东同志作为一个伟大的历史人物，属于中国，也属于世界。邓小平同志曾深情地说道："如果没有毛泽东同志的卓越领导，中国革命有极大的可能到现在还没有胜利，那样，中国各族人民就还处在帝国主义、封建主义、官僚资本主义的反动统治之下，我们党就还在黑暗中苦斗。"江泽民同志也深刻地指出：毛泽东同志"是从人民群众中成长起来的伟大领袖，永远属于人民。毛泽东同志的革命精神具有强大的凝聚力，他的伟大品格具有动人的感染力，他的科学思想具有非凡的号召力"。毛泽东同志的革命实践和光辉业绩已经载入中华民族的史册。他的名字、他的思想、他的精神，将永远鼓舞着我们继续推动中国社会向前发展。

中国共产党和中国各族人民永远敬仰和怀念毛泽东同志！毛泽东同志永远活在我们心中！

同志们，朋友们！

我们党在八十多年的奋斗历程中积累的一条根本经验，就是要不断根据发展变化着的实际情况和时代条件，坚持马克思主义基本原理同中国具体实际相结合，不断开拓党和人民事业前进的道路。毛泽东同志逝世后，我们党坚持这条根本经验，继续推进马克思主义在中国的发展，继续团结带领全国人民把毛泽东同志等老一辈革命家开创的伟大事业推向前进。

1978 年 12 月，在邓小平同志的领导下，我们党胜利召开十一届三中全会。这次全会确定了解放思想、开动脑筋、实事求是、团结一致向前看的指导方针，决定把党和国家的工作重点转移到社会主义现代化建设上来，作出实行改革开放的战略决策。

这次全会，实现了党的历史上具有深远意义的伟大转折，解决了正确评价毛泽东同志和毛泽东思想的历史地位、根据新的实际和历史经验确立中国实现社会主义现代化的正确道路这两个相互联系的重大历史课题。邓小平同志强调，坚持和发展毛泽东思想，这是最核心的一条，不仅今天，而且今后，我们都要高举毛泽东思想的旗帜；同时强调，毛泽东思想是一个科学体系，必须完整地、准确地理解和运用毛泽东思想，把社会主义事业继续推向前进。在以邓小平同志为核心的党的第二代中央领导集体的领导下，我们党在改革开放和社会主义现代化建设的伟大实践中形成了以经济建设为中心、坚持四项基本原则、坚持改革开放的基本路线，开辟了建设中国特色社会主义的新道路，赋予中国社会主义和民族复兴的伟大事业新的强大生机。在新的历史时期，以邓小平同志为主要代表的中国共产党人，把马克思主义基本原理同新的实际和时代特征结合起来，继承和发展毛泽东思想，集中全党全国人民的智慧，创立了邓小平理论。邓小平理论抓住什么是社会主义、怎样建设社会主义这个根本问题，深刻揭示社会主义的本质，系统回答了中国社会主义建设的一系列基本问题，把对社会主义的认识提高到新的水平。邓小平理论是马克思主义在中国发展的新阶段，是开创和引领中国特色社会主义事业不断前进的旗帜。

20世纪80年代末90年代初，国际国内发生严重政治风波，世界社会主义出现严重曲折，我国社会主义事业的发展面临新的巨大困难和压力，我们党面临着又一个重大历史关头。以江泽民同志为核心的党的第三代中央领导集体紧紧依靠全党全国人民，坚持十一届三中全会以来的路线方针政策，团结带领全党全国人民捍卫和发展了中国特色社会主义伟大事业。从十三届四中全会到十六大的13年，我们从容应对一系列关系我国主权和安全的国际突发事件，战胜在政治、经济领域和自然界出现的困难和风险，经受住一次又一次考验，排除各种干扰，保证了改革开放和现代化建设的航船始终沿着正确的方向破浪前进，中国特色社会主义事业呈现出更加蓬勃的生机和活力。以江泽民同志为主要代表的中国共产党人，高举邓小平理论伟大旗帜，以马克思主义的巨大政治勇气和理论勇气推进理论创新，集中全党全国人民的智慧，用一系列紧密联系、相互贯通的新思想、新观点、新论断，进一步回答了什么是社会主义、怎样建设社会主义的问题，创造性地回答了在新的历史条件下建设什么样的党、怎样建设党的问题，创立了“三个代表”重要思想。“三个代表”重要思想反映了当代世界和中国的发展变化对党和国家工作的新要求，是加强和改进党的建设、推进我国社会主义自我完善和发展的强大思想理论武器，是实现全面建设小康社会宏伟目标的根本指针。

马克思列宁主义、毛泽东思想、邓小平理论和“三个代表”重要思想，是我们党必须长期坚持的指导思想。毛泽东思想、邓小平理论和“三个代表”重要思想虽然形成于我国革命、建设和改革的不同历史时期，面对着不同的历史任务，但都贯穿了辩证唯物主义和历史唯物主义的世界观和方法论，都代表着最广大人民的根本利益，是我们党在长期实践中形成的一脉相承而又与时俱进的科学思想体系，是我们要始终珍惜的最可宝贵的精神财富。高举毛泽东思想、邓小平理论、“三个代表”重要思想的旗帜，不断开创中国特色社会主义事业新局面，不断开创马克思主义在中国发展的新境界，最重要的是始终坚持贯穿这个科学思想体系的活的灵魂，始终坚持马克思主义的立场、观点和方法，其基本方面就是坚持解放思想、实事求是、与时俱进，坚持党的群众路线，坚持独立自主地走自己的路。

我们必须始终坚持解放思想、实事求是、与时俱进，继续在新的时代条件下把马克思主义基本原理同中国具体实际相结合，不断推进马克思主义的中国化。毛泽东思想、邓小平理论和“三个代表”重要思想都是解放思想、实事求是、与时俱进的科学理论，也都是我们党坚持解放思想、实事求是、与时俱进所取得的重大成果。坚持一切从实际出发，理论联系实际，不断探索适合中国国情的发展道路，确定党带领人民推进事业发展的正确的路线方针和战略策略，为党和人民事业的发展提供科学指导，是我们党坚持先进性和增强创造力的决定性因素。我们要继续坚持以马克思主义基本原理为指导，不断研究新情况、解决新问题，不断在新的实践基础上推进理论创新，使党的全部理论和工作体现时代性、把握规律性、富于创造性。要坚持理论和实践的统一、学习和运用的统一、继承和发展的统一，把马克思主义的学习和研究同解决我国改革开放和现代化建设的实际问题紧密结合起来，同实现全面建设小康社会的宏伟目标紧密结合起来，同推进党的建设新的伟大工程紧密结合起来,同改造客观世界和主观世界的实际行动紧密结合起来。要坚持以广大人民群众建设中国特色社会主义的生动实践为理论创新的源泉,以实现和发展最广大人民的根本利益为理论创新的目的,以顺应时代潮流不断与时俱进的创造精神为理论创新的动力,以研究和解决我们在前进中面临的突出问题为理论创新的着力点,不断打开理论创新的新视野,不断取得马克思主义基本原理同中国具体实际相结合的新进展,不断丰富和发展马克思主义。

我们必须始终坚持一切为了群众、一切依靠群众,坚持立党为公、执政为民,不断实现好、维护好、发展好最广大人民的根本利益。一切为了群众,一切依靠群众,立党为公、执政为民,把党的正确主张变为群众的自觉行动,最广泛地动员广大人民群众为实现自己的利益和美好生活而团结奋斗,这些要求高度概括地回答了中国共产党人依靠谁、为了谁这个根本问题。实现好、维护好、发展好最广大人民的根本利益,始终是我们党全部奋斗的最高目的,始终是我们党观察和处理问题的根本原则。充分相信群众,紧紧依靠群众,保持同人民群众的血肉联系,始终是我们党立于不败之地的力量源泉,始终是我们党和国家事业发展最具有决定性的因素。人民是创造历史的根本动力。中国最广大人民群众是建设中国特色社会主义事业的主体,是先进生产力和先进文化的创造者,是社会主义物质文明、政治文明和精神文明协调发展的推动者。我们必须最充分地调动人民群众的积极性、主动性和创造性,最大限度地集中全社会全民族的智慧和力量,最广泛地动员和组织亿万群众投身中国特色社会主义伟大事业。我们必须坚持从群众中来、到群众中去,深入了解民情,充分反映民意,广泛集中民智,切实珍惜民力,不断实现民利,保证我们党的路线方针政策和全部工作更好地体现人民群众的利益,让人民群众享受到改革发展的成果,不断维护和发展人民群众的经济、政治、文化权益。要牢记群众利益无小事的道理,把实现人民群众的根本利益落实到改革发展稳定的各项工作中去,特别要落实到关心群众生产生活的工作中去。各级领导干部都要牢固树立全心全意为人民服务、真心真意对人民负责的精神,坚持权为民所用、情为民所系、利为民所谋,从群众最现实、最关心、最直接的利益入手,为群众诚心诚意办实事、尽心竭力解难事、坚持不懈做好事。

我们必须始终坚持独立自主地探索中国社会主义建设的道路,善于根据国情进行自主创新、又积极借鉴国外有益经验,不断开拓和发展中国特色社会主义道路。中国革命、建设和改革的长期实践充分证明,独立自主,自力更生,坚定不移地走适合中国国情的发展道路,无论过去、现在和将来,都是我们的根本立足点。各国的国情不同,实现发展的道路也必然不同,不可能有一个适用于一切国家、一切时代的固定不变的模式。在我们这样的有十几亿人口的发展中的社会主义东方大国,要实现全面建设小康社会的宏伟目标,进而实现社会主义现代化,必须走适合国情的发展道路,主要依靠自己的力量进行建设。我们要坚持的道路,就是邓小平同志开辟的、以江泽民同志为核心的党的第三代中央领导集体坚持并发展了的中国特色社会主义道路。坚持这条道路,就要坚持中国共产党的领导和社会主义制度,坚持并在实践中不断完善有利于推动中国特色社会主义事业蓬勃发展的各方面的体制制度和方针政策,更好地实现社会主义现代化和中华民族的伟大复兴。坚持这条道路,就要坚持走和平崛起的发展道路,坚持在和平共处五项原则的基础上同各国友好相处,在平等互利的基础上积极开展同各国的交流和合作,为人类和平与发展的崇高事业做出贡献。当今世界是开放的世界,中国的发展离不开世界。我们要树立宽广的世界眼光,全面观察世界经济、政治、文化、科技、军事等发展的大势,始终坚持对外开放,积极借鉴各国人民在实现经济发展和社会进步中创造的有益成果和经验,绝不能闭关自守、夜郎自大。我们充分尊重其他国家选择的发展道路,绝不会把自己的意志强加于人,也绝不允许任何人把他们的意志强加于中国人民。越是对外开放,越是国际竞争激烈,越是要坚持独立自主、自力更生,越是要把推进事业发展的基点放在依靠自己的力量上,坚持不懈地艰苦奋斗、艰苦创业。在今后的前进道路上,无论国际风云如何变幻,无论遇到什么困难和风险,我们都要坚定不移地走中国特色社会主义道路,坚定不移地维护国家的主权和安全。

纵观中国革命、建设和改革波澜壮阔的历史进程,我们党领导的伟大事业的不断发展,同我们党自身不断走向成熟,是紧密联系的。我们党要不断推动社会的发展进步,不断团结带领广大人民群众创造更加美好的生活，就必须始终代表中国先进生产力的发展要求，代表中国先进文化的前进方向，代表中国最广大人民的根本利益，使我们党在世界形势深刻变化的历史进程中始终走在时代前列，在应对国内外各种风险考验的历史进程中始终成为全国人民的主心骨，在建设中国特色社会主义的历史进程中始终成为坚强的领导核心，团结带领全国各族人民沿着毛泽东思想、邓小平理论和“三个代表”重要思想指引的方向不断开拓前进。

同志们，朋友们！

当前，我国进入了全面建设小康社会、加快推进社会主义现代化的新的发展阶段。党和人民在新世纪新阶段的任务，就是紧紧抓住并充分运用本世纪头20年的重要战略机遇期，集中力量全面建设惠及十几亿人口的更高水平的小康社会。为了实现这一宏伟目标，我们要始终坚持党的基本理论、基本路线、基本纲领和基本经验，全面贯彻十六大精神，促进社会主义物质文明、政治文明和精神文明的协调发展，切实做好改革发展稳定的各项工作。

要继续抓好发展这个党执政兴国的第一要务，推动国民经济持续快速协调健康发展。实现全面建设小康社会的奋斗目标，不断开创中国特色社会主义事业新局面，关键是要抓好发展这个党执政兴国的第一要务，聚精会神搞建设，一心一意谋发展，不断发展社会生产力和增强综合国力。我们要坚持以经济建设为中心，坚持以人为本，树立全面、协调、可持续的发展观，统筹城乡发展、统筹区域发展、统筹经济社会发展、统筹人与自然和谐发展、统筹国内发展和对外开放，坚持走新型工业化道路，大力实施科教兴国战略、可持续发展战略和人才强国战略，推进经济结构的战略性调整，加强农业的基础地位，积极推进西部大开发，有效发挥中部地区综合优势，振兴东北地区等老工业基地，鼓励东部有条件地区率先基本实现现代化。努力在经济社会协调发展的基础上促进人的全面发展，在开发利用自然中实现人与自然的和谐相处。

要继续推进改革开放，完善社会主义市场经济体制。促进发展必须深化改革、扩大开放，不断为发展提供强大动力。要紧密结合全面建设小康社会的实践，坚持社会主义市场经济体制的改革方向，按照十六届三中全会提出的建设完善的社会主义市场经济体制和更具活力、更加开放的经济体系的要求，充分尊重群众的首创精神，继续推进社会主义市场经济体制和其他方面体制的改革，积极探索我国社会主义基本制度和市场经济体制有机结合的新途径新方式，不断推进制度建设和创新，进一步克服阻碍社会生产力发展的体制性障碍，为全面建设小康社会提供良好的体制保证。要坚持把维护和发展人民群众的根本利益作为一切改革的出发点和落脚点，坚持把不断改善人民生活作为处理改革发展稳定关系的重要结合点，坚持把改革的力度、发展的速度和社会可承受的程度统一起来，真正实现在社会稳定中推进改革发展、通过改革发展促进社会稳定。要坚持对外开放的基本国策，坚持“引进来”和“走出去”相结合，在更大范围、更广领域和更高层次上参与国际经济技术合作和竞争，充分利用国际国内两个市场、两种资源，进一步发展开放型经济，不断提高对外开放的水平。

要继续积极稳妥地推进政治体制改革，大力建设社会主义政治文明。全面建设小康社会，开创中国特色社会主义事业新局面，必须发展社会主义民主政治，充分调动广大人民群众的积极性、主动性和创造性，增强党和国家的活力，巩固和发展民主团结、生动活泼、安定和谐的政治局面。要把坚持党的领导、人民当家作主和依法治国统一于政治体制改革和社会主义民主政治建设的实践，统一于社会主义现代化建设的实践，以发展党内民主带动人民民主的发展，实现社会主义民主政治的制度化、规范化和程序化。要从中国国情出发，进一步完善民主制度，重点完善人民代表大会制度、中国共产党领导的多党合作和政治协商制度、民族区域自治制度以及基层民主制度，扩大公民有序的政治参与，推进决策的科学化民主化，保证人民依法实行民主选举、民主决策、民主管理和民主监督。要发挥我国社会主义政党制度的特点和优势，加强同民主党派的合作共事。要全面贯彻党的宗教信仰自由政策，依法管理宗教事务，坚持独立自主自办的原则，积极引导宗教与社会主义社会相适应。要进一步加强社会主义法制建设，加强和改进立法工作，加强执法监督，更好地贯彻依法治国方略、建设社会主义法治国家。要进一步改革和完善党的领导方式和执政方式，坚持党总揽全局、协调各方的原则，实行依法执政，更好地实施党对国家和社会的领导。要进一步深化行政管理体制改革和司法体制改革，提高行政效率，促进公平和正义在全社会的实现，更好地为人民服务。

要继续牢牢把握先进文化的前进方向，大力推进社会主义精神文明建设。实现全面建设小康社会的各项目标，推动经济社会协调发展，必须坚持以科学的理论武装人、以正确的舆论引导人、以高尚的精神塑造人、以优秀的作品鼓舞人，大力发展社会主义文化，为改革开放和社会主义现代化建设提供坚强的思想保证和智力支持。要坚持用“三个代表”重要思想武装全党、教育人民，深入进行党的基本理论、基本路线、基本纲领和基本经验的教育，坚持马克思主义在意识形态领域的指导地位，不断巩固党和人民团结奋斗的共同思想基础。要坚持弘扬和培育以爱国主义为核心的伟大民族精神，大力发扬创新精神，使全体人民始终保持昂扬向上的精神状态。要坚持依法治国和以德治国相结合，大力开展理想信念教育，切实加强思想道德建设，加强和改进新形势下的思想政治工作，广泛开展群众性的精神文明创建活动，努力建立与社会主义市场经济相适应、与社会主义法律规范相协调、与中华民族传统美德相承接的社会主义思想道德体系。要深化科技教育体制改革，推动科技教育创新，大力发展科学教育事业，更好地培养德智体美全面发展的社会主义建设者和接班人，更好地发挥科学技术在促进经济社会发展中的重大作用。要深化文化体制改革，积极推进各类文化事业和文化产业的发展，为人民群众提供更多更好的文化产品和文化服务，满足人民群众日益增长的精神文化需求。

要继续坚持“和平统一、一国两制”的方针，推进祖国和平统一大业。我们要坚持贯彻“一国两制”、“港人治港”、“澳人治澳”、高度自治的方针，严格按照香港特别行政区基本法和澳门特别行政区基本法办事，支持香港、澳门特别行政区的行政长官和政府依法施政，广泛团结港澳同胞和各界人士，进一步密切内地同香港、澳门的经贸关系，促进香港和澳门的繁荣稳定。实现祖国的完全统一，是海内外中华儿女的共同心愿，是中国政府和人民不可动摇的意志和决心，符合包括2300万台湾同胞在内的全中国人民的共同利益。我们将继续坚持“和平统一、一国两制”的基本方针，贯彻现阶段发展两岸关系、推进祖国和平统一进程的八项主张，团结广大台湾同胞，加强两岸人员往来和经济文化等领域的交流，维护台海和平，造福两岸人民。我们充分理解和尊重台湾同胞求和平、求安定、求发展的意愿和对民主的诉求。我们将以最大的诚意、尽最大的努力争取和平统一的前景。但对任何旨在制造“台湾独立”、“两个中国”、“一中一台”的言行，13亿中国人民都坚决反对。我们绝不允许任何人以任何方式把台湾从中国分割出去。

要继续奉行独立自主的和平外交政策，努力争取较长时期的良好国际环境和周边环境。面对世界多极化和经济全球化趋势的不断发展和复杂多变的国际形势，我们将始终坚持维护世界和平、促进共同发展这一我国外交政策的宗旨，坚持冷静观察、沉着应对的方针和相互尊重、求同存异的精神，同世界各国人民一道，倡导国际关系民主化和发展模式多样化，反对各种形式的霸权主义和强权政治，反对一切形式的恐怖主义，推动建立公正合理的国际政治经济新秩序，共同推进人类和平与发展的崇高事业。我们将继续改善和发展同发达国家的关系，在和平共处五项原则的基础上，妥善解决分歧，扩大共同利益的汇合点。我们将继续坚持与邻为善、以邻为伴的方针，大力推进睦邻友好，加强区域合作。我们将继续加强同发展中国家的团结和合作，支持发展中国家维护自身的正当权益，增进相互理解和信任，加强相互帮助和支持。我们将继续积极参与多边外交活动，在联合国和其他国际及区域性组织中发挥建设性作用。中国的发展有利于亚洲和世界的和平与发展，中国永远是维护世界和平、促进共同发展的坚定力量。

要继续以加强党的执政能力建设为重点，全面推进党的建设新的伟大工程。中国共产党是中国特色社会主义事业的领导核心。实现全面建设小康社会的宏伟目标，不断开创中国特色社会主义事业新局面，关键在于加强和改进党的建设。要坚持以党的执政能力建设为重点，着眼于解决提高党的领导水平和执政水平、增强拒腐防变和抵御风险能力这两大历史性课题，坚持党要管党、从严治党，全面推进党的建设新的伟大工程。要把学习贯彻“三个代表”重要思想新高潮的活动引向深入，不断在武装头脑、指导实践、推动工作上取得新成效。要以提高素质为重点，加强党政领导班子、干部队伍和人才队伍的建设，形成一支能够担当重任、经得起风浪考验的高素质领导干部队伍和能够适应现代化建设需要的高素质人才队伍。始终保持同人民群众的血肉联系，是我们党的生命源泉，是我们党永远立于不败之地的根本保证。各级干部特别是领导干部都要自觉坚持和实践全心全意为人民服务的宗旨，按照立党为公、执政为民的本质要求，牢记“两个务必”，树立正确的政绩观，认真解决党风方面人民群众反映突出的问题，坚决克服和纠正形式主义、官僚主义，切实做到为民、务实、清廉。要进一步加大反腐倡廉的工作力度，坚持标本兼治、综合治理，建立健全与社会主义市场经济体制相适应的教育、制度、监督并重的惩治和预防腐败体系，旗帜鲜明、毫不动摇地把反腐败斗争深入进行下去。

同志们，朋友们！

中国是有着几千年悠久文明历史的伟大国家，中国人民是创造了灿烂文化的伟大人民，中华民族是有着自强不息精神的伟大民族。在长期的历史进程中，中国人民辛勤劳动、艰苦创业，克服了无数的艰难险阻，创造了一个又一个人间奇迹。我们在建设社会主义伟大事业中取得的一切成就，都要归功于全国各族人民的团结奋斗，归功于我国社会主义制度的建立和发展。历史昭示我们，只有中国共产党才能领导中国人民建立社会主义制度，只有社会主义才能救中国、发展中国，只有坚持走中国特色社会主义道路才能实现中华民族的伟大复兴。这是中国近代以来特别是我们党领导人民奋斗的历史反复证明了的真理。这个真理，深刻地体现在毛泽东思想之中、体现在邓小平理论之中、体现在“三个代表”重要思想之中。只要我们沿着马克思主义真理开辟的广阔道路不断前进，任何困难都可以克服，任何风险和挑战都可以战胜，我们一定能胜利地到达社会主义现代化的光辉彼岸。

历史是一条奔流不息的长河。今天由昨天发展而来，明天是今天的延续。实现国家的现代化，实现祖国的完全统一，实现中华民族的伟大复兴，是毛泽东同志、邓小平同志和他们的战友们以及千百万革命先烈的伟大理想。他们为实现这一伟大理想殚精竭虑、前赴后继，谱写了中华民族历史上动人心魄、感人肺腑的壮丽诗篇。今天，历史的接力棒已经传到我们的手中。我们对毛泽东同志的最好纪念，就是把老一辈革命家历经千辛万苦开创的伟大事业继续推向前进，把实现中华民族伟大复兴的史诗继续谱写下去。这是历史赋予我们的神圣使命。我们的事业伟大而艰巨，我们的前程光明而美好。全体共产党员，全体共青团员，全体社会主义劳动者和中国特色社会主义事业建设者，一切热爱祖国的人们，都要更加紧密地团结起来，万众一心、发愤图强，艰苦奋斗、开拓创新，沿着中国特色社会主义道路，向着全面建设小康社会的宏伟目标、向着中华民族伟大复兴的光辉前景奋勇前进！

（新华社北京12月26日电）

坚持发扬艰苦奋斗的优良作风，努力实现全面建设小康社会的宏伟目标

——在西柏坡学习考察时的讲话

胡锦涛

这次，我和中央书记处的几位同志一起到西柏坡来，主要目的是回顾我们党带领人民进行伟大革命斗争的历史，重温毛泽东同志在党的七届二中全会上的重要讲话，牢记毛泽东同志当年倡导的“两个务必”，首先从自身做起，并号召全党同志特别是领导干部，大力发扬艰苦奋斗的作风，为实现党的十六大确定的目标和任务开拓进取、团结奋斗。

刚刚闭幕的党的十六大，全面分析新世纪新阶段党和国家面临的新形势新任务，把“三个代表”重要思想同马克思列宁主义、毛泽东思想、邓小平理论一道确立为我们党必须长期坚持的指导思想，科学总结党领导人民建设中国特色社会主义的基本经验，提出全面建设小康社会的奋斗目标和推进各方面工作的方针政策，选举产生了新一届中央领导

集体,从思想上、政治上、组织上为党和国家事业在新世纪新阶段的发展奠定了坚实的基础。

现在,目标已经确定,蓝图已经绘就。要实现宏伟目标,把蓝图变成美好的现实,需要全党同志和全国各族人民团结一致,艰苦奋斗。在这样的时刻,重温毛泽东同志在党的七届二中全会上的重要讲话,重温邓小平同志、江泽民同志关于全党和全国人民要长期艰苦奋斗的一系列论述,结合新的实际坚持做到"两个务必",具有十分重要的意义。

通过参观学习,我们进一步了解了党的七届二中全会和毛泽东同志提出"两个务必"的历史背景和重大意义。从1947年5月刘少奇、朱德同志抵达西柏坡和1948年4月周恩来、任弼时同志、5月毛泽东同志抵达西柏坡,到1949年3月23日毛泽东同志和党中央离开西柏坡前往北京,这一段时期在我们党的历史上具有重大的意义。周恩来同志曾经说过,西柏坡是我们党进入北京、解放全中国的最后一个农村指挥所,党中央和毛泽东同志在这里指挥了辽沈、平津、淮海三大战役。1949年3月5日到13日,我们党在西柏坡召开了七届二中全会。这是我们党在中国革命的重大历史关头召开的一次极其重要的会议。当时,中国革命处于全国胜利的前夜。我们党领导人民经过28年的浴血奋战,即将完成以农村包围城市、最后夺取全国胜利的历史任务,掌握全国政权、建立新中国的历史使命摆在了党的面前。随着中国革命局势的胜利发展,我们党面临的主要任务将由通过武装斗争夺取政权转向掌握全国政权、领导人民建设国家,我们党的工作重心将由农村转向城市。面对这个重大的历史转折,党中央和毛泽东同志深刻地认识到,如何使全党同志在伟大的胜利面前保持清醒的头脑,在夺取全国政权后经受住执政的考验,始终坚持党的性质和宗旨,防止出现骄傲自满、贪图享乐、脱离群众而导致人亡政息的危险,是我们党面临的全新的历史性课题,必须及时地、郑重地向全党提出这个问题,使全党同志保持高度的警觉,做好充分的思想准备。在党的七届二中全会上,毛泽东同志高瞻远瞩地向全党特别是高级干部敲了警钟,提出了全党同志必须做到"两个务必"的著名论述。这里,我想完整地念一下这段论述。

毛泽东同志深刻地指出:"我们很快就要在全国胜利了。这个胜利将冲破帝国主义的东方战线,具有伟大的国际意义。夺取这个胜利,已经是不要很久的时间和不要花费很大的气力了;巩固这个胜利,则是需要很久的时间和要花费很大的气力的事情。资产阶级怀疑我们的建设能力。帝国主义者估计我们终久会要向他们乞讨才能活下去。因为胜利,党内的骄傲情绪,以功臣自居的情绪,停顿起来不求进步的情绪,贪图享乐不愿再过艰苦生活的情绪,可能生长。因为胜利,人民感谢我们,资产阶级也会出来捧场。敌人的武力是不能征服我们的,这点已经得到证明了。资产阶级的捧场则可能征服我们队伍中的意志薄弱者。可能有这样一些共产党人,他们是不曾被拿枪的敌人征服过的,他们在这些敌人面前不愧英雄的称号;但是经不起人们用糖衣裹着的炮弹的攻击,他们在糖弹面前要打败仗。我们必须预防这种情况。夺取全国胜利,这只是万里长征走完了第一步。如果这一步也值得骄傲,那是比较渺小的,更值得骄傲的还在后头。在过了几十年之后来看中国人民民主革命的胜利,就会使人们感觉那好像只是一出长剧的一个短小的序幕。剧是必须从序幕开始的,但序幕还不是高潮。中国的革命是伟大的,但革命以后的路程更长,工作更伟大、更艰苦。这一点现在就必须向党内讲明白,务必使同志们继续地保持谦虚、谨慎、不骄、不躁的作风,务必使同志们继续地保持艰苦奋斗的作风。我们有批评和自我批评这个马克思列宁主义的武器。我们能够去掉不良作风,保持优良作风。我们能够学会我们原来不懂的东西。我们不但善于破坏一个旧世界,我们还将善于建设一个新世界。"

毛泽东同志的这段论述非常重要,特别是其中的两个重要思想具有长远的指导意义。一是,在伟大的成就面前,党内一部分同志可能会骄傲起来,贪图享乐的思想可能滋长,不愿意再做艰苦的工作,如果不坚决防范和克服这种情绪,党的事业就不能继续向前发展,甚至会失败。二是,不论我们党取得什么样的成就,都必须长期艰苦奋斗,始终坚持马克思主义政党的本色和宗旨,不断维护和实现最广大人民的根本利益,这样我们党才能始终保持同人民群众的血肉联系,始终得到广大人民群众的拥护和支持,始终立于不败之地。

新中国成立五十多年来,我们党对坚持艰苦奋斗的问题一直是高度重视的,总是反复地、经常地向全党同志特别是领导干部加以强调。

新中国成立后,毛泽东同志曾多次要求全党同志和领导干部要坚持艰苦奋斗。他说:“要使全体干部和全体人民经常想到我国是一个社会主义的大国,但又是一个经济落后的穷国,这是一个很大的矛盾。要使我国富强起来,需要几十年艰苦奋斗的时间。”他强调:“我们要保持过去革命战争时期的那么一股劲,那么一股革命热情,那么一种拼命精神,把革命工作做到底。”

党的十一届三中全会以后,邓小平同志一再告诫全党:“中国搞四个现代化,要老老实实地艰苦创业。我们穷,底子薄,教育、科学、文化都落后,这就决定了我们还要有一个艰苦奋斗的过程。”他还说:“艰苦奋斗是我们的传统,艰苦朴素的教育今后要抓紧,一直要抓六十至七十年。我们的国家越发展,越要抓艰苦创业。提倡艰苦创业精神,也有助于克服腐败现象。”

党的十三届四中全会以后,江泽民同志反复强调全党特别是领导干部要永远艰苦奋斗。

1991年9月,江泽民同志专程来到西柏坡,强调在新的历史条件下全党同志必须始终坚持“两个务必”,并作了重要题词:“牢记‘两个务必’,建设有中国特色的社会主义。”1995年,江泽民同志强调:“艰苦奋斗,是中国共产党的光荣传统,是我们党保持同人民群众密切联系的一个法宝,也是一个干部特别是领导干部必须具备的基本政治素质。我们党正是靠艰苦奋斗不断发展壮大起来的。过去干革命需要艰苦奋斗,今天搞社会主义现代化建设,同样要靠艰苦奋斗。”1997年,江泽民同志指出:“党的性质和肩负的历史使命,决定了我们艰苦奋斗的本色。实现党的崇高理想需要经过长时间的奋斗,广大党员和干部无论在什么情况下都要发扬艰苦奋斗精神,永不停步地前进。”2001年11月,他到河北考察工作时,再一次要求全党同志坚持“两个务必”,指出:“要结合新的实际在全体党员干部中广泛开展坚持‘两个务必’的教育,使全党同志在日益复杂的国内外环境中始终保持清醒的头脑,居安思危,增强忧患意识,扎扎实实地为国家和人民工作。”

党的三代领导核心关于坚持艰苦奋斗的论述,语重心长、寓意深刻,我们要认真领会,切实贯彻。

现在,我国已进入全面建设小康社会、加快推进社会主义现代化的新的发展阶段。经过十一届三中全会以来二十多年特别是十三届四中全会以来13年的艰苦奋斗,我国的改革开放和社会主义现代化建设取得了举世瞩目的伟大成就,我们完全有理由为此感到自豪,但我们决不能自满,决不能懈怠,决不能停滞。成绩越大,喝彩声越多,我们越要保持清醒的头脑。而且,必须看到,我们取得的成就只是在伟大征途上迈出的坚实一步,要完成十六大提出的全面建设小康社会的奋斗目标,要完成基本实现现代化、把我国建设成为富强民主文明的社会主义国家的历史任务,要不断开创中国特色社会主义事业新局面,我们要走的路还长得很,我们肩负的任务还很艰巨,我们可能遇到的困难和挑战还会很多,我们必须始终谦虚谨慎、艰苦奋斗。

中华民族历来以勤劳勇敢、不畏艰苦著称于世。我们的古人早就讲过,“艰难困苦,玉汝于成”,“居安思危,戒奢以俭”,“忧劳兴国,逸豫亡身”,“生于忧患,死于安乐”,等等。这些警世名言,今天对我们依然有着重要的启示作用。历史和现实都表明,一个没有艰苦奋斗精神作支撑的民族,是难以自立自强的;一个没有艰苦奋斗精神作支撑的国家,是难以发展进步的;一个没有艰苦奋斗精神作支撑的政党,是难以兴旺发达的。在我们党八十多年的历程中,艰苦奋斗作为强大的精神力量,始终激励着我们顽强进取、百折不挠,在各种困难和考验面前巍然屹立、敢于胜利。可以说,我们党是靠艰苦奋斗起家的,也是靠艰苦奋斗发展壮大、成就伟业的。没有艰苦奋斗,就没有我们党今天的局面。艰苦奋斗作为我们党的优良传统和作风,作为我们马克思主义政党的政治本色,是凝聚党心民心、激励全党和全体人民为实现国家富强、民族振兴共同奋斗的强大精神力量,是我们党保持同人民群众血肉联系的一个重要法宝。在革命战争年代和社会主义革命、建设、改革时期,千千万万革命先辈和共产党人为了党和人民的事业无私奉献、忘我奋斗,他们中的许多人不惜牺牲了宝贵的生命,谱写了我们党坚持艰苦奋斗的壮丽篇章。我们永远不能忘记他们为党和人民建立的丰功伟绩,永远不能忘记他们用生命培育的奋斗精神,一定要继承和发扬他们的优秀品质和崇高精神,做到为党和人民的事业生命不息、奋斗不止。

应该看到,这些年来,拜金主义、享乐主义和奢靡之风在党员队伍和干部队伍中有滋长蔓延之势,艰苦奋斗的优良作风在一部分党员、干部那里被淡忘了,在少数人那里甚至被丢得差不多了。大量事实表明,在新的历史条件下,能不能坚持发扬艰苦奋斗的优良作风，能不能经得起权力、金钱、美色的诱惑，对每个党员特别是领导干部是一个很现实的考验。我们讲艰苦奋斗，当然不是要人们去过清教徒式、苦行僧式的生活，也不是要否定合理的物质利益，而是要大力提倡艰苦奋斗、自强不息，与时俱进、开拓创新的精神，要求每个领导干部始终保持共产党人的政治本色。越是改革开放和发展社会主义市场经济，越要弘扬艰苦奋斗的精神。即使将来我们的国家发达了，人民的生活富裕了，艰苦奋斗的精神也不能丢。那种认为艰苦奋斗是老一套、已经过时了的想法是错误的，也是很有害的。

这里，我向全党同志特别是领导干部提四点希望。

第一，牢记我国的基本国情和我们党的庄严使命，树立为党和人民长期艰苦奋斗的思想。要深刻认识坚持艰苦奋斗的重要性，关键是要清醒地认识我国的基本国情。我国正处于并将长期处于社会主义初级阶段，人民日益增长的物质文化需要同落后的社会生产之间的矛盾仍然是我国社会的主要矛盾。十六大报告在提出全面建设小康社会的奋斗目标时，深刻分析了我们面临的突出问题和困难，向全党和全国人民明确提出了必须长时期艰苦奋斗的要求。我国是一个有近 13 亿人口的发展中大国，生产力和科技、教育比较落后，实现工业化和现代化还有很长的路要走。我国人民生活总体上达到了小康水平，但现在达到的小康还是低水平的、不全面的、发展很不平衡的小康，巩固和提高目前达到的小康水平，还需要进行长期的艰苦奋斗。同世界先进水平相比，我国的经济实力、科技实力、国防实力还存在很大的差距，我们仍然面临发达国家在经济科技等方面占优势的压力。面对复杂多变的国际局势，国内繁重艰巨的改革、建设任务和我们党肩负的庄严使命，我们没有任何理由陶醉于已有的成绩而稍有懈怠，没有任何理由固步自封而止步不前，没有任何理由满足现状而不思进取。全党同志特别是各级领导干部必须清醒地看到激烈的国际竞争给我们带来的严峻挑战，清醒地看到我们肩负的任务的艰巨性和复杂性，清醒地看到我们工作中存在的困难和风险，增强忧患意识，居安思危，深刻认识坚持艰苦奋斗的极端重要性，牢固树立为党和人民长期艰苦奋斗的思想。

第二，牢记全心全意为人民服务的宗旨，始终不渝地为最广大人民谋利益。艰苦奋斗，是我们党作为马克思主义政党的本色，也是我们党坚持执政为民、始终成为中国特色社会主义事业领导核心的必然要求。只有坚持艰苦奋斗，心中装着人民群众，始终同人民群众同呼吸、共命运、心连心，才能保持我们党同人民群众的血肉联系，才能增强抵御腐朽思想侵蚀的能力，才能不断与时俱进、开拓创新。如果丢掉了艰苦奋斗的作风，贪图享乐，不愿意再做艰苦的工作，对群众的疾苦漠然置之，对群众的呼声充耳不闻，就必然会脱离群众。牢记党的宗旨，坚持艰苦奋斗，这两者之间有着十分紧密的联系。只有牢记全心全意为人民服务的宗旨，才能保持艰苦奋斗的革命意志和革命品格；只有坚持艰苦奋斗，才能更好地履行全心全意为人民服务的宗旨。坚持艰苦奋斗，根本目的就是要为最广大人民的根本利益而不懈努力，不断把人民群众的利益维护好、实现好、发展好。这也是我们贯彻“三个代表”重要思想的必然要求。各级领导干部要坚持深入基层、深入群众，倾听群众呼声，关心群众疾苦，时刻把人民群众的安危冷暖挂在心上，做到权为民所用，情为民所系，利为民所谋。尤其要关心那些生产和生活遇到困难的群众，深入到贫困地区、困难企业中去，深入到下岗职工、农村贫困人口、城市贫困居民等困难群众中去，千方百计地帮助他们解决实际困难。要通过扎实有效的工作，实实在在地为群众谋利益，带领群众创造自己的幸福生活。

第三，牢记党的基本理论、基本路线、基本纲领和基本经验，以艰苦奋斗的精神做好各项工作。发扬艰苦奋斗的作风，要同贯彻落实党的基本理论、基本路线、基本纲领和基本经验紧密结合起来，同全面贯彻落实“三个代表”重要思想紧密结合起来。实践证明，要把党的事业不断推向前进，需要有正确理论、路线和方针政策的指引，还要有良好的精神状态和扎实的作风，经过艰苦奋斗，把各项工作落到实处。我们讲要聚精会神搞建设，一心一意谋发展，不下真功夫、苦功夫是不行的。所有领导干部要保持昂扬向上的精神状态，发扬百折不挠的斗志，坚定不移地在工作中贯彻落实党的理论、路线和方针政策，扎扎实实地做好各项工作。要坚持实现远大目标和切实做好当前工作的统一，坚持发扬共产党人的革命精神和坚持科学务实态度的统一，脚踏实地，埋头苦干，讲实效，办实事，坚决反对形式主义和官僚主义。要不畏艰难，奋力拼搏，勇于开拓，善于创新，在带领群众战胜困难的过程中，切实落实党的方针政策，全面做好改革发展稳定的各项工作。

第四，牢记党和人民的重托和肩负的历史责任，自觉在艰苦奋斗的实践中加强党性锻炼。毛泽东同志曾经指出："坚定正确的政治方向，是与艰苦奋斗的工作作风不能脱离的，没有坚定正确的政治方向，就不能激发艰苦奋斗的工作作风；没有艰苦奋斗的工作作风，也就不能执行坚定正确的政治方向。"毛泽东同志的这段话，深刻地揭示了坚持正确的政治方向和坚持艰苦奋斗之间的辩证关系。对于共产党员和领导干部来说，保持和弘扬艰苦奋斗的精神，说到底就是牢固树立和坚持马克思主义的世界观、人生观、价值观的问题。只有从根本上解决好世界观、人生观、价值观的问题，牢固树立群众观点，才能使艰苦奋斗的精神在思想上真正扎根、在行动上自觉体现。只有真正做到为党和人民艰苦奋斗，才能在思想上作风上真正贴近群众，也才能在实践中不断解决好世界观、人生观、价值观的问题。总之，艰苦奋斗既是我们必须大力弘扬的工作作风，又是我们必须大力弘扬的思想作风，是共产党人应有的政治品质。

大力弘扬艰苦奋斗的精神，关键是领导干部要以身作则，首先是高级干部要率先垂范。

我们手中的权力是党和人民赋予的，只能用来为广大人民谋利益。要树立正确的权力观，坚持立党为公、执政为民，真正为人民掌好权、用好权，做到夙兴夜寐、勤奋工作。无论在成绩面前还是在困难面前，领导干部都要始终保持谦虚谨慎、不骄不躁的作风，保持艰苦奋斗的作风。各级领导干部特别是年轻干部，要自觉地发扬脚踏实地、真抓实干的作风，弘扬艰苦朴素、勤俭建国的精神，坚决反对浮躁浮夸、急功近利，坚决反对铺张浪费、大手大脚。各级领导干部要在实践中不断加强自身修养，牢固树立艰苦奋斗的思想，磨练艰苦奋斗的意志，始终坚持讲学习、讲政治、讲正气，始终做到自重、自省、自警、自励，始终保持共产党人的蓬勃朝气、昂扬锐气、浩然正气，扎扎实实、踏踏实实地工作，不断为党和人民建立新的业绩。

1949年3月23日上午，从西柏坡动身前往北京的时候，毛泽东同志说："今天是进京赶考的日子。"这是一句意味深长的话。毛泽东同志充分估计到，在这个重大历史关头，党所肩负的任务是繁重的，党所面临的挑战是严峻的，需要全党同志继续进行艰苦的努力。五十多年的实践证明，在党的三代中央领导集体的领导下，我们党在这场考试中取得了优异的成绩。今天，在新世纪新阶段，我们党要带领人民实现全面建设小康社会的奋斗目标，不断开创中国特色社会主义事业新局面，是这场考试的继续。我们新一届中央领导集体的同志，所有领导干部和全体党员，一定要高举邓小平理论伟大旗帜，全面贯彻"三个代表"重要思想，紧紧依靠全国各族人民，在这场考试中经受考验，努力交出优异的答卷。

（新华社北京1月2日电）

（注：这是胡锦涛同志2002年12月6日在西柏坡学习考察时的讲话）

坚决打好非典型肺炎防治这场硬仗

温家宝

一

今年以来，我国经济政治形势很好。国民经济保持良好发展势头，经济增长速度加快，经济效益明显提高，财政收入、进出口贸易和利用外资大幅度增长。改革开放继续推进。各项事业全面发展。社会政治保持稳定。

当前，社会经济生活中的一个突出问题，是一些地区发生非典型肺炎疫情。非典型肺炎是一场突如其来的重大灾害。疫情发生后，党中央、国务院高度重视。胡锦涛总书记多次作出重要指示，要求卫生部等部门和有关地区采取有效措施，加强疾病监控，做好救治工作，尽快查找病因，制定预防、控制办法，防止疫情蔓延。新一届国务院成立以后，就把非典型肺炎防治工作放在突出重要位置。

多次召开常务会议对非典型肺炎防治工作进行专门研究和部署，果断地作出决定，将非典型肺炎列入我国法定的传染病进行依法管理，每天向世界卫生组织通报情况，并向社会公布疫情。从组织领导、工作机制、疫情防治和舆论宣传等方面，采取了一系列措施。经过有关地区、部门和广大医护人员的共同努力，防治工作取得了明显成绩。

但是，当前非典型肺炎防治工作的形势依然严峻。广东等发病较早的地区仍有新发病例不断出现。北京、山西等省市病例增多。前一段未发现疫情的地区，有些最近也出现病例或疑似病例，流行的范围有扩大趋势。由于我国人口多、流动性大，目前尚未发现疫情的地区，也存在输入病例的危险。特别是非典型肺炎传播性较强，流行特点还没有完全掌握，鉴别诊断和治疗困难。因此，我们务必充分认识非典型肺炎防治工作的复杂性、艰巨性和反复性，要做好充分的思想准备和工作准备，绝不可掉以轻心，有丝毫的麻痹松懈思想。

非典型肺炎疫情的发生和蔓延，已经给我国旅游、贸易、对外交往和社会生活带来一些负面影响。如果不采取坚决有力的措施，控制住疫情蔓延，彻底消除疫病，还会给我国带来更大的危害和损失。搞好非典型肺炎防治工作，直接关系广大人民群众的身体健康和生命安全，直接关系改革发展稳定的大局，直接关系国家利益和我国国际形象。全国上下必须进一步动员起来，坚决打好同非典型肺炎疫情做斗争这场硬仗。

非典型肺炎的防治工作，是对我们党和政府应对突发事件、驾驭复杂局面能力的又一次严峻考验。疫情的发生和扩散，不可避免地会带来一定的经济社会损失。但如果我们应对得当，措施有力，战胜疫情，就可以使坏事变为好事。这不仅能够增强我们控制突发公共卫生事件和防疫、防病的应变能力，而且能够进一步增强人民的团结和民族凝聚力，增强世界人民对中国发展前景的信心。我们要在战略上藐视疫情，在战术上重视疫情，树立必胜的信心。我们有党中央、国务院的坚强领导，有雄厚的物质基础和较好的医疗技术条件，有对人民高度负责的干部队伍和医务工作者队伍，同时也积累了一些预防、治疗和控制疫病的经验，只要高度重视，工作到位，依靠科学，依靠群众，就一定能够赢得这场非典型肺炎防治战役的全面胜利。

二

做好非典型肺炎防治工作，总的要求是：沉着应对，措施果断；依靠科学，有效防治；加强合作，完善机制。务必使发病人数逐步减少，治愈率不断提高，死亡率明显下降。当前，要集中力量抓好以下几项重点工作。

第一，采取果断措施，控制疫情蔓延。这是当务之急，也是防治工作的重中之重。我们一定要立足于防大疫、抗反复，千方百计采取一切可能的措施，坚决把疫情控制住。控制疫情，关键是要做到“四早”：早发现、早报告、早隔离、早治疗。无论是已经发现疫情的地区还是没有发现疫情的地区，都要切实加强对疫情的预防和监测。一旦发现疫情，就要采取坚决果断措施，控制传染源，阻断传播途径，防止疫情传播和蔓延。要严格疫情报告制度。所有地方、任何单位都必须及时准确地掌握和上报疫情，绝不允许缓报、瞒报和漏报。否则，要严肃追究有关地方、部门领导人的责任。

要突出重点部位和重点环节，切实加强监控和防范。对人群密集的地方和单位，做出特殊的部署。从目前的实际情况看，疫情传播的主要渠道，除了医疗机构外，主要是飞机、火车、轮船、汽车等大众交通工具以及入境口岸。国务院有关部门已发出文件，要求对这些人口比较集中、流动性比较大的地方，加大检疫力度，各地要密切配合做好这项工作。铁路、公路、水运沿线、大中城市和主要航空站所在地，都要设立病人留验站，配备必要设备和人员，制定留验、调查、处理方案，发现病人和疑似病例均要及时隔离观察，任何地方都不得拒收。各种公共交通工具也都要采取必要措施，发现病人及时隔离、消毒并登记备查。

要严格控制医院内感染，加强对非典型肺炎患者和疑似病人的医疗管理，高度重视医护人员的身体健康和安全保护。目前在所发病例中，医护人员占了一定数量。这一方面反映出医护人员发扬了救死扶伤的人道主义精神，另一方面也反映出对医护人员缺乏必要的防护措施。各级政府和卫生部门对他们的健康安全要给予格外关心，对直接接触非典型肺炎病人的医护人员，要加强安全保护措施，配备有效的防护设备。

第二，坚持分类指导，全面加强预防。要根据各地的不同情况，实行分类指导，采取有针对性的措施。广东等发现疫情比较早的地区，要认真总结行之有效的防治经验，努力巩固防治成果，防止疫情出现反复，并力争尽快消除疫病。同时，要向其他地区提供成功的防治方法和经验。新发现疫情的地区，要加强对重点人群、重点单位的疾病监测和控制。严格隔离病人，严防疫情扩散。不但发现的病人要严格隔离治疗，而且疑似病人以及病例的密切接触者也要隔离和检查。目前尚未发现疫情的地区，要保持高度警觉，切不可存有侥幸心理。如果放松警惕，没有制定防治措施和应对预案，疫情一旦出现，就会惊慌失措。必须充分估计可能出现的疫情，研究制定有效的应对预案和防治措施，一经发现疫情，及时加以处置。

要加强农村疫情预防工作。农村卫生医疗条件差，农民防范意识薄弱，一旦出现疫情，很容易在不知不觉中造成拖延和扩散，后果不堪设想。必须严防疫情向农村扩散。学校、机关、军队、企业事业等单位，特别是中小学和幼儿园，都要采取有针对性的措施，加强监控和防范。

要关心在华外国人的健康保障问题。凡是外国人比较集中的地方，要加强防疫工作，做好宣传和服务。切实保障在华使馆、商社、媒体等各类外籍人员的身体健康。

第三，组织力量攻关，尽快研究有效的治疗方法。卫生部门要组织卫生、教育、科技以及军队系统各学科专家，集中优势力量，密切合作，联合攻关，做到资源共享，信息互通。各方面医疗机构要形成非典型肺炎实验室网络，以便对相关结果、样本和实验信息及时进行交流。对攻关所需要的人力、物力和财力，有关部门要给予积极支持。还要充分利用国外先进技术和专家力量，共同研究有效的诊断方法和治疗方法。经过努力，争取尽早地取得重大突破，这将是对世界和人类做出的贡献。

第四，强化救治工作，提高治疗效果。各地都要指定专门医院，增强收治能力，切实提高治愈率，明显降低死亡率。这是人民政府对人民高度负责和实行人道主义的要求，也是避免群众出现恐慌情绪的关键。疫病患者较多的城市，要增加定点医院，扩大专门病区。疫情严重的城市，凡能满足治疗要求或通过采取一些改进措施即可达到治疗标准的医院，都要尽可能对社会开放收治病人，防止病人因辗转求医而耽误治疗并传染他人。要采取中西医结合等有效办法，积极探索和提高治疗效果。要改善医院的治疗条件。对经济上有困难的病人，要在医疗费用等方面采取救助办法，中央和地方政府以及有关单位都要给予支持，以防止患者无法得到及时诊治，造成生命危险和传染面扩大。要千方百计确保无一患者漏治，无一疑者漏查。

第五，抓紧建立全国应对公共卫生事件的应急处理机制。通过多年的努力，我们初步建立了一个全国性的疾病预防控制体系，在各种疾病特别是传染病的防治方面发挥了重要作用。但是从非典型肺炎的防治情况看，这个体系还不能适应新的情况。应对突发性公共卫生事件，还缺乏应急反应的能力。这次疫情使我们更加深刻地认识到，要构筑防疫大堤，必须从根本上改善防止疫病发生的卫生环境。要以此为契机，加快推进卫生体制改革步伐，实行治疗与预防相结合，建立起疾病防治的快速反应机制。国务院已决定，建立国家应对突发公共卫生事件应急处理机制。要建设有权威的疾病预防控制中心，建立起全国性疫情特别是突发性疫情信息系统，加强防治机构和队伍建设。这方面政府要给予必要的财力投入。各地区也要抓紧研究建立本地区公共卫生事件的应急处理机制。要做到一旦发生疫情，就能够及时掌握，并采取措施有效防治，快速遏制疾病的传播和蔓延。

第六，加强国际和地区间防治工作的合作与交流。任何疾病特别是原因不明的传染性新疾病，都是全人类的共同敌人。战胜非典型肺炎疫情是国际社会的共同任务。我们要加强同世界各国和有关国际组织的合作，特别是同世界卫生组织的合作，包括科研合作和信息交流。从2月底开始，我们先后接待了三批世界卫生组织专家来华考察。从4月1日起，每日向世界卫生组织通报疫情，并请世界卫生组织专家到疫情比较严重的广东省实地调研。对外合作态度要积极，力求取得实际效果。我们要继续加强同世界卫生组织的合作与交流，同时还要重视借鉴其他国家和地区的经验。要加强同香港特别行政区的合作，尽可能支持和帮助香港战胜疫情。现在我们已经与香港、澳门两个特别行政区建立了非典型肺炎防治工作联系机制，正在开展积极的合作。还要同台湾地区开展多种形式的疫情控制和疫病防治合作。

三

加强非典型肺炎预防、治疗和控制工作，事关全局，责任重大。做好这项工作，关键在于加强统一领导，层层建立责任制，把各项工作落到实处。

第一，高度重视，明确责任。防治和消除非典型肺炎，是贯彻落实“三个代表”重要思想的具体体现，也是政府执政为民、对人民高度负责的必然要求。这项工作已经不是一个单纯的卫生医疗问题，而是一个关系全局的重大经济社会问题。各地区、各部门一定要把思想统一到党中央、国务院关于加强非典型肺炎防治工作的要求和部署上来，要按照《中华人民共和国传染病防治法》的规定，认真贯彻落实各项措施。要切实把做好非典型肺炎防治工作，作为各级政府当前的重大任务，摆在重要议事日程，主要负责同志要亲自抓、负总责，领导班子中要有专人抓。国务院已建立了工作机构和协调机制。无论是已经发现还是尚未发现疫情的地区，都要建立本地区非典型肺炎防治工作的领导机构、协调机制，积极主动地开展工作。遇到重大问题，要及时向党中央、国务院报告。

第二，通力协作，密切配合。非典型肺炎防治工作是一项复杂的社会系统工程。各部门、各地区和各有关方面，一定要有全局观念、大局意识，在党中央、国务院统一领导下，协同配合，共同努力，全国上下拧成一股绳。中央各部门要各司其职，各负其责。卫生部门要把这项工作作为重中之重。其他部门要积极支持和配合卫生部门，共同做好疫情防治工作。从中央到地方各级财政部门都要安排必要的资金，保证防治工作的需要。中央各有关部门要加强与地方的联系和沟通，及时帮助地方解决疫情防治工作中遇到的困难和问题。各地区之间要在疫情预防、监控、病人救治等方面相互支持，加强协作。各地如发现非典型肺炎病人和疑似病例，原则上参考卫生部制定的防治技术方案就地隔离、就地救治。各级卫生部门要统一协调医务人员和医疗技术力量，指导和帮助疫情严重地区的防治工作。北京市党政军部门很多，防治工作由北京市政府统一负责。

第三，加强宣传，注重实效。我们已经定期公布疫情，还要继续完善这项制度。各地区、各部门要深入宣传党和政府对疫情防治工作采取的有效措施，大力宣传一些地方预防、检查诊断、临床治疗的成功经验和做法。采取多种方式，向国际社会报道我国非典型肺炎的防治情况。

第四，加强思想教育，做好群众工作。要充分发挥我们的政治优势，切实做好群众的思想政治工作。要加强科普教育，广泛宣传疾病预防知识，让广大人民群众知道非典型肺炎可防、可治、可控制，及时解疑释惑，消除恐惧心理，保持正常的生产生活秩序。要结合开展全民爱国卫生运动，增强广大人民群众自我健康保健意识。要十分关心非典型肺炎病人，满腔热情、千方百计进行医疗救治，绝不能疏远和歧视他们，还要做好患者家属、亲友的思想工作和防护工作。现在，进城务工就业的农民工很多，也要很好关心他们的防病治病工作。对疑似隔离人员，态度要和蔼，要耐心，晓之以理，动之以情，不可造成对立情绪。

第五，统筹兼顾，合理安排。要继续全面贯彻党的十六大精神和党中央、国务院关于今年工作的各项部署。在抓紧抓好非典型肺炎防治工作的同时，毫不放松经济工作和其他各项工作，努力保持经济发展的良好势头，把非典型肺炎的负面影响降到最低程度。要做好重点商品准备，保证市场供应。对趁机制售假冒伪劣产品、哄抬物价、行骗牟利的行为，要依法查处。

非典型肺炎对我国旅游、交通、商贸和对外交往等活动造成的暂时影响是难以避免的。

对此，我们要正确对待，把眼光放长远一些，不要计较一时的得失。只要我们尽快消除疫情，积极主动做好工作，局面很快就会改观。要认真做好所有的国际交流活动的卫生保障工作。承办国际交流活动的地方和单位，必须制定卫生保障工作预案，完善应急处理措施，确保国际交流活动的顺利进行。

今年我国改革发展稳定的任务非常繁重，做好非典型肺炎防治工作关系重大。我们要紧密团结在以胡锦涛同志为总书记的党中央周围，全面贯彻“三个代表”重要思想，以对人民高度负责的精神，坚定信心，扎实工作，夺取非典型肺炎防治工作的全面胜利，确保完成今年的各项任务。

（新华社北京4月21日电）

（本文是温家宝同志2003年4月13日在全国非典型肺炎防治工作会议上的讲话摘要）

坚持“三贴近”要着重解决五个问题

李长春

最近一段时间，改进和加强宣传思想工作取得了新进展，特别是“两会”的新闻报道，受到了好评。胡锦涛同志对前一阶段的宣传思想工作给予充分肯定，要求我们“总结经验，深化改革，在‘三贴近’上取得新进展”。这既是对宣传思想战线的很大鼓励，也是对今后工作提出的更高要求，为改进和加强宣传思想工作、深化文化体制改革指明了方向。

围绕着贴近实际、贴近生活、贴近群众，毛泽东、邓小平、江泽民都有很多重要论述，胡锦涛同志明确要求宣传思想战线在“三贴近”上取得新进展，我们一定要高度重视，认真学习，很好地贯彻落实。

把握“三贴近”的丰富内涵

“三贴近”具有丰富的内涵，可以做如下概括：

贴近实际，就是立足于社会主义初级阶段这个最大的实际，始终坚持解放思想，实事求是，与时俱进，紧跟时代步伐，适应现阶段经济、政治、文化发展的实际状况和要求，适应不断发展变化的客观现实，真实反映改革开放和现代化建设的实践，坚持把发展作为第一要务，更好地为党和国家的中心工作服务，为大局服务。要树立实践的观点，把回答和解决实践提出的重大课题作为宣传思想工作的中心任务，从实际出发部署工作，按实际需要推进工作，以实际效果检验工作，使宣传思想工作更加具体实在、扎实深入。

贴近实际，要求我们遵循马克思主义的认识论，坚持一切从实际出发，而不能从本本和概念出发、不解决任何实际问题；贴近实际，要求我们适应群众的接受能力，形成与社会主义初级阶段基本经济制度相适应的思想观念，不能超越阶段，用脱离实际的说教强加于人；贴近实际，就要贴近中心，贴近大局，不能远离改革开放和现代化建设的主战场，搞“两层皮”；贴近实际，就要说实话，鼓实劲，求实效，不能只求场面上的轰轰烈烈，搞形式主义。

贴近生活，就是深入到火热的现实生活中去，深入到社会经济、政治、文化生活和人民群众的日常生活中去，反映客观现实，把握社会主流，解决具体矛盾，更好地融入生活、服务生活、引导生活。要始终把工作视点对准火热的生活，关注朴素平凡的生活细节，聚焦丰富多彩的生活场景，从现实生活中挖掘生动事例、汲取新鲜营养，展示未来生活的美好前景，激励人民群众同心协力，奋发图强，为创造更加美好的新生活而共同奋斗，使宣传思想工作更加入情入理，充满生活色彩、富有生活气息。

贴近生活，就要求我们以生活为源泉，忠实地反映和表现生活，不能本末倒置，用抽象的概念裁剪生活，用主观的想象代替生活，不能违背生活现实，闭门造车；贴近生活，就要抓住生活本质，解决生活难题，丰富生活内容，不能停留在社会表象和简单的说教，搞形式主义；贴近生活，就要求我们必须跟上生活变化的新节奏，传递生活变化的新信息，满足群众精神文化生活的新需求。

贴近群众，就是深深扎根于群众之中，想群众之所想，急群众之所急，办群众之所盼，充分体现群众意愿，满足群众需求，把握群众脉搏，说群众想说的话，讲群众能懂的话，为群众提供想看爱看、健康向上的精神文化产品，更好地代表最广大人民群众的根本利益。要牢固树立群众观点，权为民所用、利为民所谋、情为民所系，以群众满意不满意、高兴不高兴、赞成不赞成、答应不答应作为根本出发点和落脚点，多联系群众身边的事例，多反映群众的切身感受，多运用群众熟悉的语言，多用群众喜闻乐见的形式，使宣传思想工作更加可亲可信、深入人心。

贴近群众，要求我们高度重视群众的主体地位，吸引群众广泛参与，不能把群众当成被动接受的对象；贴近群众，要求我们高度重视实现群众的切身利益，所有工作都要着眼于为人民群众办实事、办好事；贴近群众，要求我们高度重视人民群众多层次、多方面、多样化的精神文化需求，把普及和提高结合起来，丰富群众文化生活。

突出强调“三贴近”的重大意义

当前为什么要这样突出地强调“三贴近”呢？可以从四个方面来理解。

1.“三贴近”是用“三个代表”重要思想统领宣

传思想工作的必然要求。

坚持用“三个代表”重要思想统领宣传思想工作，说到底就是要在宣传思想工作中全面贯彻“三个代表”要求。“三贴近”体现了“三个代表”重要思想对宣传思想工作的要求，为宣传思想工作落实“三个代表”要求提供了有效途径。

只有做到“三贴近”，宣传思想工作才能面向全面建设小康社会的实践，紧紧围绕发展这个执政兴国的第一要务，更好地服从服务于全党全国工作大局，最大限度地激发广大人民群众的积极性和创造性，为改革开放和现代化建设提供强有力的思想保证、精神动力和舆论支持，把代表先进生产力的发展要求落到实处。只有做到“三贴近”，宣传思想工作才能深深植根于中华文明沃土和火热的现实生活，始终坚持“二为”方向和“双百”方针，发展面向现代化、面向世界、面向未来的，民族的科学的大众的社会主义文化，不断丰富人们的精神世界，增强人们的精神力量，满足人们的精神文化需求，把代表先进文化前进方向的要求落到实处。只有做到“三贴近”，宣传思想工作才能始终坚持全心全意为人民服务的宗旨，贯彻党的群众路线，把体现党的意志和反映人民心声统一起来，帮助群众解决生产生活中的实际问题，把代表最广大人民群众根本利益的要求落到实处。

2.“三贴近”是新世纪新阶段加强和改进宣传思想工作的重要突破口。

改革开放以来，特别是党的十三届四中全会以来，党的宣传思想工作取得了巨大成就。但是，随着时代的变化和实践的发展，我们也面临许多新情况、新问题。适应新形势、开创新局面，必须从“三贴近”入手。

抓住了“三贴近”，就能推动我们解放思想、实事求是、与时俱进，一切从实际出发，找准有效解决存在问题的方法和途径，为宣传思想工作奠定更加坚实的群众基础。抓住了“三贴近”，就能使理论研究紧紧围绕现代化建设的实际回答现实问题，不断实现理论创新，使理论宣传紧紧围绕广大群众的思想实际解疑释惑，更好地实现用科学的理论武装人。抓住了“三贴近”，就能在新闻宣传上把体现党的意志和反映人民群众的心声结合起来，从人民群众的实际需要出发，办出特色，办出风格，更好地实现用正确的舆论引导人。抓住了“三贴近”，就能在思想政治工作中把继承和创新结合起来，使思想政治工作更加可亲可信、入情入理，更好地实现用高尚的精神塑造人。抓住了“三贴近”，就能把弘扬主旋律和提倡多样化结合起来，做到思想性、艺术性、观赏性的统一，满足人民日益增长的文化需求，更好地实现用优秀的作品鼓舞人。

3.“三贴近”是宣传思想工作增强针对性、实效性和吸引力、感染力的根本实现途径。

增强宣传思想工作的针对性、实效性和吸引力、感染力，是宣传思想工作体现时代性、把握规律性、富于创造性的必然要求。而贴近实际、贴近生活、贴近群众，是实现这“两性”、“两力”的根本途径。这就像“过河”和“桥”的关系。“两性”、“两力”是我们的愿望，“三贴近”就是实现愿望的途径。

做到“三贴近”，就能使宣传思想工作从实际出发，适应形势的变化和实践的要求，因时因地因人制宜，有的放矢，取得实效；就能使宣传思想工作扎根现实生活，从生活中汲取营养，与时俱进，始终保持生机与活力；就能使宣传思想工作把群众的思想实际和群众需求作为第一信号，紧扣群众思想脉搏，吸引群众参与，引起群众共鸣，实实在在为群众讲话，得到群众的拥护和信任；就能使宣传思想工作充分体现尊重人、理解人、关心人，弘扬以人为本的人文精神。如果脱离实际、脱离生活、脱离群众，宣传思想工作就丧失了根基，就会显得苍白无力，陷入形式主义和“自娱自乐”之中。

4.“三贴近”体现了辩证唯物主义和历史唯物主义的世界观和方法论，是宣传思想战线必须长期坚持的工作原则。

坚持“三贴近”，就是坚持实践第一的观点，就是坚持人民群众是历史创造者的观点，就是坚持解放思想、实事求是、与时俱进的思想路线，就是坚持党的群众观点和群众路线。宣传思想工作属于意识形态领域里的工作，必须以实践为基础，以生活为源泉，从群众中来，到群众中去。客观实际不断变化，社会生活不断前进，人民群众不断提出新的要求。宣传思想工作要不落后于实际，不落后于群众，就必须始终不渝地做到“三贴近”。实践没有止境，解放思想没有止境，“三贴近”也没有止境。因此，要把“三贴近”作为宣传思想战线的重要工作原则，长期坚持下去。

当前坚持“三贴近”要着重解决的五个问题

坚持“三贴近”，要落实到各项工作中，要从眼前抓起，从具体事情抓起。当前，要着重解决五个方面的问题。

——不断深化对"三贴近"的重要意义的认识。

提高认识,统一思想,形成共识,是贯彻"三贴近"的重要前提。要组织宣传思想战线广大干部特别是领导干部认真学习党的三代领导核心的有关论述,学习胡锦涛同志的有关重要指示,加强辩证唯物主义和历史唯物主义的教育,加强党的思想路线和群众路线的教育,加强"两个务必"的教育,进一步深化对"三贴近"重要意义的认识。要在实际工作中大力倡导"三贴近",积极鼓励"三贴近",努力实践"三贴近",形成一个有利于实践"三贴近"的浓厚氛围,使"三贴近"在宣传思想战线蔚然成风。

——按照"三贴近"的要求把学习宣传贯彻十六大精神不断引向深入。

我们要按照胡锦涛总书记提出的围绕主题、把握灵魂、抓住精髓、狠抓落实的要求,把学习宣传贯彻十六大精神的热潮不断引向深入。要以"三贴近"为突破口,进一步在深入人心上下功夫,在开拓创新上下功夫,在力求实效上下功夫。做到了"三贴近",就能进一步扩大学习宣传的覆盖面,使十六大精神家喻户晓,人人明白,把十六大提出的重要观点、重要论断、重大政策、重大部署说充分说清楚,把全党全社会的注意力集中到发展先进生产力和先进文化,实现最广大人民群众的根本利益上来。

做到"三贴近",一是要紧密结合广大干部群众的思想实际,用公众易于理解和接受的方式,用实际工作和生活中的鲜活事例,用通俗易懂、生动活泼的语言,深入浅出地回答大家普遍关心的热点难点问题。二是要紧密联系工作实际,解决改革发展稳定中的突出矛盾,解决群众生产生活中的实际困难,解决党的建设和干部作风中存在的具体问题,扎扎实实地推动工作。三是要进一步深化理论研究,尽快推出一批研究阐释"三个代表"重要思想,有深度、有价值的理论成果。新闻媒体和出版部门推出一批说服力强、影响力大的理论文章、学术性著作和电视理论文献片,把"三个代表"重要思想的学习宣传研究引向深入。

——切实把"三贴近"要求贯穿到宣传思想工作的各个方面。

理论研究工作"三贴近",就要以改革开放和现代化建设的实际问题、以我们正在做的事情为中心,着眼于马克思主义的运用,着眼于对实际问题的理论思考,着眼于新的实践和新的发展,深入研究邓小平理论和"三个代表"重要思想,深入研究新时期与时俱进了的马克思主义基本理论,形成新的系统的理论体系。理论宣传工作"三贴近",就要在理论联系实际上下功夫,真正做到学以致用。就要紧贴干部群众的思想实际,有针对性地回答人们普遍关心的疑难问题。就要适应群众的接受能力,深入浅出,长话短说,鲜明生动,入耳入脑。坚决防止和克服把理论研究搞成书斋里的概念游戏,把理论学习搞成应景式的照本宣科,把理论宣传搞成故作高深、言之无物的刻板说教。

新闻宣传工作"三贴近",就要始终坚持正确的导向。正确导向代表最广大人民的根本利益,是党和人民之福。要把体现党的意志同反映人民群众的心声统一起来,把思想性、指导性和可读性结合起来,多用群众的语言、多联系群众身边的事例,多采用群众喜闻乐见的形式,多报道有实在内容、有新闻价值的事情。就要深入到改革开放和现代化建设的第一线,把镜头对准基层,把版面留给群众,讲求时效性,增加信息量,关注热点问题,反映群众呼声,实行正确的舆论监督,推动实际工作,引导社会舆论。就要多听群众意见,多创品牌栏目,办出特色,办出风格,增强吸引力,提高竞争力,在市场上站住脚,在群众中扎下根。就要在坚持正确导向的前提下,鼓励和支持新闻媒体发挥主观能动性,勇于创新。

文艺出版工作"三贴近",就要坚持"二为"方向和"双百"方针,坚持弘扬主旋律和提倡多样化的统一,坚持思想性、艺术性和观赏性的统一,把尊重市场规律与尊重精神产品创作规律结合起来,把提高和普及结合起来,推动文化创新,多出群众满意喜欢的精神产品,满足人民群众日益增长的多方面、多层次、多样性的精神文化需求,繁荣社会主义文化。就要坚持群众第一的观点,社会效益第一的观点,做到社会效益和经济效益的统一,要以现实生活作为创作的源泉,以群众满意不满意、喜欢不喜欢作为评价标准。就要以体制和机制的创新为重点,建立和完善有利于创作生产实现"三贴近"的保障机制,为文艺工作者深入实际、深入生活、深入群众创造良好环境和激励机制。就要建立健全精神产品生产和流通面向基层、面向群众、面向市场的运营机制,积极参与市场竞争。就要加快基层文化基础设施建设的步伐,活跃广大群众的文化生活。

思想政治工作"三贴近",就要把继承和创新统一起来,从改革开放和现代化建设的实际出发,从人民群众的思想实际出发。就要区分层次,把先进性要求和广泛性要求结合起来,根据不同对象提出不同要求。就要多用疏导的方法、群众参与的方法、发扬民主的方法,关心人、理解人、尊重人。就要把深入细致的思想政治工作和帮助群众解决实际问题相结合,在服务群众中引导群众。

精神文明创建工作"三贴近",就要紧密结合党委政府的中心任务,以提高全社会的思想道德素质和科学文化素质为核心,以创建文明城市、文明村镇、文明行业、文明单位和争做文明公民为载体,以解决日常生活中群众反映强烈的突出问题为着力点,为群众多办实事好事。就要以促进实际工作和满足群众需求为目标确定活动主题,立足群众乐于参与和便于参与,以群众参与程度和满意程度作为评价创建活动成效的重要标志。就要坚决防止和克服以创建文明单位为名,搞劳民伤财的"形象工程";以发动群众参与为名,搞违背自愿原则的"运动群众";以评先评优为名,搞名目繁多、干扰基层的"工作检查"。

实现"三贴近",必须建立科学的评价反馈机制。要发挥国家统计部门的力量,借助社会调查机构的作用,运用科学的统计分析方法,直接听取广大群众的意见,让群众来评价和监督宣传思想工作,从群众中了解工作的效果。要建立科学的闭环反馈系统,通过宣传机关以外的渠道,获取群众对宣传思想工作的意见和要求,据此评价和改进我们的工作。要抓紧建立灵敏高效的舆情信息反映机制,定期分析干部群众的思想动态和社会心理,及时发现带有倾向性、苗头性的问题,找准薄弱环节,提高决策水平。

——抓紧建立思想库、智囊团,提高决策的科学化和民主化水平。

"三贴近"既有思想认识问题,也有体制、机制、制度和工作作风等方面的问题。解决这些问题,必须加强经常性、前瞻性的调查研究和战略性的思考,加强思想库、智囊团的建设。

加强思想库、智囊团的建设,首先是形势发展的需要。当前宣传思想工作形势总体是好的,但我们必须居安思危,增强忧患意识。目前,无论是国际、国内,还是党内,都出现了很多新情况、新问题,给宣传思想工作提出了许多新课题。全社会主流意识形态即马列主义、毛泽东思想、邓小平理论、"三个代表"重要思想的指导地位在不断加强,同时必须看到非马克思主义的意识形态也在滋长。在这样的形势下,如何做到"三贴近",使宣传思想工作更加有效,是需要我们认真研究的重要课题。

加强思想库、智囊团的建设,也是提高宣传思想战线领导水平的需要。进入新世纪新阶段,宣传思想工作面临一系列重大而紧迫的问题。比如,在社会生活日益多样化的条件下,如何用"三个代表"重要思想统领宣传思想工作,巩固马克思主义在意识形态领域的指导地位;如何按照解放思想、实事求是、与时俱进的要求,不断开创宣传思想工作的新局面,使我们的工作始终体现时代性、把握规律性、富于创造性;如何遵循社会主义精神文明建设的规律,适应市场经济的要求,深化文化体制改革,大力推进文化创新,积极发展文化事业和文化产业,满足人民群众日益增长的精神文化需求;如何在宣传思想文化领域贯彻依法治国的方略,把党的主张转化为国家意志,使文化工作逐步走上法制化的轨道,等等。这些问题都关系宣传思想工作的全局。如果不能在深入研究的基础上作出科学的回答,我们的决策就会带有很大的盲目性。

所以,必须加强思想库、智囊团的建设。这个思想库、智囊团不是纯理论研究,是对策研究,就是给领导出主意,当参谋,就是联系当前实际,在理论和实践的结合上,拿出点子,拿出办法。

——抓紧解决群众反映强烈的突出问题。

兴起学习贯彻"三个代表"重要思想的新高潮,要联系实际,解决问题。宣传思想战线要带头落实这个要求。当前,宣传思想战线要把抓紧解决群众反映强烈的突出问题作为落实"三贴近"的紧迫任务,认真抓好。

第一,解决用行政权力发行报刊、加重群众负担的问题。

第二,继续搞好改进新闻宣传的工作。一是要落实好中央批准的《关于进一步改进会议和领导同志活动新闻报道的意见》。二是要建立健全重大突发事件新闻报道的反应机制。三是要坚决整治有偿新闻、虚假报道、有害信息、不良广告。健全法规制度,加大管理力度,综合运用各种手段,严肃查处各类违规违法行为。四是实行正确的舆论监督。要继续办好一批符合"三贴近"的名牌栏目,始终坚持团结稳定鼓劲、正面宣传为主的方针,要给人以信心和力量。报道揭露问题时,一定要反映当地党委政府采取的措施、解决的结果。对一些敏感性的问题加强引导。要提高新闻单位自身的监督水平,提高记者的素质,接受地方党委和群众的监督,努力使中央满意,地方党委满意,群众满意,新闻单位也满意。

第三,解决文化产品生产从立项、拨款到评价奖励过程中的不正之风。一定要按照“三贴近”的原则,研究文化体制和机制创新问题。要看到文化产品在本系统自身的内循环就是脱离实际、脱离生活、脱离群众。这个体制要坚决改掉。在文化生产和产品的立项、拨款、制作、评审上,要进行体制和机制的创新。凡是经营性的文化项目和文化单位,都要面向人民群众,面向文化市场的需求,经受市场的检验,接受消费者的评判。要清理奖项,增强奖项的公正性、权威性,要以群众满意不满意、喜欢不喜欢为根本评价依据。

(原载《求是》,2003 年 5 月 16 日出版,总 359 期)

实现宏伟目标的思想基础和根本指针

张立昌

内容提要:胡锦涛同志“七一”重要讲话,充分表明了我们党高举“三个代表”重要思想伟大旗帜的坚定决心,充分表明了我们党不断开创中国特色社会主义事业新局面的必胜信念,充分表明了我们党在实践中发展马克思主义的鲜明态度。

“三个代表”重要思想是党的基本理论的最新发展、党的基本路线的最新要求、党的基本纲领的最新体现、党的基本经验的最新概括,是面向 21 世纪的中国化的马克思主义。

学习贯彻“三个代表”重要思想,必须牢牢把握两个“先进”和一个“根本”,把握了“先进”和“根本”,就抓住了关键、核心和本质;必须牢固确立“三个代表”重要思想在一切工作中的指导地位,自觉地用“三个代表”重要思想指导新的实践,做到真正学懂、真心实践,推动各项工作再上新水平。

胡锦涛同志“七一”重要讲话,站在全局和战略的高度,精辟论述了“三个代表”重要思想的时代背景、实践基础、科学内涵、精神实质和历史地位,深刻阐述了兴起学习贯彻“三个代表”重要思想新高潮的重大意义和基本要求,具有很强的理论性、思想性和指导性。这篇重要讲话,充分表明了我们党高举“三个代表”重要思想伟大旗帜的坚定决心,充分表明了我们党不断开创中国特色社会主义事业新局面的必胜信念,充分表明了我们党在实践中发展马克思主义的鲜明态度。深入学习贯彻胡锦涛同志“七一”重要讲话精神,对于在全党兴起学习贯彻“三个代表”重要思想新高潮,进一步落实十六大确定的各项任务,具有重大的现实意义和深远的历史意义.

“三个代表”重要思想是面向 21 世纪的中国化的马克思主义

“三个代表”重要思想同马克思列宁主义、毛泽东思想、邓小平理论是一脉相承而又与时俱进的科学体系,是马克思主义在中国发展的最新成果。“三个代表”重要思想反映了我国最广大人民的共同意愿,体现了当今世界和中国发展的时代精神,显示了马克思主义科学理论的强大力量,是新世纪新阶段全党全国人民继往开来、与时俱进,实现全面建设小康社会宏伟目标的共同思想基础和根本指针。始终做到“三个代表”,是我们党的立党之本、执政之基、力量之源。我们必须立足时代发展的要求,认真思考、深刻认识“三个代表”重要思想对党的基本理论、基本路线、基本纲领和基本经验的最新贡献。

“三个代表”重要思想是党的基本理论的最新发展。一个政党要永葆先进性,必须有创新的理论思维。中国共产党从诞生之日起,就把马克思主义确立为指导思想,并不断根据发展变化的实际,大力推进理论创新,产生了毛泽东思想、邓小平理论和“三个代表”重要思想这三大理论成果。“三个代表”重要思想,准确把握时代特征,科学判断我们党所处的历史方位,深刻总结实践中的新鲜经验,围绕建设中国特色社会主义这个主题，进一步回答了什么是社会主义、怎样建设社会主义的问题，创造性地回答了建设什么样的党、怎样建设党的问题，提出要解放思想、实事求是、与时俱进，通过理论创新推动制度创新、科技创新、文化创新以及其他各方面的创新，丰富了党的思想路线；提出发展是党执政兴国的第一要务，确立全面建设小康社会的宏伟目标，大力促进物质文明、政治文明、精神文明协调发展，不断推动社会全面进步和人的全面发展；提出要最广泛最充分地调动一切积极因素，实现好、维护好、发展好最广大人民的根本利益，不断为中华民族的伟大复兴增添新力量；提出要以改革的精神推进党的建设，不断增强党的创造力、凝聚力和战斗力；等等。“三个代表”重要思想是坚持和发展马克思主义的典范，表明我们党在理论的自觉性和实践的主动性上达到了一个新高度，为加强和改进党的建设、推进我国社会主义自我完善和发展提供了强大的理论武器。

“三个代表”重要思想是党的基本路线的最新要求。正确的政治路线，历来是我们党夺取胜利的重要保证。十一届三中全会以来，我们党提出了以“一个中心、两个基本点”为主要内容的基本路线。这是一条适合我国国情的正确的政治路线，必须坚定不移地长期坚持下去。“三个代表”重要思想，立足于当代基本世情、基本国情、基本党情，全面准确地反映了党的基本路线的本质要求，并赋予其新的时代内涵。在全面建设小康社会的征程中，我们将长期面对三个重大课题：正确认识和妥善处理影响世界和平与发展的各种复杂和不确定因素，正确认识和妥善处理人民日益增长的物质文化需要同落后的社会生产这个社会主要矛盾，正确认识和妥善处理党在改革开放和发展社会主义市场经济条件下执政遇到的新情况新问题。“三个代表”重要思想为我们正确认识和妥善处理这三大课题，提供了科学理论和科学方法。在“三个代表”重要思想指导下，我们党确定了建立社会主义市场经济体制的改革目标，确立了公有制为主体、多种所有制经济共同发展的基本经济制度，明确了按劳分配为主体、多种分配方式并存的分配制度，努力探索提高国有经济控制力和公有制实现形式多样化的新途径，大力推进经济增长方式的根本转变，实行全方位的对外开放，提出三个文明协调发展的思想，正确处理改革发展稳定的关系，实施依法治国和以德治国相结合的基本方略等等，保证了我们党以更加成熟的思维、更加坚定的步伐，更好地贯彻执行党的基本路线，确保一百年不动摇。

“三个代表”重要思想是党的基本纲领的最新体现。恩格斯指出：“一个新的纲领毕竟总是一面公开树立起来的旗帜，而外界就是根据它来判断这个党。”在革命、建设和改革的各个历史阶段，我们党既有每个阶段的基本纲领，也有确定长远奋斗目标的最高纲领。早在民主革命时期，毛泽东同志提出了新民主主义政治、经济和文化的基本纲领，成为实现民族独立和人民解放的伟大旗帜。十五大正式提出党在社会主义初级阶段的基本纲领。“三个代表”重要思想，立足于社会主义初级阶段这个实际，把实现党的最高纲领寓于实现党的基本纲领之中，丰富了中国特色社会主义经济、政治、文化的内涵，反映了我们党对共产党执政规律、社会主义建设规律、人类社会发展规律认识的深化。物质文明是基础，政治文明是保证，精神文明是动力，三者都要统一于发展先进生产力和先进文化的实践中，都要归结到实现最广大人民的根本利益上。这既坚持了马克思主义的社会理想，又为朝着党的最终目标胜利前进指明了现实途径。

“三个代表”重要思想是党的基本经验的最新概括。善于总结经验，善于坚持和发展成功的经验，善于科学借鉴别人的成功经验，是我们党的光荣传统，也是我们党发展壮大的重要原因。党的事业能否顺利发展，总是同能否及时总结和正确运用实践经验密切相联的。十六大科学总结十三届四中全会以来的伟大实践，联系党成立以来的奋斗历程，提出了十条基本经验。这些经验集中体现了党领导人民在建设中国特色社会主义实践中形成的重大认识和重大方针，具有长远的指导作用。“三个代表”重要思想，产生于党和人民事业发展的实践进程中，与党的基本经验具有共同的实践源泉。以江泽民同志为核心的党的第三代中央领导集体，立足于新的实践，着眼于未来发展，对党的基本经验进行了新的概括，把它归结为必须始终坚持和做到“三个代表”。这是党的基本经验的核心和灵魂，是兴党、强国、富民的强大法宝。我们一定要深刻认识党的基本经验的重大意义，坚持把党的基本经验同基本理论、基本路线、基本纲领一起，创造性地运用于改革开放和现代化建设的实践，创造性地运用于加强和改进党的建设的实践，更好地肩负起历史赋予的崇高使命。

牢牢把握两个“先进”和一个“根本”

“三个代表”重要思想，内涵丰富，博大精深，是一个系统的科学理论。历史和现实反复证明，人类社会的发展，归根结底是先进生产力决定的，是先进文化引导的，是人民群众创造的。“三个代表”重要思想，把发展先进生产力和先进文化、实现最广大人民的根本利益联系在一起，上升到党的性质和宗旨的高度，上升到党的指导思想的高度，赋予党的先进性以鲜明的时代精神和实践要求，这是当代中国共产党人对辩证唯物主义和历史唯物主义的创造性运用和发展。学习贯彻“三个代表”重要思想，必须紧紧抓住“先进”和“根本”。抓住了“先进”和“根本”，就抓住了关键、核心和本质。

代表中国先进生产力的发展要求，是我们党发展观的与时俱进，是改革和建设必须遵循的重大原则。生产力是最活跃、最革命的因素，是社会发展的最终决定力量。“三个代表”重要思想，强调代表先进生产力的发展要求，把党的先进性置于发展先进生产力的基础之上，这是对马克思主义关于生产力和生产关系、经济基础和上层建筑的辩证关系这一基本原理的运用和阐发。科学技术是第一生产力，是先进生产力的集中体现和主要标志，是提高竞争力的关键所在。综观历史与现实，往往是财大才能气粗，落后就要挨打，综合实力就是发言权，真理和正义也需要实力来捍卫.代表先进生产力的发展要求，必须把发展作为党执政兴国的第一要务，聚精会神搞建设，一心一意谋发展；必须以改革为动力，坚持不懈地抓好结构调整、技术创新和对外开放，努力跳出低水平竞争的圈子，形成后发优势，实现社会生产力的跨越式发展。

代表中国先进文化的前进方向，是我们党文化观的与时俱进，是社会主义现代化建设的一项战略任务。先进文化是人类进步的结晶，是民族的血脉和灵魂，是推动经济社会发展的强大精神力量。我们党把发展先进文化同发展先进生产力作为统一的奋斗目标，是对马克思主义关于物质生活和精神生活、社会存在和社会意识的辩证关系这一基本原理的运用和阐发。放眼当今世界，日趋激烈的综合国力竞争，既表现为经济的竞争，也表现为文化的竞争。我们不仅要抢占经济的制高点，也要抢占文化的制高点。必须坚持马克思主义在意识形态领域的指导地位，用“三个代表”重要思想统领文化建设，形成全社会的共同理想和精神支柱；坚持弘扬主旋律和提倡多样化的统一，传承民族文化的精髓，吸纳世界文化的精华，充分体现先进文化的时代性、创新性、开放性和包容性；坚持“二为”方向和“双百”方针，大力推进文化创新，大力弘扬中华民族的伟大精神，为经济发展和社会进步提供强大的精神动力。

代表中国最广大人民的根本利益，是我们党群众观的与时俱进，是我们一切工作的出发点和归宿。马克思主义理论，说到底就是尊重人民、代表人民的理论；马克思主义政党，说到底就是维护和实现人民根本利益的政党。强调“三个代表”重要思想的本质是立党为公、执政为民，这是对马克思主义关于人民群众是推动历史前进的动力这一基本原理的运用和阐发。人民对物质文化利益的需求是不断增长的，代表人民的根本利益也要与时俱进。根本利益，就是人民的总体利益，包括经济利益、政治利益和文化利益；根本利益，就是最大多数人的利益，以最大多数人是否受益作为判断是非的标准，作为决策的依据，作为维护工作大局最紧要和最具有决定性的因素；根本利益，就是人民的切实利益，就是使人民及时地、长久地、更多地享受经济社会发展的成果。我们必须正确处理个人利益与集体利益的关系、局部利益与整体利益的关系、当前利益与长远利益的关系，正确反映和兼顾不同阶层、不同方面的群众利益，逐步实现人民的共同富裕；必须把提高人民生活水平寓于经济发展的全过程，边发展经济，边改善人民生活；必须把群众关心的热点和难点作为工作的重点，特别要切实解决好困难群众的生活问题，千方百计地做好就业和再就业工作；必须深刻认识关于“中国特色社会主义事业的建设者”的重要论断，充分调动全体人民的积极性，不断为现代化建设增添力量。

坚持贯彻和自觉实践“三个代表”重要思想

坚持贯彻和自觉实践“三个代表”重要思想，是各级党组织重大的政治任务，也是每个共产党员严肃的政治责任。我们一定要牢固确立“三个代表”重要思想在一切工作中的指导地位，自觉地用“三个代表”重要思想指导新的实践，做到真正学懂、真心实践，推动各项工作再上新水平。

发扬理论联系实际的优良学风。是否坚持理论联系实际，是对待马克思主义的态度问题，也是关系党和国家兴旺发达的问题，从马克思主义认识论来看,我们党把"三个代表"重要思想确立为必须长期坚持的指导思想,是认识运动的第一个飞跃;用"三个代表"重要思想统领全局,贯穿到各项工作中去,是认识运动的第二个飞跃。面对复杂多变的形势,要使我们的事业保持正确的方向、正确的道路、正确的目标,需要有正确的理论指导。掌握了正确的理论,就能增强工作的原则性、系统性、预见性和创造性,就底气足、把握大、效果好。理论联系实际,一是要学好,二是要用好。理论的学习不能代替具体的实践。只讲认识,不讲实践,是不符合马克思主义认识论的。我们必须深入实际,深入基层,深入群众,大力加强客观世界和主观世界的改造,做到学以致用、用有所成,成为实践"三个代表"重要思想的模范。

坚持解放思想、实事求是、与时俱进。"三个代表"重要思想是与时俱进的理论,既是我们推动实践创新的根本指针,又是我们深化理论探索的崭新起点。开创中国特色社会主义事业新局面,解放思想比任何时候都更紧要、更迫切、更繁重。解放思想的实质是发挥人的主观能动性,激发人的创造力,最大限度地释放人的潜能。如果思想僵化、故步自封,学习贯彻"三个代表"重要思想就失去了灵魂、丢掉了精髓,我们的事业就无法保持勃勃生机,党的生命就会停止。我们要在解放思想中深化对"三个代表"重要思想的认识,从理论和实践的结合上,不断研究新情况,解决新问题,实现新突破。创新,是解放思想、实事求是、与时俱进的本质要求,是推动社会前进的强大动力。创新的思维最关键,创新的精神最宝贵,创新的人才最值得敬佩。要积极对待一切新生事物,鼓励和支持创新,允许和宽容在创新中出现失误,努力形成良好的创新氛围,更好地激发全社会创造财富的活力。

自觉地以是否符合"三个代表"来衡量各项工作。实践"三个代表"重要思想,要有很高的境界,要有对先进性的不懈追求。坚持以是否符合"三个代表"为标准衡量我们的思想水平和工作水平,就会永不自满,永不懈怠;就会增强紧迫感、责任感,总是感到有压力、有动力;就会迎难而上,义无反顾,鞠躬尽瘁。树立什么样的标准问题,是世界观问题,是事业心问题,是对待人民群众的感情和态度问题。应以党的事业为重,以造福百姓为天职,瞄准先进,永不停顿,不断开创人生的新境界。应有胆有识,敏锐地识别机遇,果敢地抢抓机遇,制定符合民心民意、体现先进性要求的发展目标。应树立顽强拼搏的精神,敢于干大事、干难事、干通常看来干不成的事,做到思路新、步子快、水平高,年年都有新举措,岁岁都有新突破。

不断提高党的领导水平和执政能力。"三个代表"重要思想是全党成功应对各种严峻挑战的智慧结晶,历经艰辛探索,来之不易。中国特色社会主义事业能不能始终沿着"三个代表"重要思想指引的正确方向前进,关键取决于我们党的领导水平和执政能力。在领导现代化建设的进程中,执政的条件极为复杂,执政的内容更为广泛,执政的任务十分艰巨。我们要善于进行理论思维和战略思维,善于抓住机遇加快发展,善于协调不同利益关系和克服各种困难,善于把坚持党的领导、人民当家作主和依法治国统一起来,善于结合实际创造性地开展工作。要大力发扬党内民主和人民民主,不断改进党的领导方式和执政方式,巩固和发展生动活泼的政治局面。要牢记"两个务必",善解民意,善待百姓,进一步密切党同人民群众的血肉联系。要自觉加强党性修养,时刻想到我们手中的权力是人民给的,姓"公"不姓"私",为民不利己,入党没有什么便宜可占,当"官"没有什么特权可享,决不做群众看不惯、不满意的事,保证权力干净运行,做到勤政、廉政、善政。要倍加顾全大局,倍加珍视团结,倍加维护稳定,在思想上、政治上、行动上与以胡锦涛同志为总书记的党中央保持高度一致。要通过坚持不懈地加强执政能力建设,使"三个代表"重要思想成为全党和全国人民的理论武器、根本指针、行动指南。

(原载 2003 年 8 月 4 日《人民日报》)

在全市回顾总结“三五八十”理论研讨会上的讲话

刘胜玉

同志们：

今天，市委研究室和市社联在这里召开回顾总结“三五八十”理论研讨会，从理论和实践的结合上，研讨“三五八十”的历史地位、伟大成就、成功经验和深远影响。这个会开得很好，对于进一步统一思想，提高认识，增强信心，鼓舞士气，推动“三五八十”回顾总结活动深入开展，加快“三步走”战略的实施，具有重要的作用。

刚才，七位同志分别作了发言，从不同侧面讲了自己的体会和认识，听了很受启发。还有五位同志作了书面发言。下面，我结合自己的认识，讲三点意见。

一、充分认识开展“三五八十”回顾总结活动的重要意义

1994年初，市委、市政府深刻分析国内外形势，立足天津发展实际，从时代的要求、历史的责任、人民的愿望出发，果断决策，提出并开始实施“三五八十”四大奋斗目标。这四大奋斗目标，抓住了当时天津经济和社会发展的主要矛盾，把发展先进生产力、发展先进文化与实现全市人民的根本利益紧密结合起来，把解决当前问题与实现长远发展紧密结合起来，把加快经济发展与搞好城市建设紧密结合起来，内涵明确、联系紧密、互相促进，体现了“三个代表”重要思想的根本要求。经过全市广大干部群众的顽强拼搏，到2002年底，四大奋斗目标提前一年全面实现了。“三五八十”四大奋斗目标的确定和实施，是天津经济和社会发展中具有历史意义的大事，是把中央精神与天津具体实际相结合的产物，是全市广大党员干部以邓小平理论为指导，认真实践“三个代表”重要思想，诚心诚意为大多数群众谋利益的真实写照。以“三五八十”四大奋斗目标的实现为标志，天津步入了全国发展较快地区的行列，经济实力显著增强，群众生活水平显著提高，城市基础设施建设中一些急难问题基本解决，老工业基地的作用进一步得到发挥，为长远发展积蓄了强大后劲。这是天津发展最快、最好的时期，是城市面貌变化最大、群众得到实惠最多的时期，是天津发展史上一个重要的里程碑。认真回顾总结“三五八十”的巨大成就和成功经验，对于我们不断加深对“三个代表”重要思想的理解，提高学习贯彻“三个代表”重要思想的自觉性和坚定性，进一步统一对天津形势的认识，进一步认清承担的任务和肩负的责任，进一步增强开创天津更加美好未来的勇气和力量，加快实施“三步走”战略，具有十分重要的意义。各地区、各部门、各单位要高度重视，充分认识开展“三五八十”四大奋斗目标回顾总结活动的重要性和必要性，采取多种有效形式，把这项活动扎扎实实地搞下去，不断引向深入，确保取得实实在在的效果。

二、深刻总结“三五八十”的成功经验

“三五八十”的伟大实践，既是我们不畏艰难险阻、艰苦奋斗的过程，也是我们思想认识和精神境界不断升华的过程。“三五八十”不仅取得了巨大的物质成果，同时也创造了丰硕的精神成果，积累了宝贵的经验，为我们做好今后的工作提供了许多有益的启示。这些经验和启示，立昌书记在市第八次党代会和一些重要会议上作了精辟的概括。通过学习，我认为主要有以下几点：一是坚持讲政治，自觉地与党中央保持高度一致。在市委的领导下，全市各方面认真学习贯彻邓小平理论和“三个代表”重要思想，注重从政治的高度观察、分析和处理问题，始终用中央的精神统一思想和行动，自觉维护中央的权威，自觉维护全党工作的大局。特别是在关键时刻，立场坚定，旗帜鲜明，毫不动摇。这是做好天津工作的根本保证。二是坚持解放思想、开拓创新、与时俱进。全市广泛深入地开展了创新讨论和实践活动，为加快发展注入了强大的精神动力。天津的发展思路突破了传统的模式，形成了求新求快的鲜明特点；各级领导突破了简单重复过去的思维定式，树立了新的发展观，形成了争创一流的精神境界。三是坚持发展是硬道理，紧紧扭住经济建设这个中心不放，不断解放和发展生产力。不论是亚洲金融危机的爆发，还是世界经济增速的下

滑，都没有动摇我们加快发展的决心。全市以改革为动力，下大力量抓好经济工作的三件大事，向结构调整、技术创新和对外开放要速度、要水平，实现了社会生产力的新跨越。四是坚持主动把握大势，不断增强工作的前瞻性、创造性和连续性。我们把中央的精神与天津的实际结合起来，用辩证的观点分析形势，适时地提出工作思路、确定奋斗目标。市委先后提出了全面上水平的工作基调，确定了跨越式发展的工作思路，激励全市上下不断提高工作标准，努力开创各项工作的新局面。五是坚持党的宗旨，让广大群众及时得到应该得到的实惠。全市各级领导干部始终坚持立党为公、执政为民，一切为了人民、一切依靠人民，想问题、定政策、办事情始终着眼于中低收入的大多数群众，把群众生活的难点和关心的热点作为工作重点，使广大群众共同享受到经济和社会发展的成果，形成了群众心齐气顺的大好局面，使我们的各项工作建立在雄厚的群众基础之上。六是坚持深化改革、扩大开放，走出一条具有天津特点的发展路子。在加快发展的进程中，我们始终坚持开放带动战略，以开放促改革、促调整，促发展，对老企业进行嫁接改造调整，为经济快速发展提供了强有力的支撑；坚持不断深化企业组织结构改革，生产要素实现了优化配置，产业结构发生了根本性的变化；坚持经济领域改革和社会领域改革相协调，大幅度增加对科技、教育、文化、卫生、体育等各项社会事业的投入，大力加强了社会主义精神文明建设和民主法制建设。这六点经验和启示，是宝贵的财富，是强大的动力，对进一步丰富和发展天津的工作思路，加快改革开放和现代化建设十分重要。我们一定要按照市委要求，认真总结好，并结合实际坚持好，面向未来发展好。要坚持历史唯物主义态度，既重视结果，也要重视过程，在回顾总结中深化对“三五八十”的认识，把丰富的实践经验上升到理论高度，把感性认识上升为理性认识，使之更好地指导今后的实践。

三、巩固深化“三五八十”成果，加快实施“三步走”战略

在“三五八十”四大奋斗目标即将提前实现的时候，市委、市政府领导同志特别是立昌同志，审时度势，超前谋划，进行了一年多的调查研究，在去年底召开的市委八届三次全会上，按照与时俱进、力争上游、抢抓机遇、跨越发展的总要求，明确提出了天津在新世纪头十年的“三步走”战略，包括“三步走”的奋斗目标、五大战略举措、两条基本途径、一个根本保证。这是把中央精神与天津实际紧密结合、运用“三个代表”重要思想指导天津发展的最新成果，是深刻分析国内外发展大势、认真总结“三五八十”成功经验的必然选择，是进一步加快天津发展、全面建设小康社会、率先基本实现现代化的科学决策。一年来的实践充分证明，这一战略反映了全市人民思进求快的共同愿望，符合天津的实际，为天津在新阶段的更快更好地发展注入了新的活力，拉开了天津发生新的历史性变化的序幕。今年1～10月，全市国内生产总值达到1917亿元，增长14.3%，继续位居全国前列；财政收入达到382.5亿元，增长18.7%；各项主要经济指标都达到和超过了预期水平，现在看，实现“三步走”战略第一步目标是完全有把握的。

实现“三步走”战略目标，任务十分艰巨，责任重大，意义深远。能不能加快“三步走”战略的实施步伐，既关系天津的当前，更关系天津的长远；既关系天津的城市地位，更关系全市人民的根本利益。“三五八十”的提前实现，不仅为我们打下了坚实的物质基础，也为我们提供了丰富的宝贵经验。我们一定要认真总结，充分借鉴，与时俱进，加以发展。理论研究部门的同志和实际工作部门的同志要紧密结合，充分发挥各自的优势，加强对重大课题的研究，加大对“三五八十”的研究力度，把“三五八十”的总结工作推上一个新的层次，推向一个更高的水平。要适应新形势、新任务的要求，进一步巩固、深化“三五八十”的巨大成果，树立更高标准，追求更高水平。要坚持发展是第一要务、科技是第一生产力、人才是第一资源这“三个第一”，努力实现好、维护好、发展好最广大人民的根本利益。要以强烈的事业心、紧迫感和责任感，深入实践“三个代表”重要思想，认真贯彻党的十六大和十六届三中全会精神，全面落实市第八次党代会和市委八届三次、四次全会部署，永不自满，永不懈怠，永不停滞，埋头苦干，用一流的工作创造一流的业绩，为进一步加快天津发展、实现“三步走”战略目标做出新的更大的贡献。

（本文是2003年11月28日中共天津市委副书记刘胜玉同志在“回顾总结‘三五八十’理论研讨会”上的讲话）

为"三步走"战略鼓与呼

肖怀远

"三步走"战略目标的确定，是市委继"三五八十"四大奋斗目标提前实现后作出的又一重大战略决策，关系到天津现代化进程，关系到天津的城市地位，关系到群众的切身利益，是天津在新阶段发生新变化、实现新突破的必然选择。全市宣传思想战线必须牢固树立为大局服务、为党的中心工作服务的意识，把工作目标定位在服务"三步走"战略上，把创新实干的举措落实到加快天津发展上，大力宣传市委八届三次全会的重大部署，大力讴歌各条战线和全市人民加快发展、奋力拼搏的火热实践，为实施"三步走"战略营造昂扬向上的思想、舆论、文化和社会氛围。

一、深入学习贯彻十六大精神和"三个代表"重要思想，为"三步走"战略提供坚实思想基础

深入学习贯彻十六大精神，兴起学习贯彻"三个代表"重要思想的新高潮，是当前全党第一位的政治任务。"三步走"战略目标，就是在"三个代表"重要思想和十六大精神的指导下形成的科学决策。用十六大精神和"三个代表"重要思想武装头脑，是组织动员全市人民实施"三步走"战略的思想基础。

要以领导干部为重点，深入抓好十六大精神和"三个代表"重要思想的学习。对科学理论的认识、把握和运用，是正确判断形势、深刻分析问题、科学制定决策的基础和前提。这些年来，市委所确定的一系列工作思路，所采取的一系列重大决策，是符合中央精神的，是符合天津实际的，对加快发展起到了重要的作用。这主要得益于市委始终坚持以科学的理论为指导，高度重视、下功夫抓理论武装工作，不断提高各级领导干部的理论素养。在实施"三步走"战略的新阶段，必须要更加重视理论学习，大力发扬理论联系实际的优良学风，勤于思考，学以致用，不断兴起学习贯彻"三个代表"重要思想的新高潮，努力做到真诚信仰、真正学懂、认真实践。在学习中，要引导广大党员干部深刻认识"三步走"战略，是运用"三个代表"重要思想研究天津发展问题的最新成果，是天津在新起点上加快发展、在高台阶上实现新的跨越历史性举措，把思想尽快统一到"三步走"战略部署上来。

全市各级宣传部门要通过组织宣讲、集中办班、举办专题讲座、征文、送理论下基层、开展"万名书记讲党课"、召开"三个代表在基层"先进事迹报告会等，在全市深入宣传"三个代表"重要思想和十六大精神，深入阐释十六大报告提出的一系列新思想、新观点、新论断，深入宣传市委八届三次全会精神和"三步走"战略部署，深入宣传阐释"三步走"战略的重大意义，使之家喻户晓，人人皆知，引导全市党员干部特别是各级领导干部，把市委八届三次全会提出的新目标、新任务转化为"树立更高标准、实现更大突破"的具体举措和行动。

要组织全市广大理论工作者围绕重大的理论和实际问题，进行深入的研究，拿出一大批有分量的理论成果，为"三步走"战略的实施提供理论服务。

二、大力宣传天津，充分展示天津，为"三步走"战略营造良好舆论氛围和外部环境

紧密围绕加快天津发展、实施"三步走"战略这一主题，充分发挥舆论优势，大力宣传市委八届三次全会精神，为实现"三步走"战略创造良好的舆论氛围和外部环境，是全市新闻工作者的神圣职责。

各媒体要按照市委的部署，在主要版面、黄金时段开辟专栏、专版、专题节目，深入宣传全市各条战线贯彻落实市委八届三次全会精神、实施"三步走"战略、五大战略举措、两条基本途径和一个根本保证的生动实践，宣传海河两岸综合开发、发展海洋经济等重点工作的进展情况，及时反映全市各单位贯彻落实市委战略决策、实施"三步走"第一步战略目标的新思路、新举措、新成效和新典型，营造加快天津发展的浓厚氛围。同时，我们还要精心组织协调新华社、人民日报、中央人民广播电台、中央电视台等中央主要新闻媒体，紧紧围绕实施"三步走"战略，推出一批质量高、影响大、反映天津经济社会发展的深度报道，内聚人心，外树形象。

要充分利用各种渠道，以树立天津形象、扩大天津影响为目标，进一步加大对外宣传力度。要坚持把对外宣传工作的重点与招商引资的方向一致起来，全面展示天津美丽的城市面貌、丰厚的文化底蕴、淳朴的民风民气、良好的投资环境和美好的发展前景，让世界更多地了解天津，使天津更快地走向世界，为"三步走"战略的实施创造更加有利的外部环境。近年来，在外宣及相关部门的共同努力下，我市外宣工作取得了突破性进展，九项重点外宣项目全面启动，开局良好。但还要进一步加大力度，推动外宣工作再上新水平。一是采取多种形式，进一步巩固和用好现有的外宣阵地，不断拓展新的外宣渠道；二是借助强势媒体，开辟对外宣传新渠道。积极配合我市重点工作，组织开展对外宣传战役。组织境外媒体记者来津深入采访，宣传我市"三步走"战略，特别是海河综合开发规划和进展。举办《跨越发展中的天津》大型电视易地采访活动，组织好第三届 PECC 国际贸易投资博览会的对外宣传报道。三是要积极探索对外宣传的规律，深入研究国外受众的特点和接受习惯，增强对外宣传的针对性和实效性，进一步提高外宣工作的质量和水平。四是要紧紧围绕海河两岸综合开发改造和 10 年建成滨海新区两大重点，全面推进外宣工作各项任务的落实，最大限度地提高和扩大天津在海外、尤其是在欧美和东亚的知名度和影响力。

三、大力弘扬和培育民族精神，为"三步走"战略提供强大精神动力

伟大的实践需要伟大的精神。"三五八十"四大奋斗目标的实现，靠的就是自强不息的民心民气，靠的就是知难而进的拼搏精神。面临新阶段、新任务，我们必须进一步在提升民心民气上下功夫，进一步坚定全市人民自信心和必胜心，众志成城，奋发图强，为"三步走"战略的实现努力奋斗。

认真回顾总结"三五八十"的奋斗历程、巨大成就和成功经验，对于进一步加深干部群众对"三个代表"重要思想的理解，进一步坚定加快发展的信心和决心，更加自觉地推进"三步走"战略的实施，具有重要的现实意义和深远的历史意义。弘扬和培育民族精神，当前首要的任务是要认真总结、大力宣传"三五八十"的辉煌成就和宝贵经验，深入宣传天津十年来发生的巨大变化，深入宣传全市上下为实现"三五八十"四大奋斗目标而拼搏的辉煌历程，深入宣传新阶段、新目标和新的战略举措，深入宣传在这一奋斗历程中涌现出的先进集体和先进个人的感人事迹，进一步弘扬社会正气，振奋精神，凝聚力量，鼓舞斗志，激励全市人民艰苦奋斗、迎难而上，为实现"三步走"战略第一步目标贡献力量。围绕"三步走"战略目标的实施，我们还要进一步挖掘、总结、宣传在实施"三步走"战略中涌现出的各类先进典型，不断加大宣传力度，努力在全市形成学赶先进、为"三步走"战略做贡献的良好风尚。

各级宣传部门要精心筹备好以"盛赞家乡变化、加快天津发展"为主题的系列宣传教育活动。采取多种方式，通过组织观看展览，开展主题教育活动，举办知识竞赛、专题讲座，召开座谈会、演讲会、宣讲报告会等多种形式，广泛吸引群众参加到"三五八十"回顾总结活动中来，使全市广大干部群众通过参与回顾总结活动，进一步加深对"三五八十"巨大历史成就和宝贵精神财富的认识和理解，进一步增强热爱天津、建设家乡的自豪感和责任感，增强为天津加快发展做贡献的信心。

要在实施"三步走"战略过程中，进一步深化群众性精神文明创建活动。深入贯彻落实《公民道德建设实施纲要》，以诚实守信为重点，加强社会公德、职业道德、家庭美德教育，特别是要加强青少年的思想道德建设。广泛深入开展志愿者行动、"共铸诚信"、"做人民满意公务员"、"百城万店无假货"、"市民评议行风"、"人人为困难群众做贡献"等道德实践活动，总结推出一批实践公民道德的典型经验，促进广大市民道德素质的全面提升。进一步深化文明城市、文明村镇、文明单位和文明市民创建活动，多为群众办实事、多让群众得实惠，在服务群众中引导群众，不断增强针对性和实效性，以精神文明建设和思想政治工作的丰硕成果，为"三步走"战略提供强大精神动力。

四、繁荣活跃城市文化，为"三步走"战略营造积极向上、欢乐祥和的文化氛围

立昌书记在市八次党代会报告中指出："一个城市，没有发达的经济，就没有地位；没有高品位的文化，就没有凝聚力。"文化是城市的品牌、形象和特色，是城市的灵魂和凝聚力。我们要大力发展天津的文化，使之与天津经济社会的发展相促进、相协调。

第一，要精心组织创作一批以"三五八十"和实施"三步走"战略为题材、讴歌"三五八十"历史成就和"三步走"战略的精品力作，为全市"三五八十"回顾总结活动营造氛围，提供教育素材。全市广大文化工作者要更加自觉地关注现实生活，追踪时代脚步，反映时代精神。要配合"三五八十"总结纪念活动和"三步走"战略的实施，深入基层，深入到"三步走"战略的火热实践中汲取创作营养，组织创作一批催人奋进、思想性、艺术性、观赏性俱佳的优秀精神文化产品，推动整个文艺出版事业的进一步繁荣。第二，要以提高文化品位、展示现代化大都市文化形象为目标，举办格调高雅、影响广泛、深受群众欢迎的系列大型文化活动，活跃文艺舞台，丰富城市文化生活，增强天津在文化上的吸引力和影响力。第三，大力组织和倡导文艺工作者深入基层为群众服务。精心组织好"海河情"艺术团下乡慰问演出活动。大力扶植、积极引导家庭文化、社区文化、广场文化等群众性文化活动，引导群众逐步提升思想情操和艺术品位。第四，着眼长远，加强人才和队伍建设，形成天津文化事业的人才高地。启动实施青年文艺人才工程，用 5 到 10 年的时间，通过采取举办专场展演、资助作品出版、重点培养以及宣传报道等多种措施和方式，培养、扶持、推出一批在国内外具有较高影响力和知名度的优秀中青年艺术人才，促进我市文艺事业的繁荣发展。

五、增强活力，壮大实力，加快文化产业发展步伐

深化文化体制改革，大力发展文化事业和文化产业，是十六大提出的重要战略任务。同时，"三步走"战略也对文化产业的发展提出了新要求。我们一定要增强紧迫感，大力推进文化体制和机制创新，加快文化产业结构调整，优化资源配置，培育实力雄厚的大型文化产业集团，进一步壮大文化产业实力，为"三步走"战略做出积极贡献。

按照十六大精神和市委八届三次全会要求，正确处理好经济发展与文化建设的关系，自觉地把文化建设纳入地区经济、社会全面发展的总体规划之中，成为"三步走"战略的有机组成部分。抓紧制定文化事业和文化产业的发展规划，并一个项目一个项目地狠抓落实，使文化产业尽快成为我市新的支柱产业和新的经济增长点。同时正确处理好发展文化事业与文化产业的关系，始终坚持把社会效益放在首位，确保党对新闻舆论宣传文化的宏观控制力。

以改革为动力，以发展为主题，盘活资产、用活资源、抢占市场，培育具有市场竞争力的新闻出版、广播影视、文化娱乐、文化旅游集团。已经组建的集团，要抓紧理顺内部关系，探索建立法人治理机制，制定发展规划，明确奋斗目标。要抓住发展海河经济、发展海洋经济的大好机遇，充分发挥宣传文化系统的职能作用，按照高标准、高品位的要求，抢时间，争速度，占市场，抓紧整合各类资源，进一步壮大规模，形成特色，增强文化的整体实力和竞争力。

做好新阶段的宣传思想工作，任务光荣而艰巨。宣传思想战线的同志们，一定要进一步增强责任感和使命感，按照中央和市委要求，做到"坚定、清醒、务实、创新"，始终保持政治立场上的坚定，始终保持思想认识上的清醒，始终保持求真务实的工作作风，始终保持与时俱进的精神状态，刻苦学习，扎实工作，不断开创宣传思想工作新局面，为实现"三步走"战略目标做出更大的贡献。

（作者为中共天津市委常委、市委宣传部部长）

学科综述

马克思主义

马列主义毛泽东思想研究综述

李　毅　寇清杰

2003年适逢马克思逝世120周年和毛泽东诞辰110周年，这极大地推动了马列主义毛泽东思想的研究，全国马列主义毛泽东思想研究呈现出新的特点和新的发展态势。天津学术界对马列主义毛泽东思想的研究也在不断深化，取得了一些新的理论成果。

一、马列主义毛泽东思想研究的特点

1.理论研究空前活跃

为纪念马克思逝世120周年，求是杂志社与中共上海市委宣传部于3月29日在北京联合召开“用发展着的马克思主义指导新的实践——纪念马克思逝世120周年座谈会”。我市部分学者出席。与会人员从马克思主义发展史的角度，深入探讨马克思主义与时俱进的理论品格。大家一致认为，一百五十多年来，马克思主义之所以像一座不灭的灯塔，始终引领和指导着社会主义运动奔腾向前，一个根本的原因在于这个理论能够做到以彻底开放的胸襟和真正科学的态度面对迅疾变化的社会实践，在思想观念上敢于并善于打破成规、锐意创新、与时俱进。

3月13日，北京大学邓小平理论研究中心、中共中央党校哲学部、中国社会科学院马列所和中国马克思主义哲学史学会在京共同发起召开了以“马克思与现时代”为主题的“纪念马克思逝世120周年学术研讨会”，深切缅怀马克思这位时代伟人的非凡生平和丰功伟绩。我市部分学者出席。与会者一致认为，无论时代如何发展变化，马克思这位人类杰出的思想家与科学巨匠都将会被铭记，他的学说也将在人类历史的长河中愈发闪耀出灿烂的光辉。马克思主义的世界观和方法论是我们认识世界和改造世界的最有力的思想武器，马克思主义的立场、观点和方法及其体现的科学精神必须坚持。

2003年12月26日上午，中共中央在人民大会堂举行座谈会，纪念毛泽东同志诞辰110周年。中共中央总书记、国家主席胡锦涛发表了重要讲话，他强调，实现国家的现代化，实现祖国的完全统一，实现中华民族的伟大复兴，是毛泽东同志、邓小平同志和他们的战友们以及千百万革命先烈的伟大理想。我们对毛泽东同志的最好纪念，就是把老一辈革命家历经千辛万苦开创的伟大事业继续推向前进，把实现中华民族伟大复兴的史诗继续谱写下去。这是历史赋予我们的神圣使命。

2003年12月25日，“全国纪念毛泽东同志诞辰110周年学术研讨会”在北京开幕。中共中央政治局常委李长春出席并讲话。

他在讲话中指出，对毛泽东同志生平业绩和毛泽东思想的研究出现了令人可喜的新局面。一是许多研究工作者坚持把毛泽东同志生平业绩的研究同20世纪中国社会的历史变迁、同中华民族伟大复兴的历史进程联系起来，拓宽了研究领域，开阔了研究视野；二是许多研究工作者坚持把毛泽东思想的研究同邓小平理论、“三个代表”重要思想的研究结合起来，进一步揭示马克思主义中国化的基本规律，深化了研究的主题，增强了研究的深度；三是许多研究工作者注意从理论、逻辑、历史等不同角度研究毛泽东思想，丰富了研究的内容和方法；四是培养和形成了一支老中青相结合的高水平的研究队伍，推进了毛泽东思想研究的学科建设。

在毛泽东诞辰110周年前夕，天津市党史学会召开纪念毛泽东诞辰110周年理论研讨会，会议交流了天津专家学者在毛泽东思想研究方面的成果，评选出了优秀论文予以表彰并结集出版，会议还选出若干篇优秀论文推荐参加全国和教育部纪念毛泽东同志诞辰110周年理论研讨会。

在毛泽东诞辰110周年纪念日前后，随着《毛泽东传(1949～1976)》等一批权威著作的相继出版，形成了又一次研究毛泽东、追忆毛泽东的热潮。人民以各种方式纪念这位中国人民的伟大领袖。为纪念毛泽东诞辰110周年，新闻出版总署和中宣部出版局确定了68种选题，作为纪念毛泽东诞辰110周年的重点图书，其中包括传记、画册、书信和诗词等。

在此次出版的纪念图书中，毛泽东的传记图书非常引人注目。《毛泽东传(1949～1976)》由中共中央文献研究室编著，逄先知、金冲及任主编，它主要依据中央档案馆保存的毛泽东在新中国成立后的大量文稿、讲话和谈话记录，中共中央文件和有关会议记录编写，根据可靠的第一手资料，力求向广大读者提供一部翔实的信史。中央文献出版社同时还推出了何明编著的《伟人毛泽东》和研究当代中国的知名英国学者迪克·威尔逊撰写的《毛泽东》两部传记。

2.研究向纵深发展

对马列主义毛泽东思想的研究无论在深度还是广度上都有新的发展。对诸多热点问题的研究进一步深化，例如，对马克思主义文本研究的意义和方法的探讨，又发表了一些研究文章；关于马克思人的全面发展问题的研究一直是理论界关注的重要课题，特别是"七一"讲话把其作为社会主义新社会的本质要求提出以来，人的全面发展更成为学术界研究的热点，并取得了重要的成果。天津学者主要从人的全面发展问题的研究方法论、人的全面发展的内涵、人的全面发展的历史规律、人的全面发展的实现方式与途径、人的全面发展与相关问题的关系等方面进行了研究。对马克思东方社会理论的探讨，进一步加强；另外，对毛泽东思想在全球化时代的意义和价值以及毛泽东的教育思想、对外开放战略、毛泽东对马克思主义中国化的贡献等的研究，也有新的文章发表。

刘景泉教授在《南开学报》(2003年第1期)发表《论与时俱进的马克思主义》一文，他指出，马克思主义具有与时俱进的理论品质。马克思、恩格斯、列宁、毛泽东、邓小平和江泽民同志，都是解放思想、实事求是，不断推动理论创新的光辉典范。他们从不教条，从不僵化，总是与时俱进，总是根据历史条件的变化不断发展和完善自己的理论，从而才有马克思列宁主义、毛泽东思想、邓小平理论、"三个代表"重要思想这些伟大科学成果的诞生。在当今中国，我们必须保持与时俱进的精神状态，坚持用发展着的马克思主义指导新的实践。

二、马列主义研究的新进展和新态势

1."走进马克思"与"走近马克思"

当前，我国意识形态建设和理论研究进入了一个空前活跃的时期，人们的思想进一步解放，勇于思考、积极探索、民主讨论的气氛日趋浓厚，百花齐放、百家争鸣的方针逐步落实，各种各样的新观点、新理论、新思潮层出不穷。同时，形形色色的国外社会文化思潮不断涌入中国，对国人的思维观念、话语系统、价值判断、行为取向都产生了很大影响。如何在各种文化思潮相互碰撞交锋中坚持和巩固马克思主义在意识形态领域中的指导地位，消除人们对马克思主义的错误的、教条式的理解，进一步实现马克思主义的本土化和时代化，成为大家关注的一个热点问题。

在马克思主义研究中，人们有着不同的解释学观念，"走进马克思"和"走近马克思"这两个口号，就反映了当前马克思主义研究中"客观主义"和相对主义或主观主义的解释学观念。要使马克思主义研究健康发展，必须坚持客观性立场，反对主观主义的立场。在坚持客观性立场的同时，又必须反对绝对主义的立场，贯彻理解问题上的辩证法。从辩证的客观性立场来看，走进马克思和走近马克思的对立就消失了，走进马克思也就是走近马克思。

2."回到马克思"与恢复马克主义的本来面目

从20世纪90年代中期开始，国内外出现了"回到马克思"或"重读马克思"现象，这说明马克思主义及其经典作家的许多思想值得我们作进一步深入而全面的研究。"重读马克思"是对有关马克思主义的一些重大问题的反思，在国际上是对整个20世纪世界社会主义兴衰成败的反思，特别是对像苏东剧变这样的重大事件的系统反思。在国内是要努力消除对马克思主义的错误的、教条式的理解，廓清对马克思主义一些重大问题的认识。当然,近年来在我国马克思主义研究中也出现了打着"创新"的旗号乱造辞藻和编造一些耸人听闻的"新论"的现象,这在某种程度上产生了思想的混乱。造成这种现象的根源很多,单从学风的层面看,可以说是形式主义学风作祟。因此,必须加强马克思主义学风建设。

3.马克思主义理论与东方发展道路

马克思主义关于东方社会发展理论,仍然是学界研究的一个重要问题,发表的文章很多,出版了重要的著作,并召开了全国学术研讨会。

2003年4月12~14日,由中共中央编译局世界社会主义研究所、中国社会科学院马列主义毛泽东思想研究所、中共中央党校科学社会主义教研部、北京大学世界社会主义研究所、中国人民大学马克思主义学院、天津师范大学马列主义研究所和南京师范大学公共管理学院等联合举办的"马克思主义与东方社会发展"全国学术研讨会,在南京师范大学隆重举行。会议就马克思、恩格斯、列宁关于东方社会发展的理论,东方国家特别是中国、俄罗斯发展的历史和现实,进行了认真的讨论。有的与会者提出,支持马克思、恩格斯关于俄国"跨越卡夫丁峡谷设想"的政治理论框架,是他们一贯持有的世界革命论,而不是什么"东方社会理论"。有学者则提出,马克思、恩格斯在论及俄国避免资本主义长期发展的可能性时,固然强调了以西方国家无产阶级革命的胜利为前提,可是他们毕竟论述了俄国社会发展问题,而且他们关于俄国发展和东方发展的设想确实不同于西方道路,所以不能否认他们有"东方社会理论"。有的与会者提出,马克思、恩格斯关于东方社会的理论及思想方法,当前仍有现实意义。可以深入总结东方社会主义的经验与教训,可以以目前东方的社会主义为出发点思索和展望世界社会主义的前景。

由北京大学哲学系赵家祥、丰子义二位教授合著、并由高等教育出版社出版的《马克思东方社会理论的历史考察和当代意义》一书,是国家哲学社会科学基金"九五"委托研究重大项目最终成果之一。这是一部在特殊与一般、理论与实践、理想与现实的紧密结合上,系统论述马克思东方社会理论的力作。这部著作在借鉴学术界前人有益研究成果的基础上,提出了不少深刻的有启发性的学术观点,并澄清了本课题研究中对马克思主义经典作家思想的许多误读或误解。[①]

4."人的全面发展"理论与"三个代表"重要思想

有学者认为,"三个代表"重要思想把人的全面发展与中国社会经济、政治、文化、教育和社会制度发展的历史进程有机地结合了起来,实现人的全面发展不能等到所有的主客观条件都具备时,才开始人的全面发展的实践,而是在创造实现人的全面发展的条件的同时,推进人的全面发展的实践;同时又以这种实践推动更多的条件走向成熟,为最终实现人的自由而全面发展铺平道路。"人的全面发展"理论是"三个代表"重要思想的外在表现,而"三个代表"重要思想则涵盖和囊括了人的全面发展理论。促进人的全面发展是"三个代表"要求的根本目标。

5."人的全面发展"理论与全面建设小康社会

有的学者把人的全面发展理论与实现全面建设小康社会的宏伟目标结合起来研究。认为:全面建设小康社会需要全面发展的人,人的全面发展又为全面建设小康社会提供不竭的动力,推动着全面建设小康社会的进程;而小康社会的全面建设,也必将有力地促进和推动人的全面发展。其理由是:第一,全面建设小康社会是对马克思主义关于实现人的自由而全面发展价值目标的确认和体现;第二,人的全面发展是全面建设小康社会的内在要求。

三、毛泽东思想研究的新进展

从毛泽东诞辰110周年期间推出的一大批有关毛泽东和毛泽东思想的理论成果看,以什么样的视角来研究毛泽东和毛泽东思想;如何看待毛泽东思想的理论创新特质;如何进一步深刻认识毛泽东思想的现实指导作用,准确把握马列主义、毛泽东思想、邓小平理论、"三个代表"重要思想既一脉相承又与时俱进的关系,以及如何拓展毛泽东研究的新领域等,是理论界、学术界关注的热点。

1.毛泽东研究的多视角

自毛泽东诞辰100周年以来,学术界越来越重视从多学科、多角度研究毛泽东,尤其进入21世纪,有更多的专家学者全方位、多视角地研究毛泽东,为这个领域注入了新的活力。在纪念毛泽东诞辰110周年期间,有专家在阐述毛泽东的历史定位时,从中国和世界、中国人民和中华民族等多重视角,

① 杨瑞森:《用科学的态度和方法来解读马克思的思想——〈马克思东方社会理论的历史考察和当代意义〉一书评介》,《思想理论教育导刊》2003年第2期。

尽量客观、公正地对毛泽东作出了再评价,如毛泽东"是近代以来中国伟大的爱国者和民族英雄";"是20世纪一位有世界影响的伟人";"毛泽东的名字,载入了中国的史册,也传遍了整个世界";"毛泽东的功绩,是中国共产党、中国人民和中华民族的骄傲,同时也是世界和平与发展事业的光荣";"毛泽东的奋斗,是属于中国人民的,同时也是属于世界上一切爱好和平和追求进步的人民";"他是中国人民的伟大领袖,也是世界人民的真诚朋友"。① 上述对毛泽东的再评价,是经过长期理性思考和研究积淀的结晶,表明研究毛泽东必须具有一种宽阔的历史观,既要站在中国的角度、民族的角度,又要有世界的眼光、国际大家庭的眼光。

由李锦坤教授主编并与刘玉珊、王贵书合作撰写的《毛泽东战略思想研究》一书,于2003年4月由天津社会科学院出版社出版。该书是天津社会科学院2002年度重点研究课题"中国共产党三代领导核心战略思想研究"的分课题之一,是毛泽东思想研究方面的一部具有创新特色的力作。这部著作开创了从战略思维来研究毛泽东思想的视角,是第一部全面而系统地探讨毛泽东战略思想的研究著作,具有开拓意义。作者认为,毛泽东的战略思想是马克思列宁主义基本原理同中国具体实践相结合的产物,是毛泽东思想的重要组成部分。它正确回答了中国的社会性质、革命性质、革命的领导阶级和同盟军、中国革命的特殊道路等一系列重大问题。其丰富的内容集中到一点,就是解决了中国需要进行一种什么式样的革命以及如何进行革命的问题;最突出的贡献,就是开辟了新民主主义革命和社会主义革命的道路,并且开始探索全面建设社会主义。

2.毛泽东与理论创新

进入新世纪,研究毛泽东与党的理论创新问题,以及从理论创新角度研究毛泽东思想,成为学术探讨的一个亮点。2003年,学术界对毛泽东与理论创新问题的研究,集中反映在毛泽东与马克思主义中国化的问题上。有学者概括了毛泽东的一些重要的理论品格,认为"毛泽东同志作为伟大马克思主义者的一个最鲜明的特点和品格"是"从不教条式地对待马克思主义,他始终主张必须把马克思主义理论同中国实际结合起来,并且随着客观情况的变化而不断进行理论创新和实践创新,以实现党的理论的与时俱进,实现党和人民事业的不断发展"。② 许多学者再次强调了毛泽东的理论是创造性的理论,毛泽东思想具有创新的特质。有学者认为,毛泽东是在理论创新的前提下实现马克思主义中国化的,毛泽东为马克思主义中国化做出的开创性贡献,是马克思主义发展史上的崭新篇章,是独具特色的重大理论成果。毛泽东是以理论上的创新来迎接中国历史上的一个又一个转折的。有学者进一步概括了马克思主义与中国实际相结合中的两大问题,即"马克思主义中国化"和"中国实际马克思主义化"。前者讲的是马克思主义从欧洲形式到中国形式的飞跃,在中国具体化;后者讲的是从中国化的马克思主义到革命实践的飞跃。马克思主义中国化是中国实际马克思主义化的根本前提,中国实际马克思主义化是马克思主义中国化的必然结果。学者认为,"两化"的核心是"结合"。"结合"是掌握毛泽东思想的关键,"结合"是理解毛泽东思想发展马克思主义的关键,"结合"是理解毛泽东思想转化为改造世界的巨大力量的关键。还有学者从"什么是社会主义、怎样建设社会主义","建设一个什么样的党、怎样建设党"这两大基本问题的角度,探讨了毛泽东在把马克思主义中国化的过程中做出的独特的理论贡献。

3.毛泽东思想的现实指导意义

学术界在深入研究马列主义、毛泽东思想、邓小平理论和"三个代表"重要思想一脉相承而又与时俱进关系的同时,对如何发挥毛泽东思想的现实指导意义的问题,也展开了进一步的研讨。学者们普遍认为,一方面,党的指导思想具有与时俱进的理论品格,毛泽东思想也是随着时代的发展而发展的;另一方面,经过历史检验过的中国化的马克思主义理论——毛泽东思想,其基本原理和思想精髓,始终具有现实的指导意义。有学者重新系统地梳理了毛泽东在推进马克思主义中国化的历史进程中,在坚持走自己的路,探索一条具有中国特点的社会主义革命和社会主义建设道路过程中,给我们留下的"许多思想理论遗产"。认为"这些遗产,在今天仍然发挥着奠基性的作用,仍然是我们遵循的治党治国的重要原则和方法,仍然有着长久的指

① 杨明伟:《近期毛泽东研究中引人关注的几个问题》,《党的文献》2004年第3期,第82页。
② 杨明伟:《近期毛泽东研究中引人关注的几个问题》,《党的文献》2004年第3期,第82页。

导意义”。学者们认为，这些遗产包括：根本政治制度方面的遗产（如人民代表大会制度、共产党领导下的多党合作和政治协商制度、民族区域自治制度等），社会主义改造道路和社会主义建设战略方面的遗产，文化建设方面的遗产，民族政策和宗教政策方面的遗产，认识和解决社会矛盾方面的遗产，国际战略和外交方针方面的遗产，国防建设和军队建设方面的遗产，执政党建设方面的遗产，领导方法和工作方法方面的遗产等等。还有学者提出，要把握毛泽东思想的现实指导作用，必须从“科学的理论体系”方面完整准确地领会毛泽东思想，从体系上把握它的精神实质。继不久前有学者在谈到建设有中国特色社会主义理论形成和发展的各个阶段之间的相互关联时，提出“始于毛泽东、成于邓小平、发展于江泽民”的说法，在“全国纪念毛泽东同志诞辰110周年学术研讨会”上，有学者再次提出：“建设有中国特色社会主义道路的开拓，始于毛泽东，成于邓小平，发展于江泽民。”持这种观点的学者说：“在我们沿着中国特色社会主义前进之时，在我们称颂中国特色社会主义伟大业绩之时，不可忘记毛泽东同志！”[①] 也有一些学者从不同角度论及毛泽东思想的时代意义。譬如，有些学者高度重视毛泽东关于执政党建设思想和干部队伍建设思想的时代意义问题。还有学者进一步指出，毛泽东关于干部队伍建设的理论和实践内容丰富，今天仍然闪烁着真理的光芒，有着强烈的现实指导意义。有学者针对当前文艺创作中存在的历史唯物主义意识缺失的现象，重提毛泽东文艺观的灵魂及其现实意义问题。还有学者从当今我国走新型工业化发展道路的视角，分析了毛泽东对中国工业化道路的一系列探求及其启示。

4.毛泽东思想与传统文化

毛泽东与中国传统文化有着千丝万缕的联系，他的思想观念、行为方式和性格气质都深深浸透着传统文化的因子。传统文化成就了毛泽东，但又在一定程度上局限了毛泽东。毛泽东思想与传统文化的研究近年来取得了长足进展，学者们发表了大批专著、论文就此展开了深入探讨，研究的内容不断深入，研究的范围不断扩大，研究的深度不断拓展。2003年，有关毛泽东与传统文化的研究仍有许多论文发表，并呈现出不同以往的新特点：研究成果逐渐体系化、系统化、专题化；比较研究成为新的理论热点；研究资料的不断丰富为研究者提供了新的视角。

陈寒鸣在《毛泽东思想与中国文化传统》[②] 一文中，强调从文化思想角度来分析，毛泽东思想堪称马克思列宁主义与中国文化传统有机结合的产物。因此，科学厘析毛泽东与中国文化传统的关系，是正确了解、认识毛泽东思想的一把钥匙。他指出：由毛泽东思想与中国文化关系折射出来的文化意义，并不在于他在马克思主义之外或中国文化之外别创了一个新的思想体系，而恰恰在于实现了马克思主义与中国文化的有机结合，把西方文化背景下产生的马克思主义具体地转换成另一个文化圈中的人——寻求解放和发展的中国人从事自己事业所需要的科学指南。其结果，毛泽东的伟大创造既在马克思主义发展史上赢得了重要地位，又在中国揭示了一条如何实现由传统到现代转变的有效途径。毛泽东思想不仅会永远指导着中国人民，而且必将给中国人民以无穷的有益的启示。

5.毛泽东的对外开放思想

关于这个问题发表了不少文章，主要是对毛泽东的对外开放思想进行梳理和研究，并探讨其在实践中未能付诸实施的原因。对毛泽东是否形成了对外开放思想，学界存在不同看法。

有学者认为，毛泽东的对外开放思想是在社会主义革命和建设实践中逐步形成和不断完善的，并已形成为一个完整的思想体系。在这个思想体系中，毛泽东系统地提出了中国对外开放的必要性、长期性、原则性、全面性以及多层次性等问题。按照毛泽东的开放思想，中国本应该更加开放，但由于毛泽东所处的时代复杂性及其个人的主观因素，他的对外开放思想在实践中没有很好得到贯彻执行。毛泽东的对外开放思想是马克思主义基本原理与中国社会主义经济建设相结合的产物，是指导我们进行对外开放的理论武器。[③]

也有学者不同意上述观点，认为毛泽东并未形成对外开放思想。毛泽东积极主张开展对外经济、文化交流，对此曾做过大量的论述。但是，他的这

① 杨明伟：《近期毛泽东研究中引人关注的几个问题》，《党的文献》2004年第3期。

② 陈寒鸣：《毛泽东思想与中国文化传统》，《理论与现代化》2003年第6期。

③ 胡进：《略论毛泽东的对外开放思想》，《学术论坛》2003年第4期。

种思想还没有上升为全面对外开放的思想。①

（本文作者：李毅，南开大学马克思主义教育学院院长、教授、博士生导师；寇清杰，南开大学马克思主义教育学院副教授）

邓小平理论与“三个代表”重要思想研究综述

李怡心

2003年，邓小平理论与“三个代表”重要思想的研究进一步拓展和深入，我市举办了一系列学术活动，出版发表了一批新的学术成果，学者们从不同视角对邓小平理论与“三个代表”重要思想进行了多方面的探讨。

一、学术活动

（一）天津市哲学社会科学研究规划2003年度课题立项

天津市十分重视邓小平理论与“三个代表”重要思想的研究，2003年度市哲学社会科学研究规划有六项课题立项：(1)《马克思主义中国化的内在逻辑研究》（天津商学院魏胤亭）；(2)《中国特色社会主义文化发展思路研究》（天津师范大学姜晓梅）；(3)《马克思主义中国化的基本途径和规律》（南开大学武东生）；(4)《马克思主义在当代中国的丰富和发展》（天津社会科学院李锦坤）；(5)《马克思主义中国化历程中的思维方法论研究》（南开大学吴克峰）；(6)《毛泽东邓小平江泽民关于党的领导制度建设思想之研究》（天津市委党史研究室孟宪龄）。

（二）天津市学习贯彻党的十六大精神征文评奖

为推动我市学习贯彻党的十六大精神，中共天津市委组织部、市委宣传部、市委党校、天津日报、市社联联合举办了“学习贯彻党的十六大精神征文”，应征论文500余篇，经专家评审151篇获奖，其中一等奖29篇，二等奖23篇，三等奖33篇，优秀奖66篇。获一、二、三等奖的文章结集出版。

（三）天津社联理论创新论坛暨天津社科院邓小平理论研究所成立10周年纪念活动

这一活动于2003年10月22日在天津社会科学院举行，主题是“三个代表”重要思想研究。活动由天津社联党组书记万新平研究员主持，天津社科院副院长荣长海教授作主题发言。来自天津各大专院校、科研院所的四十多位专家学者参加了这次活动，南开大学朱光磊、市委党史研究室李文芳、天津师大陈尚伟、天津大学刘玉珊等7位同志在会上发言。与会同志参观了天津社科院邓小平理论研究所成立10周年科研成果展。

二、学术成果

（一）出版了一批文集和学术著作

(1)由中共天津市委宣传部、市委组织部、市委党史研究室、市委教卫工委、市委党校、市社联和天津日报编辑的《继往开来，与时俱进——天津市领导干部学习贯彻“三个代表”重要思想和党的十六大精神文章集》、《继往开来，与时俱进——天津市社科理论界学习贯彻“三个代表”重要思想和党的十六大精神文章集》，于2003年由天津人民出版社出版。中共中央政治局委员、市委书记张立昌为两书题词。中共天津市委常委、宣传部长肖怀远在该书代序言中指出，这两本书紧紧围绕十六大的主题，把握“三个代表”重要思想这一灵魂，把握解放思想、实事求是、与时俱进这一精髓，把握十三年来的基本经验，把握全面建设小康社会这一奋斗目标，把握发展这一党执政兴国的第一要务，把握党的建设总的要求，切实做到了在掌握基本观点和领会精神实质上下功夫；这些文章紧密联系天津实际，反映了本市社科理论界与广大领导干部学习贯彻“三个代表”重要思想和党的十六大精神的成果与水平。

(2)由中共南开大学党委宣传部编辑的文集《与时俱进，开拓创新》由南开大学出版社于2003年

① 潘广辉：《毛泽东形成全面对外开放思想了吗》，《河南师范大学学报》（哲学社会科学版）2003年第3期。

10月出版。书中收入南开大学广大师生学习“三个代表”重要思想和党的十六大精神的理论文章八十余篇，计六十多万字，展现了南开大学在这方面的思想成果。

(3)天津社会科学院出版社于2003年9月推出学术专著《邓小平战略思想研究》。该书是天津社会科学院院长李锦坤教授主持的课题《中国共产党三代领导核心战略思想研究》其中的分课题之二的成果，由张景荣研究员主编，于当年获中共天津市委宣传部优秀科研成果创新奖。

(4)天津社会科学院出版社于2003年出版了张景荣的《中国特色社会主义文化根本任务论》，此书是天津市“九五”哲学社会科学研究规划重点课题《邓小平“培育‘四有’新人”思想研究》的结项成果，天津社会科学院学术著作出版基金2003年度资助项目。

(二)发表了一批有影响的学术论文

2003年，由中共天津市委宣传部组织撰写的一批论文《关于中国共产党科学总结历史经验的若干思考》、《全面建设小康社会与全面加强大学生思想政治教育》、《论中国共产党的人民利益观》、《全面建设小康社会与中国传统社会理想》、《21世纪中国共产党的精神状态》、《试论我国的重要战略机遇期——兼论三代中央领导集体核心的机遇观》、《论文化的力量》等，作为市哲学社会科学研究规划2003年度委托项目的结项成果，在《南开学报》、《中共天津市委党校学报》、《天津师范大学学报》、《求知》、《天津社会科学》等刊物陆续公开发表，产生了较大社会影响。其中《论中国共产党的人民利益观》一文入选中宣部等单位在京联合召开的“三个代表”重要思想理论研讨会，《全面建设小康社会与中国传统社会理想》、《论文化的力量》两篇文章被《新华文摘》转载，其他文章有的被中国人民大学复印报刊资料转载，有的引起学术界和社会各界的广泛关注。

三、学术观点

2003年，天津市专家学者对邓小平理论和“三个代表”重要思想进行了多方面的研讨，围绕以下问题提出了各自的观点：

(一)关于“与时俱进”

刘景泉认为，江泽民同志提出的“马克思主义具有与时俱进的理论品质”这一论断，科学概括了马克思主义的基本特征，第一次揭示了马克思主义的理论品质，集中体现了当代中国共产党人对马克思主义科学性的认识。马克思、恩格斯、列宁、毛泽东、邓小平、江泽民都是与时俱进推动理论创新的光辉典范①。刘玉珊、蔡文杰、梁占辉认为，开创中国特色社会主义事业新局面，必须高举邓小平理论伟大旗帜，坚持贯彻“三个代表”重要思想。要做到这一点，关键在于坚持与时俱进。与时俱进就是党的全部理论和工作要体现时代性，把握规律性，富于创造性，这决定着党和国家的前途命运②。刘树功认为，坚持与时俱进是推进理论创新的根本要求。从一定意义上讲，与时俱进是理论创新的前提和必要条件，没有与时俱进的科学精神和时代精神，就不可能推进理论创新。坚持与时俱进，不断推进理论创新，既是贯彻“三个代表”重要思想的根本要求，也是推动制度创新、科技创新、文化创新以及其他各方面创新的必由之路③。

(二)关于发展

张春新认为，十六大报告在全面分析中国特色社会主义事业进入新世纪新阶段面临的新形势和新任务的基础上，对中国的发展问题提出了一系列的新思想、新观点和新论断，把对如何发展中国特色社会主义的认识提高到了一个新的水平：发展地位——必须把发展作为党执政兴国的第一要务；发展目标——全面建设小康社会；发展思路——促进社会主义物质文明、政治文明和精神文明的协调发展；发展机遇——紧紧抓住21世纪头20年的大有作为的重要战略机遇期；发展方针——尊重劳动、尊重知识、尊重人才、尊重创造；发展途径——走新型工业化道路和中国特色城镇化道路；发展重点——扩大就业、弘扬和培育民族精神、反对和防止腐败；发展关键——按照“三个代表”重要思想的

---

① 刘景泉：《论与时俱进的马克思主义》，《继往开来，与时俱进——天津市社科理论界学习贯彻“三个代表”重要思想和党的十六大精神文章集》，天津人民出版社2003年版。

② 刘玉珊、蔡文杰、梁占辉：《论“与时俱进”对党的理论和工作的新要求》，《继往开来，与时俱进——天津市社科理论界学习贯彻“三个代表”重要思想和党的十六大精神文章集》，天津人民出版社2003年版。

③ 刘树功：《坚持与时俱进，不断推进理论创新》，《继往开来，与时俱进——天津市社科理论界学习贯彻“三个代表”重要思想和党的十六大精神文章集》，天津人民出版社2003年版。

要求全面推进党的建设新的伟大工程①。

（三）关于发展阶段

翟昌民认为，在领导全国人民进行现代化建设的实践中，党的第三代领导集体对社会主义发展阶段思想做出新的伟大贡献：对社会主义初级阶段的基本国情有了更加深刻的认识，并在此基础上制定了社会主义初级阶段的基本纲领；在加深对社会主义初级阶段的长期性认识的基础上，对中国特色社会主义和初级阶段社会主义的概念做了区分，赋予中国特色社会主义更加丰富的内涵；在强调社会主义初级阶段长期性的同时，深刻阐述了其在自身发展过程中的阶段性问题②。

（四）关于全面建设小康社会

董四代、杜鸿林、贾乾初认为，在中国古代近代历史中，出现过诸多承载美的希冀的关于理想社会的设计和社会理想的思想学说。其中，"大同、小康"最具影响力。全面建设小康社会的战略，与以"大同、小康"为主要代表的中国传统社会理想有着或深或浅的承接关系，前者是对后者的扬弃。经过长期痛苦而艰辛的探索，中国共产党人解决了一个前所未遇的历史性课题，即把社会主义、初级阶段、现代化、改革、发展、小康社会、共产主义等如此重要的认识范畴和历史范畴高度有机地整合在一起，探明了实现小康社会理想的通道，科学地规划可以预见的未来，向着共产主义这一世界大同的远大目标一步步扎扎实实地前进。作为社会主义初级阶段中的小康社会，已经摆脱和超越了自然经济的局限，具有现代文明的性质。全面建设小康社会具有深厚的中国传统文化底蕴，是科学社会主义与中国国情相结合的壮美景观③。

（五）关于调动一切积极因素

李怡心认为，在新世纪全面建设小康社会的进程中，要推动经济政治文化的发展，调动一切积极因素至关重要。正确认识目前社会阶层的特点、发展趋势及其在社会主义现代化建设事业中的作用，将有利于加深对当代基本国情的认识。在分配问题上，要明确劳动要素和其他生产要素都是实施收入分配的基础，要把按劳分配与按生产要素分配结合起来。要关心下岗职工的生活和再就业，特别要帮助下岗职工挖掘自身潜力，依靠自我努力得到自我发展④。

（六）关于劳动价值论

李子英认为，劳动价值论和"三个代表"重要思想作为两个既相互联系又相互独立的完整理论体系，在思想内涵和精神实质上具有一致性，在内容上相互贯通，在目的和任务上既相一致又相区别，前者为后者提供了思想上、理论上的基础，后者为前者的发展开辟空间，融入新内容，增强新活力，使其具有强大的生命力⑤。

（七）关于分配

吕祖明认为，保护合法的非劳动收入是发展社会主义市场经济的要求，是马克思主义与时俱进的理论创新。分配制度上的这一创新，表明中国共产党对什么是社会主义、怎样建设社会主义的问题又有了新的理解，将对我国社会传统观念的改变有着潜移默化的深刻影响。社会主义现代化建设的最终目的就是要让人民过上富足幸福的生活，只有让合法的非劳动收入和合法的劳动收入一样都得到保护，才能使劳动、技术、管理和资本的活力竞相迸发，促使人们发挥各自的优势，加快社会主义社会生产力的发展，尽快致富，真正造福于民⑥。

（八）关于文化建设

寇清杰认为，中国社会主义现代化进程必须在促进经济建设和发展生产力的前提下，高度重视社会主义文化对现代化进程的巨大推动作用。文化建设必须牢牢把握先进文化的前进方向，即要坚持马列主义、毛泽东思想、邓小平理论为指导，坚持开放性，融会世界一切优秀和先进的思想和文化成果，保持本民族文化的优良传统，不断进行文化创新。"三个代表"重要思想为中国文化建设指明了

① 张春新：《试论十六大报告对中国发展问题的理论创新》，《继往开来，与时俱进——天津市社科理论界学习贯彻"三个代表"重要思想和党的十六大精神文章集》，天津人民出版社2003年版。

② 翟昌民：《社会主义发展阶段思想的新贡献》，《继往开来，与时俱进——天津市社科理论界学习贯彻"三个代表"重要思想和党的十六大精神文章集》，天津人民出版社2003年版。

③ 董四代、杜鸿林、贾乾初：《全面建设小康社会与中国传统社会理想》，《天津师范大学学报》2003年第2期。

④ 李怡心：《调动一切积极因素至关重要——兼论天津市实行"三步走"战略的两条基本途径》，《继往开来，与时俱进——天津市社科理论界学习贯彻"三个代表"重要思想和党的十六大精神文章集》，天津人民出版社2003年版。

⑤ 李子英：《现代劳动价值论与"三个代表"》，《天津商学院学报》2003年增刊。

⑥ 吕祖明：《保护合法的非劳动收入是马克思主义的理论创新》，《继往开来，与时俱进——天津市社科理论界学习贯彻"三个代表"重要思想和党的十六大精神文章集》，天津人民出版社2003年版。

方向，是实现中华文化伟大复兴的根本保证①。杨立新认为，代表中国先进文化前进方向，繁荣和发展中国特色社会主义文化一个很重要的前提就是运用现代科学思维理论，准确把握文化建设战略思维方位。这个方位上，主要的包含着实事求是与实践精神、群众路线、继承与借鉴和创新、发展等思维形式。我们不仅要能动地将这些思维形式渗透于中国特色社会主义文化建设的全过程，而且，要在实践中将其转化为指导文化建设的具体方针、政策和策略②。

(九)关于保持党的先进性

王元明认为，怎样保持党的先进性，是建设一个什么样的党，怎样建设党的核心问题。要保持党的先进性，首要的是保持党的指导思想的先进性。要保持党的指导思想的先进性，就必须毫不含糊地、坚定不移地坚持和发展马克思主义，保持与时俱进的精神状态，不断开拓马克思主义理论发展的新境界。在新世纪，只有按照“三个代表”要求加强和改进党的建设，才能始终保持党的先进性，才能在党的正确领导下，实现中华民族的伟大复兴③。励维志、胡现岭认为，我党对党员标准的要求总是与党的一定阶段的总任务、总路线要求相适应的。党的十六大将允许其他社会阶层先进分子加入中国共产党写入党章，是新世纪加强党的建设、保持党的先进性的需要，既是保持党的先进性的重要条件，也是我党更加成熟的表现。这有利于充分调动社会各方面的积极因素，更好地完成全面建设小康社会的奋斗目标④。

(十)关于党风建设

邢惠茹、闫向春认为，当前的党风建设工作要重点做到：认真学习，提高对艰苦奋斗与密切联系群众关系的认识；树立正确的权力观，做到上不愧党、下不负民；树立群众观点，坚决制止一切损害群众利益的奢侈浪费、腐化行为；领导干部要做艰苦奋斗、密切联系群众的表率⑤。柴观珍认为，我国高等院校是培养各类人才的摇篮，加强和改进党的作风建设尤为重要。一个学校的党风如何，将直接影响党的路线、方针、政策在这一学校的贯彻执行，影响到学校的改革发展和人才培养。只有切实加强高校党风建设，才能带出良好的校风、教风和学风，进而推动学校各项事业的蓬勃发展，使学校真正成为培养合格的社会主义事业强大生力军的基地⑥。

(十一)关于反腐败

李丽认为，中国共产党三代领导人均十分重视反腐败问题，认为这个问题关系到党和国家的生死存亡。三代领导人在不同的历史时期提出了一系列的反腐败思想，形成了我们党独具特色的反腐败战略：毛泽东——思想上构筑反腐防线的战略；邓小平——立足于制度和法制建设的反腐败战略；江泽民——持久作战，标本兼治的反腐败战略⑦。

(本文作者：李怡心，天津社会科学院邓小平理论研究所副研究员；审定人，张景荣，天津社会科学院邓小平理论研究所所长、研究员)

---

① 寇清杰：《“三个代表”重要思想与中国文化建设》，《继往开来，与时俱进——天津市社科理论界学习贯彻“三个代表”重要思想和党的十六大精神文章集》，天津人民出版社2003年版。

② 杨立新：《代表中国先进文化前进方向与准确把握文化建设战略思维方位》，《继往开来，与时俱进——天津市社科理论界学习贯彻“三个代表”重要思想和党的十六大精神文章集》，天津人民出版社2003年版。

③ 王元明：《始终保持党的指导思想的先进性》，《继往开来，与时俱进——天津市社科理论界学习贯彻“三个代表”重要思想和党的十六大精神文章集》，天津人民出版社2003年版。

④ 励维志、胡现岭：《永葆党的先进性——谈十六大党章对党员标准修改的认识》，《继往开来，与时俱进——天津市社科理论界学习贯彻“三个代表”重要思想和党的十六大精神文章集》，天津人民出版社2003年版。

⑤ 刑惠茹、闫向春：《艰苦奋斗是党保持同人民群众血肉联系的法定》，《继往开来，与时俱进——天津市社科理论界学习贯彻“三个代表”重要思想和党的十六大精神文章集》，天津人民出版社2003年版。

⑥ 柴观珍：《加强高校党风建设，培养社会主义现代化建设合格人才》，《天津商学院学报》2003年增刊。

⑦ 李丽：《三代领导人的反腐败战略》，《大时代》2003年第9期。

科学社会主义与国际共产主义运动研究综述

荣长海　张春新

2003年是以胡锦涛为总书记的党中央团结带领全国各族人民深入贯彻党的十六大精神、全面建设小康社会的第一年。这一年我国重大的理论和实践活动有:马克思逝世120周年和毛泽东诞辰110周年,我国防治非典斗争取得阶段性重大胜利,胡锦涛在“三个代表”重要思想理论研讨会上发表重要讲话(以下简称“七一”讲话),党的十六届三中全会审议通过的《中共中央关于完善社会主义市场经济体制若干问题的决定》提出以人为本、全面协调可持续发展的科学发展观。国际上,经济全球化和世界格局多极化继续发展,国际共产主义运动缓慢前进。在这一年里,科学社会主义与国际共产主义运动学科,紧紧围绕中国特色社会主义的重大理论和实践问题,以及当代资本主义、社会主义的发展变化等问题,进行了深入研究和富有成效的探讨,取得了多方面的明显进展。

一、关于“三个代表”重要思想的深化研究

这始终是本学科2003年关注的热点。胡锦涛“七一”讲话和《“三个代表”重要思想学习纲要》,为深化“三个代表”重要思想研究提供了根本的理论指导和重要的文本依据。学术界就此展开的研究,涉及方方面面,其突出成果主要体现在:深化了对“三个代表”重要思想理论体系、“三个代表”重要思想与马克思主义的关系及“三个代表”重要思想历史地位的认识,深化了对“三个代表”重要思想研究视角和方法的认识。

肯定“三个代表”重要思想是一个系统的科学理论,是公开发表的论文比较一致的观点。但如何解析和建构其理论体系,则是见仁见智。有的按照邓小平理论体系的思路和层次来把握其体系结构;有的按照《“三个代表”重要思想学习纲要》的框架和内容来探讨其体系结构;有的按照历史唯物主义和中国特色社会主义建设的实践来研究其体系结构。一种较有代表性的观点认为,应从五个方面把握“三个代表”重要思想的理论体系:一是体现一个主题,即建设中国特色社会主义;二是贯穿两大课题,即什么是社会主义和怎样建设社会主义,建设什么样的党和怎样建设党;三是涵盖三个方面,即改革发展稳定、内政外交国防、治党治国治军;四是解决九大问题,即建设中国特色社会主义的思想路线、发展道路、发展阶段和发展战略、根本任务、发展动力、依靠力量、国际战略、领导力量和根本目的;五是创新十大理论,即关于建设社会主义市场经济体制的思想,关于公有制为主体、多种所有制经济共同发展是我国社会主义初级阶段基本经济制度的思想,关于按劳分配为主体、多种分配方式并存的思想,关于全方位、多层次、宽领域对外开放的思想,关于社会主义物质文明、政治文明和精神文明协调发展的思想,关于正确处理改革发展稳定关系的思想,关于建设社会主义法治国家的思想,关于依法治国和以德治国相结合的思想,关于走中国特色的精兵之路的思想,关于巩固党的阶级基础和扩大党的群众基础的思想。

在“三个代表”重要思想与马克思主义关系的问题上,多数学者认为既一脉相承又创新发展,“一脉相承”主要体现为:从哲学基础上看,它们都坚持把辩证唯物主义和历史唯物主义作为自己的世界观和方法论;从纲领目标上看,它们都坚持工人阶级政党的最高纲领和最低纲领的统一;从政治立场上看,它们都坚持代表无产阶级和广大劳动群众利益的鲜明立场;从理论品质上看,它们都坚持与时俱进,强调理论创新,用发展着的马克思主义指导新的实践。也有学者认为,“三个代表”重要思想与马克思主义之间的“一脉相承”的“脉”应该是社会主义,只有继承并坚持社会主义,才能把二者联系起来。对“创新发展”,学者们有不同的概括,有的认为是“三个新”,即回答了当代世界社会主义运动的新课题,拓展了马克思主义理论的新视野,形成了中国特色社会主义理论的新体系;有的认为是“四个新”,即开创了马克思主义中国化的新进程,开辟了马克思主义与时俱进的新境界,开拓了中国特色社会主义的新道路,提供了对社会主义发展方向的新认识。就具体内容来说,有学者认为,提出“社会主义社会是全面发展、全面进步的社会”的命

题，突出强调人的全面发展，是“三个代表”重要思想对科学社会主义的突出贡献。

对“三个代表”重要思想的历史地位，学术界比较一致的观点是，从理论层面看，它是同马克思列宁主义、毛泽东思想和邓小平理论既一脉相承又与时俱进的科学体系，是马克思主义在中国发展的最新成果；从实践层面看，它是面向21世纪的中国化的马克思主义，是新世纪新阶段全面建设小康社会的根本指针；从共产党执政的层面看，它是我们党的立党之本、执政之基、力量之源。

关于深化“三个代表”重要思想研究的视角和方法，有学者指出，理解“三个代表”重要思想的理论创新意义，必须站在建设中国特色社会主义事业的高度，牢牢把握建设中国特色社会主义的主题。深化“三个代表”重要思想的研究，首先必须区分“三个代表”和“‘三个代表’重要思想”这两个概念，既要继续加强对“三个代表”内涵及相互关系的研究，更要大力加强对“三个代表”重要思想这一理论体系的整体研究。同时，要从理论和实践两个方面展开，而无论是理论创新还是实践创新，都必须紧紧围绕全面建设小康社会的实践来进行。

二、关于中国特色社会主义理论体系的建构

这是一个从马克思主义中国化进程的视野中考察“三个代表”重要思想与毛泽东思想特别是与邓小平理论的关系而提出的问题。有学者指出，我们党在八十多年的奋斗历程中，坚持把马克思主义基本原理和中国的具体实践相结合，致力于马克思主义中国化。其理论成果，以领导人的名字或任期命名，是毛泽东思想、邓小平理论、“三个代表”重要思想；如果以理论本身定名，则是新民主主义理论和中国特色社会主义理论。新民主主义理论，是以毛泽东为核心的党中央领导集体在民主革命长期实践中的伟大创造。中国特色社会主义理论是以毛泽东、邓小平、江泽民为核心的三代领导集体在长达半个世纪的社会主义探索中逐步创立和发展的，以毛泽东为核心的第一代领导集体是开拓者，以邓小平为核心的第二代领导集体是创立者，以江泽民为核心的第三代领导集体是发展者。“三个代表”重要思想是这一理论的最新成果，属于中国特色社会主义理论范畴。这个观点，在学术界引起了较大反响，并被越来越多的学者所认同。

由此出发，学术界对中国特色社会主义理论体系的建构问题进行了深入探讨。有学者认为，中国特色社会主义理论主要是围绕“什么是社会主义和怎样建设社会主义、建设一个什么样的党和怎样建设党、建设一个什么样的国家和怎样建设国家”这三大主题展开和建构的。还有学者从中国特色社会主义的理论基础、制度安排、目标定位、文明结构和战略部署五个方面阐述这一理论体系。一种较有代表性的观点认为，中国特色社会主义理论体系主要包括三个层次的内容：第一个层次是主题和主线。主题就是建设中国特色社会主义，主线就是什么是社会主义和怎样建设社会主义、建设什么样的党和怎样建设党。第二个层次是哲学基础。这个哲学基础就是解放思想、实事求是、与时俱进的思想路线。第三个层次是基本理论，可以概括为十大理论，即社会主义社会矛盾的理论、社会主义本质理论、社会主义初级阶段理论、社会主义市场经济理论、社会主义改革开放理论、社会主义现代化建设理论、军队现代化和国防建设理论、“一国两制”与和平统一祖国理论、社会主义对外关系理论、共产党的领导和执政党建设的理论。此外，这一理论体系还有一套更加结合实际的基本范畴。

三、关于全面建设小康社会

作为当前正在进行并将持续20年左右的重大社会实践，全面建设小康社会的若干重大理论和实践问题为各学科所普遍关注。概括地讲，其内容主要围绕“什么是全面小康社会”和“怎样建设全面小康社会”两个方面展开。本学科主要从宏观上、战略上、全局上对确立这个目标的意义、内涵、实现途径和基本原则等问题进行了探讨。

对其意义，有学者指出，全面建设小康社会目标的确立，从理论上发展了我国古代思想家的小康思想，赋予了它现代化含义；在实践上则体现了社会主义制度的优越性，因为中国人民追求了上千年的小康理想在社会主义制度下只用了半个世纪便基本实现。有学者认为，这个目标的提出，不仅直接解决了我们在实现现代化建设“三步走”战略的第一步、第二步目标，人民生活总体上达到小康水平之后，第三步目标怎样走的问题；而且明确了我国社会主义初级阶段这个“大阶段”中全面建设小康社会这个“小阶段”的历史定位，深化了我们对社会主义初级阶段所有重大方面和重大问题的认识，进而丰富了中国特色社会主义理论。对其内涵，学者们普遍认为，其重点在于对“全面”的强调。有学者将“全面”理解为：经济、政治、文化全面发展，人的全面发展,可持续发展和全面协调发展。也有学者认为,全面小康社会有三个维度的要求,即水平提升、差距缩小和整体协调。其中第三个方面是软维度,包括政治与经济的协调,思想道德素质、科学文化素质、健康素质的协调,可持续发展能力的不断加强。

关于全面建设小康社会的途径和基本原则,有学者指出,最根本的途径就是推动社会和人的全面发展。实现这个目标,必须正确处理十大关系:一是小康社会与社会主义初级阶段的关系,二是总体小康与全面小康的关系,三是工业化与信息化的关系,四是农村小康与城镇化小康的关系,五是经济建设与人口、资源、环境的关系,六是先富、后富与共同富裕的关系,七是物质文明建设、政治文明建设、精神文明建设的关系,八是发展、改革、稳定的关系,九是中国的发展与世界的关系,十是小康社会建设与党的建设的关系。有学者则认为,全面建设小康社会重在制度的建设与过程:首先,要以经济现代化为前提;其次,要完善社会再分配机制,建立相应的社会政策法规体系,切实转变政府职能,建设良好的社会治理系统,提高治理质量;第三,要加快推进政治民主化制度建设的步伐;第四,要不断弘扬社会主义的人文精神并使之具有制度性保障,提高全民素质,促进人的全面发展;第五,要以提高全社会的生活质量为不断努力的方向。

四、关于社会主义政治文明

“政治文明”并不是一个新概念,学术界对政治文明的研究也早在20世纪80年代就已开始。随着党的十六大前后中央突出强调这个问题,社会主义政治文明的研究进入了一个新阶段。从内容上看,主要集中在政治文明的概念、社会主义政治文明的内涵和特征,社会主义政治文明与物质文明、精神文明的关系,建设社会主义政治文明的途径、原则和意义等方面。但总体而言,各方面的研究仍处于探讨阶段,学术观点见仁见智,远未统一。

关于政治文明的概念,学术界较有影响的说法就不下十几种。如有学者认为,政治文明是指人类改造社会的政治成果的总和,是人类政治活动的规模和发展程度的标志,是人类社会政治活动与政治关系的进步状态和发展程度,它是和政治愚昧、政治野蛮相对立的范畴,其核心是自由、平等、民主、法治。有学者认为,政治制度的进步状态即为政治文明,具体表现为新的生产关系和社会政治制度的建立和发展。但也有学者认为,政治制度文明只是政治文明的一部分。总之,学者们在使用这一概念时,或者是在没有任何界定的情况下使用,或者是根据自己的需要临时给出一个定义。角度不同,侧重点不同,定义也往往有差异。即使是同一个人,在不同的文章中也常常给出不同的概念。

关于社会主义政治文明的内涵和特征,有些学者从强调人类文明一般属性的角度指出,社会主义政治文明是社会主义文明系统的有机组成部分,其自身也是一个系统,主要包括政治思想、政治理念、政治制度、政治机构、政治运作等方面的内容,大体表现为“虚”和“实”两个方面:一是政治思想理论,二是作为政治思想理论表现的制度和机构。另有一些学者在坚持社会主义政治文明作为一般政治文明共性的同时,比较强调社会主义政治文明的特殊性,认为社会主义政治文明具有如下特征:它是对历史上其他类型政治文明的根本性扬弃,实现了国体和政体的有机统一,形成了共产党的领导、人民当家作主和依法治国有机结合和辩证统一的新型政治文明的主体结构。还有一些学者侧重于从中国当前阶段的政治文明建设出发思考问题,认为我们讲的社会主义政治文明,就是在中国共产党领导下,在人民群众当家作主的基础上,依法治国,发展社会主义民主政治。

关于社会主义政治文明与物质文明、精神文明的关系,绝大多数学者都承认三者是相互联系、相互制约的有机整体。有学者把三者关系表述为:物质文明是基础,精神文明是灵魂,政治文明是保证。也有学者认为,政治文明是物质文明和精神文明相互结合的产物,是特定精神文明的凝聚积淀,又是以特定的物质文明为载体的制度文明。就政治文明分别与其他二者的关系而言,物质文明建设与政治文明建设是一个互动的过程,精神文明建设更离不开政治文明建设的协调发展。

关于建设社会主义政治文明的途径,从宏观上讲,主要有党内民主推动人民民主论、制度建设论、宪政文明建设论、人大制度建设论、法治文明建设论、反腐败论等几种观点。就具体途径而言,有学者认为,社会主义政治文明建设说到底就是民主和法治建设,所以应主要从“发展社会主义民主”和“建设社会主义法治国家”两个层面着手。有学者认为,社会主义政治文明建设应通过政治意识文明建设、政治制度文明建设和政治行为文明建设三个方面进行。还有学者认为,一是坚持以人为本,尊重和保障人权;二是以民主为核心,发展民主政治;三是以制度为载体,进行制度创新;四是以权力制约为原则,建立有限政府;五是以法治为根本,建设法治国家。

五、关于科学发展观

科学发展观是党的十六届三中全会首次提出来的。学术界围绕科学发展观提出的时代背景、精神实质、基本特征以及如何贯彻落实等问题进行了深入探讨。

就科学发展观提出的时代背景,学者们普遍论及了这样几点:第一,提出科学发展观同全面建设小康社会的目标有着直接的、内在的联系。从目前的总体小康到全面小康,我们面临的首要难题就是解决好各方面的协调发展问题。第二,解决制约我国经济进一步发展的瓶颈和障碍,是提出科学发展观的基本事实依据。第三,非典疫情的发生以及抗击非典的斗争是科学发展观形成和提出的一个重要的、直接的因素。第四,从更深远的角度看,树立和落实科学发展观是实现中华民族伟大复兴的内在要求和重要保证。

就科学发展观的精神实质和基本特征,学者们指出,其基本出发点还是强调发展,而且是更快、更好的发展;其核心是以人为本,强调一切从人的需要出发,围绕促进人的自由全面发展而发展;其基本要求是强调全面协调和可持续发展。有学者将科学发展观的特征概括为:这是一个积极的发展观,既具有很强的倡导性和激励性,又有一定的指导性和约束性;这是一个总体的发展观,既有很强的全局性和战略性,也有一定的过程性和系统性;这是一个求实的发展观,既有很强的规律性和概括性,也有一定的现实性和针对性;这是一个辩证的发展观,既有很强的统筹性和原则性,也有一定的区别性和灵活性。

有些学者强调,必须以科学的态度对待科学发展观,尤其要处理好四个关系:一是正确理解科学发展观与邓小平发展理论的关系。邓小平发展理论是科学发展观的重要理论基础和思想来源,科学发展观是对邓小平发展理论的继承、丰富和发展。二者是一脉相承、丰富发展、辩证统一的,而不是对立的。二是正确认识科学发展观与 GDP 的关系。三是科学对待统筹兼顾。不要一讲统筹兼顾,就想着平均主义。四是正确处理以经济建设为中心与以人为本的关系。二者是统一的,并不矛盾。前者是后者得以实现的前提、途径和保证,后者是目的。只有坚持以经济建设为中心不动摇,大力发展生产力,以人为本才能得到实实在在的体现。离开了经济建设这个中心,以人为本就是一句空话。

就科学发展观的贯彻落实,学者们突出强调了这样几点:一是各级领导干部要树立执政为民、求真务实的政绩观;二是建设学习型社会,培养各级领导干部科学民主的决策观;三是修改完善发展和统计的指标体系,使其更全面、更准确地反映经济社会的发展状况;四是建设公共服务和社会管理型政府,使以人为本、统筹兼顾和可持续发展有政府体制和政策保证。

六、关于人的全面发展与社会主义现代化建设的本质

进入新世纪以来,研究人的全面发展问题成为学术界特别是哲学界的一个热点。本学科的探讨,主要侧重于从社会主义现代化建设本质的角度,梳理、辨析马克思主义经典作家关于人的全面发展的思想、论述社会主义现代化建设中人的全面发展内涵以及如何促进人的全面发展等问题。

许多学者认为,研究人的全面发展问题,必须"回到马克思",因为只有马克思才使人的全面发展思想获得了真实的历史内涵。尽管马克思学说的内容和层次十分丰富,他一生关注的焦点问题也不断变化,但在深层次上都服从于一个最根本的理论关切,即:推翻和扬弃"使人成为受屈辱、被奴役、被遗弃和被蔑视的东西的一切关系","实现人的自由、全面发展"和"自由人的联合体"。有学者进一步指出,马克思的学说,就其实质内容和社会功能而言,就是关于人类解放的学说,也就是关于实现人的全面发展的学说。

有学者指出,人的自由全面发展是马克思主义关于社会主义和共产主义的本质规定,是社会主义社会和共产主义社会与一切剥削社会的根本区别之一;人的全面发展又为我国经济发展和社会进步提供强大的精神动力和智力支持。但是,长期以来,我们对人的全面发展既存在重视不够的问题,也存着认识上的诸多偏差。比如,常把人的全面发展看成一个遥远的理想,而没有把它作为一个理想与现实统一的历史过程;常把人看成手段,而没有把人的发展特别是人的全面发展作为社会发展的重要内容和根本目标;常把人的全面发展的内容看成各种技能的培养，而没有把人的素质的提高作为人的全面发展的核心内容。在深入学习江泽民关于人的全面发展问题的论述特别是促进人的全面发展是社会主义现代化建设的本质要求的基础上，有学者提出，人的全面发展是理想性与现实性相统一、连续性与阶段性相统一的历史过程；人的全面发展是社会发展的重要内容，是社会主义现代化建设的根本目标；人的全面发展的核心内容是人的素质的全面发展。

关于促进人的全面发展的途径，有学者指出，要大力发展先进生产力、社会主义民主政治和先进文化，为人的全面发展创造高度发达的社会主义物质文明、政治文明和精神文明基础，同时促进人和自然的协调与和谐。有学者认为，要根据人的全面发展与经济文化发展和人民生活改善的辩证关系，努力开创物质文明、政治文明、精神文明、生态文明“四位一体”的文明发展道路，把促进人的全面发展贯穿于建设中国特色社会主义的全过程。

七、关于马克思主义、毛泽东思想的历史意义和现实意义

在纪念马克思逝世120周年之际，学术界举办了一系列活动，深入研讨了马克思的生平及其思想的若干重大问题，其中，最集中的就是如何对待马克思主义的态度问题。学者们普遍指出，马克思逝世以来世界社会主义运动发展的历史表明，社会主义的兴衰成败、生死存亡，同人们对马克思主义所采取的态度有着紧密联系：当人们坚持马克思主义的基本理论同时代特征、本国实际相结合，坚持马克思主义与时俱进的时候，社会主义就胜利、就前进；反之，当人们抛弃马克思主义基本理论，或者使马克思主义僵化停滞的时候，社会主义就遭到挫折和失败。所以，对待马克思主义的正确态度是：一要坚持，二要发展。有学者论证道，马克思主义形成至今已一百五十多年，为什么我们今天还要坚持？因为它今天仍是一个科学的理论体系。当然，这并不是说它的一切观点、结论至今完全正确，而是说它的基本原理并没有过时，仍然具有真理性。所以，决不能借口历史发展和时代变迁，而把马克思主义当作过时的理论予以摒弃。那么，为什么又要发展马克思主义呢？因为一百五十多年来世界发生了很大变化，许多新情况马克思、恩格斯当年不可能预见，不发展、不创新，马克思主义就会被时代所抛弃。很多学者认为，坚持和发展马克思主义的目的是解决革命、建设和改革中的实际问题以推进事业的发展，而且也只有在这个过程和实践中，才能真正做到坚持和发展马克思主义。

在纪念毛泽东诞辰110周年之际，学术界也举办了一系列理论研讨活动，其内容涉及科学评价毛泽东的历史地位，正确看待毛泽东、毛泽东思想及毛泽东晚年所犯的错误，毛泽东与马克思主义中国化等诸多方面，一个突出点在于强调全面认识毛泽东的伟大历史贡献。很多学者指出，毛泽东是理论和实践的统一论者，在实践上他领导中国民主革命取得胜利，对中国特色社会主义道路进行了有益探索；在理论上他把马克思主义与中国具体实际相结合，不仅创立了新民主主义理论，而且对中国特色社会主义理论的形成做出了重要贡献。在以往的研究中，学术界对毛泽东与新民主主义革命及其理论的探讨较多，而对他与中国特色社会主义的关系及其贡献的研究和关注相对较少。应该说，毛泽东不仅是新民主主义理论的创立者，也是中国特色社会主义道路的开拓者，是中国特色社会主义理论的奠基人。其主要表现是：第一，毛泽东领导的新民主主义革命的胜利和社会主义改造的成功，奠定了中国特色社会主义的制度基础。第二，毛泽东的哲学思想奠定了中国特色社会主义的哲学基础。第三，毛泽东领导的对社会主义建设道路的探索及有关认识，奠定了中国特色社会主义的实践基础和理论基础。第四，毛泽东领导的大规模社会主义建设，使中国基本上建成了独立的、比较完整的工业体系和国民经济体系，奠定了中国特色社会主义的物质基础。第五，毛泽东对现代化难度的设想奠定了中国特色社会主义的战略基础。

八、关于经济全球化与社会主义、中国特色社会主义的关系

全球化与社会主义的关系、全球化对中国特色社会主义发展的机遇和挑战、如何应对全球化依然是2003年学术界关注的热点问题。虽然对全球化的概念、内涵、性质等基本理论问题仍有不同看法，甚至争议很大，但越来越多的学者逐渐认同全球化与社会主义的一致性。有学者指出，经济全球化是以科学技术进步为基础、生产力发展为根本动力的人类经济生活的高度社会化，它的充分发展必将形成一个人类社会前所未有的高度发展和全面进步的共同体，所以，经济全球化在本质上不属于世界资本主义而属于世界社会主义，全球性问题解决的根本出路在于人类社会的世界社会主义选择。有学者分析,虽然目前全球化的发展是以资本主义为主导的,它扩大了资本主义生产关系的框框,延续了西方资本主义的生存,但从其发展趋势可以看到世界社会主义胜利的希望。当全球化达到某种很高的程度,世界各国、各个地区的资本主义经济都得到高度发展,特别是发展中国家的经济也得到高度发展的时候,再从全球范围看,资本主义生产关系的框框就会显得太狭窄,将严重束缚生产力的发展,资本主义的丧钟就要敲响了。有学者更是明确表示,全球化始于资本主义而终于社会主义,资本主义的全球扩张为社会主义、共产主义取代资本主义创造了必要条件,全球化的前景必然是社会主义。

对全球化给中国特色社会主义发展的影响,学者们几乎无一例外地指出了利弊并存的"两面性",并着重阐发了如何应对挑战的战略策略。有学者从宏观上指出:首先,要树立全球意识,这是应对全球化挑战的前提。所谓全球意识,应包括坚定的社会主义信念、开放的思想观念、宽广的全球视野等。其次,社会主义国家应选择具有本民族特色的发展道路。这是应对全球化挑战的基础。再次,社会主义国家必须参与国际游戏规则的制定。这是在全球化过程中争取主动的行为。第四,社会主义国家应抓住机遇,发展自己。这是应对全球化的根本。也有学者认为,解放思想、更新观念、与时俱进、开拓创新,是社会主义国家应对经济全球化的关键;坚持社会主义原则、维护国家主权,是社会主义国家应对经济全球化的根本保证;正确认识和处理两种制度的关系,是社会主义国家参与经济全球化的基本要求;加强同发展中国家的团结与合作,为建立公正、合理、平等的国际经济政治新秩序而奋斗,是社会主义国家应对全球化的基本任务。还有学者指出,在经济上要积极参与全球化但同时要防范风险;在政治上适当进行主权让渡的同时必须坚持中国特色的社会主义制度和国家主权的完整与独立;在文化上广泛地吸收和借鉴人类历史包括资本主义创造的一切优秀文化成果,但同时要坚持中国特色的社会主义文化方向;最后,要始终坚持以经济建设为中心,认真解决不断产生的新问题,保证人民生活越来越幸福。

九、关于当代资本主义

解剖资本主义历来是马克思主义认识社会主义、论证社会主义取代资本主义必然性的一条重要途径。2003年,学术界对全球化条件下当代资本主义的新变化和新特点,以及如何看待这些新变化和新特点并最终如何判断资本主义的历史进程和发展趋势做出了进一步探讨。

很多学者认为,当代资本主义已经发展到了一个"新阶段",但究竟是一个什么样的阶段,则有不同认识,比较典型的几种观点是:国家垄断资本主义阶段、国际垄断资本主义阶段、金融垄断资本主义阶段和社会资本主义阶段。对当代资本主义的新变化,尽管学者们的概括不尽相同,但大都认为,这些变化虽然在一定程度上缓和了阶级对立和矛盾,为资本主义的继续发展提供了空间;但是,私人占有制依然是当代资本主义社会的基础,贫富两极分化现象依然严重存在,维护资本家少数人的根本利益依然是当代资本主义国家的最主要职能,对外扩张依然是它们的基本政策;所以,不承认、不正视当代资本主义的新变化是不行的,把当代资本主义的新变化说成是资本主义性质的根本改变则是错误的和有害的。还有学者阐述了正确认识当代资本主义新变化的方法,强调从多视角、多方面去考察当代资本主义的新变化;看到当代资本主义是一个世界体系,注意考察、分析发展中资本主义国家的变化;结合科学技术进步和经济全球化对资本主义的影响去考察、分析这些新变化;力求全面认识,避免简单化、片面性和孤立性。

对于当代资本主义的发展前景,很多学者都指出了它的社会主义趋势。有学者通过对全球化背景下资本主义基本矛盾发展变化的分析强调,经济全球化的快速发展使原本主要发生在民族国家范围内的生产社会化迅速向生产全球化方向转变,受此推动,资本关系全球分布,从而导致基本矛盾的全球性生成与组合态势,其阶级关系、生产关系方面的表现也更加突出地在全球层面展开,这使当代资本主义在社会制度、意识形态、国际关系等方面面临许多新的、更加难以克服的矛盾与危机。所以,资本主义基本矛盾全球化在为当代资本主义创造新的发展空间的同时,也将资本主义关系扩展到极限。发展是短暂的,繁荣和稳定是表面的,更大程度与范围的冲突和危机则是必然的,当资本主义基本矛盾在全球范围内发展至"顶点",其社会性质向"相反方向"发生根本性变化是完全可以预期的。还有学者通过对资本主义占有方式、经营管理方式、分配方式的变革以及阶级关系新趋势的分析得出结论:资本主义正在一步步地转向社会主义,这个趋势是不可逆转的。当然,学者们也冷静地指出,资本主义向社会主义转变将是一个十分漫长的过程;社会主义要做好与资本主义长期共存的充分思想准备,必须妥善处理与资本主义的关系,既要认真应对来自资本主义的挑战,又要更好地利用资本主义文明成果发展自己。

十、关于当代国外社会主义与国际共产主义运动

从总体上讲,2003 年学术界对当代国外社会主义研究的深化,集中体现在对国外社会主义思潮的评介、对苏东剧变深层原因的进一步探讨等方面。随着“三个代表”重要思想被确立为中国共产党的指导思想,学术界自觉加强了对国外共产党及其他政党自身建设和执政情况的研究,以为中国共产党提供借鉴。

在国外社会主义思潮方面,很多学者指出,虽然苏东剧变后世界社会主义运动处于低潮,但理论研究却异常活跃,民主社会主义、第三条道路的社会主义、西方马克思主义的社会主义、现代托派社会主义、生态社会主义、女权社会主义、市场社会主义、民族社会主义等各种思潮风起云涌、竞长争高。国内学术界在对以上种种思潮的研究中,民主社会主义或社会民主主义以及第三条道路的社会主义仍然属于热点问题。而且,除对以上思潮的基本观点作一般性介绍之外,很多学者认为应加强与科学社会主义的比较研究,取其精华,去其糟粕,以推动科学社会主义的创新发展。有学者指出,虽然各种社会主义流派代表着不同阶级的利益,且同科学社会主义有着本质区别,对世界社会主义运动也造成过一定的消极负面影响;但当代各种社会主义流派在对资本主义的批判、对现实问题的分析、对社会主义的预设中,均提出过许多积极合理的思想观点。因此,对它们必须进行区分利弊的批判性分析,既要坚决摒弃其消极、反动的观点,又要认真汲取其积极合理的主张。在对苏东剧变深层原因的分析方面,学者们在普遍指出是多种因素综合作用的结果的同时,也提出了许多具体原因,如长期违背马克思主义以人为本的原则,没有形成与政治统治相一致的文化,党没有做到“三个代表”、没有实现自身的现代化,等等。

在国际共产主义运动方面,学者们围绕世界社会主义运动的现状及发展趋势、现有社会主义国家的状况以及西方发达国家共产党的理论和实践等问题做出了进一步探讨。在总体判断上,很多学者认为,苏东剧变引起的世界社会主义混乱和滑坡已经结束,开始进入一个探索前进、谋求发展的新时期;其基本特征是总体低潮中有局部复兴,大挫折中有小发展。具体表现为:中国等社会主义国家顶住压力、稳住阵脚,坚持住了社会主义阵地,并且在改革或革新中获得了不同程度的发展;原苏联东欧地区的共产党左翼力量重新抬头,东欧各国左右两种势力轮流执政的两党政治已基本形成;西方发达国家共产党的状况有所改善,并开始了新的探索;亚非拉第三世界国家的共产党经过动荡和分化,大多数都坚持下来,并获得了不同程度的发展或较大发展。同时,学者们也清醒地指出,世界共产主义运动的现状还是相当严峻的,“资强社弱”的局面在短时期内很难改变,在总结经验教训中积极探索符合本国国情的发展道路,把本国的社会主义搞好,就是对世界社会主义的巨大贡献。

(本文作者:荣长海,天津社会科学院副院长、教授、博士生导师;张春新,天津社会科学院邓小平理论研究所副研究员)

思想政治教育研究综述

王秀阁　闫　艳

一、研究概况

近两年,全国思想政治教育学科呈现快速发展态势。学科博士学位授权点和硕士学位授权点数量显著增加,基础理论研究不断深入、拓宽,应用研究更加贴近实践需要,学术成果的量和质都有了较大提高。天津市的思想政治教育学科也同全国一样，自2002年下半年到2003年，广大思想政治教育理论工作者以马克思主义、毛泽东思想、邓小平理论和“三个代表”重要思想为指导，努力提高学科层次，深入进行科学研究，取得了较为丰硕的成果，使学科有了长足的发展，在全国同类学科中居于前列，主要表现在以下三个方面：

（一）推出了一批学术成果

在一年多的时间里，学科同仁们围绕新时期思想政治教育理论与实践这一中心，从不同的视角开展了广泛而深入的研究，出版和发表了一批学术著作和科研论文。据不完全统计，出版的著作主要有：王秀阁主编的《新世纪初思想政治工作研究》（红旗出版社，2002年9月版），李毅主编的《与时俱进的马克思主义理论与思想政治教育》（论文集，天津社会科学院出版社，2002年10月版），王秀阁、张铁勇主编的《新时期思想道德教育研究论丛》（第一辑）（论文集，天津人民出版社，2002年6月版），刘世明著《以德治国的理论与实践》（天津人民出版社，2003年8月版），宋国华主编的《高校师德建设研究》（论文集，吉林人民出版社，2003年7月版）。发表的论文主要有：王秀阁《论思想政治工作的与时俱进》（《天津师大学报》社科版，2003年第2期），褚凤英《活动：思想政治教育研究的新视界》（《学校党建与思想教育》，2003年第3期），武东生《论儒家人生哲学中的“孟之道”》（《天津社会科学》，2003年第3期），张铁勇《论以谋求共识为核心的德育理念》（《道德与文明》，2003年第12期），闫艳《建构思想道德教育与心理健康教育的结合点》（《东北亚论坛》，2003年第12期），于俊如《完善市场经济体制进程中的青年学生道德建设》（《思想·理论·教育》，2003年第11期），徐世强《论进一步搞好大学生人文素质教育》，（《思想教育研究》，2003年第12期），中共天津市委宣传部和中共南开大学委员会《全面建设小康社会与全面加强大学生思想政治教育》（《南开学报》哲学社会科学版，2003年第2期）等。

（二）参加国际国内重要学术会议

天津师范大学教授、博士生导师王秀阁于2003年11月1日～2003年11月15日应邀出席了由美国过程思维研究中心在加州洛杉矶克莱蒙特大学举办的“过程思维与全球化时代的教育改革”学术研讨会，并在大会上作了“论当代中国高等教育改革的核心”的发言，受到了与会专家和学者的好评。2003年10月，天津师范大学和南开大学参加了由浙江大学马克思主义学院主办的在浙江温州召开的“全国马克思主义理论与思想政治教育博士点学术研讨会”。2003年9月，天津师范大学思想政治教育专业教师参加了由华中师范大学主办的“思想政治教育桂子山论坛”和2003年11月由高等教育出版社和河南大学哲学系共同主办的在河南开封召开的“思想政治教育专业马克思主义经典著作导读课程改革学术研讨会”。

（三）学科建设取得了重要进展

长期以来，天津市各高等院校、相关单位都十分重视且采取有力措施，加强思想政治教育学科的建设。2003年在学科建设上取得了突破性的、令人瞩目的成果。在全国第九批学位点申报中，南开大学和天津师范大学顺利通过审批，双双获得了马克思主义理论与思想政治教育博士学位授予权，实现了天津市思想政治教育学科博士点零的突破。至此，我市思想政治教育学科已有2个博士点和4个硕士点。另外，南开大学和天津师范大学成为全国马克思主义理论与思想政治教育博士点联谊会的理事单位。天津师范大学马克思主义理论与思想政治教育博士点带头人王秀阁教授还被遴选为全国思想政治教育专业教学指导委员会委员。

二、学科研究中的主要学术问题和学术观点

（一）关于思想政治教育的与时俱进

专家学者们主要从三个层面与视角进行了研究。

第一，从社会层面和贯彻落实“十五”计划的视角进行研究。首先，阐述了思想政治工作与时俱进的理论依据、历史依据和现实依据。王秀阁的文章认为：从理论上说，与时俱进是思想政治工作的题中应有之义。思想政治工作内在要求与时俱进可以从两个维度来分析。一是从社会结构的维度，换言之，从思想政治工作的性质来分析；二是从人的维度，换言之，从思想政治工作的地位来分析。从历史上看，我党历史上每次重大转折的胜利，无不与思想政治工作的与时俱进的保证息息相关。从现实看，新世纪初，在国际国内发生重大变化的环境的影响下，人们的思想在由适应计划经济向市场经济的进一步转变中，呈现出新的特点，即独立性更加增强、趋利性更加突出、多样性愈加发展、非理性仍较明显。根据新世纪初社会思想特点的变化，思想政治工作必须与时俱进，即更应突出辩证性、突出理性、突出情感投入。为此，新世纪初思想政治工作的着力点应该在积极引导人们思考、勇于探索工作规律、努力做好工作渗透、亟待占领网上阵地等方面入手①。其次,研究了思想政治工作与时俱进的具体路径。如由红旗出版社出版的王秀阁主编的《新世纪初思想政治工作研究》一书。该书是天津市"九五"社科重点项目的最终成果,专家鉴定为A级。该书紧紧围绕《中华人民共和国国民经济和社会发展第十个五年计划纲要》这一新世纪初我国国民经济和社会发展的宏伟战略与蓝图中提出的各项工作的目标与任务,较为深入地分析了完成各项工作任务会遇到的主要思想障碍,提出了思想政治工作应采取的对策,对思想政治工作在新世纪初做到与时俱进进行了探索。全书着重体现了思想政治工作是其他一切工作的生命线的主旨,提出了思想政治工作是一切工作的生命线,就必须以一切工作为载体,否则,就失去了其存在的依据和价值的观点②。

第二,从学科建设的层面和基础理论的视角进行研究。褚凤英认为,为了深化对思想政治教育的研究,我们应该超越以往仅仅对作为社会过程的思想政治教育的关注,把视野投向作为人的精神世界与价值生活自我建构过程的思想政治教育活动的新视角。从活动的视界观照思想政治教育,从理论方面看,有利于扩展思想政治教育理论研究的广度和深度。从实践方面看,有利于增强思想政治教育的针对性和实效性。把研究的视角投向人的活动,即力图在思想政治教育观念和思维方式方面有所突破和创新,使我们认识满足何种条件的思想政治教育活动才是人的主体性活动,进而为我们优化思想政治教育活动,使之更加有利于人的思想道德素质发展提供新思路③。

第三,从高校学生层面和全面建设小康社会的视角进行研究。天津市委宣传部和南开大学党委会的文章认为全面建设小康社会对全面加强大学生思想政治教育提出了全新的历史性要求。在全面建设小康社会进程中全面加强大学生的思想政治教育,必须以"三个代表"重要思想为统领,紧紧围绕全面建设小康社会的奋斗目标进行;要牢牢把握与时俱进这一精髓,积极探索与全面建设小康社会进程相统一的大学生思想政治教育新途径;要加强思想理论教育的创新,拓宽实践教育的领域,促进大学生自我教育、学校教育与社会教育的良性互动;要建立科学的大学生思想政治教育评价体系,造就一代全面建设小康社会的人才④。

(二)关于以德治国

2003年8月,天津人民出版社出版刘世明著《以德治国的理论与实践》一书,对"以德治国"这一理论命题和科学决策的重要意义、文化根源、现实依据、基本内涵、实施要点等方面进行了探讨和阐述。该书在较为充分地分析了古今德治在道德体系的核心、价值导向以及道德与政治的关系、人治与法治的关系、义与利的关系等方面的根本区别的基础上,阐述了"以德治国"思想是对中国古代关于以民为本的治国宗旨,厚德载物的治国要求,公正公道的治国之道,举贤任能的治国吏策,先教后诛的治国举措等伦理思想的批判和继承,具有深厚的文化渊源。该书从政治、经济、社会伦理思考出发,侧重阐述了坚持为人民服务的宗旨,坚持集体主义价值观,坚持社会主义义利观、公平观、竞争观,坚持社会主义诚信原则,坚持可持续发展伦理观,坚持马克思主义善恶观,以及加强社会转型时期社会公德建设等内容。书中着重对以下几个问题做了进一步的理论探讨。

(1)关于社会主义道德体系的核心问题。社会主义道德建设的核心是为人民服务,这是社会主义道德区别和优越于其他社会形态道德的显著标志。但在以往的论证中仅仅从社会主义经济基础的客观要求出发说明为人民服务的必然性、合理性。该书力图突破这种传统思维定势,把为人民服务看作是社会主义社会人的全面发展的必然要求。

(2)关于"为人民服务"的实现途径问题。过去人们一直认为只有无私才是道德的,收取回报是不道德的。该书认为,与市场经济相适应的服务观应当是等价有偿的。

(3)关于集体主义精神的生成机制问题。该书认为,深入考察具有集体主义精神的集体,有两个基本的共同点,它们构成了集体主义精神的生成机

① 王秀阁:《论思想政治工作的与时俱进》,《天津师大学报》(社科版),2003年第2期。
② 王秀阁:《新世纪初思想政治工作研究》,红旗出版社,2002年版。
③ 褚凤英:《活动:思想政治教育研究的新视界》,《学校党建与思想教育》,2003年第3期。
④ 中共天津市委宣传部、中共南开大学委员会:《全面建设小康社会与全面加强大学生思想政治教育》,《南开学报》(哲学社会科学版),2003年第2期。

制。一个共同点是,这些集体中,都存在着一种良好的利益互动关系(包括产权和管理两个层次)。另一个共同点是,所有这些集体中,都有自己良好的企业文化。利益互动关系主要是从行为的层面激励群众的行为方式符合集体主义精神,企业文化则主要是从思想、情感、观念的层面让群众认同、接受集体主义精神,提升他们的精神境界。

(4)关于社会主义道德的批判性导引问题。该书认为我国现阶段的道德建设不仅要有对于市场经济发育的适应性,同时也必须有对于市场经济原则的超越性。在社会生活中,社会主义道德应发挥建设性和批判性功能①。

(三)关于以德育人

关于德育问题的研究,专家学者们主要围绕德育对象的主体性问题展开,提出了以下几方面的观点。

第一,当代社会应确立以谋求共识为核心的德育观念。

张铁勇的文章认为传统的道德教育因其忽视人的主体性,把教育对象看作被强制灌输和塑造的对象,因而不利于当代社会所需要的创造性人格的培养。当下流行的具有人本主义色彩的主体性德育观,又因其过于强调个体判断与选择的正当性,忽视了道德要求的社会性、客观性,脱离了社会对德育促进人与社会协调发展的现实需要。因此,有必要努力探索一种更为合理的德育理念,回应当代社会对德育工作的要求,即要确立以谋求道德行为准则的共识为核心的德育观(以下简称共识性德育)。共识性德育把道德教育理解为一个过程,即教育者与受教育者以道德发展的需要为契机,通过平等对话共同探讨为了实现个体与群体的发展目标,应当遵循什么样的行为准则,并对这些行为准则的合理性达成共识的过程。这种德育理念与以培养服从外在的道德权威为核心特征的传统德育和以道德相对主义、自我中心的主体性德育观点完全不同的,而与讲求相互尊重、公平公正、追求创新与发展的现代人格品味相契合,因而也是一种人性化的、有益于培养当代社会所需要的道德人格的道德教育②。

第二,德育理想目标应是主体性道德人格的教育和培养。

于俊如的文章认为,传统德育实效性差的主要原因之一,在于忽视主体性道德人格的教育。市场经济得以确立和运行的基本前提是市场主体有独立自主的权利和追求自身利益的自由。对主体性道德人格教育的必要性认识体现着对理想教育目标的追求。因此,市场经济呼唤、催生、显发和弘扬主体性道德人格教育。实施主体性道德人格教育要求高校的道德建设应有助于学生理性精神的塑造;有助于学生形成深厚的基础文明教养;有助于学生自我延伸能力的提高;有助于学生自由—责任意识的提升。任何有意义的教育都只有为学生所必需,才具有现实的生命力。外在的人身强制往往只能导致内在的良心约束的弱化,以至良知的泯灭,而无助于主体性道德人格的生成与确立③。

第三,德育应与心理健康教育有机结合,实现“双赢”目标。

闫艳的文章认为思想道德教育要与心理健康教育有机地结合起来,丰富其内涵,扩展其功能,才能收到更好的效果。文章提出在教育内容、教育方法、教育形式、教育时机、师资队伍等几方面将思想道德教育和心理健康教育有机结合,从而实现二者的“双赢”目标④。

第四,当代德育理论发展的趋势是使德育更加科学化和人性化。

张铁勇的文章介绍了当代行为主义心理学和认知心理学关于人的道德行为与道德认知发展规律的研究,既肯定了其具有推进人们对于德育过程规律性的认识,有助于克服传统德育依靠经验、思辨和主观意志的局限性的积极方面,又提出其具有忽视个性、创造性等人的主体性的局限性方面;介绍了当代人本主义心理学关于构建一种以学生为主体的德育观的研究,在此基础上提出了当代德育理论应积极汲取科学主义和人本主义德育理论的合理性因素,克服其局限性,自觉地将科学精神与人文精神结合起来,朝着使德育更加科学化和人性化的方向发展⑤。

① 刘世明:《“以德治国”的理论与实践》,天津人民出版社2003年版。
② 张铁勇:《以谋求共识为核心的德育理念》,《道德与文明》2003年第6期。
③ 于俊如:《完善市场经济体制进程中的青年学生道德建设——主体性道德人格教育的社会精神资源》,《思想·理论·教育》2003年第11期。
④ 闫艳:《建构心理健康教育与思想道德教育的结合点》,《东北亚论坛》2003年第12期。
⑤ 张铁勇:《对当代德育理论发展趋势的考察与反思》,《天津教育》2003年第6期。

(四)关于传统道德

对传统道德的研究,专家学者们主要提出以下几方面观点。

(1)对儒家人生哲学中的"孟之道"的研究。武东生的文章研究了孟子对儒家人生哲学理论建构的独特贡献,认为这是我们理解所谓"孔孟之道"中"孟"的意义的基本依据。文章还认为孟子通过对人性善、性命关系理论的系统发挥,将作为孔子的思想核心的"仁"创造性地引入人性,并确立了"性"、"命"合一的原则,从而为《中庸》以高度概括的方式阐释儒家人生哲学的理论逻辑奠定了基础①。

(2)对孔子理想人格德性之质的研究。褚凤英的文章认为,理想人格是一种超前的道德境界。以孔子为代表的儒家设计的"君子型"理想人格,具有典型的德性特质。孔子把德性作为人格的最重要的特征和规范,具有很大的合理性。因为,道德是人性的高度升华,一个人的文明程度,可以用道德水平衡量;一个社会的文明程度,也或多或少地取决于它的道德水平。君子理想人格的德性之质对于我们塑造现代人格精神,对于当代人格的构建仍然具有不可忽视的重要作用②。

(3)对民族精神内涵、作用及现代价值的研究。张铁勇的文章认为,江泽民同志在十六大报告中指出:"民族精神是一个民族生存和发展的精神支撑。一个民族,没有振奋的精神和高尚的品格,不可能自立于世界民族之林",这是对民族精神在一个民族历史发展中的地位和作用的极好概括。一个民族的生存和发展固然需要一些基本的物质生活条件,但是,在大致相同的条件下,一个民族以何种方式应对生存环境中种种威胁和挑战,以何种方式处理民族成员之间的相互关系,民族中的个体成员以什么样的观念指导自己的行为等等,这些却不是完全被动地决定于环境的,而是与一个民族的理想信念、价值取向、生活态度、生存智慧以及坚韧、勇敢的意志品质等精神因素相联系的,也就是说在很大程度上取决于一个民族具有什么样的精神状态。因此,民族精神在一个民族的生存发展中占有非常重要的地位,发挥着极为重要的、不可替代的作用,这种作用突出地表现在以下几个方面:天下一家的人间关怀及其凝聚作用;功德不朽的价值追求及其导向作用;自强不息的进取精神及其激励作用。这些是推动中华民族不断战胜各种困难、走向团结统一、繁荣富强的精神动力。用民族精神凝聚和团结全国各族人民,充分发掘和弘扬这种民族精神,必将有助于我们实现中华民族的伟大复兴③。

(五)关于社会主义政治文明

平章起、弓丽娜的文章认为,建设社会主义政治文明,发展社会主义民主政治,最根本的是要把坚持党的领导、人民当家作主和依法治国统一起来。这三个方面是有机的整体,是辩证的统一。全面贯彻党的十六大精神,建设社会主义政治文明,就要以"三个代表"重要思想为指导,建设以中国特色的政党制度为核心,以社会主义国体和政体为内容的政治文明。政治文明是全面建设小康社会的重要目标,是一项庞大而复杂的系统工程,政治文明本质上要求国家在政党制度建设、阶级在社会中的地位以及政权组织方式上的文明状态,其中包括政治理念文明、政治制度文明和执政方式文明等。我国要达到这样一种理想的政治文明状态,就必须按照"三个代表"的指导思想去做,因为"三个代表"重要思想是"我们党的立党之本、执政之基、力量之源"。文章认为,按照"三个代表"的要求,巩固和完善中国特色的社会主义政党制度是建设社会主义政治文明的根本保证;按照"三个代表"的要求,巩固和完善中国特色的国体是建设社会主义政治文明的本质要求;按照"三个代表"的要求巩固和完善中国特色的政体是建设社会主义政治文明的基本方略④。

(本文作者:王秀阁,天津师范大学马列部主任、政治与行政学院副院长、教授、博士生导师;闫艳,天津师范大学德育教学部讲师、博士研究生)

① 武东生:《论儒家人生哲学中的"孟之道"》,《天津社会科学》2003 年第 3 期。
② 褚凤英:《论孔子理想人格的德性之质》,《南昌大学学报(人文社会科学版)》2003 年第 3 期。
③ 张铁勇:《论民族精神的内涵、作用及现代价值》,《理论学刊》2003 年第 6 期。
④ 平章起、弓丽娜:《论"三个代表"重要思想指导下的社会主义政治文明》,《道德与文明》2003 年第 3 期。

中共党史研究综述

刘景泉　李朝阳

2003年，天津市的中共党史工作者坚持以邓小平理论和“三个代表”重要思想为指导，弘扬与时俱进精神，不断进行理论创新，为繁荣和发展哲学社会科学做出了积极的贡献。

一、主要学术活动和著述

2003年12月26日，是毛泽东同志诞辰110周年纪念日。为学习、研究、宣传毛泽东的光辉业绩和理论建树，中共天津市委党史研究室和天津市中共党史学会共同组织了“纪念毛泽东同志诞辰110周年理论征文”。此次活动得到广大理论工作者和从事实际工作部门同志的热烈响应，收到很好的效果，结集出版了《纪念毛泽东诞辰110周年论文集》。该论文集收入论文47篇，涉及毛泽东思想的形成、发展史和经济、“三农”、文化、教育、体育、军事、外交思想等多方面内容，展示了我市毛泽东思想研究的水平。

按照中央的部署，一个学习十六大精神和“三个代表”重要思想的热潮在天津兴起。为推动这一热潮的深入发展，市委组织部、宣传部等单位联合举办了“学习贯彻党的十六大精神征文”活动。包括中共党史工作者在内的天津市社科理论界对征文反映强烈，众多理论工作者纷纷撰文。截至2003年3月初，共收到论文500余篇。经评选，有159篇文章被收入《继往开来，与时俱进——天津市领导干部学习贯彻“三个代表”重要思想和党的十六大精神论文集》和《继往开来，与时俱进——天津市社科理论界学习贯彻“三个代表”重要思想和党的十六大精神论文集》。其中，收入中共党史研究论文近30篇。南开大学党委在全校师生认真学习、研究十六大精神和“三个代表”重要思想的基础上，于2003年10月出版了《与时俱进，开拓创新——学习贯彻“三个代表”重要思想和党的十六大精神论文集》，收入论文78篇。这些文章紧紧围绕党的十六大主题，把握“三个代表”重要思想这一灵魂和解放思想、实事求是、与时俱进这一精髓，研究党的奋斗历程、基本理论、基本路线、基本纲领、基本经验，发挥了党史研究资政育人的作用。

围绕上述活动，我市中共党史学界推出了一批既有高度又有深度的理论成果。这些成果纵贯中国共产党八十多年的历程，涵盖新民主主义革命、社会主义革命和建设以及改革开放的理论与实践。据不完全统计，全市中共党史学工作者共取得约二百多项研究成果。其中较具代表性的有：李锦坤等著：《毛泽东战略思想研究》、王同起撰写的《当代西方哲学与中共党史研究的创新》、李翔海撰写的《世纪之交马克思主义中国化的新飞跃》、刘玉珊等撰写的《党在思想路线上的三次“与时俱进”》、赵铁锁撰写的《“三个代表”重要思想是党的先进性的最新理论概括》、魏继昆撰写的《盛世危言：江泽民忧患意识论析》、翟昌民撰写的《江泽民对社会主义发展阶段思想的新贡献》、刘景泉等撰写的《关于中国共产党科学总结历史经验的若干思考》、杨彧等撰写的《21世纪中国共产党的精神状态》、李宝席等撰写的《毛泽东在国民革命前后关于农民运动的理论与实践》、李大勇撰写的《毛泽东与中国工业化建设》、贾晓慧撰写的《时代特征与“民族的科学的大众的文化”》、陈勇撰写的《论毛泽东对继承和发展中华民族精神的历史贡献》、牟硕等撰写的《毛泽东党内民主思想及其实践的历史启示》、王绪周撰写的《试论毛泽东军事思想在平津战役中的体现》、刘莉撰写的《毛泽东与“一边倒”外交政策》、纪亚光等撰写的《周恩来、池田大作与中日邦交正常化》、秦立海撰写的《解读历史的真实——1947至1948年毛泽东与斯大林两封往来电报之研究》、徐中撰写的《建国初期刘少奇“巩固新民主主义制度”思想分析》、李文芳撰写的《用“三个代表”重要思想统领党史工作》等。认真学习这些成果，不难发现一些起点高、角度新、说理透彻、论证有力的佳作。

二、中共党史研究中的重点、热点问题及其主要观点

（一）关于毛泽东思想的研究

毛泽东思想是马克思列宁主义在中国的应用和发展，是被实践证明了的关于中国革命和建设的正确的理论原则和经验总结，是中国共产党集体智慧的结晶，是党和国家的指导思想。毛泽东思想研究一直是中共党史研究的重点领域。2003年，以纪

念毛泽东诞辰110周年为契机，我市党史工作者从多方面深化了这一研究，其中，既有研究作为集体智慧的毛泽东思想又有研究毛泽东个人思想的理论成果。

农民问题是中国革命的基本问题。有一些学者认为毛泽东是中国共产党中首先关注农民问题的杰出代表，他成功地把马列主义同中国实际相结合，解决了中国的农民问题，从而成为他一生中最富有创造性的伟大贡献之一[①]。毛泽东早在大革命时期就对农民问题给予了极大关注，并把解决农民问题和发动农民运动作为首选救国方案。毛泽东在大革命时期领导农民运动的具体方法是：深入了解农民的需求；组织秘密农民协会；创办农民夜校；捍卫农民运动[②]。有的学者论述了解放区土地改革所引起的农村社会变革，指出解放区土地改革不仅是一场经济领域的生产关系变革，同时也是一场全面的深刻的社会变革，其对当时解放区农村的经济、政治和文化诸方面都产生了重大影响，带来了前所未有的巨大变化，从而掀开了中国农村社会发展的崭新一页[③]。有的学者探讨了毛泽东、邓小平的农民利益观的关系，指出二者一脉相承之处在于：农民的利益问题是关系到社会主义社会的政治安定和社会主义建设成败的问题；注重实践，尊重人民群众的创造精神；以党的政策和科学技术保证农民获得最大的利益。该学者还认为，邓小平对毛泽东农民利益观的发展之处在于：从调动农民的积极性到关注农民的物质利益，从人民公社的平均主义到家庭联产承包的共同富裕[④]。

毛泽东经济思想萌芽于井冈山根据地的开辟和发展过程中，形成于中央根据地的建设时期，在抗日战争和解放战争时期得到丰富而成熟。有的学者研究了抗日战争时期毛泽东的经济思想，指出其主要包括：实行减租减息政策；以发展经济保障供给作为财政经济工作的总方针；巩固发展农业的基础地位；经济建设必须坚持独立自主自力更生的原则[⑤]。有的学者指出，毛泽东在革命和建设中，始终关注着外部世界，在对外开放问题上有不少重要论述，是十一届三中全会以来对外开放这一基本国策的理论来源之一[⑥]。有的学者评价了毛泽东的工业化建设思想，认为毛泽东领导的中国工业化建设，尽管走过了曲折的历程，但它在世界工业化进程中、在中华民族伟大复兴的道路上、在中国工业化史上仍具有重要历史地位[⑦]。

思想政治和文化工作理论是毛泽东思想的重要内容。有的学者指出，在中国共产党的历史上曾有两次明确提出了建设“民族的科学的大众的文化”纲领。一是毛泽东在抗日战争时期提出的“建设民族的科学的大众的新民主主义文化”，一是在中共十五大上江泽民同志提出的“建设民族的科学的大众的有中国特色的社会主义文化”。两个文化纲领反映的是中国共产党在不同历史时期、不同地位、不同时代条件下的文化建设任务[⑧]。有的学者指出，毛泽东是社会主义中国文化建设者和开拓者，其贡献主要有：对社会主义文化服务社会、服务人民的正确定位；对知识分子是工人阶级一部分的正确定性；提出了“二为”的党的文化工作的正确方向；提出了百花齐放、百家争鸣的文化建设的正确方针。该学者还对毛泽东社会主义文化建设理论与实践进行了反思，认为主要经验教训是：不能把文化等同于上层建筑的意识形态，必须保持经济、政治、文化的协调发展；必须尊重文化发展的客观规律[⑨]。有的学者认为，毛泽东将中华民族精神继承、弘扬和发展到一个崭新的阶段，使之具有史无前例的凝聚力[⑩]。思想政治工作是党的生命线，有的学者论述了毛泽东、邓小平、江泽民对党的思想政治工作的理论贡献。指出，毛泽东提出了思想政治工作就是党的群众工作的概念，明确了思想政治工作“生命线”的作用，必须采用民主的方法等；邓小平恢复和发展了实事求是的思想路线，指明了思想政治工作必须从实际出发的工作方向，提出了“三个有利于”的思想政治工作的评价标准，两手抓

① 李宝席，束晓芳：《毛泽东在国民革命前后关于农民运动的理论与实践》，载《纪念毛泽东诞辰110周年论文集》，长春出版社2003年版。
② 朱伟：《毛泽东与大革命时期的农民运动》，载《纪念毛泽东诞辰110周年论文集》，长春出版社2003年版。
③ 秦立海：《试论解放区土地改革所引起的农村社会变革》，《济南大学学报》(社会科学版)2003年05期。
④ 张凤霞：《邓小平对毛泽东农民利益观的继承和发展》，《天津商学院学报》2003年第2期。
⑤ 袁静：《试论抗日战争时期毛泽东经济思想》，《纪念毛泽东诞辰110周年论文集》，长春出版社2003年版。
⑥ 齐霁：《毛泽东的对外开放思想述论》，载《纪念毛泽东诞辰110周年论文集》，长春出版社2003年版。
⑦ 李大勇：《毛泽东与中国工业化建设》，《天津党史》2003年第4期。
⑧ 贾晓慧：《时代特征与“民族的科学的大众的文化”》，载《纪念毛泽东诞辰110周年论文集》，长春出版社2003年版。
⑨ 薛秋艳：《关于毛泽东社会主义文化建设理论与实践的思考》，载《纪念毛泽东诞辰110周年论文集》，长春出版社2003年版。
⑩ 陈勇：《论毛泽东对继承和发展中华民族精神的历史贡献》，载《纪念毛泽东诞辰110周年论文集》，长春出版社2003年版。

两手都要硬的战略方针和要警惕右，主要是防止左的工作思路；江泽民提出了思想政治工作在建设中国特色社会主义过程中的“大局论”、“保证论”，明确以科学的理论武装人是思想政治工作的前提和基础，以及“四个多样化”条件下思想政治工作的改进与创新等问题①。

加强党的建设是中国革命和建设的宝贵经验，在毛泽东思想中包含着丰富的党的建设思想。有的学者指出，毛泽东、邓小平都对发展党的领导制度建设思想做出了重大贡献。毛泽东的探索主要包括：完善党的民主集中制，加强党的集体领导；加强党的一元化领导；将民主集中制扩大运用于政权建设；对社会主义时期的党的领导制度建设进行了积极探索。邓小平的主要贡献是：坚持和完善人民代表大会制，坚持和完善中国共产党领导的多党合作、政治协商制度；党政职能分开；正确划分中央和地方权利；精简机构，克服官僚主义；改革干部制度等②。毛泽东把马克思列宁主义的党内民主思想与中国革命和建设的具体实践有机结合起来，形成了有中国特色的党内民主思想，为新时期发展党内民主提供了重要的历史启示，即党内民主是党的生命；正确处理民主和集中的关系，是发扬党内民主的关键；大力加强制度建设是党内民主健康发展的固本之策；切实保障党员民主权利，是发展党内民主的基本要求；肃清封建残余思想，是健全党内民主的治本之策③。

毛泽东是伟大的军事家，其军事思想具有极其广泛、深刻的科学内容。有的学者指出，毛泽东军事思想的精彩和独到之处在于充满着辩证法，也正因为如此才使其具有严谨的科学性和旺盛的生命力。毛泽东军事辩证法思想的理论渊源是辩证唯物主义和历史唯物主义，实践基础是长期而复杂的中国革命战争，同时它还汲取了中国古代优秀军事思想的精华。毛泽东军事辩证法思想包括战争观、战争认识论、战争方法论等科学内涵④。有的学者分析了毛泽东建国初期的军队现代化建设思想，认为这一思想的基本内涵是：加强军队的政治建设是军队现代化建设的有力保障；建立一支诸军兵种合成的现代化军队；发展现代化武器装备；建立正规化的规章制度；发展现代军事理论；培养能够掌握现代军事技术和驾驭现代战争的合格人才⑤。有学者以平津战役为例，具体分析了毛泽东的战争指挥艺术，认为毛泽东从实际出发，在平津战役伊始便采取了军事解决与和平谈判并举的与以往重大战役不同的军事战略。毛泽东对平津战役和平谈判的计划，始终建立在充分的军事解决的基础之上，并巧妙地把武装斗争与非武装斗争结合起来，充分发挥各方面的积极作用，对傅作义加强政治争取的攻心战术，主动创造傅作义能够接受的条件，从而成功地实现了对国民党军队的和平改编⑥。又有学者分析了毛泽东军事思想在平津战役中的体现，主要有：战略决战思想的胜利；正确处理局部和全局的关系；坚持了集中优势兵力各个歼灭敌人的原则；坚持不打无准备之仗，不打无把握之仗的原则；人民战争的思想等⑦。

新中国外交经历了一个曲折的发展历程。有学者探讨了建国后毛泽东国际战略思想从“一边倒”到“一条线”的转变⑧。还有学者专文论述了“一边倒”政策的成因，认为这既是美国压力所致，又是国际形势所迫，也是中国共产党人从本民族根本利益出发之策略使然，各种力量的综合作用导致了这样具有历史时代特征的外交政策和外交实践⑨。有的学者论述了周恩来、池田大作与中日邦交正常化问题，指出在中日邦交正常化的历史进程中，周恩来的民间外交思想与实践，作为官方外交的基础和补充，发挥了独特的历史作用。同时，这一重大历史问题的解决，也是日本民间对华友好人士长时期共同努力的结果，其中，日本创价学会会长池田大

① 李丽：《毛泽东、邓小平、江泽民对党的思想政治工作的理论贡献》，《内蒙古工业大学学报》(社会科学版)2003年第2期。
② 孟宪龄：《试论毛泽东邓小平对发展党的领导制度建设思想之重大贡献》，载《纪念毛泽东诞辰110周年论文集》，长春出版社2003年版。
③ 牟硕、励维志：《毛泽东党内民主思想及其实践的历史启示》，《天津党史》2003年第4期。
④ 霍庆跃、张洪：《试论毛泽东军事辩证法思想》，《纪念毛泽东诞辰110周年论文集》，长春出版社2003年版。
⑤ 王永立：《浅析毛泽东建国初期的军队现代化建设思想》，载《纪念毛泽东诞辰110周年论文集》，长春出版社2003年版。
⑥ 王同起：《战和兼备，以战促和——毛泽东指挥平津战役的斗争艺术》，《天津党史》2003年第4期。
⑦ 王绪周：《试论毛泽东军事思想在平津战役中的体现》，载《纪念毛泽东诞辰110周年论文集》，长春出版社2003年版。
⑧ 吕建明：《从“一边倒”到“一条线”——建国后毛泽东国际战略思想的转变》，载《纪念毛泽东诞辰110周年论文集》，长春出版社2003年版。
⑨ 刘莉：《毛泽东与“一边倒”外交政策》，载《纪念毛泽东诞辰110周年论文集》，长春出版社2003年版。

作所做的贡献尤为引人注目。周恩来和池田大作为中日邦交正常化做出了重大贡献[①]。

广大党史工作者还研究了毛泽东思想其他方面的内容。如通过解读1947至1948年毛泽东与斯大林两封往来电报证明,1947年11月30日,毛泽东在致斯大林电报中,曾考虑过让“除中共之外”的“所有政党”,在中国革命胜利后离开政治舞台。但我们不能简单地将其理解为要取消“民主党派”,而必须结合当时的历史背景加以正确的解读。至于米高扬“报告”所宣称的,由于听了斯大林1948年4月20日复电“建议”,中共才“改变了对资产阶级政党的政策”,这一“结论”有悖于历史的真实。但我们也不能因此而完全否认斯大林复电的影响[②]。有的学者论述了毛泽东战略思想的特色,指出毛泽东战略思想是毛泽东思想的重要组成部分,具有鲜明的实践性、科学性、全局性、重点性、预见性和创造性等特色,体现在军事、政治、经济、文化等方面的重大战略决策和实施过程中,从一个侧面反映出毛泽东思想的时代和民族特征,展现了毛泽东鲜明的领袖个性与风格[③]。有的学者研究了毛泽东1957年后的治国方略,认为客观原因是浸润着人治思想的传统中国文化的影响;高度集中的经济体制和政治体制的形成;采用“五大”方式的群众运动的开展。主观原因是他部分教条式地理解了经典作家关于过渡时期无产阶级专政的学说;过于相信道德教化的作用;为了把正中国的“社会主义”航向而力图实现个人专断等[④]。还有的学者指出毛泽东放弃新民主主义是历史合力作用的结果,其中主要原因是解放前毛泽东对补资本主义工业化一课的认识并未牢固树立,解放后对资本主义的认识发生偏差,夸大了其消极作用[⑤]。有的学者分析了建国初期刘少奇“巩固新民主主义制度”思想,指出尽管在当时的历史条件下,这一思想并没有得到进一步完善和充分实施,但它所包含的正确内容,已经被十一届三中全会以来改革开放和社会主义现代化建设的实践所充分证实[⑥]。

(二)关于邓小平理论的研究

邓小平理论是当代中国的马克思主义,也是中共党史工作者重点关注的问题。有的学者指出,邓小平理论无论从内容、内在逻辑结构和创新品格上,都具有辩证唯物的、适时发展的、改革创新的、无所畏惧的、尊重科学的理论风格,构成完整的科学体系。学习研究邓小平理论体系,有利于继承和发展马克思列宁主义、毛泽东思想,有利于深刻理解“三个代表”重要思想[⑦]。有的学者探讨了邓小平建设中国特色社会主义道路与“井冈山道路”之间的关系,认为社会主义时期的“井冈山道路”究竟在哪里,是全党全国人民关注的焦点。邓小平将马列主义的普遍真理与中国社会主义建设的具体实践相结合,提出了一条崭新的建设中国特色社会主义道路。该学者从九大方面比较了井冈山道路和建设中国特色社会主义道路,得出这两条道路虽然从具体内容上看有一定的区别,但是从世界观、方法论等本质上看却是完全一致的结论,论证了邓小平建设中国特色的社会主义道路就是社会主义时期的“井冈山道路”[⑧]。有的学者论述了邓小平社会主义民主理论是马克思主义的重要组成部分。邓小平不仅继承了马克思主义创始人提出的实现人民当家作主的思想,而且在民主与社会主义等问题上有诸多创新[⑨]。有的学者分析了邓小平对民主集中制建设的理论贡献,指出,邓小平侧重总结党执行民主集中制的经验教训,并特别关注制度建设问题,因而丰富和发展了民主集中制思想[⑩]。

(三)关于“三个代表”重要思想的研究

有的学者认为,“三个代表”重要思想与马列主义、毛泽东思想、邓小平理论一脉相承,是把马克思

① 纪亚光、孔繁丰:《周恩来、池田大作与中日邦交正常化》,《南开学报》(哲学社会科学版)2003年第2期。
② 秦立海:《解读历史的真实—1947至1948年毛泽东与斯大林两封往来电报之研究》,《中共党史研究》2003年第2期。
③ 李锦坤:《论毛泽东战略思想的特色》,《天津社会科学》2003年第3期。
④ 赵增彦:《1957年后毛泽东轻法制主人治之原因》,《烟台大学学报》(哲学社会科学版)2003年第3期。
⑤ 漆志平,赵其波:《毛泽东对资本主义的认识与对新民主主义的放弃》,《烟台师范学院学报》(哲学社会科学版)2003年第1期。
⑥ 徐中:《建国初期刘少奇“巩固新民主主义制度”思想分析》,《历史教学》2003年第4期。
⑦ 徐乃旺:《试论邓小平理论的科学体系》,《天津成人高等学校联合学报》2003年第2期。
⑧ 郝之洪:《论邓小平建设有中国特色的社会主义道路与“井冈山道路”》,《求索》2003年第6期。
⑨ 封大中:《试析邓小平对社会主义民主理论的发展》,《天津师范大学学报》(社会科学版)2003年第3期。
⑩ 李朝阳:《党的三代领导集体对民主集中制建设的探索》,《与时俱进,开拓创新——学习贯彻“三个代表”重要思想和党的十六大精神论文集》,南开大学出版社2003年版。

主义基本原理和当代中国的具体实际相结合的新论断，是马克思主义在当代中国发展的新境界。这一重要思想的提出，立论于我们党已经从一个领导人民为夺取全国政权而奋斗的党，成为一个领导人民掌握着全国政权并长期执政的党，已经从一个在受到外部封锁状态下领导国家建设的党，成为在全面改革开放条件下领导国家建设的党的现实，从根本上进一步回答了在改革开放、发展社会主义市场经济的条件下，在充满挑战和机遇的21世纪，我们党要把自己建设成为一个什么样的党和怎样建设党这一历史性课题，为中国共产党在新世纪进一步认识自己、加强自己、发展自己，接受新考验，赢得新胜利，提供了强大的思想武器①。有的学者指出，"三个代表"重要思想是世纪之交马克思主义中国化的新飞跃，它是对无产阶级执政党执政规律的新总结，深化和丰富了对社会主义建设规律及人类社会发展规律的认识②。有的学者指出，"三个代表"重要思想不仅是新时期党的建设和指导中国社会发展的纲领，而且也为发展和创立当代马克思主义理论提出了基本思路和理论原则。"三个代表"重要思想从社会发展的客观机制、文化价值导向和终极目标三个方面，对唯物史观的基本理论、实质精神和逻辑建构作出了适应当代中国社会实践发展要求的新的理论构想。同时，"三个代表"也是当代中国科学世界观、人生观、价值观的核心内容③，是中华民族复兴的行动纲领④。

马克思主义具有与时俱进的理论品质。实践证明，马克思、恩格斯、列宁、毛泽东、邓小平和江泽民都是解放思想、实事求是，推动理论创新的光辉典范。他们从不教条，从不僵化，总是与时俱进，总是根据历史条件的变化不断发展和完善自己的理论，从而才有马克思列宁主义、毛泽东思想、邓小平理论、"三个代表"重要思想这些伟大科学成果的诞生。在当今中国，我们必须保持与时俱进的精神状态，坚持用发展着的马克思主义指导新的实践⑤。有的学者作出了与时俱进是"三个代表"重要思想的哲学基石的判断⑥。认为党在思想路线上的发展体现了马克思主义与时俱进的理论品质⑦。有的学者指出要坚持与时俱进，必须坚持两个基本要求：一是必须坚持马克思主义的立场、观点和方法，坚持马克思主义的基本原理；二是一定要贯彻解放思想、实事求是的思想路线，坚持勇于追求真理和探索真理的革命精神⑧。

"三个代表"重要思想充分体现了党的先进性。有的学者指出，坚持"三个代表"重要思想是保持党的先进性的本质要求。其中，代表中国先进生产力的发展要求是根本条件，代表中国先进文化的前进方向是内在要求，代表中国最广大人民的根本利益是出发点和归宿，它们是一个统一的整体⑨。另一学者指出"三个代表"重要思想是党的先进性的最新理论概括。党的先进性凝聚于代表中国先进生产力，表现于代表中国先进文化，落实于代表中国最广大人民的根本利益⑩。又有学者指出，"三个代表"重要思想是党的先进性的集中体现。始终代表中国先进生产力的发展要求是党的先进性的根本体现，始终代表中国先进文化的前进方向是党的先进性的本质规定，始终代表中国最广大人民的根本利益是党的先进性的根本标志⑪。

学习"三个代表"重要思想，目的在于落实。有的学者指出，回顾十一届三中全会以来党的路线、方针、政策，促进生产力的发展作为一条主线一直贯彻始终。在新世纪，要实践"三个代表"，首要的

① 刘景泉：《论与时俱进的马克思主义》，《南开学报》(哲学社会科学版)2003年第1期。
② 李翔海：《世纪之交马克思主义中国化的新飞跃》，《与时俱进，开拓创新——学习贯彻"三个代表"重要思想和党的十六大精神论文集》，南开大学出版社2003年版。
③ 杨谦：《马克思主义的新境界——以"三个代表"重要思想建构现代唯物史观》，载《纪念毛泽东诞辰110周年论文集》，长春出版社2003年版。
④ 刑炳华：《中国共产党与中华民族伟大复兴》，载《纪念毛泽东诞辰110周年论文集》，长春出版社2003年版。
⑤ 刘景泉：《论与时俱进的马克思主义》，《南开学报》(哲学社会科学版)2003年第1期。
⑥ 裴巧玲：《关于与时俱进的哲学思考》，《继往开来，与时俱进——天津市社科理论界学习贯彻"三个代表"重要思想和党的十六大精神论文集》，天津人民出版社2003年版。
⑦ 刘玉珊、蔡文杰、渠占辉：《党在思想路线上的三次"与时俱进"》，《天津大学学报》(社会科学版)2003年第4期。
⑧ 刘树功：《坚持与时俱进，不断推进理论创新》，《继往开来，与时俱进——天津市社科理论界学习贯彻"三个代表"重要思想和党的十六大精神论文集》，天津人民出版社2003年版。
⑨ 齐爱花：《坚持"三个代表"是保持党的先进性的本质要求》，载《纪念毛泽东诞辰110周年论文集》，长春出版社2003年版。
⑩ 赵铁锁：《"三个代表"重要思想是党的先进性的最新理论概括》，载《纪念毛泽东诞辰110周年论文集》，长春出版社2003年版。
⑪ 孙颖：《三个代表"——党的先进性的集中体现》，载《纪念毛泽东诞辰110周年论文集》，长春出版社2003年版。

是促进生产力的发展①。有的学者指出,“三个代表”重要思想为中国先进文化建设指明了方向,是中华文化伟大复兴的根本保证。文化要代表先进生产力的发展要求,要牢牢把握先进文化的前进方向,要代表中国最广大人民的根本利益②。有的学者认为,代表中国先进文化前进方向,繁荣和发展社会主义文化,一个很重要的前提是运用现代科学理论,准确把握文化建设战略思维方位。这个方位主要包含着实事求是与实践精神、群众路线、继承与借鉴和创新、发展等思维形式③。有的学者指出,要建设中国特色社会主义政治文明,必须全面贯彻“三个代表”重要思想要求。其中,巩固和完善中国特色的政党制度是建设社会主义政治文明的根本保证;巩固和完善中国特色的国体是建设社会主义政治文明的本质要求;巩固和完善中国特色的政体是建设社会主义政治文明的基本方略④。有的学者指出,全面深刻理解“三个代表”重要思想的科学内涵是新时期加强和改进党的思想政治工作的关键。因为“三个代表”重要思想对党的性质的新界定,决定了新时期党的思想政治工作的目标;“三个代表”重要思想对党的功能的新界定,决定了新时期党的思想政治工作的内容;“三个代表”重要思想对党的宗旨的新界定,决定了新时期党的思想政治工作的基本方法⑤。有的学者认为,哲学社会科学工作者要用“三个代表”重要思想统领科学研究工作⑥。又有学者认为,党史工作要开创新局面,开辟新境界,就必须用“三个代表”重要思想统领全部党史工作⑦。

“三个代表”重要思想的提出和发展,江泽民同志做出了很大贡献。有的学者指出,江泽民同志有着深切的忧患意识。在忧国方面,是忧生产力不够发达、祖国尚未完全统一、生态环境恶化以及国防建设薄弱;在忧民方面,是忧贫和愚;在忧党方面,是忧脱离群众、治党不严、创新不足和领导人才素质不高。其鲜明特征是忧患与图强、忧患与创新以及忧中国与忧世界的统一⑧。有的学者论述了江泽民同志对社会主义发展阶段思想的新贡献,指出,江泽民同志在新的历史条件下,制定了社会主义初级阶段的基本纲领;对中国特色社会主义和初级阶段社会主义作了区分;将社会主义初级阶段进一步具体化,提出了新世纪、新阶段全面建设小康社会的奋斗目标,从而进一步发展了社会主义初级阶段思想⑨。有的学者认为在经济全球化和世界多极化的历史条件下,江泽民同志高瞻远瞩,提出了国际关系民主化思想。这一思想为世界上一切爱好和平的国家提供了一种有别于冷战思维的全新的思维模式,对于正确把握国际局势发展的大方向,制定正确的国际战略和对外政策,为社会主义现代化建设争取和平的国际环境和良好的周边环境,提供了理论指导和理论依据,具有重大现实意义⑩。

总之,2003年的天津市中共党史研究,经过广大理论工作者的努力,呈现出了与时俱进,开拓创新的特点,取得了大批有质量的成果。天津市中共党史研究工作者将在中共中央关于繁荣哲学社会科学的意见的指导下,继续深入探讨中共党史研究的重点、热点、难点问题,并不断开拓新的研究领域。由于我们收集的资料及篇幅所限,本文对于部分重要的论著、观点不得不割爱甚或难免有所遗漏。

(本文作者:刘景泉,南开大学党委副书记、教授、博士生导师;李朝阳,天津师范大学政治与行政学院副教授)

① 陈弘:《实践“三个代表”,促进生产力发展》,载《纪念毛泽东诞辰110周年论文集》,长春出版社2003年版。
② 寇清杰:《“三个代表”重要思想与中国文化建设》,载《纪念毛泽东诞辰110周年论文集》,长春出版社2003年版。
③ 杨立新:《代表中国先进文化前进方向与准确把握文化建设战略思维方位》,《继往开来,与时俱进——天津市社科理论界学习贯彻“三个代表”重要思想和党的十六大精神论文集》,天津人民出版社2003年版。
④ 平章起、弓丽娜:《全面贯彻“三个代表”要求建设社会主义政治文明》,刘景泉主编:《与时俱进,开拓创新——学习贯彻“三个代表”重要思想和党的十六大精神论文集》,南开大学出版社2003年版。
⑤ 平章起:《深刻理解“三个代表”科学内涵,加强和改进党的思想政治工作》,载《纪念毛泽东诞辰110周年论文集》,长春出版社2003年版。
⑥ 宗文举:《“三个代表”重要思想的历史地位及其对哲学社会科学工作的指导作用》,《继往开来,与时俱进——天津市社科理论界学习贯彻“三个代表”重要思想和党的十六大精神论文集》,天津人民出版社2003年版。
⑦ 李文芳:《用“三个代表”重要思想统领党史工作》,《天津党史》2003年第3期。
⑧ 魏继昆:《盛世危言:江泽民忧患意识论析》,《党的文献》2003年第3期。
⑨ 翟昌民:《江泽民对社会主义发展阶段思想的新贡献》,《天津师范大学学报》(社会科学版)2003年第3期。
⑩ 高丽梅、王存刚:《江泽民国际关系民主化思想研究》,《天津职业技术师范学院学报》2003年第2期。

哲　学

马克思主义哲学研究综述

王桂燕　王新生

在中共中央《关于进一步繁荣发展哲学社会科学的意见》的鼓舞和指导下，2003年天津市的马克思主义哲学研究取得了重要进展，广大哲学工作者对关系到中国社会和哲学自身发展的重大问题进行了广泛深入的探讨，产生了一批有影响的研究成果。例如，出版了数部各有特色的专著，在《求是》、《哲学动态》、《社会科学辑刊》、《学术研究》、《教学与研究》等人文社会科学杂志上发表了大量论文，其中有些论文被《新华文摘》、《人大报刊复印资料》全文转载。从这些专著、论文中不难发现，2003年天津市的马克思主义哲学研究，既注重马克思主义基础理论的研究，同时也关注对现实社会生活的研究。具体地说，主要呈现了以下几个特点：

一是在传统课题的研究上有某些方面的重大突破，如关于马克思主义唯物史观的研究；二是研究领域有所拓宽。如在政治哲学领域有新的成果问世，并且这些课题具有一定的开拓意义；三是重视理论与现实问题相结合，关注现实生活，以及当代社会发展提出的重大理论问题，使理论研究体现出鲜明的时代特色。

2003年，天津学者对马克思主义哲学理论的探讨主要集中在以下几个问题。

一、唯物史观研究

唯物史观是马克思主义哲学的精华。但是，近几年来，唯物史观的研究却处境严峻，主要表现在它对现实的解释力严重不足。这种状况要求我们进行理论创新。唯物史观的理论创新一方面必须面对现实，另一方面要借鉴国外研究成果。然而马克思创立的唯物史观在国外却不断遭到一些非议，这其中对国内影响较大者，当属英国的哲学家卡尔·波普。他在《历史决定论的贫困》、《开放社会及其敌人》等书中，不仅攻击马克思的唯物史观，而且污蔑社会主义国家是反民主、反文明的。这些错误的观点在我国产生了不小的影响。南开大学教授陈晏清、阎孟伟的《历史规律·历史趋势·历史预见——评波普〈历史决定论的贫困〉》[①] 一书，从历史规律、历史趋势和历史预见之间的内在联系中说明了历史的辩证决定论是一种正确的、逻辑上十分严整的历史观。这一研究成果不仅从理论上澄清了一些错误的观点，而且对马克思主义唯物史观的深入研究具有重要的理论意义和现实意义。

文章指出，历史非决定论的要害是否认社会生活及其历史发展有着不依人的意志为转移的客观规律性。针对波普肯定“社会学规律”的存在，而否认历史决定论所说的“历史发展规律”。作者指出：没有离开历史过程的社会规律，如果不考察社会生活的或长或短的历史性演进过程，就很难发现任何“社会学规律”。因此，承认了社会学规律就不能不承认历史规律的存在。

针对波普并不否认历史趋势的存在，但认为规律和趋势是根本不同的两回事的观点。文章指出：人们的活动要受社会历史客观规律的制约，不能超出客观规律所规定的社会发展的可能性空间，但同时人们在这个可能性空间内又有选择的自由，即可以改变客观规律发生作用的条件，使其中最符合于人们的价值理想的可能性成为某个时期社会发展的主导趋势并争取其实现。

唯物史观从历史规律和历史趋势的存在推出社会历史的发展是可以预见的。但这一论点却遭到了波普的最猛烈的攻击。陈晏清、阎孟伟认为，历史的辩证决定论完全肯定历史主体可以在社会演化的可能性空间中进行选择。而这种选择之所

① 陈晏清、阎孟伟《历史规律·历史趋势·历史预见——评波普〈历史决定论的贫困〉》，《求是》2003年第18期。

以可能，正在于人们可以对社会发展的趋势作出预测。

另外，由吕希晨、何敬文主编的《中国现代唯物史观史》①一书对中国现代唯物史观形成和发展的基本历程进行了总结和回顾，同时还对其中的杰出代表人物的相关思想进行了深刻挖掘和系统整理。该书认为，唯物史观由马克思、恩格斯创立，19世纪末，20世纪初由李大钊、陈独秀、瞿秋白、毛泽东、李达等中国马克思主义先驱者介绍到中国，"五四"时期的三次大论战为在中国传播唯物史观揭开了序幕；20世纪30年代至50年代，郭沫若、吕振羽等在哲学和中国社会性质论战中促进了唯物史观在中国的传播，毛泽东、李达、艾思奇等发表的大量结合中国实际的著述使唯物史观得到不断充实和发展，毛泽东是中国现代唯物史观的集大成者；20世纪50年代以来，以毛泽东、邓小平和江泽民为代表的中国共产党三代领导集体，在紧密结合社会主义改造和改革开放、社会主义现代化建设的实践中继承和发展了唯物史观，邓小平理论和"三个代表"重要思想开辟了中国现代唯物史观的新境界。

二、马克思主义实践论研究

2003年，天津学者在关于马克思主义实践论的研究上取得了新的进展。这方面发表的论文虽然不多，但在学术界引起了广泛关注和较大反响。有学者提出了建立"实践哲学"的新思路。相关论文有王南湜的《实践、艺术与自由——马克思实践概念的再理解》②。作者从西方实践哲学传统中考察了马克思的"实践"概念。王南湜主张把马克思实践思想纳入西方实践哲学传统，以获得对马克思实践概念的重新理解和定位。文章指出，马克思的实践概念与亚里士多德的实践概念存在重大不同的根源之一，在于艺术活动在亚里士多德和马克思对实践概念规定中的作用不同。这是理解从亚里士多德到马克思的实践概念变迁的一个至关重要而又被忽略了的环节。由此在伦理行为范式、艺术活动范式和技术—功利主义范式这三种实践哲学范式中，马克思实践概念从根本上说属于艺术活动范式。这一范式最为显著的优越之处，在于为社会批判提供了一个理想的基准。这也是马克思思想的典范意义所在。但马克思对不同于劳动的交往活动未予以足够的关注，这是马克思实践概念的一个有待补足的缺憾。

三、认识论研究

2003年，天津学者从现实的迫切需要这一最深层的根据出发去研究探讨认识论，把认识论的关注点放在更新立场和研究方法上。有学者从超越传统形而上学视角理解马克思主义认识论，认为马克思主义认识论是通过消解近代认识论的形而上学性而创立的认识论的新形态。李淑梅在《马克思主义认识论对形而上学的超越》③ 文章中指出：近代认识论的形而上学性是认识论研究脱离生活实践而抽象化的结果，是超出现实生活实践追求终极认识基础和普遍必然知识的研究路向。马克思主义认识论终结了近代认识论的形而上学幻想，坚持理论抽象的适度原则，不脱离生活实践的原则，认为认识活动是人的现实生活实践的一部分，是生活实践的理论表现和表达。李淑梅在《实践性辩证存在方式与认识的辩证法》④ 一文中还指出：马克思主义认识论是理论和实践的辩证统一，它强调认识"贯串着实践"和实践"贯串着理论"的品格，马克思主义的认识论在实践交往的基础上揭示了认识主体间的辩证联结，克服了局限于语言交流与释义层面理解主体间性的缺陷，为不断发现和发展真理开拓道路。作者的这一理解突破了传统的认识论范式，从而建立了一种以实践为基础的存在论、辩证法和认识论的相统一的具有彻底的唯物主义立场和主体的能动作用的"总体性实践观"。当然，认识论研究除了转换认识论研究的基本范式之外，还需要我们做多方面、多层次的努力，而进一步明确马克思主义认识论研究的核心问题是目前在认识论研究中所要重点解决的问题。

四、马克思主义哲学史研究

对马克思主义哲学史的研究，天津学者重点探讨了马克思哲学的发展问题，认为马克思哲学的活力源于我们生存的历史境况，它深入于我们的存在世界本身，因此，只有在社会存在论的基础上才能彰显马克思哲学的当代性及其革命意义。李淑梅

① 吕希晨、何敬文：《中国现代唯物史观史》，天津人民出版社2003年2月版

② 王南湜：《实践、艺术与自由——马克思实践概念的再理解》，《哲学动态》2003年第6期。

③ 李淑梅：《马克思主义认识论对形而上学的超越》，《教学与研究》2002年第12期。

④ 李淑梅：《实践性辩证存在方式与认识的辩证法》，《南开学报》(哲学社会科学版)2003年第1期。

在《马克思的社会存在理论与哲学变革》① 一文中重点阐述了马克思的社会存在理论。文章指出，对存在本质的追问是古代形而上学的理论旨趣。在近代，形而上学以认识论的形式得到新的发展。传统唯物论、经验论、怀疑论和唯心辩证法等从不同视角批判过形而上学，但受理论优于实践的思维方式的束缚，未能克服形而上学的局限。马克思将传统哲学的存在问题、思维与存在的关系问题变为人的社会存在问题，实现了实践先于理论的思维方式的转变，颠覆了传统形而上学。社会存在是人类生活的生产和再生产，是人与自然、人与人的“共在”。在资本主义条件下，人的社会存在是异化的存在，探索改变异化生存状况的途径，是马克思社会存在理论的旨归。

五、市民社会理论研究

市民社会是政治哲学的主题之一，因此，研究市民社会问题对推动政治哲学的探讨具有重要意义。王新生在《黑格尔市民社会理论评析》② 一文中考察了黑格尔的市民社会理论。文章指出：自16世纪始，西方资产阶级思想家们就一直试图以各种理论言路表达社会与国家相区分的观念。这一观念的基本含义是：社会是一种具有独立身份和生命的自主存在，它在本质上不同于政治国家所代表的公共权力，是一个由私人生活所构成的独立领域。这一观念就是当今人们广泛讨论的市民社会问题的最早理论形式。但是，近代早期思想家们所表达的这一观念并不是十分明确的，还只是包含于诸如“自然状态”、“自然法”、“社会契约”等理论中的隐含观念。黑格尔在其《法哲学原理》一书中明确地界分了国家与市民社会，并详细地论述了市民社会的构成、性质、作用等，从而被认为是较早提出了现代意义的市民社会概念并第一次系统地阐述了市民社会理论的思想家。

黑格尔将市民社会视为与家庭和国家相区别的伦理实体，他认为市民社会是一个使个人独立性得以展现和张扬的领域，但同时也认为它是一种不完善的伦理实体，是人与人关系异化的根源，只有通过国家的政治统合才能达致社会成员的理性联合。黑格尔的市民社会理论是对单纯市场交往关系所内含的伦理缺陷的深刻揭示，但是，由于他没有看到市民社会中还包含着一个文化批判的领域，却又得出了否定市民社会的结论。这使他未能从市民社会自身中发现克服市民社会缺陷的力量。

六、道德问题研究

中国的道德问题研究如欲取得实质性的进展，由此推动中国现代化建设，就应当不是简单地把某种现成的人类文化精神外在地灌输或强加给生活世界之中的人们，而应以生活世界的内在变化为基础，引导人们的自我启蒙和自我教化，也就是说道德的基础是人类精神的自律。阎孟伟在《道德信念、道德权威性与人的自由》③ 一文中指出，我国当代社会所面临的道德危机实质上是“道德信念危机”，是道德“权威性”的下降，以及由此引起的道德自律性或道德约束力的弱化。而一旦人们的道德信念发生了动摇，使道德约束在人们的行为中和在社会秩序的构建中失去应有的权威性，取而代之的将是人们对道德义务的冷漠和麻木。

文章强调，道德的基础是人类精神的自律。道德信念或道德自律既是道德建设的根基，也是法治建设的根基，没有道德根基的法治，不可能是完备的法治。文章指出，我们之所以遵守道德，是因为道德体现了我们自由的本质。同时，人的自由应当是与道德的不断进步成正比的。自由的状态不是没有规范的状态，而恰恰是人的自律性规范在越来越大的范围内起作用的状态。只有当自律性规范在社会中被增至最大可能之限度时，强制性规范才有可能被减至最小可能之限度。道德化，不是自由的消失，而是自由的放大。

七、全球化问题研究

全球化问题是近年来国内外学者普遍关注的重要课题。阎孟伟在《全球化的实质、进程与走向》④ 一文中，认为经济全球化在本质上是市场经济的世界化或全球化，也是民族主权国家的经济被纳入市场经济运行轨道的过程，它客观上要求各个民族国家的经济活动遵守共同的游戏规则，从而使全球范围内的经济活动呈现出某种整体化、一体化的趋势。

① 李淑梅：《马克思的社会存在理论与哲学变革》，《教学与研究》2003年第11期。
② 王新生：《黑格尔市民社会理论评析》，《哲学研究》2003年第12期。
③ 阎孟伟：《道德信念、道德权威性与人的自由》，《教学与研究》2002年第11期。
④ 阎孟伟：《全球化的实质、进程与走向》，载于《马克思主义与全球化》，北京大学出版社2003年版。

从历史上看，全球化首先是资本主义市场经济发展的自然趋势。作者把迄今为止的全球化的历史进程划分为两个阶段。第一阶段是萌发于16世纪的西欧国家，止于20世纪中叶，即“二战”结束；第二阶段始于20世纪40年代中期，即二战以后。作者指出两个阶段在本质上是相同的，但又有明显的历史差别。作者还就全球化的目前进展状态对市场体系本身的内在差别和矛盾所诱发的主要矛盾和问题进行了阐述：(1)全球秩序问题；(2)贫富分化问题；(3)文化冲突问题；(4)全球问题。作者认为这四个方面的问题均是市场体系的内在差别和矛盾在全球化过程中的演化形态。

八、中国现代化进程中文化问题研究

随着现代化进程的加快，越来越多的天津学者认为中国的现代化是在全球化的背景下进行的。因此，许多学者探讨了全球化背景下中国社会所面临的文化价值观念的冲突和人文精神的重建等问题。

漆玲、李龚君撰写的调研报告《加入世贸组织后中西文化的冲突与融合》①，就是立足于新时期中西文化冲突与融合的状态和趋势，探讨党的思想建设的应对之策。报告认为中西文化的冲突与融合是一种规律性的社会现象，积极借鉴西方先进文化成果，对建设中国特色的先进文化有重要意义。目前，科学技术领域融合是主流，在文化交流中也大致如此，但是，在政治制度、意识形态方面的冲突是明显的。而且，在短期内，西方文化的强势地位不会改变。文化的开放和引进，有利于建设中国特色社会主义新文化，有利于我们进一步解放思想、实事求是、与时俱进，有利于广大党员干部树立与市场经济相适应的观念。同时，也要看到，马克思主义指导思想将会受到冲击，我们的主流政治观念将受到新的挑战，集体主义道德观念将受到新考验，民族文化将受到深刻影响。在此形势下，要进一步拓展党的思想建设的视野和途径，坚持用“三个代表”重要思想武装党员干部的头脑，积极学习西方的先进文化成果，重视和加强文化建设，使我党立于不败之地。

有学者认为文化发展最终要落实到建设上，尤其是民族精神的建构上来。陆成主编的《当前文化建设若干问题研究》② 一书针对当前文化建设中的一些紧迫问题提出了自己独到的见解。作者认为，当前文化建设的根本任务是培养“四有”新人，创建新的社会主义文化形态，促进人的全面发展。在对待传统文化方面，应该综合创新、推陈出新，以应对文化全球化的挑战；应大胆借鉴西方文化中的优秀成果，比如民主、法治、经济、科技等方面，为我所用，促进发展。对于发展市场经济的中国来说，重要的是培育国民的公共伦理精神，通过制度和教育提升个体道德水准。另外，道德和法治建设两手都要抓，尤其是要以法治建设作为现代文化建设任务的重中之重。要注意包括网络在内的大众传媒的健康发展，为新文化的建设发挥重要的作用。文化建设的核心任务是提升中国的现代化的内涵，进而促进人的全面发展。

阎孟伟在《后殖民文化批判理论及其对我们的启示》③ 一文中对后殖民文化批判理论进行反思，他指出，从20世纪70年代末开始，新殖民主义批判逐渐让位于后殖民文化批判。在后冷战时期，在经济全球化进程的牵动下，文化的发展也日益冲破地域性和民族性局限，而在全球范围内形成互动。在这种情况下，不同民族国家、地区之间在经济、政治利益上的种种矛盾更多地表现为不同民族国家和地区之间以宗教和文化传统为根基的文化冲突。后殖民文化批判理论认为，近代以来西方传统理性主义思潮有关东方和西方文化的“历史主义”描述，其要害在于确立了西方文化对东方文化的“话语霸权”，而使“东方”成了“沉默的他者”。作者认为，后殖民文化批判所表现出来的是对西方政治和意识形态的抵抗意识和不允许对东方的隔离和限制无挑战地继续下去的决心。他们对西方文化话语霸权的批判以及有关文化“他者”和文化认同的理论等等，比较深刻地揭露了全球化背景下文化冲突的实质内涵。

另有学者认为，经济全球化深化的结果必然是文化的全球化。因此，探讨文化的力量对发挥先进文化即中国特色社会主义文化的引领和整合作用

① 漆玲、李龚君：《加入世贸组织后中西文化的冲突与融合》，《中共天津市委党校学报》2003年第1期
② 陆成：《当前文化建设若干问题研究》，天津古籍出版社2003年8月版。
③ 阎孟伟：《后殖民文化批判理论及其对我们的启示》，《求是学刊》2003年第6期。

具有重要的意义。张景荣、杜鸿林在《论文化的力量》① 一文中指出：文化的力量就是指观念形态的文化，即人类的精神生产活动及其成果对人类社会发展的影响和作用。文章认为，应将这种影响和作用从文化与经济、政治的关系、文化与人类文明的关系以及文化与创造文化的主体的关系等几方面来认识和把握。文章指出，文化的力量深深熔铸在民族的生命力、创造力和凝聚力之中，而文化在整体上对人类社会发展的正面影响和作用，只有在先进文化对不同性质、不同形态、不同形式文化的引领和整合中才能实现。在当代中国，我们要使文化成为推进中国特色社会主义事业的精神力量，使其更深地熔铸在民族的生命力、创造力和凝聚力之中，更好地发挥其在综合国力竞争中的作用，就必须发挥先进文化即中国特色社会主义文化的引领和整合作用。

尽管在全球化的背景下存在着各种文化精神的冲突，转型期中国社会的主导性文化精神依旧应当以现代性为基本要素，以科学精神和人文精神为主要内涵，关键的问题在于我们应该弄清楚科学精神和人文精神。阎孟伟在《西方人文精神的历史演进》② 一文中探讨了西方科学精神与人文精神的关系。这方面的探讨为我们确立主导性文化精神具有借鉴意义。文章认为，从人类生活实践的完整性上来看，作为实践的内在机制的人类精神，在本质上就是一种人文精神，它包含着科学精神，但不能归结为科学精神。科学精神并不是与人文精神不同的另一种精神，从根本上说，它属于人文精神，它是从人文精神的母体中诞生出来的，它曾经由于片面的发展而脱离人文精神的本真轨道，使它真正成为人类持续发展和持久幸福的可靠保证。

九、马克思主义社会科学研究

这方面的研究特点主要是注重思维方式和方法论的研究。《战略思维》（李锦坤、王建伟合著）③（该著作系天津社会科学院 2002 年度重点研究课题，获 2003 年度天津市委宣传部优秀科研成果创新奖）就是一部关于思维方式研究的学术著作，该书注重于理论和应用相结合，着眼于现代人思维方式的转换和提升。全书共分八章，论述了战略概念的发展、战略思维的演进和战略思维的哲学基础；战略思维的主要特征；战略判断思维的理论根据、经验根据、现实根据；战略决策思维的战略思路、战略目标、战略方针、战略重点、战略步骤、战略措施；战略实施思维的物质条件、道德精神、人才选用；战略总结思维的阶段性总结、即时性总结、全过程总结等等。许多报刊杂志发表了书评。

张景荣在《认识和处理新形势下各种社会矛盾的方法论探求——研读党的十六大报告和〈学习纲要〉》④ 一文中指出，研读党的十六大报告和《“三个代表”重要思想学习纲要》，要注意从方法论的高度领会其中蕴涵的正确认识和处理新形势下各种社会矛盾的思想方法。这对加强党的执政能力建设，提高党的领导水平和执政水平具有积极的意义。论文从要全面、准确地把握对立面，重视对对立面的价值分析，注意矛盾双方地位的不均衡及其变化，研究历时态矛盾向共时态矛盾的转化，认真研究两极相互交融这种矛盾同一性的具体表现形式，重视矛盾的同一性、正视矛盾的对立性等六个方面对此作了探讨。

总的来看，天津一年来的马克思主义哲学研究，无论是老话题的展开，还是新的热点的论说，在适应时代去反思、切合现实去探索上，都明显表现出哲学研究工作者与时俱进的新的姿态和新的追求。

（本文作者：王桂燕，天津师范大学政治与行政学院副教授；审定人：王新生，南开大学哲学系教授、博士生导师）

① 张景荣、杜鸿林：《论文化的力量》，《天津社会科学》2003 年第 2 期。
② 阎孟伟：《西方人文精神的历史演进》，《天津社会科学》2003 年第 1 期。
③ 李锦坤、王建伟：《战略思维》，天津社会科学院出版社 2003 年版。
④ 张景荣：《认识和处理新形势下各种社会矛盾的方法论探求——研读党的十六大报告和〈学习纲要〉》，《天津行政学院学报》2003 年第 3 期。

中国哲学研究综述

杨树美

2003年天津的中国哲学研究，从研究旨趣到关涉的论域都是多样化和多元化的。学者们一方面站在理论前沿参与了当前中国哲学研究中一些热点问题的讨论；另一方面，又在一些传统领域深化了相关研究，并在此基础上对中国哲学研究本身做出了较为深入的反思和前瞻。现撮其概要综述如下：

一、中国古代哲学研究

2003年，学者参与较多、涉及领域较广、成果也较多的是中国古代哲学研究。学者们通过对中国哲学之认识论、本体论、解释学、逻辑学、自由观等专题以及儒、道等学派的研究，试图揭示出中国哲学自身的精神特质。

1.中国哲学精神特质专题研究

近现代以来，人们依照西方哲学的学科框架、思维取向、理论体系和形式系统来整理、理解、研究中国哲学，产生了中国哲学对西方哲学某种程度的“依附”，或者说中国哲学研究中西方的话语霸权。伴随着中国哲学研究的深入和对“西方文化中心论”的追问、批判，人们对于凸显中国哲学自身的精神特质或民族特性的重要意义有了日益明确的理论自觉，中国哲学不同于西方哲学的精神特质或者说中国哲学作为世界众多哲学中的一种哲学形态所具有的民族特性，成为了学界关注的热点。2003年，天津学界通过对中国的认识论、境界形上学、解释学、自由观等专题的研究，深入揭示和阐明了中国哲学自身的精神特质和民族特性。

(1)中国认识论研究。近世以来，人们一再批评中国传统哲学没有认识论或缺少认识论。刘文英先生认为，这种批评有一定的正确性，同时亦有很大的片面性。这种片面性是因为论者没有对人的认识活动进行必要的分疏，也没有区分认识论的不同类型，而把西方传统的认识论作为哲学认识论惟一的类型使然。人的认识活动及由此形成的认识论类型不是单一的，人的认识活动包括人对自然物理的认识形成的“物理之知”与人对人本身的认识形成的“道德之知”、以存在的本体为对象的“形上之知”与以研究具体事物为对象的“形下之知”等不同的分疏，与此相应，认识论可分为物理型认识论与道德型认识论、形上型的认识论和形下型的认识论。事实上，先秦时代的中国哲学家就已经开始对认识本身进行理论思考，在中国哲学发展的过程中形成了有自身特质的传统认识论：它不仅研究了人对自然物理的认识，形成了物理之知，而且，特别关注人对自身的认识，形成了道德之知；同时，中国传统哲学还自觉地区分了形上之域与形下之域不同层面的认识。而西方哲学则主要立足于“物理之知”，是物理型的认识论；并且，西方哲学传统中，研究形上之知大多采用形下之知的方法，非但没有走上形上之知的认识论，反而走上拒斥形而上学、否定形而上学的道路。虽然中国认识论存在着自身的不足，但中国传统哲学中的认识论资源，对于克服西方认识论的片面性和局限性，以及对中国现代认识论的构建都有其积极意义和价值①。

(2)中国解释学研究。近年来，对西方解释学的研究及由此引发的中国是否有解释学、中国能否创建自己的解释学成为了中国哲学研究中的又一个热点问题。韩强教授对中国注释经典的历史作了系统的梳理和深入的研究，认为中国传统文化中有自己的解释学。他指出，解释学的意义就是说明、解释、理解和创新，中国历代思想家在解释文化经典时，既重视前人的解释，又根据时代要求发挥义理，实现了继承和创新。从孔子对古代经典采取说明、解释和创新的方法奠定儒家解释学的创新精神、道家解释学的直觉辩证法及自由精神境界开始，到两汉今文经学的微言大义与古文经学的求实精神，再经魏晋南北朝发展到唐代今古文经合流的义疏之学、宋代儒道佛三教合一的义理之理，都体现着中国传统文化解释学的继承和创新精神。也正是这种精神，使中国传统文化在发展中保持着一

① 刘文英：《认识的分疏与认识论的分类》，《哲学研究》2003年第1期。

脉相承的连续性。我们应该充分认识、肯定和发掘中国传统解释学的现代价值①。

(3)中国本体论研究。李翔海教授撰文《"境界形上学"的初步形态》,对魏晋玄学的基本理论特质进行了探讨,并在比较中国与西方本体论问题的不同特质基础上,提出了可以把中国"天人之学"中所包含的形上学名之为"境界形上学"的观点。著名哲学史家汤用彤先生首倡玄学是本体论之论,许抗生教授对此提出了质疑,认为魏晋玄学的普遍共性并不是宇宙本体论,而是讨论宇宙万物的自然本性问题。李翔海教授在充分肯定两人观点的理论价值的基础上,从"境界形上学"的视角对魏晋玄学的基本理论特质进行了进一步的考察,认为正是魏晋玄学不仅实现了中国哲学发展史上从宇宙论向本体论的转变,而且其所凸显的本体也是落脚于人之精神境界,从而构成了境界形上学的初步形态。这种发展经历了从王弼、何晏凸显本体意识到阮籍、嵇康强调精神境界,再到郭象完成了本体论证与境界的统一、使本体落脚于人之精神境界的过程。由此观之,汤用彤和许抗生关于魏晋玄学的理论特质的观点都有失偏颇之处②。

(4)中国自由观研究。一般认为,自由观念、自由主义作为"现代"言述,是属于"西方"的,是由西方传入中国并对中国发生影响的。李光福先生通过对李贽自由观和中国自由传统的考察,进而指出:从先秦开始,中国人就开始对自由进行了探讨,形成了自己的自由传统,而李贽扬弃中国传统自由观,将先秦以来、特别是阳明心学对自由的追求落实到感性、现实、社会的层面,提出了颇富现代精神的自由观。李贽自由观的产生预示着中国传统自由观向现代自由观的转换,这说明中国自身具有现代自由的价值资源,这是需要我们予以珍视的民族文化遗产③。

(5)中国逻辑与传统文化关系研究。一般认为,在中国古代哲学中,比较缺乏实证研究和逻辑思辨的传统,但事实上,任何一种理论、学说的建立,都有其内在的逻辑结构或思考问题的方式,只不过不同的文化背景会导致逻辑思维的不同特征。崔清田认为,逻辑对文化有重要影响,是分析、诠释和理解包括伦理思想在内的文化现象的一条重要途径。据此,他探讨了中国逻辑与中国传统伦理思想之间的关系,指出儒家(主要是孔、孟)诚信思想得以提出、确立并在实践中加以推行,所依据的基本思路和方法,其实质正是中国逻辑传统中的主导的推理类型——据类而推的推类④。张斌峰对荀子的类推思维进行了梳理,认为荀子揭示了类是事物的本质,提出了"物各从其类"的观点,并具体区分了从"物类"到"伦类"与"统类"的不同类型,在此基础上,荀子建立了其独特的"类推"逻辑,即坚持了中国古代逻辑思维的人文面向的"类推思维"。这种以荀子为代表的中国传统的类推思维方式,成为服务于中国传统的人文价值论证、道德情感价值的证成和审美意境的达成以及代表和服务于中国传统人文思维的主导推理类型。因此,对荀子的类推思维论的现代阐释,可以作为我们建构现代"人文思维逻辑"的传统资源⑤。

天津学界正是通过从不同角度、不同领域深入挖掘中国传统哲学中所具有的不同于西方的精神特质,梳理了中国哲学的民族特性,从而凸显了中国哲学的学科自觉性和学科独立性。

2.中国哲学精神特质的学派研究

(1)儒家哲学思想研究。唐宋以降,孟子被尊称为"亚圣",其地位仅次于孔子,甚至儒家学说随之也被称为"孔孟之道",孟子地位的确立,其原因何在?武东生从儒家思想理论发展的角度,对儒家哲学中的"孟之道"进行了探讨。认为孔子创造性地将"礼"引向仁,开辟了一条由"礼"向内收至仁的内自省的思维路向;而孟子则以人性作为中介,进一步将仁引入人性,并确立了"性""命"合一的原则,建构了由外在的规范向内收至人的生理之性,再由生理之性向上推演出天命的理论,这标志着儒家人生哲学理论框架的完成。这是孟子对儒家人生哲学理论建构作出的独特贡献⑥。刘文英从梦说的角度对北宋儒学代表人物张载进行了颇有新意

① 韩强:《中国传统文化中的解释学》,《南开学报》(哲学社会科学版)2003年第1期。
② 李翔海:《"境界形上学"的初步形态》,《哲学研究》2003年第5期。
③ 李光福:《李贽与中国的自由传统》,《南开学报》(哲学社会科学版)2003年第2期。
④ 崔清田:《中国逻辑与中国传统伦理思想》,《山东师范大学学报》2003年第3期。
⑤ 张斌峰:《荀子的"类推思维"论》,《中国哲学史》2003年第2期。
⑥ 武东生:《论儒家人生哲学中的"孟之道"》,《天津社会科学》2003年第3期。

的研究，他认为，张载在讨论梦的本质问题时，站在重建儒学本体论的高度，把梦纳入他的太和阴阳之道中为其定性与定位，从而把梦作为人的精神在寤寐有序转换中的一个环节。张载从形开与形闭、有接与无接、知新与缘旧、有志与无志等方面具体划分了醒觉与睡梦的界限，揭示了寤梦之异与梦的特征，他还企图根据万物的相感之性来揭示梦的机制，并将内感生梦具体分为五脏内感生梦和人心内感生梦两种情况。他的“异梦”与《正蒙》其书相联系，反映了他在重建新儒学的过程中，和“前圣”的心灵沟通与对话①。

(2)道家哲学思想研究。道是老子思想的核心，是老子哲学的最高范畴，因此要了解老子的思想及其影响，必须先探讨老子的道，揭示老子之道的深刻意蕴。李光福认为老子之道代表了人类的终极关怀；老子最突出的贡献就是使道获得了本原、本体和社会人生终极依托的内涵，在中国文化中建构了一座道的丰碑。道在老子那里，具有实有无形、超言绝象、混朴虚静、兼赅有无、独立永恒、自然无为的特征，是一个十分特殊的存在，而非一般的物质或精神实体②。刘文英通过把文字训诂、义理分析和精神心理分析整合起来，以一种新的视角对庄子蝴蝶梦进行了重新解读，认为庄子的蝴蝶梦有其内在意蕴，它包括了主体自我的“物化”体验、自由快乐的“逍遥”心态、消解物我的“齐物”之义③。

(3)墨家哲学思想研究。墨家是中国古代哲学中比较重视逻辑并对此颇有建树的一个学派，因此，对墨家的逻辑学说进行研究是中国逻辑思想研究的一个重点。张斌峰从现代语用学与语用逻辑的维度，对墨家辩学的“有效性”思想进行了研究。他首先梳理了墨家对“辩”的界说，认为在墨家那里，辩是论辩各方求当争胜的言语行为过程。由此可看出，墨家辩学是根据辩的“言语行为”的运用是否恰当为中心的。墨家辩学不仅是“求真”的工具，也是“求当”的工具，它在相当程度上已经认识到(语义上的)真实性、(语用上的)恰当性与真诚性以及(语形学或形式上)正确性的关联性与统一性。因此，重构和开拓墨家辩学的“语用逻辑”思想，合理而又恰当地把握墨家辩学的现代价值是有着极其重要的意义的④。

二、中国近现代哲学研究

中国近现代哲学是天津学界着力较多的另一领域。在此领域中，2003年天津学者不仅有论文发表，而且亦出版了相关专著。

1.现代新儒家思想的研究

在中国文化现代化的过程中，现代新儒学是影响较大的一种学术思潮，因其站在中国传统文化尤其是儒家文化的立场上，力图使中国文化走向现代化的过程能够接续历史文化命脉，从而被称为文化保守主义。陈寒鸣以中国文化的近现代发展为出发点，考察了现代新儒学产生的历史和理论背景，认为正是为了回应近代中国内忧外患中累积下的众多复杂的社会和文化问题，同时深受现实中由“五四”启蒙者们鼓倡而成的全面激烈的反传统思潮的刺激，现代新儒学应运而生。他进而指出，现代新儒学的基本特征是：通过强调人之“理性”以弘扬民族文化意识，充溢着强烈的理想，高擎道德人文主义精神巨帜；现代新儒学的发展经历了三个历史时期：以梁漱溟、张君劢、熊十力为主要代表的第一期；以冯友兰、贺麟、钱穆、方东美为主要代表的第二期；以唐君毅、牟宗三、徐复观为主要代表的第三期。正是通过现代新儒家的艰辛努力，复活了儒家生命精神与形上智慧，以现代意识和强烈的使命承担重建了儒家思想体系⑤。

2.关于五四新文化运动与民族文化传统关系的研究

五四新文化运动，标志着中国文化现代化的开始。对其在中国现代化进程中的积极意义予以肯定，是学界的共识，但近几年来，一些论者却对“五四”新文化运动提出了批评和责难，甚至认为它“全盘反传统”并造成了民族文化传统的断裂。于是，“五四”新文化运动的历史意义以及与民族传统文化的关系再次成为学界关注的热点。李翔海以20世纪儒家思想的新开展为例，从三个方面深入解读了五四新文化运动与民族传统文化的关系：(1)从发生学的意义上看，“五四”新文化运动具有一定程

① 刘文英：《张载的梦说及其异梦》，《人文杂志》2003年第5期。
② 李光福：《老子之道的意蕴》，《大连理工大学学报》(社会科学版)，2003年第4期。
③ 刘文英：《庄子蝴蝶梦新解读》，《文史哲》2003年第5期。
④ 张斌峰：《墨家辩学的“有效性”思想》，《职大学报》2003年第1期。
⑤ 陈寒鸣：《现代新儒学的发展历程》，《青海社会科学》2003年第3期。

度的内发性，在一定意义上可以看作是中国文化传统内蕴的文化生命力的现代表征。(2)在基本的精神方向上，20世纪儒家思想的新开展与“五四”新文化运动保持了内在的一致性：他们都是致力于中国文化的现代化，其差别主要表现为对于文化现代化的具体道路选择的不同。(3)从“五四”新文化运动与20世纪儒家思想的新开展的关系看，现代新儒学对于中国文化的现代重建正是接续了“五四”新文化运动的历史任务，与“五四”新文化运动一起构成了中国文化近现代化的发展链条中具有紧密联系的有机环节。在这样的思想视野中，所谓“五四”新文化运动是“全盘反传统”的和“‘五四’新文化运动造成了传统的断裂”的论断都是有待商榷的①。

3.关于中国现代唯物史观史的研究

对中国现代唯物史观史的研究，是中国现代哲学史领域中的一项基础性研究工作，也是中国哲学史学科建设中的一个重要方面。吕希晨、何敬文先生主编的《中国现代唯物史观史》，堪称这一领域的重要研究成果。该书在导论部分对中国现代唯物史观史的研究对象、任务、意义和方法以及中国现代唯物史观形成和发展的基本历程等问题进行了研究，在此基础上，第一章至第十四章具体研究了马克思主义唯物史观在中国的传入、发展及其中国化的历程、特点和基本规律，说明了现代中国对历史唯物主义选择的正确性②。

4.关于中国理想社会探求历史的研究

中国人对理想社会的设想，可以追溯到儒家经典《礼记·礼运篇》记载的“大同”、“小康”理想，到今天，社会主义作为一种社会理想，在中国经历了由空想到科学、由理论到实践的转化。应该说中国人对理想社会的探索和追求的历史非常久远。那么，传统中国人对理想社会的期盼是什么？在中国，社会主义又是怎样由空想变为科学、由理论变为现实的实践运动的？陈寒鸣的著作《中国理想社会探求史略》对此进行了研究。该书对自远古至20世纪中国人探求理想社会的历程进行了可贵探索③。

5.关于中国现代文化与哲学问题的研究

吕希晨近半个世纪以来进行中国现代文化与哲学问题研究的相关论文60余篇集为《中国现代哲学史论》一书，该书收录的论文，从时间上看，始于1959年的《大连中华工学会及其领导的工人运动》，止于2002年的《中国现代唯物史观发展的基本历程》；从内容上看，涉及到中国现代哲学通史、中国现代文化哲学、中国现代人生哲学、张君劢思想研究四个方面④。

三、中外哲学比较研究

开展中外哲学的比较研究、探讨中西哲学的关系是中国哲学研究的一个重要领域。从中国哲学发展的角度看，与西方哲学相比较，既不是为了建立完全不受西方哲学影响的所谓纯粹的中国哲学；更不是为了中国哲学的全盘西化，而是为了使中国哲学在与西方哲学的交流互动中促进自身的发展。

刘彦生比较了中西方哲学源头的差异，指出西方哲学发源于古希腊，中国哲学萌芽于先秦时期，由于各自不同的社会环境和生产方式，导致它们有不同的空间视界，从而形成了不同的哲学出发点。中西方哲学源头的差异表现为欧洲哲学思维重视自然物研究，以探索知识为特征；而中国哲学则从社会伦理和协调关系出发，以主体修养为核心。不同的哲学出发点同时孕育了不同的伦理意识，在中国，从孔子的“仁学”发展起来的主体修养伦理观具有明显的人文伦理色彩；而在西方，从苏格拉底“善说”中发展起来的伦理观具有明显的科学理性表征。不同的哲学出发点进而导致中西方不同的文化底蕴和不同的民族性格⑤。

崔清田撰文对中西方逻辑进行了比较研究。中西逻辑比较研究是在西学东渐过程中出现的，这种比较研究有求同与取异两种取向。求同视中西两种逻辑基本为一；取异有两个方面，一是指中国古代的名学与辩学不等同于西方传统逻辑，二是指名学与辩学中所含逻辑思想或学说也不等同于西方传统逻辑。通过中西逻辑比较研究，我们可以得到如下启示：要注重研究逻辑与文化的关系，既要研究文化对逻辑的制约，又要研究逻辑对文化的影

① 李翔海：《五四新文化运动与民族文化传统关系问题再探讨》，《教学与研究》2003年第10期。
② 吕希晨、何敬文主编：《中国现代唯物史观史》，天津人民出版社2003年版。
③ 陈寒鸣：《中国理想社会探求史略》，延边大学出版社2003年版。
④ 吕希晨：《中国现代哲学史论》，天津人民出版社2003年版。
⑤ 刘彦生：《中西方哲学源头差异比较》，《天津大学学报》(社会科学版)2003年第2期。

响[①]。作者进而对墨家逻辑与亚里士多德逻辑进行了比较，指出两种逻辑在目的、任务、逻辑特征、主导推理类型、推理成分的分析、后续发展的状况等方面都有不同，这是因为不同的文化传统形成了不同的逻辑传统[②]。

孙丽对荻生徂徕与朱子学“道论”进行了比较，指出荻生徂徕用政治优位论取代了朱子学的道德优位论，斩断了宇宙观和伦理观、伦理观和政治观的联系，瓦解了朱子学“修身—齐家—治国—平天下”的合理主义的政治方程式，这种对朱子之“道”的彻底批判及重新构造，在客观上促进了日本儒学思想近代化的萌芽[③]。

四、对中国哲学的反思与前瞻

从1914年北京大学设立“中国哲学门”开始，一个世纪以来，经过中国学者的不懈努力，中国哲学走过了由衰落而复苏而繁盛的发展道路。在新世纪，学界也开始了对中国哲学研究发展历程的反思和前瞻，这从某种程度上反映了学界对中国哲学研究的学科独立和学术使命的自觉。

近年来，对冯友兰先生中国哲学史方法论的梳理和研究，成为中国哲学研究的一个重要课题。高秀昌撰文对冯友兰先生的中国哲学史方法论进行了梳理和探讨，认为冯先生于20世纪30年代提出的“钻研西洋哲学”、“搜集哲学史料”、“详密规划迹团”、“探索时代背景”、“审查哲人身世”、“评述哲人哲学”等方法，建构了比较系统的中国哲学史方法论。冯友兰先生所建构的中国哲学史方法论的特点是：从六种方法依次推进的角度看，它们实际上也是中国哲学史研究方法的具体操作程序；从哲学史的历史性和哲学性的统一看，它们是语文—历史的方法与批判—哲学的方法的有机统一；从与当时的主要哲学思潮的关系看，它们是马克思主义的历史唯物主义方法、实证主义的科学方法和人文主义的直觉方法的综合[④]。

晚年梁启超曾致力于中国哲学史研究。他不仅撰写了《先秦政治思想史》、《儒家哲学》、《墨子学案》等名篇佳作，而且，对哲学史方法论也颇多创见。陆信礼梳理了晚年梁启超的中国哲学史方法论，指出其中国哲学史方法论的特征约有四端：一是颇具学术史特色的撰述视角；二是近乎历史主义的态度立场；三是结合中西优长的研究理路；四是注重多角度的切入方式。其中的许多观点，在今天看来，仍然具有一定的示范意义[⑤]。

以上对冯友兰、梁启超先生的中国哲学史方法论的梳理和探讨，论者不仅从一个侧面反映了冯友兰、梁启超先生的学术思想与学术贡献，而且是以他们的学术活动和学术研究作为线索，从一个侧面反映了中国哲学(史)奠立时的基本情况。

20世纪中国哲学在经历了百年的艰辛探索和思想积累之后，不仅表现出更为成熟的形态，而且正在阔步走向世界。面向21世纪的中国哲学，又应该承担起怎样的职责和使命呢？李翔海撰文对21世纪中国哲学的时代使命进行了探讨，指出21世纪中国哲学的使命的主要内容有三个方面：(1)纵断面的“通古今之变”，即在真切把握人类文化发展演进之内在趋势的前提下，真正实现“传统”与“现代”的辩证连接，从而确立体现中国哲学之基本精神特质的当代哲学形态。(2)横断面的“融中西之学”，即根据当代人类生存发展的内在要求，站在人类哲学之一般高度，真正实现同作为人类哲学之主流传统的中国哲学与西方哲学的深度融合，以求超越西方式的现代性，为探索未来人类更为健康、合理的存在形态作出中华民族文化应有的贡献。(3)超越面的“究天人之际”，即确立能够使现代人足以安身立命的终极关怀价值系统，以为人的生命存在寻求安身立命的依归。在完成了上述时代使命后，作为人类哲学的主流传统之一的古老的中国哲学也必将在21世纪焕发出强健的生命力[⑥]。

(本文作者：杨树美，南开大学哲学系博士生；审定人：李翔海，南开大学哲学系教授、博士生导师)

---

① 崔清田：《关于中西逻辑的比较研究》，《信阳师范学院学报》(哲学社会科学版)2003年第2期。
② 崔清田：《不同文化传统与不同逻辑传统》，《中州学刊》2003年第2期。
③ 孙丽：《荻生徂徕与朱子“道论”之比较》，《天津社会科学》2003年第4期。
④ 高秀昌：《试论30年代冯友兰的中国哲学史方法论》，《南开学报》(哲学社会科学版)2003年第4期。
⑤ 陆信礼：《晚年梁启超的中国哲学史方法论探析》，《南开学报》(哲学社会科学版)2003年第5期。
⑥ 李翔海：《论21世纪中国哲学的时代使命》，《思想战线》，2003年第4期。

外国哲学研究综述

李国山

一、学科建设情况

2003年,南开大学外国哲学博士点申报成功,成为天津市第一个外国哲学博士点。该博士点的研究方向主要是"发生与比较认识论"、"近代欧洲哲学史"和"当代法国哲学"。这样,南开大学哲学系外国哲学教研室的教学就覆盖了本科、硕士和博士研究生,并开始接受博士后研究人员。

2003年9月,南开大学"发生与比较认识论研究中心"成立。这是一个跨学科的现代认识论研究机构,研究内容涉及西方哲学、中西文化比较、科学思想史、发展心理学等等。"中心"与法国巴黎-索邦大学笛卡尔研究中心、瑞士日内瓦大学皮亚杰中心等国际著名学术机构建立了交流关系。

2003年,南开大学哲学系对本科生、硕士生和博士生的外国哲学课程设置进行了较大调整。新的外国哲学课程体系,不仅在涵盖面上比以前扩大了,而且教学内容更贴近国内外最新的研究状况,更富有前沿性和针对性。

二、学术研究与学术交流

钱捷教授发表论文《溯因推理:笛卡尔、康德和皮尔士》[①],该文认为:在笛卡尔和康德的认识论中,都存在着后来被皮尔士称为"溯因推理"的科学发现模式。康德企图以因果性范畴的先验演绎为这一模式提供形而上学的根据,但其感性—知性两分法却成为实现这一意图的障碍。相反,笛卡尔的"广延本体论"可能克服康德所遇到的困难。该文对这一可能性做了深入的探讨,并表明在笛卡尔、康德和皮尔士的有关理论之间存在着从前至后的"正、反、合"关系。

常健教授发表论文《真理的等级论与交互文本论》[②],该文认为,在各种不同学科的真理之间的关系问题上,真理的等级论长期以来是占主导地位的理论。亚里士多德为真理等级论做出了经典论证。近代出现了真理等级论的3种不同模式,它们在现代被进一步发展,并遇到了难以摆脱的困境。由此出现了消解真理等级论的趋势,这在后现代主义哲学中达到了登峰造极的地步。但消解真理的等级论并不意味着否认不同学科真理间的制约关系,并不一定要陷入真理的"原子论"。真理不是一种封闭的属性,而是一个开放的过程。各个学科之间的真理是相互制约的,真理是在文本间碰撞过程中显示出的文本力量。

常健发表论文《现代西方对哲学真理的重建与转向》[③] 认为,自休谟以来,哲学真理对科学真理的优势地位开始受到严峻挑战。康德和黑格尔在回答休谟问题的过程中,提出了两种对立的哲学真理模式,这标志着西方哲学家对哲学真理的理解出现了严重的分歧。为重建哲学真理,现代西方哲学家提出了4种主要方法:分析方法、辩证方法、现象学方法和结构方法。但它们在发展的过程中都遇到了严重的困难,并以不同方式向后哲学真理转向。在这种转向中,一些后现代主义者完全否认了各学科真理之间的制约关系。但真理具有"文本间性",真理是在文本间碰撞过程中显示出的文本力量。在各学科文本间的碰撞和竞争中,只会出现获胜的强者,却不会有世袭的真理帝王。

李国山副教授发表论文《语言为什么如此重要?——关于西方哲学"语言学转向"的几点思考》[④],他在该文中指出:首先,"语言学转向"为哲学打开了一种新的可能性。哲学是开放的、多元的系统。通过语言分析探讨哲学问题无疑是对这一系统的新贡献,它所提供的是一个新的视角。其次,"语言学转向"引入哲学的乃是一系列新的方法。这些方法统称为分析方法,以追求意义的准确性为目标。最后,"语言学转向"通过打开新的可能性、通过引入新方法所赋予哲学的乃是一种新的生命形式。

① 钱捷:《溯因推理:笛卡尔、康德和皮尔士》,《哲学研究》2003年第10期

② 常健:《真理的等级论与交互文本论》,《文史哲》2003年第4期

③ 常健:《现代西方对哲学真理的重建与转向》,《南开学报》2003年第3期。

④ 李国山:《语言为什么如此重要?——关于西方哲学"语言学转向"的几点思考》,《中州学刊》2003年第1期。

钱捷主持的课题“康德的科学哲学与当代科学革命”通过“国家社科基金项目”评审，获准立项。该项目立足于对康德科学哲学的系统梳理和研究，深入探讨其对现代科学革命产生的深刻影响，并从科学和哲学两个方面剖析这种影响得以产生的具体原因。

钱捷参加了如下学术会议：2003 年 8 月在浙江温州召开的“第 11 届全国科学哲学会议”；2003 年 11 月在厦门召开的“中华外国哲学史学会、中华现代外国哲学学会年会”。另外，他还于 2003 年 9 月应邀在华南师范大学政法学院做题为“西西弗及其他——对‘超越性’的一种文化反思”的学术报告；2003 年 10 月应邀在北京大学哲学系做题为“康德‘经验类比’的构成性”的学术报告。

三、教材建设

2003 年 7 月，常健、李国山编著的《欧美哲学通史——现代哲学卷》由南开大学出版社出版。这是一部较为系统的现代西方哲学教材。该教材依据现代西方哲学的问题与方法将其内容分为以下五大部分：

(1)“向传统理性主义的挑战”：涉及从近代哲学问题到现代哲学问题的过渡，方法更接近传统哲学方法。

(2)“意义的分析与科学的划界”：涉及分析哲学和科学哲学问题，占主导地位的方法是现代分析方法。

(3)“意识、存在和理解真理的现象学揭示”：涉及现象学、存在哲学和哲学解释学问题，主导方法是现象学方法。

(4)“社会的辩证批判与政治规范的建构”：涉及西方马克思主义和社会政治哲学问题，主导方法是辩证方法。

(5)“从结构到解构”：涉及结构主义、解构主义和后现代主义的问题，主导方法是结构和解构的方法。

另外，该教材在内容和形式上具有自己的特色：在内容上，编写者主要根据所涉及哲学原著的基本内容进行介绍，突出哲学家对自己观点的论证过程，并尽量少从外部加以评论；在形式上，编写者对全书内容做了精心编排，并在每一章前面列举出本章应掌握的主要哲学概念和命题，每一章后面还附有主要参考书目，为学生的进一步研读提供方便。

（本文作者：李国山，南开大学哲学系副教授）

逻辑学研究综述

张斌峰　张玫瑰　任晓明

2003 年，天津逻辑学的研究，不仅在优势与特色方向上（如中国逻辑思想史研究），而且在数理逻辑、认知逻辑、归纳逻辑、科学逻辑、非形式逻辑以及部门逻辑和应用逻辑等新兴领域的研究上都取得了显著的研究成果。笔者将从有限的视域出发，从以下三个方面综述 2003 年度天津市逻辑学研究的新进展。

一、现代形式逻辑与西方逻辑史研究

1.模态逻辑研究

李娜教授着力于用集合论的方法推进模态命题逻辑的研究。她在《关于严格蕴涵系统的布尔值模型》[①] 一文中认为，Lewis 的五个蕴涵系统建立了布尔值模型，它首先定义了模态公式□α 的布尔值‖□α‖；其次证明在该定义下，模态逻辑的严格蕴涵系统 S1 和 S2 的所有公理的布尔值为 1；最后证明集合论的 ZFC 公理系统的布尔值模型 VB（B 是一个完全的布尔代数）也是严格蕴涵系统 S1 和 S2 的布尔值模型。其次，李娜教授发表了《关于模式态命题公式 4、E 和 B 的布尔值》[②] 一文，该文认为，模态公式 4、E 和 B 是直观上难以确认是否成立的一类模态公式，文献〔6〕证明了：在模型 < VB，R，‖ ‖ > 下，当 R 是 VB 上的任意一个二元关系时，模态公式 4、E 和 B 的布尔值不能确定。本文证明了：当 R

① 李娜：《关于严格蕴涵系统的布尔值模型》，《南京大学学报（数学半年刊）》第 20 卷第 2 期上（2003 年第 2 期）。
② 李娜：《关于模式态命题公式 4、E 和 B 的布尔值》，《河南大学学报》（自然科学版）2003 年第 4 期。

是VB上自返的二元关系时,模态公式4、E和B的布尔值为1。因此,模态系统S4,S5和B是协调的。

2.认知逻辑研究

王左立发表《认知逻辑研究中的若干问题》①一文。该文认为,随着认知科学和人工智能研究的进步,认知逻辑也引起了越来越多的学者的关注。不断有新的认知逻辑系统被构造出来。认知逻辑的研究对象也由最初简单的单主体认知逻辑过渡到多主体认知及自认知逻辑等。然而,对认知逻辑的研究热情和关心只局限于一个十分狭小的研究群体之中,认知逻辑只是一部分从事哲学逻辑研究的学者们关心的对象,而研究认知科学和人工智能的学者对认知逻辑的研究成果并不关心。即使是在研究哲学逻辑的学者中间,真正关心认知逻辑的人也为数不多。而该文认为,人们对于认知逻辑的这种冷淡态度并非完全由于认知逻辑不为其他学科的学者了解,而是由于认知逻辑的研究本身还存在着这样或那样的问题,而且这些问题能否解决,将直接影响到认知逻辑在认知科学中的应用。因此,该文从以下三个方面对当代认知逻辑研究中存在的问题及其缘由,做出自己的分析与诊断。

(1)操作可行性的缺失。如果承认心智是物质的产物的话,那么就应该承认心智的认知过程是一个操作过程。操作不同于算法。计算机的操作是按算法进行的。心智的操作应该是包括算法而又超越算法的。认知逻辑是一种广义的模态逻辑。它将“知道”、“相信”这样的语词与模态逻辑中的“必然”算子相类比,用这些算子与命题逻辑语言的符号一起构成一种形式语言,采用不同的初始公式和变形规则就构成了不同的认知逻辑系统。这样构造的系统是单主体认知逻辑系统,这些系统是构造多主体认知逻辑系统的基础。多主体认知逻辑系统引进了不同的认知主体。多主体认知逻辑系统的构造尽管更为复杂,但在原则上,它们与单主体认知逻辑的构造并无太大差别。这样的认知逻辑只是一种公理系统。但是,一般来说,公理系统中的定理的证明没有可操作性。这里所说的“可操作性”并不是指判定证明的可操作性,而是指找出证明的可操作性。由于缺乏操作可行性,认知逻辑的研究成果无法应用于认知科学和人工智能的研究之中。

(2)语义学方法的认知体现问题。所谓认知体现是指,将认知的心智过程用理论的方式表现出来。到目前为止,我们对认知的心智过程所知甚少。因而,一个理论所描述的过程与心智的实际认知过程是否相符,对于这样的问题我们也没有一个客观的标准。但这不意味着,我们可以按照自己的意愿来建立有关认知的理论。虽然我们无法要求,一种理论所描述的过程与实际的认知过程具有完全相同的建构。但是,我们至少可以要求,在经验或直觉上,这种理论所描述的过程与实际的认知过程是相符合的。认知逻辑所采用的语义学方法以克里普克语义学为基础。……它与心智的实际认知过程没有共同之处。

(3)公理化方法的适用问题。认知逻辑采用的是公理化的方法。公理化方法是否可以用于描述实际的认知过程大有问题。第一,公理化方法是有局限性的。哥德尔不完全定理证明了这一点。人的实际认知是可以超越公理系统的。第二,认知逻辑中的主体都是理想的主体。这些理想主体都接受相同的公理,使用相同的推理规则。第三,人的认知能力是不断发展的。一个儿童的认知能力与一个成年人的认知能力有着巨大的差异。我们是否应该假设,儿童与成年人需有的公理和推理规则都是相同的呢?作者认为,显然,公理化方法研究认知逻辑带有较强的独断论倾向。

3.归纳逻辑和科学逻辑研究

任晓明教授、夏国军在《冯·赖特归纳逻辑理论探赜》② 一文中认为,冯·赖特运用条件分析法对契合法、差异法、契合差异并用法做了全新的阐释和处理,但在国内尚未见到有人对其作深入系统的介绍和评价。该文评介和阐释了冯·赖特基于条件分析法而重构出的归纳逻辑理论及其对于科学知识创新的意义。

任晓明、韩伟才在《科学逻辑的知识创新功能试析》③ 一文中认为,从科学逻辑的角度看,科学知识创新是指科学知识的增长。归纳逻辑作为一种冒险的逻辑,其知识创新功能比演绎逻辑强。贝叶斯规则着力刻画了新证据在知识增长方面的作用,从而具有较强的知识创新功能。新培根主义归纳

① 王左立:《认知逻辑研究中的若干问题》,《南开学报》2003年第6期。
② 任晓明、夏国军:《冯·赖特归纳逻辑理论探赜》,《湘潭师范学院学报》2003年第3期。
③ 任晓明、韩伟才:《科学逻辑的知识创新功能试析》,《淮阳师范学院学报》2003年第3期。

概率逻辑较好地满足了知识增长的要求,展示了科学知识创新的途径。要增强科学逻辑的知识创新功能,必须实现从单调逻辑向非单调逻辑的转变,从外延逻辑向非外延逻辑的转变,从形式逻辑向非形式逻辑的转变。

4.悖论研究

张斌峰教授、夏国军在《悖论研究的语用学转向》① 一文中评述张建军教授对于悖论研究的最新成果的基础上,明确提出了悖论研究的语用学转向问题。当代西方哲学的"语用学转向",一方面显示出西方哲学与逻辑学的发展的线性取向的终结和以语用学面向的"后现代"发展的后发性,即从语形学到语义学,再从语形学与语义学到一般语用学,最后从超越语用学(逻辑语用)发展至面向"生活实践",亦即社会历史与人文分析的必然发展。可以说,"后现代"视野下的语用学立足于"人文主义"的立场,通过语境的深度转换,力图修正西方科学主义的传统,消解形式语义分析与实践语用分析之间的沟壑,进而"构架"由此即彼的桥梁,从而推动了语言分析朝着后现代性("后分析哲学")趋势演进。由于语用悖论研究成果与人工智能、信息经济学、公共选择理论这些当代"显学"的密切关联,使得逻辑悖论研究在社会实践领域的应用价值得以凸现。例如,仅就决策理论的"合理行为悖论"所触及的"策略理性"概念而言,就是当代对策论研究的核心概念之一。

在该文看来,悖论研究长期停滞不前,可能是因为人类知识的演进、综合、整合与完善的过程尚未完成,同时,新的悖论层出不穷。"解悖"不是纯粹的智力游戏,也不仅仅是为了揭示自然世界的客观真理(或者说悖论不是揭示"事实世界"的"逻辑图象",也非仅仅是对事实世界的"逻辑构造")。其实,悖论的语用学的"全观",自然会使我们获得对悖论的终极澄明:悖论实际上乃存在于(或内蕴于)人类(主体之间)已有的(或正在生成的)知识系统之中。因此,在知识经济时代,悖论研究不仅可以揭示人类知识系统的"内在矛盾"(或表面上的"矛盾",如逻辑矛盾),而且更会使我们能够透过对悖论形成的知识系统的语用学研究,探寻推进知识系统及其知识创新的智慧之门。因为,悖论(逻辑悖论、语用悖论……)本身可以说是人类知识智慧的结晶,又是人类理性能力有限性及其自觉超克的关节点。因此,我们相信,通过悖论研究的语用学综合或整合性的探索,悖论研究势必与整个人类知识经济时代的知识创新"与时俱进",推进我们对人类知识系统演进规律的探索。

5.经济逻辑研究的对象与功能

刘明明在《经济逻辑研究的创新发展》② 一文中首先概述了经济逻辑的研究现状与存在的问题。该文认为,经济逻辑研究的广度和深度都不够,广度不够是指仅仅局限于某些逻辑内容来理解经济活动中的逻辑应用,而不是从经济活动中的逻辑思维实际来展开研究;深度不够主要不是指现代逻辑的知识采用不够,而主要是指这种研究大多停留于泛泛的逻辑方法介绍,而对其应用性发掘不够,离实际应用要求太远。该文认为经济逻辑的性质是应用逻辑,其作用:一是在于培养和提高经济管理人才的逻辑思维能力;二是为经济管理和决策提供指导和方法。经济逻辑研究的创新方向是:在对经济活动、经济科学研究的逻辑思维和相关学科作全面的考察和系统的研究基础上,重新规划研究内容和研究项目,以展开研究。经济逻辑研究的创新原则是:逻辑学同经济活动、经济理论研究具体结合;必须突出实用价值(不要一味地造形式演算系统);鼓励"百花齐放",多学科融合,并提出了一些创新研究的方法,如优先逻辑、概率逻辑、模糊逻辑等技术方法。

刘明明还在《经济逻辑:充分条件原理在经济活动中的应用》③ 一文中首先考察了充分条件原理在经济工作中的言语交际、信息推理、预测、目标决策、假设检验等方面的具体应用,以展示其应用价值。其次,该文说明了在市场经济条件下重视逻辑工具的作用,将有助于提高经济工作者的思维技能和思维效率,以及克服经验思维的肤浅性、狭隘性,形成科学思维方式。其三,积极开展逻辑在经济工作中的应用研究,将是逻辑应用研究的一个增长点。

刘明明在《试论逻辑在经济学研究中的知识创新功能》④ 一文中认为,经济学无疑是当今世界的显

① 张斌峰、夏国军:《悖论研究的语用学转向》,《江海学刊》2003 年第 3 期。
② 刘明明:《经济逻辑研究的创新发展》,《黔南民族师范学院学报》2003 年第 2 期。
③ 刘明明:《经济逻辑:充分条件原理在经济活动中的应用》,《延安大学学报》2003 年第 1 期。
④ 刘明明:《试论逻辑在经济学研究中的知识创新功能》,《九江师专学报》2003 年第 4 期。

学。但是,逻辑在一切科学研究包括经济学研究中的知识创新功能,却未必为一般人士所了解。该文从“科学的途径”、创新的必要手段、获得新的可靠知识的惟一通道及其检验标准和创新思维策略等方面,探讨了逻辑在经济学研究中的知识创新功能。

二、中国逻辑史研究

1.“推类”或“类推”研究

关于推类成为当前中国古代逻辑研究的一个“热点”或重点。因为推类(或类推)被看作是中国古代逻辑类型尤其是中国古代逻辑推理之独特性的一个立足点,因此天津市的中国逻辑研究者尤其是中国古代逻辑的研究者们着力于推进对推类研究,不仅显示出中国古代逻辑研究的深度拓展,而且在海内外产生了广泛的影响。

(1)明确提出了“推类”或“类推”是中国古代逻辑的基本类型。崔清田教授在《中国逻辑的推类》[①]一文中认为,逻辑有共同性,也有特殊性。主导的推理类型不同,是希腊逻辑、印度因明、中国逻辑三者彼此有别的重要方面。该文认为,推类是中国逻辑的主导推理类型。推类是以类同为依据的推理,有类比推理的逻辑性质,有重内容、轻形式的特征。推类以及类推成为中国逻辑主导的推理类型,是先秦文化制约的结果。所以,对推类的理解与说明,应是文化的诠释。

(2)中国古代“类推”思想源流的研究。张晓芒在《中国古代的类推思想与中国古代宗族社会》[②]中认为,援类而推的方法,是中国古代社会特有的建立在“类”概念基础之上并广泛使用的一种思维方法,在形成这种思维方法的过程中,有一个“类”概念的发展过程;它的特质的确立,与中国古代的宗族社会有密切的联系,并因此具有了它的历史必然性与思维必然性。

(3)关于周易或易学的“推类”逻辑系统的研究。吴克峰在《易学的推类逻辑》[③]一文中认为,易学中的逻辑问题,是一个在易学和逻辑学研究中被忽视的问题,但又是一个关系到对中国文化史、思想史和逻辑史的再认识的重要问题。易学中的逻辑是推类逻辑,该文以现代逻辑的方法给出了易学推类逻辑的形式系统,并作了讨论。作者指出,易学逻辑是在中国文化背景下的以汉字表述的特有逻辑形式,形成了自我满足的语义系统,其在为人们提供正确的认识方法和为古代科学提供认识工具方面与西方逻辑是一致的。

(4)荀子“类推”思想研究。张斌峰在《荀子的“类推思维”论》[④]一文中认为,荀子作为集原始儒、道、墨和名家的类推思想之大成者,强化并建构了儒家的伦理思维方式,坚持了中国古代逻辑思维的人文面向,改变了墨家、名家“类推”之向事实面向的“逆转”,依然坚持了儒家之由事实面向转向情感、意欲、价值、审美意境的类推面向,实现了回归儒家“人文思维逻辑”的大方向上来,从而将类推转化为“类比推衍”,由事实性的推理转向情感、价值和审美的意义的语用类推。因此,以荀子为代表的中国传统的类推思维方式,进一步将类推“衍化”为将心比心、设身处地、推己及人、设譬求喻、攀缘比附、比兴与隐喻、象征等多种多样的类推思维形式,从而使它能够成为服务于中国传统的人文价值论证、道德情感价值的证成和审美意境的达成,成为代表中国传统人文思维和服务于中国传统人文思维的主导推理类型。因此,对它的现代阐释,可以作为建构现代(汉语言)人文思维逻辑的传统资源。

2.名家逻辑研究

刘明明在《“白马非马”论的文化解读》[⑤]一文中认为,冯友兰和胡适先生用“据西释中”的方法解读“白马”论,得出“白马非马”是“相”论的结论。本文从中国文化的系统或语境中去解读它,认为“白马非马”论不是“相”论而是“责实”的问题,因为公孙龙运用的是中国传统的辨物察类的分析方式,体现出辩证思维、重功用等的中国特性。“白马非马”论不是概念逻辑的问题,而是公孙龙自己的“道”论。

3.墨家逻辑研究

(1)墨家辩学的“有效性”思想。张斌峰在《墨家辩学的“有效性”思想——语用学与语用逻辑的维度》[⑥]一文中认为,从语用学与语用逻辑的视角来看,墨家辩学不仅是“求真”的工具,而且也更是“求当”的工具,墨家辩学的“有效性”是一个综合性

① 崔清田:《中国逻辑的推类》,《哲学与文化》(台湾)2003年第12期。
② 张晓芒:《中国古代的类推思想与中国古代宗族社会》,《中国哲学史》2003年第2期。
③ 吴克峰:《易学的推类逻辑》,《周易研究》2003年第1期。
④ 张斌峰:《荀子的“类推思维”论》,《中国哲学史》2003年第2期。
⑤ 刘明明:《“白马非马”论的文化解读》,《社会科学辑刊》2003年第4期。
⑥ 张斌峰:《墨家辩学的“有效性”思想——语用学与语用逻辑的维度》,《职大学报》2003年第1期。

的、多样性统一的范畴，它覆盖了“语用逻辑”的“有效性”领域，它在相当程度上已经认识到（语义上的）真实性、（语用上的）恰当性与真诚性以及（语形学或形式上）正确性的关联性与统一性。因此，合理而又恰当地把握墨家辩学与现代语用学、语用逻辑（综合性的）“有效性”及其关联性策略，对于当代社会人际间的有效沟通与交际，对于重构和开拓墨家辩学的“语用逻辑”思想有着重要的现代价值。

（2）墨家的语用学思想与墨家逻辑思想之间的关系研究。关兴丽在《墨家的言语行为思想和中国古代逻辑》[①] 一文中认为，与西方言语行为理论相类似，中国古代墨家也有丰富的言语行为思想，并且强调的是“以言取效行为”思想。这种以“以言取效行为”为特点的言语行为思想体现了丰富的语用学思想，而语形学思想呈现的较少，这就使中国古代逻辑学与亚里士多德的逻辑学区别开来，形成了中国特色的古代逻辑学。

（3）墨家的语言观及其逻辑的贯通性。刘明明在《墨家的语言观与其逻辑的贯通性》[②] 一文中认为，墨家从语言观或名实观上确认了实是第一位、名是第二位的关系和语言对于世界的认识功能。我们从语言观或名实观上可以透视墨家的逻辑规律论和概念论、命题论、推理论。“推类”的原则是“故”、“理”和“类”，包括演绎、归纳和类比方法在内。墨家总结了语言活动的逻辑原则和方法，创立了墨家逻辑。

4.中国中古逻辑思想的研究

张晓芒在《朱熹教学方法的逻辑特点》[③] 一文中认为，在教学方法上，古代教育家朱熹提出了“自下面做上去”和“自上面做下来”的“推致”认知方法。朱熹还说明了在这两者之间，是“博观而约”、“循序渐进”、“精思归约”的关系，反映了朱熹在教学、认知方法上的反求诸己的态度、渐进与顿悟的体悟、批判性思维的精神。

5.中国近代思想史的研究

张晓芒在《近代逻辑文化研究中的民族情怀及其影响》[④] 一文中阐述了近代以来，为了民族自强，近代思想家们开始大量介绍西方的文化和科学，其中，西方逻辑学是非常重要的一个内容。在译介西方逻辑学的同时，出于一种民族情怀，思想家们也开始比照西方逻辑学的模式，对中国古代逻辑思想进行了探索。在这种比较研究中，中国古代逻辑思想开始复兴，其研究一直延续至今。其结果就是中国古代逻辑思想体系的确立。但是，在这种比较研究中，关于逻辑的共性与个性问题，关于逻辑与文化的关系问题，至今仍然存在着许多争论，仍需要学界继续探讨。

6.中西方逻辑的比较研究

崔清田在《关于中西逻辑的比较研究——由中西文化交汇引发的思考》[⑤] 一文中认为，在西学东渐所引发的中西文化交汇大潮中，出现了中西逻辑比较研究。中西逻辑比较研究有两种取向：求同与取异。求同视中西逻辑二者基本为一；取异有两个方面含义，其一，中国古代的名学与辩学不等同于西方传统逻辑；其二，名学与辩学中所含逻辑思想或学说，也不等同于西方传统逻辑。该文指出，中西逻辑比较研究在关注两者共同性的同时，更要分析和认识两者的差异性。中西逻辑比较研究启示我们：要注重逻辑与文化关系的研究，既要研究文化对逻辑的制约，又要研究逻辑对文化的影响。

张晓芒在《中国古代逻辑思想研究中的两个问题》[⑥] 一文中认为，在当前对中国古代逻辑思想继续进行深化研究及其现代转化中，仍然存在着两个问题：一是怎样比较研究？它涉及到比较研究中一个重要的方法论原则，即如何把握比较方法运用的尺度；二是比较研究的目的是什么？它所涉及的是如何探讨中国古代逻辑究竟“是什么”和“为什么”，以及如何使中国传统的思维方法仍然在今天的人际沟通中发挥作用。至于如何使中国传统的思维方法实现现代转化，使之依然在今天的认识活动和人际沟通中发挥作用，它所涉及的是逻辑观的问题，应以中西逻辑文化的同质共构和异质互补的形式，为现实的社会生活服务。

三、关于逻辑学在人文学科的应用研究

1.“逻辑在人文科学中的应用研究”的立项研究

加强逻辑学的应用研究迫在眉睫，改变逻辑学应用研究尤其是应用于人文科学研究比较落后的

① 关兴丽：《墨家的言语行为思想和中国古代逻辑》，《哲学研究》2003年增刊（中国逻辑学会主办）。
② 刘明明：《墨家的语言观与其逻辑的贯通性》，《燕山大学学报》2003年第1期。
③ 张晓芒：《朱熹教学方法的逻辑特点》，《中外教学研究》（香港）2003年第10期。
④ 张晓芒：《近代逻辑文化研究中的民族情怀及其影响》，《世界中国哲学学报》（台湾）2003年第7期。
⑤ 崔清田：《关于中西逻辑的比较研究——由中西文化交汇引发的思考》，《信阳师范学院学报》（哲学社会科学版）2003年第2期。
⑥ 张晓芒：《中国古代逻辑思想研究中的两个问题》，《哲学与文化》（台湾）2003年第12期。

局面是当务之急。而“逻辑学在人文学科中的应用研究”是南开大学逻辑学教研室承担的教育部人文研究基地2003年度的重大课题，该项目由任晓明、崔清田教授主持。怎样开展这一重大课题的研究呢？任晓明、崔清田教授在《逻辑多元论与逻辑在人文科学中的应用研究》① 一文中认为，这一重大项目的研究应当从以下三个方面进行研究。

(1)逻辑学在人文科学中应用的历史研究。所谓历史研究是指从逻辑学与人文科学(人文思想)相互联系的角度，对逻辑在人文思想中的应用做历史的回顾和反思。他们认为，可以从以下三个历史阶段来开展研究。第一，考察传统逻辑在中国古代人文思想、尤其是在名辩学中的应用；第二，研究近代西方逻辑在近代中国人文科学和自然科学中的应用；第三，发掘和推进现代逻辑在人文科学中的应用研究。

(2)逻辑学在人文科学中应用的专题研究。从学科领域的角度看，应当从以下几个方面进行研究：第一，逻辑学在语言学中的应用；第二，逻辑学尤其是概率逻辑在决策中的应用；第三，逻辑学在素质教育中的应用；第四，逻辑学在哲学中的应用；第五，逻辑学在法学和法律实践中的应用。

(3)开展对逻辑在人文科学中应用的整体研究。所谓整体研究是从总体上探讨逻辑学在人文科学中的应用，为建立跨学科的人文科学方法论奠定基础。这方面的研究工作应分为两个层面，其一，在理论层面上探讨问题，研究工作主要围绕着逻辑应用于人文科学的意义、价值、限度、范围、作用机制和特点展开研究，对人文科学中应用逻辑的认知基础进行探索等。其二，在方法论的层面上探讨问题，即发掘和阐释人文科学发现和预测的方法论原则、人文科学解释(说明)的方法论原则、人文科学证明(辩护)的方法论原则、人文科学评价和决策的方法论原则以及人文科学传播、检验、进化的逻辑机制等。

2.逻辑思维和逻辑学的功能研究

张晓芒在《逻辑思维的基本要领》② 一文中认为，当代社会是一个更加需要思维品质、思维能力、思维艺术的时代。而逻辑思维有助于提高人的这些思维素质。在学习、掌握、运用逻辑学以提高逻辑思维能力的过程中，知晓逻辑思维的基本要领是必需的。这是一个寻求“共许”、落实“共许”的过程，从而保证思维的对象要确定、概念要确定、判断要确定、推理论证要首尾一贯，保证了相异思维路径的交叉需要，继而保证了人际沟通的正常进行。

(本文作者：张斌峰，南开大学哲学系教授、博士生导师；张玫瑰，南开大学哲学系逻辑学专业博士研究生；审定人，任晓明，南开大学哲学系教授、博士生导师)

伦理学研究综述

温克勤

一、伦理学研究概况

2003年，我市伦理学工作者和社科学术界为深入贯彻党的十六大精神，贯彻《公民道德建设实施纲要》，以邓小平理论和“三个代表”重要思想为指导，在伦理学研究和普及宣传教育方面取得了新的进展。本年度出版了《以德治国的理论与实践》(刘世明著，天津市哲学社会科学研究规划资助项目，天津人民出版社出版)、《思想道德修养》(武东生主编，天津市统编教材，天津人民出版社出版)、《案例论证互动式教学法在思想道德修养课中的运用》(天津高校“两课”教学优秀论文集)、《思想道德建设与发展先进文化》(《学习十六大精神论文集》，南开大学出版社出版)、《图说中国德行》(朱新民、唐绍忠、李雨村、游思慧著，中国档案出版社出版)等著作，发表了《关于民族精神理论与实践的若干问题》、《略论弘扬和培育中华民族精神》、《论儒家人生哲学中的“孟之道”》、《“井有仁”

① 任晓明、崔清田：《逻辑多元论与逻辑在人文科学中的应用研究》，《哲学研究》(2003年增刊)。
② 张晓芒：《逻辑思维的基本要领》，《学术论丛》2003年第5期。

释——“仁”之逻辑分析》、《中国传统诚信观的特点及其现代意义》、《春秋战国“立公破私”观念与社会整合》、《公私三境界析论》、《略论中国传统文化中的环境伦理思想》、《〈周易〉的生态伦理思想》、《试论国家的道德干预》、《论道德秩序》、《论以谋求共识为核心的德育理念》、《自然界权利的合理性解释及其界定》、《价值的泛化与自然价值的提升——罗尔斯顿自然价值论辨析》、《人口控制与环境伦理》、《孟子与柏拉图伦理政治观比较》、《梁启超与西方伦理学》、《近代著名学者怎样看待宗教与道德的关系》、《休闲文化的道德意蕴》等数十篇有较高质量的论文、文章。

本年度市伦理学年会以“发展社会主义先进文化与道德建设”为中心的议题。会上就发展先进文化的战略意义、先进文化的界定、内容、构成、理论内涵、发展先进文化需要处理好的一些关系、道德建设必须适应发展先进文化的要求等问题，展开了热烈的讨论。关于道德建设要适应发展先进生产力的要求，提出要在理论与实践的结合上处理好个体性原则与整体性原则、物质生活与精神生活、工具理性与价值理性、道德层次性与道德指向性、道德与法制、继承与创新等关系。

二、伦理学研究的主要问题和观点

2003年度，我市伦理学研究主要集中于中国伦理思想史、道德教育、生态环境伦理、民族精神和文化问题等方面。

(一)关于中国伦理思想史研究

中国伦理思想史研究是我国也是我市的重点内容。本年度我市学者进行了一些新的探讨。

1.关于孔子“仁”的思想

唐子弈认为，孔子仁的思想既有很强的理想色彩，又有对现实的领悟，即“仁”属于“人”，不是什么高不可攀、超出血肉人躯的神化行为，凡有能力选择所“欲”之人，均有可能做仁人，君子就是欲仁之人。人的功能是指向他人而非自身，它既无宗教彼岸的世界，也无理想社会的摹画，而是在现实社会的具体境遇中使人受惠①。

2.关于孟子和“中庸”的人生哲学思想

武东生提出，孟子通过好人性善、性命关系理论的系统发挥，将作为孔子思想核心的“仁”创造性地引入人性，并确立了“性”、“命”合一的原则。正是经过孟子的努力，即由外在的规范向内收至人的生理之性，再由生理之性向上推演出天命，这种理论上的建构，标志了儒家人生哲学理论框架的完成，从而也就为后来的“中庸”提出“天命之谓性，率性之谓道，修道之谓教”准备了条件。“中庸”这一思想命运的提出则标志着儒家人生哲学理论建构的完成。将内在于人的行为规范、道德律令的内在方面超越，从而在人的本性中找到依据，在将此“内圣”向外扩充实现“外王”事业，使“外王”具有了人道的依据；把人性上推至“天命”，由道德以言“天命”，实现所谓天地境界，从而又给予道德以形而上的本体论证明。通过两千多年儒家人生哲学的变化发展，可谓万变不离其宗②。

3.关于传统诚信观

赵士辉认为，中国传统有三个本质特点：(1)重视和要求实事求是的精神，注意从实践的层面阐述明达事理与“诚”之间的互动关系；(2)重视“诚”对信的根本制约关系，履行诚信不仅仅是出于获利的“民智选择”，更根本的还是应多承担的一种道德责任；(3)以善为标准，追求诚信的正当，即把诚信建立在它本身所具有的道德正价值基础上，追求诚信的正当，而不是仅仅注重于诚信的外在形式要求。作者认为，认识传统诚信观的这三个本质特点，对于现代诚信建设仍有重要借鉴价值③。

4.关于传统公私观

刘泽华提出，历史上的“立公灭私”导致专制主义。其一，它取消了人的个性和多样性，只能充当社会和公共理性的工具，只会“服从”和“被支配”，那么其对立面一定是专制；其二，如果人只是“公”的存在物，那么，他同时也就变成了一个现存制度的“制度人”，即是说人与现行制度一体化了，而取消了人的主动性和创造性的制度，只能是专制主义的制度；其三，人本来是“公私”的混成体，公私之间需要的是适度调理，求得平衡，但理论上却要把私灭掉，这能不是专制主义④？葛荃、张长虹提出，传统社会将一般成员置于恒久和绝对的政治客体地位，“社会政治主体”思维的极度弱化不仅没能在全社会形成普遍的政治主体意识，而且在传统政治文化的主体思维层面，干脆就将“个人”从中剔除了。

① 唐子奕：《“井有仁”释——“仁”之逻辑分析》，《道德与文明》2003年第5期。
② 武东生：《论儒家人生哲学中的“孟之道”》，《天津社会科学》2003年第3期。
③ 赵士辉：《中国传统诚信观的特点及其现代意义》，《道德与文明》2003年第1期。
④ 刘泽华：《春秋战国的“立公灭私”观念与社会整合(下)》，《南开学报》(哲学社会科学版)2003年第5期。

于是自先秦的公私观念缺少了从“民本”向“人本”跃升的逻辑阶梯和内在推力，结果导致了公私观念似是而非，混淆不清。无论是以君为本还是以民为本，公与私在其根本价值准则的认定上是含混的，于是所谓民本或重民无非是“政治权力主体”基于相应的政治观念和实际利益需要而做出的单向度选择，孰公孰私，论公论私，最终的裁决者正是政治权利的所有者①。

5.关于梁启超的伦理思想

徐曼认为梁启超将西方功利主义译为乐利主义，表达的实际上是公利论与快乐论(高尚的快乐，精神、心灵的快乐)相结合的幸福论，反对西方功利主义极端强调个人主义的做法；在肯定利己合理性的同时，更强调“爱他”、“利群”。体现了他介绍、传播和研究西方文化的主动性、自觉性和前瞻性②。

三、关于道德教育

2003年度，我市不少学者著文探讨道德教育问题，深化了对这一问题的认识。

1.关于“谋求共识”的德育模式

张铁勇提出，道德教育以谋求关于道德行为准则的共识为核心。共识是通过平等对话形成的，它是解决德育中诸多矛盾的理想途径，是当代社会实践发展的要求。作为德育模式，在培养具有自立、自律精神和平等、合作与创新意识的人格方面具有明显的优势，与以培养服从外在的道德权威为核心的特征的传统教育和以相对主义、自我中心为特征的主体性德育完全不同，而与讲求相互尊重、公平公正、追求创新与发展的现代人格品位相契合，因而也是一种人性的道德教育③。

2.关于信仰价值追求教育

吕勇、李维认为仅仅着眼于日常生活规范的建立，对终极的价值追求缺乏应有的关注，是目前我国道德教育存在的问题之一。这种价值无限性的德育必然导致德育效果上的实质性低迷。作者指出，在日常行为规范、伦理道德规范、信仰价值追求德育三方面内容中，后者对前二者具有一定的决定作用，它为人们确立根本动力和价值目标④。

3.关于防止和克服道德相对主义

张佩伟认为，防止和克服道德相对主义将成为道德教育的一个重点问题。人们面临着文化价值观念和生活方式的多样性，很容易导致道德相对主义。前些年，“谁能告诉我，什么是什么”之类歌词的流行，就是一个例证。如果一旦堕入道德相对主义，就不但会缺乏明确的是非观念，而且会自觉不自觉地拒绝辨别道德是非，否认辨别道德是非的必要。而道德教育的核心就是培养人们的“是非”观念。道德教育之所以缺乏实效，就因为没有批判和克服道德相对主义⑤。

4.关于研究生的德育问题

黄英指出，研究生德育存在道德和智育严重分离，偏重专业教育轻视德育的问题比较普遍。其原因，一是在于市场经济的逐利趋向的侵蚀，使教育观念有失偏颇，过于重视服务社会之功能，而忽视致力于健全人格之目标；二是研究生培养和教育体制存在缺陷，如长期以来重视培养专业人才的教育体制人为地造成了科学与人文之间的隔绝，长期存在的重数量不重质量的管理体制，至使急功近利之风、浮躁之风盛行，导师遴选中过于重学历、职称等，忽视思想道德素质；三是对研究生教育规律认识不够，在教育内容和方法上没注意到研究生的特殊性⑥。

四、关于生态环境伦理学

2003年度，我市学者对生态环境伦理的研究又取得了一些新的成果。

1.关于自然界权利问题

杨明、李祖扬认为，学术界关于权利的道德资格论观点同样适宜于自然权利的界定。提出自然权利就是在当前的社会背景之下，以建立人与整个生态共同体的利益为道德原则，把道德纳入人与自然的关系考虑之中，使道德生态化的自然被赋予某些资格。承认自然的权利不仅体现了人类道德观念的突破(生态化)，也是人类真正对自身生存负责的富有理性的选择。作者还对“生物具有自主的权利”的提法提出商榷，认为总的来说，生物主要还是靠自身的一种本能自在地存在，还达不到自主生存

① 葛荃、张长虹：《“公私观”三境界析论》，《天津社会科学》2003年第5期。
② 徐曼：《梁启超与西方伦理思想》，《道德与文明》2003年第4期。
③ 张铁勇：《以谋求共识为核心的道德理念》，《道德与文明》2003年第6期。
④ 吕勇、李维：《当代中国民众信仰状况的社会心理研究》，《天津师大学报》(社会科学版)2003年第1期。
⑤ 张佩伟：《经济全球化：我国青年道德教育面临的挑战与对策》，《理论与现代化》2003年第5期。
⑥ 黄英：《加强研究生德育之我见》，《道德与文明》2003年第3期。

的程度[①]。

2.关于自然界的内在价值问题

李建珊等认为,美国学者H.罗尔斯顿提出的自然"内在价值"概念是对价值概念的泛化,错误地把价值的客观性等同于价值本身,把存在命题与价值命题混为一谈。提出对价值概念的准确定义是正确认识自然价值的前提,并将"自然价值"定义为自然对整体人类的生存和发展所具有的意义[②]。

3.关于人口控制与环境伦理

李淑华提出,生育不仅是个体的私事,而且是关系人类种群的公事,在生育问题上,判断人的行为是否道德的标准,是看其是否有利于人与自然的和谐发展。人口控制是促进人与自然和谐发展的重要手段,也是人类必须面对的一个新的环境伦理问题。人口控制的环境伦理原则主要是:可持续发展的原则;社会整体利益高于个体利益的原则;生育自由与生育控制相统一的原则;优生优育原则[③]。

4.关于中国传统文化中的生态环境伦理思想

翟双萍提出,周人在封建邦国时就非常重视地理位置即生态环境的选择,其最基本的原则就是"阴阳交感",所谓"天地之所合,四时之所交,风雨之所会,阴阳之所和",无不集结着"阴阳交感"的原则。这一基本的原则确立了以后,才有可能"百物阜安",才具备了"建国"的条件。周人尊重宇宙一切有生命的物质,了解到自身生命形式与自然物质的关系,一切生命物质之间相互依赖、彼此共存。西周时期不仅制定了保护森林、土地的法规,而且对养殖、渔猎都制定了严格的法规。其中禁杀哺乳期的动物,已显示了人性化的生态观念[④]。

李祖扬、魏俊国认为,中国传统文化中的"天人统一观"是中国古代环境伦理思想的哲学基础,尊重生命、兼爱万物、寡欲节用是其重要内容,"圣王之制"中包含着渗透环境伦理意识的政法理念。作者提出,中国古代的环境伦理思想是保证和维持中华民族几千年生存繁衍、中华文明绵延不断的重要因素之一,对于现代环境伦理学的发展有重大的理论借鉴价值[⑤]。

五、关于民族精神和文化研究

党的十六大提出坚持弘扬和培育民族精神后,学术理论界对民族精神问题展开了热烈讨论。我市学者撰写多篇文章参加讨论。同时也积极参与了当前文化研究中一些重要问题的探讨。

1.关于民族精神问题研究

温克勤认为,民族精神是民族思想文化传统精粹或灵魂。谈民族精神就要谈民族文化、民族共同心理素质,过去以阶级斗争为纲,很少谈它,实际上它是存在的。民族共同文化、共同心理体现一个民族的共同的利益、共同关心的问题。一定的民族文化、民族意识中,既包概积极的、有生命力的方面,也包括消极的、陈腐落后的方面,综合地反映一个民族的心理状态、精神面貌。我们通常讲的民族精神是指优秀的部分,它在民族的生存、发展中发挥精神动力和精神支柱的作用。作者提出,在培育民族精神的工作中要注意4个问题:加强历史特别是近现代史的学习;把培育民族精神与弘扬社会主义崇高精神、时代精神结合起来;弘扬和培育民族精神与吸收外国优秀思想文化成果结合起来;民族精神教育的重点是广大党员干部和青少年[⑥]。

荣长海、姜晓梅认为,民族精神蕴涵于民族文化之中,又体现在全民族的社会实践之中。民族精神属于文化范畴,是民族文化中人们的价值观念和行为方式的集中表现;民族精神既有优秀传统文化的集中表现,也是当代先进文化的重要内容;民族精神随着时代的进步和社会的发展也要不断丰富和更新。民族精神既是民族凝聚力的重要源泉,也是民族凝聚力的重要标志,弘扬和培育民族精神是实现中华民族伟大复兴的根本条件之一[⑦]。

2.关于宗教伦理文化研究

宗教和道德的关系问题是近年宗教伦理文化着重探讨的一个问题。温克勤认为,对于宗教和道德的关系问题,在历史上有两种截然相反的观点,一是否认世界性宗教的道德因素及其在圣化世俗道德、维系社会正常道德关系以及净化心灵、提升生命境界等方面的某种积极作用;一是试图利用宗教推动道德,认为道德依赖宗教,宗教的本质是道

① 杨明、李祖扬:《自然界权利的合理性解释及其界定》,《科学技术与辩证法》2003年第5期。
② 李建珊等:《价值的泛化与自然价值的提升——罗尔斯顿自然价值论辨析》,《自然辩证法通讯》2003年第6期。
③ 李淑华:《人口控制与环境伦理》,《南开学报》(哲学社会科学版)2003年第2期。
④ 翟双萍:《〈周礼〉的生态伦理内涵》,《道德与文明》2003年第10期。
⑤ 李祖扬、魏俊国:《略论中国传统文化中的环境伦理思想》,《学术探索》2003年第1期。
⑥ 温克勤:《略谈民族精神及其培育》,《高校理论战线》2003年第3期。
⑦ 荣长海、姜晓梅:《关于民族精神理论与实践的若干问题》,《道德与文明》2003年第4期。

德。文章指出这两种认识都有片面性,应以马克思主义为指导科学地认识宗教与道德的关系问题,提出宗教和道德都是社会经济基础的反映,他们之间可以相互影响,但不存在谁决定谁或谁是谁的本质或基础的问题,二者也不存在必然的、不可分割的联系①。

3.关于休闲文化研究

徐锦中认为,人的休闲方式和休闲内容反映着社会的文明程度和物质生产力水平,并折射出一个国家的人文精神状态。休闲作为人的一种重要活动,不能不受到某种道德的规范和影响。休闲主体在休闲活动中,总是自觉不自觉地遵循着某种道德行为准则,总是受到道德意识的支配。社会对休闲方式和休闲内容的态度,无论是肯定的还是否定的,都要受到一定的道德体系和价值观念的调整。休闲可分为雅闲、庸闲和劣闲。享乐主义把休闲等同于享乐,根本不可能对休闲采取理性的态度,目前社会上出现的无限、无度、无德等现象,正是享乐主义不良影响的反映②。

伦理学在我国是显学,改革开放以来,在基础理论、中外伦理思想史、应用伦理学和现实道德问题研究等方面发展迅速,成果颇丰。我市应在传统伦理文化、道德教育、生态环境伦理、现实道德问题等研究方面和科普宣传教育方面继续发展自己的优长,同时在学科建设(包括硕士点、博士点的建立和建设)方面也要从多方面努力加强工作。

(本文作者:温克勤,天津社会科学院研究员)

美学研究综述

徐恒醇

对我国美学研究已有成果的审视和反思、对当前美学研究取向的探求和思考、对文艺美学、生态美学、建筑美学、服装美学及审美教育的深化和拓展,构成我市2003年美学研究的一道景观。

学习借鉴和批判继承我国美学的已有成果,是美学研究如何发挥承前启后作用和推进理论创新的一个重要方面。当前哲学美学和马克思主义美学在我国占主导地位。哲学美学涉及到对人类生存价值取向和研究的方法论探索,对整个美学研究具有导向作用;马克思主义则是我们整个意识形态的指导原则。因此,实践美学的发展现状格外引人关注。薛富兴在《李泽厚实践美学的特征与地位》③一文中指出:哲学美学、马克思主义美学和人类学本体论美学是李泽厚对自己美学学术特征的准确概括,它是20世纪后期中国美学的最高成就之一。

综观李泽厚的学术道路可以看出,建国后绝大部分学者是把马克思主义当作共享的理论资源,作为现成的理论依据而消极地运用,很少有个性化的发挥。但李泽厚却敏感地抓住《1844年经济学哲学手稿》这一独特的理论资源,以历史唯物主义实践观立论,其中发现了其主体性思想的理论意义,致力于康德哲学与马克思主义的结合,由此找到独特的理论支点,提出了人性生成的积淀说,并以人类文明史进程来解释人类审美活动的根源。由此使李泽厚的实践美学成为当代中国美学无法回避的学术背景。

另一方面,对李泽厚实践美学研究中存在的问题也成为近年来美学界反思和讨论的一个焦点。在《李泽厚后期实践美学的内在矛盾》④一文中,薛富兴指出,在其理论中存在:(1)群体理性与个体感性的矛盾。李泽厚把人性结构概括为理性的内化(智力)、理性的凝聚(意志)和理性的积淀(审美),这里存在以群体和理性为本位的指导思想,其学理是依据人类学的视野,而忽视了个体感性的特性。(2)工具本体与心理本体的矛盾,工具本体论反映

① 温克勤:《近代著名学者怎样看待宗教与道德的关系》,《道德与文明》2003年第1期。
② 徐锦中:《休闲文化的道德意蕴》,《道德与文明》2003年第5期。
③ 薛富兴:《李泽厚实践美学的特征与地位》,《湖南社会科学》2003年第6期。
④ 薛富兴:《李泽厚后期实践美学的内在矛盾》,《求是学刊》2003年第2期。

的是人类器质文化的发展，而心理本体论反映的是人的文化心理结构即观念文化的发展，以前者论证后者有南辕北辙之嫌。(3)哲学与美学的矛盾：李泽厚虽以人类物质实践中的自由论美，以内在自然的人化论美感，以情感本体的物化形态论艺术，但具体内容只停留在主体性哲学的人类学话语上，而缺乏更多美学学科的内容。这里反映出哲学的观念性研究限制了美学的深化。这种矛盾一般说来也是当代中国美学的局限性所在。(4)论与史的矛盾：美学基础理论与中国美学史研究是李泽厚实践美学研究的两个方面。他以积淀说研究先秦纹饰，以乐感文化与天人合一支撑其审美本体论，史论结合互为支撑，但这种努力，存在以理论剪裁历史和理论先行的痕迹，另外也受到中西文化属性差异的影响。

一个学科的自我反思意识对于学科的发展至关重要，对我国当代美学研究整体状况的反思，成为我市美学工作者的一种学术自觉。薛富兴在《新世纪中国美学深化和拓展的三个方向》① 和《中国美学研究的深化途径》② 中指出，新世纪中国美学可以从以下三个方向谋求深化和自我拓展：其一是走出哲学美学的观念研究之路，以具体深入的实证专题研究完成中国美学的现代转型；其二是回归本民族传统审美文化资源，挖掘对人类审美意识史有普遍意义的因素，将中华传统审美智慧融入人类美学知识谱系；走出艺术中心论，深入发掘自然审美、工艺审美和生活审美的当代人文价值，丰富大众审美生活，拓展审美形态研究的新局面。

在《生活审美》③ 一文中，薛富兴指出，许多美学家只在美学史资料中讨生活，满足于逻辑自足中建立各种理论体系，而不关心现实生活。实际上，美学研究应以审美的形式肯定自身的现实生活，帮助人们获得人生幸福感，实施人文关怀。现实生活与审美追求、物质生活与精神生活二者相互融合，以美的创造提高自己的生活质量。人与自然的和谐是当代人类文化主题。自然审美是确立人对大自然的家园感。作者认为，自然审美是人类最早的审美形态，是人类审美意识的摇篮。

关于文艺美学研究，李逸津在《试论毛泽东文艺思想的两个基本特点》④ 一文中指出：主要形成于革命战争年代和社会主义建设初期的毛泽东文艺思想，其基本原则在新的历史时期并没有过时。研究、实践和发展这些原则，是使社会主义文艺保持正确航向的需要。其基本特点在于实践观点和民族特色。

在日本举办的“第二届东方美学国际学术研讨会”上，赵利民提交了《在传统与现代之间——论王国维思想的矛盾性》⑤ 一文。文中探讨了王国维的矛盾心态对其悲观主义人生观之形成的影响。这些矛盾包括中国传统思想与西方启蒙思想的矛盾、他对西学在态度上的矛盾以及对社会现实政治态度上的矛盾，加之叔本华的唯意志论哲学和老庄学说的影响，王国维哲学美学思想的矛盾性带有中国近代作为过渡时期的特征。

此外，薛富兴还发表了《意境：审美愉悦和精神解放的象征》(载于《中国古代审美文化论》第二卷，上海古籍出版社，2003 年版)。赵洪恩主编了《中国传统文化通论》(人民出版社，2003 年版)，书中对中国传统艺术进行了美学诠释。

关于外国文艺美学，李逸津在《俄罗斯白银时代文化精英对中国文化传统的吸纳》⑥ 一文中指出，中国文化传统和审美观念对俄罗斯白银时代文学艺术的影响，可以从东方哲学对白银时代基本文化观念的影响及其文化精英吸纳中国文化的具体表现两个方面见出。由此说明，文化交流和影响从来都是双向互动的。在《戈雷金娜对〈文心雕龙〉的宇宙本体论解读》⑦ 一文中，李逸津对俄罗斯学者的著作《太极——1 至 13 世纪中国文学与文化中的世界模式》作了分析，指出她运用神话原型学的方法，把中国古典文学、文艺理论同古代神话仪式联系起来考察，得出令人耳目一新的见解。从刘勰《文心雕龙》中文学观念的解读，一方面揭示了中国艺术普遍具有先验的象征意蕴；另一方面说明文学形式因素的研究成为刘勰时代文论家们关注的热点，并为其提供了哲学本体论的解释。

① 薛富兴：《新世纪中国美学深化和拓展的三个方向》，《思想战线》2003 年第 1 期。
② 薛富兴：《中国美学研究的深化途径》，《光明日报》2003 年 12 月 23 日。
③ 薛富兴：《生活审美》，《文艺研究》2003 年第 3 期。
④ 李逸津：《试论毛泽东文艺思想的两个基本特点》，《天津师范大学学报》2003 年增刊。
⑤ 赵利民：《在传统与现代之间——论王国维思想的矛盾性》，收入会议论文集，日本神户女学院 2003 年版。
⑥ 李逸津：《俄罗斯白银时代文化精英对中国文化传统的吸纳》，《文艺理论与批评》2003 年第 3 期。
⑦ 李逸津：《戈雷金娜对〈文心雕龙〉的宇宙本体论解读》，《俄罗斯文艺》2003 年第 4 期。

关于生态美学研究,《关于生态美学的几点思考》[①] 徐恒醇撰文指出,确立生态美这样一个范畴,有助于提升对人类自身生态审美需要的自觉和对人们生态审美意识的培育。生态审美需要是人的享受需要和发展需要的重要组成部分,对人的全面发展和社会文明具有巨大推动作用。生态美体现了人与自然的生命关联和生命和弦。人对生态美的体验是在主体的参与和主体对生存环境的依存中取得的,它是主体内在和谐与外在和谐的统一。

生态美学强调的是人与自然的相互依存与和谐共生。同时人类的生态结构又是一个复杂的多层次系统,它不仅直接表现在人与自然的关系中,而且表现在人与社会以及人与文化世界和自身精神世界的关系中,由此呈现出自然生态、社会生态、文化生态以及精神生态四种不同的层次。

在《生态美与城市景观设计》[②] 一文中,徐恒醇指出:城市设计是以人为主体的,从人的生理、心理和行为规律出发进行空间布局和形体塑造,以发挥城市功能和环境效益为目标。因此,生态美便是城市设计的首要审美追求。兰天、碧水、绿树成阴是城市生态美的第一景观。城市的整体景观由以下三种要素组成:其一,城市的空间序列;其二,城市的天际轮廓线;其三,环境氛围和意境。良好的空间序列必然具有流动性、意义蕴涵和节奏感;天际轮廓线既是城市生命的体现,也是潜在的艺术形象。生态美在城市环境中的作用,可以使环境洋溢着生命活力,使人与自然息息相通,其中空间形式的感染力可以在时间过程中积累和扩大。

《建筑百家言——青年建筑师的声音》一书,在书中的《生态建筑美学的理论框架与美学原则》[③] 一文中,曾坚指出:生态建筑的审美原则在于,其一,建筑作为一个文化生态系统应具有文化多样性,以体现审美系统的多层次性、审美功能的多元性、审美理想的多维性;其二,结构的有序性和功能的整体性;其三,循环运动的动态性,在新陈代谢中保持永恒生命力;其四,强调建筑的时空特性,在时代性中保持其地域性与民族性。生态建筑的审美观念包括:自然、社会与建筑相互关联的观念;生态选择观念;生态适应观念;非线性循环观念;适宜技术观念(即对高技术采取审慎态度以保持其人性化)以及可持续性观念。

曾坚、尹海林在《对建立有中国特色的建筑美学体系的思考》[④] 一文中指出:建筑美学是研究建筑与环境美的本质规律、分析建筑相关要素之间的审美关系、以研究建筑审美经验为中心内容,并且探索建筑艺术实践方法的学科。其中涉及美的哲学、艺术社会学、审美心理学和艺术实践四个方面的内容。所谓中国特色表现在研究对象、理论体系、思维方式、研究结论等方面。

目前建筑美学研究大致有以下研究方法,其一是逻辑推理法,这是一种传统的研究方法,它在本体论层次上对建筑审美现象作哲学分析,抽象出建筑美的基本定理,建立相应的美学理论体系;其二是经验归纳法,是从大量的建筑作品创作和审美现象中加以总结和归类,发现美学规律;其三是历史学与社会学研究方法,对建筑艺术风格演变、审美观念和审美理想的变化加以归纳和总结,找出规律;其四是心理学方法,着重研究对建筑的审美感知、理解、想象和愉悦产生的心理特性来研究建筑的审美现象。

关于服装美学研究,华梅的《服装美学》[⑤] 一书,作为高等服装专业教材。书中涉及服装质料的美学价值、服装设计的美学原理、服装穿着的美学理念、服装创作的美学风格、服装艺术的美学意境以及服装研究的美学意义。作者从自我形象塑造、服装的最佳选择、服装组合艺术、服装与普通着装者和特殊着装者的关系几个方面提出了服装穿着的美学理念,指出穿着是一个再创作的过程,服装必须穿在人的身体上,才能真正体现出服装形象的美。

关于服装艺术的风格和美学意境,作者指出,服装意境主要表现为创作者力求创造出一种强烈的个性意识,将它物化为造型、色彩、纹饰、肌理等艺术形式,通过服饰形象表现出来的风采,使受众对其设计意图有所领悟,从而体味着浓郁的意蕴与绝妙的境界。古往今来的服装意境可以概括为天国意境、乡野意境、都会意境和殿堂意境四种。所谓天国意境体现了超凡脱俗的出世思想和对自由

① 徐恒醇:《关于生态美学的几点思考》,《理论与现代化》2003 年第 1 期。
② 徐恒醇:《生态美与城市景观设计》,《城市》2003 年第 3 期。
③ 曾坚:《生态建筑美学的理论框架与美学原则》,载《建筑百家言——青年建筑师的声音》,中国建筑工业出版社 2003 年 9 月版。
④ 曾坚、尹海林:《对建立有中国特色的建筑美学体系的思考》,《建筑学报》2003 年第 1 期。
⑤ 华梅:《服装美学》,中国纺织出版社于 2003 年 8 月版。

生活的向往,它可以表现为一种天使风采或神仙风采。所谓乡野意境体现了一种贴近自然、清纯朴素的生活,它可以分为山野风采、水域风采、田园风采或牛仔风采。所谓都会意境是一种入世态度,体现了对现代都市生活的适应性,它可以表现为贵族风采、艺术风采、休闲风采和勇士风采,后者表现了都市卫士的勇武气概。所谓殿堂意境,强调着装者的社会权威性,给人一种庄重和肃整的感觉。其中表现为皇家风采或僧侣风采。实际上这里所说的不同意境也是从风格角度而言。

关于美育研究,赵洪恩在《论美育与创造能力的培训》① 一文中指出,美感作为自由感受具有自由直观的因素,从而有助于创造心理的形成。美育作为形象直观教育,易于引发受众的浓厚兴趣和爱好,调动探索的积极性和主动性。兴趣是创造能力的催化剂。美育是培养和训练想象能力的最佳途径,自由审美和科学直观是相通的,通过理解和想象的和谐运动使自由审美成为自由直观的钥匙。

2003年我国开始出版《中国美学年鉴》,其主编为汝信、曾繁仁,执行主编为王德胜、谭好哲,学术委员会成员共15人,其中包括我市徐恒醇。

(本文作者:徐恒醇,天津社会科学院研究员)

科学技术哲学研究综述

王树恩　柳　洲

我国的科学技术哲学(自然辩证法)是马克思主义的重要组成部分,是一门自然科学、社会科学与思维科学相交叉的边缘性或综合性的学科,是科学研究和技术发明的思想基础。科学技术哲学作为一个相对独立的学科,它的研究对象是自然界和科学技术;它的目的和任务是揭示自然界和科学技术发展的一般规律,论述人类认识和改造自然的一般方法,阐明科技发展与社会进步的相互影响和相互作用。科学技术哲学以其严谨、现实的理论而具有广阔的应用前景和强大生命力。天津市的科学技术哲学研究工作者正是本着为现实服务的精神,形成了自己的研究风格和特色,在自然观与自然哲学、科学论与科学方法论、技术论与技术方法论、科学技术与社会等领域,围绕当前科学技术创新的前沿问题以及经济和社会发展中的重大问题进行了深入研究,取得了一定的成果。

一、学术进展

1. 自然观与自然哲学

在自然观与自然哲学研究领域中,人与自然的关系一直是理论界研究的热点。李昭新、张敏在《自然和谐、社会公正与人类社会的可持续发展》② 一文中指出,可持续发展已成为众多国家的一种战略选择,然而,由于各种利益冲突,导致其实施过程中遇到种种困难;实践证明,要真正实现人类社会的可持续发展,就必须遵循自然和谐原则,解决好人与自然之间的矛盾;遵循社会公正原则,解决好人与人之间的矛盾。杨明、李祖扬在《自然界权利的合理性解释及其界定》③ 一文中,探讨了生态伦理学的基本理论问题——自然界有没有权利。作者指出,自然权利论者认为生命和自然界有一定权利,但在说明或论证为什么自然有权利时是欠缺的,应从权利概念的本质性含义中,立足于现实的人类生活世界,探索建立自然权利观念的合理性与可能性,并以此对自然界权利作出界定。

在就自然科学各学科的哲学问题研究中,我市学者主要关注了物理学、复杂性科学及生命科学中的有关问题。20世纪中叶以来的现代科学技术革命把人类对自然的认识推向了一个新的阶段,人类形成了系统论的自然观,尤其是20世纪80年代以来,非线性科学和复杂性科学研究的兴起,大大深化了人们对自然界的认识。复杂性问题引起了我市一批学者的关注,肖红叶在《偶然事件是怎样锁

① 赵洪恩:《论美育与创造能力的培训》,《中小学美育》2003年创刊号。
② 李昭新、张敏:《自然和谐、社会公正与人类社会的可持续发展》,《天津轻工业学院学报》2003年第1期。
③ 杨明、李祖扬:《自然界权利的合理性解释及其界定》,《科学技术与辩证法》2003年第5期。

定历史路径的——复杂性科学研究背景综述》① 一文中，对复杂性科学研究进行了综述，介绍了复杂性科学理论是20世纪80年代美国一批超一流科学家提出的认识自然、生命、社会复杂现象的科学理论，复杂性科学理论力图建立新的思维体系与分析工具，提高人类的认识能力。郭元林与金吾伦在《复杂性是什么》② 一文中，详细分析了复杂性在日常语言、科学和哲学语境中的语义，阐明了复杂性语义的多义性和模糊性，并且指出造成这种现象的原因是没有人们共同接受的度量复杂性的标尺和框架。任晓明应用复杂性科学的理论和思想，在《生命本质辨析》③ 一文中重新审视生命，他认为，生命本质问题是一个古老而又常新的问题，前苏联学者的生命定义局限于概括生命的具体生物化学成分，西方学者的定义仅仅概括了生命功能方面一些非本质的特征，它们都没有能够在生命本质探索方面取得突破性的进展，从复杂性科学框架中发展起来的人工生命研究，从生命的功能和信息方面概括生命的本质，对我们很有启发。作者对生命的本质进行了概括：生命是自复制、自适应、自组织的开放信息系统，在对环境做出反应过程中，不断自我更新。

此外，就物理学中的哲学问题，郝安、李建珊在《玻尔的测量实在观》④ 一文中，在简要概括了传统实在观的基本点之后，重点论述了玻尔测量实在观的内容；在测量问题上，突出了测量结构的整体性和测量结果的互补性，以实现理论描述的相对性与客观性的统一；在实在问题上，划定了现象实在与本体实在的界限，在强调建立在测量经验基础上的现象实在的同时也不否认本体实在，该文最后指出玻尔的兼容哲学对科学哲学的发展有很大的推动作用。

2.科学论与科学方法论

科学的发展受到多种因素的影响。魏佳音、李建珊在《也谈近代科学与古希腊文化的关系——与席泽宗先生商榷》⑤ 中，分析了文化对科学发展的影响，他们认为，科学史不仅仅是一部知识史，而是一部人类活动史，特别是一部文化史；科学史研究的一个重要的方法论原则乃是逻辑与历史的统一，连续性与阶段性的统一，科学发生与发展的思想史（内史）动因与社会史（外史）动因的统一；仅仅强调文艺复兴时期科学家对希腊文化的批判，而忽视近代科学对于希腊文化的理性精神的继承和发扬，或者仅仅承认科学产生的时代背景，而否认以往历史特别是思想史对于近代科学产生的作用，都是置“伟大的历史联系的合理看法”于不顾的非历史的观点。杨燕、柳洲在《论科学技术发展中的价值观取向》⑥ 一文中，分析了价值观对科技活动及科技成果传播（应用）的影响，考察了市场经济所蕴涵的价值观对科技活动及科技成果传播（应用）所造成的负面影响，揭示了建立新的价值观对促进当代科技健康发展的重要性和必要性，并从时间、空间和系统3个角度提出建立新的价值观取向应注意：未来意识、全球意识和全面发展意识。

科学精神是从科学活动、科学思想、科学方法、科学规范以及科学家的思想观念中提炼出的科学本质、核心和灵魂，是能对科学活动主体及其他实践主体和社会的行为与意识产生积极的启蒙、感召和引导等作用的科学的文化精髓，是科学大系统得以形成、建构和发展的灵魂。王树恩、柳洲在《科学精神结构的多维探析》⑦ 一文中，分析了科学精神的含义及其构成要素，该文指出，科学精神作为一个复杂系统，主要包括6大要素：求实精神、理性精神、创新精神、竞争精神、批判精神和自由与开放精神，这些要素在不同层次上具有不同的表现和结合方式，通过这些要素的非线性相互作用，形成了科学精神的复杂、立体网络结构。李承宏在《论“科学产翁”现象》⑧ 一文中，从文化人类学角度分析科学的“社会组织”，利用人类学家研究初民社会时发现的一种民俗或文化现象——“产翁现象”，该文提出了“科学产翁”概念，并分析了它的文化内涵，进而解释了科学社会组织中科学家之间的社会交往和

① 肖红叶：《偶然事件是怎样锁定历史路径的——复杂性科学研究背景综述》，《统计与信息论坛》2003年第2期。
② 郭元林、金吾伦：《复杂性是什么》，《科学技术与辩证法》2003年第6期。
③ 任晓明：《生命本质辨析》，《南开学报》（哲学社会科学版）2003年第2期。
④ 郝安、李建珊：《玻尔的测量实在观》，《自然辩证法研究》2003年第3期。
⑤ 魏佳音、李建珊：《也谈近代科学与古希腊文化的关系——与席泽宗先生商榷》，《科学技术与辩证法》2003年第2期。
⑥ 杨燕、柳洲：《论科学技术发展中的价值观取向》，《天津大学学报》（社会科学版）2003年第4期。
⑦ 王树恩、柳洲：《科学精神结构的多维探析》，《自然辩证法研究》2003年第7期。
⑧ 李承宏：《论“科学产翁”现象》，《社会科学战线》2003年第1期。

互动关系。

科学活动的主体是人,拥有优秀的科技人才,是取得科学创新的首要前提。陈士俊在《从耗散结构理论看创新人才的培养与高教改革——兼论创造性思维的耗散结构模型》[①] 一文中,以耗散结构理论的启发为依据,揭示了创造性活动的发生机制,建立了创造性思维的耗散结构模型,探讨了创造性人才的培养及高等教育改革应该努力的方向。科技伦理道德的建设对于促进整个社会道德的完善、推动科技创新和保证科技工作者的健康成长有着不可忽视的重要作用,高度重视科技伦理道德的建设是21世纪科技发展的一个重要趋势,杨莲珍、陈士俊在《论科技伦理道德建设》[②] 一文中指出,科技伦理道德建设要从深化教育研究入手,依靠规章制度来约束,营造出浓厚的氛围,同时还要注重处理好相关的三对关系。随着社会进步和经济发展,科学研究在现代社会中的地位越来越重要,因此,对科学人力资源价值的评价就显得更为重要,赵子军、李承宏在《科学劳动的价值评价》[③] 一文中,通过对科学人才劳动的性质、特点、价值评价等的分析和研究,试图找到解决目前科学研究人员劳动力改革和实施中存在的诸多问题的有效对策。

3.技术论与技术方法论

技术活动作为一种人类活动受到多种因素影响。韩永进在《技术建制和建制化问题研究的一种新思路》[④] 一文中,借用科学社会学的理论提出技术建制和建制化概念,以便对技术社会学问题进行深入研究,从理论上为大型经济组织和大型企业的改革提供依据。该文把社会学、科学哲学、科学社会学、新制度经济学和现代组织学的分拆方法作为对技术建制与建制化研究的方法论基础,运用模式、研究纲领、技术革命、技术共同体、符号维度、技术创新、技术变迁、制度变迁等概念,来分析和说明技术建制和建制化的内涵,把技术建制分为社会性技术建制和企业性技术建制进行研究,并将技术创新和技术建制、技术建制化联系起来研究,最终归纳出技术增长和发展的模式:技术建制——技术创新——技术建制化——新的技术建制。李承宏在《我国技术社会运行的条件与途径》[⑤] 一文中指出,技术市场的发育和完备是技术社会运行的条件和途径,技术市场是社会文化、制度、政策、法律等条件整合下的技术汇集和技术转移的活动场所;也是市场经济条件下技术发展、完善及产业化的途径,如何建立有序、合理、规范的技术市场是我国经济学和管理学的一项重要的课题。

同时,技术的发明、推广与应用,又深刻而广泛地影响着社会的各个领域。张玲、王舜在《网络技术与伦理道德》[⑥] 一文中,分析了网络技术的迅速发展和广泛应用对伦理道德主体和客体的正面及负面影响,据此提出了正确对待网络技术和加强当代伦理道德建设的对策。

4.科学技术与社会

世界各国都认识到了科技在社会发展中的引领和支撑作用。2003年,我国启动了中长期科学和技术发展规划战略研究,这是科教兴国战略的又一重大举措。随着大科学时代的到来,指导科技事业发展的战略必须随之创新。秦旭、王树恩的《论大科学时代的科技战略》[⑦] 一文,在分析了大科学的基本内涵及基本特征基础之上,分析了大科学与现代社会各领域之间的密切关系,进而对大科学时代的科技战略提出了新的构想。刘文蓬、陈士俊在《加强知识创新是实现中国新型工业化道路的战略选择》[⑧] 一文中,从科技政策和科学与技术的社会功能角度探讨了国家创新体系中知识创新与中国未来要走的新型工业化道路之间的关系,指出加强这方面的建设将对未来中国的科技事业产生积极的影响,该文还以日本、美国为例,分析了两国在执行各自科技政策方面对科学和技术的重视程度不同而带来不同结果的原因,并指出了这些经验教训对中国发展科技走新型工业化道路的借鉴作用;同时,该文还对怎样科学合理地对知识创新经费投入问题进行了分析并提出了建议。

① 陈士俊:《从耗散结构理论看创新人才的培养与高教改革——兼论创造性思维的耗散结构模型》,《自然辩证法研究》2003年第5期。
② 杨莲珍、陈士俊:《论科技伦理道德建设》,《科学管理研究》2003年第5期。
③ 赵子军、李承宏:《科学劳动的价值评价》,《科学学与科学技术管理》2003年第2期。
④ 韩永进:《技术建制和建制化问题研究的一种新思路》,《自然辩证法研究》2003年第4期。
⑤ 李承宏:《我国技术社会运行的条件与途径》,《工业技术经济》2003年第1期。
⑥ 张玲、王舜:《网络技术与伦理道德》,《科学管理研究》2003年第6期。
⑦ 秦旭、王树恩:《论大科学时代的科技战略》,《科学管理研究》2003年第3期。
⑧ 刘文蓬、陈士俊:《加强知识创新是实现中国新型工业化道路的战略选择》,《科学管理研究》2003年第5期。

国家创新体系是由高等院校、研究院所以及企业等创新活动主体构成的,建设国家创新体系的目的之一,就是提高上述活动主体创新能力。李树业、张蕾在《科教兴国与建设世界一流大学》① 一文中认为,国家创新体系本质上是科教兴国的体制化,一流大学作为国家创新体系的重要组成部分,有着对科学、知识、人才的整合功能和集成作用,创建世界一流大学是构建和完善国家创新体系、增强国家创新能力、赶超世界科技先进水平、振兴国家的历史选择。陈士俊、薛乃卓在《我国高校科技经费投入管理中存在的问题及对策》② 一文中指出,高校科研一直是我国科研工作的重要组成部分,近年来,政府及社会各界对高校科研活动的关注程度日益加强,但是我国高校科技经费管理中仍存在诸多问题,文章在对问题分析的基础上,提出了几点对策性建议。杨文明、陈士俊等人在《天津市高等院校 R&D 人员状况研究》③ 一文中指出,天津市高校是天津市 R&D 研究的重要生力军,通过对 2000 年天津市和全国 R&D 人员统计数据的分析,发现天津市高校 R&D 人员存在规模不足,流动性大,相对分散,拔尖人才缺乏,基础研究人员比例小的现象,并针对上述情况提出了政策建议。

企业是技术创新的主体,针对加入 WTO 以来的新形势,周滨、王树恩在《WTO 与我国国有企业的技术创新》④ 一文中,分析了我国加入 WTO 后国有企业所面临的新的挑战及国有企业技术创新的现状,通过对发达国家推动企业技术创新经验的分析总结,有针对性地提出了我国推动国有企业技术创新的有效对策。

夏劲松、王树恩在《现代科技革命与档案管理的现代化》⑤ 一文中,深入分析了现代科学革命对档案管理的对象、方式和主体的影响,指出在推进我国档案管理的现代化的进程中应注意的事项。

二、学科建设

2003 年度天津市的科学技术哲学学科建设有了较大发展。伴随着南开大学拥有哲学一级学科博士授予权,南开大学具备了招收科学技术哲学专业博士生条件;天津大学通过科学技术哲学与管理科学与工程的交叉渗透,在科学技术与社会研究方向上也拥有若干名博士生导师,进一步强化了天津大学科学技术哲学研究面向现实和为社会服务的特点。与此同时,天津大学的科学技术与社会研究中心和南开大学的科学技术哲学教研室都加大了人才引进力度,积极引进具有教授职称或博士学位的高层次人才。

在本年度中,经天津市教委评估、审查和批准,天津大学科学技术与社会研究中心成为天津市首批人文社会科学重点研究基地——科学技术哲学研究基地,并进一步被天津市认定为重点学科,成为天津市科学技术哲学研究的排头兵。该中心现有专职人员 12 名,在专职人员中具有高级职称的 8 人,博士生导师 2 名;另有兼职人员 8 名。

三、发展趋势

随着国家对哲学与人文社会科学的投入不断加大,科学技术哲学作为哲学学科中的一门新兴学科,它的交叉性和面向社会的现实性,必将使其拥有更加光明的未来。对于天津市科学技术哲学界来说,应抓住机遇,大力加强学科建设,积极推动学术繁荣,实现跨越式发展。

基于我市科学技术哲学一贯关注现实、服务社会的特点,未来我市科学技术哲学研究一方面要进一步从哲学层面思考科学技术发展过程中出现的新问题,深化有关科学技术本质及其发展规律的理论研究;另一方面,要密切联系我市经济与社会发展中的一些重大问题,如传统技术改造,高新技术产业化,区域创新体系建设,科技与我市教育、经济、社会以及环境协调发展,科技中长期发展战略等,更好地发挥科学技术哲学研究指导现实和服务社会的功能。

(本文作者:王树恩,天津大学科学技术与社会研究中心主任、教授;柳洲,天津大学科学技术与社会研究中心讲师)

---

① 李树业、张蕾:《科教兴国与建设世界一流大学》,《科学管理研究》2003 年第 4 期。
② 陈士俊、薛乃卓:《我国高校科技经费投入管理中存在的问题及对策》,《科学学与科学技术管理》2003 年第 7 期。
③ 杨文明、陈士俊:《天津市高等院校 R&D 人员状况研究》,《科学学研究》2003 年第 1 期。
④ 周滨、王树恩:《WTO 与我国国有企业的技术创新》,《科学管理研究》2003 年第 4 期。
⑤ 夏劲松、王树恩:《现代科技革命与档案管理的现代化》,《科学管理研究》2003 年第 5 期。

经 济 学

政治经济学研究综述

景维民 孙景宇

2003年，在南开大学、天津社会科学院、天津财经学院、天津商学院等单位众多学者的努力下，天津市的政治经济学在学科建设、学术研究等方面取得了一系列进展。

一、关于学科建设

在学科建设方面，由谷书堂、朱光华主编的《政治经济学(社会主义部分)》“北方本”第八版于2003年1月面世[①]，与第七版相比，第八版在篇章结构有了较大的补充和发展，通过借鉴现代经济学的一般框架，将前几版主要参照马克思《资本论》的体系所设计的总论篇、生产过程篇、流通过程篇、再生产过程篇四篇，改为制度分析篇(社会主义经济体制和经济制度变迁)、微观经济篇(社会主义初级阶段的市场主体及运行)和宏观经济分析篇(社会主义初级阶段国家对国民经济的宏观调控)三篇，在系统性和逻辑性上有了很大的改进，更为简明、规范了。同时在内容上，第八版与时俱进，贯彻党的十六大报告在经济建设和经济体制改革方面提出的若干新思路和新观点，对当前我国经济中面临的通货紧缩、收入分配和经济增长的主要问题都作了详细的阐述。“北方本”从第一版到第八版的不断修改，反映着我国经济体制改革和经济制度变迁的客观进程，在理论上具有鲜明的时代感和前瞻性，为创建具有中国特色的社会主义政治经济学做出了贡献。在中国社会主义政治经济学的发展方向问题上，谷书堂、杨文进(2003)从政治经济学社会主义部分是否是马克思主义政治经济学的有机组成部分、政治经济学是否应划分为资本主义政治经济学与社会主义政治经济学两个不同的部分、传统意义上的政治经济学究竟是政治理论还是经济理论、社会主义政治经济学的研究对象是生产关系还是经济运行、是否应将资源配置及其经济关系与对生产关系的研究截然对立起来、主要任务是揭示社会主义生产关系的本质还是为了促进社会的经济建设、社会主义政治经济学是一般理论经济学还是国别经济学七个方面进行了系统的思考，指出真正具有一些马克思主义精神的社会主义政治经济学，是从中国改革开放以后才开始出现的，在当今连社会主义有哪些基本特征都尚不够清晰的情况下，将政治经济学划分为资本主义与社会主义两种不同性质的内容是值得认真思考的。在研究对象上，作为正向经济学方向转变并正成为经济学分支学科之一的社会主义政治经济学，应从传统的以政治理论为主的政治经济学中分离出来，以社会主义的经济运行，即以如何有效地配置资源、促进经济发展、改善人民生活为研究对象，不应当将资源配置及其经济关系与对生产关系的研究截然对立起来。只有以当前特定阶段(转型阶段)的经济运行为对象，以促进这个阶段的经济建设为目标，社会主义政治经济学才能脚踏实地，也才有自己的存在价值。从这个角度看，现在研究的社会主义初级阶段的政治经济学也就是社会主义转型经济学。另外，我国的社会主义政治经济学，基本上只能算是我国特殊条件下的国别经济学。只有以我国的国情为基础，以服务我国的经济建设为目标，运用马克思主义的科学方法，并借鉴西方学者对市场经济研究的成果，通过长期努力的钻研和总结，才能正确地揭示我国经济的运动规律，并在此基础上建立起特有的理论范畴和规律体系[②]。

---

① 谷书堂、朱光华主编:《政治经济学(社会主义部分)》，陕西人民出版社2003年1月版。

② 谷书堂、杨文进:《对中国社会主义政治经济学走向的思考》，《经济学家》2003年第5期。

在学术研究方面，2003年，政治经济学科在基本理论研究、现实经济问题研究以及天津经济发展对策研究方面都取得了丰硕的成果。

二、关于基本理论研究

在对劳动价值论的研究方面，杜木恒认为，在中国经济的市场化进程中，一个重要的理论问题必须搞清楚，即如何坚持马克思的劳动价值论问题，亦即社会主义市场经济条件下的资本关系和社会财富的创造源泉问题。他从现代经济发展的客观现实出发，从市场经济的视角对劳动价值论、资本和财富加以重新认识。他认为，马克思劳动价值论的本质是生产关系而不是财富关系，资本不过是一种关系，是属于一定社会的经济范畴，是建立在一定社会生产力基础之上并反映其状况的生产关系。社会财富既是劳动的结晶，又是所有要素共同创造的结果。由此他进一步阐明资本关系首先是社会生产力进步的历史性选择，而不是伦理上的是与非；与中国社会主义初级阶段相适应的资本关系是改革开放的客观必然，这种关系事实上推动了中国经济的发展①。靳文志则从马克思的劳动力价值决定和舒尔茨的人力资本投资形式，马克思的不变资本、可变资本和舒尔茨的人力资本、物质资本以及马克思的简单劳动、复杂劳动和舒尔茨的人力资本数量、质量三个方面将马克思的劳动价值理论与舒尔茨的人力资本理论加以对比，指出两者之间具有许多相似之处②。

在生产要素在价值创造过程中的作用问题上，辛波认为，在肯定马克思劳动价值论历史意义的基础上，随着时代的进步，对生产要素在价值创造过程中的作用应有新的认识，对马克思的劳动价值论注入新的内容，现代社会坚持的劳动价值论，在承认价值的实体是"抽象劳动的凝结"的同时，承认参与生产过程的各种要素共同创造了价值③。谷书堂在简要回顾了新中国成立五十多年来我国收入分配政策在实践中的改革与发展历程基础上，认为"按要素贡献分配"的思想在我国具有广泛存在的沃土和背景，是按劳分配制度的一个更为合适的贯彻原则。在我国转型时期，虽然在新型资产所有者的收入中那一部分所谓"不劳而获"的收入，就其性质来说与剥削收入没有质的差别，但从总体上考虑，在工厂主和劳动者两个阶层之间，本质上已不属于剥削与被剥削之间的关系，因而决不能将其与剥削问题等同。对于当前按要素贡献分配所带来的居民收入差距等问题，谷书堂认为应当区别对待，从长期和短期两个方面考虑，对不同的问题提出不同的解决办法④。

三、对现实经济问题的研究

对现实经济问题的研究主要集中在对全球化的研究、对转型经济的研究和对中国经济发展趋势和战略的研究三个方面。

在对全球化的研究方面，何自力指出，经济全球化是以资本、技术、信息等各类生产要素在全球范围内进行流动和配置，各国经济相互联系、相互依赖的一体化过程，其实质是跨国公司主导的全球产业结构调整过程。而跨国公司直接投资在推动了产业结构的演进以及全球分工体系和在全球内进行产业结构的调整，推动产业结构升级、产业技术进步和改善产业发展质量方面具有十分重要的作用，因此我们要放宽外资进入、推动国有企业与外资合作，通过建立跨国联盟发展高科技产业，积极利用跨国公司来对传统产业进行信息化改造，促进经济增长方式转换，将我国的产业结构调整和优化融入全球产业结构调整的过程中，准确把握跨国公司直接投资的动向和目的，完善利用跨国公司直接投资的各项政策⑤。张仁德、韩晶认为，金融全球化是当今世界经济发展的必然趋势，但金融全球化在推动经济增长的同时，也增加了金融体系的风险性，发展中国家由于其金融体系的脆弱性，其遭受打击的程度要比发达国家严重得多。因此，他们从货币全球化、资本全球化和央行货币政策全球化三个方面分析金融全球化对发展中国家的影响。通过大量的理论和数据分析，发现当今世界金融失衡的传递效应很显著。金融危机可以通过货币、资本、央行政策以及心理预期等因素进行传递。在金

---

① 杜木恒：《对劳动价值论与社会财富创造的再认识》，《现代财经》2003年第2期。
② 靳文志：《马克思的劳动价值理论与舒尔茨的人力资本理论》，《中国人才》2003年第7期。
③ 辛波：《论生产要素在价值创造过程中作用的新认识》，《商业研究》2003年第3期。
④ 谷书堂：《对"按要素贡献分配"及其与收入差距扩大关系的思考》，《南开经济研究》2003年第5期。
⑤ 何自力：《经济全球化、跨国公司与产业结构调整》，《山东财政学院学报》2003年第2期。

融全球化的同时,金融风险、金融危机也在扩大和加深,加强监管应该成为发展中国家面对金融全球化的首要任务[①]。

在对转型经济的研究方面,景维民、张慧君根据前苏联、东欧各国转型的历史事实和经验数据对转型经济加以评价,认为经过十多年的艰苦探索,经济转型取得了一定的进展,大多数转型国家在经历了转型初期严重的经济衰退后已经走出了经济运行的最低点,并进入了复苏性增长阶段;主要的转型国家已经初步建立了市场经济体制的基本框架,市场机制开始发挥资源配置的基础作用。但是,转型经济的发展并不平衡,许多国家经济增长的基础并不稳固,市场经济所需要的各项制度安排的逐步完善和协调运转尚需时日,加之未来存在的不确定性,转型国家经济的增长还将面临巨大的挑战,向成熟的市场经济过渡的历史进程并没有结束[②]。产权与所有制改革一直是中国转型经济研究的一个重点。韩晶、张仁德认为,近年来我国大多数企业都进行了公司制改造,但是效益并没有得到明显的改善,这主要是与其独特的产权制度密不可分。国有产权制度直接导致了市场竞争失败的不可信威胁(国有企业在遇到困难时,往往会得到地方政府或中央政府的支持)和监督制衡机制的缺乏。因此,国有企业必须进行产权制度改革,即国有资产要有条理、有规则地退出竞争领域,这是改革的关键;除此而外,还必须加强市场监督,引进机构投资者,加大剩余索取权在企业从业人员中的分享程度[③]。朱光华、魏凤春建立了一个在财政压力周期变动基础之上的分析失业、产业结构调整和所有制改革的基本框架,来研究经济增长方式[④]。他们指出,改革之初,迫于财政压力,选择资本推动型的增长模式保证了政府的财政收益并缓解了失业。目前,资本链条开始断裂,该模式已难以维持,财政压力凸现,失业现象加剧。这说明所有制的改革不能根本解决失业问题,产业结构的调整会加剧失业,因此,政府必须在失业和短期的经济增长之间进行选择。从政府风险最小化和国家长治久安的目标出发,当前的政策选择应该是调整经济增长方式,同时注重劳动替代资本,以换取失业的减少。他们认为,中国劳动力与资本的不匹配,在资本链条断裂的背景下,劳动力的质量决定了经济增长的路径。人力资本的提高是一个长期的过程,政府只有确定适宜的经济增长目标,把公共收入更多地投资到人力方面,才会迎来长期的经济增长。也只有在人力资本和货币资本相适应的时候,失业问题才会得到根本的解决。在这个过程中,政府扮演着一个向非国有经济抽税,转移支付给失业者以解决目前失业危机的角色。非国有经济是维持中国经济增长的重要源动力,向垄断公有资产者收税才会使税收对经济增长的超额负担最小化。虽然政府与公有资产的一体关系使得这一良性循环很难形成,但是在外部的冲击和集体行动中的领导者改变偏好,在追求长治久安的约束条件下,这种平衡可以接近。

在对中国经济发展趋势和战略的研究方面,逄锦聚指出[⑤],2001 年 12 月 11 日中国正式加入 WTO(世界贸易组织),使中国十几年为此付出的努力变为经济发展的现实机遇和挑战。从近期看,加入世界贸易组织对于中国经济的积极效应大于消极效应,它有助于中国及时了解世界经济发展的动向,趋利避害,加速实现中国的科技进步、经济结构调整和产业升级;有利于推进中国的改革开放进程,有利于推动政府职能的转变,有利于中国社会主义市场经济体制的建立和完善;有利于中国与其他 WTO 成员在市场经济的背景下进行经贸往来,开展各种形式的经贸合作与竞争,充分利用国内、国际两个市场、两种资源,加快国民经济的发展;有利于多边贸易体制中的力量平衡,更好地维护国家的经济利益。但是中国是一个发展中国家,与发达国家相比,科技、管理、总体经济实力上缺乏比较优势,所以在多领域的竞争中处于劣势,特别是农业和金融等服务业遇到的挑战就更严峻一些。因此从中长期看,中国如果继续保持宏观政策的正确方向并适时调整力度,同时深化体制改革,加快结构调整,

① 张仁德、韩晶:《金融全球化与发展中国家的金融风险》,《世界经济与政治》2003 年第 3 期。
② 景维民、张慧君:《转型经济的绩效、成因及展望》,《南开经济研究》,2003 年第 1 期。
③ 韩晶、张仁德:《产权低效与国有企业改革》,《经济体制改革》2003 年第 4 期。
④ 朱光华、魏凤春:《就业、产业结构调整与所有制改革——一个财政压力周期变动下的基本框架》,《财经研究》2003 年第 9 期。
⑤ 逄锦聚:《加入 WTO 后的中国经济》,《经济学家》2003 年第 1 期。

转变政府职能，这样在世界经济复苏步伐不出现大幅放缓的背景下，经济快速增长的势头将会持续而不会逆转。对于中国经济中长期发展的决定因素及基本趋势，逄锦聚认为[①]，在21世纪最初的10年到21世纪中叶的10～50年期间，决定中国经济中长期发展的积极因素有：(1)中国将继续处于向工业化、城镇化、市场化迈进的阶段；(2)社会供求潜力巨大；(3)科技发展将进一步推动经济增长，产业结构将进一步优化升级；(4)改革的能量将继续释放，成为推动经济发展的强大动力；(5)世界范围的新技术革命及第五轮世界经济长波将给中国经济发展带来新的机遇。制约中国经济发展的因素主要有：(1)有效需求不足、物价持续下降；(2)就业矛盾日益突出；(3)加入WTO后，农业问题、农民问题遇到严峻挑战；(4)金融问题，当前突出的是呆坏账问题、银行服务问题，更带根本性的是体制问题；(5)教育问题是更具根本性质的制约因素。权衡上述积极因素和消极因素，虽然不能完全排除在今后中国经济的发展中会发生某种程度的经济波动或不可预见的不良事件，但未来中国经济发展仍会保持快速增长的基本趋势。为此我们要审时度势，采取有力措施，充分发挥积极因素的作用，化解不利因素使其向有利的方向转化，扩大需求、加快结构调整、解决农业和农民问题、扩大就业、发展科技和教育、加快政府职能的转变。

三、对天津经济发展对策的研究

陈宗胜、许颖悟、马军海研究发现[②]，改革开放以来我国东部沿海地区梯度发展格局已经形成，由南向北梯度推移发展的趋势明显，在时间上依次形成了珠江三角洲、长江三角洲和环渤海地区三个大的增长极，在政策和地区潜在条件的制约下，我国经济发展的重心正在向北方环渤海地区推移。随着我国经济发展中心向环渤海地区推移，京津地区必将会在更加公平的平台上与其他沿海地区开展竞争与合作，充分发挥自己在工业基础、金融网络、人才、资源等方面的优势。展望未来，环渤海地区在新一轮的发展过程中与长江、珠江三角洲地区的差距将进一步缩小直至消失。北京与天津等环渤海地区省市一起将共同发展成为我国北方的金融和高科技产业中心，成为一流的国际化的大都市。

在对天津产业发展对策的研究方面，周立群、刘刚认为[③]，随着我国经济发展中心向环渤海地区推移，天津作为区域经济中心和制造基地对于拉动北方地区的巨大潜力和作用开始凸显，“天津制造”的再造是振兴老工业城市的重要任务。为此，天津一方面要通过自身的重整、国际市场网络的开拓和对北方地区的制造资源的整合，使自身成为中国制造业进入国际市场的重要平台和通道；另一方面，应依托现有优势，加快掌握产业链中最重要的研究与开发和销售环节，依托北方腹地营造全国产品创新、研究与开发基地和营销窗口。另外，由于环渤海经济圈具有国际竞争力的产业聚集带已具雏形，并且在这一产业聚集带中，天津的电子信息产业异军突起，呈现出一种集群式发展模式。周立群、罗若愚指出[④]，近年来天津电子信息产业发展迅猛，已经成为天津工业结构中的第一大支柱产业，是天津最富竞争力的产业群落。但由于其在资金、技术和产业内部主导企业方面对外资企业依附性较强，同时地方生产网络的嵌入程度低，仍然处于全球网络中的低附加值生产环节和外围位置，远没有融入跨国公司的全球生产体系中，再加上该产业群核状结构的不稳定性，容易受到“极核”企业母国政治、经济变动的影响，具有一定的国际风险。因此在对策上要做到：(1)把产业、政策、成本和区位四大优势结合起来，为产业准确定位；(2)促成区域内的竞争格局，为企业的技术转让和产业升级营造环境；(3)培育自强化的地方产业群，变产品链为创新链，变比较优势为竞争优势；(4)加快产业内结构调整步伐，强化产业群网络功能；(5)技术、制度、市场融合，提升专业化、网络化、集群化、国际化产业；(6)由政策、基础设施、商业环境引资转向改善区域集群生态环境引资。

在对天津金融发展对策的研究方面，周立群、潘宏胜(2003)认为[⑤]，金融因素作为城市综合竞争

① 逄锦聚：《论中国经济中长期发展的决定因素及基本趋势》，《南开经济研究》2003年第1期。
② 陈宗胜、许颖悟、马军海：《我国沿海地区的梯度发展趋势》，《宏观经济研究》2003年第2期。
③ 周立群、刘刚：《关于“天津制造”的重振与再造》，《经济研究参考》2003年第77期。
④ 周立群、罗若愚：《天津电子信息产业群的特点与发展思路》，《天津社会科学》2003年第5期。
⑤ 周立群、潘宏胜：《国内城市金融体系竞争力的比较研究——以天津为例》，《天津社会科学》2003年第2期。

力的重要环境因素,决定着城市动员储蓄、吸纳并配置资本的能力与效率。随着金融开放步伐和金融市场化进程的加快,金融体系竞争力在城市和区域经济发展中的重要作用将更加突出。他们通过分析影响地区或城市竞争力的金融因素,提出了城市金融体系竞争力的测度指标体系,对 环渤海地区的北京、天津、大连、沈阳、青岛;长江三角洲及东南沿海的上海、南京、杭州、福州;珠江三角洲的广州、深圳 11 个城市的金融体系竞争力进行了定量评价与比较,认为可将 11 个城市的金融体系竞争力区分为 5 种类型。其中上海和深圳具备证券交易等金融体系的核心功能,在金融体系竞争力上处于较突出的地位,分别为第一和第二类。北京作为金融决策及信息中心,广州作为珠江三角洲的中心城市可以归为第三类城市,而天津作为直辖市和重要的港口及对外开放城市而归为第四类城市,其他城市则为第五类。他们进一步指出,影响和制约天津市金融体系竞争力的主要原因有 4 方面:(1)金融体系的核心功能不足,金融体系的主要功能过分集中于银行体系;(2)银行信贷市场垄断程度较高,金融竞争不足;(3)各类金融机构发展较慢,金融创新不足;(4)金融结构不合理,制约着产业竞争力乃至综合竞争力的提高。因此,提升天津金融体系竞争力的根本途径是加大金融开放和制度创新的力度,营造金融机构聚集的市场环境,促进金融工具和金融服务的创新,逐步形成多种金融机构集聚的金融组织体系和货币市场、信贷市场、证券市场、保险市场相互促进的金融市场体系,发挥金融在城市功能中的核心作用。逄锦聚、蒋殿春、范小云运用计量经济的方法,对天津市为实现中长期经济社会发展战略目标所需投资进行了预测,对融资的可能性和制约因素进行了分析,指出天津市发展金融市场、拓宽融资渠道、加强投融资力度,在对策上要:(1)实行更加积极的财政政策,充分发挥财政作用;(2)构建合理的政策平台,规划、引导、扶持发展大项目,充分吸引国内外投资;(3)深化企业改革,积极盘活资产存量,支持组建和发展大型国有集团公司,大力发展中小企业,积极发展个体、私营经济,增强企业自我融资能力;(4)加强资本运作,加大上市工作力度,扩大直接融资规模;(5)着力金融创新,促进储蓄向投资的转化,提高直接融资的规模和质量;(6)进一步发展金融机构体系,搭建政府、银行、企业沟通平台,营造良好的金融环境;(7)继续加大对外开放力度,进一步加大、提高外资引进规模和质量①。

(本文作者:景维民,南开大学经济学院教授、博士生导师;孙景宇,南开大学经济学系博士研究生)

世界经济研究综述

薛敬孝　张　兵

一、世界经济学科研究概况

南开大学世界经济专业是国家重点学科,拥有跨国公司研究中心和 APEC 研究中心两个教育部人文社会科学重点研究基地。天津财经大学、天津商学院和天津社会科学院等机构的相关学者也是世界经济研究的重要力量。2003 年,天津世界经济学科的主要研究情况和学术活动综述如下:

1.出版了一批专著

主要有:佟家栋著《国际贸易学——理论与政策》,中国高等教育出版社;盛斌著《WTO 与多边投资协议》,天津大学出版社;陈建国著《WTO 新议题与多边贸易体制》,天津大学出版社;南开大学 APEC 研究中心编《2003 年亚太经济发展报告》,南开大学出版社;联合国贸易与发展会议编、冼国明总译校《2002 年世界投资报告:跨国公司与出口竞争力》,中国财政经济出版社。

① 逄锦聚、蒋殿春、范小云:《发展金融市场与实现战略目标——以天津为例的分析》,《南开学报》(哲学社会科学版)2003 年第 4 期。

2.开展了课题研究

主要有,国家社会科学基金研究重点项目:“加入WTO后我国经济发展面临的机遇和挑战”(负责人:薛敬孝)。

211工程项目:“经济全球化下的国际经济理论与中国经济”(负责人:冼国明、佟家栋)。

国家社会科学基金研究项目:“经济全球化条件下中国金融市场发展研究”(负责人:陈漓高);“东盟自由贸易区与东亚经济合作研究”(负责人:张伯伟);“国际贸易与环境保护”(负责人:陈建国);“东亚地区合作与发展——东亚地区汇率协调机制的建立”(负责人:刘沛志)。

教育部人文社会科学研究项目:“多边投资框架与我国的战略选择”(负责人:冼国明)。

教育部“十五”国家规划社科项目:“比较优势、竞争优势与中国外贸发展战略”(负责人:刘重力)。

教育部人文社会科学研究博士点项目:“国际贸易对中国劳动力收入影响的实证研究”(负责人:盛斌)。

教育部基地重大项目:“跨国公司与中国出口竞争力”(负责人:熊性美);“国际直接投资规制框架研究”(负责人:冼国明);“外国跨国公司与中国市场结构的理论和实证研究”(负责人:邱立成);“跨国公司全球竞争及其对世界经济的影响研究”(负责人:张岩贵);“面向21世纪的APEC——APEC中国形势分析与政策建议”(负责人:戴金平);“APEC新经济问题研究”(负责人:刘重力);“APEC贸易便利化措施研究”(负责人:李坤望);“服务业跨国公司及其对外直接投资”(负责人:张诚);“跨国公司与中国产业技术进步”(负责人:蒋殿春);“上海会议后的APEC进程与中国参加APEC墨西哥会议的策略研究”(负责人:宫占奎);“‘10+1’自由贸易区研究”(负责人:李荣林)。

商务部产业损害调查局项目:“反倾销、反补贴、保障措施”(负责人:佟家栋、李坤望、徐复、汤秀莲、王文先、饶友玲、胡昭玲)。

3.主要学术活动

天津市世界经济学会于2003年12月底召开了年会。会上薛敬孝、佟家栋、陈漓高、张志超、戴金平、李坤望、罗小明、阎金明等学者发言,总结了2003年世界经济形势,并对2004年世界经济走势进行了预测。学者们普遍认为2003年全球经济复苏步伐加快,预计2004年世界经济发展相对比较乐观,复苏步伐会进一步加快。

2003年9月6~8日,南开大学日本研究院受日本国际交流基金资助举办了“东亚地区经济合作国际研讨会”。与会的国内外专家学者有五十余人,日本国际大学校长山泽逸平、早稻田大学商学部教授木下俊彦、经济产业研究所主任研究员关志雄,韩国前任产业资源部部长、东北亚和平中心理事长金泳镐,中国北京大学教授巫宁耕、新华社高级编辑李长久、商务部国际贸易研究院研究员徐长文、南开大学国际经济贸易系教授薛敬孝、南开大学日本研究院院长杨栋梁等学者在会上作了发言。学者们就东亚地区FTA的可行性、东亚地区发展模式、东亚地区金融、贸易、投资合作的互补性及问题、东亚金融体制、中,日,韩加强合作的模式和途径等问题进行了深入讨论。

2003年8月19~22日,由南开大学APEC研究中心主办的“APEC问题研究2003学术年会”在北京召开。来自国家外交部、商务部方面的政府官员以及北京大学、南开大学、复旦大学、中国人民大学、中国社会科学院等专家学者出席了本次会议。会议首先由外交部、商务部官员介绍了中国参与区域经济合作的最新进展,特别是APEC进程和中国—东盟自由贸易区的新情况。南开大学APEC研究中心通报了2003年APEC课题的进展以及咨询报告和发展报告的研究思路和内容。专家学者围绕全球经济形势、亚太地区的区域经济合作以及APEC进程中的诸多具体问题,如APEC机制化、茂物目标的界定、FTA对APEC的影响、经济技术合作、贸易便利化等进行了广泛讨论,对中国参与泰国会议的对策提出建议。

2003年4月1~2日,南开大学国际经济研究所和跨国公司研究中心与联合国发展计划署(UNDP)所属的“亚洲贸易倡议组织(Asia Trade Initiative)”联合举办了“贸易与投资以及多边投资框架对发展中国家的影响”国际研讨会,就国际社会正在热烈讨论的多边投资框架问题,特别是对发展中国家和我国的经济、社会和人类发展(human development)可能产生的影响进行了深入的讨论,同时还就涉及较为广泛的有关政策问题进行自由讨论。参加会议的有亚洲贸易倡议组织和亚洲各国的有关专家、外经贸部和天津市政府的官员、外资企业和民间机构以及非政府组织的代表以及南开大学跨国公司研究中心的专家和教授。

二、世界经济学科研究的主要学术问题和观点

1.世界经济理论研究

2003年,世界经济理论研究集中于对产业结构发展变化的探讨。南开大学国际经济贸易系薛敬孝、张兵的《论信息技术产业在美国新周期中的作用》一文首先利用英国和美国的历史数据资料表明主导产业的发展变化决定着经济周期的演变特征。然后论证了20世纪90年代后信息技术产业已经上升为美国经济的主导产业,因而其发展变化成为美国新周期变动和调整的主导力量,新周期的产业波动模式也变为信息技术产业主导型①。南开大学经济学院博士生马云泽的《世界产业结构软化趋势探析》一文认为,产业结构的状态总是随着经济发展的变化而处于不断变动过程中。20世纪中期以来,以信息技术革命为核心的新技术革命的兴起加速了世界产业结构的全方位变革,出现了产业结构软化的趋势。产业结构软化趋势主要表现为产业结构服务化、高技术化、融合化和国际化。产业结构软化是世界经济发展的必然结果,同时又对世界经济发展产生了重要影响②。南开大学国际经济贸易系佟家栋的《新型工业化与地区产业结构定位》一文则指出,发展中国家的主要任务是实现经济的工业化。传统的工业化要求各国逐步由农业社会向工业为主的社会转变,由轻工业向重化工业为主转变;而新型工业化则汲取传统工业化的经验教训,试图走可持续发展道路。因而在新型工业化中既要发挥市场力量的自发性,又要充分发挥政府的积极干预作用,从长期战略的高度对产业结构的变化加以引导和调整③。

2.国别地区经济研究

在国别经济研究方面,美国和日本的经济发展是学者们研究的重点。例如,南开大学经济学院王述英、马云泽的《美国信息化水平及其对经济的影响》一文对美国信息化的发展进行了分析。该文认为,美国作为世界信息产业的发源地,其信息化水平一直处于世界领先地位。信息化的发展给美国经济带来了巨大的影响:信息技术是美国经济增长的动力和源泉;信息化改造成为美国传统工业重焕生机的重要途径,信息产业成为美国劳动力就业的主要领域。为了快速提高我国经济的信息化水平,必须借鉴美国信息化发展的经验④。天津社会科学院城市经济研究所王爱兰的《美国与日本信息化模式比较及其对我国的启示》一文则通过比较美、日信息化的发展模式指出,在信息化进程中,由于美国与日本采取了不同的信息化模式,不仅导致这两大世界经济强国信息化发展水平拉大了差距,而且进一步使两国的经济增长和国际竞争力形成了更大的落差。在我国实施以信息化带动工业化的新型工业化战略中,美国和日本的经验教训值得借鉴和汲取⑤。

南开大学经济与社会发展研究院白雪洁的《日本与美国产业结构变动的经济增长与就业效果比较》一文认为,20世纪80年代末以来,美、日等发达国家的产业结构变动相继呈现出服务化、信息化趋势,直接影响到各国经济增长与就业的变化。在这轮以服务化和信息化为特征的产业结构调整中,日本明显落后于美国。该文围绕日本近年来的产业结构调整特征,在与美国对比的基础上,分析这一调整所带来的经济增长与就业效果,最后结论:日本经济摆脱萧条困境的根本出路在于消除产业结构调整的体制障碍,加速产业结构调整⑥。南开大学国际经济贸易系薛敬孝、张兵的《日本经济周期演变的影响因素及作用机制》一文通过格兰杰因果关系检验表明,固定资本投资和净出口是20世纪70年代以来日本经济周期演变的主要推动力量,并且通过日本经济周期发展的历史事实证明了这一点,进而分析了20世纪90年代后日本经济陷入困境主要是源于投资萎缩和需求不足⑦。南开大学国际经济贸易系张玉棉的《论20世纪90年代日本的景气刺激对策》一文指出,日本泡沫经济崩溃后,政府为了刺激经济景气在1992年至2000年期间曾10

① 薛敬孝、张兵:《论信息技术产业在美国新周期中的作用》,《南开经济研究》2003年第4期。
② 马云泽:《世界产业结构软化趋势探析》,《当代经济科学》2003年第6期。
③ 佟家栋:《新型工业化与地区产业结构定位》,《理论与现代化》2003年第3期。
④ 王述英、马云泽:《美国信息化水平及其对经济的影响,《世界经济与政治》2003年第8期。
⑤ 王爱兰:《美国与日本信息化模式比较及其对我国的启示》,《理论与现代化》2003年第5期。
⑥ 白雪洁:《日本与美国产业结构变动的经济增长与就业效果比较》,《现代日本经济》2003年第5期。
⑦ 薛敬孝、张兵:《日本经济周期演变的影响因素及作用机制》,《现代日本经济》2003年第5期。

次推行刺激对策,追加了130多万亿日元的公共投资,但由于种种原因,日本投资乘数效果降低,经济长期处于低迷,景气刺激对策并没有达到预期的效果①。

在地区经济的研究方面,东亚和东北亚地区的经济合作则是学者们研究的重点。南开大学国际经济研究所郑昭阳、陈漓高的《东亚国家外贸关系竞争与合作的比较分析》一文认为,20世纪90年代以来,国际上区域集团化迅速发展。然而,东亚国家区域一体化步伐相对较慢,目前仅形成了中国—东盟自由贸易区,包括中日韩和东盟在内的东亚自由贸易区尚未建立。该文通过比较东亚各国的贸易竞争指数、出口商品的显示性比较优势指数以及进出口相似度指数分析了东亚国家在对外经济贸易中的竞争与合作关系,认为东亚国家对外贸易的合作性要大于其竞争性影响,在东亚地区开展进一步的经济贸易合作有利于东亚国家经济持久健康的发展②。

南开大学国际经济研究所万志宏、戴金平的《货币区的动态最优决策:兼谈东亚货币合作问题》一文对东亚地区的货币合作进行了分析。该文指出,传统最优货币区理论在进行货币区的成本—收益分析时,强调一体化与对称性对加入货币区决策的影响。然而,一体化与区域对称性不仅内生于汇率制度选择,同时它们之间也相互影响。该文在宏观经济一体化的背景下探讨货币合作,指出货币区的动态最优决策取决于经济现实基础和动态约束条件,并针对东亚地区在一体化和区域对称性之间的关系进行了初步分析,结果表明东亚地区部分满足促进汇率合作的动态约束条件③。

南开大学国际经济贸易系傅新的《东北亚区域经济合作动因探析》一文认为,东北亚区域经济合作并不是对欧洲、北美等区域一体化的简单回应和模仿,从“东亚奇迹”、“东亚模式”、“东亚危机”到“东北亚合作”,贯穿始终的主线是后发达地区经济发展模式的形成、调整和创新。东亚危机对“东亚模式”提出的变革要求是东北亚合作的动因,即以制度创新引导基于“内部创造”的能动性学习与创造能力的发展。作为实践“东亚模式”的主体,东北亚主要经济体如果能积极有效地开展区域经济合作,促进市场整合,优化资源配置,将有力推动“东亚模式”成功变革,在本地区实现持续稳定的发展与繁荣④。

3.国际直接投资研究

许多学者对国际直接投资的研究集中于分析跨国公司进入东道国市场的决定和影响因素以及投资战略的变化。南开大学国际经济研究所刘翼、冼国明的《跨国公司区位决定因素的变化——兼论作为东道国的发展中国家的政策思考》一文认为,随着经济全球化和一体化进程的不断加快以及国际生产体系的不断完善,跨国公司对外直接投资在各国之间的分布呈不平衡的发展态势。这种地理分布格局的变化,标志着东道国投资环境以及推动国际生产区位选择的经济因素发生了改变,这反映出政策自由化、技术进步和企业发展战略三个层面的变化。所以,发展中东道国需要着力于产业群集、区位优势组合以及投资促进政策的发展,以便更好地吸引跨国公司和外国直接投资⑤。南开大学国际经济研究所马亚明、张岩贵的《技术优势与对外直接投资:一个关于技术扩散的分析框架》一文指出,跨国经营的实质不仅在于利用和发展原有的优势,还在于保持和寻求新的优势。该文从技术扩散的角度出发,论证了技术落后厂商进行FDI可能是为了地理上靠近先进厂商以分享技术溢散的好处,而不是为了利用已有的优势,从而在理论上阐明了发展中国家企业进行FDI的经济合理性⑥。

南开大学国际经济研究所邱立成、于李娜的《跨国公司进入中国市场模式及影响因素分析》一文认为,进入模式是跨国公司市场进入战略的基石,也是影响外国直接投资在东道国的溢出效应、当地竞争以及当地市场结构的重要因素。该文在对跨国公司进入模式及影响因素进行理论探讨的基础上,重点分析了跨国公司进入中国市场模式由

① 张玉棉:《论20世纪90年代日本的景气刺激对策》,《现代日本经济》2003年第1期。
② 郑昭阳、陈漓高:《东亚国家外贸关系竞争与合作的比较分析》,《世界经济研究》2003年第2期。
③ 万志宏、戴金平:《货币区的动态最优决策:兼谈东亚货币合作问题》,《世界经济》2003年第10期。
④ 傅新:《东北亚区域经济合作动因探析》,《现代国际关系》2003年第1期。
⑤ 刘翼、冼国明:《跨国公司区位决定因素的变化——兼论作为东道国的发展中国家的政策思考》,《南开学报(哲学社会科学版)》2003年第3期。
⑥ 马亚明、张岩贵:《技术优势与对外直接投资:一个关于技术扩散的分析框架》,《南开经济研究》2003年第4期。

中外合资企业主导型向外商独资企业主导型的变化趋势，并从市场环境、外资政策、投资结构变化、跨国公司知识与经验积累以及中外合资企业的制约因素等方面分析了跨国公司进入中国市场模式变化的主要原因①。南开大学国际经济研究所陈漓高、谢建国的《跨国公司对华投资战略的演变趋势及应对策略》一文也指出，跨国公司的进入对中国的经济增长、促进中国的经济改革及国有企业经营机制的转变都做出了重要的贡献。随着中国对外开放的深入以及中国新一轮经济增长的到来，中国与跨国公司的合作也进入了一个新的阶段。在这种背景下，跨国公司的对华投资战略也发生了一些新变化：由初期的试探性投资转向战略性投资；投资由生产型领域逐步向服务型领域渗透；投资由最初的成本导向转向当前的市场导向；投资方式由合资方式向独资方式转化；投资手段由合资转向购并。该文针对跨国公司投资战略的转变提出了相应的应对策略②。

也有一些学者重点分析了跨国公司投资对东道国产生的影响。南开大学国际经济研究所邱立成、洪涌的《跨国公司与东道国市场竞争——基于古诺模型的静态博弈分析》一文认为跨国公司的对外直接投资会对东道国市场结构产生深刻影响，该文通过对产量竞争这一微观厂商行为进行深入分析，揭示出跨国公司在东道国的产量竞争中的制胜利器是其较低的边际成本和东道国市场缺乏需求弹性。文章同时指出，垄断或寡占竞争市场格局的形成取决于东道国市场的开放度以及竞争者之间的实力对比③。南开大学国际经济研究所戴金平的《跨国公司与发展中国家的出口竞争力》一文则认为，在很多发展中国家东道国，跨国公司在当地出口总额中都占有相当重要的地位。跨国公司对东道国出口的影响不仅表现在跨国公司自身的出口，更重要的是跨国公司在东道国的投资带动整个东道国出口竞争力的提高和出口总量的增长。该文深入分析了跨国公司通过影响东道国比较优势变革来提高发展中东道国出口竞争力的静态和动态方式，并进一步结合具体实例探讨了这种效应的实现渠道④。南开大学国际经济研究所冼国明、严兵、张岸元的《中国出口与外商在华直接投资——1983～2000年数据的计量研究》一文则依据中国改革开放以来的数据，运用单位根检验、向量误差修正模型(VEC)以及格兰杰因果检验(Granger causality test)等研究方法，对近二十年来外商在华直接投资与中国出口之间的相关性进行较为完整的计量研究，从实证的角度揭示了二者之间客观存在的长期协整关系。文章的最后根据计量分析结果提出了提高外资企业出口竞争力的政策建议⑤。

4.贸易自由化、WTO和区域经济组织研究

许多学者分析了贸易自由化和WTO的规则所产生的影响，并针对中国的实际情况提出了相应的对策建议。如南开大学环境科学与工程学院张连众、朱坦，天津农学院经济管理系李慕菡，南开大学国际经济贸易系张伯伟的《贸易自由化对我国环境污染的影响分析》一文通过建立贸易与环境污染关系的一般均衡理论模型，选择合理数据，将贸易自由化对我国环境污染的规模效应、组成效应和技术效应进行了定量分析。最终的回归结果显示，规模效应将加剧我国的环境污染水平，而组成效应和技术效应将降低我国的环境污染程度，贸易自由化将有利于我国的环境保护⑥。南开大学国际经济贸易系周申的《论贸易自由化与反倾销》一文指出，随着各国贸易自由化的推进，世界范围内反倾销手段的使用呈明显上升势头。在这一现象背后存在着深刻的经济原因：它一方面反映了各国在关税和传统非关税措施保护作用减弱的情况下，寻求替代性保护手段的需要；另一方面反映了各国遏制对方滥用反倾销的要求。该文认为，在中国入世以后的贸易自由化过程中，应按照世贸组织规则合理运用反倾销，在有效保护国内产业的同时，遏制别国对我国滥用反倾销⑦。

天津财经学院经济研究所赵晓晨的《WTO货物贸易规则对发展中国家的影响》一文则指出，货物

① 邱立成、于李娜：《跨国公司进入中国市场模式及影响因素分析》，《南开经济研究》2003年第4期。
② 陈漓高、谢建国：《跨国公司对华投资战略的演变趋势及应对策略》，《世界经济与政治论坛》2003年第2期。
③ 邱立成、洪涌：《跨国公司与东道国市场竞争——基于古诺模型的静态博弈分析》，《当代财经》2003年第11期。
④ 戴金平：《跨国公司与发展中国家的出口竞争力》，《国际经济合作》2003年第5期。
⑤ 冼国明、严兵、张岸元：《中国出口与外商在华直接投资——1983～2000年数据的计量研究》，《南开经济研究》2003年第1期。
⑥ 张连众、朱坦、李慕菡、张伯伟：《贸易自由化对我国环境污染的影响分析》，《南开经济研究》2003年第3期。
⑦ 周申：《论贸易自由化与反倾销》，《南开学报(哲学社会科学版)》2003年第5期。

贸易规则是WTO多边贸易体制中最主要和重要的规则之一，它约束和规范着成员方的贸易行为，推动着全球贸易自由化的进程。货物贸易规则给发展中国家提供了更多贸易发展的机会：市场准入水平的降低为发展中国家赢得了更大的发展空间；对发展中国家的差别待遇则为发展中国家赢得了更多的发展时间。但与此同时，在货物贸易规则具体实施过程中由于劳动密集型产品关税削减幅度较小以及发达国家在执行协议时的利益驱动，使得发展中国家面临着新的贸易壁垒和挑战[①]。南开大学跨国公司研究中心葛顺奇的《WTO多边投资框架与我国对策探讨》一文通过分析多边投资框架可能对我国产生的现实和潜在的经济影响，提出了我国在WTO多边投资框架问题上应该坚持的基本立场。然后，分别就多边投资框架所涵盖的主要议题，探讨了我国所面临的问题和对策，最后提出了我国在谈判过程中灵活的策略选择[②]。

在区域经济组织方面，APEC是学者们研究的重点。南开大学国际经济研究所盛斌的《APEC透明度标准研究及中国的对策》一文指出，加强透明度条款对提高APEC经济体的政府经济管理能力从而促进本地区的经济繁荣具有重要的意义。《APEC领导人关于执行APEC透明度标准的声明》的通过和实施为此提供了有力的行动指南，并使之成为APEC当前经济合作中的一项重要工作。该文介绍了APEC透明度标准问题的起源和沿革，剖析了实现APEC透明度标准的战略和行动框架，并深入分析了APEC透明度标准的特点和存在的问题，最后对我国执行透明度标准提出了相应的政策建议[③]。

还有的学者分析了贸易自由化与区域经济集团化之间的关系。例如，南开大学国际经济贸易系屈子力、靳玉英的《区域经济集团化与全球贸易自由化的新视角》一文认为，区域经济集团化对全球贸易自由化的影响不能一概而论，而是因区域经济集团内各成员的生产分工与贸易性质不同而有别。如果一个区域经济集团的建立是为了更好地发挥规模经济的效应，且集团内贸易以产业内贸易为主，那么这个集团将是开放的，它将促进贸易自由化的进程；如果一个区域经济集团是为获取比较优势，且其内部贸易形式主要为产业间贸易，那么这样的集团将是封闭的、排外的，会阻碍全球贸易自由化的进程[④]。南开大学王慧的《中国在WTO和APEC中贸易自由化进程比较结果分析》一文则提出，按照亚太经济合作组织(APEC)的目标，我国在APEC中的贸易自由化应比世贸组织目前的水平更高一些，而对我国在世贸组织中的承诺和在APEC的单边行动计划进行的比较表明，中国在APEC单边行动计划中的贸易自由化并没有超过在WTO中的贸易自由化程度。该文通过分析APEC与WTO的互动关系和APEC的推进方式，指出我国今后在APEC中推动多边贸易体制发展的努力方向[⑤]。

5.国际金融研究

南开大学经济学系张仁德、韩晶的《金融全球化与发展中国家的金融风险》一文认为，金融全球化是当今世界经济发展的必然趋势，但是也应该看到金融全球化在推动经济增长的同时，也增加了金融体系的风险性，发展中国家由于其金融体系的脆弱性，遭受打击的程度要比发达国家严重得多。该文从货币全球化、资本全球化和央行货币政策全球化三个方面分析了金融全球化对发展中国家的影响，通过大量的理论和数据分析表明，当今世界金融失衡的传递效应很显著，金融危机可以通过货币、资本、央行政策以及心理预期等因素进行传递。发展中国家由于金融体系的脆弱性而成为金融危机的最大受害者。因此，该文提出加强监管应该成为我们面对金融全球化的首要任务[⑥]。

南开大学国际经济贸易系刘百花的《亲周期性与国际政策协调的可行性研究——兼论我国实施BaselII的相关问题》一文，运用数量分析与博弈论方法从理论上对实施巴塞尔协议的亲周期性和国际政策协调的可行性这两个问题进行了探讨，同时指出我国在推行巴塞尔协议过程中也存在相关问题，应采取发展资本市场、改变融资结构、与其他国家

---

① 赵晓晨：《WTO货物贸易规则对发展中国家的影响》，2003年第1期。
② 葛顺奇：《WTO多边投资框架与我国对策探讨》，《世界经济与政治》2003年第9期。
③ 盛斌：《APEC透明度标准研究及中国的对策》，《亚太经济》，2003年第6期。
④ 屈子力、靳玉英：《区域经济集团化与全球贸易自由化的新视角》，《南开学报(哲学社会科学版)》2003年第3期。
⑤ 王慧：《中国在WTO和APEC中贸易自由化进程比较结果分析》，《国际贸易问题》，2003年第6期。
⑥ 张仁德、韩晶：《金融全球化与发展中国家的金融风险》，《世界经济与政治》2003年第3期。

协调对跨国银行的监管等措施予以应对[①]。

6.国际收支和汇率研究

有些学者研究了汇率的决定因素,如南开大学国际经济贸易系薛敬孝、张晓东的《日元对美元汇率的变化及其原因分析》一文认为,自实行浮动汇率制到20世纪90年代上半期,日元持续升值,成为主要的世界货币之一。决定这一长期走势的基本原因是日元对美元购买力平价的提高,而经济实力的消长则是购买力平价提高的物质基础。20世纪90年代以来,日元对美元的购买力平价趋于稳定,从而结束了日元长期升值的趋势。在上述过程中,国家的宏观经济政策、国际间利率差别、跨国资本流动以及一些突发事件的影响成为汇率在短期内波动的直接原因[②]。

还有的学者分析了汇率制度、东亚地区的汇率协调以及人民币汇率问题。例如,南开大学国际经济贸易系李凤城的《汇率制度选择中的资本控制决策》一文,就资本流动对"中间"汇率制度的影响以及资本控制的决策对发展中国家汇率制度选择的影响进行了分析,最后结论认为,发展中国家在实行汇率制度改革的过程中对于资本流动的限制应当逐步放开,并随着国力的加强和金融体系的完善全面实现资本流动的自由化[③]。南开大学国际经济贸易系刘沛志、周佩衡的《东亚地区汇率协调机制与美国的利益关系》一文认为,东亚金融危机表明,东亚地区内各国(地区)各自为政执行不同的汇率制度,相互之间缺乏必要的合作和协调,越来越难以适应金融全球化大格局。该文提出建立以人民币和日元为货币锚,构建特殊的双层框架的东亚地区汇率协调机制。由于美国经济和美元汇率对东亚地区经济发展的重要影响,拟议中的"机制"应该将美元纳入其中,并置于重要地位。因此,美国对"机制"的态度,对于"机制"的成功运作将是很重要的。该文对机制运行与美国的利弊关系进行了探讨[④]。南开大学金融系硕士研究生李海菠的《人民币实际汇率与中国对外贸易的关系——基于1973~2001年数据的实证分析》一文则运用协整分析、格兰杰(Granger)因果关系检验等实证分析方法研究了1973~2001年人民币实际汇率与中国对外贸易之间的关系。分析结果显示在1973~2001年人民币实际汇率与中国对外贸易之间存在着长期的均衡关系。这种长期均衡关系从一个侧面表明人民币汇率的变化和调整是适应中国对外贸易发展需要的[⑤]。

7.中国对外开放研究

许多学者从不同角度深入分析了入世对中国产生的影响,并提出了相应的对策建议。南开大学国际经济贸易系周申的《贸易自由化、汇率政策与中国宏观经济内部平衡》一文认为,中国入世后,必须按照相关协议进行进一步的贸易自由化。贸易自由化会对中国国内就业造成一定程度的冲击,这在当前中国失业下岗相对严重的形势下尤为引人关注。该文建立了一个简明的理论分析框架,研究了中国贸易自由化进程中国内就业可能受到的冲击,汇率政策对维持就业水平稳定即宏观经济内部平衡的重要性,并对理论分析进行了经验检验,提出了相应的政策建议。基本结论是:中国以适度的名义汇率贬值政策配合贸易自由化改革,对于维持入世后中国宏观经济内部平衡是必要和有益的[⑥]。南开大学国际经济贸易系薛敬孝、刘拥军的《论"入世"后中国农业的政策选择空间和结构调整》一文则指出,中国加入WTO后,农业政策的选择空间大大缩减。随着关税的削减、农产品贸易的逐步开放、"入世"承诺的兑现,政府对农业的干预程度必然逐步下降,市场机制在农业发展中的作用逐步提高。在市场机制的作用下,我国农业结构的调整必然向进一步发挥农业比较优势的方向调整。农业中的劳动密集型部分将得到更快的发展,而土地密集型的部分会相对缩减。政府农业政策的目标是因势利导,积极引导这一转变过程[⑦]。南开大学APECAPEC研究中心宫占奎的《公共财政;加入WTO后的财政政策调整——中美财政支出结构比较研究》一文则提出,中国加入WTO后,市场将逐步

① 刘百花:《亲周期性与国际政策协调的可行性研究——兼论我国实施Basel Ⅱ的相关问题》,《财经研究》2003年第9期。
② 薛敬孝、张晓东:《日元对美元汇率的变化及其原因分析》,《南开学报》(哲学社会科学版)2003年第6期。
③ 李凤城:《汇率制度选择中的资本控制决策》,《南开经济研究》2003年第2期。
④ 刘沛志、周佩衡:《东亚地区汇率协调机制与美国的利益关系》,《南开经济研究》2003年第2期。
⑤ 李海菠:《人民币实际汇率与中国对外贸易的关系——基于1973~2001年数据的实证分析》,《世界经济研究》2003年第7期。
⑥ 周申:《贸易自由化、汇率政策与中国宏观经济内部平衡》,《世界经济》2003年第5期。
⑦ 薛敬孝、刘拥军:《论"入世"后中国农业的政策选择空间和结构调整》,《理论与现代化》2003年第5期。

开放，竞争会更加激烈，市场开放作用的结果客观上会造成居民收入与生活水平的两极分化。该文通过对中美两国财政支出中社会保障支付的比较研究，提出我国建立与健全公共财政制度的建议，以应对市场开放，提高社会保障能力，促进经济与社会发展①。

天津社会科学院城市经济研究所阎金明的《入世后天津经济结构战略性调整的几点思考》一文则深入分析了入世后天津进行经济结构调整的战略措施。该文认为，天津经济已经进入跨越式发展的新的历史时期。国内外无数经验证明，要实现经济的持续、健康发展，就要不断地对经济结构进行动态调整，这种调整已成为保持经济增长活力的关键性因素。在当今世界经济、科技和服务贸易领域迅猛发展的情况下更是如此。在天津的"十五"计划中，支柱产业的构成已发生了很大变化。为了应对入世后所面临的挑战，经济结构需要作进一步调整，包括大力发展第三产业、用先进适用技术和信息化手段改造传统的第二产业、发展沿海都市型农业以及调整区域布局和推动多种所有制经济形式的发展等等②。

另外，有的学者分别对中国对外开放中比较优势的变化、利用外资情况以及战略性贸易政策的运用等问题进行了探讨。例如，南开大学国际经济贸易系刘重力、刘德江的《中国对外贸易比较优势变化实证分析》一文，通过使用显示性比较优势指数和国际市场占有率指数对改革开放以来中国出口商品比较优势的变化情况进行了实证分析。分析结果表明，改革开放二十多年来，中国出口商品的比较优势格局发生了重大变化：在初级产品如农产品上失去比较优势的同时，在劳动密集型和资本密集型制成品上的比较优势则有了很大改善和提高，尤其是劳动密集型产业仍然存在巨大发展潜力和空间。提出目前我国应该在劳动密集型产业得到充分发展、劳动力资源优势得到最大限度发挥的情况下，通过市场机制促使我国外贸出口自动向以资本密集型产业为主导转变，从而改变以劳动密集型产业为主导的出口格局③。南开大学国际经济贸易系纪昀的《论复合比较优势》一文则从内生和外生两个角度对比较优势进行扩展，将比较优势和竞争优势纳入统一分析框架，并从发挥复合比较优势的角度对中国外贸发展提出了以外生比较优势为基础，同时致力于培育内生比较优势的政策建议④。

南开大学跨国公司研究中心葛顺奇的《中国利用外资的业绩与潜力评析》一文提出，联合国贸发会议（UNCTAD）在《2002 年世界投资报告》中首次采用了业绩指数和潜力指数来评估各国利用外资的业绩和潜力表明，中国在吸收外资方面业绩平平、潜力不足。该文通过分析两个指数的构成要素及评价方式，指出指数设计的不足及其应用的局限性。并根据实证数据分析后认为，中国利用外资区域间的不平衡导致该指数对中国评估的失真。中国在吸收外资方面，不仅业绩显著，而且具有较大潜力⑤。

南开大学国际经济贸易系胡昭玲的《战略性贸易政策应用于中国轿车业量化效果的再考察——政策工具与外国政府行为对政策实施的影响》一文提出，经验分析表明，战略性贸易政策可以起到从国外企业转移利润、支持本国企业竞争和提高国民福利的作用。该文以中国轿车业为例，在以前对我国单边实施进口关税效果量化分析的基础上，进一步应用数量模型对战略性贸易政策实施过程中应注意的两个问题进行考察：一是实施战略性贸易政策应当注意与其他政策工具相配合；二是应用该政策应当注意技巧，尽量避免引发其他国家的报复，这样才能收到更好的政策效果⑥。

（本文作者：薛敬孝，南开大学国际经济贸易系教授、博士生导师；张兵，南开大学国际经济贸易系讲师、经济学博士）

① 宫占奎：《公共财政：加入 WTO 后的财政政策调整——中美财政支出结构比较研究》，《南开经济研究》2003 年第 1 期。
② 阎金明：《入世后天津经济结构战略性调整的几点思考》，《理论与现代化》2003 年第 1 期。
③ 刘重力、刘德江：《中国对外贸易比较优势变化实证分析》，《南开经济研究》2003 年第 2 期。
④ 纪昀：《论复合比较优势》"，《世界经济研究》2003 年第 6 期。
⑤ 葛顺奇：《中国利用外资的业绩与潜力评析》，《世界经济》2003 年第 6 期。
⑥ 胡昭玲：《战略性贸易政策应用于中国轿车业量化效果的再考察——政策工具与外国政府行为对政策实施的影响》，《当代经济科学》2003 年第 6 期。

区域经济研究综述

安虎森　李瑞林

天津是我国区域经济学研究中心之一，南开大学区域经济学科是2002年国家设立的3个区域经济学重点学科院校之一。天津云集了大批优秀的区域经济学专家学者，除了季任钧、蔡孝箴、郭鸿懋、曹振良等知名教授以外，还有郝寿义、刘秉镰、江曼琦等年轻学者，都为天津乃至全国区域经济学科的发展做出了贡献，使天津的区域经济学研究始终走在我国的前列，在全国的区域经济学科发展中起到了领头作用。

近年来，随着国内、国际形势的变化，区域经济学的研究也出现了许多新的研究趋势。

国务院发展研究中心李善同等认为，我国区域经济发展趋势将向着以下几个方向。第一，地区差距在相当长时期内会继续存在并扩大，但采取积极有效的政策措施能够减缓差距扩大的速度。第二，城市化水平迅速提高，城市在经济发展中的作用将进一步扩大。第三，城市间的经济联系不断加强，大城市圈将成为区域经济发展的主导力量。第四，企业日益成为市场主体，大企业在跨区域资源配置中的作用更加突出。第五，网络型基础设施条件将进一步完善，地区之间的经济联系将更为便利。第六，产业转移的速度有所加快，合理的产业分工体系将逐步形成。第七，跨区域经济交流与合作将进一步加强，区域发展有望形成新的格局。区域合作的发展将对国土空间开发规划以及跨行政区划的各类综合和专项规划提出强烈要求。第八，国内统一市场建设正在加强，但地方保护主义问题仍然相当严重。第九，中央政府更加关注问题区域的发展，中西部地区有望加速发展，东北等老工业基地将形成新的经济增长极。第十，全方位对外开放格局逐步形成，跨国区域经济合作将日益加强。在2003年间，天津区域经济学工作者紧跟时代，对当前许多区域经济问题进行了深入的研究，发表了四十多篇论文和7部著作，做了二十多项各种类型的课题研究，加强了环渤海经济圈的研究力度。在2003年，天津市区域经济学研究有如下几个方面的新特点：首先，抓住国内区域经济的热门话题进行研究。如我国区域共同市场的建立问题、“三农”问题、区域经济政策问题、城市房地产以及城市化问题等。其次，理论研究逐步走向深入，出版了一些有分量的译著。季任钧教授等深入探讨“三农”问题的实质和“三农”问题的症结后指出，工业化与城镇化的偏差与互动发展的障碍是导致“三农”问题的症结①；郭鸿懋教授等深入研究我国区域共同市场问题后指出，发展区域共同市场以促进都市圈经济的发展是我国城市化加速阶段的必然选择，并指出区域共同市场对降低产业结构调整成本、公共物品的配置成本以及区际要素流动的交易成本具有极其重要的意义②。郝寿义教授主译的《区域和城市经济学手册（第二卷），城市经济学》和安虎森教授主译的《区域和城市经济学手册（第三卷），应用城市经济学》由经济科学出版社出版。第三，在研究方法上的可喜进步是数量模型的应用。张勇、郝寿义教授等建立计划经济和市场经济两种体制下的政府与城市基础设施参建企业的博弈关系模型，进行了信息经济分析③。这种数量模型的应用，在天津区域经济研究中是比较少见的。第四，理论与实际密切结合。对围绕天津经济发展中的实际问题进行了大量研究。第五，加强了对环渤海经济圈的研究力度。召开了各种类型的研讨会，出版了各种类型的环渤海地区经济研究论文集，使环渤海经济圈的研究逐步走向深入。

为了介绍的方便，我们从区域经济合作研究、城市化和小城镇发展研究、农村发展研究、区域经济政策研究、天津房地产和产业结构调整研究等五个方面去介绍诸多学者的主要观点。

---

① 季任钧、景普秋：《“三农”问题的症结及其解决途径》，《理论与现代化》2004年第2期。
② 郭鸿懋、邹治平：《论发展我国区域共同市场》，《经济体制改革》2004年第2期。
③ 张　勇、郝寿义、王周喜：《政府在城市基础设施建设管理体系改革中的角色转换分析》，《数量经济技术经济研究》2003年11月。

一、区域经济合作与物流研究

1.我国区域共同市场研究

区域共同市场是按照市场经济规律,以促进区域经济发展和提高区域竞争力为根本目的,以区域资源共享、共融、多赢为理念,发展区域合作新机制,区域规划相互协调、服务体系彼此配套,打破区域内部壁垒,使生产要素、商品在区域内得以自由流动和优化配置,最终实现区域内经济结构互补,区域经济一体化良性发展的一种制度框架①。在我国,发展区域共同市场是大势所趋。

对于我国来讲,地区间产业同构是地区分割的最大弊端,但进行调整就得付出代价。发展区域共同市场以实现区域产业的纵向整合是降低产业结构调整成本的一种有效途径,因为区域共同市场为通过市场进行产业结构调整提供了平等竞争的机会和条件。从产业结构和布局来看,不同层面的城市要形成不同的分工协作体系,形成梯度分工的布局。并且,共同市场为产业扩张提供了载体,使扩张的产业能突破以往的种种障碍如地区分割、行政封锁等在共同市场内便利转移。但区域内产业扩张也必须遵循产业结构调整的规律,市场机制对产业结构的调整起着最终决定作用,行政力量很难左右产业布局②。公共物品的提供要打破各自为政的局面。公共物品是城市、区域经济发展的先决条件。区域共同市场要求区域内各经济单元打破行政边界,相互协调,为要素和商品的自由流动提供"绿色通道",避免公共物品的低水平重复建设,提高公共物品的运营效率。我国已开始建立开放、统一、规范的区域共同市场,但是众多工作仍处于探索阶段,目前应重点在以下几方面采取行动:第一,组建规范的区域协调机构,共同管理区域共同市场;第二,正确定位城市功能,错位发展;第三,探寻合理的利益分配机制,各区域单位可以本着共赢、共享的原则,寻求各种可行的分配方式;第四,制定有约束力的公约③。

2.东北亚自由贸易区和物流合作研究

传统的国际贸易与国际直接投资理论认为,贸易与投资是替代关系。但这种国际直接投资对原产品是替代关系,在跨国公司内部贸易迅速增加的情况下,同样存在着水平分工与垂直分工的交叉。随着东北亚贸易共同体的发展和跨国公司的国际化生产增长,东北亚投资与贸易将更加紧密地结合在一起,使东北亚各国之间的相互依赖增强,推动东北亚贸易共同体的发展。因此东北亚共同体的发展模式应该走"贸易——投资多元结构"模式,它是一种互补型合作与聚拢型合作相结合的模式,既可以充分发挥各成员国经济体的比较优势,又可以将共同体内分散的资源优势聚集起来,形成规模经济。而且由于东北亚地区内存在水平分工和垂直分工,该模式能够使东北亚经济呈现出阶梯型和追逐型特征。东北亚贸易共同体建立之后,贸易创造效果将超过贸易转移效果④。

东北亚地区贸易共同体的发展,离不开东北亚物流体系的构建。根据目前东北亚共同体的发展趋势,东北亚物流合作体系大体可以分为三部分:国内的现代化物流体系、区域内综合的物流体系和全球化的物流体系。首先,东北亚各国国内的现代化物流体系的构建要以市场化、国际化、综合化和现代化为目标。其次,东北亚区域内综合物流网络的构建,要连接铁路线,形成一条环海的物流大动脉;超高速专用船舶的投入和专用码头的共同设计;完善"海铁"联运体系。最后,东北亚全球性物流网络的构建,要合作开发新亚欧大陆桥海铁运输线,促进东北亚环黄海区域综合物流网络的延伸。为建设东北亚区域物流网络,东北亚城市应建立完善自由贸易区,为区域物流合作奠定良好的基础;完善海陆联运体系,保证东北亚区域物流网络体系线路的通畅;加强东北亚区域信息网络的建设,奠定东北亚区域经济合作的现代物质基础;构筑东北亚城市在物流基础设施建设方面的合作,加强政府协作机构之间的合作,加强港口之间以及其他运输部门之间在管理、融资、企业经营、交通科技及环境保护等方面的交流与合作;筹建东北亚开发银行;培训一批高素质的经营管理人员⑤。

---

① 郭鸿懋、邹治平:《论发展我国区域共同市场》,《经济体制改革》2004 年第 2 期。
② 郭鸿懋:《打造"区域共同市场"》,《大众日报》2003 年 11 月 24 日。
③ 郭鸿懋:《城市化浪潮中的区域共同市场》,《西安日报》2003 年 11 月 12 日。
④ 陈 钺:《东北亚自由贸易区与物流合作研讨会——2003 年第七届东北亚国际研讨会论文集》。
⑤ 陈 钺:《东北亚自由贸易区与物流合作研讨会——2003 年第七届东北亚国际研讨会论文集》。

3. 中国现代物流研究

作为社会经济发展的产物，现代物流在中国有了迅速的发展，以专业化第三方物流企业的兴起和社会化物流需求的出现为标志的中国物流市场已经基本形成。其发展特征之一，就是物流的供给与需求主体日渐形成①。广义的物流市场供给主体主要由工商企业内部独立核算的、为企业自身提供物流服务的部门和提供社会化、专业化物流服务的第三方物流企业。在第三方物流企业中，由传统仓储和运输企业转型而来的第三方物流企业在市场上占主导地位，占据较大的市场分额②。需求主体主要是采用自营物流模式的工商企业和采用外包物流模式的工商企业。其特征之二，物流市场供求模式自营化与社会化并存，且以自营化模式为主。特征之三，物流市场的状态呈现出过渡进入的特征。这主要表现在物流企业规模普遍偏小，市场集中度较低；物流生产能力闲置现象严重、物流设备利用率低；企业经济效益差，行业产值利润率偏低。特征之四，物流市场的壁垒作用加剧市场过度竞争。特征之五，物流市场发展的外部环境得到初步改善，如政策法规的改善、基础设施的完善。特征之六，物流市场的发育呈现地域性不平衡特点，东部地区尤其是珠三角、长三角地区起步早、发展快、规模大，西部地区落后。但目前我国物流业还存在如下几个问题：首先，适应物流市场发展的宏观管理体制尚未形成；其次，物流市场发展的政策法规环境有待进一步改善；第三，物流基础设施不能完全满足物流市场发展的要求；第四，物流企业供应能力及服务水平不能满足市场需要，主要表现在第三方物流服务比重小、服务功能单一、服务水平低下；第五，物流自营比重大，需求市场亟待开发；第六，物流市场秩序混乱，治理整顿效果不甚明显。

现代物流作为经济全球化条件下成长起来的一个以运输为主要环节的综合服务体系，在社会经济发展中的作用日益凸显。港口本身是运输网络中的重要节点，如何拓宽和完善中国港口综合服务功能，在传统的港口功能中融入现代物流的理念，已经成为港口提升国际竞争能力的关键。但也存在不少问题：港口大多只关注自身的软硬件建设，忽视物流的系统性和效益性；国内各港口之间的竞争仍处于低水平的竞争；港口管理中政企不分的现象较为严重；港口之间相互封闭；集疏运网络欠发达。我国的港口物流业应向着一体化、智能化、系统化、合作化、港区一体化方向发展③。

4. 中国沿海三大区域经济发展研究

东部沿海地区是我国城市化水平最高的地区，这些地区的城市化已经在全国起着某种示范作用，影响着全国其他地区的城市化进程。京津冀地区、长三角地区和珠三角地区都位于东部沿海，地理区位优越，是发展外向型经济的首选地区。这些地区智力资源集中，具有雄厚的高新技术研究与开发能力。目前已经开始进入了大都市连绵带的雏形阶段。珠三角地区是我国改革开放以来外向型经济发展最快、最具活力的地区。长三角地区是我国沿海规模最大、实力最强的经济区。京津冀地区是我国首都所在地，又是我国特大城市最集中、科技和教育最发达的地区。三大区域分属不同的城市化类型，城市发展具有不同的动力机制。京津冀地区属于自上而下的城市化类型，政府扮演着城市化的投资者和组织实施的角色，通过行政指向和大都市扩展带动城市化发展。长三角和珠三角属于自下而上的城市化类型，具有投资主体多元化、城镇发展的自发性特征④。目前，珠三角地区已经基本形成了以广州、深圳为中心的较为完整的区域经济；长三角正在形成以上海为核心、包括宁苏杭的区域经济；而京津冀地区仍处在行政区经济阶段。珠三角各地区属同一省，开放程度高，无体制障碍，基础设施发展快。长三角始终沿着依托上海、联动发展的一体化轨道运行，建立了共同的区域经济协调发展的制度性基础，区域交通网络的发展极大促进了区域内部的合作与联合。但京津冀仍停留在行政区经济阶段，观念上各自为据，体制分离，城市规划不融和，使该地区没有实质性的区域经济合作与联合。要实现京津冀实际性的经济合作，就必须建立

① 刘秉镰：《中国物流市场现状、问题及前景分析》，全球运筹发展协会 2003 年 9 月 3 日。

② 刘秉镰：《我国各类物流企业的发展特征及走势》，《物流技术与应用》2003 年第 1 期。

③ 刘秉镰：《中国物流市场总体状况及港口物流发展趋势》，韩·中国际物流领域的合作和展望，以海运港湾为中心国际学术研讨会，2003 年 11 月。

④ 季任钧、安树伟：《中国沿海北中南三大区域城市化比较》，《领导之友》2003 年第 5 期。

保证京津冀经济合作与联动的制度创新以及统一的区域大市场;加强基础设施建设,改善内部投资环境;加强区际间基础设施建设,构建“一小时生活圈”和“两小时生活圈”;形成合理的地区专业化与分工格局①。

二、城市化和小城镇发展研究

1.中国城市化发展研究

党的十六大提出全面建设小康社会的奋斗目标。实现这一目标的重要途径之一是城市化的快速发展。今后20年,中国城市化将进入一个高速发展时期,如何选择一条符合中国国情和城市化快速发展客观规律的道路就显得尤为重要。中国城市化快速发展面临的主要问题包括:劳动力转移的巨大压力;城市建设资金短缺;地区差异扩大;资源配置扭曲;生态环境的破坏。要解决这些问题,就要沿着开放、集中、创新的路径。开放的目的是利用国际资源和国际市场,打破中国城市化快速发展的资源约束和市场约束,集中走大城市为主导的城市集群道路。创新就是城市化快速发展必须突破的瓶颈,主要集中在制度方面。其发展策略主要有:(1)差异化策略。实行非均衡的发展战略,在东部城市化快速发展接近完成的地区,以促进城市群发展,加强内部协调为主;西部城市化发展落后地区要集中资源发展大城市,促进人口和经济活动向城市集聚;中部城市化快速发展起步地区,要进行产业结构优化,增强城市经济辐射能力。(2)质量提升策略。城市化要数量和质量相结合,注重提升城市功能,改善交通、通信、教育等基础设施,规划好城市,为产业结构升级和产业结构调整创造良好条件,提高城市人口生活质量。(3)制度创新策略。主要包括土地制度创新、户籍制度创新和社会保障制度创新。(4)产业优化策略。在经济全球化和信息化的外部环境下,以信息化带动工业化,以工业化促进信息化②。

2.乡镇企业集聚发展研究

我国乡镇企业发展走的是一条“离土不离乡”的发展道路,加之乡镇企业最初成长期受地方政府分散决策和市场导向的影响,形成了投资空间分散化的格局。由于缺乏聚集机制和规模经济的引导,也没有强有力的行政规划与指导,分散化投资愈趋严重,结果出现广泛的投资小型化、低技术和重复性现象。乡镇企业空间上的分散配置,存在私人供给的公共产品溢出效应损失,服务产品需求的市场外效应损失,信息、知识和技术溢出效应损失。改变这一情况的一个可行选择就是乡镇企业的集聚化发展。集群是指在某一特定领域内相互联系的、在地理位置上集中的公司和机构的集合,集群包括一批对竞争起重用作用的、相互联系的产业和其他实体。产业集聚的本质就是把性质相同的中小厂商集合起来,对生产过程各个阶段进行专业化分工,来实现作为巨型企业特征的规模经济生产。乡镇企业的集聚可以获得外部经济效应,生产规模化、专业化和协作化效应,资源优化配置效应。但也会出现外部不经济效应和非良性循环累积效应。这两种负面效应可以通过建立约束机制和政策调节得到制止③。遏制外部不经济关键在于掌握聚集的适度性,不同地区具有不同聚集度的规定性。应该指出,乡镇聚集的正效应起着主导作用,并且聚集工业及区域经济产生的积极影响是持续的④。

乡镇企业的集聚化发展首先应尽可能结合本地的生产条件与特点,建立起具有区域优势和特色的产业结构,避免农村初期工业化过程中的产业结构同质化历史的重演。其次,构造集聚区是改变乡镇企业分散配置格局,实现其升级换代的有效选择。就当前而言,我国乡镇企业的聚集区位应该选择县城以及城镇,这不仅能够促进乡镇企业的进一步发展,还可以带动农村城镇化发展和培育区域增长极⑤。

三、农村发展研究

1.“三农”问题研究

农业、农村、农民问题是发展中国家普遍存在的问题,“三农”问题的实质是工业化、城镇化问题,是工业化与城镇化以及城乡协调发展的问题,是统

① 安虎森、朱妍:《环渤海的京津冀:你比“珠三角”“长三角”缺什么?》,《领导之友》2003年第6期。
② 郝寿义:《中国城市化快速发展的基本特征、问题和对策》,《中共中央党校进修部学员论文选》,中共中央党校出版社,2004年6月版。
③ 梁军、安虎森:《产业集聚理论对我国乡镇企业集聚化发展的应用分析》,《北方论丛》,2003年第6期。
④ 梁军、安虎森:《产业集聚理论对我国乡镇企业集聚化发展的应用分析》,《北方论丛》,2003年第6期。
⑤ 梁军、安虎森:《关于我国乡镇企业的集聚化发展问题探讨》,《华东经济管理》,2003年第12期。

筹城乡发展问题①。"三农"问题的核心是提高农民的收入,改善农民的基本生活条件。解决"三农"问题的根本途径,首先,要树立城乡一体化观念,把城市和乡村放在统一的大系统中,进行生产要素的重新配置,统筹城乡发展,促进工农商、城乡共同发展。其次,加强人口、企业的集聚,增进工业化与城镇化互动发展的可持续性。因此,要立足于经济发展和社会进步,打开城门,降低门槛,通过产业集聚,带动人口及其他要素集聚,推进城镇化发展。加强农村九年义务教育与农村非农劳动力的职业教育,逐步缩小城乡居民的素质差距,改变农民工的不平等待遇,加快人口流动与集聚。第三,加快相关制度创新,畅通生产要素流动的渠道。具体而言,进行户籍管理制度创新,将户籍管理制度转变为城乡统一的户籍登记制度,打破城乡分割的农业、非农业二元户口管理结构,建立城乡统一的户口登记制度;在农村内部主要加强社区制度创新与土地制度创新②。

2.农村城市化发展对策研究

农村城市化表现为四个方面的转化过程,即农业生产方式的转化,农业人口向非农业人口的转化,农村地域向城市地域转化,农村生活方式、乡村文明向城市生活方式、城市文明的转化。其中人口聚集是能否实现这四个转化过程的前提和基础。中国特有的农村工业化模式,即"离土不离乡、进厂不进城"限制了农民居住空间的转移,加上城镇经济发展水平有限、生活环境缺乏吸引力、现存制度的阻碍、社会福利缺乏保障等,农村城市化发展滞后。改善我国人口聚集的状况,必须改革农村工业化模式,大力发展民营企业,扩大城镇就业容量;加快户籍制度、农村土地制度的改革,建立具有自由和平等的特点、宏观调控和微观激活的功能、控而不死和活而不乱的目标的一种新型户籍制度,建立市场化的土地使用权流转制度等。尽快建立农民进城的社会保障体系,主要加强三大制度的建设:一是建立起以社会统筹和个人账号相结合的个人储蓄式的社会养老保险制度;二是逐步形成以个人出资为主、企业和集体补助为辅、政府适量投入的社会医疗保险制度;三是逐步按最低生活保障线标准对民政救济对象实现基本生活保障,健全社会救济福利体系③。

四、区域经济政策研究

目前分析区域经济现象,主要依据累积因果理论、依附论以及新古典的分析方法④。新古典主义的观点视区域为一种聚集体,强调制造业部门以及各种生产要素的作用;累积因果理论把区域政策引向增长中心,强调各种基础设施、交通、信息以及教育的作用;依附论主张分权化,强调区域的自主权和向落后地区的政策倾斜。因此,较为完整的区域经济政策应包括上述三个方面的内容。具体政策包括:第一,基础设施。在核心区,基础设施投资的重点应放在提高公共服务和福利水平方面;在中等发达区,投资的重点应放在经济基础设施方面;而在落后地区,重点应放在社会基础设施方面,并且还要适当降低基础设施标准和采用成本回收机制。第二,工业化政策。必须要克服区域经济发展的供给引导型观点,不应单纯强调基础设施建设,这种思路的主要表现为各种开发区和工业园区的建设。在工业部门和规模的选择上,地方政府应根据当地的资源状况和文化特征,重点发展中小型企业,同时充分考虑国家的产业政策和政策倾斜。进行工业结构调整时,地方政府必须充分考虑能否形成产业链条以及能否吸引众多的劳动力加入到该产业链条中来的问题。第三,人力资本投资。贫穷的深层次原因是智力投资的极其贫乏,地方政府最重要的政策调控内容之一就是如何发展教育以及如何提高当地人口素质的问题。第四,发展农业的措施。要稳固农业基础条件,尤其是生态环境建设;强化农村农业结构的调整,发展特色农业,实行产业化经营,提高农业科技含量;应规范地方政府的行为,切实减轻农民负担;完善农业投入机制,中央银行也应放宽农业银行贷款准备金的比例。第五,地方政府的激励措施。区位补贴对边缘区的工业增长有一定作用,但为避免地区间的竞争,国家有必要制定同一的激励措施。政府在制定激励措施

① 季任钧、景普秋:《"三农"问题的症结及其解决途径》,《理论与现代化》2004年第2期。
② 季任钧、景普秋:《"三农"问题的症结及其解决途径》,《理论与现代化》2004年第2期。
③ 江曼琦、鲁承斌:《促进人口聚集加快农村城市化发展的对策》,《亚太经济》2003年第6期。
④ 安虎森:《有关区域经济政策的一些思考》,《南开学报》(哲学社会科学版)2003年第4期。

时还要考虑到工业企业布局中的一些“非经济”因素，以及发展中国家或落后地区有限的公共基础设施对推行各种区域经济政策的限制。第六，分权化与地方财政。分权化就是指将地方财政权限下放给地方政府，包括由地方政府制定和实施财政政策、财政收入和支出计划等。将很有限的地方财政收入投入在当地社会基础设施的建设还是激励措施上，对地方政府尤其是贫困落后地区的政府而言，是两难选择。但有一点是很明确的，即这些收入不应该投入在工业项目的建设上，更不应该投入在资本市场上。对地方政府而言，经济政策目标就是要改进当地福利水平，消除要素流动障碍，塑造区域发展的长期动力①。

五、天津房地产和产业结构调整研究

1.天津房地产研究

房地产商品的市场价值由“实物市场价值”和“功能市场价值”组成。实物价值指的是可见的物质形态上的价值，它包括：土地市场价值、建筑安装实物市场价值；功能市场价值指的是房地产产品在实物价值以外的、体现在功能上的那部分价值，包括“固有功能”市场价值和“附加功能”市场价值。“固有功能”是房地产商品实物形态上稳定固有的功能，它包括提供适宜的生存空间的功能、资产功能、安全功能和代谢功能。固有功能和土地一样，是房地产产品基本价值的反映，它和土地以外的物质形态价值具有相同的折旧率。“附加功能”包括学习功能、生态功能、社会交往功能、休闲娱乐功能、心理抚慰功能、文化延续功能、生命保障功能和投资增值功能。房地产功能价值理论的简单表述是：房地产市场价值 = 土地使用权价值 + 建安实物价值 + 固有功能价值 + 附加功能价值；地产价值的简单表述是：房地产期初价值 ± 土地升值（或贬值）建安实物折旧—固有功能折旧—附加功能折旧其中。其他各类折旧都等于期初价值 × 折旧率。

多年来，西方发达国家在房地产经济领域一直沿用被称为“区位圣典”的区位至上论，认为区位即使不是惟一的，也是影响房地产市场价值的决定性因素。然而，现阶段中国房地产市场处于结构性供应不足和结构性需求不足并列的“双短缺”局面，这主要是需求受科技进步、改革开放等影响，住房需求质量、消费文化、生活方式等发生了变化，但供给市场的不成熟使其提供的产品在功能上的考虑落后于市场需求、落后于功能发展趋势，落后于市场功能需求的更新速度，加上房地产业的一般特征以及中国房地产市场的特色强化了厂商在功能设计上的落后趋势。仅仅从区位的角度来分析我国房地产市场价值的变化远远不够，从时间维度上看，在量和实现可能性两个方面，房地产功能价值的剧烈变化正十分明显地影响着房地产的市场价值②。

小康住宅是新世纪初我国在特定阶段提出住宅发展的一种目标模式，小康住宅应定义为：在满足人类基本居住需求的基础上，兼顾物质资本、生态资本、知识资本需求的符合可持续发展的住宅称为小康住宅③。小康住宅的的实物指标包括：人均居住面积（或户型面积）、住房成套率、住房设施配套水平等15项；功能指标包括居住功能、安全功能、耐久功能、健康功能、便捷功能等8项。目前，天津应致力于房地产的“两个调整，一个消化”，即调整商品住宅区域开放结构，将重点由市中心向市郊转移，调整商品房供应结构，防止供求结构失衡，加快空置房消化力度④。可以认为，保持城镇居民可支配收入的稳定增长是实现小康住宅目标的关键；进一步降低住宅价格是实现小康住宅目标的保障；要妥善解决好低收入者的住房问题；实现房地产企业规模化经营，为小康住宅目标的实现提供有效供给；推进存量住房小康；深化住房市场，完善房地产市场体系；继续推进小康住宅金融的发展和创新；完善房地产法律法规，依法规范房地产市场；创新投资体系，积极吸引外资，为天津市小康住宅建设和发展注入新的资金流；小康住宅目标实现过程中的市场运作与政府调控。

2.天津产业结构研究

从天津的产业结构现状看，三次产业结构中，第三产业发展滞后，农业的比重较高；轻重工业比重基本合理；支柱产业得到培植，传统产业得到进

① 安虎森：《有关区域经济政策的一些思考》，《南开学报》（哲学社会科学版）2003年第4期。

② 舒东、郝寿义：《房地产功能价值论与中国房地产市场投资》，《南开学报》（哲学社会科学版）2003年第3期。

③ 曹震良等，《天津市小康住房标准及发展思路研究》，天津哲学社会科学规划课题研究报告2003年9月。

④ 曹震良等，《天津市小康住房标准及发展思路研究》，天津哲学社会科学规划课题研究报告2003年9月。

一步改造,高新技术产业正在崛起。目前天津已逐步形成以汽车、机械装备为重点的机械工业,以微电子、通讯设备为重点的电子工业,以海洋化工、石油化工为重点的化学工业等支柱产业,但高新技术产业所占比重较低;工业产品总体竞争力较低;工业的增长点单一,风险较大。根据产业结构演化的规律,结合天津向国际化大都市发展的方向,天津的三次产业结构应该逐步降低农业的比重,提高二、三产业的比重,进入三、二、一的发展顺序。从区域经济发展的角度,天津城市发展要求天津利用港口优势,发挥北方制造业中心、商贸中心、高新技术开发和试验基地等职能,与北京共同建设成为我国北方乃至东北亚的金融中心、国际旅游中心。因此,第三产业中,为工业发展的厂商服务型行业是天津发展的方向,围绕港口的物流产业,金融业、信息业和旅游业是发展的重点①。天津是我国北方重要的工业基地,主导工业部门可以选择为:电子通讯设备制造业、石油和天然气开采业、化学原料及化学制品制造业以及生物医药制造业。除此之外,应该将食品加工业、金属制品业、黑色金属冶炼及轧延工业、普通机械制造业、服装及其他纤维制品制造业、电子器械及器材制造业、交通运输设备制造业作为其发展的重点②。

在天津市的"十五"计划中,加大吸收外商投资力度、加快现代制造业基地建设的任务已经被放在了很重要的地位。要扩大天津经济技术开发区;加快工业战略东移的步伐;积极实施新一轮嫁接改造调整。在具体的产业空间发展战略选择上,以海河为轴线,以产业组团发展与交通网络连接为基本取向,形成集群化发展的产业格局以及以卫星城为基础的多核心城市网络,构建新型产业体系的产业组合发展战略,形成一种区域产业结构优化的创新路径③。

目前,天津市区域经济学研究仍然存在一些问题,仍需要不断加强和完善。首先,要加强定量和经济计量方法的研究。定量和计量方法是推动区域经济学和其他相关学科向前发展的主要推动力,因为它提高了区域经济的可操作性,在今后几十年仍将是区域经济学研究的主要内容。其次,要更多地重视微观行为的分析,因为空间过程和空间动态变化研究只能分析个体动机才有可能。第三,加强区域经济理论和区域经济政策的研究。我国正处于转型时期,国家宏观经济政策对区域发展有很大影响,区域结构的变动也会对制定区域经济政策产生重大影响,而且我国还存在城乡二元结构,因此要加强对区域经济理论的研究和探讨,不断寻找适合地区经济发展的区域经济政策。

(本文作者:安虎森,南开大学经济学院教授、博士生导师;李瑞林,南开大学博士生)

国际贸易研究综述

刘书瀚 刘小军

天津在国际贸易学学科领域的研究主要集中在南开大学、天津财经大学、天津商学院和天津社会科学院,另外,其他一些研究机构和实际工作部门的相关研究人员也有一些研究成果。南开大学有国际贸易学的博士点,在全国的国际贸易理论和政策研究中具有比较重要的地位,尤其是其跨国公司研究中心和APEC研究中心都是国家级的重要研究基地。南开大学跨国公司研究中心普通高等学校人文社会科学国家重点研究基地,是我国最有影响的跨国公司研究基地之一。南开大学亚太经合组织(APEC)研究中心是由原国家教委、外交部、外经贸部协商,依据国家教委批示于 1995 年 3 月成立。由此,可以认为南开大学是天津国际贸易学学科研究的主要机构。天津财经大学和天津商学院

① 江曼琦:《天津市产业结构调整方向的分析与选择》,《城市》,2004 年第 2 期。
② 江曼琦:《天津市产业结构调整方向的分析与选择》,《城市》,2004 年第 2 期。
③ 南开大学、天津商学院天津港口贸易经济区发展战略课题组:《天津港口贸易经济区发展战略研究》,2003 年 7 月。

也有国际贸易学硕士点,其中天津商学院是2003年新批准的硕士点,这两个大学也一直是天津国际贸易研究的重要研究机构。天津国际贸易学会在推动天津国际贸易理论研究方面也做了大量的工作。

从国际贸易学学科的层次划分,大致包括国际贸易理论、国际贸易政策(包括对国际贸易政策的理论分析)和国际贸易实践的研究。另外,对要素流动的分析与研究通常也是国际贸易理论研究的一个重要方面,主要分析的是劳动力和资本的流动与国际贸易的关系。其中,资本的流动又包括资本的对外直接投资和间接投资。跨国公司是国际直接投资的主体,因而有关跨国公司问题的研究也可以认为是与国际贸易理论研究相关的一个重要领域。

下面从几个方面分别介绍2003年天津国际贸易学学术研究的一些进展。

一、国际贸易理论

2003年在国际贸易理论研究方面的成果主要以实证研究居多,且都有一定的分量。主要包括以下内容:

关于比较优势和竞争优势的论争。纪昀从内生和外生的角度对比较优势进行了扩展,从而将比较优势和竞争优势纳入统一分析框架之下,为贸易理论和中国的对外贸易发展提供了更为合理的分析基础,并从发挥复合比较优势的角度,对中国的外贸发展提供了政策建议①。

任永菊对我国进口与出口间的关系进行了研究②。作者根据我国1980~2001年的有关数据,在建立VAR模型的基础上,检验了我国进口与出口之间的协整关系;在建立格兰杰因果关系检验模型的基础上检验了二者间的因果关系。检验结果表明,二者之间不仅存在着协整关系,而且在滞后期数为1~2时进口是出口的Granger原因,反之,却不成立。基于检验结果提出了相关的政策建议。

探求适合本国的对外贸易发展战略是各国政府对外贸易政策研究的重点,在我国加入世界贸易组织后的今天更是如此。赵志刚结合当今国际贸易理论的发展和中国贸易发展的实践,对中国总体对外贸易,非制造业对外贸易,制造业对外贸易的行业内贸易决定变量分别进行了实证分析③。结果表明,影响我国总体对外贸易的行业内贸易因素包括,平均市场规模、平均人均收入、外国投资、地理空间距离、平均关税税率;影响我国非制造业行业内贸易发展因素有平均人均收入、外国投资和平均关税税率;影响我国制造业行业内贸易发展因素有市场规模差异、平均人均收入、平均人均收入差异、外国投资、地理空间距离和平均关税税率。与此同时,他还发现产品附加值的程度对影响我国行业内贸易发展有重要作用。

石传玉等人对我国对外贸易与经济增长关系进行了实证分析④。他们通过使用显示性比较优势指数和国际市场占有率指数,对改革开放以来中国比较优势的变化情况进行了实证分析。分析从三个角度进行:一是按照国际贸易标准分类(SITC)在产业层次上测算比较优势;二是选取与中国出口产品相竞争的几个主要国家和地区进行对比;三是以美国、日本、欧盟作为目标市场,比较中国和竞争国在这几大市场上的表现。

天津财经学院的任燕松则对我国出口产品结构与劳动生产率提高的关系进行了实证分析⑤。他们通过对我国1980年以来的初级产品出口、工业制成品出口和名义劳动生产率的数据进行协整分析,揭示了我国名义劳动生产率与初级产品出口有协整关系,与工业制成品出口不存在协整关系,并根据格兰杰表示定理,运用EG两步法,建立误差修正模型,对我国出口产品结构与劳动生产率的关系做出了评价。

对外贸易对经济增长具有重要的作用。高越就我国进出口对GDP及三个产业影响做了实证分析⑥。研究表明,在我国,长期的经济增长是出口导向型的;短期内,进口和出口共同对经济增长起促进作用;进出口对第二、三产业的影响大,对第一产

① 纪昀:《论复合比较优势——对比较优势的拓展》,《国际经贸探索》,2003年第3期。
② 任永菊:《我国进口与出口间的关系检验》,《当代经济科学》,2003年第4期。
③ 赵志刚:《中国对外贸易行业内贸易决定变量》,《世界经济文汇》,2003年第4期。
④ 石传玉等:《我国对外贸易与经济增长关系的实证分析》,《南开经济研究》,2003年第2期。
⑤ 任燕松:《我国出口产品结构与劳动生产率提高的实证分析》,《华东经济管理》,2003年第1期。
⑥ 高越:《我国进出口对GDP及三个产业影响的实证分析》,《国际经贸探索》2003年第4期。

业影响小。

大多数发展中国家在工业化的进程中都面临着贸易自由化的压力。一般而言,这些国家在低技术产品部门上具有比较优势,而在高技术部门往往处于劣势。静态的比较优势原理已很难为多数发展中国家所接受。比较优势由低技术产品向高技术产品转化,也就是说,如何发挥在高技术部门的动态比较优势的问题,早已成为这些国家普遍关心的问题。李永建立了一个一般均衡下的内生比较优势模型,分析了在连续时间福利函数下,发展中国家通过产业政策干预,可以在高技术部门获得动态比较优势,并对动态比较优势的概念和干预期限做了更为合理的界定①。

产业内贸易是指一个国家在出口的同时又进口某种同类产品,它分为水平性产业内贸易和垂直性产业内贸易两种。根据不同的模型,水平性产业内贸易可以由规模经济、消费者的多样化偏好、相互倾销等原因引起;垂直性产业内贸易可以由要素禀赋差异等原因引起。产业内贸易的发展可以减少一国贸易自由化时的经济调整成本;产业内贸易既显示了一国各产业在国际市场上的竞争优势,也与经济发展有显著的相关关系。苑涛指出,我国与发达国家之间的贸易从产业间贸易发展到垂直性产业内贸易之后,可以进一步发展并以水平性产业内贸易为主。我们应当促进我国产业内贸易的发展,最终达到促进经济发展的目的②。

经验分析表明,战略性贸易政策可以起到从国外企业转移利润、支持本国企业竞争和提高国民福利的作用。胡昭玲以中国轿车业为例,在对我国单边实施进口关税效果量化分析的基础上,进一步应用数量模型探讨了战略性贸易政策实施过程中应注意的两个问题,一是实施战略性贸易政策应当注意与其他政策工具相配合;二是应用该政策应当注意技巧,尽量避免引发其他国家的报复,这样才能收到更好的政策效果③。

经验证据和理论分析均表明,外贸规模对经济增长有重要作用。赵娇通过建立 GDP 与进出口总额及 GDP 滞后一期变量的计量模型,从计量分析结果进一步论证了贸易总量是促进我国国内生产总值持续增长的关键因素,进而提出了对外贸易发展需要关注的一些问题④。

王学东尝试以博弈论为分析工具,把中国的"入世"进程置于国际体系的层面进行考察⑤。国际行为体之间的互动,可以看作是围绕国际体系中的权力分配与均衡而展开的竞争与合作,而互动本身又是非对称信息条件下的动态博弈过程。运用非对称信息博弈模型,王学东分析了中国从申请"复关"到"入世"的各个阶段,并得出结论认为,中国"入世"进程的艰难性和复杂性就在于,如何能够在高加入成本与原则性问题之间求得均衡。

李海菠用协整分析、Granger因果性检验等实证分析方法研究了 1973 ~ 2001 年人民币实际汇率与中国对外贸易之间的关系⑥。分析结果显示在这段时间内,人民币实际汇率与中国对外贸易之间存在着长期的均衡关系。他认为,这种均衡关系的存在,从一个侧面表明人民币汇率的变化和调整是适应中国对外贸易发展需要的。

二、国际贸易政策研究

(一)贸易政策的理论分析

战略性贸易政策建立在不完全竞争与规模收益递增的基础上,是新贸易理论在政策领域的延伸与拓展,主要包括战略进口政策、战略出口政策、以进口保护促进出口政策等内容。战略性贸易政策理论被提出之后,许多学者从多方面进行了实证研究,其结论对于实际贸易政策制定颇有借鉴意义。胡昭玲对这些实证文献进行了评述⑦。

耿伟对贸易保护政策选择进行了理论分析⑧。贸易政策选择的纯经济分析并没有为解释现实中的贸易保护主义提供坚实有力的理论依据,这促使

① 李永:《动态比较优势理论:一种新的模型解释》,《经济评论》,2003 年第 1 期。
② 苑涛:《西方产业内贸易理论述评》,《经济评论》,2003 年第 1 期。
③ 胡昭玲:《战略性贸易政策应用于中国轿车业量化效果的再考察——政策工具与外国政府行为对政策实施的影响》,《当代经济科学》2003 年第 6 期。
④ 赵娇:《外贸与经济增长的相关性分析》,《经济问题探索》2003 年第 7 期。
⑤ 王学东:《非对称信息与中国加入世贸组织的过程分析》,《世界经济与政治论坛》2003 年第 2 期。
⑥ 李海菠:《人民币实际汇率与中国对外贸易的关系——基于 1973 - 2001 年数据的实证分析》,《世界经济研究》2003 年第 7 期。
⑦ 胡昭玲:《战略性贸易政策理论实证文献评述》,《经济学动态》2003 年第 4 期。
⑧ 耿伟:《贸易保护政策选择的理论分析》,《中央财经大学学报》2003 年第 7 期。

经济学者着手从政治角度探究现实中贸易保护政策的本质——收入分配问题，以收入分配为主题，将公共选择的一些观点引入贸易理论，通过对政治行为的经济分析，考察了政治决策过程中贸易政策的选择和变化，其基本论点是：贸易政策的制定是国内政治经济诸因素综合作用和各国之间相互作用的结果。

长期以来，自由贸易政策和保护贸易政策一直是各国学者讨论的核心问题。王荣艳比较了传统幼稚工业保护论与新贸易保护论之异同①。这两种保护贸易理论具有很强的实际意义，因此，对两者的主要观点及异同的分析与研究就显得尤为必要。

中国入世以后，必须按照相关协议进行进一步的贸易自由化。贸易自由化会对中国国内就业造成一定程度的冲击，这在当前中国失业下岗相对严重的形势下尤为引人关注。周申建立了一个简明的理论分析框架，探讨了中国贸易自由化过程中国内就业可能受到的冲击，以及汇率政策对维持就业水平稳定，即宏观经济内部平衡的重要性②。作者的基本结论是，中国以适度的名义汇率贬值政策配合贸易自由化改革，对于维持入世后中国宏观经济内部平衡是必要的和有益的。

张连众等人分析了贸易自由化对我国环境污染的影响③。通过建立贸易与环境污染关系的一般均衡理论模型，合理选择数据，对于贸易自由化对我国环境污染的规模效应、组成效应和技术效应进行了定量分析。回归结果显示，规模效应将加剧我国的环境污染水平，而组成效应和技术效应将降低我国的环境污染程度，贸易自由化将有利于我国的环境保护。

（二）世界贸易组织相关问题研究

1.世界贸易组织及相关研究

WTO《政府采购协议》属于《建立 WTO 协议》(附件4)中诸边协议之一，虽然是自愿加入的，但考虑到我国入世时的承诺，加入仅仅是一个时间问题。因此，该协议必然对我国的政府采购体制、特别是政府投资项目的招标产生重大影响。夏立明和何红锋分析了《政府采购协议》的原则、招标公告的发布、资格评审、投标、开标、评标、中标等程序，对完善我国的招标投标制度有借鉴意义④。为保证政府采购限额标准的正确适用，对合同估价进行制度性规定是一个重要前提，何红锋和焦洪宝对与此相关的问题进行了介绍⑤。

我国已承诺入世后按照 WTO《海关估价协议》的要求实施有关海关估价的规定。2002 年新修订的海关法中也从原则上规定了今后实行以“成交价格”为基础的海关估价体系，但这并不意味着我国海关估价制度已完全与国际接轨。刘辉群对因此带来的相关问题进行了全面分析⑥。

他山之石，可以攻玉。借鉴别国入世后的经验和教训也是非常重要的。古巴于 1995 年 4 月 20 日加入世贸组织。入世前后的古巴经历了政策变化较大的一段改革时期。张帆对有关的情况进行了介绍⑦。而张慧芳则介绍了入世后罗马尼亚的改革与发展⑧。罗马尼亚作为典型的经济转轨国家，所面对和解决的许多问题与我国基本相似，因此，研究并汲取该国在 GATT/WTO 框架下经济运行的经验教训对我国极有借鉴意义。

作为乌拉圭回合一揽子协议最重要的自由化协议之一，《农产品协议》受到了最广泛的关注。汪小雯和白玲把该协议的主要内容提炼成四部分，并分析了该协议与其他协议的关系⑨。李洪伟在总结了确定货物原产地意义的基础上，依据 WTO《原产地规则协议》，对我国的原产地规则立法的完善提出了若干建议⑩。

2.世界贸易组织与中国

有关中国加入世界贸易组织对中国经济影响的相关研究依然是国际贸易学研究的一个重点。

① 王荣艳：《传统幼稚工业保护论与新贸易保护论之异同》，《现代财经》2003 年第 3 期。
② 周申：《贸易自由化、汇率政策与中国宏观经济内部平衡》，《世界经济》2003 年第 5 期。
③ 张连众等：《贸易自由化对我国环境污染的影响分析》，《南开经济研究》2003 年第 3 期。
④ 夏立明、何红锋：《论 WTO〈政府采购协议〉的招标程序》，《天津理工学院学报》2003 年第 2 期。
⑤ 何红锋、焦洪宝：《WTO〈政府采购协议〉的合同估价制度》，《中国政府采购》2003 年第 1 期。
⑥ 刘辉群：《关于 WTO〈海关估价协议〉的思考》，《中国物价》2003 年第 3 期。
⑦ 张帆：《入世前后古巴经济政策调整及其效果》，《开放导报》2003 年第 4 期。
⑧ 张慧芳：《入世后罗马尼亚的改革与发展》，《开放导报》2003 年第 1 期。
⑨ 汪小雯、白玲：《〈农产品协议〉的主要内容及其与 WTO 其他协议的关系》，《天津商学院学报》2003 年第 3 期。
⑩ 李洪伟：《WTO〈原产地规则协议〉及我国相关立法的完善》，《天津商学院学报》2003 年第 5 期。

逄锦聚提供了中国加入世界贸易组织后经济运行的实际情况，对加入世界贸易组织给中国经济带来的影响进行了分析，对中国经济发展的趋势进行了预测①。郝寿义则介绍了入世后政策演变的国际经验与启示②。他认为，在世贸组织中找准自己的位置，充分利用自由贸易原则谋求国家利益的最大化，并根据有关特别规则进行自我保护，是我们急需研究的重大课题。各国家和地区在加入WTO后，为了各自的经济利益，并非严格按照要求实行完全的自由贸易政策，而是自由与保护并存；政府的作用不是弱化而是加强了。因此，我国也应该充分借鉴其他国家的经验，采取相应的对策和措施。

王金利分析了“入世”给我国工业企业发展带来的难题并提出了相关对策③。加入WTO，对我国经济、社会的发展将产生广泛而深远的影响，在给我国经济带来新的发展机遇的同时，也带来了挑战。面对世界经济全球化的趋势和WTO带来的挑战，分析我国的工业企业面临的有利因素与难题并提出相应对策是非常重要的。

中国入世后的保险业面临着众多机遇，同时也将面对各种挑战。为确保中国保险业以较快速度发展，必须开拓创新、重视人才培养、加强保险监管力度、提高服务质量及管理水平。宋颖对与此相关的问题进行了分析④。

加入WTO，意味着我国企业需要按照国际惯例开展贸易活动，会计作为企业间贸易交往的通用语言，将会发挥更加重要的中介作用。对此，李建华等人认为，加入WTO给我国会计准则、会计市场带来机遇的同时也带来了挑战，并指出应采取积极的对策，完善会计审计法规，提高职业道德，正确对待国际化趋势⑤。

加入WTO后，作为第三产业中重要支柱产业的天津旅游业将面临新的发展机遇与来自多个侧面的挑战。因此，整合与强化旅游环境基础是天津旅游经济发展的关键。李建航从多个角度对此问题进行了论述⑥。

作为一个全球性的问题，环境保护不可避免地与国际贸易联系在一起。面对我国加入WTO后，如何应对外贸与环保的机遇和挑战，戚道孟在分析了WTO的基本环保规则和我国的环保立法的基础上，针对我国入世后面临的挑战，从国际和国内的不同角度提出了我国目前的应对之策，以适应国际贸易生态化的潮流⑦。

在入世谈判中，同其他领域一样，中国对农业问题也做出了承诺。作为世贸组织的成员，中国将严格执行WTO《农业协议》及其自己的承诺。这将给我国农业带来强烈的冲击和深刻的变化。赵晓晨指出，我们应采取措施，积极应对，趋利避害，因势利导，使中国农业由凸显的“软肋”变成支撑中国经济脊梁的“硬骨”⑧。

加入WTO表明中国利用外资进入了一个新的阶段，在一系列贸易政策方面需要同WTO原则接轨。郭祥论述了加入WTO对于我国在投资地区、投资领域、投资方式等方面利用外资所产生的影响⑨。他指出，加入WTO也对我国现行的外资利用管理方式及相关法律政策等方面提出新的考验。

中国加入WTO后，市场将逐步开放，竞争会更加激烈，市场开放作用的结果，必然造成居民收入与生活水平的两极分化。宫占奎通过对中美两国财政支出中社会保障支付的比较研究，提出我国建立与健全公共财政制度的建议，以应对市场开放、提高社会保障能力、促进经济与社会发展⑩。

加入WTO，标志着中国经济体制改革进入新的发展阶段，过渡性市场经济体制将逐步转变为完全的市场经济体制。与此相适应，人才需求走势必将依据市场经济所要求的轨迹发展，人力资源配置机制、人才流动区域、人才素质要求、人才培养模式等都将发生深刻变化。刘文江和白玲对与此相关的

① 逄锦聚：《加入WTO后的中国经济》，《南开学报》2003年第1期。
② 郝寿义：《入世后政策演变的国际经验启示》，《开放导报》2003年第4期。
③ 王金利：《“入世”给我国工业企业发展带来的难题及其对策》，《现代财经》2003年第2期。
④ 宋颖：《入世与中国保险业的改革发展》，《广州经济管理干部学院学报》2003年第3期。
⑤ 李建华等：《加入WTO对我国会计准则、会计市场的挑战及其对策》，《北方经贸》2003年第7期。
⑥ 李建航：《加入WTO与天津旅游经济发展的环境基础》，《天津商学院学报》2003年第1期。
⑦ 戚道孟：《WTO法律制度与中国对外贸易中的环保问题》，《天津商学院学报》2003年第1期。
⑧ 赵晓晨：《中国加入WTO农业承诺及其对策》，《江西财经大学学报》2003年第1期。
⑨ 郭祥：《加入WTO对我国利用外资的影响》，《安徽农业科学》2003年第5期。
⑩ 宫占奎：《公共财政：加入WTO后的财政政策调整——中美财政支出结构比较研究》，《南开经济研究》2003年第1期。

问题进行了论述并提出了对策①。

邱晓德着重探讨了在中国加入 WTO 后，面对金融市场的全面开放，如何加快培养与建立我国的体育博彩业，以应对国外体育博彩业的侵入等有关问题②。

贸易与环境的关系是世界贸易领域的热点问题。WTO 倡导贸易自由化，提倡绿色措施，实现可持续发展。但是，近年来在各种绿色国际贸易实践中，很多国家尤其是发达国家普遍存在着过度滥用这种政策的现象，绿色贸易壁垒已经成为发达国家对付发展中国家贸易政策的一个部分，对我国等发展中国家形成了严重的贸易压力。李惠娟、祝圣训通过对“绿色壁垒”的特点与形式的分析，探讨其对我国进出口贸易的影响，并提出相应对策③。姜芳在分析绿色壁垒的含义、种类、特点及其对我国对外贸易的影响基础上，从政府和企业两方面就我国如何在绿色壁垒盛行的国际环境中扩大对外贸易、占领国际市场等，提出了应对措施④。

刘隽亭指出，在我国税制与 WTO 规则相距较远的情况下，只有因势利导，及时调整完善税制，最大限度地与国际惯例接轨，才能使我国社会主义市场经济融入国际市场的潮流中，趋利避害，促进国民经济持续稳定的增长⑤。

补贴与反补贴措施是随着现代国际贸易的形成而出现的。李学稳对国际贸易中的反补贴趋势与我国反补贴制度的完善进行了研究⑥。他指出，中国应利用反补贴调查保护国内市场，必须加大立法与执法力度，在出口方面必须改革补贴体制，执行 2002 年反补贴条例的相关规定。

当前，全球经济一体化与贸易自由化已是大势所趋，但区域利益集团化的格局也在加强，国际间的贸易争端日益频繁和加剧，尤其是近年来随着国际市场的日益饱和，国际上倾销与反倾销的矛盾日益激烈。陈宝领分析了一些发达国家和 WTO 国际组织的有关反倾销法律及我国出口产品如何应对的措施⑦。王玉婧对我国如何应对外国对华反倾销提出了一些对策⑧。

加入 WTO 后，中国和其他 WTO 成员国一样，已在一种新的多边规则下进行服务业开放和国际服务贸易活动。梁秀伶分析了入世后我国服务贸易的市场开放现状，发现服务贸易的市场开放不仅存在一些问题，而且与发达国家甚至一些发展中国家和地区相比较，还有相当大的差距⑨。作者提出我们应适时制定发展战略，选择应对措施。

中国加入世界贸易组织以及美国结束对华正常贸易关系地位的年度审议，确立对华永久性正常贸易关系地位，这些将消除长期以来阻扰中美关系改善和中美经贸发展的重大障碍，这是中美关系中具有历史性意义的事件，同时也为中美贸易关系的健康发展奠定了坚实基础。郑昭阳、陈漓高就PNTR以及中国入世对中美贸易关系的影响问题进行了全面的分析⑩。

兰天对世贸组织框架下中国银行业战略竞争模式进行了研究⑪。中国银行业服务市场的开放，意味着商业银行的市场化竞争已经拉开了帷幕。如何使中资银行在与外资银行同台竞技中处于不败之地？作者结合我国银行业入世承诺的开放时间表，以博弈论为分析工具，对我国贸易政策变动可能引起的银行业竞争结构变化进行了理论探讨，并对此提出了相关的可行性竞争战略。

刘汉辉对 WTO 与我国中小企业技术创新的战略定位问题进行了研究⑫。入世后中小企业应根据形势的变化适时进行技术创新的战略定位，并选择相应的促进思路和对策。

（三）区域经济一体化问题研究

① 刘文江、白玲：《适应 WTO 人才需求调整我国人才配置模式》，《经济问题探索》2003 年第 6 期。
② 邱晓德：《中国加入 WTO 后如何尽快发展体育博彩业》，《北京体育大学学报》2003 年第 6 期。
③ 李惠娟、祝圣训：《打破绿色贸易壁垒积极应对加入世贸挑战》，《商业研究》2003 年第 9 期。
④ 姜芳：《绿色贸易壁垒对我国对外贸易的影响与对策》，《现代财经》2003 年第 1 期。
⑤ 刘隽亭：《面对 WTO 规则的我国税制方向性调整》，《现代财经》2003 年第 4 期。
⑥ 李学稳：《国际贸易中的反补贴趋势与我国反补贴制度的完善》，《现代财经》2003 年第 5 期。
⑦ 陈宝领：《西方国家和国际组织的反倾销与我国企业应对策略》，《现代财经》2003 年第 7 期。
⑧ 王玉婧：《再析加入 WTO 后应对外国对华反倾销策略》，《经济问题探索》2003 年第 7 期。
⑨ 梁秀伶：《入世后我国服务贸易市场开放状况与对策》，《现代财经》2003 年第 9 期。
⑩ 郑昭阳、陈漓高：《PNTR以及中国入世对中美贸易关系的影响》，《生产力研究》2003 年第 5 期。
⑪ 兰天：《世贸组织框架下中国银行业战略竞争模式研究》，《国际贸易问题》2003 年第 4 期。
⑫ 刘汉辉：《论 WTO 与我国中小企业技术创新的战略定位》，《工业技术经济》2003 年第 1 期。

1.一般理论与政策研究

谢建国用博弈分析方法对区域贸易协定进行了分析①。他在多国模型的基础上研究了多边贸易自由化与区域性贸易协定的关系,模型显示,近年来区域性贸易协定的涌现是多边贸易合作深化的一个必然结果。多边贸易合作的深化一方面使成员国利益得以维持,另一方面使一些非区域贸易组织成员国利益受到区域贸易组织的损害,从而从外部推动非成员国寻求加入某个区域贸易组织以使本国福利水平最大化。他的这一研究为当前国际贸易区域集团化的趋势给出了一个合理解释。

通过对美、加、墨三国加入北美自由贸易协定前后的经济增长进行分析,白当伟和陈漓高得出以下结论:三国的经济增长率在1994年前后发生了较明显的变化,表现为经济增长速度提高和标准差降低,经济增长的相关性明显增强②。这说明美、加、墨三国在加入北美自由贸易协定后经济增长加速的同时,也出现了经济增长更为稳定和经济波动趋同的现象。

随着经济的全球化,在以GATT和WTO为代表的多边贸易自由化不断深化的同时,区域经济一体化组织层出不穷。而区域经济一体化对于世界福利和多边贸易是有利有弊的。李栋琳对此进行了分析,并指出在政策制定上要扬长避短,既限制其不利的影响,同时又要发挥它的积极作用③。

屈子力、靳玉英对区域经济集团化与全球贸易自由化的关系进行了重新分析④。他们认为,区域经济集团化对全球贸易自由化的影响不能一概而论,而是因区域经济集团内各成员的生产分工与贸易性质不同而有别。如果一个区域经济集团的建立是为了更好地发挥规模经济的效应,且集团内贸易以行业内贸易为主,那么,这个集团将是开放的,它将促进贸易自由化的进程;如果一个区域经济集团是为获取比较优势,且其内部贸易形式主要为行业间贸易,那么,这样的集团将是封闭的、排外的,会阻碍全球贸易自由化的进程。

2.与APEC相关问题的研究

王慧对中国在WTO和APEC中贸易自由化进程作了比较分析⑤。按照亚太经济合作组织(APEC)的目标,我国在APEC中的贸易自由化应比世贸组织目前的水平更高一些,而对我国在世贸组织中的承诺和在APEC的单边行动计划进行的比较表明,中国在APEC单边行动计划中的贸易自由化并没有超过在WTO中的贸易自由化程度。通过分析APEC与WTO的互动关系和APEC的推进方式,作者指出了我国今后在APEC中推动多边贸易体制发展的努力方向。

根据茂物目标,APEC制定了相应的行动计划和实现这些目标的时间表,这意味着APEC各成员必须面对自由化过程中出现的问题和挑战,包括金融危机的影响,增长过程中的各种压力以及新技术的冲击。宫占奎、袁克指出,这其中最为关键的问题是能力建设⑥。

亚太经合组织是一个经济论坛,但近几年来它在地缘战略和政治安全领域也发挥着不容忽视的作用。将来亚太经合组织有可能发展成为一个正式讨论政治安全问题的机制。为此,王小龙就亚太经合组织与地区政治安全问题进行了较为全面的分析⑦。

《上海共识》是2001年APEC会议的主要成果。其中"探路者"方式的提出颇引人注目。孟夏对APEC"探路者"方式及其新进展进行了介绍⑧。根据这一方式,APEC将在有条件的成员中率先采取行动和措施,推动贸易便利化和经济技术合作。这不仅会增加APEC活动的实质性内容,而且其成果也将对APEC进程发挥积极作用。

加强透明度条款对提高APEC经济体的政府经济管理能力,从而促进本地区的经济繁荣具有重要意义。《APEC领导人关于执行APEC透明度标准的

① 谢建国:《多边贸易自由化与区域贸易协定:一个博弈论分析框架》,《世界经济》2003年第12期。
② 白当伟、陈漓高:《北美自由贸易协定成立前后美、加、墨三国经济增长的比较研究》,《经济评论》2003年第5期。
③ 李栋琳:《区域经济一体化对世界福利及多边贸易体制的影响》,《天津市财贸管理干部学院学报》2003年第2期。
④ 屈子力、靳玉英:《区域经济集团化与全球贸易自由化的新视角》,《南开学报》(哲学社会科学版)2003年第3期。
⑤ 王慧:《中国在WTO和APEC中贸易自由化进程比较结果分析》,《国际贸易问题》2003年第6期。
⑥ 宫占奎、袁克:《能力建设:APEC进程中的关键议题》,《国际经济合作》2003年第4期。
⑦ 王小龙:《亚太经合组织与地区政治安全问题》,《当代亚太》2003年第4期。
⑧ 孟夏:《APEC"探路者"方式及其新进展》,《当代亚太》2003年第5期。

声明》的通过和实施为此提供了有力的行动指南。盛斌就APEC透明度标准问题的起源和沿革、实现APEC透明度标准的战略和行动框架、特点和存在的问题等内容进行了深入的分析,并对我国执行透明度标准提出政策建议①。

朱彤则对我国加入 WTO 后在APEC总体战略的调整进行了分析②。他指出,入世以后,我国在APEC的战略需要进行一些调整,以利用它们各自的优势,促进我国经济与世界经济的接轨以及国际经济新秩序的建立。APEC的活动主要在三个领域进行:即贸易与投资的自由化、便利化、经济和技术合作以及对 WTO 的支持。入世后,我国对APEC上述三个领域的活动应该有新的视角和新的战略。朱彤认为,成员之间在贸易投资自由化方面的矛盾,是制约APEC未来发展的主要矛盾,目前APEC发展所面临的许多困境就是因为这个主要矛盾没有解决。他认为应该在APEC"三个支柱"中采取"机制化"和"有条件的开放的地区主义"方式。此外,他还分析了APEC合作在"三个支柱"以外的"新领域"的发展,并认为,这些"新领域"合作的进展对APEC未来的发展具有重要的意义和含义③。

3.东盟问题

自 1992 年东盟自由贸易区成立以来,东盟在贸易与投资自由化、便利化方面采取了许多措施。1992 年东盟《共同有效优惠关税协议》和 1998 年的《东盟投资区框架协议》是东盟两个最基本的贸易和投资框架协议,在这两个框架协议及之后的修正草案下,东盟各国逐步降低产品关税,放开对直接投资的限制,并给予投资优惠政策。这些措施的实施必然会影响到东盟的贸易、投资和以机械运输设备为载体的知识资本存量。刘宁和吴鹏飞对东盟自由贸易区的福利效应进行了分析④。

郑昭阳针对东亚地区贸易合作的现状,对东亚国家建立"10+1"和"10+3"自由贸易区的基础及其影响进行比较分析⑤。同时,他也指出,东亚金融危机以后,东亚国家贸易合作的步伐开始加快,但其合作程度仍然落后于欧盟及北美自由贸易区,在东亚地区,只有建立"10+3"自由贸易区才更加有利于东亚国家福利水平的提高⑥。

史祺对中国东盟自由贸易区与APEC方式进行比较分析⑦。中国东盟自由贸易区(10+1)作为一个制度化的一体化组织,建成及生效以后会对APEC将产生一定的影响。

20 世纪 90 年代以来,国际上区域集团化迅速发展。然而,东亚国家区域一体化步伐相对较慢,目前仅形成了中国—东盟自由贸易区,包括中日韩和东盟在内的东亚自由贸易区尚未建立。郑昭阳和陈漓高通过比较分析各国贸易竞争指数、出口商品的显示性比较优势指数,以及进出口相似度指数来探究东亚国家在对外经济贸易中竞争关系与合作关系,并且希望为东亚地区进一步经济贸易合作提供依据⑧。

孙建平从辩证法角度对中国和东盟的经贸关系进行了分析⑨。在辩证法视野下考察中国与东盟的经贸关系,作者认为,我们要从竞争和冲突的挑战中看到互补和兼容。

公峰涛通过对中国和东盟在这 10 年间的总体发展趋势、贸易结构变化、竞争优势商品等来研究在这 10 年间中国和东盟贸易模式所发生的一些变化,并就未来双边经贸发展进行预测⑩。

孙建平在对中国与东盟的贸易投资关系进行分析时指出,在前景上既面临着前所未有的良好机遇,同时又面临着不可忽视的挑战。机遇主要表现为双边贸易获得长足增长,直接投资迅速增加,贸易与投资合作的领域拓宽,水平提高。挑战主要表现为出口竞争加剧和吸引外资的竞争更加明显⑪。

① 盛斌:《APEC透明度标准研究及中国的对策》,《亚太经济》2003 年第 6 期。
② 朱彤:《我国加入 WTO 后在APEC总体战略的调整》,《亚太经济》2003 年第 1 期。
③ 朱彤:《APEC的基本矛盾和未来发展思路》,《南开经济研究》2003 年第 6 期。
④ 刘宁、吴鹏飞:《东盟自由贸易区的福利效应分析》,《国际贸易问题》2003 年第 9 期。
⑤ 郑昭阳:《"10+1"和"10+3"贸易合作的比较分析》,《亚太经济》2003 年第 5 期。
⑥ 郑昭阳:《东亚国家贸易合作及其影响》,《国际贸易问题》2003 年第 10 期。
⑦ 史祺:《中国东盟自由贸易区与APEC方式》,《国际经济合作》2003 年第 8 期。
⑧ 郑昭阳、陈漓高:《东亚国家外贸关系竞争与合作的比较分析》,《世界经济研究》2003 年第 2 期。
⑨ 孙建平:《辩证法视野下的中国—东盟经贸关系》,《世界经济研究》2003 年第 6 期。
⑩ 公峰涛:《中国—东盟贸易模式分析》,《生产力研究》2003 年第 4 期。
⑪ 孙建平:《中国与东盟的贸易投资关系分析》,《山东工商学院学报》2003 年第 2 期。

三、贸易实践

高越对2002~2003年我国对外贸易形势进行了回顾与展望①。2002年前3季度我国对外贸易，特别是出口保持强劲的增长势头，这得益于我国国民经济持续稳定发展和加入世贸组织带来的正面效应。在展望2003年时，他指出国内外经济形势总体上相对有利，但各种不确定因素也不少。预测我国2003年的进出口增长分别在15%、16%左右。我国应积极扩大出口、提高国际竞争力、搞好贸易配套措施、积极应对贸易保护主义和反倾销。

钢铁是我国入世以来第一次运用保障措施保护的国内产业，但即使如此，2002年，我国依然一举成为世界钢材进口最多的国家。李双燕分析了我国在钢材进口方面存在的问题，并对政府和企业为提高钢铁产业竞争力提供了建议②。

冼国明和张岸元对美国的出口限制提议与中国半导体工业的发展问题进行了分析③。

四、跨国公司研究

(一)理论研究

崔新健在OL理论的基础上，提出了外国直接投资(FDI)供需均衡分析范式——DS模型④。他首先归纳了FDI主流理论发展脉络，剖析了宏观理论的现存问题；其次，阐述了构建DS模型的基础，提出了模型的核心概念——FDI效应价格，建立了由FDI需求曲线和FDI供给曲线构成的DS模型；最后指出了DS模型的理论意义和应用价值。

跨国公司的进入，促进了发展中东道国的技术深化和产业升级。然而，随着全球并购浪潮的兴起，跨国公司的实力膨胀，其市场垄断力量增强，限制性商业做法(RBP)盛行，损害了发展中东道国的利益。因此，发展中东道国应加紧制定以限制跨国公司市场垄断力量和限制性商业做法为主要内容的竞争政策。王自锋和陈宁对发展中东道国的竞争政策内容和选择进行了探索⑤。

跨国公司对东道国出口的影响不仅表现在跨国公司自身的出口，更重要的是跨国公司在东道国的投资带动整个东道国出口竞争力的提高和出口总量的增长。戴金平就跨国公司对发展中国家的出口竞争力问题进行了全面的分析⑥。

20世纪70年代以来，随着跨国公司对外直接投资的迅猛发展，其行为的社会责任问题受到国际社会的普遍关注，企业和学术研究者对跨国公司社会责任的研究亦日益增加。葛顺奇和李诚邦对跨国公司在东道国承担社会责任的相关理论研究进行了介绍和分析⑦。跨国公司的对外直接投资对东道国市场结构产生深刻影响，邱立成和洪涌通过对产量竞争这一微观厂商行为进行了深入分析，揭示出跨国公司在东道国的产量竞争中的制胜利器是其较低的边际成本和东道国市场缺乏需求弹性。他们同时指出，垄断或寡占竞争市场格局的形成取决于东道国市场的开放度以及竞争者之间的实力对比⑧。

跨国经营企业在进行投资区位选择时，应对拟投资区域的政治、经济环境以及资源及技术条件进行综合评估，最后确定最优投资区位。对该问题，段保乾和张军进行了深入的分析⑨。吴先明则就跨国公司当地化的动因、特征与影响进行了分析⑩。他指出，跨国公司在中国市场的成功不仅需要依靠原有的优势，而且必须针对中国市场的特点创建新的优势。当地化在一定程度上改变了跨国公司原有的商业模式，并对竞争优势作出了新的解释。

跨国公司与东道国之间的博弈结果是双方受益，因而是一种"正和博弈"。东道国的FDI制度以及跨国公司FDI制度都是这种博弈的均衡结果，洪涌通过内生博弈规则和外生规则内部化而完成了作为整体的FDI制度的自我维系过程⑪。由于信息

① 高越：《2002~2003年我国对外贸易形势回顾与展望》，《国际经贸探索》2003年第1期。
② 李双燕：《试析我国钢材进口的问题与对策》，《国际贸易问题》2003年第11期。
③ 冼国明、张岸元：《美国的出口限制提议与中国半导体工业的发展》，《国际经济合作》2003年第6期。
④ 崔新健：《外国直接投资宏观理论：DS模型》，《外国经济与管理》2003年第4期。
⑤ 王自锋、陈宁：《论跨国公司与发展中东道国的竞争政策》，《国际贸易问题》2003年第3期。
⑥ 戴金平：《跨国公司与发展中国家的出口竞争力》，《国际经济合作》2003年第5期。
⑦ 葛顺奇、李诚邦：《社会责任：跨国公司必须跨越的一道门槛》，《国际经济合作》2003年第9期。
⑧ 邱立成、洪涌：《跨国公司与东道国市场竞争——基于古诺模型的静态博弈分析》，《当代财经》2003年第11期。
⑨ 段保乾、张军：《跨国公司优化投资区位研究》，《经济师》2003年第11期。
⑩ 吴先明：《跨国公司当地化：动因、特征与影响》，经济理论与经济管理》2003年第2期。
⑪ 洪涌：《跨国公司与东道国关系制度分析》，《商业研究》2003年第23期。

的不对称和国家的多重悖论，加剧了博弈的复杂性，因而形成了动态的、连续的多阶段均衡，其外在表现就是FDI输入既有连续性、规律性，又有波动性、不确定性。

跨国经营的实质不仅在于利用和发展原有的优势，还在于保持和寻求新的优势。马亚明和张岩贵从技术扩散的角度出发，论证了技术落后厂商进行FDI可能是为了在地理上靠近先进厂商以分享技术溢散的好处，而不是为了利用已有的优势，从而在理论上阐明了发展中国家企业进行FDI的经济合理性[①]。

柴正猛和张岩贵用一个改进的KMRW声誉博弈模型解释了近年来跨国公司与许多(发展中)东道国政府之间的稳定合作现象和斯特兰奇与斯托普福德提出的"正和博弈"思想。他们使用的模型为有限人数的多人多阶段动态博弈模型，它考虑了声誉价值、信息成本和时间成本，讨论了囚徒型、学习型和声誉型三类参与人的策略选择，排除了KMRW声誉博弈模型中"非理性假定"存在的必要，对现实有更强的解释力，有重要的理论意义和实践意义[②]。

刘翼和冼国明对跨国公司区位决定因素的变化问题进行了深入的分析[③]。随着经济全球化和一体化进程的不断加快以及国际生产体系的不断完善，跨国公司对外直接投资在各国之间的分布呈不平衡的发展态势。这种地理分布格局的变化，标志着东道国投资环境以及推动国际生产区位选择的经济因素发生了改变，这反映出政策自由化、技术进步和企业战略三个层面的变化。所以，发展中东道国需要着力于产业群集、区位优势组合以及投资促进政策的发展，以便更好地吸引跨国公司和外国直接投资。

(二)实证研究

任永菊根据中国1983～2002年的有关数据，在建立向量自回归模型的基础上，检验外国直接投资与东道国经济增长之间是否存在协整关系，在建立格兰杰因果关系检验模型的基础上，检验二者之间是否存在因果关系。检验结果表明，二者之间存在着协整关系，但是滞后期数不同时，二者之间却存在不同的因果关系。最后在给出结论的基础上针对中国目前的现实情况提出了建议[④]。任永菊和张岩贵对外国直接投资与金融深化之间关系进行了实证分析[⑤]。他们以中国1985～2001年的统计数据为例，在建立向量自回归模型以及格兰杰因果关系检验模型的基础上，对外国直接投资与金融深化间的协整关系和因果关系分别进行了检验。主要检验结果是：第一，外国直接投资和信贷规模之间不存在上述两种关系；第二，外国直接投资和货币化程度之间存在协整关系；同时，任永菊对外国直接投资与天津经济发展的关系进行了实证研究[⑥]。她沿袭Feder模型的思路，将天津经济部门分为两大部门——内资部门和外资部门，使用天津的有关统计数据，对1992年至2001年外国直接投资对天津经济增长的直接和间接贡献做了一个综合性计量分析。主要结论是，外资部门对天津经济增长的贡献非常之大，是不容忽视的，外资部门的边际生产力比内资部门的边际生产力高0.938倍；同时，内资部门的劳动力生产效率却远远高于其资本效率。

戴金平和冯蕾利用分布滞后模型对各省市1985年以来的数据进行回归分析，显示各地区外国直接投资对当地出口的贡献率的差异；并从外国直接投资来源、外资企业规模、外资企业出口数量、外国直接投资产业结构、科技人员数量和R&D比重六项指标对各省市差异进行统计分析，揭示了外国直接投资对出口的贡献率因地而异的原因[⑦]。

谢建国以实证方法研究了中国产品出口竞争力与FDI的关系，结果表明，中国产品竞争力的变化有较强的路径依赖特征，FDI虽然不是中国产品出口竞争力的决定因素，但却是打破这种路径依赖的重要原因。FDI提高了中国工业制成品，特别是高技术含量产品的出口竞争力，有利于中国产业结构

---

① 马亚明、张岩贵：《技术优势与对外直接投资：一个关于技术扩散的分析框架》，《南开经济研究》2003年第5期。
② 柴正猛、张岩贵：《跨国公司与东道国政府之间的多阶段正和博弈分析》，《南开经济研究》2003年第5期。
③ 刘翼、冼国明：《跨国公司区位决定因素的变化——兼论作为东道国的发展中国家的政策思考》，《南开学报》(哲学社会科学版)2003年第3期。
④ 任永菊：《外国直接投资与中国经济增长之间关系的实证分析》，《经济科学》2003年第5期。
⑤ 任永菊、张岩贵：《外国直接投资与金融深化之间关系的实证分析》，《世界经济文汇》2003年第5期。
⑥ 任永菊：《外国直接投资与天津经济发展的实证研究》，《工业技术经济》2003年第5期。
⑦ 戴金平、冯蕾：《外国直接投资与中国的出口竞争力——地区差异的实证研究》，《南开经济研究》2003年第5期。

的优化，促进了中国出口结构向高技术产品出口结构的迁移。实证结果同时显示，跨国公司投资对中国资源密集型产业及一般技术制造业并不具有显著的促进作用①。

现有关于外国直接投资与一国出口之间关系的研究，往往停留在定性的水平上，更进一步的定量分析则不常见。

外商直接投资的溢出效应是获得外国先进科学与管理技术的重要渠道，因此引起国外学者和政府部门的关注与重视。王悦对外商直接投资的溢出效应进行的分析表明，我国吸引外资成就骄人，而外商直接投资溢出效应却不尽如人意，究其原因，可能是由于我国各行业内外资企业之间技术差距、行业竞争程度以及外资所在地企业集群化发育程度等因素所造成，为此必须采取相应措施以提高外资溢出效应发生的频度与强度②。

联合国贸发会议（UNCTAD）在《2002年世界投资报告》中首次采用了业绩指数和潜力指数，评估各国利用外资的业绩与潜力。指数表明，中国在吸收外资方面业绩平平、潜力不足。葛顺奇通过分析两个指数的要素构成及评价方式，指出指数设计的不足及其应用的局限性，并认为，中国利用外资区域间的不平衡导致报告对中国评估的失真。中国在吸收外资方面，不仅业绩显著，而且具有潜力③。

跨国并购对东道国经济的影响是政府制定相关政策法规的现实依据。叶勤从现有研究、调查和案例出发，实证分析了跨国并购对发达国家、发展中国家和中国企业绩效、短期和长期就业、市场垄断等的不同影响，为政府制定相关政策措施提供借鉴④。

近年来，大型跨国公司进入中国的一个显著变化就是加大了技术投入，跨国公司在华的技术扩散效应也愈加明显。张建东从分析跨国公司在华技术扩散的原因入手，进一步分析了技术扩散的表现，并有针对性地提出一些设想与建议⑤。

（三）实践研究

葛顺奇对跨国公司国际直接投资进行了全面的回顾与展望⑥。

跨国银行的发展既能促进经济增长，也使得金融体系更加脆弱。跨国银行自身的特殊性决定了跨国银行监管的必要性。为了解决跨国银行业务发展过程中存在的问题，国际社会设计出了许多有益的法规和制度。这些国际惯例对于我们这样一个金融市场并不十分完善、银行业正在逐步开放的国家来讲是十分重要的。王中华对跨国银行监管的国际惯例进行了介绍和分析⑦。

近年来，伴随日本企业海外投资重心向亚洲的转移，日本各产业以东亚为中心面向21世纪构建亚洲战略化生产体系取得了很大进展，正在形成适合亚洲当地需要、面向未来的生产全球化的分工体系；同时，有竞争优势的日本型的生产经营制度也在向东亚国家转移。张岩贵和岑歧就日本对东亚的跨国投资战略格局及特点进行了分析⑧。

随着中国参与经济全球化进程的不断加快，中国企业通过实施"走出去"战略，加快了跨国经营、海外市场拓展的步伐。在此背景下，许晖以中资企业跨国经营的实证研究为基础，对跨国经营中的障碍等相关问题展开分析，探讨了外向型的中国企业应如何顺应世界潮流，面向世界，在全球范围内最有效利用各种经营资源，以提升自己的竞争能力，在跨国竞争中求得生存和发展的相应策略⑨。

许晖在充分研究跨国公司拓展国际市场战略模式相关理论及其应用的基础上，尝试构建国际市场进入战略模式选择决策的综合性模型。并基于对中国企业跨国经营战略模式选择现状及相关问题的探析，提出战略模式选择的相应对策建议，以期对中国企业实施"走出去"的战略选择提供有益的借鉴⑩。

① 谢建国：《外商直接投资与中国的出口竞争力——一个中国的经验研究》，《世界经济研究》2003年第7期。
② 王悦：《外商直接投资的溢出效应分析》，《价格理论与实践》2003年第11期。
③ 葛顺奇：《中国利用外资的业绩与潜力评析》，《世界经济》2003年第6期。
④ 叶勤：《跨国并购对东道国经济影响的实证分析》，《财贸研究》2003年第5期。
⑤ 张建东：《跨国公司在华技术扩散效应分析》，《当代财经》2003年第11期。
⑥ 葛顺奇：《跨国公司国际直接投资：回顾与展望》，《世界经济》2003年第3期。
⑦ 王中华：《跨国银行监管的国际惯例及其启示》，《国际贸易问题》2003年第8期。
⑧ 张岩贵、岑歧：《日本对东亚的跨国投资：战略格局及特点》，《国际经济合作》2003年第9期。
⑨ 许晖：《中国企业跨国经营的障碍探析与策略研究》，《经济问题探索》2003年第9期。
⑩ 许晖：《跨国公司拓展国际市场战略模式研究》，《华东经济管理》2003年第6期。

(四)WTO与国际投资关系问题研究

葛顺奇对WTO多边投资框架与我国对策问题进行了探讨①。通过多边投资框架可能对我国产生的现实和潜在经济影响的分析,作者提出了我国在WTO多边投资框架问题上应该坚持的基本立场。并分别就框架所涵盖的主要议题,探讨了我国所面临的问题和对策。最后提出了我国在谈判过程中的策略选择。

例外条款及国际收支安全保障虽然不是多哈议程的主要内容,却是多边投资框架(MFI)中7个需要讨论的问题之一。冼国明和陈建国对WTO多边投资框架中的例外条款与国际收支安全保障问题进行探索②。目前,在国际贸易、货币和金融政策的规制上都已经有多边框架存在并有效地发挥作用,但是,一直缺少一个综合性的对国际直接投资规制的多边框架,建立一个国际直接投资规制框架的任务已落在WTO身上。他们对此作了深入的分析③。

在实践中,因国际投资引起的法律争端经常发生。冼国明和程宝库对WTO“多边投资框架”争端解决机制谈判前景进行了分析④。

盛斌认为,多边投资框架(MFI)的磋商与谈判是当前WTO“发展回合”议程中的焦点议题之一,他针对实现未来多边投资安排途径的两种基本观点加以比较、评述和分析,并就其对发展的含义以及对谈判方式和核心要素的启示进行研究⑤。

(五)我国利用外资问题研究

江苏、浙江和广东是我国吸引跨国公司直接投资的主要省份。葛顺奇和郑小洁对3省利用FDI的特征及趋势进行了比较研究,通过计算3省吸引外资的业绩与潜力指数,评价了其利用外资的业绩和未来进一步吸引外资的潜力⑥。

随着中国对外开放的深入以及新一轮经济增长的到来,中国与跨国公司的合作也进入了一个新的阶段,在这种背景下,跨国公司的对华投资战略也发生了一些新的变化,陈漓高和谢建国对跨国公司的对华投资战略的演变趋势及我们的应对策略做了有益的探讨⑦。

考察二十多年来跨国公司在华企业的股权结构变动趋势,可以清晰地发现,其独资倾向日益明显。李维安和李宝权在借鉴国内外学者关于跨国公司股权结构战略的研究成果基础上,在东道国为新兴市场经济国家前提下,提出了一个跨国公司股权结构战略两阶段演进模型,揭示了跨国公司在华独资倾向增强的深层原因,即旨在追求股权结构战略改进的预期收益⑧。

齐欣认为,跨国公司在华R&D投资的不断发展与升级,对于增强我国的技术创新能力、人力资源开发以及提高科技水平有明显促进作用。但同时也对我国的技术引进战略带来多方面的冲击与挑战。为提高我国企业的技术水平,我们应采取相应的对策⑨。

王新华对入世以来跨国公司在华投资新趋势作了分析和研究⑩。世界著名跨国公司根据其全球战略的需要,开始调整在中国的经营战略或策略,把中国全面纳入其全球经营网络。伴随跨国公司在我国经营战略的调整,跨国公司在中国投资也出现了一些新动向。杨仲强分析了我国投资环境存在的一些亟待解决的问题,提出了适应跨国公司的企业并购、系统化投资的发展趋势,将有利于我国的对外开放和经济建设⑪。

进入模式是跨国公司市场进入战略的基石,也是影响外国直接投资在东道国的溢出效应、当地竞争以及当地的市场结构的重要因素。邱立成、于李娜在对跨国公司进入模式及影响因素进行理论探讨的基础上,重点分析了跨国公司进入中国市场模式的变化趋势及主要原因,并提出了几点启示⑫。

① 葛顺奇:《WTO多边投资框架与我国对策探讨》,《世界经济与政治》2003年第9期。
② 冼国明、陈建国:《未见较大分歧——WTO多边投资框架中的例外条款与国际收支安全保障》,《国际贸易》2003年第7期。
③ 冼国明、陈建国:《国际直接投资规制框架:进展与问题》,《国际经济合作》2003年第9期。
④ 冼国明、程宝库:《保持统一性——WTO“多边投资框架”争端解决机制谈判前景》,《国际贸易》,2003年第8期。
⑤ 盛斌:《国际投资协定:多边安排是唯一的途径吗?》,《南开经济研究》2003年第3期。
⑥ 葛顺奇、郑小洁:《江苏浙江及广东利用外资业绩与潜力比较》,《国际经济合作》2003年第9期。
⑦ 陈漓高、谢建国:《跨国公司对华投资战略的演变趋势及应对策略》,《世界经济与政治论坛。2003年第2期。
⑧ 李维安、李宝权:《跨国公司在华独资倾向成因分析:基于股权结构战略的视角》,《管理世界》2003年第1期。
⑨ 齐欣:《跨国公司在华R&D对我国技术引进战略的挑战与对策》,《国际经贸探索》2003年第2期。
⑩ 王新华:《入世以来跨国公司在华投资新趋势》,《价格月刊》2003年第10期。
⑪ 杨仲强:《跨国公司在华投资的特征和趋势研究》,《南开经济研究》2003年第1期。
⑫ 邱立成、于李娜:《跨国公司进入中国市场模式及影响因素分析》,《南开经济研究》2003年第4期。

邹淑环分析了我国海外投资立法的现状，提出海外投资立法应遵循保证海外投资稳步发展、与国际投资法律制度相适应、维护国家经济安全3项特殊原则，作者指出，我国海外投资立法应重点考虑根本法、配套法及缔结或参加国际条约3项核心内容，从而形成了关于我国目前海外投资立法的“双三”观点①。

总之，天津学者在2003年的国际贸易学领域的研究中，取得了许多成果，为推动我国相关领域的学术和实践的发展与进步做出了重要的贡献。

（本文作者：刘书瀚，天津商学院教授；刘小军，天津商学院国际贸易系副教授）

金融学研究综述

马君潞　曾庆久　卢　卉

2003年，中国的经济运行成为全球瞩目的焦点。伴随着持续高速的经济增长和市场经济改革的深入，货币制度和政策、资本市场和金融安全等方面的问题逐步凸现，现实的经济问题向理论研究提出了挑战，并推动了这些理论的进展。

回顾金融领域内的问题，经济增长和金融稳定永远是经济与金融发展永恒的主题。因而，当前国内金融领域的理论研究也就集中于汇率制度、货币政策、金融安全、资本市场和公司金融等方面，包括：(1)关于人民币汇率问题的研究：人民币是否低估，长远的汇率制度选择以及采取何种汇率改革途径是当前中国面临的难题；(2)虚拟经济理论的研究：虚拟经济的膨胀也带来了金融体系的脆弱性，如何处理好实体经济与虚拟经济的关系，是协调经济增长和金融安全的关键；(3)风险管理和金融监管：面对金融改革和国内外经济和经营环境的变化，金融机构如何应对信用风险管理，以及监管当局如何加强监督才能防范金融脆弱性；(4)资本市场问题的研究：作为新兴市场的资本市场，在制度建设、立法监管、市场结构均不成熟的条件下，如何规范与发展的问题；资本市场与经济增长的严重背离也向传统的金融理论提出了挑战；(5)公司金融的研究：中国的经济增长需要通过微观经济主体——企业的价值创造才能维持可持续的发展，如何解决资本市场与公司融资、并购重组的关系从而更利于价值创造也是微观金融领域亟待解决的问题。

以下将对部分学者关于货币金融领域内的最新研究成果和主要观点作出综述，涵盖范围不求全面广泛而重于学术创新，旨在更好地推动金融学在各个领域的继续研究。

一、人民币汇率问题研究

人民币汇率问题无疑是2003年宏观经济领域内最受关注的焦点之一。国际上，美元的大幅贬值点燃了要求人民币升值的导火索。由于固定汇率体系中的汇率并非借助市场作用形成，当经济衰退国家希望转嫁自身矛盾的时候，往往会对固定汇率制度国家进行围攻。在国内，外汇占款的上升使得中央银行基础货币投放过快，使经济开始逐渐出现通货膨胀压力。为缓解通胀压力、抑制外汇占款过快增长，又会造成人民币升值压力。可以说，2003年人民币汇率问题面临着国际、国内双重压力。

多数学者认为，根据公认的经济理论，在固定汇率、资本自由流动和独立的货币政策三者之中，只能取其二，作为一个大国，中国必须保持独立的货币政策。同时，中国已经选择了逐步实现资本项目自由化的道路，在这种情况下，中国迟早得放弃固定汇率，现在的主要问题是什么时候放弃固定汇

① 邹淑环：《我国海外投资立法现状及其基本构想》，《天津商学院学报》2003年第4期。

率,如何对汇率的改革作出路径安排。

马君潞认为,当前人民币实际有效汇率的确存在某种程度的低估,但是从更为广阔的视角上看,人民币问题的关键在于人民币汇率的非市场化的形成机制和整个宏观经济的非均衡运行状态。在目前形势下,中国保持人民币汇率的稳定是符合现实的选择,这与中国当前转轨经济的特点有关:(1)由于存在着深刻的经济结构转换和长期的经济绩效问题,中国金融体系有很强的脆弱性。(2)资本项目的管制并没有完全堵塞短期资本流动的渠道,巨额资本的跨境流动可能引起货币危机是潜在的风险。(3)香港实行的是与美元挂钩的联系汇率制度,如果人民币与美元汇率不稳定,会使人民币与港币的关系复杂化,可能不利于香港的稳定与繁荣,这里存在着较高的政治成本。对于长期内汇率制度的选择问题,马君潞指出,对于发展中国家,采用浮动汇率制度要好于中间汇率制度和固定汇率制度,中间汇率制度的表现最差,随着全球经济一体化的发展将越来越多的国家卷入了国际生产与国际分工,对外开放是必然趋势,浮动汇率制度的市场调节机制也将因其低成本的灵活调节与对经济的真实反映而被更多的国家所接受。在金融市场发育还不成熟的时候,需要有一个过渡和路径的安排:(1)短期,应该经常性小幅调整汇率平价;(2)中期,改钉住汇率制为汇率目标区制度;(3)长期,退出中间制度,跃向独立浮动的一极。因此,中间制度可以作为一种过渡性的安排而继续存在。同时,提出了关于退出战略的时机及条件的建议:应在改善和加强我国财政政策和货币政策、完善金融市场、金融体系稳健之后,选择合适的市场时机,采取缓慢、有序的步骤退出,逐渐推进到新的较有弹性的汇率制度,必须避免在压力或危机下被迫退出①。

加入WTO后,中国的资本项目将逐步实现完全开放,在放弃固定汇率制后,防范汇率风险成为人民币汇率的又一难题。在区域经济一体化的趋势下,许多学者也提出了通过构建区域货币一体化来改善上述缺陷。戴金平认为,一体化与区域对称性不仅内生于汇率制度选择,同时它们之间也相互影响,指出货币区的动态最优决策取决于经济现实基础和动态约束条件,在宏观经济一体化的背景下探讨了货币合作问题,并针对东亚地区在一体化和区域对称性之间的关系进行分析,结果表明东亚地区部分满足促进汇率合作的动态约束条件②。

王爱俭研究了利率和汇率的联动性关系,结论认为:在促成利率市场化的诸因素中,汇率因素起着不可忽视的作用;一个包含着远期交易的活跃的外汇市场将通过货币兑换、货币资产形态转化等途径对货币市场及其利率形成产生积极的反作用。因此,在利率政策制定过程中,应充分考虑利率对资本流动和人民币汇率的影响,避免利率政策与汇率政策的脱节;在政策运用过程中,应将人民币货币政策与外汇政策综合运用,提高汇率与利率的相关度,使利率与汇率政策在时间、力度、作用、途径等方面实现有效搭配③。

二、虚拟经济与金融脆弱性

当国民财富中越来越多的资产以金融资产的形式出现时,虚拟经济对经济增长的贡献也逐步上升,同时也加深了金融体系的脆弱性,虚拟经济与金融脆弱性问题是当前理论界关注的两个重要问题。党的十六大报告也曾将发展虚拟经济与发展实体经济的关系提到国家经济发展战略的高度来认识。在促进经济增长的同时,如何处理好虚拟经济与实体经济的关系,是防范金融体系走向危机边缘的关键。

刘骏民认为,虚拟经济的出发点将市场经济看作一套价值系统,其运行特征相对于实体经济具有更大的不确定性和波动性,是以观念支撑的定价方式,而非成本和技术支撑的定价方式。虚拟经济不是虚假经济,而是市场经济的实体,既有资源投入又有许多人就业,创造价值和财富并计入GDP。从

① 马君潞、李泽广:《汇率制度选择的经济与非经济原则分析》,《上海财经大学学报》2004年第6期。

② 万志宏、戴金平:《货币区的动态最优决策:兼谈东亚货币合作问题》,《世界经济》2003年第10期。

③ 王爱俭、张全旺:《论不同经济体制下利率与汇率的联动性》,《现代财经》2003年第9期。

虚拟经济的理论视角出发，利润的源泉、资产价格与货币政策、国际货币理论和政策都将获得全新的解释。根据美国和日本的虚拟经济发展经验，在工业化全面发展阶段，为保证经济的长期持续增长，必须同时推动虚拟经济的发展。实现虚拟经济与实体经济协调发展才能维持经济长期稳定的发展，尤其是发展中国家发展完善虚拟经济具有很强的必要性，结合国情，我国应该坚持制造业与虚拟经济发展并举①。

而王春峰的研究则更强调虚拟经济对金融安全的影响，相对于虚拟经济的对经济增长的贡献，更应关注因金融的“虚拟性”而产生的金融脆弱性，其中有两点值得注意：一是金融脆弱性是相对于实体经济而言的，正是因为金融体系更容易出现问题，所以人们广泛关注的是“金融脆弱性”，而不是“实体经济脆弱性”。二是理解金融脆弱性的关键在于价格，并给出一个金融脆弱性的明确定义：金融脆弱性可以理解为金融产品(或资产)的价格过于敏感，一个很小的冲击就可能把金融体系推向危机的边缘。因此金融脆弱性根源于金融的“虚拟性”，要应对金融脆弱性可能带来的危害，就要处理好虚拟经济与实体经济之间以及虚拟经济内部的结构关系②。

三、信用风险和金融监管

伴随金融资产的膨胀和金融衍生品的不断推出，以银行为信用主体的金融机构产生的信用风险也急剧增加，由银行破产引发的金融危机的风险也在不断增加。汲取东南亚金融危机的教训，危机爆发不但有其内因，也有外在经济运行模式和制度的原因。因此，不但要从银行内部加强风险管理，更要从制度和法律上强化监管当局对整个金融体系的监管，未雨绸缪，防微杜渐，才能确保金融系统运行的长期稳定和改革的稳步推行。

1.信用风险管理

防范金融风险，对于中国当前的金融体系而言，最重要的就是银行信用风险的管理。信用风险是指在经济交往中，权利人与义务人之间，由于一方违约行为给对方造成经济损失的风险。李志辉认为，信用风险已经成为当代金融市场的重要风险之一，主要表现为全球债务规模急剧扩张、作为信用主体的商业银行危机四伏、金融衍生品交易快速膨胀带来的巨大不确定性。此外，新的债务主体不断增加、新的金融交易品种不断推出等都使得整个社会的信用风险增大，在这样的金融环境下，需要对信用风险的测度与管理重新进行定位，以防范信用风险，保持经济与金融的快速健康发展③。

关于信用风险产生的原因，许多学者从不同的角度进行了剖析。刘骏民和范小云从虚拟经济的角度来考察信用风险问题。虚拟经济理论认为，作为现代经济系统核心的金融系统，不再是一个简单的服务系统，而是综合考虑风险管理和自身发展的系统，对于其所带来的以风险的溢出和传染、风险和收益的不对称为特征的系统性风险，监管者必须坚持基于市场变化的灵活性，对市场变化做出迅速的反应，必须基于风险管理的原则，而不是基于事先设定好的规则框架实施监管，以适应日新月异的金融市场的变化④。

2.金融监管

防范金融风险，不仅要从金融机构内部入手，也要从制度上对整个金融体系进行有效的监管。刘金章从金融监管的经济学分析角度，提出金融监管的理论基础在于金融市场的不完全性，当前我国金融监管所面临的问题主要是如何维持良好的市场竞争秩序、如何适应金融混业经营的发展趋势以及如何防范国际金融风险向国内传播；并提出了在WTO过渡期内改进和完善我国金融监管体制，提高监管效力的策略：(1)明确金融监管目标；(2)适应金融混业的发展趋势，改进和完善金融监管制度；(3)改进监管方式，逐步过渡到实行功能监管；(4)进一步强化市场机制的作用，提高监管的市场化程

① 刘骏民：《虚拟经济的研究及其理论意义》，《东南学术》2004年第1期。
② 王春峰、马卫锋、姜磊：《虚拟经济与金融脆弱性》，《价格理论与实践》2004年第4期。
③ 李志辉：《信用风险：新世纪金融市场的重大挑战》，《南开学报》(哲学社会科学版)2003年第1期。
④ 刘骏民、范小云：《经济虚拟化与系统性风险》，《中国经济时报》2003年第2期。

度；(5)防范国际金融风险传递，扩大金融监管国际合作[①]。

四、资本市场与资产价格

2003年的资本市场在艰难中曲折前行，一方面是资本市场的重要中介兼机构投资者——证券公司陆续陷入经营困境并出现被政府接管的案例；另一方面股票市场与经济增长持续背离，引起了投资者和理论界对中国资本市场的反思。学者们从不同角度对资本市场尤其是股票市场的各种异象进行了解释，并对资本市场制度建设的完善提出了建设性的意见。

刘骏民从虚拟经济的角度对我国股市与实体经济持续背离这一现象作出了独特的解释，认为虚拟经济的波动性不论正面还是负面都远大于实体经济，虚拟资产收益率和实物资产收益率的差异是股市背离的主要原因，而收益率差异又根源于股市结构和实体经济结构的非对称性，股市并不是整个实体经济的晴雨表，而是国有及国有控股企业的真实反映。要想改变虚拟经济与实体经济背道而驰的状况，就要从最根本的原因着手，对我国资本市场体制进行改革，改变股市和实体经济结构极不对称性的现象，增加非国有上市公司数量，在扩大股市规模的同时提高虚拟资产的收益率，从而调整投资者对资本市场的预期，使虚拟资产价格走出低位，市价总值与GDP之比提高，虚拟经济真正承担起整个国民经济"晴雨表"的功能[②]。

马君潞研究了资本市场的结构与风险，认为中国资本市场的系统风险根源于市场的结构矛盾特别是股票市场的结构矛盾，这些矛盾主要体现在股权割裂、博弈格局的变化和当前交易机制下的投资者结构的变动，前两者是诱发投资者信心崩溃和阻碍信心恢复的核心因素，而市场机制的完善是维持市场信心的外在保障。在可预见的期限内，如果中国资本市场出现系统风险，最有可能从股票市场最先出现，在从股票市场向其他市场的扩散过程中，以证券公司为主的机构投资者的资产结构调整将起到重要的作用。要预防中国资本市场系统性风险出现首先要解决股票市场的结构矛盾，首要的就是尽快采取行动，不能使问题越积越大，在完善市场制度建设的同时，着手解决股权割裂问题[③]。

证券业的经营状况持续恶化近年来一直困扰整个资本市场，如何促使证券业走出经营困境是发展资本市场的重要问题。高正平认为，我国证券业市场结构的影响因素主要为市场集中度、产品差异化、企业进入壁垒和规模经济等，存在券商行为不规范，以佣金战吸引客户的现象；市场绩效从外部性和行业内部收益率水平来看，外部性强，收益率低，绩效不明显。目前，完善市场结构、优化市场行为和提高市场绩效已成为我国证券公司发展的当务之急，并提出完善和发展我国证券业的对策：(1)证券公司必须"苦练内功"；(2)以发展证券控股集团为远景目标；(3)加强政府监管，使证券业达到"在规范中发展"的目标[④]。

王春峰运用事件分析方法研究了我国股市信息披露和内幕交易的问题，结论认为，我国股市存在普遍的、程度比较严重的公共信息私有化和内部人利用内幕消息操纵股价的现象。在借鉴国外经验的基础上，提出了中国股票市场内幕交易监管的若干对策建议：(1)明确以保护投资者利益的首要目标；(2)加大对内幕交易和股价操纵案的司法介入，改善我国股票市场"纯行政监管"的不足；(3)加强市场信息披露制度的建设；(4)加强监控技术的开发，提高市场监控的准确率和有效性[⑤]。

刘澜飚在货币供给内在机制的分析框架下，研究股票价格水平的波动对货币供给的影响，阐述了Dalziel模型，并通过对Dalziel模型进行修正后，指出股票价格起到了调整货币市场和股票市场均衡的作用，形成了对利率的替代，认为股票价格是货币供给与流动的重要渠道和影响因素，同时，股票价

① 刘金章、温波：《WTO过渡时期金融监管的研究》，《甘肃社会科学》2004年第3期。
② 刘骏民、伍超明：《虚拟经济与实体经济关系模型—对我国当前股市与实体经济关系的一种解释》，《经济研究》2004年第4期。
③ 马君潞、牛凯龙：《中国资本市场结构矛盾和系统风险》，《南开经济研究》2004年第1期。
④ 高正平、杨克成：《中国证券业的SCP分析及完善发展对策》，《现代财经》2003年第8期。
⑤ 王春峰、蒋祥林、韩冬：《中国股市的内幕交易及监管—国际经验与中国的对策》，《国际金融研究》2003年第3期。

格的变动又通过影响货币流和人们的预期,成为影响社会总收入的重要变量①。

五、公司金融与公司治理

持续和稳定的经济增长依赖于企业的价值创造,而解决企业融资问题和完善公司治理结构则是提高企业的价值创造力的前提。从微观金融角度研究企业融资与资本市场的关系是近年来我国金融学的一个新兴研究领域,并取得了大量研究成果。

关于企业融资,一般的文献研究大都注重企业的融资成本,而很少关注投资和融资的互动关系。齐寅峰考察了投资的引致融资效应:经理效用最大化行为将导致企业投资行为,而投资的财富约束与其他约束必然导致企业寻求融资,这种融资就称为"引致融资"。引致融资导致企业融资结构的变动,并导致两种效应:内部的治理结构效应和外部的信号传递效应。前者不仅直接导致企业代理人的激励问题,而且同时决定剩余索取权的分配,因而影响企业利润及其分配进而影响企业自由现金流,而外部信号传递效应则通过超面值资本导致企业自由现金流的改变②。

李学峰认为,在对股票市场发展与企业投资支出关系的研究中,存在两个重要的缺憾:一是没有直接从有效需求角度对股票市场发展与企业投资支出进行研究;二是国内的有关研究基本上照搬了国外的研究模式和方法。其研究从有效需求的角度分析发现:股票筹资额与企业投资支出是负相关的,在通货紧缩阶段,期望通过启动企业投资支出去启动经济的政策措施是无法达到其目的与效果的③。

王春峰认为,盈余管理是导致IPO企业发行之后业绩下滑的重要原因。提出一种新的盈余管理检验模型,现金流——收益模型,研究了企业首次公开发行股票前后的盈余管理行为,IPO企业在发行的前一年以及发行的当年有人为调增利润现象,而在发行后的第二年则存在人为调减利润现象④。

张维等从美国和日本公司治理结构差异的角度对实物期权下的公司治理结构进行了比较与借鉴,并指出在我国企业中,不仅存在基础投资不足的现象,更为严重的是大量的盲目投资以及对投资的失控。实物期权理论目前在我国仍仅仅处于理论界的研究探讨阶段,在企业实践中完全引入这一科学的理论体系显然还有一段漫长的路要走。但是,在企业经营中引入实物期权思想来指导投资决策却是完全必要的,在企业投资中发掘实物期权的价值,明确投资主体和监控主体,对企业经营者建立有效的激励和监督机制,创建有中国特色的行之有效的公司治理体系,加快国有企业改革,将成为我国经济面临的必然选择⑤。

(本文作者:马君潞,南开大学金融系教授;曾庆久,南开大学金融系博士生;卢卉,南开大学金融系硕士生)

① 刘澜彪、马英:《股票价格波动对货币供给的作用》,《南开经济研究》2004年第2期。
② 齐寅峰、覃家琦:《投资的融资效应、自由现金流与企业价值》,《管理评论》2003年第5期。
③ 李学峰:《股票市场发展与企业投资支出》,《财经研究》2004第5期。
④ 王春峰、李吉栋:《IPO企业盈余管理的实证检验,天津大学学报(社会科学版)》,2003年第10期。
⑤ 齐安甜、张维、吴中元:《实物期权框架下公司治理结构的比较与借鉴》,《中国地质大学学报》(社会科学版)2003年第10期。

经济史研究综述

王玉茹　燕红忠

由于"非典"疫情的影响,2003年度天津市经济史学界也受到了一定的影响,许多原定的学术会议以及对外交流活动都被迫取消了,有关经济史学方面的论著相对往年也要少一些。但学者们仍然在区域与城市经济、产业经济与经济发展、商业与商业组织、中外经济关系与外国经济史等方面取得了许多有影响的成果。

一、区域与城市经济

由于中国是一个幅员辽阔,各地差异性极大的国家,从20世纪90年代以来区域经济发展问题就已经成为经济史界研究的主要热点问题之一,而城市经济则是区域经济研究中的一个重要组成部分。1990年以来,从东南沿海到西北内陆,几乎全国各地的大中城市均有人撰文研究,尤其是对上海、天津等大型城市或条约口岸城市的研究最多。

天津学者在华北区域经济发展与天津城市经济研究方面做出了重大贡献,在本年度所取得的成果尤为显著。张利民等所著的《近代环渤海地区经济与社会研究》一书于2003年由天津社会科学院出版社出版,全书共55万字。该书在总结了传统时期环渤海地区经济发展状况的基础上,重点研究了在世界市场的冲击下,环渤海地区在对外贸易和工农业发展,交通环境的变革,商业与商品市场网络的重构,社会结构和生活质量的转变,以及城镇体系的重组;论证了各经济区域发展重心的东移和经济重心的转变。作者还论述了该地区3个经济区域的同一性、特殊性和经济落差;总结了在商品经济有较快发展的近代之所以没有形成跨省区的环渤海经济区域的历史局限性和诸多因素。作者还对在社会主义市场经济体制下环渤海地区的发展前景进行了前瞻性研究。认为从区域经济的发展、贸易的国际化、市场的网络化和多元化,以及城镇化程度等各个方面看,形成更大范围的经济区域,是社会化大生产、现代物流、人流、资金流、信息流发展和经济全球化的趋势,也是现代化进程的一部分。

龚关对20世纪80年代以来,明清华北区域经济史的研究状况进行了综述,认为自80年代中期华北区域经济史研究逐步展开以来,研究势头方兴未艾,成果不断涌现,已形成了一定的规模,一些领域的研究已相当深入。但同时也存在着一些不足与弱点,并为进一步的研究提出若干思考和建议①。郭锦超认为中国近代的市场化是在外来因素的作用下被迫产生和进行的,各地市场发育水平有很大差异,中国的市场是落后的和畸形的,是半殖民地性质的市场,存在明显的不平衡性②,并具体论述了近代华北商品市场发育的5个特点③。王玉茹、郭锦超还对近代江南与华北的市镇进行了比较研究,认为江南是中国市镇发育最完善最具代表性的地区,华北则长期是中国的政治经济和文化中心,是中国历史上城镇体系形成较早的区域,但公元12世纪以后,华北的经济发展开始落后于江南,直到近代华北的市镇不如江南发达。他们还具体探讨了两个地区市镇的类型、特点、作用、分布格局、经济功能等方面的所存在的异同,进而探讨了近代华北市镇发展落后的原因④。

张利民主编的《解读天津六百年》(社会科学院出版社2003年版)是城市经济研究方面的主要成果,该书结构新颖,时代感很强,共分为四大部分,17章,32万字.作者综合应用了经济学、社会学与历史地理学等方法,以天津发展的横断面为切入点,在全面把握天津历史发展脉络的基础上,选择了最能反映其发展主线和特征的方面进行了专题性研究和探讨;凸现了天津历史发展的主体脉络和特征,有利于读者在更短时间、更近距离,从不同侧面了解天津、认识天津,有助于深入分析和总结影响天津城市发展的关键所在。

① 龚关:《近20年来明清华北区以经济史研究综述》,《东方论坛》2003年第3期。

② 郭锦超:《中国近代区域市场发育特征分析》,《学术论坛》2003年第2期。

③ 郭锦超:《近代华北商品市场的发育特点》,《江海学刊》2003年第5期。

④ 王玉茹、郭锦超:《近代江南市镇和华北市镇的比较研究》,《江苏社会科学》2003年第6期。

二、产业经济与经济发展

农业、手工业、工业企业及经济发展等问题是经济史研究中的传统课题，本年度学者们在这方面也发表了许多论文。

张思对华北农村的生产条件、生产组织及村落共同体进行了考察与分析，作者首先从农耕结合的角度对近代中国农村家庭的生产样态以及村落共同体的变迁等问题进行了考察，进而分析了旧中国农村社会的基本特点，认为在近代华北农村，相当多的农耕结合形式，以其合理的、对等的原则及便利性逐渐成为华北农家农耕结合的主流①。张思还以直鲁地区的农村手工纺织业为例，探讨了19世纪末中国农村手工业的发展状况。他认为19世纪末，直鲁农村手工纺织业在外国棉制品的冲击下经历了一个严重衰落的低谷，也迎来与国内发达地区并驾齐驱、与机器棉制品比肩竞争的发展转机，这一曲折经历包含着极为复杂交错的层面。一些学者关于洋布、洋货未能打入华北内地、甚至纠缠于“帝国主义是现实还是神话”的看法值得商榷；“封建、落后”的农村经济在突来的冲击面前所表现出的强韧性和对抗能力，在机遇面前所显示出的与时俱进的品质以及对新技术和新生产方式的持续容纳能力也同样值得关注②。

企业史研究仍然是天津经济史学者关注的一个重要领域。王玉茹运用制度经济学理论从企业产生和发展的制度背景；企业产生和运行的市场环境——资本市场、劳动力市场以及原料和商品市场的形成和变化对中日两国近代企业制度变迁的历史过程进行分析。分别从中日近代企业制度产生过程的差异造成的制度环境的区别、中日近代企业运行监督的制度区别，对中日两国近代股份公司产生和发展过程中的制度安排与制度环境进行了比较，从制度环境的角度揭示了中日两国股份公司制度产生和发展不同结果的原因，进而分析了后发国家经济发展中制度供给的重要性③。宋美云考察了1912年至1936年间，天津近代企业中的技术进步方式及其与现代化的关系，认为天津近代企业技术进步虽然对经济的现代化起到了巨大的推动作用，但其自身也是在十分艰难与曲折中得到发展的④。赵津的论文《民族企业文化管理的先驱》则分析了早在70年前，天津的民族资本企业——东亚毛纺厂以人为本的企业文化管理理念化的形成和特色⑤。

三、商业与商业组织

许檀利用实地调查收集的一批商人会馆碑刻资料，分别对清代河南省周口与洛阳的商业发展脉络、商品流通概况进行了考察，并对其商业规模进行估算。她的研究表明，周口镇的兴起约在康熙年间，清代中叶达到鼎盛，成为河南东部与江南商品流通的一个重要枢纽；其时，山陕、安徽、江西、湖广、福建等各地商人在周口建有会馆十余座；道光年间全镇商人商号数量至少超过千家，年经营额估计可达500万～600万两⑥。洛阳商业的兴起约在康熙年间，清代中叶达到鼎盛。它不仅是河南府的商业中心，也是陕甘地区与中原及南方各省商品流通的重要通道。嘉道年间汇聚于洛阳的行商、坐贾当有千家，年经营额估计可达四五百万两⑦。

宋美云分析了商会的中介性作用，认为商会的出现可以看作是商会的加入者与商会的资格认可者之间的交易结果；也可以将商会的产生和发展看作是上述双方在保持自身利益最大化的考量之下的理性选择，是双方相互交易的结果。并具体考察了近代天津商会与政府之间的互动关系⑧。

邓宏图分析了中国历史上的盐铁专营，政府垄断酒业和大宗贸易等官商制度的形成过程，认为对于中央政府来说，“行政效率”的评价标准会部分或相当程度地取代经济活动的“效率标准”，这种效率标准的转换为历史上的官商的制度安排提供了合理存在的依据⑨。

四、中外经济关系与外国经济史研究

丁长清主编的《中外经济关系史纲》(科学出版

① 张思：《近代华北农村的农家生产条件·农耕结合·村落共同体》，《中国农史》2003年第3期。
② 张思：《遭遇与机遇：19世纪末中国农村手工业的曲折经历——以直鲁农村手工纺织业为例》，《史学月刊》2003年第11期。
③ 王玉茹：《中日近代股份公司制度变迁的制度环境比较》，载张忠民、路兴龙主编的《企业发展中的制度变迁》论文集，上海社科院出版社2003年8月版。
④ 宋美云：《天津近代企业的技术进步与现代化》，载张忠民、路兴龙主编的《企业发展中的制度变迁》论文集，上海社科院出版社出版2003年8月版。
⑤ 赵津《民族企业文化管理的先驱》，载张忠民、路兴龙主编的《企业发展中的制度变迁》论文集，上海社科院出版社2003年8月版。
⑥ 许檀：《清代河南的商业重镇周口——明清时期河南商业城镇的个案考察》，《中国史研究》2003年第1期。
⑦ 许檀：《清代中叶的洛阳商业——以山陕会馆碑刻资料为中心的考察》，《天津师范大学学报》2003年第4期。
⑧ 宋美云：《近代中国商会中介性的制度分析——以天津商会为个案》，《天津社会科学》2003年第3期。
⑨ 邓宏图：《历史上的官商：一个经济学分析》，北大《经济学季刊》2003年第2卷第3期。

社)是中外经济关系方面的一部教材,全书分为3篇14章,36.8万字。该书以中外贸易与投资为中心,采用“厚今薄古”的原则,较为全面地论述了从先秦到现代的中外经济关系的演进过程。丁长清还专门撰文论述了近代时期外国在华投资对中国社会经济发展的影响①。

杨栋梁、江瑞平所著的《近代以来日本经济体制变革研究》(天津人民出版社)是2003年度有关日本经济史方面的主要成果。该书共5篇,17章。作者综合运用了历史学、经济学和政策学的有关理论与研究方法,以近代以来日本经济发展的历史过程为基本线索,以其间在日本发生和正在进行的3次经济体制变革为重点,系统考察了历次变革的原因、内容、特点及其相互关系,并据此提出了战后日本历经“10年改革”,其战后型经济体制于“1958年形成”等一系列新观点。杨栋梁还就现代东亚自由贸易区问题进行了研究②。

张东刚从宏观经济的角度分析了近代日本经济发展的消费需求与投资需求的变动趋势。认为影响近代日本消费需求变动的因素主要有四个方面,即国民经济的不断增长和国民收入的不断提高,近代工矿交通事业的发展,人口规模及其构成的变动,以及人们的在消费方面的示范效应、攀比行为和不可逆行为③。近代日本的投资需求也发生了根本性变化,其规模变动特征主要表现为:投资规模成倍扩大,但发展水平不稳定;实际投资率不断上升,资本有机构成提高。其结构变动主要表现在投资部门结构的变动、投资主体结构的变动和投资区域结构的变动④。他还对1887~1936年间中日两国消费支出的变动情况进行了比较分析⑤。

韩琦研究了拉丁美洲的工业化与现代化等相关问题。他从总体上对拉美早期工业化的特点与理论进行了分析⑥,并具体探讨了秘鲁现代化迟缓的原因,认为经济、政治、社会三个方面的因素在秘鲁历史中长期交互作用,造成了其现代化进程步履蹒跚⑦。他还介绍了关于拉美经济发展理论研究中的最杰出先驱——劳尔·普雷维什的经济思想⑧。

五、学术交流与合作

虽然因为非典的影响,2003年的学术交流活动受到了一定的限制,但是该年度本市经济史学者还主持、参与了许多有影响的国家级、省部级,以及国际合作研究项目。南开大学王玉茹教授作为中国惟一的经济史学者参加了日本文部省重点研究项目:亚洲历史统计的研究,为该项目完成了子课题“中国近代物价和工资统计”的研究。2003年9月16~17日出席了该项目中国部分在日本东京经济大学的结项学术研讨会:“中国近代经济增长和结构变化的数量的综合分析:与日本的比较发展史”国际研讨会,提交了研究成果“中国近代物価指数の推计”。作为日本鹿儿岛国际大学国际合作研究项目:“东亚资本主义形成史研究”课题组成员,王玉茹教授8月初赴日本鹿儿岛出席了第一次“东亚资本主义形成史国际研讨会”。11月底应邀出席了华中师范大学和湖州师范学院在湖州市联合举办的“明清江南市镇国际学术研讨会”,在会上报告了她与博士研究生郭锦超合作的论文:《近代江南市镇和华北市镇的比较研究》。2003年11月28日~12月1日许檀教授在南开大学举办了“明清以来华北社会经济研究学术研讨会”。赵津教授参与国际合作研究项目:范旭东企业集团研究。张东刚主持参与了日本亚洲经济研究所委托项目《东亚工业群:其竞争与合作分析》,国际东亚(环黄海)城市会议委托项目《环黄海核心城市新商业模式研究》。

(本文作者:王玉茹,南开大学经济学院教授;燕纪忠,南开大学博士研究生)

---

① 丁长清:《外国在华投资及其对中国近代社会经济影响》,《历史学习》2003年12期。
② 杨栋梁:《探讨“东亚自由贸易区构想”》,东方时报(日)2003年第2期。
③ 张东刚:《近代日本消费需求变动的因素分析》,《南开学报》2003年第5期。
④ 张东刚、柳文:《近代日本投资需求变动的宏观分析》,《文史哲》2003年第6期。
⑤ 张东刚:《近代中国における消费支出の变动分析:1887-1936年——日本と比较を兼ねて》,《立教经济学研究》,第57卷第3号(2003年12月)。
⑥ 韩琦:《拉丁美洲早期工业化》,《拉丁美洲研究》2003年第1期。
⑦ 韩琦:《秘鲁现代化迟缓原因探析》,《世界历史》2003年第4期。
⑧ 韩琦:《拉美经济发展理论最杰出的先驱者——读〈劳尔·普雷维什经济思想研究〉》,《拉丁美洲研究》2003年第5期。

法　　学

法学研究综述

傅士成　蒋冰晶

在天津广大法学工作者的共同努力下，2003年，天津的法学理论研究在多方面取得了重要进展，出版了几部有影响的专著，发表了多篇有见地的论文，扩展了研究范围，拓宽了研究视角，某些课题的研究在原有基础上继续深化。主要表现在以下几个方面：

一、中国法制史有关问题研究

1.西周法制研究

丛希斌教授以《易经》为原始资料，探讨了西周时期的司法制度和刑法制度。司法制度的探讨分两个层面：司法权力的归属和诉讼审判原则。司法权力归属于天子和诸王。当时具有行政、军事和司法权力合一的特点，这是由君主专制政体性质所决定的。西周时期，基本确立了区分刑事与民事案件、诉讼当事人须到庭对质、依靠神明裁判、相信证据、允许申诉、禁止缠讼等诉讼原则。刑法制度的探讨也分两个层面：罪名和刑罚。通过对《易经》原文部分的分析可以看出，罪名繁多，既有针对被统治者的，也有针对统治阶级内部的；刑罚残酷，但也注意“宽猛相济”的策略。“宽猛相济”的策略当视为奴隶主统治艺术提高的表征①。

2.明清法制研究

柏桦教授对明清州县政治体制和州县官群体进行了深入的研究。以州县官群体作为研究对象，以他们的政治行为作为分析的框架，同时吸收政治心理学、行政管理学的理论和方法，重点探讨了州县官群体行为在明清这个特定的历史时期内发展和变化过程，通过对他们施政的政治环境变化的解析，研究州县政治权力的构成；在介绍他们的权力应用手段时，分析探讨他们的内心世界。州县官群体是一个很强的政治群体（从职业上看），解析他们的施政行为和政治心理可以从更深的层次上了解明清州县政治体制的概貌②。研究州县政治体制必须扩大视野，不但将注意力放在制度层面，而且应该把更多注意力放在思想行为、利害关系、社会环境和政治现实等影响制度执行的各种因素上面。柏桦教授以中国传统的天文地理概念与政治现实结合所产生的天圆地方概念来说明州县官群体的施政环境——州县衙署的建筑布局与州县政治权力组合联系在一起。通过传统外圆内方的认识来说明对州县政治体制内涵的理解。通过外圆内方认识在实际上的应用来说明对政治权术的认识。从不同类型的州县官们所使用的政治权术的共同和不同点入手，就是希望从州县官群体的灵活机动而复杂多变的施政手段来加深对州县政治体制的认识③。

柏桦对明清司法审判制度也进行了分析。考察了州县审判和刑罚中的权责问题，具体论述了司法审判过程中经常出现的包括滥词、滥拘、滥禁、滥刑、滥拟、滥罚等在内的“六滥”现象④。

明代的律例严格禁止收继婚，可是，严厉的法律不但没有根除收继婚，反而作为社会一种风俗习惯而普遍存在。为什么法律严格禁止却根除不了收继婚？为什么收继婚普遍存在而法律却显得苍白无力？柏桦认为这其中有政府对法律推行不力的原因，也有传统风俗习惯沉积的原因，更有伦理道德方面的因素。用法律去禁止近乎人情和社会基本认同的事情，固然有移风易俗方面的功效，但法律的公正性和严肃性必然要受到挑战，而有禁不

① 丛希斌：《〈易经〉中的西周法制》，《中国法制史考证（甲编第一卷）》，中国社会科学出版社2003年版。
② 柏桦：《明代州县官群体》，天津人民出版社2003年版。
③ 柏桦：《明代州县政治体制研究》，中国社会科学出版社2003年版。
④ 柏桦：《明清州县司法审判中的“六滥”现象》，《清史研究》2003年第2期。

止所带来的副作用,更会使法律的尊严受到破坏①。

二、法理学问题研究

1.法律面前人人平等原则的质疑

"法律面前人人平等"是在特殊历史条件下出现的,在历史上曾经具有积极和进步意义。在人类进入全新的社会之后,这种积极和进步意义则显得苍白无力,因此遭受到批评和否定。柏桦在探讨"法律面前人人平等"和"王子犯法与庶民同罪"出现的历史原因的同时,从什么是法律、什么是权利、什么是法治三个层面上分析了目前法治建设中的一些困惑问题。指出"法律面前人人平等",从字面上看是没有什么可以挑剔的;问题是在法律实施过程中,这种原则所表现出来的是极度不平等②。

2.法治与道德关系

杨金颖认为道德对立法、司法、守法等法制的各个环节起着支撑作用,道德还可以弥补法律的缺陷。因此,在加强法制建设的同时,必须大力加强道德的建设,法治目标的实现离不开道德的支撑③。

三、行政法制研究

1.行政判例研究

赵正群教授撰文对行政判例进行研究。认为判例不属于正式法律渊源的传统看法已经变得不合时宜,在属于公法领域的行政法部门中,判例的遵循先例规则更易生成并发挥作用。我国最高人民法院公报案例和最高人民法院依据《裁判文书公布管理办法》公布的裁判文书,名为"案例"实为行政判例雏形,它已经对我国行政诉讼的展开与行政法学研究产生了实际影响。在分析了行政判例的构成和适用难题后,进一步指出了我国应正式确认判例具有司法解释的效力与地位,完善其形式、公布程序,制定具体适用规则,增加其数量,规范其种类。这样使判例有利于对法治实践发挥应有的影响,亦有利于学术规范的形成与学术品位的提升④。

2.政府采购研究

何红锋教授撰写多篇论文对政府采购相关问题进行研究。从规范主体和规范行为两个角度分析了政府采购法与招投标法的不同,指出政府采购工程时招标投标程序适用《招标投标法》,其他阶段仍然需要适用《政府采购法》⑤。政府采购制度主要规范政府购买的程序,在政府采购程序中最为重要也是最困难的一个方面就是技术规格要求问题。设定技术规格时如不恰当可能会在客观上造成对供应商的歧视待遇,所以对政府采购中技术规格的选择制定一些规则很有必要。这些规则包括技术规格的选择应与政府采购的目的相适应,规格应具体明确,尽量参考通用的、程度较高的标准来制定⑥。何红锋还介绍了美国政府采购中的公益代位诉讼制度的设置与运行对维护社会交易秩序,增强人们对政府施政能力的信心,推动整个社会诚信道德风气建设,都起到了良好的作用,我国应予以借鉴⑦。何红锋还提出针对《政府采购协议》的发展进程,我国应有自己的应对策略⑧。

四、法律责任和相关法律机制研究

1.经济法中以"新型责任"弥补"行政责任"缺陷的思考

韩志红教授认为在经济法中使用行政责任范畴,限制了法院实施经济法的职能,不利于经济法实现其保护社会公共利益的目标;而使用"新型责任"(暂称为"经济责任")范畴,既有利于确立经济法在法律体系中的独立地位,也有利于经济法实现其调整机制的创新。它较之民事责任和行政责任,具有其特殊性:(1)经济责任是违法者对社会的责任;(2)经济责任中财产责任和人身责任并重;(3)经济责任是补偿性与社会惩罚性相结合的责任;(4)经济责任的构成要件具有特殊性;(5)追究经济责任的国家机关既可以是法院,也可以是行政机关⑨。

2.物业管理缺陷招标的法律责任承担

有学者认为,当出现有缺陷的招标而发生争议时,首先考虑的是应当弥补缺陷,此时的处理原则可以按照"合同生效后发现没有约定的内容,适用《合同法》第61条和62条的规定。如果没有市房管局的规定,也没有其他交易习惯、且不能按照其他方式达成合意,则应当按照格式条款的规定来理解

① 柏桦:《从收继婚风俗看明代的律例》,《北京行政学院学报》2003年第3期。
② 柏桦:《"法律面前人人平等"给中国发展带来的困惑》,《学术界》2003年第3期。
③ 杨金颖:《论法治的道德支撑》,《道德与文明》2003年第5期。
④ 赵正群:《行政判例研究》,《法学研究》2003年第1期。
⑤ 何红锋:《政府采购法与招标投标法的关系》,《建筑市场与投标招标》2003年第5期。
⑥ 何红锋、焦洪宝:《论政府采购中技术规格的选择》,《当代财经》2003年第11期。
⑦ 何红锋、焦洪宝:《美国政府采购中的公益代位诉讼制度及其启示》,《中国政府采购》2003年第4期。
⑧ 何红锋、焦洪宝:《〈政府采购协议〉的发展进程与我国的应对策略》,《国际经济合作》2003年第11期。
⑨ 韩志红:《关于经济法中以"新型责任"弥补"行政责任"缺陷的思考》,《法商研究》2003年第2期。

这一内容①。

3.我国生态保护补偿法律机制问题的探讨

建立生态保护补偿法律机制是我国保护生态环境的当务之急,戚道孟教授在分析了国内外有关研究现状的基础上,阐述了生态保护利益补偿机制的概念、内容以及我国在这个领域需要解决的问题,提出了解决我国生态保护利益补偿问题的对策:(1)运用生态利益补偿理论的主要观点指导立法;(2)修改我国《环境保护法》并尽快制定出台一部《征收生态利益补偿费暂行条例》;(3)不同情况遵循不同的利益补偿原则②。

五、WTO 相关法律问题研究

1.WTO 与中国的法制建设

程宝库教授著书围绕我国的法制建设与加入 WTO 之间的关系进行了多方面的分析,指出加入 WTO 与我国法制建设是相辅相成的。市场经济体制的初步形成是二者的共同基础,长期的人治传统是二者共同的障碍;各级政府职能的重新定位是二者共行的道路;建设规范、开放、公平、高效的法制社会经济环境是二者共同的目标;坚持商事主体和商事权的普遍性、优越性和平行性原则,进一步改革税制,根除乱收费,健全公共财政体制,在行政管理中引入正当程序原则,是我国入世后履行 WTO 义务的必然要求,也是我国经济政治改革和法制建设的关键环节③。

2.GATT/WTO 法律制度与中国的对外贸易、环保问题

戚道孟指出,随着近年来环境保护浪潮的不断涌现,WTO 作为世界上最大的贸易组织介入国际环保是必然趋势。我国加入 WTO 后,如何应对外贸与环保的机遇和挑战?作者在分析了 WTO 的基本环保规则和我国的环保立法的基础上,从适应国际贸易生态化入手,提出了我国目前的一些应对之策。即在国际上,积极参与国际社会环保与贸易问题的讨论和谈判,扩大我国在国际环保与贸易立法方面的影响;熟悉了解 WTO 规则,深入研究有关环境保护的贸易争端案例,善于利用 WTO 的争端解决机制;加强国际间合作,包括同发展中国家的合作以及同贸易伙伴国的合作。在国内,增强全民族的环保意识,全民动员,保护我国的生态环境;借鉴国外有益经验,完善我国的环保立法;完善我国环保贸易体系,在对外贸易中建立环境管理体系,促进环境与对外贸易的协调发展等④。

3.WTO 涉及环境权利义务规则分析

刘芳指出,WTO 有关环境权利义务规则涉及很多方面,这些环境权利义务的行使将造成绿色贸易壁垒,限制某些领域的贸易。作为 WTO 成员国,这些规则对我国有利有弊,面临着法治水平低、资金匮乏、技术落后、难以持续发展等挑战,我们应及时在制度上和实践中提出相应的措施,如完善环境法体系、提高立法水平;加强政府贸易部门与环境部门之间的协调,减少冲突;对我国法律实施可持续发展为目标的评估审查制度等等,以促进我国的贸易和环境建设⑤。

六、罪行相适应原则和犯罪竞合研究

1.罪责刑相适应原则新解

刘士心博士指出,罪责刑相适应原则不是简单的罪刑均衡,而是以刑事责任概念为纽带,把罪刑相适应原则和刑罚个别化原则有机结合起来。其中,刑罚的轻重与犯罪人所犯“罪行”相适应,肯定了罪刑相适应原则的基本内容;刑罚轻重与犯罪人所承担的“刑事责任”相适应,吸收了刑罚个别化原则的合理成分。罪责刑相适应原则使刑罚的适用既注重犯罪行为又兼顾犯罪人。犯罪行为、犯罪人和刑罚之间的关系表现为:犯罪行为决定一个与其危害程度相适应的公正的刑罚幅度,犯罪人的人身危险性大小在此幅度内调节刑罚的轻重⑥。

2.想象竞合犯概念与类型研究

刘士心重构了想象竞合犯的概念,认为想象竞合犯是指实施一个犯罪,其危害行为之全部或一部又基于另一罪过侵犯另一客体,而形成的一个危害行为触犯数个罪名的犯罪形态。从不同的角度可以对想象竞合犯进行不同分类,根据行为人在实施同一危害行为时,对不同客体所持罪过形式的不同,可以将想象竞合犯分为三种:故意型想象竞合犯,过失型想象竞合犯,混合罪过型想象竞合犯;根据想象竞合犯所触犯的数个罪名犯罪完成形态的不同,可以将想象竞合犯分为六种:结果犯之间的

① 何红锋:《物业管理缺陷招标的法律责任承担》,《房地产与法律》2003 年第 6 期。
② 戚道孟:《我国生态保护补偿法律机制问题的探讨》,《中国发展》2003 年第 3 期。
③ 程宝库:《WTO 与中国的法治建设》,天津大学出版社 2003 年版。
④ 戚道孟:《论 GATT/WTO 法律制度与中国的对外贸易、环保问题》,《中国发展》2003 年第 1 期。
⑤ 刘芳:《WTO 涉及环境权利义务规则之分析》,《兰州大学学报(社会科学版)》2003 年第 4 期。
⑥ 刘士心:《罪责刑相适应原则的理论构建》,《学术交流》2003 年第 7 期。

想象竞合犯，结果犯与危险犯的想象竞合犯，结果犯与行为犯的想象竞合犯，危险犯之间的想象竞合犯，危险犯与行为犯之间的想象竞合犯，行为犯之间的想象竞合犯；立足于可以把犯罪分成实行犯、预备犯（含预备中止）、教唆犯、帮助犯等，相应的将想象竞合犯分为实行犯之间想象竞合犯、实行犯与非实行犯之间想象竞合犯，以及非实行犯相互之间想象竞合犯；根据想象竞合犯的结构层次，即一行为所触犯罪名个数的不同，可以把想象竞合犯分成两类：双重想象竞合犯和多重想象竞合犯；根据形式数罪中的“危害行为”相互重合的多少，可以把想象竞合犯分成行为重合型和行为包容型两种①。

七、民商法相关问题研究

1. 商品房买卖法律问题研究

商品房买卖纠纷被列为当前十大投诉热点之一，已经成为社会关注的焦点。陈耀东以切实维护广大购房者的合法权益、规范房地产交易市场、使商品房买卖行为能够有序进行为目的，专门著书对商品房买卖行为进行深入的研究。全书围绕七个大问题展开研究，商品房买卖有其特定含义、特殊属性；商品房预售属远期交货行为，是国家干预性较强、周期长、市场风险大、比较复杂的交易行为；商品房现售广告、包销、赔偿、分期付款、样品房买卖等各种情形下的法律问题；商品房按揭是一种新型的担保物权；商品房买卖合同、买卖登记的法律问题；对商品房买卖中的权益冲突需要规制等②。

陈耀东还对购房者的法律地位进行了探讨。首先，从理论上论述了购房者是消费者，商品房买卖中的售房欺诈行为应适用《消法》第49条“双倍赔偿”的规定，并对立法与司法的完善提出了几点建议③。其后，针对2003年5月7日最高人民法院颁布的《关于审理商品房买卖纠纷案件适用法律若干问题的解释》第8条、第9条提出质疑，在能及时到位的情况下，建议最高人民法院在现行《解释》的基础上再行通过司法解释的形式对商品房购买者的消费者地位，对惩罚性赔偿的适用主体、要件、范围和赔偿数额等问题作出明确规定，以使法律的适用趋于统一，以更好地维护商品房消费者的合法权益④。

2. 责任转质的构成及效力

齐恩平教授在对民间转质案例分析的基础上，对责任转质的构成及效力进行了研究。责任转质作为一种客观行为在我国民间债的关系中时有发生，在现今市场经济氛围下不可避免。所谓转质，是指在质押关系有效设定之后，质权人将出质人提供的质物交付给自己的债权人占有而设定一个新的质权的法律行为。责任转质应具备以下构成要件：第一，转质完全由质权人自己的责任为之，无须取得出质人的同意；第二，质权人必须向转质权人说明质物的权利归属，使转质权人明知该物属于再度设质；第三，质权人与转质权人就质物的再度设质须达成合意，且移转质物之占有；第四，责任转质应在质权的有效存续期间内进行；第五，转质权的存续期间及被担保债权额的范围均不得超过原质权的存续期间及担保债权的范围，超过部分无效。责任转质制度反映了鼓励交易、物尽其用的要求，顺应现代物权法的发展趋势，具有从法律上加以确认和保护的价值。我国担保法已建立了独立的质押制度，但并未对责任转质作出应有的反应。在市场经济条件下，我国有建立责任转质制度的必要⑤。

此外，齐恩平还对“模仿秀”的民事侵权问题进行了研究。随着“模仿秀”在电视、舞台表演的出现，引起了法学理论界和司法实践部门的争论。其核心问题是，“模仿秀”是否构成侵权？他认为，健康有益的“模仿秀”不构成侵权，而超出法律规则规范和社会公共利益的约束、有不正当目的的“模仿秀”，则构成对表演者的表演权、肖像权、姓名权的侵犯。是否以营利为目的，并不是“模仿秀”构成侵权的标准，认定“模仿秀”的民事侵权行为，应从主观动机和实现营利的方式、手段去判定⑥。

八、知识产权问题研究

1. 商标保护范围研究

针对现阶段商标侵权行为严重、企业商标难以保护等社会问题，陈耀东教授著书围绕商标法的保护范围作专门研究。书中涉猎十个专题，分别是保护商标的基本法律问题；我国保护注册商标的法律模式；保护服务商标；保护集体商标和证明商标；构建保护联合商标与防御商标制度；保护驰名商标；

① 刘士心：《想象竞合犯概念与类型再研究》，《国家检察官学院学报》2003年第2期。
② 陈耀东：《商品房买卖法律问题专论》，法律出版社2003年版。
③ 陈耀东、李超：《论购房者是消费者》，《中国房地产》2003年第3期。
④ 陈耀东：《再论购房者的消费者地位及惩罚性赔偿的适用》，《中国房地产》2003年第8期。
⑤ 齐恩平：《论责任转质的构成及效力》，《法学》2003年第10期。
⑥ 齐恩平：《“模仿秀”民事侵权行为研究》，《哈尔滨工业大学学报》（社会科学版）2003年第3期。

保护未注册商标;反不正当竞争法对商标的保护;商标的国际保护;商标侵权与法律救济①。

2.建筑作品著作权的内容和归属

何红锋对建筑作品进行有针对性的研究。认为《著作权法》既应当保护建筑物本身的著作权,也应当保护建筑设计图、建筑模型。但我国《著作权法》中所称“建筑作品”仅指建筑物(或构筑物)本身。建筑作品的著作权人应当享有复制权。但是,对于作为建筑作品的建筑物,只有从平面到立体和从立体到立体的复制才有实际意义和可能。对于设置或陈列在室外公共场所的艺术作品进行临摹、绘画、摄影、录像(可以理解为从立体到平面的复制),均无须著作权人许可,不向其支付报酬②。

3.侵犯发现权的一种形式

何红锋认为社会科学(包括法学)研究成果也应当享有发现权。在学术论文中以他人的观点作为自己的观点进行论述的现象,不但有违学术道德,也是一种侵犯知识产权的行为,这种行为侵犯的是发现权③。

九、其他法律问题研究

1.国际贸易中EDI的若干法律问题

作为一种全新的商务运作模式,EDI(Electronic Data Interchange)完全改变了传统的贸易方式,也给国际贸易中的传统法律规定提出了严峻挑战。朱京安认为,由于数据电文的虚拟性和快捷性,加上传统立法对EDI缺乏规定,引发了与EDI有关的书面形式问题、手书签名问题,传统的要约、承诺理论中的到达生效与投邮生效原则在EDI时代背景下也失去了存在的必要性和合理性。电子商务正成为商事交易的发展方向,传统的游戏规则应逐步淡出历史舞台,接受新事物已成为改善生产关系的必然选择④。

2.网络银行的法律问题

网络银行和电子货币的出现,会将人类社会带入一个无纸化和无现金的社会。在这场变革中,传统的法律无论从观念,还是到形式,都显得不够完善。有学者通过对网络银行电子服务的虚拟化,业务运行环境的透明性和开放性,业务时空界限的模糊性和以安全性为监管重点的特点进行法律分析,详细地论述了网络银行这一金融机构带给经济法、民商法、刑法和国际法等法律部门的影响,并针对所涉及的各个法律部门的问题,分别提出了立法建议和应对之策。技术和法律分别代表着社会发展中的激进和保守力量,不管法律多么不情愿,面对网络银行的飞速发展和法律调整空白的存在,必须要做出自己的回应。立法者应该认真仔细地思考法律在其中扮演的角色和方式,以实现对未来网络银行的有效调整⑤。

3.见义勇为行为的民法透视

贾邦俊认为,为了弘扬当今社会有难相助,大义大勇的高尚精神,必须正确认识和分析见义勇为行为。他指出,见义勇为行为是民法无因管理行为的种类之一,属事实行为。又有别于无因管理,具有自身特点,见义勇为行为的发生引起了民事上的几种请求权,负有义务的各方当事人应履行各自的义务,由此形成的债权债务关系,构成了见义勇为行为所引发人与人之间的人身和财产利益的法律关系。受益人向救助者给付酬谢金是民法债务关系的新创见⑥。

4.我国政府投资项目管理主体问题

有学者探讨了政府投资项目的概念,分析了目前我国政府投资项目管理主体,并与发达国家和地区政府投资项目管理体制相比较,提出了建立与国际惯例接轨的业主制和严格的业主项目管理程序两项完善我国政府投资项目管理主体的建议⑦。

我们期待,在未来的岁月中,天津的法学理论研究取得更大的进展。

(本文作者:傅士成,南开大学法学院副院长、教授;蒋冰晶,河北工业大学文法学院助教)

① 陈耀东:《商标保护范围研究》,天津人民出版社2003年版。
② 何红锋:《建筑作品著作权的内容和归属》,《中国版权》2003年第3期。
③ 何红锋:《“他人观点代替自己观点”的法律分析》,《法学》2003年第9期。
④ 朱京安:《国际贸易中EDI的若干法律问题新探,《法商研究》2003年第1期。
⑤ 陈士俊、张维、韩良:《网络银行与现行法律的变革》,《天津大学学报》(社会科学版)2003年第2期。
⑥ 贾邦俊:《见义勇为行为的民法透视》,《河北法学》2003年第1期。
⑦ 夏立明、尹贻林、何红锋:《论我国政府投资项目管理主体》,《天津工业大学学报》2003年第3期。

政　治　学

政治学理论研究综述

高　建　佟德志

2003年，我市政治学理论研究不但在基础理论、中外政治思想与政治文化等多个方面取得了重要成绩，而且在某些方面继续保持国内领先地位。这就既保持了全面、健康发展的势头，又凸显了我市政治学研究的特色。现就我市2003年政治学学科取得的成果作简要回顾。

一、基础理论研究深入开展

我市政治学基础理论研究在社会阶层分析、政治经济学以及村民自治理论等方面得以不断深化，在研究方法等方面亦取得了一定的成绩。在政治学研究的基本主题，如政治发展、政治参与等方面，我市学者取得了一定的成绩。例如，金东日即分析了韩国的民主化过程，得出结论认为，实现民主化的必要条件是各种社会权力的平衡、法制化、理性讨论①。杨文彬、黄琪轩两人则从政治“壁垒”的角度入手分析了“政治进入壁垒”和“政治退出壁垒”等现象，作者认为，为推动中国政治发展，应消除那些消极的政治进入壁垒，适当设置或抬高一些积极的政治进入壁垒②。施九青分析了公民有序政治参与的必要性，并从指导思想，推进方式等方面提出了相应的对策③。

1.研究方法与主题

我市学者历来重视政治学基础理论的研究，这不但体现在学科体系的建立上，而且体现在政治学研究方法的深入上。在政治学研究方法上，我市学者不但已经形成了有着重要影响的社会学研究方法、经济学研究方法，而且进一步深入探讨了计量学方法以及制度分析等方法在政治学中的应用。

以社会阶层的角度切入政治学理论研究是我市政治学研究的特色领域之一。在这一领域，朱光磊等学者取得了重要成果。在《论城市化进程对中国阶层分化和阶层关系的影响》一文中，朱光磊等人分析了中国城市化进程中的阶层分化及其对阶层关系的影响。作者认为，在城市化进程中出现的利益矛盾对政府来说既是压力，又是机遇，进一步处理好城市化进程中的社会关系问题，就必须在户籍制度、土地制度、社会保障、公民的人权保障等方面做出适当的公共政策调整④。

运用经济学的分析方法研究政治亦是我市政治学研究的一个特色，有着良好的传统，并取得了丰富的成果。在《路径依赖理论的政治学意义》一文中，杨龙分析了制度变迁过程中“锁定”现象，肯定了路径依赖理论在政治学研究中的解释力。作者认为，现有制度的自我强化使得落后国家无法效法先进国家，因而，打破“锁定”和维持良性的路径依赖都是可取的制度变迁方向⑤。在《政治领域中的人性》一文中，杨龙分析并评价了“经济人”的假设，既肯定了其优点，又指出了其存在的缺陷⑥。

另外，在政治研究方法上，李瑛、汪华余探讨了计量技术以及制度分析在政治学研究中的应用。这些新鲜的视角与分析方法有助于政治学研究的进一步深入⑦。

2.新政治经济学研究

从经济的角度出发研究政治是政治学研究的

① 金东日:《韩国民主化过程论析》,《南开学报》(哲学社会科学版)2003年第5期。
② 杨文彬,黄琪轩:《政治进入壁垒与当代的中国政治发展》,《云南行政学院学报》2003年第3期。
③ 施九青:《试论公民政治参与及其制度化、规范化和程序化》,《理论与现代化》2003年第4期。
④ 朱光磊、郭道久、孔超:《论城市化进程对中国阶层分化和阶层关系的影响》,《天津社会科学》2003年第4期。
⑤ 杨龙:《路径依赖理论的政治学意义》,《中共宁波市委党校学报》,2003年第1期。
⑥ 杨龙:《政治领域中的人性——经济人假设评析》,《文史哲》2003年第4期。
⑦ 李瑛:《计量技术在政治学研究中的应用》,《山东行政学院、山东省经济管理干部学院学报》2003年第1期;汪华余:《政治理论中的制度分析:在批判中超越》,《教学与研究》2003年第12期。

一个重要方向。在这一领域当中，以杨龙为代表，我市学者取得了重要成绩。这不但体现在对西方理论的借鉴与吸收上，而且体现在对中国现实问题的关注上。

在借鉴与吸收西方新政治经济学理论方面，我市学者取得了重要成绩，主要体现在对公共选择理论的介绍和评价上。在《公共选择学派关于集体决策规则的理论评析》一文中，杨龙从公共选择学派的理论出发，对一致同意原则、过半数原则和多数规则等进行了理论分析，并指出了评价集体决策的规则的标准：提供保护的程度和决策的效率①。在《民主的经济理论》一文中，杨龙研究了民主政治与政府经济政策的关系，从公共选择的视野出发探讨了赤字下的民主、公民的财政幻觉、政治经济循环、代议制民主的缺陷等问题②。

区域问题在中国这样的大国十分突出，对区域问题的政治学研究还有很多空白点。以杨龙为代表，我市学者在这方面做出了重要成绩。在《我国的区域发展与区域政治研究》一文中，杨龙指出，区域发展差距过大会威胁社会的稳定和国家统一。有鉴于此，区域政治应该主要研究国内地缘政治、民族地区的政治整合策略、地区政治发展与国家政治发展的关系、行政区与经济区的关系、中央政策与地区差异的关系等问题③。在《经济全球化对国内区域发展的影响》一文中，杨龙具体地分析了经济全球化对国内区域发展的双面影响。作者认为，为避免其负面影响，应该加快西部民族地区的经济发展和政治发展，缩小其与发达地区的差距同时强化中央对边远民族地区的控制④。在《中国经济政治的空间分布》一文中，作者考察了经济区分布与行政区划的不一致的现象。作者认为，中国的行政区经济造成了经济区域化的阻力，解决方案之一就是以经济区域为依据，建立跨省的行政机构⑤。在《我国政治中心与经济中心的非对称》一文中，杨龙分析了我国政治分布与经济分布存在的政治单一中心与经济多中心的矛盾。作者认为，解决这一问题的思路是参照国际经验，设立次级政治中心，或把政治中心小区域化⑥。

3.基层民主研究

基层民主理论一直是国内学术界关注的焦点，同时也是我市政治学界的关注点之一。在程同顺等学者的推动下，我市基层民主研究亦取得了重要进步。我市学者对基层民主的研究主要集中在村民自治理论上，而且突出了对农民组织化问题的关注。

程同顺认为，中国农民组织化程度低，然而，无论是经济战略转型和市场竞争，还是保护农民利益、促进农业决策的科学化与合理化、为农业发展争取更好的国际环境，都需要提高农民的组织化程度⑦。尽管人们在提高农民组织化的必要性上达成了共识，但是，在农民组织的法律地位、社区合作经济组织的属性、如何对待“两社”等问题上还存在分歧⑧。提高中国农民的组织化程度不仅在经济方面，而且应该提高农民在政治上的组织化程度⑨。具体做法应该以政府推动为主，坚持立法先行，遵循先示范后推广的做法⑩。

另外，村治研究中还提出了一些具有实际意义的问题。如程同顺针对当前中国乡镇政府财政危机及与之相关的“费税改革”和“乡镇撤并”两项改革探讨了形成乡镇财政危机问题的各种原因，并提出要从上下级政府间关系的角度重新审视乡镇政府的财政危机⑪。在《“二元”体制下村民自治的理性思考》一文中，潘允康分析了我国农村中出现的以党支部为代表的党的领导和以村委会为代表的村民自治领导的“二元”体制。作者认为，化解“二元”体制中的矛盾，实现村委会与党的领导的良性互动与循环机制是当前村民自治所面临的重大理

① 杨龙：《公共选择学派关于集体决策规则的理论评析》，《中共福建省委党校学报》2003年第1期。
② 杨龙：《民主的经济理论——公共选择视野下的政治经济互动》，《北京行政学院学报》2003年第3期。
③ 杨龙：《我国的区域发展与区域政治研究》，《学习与探索》2003年第4期。
④ 杨龙：《经济全球化对国内区域发展的影响》，《甘肃理论学刊》2003年第4期。
⑤ 杨龙：《中国经济政治的空间分布》，《学术界》2003年1期。
⑥ 杨龙：《我国政治中心与经济中心的非对称》，《云南行政学院学报》2003年第1期。
⑦ 程同顺：《论提高农民组织化程度的必要性》，《中共云南省委党校学报》2003年第4期。
⑧ 程同顺、黄晓燕：《中国农民组织化问题研究：共识与分歧》，《教学与研究》2003年第3期。
⑨ 程同顺、张长虹：《西方国家的农民政治组织与经济发展》，《毛泽东邓小平理论研究》2003年第1期。
⑩ 程同顺：《如何提高中国农民的组织化程度》，《党建研究》2003年第10期。
⑪ 程同顺：《乡镇政府财政危机分析》，《中共福建省委党校学报》2003年第3期。

论问题和实践问题[①]。另外，对基层民主的关注还包括了对工会选举的政治意义的关注。如潘家礼指出，基层工会民主选举既能在职工群众中普及民主知识，提高民主素质，又能锻炼提高职工群众的民主能力，并对经济发展、社会稳定起到直接的作用，有利于我国民主政治建设健康有序的发展[②]。

二、中外政治思想研究

中外政治思想的研究是我市政治学理论研究的一大特色，长期以来在全国居于领先地位。不但承担并完成了多项国家、省部级项目，出版了大量的专著、教材、工具书、论文等科研成果，而且形成了以南开大学和天津师范大学为核心的两个重要群体，形成了整体优势。因另有专文述及，在此仅作简要概述。

1.西方政治思想研究

西方政治思想史的研究逐渐向纵深发展。由徐大同教授主编的《西方政治思想史》(5卷本)已经进入编辑阶段，各卷作者已经陆续交稿，总字数预计达200万字左右。由徐大同主编的《现代西方政治思想》[③] 已经出版。该书以我市西方政治思想史研究的学者为主完成，总字数近60万字。该书体系完备，结构宏大，材料翔实，观点新颖，是我市学者对西方政治思想研究的一大贡献。另外，常士訚教授的专著《马赛克文化中的政治发展探索》亦在2003年出版，填补了加拿大政治思想研究的空白，成为我市学者政治思想研究的又一重要成果。在该书中，作者对加拿大的保守主义、自由主义、社会主义、民族主义、平民主义和多元文化主义等6个思想派别进行了深入细致的描述，揭示了加拿大多元的、宽容的、合作的、共生的社会特点。

就专题研究来看，高建在政治社会学方面、杨龙在新政治经济学方面分别有一系列文章发表。例如，在《达伦多夫的社会冲突理论》一文中，高建从阶级冲突与社会契约、权利与供应、公民权利与公民社会这三对概念入手，对达伦多夫的《现代社会冲突》一书进行了深入的分析[④]。就政治思想家的研究来看，马德普的论文《自由主义宪政原则的奠基人》[⑤]、吴春华的论文《留恋传统力行改革》[⑥]、常士訚的论文《社会进化与政府权力的弱化》[⑦] 分别对洛克、威尔逊、斯宾塞等几个政治思想家进行研究，丰富了西方政治思想史的研究。

在当代西方政治思潮领域内，我市学者亦取得了一些成果。吴春华、朱一涛在《当代西方政治思潮的基础与特征》一文中对当代西方政治思潮的基础和特征进行了梳理，指出了当代西方政治思潮的现实性、丰富性和多样性[⑧]。另外，在多元文化主义方面，常士訚在《当代西方多元主义发展基本趋向分析》一文中指出了多元主义的激进和温和两种倾向，认为“一”与“多”关系应该在社会和国家的辩证法中实现均衡[⑨]。另外，还有一些中外比较政治思想的成果，如仲崇盛在《孟子与柏拉图伦理政治观比较》[⑩] 一文中对孟子和柏拉图的政治观做了比较。

2.中国政治思想史研究

先秦的政治思想是我国政治思想最为丰富的时期，同时亦是我市学者关注的焦点。刘泽华撰文考察了先秦时期的党、党禁与君主集权的关系。作者认为，先秦时期的党曾是一个普遍的历史现象，也是一个具有合理性的观念。但随着君主专制的发展，臣下结党的合理性被取消；与之相应，无党论和禁党论成为主流意识。无党论和禁党论极大地促进了君主专制的发展，是君主专制的命题[⑪]。夏国军撰文考察了孔子正名思想的本质。作者认为，孔子的“正名”说是特定时势的产物，纯粹是政治伦理意义的，这也是由其目的、内容和原则所决定的。孔子“正名”说中运用的逻辑形式完全是出于立说行文的需要，这并不意味着孔子在自觉地创立逻辑

① 潘允康：《“二元”体制下村民自治的理性思考》，《社会科学研究》2003年第3期。
② 潘家礼：《基层工会选举的民主政治意义》，《工会理论与实践·中国工运学院学报》2003年第2期。
③ 徐大同主编：《现代西方政治思想》，人民出版社2003年版。
④ 高建：《达伦多夫的社会冲突理论》，《中西政治文化论丛》，第3辑，天津人民出版社2003年版。
⑤ 马德普：《自由主义宪政原则的奠基人》，《浙江学刊》，2003年第4期。
⑥ 吴春华：《留恋传统力行改革——改革时代的威尔逊思想》，《中西政治文化论丛》，第3辑，天津人民出版社2003年版。
⑦ 常士訚：《社会进化与政府权力的弱化——斯宾塞社会进化政治思想研究》，《中西政治文化论丛》第3辑，天津人民出版社2003年版。
⑧ 吴春华、朱一涛：《当代西方政治思潮的基础与特征》，《中共天津市委党校学报》2003年第1期。
⑨ 常士訚：《当代西方多元主义发展基本趋向分析》，《教学与研究》2003年第8期。
⑩ 仲崇盛：《孟子与柏拉图伦理政治观比较》，《孝感学院学报》2003年第4期。
⑪ 刘泽华：《先秦时期的党、党禁与君主集权》，《广东社会科学》2003年第4期。

理论[①]。张景贤则撰文考察了孔子和孟子的义利观。作者认为,孔孟并不轻视物质利益;孔孟主张见利思义,反对见利忘义;提倡为了大义而牺牲个人利益,甚至舍生而取义。因此,对孔孟的义利观应当批判地继承[②]。

挖掘传统政治思想的现代价值,考察近代中国政治思想亦是我市政治思想研究的一个热点。李光福考察了李贽的政治思想。作者认为,从先秦开始,中国就形成了自己的自由传统,晚明李贽突破中国传统自由观的局限,昭示了中国传统自由向现代自由的转换,是一笔需要我们予以珍重的民族文化遗产[③]。王炳起、陈寒鸣则通过考察梁启超的民权思想指出,梁启超明确地将民权与御侮救国、即思想文化上的启蒙同现实的救亡图存有机结合起来,其思想已经超越了维新的范畴[④]。董四代、宁睿英考察了近代中国启蒙学者对民主的认识后指出,梁启超、严复等启蒙思想家在引入西方民主时提出的兴民权、倡自由、开设议院等主张有着重大的进步意义,但由于无法摆脱中国传统文化的束缚,只能将西方的民主作为概念工具,通过与中国传统文化资源的结合,形成独特的民主思想[⑤]。蔡文杰在《陈独秀二次革命论及其与两步走思想的关系》一文中探讨了陈独秀的"二次革命"论与毛泽东"两步走"思想的关系。作者指出,从中国共产党思想发展史的角度看,两步走思想是在对二次革命论批判性地继承中逐渐形成的[⑥]。

三、政治文化研究

以中外政治思想的基础研究为依托,我市政治文化理论研究一直保持着国内领先的发展势头。天津师范大学政治文化研究中心成为我市人文社会科学基地,无疑为推动我市政治文化研究的进一步发展打下了基础;由该中心主办,并主要由我市学者构成作者群的《中西政治文化论丛》(第3辑)[⑦]的出版更成为这一领域研究继续发展的一个标志。此外,天津师范大学政治文化研究中心主办的政治文化研究网(http://www.tszz.com)继续坚持以政治文化为主要对象,不断地更新内容,为我市政治文化的研究提供了参考。

葛荃教授的专著《权力宰制理性》是我市2003年度政治文化研究的一部力作。作者集多年研究士人政治文化之功力,在《立命与忠诚》一书的基础上进一步研究了中国古代士人的政治精神。作者认为,中国的士人不过是君主政治及其文化的造物,正是由于其历史定位就在于"周旋于道与王之间",所以,在政治上表现为"尊王",在学术上表现为"循道"。该书各个分析层面的逻辑展开,诸如"作为治世中坚的士人"、"作为社会中介的士人",以及关于士人人格、士人的精神分析等等,都是以这一基本定位为依据的,从而对其主题"权力宰制理性"进行了深入而严谨的论证[⑧]。

吴春华、佟德志在《西方自由主义的两种政治传统》一文中,在区分英美传统和欧洲大陆传统的基础上分析了两种传统的发展历程及其原因。作者认为,自由主义两种传统的发展表明,文化的形成是政治体内部保持一致与均衡的产物,忽视文化心理因素的理论移植有悖于历史与逻辑的统一,必然会走向教条主义[⑨]。葛荃在《"戒惧"心态与东林党人的政治悲剧析论》一文中指出,晚明东林党是中国古代士人的典型,他们在道德修习上追求"慎独"境界,形成了"戒慎恐惧"的政治心态,这对他们的政治态度和政治选择具有深层的影响,是促成东林悲剧的心态之源[⑩]。

除了考察传统政治文化外,我市学者还关注当代中国政治文化的嬗变。在《入世与我国政治文化的嬗变》一文中,佟德志和庞金友指出,新时期我国社会主义建设的新发展在一定程度上推动了我国政治文化的进步,尤其是在申请加入世界贸易组织的15年中,我国的政治文化发生了重要变化。随着"官本位"文化的逐渐消解,新的以市场意识、法治精神、开放理念为主要内容的政治文化逐渐形成。

① 夏国军:《孔子的"正名"说是政治伦理的,还是逻辑的》,《社会科学辑刊》2003年第2期。
② 张景贤:《略论孔子和孟子的义利观》,《历史教学》2003年第3期。
③ 李光福:《李贽与中国的自由传统》,《南开学报》(哲学社会科学版)2003年第2期。
④ 王炳起、陈寒鸣:《梁启超的民权思想与其"新民"理想观》,《理论与现代化》2003年第3期。
⑤ 董四代、宁睿英:《西方概念工具与中国传统文化资源——谈近代中国启蒙学者对民主思想的认识》,《张家口师专学报》2003年第4期。
⑥ 蔡文杰:《陈独秀二次革命论及其与两步走思想的关系》,《天津大学学报》(社会科学版)2003年第2期。
⑦ 马德普、〔加〕金里卡主编:《中西政治文化论丛》第3辑,天津人民出版社2003年版。
⑧ 葛荃:《权力宰制理性:士人、传统政治文化与中国社会》,南开大学出版社2003年版。
⑨ 吴春华、佟德志:《西方自由主义的两种政治传统》,《中共天津市委党校学报》2003年第4期。
⑩ 葛荃:《"戒惧"心态与东林党人的政治悲剧析论》,《史学集刊》2003年第1期。

从政治文化的变化上来看，入世本身是一场以自发性、多样性、间接性为主要特征的政治社会化过程，它给新时期的政治社会化带来了新的启示①。

1.政治思维研究

作为一种重要的思维方式，普遍主义对西方政治文化形成了重要的影响。马德普在《本原与永恒》、《理性与正义的悖论》、《上帝与永恒法》等文章中进一步挖掘了西方普遍主义的形成与发展。这些文章分别从古希腊自然哲学、自然法观念和基督教神学入手，探究了普遍主义的根源及其特征。作者认为，作为世界观、价值观和方法论，普遍主义在西方有着深厚的传统。从古希腊开始，受自然科学、人文社会科学发展的影响，西方文明就形成了普遍主义的基因。古代罗马的普遍主义则在为法治秩序的建立创造条件的同时形成了理性和正义的悖论②。基督教成为西方普遍主义传统的成熟形式。在吸收了柏拉图主义、斯多葛主义和保罗的因信得救说的基础上，基督教宣扬一神论、上帝统治论、人人皆上帝儿女的观念、救赎论、至善论和唯实论等理论，这些都是基督教普遍主义的主要表现③。

与西方普遍主义的政治思维不同，葛荃认为，中国传统文化的“比类逻辑”对传统政治思维影响深远。作者认为，作为文化遗存的“比类逻辑”思维特点使得当代中国的政治思维在某些层面或某些地方还滞留在中世纪，这是解读当前一些政治文化现象的深层传统文化根源之一④。在《政治主体思维的缺失与重构》一文中，葛荃指出，中国传统政治哲学思维的根本缺失是“社会政治主体”认识的缺席与“政治权力主体”认识的强化，致使社会一般成员的政治认知、政治人格及政治参与意识先天不足，更缺乏政治权利意识，建构当代中国政治哲学正是要从这里入手⑤。

2.公私观的研究

公私问题由来已久，不但在我国传统政治文化中引人注目，而且亦关系到当代中国的道德与政治文明建设。在《春秋战国的“立公灭私”观念与社会整合》一文中，刘泽华教授考察了中国传统社会的公私观及其与专制制度的关系。作者认为，中国古代的公私观念成型于春秋战国时期，“公”、“私”概念由人称指谓向社会形态拓展。“公”的价值意义与其所表达的社会公共事务与公共关系相联系，把国家、君主、社会与个人贯通为一体。此期又是士人的“私理”、“私论”大行其道的时代，社会关系以“私”为纽带进行了空前改组。然而，先哲们却把“私”视为万恶之源，进行了猛烈抨击。“立公灭私”成为主流意识，取消了“私”的正当性与合理性，形成了君主、国家与民间社会、公共领域与私人领域的尖锐对立，使中国社会政治生活出现了一个无法解决的“公”、“私”悖论。“立公灭私”是春秋战国时期公共理性的高度概括和总体特征，它与君主制度互为表里，为专制制度整合社会资源、控制分配权提供了理论依据⑥。

葛荃、张长虹两人的论文纵览古今，对公私观念中“以君为本”、“以民为本”、“以人为本”等三层公私观进行了区别。作者认为，只有以现代化社会为认识坐标，以一般社会成员的社会政治主体地位的绝对确认作为认识的起点，我们关于公私观的阐释才有可能是合理的。否则，在社会政治主体定位含混不清、公共领域和私人领域模糊不分的情况下，诸如“大公无私”，“立公去私”，“无私奉献”等等，就有可能成为个别拥有权势者或特殊利益集团谋取私利、剥夺他人、制造不公正的理论工具⑦。

（本文作者：高建，天津师范大学政治与行政学院院长、教授、博士生导师；佟德志，天津师范大学政治与行政学院副教授）

---

① 佟德志、庞金友：《入世与我国政治文化的嬗变》，《苏州科技学院学报》（社会科学版）2003年第4期。

② 马德普：《本原与永恒——古希腊自然哲学中的普遍主义基因》，《中西政治文化论丛》第3辑，天津人民出版社2003年版；《理性与正义的悖论——西方古代自然法观念中的普遍主义思想及其当代启示》，《中共福建省委党校学报》2003年第4期。

③ 马德普：《上帝与永恒法——论基督教神学中的普遍主义传统》，《天津师范大学学报》（社会科学版）2003年第2期。

④ 葛荃：《逻辑与政治思想——推类逻辑与中国传统政治思维》，《中州学刊》2003年第2期。

⑤ 葛荃：《政治主体思维的缺失与重构——关于建构当代中国政治哲学的一个思路》，《中国人民大学学报》2003年5期。

⑥ 刘泽华：《春秋战国的“立公灭私”观念与社会整合》（上、下），《南开学报》（社会科学版）2003年第4、5期。

⑦ 葛荃、张长虹：《“公私观”三境界析论》，《天津社会科学》2003年第5期。

中国政治思想史研究综述

葛 荃 张 建

一、学科研究概况

2003年，南开大学中国社会史研究中心主任刘泽华教授主持的教育部人文社会科学重点研究基地重大项目“中国政治理念、国家权力与社会关系研究”的最终成果——中国社会史研究丛书第二辑《政治理念与中国社会》共十二册著作由中国人民大学出版社陆续出版。

南开大学周恩来政府管理学院的葛荃教授，一方面与刘泽华教授保持密切合作，完成了上述教育部人文社科基地项目中的子课题:《权力宰制理性:士人、传统政治文化与中国社会》;另一方面在中国古代士人和近现代知识分子研究、政治哲学、政治文化、行政管理思想、行政道德等多个学术论域有所开拓。

在2003年度全国哲学社会科学规划项目评审中，葛荃教授的《当代中国社会政治意识与政治文明建构》与南开大学历史学院张分田教授的《民本思想与中国古代统治思想的关系研究》两项课题获准立项。

天津师范大学政治文化研究所原以西方政治思想史研究为主，近年来，在中外政治思想比较研究上取得较大进展，这使中国政治思想史研究在更为广阔的学术视野中得到了深化。天津社会科学院、中共天津市委党校、天津市社会主义学院、南开大学马克思主义教育学院等科研、教学机构，继续发挥资源和人才优势，在中国近现代政治思想史和当代政治思想研究方面成果颇丰。

二、主要学术观点

1.关于政治理念与中国社会

在这项课题研究中，刘泽华将其研究方法概括为“阶级——共同体分析法”。这种分析方法认为:一定政治理念的形成是社会诸种因素综合作用的产物，它决不排除社会阶级、阶层和特定身份的内容，但也不是其直接的对应物;用“阶级——共同体分析法”来看待各种政治理念，既要打破传统阶级分析法的狭隘性和直线性，又要保留其合理性内核，既要汲取社会分析法，又要避免只谈社会不谈阶级的泛泛性。在选题的设计上，这项研究涉及以下内容:(1)政治哲学问题;(2)政治思维方式与政治文化范式;(3)政治理念的社会化问题;(4)政治理念与政治制度;(5)人物的政治理念与行为①。

2.关于公私观念

公私观念是中国传统政治思想的核心，它深刻地影响了中国传统社会的经济、政治、文化诸方面，因而也成为近年来学者们关注的热点问题。2002年12月，由南开大学中国社会史研究中心和湖南大学岳麓书院共同举办的“公私观念与中国社会”学术讨论会在南开大学举行。这是国内第一次以公私观念为主题举办的专题学术讨论会，与会学者对公私观念作了多学科、多层面、多角度的研究。从会议综述《“公私观念与中国社会”学术讨论会综述》(张分田执笔，《天津社会科学》2003年第3期)和会议论文集《公私观念与中国社会》(中国人民大学出版社2003年版)的介绍来看，与会学者从不同角度探讨了传统公私观的内涵及其与中国社会发展进程的内在关联，并对如何解决传统公私观在理论和实践中的困境以及中国人的观念如何由传统走向现代等问题提出了见解。

刘畅从公私字义构形溯源、公私观念总体价值判断、公私观念嬗变及若干命题的清理、日本学者的中国公私观研究、中外公私观念比较研究、公私之辨的现代延续及意义等六个专题，对先秦以来的公私观念研究进行了一番清理。他认为，从历史过程看，中国思想界对公私观念的研究遵循着这样的逻辑:公私观念与社会转型有一种同构互动关系，每当社会发生激烈变革之际，正是公私观念引起普遍关注之时。急剧变化的现实，迫切需要思想界、理论界作出相应的解释。因而，在转型剧变的时代追寻最大的正义，多学科、多维度、多层面地研究公私观念，调整公私关系，研究社会公正问题，势必会

① 刘泽华:中国社会史研究丛书第二辑“政治理念与中国社会”总序，《公私观念与中国社会》，中国人民大学出版社2003年版。

成为人文社会科学研究新的学术增长点①。

刘泽华认为，中国古代的公私观念成型于春秋战国时期。“公”、“私”概念由人称指谓向社会形态拓展。“公”的价值意义与其所表达的社会公共事务与公共关系相联系，把国家、君主、社会与个人贯通为一体。这一时期又是士人的私理、私论大行其道的时代，社会关系以私为纽带进行了空前改组，然而，先哲们却把“私”视为万恶之源，进行了猛烈抨击。“立公灭私”成为主流意识，取消了“私”的正当性与合理性，形成了君主、国家与民间社会，公共领域与私人领域的尖锐对立，使中国社会政治生活出现了一个无法解决的“公”、“私”悖论。“立公灭私”是春秋战国时期公共理性的高度概括和总体特征，它与君主制度互为表里，为专制制度整合社会资源、控制分配权提供了理论依据②。

葛荃、张长虹提出了“公私观三境界”说，认为：“以君为本”是公私观的第一层境界，“以民为本”是公私观的第二层境界，这种公私观必然跃升到第三层境界——“以人为本”。对此，作者指出：在现代政治理念中，一般社会成员即社会中的每个人都是政治主体，个人的生存、发展和选择的自由得到法律权威的维护，个人的尊严、拥有的权利义务和政治人格则神圣不可侵犯；以此为基本条件而构成的“以人为本”，是以具有独立人格和尊严的个人为本，这种理念与传统中国的以民为本有着本质的差异，因而与之相应的公私观境界亦迥然不同③。

逯鹰比较了传统公私观念与现代公民观，认为它们在认识上存在着诸多歧义与差距：(1)公与私范畴层面的不同；(2)公私本末关系层面的差距；(3)公私同一性层面的歧义④。

3.关于政治思维

政治思维研究是近年来兴起的政治哲学研究的深化。葛荃从跨学科的角度考察了推类逻辑对中国传统政治思维的影响，认为推类逻辑对于中国传统政治文化及政治思维的影响至为深远。他指出，所谓“推类逻辑”，并不是如西学那样形式严密的抽象逻辑认识，而是一种直观性和具象性的逻辑思维方式。概言之，其要点有三：一是这种逻辑思维惯常在思维的起始建立一个参照点，并认定事物与这一参照点之间有相通、相类的关系，进而径直相与比照和推演，只要起始的参照点被认为具有权威性与合理性，那么，事物间的逻辑关系就不容置疑，论证就可以成立；二是推类逻辑思维的推论具有循环性，论者常常是把握住一点而往复论证，推类论证的双方可以互为论据；三是推类逻辑思维的推导具有无限性。总之，传统的推类逻辑思维以其直观性论证将复杂的真理论证过程简约化，从而易于为人们所接受，如像“天行健，君子以自强不息”这样的认识至今仍在感召世人⑤。

在现代法制社会条件下，提升每一个体人的政治主体意识的自觉程度，是实现现代民主政治的必要条件，而这一切均需要有政治哲学层面的深层论证。葛荃指出，中国传统政治哲学思维的根本缺失是“社会政治主体”认识的缺席与“政治权力主体”认识的强化，致使社会一般成员的政治认知、政治人格及政治参与意识先天不足，所谓政治权利意识等等更是无从谈起。因而，当代中国政治哲学的建构，应当从重构政治主体思维起始。也就是说，与政治权力主体认识相对应，社会一般成员的社会政治主体意识需要政治哲学层面的深层论证和认识的强化。而且，伴随着这一政治理念的普遍化，使得每一个体人的政治认知、政治参与和权利义务理念形成普遍政治意识，融入他们的实际社会政治生活，甚而成为人们的生活方式。这时，合乎逻辑与历史相统一的政治哲学才会具有了立足之本，建构当代中国政治哲学并实现这种政治哲学引领下的现代化民主社会才具有了科学性与可能性⑥。

李宪堂、马斗成提出了中华传统文化的思维框架，即由时间观、空间观、主体观以及因缘观等基本观念构成的时空共振、天人合一的大一统宇宙图式。这个框架不仅限定了人们思考和想象的方式、范围，而且预设了人们行为的准则和依据，即以王、道为核心的价值系统——包括中央权威（王）、等级秩序（礼）、合谐（乐）、中庸（道）等核心价值，审美的生活态度，注重实用的生存原则，以及怀方行圆、以静制动、知微待时、安分守位等人生策略。在这个

① 刘畅：《中国公私观念研究综述》，《南开学报》（哲学社会科学版）2003年第4期。
② 刘泽华：《春秋战国的“立公灭私”观念与社会整合》，《南开学报》（哲学社会科学版）2003年第4－5期。
③ 葛荃、张长虹：《“公私观”三境界析论》，《天津社会科学》2003年第5期。
④ 逯鹰：《传统公私观念与现代公民观的歧义与差距》，《天津社会科学》2003年第6期。
⑤ 葛荃：《逻辑与政治思想——推类逻辑与中国传统政治思维》，《中州学刊》2003年第2期。
⑥ 葛荃：《政治主体思维的缺失与重构——关于建构当代中国政治哲学的一个思路》，《中国人民大学学报》2003年第5期。

框架内,在认识与实践领域,形成了中国特色的社会观、历史观、人性论、方法论、知行观等纲领性观念,作为思想家们构筑其理论体系的基石①。

刘畅分析了先秦思想界涌动的"尚大"思潮,认为其本质在于对终极依据的追求与探索。在此,"大"已非一个简单的物理意义上的时空概念,或传统意义上纯粹的美学观念,而是一种人文观念、思想范畴,具有极大的抽象涵盖性。举凡自然、社会、人事、审美、思维活动,凡是最好、最高级、最完美之物就称之为"大"。而这些"最大"之物,正是先秦诸子们不厌其烦所讨论的要义②。

4.关于儒家专制主义

刘泽华的论文集《洗耳斋文稿》中收入了作者自20世纪80年代以来关于中国政治思想史的论文20篇。作者在自序中指出:"政治改革的滞后带来政治思想史—政治观念研究的滞后,反过来,政治思想史—政治观念研究的滞后又影响了政治改革的滞后。两个'滞后'形成了非良性循环。这种现象亟需改善,而作为学人责无旁贷地应该进行政治思想史—政治观念的基础研究。""政治思想史的内容多多,可以开发出许多珠玉珍宝,不过我做的仅仅是想分辨什么是封建专制主义!"因为,在作者看来,"没有认真的新一轮的认识和争鸣,分辨清什么是封建主义并不是那么容易的事"③。

李宪堂2003年的博士学位论文《对话新儒家——先秦儒家专制主义精神批判》,同年由中国人民大学出版社出版,书名改为《先秦儒家的专制主义精神》。该书指出,追求整体性、总体性、同质性和集体主义的传统文化在精神上就是专制主义的。儒学作为中华民族进入和改造世界的主要方式,作为民族文化心理结构的形成之力,作为专制王权的构成机制和营卫功能,作为专制王权政治的操作理论,凝聚和凸显了我们民族的根本价值,从一开始就带有强烈的实践倾向,全面参与了权力机制的建构,因而全息地带有专制主义的元素,不可能像新儒家认为的那样,能够从中"开出"民主制度或挖出民主的"种子"。因而,儒学既不是专制权力的替罪羊,也不是民族荣耀的图腾柱。

李宪堂进一步论证,"民本"作为德政思想的核心概念,在历史上发挥了制约绝对君主专制的作用,但它本身并不包含任何民主的因素。"民本"是专制权力的题中应有之义,是"农本"的另一个说法;作为一种政治主张,"民本"强调的并不是"民"自在自足的价值,而是它对于国家社稷,归根结底是对于君主的意义。因而,"民本"就是"君本",是"君本"的修饰性转义表达④。

5.关于传统社会的士人

士人是中国传统政治文化的承载者,士人研究是深入了解中国传统政治文化,认识传统文化与传统社会之关系及对当代中国之影响的重要路径。葛荃的专著《权力宰制理性——士人、传统政治文化与中国社会》(南开大学出版社2003年版)从士人的生存样态、政治功能、社会出路、政治人格、政治精神等方面,对中国传统社会的士人作了相对全面的剖析,旨在为促进当代中国知识分子的现代化转型提供历史参照。

葛荃还分析了作为中国古代士人典型的东林党人的政治心态,指出他们在道德修习上追求"慎独"境界,形成了"戒慎恐惧"的政治心态;这种政治心态具有"原惧"特点,对于他们的政治态度和实际政治选择具有深层的影响,成为促成东林悲剧的心态之源⑤。这正是作者提出的"权力宰制理性"局面造成的必然结果。

6.关于先秦政治思想

学术界论述秦汉以后朋党的文章很多,但没有一篇论述先秦时期"党"的。刘泽华认为,作为问题之原,先秦时期的"党"既是一个普遍的社会现象,又是一种具有合理性的社会观念。但随着君主专制的发展,臣下结党的合理性被取消,与之相应,无党论和禁党论成为主流意识,成为君主专制的命题,被先人用来压抑社会党派,对维护君主专制秩序起了极大的促进作用,但同时也摧毁了社会的自主和自生因素⑥。

刘丰在《先秦礼学思想与社会的整合》(中国人

① 李宪堂、马斗成:《中国传统文化思维框架论纲》,《青岛大学师范学院学报》2003年第3期。
② 刘畅:《先秦"尚大"思维论》,《社会科学辑刊》2003年第5期。
③ 刘泽华:《洗耳斋文稿》(南开史学家论丛第二辑),自序第2页,中华书局2003年版。
④ 李宪堂:《试论儒家民本思想的专制主义实质》,《历史教学》2003年第5期。
⑤ 葛荃:《"戒惧"心态与东林党人的政治悲剧析论》,《史学集刊》2003年第1期。
⑥ 刘泽华:《先秦时期的党、党禁与君主集权》,《广东社会科学》2003年第4期。

民大学出版社 2003 年版)提出:礼学在哲学上主张"以天应人,以人合天"的"天人合一",其哲学基础是阴阳五行学说;礼是与专制王权密切结合在一起的政治主张,其核心在于它对人的内在控制和对社会的外在控制,其最终导向依然是专制主义;礼作为统治者合法性的来源,其社会目标是实现个体之间以及社会整体的等级和谐。

刘泽华、文丰针对乐的思想主旨是"和"的普遍观点,提出乐的思想是"中和",指出:中国古代的乐没有独立的地位,它受礼的制约,其中蕴涵着明显的等级观念;礼乐相需为用,在各种礼仪中,用乐也有严格的等级规定,这表现出乐的等级性;乐与礼结合在一起,对于维护社会等级秩序、促进社会整合具有重要作用①。

仲崇盛比较了孟子和柏拉图的伦理政治观,认为二者虽具有相似性,但由于具体政治环境和政治文化的影响,又存在一定的差异:孟子致力于政治的伦理性解释,以仁义为价值取向,主张王道反对霸道,建构的政治体是伦理国家;柏拉图致力于政治的道德性解释,以正义为价值取向,重视人治轻视法治,建构的政治体是道德城邦②。

7.关于汉晋政治神学

在以往的研究中,学者们从多个角度探讨了董仲舒的思想,如天人感应论、人性论、灾异论、政治论等等,并指出董仲舒创建了一个新的思想体系或政治思想体系。关于这个新的思想体系的基本性质,学术界通常认为是新儒学。而张荣明从政治神学的角度透视了董氏学说,认为董氏学说具有政治神学特征,即政治学与神学的相辅相成:没有政治学,其神学就失去了目的和意义;没有神学,其政治学就失去了理论上的终极关照③。张荣明进一步提出,政治神学作为汉代儒术的精髓,其意义一方面是使政治取得合法性,另一方面是规范政治运作。因此,汉代儒术不仅是一种理论形态,而且表现为一种政治操作手段,如政治祭祀制度。中国这种中世纪的国家信仰之所以在汉代特定的政治环境下产生,完全是政治需要的产物④。

张荣明还对汉晋儒教、道教的产生及基本功能进行了考察,提出在中国中世纪早期社会中,先后孕育并产生了两种形态的宗教:一种是"入世的"伦理的宗教,它为社会安定和政治秩序服务;另一种是"出世的"超越的宗教,它为个人的身心健康服务。在他看来,秩序宗教的特点是将政治与神学联系起来,使政治神圣化;而生命宗教的特点是将生命与神灵联系起来,使生命神圣化;这两种形态的宗教之间虽也曾有彼此渗透的倾向,但总的说来并未改变各自的基本性质⑤。

8.关于汉代行政管理思想

刘中建对汉代行政管理思想进行了系列专题研究。他首先考察了汉初黄老行政管理思想,认为它是在先秦黄老学说的基础上适应汉初百废待兴的历史背景而发展起来的,主要表现为:无为、德刑并用、重民的行政管理原则;明法轻刑的行政实施方法;重农、薄赋的宏观经济管理政策;严己宽下的人事管理思想等⑥。他还从行政管理原则、行政权力论、宏观经济管理思想、行政实施理论等几个方面对贾谊的行政管理思想进行了简要论述⑦。桑弘羊作为西汉时期著名的政治家和理财家,既有精深的财政理论,又有丰富的实践经验,刘中建对其财政改革思想进行了评析,认为其在主持中央财政期间制定推行的一系列重要财政措施,起到了增加中央政府财政收入、加强中央集权统治的作用⑧。

9.关于近现代政治思想

"新学"是近代中国传统文化与西方文化在互相冲突的过程中产生的。王先明对这个过程进行了考察,指出:甲午战争后,由乾嘉汉学发展而来的今文经学结合古文经学的趋势,经世致用之学经龚自珍推动提挈的趋势,薛福成、郭嵩焘等着力倡导的"效法泰西"等三种趋势,在以"学战"为先的社会潮流推助下,由康有为、梁启超等新学家们汇为一体,遂建构起近代"新学"模式,以应对社会现代化进程的现实需求。这种"新学"具有模糊性和不确

① 刘泽华、文丰:《论乐的等级思想及其社会功能》,《兰州大学学报》(社会科学版)2004 年第 1 期。
② 仲崇盛:《孟子与柏拉图伦理政治观比较》,《孝感学院学报》2003 年第 4 期。
③ 张荣明:《论董仲舒的政治神学》,《天津社会科学》2003 年第 4 期。
④ 张荣明:《汉代儒术与政治信仰》,《天津师范大学学报》(社会科学版)2003 年第 5 期。
⑤ 张荣明:《秩序宗教与生命宗教——对汉晋儒教、道教产生和基本功能的考察》,《南开学报》(哲学社会科学版)2003 年第 6 期。
⑥ 刘中建:《汉初黄老行政管理思想简论》,《聊城大学学报》(社会科学版)2003 年第 2 期。
⑦ 刘中建:《贾谊行政管理思想简论》,《华北水利水电学院学报》(社科版)2003 年第 3 期。
⑧ 刘中建:《桑弘羊财政改革思想简论》,《洛阳大学学报》2003 年第 1 期。

定性，是传统中学在现代化进程中结构性变动的表现之一[①]。作者还指出，新学与旧学的交相兴替，代表了晚清时期文化演变的基本走向。随着新学知识体系的形成和体制的建立，传统中学在基本内容和框架上完成了由旧学向新学的历史更替。20世纪初国学思潮兴起所表现出的学术文化历史性转向，由以学习西方为主旨转向了以提倡国学为主要目标。这种学术文化潮流的变向，与新学发展的偏向不无关系[②]。

董四代、宁睿英从西方概念工具与中国传统文化资源的关系角度，分析了近代中国启蒙学者对民主思想的认识特点，指出梁启超、严复等启蒙思想家从西方引入的民主思想具有重大进步意义，但由于当时中国处于民族危机的关键时刻及中西政治文化上存在的巨大差异，他们无法摆脱中国传统文化资源的束缚，只能将西方的民主作为概念工具，通过与中国传统文化资源的结合，形成独特的民主思想[③]。

井建斌对梁启超与福泽谕吉的启蒙思想进行了再比较。当前学术界一致的看法是：两人启蒙思想的宗旨基本相同，均以谋求国家富强独立与社会文明开化为己任，传播西方自由、民主、平等之说，倡导民权与国家独立。作者进一步指出："开民智"构成了两人启蒙思想的核心与基石，分别体现在福泽谕吉以独立自尊为灵魂的文明开化思想和梁启超"新民德、开民智、鼓民力"的新民思想中[④]。

地方自治思潮从西方传入中国至今已历经百年，对中国政治产生了深远的影响。李国忠认为其发展过程可分为清末时期、民初及北京政府时期、国民党统治时期、中华人民共和国时期四个阶段。中国地方自治的介入者包括了历届政府、各政治派别和众多学者，他们有着不同的利益追求，因此，地方自治呈现出复杂多样的特点。同时，由于反动势力的强大、社会矛盾的复杂和传统思想的影响，及至中华人民共和国成立，地方自治的发展才步入正规，并在民族区域自治和特别行政区高度自治等方面取得了突出成绩[⑤]。

近代中国引进欧美政制之时，恰逢西方议会民主制度走入一个盛极而衰的低潮期。20世纪上半叶，欧美的改造代议制浪潮深深影响了孙中山及中国知识精英的宪政理念，也深深影响了南京政权的政制变迁。邓丽兰的专著《域外观念与本土政制变迁》（中国人民大学出版社2003年版）对围绕制定"五五宪草"，三民主义的宪政论者与西化的宪政论者之间展开的"改造代议制"抑或"重回代议制"论争进行了考察，指出知识界的这场政制辩论涉及宪政救国、民主与独裁、行政改革、五院制度等，"人事"与"制度"的纠葛虽然贯穿其中，但建立强有力政府与实现行政现代化则成为各派别的共识。作者认为，南京政府的政治改革取法欧美"专家内阁"的形式，却拘泥于"五院制度"而无法走向体制变迁，这段宪政史是世界范围内的"民主主义自焚"现象在中国的一幕重演，并昭示了传统大国走向民主之路的艰难，表明制度的养成也非一蹴而就，而需要一个长期的培养过程。

蔡元培与胡适乃民国知识界之翘楚，均属中国式自由主义的典型人物。他们联手合作达二十年之久，对民国思想文化影响至为深广。张晓唯的专著《蔡元培与胡适——中国文化人与自由主义》（中国人民大学出版社2003年版）对这段历史做了细致回溯和理性解说。

"和平民主新阶段"是中国共产党1946年初对政协会议闭幕后中国时局发展的一种乐观判断和政治主张，但由于国民党在政治上毫无诚意，致使"和平民主新阶段"的历史进程刚刚启动即遭顿挫。秦立海认为，我们不能因"和平民主新阶段"最终未能实现就完全否定它；使人民认清美蒋集团的战争企图，从而在政治上孤立之，这就是"和平民主新阶段"主张的重大历史意义和价值所在[⑥]。

10.关于当代政治思想

建国初期，刘少奇积极探索符合中国国情的社会主义建设道路，提出了"巩固新民主主义制度"的重要思想。徐中认为，这个思想综合起来有五项主要内容：第一，在全国革命胜利后，需要一个相当长

① 王先明：《现代化与传统中学的结构性变动》，《深圳职业技术学院学报》2003年第2期。
② 王先明：《关于晚清的"新学"与"旧学"》，《天津师范大学学报》（社会科学版）2003年第3期。
③ 董四代、宁睿英：《西方概念工具与中国传统文化资源——谈近代中国启蒙学者对民主思想的认识》，《张家口师专学报》2003年第4期。
④ 井建斌：《福泽谕吉与梁启超的启蒙思想再比较》，《天津市教科院学报》2003年第1期。
⑤ 李国忠：《中国地方自治百年发展论略》，《南开学报》（哲学社会科学版）2003年第5期。
⑥ 秦立海：《"和平民主新阶段"再研究》，《党的文献》2003年第6期。

的新民主主义建设阶段;第二,新民主主义建设的根本问题在于发展社会生产力,实行国家工业化,提高人民的物质文化生活水平,这是需要全党和全国人民集中力量来进行的最根本任务;第三,由国营经济、合作社经济、国家资本主义经济、私人资本主义经济、小商品经济和半自然经济这五种经济成分构成的新中国国民经济,是一种过渡性质的经济,过渡所需要的时间要比东欧、中欧各人民民主国家要长得多;第四,在商品经济不发达,经济十分落后的情况下,必须通过适当发展资本主义来加强社会主义,最后达到消灭资本主义的目的;第五,向社会主义过渡只有实现了国家的工业化才能进行,其标志就是私营工业的国有化和农业的集体化。尽管在当时的历史条件下,这一思想并没有得到进一步完善和充分实施,但它所包含的正确内容,已经被十一届三中全会以来改革开放和社会主义现代化建设的实践所充分证实①。

20世纪50年代"左"倾错误,曾给中国社会主义建设造成巨大的破坏。张殿军、刘建华从加快社会主义建设的美好愿望使然、"左"倾错误思想的惯性作用、对马克思主义社会主义理论的教条式理解、传统"大同"思想文化的影响和中苏关系破裂等五个方面分析了20世纪50年代后期毛泽东在探索中国式社会主义现代化道路过程中发生的"左"倾错误的原因②。

从新中国成立到中共八大召开,中国共产党和毛泽东对民主法制建设十分重视,但是,1957年反右斗争扩大化以后,"左"倾错误思想泛滥,法律虚无主义盛行,初见起色的法制建设顿遭重创。赵增彦认为,1957年后法制建设之所以出现顿挫,很重要的一点就在于毛泽东治国理政的观念发生了重大转折。其客观原因是:(1)浸润着人治思想的中国传统文化对中国人民有着难以清除的根深蒂固的影响,建国后对肃清封建主义残余影响这个任务的重要性估计不足、没能完成;(2)高度集中的计划经济体制与高度集权的政治体制的建立与进一步强化导致对法制的需求逐渐减少;(3)进行全面社会主义建设时搬用大规模的群众运动方式势必会膨胀群众轻视法制的心理。其主观原因是:(1)从执政理念和执政实践可以看出,作为马列主义忠实信仰者的毛泽东,在一定程度上教条式地固守了马列主义关于社会过渡时期的无产阶级专政学说;(2)毛泽东过于相信和倚重道德教化在治理国家工程中的作用;(3)1957年以后党内高层领导在什么是社会主义、怎样建设社会主义这个重大问题上的分歧愈益加重,堵塞中国的"资本主义"前途、把正中国的"社会主义"航向的使命感也促使毛泽东选择人治的方式来治国理政③。

作为伟大的战略家,毛泽东筹划和指导了中国革命和建设的一系列重大战略,形成了完整系统的战略思想。李锦坤认为,毛泽东战略思想是毛泽东思想的重要组成部分,具有鲜明的实践性、科学性、全局性、重点性、预见性和创造性等特色,体现在军事、政治、经济、文化等方面的重大战略决策和实施过程中,从一个侧面反映出毛泽东思想的时代和民族特点,展现了毛泽东鲜明的领袖个性与风格④。

张凤霞比较了毛泽东、邓小平的农民利益观,认为其一脉相承之处在于:农民的利益问题是关系到社会主义社会的政治安定和社会主义建设的成败问题;注重实践,尊重人民群众的创造精神;以党的政策和科学技术保证农民获得最大的利益。而邓小平对毛泽东农民利益观的发展之处在于:从调动农民的积极性到关注农民的物质利益;从人民公社的平均主义到家庭联产承包的共同富裕⑤。

封大中分析了邓小平对社会主义民主理论的发展,认为邓小平不仅继承了马克思主义创始人提出的实现人民当家作主的思想,而且在民主与社会主义等问题上有诸多创新⑥。

秦立海对1999—2001年邓小平民族理论研究进行了综述,认为此期间发表的近百篇专论,研究视角在深度和广度上都比以前有较大拓展,但仍需

① 徐中:《建国初期刘少奇"巩固新民主主义制度"思想分析》,《历史教学》2003年第4期。
② 张殿军、刘建华:《二十世纪五十年代后期中国"左倾"思想探源》,《天津市社会主义学院学报》2003年第2期。
③ 赵增彦:《毛泽东1957年后何以主张并实施人治方略》,《石油大学学报》(社会科学版)2003年第5期。
④ 李锦坤:《论毛泽东战略思想的特色》,《天津社会科学》2003年第3期。
⑤ 张凤霞:《邓小平对毛泽东农民利益观的继承和发展》,《天津商学院学报》2003年第2期。
⑥ 封大中:《试析邓小平对社会主义民主理论的发展》,《天津师范大学学报》(社会科学版)2003年第3期。

更新研究方法,拓宽研究领域[1]。

荣长海、杜鸿林、张春新对三代中央领导集体核心的机遇观进行总结,认为我国重要战略机遇期的提出,标志着中共对社会发展规律的认识达到了一个新境界[2]。

三、学科发展趋势

展望天津市中国政治思想史学科的发展,预计将会出现以下几个趋势:

第一,学科研究的群体优势将得到进一步发挥。在教育部和天津市社会科学研究立项中,将有越来越多的学者组成学术群体进行联合攻关。同时,也将有越来越多实力较强的学术群体单独组织重大课题研究,如由刘泽华教授带头的南开大学学术群体已经开始着手进行十卷本《中国政治思想通史》的撰写工作。

第二,学科内外的学术交流将日益频繁。这种学术交流的趋势,可以用"古今中外"四个字来概括——不仅要在学科内部实现古代政治思想与当代政治理论的融会贯通,而且要在中国政治思想史与西方政治思想史两个学科间加强学术联系。同时,校际、省际和国际间学者的交流也将不断加强,使学术视野得到进一步开阔。

第三,学科研究的领域将不断拓展。随着我国政治体制改革的不断深化,政治哲学、行政管理理论、行政文化、行政道德等一些新的研究领域将会受到学者更多的关注。这些研究论域与单纯的政治思想研究有所不同,一方面,政治哲学的研究将政治思想的认识进一步推向抽象化,通过研究而力图梳理和把握中国政治认识和政治思维的规律;另一方面,行政管理思想、行政文化和行政道德等研究则选择了与社会政治现实的联系更为紧密的路数,这些学术领域的开拓,必将推进学术研究为社会政治服务,使得中国政治思想史研究对于当代政治生活的资治镜鉴作用也将得到进一步发挥。

(本文作者:葛荃,南开大学周恩来政府管理学院教授、博士生导师;张建,南开大学周恩来政府管理学院博士生)

西方政治思想史研究综述

马德普　刘训练

西方政治思想史与当代西方政治思潮研究是我市人文社科研究领域中的一支奇芭。多年来,在以徐大同先生为代表的学术研究群体的努力下,我市的西方政治思想史和当代西方政治思潮研究取得了一系列丰硕的成果。2003 年,这一领域的研究取得了重大突破,出现了一批重要的研究成果,以下分若干个问题做简要介绍。

一、西方政治思想通史体系的完成

2003 年西方政治思想史研究中最重要的成果之一就是《现代西方政治思想》的出版[3],在徐大同先生的主持下,以天津学者为主体的一批学者完成了教育部"面向 21 世纪课程教材"系列中《现代西方政治思想》的撰写和出版,这本书虽然是作为高校本科生和研究生的教材之用,但全书近 60 万字,且学术性远远超过国内现有同类教材和著作,具有很强的专著性质。

首先,该书体系完备,结构宏大。对于从 19 世纪末 20 世纪初以来西方如此庞杂的政治思想,通过什么样的体系和结构将它们有机地组织起来,这需要很强的高屋建瓴和谋篇布局的能力。该书分为三篇十四章,在历史唯物主义的指导下,以时间为经,思潮与学派为纬,人物为逻辑单元,将一个多世纪的西方政治思想错落有致地展现在中国学生和读者的面前。该书涵盖了现代西方所有重大的政治思潮和流派,囊

① 秦立海:《世纪之交邓小平民族理论研究综述》,《中央民族大学学报》(哲学社会科学版)2003 年第 1 期。
② 荣长海、杜鸿林、张春新:《试论我国的重要战略机遇期——兼论三代中央领导集体核心的机遇观》,《天津社会科学》2003 年第 2 期。
③ 徐大同主编:《现代西方政治思想》,人民出版社 2003 年版。

括了这一时期所有重要的政治思想家,涉及了西方政治思想中几乎所有的基本概念与问题。

其次,该书文笔简练、流畅,表述准确、严谨,材料翔实,观点新颖。虽然该书的规模如此庞大,但在具体问题上却一丝不苟。以内容和观点为例,该书在如下方面取得了重大突破:详尽地介绍了二战前的保守主义,揭示了它的时代背景与理论特征;对二战后自由主义的发展做了具体分析,区分出新自由主义与保守自由主义,并凸现了后者与保守主义的差异;增加了新政治经济学的政治观和政治的社会学研究。

最后,该书与徐大同先生主编的《西方政治思想史》是衔接在一起的,这样,从古希腊一直到当代的后现代主义思潮,西方政治思想两千多年的发展构成了一个整体,西方政治思想通史体系的建立基本完成。在这种意义上可以说,该书的出版为徐大同先生主持编写的《西方政治思想史》(五卷本)的出版奠定了坚实的基础,是我市西方政治思想史研究的一次胜利阅兵。

二、西方政治思想新领域的开拓和传统问题研究的深入

2003年,我市西方政治思想史研究中的另一大成果则是常士訚的专著《马赛克文化中的政治发展探索——加拿大主要政治思想流派》的出版①。可以说这本专著的出版标志着我市的西方政治思想研究已经突破了传统的研究范围,开始关注一些以前在很大程度上被忽视的对象。以往国内的西方政治思想史主要局限于西欧和美国,对于像加拿大这样的国家却重视不够,而这本专著不但填补了这一空白,而且也是国内到目前为止惟一一部由中国学者撰写的国别类的政治思想(流派)史的专著。

在这本专著中作者抓住了加拿大政治思想中中庸进步和多元共存这一基本精神和特征,对加拿大的保守主义、自由主义、社会主义、民族主义、平民主义和多元文化主义等六个思想派别,从它们的特征到代表人物及其政治观点和政治主张逐一加以介绍。作者最后得出结论说,“在兼容中求发展,构成了加拿大政治思想家在解决社会发展和政治问题上所坚持的一贯精神。这种精神为加拿大这样一个最初的农业国走向强国奠定了文化基础”;而对这种政治精神产生重大影响的则是这样一种政治体制,其中“社会构成是多元的、宽容的、合作的与共生的。在社会内部人际之间契约与互惠基础上形成的平等与宽松的氛围,缔造出了政治生活中的对话交往局面。……不同观念之间的交流不是依靠强制性的权力,而是依靠它的说理和大众对这种观念的认同。由此不断推动着不同思想观念的推陈出新,推动着政治文化和政治文明不断走向一个新的台阶”②。

现当代西方政治思想研究领域的开拓还包括高建的“政治的社会学研究”和杨龙的“新政治经济学的政治观”系列文章。在《达伦多夫的社会冲突理论》一文中,作者从阶级冲突与社会契约、权利与供应、公民权利与公民社会这三对概念入手,对著名政治社会学家达伦多夫的《现代社会冲突》一书展开了深入的分析③。在《路径依赖理论的政治学意义》、《公共选择学派关于集体决策规则的理论评析》、《民主的经济理论——公共选择视野下的政治经济互动》、《政治领域中的人性——经济人假设评析》等文章中,作者将新制度主义、公共选择学派等当代西方新政治经济学流派的方法、概念、模式等运用于政治现象、政治活动的分析,得出了一些令人耳目一新的结论④。

在西方政治思想史的传统问题研究中,2003年我市学者的成果包括:马德普的《自由主义宪政原则的奠基人》⑤,在该文中,作者认为洛克在西方政治思想史上第一个准确、系统地提出了自由主义的宪政原则,即保护人权原则、有限政府原则、法治原则、少数服从多数原则、人民同意原则、分权原则和政教分离原则,这使他成为当之无愧的自由主义的奠基人;吴春华的《留恋传统力行改革》⑥,文章对美国改革时代威尔逊的政治思想,尤其是其关于政府职能和新自由主义的观点做了详细介绍,肯定了他在美国传统自由主义向新自由主义转型中的重大

① 常士訚:《马赛克文化中的政治发展探索——加拿大主要政治思想流派》,吉林人民出版社2003年版。
② 常士訚:《马赛克文化中的政治发展探索——加拿大主要政治思想流派》,吉林人民出版社2003年版。
③ 高建:《达伦多夫的社会冲突理论》,《中西政治文化论丛》天津人民出版社2003年版。
④ 杨龙:《路径依赖理论的政治学意义》,《中共宁波市委党校学报》2003年第1期;《民主的经济理论——公共选择视野下的政治经济互动》,《北京行政学院学报》2003年第3期;《政治领域中的人性——经济人假设评析》,《文史哲》2003年第4期。
⑤ 马德普:《自由主义宪政原则的奠基人》,《浙江学刊》,2003年第4期。
⑥ 吴春华:《留恋传统力行改革——改革时代的威尔逊思想》,《中西政治文化论丛》,天津人民出版社2003年版。

作用;常士訚的《社会进化与政府权力的弱化》① 则对英国著名思想家斯宾塞的社会进化思想进行了深入的剖析,作者认为他为大社会、小政府的理论奠定了一个新的基础(即社会进化),其中不少观点至今仍然有价值;于语和、王辰的《试论西方中世纪教会法中法治理念的形成及发展》② 则指出,西方中世纪法的统治与神的统治之间的微妙契合,给教会法提供了一个充分的空间,使法治在神治中找到了一个合法的依据,尽管中世纪的法治实体并没有从神治的母体中脱离,但是孕育其中的法治思想和理念却牢固地确定下来。

三、当代西方政治思潮的特征与新发展

2003年,我市学者在当代西方政治思潮领域取得了一些重要研究成果,主要包括:

吴春华、朱一涛在《当代西方政治思潮的基础与特征》一文③ 中对当代西方政治思潮的基础和特征进行了概括,作者指出,政治思潮是对特定社会的政治现象的反映,是一定阶级、阶层理论化的政治倾向;它是社会政治革命、经济变迁以及科学技术发展的反映。当代西方政治思潮发展的基础与条件包括:(1)社会改革和民主建设;(2)严峻的社会现实;(3)社会价值观念的变化;(4)文化研究与政治哲学的兴盛。当代西方政治思潮的特征包括:(1)适应社会需要,关注现实问题;(2)题材日益丰富、领域日益泛化;(3)流派纷呈且相互交融。

自由主义是西方国家的主流政治思潮,但它又不是铁板一块、一成不变的,它包括了不同分支、派别和传统。吴春华、佟德志在《西方自由主义的两种政治传统》一文中就区分了英美传统和欧洲大陆两大自由主义传统。作者从政治文化民族性的视角出发,对西方的自由主义思潮从政治传统、政治架构等方面进行了比较。作者认为,自由主义的这两种传统之间的对立产生于资产阶级革命时代,在资本主义自由竞争走向垄断的转型期开始逐渐融合,但即使在第二次世界大战之后,这两种传统的分野依然十分清晰。当然,作者并没有仅仅满足于这样一种类型学的描述,而是在此基础上分析了其产生差异的原因:(1)文化特征的不同;(2)经济发展的差距;(3)人文与地理环境的差异;(4)不同历史机缘。由此,作者最后指出,"自由主义思潮的发展证明,任何一种政治传统实际上都是历史演进中不同的认知、态度与价值综合的产物。因此,它包含了本身特定的人文与历史因素,而成为文化的凝聚物,从而保持了内部的一致与均衡。任何忽视这样文化心理因素的理论移植都会有悖于历史与逻辑的契合,沦落为某种形式的教条主义。自由主义在英美以及欧洲大陆凸显的不同表明,自由主义并不是一种普遍性的学说,它在西方的发展受到了不同国家历史条件和文化传统的深刻影响"④。

常士訚在《当代西方多元主义发展基本趋向分析》⑤ 中对当代西方的多元主义进行了探讨,作者指出,自20世纪70年代西方进入后工业社会以来,西方多元主义日益将文化作为了关注的重点。在此前提下,多元主义政治思想有两种倾向表现突出:激进的多元主义和温和的多元主义。前者侧重于破除一元而建立多元;后者注重多元基础上的社会整合。作者认为将"一"与"多"对立起来的观点是错误的,同样在探讨"一"、"多"关系上更多地偏向于社会也是有局限的,"一"、"多"关系应该在社会和国家的辩证关系中实现均衡。

四、西方政治文化传统的探究和中西传统政治文化的比较

马德普在《本原与永恒》、《理性与正义的悖论》、《上帝与永恒法》⑥ 等文章中进一步挖掘了西方政治文化传统的普遍主义的形成与发展。这些文章分别从古希腊自然哲学、西方古代自然法观念和基督教神学入手,探究了这个问题。作者指出,"普遍主义既是一种世界观,也是一种价值观,还是一种方法论。作为世界观,普遍主义就是相信万物背后有普遍的本原或本体,运动变化背后有某种永恒不变的东西;作为价值观,普遍主义就是相信有超越时空的、普遍而永恒的价值体系;作为方法论,普遍主义就是喜欢抽象地看问题,喜欢从某种超越

① 常士訚:《社会进化与政府权力的弱化——斯宾塞社会进化政治思想研究》,《中西政治文化论丛》,天津人民出版社2003年版。
② 于语和、王辰:《试论西方中世纪教会法中法治理念的形成及发展》,天津人民出版社2003年版。
③ 吴春华、朱一涛:《当代西方政治思潮的基础与特征》,《中共天津市委党校学报》2003年第1期。
④ 常士訚:《当代西方多元主义发展基本趋向分析》,《教学与研究》2003年第8期。
⑤ 常士訚:《当代西方多元主义发展基本趋向分析》,《教学与研究》2003年第8期。
⑥ 马德普:《本原与永恒——古希腊自然哲学中的普遍主义基因》,《中西政治文化论丛》,天津人民出版社2003年版;《理性与正义的悖论——西方古代自然法观念中的普遍主义思想及其当代启示》,《中共福建省委党校学报》2003年第4期;《上帝与永恒法——论基督教神学中的普遍主义传统》,《天津师范大学学报》(社会科学版)2003年第2期。

时空的抽象前提推出放之四海而皆准的普遍结论，并且把一般看成脱离个别而存在的东西，认为抽象的或普遍的才是真实的"①。

作者认为，从古希腊自然哲学开始，普遍主义的基因就已经出现，其形成原因包括科学尤其是数学对思维方式的影响、自然哲学的人文转向所面临的理论困境以及古希腊城邦由于分裂和纷争而造成的对统一和稳定的客观需求；而古代的自然法思想是在城邦解体的形势下，为适应更大共同体生活的需要而兴起的。法的普适性和永恒性同样带有强烈的普遍主义色彩，这种普遍主义体现了世界理性，它既为法治秩序的建立创造了条件，又为罗马帝国的侵略扩张政策提供了根据，事实上形成了理性和正义的悖论；而基督教则是西方普遍主义传统的成熟形式。柏拉图主义、斯多葛主义和保罗的因信得救说是基督教普遍主义的主要思想来源。一神论、上帝统治论、人人皆上帝儿女的观念、救赎论、至善论和唯实论等是基督教普遍主义的主要表现。基督教普遍主义为突破狭隘的族群意识、确立普遍的人类意识开辟了道路，并为中世纪初、中期的政治统一和西方法治传统的形成做出了贡献，但也同时给基督教带来了两极化、不宽容、喜好扩张和圣战的特性。

此外，2003年我市学者在中西传统政治文化的比较研究方面也取得了长足的发展。由我市学术机构发起、主办，并由我市学者担任主编、构成主要作者群的《中西政治文化论丛》第3辑顺利出版②，如今这份丛刊已经成为国内外许多著名学者所瞩目的、国内惟一以中西政治文化传统及其比较研究为主的学术园地。

在具体问题上，仲崇盛在《孟子与柏拉图伦理政治观比较》③一文中对孟子和柏拉图的政治观做了比较。作者认为，尽管二者都是伦理政治观，具有一定的相似性，但是，由于具体政治环境和政治文化的影响，二者的伦理政治观存在很大差异：孟子致力于政治的伦理性解释，以仁义为价值取向，主张王道反对霸道，建构的政治体是伦理国家；柏拉图致力于政治的道德性解释，以正义为价值取向，重视人治轻视法治，建构的政治体是道德城邦。此外，作者还分析了他们的思想对各自政治思想传统走向的影响。

（本文作者：马德普，天津师范大学政治文化研究中心教授；刘训练，天津师范大学政治文化研究中心博士研究生）

中国政府与政治研究综述

周振超　刘　颖

对本国政府与政治的研究，在任何一个国家的政治学学科中，都是最重要的分支之一。政治学在中国恢复以来，特别是进入20世纪90年代以后，中国政府与政治的研究取得了很大进展。这主要表现在，研究人员的规模逐渐扩大，研究领域的不断拓展，研究课题的不断增多，研究工作中问题意识的增强和研究方法的多样化。

一、国内学术界研究概况

就全国范围内的研究队伍而言，中国政府与政治研究领域基本体现为"三大综合团队"和若干对重点课题做重点研究的研究者并存的格局。"三大综合团队"是指北京大学以谢庆奎、徐湘林等教授为代表的研究团队，复旦大学以林尚立、浦兴祖等教授为主要骨干的研究团队和南开大学以朱光磊等教授为领军人物的研究团队。

从20世纪80年代中期开始，南开大学以朱光磊教授为领军人物的研究团队在中国政府、中国社会阶层分化、贫富差距与政府控制、区域政治、农村政治等方向上持续进行系统的研究工作。经过十几年的努力，该团队在中国政府与政治领域的研究

① 马德普：《本原与永恒——古希腊自然哲学中的普遍主义基因》，《中西政治文化论丛》，天津人民出版社2003年版。
② 马德普主编：《中西政治文化论丛》，天津人民出版社2003年版。
③ 仲崇盛：《孟子与柏拉图伦理政治观比较》，《孝感学院学报》2003年第4期。

已达到国内先进水平,并在国际同行中产生了较大的影响。

朱光磊在中国政府研究方面的代表性成果是35万字的著作《当代中国政府过程》①。该书吸收了一些西方学者的研究与阐述方法,但又结合中国实际做了调整和发挥,有一定的中国特色。该书提出的关于政府行为的"偏离假设"和一系列较为重要的命题引起了国内外学术界的重视。1999年12月《当代中国政府过程》获天津市社会科学优秀成果一等奖。该书已被美国、英国、韩国以及中国香港、台湾等多家大学和北京大学、复旦大学、中国人民大学等作为研究生或本科生的教学参考书,多次被国内外的学者和博士论文引用。2003年,经台湾大学社会科学院推荐,包括含最新资料和部分新内容的《中国政府与政治》一书在台湾出版(繁体字版)②。

朱光磊教授在中国政府与政治研究领域的另一重要贡献是,首次提出了现代政府理论的四维分析框架。所谓"现代政府理论四维分析框架",是指把职能、机构、体制和过程作为并列的4个基本工作角度和具有内在逻辑联系的4个前后衔接的环节,来全面研究、阐释现代政府理论的主要内容。该分析框架提出后被学术界接受和认可,1999年朱光磊教授以"现代政府理论的框架研究",特别是对"现代政府理论四维分析框架"的周密论证,获得了教育部"跨世纪优秀人才培养计划"基金。即将完成的阶段性成果《现代政府理论研究》已被列入教育部"面向21世纪课程教材"。

该团队的其他成员也在各自的领域取得了一定的成就,如杨龙教授在区域发展与区域政治方面的研究,程同顺副教授长期坚持进行中国农村政治和农村经济社会发展的研究,张志红博士所从事的政府纵向间关系研究,都从不同的侧面推动了对中国政府与政治的研究。

此外,在中国政府与政治的研究中,还涌现了若干对重点课题做重点研究的研究者,其中天津师范大学施九青教授的《当代中国政治运行机制》(1993年)、王敬松编著的《中华人民共和国政府与政治》(1995年)也有一定的影响。

二、天津市学者在研究中的创新和特色

近年来,天津市的专家在中国政府与政治研究领域,提出了不少富于创意的新观点、新看法,引起了学术界和政府部门的关注。

1.方法论上的突破

第一,注重借鉴和吸收国外先进的理论和方法,并使之中国化。朱光磊的专著《当代中国政府过程》是国内第一部以过程方法研究政府实际运作的著作,在中国政府的研究上突破了传统的体制研究法,实现了从体制研究向政府过程研究的转变。该书对中国政府的研究从"体制"的层面较为系统地提高到"过程"的层面做出了开创性的贡献。第二,注意借鉴和吸收其他学科的方法和研究成果。主要表现在,中国政府与政治的研究已经突破传统的学科划分,开始注意借鉴相关学科尤其是经济学、社会学、统计学等学科的研究方法,形成了一些交叉性和边缘性的课题。如程同顺从经济学和政治学两大学科的交汇点,探讨农民的组织化与农村经济发展的关系,从农民组织化的视角研究农村问题,为三农问题的研究开辟了一个新视角③。该项研究获得了学术界的认可,所申报的"中国农民组织化与农村政治发展",获得了国家社会科学基金项目的立项。

2.研究领域不断拓展

天津市的研究人员在已有研究的基础上,不断拓展研究的新领域,提出了一系列新的学术思想。

中国政府官员规模问题。针对舆论普遍认为和指责的中国政府"机构庞大、人员臃肿"问题,朱光磊、张东波在《中国政府官员规模问题研究》一文中,通过国际间的比较发现,中国政府在政府官员规模方面的主要问题并不是绝对规模过大,而是比例结构不合理和"运行性过剩",为此,要打破"数量屏障",避免人云亦云,理性地分析政府发展中的深层次问题,官民比、经济发展水平、政府财力、农业人口和政府职能是制约政府规模的5个基本因素。作者提出,在21世纪初,政府官员的合理规模应该控制在全国人口的1%左右,该文系统提出了应对政府官员规模中存在问题的对策组合④。该文发表后受到了广泛的关注。

---

① 朱光磊著:《当代中国政府过程》,天津人民出版社,1997年第1版,2002年再版。
② 朱光磊著:《中国政府与政治》,台湾扬智公司出版2003年版。
③ 程同顺:《中国农民组织化研究初探》,天津人民出版社2003年版。
④ 朱光磊等:《中国政府官员规模问题研究》,《政治学研究》2003年第3期。

阶层分化对政治发展影响的研究。改革开放以来,伴随着经济生活的多样性和所有制结构的调整,中国的阶级阶层结构发生了全方位、大范围的分化与组合。这种分化与组合改变了政治权力运作的社会基础。不同的社会基础和社会结构要求有不同的治理模式与之相适应。当阶层分化触及体制的深层矛盾时,如果没有相应的政治制度安排对社会各阶层的意见表达进行协调和整合,阶层分化不仅难以良性发展,而且还有可能增加不稳定因素导致社会动荡。朱光磊、张志红撰写的《以时间换空间:中国社会阶层分化对政治发展的积极影响》一文,就阶层分化对政治发展的影响进行了超前性的研究。提出了"以时间换空间"的总体思路,得出了中国的政治体制改革的步伐可以适当加快的结论①。

在过去的二十多年中,中国的城市化进程客观地滞后于它的工业化进程,长期潜伏着的客观压力和主观方面的指导思想、现实政策的重大调整两方面效应的迭加,使得中国的城市化过程所产生的社会问题,要比其他国家更为复杂和多样,其中一个重要问题是城市化过程必然伴随着人口的流动以及随之而来社会阶级阶层结构的变化。朱光磊、郭道久等在《城市化进程对中国阶层分化和阶层关系的影响》一文中,比较系统地论述了城市化对阶层分化和阶层关系的影响,并初步提出了政府所应采取的一些对策②。

区域发展与区域政治研究。鉴于对区域发展的研究目前主要集中在经济学领域的状况,杨龙教授从政治学的视角对地区差异的合理界限、如何通过政治手段来实现地区整合、转型期间区域政治问题的特点等进行了论证。这主要表现在一系列学术文章中,如《中国经济政治的空间分布》③、《我国政治中心与经济中心的非对称》④、《我国的区域发展与区域政治研究》⑤、《经济全球化对国内区域发展的影响》⑥。

地方政府的运作和设置研究。推动地方政府的施政方式创新,是中国未来政治发展的一个重要内容,在这方面,我们可以从发达国家地方政府的设置中得到一定的启示。张光教授撰文对美国地方政府的设置做了非常具有学理性的分析,为中国地方政府的设置和改革提供了借鉴⑦。

中国农民组织化研究。农业、农村和农民问题是当前中国所面临的突出问题,对三农问题的关注和研究可以为解决三农问题提供理论指导。程同顺在运用结构—功能主义的方法对中国农村政治进行分析的基础上,从2003年起又尝试从农民组织化的角度对农村的经济和政治发展进行新的透视。2003年,程同顺发表了系列论文论述提高农民组织化程度的必要性、可行性和对策。如《西方国家的农民政治组织与经济发展》⑧、《中国农民组织化问题研究:共识与分歧》⑨ 等。

3.以促进当代中国政治发展作为研究的归宿

首先,在研究中注重理论与中国政治现实相结合,围绕当代中国政治发展所面临的一些问题进行理性和全面的思考,并对其中的一些具体问题进行深入的研究。例如,2003年朱光磊教授所承担的中央统战部的课题"新的社会阶层与统一战线问题研究",对统一战线如何应对新的社会阶层的产生所带来的挑战这个问题进行了有针对性的研究,提出了建设"协商—竞争型政治"等一些新的学术思想。

三、研究的发展趋势和需要研究的重要课题

1.当代中国政府与政治的研究将进一步得到加强和受到重视

中国政府与政治是一个重要的研究领域,政府职能转变、机构改革和基层民主建设的推进等诸多现实中需要解决的问题,都越来越需要理论指导,目前,从官员到民众都对中国政府与政治研究的重要性有了明确的认识,客观的需要再加上学术界自身的努力,中国政府与政治的研究将会赢得越来越大的发展空间,取得越来越大的成就,理论创新也将取得一定的进展,可以为构建中国特色的政治理论贡献自己的一份力量。

---

① 朱光磊、张志红等:《以时间换空间:中国社会阶层分化对政治发展的积极影响》,《中国研究》2003年秋季号。
② 朱光磊、郭道久等:《城市化进程对中国阶层分化和阶层关系的影响》,《天津社会科学》2003年第3期。
③ 杨龙:《中国经济政治的空间分布》,《学术界》2003年第1期。
④ 杨龙:《我国政治中心与经济中心的非对称》,《云南行政学院学报》2003年第1期。
⑤ 杨龙:《我国的区域发展与区域政治研究》,《学习与探索》2003年第2期。
⑥ 杨龙:《经济全球化对国内区域发展的影响》,《甘肃理论学刊》2003年第4期。
⑦ 张光:《美国地方政府的设置》,《政治学研究》2004年第2期。
⑧ 程同顺:《西方国家的农民政治组织与经济发展》,《毛泽东邓小平理论研究》2003年第1期。
⑨ 程同顺:《中国农民组织化问题研究:共识与分歧》,《教学与研究》2003年第3期。

2.需要研究的若干领域和重要问题

政府与政治的研究目前尽管取得了很大的进展,为了推动中国政府体系的进一步优化,对一些重要问题还需要进一步研究。

(1)正确处理各主要政治要素之间的关系。这一问题是各国政治生活的主题之一,也是当今中国政治发展面临的首要问题之一。当前中国主要的政治要素,包括中国共产党、人大、行政机关、司法机关、政协、人民团体等,基本都在各自的范围内发挥着作用。但是,这种作用的发挥更多地是在历史遗留因素的影响下进行的。从现代政治发展的角度考察,各主要政治要素之间的关系还有诸多不规范的地方,甚至存在消极影响,继续发展下去将对中国政治发展构成制约。所以,有必要规范各主要政治要素之间的关系,以促进中国政治发展的进程,适应现代政治发展的趋势。在上述关系中,如何处理党政关系是中国目前面临的一个最基本的政治任务,是一条主线。其中包含的一些重要课题有:党政关系如何做到规范化,使党的领导、人民当家作主和依法治国有机地结合起来;如何加强和完善执政党的领导体制和领导方式以强化党的执政能力,建设法治和公共服务型政府研究;如何进一步完善人民代表大会制度等。

(2)改善和优化政府过程的研究。在中国政治生活领域普遍存在着“重视权力的归属,忽视权力的运作”的现象,这对我们加强民主和法制建设非常不利。解决这一问题从根本上说,要靠过程和程序的建设做保障。加强对政府过程的研究本身就等于在政治生活的“中间地带”开拓出一个重要的研究领域。完善和优化政府过程可以从意见表达、意见综合、决策和决策的施行、监督机制和信息传输机制等政府过程的基本环节和保障机制入手。在这方面需要研究的问题很多,如在社会分化的背景下,如何确保意见表达途径的畅通,如何使政府决策做到科学化和民主化,如何使政府的决策得到顺利施行,政府监督体制如何改革等。

(3)政府间关系研究和地方政府与政治的研究。在政府间关系上还有一些重要的问题需要研究,一些重要的领域需要拓展,如行政区划的研究、中国政府间纵向关系发展、中国政府间横向关系发展,中外政府间关系比较、基层民主建设与政府间关系等。

在地方政府与政治领域,地方政府中的党政关系、地方政府竞争与合作、地方分权与地方自治等值得关注。

(4)社会各阶层之间的关系以及阶层分化对政治发展影响的研究。我们要深入分析由阶级、阶层结构的分化和重组带来的社会基础和社会结构的转变,剖析由利益分化与整合之间的不平衡引发的各种社会矛盾,以及这种矛盾对政治发展的影响,并进而初步探讨政治治理结构和模式如何革故鼎新以应对这种巨变,最后力求提出较为系统的对策组合。这一研究的目标是,在已有研究成果的基础上,通过参考借鉴国内外相关的最新研究成果,从理论上概括分析我国新的社会阶层的发展变化现状、趋势及特点。对若干有代表性的阶级、阶层之间的相互关系,对新时期阶层关系的总体特点,对新时期由于社会阶级阶层构成变化,特别是阶层差别等所引发的社会矛盾,进行分门别类的重点研究,为分析社会政策调整问题做理论准备。

(本文作者:周振超,南开大学周恩来政府管理学院博士;文颖,南开大学周恩来政府管理学院;审定人:朱光磊,南开大学周恩来政府管理学院院长、教授、博士生导师)

社 会 学

社会学研究综述

潘允康

2003年天津的社会学研究不断整合与深入，主要表现在：城市社会学学科建设已具规模；凸显社会学研究在政府决策中的地位，知识转换与社会政策的关系成为热门话题；社区研究的理论色彩不断加强；社会工作的研讨和知识的普及成效显著；舆情研究有了新的进展；社会预测和预警研究产生了重要影响。

一、城市社会学学科建设

2003年天津社会学的优长学科城市社会学学科建设进展较快，已具规模，在本市和全国都有较大的影响。

1.中国城市社会学专业委员会(筹)设在天津

2003年天津社会科学院社会学研究所根据天津城市社会学发展的状况和需要，向中国社会学会提交正式书面申请和论证，要求将中国城市社会学研究专业委员会设在天津，并表示愿意承担该研究会的日常工作，团结和组织全国的城市社会学研究力量，开展城市社会学研究。2003年11月在成都召开的中国社会学年会上，经中国社会学学会理事会讨论决定，由天津社会科学院社会学所牵头成立“中国城市社会学研究专业委员会”。这一决定既表明了我市城市社会学研究在全国的地位和优势，也为我市的城市社会学研究创造了新的条件和契机。

2.城市社会学理论创新

深入理论研究，实现城市社会学理论创新是城市社会学学科建设取得的新进展。潘允康发表了题为《城市人与城市区位的结合与互动》的论文[①]，指出城市人与城市区位的结合与互动是城市社会学的基本理论问题。该文认为，城市人和城市区位是城市社会学的基本二元，城市人和城市区位的结合是城市社会学研究的基本理论问题。该文从城市的本质和主要特征出发，回顾了城市社会学研究的历史，指出欧洲的城市社会学首先创造了以城市人为中心的传统城市社会学理论，德国社会学家滕尼斯有关“通体社会”和“联组社会”的论述，齐美尔的城市理论都是围绕城市人展开的。美国芝家哥学派则从城市人出发开始关注城市区位，并实现了城市人与城市区位互动研究的结合。该学派以芝家哥城为天然实验室，以城市人及相关的社会问题为研究对象，开创了城市社会学经验研究之先河，并同时将人类生态学观点引入城市社会学。现代新韦伯学派和新马克思学派推动了城市人与城市区位互动研究，并从不同的方面展开和深入。该文还从我国今天的城市社会学研究，特别是关于城市发展模式研究进一步论证了城市社会学的这一基本理论和基本观点，说明有关城市的重大问题研究都是以城市人与城市区位的结合与互动为中心展开，抓住了这个问题，就抓住了城市社会学问题的根本。

城市社会学理论研究的深入还表现在其他一些相关的学术论文发表，诸如关颖在2003年第6期《理论与现代化》发表的《创建学习型城市——城市现代化的必然趋势》、王小波在2003年第4期《可持续发展研究》发表的《城市非持续发展原因探析》等。

3.城市社会问题研究的持续

研究城市社会问题历来是我市城市社会学研究的一个重要的方面。2003年关于我市城市社会问题研究持续延伸，又有许多新成果，主要集中在城市妇女、犯罪和社会稳定问题等方面。

在城市妇女和家庭问题研究方面的成果包括，潘允康的《男女平等的社会理性思考》(《探索与争鸣》2003年第11期)、王小波的《影响我国女性就业参与的因素分析》(《南方论丛》2003年第12期)、汪

① 潘允康:《城市人与城市区位的结合与互动》,《天津社会科学》2003年第6期。

洁的《城市家庭问题社区干预的思考》(《社会科学研究》2003年第4期),汪洁在该文中,运用在本市河北区鸿顺里街道的调查资料,分析了家庭暴力的现状和人们对家庭暴力的认识,提出社区干预家庭暴力的若干建议,包括开办婚姻学校,宣传和培训性别平等意识;普及法律知识,加大威权力度;运用社区人力资源,开展志愿者活动建立群众互助组织,包括各种非政府组织;实现社区干预的多元化、系统化和网络化等。对青少年就业、教育和犯罪的研究,一直是我市城市社会学研究的传统和强项,2003年又有许多重要的研究成果发表。关颖在《进城务工青年的需求及潜能开发》(《青年研究》2003年第4期)一文中运用对天津开发区800名进城务工青年问卷调查和访谈的第一手资料,分析了进城务工青年的需求特征,并以此为出发点,论述了开发进城务工青年的潜能及其对城市发展的作用,以及如何开发他们的潜能①。

二、知识转换与社会政策关系的研究

2003年12月南开大学社会学系主办了“知识转换与社会政策:社会科学研究在政府决策中的地位”国际学术研讨会。这一国际学术研讨会的目的是:使从事社会科学研究的中外学者和政府部门的领导会聚在一起,共同探讨如何把社会科学研究的成果以知识的形式转换为政府决策的经验依据,深刻理解社会科学研究和社会政策发展之间的关系。在很多情况下,社会科学研究和社会政策的发展是在彼此分离的领域中进行的。现在人们越来越认识到,科学知识和综合信息对于稳妥的社会决策是至关重要的,社会科学需要从事与政府决策直接相关的课题研究。

在研讨会上加拿大萨斯咯彻温大学社会学系主任哈里·蒂根森发表了“社会科学与合理决策:对三种知识转换模型的评论”;伯纳德.希叟教授发表了“加拿大的犯罪与司法改革:社会研究在司法政策中的作用”;宗力教授发表了“‘人才外流’和‘人才内流’:加拿大中国专业移民研究即相关政策问题”等。国内学者也就相关的问题:从社会学角度谈如何应对突发事件;加强教育决策研究,为天津教育现代化服务;公共事务运营与公共服务;机遇与风险:当代中国的社会政策议程等发表了学术演讲。关信平在会上宣读了《社会学研究对政府决策的影响及局限:以中国城市贫困问题研究为例》一文。该文从研究目标、研究过程、研究结果和案例分析等4个方面,比较了学术研究和为政府服务的决策研究的区别。该文认为,从知识上说,积累科学的知识,并非仅仅是发现新知识,还可以是以科学的方法论证常识;从价值上说,可以讨论人类社会生活中重要的价值选择问题(如公平、效率等);从应用上说,可以是为了解决某个问题,如政策、市场、社区等;从选题上说,可以有自主选题与受雇研究,它对研究者的影响和对政府的意义有不同。该文认为,政府需要的社会科学研究成果是:(1)价值的一致性(ValueConcordane);(2)明确的建议:对政策行动提出直接的建议;(3)高技术质量(包括定性分析与精细的统计);(4)符合部门的要求;(5)直截了当的写作格式。而学术界接纳的成果则注重理论的完整性,方法的规范性(包括可靠的资料与精致的统计分析)和写作的规范性(包括引述与资料索引)。该文通过对两个城市贫困问题研究案例和中国城市区建设与服务研究案例比较分析,阐述了自己的看法。

三、社区理论研究

改革开放以来,特别是实行市场经济以来,政府职能有了很大变化,由过去的“大政府小社会”转变为今天的“小政府大社会”。以往的“单位制”是“大政府”体制的延伸,单位既是人们劳动就业的地方,也包揽了满足人们日常生活、福利、劳保、家庭和个人等需求的一切。有所谓“单位办社会”一说。现在,这种情况也变化了,单位不再管而由社会来管。在改革开放中,人们遇到了许多新问题和挑战,诸如贫富差别、人口老龄化、下岗失业等,各种弱势群体的出现,社会安全感降低,一种新型的与社会变迁相适应的社会依赖、帮助和救援组织出现了,这就是“社区”。和居民委员会、村民委员会这类群众自治组织不同,“社区”行政色彩较少,人文色彩浓厚,是新型社会组织,是今天组织社会的基础。社区研究是我市社会学传统研究领域,2003年社区理论研究继续深入,由唐忠新主编的《现代社区管理丛书》陆续出版。

唐忠新的《社区服务思路与方法》一书从社区服务的内涵与外延、社区服务的历史进程和总体发展思路、社区服务重点发展领域和方法、社区服务

① 关颖:《进城务工青年的需求及潜能开发》,《青年研究》2003年第4期。

的要素和志愿服务等几个方面对社区服务理论进行了归纳和阐述。该书将21世纪初期的中国城市社区服务的主要内容概括为面向各类弱势群体和优抚对象开展福利服务，面向普通居民群众开展便民利民的日常生活服务，面向社区内单位开展“后勤服务”，面向下岗失业人员开展就业和社会保障服务。该书探讨了加快发展社区服务的总体思路，分别阐述了坚持以人为本、服务社区的基本原则，坚持社会化、产业化的发展方向，坚持党和政府主导、社会广泛参与的运行机制，坚持整体推进、重点突破、分类扶持的操作思路等。该书对中国社区服务的十个方面：社区社会救助、社区优抚、社区助残服务、社区就业服务、社区为老服务、社区卫生服务、社区文化服务、社区物业管理服务、社区商业服务和社区家政服务等分别进行了分析和说明，指出后三个领域属于经营服务性质，是中国社区服务业发展的新的增长点。该书认为，就我国现阶段而言，社区服务的主体系统应该是由政府组织、居民委员会、非营利组织和社区服务企业、社区居民以及社区内单位所构成的。其中政府组织是主导力量，居民委员会是骨干力量，非营利组织和社区服务企业是新生力量，社区居民是基础力量，社区内单位是重要力量①。

侯均生的《经济发达国家和地区的社区工作实践》一书介绍了美国、加拿大、英国、德国、法国、瑞典、新加坡等国，以及香港、台湾地区社区和社区工作的做法和经验，比如英国的社区照顾、美国的志愿者服务、香港的妇女工作、新加坡的社区住宅福利政策等，并结合中国社区发展和中国国情提出借鉴这些做法和经验的设想②。

四、社会工作学术研讨和师资培训工作

社会工作专业是南开大学社会学系新辟的专业，2003年随着科研和教学培训工作的深入，该专业正在走向成熟，为社会培养和输送从事社会工作的专业人才。

2003年12月中国社会工作教育协会第四届年会暨中国社会工作和社会工作教育理论与实践研讨会在南开大学召开，与会代表300余人。会议通过了“中国社会工作教育协会理事会工作报告”和“中国社会工作教育协会理事组成意见”等相关适宜。“亚太社会工作教育协会“会长罗密欧·昆耶塔出席了研讨会，并提供了题为“KEEPINGPACEWIT－HTHETHRUSTS § DIRECTIONS OF A CULTURALLY SENSITIVE SOCIAL WORK CURRICULUM”的论文。与会者就“我国社会工作专业学科建设”、“社会工作教育与本土实践理论建构”、“21世纪中国社会工作者面临的挑战”、“国际标准与中国传统：全球背景下中国专业社会工作的道路”等问题展开深入研讨。

2003年12月，中国社会工作教育协会社会工作专业实习培训班在南开大学举行，会议就“学生安置机构实习过程中常见之障碍与处置”、“社会工作实习教学之实施”、“以学生为本，培养知行统一的社会工作专业人才”、“专业的价值取向与社会工作专业教育的实践属性”、“社会工作实验室在社会工作教育中的角色与作用”等14个专题举行了讲座，来自全国的250名学员参加了学习培训。

五、社会预测和预警研究

社会预测和预警研究是社会学的新兴研究领域，也是当前社会关注的热点问题。2003年这一研究领域继续拓展。

在社会预测方面，阎耀军在2003年1月13日《天津日报》上发表了《社会预测学：一个亟待拓展建立的新兴学科》，呼吁发展社会预测学。此后他又发表了学术论文：《试论社会预测主客体的互动反射原理》(《预测》20031期)等。

在社会预警方面，阎耀军在《天津社会科学》2003年第3期发表了《城市社会预警基本原理刍议》一文，出版学术专著《超越危机：社会稳定的量度与社会预警》，该书总结了二战以来有关社会稳定量度和预警的相关理论，明确提出“指标体系的基本框架是支撑指标体系的骨骼，理论模型是统帅基本框架的灵魂”的学术观点，并提出了生存保障、经济支撑、社会分配、社会控制、社会心理、外部环境等6个系统建构的社会稳定理论模型。该书还运用社会稳定指标体系对我国1989～2002年的社会稳定状况进行了“模拟反演”预警，提出了建构“国家社会稳定监测—预警—预控系统”的设想③。

（本文作者：潘允康，天津社会科学院社会学所所长、研究员）

---

① 唐忠新：《社区服务思路与方法》，机械工业出版社2003年9月版。
② 侯均生：《经济发达国家和地区的社区工作实践》，机械工业出版社2003年12月版。
③ 阎耀军：《超越危机：社会稳定的量度与社会预警》，延边大学出版社2003年

社会心理学研究综述

乐国安　李　强　吴　晟

2003年,天津市社会心理学研究取得了新的进展。南开大学、天津师范大学等高校的研究者们,从以下3个方面进行了有益的探索:社会心理学基本理论与方法;社会心理学一些重要研究领域;应用社会心理学领域。

一、社会心理学基本理论与方法研究新进展

1.理论研究

社会心理学基本理论研究的进展主要表现在对国外社会心理学的介绍、评论与探讨中。在2003年10月于山东济南召开的全国社会心理学学术年会上,天津各高校与会代表提交并报告理论性文章近30篇,仅南开大学社会心理学系、南开大学心理学研究中心就提交理论性文章14篇。其内容主要包括图式心理学研究、社会认知研究、记忆研究,以及一些基本概念的辨析和某些哲学思想对社会心理学理论的影响等。在《图式理论对社会心理学研究的影响》一文中,乐国安对图式的定义、功能进行了全面的介绍,并从图式理论对人格、自我概念、刻板印象及社会认知偏差4个方面的解释,揭示了图式理论对社会心理学的影响,从中可以看出:社会心理学的研究已经越来越多地融合了信息加工认知心理学的观点,随着信息加工的认知心理学的发展,图式理论也必将被应用到社会心理学研究的更广泛的领域中去,影响着社会心理学对人类行为及心理现象的研究方向。

在本土化理论研究方面,部分学者正努力寻求中国古代思想与西方社会心理学理论的有机结合。周一骑在《微妙影响力初探》一文中,对微妙影响力进行了综合性的论述后指出,在社会群体的运行机制中,微妙影响力是权力之外的另一种选择,二者是一种互补关系:权力对那些短期、局部、具体的问题可收到一时之效,并且可以预期其效果;而那些深远、长久、整体性的问题则属于微妙影响力所及之范围。而在《荣格"共时性"法则探析》[①]一文中,周一骑明确指出:"探讨荣格的共时性法则,一方面为我们解读中国古代思想提供了全新的视角,另一方面,也使我们看到中国古代思想在西方现代心理学研究中获得的新的生长。"以上研究不失为目前日益伸张的本土化研究的新的路径。

心理咨询与心理治疗也逐渐成为社会心理学者进行理论开拓的领域,多元化、融合趋势成为关注的焦点。在《个人生活规则的探索与修正》[②]一文中,汪新建对韦斯勒的认知评价疗法进行了当代性的解读,认为其体现了心理疗法间相互融合的趋势。而在《西方心理疗法的整合趋势及其前瞻》[③]一文里,作者进一步指出:心理疗法整合的目的并不是要得到一个能囊括一切的完美的体系,而是让人们以更为开放的态度和更为开阔的眼光,多维度、多视角地探索各疗法间相得益彰的方式。作者在《西方心理治疗范式的转换及其整合》[④]一书中,对经典精神分析治疗范式、科学主义治疗范式、人文主义治疗范式等3大治疗范式的整合从3个层面进行了分析:技术层面的整合;对各范式和各心理疗法中对疗效起作用的共同因素进行探索;理论层面的整合。这一观点引起学术界的广泛关注。另外,由汪新建主持的国家社会科学基金项目"西方家庭治疗理论的新进展研究"已取得初步进展。

此外,乐国安担任主编的《社会心理学》(第三版)和副主编的《心理学大词典·社会心理学分卷》也分别由南开大学出版社和上海教育出版社于2003年相继出版。

2.方法研究

在方法的研究方面,《Q方法论述评》[⑤]一文在简要介绍Q分类技术基本操作步骤的基础上,着重阐述了Q方法论两个原则(强调主观性与个别性在

① 周一骑:《荣格"共时性"法则探析》,《南开社会学评论》,天津人民出版社2003年版。
② 汪新建:《个人生活规则的探索与修正》,《南京师大学报》2003年第1期。
③ 汪新建:《西方心理疗法的整合趋势及其前瞻》,《心理科学》2003年第5期。
④ 汪新建:《西方心理治疗范式的转换及其整合》,天津人民出版社2003年版。
⑤ 乐国安:《Q方法论述评》,《自然辩证法通讯》2003年第4期。

科学研究中的价值)的特点,并进一步将Q方法与等级量表、R方法进行比较。Q方法论在诸多实践领域中都有广泛用途,与心理学主要派别也有密切联系。此种研究方法的引入对中国社会心理学的发展大有裨益。

二、社会心理学主要研究领域的研究进展

1.应付行为研究

应付(或称应对)问题是心理学界持续关注的重大学术问题。2003年天津市社会心理学界有关应付行为和应对方式的研究也取得了新的成果。李强在提交2003年全国社会心理学年会的《中国人心理困扰的应对方式探析》一文中,首次将中国人心理困扰的应对方式概括为:(1)先自我调节,后寻求外界帮助;(2)在求助外界帮助时,先求助"自己人",后求助"外人";(3)在求助"外人"时,先求助医疗帮助或民俗的、本土的心理方法,后求助现代心理咨询与治疗或精神科治疗。也就是说,求助现代心理咨询与治疗或精神科治疗往往是在所有求助都失效后才采用,而且仍可能继续寻求和接受其他途径的心理帮助。该文已被《社会心理研究》杂志全文发表。此外,由李强主持的天津市社会科学规划项目"社会转型期中国人心理困扰的应对行为研究",也已取得阶段性成果(《企业管理人员应付方式与心理健康》)①。

在《中学生应对的多维结构分析》② 一文中,井世洁对中学生的应对行为作了系统性的探索。在《初中生的抑郁状况及应对方式研究》中,她通过对52名高抑郁初中生的应对方式和应激源强度进行研究发现,抑郁初中生具有对日常生活事件较高的应激强度,且更倾向于情绪性的应对方式,情绪性应对是造成不能有效处理应激性事件和产生抑郁情绪的主要原因。

2.价值观研究

价值观研究的特点是,从使用的方法看,多采用已有或自制量表及问卷进行测评或调查;从研究的内容看,既有研究一般价值取向的,也有研究价值的特殊领域的。杜林致、乐国安等人运用金钱心理问卷和自我价值问卷对南开大学部分本科生和研究生施测后发现:(1)中国大学生总体上对金钱持积极、认可的态度,但不把金钱视为成功的标志;(2)中国大学生金钱心理类型可以分为金钱冷漠者、金钱崇拜者、金钱豁达者、金钱拒斥者四种,其中第一种类型的人所占比例最高,第四种类型的人所占比例最少;(3)金钱崇拜者对金钱持最为积极的态度,他们的自信心和争胜心最强,自卑感较低。金钱冷漠者对金钱持较为消极的态度,他们的自信心、争胜感偏低,自卑感偏高。金钱豁达者对金钱持较积极的态度,他们的自信心和争胜心较强,自卑感最低。金钱拒斥者对金钱抱着最为消极的否定态度,他们的自信心、争胜心偏低,而自卑感最高。李强、韩丁在《中学生偶像崇拜特征及其与自我评价关系研究》中,将中学生偶像崇拜划分为感性崇拜者、中间型崇拜者和理性型崇拜者,具有一定的启发意义。

李幼穗承担了教育部人文社会科学重大项目"中国民众价值取向与精神信仰问题研究"的子课题"当代民众信仰状况与社会安定意识的研究"。该课题重点是探讨当前民众的价值取向结构和特点、当前社会民众的精神信仰实际状况及它们与人们的生活差距、心理健康、生活满意度和社会安定意识等的相关。对不同群体间的价值取向和精神信仰进行分析比较,揭示影响价值取向和精神信仰的社会心理因素。该研究以自编的《信仰问卷》对抽取的近千人进行了调查,调查对象涉及农民、学生、工人、知识分子、个体户,探讨不同社会阶层人们信仰的差异。研究发现农民、工人、个体户的物质欲求比知识分子和大学生更强烈。这显然与农民、工人、个体户主要与物质生产和流通打交道,而知识分子和大学生主要与精神产品的掌握、传播和生产打交道有关。这也从一个侧面反映了人的职业活动对其物质追求的影响。精神信仰的状况几乎与物质信仰完全相反。至于伦理信仰,农民、工人、个体户比知识分子、大学生有更强烈的伦理追求。国家信仰得分较高的是工人和知识分子,得分低的是个体户,农民和大学生介于他们之间。不同职业的人们对于宗教信仰基本上持一种否定态度。大学生对宗教的否定态度最强烈,他们既年轻、又受过较多的教育。知识分子也属于较为排斥宗教的一类。相对而言,对宗教"最有好感"的是农民,其次是个体户和工人。这显然反映了受教育程度对宗教信仰的影响。此外,该研究还考察了信仰的

① 李强:《企业管理人员应付方式与心理健康》,《中国临床心理学杂志》,2003年11卷1期。
② 井世洁:《中学生应对的多维结构分析》,《心理科学》2003年第4期。

年龄差异，发现年轻人(20～30年龄段)与中老年人有明显的不同，这提示了，此年龄段可能是信仰形成的关键期。即人的信仰主要在此年龄段形成，而一旦形成之后，便趋向于稳定，不容易发生变化。

3.自我意识和社会认知研究

由南开大学乐国安教授主持，天津师范大学贾晓波教授具体组织实施的教育部“十五”规划重点课题“中小学生自我意识的培养与潜能开发问题研究”，在天津市教委的大力支持下，已取得了大量阶段性成果。参加这一课题研究的实验学校有实验中学、109中学、第二南开中学、大港二中、旅游职专等40余所中小学和职专，天津市教委主要领导出任课题组领导，显示了对这一课题的高度重视。

归因问题是社会认知的重要内容之一。2003年归因研究在被试的选取范围上有所扩展，但仍以学业成就归因为主要研究内容。吕勇承担了天津市哲学社会科学研究规划资助项目“中小学生学习适应性评价与提高研究”，对影响学生学习的社会心理因素进行了研究。该项目对学习动力与学业成绩归因的关系进行了考察，用自编问卷对913名中学生学业成就归因和学习动力状况进行了调查，研究发现：(1)从整体上看中学生较多使用内在原因和可控原因解释自己的学习成绩；(2)不同性别和不同年级学生有不同的归因倾向；(3)归因倾向与学习动力有明显联系，使用因子分析法得到“自挫因子”对学习动力有很大的消极影响①。该研究还就如何进行归因训练进行了讨论。此外，乐国安等人的论文《不同文化的人成败归因模式的差异性》② 收入佐斌主编的《社会心理学的发展与创新》一书中。

4.社会支持研究

社会支持与心理健康关系已成为社会心理学者日益关注的研究领域。李强在其主持的教育部“十五”社科规划项目“残疾青年心理问题与社会支持关系研究”中，采用实证研究方法对我国城市残疾青年，特别是聋哑大学生心理健康与社会支持的关系作了较为深入系统的研究(《聋哑大学生心理健康状况及与社会支持的关系》)③。

5.群体心理与社会心态研究

有关群体心理与社会心态的研究，多集中于对社会转型时期人们心理健康的研究以及对特殊群体心理的研究，理论与现实联系紧密。伴随着我国经济体制的转型和社会现代化程度的提高，国民心理健康问题也日益突出，已成为不容忽视的社会问题。在《社会转型期我国心理健康问题的成因与干预》④ 一文中，李强以我国社会转型为背景，从社会心理学的视角分析了这一现象产生的主要原因，并在此基础上探讨了如何进行有效的调适和干预。

李强在主持完成国家社会科学规划基金资助项目“国有企业下岗人员心理障碍及其对再就业影响的研究”的基础上，撰写了专著《下岗人员心理适应研究》⑤，作者采取理论分析与实证研究相结合、微观研究与宏观分析相结合、横剖研究与回顾研究相结合的方法，对下岗人员群体心理障碍产生的影响因素、心理适应的自我调节和社会调节进行了较为深入而全面的剖析，具有学术和应用的双重价值。作者认为，下岗人员心理适应的过程，实质上是下岗人员遭遇下岗事件的冲击后，在社会环境系统的支持下，通过不断做出自身调整，努力减少不适，恢复和维持一种相对良好、有效的生存状态的过程。伴随着这一过程，下岗人员心理上也日益成熟和发展，其中最主要表现是从单位人格、经由过渡人格向现代人格的转型。

三、社会心理学在应用方面的进展

社会心理学的应用研究进展涉及法律活动、心理健康、社会热点问题、组织管理、大众传媒等多个方面。由乐国安主编的《应用社会心理学》⑥ 一书，对社会心理学在组织管理、营销与广告、健康与临床、法律活动、环境领域和旅游业中的应用，进行了较为全面而详尽的介绍。

1.社会心理学在法律活动中的应用

乐国安等人通过对天津、哈尔滨两市337名市民的问卷调查发现，城市居民的法律态度存在人际差异，差异主要表现在年龄和受教育水平两个方面。高中学历被调查者的法律认知成绩最高，大学学历被调查者的良好法律行为倾向最明显，而法律

① 吕勇、阴国恩、炼永文：《中学生学业成就归因与学习动力的相关研究》，《心理与行为研究》2003年第4期。
② 乐国安：《不同文化的人成败归因模式的差异性》，《社会心理学的发展与创新》华中师范大学出版社2003年版。
③ 李强：《聋哑大学生心理健康状况及与社会支持的关系》，《中国临床心理学杂志》2003年第4期。
④ 李强：《社会转型期我国心理健康问题的成因与干预》，《理论与现代化》2003年第6期。
⑤ 李强：《下岗人员心理适应研究》，天津人民出版社2003年版。
⑥ 乐国安：《应用社会心理学》，南开大学出版社2003年版。

情感最积极的则是研究生学历者。有关法律态度的人际差异为深入开展法制建设提供了启示：首先，它提示有关方面应当根据特定群体的具体情况施以相应的教育方式；其次，全面提高国民的文化素质是法制建设的重中之重（乐国安主持的教育部“十五”社科规划项目“法制建设对越轨行为的控制作用”的部分研究成果）。

2.社会心理学在社会热点问题中的应用

2003年初夏之交，“非典”袭来，天津市的社会心理学工作者们为了帮助大众理性应对“非典”疫情，在此期间做了大量的实证研究和社会宣传工作。乐国安、井世洁等人参与国家自然科学基金应急项目（70340002），采用分层抽样和方便抽样相结合的方法，对北京、天津、石家庄、呼和浩特和太原市市民1500人进行问卷调查后发现：(1)空间距离近的疫情信息更能引起民众的关注，北京市民对SARS患病信息和治愈信息敏感性显著高于邻近城市。(2)女性表现出更高的风险感，政府公众信息更能引起中、老年市民的关注，20岁以下的青少年更重视与自己学习、生活相关的信息，50岁以上民众对于“愈后对于身体有无影响”等信息的警觉性显著高于其他年龄组。(3)与北京邻近的城市的市民对SARS疫情的风险评估明显低于北京市民，某些地区大学生的心理问题值得关注。并进一步得出结论：在突发事件中，通过风险认知特征调查，可以了解人们的风险认知差别及其对不同人群的应对行为、心理健康水平的影响；今后应加强公共卫生突发事件中民众社会心理行为的预测研究①。李强、管健在《社会心理研究》（2003年第3期）、《理论与现代化》（2003年第4期）上发表了有关SARS的社会心理影响及其对策的文章，李强还于2003年5月11日在天津电视台演播室就SARS流行期间如何进行有效的心理调节接受了主持人专访。吴晟、韩丁、陈浩、尹剑等人在南开大学校内发放问卷400余份，完成了《大学生应对突发事件的心理、行为调查报告》、《SARS期间高校信息传播状况调查分析报告》等多篇论文（《南开教育论丛》，2003年第3期）。南开大学心理学研究中心师生还面向社会开设了心理辅导热线。

阴国恩承担了天津市社会科学规划重点项目“邪教现象的社会心理学基础及对策研究”，尝试从理论和实证调查两大方面分析邪教信仰者的心理特征，产生的社会文化基础，并且初步提出了有关的对策。根据心理学的有关理论，该研究对邪教信仰者的心理特征进行深层次的分析，并根据心理学态度转变的理论提出教育转化邪教信仰者的建议。分析发现，一些人的个性弱点，如强烈地寻求精神寄托的心理需要、理想主义和神秘主义、从众心理和受暗示心理、自恋型人格及其他一些心理障碍，被“法轮功”组织者所利用，成为“法轮功”邪教的牺牲品。加强对人的心理和行为机制的研究，加大行为科学、心理科学在预防和干预中的作用，是今后的努力方向。对法轮功现象的社会心理学分析发现，当代中国出现法轮功现象一部分原因是由于中国传统文化中存在一些很容易被歪曲利用的成分。信仰危机、民众科学素质偏低、社会失范等也为法轮功现象提供了条件。该研究还采用调查法，用自行设计的信仰问卷对120名原法轮功练习者进行了测查。结果表明，在物质信仰维度上原法轮功练习者的得分显著低于大学生，在伦理信仰、神灵信仰维度上，原法轮功练习者的得分显著高于大学生，在精神信仰和权力信仰维度上，原法轮功练习者与大学生得分差异虽然不显著，但在几个典型的子维度上却表现出显著差异。这对于开展针对原法轮功练习者的帮教工作提供了心理学依据，有着较强的实践指导意义②。

曹杰、李悦等人有关“人的全面发展与主体性德育模式研究”在天津市普通高校“‘三个代表’重要思想理论与实践研究”立项中被批准为重点课题，其最终研究成果获一等奖。汪新建的《恐怖电影的社会心理学分析》（《甘肃社会科学》2003年第3期）、李磊的《社会心理学视野下的组织文化》等，都是天津社会心理学界在应用研究方面取得的新成果。

四、主要特点与展望

在2003年中，天津市社会心理学研究的主要特点有以下几个方面：

(1)理论综述性论文数量增多。对西方文献掌握得较多、较新，但对中国传统社会心理学思想的关注仍然有限，这是今后社会心理学工作者应该努力的方向之一。

(2)实证研究和理论研究齐头并进。在量表的

① 乐国安、井世洁等：《华北5城市民众SARS疫情中心理行为研究》，《中国公共卫生》，2003年第9期。

② 阴国恩、戴斌荣：《运用心理学理论分析与转化邪教信仰者》，《天津师范大学学报》2003年第5期。

使用方面不再是盲目的照搬国外的量表，而是使用修正过的或自编的量表，且具有较高的信度和效度。为了进一步提高理论研究与实证研究的研究水平和质量，有必要进一步加强天津与港台地区及国外的学术交流。

(3)研究课题的集中性有所增强。例如，前文提到的应付行为研究、价值观研究等。在研究的范围和深度上都在扩大。但很少有人对已有研究进行"元分析"，因此研究的系统性和传承性较差。这就要求我们在进行新的研究的时候，需要特别注意研究的标准化和研究论题的集中化和系统化。

(4)有关社会心理学本土化问题已经引起了诸多学者的注意。由乐国安教授带领的南开大学社会心理学教师团队开展的"中国社会心理学本土化研究"已获南开大学文科科研创新基金资助，不久将会有一批具有较高水平的研究成果问世。

(5)对于社会心理学的研究，心理学取向的社会心理学和社会学取向的社会心理学在研究成果的数量上大致相当，哲学、文化人类学、管理学、医学等学科对社会心理学的关注也有所增加。

(6)应用社会心理学的研究成果较为丰富。这充分体现了理论与现实的结合，体现了科学为社会服务的宗旨。

(本文作者：乐国安，南开大学周恩来政府管理学院社会心理学系主任、教授、博士生导师；李强，南开大学周恩来政府管理学院社会心理系副教授；吴晟，南开大学周恩来政府管理学院社会心理学系硕士研究生)

教 育 学

教育学研究综述

张武升　肖庆顺

2003年天津市教育理论工作者在邓小平理论和"三个代表"重要思想的指导下，紧密联系当前我国和天津市教育改革与发展的热点和难点问题，开拓进取，不断创新，围绕我国及我市教育改革实践的实际，在教育科学领域取得了可喜的成果，在基础教育、课程改革与课程理论研究、高等教育、职业教育等诸多方面推动了教育科学的发展。

一、全面建设小康社会、学习化社会与教育发展

党的十六大提出全面建设小康社会的宏伟目标，并提出了新时期教育工作的发展目标，天津市学者对全面建设小康社会目标中、学习化背景下本市教育的改革与发展提出了很多新的观点。

1.教育发展

(1)我市学者认为近几年天津市教育事业实现了跨越式发展，今后的教育发展应坚持教育创新，进一步完善我市现代国民教育体系；在"促进人的全面发展"上把文章做大做强；努力实现教育均衡发展，使人民享有接受良好教育的机会；实现我市高等教育、职业教育、基础教育新发展；构建完善的现代教师教育体系；拓宽教育投入渠道①。(2)从构建终身教育体系，建设学习型城市的目标看，我市教育发展的任务是：拓展从学前教育到高等教育的学校教育系统建设；职业教育的改革与发展要与市场需求和劳动力就业紧密结合，努力构建高标准的职业教育新体系；大力发展社区教育，建立以社区学院为龙头，社区学校为依托，广泛开展以成人教育为重点的不同类型人群的教育培训；鼓励和促进

① 赵丽敏：《建设小康社会中天津教育发展研究》，《天津市教科院学报》2003年第2期。

社会力量办学，满足市民日益增长的教育需求①。(3)现代教育发展的本质特征是主动性、系统优化和跨越式发展，根据我国教育发展的实际，应按照优先发展、梯度递进发展、可持续发展和全社会参与发展的基本策略，全面推进我国教育现代化发展②。

2.教师教育

(1)教师教育政策。我国的教师教育呈现出双专业性、高学历性、终身性与广泛联系性、多元化与开放化等特点，因此教师教育政策的选择应重视教育科学的学术价值，制定重大教育科研成果的高级物质奖励与教育科研立项的经费倾斜政策；实行重点发展硕士研究生层次的教师教育政策；建立全方位的教师教育一体化体系；开放教师教育市场，健全和实施教师教育的专业化制度③。(2)教师专业化发展。教师专业化发展要适应教师学历向更高层次变化的趋势，教师教育的职前职后一体化是实现教师专业化的重要途径，基础教育新课程改革为教师教育带来了新的发展机遇和挑战④。(3)创新型教师培养。创新型教师培养可以通过以下策略和途径来实现：理论学习是培养创新型教师的基础；加强教学管理是培养创新型教师的保障；开展行动研究是创新型教师培养的现实土壤；提高教学监控能力是创新型教师成长的根本⑤。

3.民办教育

我市学者认为，民办教育发展的动力机制是对民办教育发展内、外各相关要素相互依存、相互制约、相互作用的关系和各要素在发展过程中相互作用的规律的揭示，它的内部动力主要来自具有优势的教育工作者的参与和稳定经济效益对投资者的吸引力；外部动力指国家法律政策支持和社会需求的推动，内部和外部动力的合力推动民办教育的深入发展⑥。

二、基础教育研究

1.天津市民教育满意度

2002年5月，天津市教育科学研究院教育舆情系列调查课题组进行了“天津市民教育满意度问卷调查”，首次以实证的方法描述和分析了普通市民对教育现状的评价情况，发现我市市民对教育发展现状的满意项为：职业教育改革措施得力，市民满意度最高；学校布局调整成效显著，市民满意度很高；市民对教师素质的满意度超过80%；大学、中学和职业学校招生考试制度改革得到市民拥护；市民对实施素质教育的满意度为73.6%；市民对民办教育的满意度达到73.3%；市民拥护政府出台的治理学校乱收费政策。市民对教育发展现状的不满意项为：市民对“取消小升初考试”表示不满意；市民不满意“重点校与薄弱校合并”；市民不满意“教育教学内容”和“学生学习负担”；市民不满意“学校收费现状”⑦。

2.现代教育制度建设

现代教育制度建设是教育发展的重点与难点，也是学者们关注的热点。(1)我市学者认为教育改革的根本取向是建设现代教育制度，现代教育制度以明晰办学权和所有权的关系为基础，必须首先确立政府与社会的关系、政府与学校的关系以及学校与社会的关系。因此，现代教育制度的基本框架应是：以“大社会、小政府”的观念来构建新的教育治理模式；以明晰所有权与办学权的关系树立新型学校观念；建立政府与学校之间的平权关系；确立科层制管理原则，以政府职能转变来促进教育管理专业化和实行分级管理模式；以受教育者的选择作为促进办学效益提高的机制，建设规范的教育市场，以实现对传统教育运行体制的整体性改造⑧。(2)我市学者认为，学校现代化建设的实现与发展是学校物质文明建设和精神文明建设交互作用、有机结合的产物，从教育行政管理的视角和层面来看，普通中学实现教育现代化应遵循以下思路：以人的发展为本的教育观是前提；建构现代学校制度和运行机制是基础；深化学校管理体制改革是关键；高中

① 张华：《天津市构建终身教育体系建设学习型城市的思考》，《天津市教科院学报》2003年第5期。
② 张宝贵：《现代教育发展的本质特征与基本策略》，《天津成人高等学校联合学报》2003年第5卷第2期。
③ 胡亚天：《教师教育的特性与政策选择》，《课程·教材·教法》2003年第5期。
④ 汪耀进、赵嘉平：《教师专业化发展策略》，《天津师范大学学报》(基础教育版)2003年第4卷第1期。
⑤ 和学新：《论学校培养创新型教师的策略和途径》，《当代教育科学》2003年第5期。
⑥ 牛征：《论民办教育发展的动力机制》，《中国教育学刊》2003年第10期。
⑦ 亢晓梅：《关于天津市民教育满意度的调查与分析》，《上海教育科研》2003年第3期。
⑧ 王洪才：《论构建现代教育制度的基本思路》，《清华大学教育研究》2004年第24卷第6期。

由“精英”到“大众”的转型是标志；校校办学有特色是特征①。

3.优质学校教育

(1)优质学校。我市学者提出优质学校教育有10大特征：服务意识是社会功能的体现；以人为本是工作宗旨；学习是发展基础；发展个性是育人目标；开放办学是社会意识的具体体现；发展性评价是最佳评价方式；师生合作体现了师生关系；辩证施教是重要策略；研究性教育是发展条件；校园文化是重要人文环境②。(2)优质高中。我市学者认为，我国在基本实现了九年义务教育的初步普及之后，就要大力发展高中教育，特别是优质高中教育，满足人民群众接受良好教育的愿望，提高新一代人口的素质，突破制约义务教育和高等教育发展的“瓶颈”，为高等教育大众化奠定基础。优质高中建设应坚持大众性、发展性、均衡性原则以促进优质高中发展③。(3)品牌化学校。建设品牌化学校是学校形象设计的重要内容。强势品牌的背后是文化、个性、信誉、生命力，建设品牌学校既有必要，也有可能。基本策略为品牌规划策略、质量保证策略、凸现特色策略、宣传推广策略、品牌维护策略④。(4)基础教育办学特色。我市学者认为中小学要“办出自己的特色”，这里的特色针对构建中国特色社会主义基础教育而言，它以落实素质教育为前提，校长独特的办学思想是“特色”的灵魂，“特色”项目的选定是关键，“特色”构成要素的研究是重心，构建与实践“特色”的支持体系是保证⑤。

4.义务教育政策

我市学者认为，自1977年以来我国的义务教育政策和实践中存在着一些社会普遍关心的问题，我国今后义务教育发展能否得到社会满意的关键就在于解决与处理好三个矛盾，即应试教育与素质教育的矛盾、义务教育平等免费就近的原则与择校乱收费的矛盾、教育面向全体与面向少数的矛盾⑥。

三、基础教育课程改革与课程理论研究

我市于2001年秋季在大港区开展基础教育课程改革实验以来，在2003年，全市中小学全部进行基础教育课程改革，我市学者在基础教育课程改革的理论与实践方面进行了探索。

1.“主动教育”的校本课程开发

我市学者认为，“主动教育”是天津市红桥区实验小学一种有特色的校本课程，它在课程目标上突出学生的主动发展和创新素质；构建合理的课程结构，开发特色课程，丰富活动课程的类型和内容并突出强调综合性；强化隐性课程建设，美化校园物质环境，创造优良校风，狠抓教师培训；创新课程评价方式；发挥教师的主体作用⑦。

2.课程实验研究

我市学者认为，我国基础教育课程改革在一定程度上是课程实验，学者们围绕课程实验进行了系列研究：(1)课程实验概念、价值取向。课程实验是课程理论形成和发展的重要途径，是课程改革实践的前提和基础，是课程专业人员成长和发展与课程理论与实践发展的载体⑧。(2)课程实验目标。课程实验的目标具有指向、激励、调控、标准等价值，一般由工作目标和研究目标两大部分构成。制定课程实验的目标一般应经历全面考虑，起草条目；多方咨询，民主讨论；修改完善，正式成文等阶段。课程实验目标的表述上有一定的标准，课程实验目标要有广泛代表性，明确具体，还要有可行性和可达成性。具体表达方式可分为综合式、分列式或条目式、表格式⑨。(3)课程实验评价。课程实验评价是课程实验的重要组成部分，对全面衡量课程实验的结果，促进课程实验的科学化、规范化，提高课程实验的质量，指导课程实验的发展具有重要作用⑩。(4)课程实验评价的对象主要包括课程实验方案、课程实验过程、课程实验结果。在类型上与分类的角度和标准相关联，从课程实验过程来看，可以分

① 邢真：《学校现代化建设的思路与建议》，《天津教育》2003年第9期。
② 杨卫国：《优质学校教育的十大特征》，《天津师范大学学报》(基础教育版)2003年第4卷第2期。
③ 邢真：《试析优质高中建设的意义及其发展导向》，《天津市教科院学报》2003年第2期。
④ 张连生：《品牌化学校：学校形象建设的新境界》，《天津市教科院学报》2003年第5期。
⑤ 赵丽敏：《形成办学特色，推进素质教育》，《天津教育》2003年第9期。
⑥ 秦行音：《我国义务教育政策和实践的矛盾分析》，《北京科技大学学报》(社会科学版)2003年第19卷第2期。
⑦ 和学新：《“主动教育”的校本课程开发》，《江西教育科研》2003年第3期。
⑧ 和学新：《课程实验的概念厘定及其价值取向》，《当代教育科学》2003年第23期。
⑨ 和学新：《课程实验目标的价值、构成及其表述》，《天津市教科院学报》2003年第5期。
⑩ 和学新：《课程实验评价：意义与功能》，《太原教育学院学报》2003年第21卷第1期。

为背景评价、过程评价、结果评价和综合性评价，从课程实验评价的主体来看，有自我评价、专家评价和行政评价等类型。课程实验评价具有一些特性：社会性、较强的包容性、多主体性、整合性、较强的感情色彩、以资料的系统掌握为基础①。课程实验评价有内在的过程和方法，一般包括几个步骤：准备的过程和方法；收集、整理和分析评价资料的过程和方法；解释评价资料的过程和方法；撰写评价报告②。

4.教学过程的教材开发

我市学者认为，教学过程就是教材不断开发的过程。学生是教材的根本使用者和根本开发者，学生对教材的开发过程即学生自身发展的过程，其自身发展程度取决于学生的教材开发方式及学生的学习方式，学生对教材的开发要经历发现、认知、运用过程。教师对教材的开发过程就是教师课前的备课准备与课堂上的施教过程，其所构成的教学方式决定学生的学习方式③。学校在课程设计、教材编制、课程评价及课程实施中都处于主体地位④。

四、高等教育研究

1.高等教育现代化指标

我市学者认为，考察高等教育发展有一些基本指标：高等教育毛入学率；每万人口在校大学生人口；高等教育的生均经费投入及生均经费指数；高等教育的生师比；高等教育的开放度；高等教育评价体系的社会化程度；高等教育的课程设置与社会经济发展需要适应程度；高等教育的信息化程度；高等教育管理的专业化程度；高等教育办学的社会参与性；高等教育学习机会终身化。这些指标是大致维度。我国高等教育与国外的主要差距在制度方面和观念方面，且各指标之间发展不均衡⑤。

2.高等教育创新与改革

(1)高等教育人才培养。我市学者运用耗散结构理论揭示了创造性活动的生发机制，建立了创造性思维的耗散结构模型，认为高等教育培养创造性人才要进一步开放，特别是要把开放的观念转化为行动，继续深化学校的各项改革，包括学科建设、师资队伍建设、教学改革和分配制度改革等方面，塑造和培植有利于创新人才培养的校园文化和学术氛围⑥。(2)全球化与高等教育。我市学者认为，经济全球化已成为新世纪的重要特征，我国高等教育的人才培养目标与国际化人才的目标还有很大差距。因此加快我国高等教育国际化进程，就要树立高等教育国际化理念；改革高等教育教学内容和人才培养模式；大力开展国际合作与交流；提高教师素质，推行双语教学；加大对高等教育的投入，建立多元化机制⑦。(3)城市化与高等教育。我市学者认为，城市的教育发展与整个国家或地区的教育发展具有“同构性”，高等教育发展与城市化和城市现代化互为前提、互相推动，高等教育发展已经成为城市精神的标准，城市丰富的高等教育资源和提供的优质教育服务是中心城市重要特点之一，高等教育结构功能不断得到提升。现在我国的城市化建设取得了新的成就，有了新起点、新走向，高等教育就要加快发展，为城市现代化创造良好的基础条件，提供有力的创新举措⑧。(4)高等教育的四元结构理论。我市学者提出，从文化的视角看高等教育发展过程是一个价值观念变迁的过程，高等教育是价值载体，高等教育发展是不同社会行动者之间的活动。高等教育价值观念变化是由于参与高等教育活动的行动主体互动的结果，高等教育活动由大学、国家、社会、个人四个基本的社会行动者参加，它们都有自己独立的价值诉求，从而使高等教育表现出不同特色，四元互动构成了高等教育发展的不同模型。根据高等教育行动的四元对高等教育价值的不同追求，可以将高等教育划分为学院主义、国家主义、实用主义、个人主义四种模式，历史上高等教育经历了从学院主义价值观向国家主义价值

① 和学新：《课程实验评价的对象、类型及其特性》，《教学与管理》2003年第12期。

② 和学新：《课程实验评价的类型、过程与方法》，《教育评论》2003年第3期。

③ 赵丽敏：《论教学过程中的教材开发》，《中国教育学刊》2003年第7期。

④ 赵丽敏：《学校在课程开发中的主体性作用》，《教育评论》2003年第4期。

⑤ 王洪才：《关于高等教育现代化指标的探索》，《天津市教科院学报》2003年第6期；王处辉：《论大学排名的科学性和严肃性问题》，《宁波大学学报》(教育科学版)2003年第25卷第5期。

⑥ 陈士俊：《从耗散结构理论看创新人才的培养与高教改革——兼论创造性思维的耗散结构模型》，《自然辩证法研究》2003年第5期。

⑦ 郝海青：《论经济全球化对我国高等教育的影响及对策》，《天津工业大学学报》2003年第22卷第3期。

⑧ 阎坤、顾培亮：《我国城市化进程与高等教育发展》，《教育研究》2003年第11期。

观的偏移，又从国家主义价值观向实用主义价值观的偏移，20世纪下半叶出现了向个人主义偏移，个人主义价值观是高等教育发展的未来取向①。

3. 大学评价与排名

我市学者认为，大学评价与排名应以促进高校发展和增强高校之间公平竞争意识，最终促进高等教育事业发展为目的，它涉及方方面面，必须保持科学性和严肃性。目前还没有比较完善的大学评价体系，因此要进行大学评价和综合排名首先必须在评价维度上能够经得起科学证明，坚持综合交叉的评价维度，社会评价机构应该在专业性、中立性和非营利性原则上得到证明，建立科学的评价维度，在基于学校的发展性、服务性和个性化的维度上进行评价②。

4. 高等师范教育

高师教育专业化水平高低主要取决于高师教育学科课程的设置和教学是否符合师范教育的培养目标和教师专业化的要求。高师教育专业课程应包括“专业学科课程”和“教育学科课程”两大类。长期以来，我国高师教育专业课程的设置及教学比例失调，从课程总体结构看，专业学科课程比重较高，教育学科课程比重偏低；从课程内容上看，教育学科课程内容陈旧，缺乏特色；从课程设置看，教育学科课程设置严重脱离和滞后于中小学教学改革实践；从课程的教学实际看，教育学科课程教学缺少示范性，专业化水平低；从课程研究看，缺乏对教师专业技能和训练方法的理论与实践研究；从课程改革看，教育学科课程改革只是表面的、不彻底的。只有明确教育学科课程的功能定位，增加其在师范课程结构中的比例；以提高高师教育专业化水平为目标，强化教育科研，促进教育科研成果转化；以促进教师专业化水平为核心，调整和开发教育专业课程；转变教育学科课程的课堂教学模式，加强教学实践环节的教学，才能加快教师专业化水平，提高高师教育的专业化水平③。

5. 成人高等教育

我市学者认为，我国成人高等教育应更好地适应经济建设和社会发展的需求，发掘成人高等学历教育的发展潜力，把高等职业教育作为高等教育的重要组成部分，使成人高校走出一条符合成人教育特点的加快发展之路。摆正成人高等学校的位置，进行功能定位，把学历教育与非学历教育相结合，学科教育与职业技术教育相结合，服务社会和服务社区相结合，在职培训和职前培养相结合，教学、科研和技术开发相结合④。

6. 民办高等教育

我市学者认为，我国民办高等教育发展近几年实现了跨越式发展，主要原因是：(1)良好的政策环境催生了民办高等教育的快速发展；(2)我国社会经济发展的新情况、新特点，推动了民办高等教育的发展；(3)穷国办大教育的现实国情，客观上促进了民办高等教育的发展；(4)社会上存在大量的闲置资本，为民办高等教育发展奠定了物质基础。从办学机构类别上看，我国民办高等教育呈现多层次性，包括传统的学历教育、文凭考试教育、自考助学教育、延伸办学教育四类。从理论研究和实践的可操作性入手，按办学的运行机制，可以将民办高校分为注入式、改制运作式、附属再生式、滚动式四类。我国民办高等教育的空间布局呈现区域化特征，民办学校实行准市场化运作机制，我国已经形成了一个比较完善的民办高等教育体系，民办高校成为实现高等教育大众化发展中的一支重要生力军⑤。

五、职业教育研究

1. 职业教育改革与发展

天津市教育委员会课题组通过对我市职业教育改革与发展进行研究，认为从世界范围内职业教育发展的历史以及发达国家和地区职业教育发展的现状来看，现代职业教育具有基础性、终身性、创新性和社会性等特点，就我市职业教育发展而言，在高标准职业教育体系建设方面积累了一些基本经验。我市进一步加快职业教育发展，继续加强高标准职业教育体系建设，应重点提升职业教育发展

① 王洪才：《论高等教育的四元结构理论》，《江苏高教》2003年第1期。
② 王洪才：《大学评价与排名需要科学的维度》，《中国高等教育》(半月刊)2003年第13、14期。
③ 黄永新、胡亚天：《试论高师教育学科课程的问题与改革》，《浙江师范大学学报》(社会科学版)2003年第28卷第4期。
④ 崔效起：《成人高等教育面临新问题思考》，《河北工业大学成人教育学院学报》2003年第4期。
⑤ 叶军：《我国民办高等教育发展现状及分析》，《教育发展研究》2003年第6期。

目标,强化职业教育体系建设的政策措施①。从人的可持续发展的角度看职业教育是以教育为方法,以职业为中介,在促进社会经济发展的同时,实现个体生命开发的全面性和发展的可持续性的教育。以此为基础,可以将职业教育的创新趋势全面纳入人的可持续发展的视野中,未来的职业教育发展将由技能为本走向生命本位,即以个体生命的发展为出发点,通过职业教育赋予受教育者可持续发展的精神和能力,提升其生命质量和人生境界。具体培养目标从培养分裂的人到走向培养完美的人,受教育者的生命活动从机械性的适应到创造性的适应,学习目的从终结性学习走向终身学习,个体生命开发从单纯的技能开发走向智力因素和非智力因素的综合开发②。

2.职业教育课程与教材

我市学者认为,当前我国职业教育课程结构不合理;课程缺乏实用性,对就业不利;课程思想没有体现学生的主体性;课程呈现方式呆板,无法使学生感兴趣;课程内容缺乏范例性,联系生活不够;课程内容缺乏迁移性③。因此,职业教育课程改革要与社会经济、劳动力市场和职业教育发展相适应,采取一些积极措施:充分认识职业教育课程改革的必要性;坚持职业教育课程设置与培养目标相一致;坚持现代课程理论对职业教育课程改革实践的指导;正确把握职业教育课程改革的内容范围;在改革中坚持中、高职课程体系的衔接;加强职业技术课程改革的理论研究;完善职业教育课程改革的机制④。学分制、弹性学制是当前职业教育改革的重点,在这一教学管理模式下,职业教育教材的种类日益多元化,内容灵活且凸显个性,这就要求职业教育教材在内容的选择上要注重基础性、职业性,并与学生和学校发展特点相适应,在课程教材编制方法上实现纵横两个维度的整合化,注重科学性,促进职业自身逻辑顺序与学生认知顺序的统一⑤。

3.职业资格证书制度

我国推行职业资格证书制度存在很多问题,因此,推行职业资格证书制度就要完善职业标准体系;统一证书发放口径;健全职业资格证书制度的法律体系;强化职业技能鉴定的质量管理;建立相应的社会激励机制;完善职业学校"双证"制度⑥。也有学者认为,我国当前职业资格证书制度存在很多矛盾:职业资格考核标准滞后与实际生产技术不相适应的矛盾;职业资格考核标准的统一性与地方、行业技术岗位要求的特殊性矛盾;职业资格考核内容、工种数量与职业学校专业课程内容与专业数量不配套的矛盾;职业学校的办学条件不足与实行职业资格证书制度的矛盾。所以完善职业资格证书制度就要强化劳动准入制度;充分发挥行业协会的作用;职业标准的开发应考虑职业资格标准的动态性和及时性;完善职业资格证书的考核管理;积极推进职业资格证书制度与国际接轨;进一步加大对职业学校实验实习设备经费的投入,加强实习指导教师队伍的建设;完善职业鉴定标准⑦。

4.高等职业教育

(1)高等职业教育质量。我国高等教育发展速度急剧加快,向大众化目标迈进,在这种背景下要保证高等职业教育的质量,就要明确学校的总体定位和实现方案;突出专业教学特色,确定科学的人才培养目标;加强师资队伍建设,形成专兼结合的"双师型"特色;坚持产学研结合的道路,实现高等职业教育的办学特色;强化监督措施,保证质量监控;研究学生特点,创造良好的育人环境。可以采取的质量保证措施有运用激励机制、制约机制、科学的评价机制,建立灵活互通的高职体系机制,教育效益核算机制⑧。(2)高等职业教育资源配置。我市学者认为,经费短缺、投入不足是制约我国高等职业教育发展的瓶颈,要从政府、企业、金融、个人等方面入手,加大政府对高等职业教育投入的力

① 天津市教育委员会课题组:《关于天津市职业教育改革与发展的研究》,《天津成人高等学校联合学报》2003年第5卷第1期。
② 赵欣、卜安康:《由技能为本走向生命发展——从人的可持续发展角度看未来职业教育的创新趋势》,《职业技术教育》(教科版)2003年第24卷第19期。
③ 秦虹:《当前职业教育课程存在的六大问题》,《职业技术教育》2003年第34期。
④ 秦虹:《职业教育课程改革的实施策略》,《天津市教科院学报》2003年第6期。
⑤ 杨延:《学分制、弹性学制下的职业教育教材建设》,《职业技术教育》(教科版)2003年第24卷第7期。
⑥ 苏敏:《对我国推行职业资格证书制度的思考》,《职业技术教育》2003年第34期。
⑦ 张炳耀、费重阳:《职业资格证书制度实施问题及解决意见》,《职业技术教育》(教科版)2003年第24卷第28期。
⑧ 黄春麟:《高等教育大众化背景下的高等职业教育质量问题研究》,《职业技术教育》(教科版)2003年第24卷第13期。

度，吸引企业对高等职业教育的投资，支持银行对高等职业教育贷款，鼓励学生个人及其家庭对高等职业教育消费，以优化高等职业教育资源配置①。

5.职业技术师范教育

21世纪初我国职业技术师范教育面临良好的发展机遇，中等职业教育的发展要求职业技术师范类院校要扩大规模，提供更多的优秀师资；职业教育在职师资培训要求职业技术师范类院校扩大培训范围，提升培训质量；高职教育的发展要求职业技术师范类院校要提高办学水平和层次。因此，大力发展职业技术师范教育就要发挥本校相对优势，完善和发展办学特色；深化教学改革，培养复合型人才；加强学科建设，开展研究生层次教育；建设高质量的师资队伍；改善办学条件，保证学校的可持续发展；加强科学研究工作②。

6.职业教育法制建设

发达国家职业教育法律体系建设经历了立法起步、发展、完善阶段等历程，表现出一些共同特点：职业教育立法与职业教育同步发展；建立多层次结构的职业教育法律体系；职业教育立法严谨、细密；依法确定由国家管理职业教育的法则；依法建立职业教育报告制度；重视运用立法为职业教育的发展提供资金保障；将终身教育确立为国民的一项基本义务。我市学者认为，我国加强职业教育法制建设应采取以下措施：加快高职教育立法的进程，使其与高职教育同步发展；构建纵横衔接、内外相通、结构合理的高职教育法律体系；注重高职教育立法与其他相关法律的协调统一③。

六、老年大学

我市学者通过自编调查问卷对全市老年大学学员学习需求状况进行了调查，发现影响老年人上老年大学的因素依次是年龄、健康、财力和文化程度，因此，应创建规范化、示范性老年大学以适应老年学员的特点；办好多形式、多层次的老年大学，以满足老年学员的不同需求；构建布局合理的城市老年大学网络，以解决老年大学学员的特殊困难④。

（本文作者：张武升，天津市教育科学研究院院长、研究员；肖庆顺，天津市教育科学研究院研究实习员）

心理学研究综述

沈德立　阴国恩

2003年是天津市心理学科飞跃发展的一年。这一年，天津师范大学心理学学科被国务院学位委员会批准为心理学一级学科博士授权点，同时被国家人事部批准为心理学博士后科研流动站，在天津实现了零的突破。

2003年沈德立教授作为首席专家领衔申报了教育部哲学社会科学研究重大课题攻关项目“青少年心理健康素质调查研究”。这是社科领域首次设立重大课题攻关项目。在全国招标过程中，经教育部组织专家组评审，沈德立教授提出的研究方案一举中标，获得80万元人民币的项目经费资助。首席专家沈德立教授认真组织全国性的跨学科、跨学校、跨部门和跨地区的联合攻关，有全国20个省市协作，包括北京大学、清华大学等24所高校的教授和博士，预计2007年最后完成。2003年12月25～26日在天津师范大学召开了开题会议，会议代表一致认为，“心理健康素质”是一个全新的概念，它是心理素质和心理健康两方面的有机结合，是决定和影响一个人心理健康的内在的、本质的东西。

2003年1月20日，《心理与行为研究》杂志第1

① 牛征：《高等职业教育资源配置的现状与对策》，《邢台职业技术学院学报》2003年第20卷第2期。
② 张炳耀、费重阳：《职业技术师范教育发展对策探析》，《职业技术教育》（教科版）2003年第24卷第7期。
③ 冯哲：《国外职业教育立法及其对我国高职教育立法建设的启示》，《天津市教科院学报》2003年第2期。
④ 岳瑛、暴桦：《关于老年大学学员学习需求情况的调查报告》，《天津市教科院学报》2003年第6期。

卷第1期正式出版。由天津师范大学心理与行为研究中心创办的《心理与行为研究》是一份综合性心理学学术期刊，目的在于既充分总结我重点研究基地的学术成果，又广泛介绍国内同行的学术成就，以促进全国心理学的学术交流，增强心理学在国家重大决策时的思想库作用。《心理与行为研究》确定的办刊宗旨是：创新性与科学性并重，理论探讨与实践探索并举。优先刊发那些在理论与方法上有独创性和重大应用价值的心理学各领域的研究成果。

2003年12月，天津市心理学会召开全体会员大会。会议通过了天津市心理学会第七届理事会工作总结和天津市心理学会章程；会议进行了换届选举，产生天津市心理学会第八届理事会。

一、《半个世纪的心理学生涯——沈德立论文选粹》一书出版

由中国社会科学出版社编辑出版的《半个世纪的心理学生涯——沈德立论文选粹》一书于2003年底面世。该书共50万字，集中反映了沈德立先生50年学术生涯的具体成就。其中着重介绍了改革开放以来，沈德立先生为中国心理学发展所做的三件重要工作：

第一，为了解决高校心理学教材内容陈旧和脱离中国实际的问题，他与他的老师张述祖先生接受了国家教委下达的编写全国统编教材的任务，于1987年出版《基础心理学》一书。该书受到同行专家的高度评价，认为具有"时代气息"和"中国特色"，并于1992年获得"国家级优秀教材奖"。1995年，他们又出版了《基础心理学新编》，对《基础心理学》予以丰富和发展。

第二，为了心理学教学能够理论联系实际，并使心理学研究工作建立在科学的基础上，他主持研制并生产了第一代国产10种认知系列心理学仪器和第二代国产心理学仪器——心理学实验台，供应全国29个省市自治区的高校和科研单位使用，并于1989年获得"国家级优秀教学成果奖"。

第三，他在一所心理学基础非常薄弱的地方高校，创建了一个高水平的心理学科。具体表现为：培养了一批年轻人；争取了世界银行贷款，从国外引进了一批大型的先进心理学仪器设备，率先在国内建立现代化的心理学实验室；争取成为天津市重点学科和教育部人文社会科学重点研究基地，承担大量国家和省市部委级重点课题；发表了一批有学术价值的论文和出版了一系列学术专著；先后被国务院学位委员会批准为心理学博士点和心理学一级学科博士学位授予权，被国务院人事部批准为博士后科研流动站。这对我国许多地方高校的学科建设有很好的示范作用。

书中精选作者从1957年到2003年间在国内学术刊物上发表的40余篇论文。

该书收集资料内容翔实、全面，图文并茂，从另一个侧面反映了中国老中青三代为发展中国心理学事业的艰苦历程和所取得的成就。

这本以论文为主的著作，反映了一名心理学工作者五十年的心路历程，是沈德立教授从事心理学教学和研究50年历程的缩影，是沈先生留给心理学界一份宝贵的财富[①]。

二、抗击非典在行动

2003年我市应用心理学研究领域比较活跃，其中大多数研究活动的主题是非典流行期间我国民众的心理变化和心理干预问题。我市心理学工作者积极投身于抗击非典的战斗中，采取各种方式宣传科学的心理学知识，协助政府稳定人们的情绪，为最后取得抗击非典的胜利做出了应有的贡献。

与此同时，心理学工作者进行了大量的科学研究。教育部人文社会科学重点研究基地天津师范大学心理与行为研究中心主办的学术刊物《心理与行为研究》刊发编辑部文章："抗击SARS，心理学在行动"，并组织发表了一组相关研究报告。例如，梁宝勇将非典在我国部分地区的流行视作一种典型的、突发性公共卫生应激事件，在文章中着重探讨了国民的心理应激反应及其影响因素和应对方式，并指出了心理干预应当遵循的4个原则和6种具体策略和方法[②]。阴国恩、徐富明等通过对我市723名大学生的调查发现，非典对大学生所造成的心理影响处于中等水平，大学生的精神压力主要来自于非典疾病、非典信息和应对非典的措施[③]。乐国安、井世洁调查了336名大学生和44名教师，结果表明，大多数师生在非典流行期间

① 《半个世纪的心理学生涯》编委会：《半个世纪的心理学生涯》，中国社会科学出版社2003年版。

② 梁宝勇：《"非典"流行期民众常见的心理应激反应与心理干预》，《心理与行为研究》2003，1(3)。

③ 阴国恩、徐富明、于鹏等：《"非典"流行期大学生面对非典的压力源和压力研究》，《心理与行为研究》2003，1(3)。

具有正常的行为方式和心理状态,少数人出现较大的恐惧和忧虑反应①。

三、素质教育中高效率学习的心理机制研究

由沈德立教授主持的国家社科基金——全国教育科学"十五"规划国家重点课题"素质教育中高效率学习的心理机制研究",该课题从多个角度探讨了高效率学习的心理机制。

沈德立、王敬欣认为,负启动效应是指当前一个刺激中的干扰项作为后一个刺激中的目标呈现时产生的抑制作用。以小学生、初中生、大学生和老年人为被试,结果发现:不同年龄组被试都能产生显著的位置负启动效应;各年龄组被试位置负启动效应量差异不显著,说明位置抑制能力呈稳定的年龄发展趋势②。

王敬欣、沈德立还探讨了抑制能力与工作记忆能量的相关,结果发现抑制能力与工作记忆之间存在显著的相关。工作记忆能量大的被试,有更强的抑制能力,他们有更多的空间对无关刺激加以抑制③。

白学军等探讨了反省型和冲动型两种认知风格小学生的外显记忆和内隐记忆发展的特点,研究以小学三年级和五年级学生为被试,实验材料为具体图片和抽象图片。运用单一测验加工分离程序的范式。结果发现外显记忆具有明显的年龄特征,内隐记忆则无;认知风格对外显记忆没有显著影响。五年级反省型被试的内隐记忆成绩明显高于同年级冲动型被试的成绩④。

吴国来、沈德立、白学军采用 Lewicki 等人创造的"矩阵扫描"任务,对内隐序列学习的表征方式进行了研究。结果发现,规则试验的反应显著低于随机试验,说明被试能够内隐地掌握复杂的规则。同时还发现序列结构是影响内隐序列学习重要的因素之一⑤。

四、词的语义和语音启动研究

天津师范大学心理与行为研究中心于 2002 年下半年从美国引进了先进的 256 导 EEG/ERP 系统,用于认知神经科学的研究。经过一段时间的调试已投入使用,2003 年在启动效应、人面识别、情绪状态下的 Stroop 效应等方面进行了系列实验研究,得出了一些有意义的结果。

吕勇等使用 ERP 技术在词汇决定实验中研究语义启动和语音启动,刺激材料为通过听觉呈现的汉语双字词组成的词对(间隔 600ms),记录行为数据和 ERP 数据,结果发现:(1)启动词与目标词之间的语义联系可显著改善对目标词的加工,表现为错误率降低、反应时间缩短,以及 N400 波幅降低;(2)启动词与目标词之间的语音一致对目标词的加工既有干扰作用,又有促进作用,表现为错误率提高,但反应时间趋向缩短,N400 波幅亦呈下降趋势;(3)启动词与目标词的首音相同比尾音相同具有更大的干扰作用,研究者认为这一结果可为心理语言学中的交股理论(CohortTheory)提供支持;(4)研究发现 N400 的波幅在大脑左、右半球没有明显差别,这一结果提示左、右半球可能都参与了语音加工和语义加工⑥。

五、眼动研究

在 2003 年,天津师范大学心理与行为研究中心从美国和加拿大分别购置世界上最先进的两台眼动仪,并使仪器在短时间内就投入了使用,进行了多项心理学研究。天津师范大学的心理学研究人员使用眼动仪自 1990 年起一直从事人的认知发展,特别是阅读过程的心理学研究,发表论文数十篇,在全国心理学界有一定影响。阎国利等的系列论文《阅读的眼动研究》于 2003 年荣获第三届全国高校人文社会科学研究优秀成果奖。研究成果认为:第一,在快速阅读训练中应该特别注意避免单纯强调阅读速度的训练。眼动研究结果发现,人的阅读知觉广度是有限的,所以强调成行成页地阅读是不科学的。第二,快速阅读训练与实验应该有心理学家的参与。快速阅读是一个复杂的认知过程,阅读心理学家的参与,对于正确指导和训练中小学生的快速阅读十分重要。第三,对快速阅读训练应采取一个客观的态度。快速阅读在当今社会中具有重要的意义。但是,也应该承认,快速阅读研究在我国正处于探索阶段,很多问题尚没有搞清楚,所以

---

① 乐国安、井世洁:《SARA 流行期天津高校师生的心理和行为反应》,《心理与行为研究》2003,1(3)。
② 沈德立、王敬欣:《分心抑制与年龄关系的位置负启动效应实验研究》,《心理与行为研究》2003,1(1)。
③ 王敬欣、沈德立:《抑制能力与工作记忆能量的相关研究》,《心理科学》2003,6。
④ 白学军:《不同认知风格小学生的外显和内隐记忆发展研究》,《心理与行为研究》2003,1。
⑤ 吴国来、沈德立、白学军:《内隐序列学习表征方式的实验研究》,《心理与行为研究》2003,4。
⑥ 吕勇、沈德立、杜英春、韩宗义:《听觉呈现条件下汉语双字词语义和语音启动的 ERP 研究》,《心理科学》27(1)。

要谨慎,不能急于求成,盲目推广①②③。

阎国利等参加了 2003 年 8 月在英国 Dundee 召开的第 12 届欧洲眼动大会,并同世界上一流的眼动研究专家进行了交流。在这次大会上,他们邀请了以 Keith Ranyer 为首的 3 位世界著名眼动研究专家参加 2004 年在天津举行的第一届中国国际眼动大会。

六、图文阅读心理研究

由白学军主持的全国教育科学"十五"规划国家青年基金重点项目"儿童课文阅读过程的眼动心理研究"和教育部人文社会科学重点研究基地重大项目"图文阅读心理的眼动研究",主要进行了以下研究:

白学军等系统总结了当前阅读眼动研究的几个主要问题,它们是:阅读中的眼动主要受语言的低水平因素影响还是受语言的高水平因素的影响;眼跳过程中信息加工是完全被抑制还是部分被抑制;眼动过程中词义的加工方式是平行的还是系列的④。

白学军等还探讨了语篇理解时类别指称对象提取的心理机制。实验利用 DMDX 系统,通过命名任务来考察在篇章阅读中类别指称对象的可提取性。结果发现:在立即条件下,上指示词所指对象与探测词一致时,更有利于探测词的激活;上指示词所指对象与探测词不一致时,压抑效应不明显。在延缓条件下,上指示词所指对象与探测词一致时,对探测词的激活优势并不明显;上指示词所指对象与探测词不一致时,对探测词的激活表现出了明显的抑制效应⑤。

七、医学心理学研究

梁立夫、高岩、钱明采用调查方法,对出生时甲状腺素(TSH)介于 5.00mU/L 的 198 名 2~4 岁儿童,使用 DDST'进行筛查,探讨儿童先天性甲状腺功能异常与其智能发育的关系。结果发现儿童智能发育正常的比例为 93.9%,发育可疑的比例为 4.0%,发育异常的比例为 2.0%。研究结果显示:亚临床甲低儿童的脑发育需要进一步关注⑥。

为探讨医学生应对方式及其与人格特点的关系,梁立夫采用问卷法,对 120 名大学生进行 TCSQ 和 EPQ-RSC 测试。结果发现:医学生主要采用积极应对方式;男女学生在积极应对方面无显著统计学差异($P>0.05$),在消极应对方面统计学差异显著($P<0.05$);医学生应对方式与常模相比在积极应对方面具有显著差异($P<0.05$);医学生应对方式与人格特点具有显著相关性。结论:医学生以积极应对方式为主,应对方式与其人格特点具有显著相关性⑦。

2003 年 12 月 2~4 日在新加坡召开的第七届亚太地区甲状腺大会(AOTA)。天津医科大学医学心理学教研室和天津内分泌研究所派出了王栋、钱明等 6 名代表参加会议。

八、职业心理学研究

赵欣、黄强等人提出了职业操作技能的动作表象形成模式。通过对金属锯削动作技能训练和金属锉削动作技能训练的实验研究,认为动觉训练能加速动作技能形成的进程,并由此提出了职业操作技能的动作表象形成模式。在该模式中,提出了动作的视觉感知、动作的动觉感知、动作空间轨迹、动作肌肉运动结构、动作视觉表象、动作动觉表象等 6 个新概念⑧。

赵欣对"大学生职业自我效能感"做了界定,认为它是指大学生对自己完成特定职业的相关任务或行为的能力的知觉,或对达成职业行为目标的信心或信念,包含职业内容效能感和职业能力效能感两个部分。并认为职业价值观、父母职业期望与职业角色、学校的知名度及其办学特色、个体的职业经验等因素,影响大学生职业自我效能感发展⑨。

(本文作者:沈德立,天津师范大学心理与行为研究中心主任、教授、博士生导师;阴国恩,天津师范大学心理与行为研究中心教授、博士生导师)

① 阎国利:《小学生快速阅读训练的眼动研究》,《天津师范大学学报》2000,4。
② 吕勇、阎国利:《中学生快速阅读训练的实验研究》,《心理发展与教育》2000,3。
③ 韩映虹、阎国利:《中小学生快速阅读研究的理论与实践思考》,《心理科学》2003,11。
④ 白学军等:《当前阅读眼动研究的几个主要问题》,《心理与行为研究》2003,4。
⑤ 白学军等:《语篇理解时类别指称对象提取的心理机制》,《心理科学》2003,6。
⑥ 梁立夫、高岩、钱明:《儿童先天性甲状腺功能异常与智能发育的关系》,《中国临床康复》,2003,7(21):2960-2961。
⑦ 梁立夫:《医学生应对方式及其与人格特点关系的研究》,《天津医科大学学报》,2003,9(2):190-192。
⑧ 赵欣、黄强、胡文泉、咸桂彩:《金属锯削动作技能动觉训练法研究》,《天津职业技术师范学院学报》2003,第 1 期。
⑨ 赵欣:《影响大学生职业自我效能感发展因素的研究》,《职业指导发展与创新》,中国劳动社会保障出版社 2003 年版。

体育学研究综述

叶加宝

2003年,我市体育人文社会科学的研究,继续在跟踪我国体育改革与发展的重大问题中取得了较大的进展,在全国具有一定的影响,有些成果已经为有关体育决策部门所采用或成为重要参考依据。此外,在体育学学科建设方面也取得了一些成果。

1.体育基本理论

祖苇认为,体育的价值有两个基本特征:一是时间链条上的变动,二是空间结构上的整体性。从历时性上看,体育是时代的产物,体育价值判断不可避免地带有历史的倾向,在我国不同历史时期,体育的基本价值取向有较大差异。从共时性上看,体育的价值是多元的,不仅表现为要为政治服务,还要为大众服务;不仅要强调健身,还要强调娱乐与健康;不仅要强调经济价值,还要强调精神价值。体育作为人类生活不可或缺的组成部分,其价值表现在人类生活的方方面面,人类对体育、社会对体育的不同需要,使体育形成一个相互支撑的价值体系①。

董新光、曹彧、徐焕新等提出社会体育也是一种社会环境。社会环境规定了社会体育的发展方向,影响着人们的体育行为和体育观念,制约着社会体育的发展规模和发展水平。社会体育与社会环境相比较处于从属地位,它的发展必然要服务经济基础,服务上层建筑,与城乡结构和社会的主体观念保持一致,满足国家机构的要求。另一方面,社会体育作为一种文化形态,其本身的存在就是发展创造着一种社会文化,发展创造着一种社会环境,使社会体育成为一个时代精神文明的组成部分,成为社会发展水平的一个标志。同时,社会体育的发展,对社会的经济、政治产生巨大的反作用②。

2.体育史

杨向东认为柔道现在已经成为现代奥运会比赛项目,这是日本人民对世界体育的贡献。日本的柔道是从柔术发展起来的。在柔术的产生、发展过程中,陈元赟曾把中国的少林拳法等武艺同日本原有的"拳法"相结合,带徒传技,丰富了日本柔道的内容。陈元赟在日本流寓期间的功德行止对日本文化产生了深刻的影响。从柔术到柔道的发展过程,可以充分证明柔道受到了中国传统思想和文化的深刻影响③。

董新光等认为,社会体育一词并非肯定由日本舶来,也不是20世纪80年代初出现在我国,而是1918年先于日本出现在我国。群众体育一词也并非随着新中国成立应运而生,而是在1929年即由我国学者使用④。

3.体育与健康教育

李树怡、孙敬、朱越彤等认为,教育实习是体育教育专业培养人才的重要教育阶段,是专业整体改革的重要环节,也是学校整体教学改革效果和人才质量接受社会检验的重要阶段。在这一重要阶段,如何树立市场意识,参与体育教育人才市场竞争,培养出高质量的体育教育人才,是当前急需解决的重要课题。传统的教育实习模式不能适应现代教育的发展,缺乏现代人才培养意识,难以适应21世纪社会对体育教育人才的要求。因此必须以现代教育理论为指导改革教育实习,努力使整个教育过程适应素质教育和社会的需要,使实习成为教育和社会的连接纽带;并将实习纳入制度化、规范化的轨道,领导、指导、督导、检查、评定相结合,使体育教育实习真正成为培养和检验现代人才的重要环节⑤。

韩丁认为,休闲、体育不仅成为学校对青少年实施教育的重要内容,而且成为贯穿人生终身学习

① 祖苇:《再论体育价值》,《北京体育大学学报》2003年第6期。
② 董新光、曹彧、徐焕新:《论社会体育和环境》,《天津体育学院学报》2003年第4期。
③ 杨向东:《论陈元赟对日本柔道的贡献》,《北京体育大学学报》2003年第4期。
④ 董新光、曹彧、童义来等:《社会体育术语源流初探》,《体育科学》2003年第1期。
⑤ 李树怡、孙敬、朱越彤等:《体育教育实习改革的理论与实践研究》,《天津体育学院学报》2003年第1期。

的内容。社区也可以通过实施休闲教育和体育，传授休闲、体育技能和知识，促进社区成员益寿延年、减少与应激有关疾病的发生率、增强自尊和自我依赖，享有人身和环境的安全感，消除孤独，建立工作与娱乐间的平衡；减少社区成员犯罪与少年过失，联系家庭，增强民族和文化间的理解、和谐与容忍，提供冲突解决渠道，支持青少年成长，增强老年人的生命力。这不仅是促进健康公民社会形成的有效手段，而且是和谐人与自然环境关系的重要途径①。

4.体育改革与发展

王健、李宗浩认为，我国竞技体育项目整体发展水平呈稳定性、集中性和均衡性的特征，竞技体育优秀后备人才不足、教练员水平不能完全适应科学化训练的要求，以及基础项目薄弱，是当前制约我国竞技体育项目整体水平可持续发展的3个主要因素；新奥运周期我国竞技体育备战项目，在布局上应重点发展跳水、竞技体操、乒乓球、举重、射击、柔道等优势项目，在发展战略上应向女子项目倾斜，突出发展，特别是集体项目②。

肖林鹏认为，中国体育在发展战略选择上先后发生了3次重大的战略调整与转移的过程，即优先发展、协调发展和可持续发展。这3次调整是在国际体育运动发展趋势、中国社会经济体制变革，以及中国体育改革等因素作用下的结果，中国体育积极谋求自身可持续发展是中国体育发展战略调整的内在动力③。

曹彧、董新光认为，区域体育可持续发展有3层含义。首先，区域体育的可持续发展，在时间上是指实现人类体育权利的代内平等和代际平等；在空间上是指区域之间拥有平等的体育发展机会，使体育领域中的可持续发展能够站在整个区域的角度，来考虑和权衡不同群体在体育发展过程中的超前发展和利益获得，在区际公平的实现过程中起到积极的作用。第二层含义是区域体育具有较强的自我生存、自我发展能力网，对于社会发展均具有良好的自觉适应能力，形成其与经济、社会和谐有序的发展态势。第三层含义是指在区域体育的发展过程中要注意效益、效率与资源、环境兼顾，注意对体育极限的开发与人的全面健康发展相连，促进人与自然关系的和谐。总之，区域体育可持续发展就是要解决好经济发展相对滞后与人的全面发展的矛盾④。

5.体育经济学

邱晓德认为，一个体育用品企业品牌的卓越化，首要的是体育企业文化建设的成果，是其卓越价值观和企业精神的集中体现。因而，发挥体育名人、优秀运动队在世界范围内的影响力，充分利用其所创造的无形资产价值，对产品进行重新命名，全新包装，施展名牌战略。在创建体育用品品牌之时，要有质量好、立意新的产品，而且，在整个实施名牌战略的过程中，也要使之与科技进步、技术创新融为一体，一个体育企业的名牌产品如果总是一副“老面孔”，自恃为“老名牌”而几十年一贯制，是无法面对激烈的市场竞争的⑤。

王旭光、张仲宝、吴滨认为，在经济全球化趋势下，各国间竞争加剧，使各国普遍选择社会福利事物的多元提供以减轻国家的负担，另外向市场经济体制的转轨也使我国福利型体育事业的经济基础发生了改变，人们对体育产品进行了重新的公共选择，许多产品由计划经济体制的公共产品转变为混合产品、私人产品。因此，决定体育产品的提供主体由国家转为国家、营利组织、非营利组织、家庭、个人共同担负，运作的方式由行政型转为面向市场的产业化运作⑥。

毕进杰、梁进认为，这种强制性的制度变迁，尽管在很短的时间促成中国足球市场的形成，形成了初具规模的职业联赛和足球市场，但由于不是建立在一致同意的原则上，同时还受到政府的偏好和有限理性及集团利益冲突、意识形态刚性和社会科学知识的缺乏等因素的制约，所以这种强制性的制度变迁虽然对促成中国足球市场的形成起到了重要的作用，但是也存在着明显的不足，现在的足球改革每前进一步都困难重重。客观上是由于我国采

① 韩丁：《健康与促进：身体教育与运动的目标之一》，《天津体育学院学报》2003年第1期。
② 王健、李宗浩：《我国竞技体育项目整体发展水平及其影响因素分析》，《天津体育学院学报》2003年第4期。
③ 肖林鹏：《中国体育发展战略调整动力机制研究》，《西安体育学院学报》2003年第3期。
④ 曹彧、董新光：《中国区域体育可持续发展理论构想》，《天津体育学院学报》2003年第2期。
⑤ 邱晓德：《世界体育用品品牌十项指标分析与我国实施名牌战略的对策研究》，《成都体育学院学报》2003年第1期。
⑥ 王旭光、张仲宝、吴滨：《我国体育事业的产业化运作——从“福利多元主义”的视角分析》，《体育与科学》2003年第3期。

取的这种改革方式在世界上没有成功的经验可资借鉴,以及政府对改革信息掌握的不完全及这方面社科知识的缺乏,但更重要的是由于在计划经济向市场经济转轨的过程中形成了一些利益集团,他们对现有制度有着强烈的依赖和需求,不愿意改革进一步深化,因为那样就会损害他们本身的利益①。

6.体育社会学

王旭光认为,目前我国全国性体育社团从属于政府职能部门或准职能部门,改革虽建立起组织结构,但组织中的其他要素还混杂在一起,源于社会主义市场经济体制完善的需要,以及社会发展的大趋势要求,在组织结构分化的基础上,应赋予不同主体相应的职能,社团地位的明确和职能的明晰是必然的趋势。其演变的趋势要受政府态度、社团发展的自身逻辑、社会发展的大趋势的影响。全国性体育社团的从属地位,政府职能部门权力、利益的难以割舍都增加了社团发展的难度,但整个社会和国家发展的大趋势是不可逆转的,改革导致了政府决策环境的变化,变化了的环境又迫使政府实施进一步的改革。社团自身发展逻辑也要求在不断满足社会需求,为社会提供服务的基础上才能获得社会资源和拥有某种权力。因此,在政府主导下,体育社团不断发展从而满足社会需求,获得社会资源和权力,形成国家与社会共同管理的局面是必然趋势②。

7.体育法学

于善旭、阎成栋认为,体育行政执法是指体育行政部门或依法授权、委托的机构,以发展体育事业、保障公民体育权利为目的,运用各种适应体育行业需要的行政手段,组织实施体育法律、法规和规章的各种管理活动,包括服务、处理和检查、监督等行为。体育行政部门作为管理体育事务的国家行政机关,进行体育行政执法是与行政立法、行政司法并行,并且是更为主要的"固有"行政职能。进行体育专业事务的一般管理和体育社会管理的监督检查,都是体育行政执法的体现。因此,体育行政部门同其他任何行政部门一样,其执法权力和范围都是法律法规所明确规定的,不需要也不可能是由其他部门对其进行行政执法的授权。依法行政的现代法治精神要求体育行政部门的执法权力及其范围必须"职权法定"。体育行政部门进行行政执法必须以现行法律法规所设定的内容范围为依据③。

8.书评

《体育教学新论》,主编陈建绩,共46万字。全书分六编集中讨论了体育教学领域的7个问题,即体育教学原理、体育教学系统、体育教学模式、体育教学设计、体育教学艺术、体育教学评价与体育教学研究等。该书在体系上做了较大的突破,吸收、借鉴和移植了现代教学理论,结合体育教学实际进行研究,使得学科的基础更加坚实,内容更加丰富。同时该书充实了大量新的内容,诸如体育课程内容分化与综合,体育教学目标扩大,师生角色的变化,体育课堂教学与终身体育,教会学生体育学习,学校体育教学与家庭体育、社区体育相结合等。《体育教学新论》在占有大量最新资料的基础之上,对体育教学中出现的新动向、新问题做了认真的探索,提出了一些新的理念④。

(本文作者:叶加宝,天津体育学院教授)

① 毕进杰、梁进:《中国足球改革的路径选择》,《体育与科学》2003年第5期。
② 王旭光:《对全国性体育社团发展趋势的社会学分析》,《体育文化导刊》2003年第6期。
③ 于善旭:《体育行政执法的权力来源与范围——对"体育行政部门被授予体育行政执法主体资格"的探析》,《天津体育学院学报》2003年第3期。
④ 陈建绩:《体育教学新论》,天津人民出版社2003年版。

文　学

中国语言学研究综述

谭汝为

一、研究概况

(一)语法研究

2003年9月,天津市语言学会与辽宁、吉林、黑龙江、河北四省语言学会在鞍山市联合举办"第二届语义功能语法学术研讨会"。语义功能语法的开创者、南开大学马庆株教授作主旨发言,著名语言学家沈家煊、邵敬敏等40人出席会议。《汉语学习》有长篇报道。会后编辑了《语义功能语法论丛》第二辑。马庆株著《汉语语义语法范畴问题》继2002年底获天津市第8届社科优秀成果一等奖后,2003年获南开大学科研奖。

南开大学王红旗教授在《"把"字句的意义究竟是什么》① 一文中指出:在叙事体中,"把"字句的话语功能是叙述有原因的重要的话语事件,这一话语功能主要由介词"把"及其宾语、述语动词体现。根据这三个成分在体现"把"字句的话语功能中的作用,"把"字句的句式意义应概括为"处置",即控制性的致使。这个意义与"把"字句的话语功能一致,也与"把"字句的演变相符。"把"字句直接刻画的是概念世界,而不是现实世界。

南开大学袁明军、张慧晶在《语义功能语法与词汇语法的比较》② 一文中,比较了马庆株首倡的语义功能语法和法国格罗斯教授创立的词汇语法这两种语法理论,认为:语义功能语法和词汇语法存有足够的不同点,是具有独立价值的自成一家的语法理论,是处在形式语法和功能语法的语法理论连续系统中间的语法理论。

(二)词汇、语义研究

南开大学刘叔新教授在《关于成语惯用语问题的答问录》③ 一文中指出:(1)应先划分开熟语中语言词汇单位的固定语和言语句子的常语;(2)对固定语内各种类别的划分须逐层进行;(3)划分类别的依据须反映不同类型的实质差异;(4)从今天成语、惯用语的界定势必改变"成语"古来的语感等方面,说明"有无表意双层性"是划分开成语和惯用语的惟一正确、合理的依据。

南开大学周荐教授在《论词的构成、结构和地位》④ 一文中指出:单字在汉语史上曾经是最重要的甚至是惟一的词汇单位。在由单字构作成的合成性的词汇单位中,单字间的关系纷繁复杂,既有句法层面上的问题,也有词法层面上的问题,其中在词法的层面上以意合的方式构作成的合成词占有相当大的比重。无论基于哪种层面构作成的合成性的单位,只要它具备了词的属性,就应该承认其词汇单位的资格。合成词当然是汉语中的一类词汇单位,而且,相比单字(虚字和实字)、连绵词和成语,它是更为重要的一类词汇单位。他在《三字组合与词汇单位的确定》⑤ 中指出:三字组合是现代汉语词汇中一类重要单位。论文从"组合内双字的粘合性和非粘合性"、"组合内单字的附着性和独立性"、"组合内双字与单字的结构关系"等方面对三字组合的结构进行了精细的研讨。并对现代汉语词汇单位的确定标准、尺度等问题,阐述了新颖的看法。

天津外国语学院易正中在《提取公因子造词法初探》⑥ 对提取公因子造词法的定义和类型,原则和范围,理论依据及鉴定标准,以及以提取公因子法造成的词的特点进行了阐发。

天津师范大学谭汝为教授在《内部形式、构词

① 王红旗:《"把"字句的意义究竟是什么》,《语文研究》2003年第3期。
② 袁明军、张慧晶:《语义功能语法与词汇语法的比较》,《汉语学习》2003年第6期。
③ 刘叔新:《关于成语惯用语问题的答问录》,《南开语言学刊》2003年第1期。
④ 周荐:《论词的构成、结构和地位》,《中国语文》2003年第2期。
⑤ 周荐:《三字组合与词汇单位的确定》,《语言科学》第2卷第5期,2003年第9期。
⑥ 易正中:《提取公因子造词法初探》,《世界汉语教学》2003年第4期。

理据与流俗词源》[1] 一文中，对语义学研究中两个容易混淆的术语——词语的内部形式与构词理据分别进行了阐释，并对二者之间错综复杂的关系进行了梳理和剖析；对流俗词源进行了深入细致的剖析和阐释。他在《地名的民族语源》[2] 中指出：历史地名是在不同的时代里，由不同的民族用自己的语言命名的。我国幅员辽阔，历史悠久，民族众多，人口迁徙频繁，因此地名的民族语源显得异常复杂。文章对数十个地名的民族语源进行了诠释。

(三)语音、方言与文字研究

南开大学石锋教授语音研究成果：(1)《北京话儿化韵的声学表现》(刊于《南开语言学刊》第2期)；(2)《苏州话的元音格局》(刊于《吴语研究》，上海教育出版社出版)；(3)《广州话长短元音的听辨实验》(与刘艺合作，刊于香港《中国语文研究》第2期)；(4)《成阻、持阻与除阻的时长比例》(与杨晓安合作，刊于日本《北海道文教大学论集》第4期)。

第6届全国现代语音学学术会议2003年10月在天津师范大学举行。会议由天津师大外国语学院承办。会议宣读101篇论文，涉及现代语音学的几乎所有领域。论文已于会议开幕前汇集成集，印行出版。

天津师范大学王晓梅在《天津方言三字组的连续变调》[3] 一文中指出：(1)三字组的内部结构与变调结构无关；(2)"右→左"是天津方言连续变调的一般方向；(3)上上规则是两字组的四条变调规则中最少标记性的；(4)去阴规则是以节律为条件的变调规则，是这四条变调规则中标记性最强的；(5)当方向性与层级性排列出现矛盾时，方向性要服从层级排列。

南开大学施向东教授在《梵汉对音与古汉语的语流音变问题》[4] 一文中，讨论了梵汉对音中表现出来的语流音变现象，认为这种现象反映了汉语中固有的语流音变规律，以大量古代汉语语流音变的例证解释梵汉对音中出现语流音变的根源；并指出：研究汉语语音史不但要注重"字"音，而且要注重"语"音。南开大学杨自翔、国赫彤、施向东的研究项目《汉语方言音档》，荣获吴玉章哲学社会科学奖。

天津师范大学王临惠教授在《汾河流域方言的语音特点及其流变》[5] 中详细描写了汾河流域方言的语音特点，揭示了汾河流域方言语音内部的一致性和差异性，深入讨论了汾河流域方言语音演变的过程，并对一些不合规律的语音现象做了有效、合理的解释。

天津师范大学董莲池教授在《上海博物馆藏战国楚竹书(一)〈孔子诗论〉解诂》[6] 中充分利用古文字学、说文学、传统经学知识，逐句对《孔子诗论》作出解读，并释出了其中的一些疑难字词，如释为，读为诬或谀，释"氏初之诗"为"厥初之诗"，认为指的是《大雅·生民》，释"巽寡德"的含义为伏顺在上的统治者等，其研究成果已被学术界采用。

(四)修辞、语用与语言文化研究

谭汝为的《诗歌修辞句法与鉴赏》[7] 一文，由修辞编、句法编和鉴赏编三个部分组成，共论述了50多个小专题。刘叔新在《序言》中指出："这是继汝为先生1994年出版的《古典诗歌的修辞和语言问题》之后，第二部研究诗词语言运用的著作。……学界毕竟出现了一位比较成熟的汉诗言语手段研究者，由他开拓出了诗词语言修辞分析的新路子、新境域。这是很难得的，是学坛的幸事！中国诗学可能由之丰富自身的内容，在更大的广度深度上发展。"

谭汝为在《将语言学引上常青之路——程祥徽教授与澳门社会语言研究》[8] 一文中对中国修辞学会副会长、澳门语言学会会长程祥徽先生语言学研究的历程，及其学术思想和研究风格进行了全面论析。强调贴近社会，贴近生活，将语言学研究引上常青之路。他在《汉语修辞研究的十个新领域》[9] 中指出：近20年来，中国修辞学界在多角度研究修辞方面取得了突出成果。汉语修辞学出现了10个新的研究领域：(1)模糊修辞；(2)变异修辞；(3)接受修辞；(4)社会心理修辞；(5)修辞理据研究；(6)阐释修辞；(7)得体修辞；(8)修辞心理；(9)话语修辞；(10)语用修辞。论文对这10个新领域，分别进行深入阐述，并对汉语修辞学在21世纪的发展前景作了预测。

① 谭汝为：《内部形式、构词理据与流俗词源》，《浙江树人大学学报》2003年第6期。
② 谭汝为：《地名的民族语源》，香港《语文建设通讯》总第76期，2003年第12期。
③ 王晓梅：《天津方言三字组的连续变调》，《中国语文》2003年第2期。
④ 施向东：《梵汉对音与古汉语的语流音变问题》，《南开语言学刊》2003年第1期。
⑤ 王临惠：《汾河流域方言的语音特点及其流变》，中国社会科学出版社2003年出版。
⑥ 董莲池：《上海博物馆藏战国楚竹书(一)〈孔子诗论〉解诂》，《古籍整理研究学刊》第2期。
⑦ 谭汝为：《诗歌修辞句法与鉴赏》，澳门语言学会2003年出版。
⑧ 谭汝为：《将语言学引上常青之路——程祥徽教授与澳门社会语言研究》，徐州师范大学《语言文学研究》2003年第1期创刊号。
⑨ 谭汝为：《汉语修辞研究的十个新领域》，《平顶山师专学报》2003年第4期。

天津外国语学院郑铁生教授在《章回小说回目谈修辞学与语用学的重合面》① 一文中，从“回目修辞格的基本形态”、“回目背后依托的典型语境”、“回目与语境是离合关系”等角度，对修辞学与语用学在言语运用上的重合面这个论题，进行了阐发。

南开大学祖晓梅在《跨文化能力与文化教学的新目标》② 中指出：培养跨文化能力是第二语言教学的主要目标。强调内在能力和素质是跨文化能力的主要特征。新世纪语言文化教学的主要目标，就是培养学习者文化的敏感性、洞察力以及对不同文化的正面态度，这正是跨文化能力的核心内容。

(五)少数民族语言研究

南开大学曾晓渝教授在《论壮傣侗水语古汉语借词的调类对应——兼论侗台语汉语的接触及其语源关系》③ 一文中，在论述汉语侗台语声调历史发展的基础上，解释了壮傣、侗水语里汉语老借词调类一致对应的原因，并由此展开了对侗台语汉语接触及语源问题的讨论，认为汉语侗台语之间的历史关系应理解为同源—分化—接触。他在《见母的上古音值》④中考察了水语、苗语、白语、突厥语等少数民族语言里古代汉语见母借词的读音以及后汉三国时期梵文 k - 音节与见母译音字的特殊对应关系，根据这些少数民族语言里古汉语见母借词所反映出的三等与非三等声母读音上的类别差异，认为见母的上古音值有可能包含小舌塞音(q - (非三等)和舌根塞音(k - (三等)两个音位，并由此进一步讨论，就见母字而言，上古三等与非三等的语音差别可能主要不在于 - j - 介音的有无。

施向东的《汉语和藏语同源体系的比较研究》，在 2003 年荣获中国高校人文社会科学优秀成果三等奖。南开大学孔祥卿在《汉语长度单位词的来源》⑤ 一文中认为：汉语长度单位词主要有两类：源于手的一类与藏缅语有对应关系，源自身高的一类与壮侗语有对应关系。由此推断，汉语的长度单位词可能有两个来源：一是原始汉藏语，一是古东夷语。

(六)汉语教学与语言规划研究

南开大学马庆株教授在《关于对外汉语教学的若干建议》⑥ 中提出：为了提高汉语的国际地位，对外汉语教学与对内外语教学应该并重；要重视汉语，不要滥用英语；要培养多语种的汉语师资；利用汉语拼音与国际接轨。他在《抓住机遇，扎实推进语文改革——规范汉字及其拼写工具的完善》⑦ 一文中提出：语文观念现代化，语文改革总目标是减轻学习负担，便于信息处理，有利于增强汉语汉字的国际竞争力，推动汉语汉字走向世界。指出汉语拼音既是学习汉字的工具，也是可以用于汉语教学和信息处理的拼写工具。《谈谈“注？提”教改的科学性、可行性和广泛适应性》⑧ 一文，他在说明直呼音节的科学性，拼音可以带动汉字学习和普通话的推广，带动学生素质的整体提高。提出“注音识字，提前读写”进一步发展的若干建议，如从直呼音节到直呼词语。

南开大学卢福波教授在《对外汉语教学语法的层级划分与项目排序问题》⑨ 一文中指出，在符合对外汉语教学原则、科学地确定教学内容的基础上，对于对外汉语教学语法的层级划分、项目排序等一些原则和方法问题，集中地进行了探讨。

天津师范大学孟国教授在《关于实况汉语教学的几个问题》⑩ 一文中，结合对外汉语教学实践，总结出实况汉语教学的模式和方法，提出坚持语言材料的真实和自然，注重国情文化的揭示，口语教学坚持话题教学等主张。

马庆株在《〈国家通用语言文字法〉与中国语文现代化》⑪ 中提出，《语文法》肯定简化汉字、汉语拼音和普通话，肯定文字简便化、表音字母化、文体口语化，肯定语文现代化，是对语文论争的历史性总结。他在《试谈语文规划》中论述语文规划的指导思想、理论建设、语文教育规划、语文现代化具体问

---

① 郑铁生：《章回小说回目谈修辞学与语用学的重合面》，《澳门语言学刊》2003 年 10 月第 22·23 期。
② 祖晓梅：《跨文化能力与文化教学的新目标》，《世界汉语教学》2003 年第 4 期。
③ 曾晓渝：《论壮傣侗水语古汉语借词的调类对应——兼论侗台语汉语的接触及其语源关系》，《民族语文》2003 年第 1 期。
④ 曾晓渝：《见母的上古音值》，《中国语文》2003 年第 2 期
⑤ 孔祥卿：《汉语长度单位词的来源》，《南开语言学刊》2003 年第 2 期。
⑥ 马庆株：《关于对外汉语教学的若干建议》，《世界汉语教学》2003 年第 3 期。
⑦ 马庆株：《抓住机遇，扎实推进语文改革——规范汉字及其拼写工具的完善》，《语言文字应用》2003 年第 2 期。
⑧ 马庆株：《谈谈“注？提”教改的科学性、可行性和广泛适应性》，《信息网络时代的汉语拼音》，语文出版社 2003 年版。
⑨ 卢福波：《对外汉语教学语法的层级划分与项目排序问题》，《汉语学习》2003 年第 2 期。
⑩ 孟国：《关于实况汉语教学的几个问题》，《语言教学与研究》2003 年第 4 期。
⑪ 马庆株：《〈国家通用语言文字法〉与中国语文现代化》《语文现代化论丛》第 5 辑，语文出版社 2003 年版。

题,就人才培养提出了一些设想[1]。

二、学术思想与研究方法

(一)语义功能语法理论体系业已形成

世纪之交迎来了汉语语法学百年华诞,语法理论意识走向了自觉。南开大学马庆株继承马建忠、吕叔湘、朱德熙等前辈学者重视语义表达的传统,在1998年《结构、语义、表达研究琐议》等文提出了中国特色结合语义、表达研究结构的包含广义语法论和广义功能论的语义功能语法理论纲领——以语义为基础,以分布、变换等形式特征为标准,以语义语法范畴为中心,以词和词组为基本单位,以分类为重点,形式与意义相结合,共时与历时相联系,归纳与演绎并举,多角度、全方位地描写和解释语法聚合和语法组合。指出实词也有语法意义,各级语法单位都可以进行语义语法范畴的研究——标志着语法研究的中国学派初步形成,语义功能语法(或称语义语法)的理论框架已初具规模[2]。

马庆株注意到词类(含大类小类)共现的有序性,指出语法单位排列的有序性,提出分布特征的可传递性和分布特征的数学推导法,在组合中发现结构成分的聚合关系,用数学推导法计算实词小类的排列顺序和分布特征。类型学意识增强,提出语言类型分类的新视角,从词缀来源角度划分出三种语言类型,指出汉语是自源型词缀的语言[3]。

(二)词汇体系理论及研究方法趋于科学化

刘叔新认为,不同的词语单位之间,如果存在相互制约、对立或相互依赖、对比、因应的内在关系,就形成一种结构。这些相应的单位集结而成的整个组织体,就是结构组织。刘先生全面地发掘出多种词语结构组织,它们是:同义组、反义组、对比组、分割对象组、固定搭配组、特定搭配组、互向依赖组、单向依赖组、挨连组、级次组、同语素词语族。词汇体系问题的论述,过去多从逻辑关系或词语的语法分类方面入手,难以接触到问题的实质。刘先生通过一系列词语结构组织的描写,不仅展示了词汇体系的真实面貌,而且大大拓宽和深化了词汇学的研究内容。

周荐认为:词汇研究在方法上与语言学其他学科有所不同,主要体现在一个“穷”字上。研究词汇史,讲究穷源;研究词汇状况,也须穷尽语料。词汇与语法的区别之一就是:语法学所面对的是无法穷尽,也无需穷尽的语料,从浩如烟海的语料中归纳抽绎出规律和法则;而词汇学却应该而且可以以某一时代的某部著作为语料源,对某一时代词汇层的构词、词构、意义、演变等做出系统的说明。那种随手举出几个有利于己的例子来证明一个观点的做法,从方法论上说早已落伍,因而不能得出令人信服的科学的结论。周荐近年发表的词汇学研究论文,既对汉语词汇史作了爬梳,又引用其他语言的大量材料,还将国内的和西方学者的观点作了审慎的评析;在研究中全面运用计量统计和分层处理的研究方法,因而在国内外汉语词汇研究领域处于领先水平。

(三)语音格局与优选论分析深入进展

南开大学石锋教授近年来主要进行语音格局方面的探讨。在声调格局的初步分析之后,开始元音格局的实验研究。每一种语言和方言的语音系统表现为各自的语音格局(sound pattern)。元音格局是元音系统性的表现。能够单独组成音节或单独出现在辅音之后组成音节的单元音是一级元音。一级元音的格局是全部元音格局的基础,具有典型的代表性。利用语音实验绘制的声学元音图和生理舌位图在相对位置上大致对应。利用声学元音图研究语言的元音系统是很方便的。在语音格局的分析中把语音学和音系学结合在一起,很有意义。语音格局的研究是语音学和音系学的结合点。

天津师范大学王嘉龄教授《汉语方言轻声的优选论分析》,被批准为2003年度国家社会科学基金项目。他对汉语轻声音高的早期研究有以下特点,即:(1)根据耳听得到数据;(2)限于北京话轻声;(3)限于轻声为后字的两字组。后来的研究扩展到更多方言的轻声,发现其他一些方言轻声的特点与北京话有种种不同。近年,王嘉龄先生运用声学实验,对三字组中的轻声进行分析,发现轻声音高,一类受前字影响,另一类受后字影响。本课题将对汉语轻声各地方言种种不同情况进行分类,并用最新的音系学的理论优选论进行分析。

(四)少数民族语言研究体现鲜明个性

少数民族语言研究在南开大学具有优良的历史传统和雄厚的学术实力,被誉为中国语言学泰斗

① 马庆株:《试谈语文规划》,《汉语学报》上卷,湖北教育出版社2003年版。
② 马庆株:《语法理论意识走向自觉》,刊于北京:《中华读书报》2004年8月11日第14版。
③ 马庆株:《语法理论意识走向自觉》,刊于北京:《中华读书报》2004年8月11日第14版。

之一的邢公畹教授在这个领域培养了颇有实力的后备力量。南开大学曾晓渝教授,在少数民族语言研究中形成了具有鲜明个性的学术观点:(1)汉藏语言关系的全景图所呈现的不是单纯的"树"形,其中还交织着"网"状;(2)关系词分层法有助于辨别汉藏诸语言之间的同源词与老借词;(3)汉语与水语的关系是历时的,动态的,是同源—分化—接触的发展过程;(4)少数民族语言里不同历史层次的汉语借词,是研究汉语史及少数民族自身音系历史演变的重要材料。曾晓渝的学术理念是"返朴归真"——立足于语言的田野调查,以语言事实为根本,运用采掘现有语言丰富矿藏及勘探少数民族语言里古汉语"活化石"的方法,来研究汉语语音史和少数民族语言的音变规律,同时观察分析汉语与少数民族语言间的历史关系。

(五)修辞语用面向社会,立足应用

自1997年天津市修辞语用分会成立后,天津市的修辞语用研究蓬勃开展。马庆株指出:"在迈向21世纪的时刻,语言学应该在重视基础研究的同时,重视应用研究,特别是要开展汉语修辞和语言文字应用研究,这是时代的呼唤,是当务之急,具有重大的现实意义。"① 马庆株、谭汝为主张:"面对市场经济和信息时代的要求,修辞语用研究应贴近现实,深入生活,既注重学科理论体系的构建,更着眼于语言实际应用的研究;既注重思辨性的探讨,更立足于社会调查和科学试验。"②

(六)文字学研究形成系统方法论

南开大学向光忠教授总结出研究文字学操取之4个要径:(1)融通语言与文化,赜探隐索内蕴;(2)贯通音韵与训诂,三位一体互求;(3)会通说文与铭契,参验印证互补;(4)串通初文与孳乳,稽明蕃衍轨迹。向光忠的文字学研究体现8个特点:(1)注视汉字与汉语之关系;(2)瞩目汉字与人文之关联;(3)依循汉字的生成之机理;(4)推溯汉字的沿革之历程;(5)贯串汉字的构造之系统;(6)把握汉字的外现之表征;(7)揭示汉字的内在之规律;(8)检验汉字的文献之实证。向光忠的文字学研究取得以下创获:(1)研究《说文》学有新发现,探明部首列序,理清部属字次,订正篆文训释,指出陈说失当。(2)研究文字学理论有新见解,否定戴震"四体二用"说,就构造机能论"六书"之本旨,就递嬗演进论"六书"之序列,就文字发生学与文字类型学论汉字生成机理与汉字固有属性。(3)研究文字蕃衍途径,揭示文字孳乳规律。解析"会意"之创制模式与构拟方法。摒弃"形声出于汉字趋向表音"之旧论,提出"形声缘起增益形符示意"之新说。结合语词同义异音之现象论证文字衍生"转注"之原理。(4)研究古今字有新界定,就训诂学与文字学分立界说,廓清原有认识之淆乱。(5)研究汉字文化蕴涵,映现社会文化史迹。在实践中有具体析释,在理论上有科学论断。(6)研究古文字提出"溯源考释法",免于臆度,臻于确凿。

三、研究特色及优势

天津市是国内语言研究重镇之一,在语言研究领域有优良的历史传承,从20世纪80年代以来,先后以邢公畹、刘叔新、马庆株3位著名语言学家为领军人物的天津语言学研究,在中国语言学界占有重要的地位。回顾2003年的学科建设,其研究特色及优势主要体现在以下方面。

(一)中国语义功能语法学派的初步建立

马庆株创立的语义功能语法在海内外学界产生了重要的影响。北京大学博导钱军教授以英文在当代布拉格学派的重要刊物上,发表《〈著名中年语言学家自选集·马庆株卷〉书评》,指出:"语义功能语法理论创始人、汉语研究的优秀代表、杰出的语言学家、南开大学教授马庆株创立的语义功能语法日益引起国际语言学界的兴趣。马庆株观察敏锐,分析过细,使用中国其他语言语料,公允对待各种理论,评论有见地,成果丰硕,理论建设自觉。例如《现代汉语的双宾语构造》(1981)句法语义分析早于欧洲学者(1988),而且更深刻。自选集清楚地表明中国语言学家理论建设的自觉。有理由断言,语义功能语法将有良好的发展前景。"③ 我市语法研究队伍进一步壮大:南开大学洪波、王红旗、郭继懋、卢福波、袁明军等,都推出了各具特色的语法研究成果,显示出雄厚的学术实力和科研后劲,昭示着中国语义功能语法学派的初步建立。

(二)天津成为汉语词汇学研究中心

从20世纪80年代以来,刘叔新关于汉语词汇结

① 马庆株:《修辞语用探索·序》,天津教育出版社1998年版。

② 马庆株、谭汝为:《开创修辞语用研究的新局面》,《修辞语用探索》,天津教育出版社1998年版。

③ 钱军:《〈著名中年语言学家自选集·马庆株卷〉书评》,刊于捷克布拉格:查理大学出版半年刊《布拉格数理语言学报》第79-80期2003年第12期。

构研究的系统理论和丰硕成果，奠定了南开大学在国内汉语词汇学研究领域的领军地位。周荐、王吉辉等近年推出的词汇学研究成果，受到学界瞩目。2003年11月27日国家语委在南开大学举行了“全国语言文字标准化技术委员会汉语语汇分技术委员会”成立大会，周荐被任命为主任委员。该分委员会是全国语言文字标准化技术委员会下设的6个分技术委员会之一，也是惟一一个设在北京之外的分技术委员会。同日，“南开大学词汇学与词典学研究中心”举行挂牌仪式，中心的主任亦由周荐担任。这标志着——天津已成为国内汉语词汇学的研究中心。

（三）语言规划研究和实践得以蓬勃发展

语言规划（Language Planning）是“国家或社会团体为了对语言进行管理而进行的各种工作的统称，”“所谓规划或管理，是个广义的概念，包括语言的选择和规范化、文字的创制和改革等方面的具体问题”。语言规划通常是由国家制定、推行、实施的，它是国家语言政策的体现。具体说来，语言规划的主要内容有3个方面：(1)语言政策的研制和调整，包括语言的选择和语言地位的确定。(2)各项语言规范标准的研究和制定。(3)对制定的政策、规范标准的推行、落实和监督检查。语言规划是政府及权威的社会团体，以国家颁布的各项语言政策为准绳，按照约定俗成、因势利导的原则，对社会语言进行人工干预的一种行为；也是一项长期的、复杂的，面向未来的系统工程①。

作为语言现状十分复杂，多民族、多方言的泱泱大国，如何有计划、有步骤地培养适应社会急需的语言规划方面的人才，是摆在国家语委和语言学界的一个重大问题。进入新世纪，国家语言文字应用研究所委托马庆株在南开大学开设“语言规划”方向博士点，并从2001年开始招收培养博士生。这表明：语言规划已发展为应用语言学中的一门独立的分支学科，为这门新兴的多学科交叉的边缘学科培养高层次的人才，已进入实施阶段②。

进入新世纪后，天津市人民政府任命市语言学会会长马庆株、市修辞语用分会会长谭汝为、南开大学文字学研究中心主任向光忠等，为市语言文字工作委员会委员。把语言文字学专家吸收为市语委委员，这在省级语委组成中是一个创举，也成为促进天津市语言规划工作切实发展的重要环节之一。

（四）修辞语用研究突出普及和应用

谭汝为善于将语言修辞理论与鲜活的社会语言实践相结合。2003年，他在《今晚报》《天津教育报》上发表《调整语言观，促进语言发展》《新生词语和网语、酷语》《规范社会用字》《普通话三题》《说“语商”》《繁体别字》等系列文章。在天津电视台、天津人民广播电台播出“新时代·新词语”“店名与语言文化”“地名与语言文化”“民俗语言·年文化”等谈话节目。在《今晚报》推出“词义探幽”专栏，发表谈词语运用规范化文章数十篇。为纪念天津建城600周年，在《今晚报》《城市快报》上先后推出“天津地名漫话”、“天津卫老胡同”和“天津地名考”等专栏，发表地名语言学文章200多篇。这些将学术性、知识性、趣味性、地域性熔为一炉的千字文系列，龙虫并雕、雅俗共赏，颇受读者欢迎。

（五）中外语言文化研究异军突起

随着国际交流的开展，中外语言文化研究异军突起，其标志就是——天津大学斯拉夫研究所和天津师范大学东亚研究会分别宣告成立。天津大学斯拉夫研究所（所长为耿二岭教授）搭设研究平台，设立交流窗口，建立与国内外研究机构的学术联系，以课题互补，信息共享，为“斯拉夫学”在我国的开展贡献力量。天津师范大学东亚研究会（会长为钟玉秀教授）主要研究日本、朝鲜、韩国的语言文化，以及中日、中朝、中韩之间的语言比较与文化比较。该研究会在成立之际，即举行了首届学术研讨会，交流学术论文近20篇。

总之，随着社会进步、经济繁荣和现代信息技术的进展，天津市的语言学研究发生了可喜的变化：(1)面向社会需求，在理论与应用研究的结合中获得进步；(2)语言学与临近学科的交叉研究得到长足发展；(3)语言学研究与天津市语言文字管理工作紧密结合，促进了社会语用的规范化与现代化。综观2003年天津语言学研究，理论意识增强，分支学科并盛，研究领域拓展，研究方法创新，各类人才辈出，科研硕果累累，因而在国内语言学研究领域占有重要地位。

（本文作者：谭汝为，天津师范大学国际交流学院教授；审定人：马庆株，南开大学教授、博士生导师）

① 谭汝为：《语言规划的回顾与前瞻》，澳门《澳门语言学刊》17－18期1999年第9期。
② 谭汝为：《应用语言学的研究现状与学科建设问题》，天津《理论与现代化》2002年第1期。

中国古代文学研究综述

陈 洪 陈 宏

2003年,天津市古代文学研究,在既有的基础上,又有所发展。从发表的学术论文和专著来看,成果颇丰。据初步统计,2003年市古代文学研究者在各类学术刊物上公开发表论文近百篇,出版各类学术著作7种。南开大学罗宗强、陈洪主编的《中国古代文学发展史》①,是本市学者集众人之力推出的一部新文学通史,该著从文学自身的特点出发,梳理中国古代文学以及文学批评的发展脉络,不同于以往文学史写作重思想文化背景的特点,体现出以文学为本的特色。2003年度,天津市学者还有一些在国内学术界产生较大影响的专著再版,如罗宗强的《玄学与魏晋士人心态》、《隋唐五代文学思想史》、陈洪的《中国古代小说理论史》、《金圣叹传论》、张毅的《两宋文学思想史》等。通过对这些再版著作的修订,学者们融入了研究的最新成果,体现出了学术的发展和深化。

总的来看,2003年对古代文学研究呈现以下几个特点:一是学术研究保持百花齐放的态势,举凡诗、词、文、小说、戏曲、文学思想、文献学等各个领域都有所建树。在一些尚未深入开掘的研究领域,如弹词小说也有所涉及,并取得一定的进展。二是强势学科优势突出,在文学思想、小说研究领域,天津学者一直处在领先位置,2003年度,又相继推出一批具有理论深度的论文和专著,许多研究成果代表着相关领域的最新发展趋势,很好地维护了天津市学术品牌。三是研究立足于解决实际问题,少宏观的理论建构,尤以对古代文学中一些似是而非的问题重新厘清或再诠释为著,显示出天津学者扎实的学术功底和平和的研究心态。四是研究视野开阔,许多学者在研究中突破了某一时期、某一领域的狭小范围,努力把研究视野延伸到其他学术领域,打通文史哲,从文化、社会等更广阔的学术视阈中,审视自己的研究对象,已经成为更多学者的学术观念,出现了一批兼综博通、富有理论深度和广度的成果。

以上是2003年度天津市古代文学学科的研究概况,下面对本学科各专题研究中的主要学术问题和学术观点加以综述。

一、古代文学思想以及理论研究

关于中国古代文学思想史研究,南开大学已基本建立起一支比较合理的学术梯队,形成了自己的学术优势和学术特点。如青年学者张丰毅的《社会历史与文学观念的中介——中国古代文学思想史学科的士人心态研究》② 一文,对于什么是士人心态,以及士人心态研究对于中国古代文学思想研究的意义,进行了较为详细的阐释,从方法论上给予这一独特的研究思路以明确的定位。

在具体的研究领域,2003年许多学者在研究中有意识地对一些文学理论概念进行梳理辨析,尽可能在历史的语境中重新审视这些概念,还原其真实内涵,如刘畅的《三不朽:回到原始语境的思想梳理》③,张毅的《良知·童心·性灵——儒家心学与诗学片段论之二》④、《尚气、明志和凝于神——论韩柳"古文"理论的实践品格》⑤、《"兴于诗,立于礼,成于乐"疏解》⑥,余才林的《谢灵运梦得文思说透视》⑦等等。特别是在儒家文艺思想方面,本市学者成就斐然。如张毅主要关注儒家文艺美学,除了对古代儒家文艺思想索其源头外,还集中对一些与文学密切相关的儒学概念进行辨析和梳理,找出其与文学之间的联系,辨其脉理。在《良知·童心·性灵——

① 罗宗强、陈洪:《中国古代文学发展中》,南开大学出版社,2003年。
② 张丰毅:《社会历史与文学观念的中介——中国古代文学思想史学科的士人心态研究》,《河南社会科学》2003年第3期。
③ 刘畅:《三不配:回到原始语境的思想梳理》,《文学遗产》2003第6期。
④ 张毅:《良知·童心·性灵——儒家心学与诗学片段论之二》,《文艺理论研究》2003年第3期。
⑤ 张毅:《尚气、明志和凝于神——论韩柳"古文"理论的实践品格》,《南开大学》2003年第3期。
⑥ 张毅:《"兴于诗,立于礼,成于乐"疏解》,《文学与文化》2003年第6期。
⑦ 余才林:《谢灵运梦得文思说透视》,《湖北民族学院学报》,2003年第5期。

儒家心学与诗学片段论之二》一文中,张毅讨论了阳明心学的核心概念“良知”说与中国诗学之间的关联,他认为,阳明心学以“良知”的流行发用和虚灵明觉为特色,实是儒家心性论之集大成者。其知行合一的致良知与识真己的主张,开师心自用之门,并被李贽发展为具有自然人性论倾向的绝假纯真的“童心”说;其心体虚灵之说则为公安三袁的“性灵”说所本,生发为独抒真情并妙悟自然的诗性智慧。这些都促进了中国诗学思想的发展。张毅《“兴于诗,立于礼,成于乐”疏解》一文,则是在历史语境中,梳理孔子这一思想的内涵和意义,他认为,以孔子为宗师的儒教的形成是中国思想文化史上的大事,而《诗》、《书》、《礼》是其施教的内容。针对春秋时期“礼崩乐坏”的现实,孔子对礼乐的改造重在阐发礼乐的思想意义和精神价值,即用仁学充实礼乐,以仁学为核心,把《诗》和礼乐作为培养儒家君子人格的文艺教养方式,包括情意的感发,心智的启迪,处世立身的行为规范,以及高尚情操和优雅气质的培养等内容,是我们了解孔门文艺思想的出发点。张毅《尚气、明志和凝于神——论韩柳“古文”理论的实践品格》探讨了唐代“古文”理论,抓住了韩、柳等古文家理论中的纲领性的说法,逐一阐释其理论内涵和价值意义,论述道为文尚“气”古已有之,但“文气”在散文创作中所起的决定性作用,至韩、柳等古文家出始广为人知。韩愈因“气盛言宜”而遍悟文体,将诗赋之情趣风神纳于应用文之中,创造出名为“古文”的各种成体的短篇散文。柳宗元主张“凡为文以神志为主”,以“志”为气之帅,“神”为气之精,运用比喻和寓言写了大量书愤明志的杂文,以及不少令人读之悠然神远的山水游记。他们的“古文”创作思想在实践中得到了充分的体现。

在儒家文艺思想外,本市学者还对南北朝文学复兴时期的一些文学观念进行辨析,余才林《谢灵运梦得文思说透视》考辨谢灵运梦得文思一说的文化意蕴,认为故事是文才神授观念的产物,它反映了六朝普遍存在的传神写物的美学观念,这一美学观念要求诗歌创作追求神似。梦得文思故事的另一重要内容是对诗歌创作中灵感的表现和强调。姜剑云《论陆机“谢朝花于已披,启夕秀于未振”的文学精神》① 一文,通过考察缘情绮靡这一陆机关于文学创作的纲领性思想来揭示陆机的文学精神,他认为,陆机用意于观察、体验、研究、总结文学创作中的种种复杂现象。他研究了为文之用心,研究了艺术想象与构思创作,研究了灵感现象、声韵现象以及文体风格。他还研究了文学创作的甘苦体验,如文思的通塞,创作的愉快与艰难,文学的作用。他重视文学自身特质,淡化功利思想,其艺术家境界的实现不是无目的的,也非不期然而然的,而是苦苦追求的结果。他是一位自觉创造艺术美的文学家。

二、古代小说研究

古代小说研究是本市又一强势领域,也是2003年度天津市古代文学研究者们比较集中关注的领域。

在古典名著研究领域,陈洪先生《全真与西游之缘》② 一文,从全真教、民间宗教的角度分析小说《西游记》的成书,认为《西游记》的成书经过了一个全真教的环节,但其写定者则是隆庆时期的文人,所以,存在着贬道扬佛的价值取向。文章思路新颖,多有创建,且使用了大量的新材料,并被同行学者评为“对拓展《西游记》成书文本研究大有裨益”,“而且对明代神魔小说与宗教之间关系的认识也有启发意义”。赵建忠《二十世纪外来文化思潮的涌入与〈红楼梦〉研究学术空间的拓展》③ 则是对当前《红楼梦》研究状况的清理和研究发展走向的前瞻,该文认为审美研究已成为红学研究的主流,但乾嘉考据式的家世、版本研究以及索隐和社会历史批评仍颇有市场,当前的红学研究呈多元并存的格局。从红学研究这样的新动态出发对其发展态势进行前瞻,可以说“多元吸纳”是拓展《红楼梦》诠释维度的根本途径,而确立比较文学的研究角度,则是重建红学这一“东方专学”的切入点。

在古代小说的艺术特点的研究上,本市学者也

① 姜剑云:《论陆机“谢朝花于已披,启夕秀于未振”的文学精神》,《南开学报》2003年第6期。
② 陈洪:《全真与西游之缘》,《文学遗产》2003年第6期。
③ 赵建忠:《二十世纪外来文化思潮的涌入与〈红楼梦〉研究学术空间的拓展》,《红楼梦学刊》2003年第4期。

斩获颇多，孟昭连《中国小说艺术史》[①] 是一部探讨中国古代小说文体的审美特性发展演变史的专著，与其他小说史写作不同的是，作者的研究立足于小说的文体，同时遵循文本变化与作家创作相结合的原则。在小说史的叙述上，作者以小说文体发展演变为经，以时代潮流和小说家创作为纬，详细描述了小说文体的孕育产生、发展演变的过程。宋常立《唐传奇对史传叙事法的继承与发展》[②] 一文，从文本的形式上探讨唐传奇对传统文学的继承和创新，指出唐传奇对史传叙事法的继承，主要表现为采用了史书中的纪传体形式，而对史传叙事法的发展与创新主要表现为叙述分层以及情节叙述的空间化、立体化。

在传统的研究领域之外，一些青年学者进行了新的探索，弹词小说是古代小说研究的一个新领域，一向为人所忽视，鲍震培采用女性主义研究视角，阐释弹词小说的文化内涵。《中国女性文学叙事传统的建立——清代女作家弹词小说创作回眸》[③] 一文，梳理了从17世纪到20世纪初女作家创作弹词小说的巨大成就，采用性别研究的方法，揭示女性叙事独特的视角、主题和写作特点，得出女作家弹词建立了我国女性文学的叙事传统，并对现代小说叙事产生一定影响的结论。《清代"女中丈夫"风尚与弹词小说女豪杰形象》[④] 一文，从弹词小说产生的文化背景入手，来分析小说女豪杰形象的文化成因。文章认为，由于清代特殊的历史背景和南方才女文化的繁荣，形成了一种"女中丈夫"的社会风尚，在小说、诗歌、戏剧等文学作品中都有不同程度的反映，尤其是女作家创作的弹词小说塑造了一大批反抗旧礼教、走出深闺、各建奇功的"女豪杰"形象，在文学史上具有十分重要的意义。另一位女性研究者盛志梅，也不约而同地将研究方向放在了弹词小说上，《清代书场弹词之基本特征及其衰落原因》[⑤] 一文，用历史的眼光，解析弹词衰落的原因，认为清代书场弹词的特征、风格的形成及其最后衰落的命运都与其特定的表演方式、表演场所及生存环境有密切关系。书场弹词商业化娱乐的本质决定了其媚俗前提下的文本、文学特征；不同的表演场所形成了书场弹词判然有别的雅、俗品格。随着书场的繁荣和日益专业化，书场弹词逐渐变成了偏重舞台技艺的曲艺，客观上造成了弹词唱本文学的衰落。

古代小说与民俗文化的研究，一直以来都为本市研究者忽视，李道和在这一研究领域的暂露头角，填补了研究的缺失，他的专著《岁时民俗与古小说研究》[⑥] 依循母题研究的思路，对寒食、上巳、端午、七夕、重阳这5个民俗节令的起源、发展、成形的过程，逐一进行了梳理，并探讨了岁时民俗与古小说的关系。此外，他的论文《试论作为望夫石传说原型的涂山氏传说》[⑦] 在前人研究的基础上，根据外显情节和内在情理的可置换性，推论望夫石传说的原型隐含在有关山氏和大禹的传说中。进而认为，一方面，忠贞的山氏不免与散漫的瑶姬发生了相反相成的融合，另一方面，要么是女嬉传说最早奠定了望夫石传说的基础，要么是鲧禹家族传说发生了混合，从而勾勒出故事传承时空的大体轨迹。他的研究为古代文学相关母题的发生提供了另一种视角。《重九登高》[⑧] 则梳理了中国古人登高的时令和民俗背景，特别指出，尽管大多数登高都可以找到直接或间接的原因，而重九的登高却难以断定根源于何种文化背景。《续齐谐记》费长房的传说几乎是重九登高的惟一解释，所以重九登高很可能起源于东汉。

在古代小说的文献考证方面，李剑国先生考证了明初学者及小说作家赵弼的生平事迹，包括籍贯、生卒年、仕历、著述及后裔等[⑨]。其主要结论认为赵弼是明重庆府巴县人，生于元末至正二十四年(1364)，约卒于明景泰元年(1450)稍后。永乐元年(1403)以明经修行荐举入仕，历任新繁、资县、汉阳

① 阵昭连：《中国小说艺术史》，浙江古籍出版社2003年版。
② 宋常立：《唐传奇对史诗叙事法的继承与发展》，《重庆三峡学院学报》2003年第4期。
③ 鲍震培：《中国女性文学叙事传统的建立——清代女作家弹词小说创作回眸》，《天津大学学报》2002年12月。
④ 鲍震培：《清代"女中丈夫"风尚与弹词小说女豪杰形象》，《山西师大学报》2003年第1期。
⑤ 盛志梅：《清代书场弹词之基本特征及其衰落原因》，《齐鲁学刊》2003年第5期。
⑥ 李道和：《风时民俗与古小说研究》，天津古籍出版社，2003年版。
⑦ 李道和：《试论作为望夫古传说原型的涂山氏传说》，《民族艺术研究》2003年第2期。
⑧ 李道和：《重九登高》，《寻根》2003年第5期。
⑨ 李剑国：《赵弼生平著述考》，《文学遗产》2003年第1期。

三县儒学教谕。宣德八年(1433)七十岁致仕,家汉阳。正统中曾寓居麻城,卒葬汉阳。永乐中至宣德三年创作《效颦集》,后又续补,约正统元年(1436)定稿。宣德七年修《汉阳府志》。致仕后著《雪航肤见》十卷、《事物纪原删定》二十卷。

三、古代诗文和其他研究领域

与前两年相比,本市古代诗文研究相对冷清,优秀的论文不多。阮唐明先生对唐代诗歌的研究可谓亮点,他的研究对象多为既小又实在的问题,显示出扎实的学术功底,《杜甫新乐府诗的产生——以〈兵车行〉的探讨为中心》[①] 检讨了学术界对于杜甫的"新题乐府"研究的不足。以《兵车行》一诗为讨论对象,对杜甫"新题乐府"诗之产生以及走向成熟的过程有一个新的认识。作者认为,杜甫在"新题乐府"的创作中,经历了一个探索的过程。既有创新性,也不乏对乐府传统的继承性。《〈李白集〉中的苏轼诗——〈上清宝鼎诗〉作者考》[②] 也是一篇检讨旧说,提出新见的论文,文章认为,现在通行的《李白集》中,录有《上清宝鼎诗》一首,一般以宋代黄伯思《东观馀论》所记为据,作为李白之佚诗。对于此诗之真伪,除了王琦曾疑为"乩仙之笔"或"好事者为之"外,后世皆未作深入讨论,而往往只是因袭王说。实际上,不仅《东观馀论》所记是错误的,王琦所疑也是没有根据的。这首诗的作者是有名可考的——在苏轼诗集中,它以《李白谪仙诗》为题完整地保留着。考察这首诗在苏集中的著录及流传情况,可以确认其作者为苏轼。

此外,张正学《从〈红楼梦〉看曹雪芹的戏曲思想》[③] 一文,按照《红楼梦》所具自叙传性质,借助对贾宝玉等人对戏曲态度的分析考察曹雪芹的戏曲思想。文章认为,曹雪芹肯定并推崇戏曲艺术;他的戏剧观是悲剧性的,曹雪芹认为,戏曲是以曲为核心的,而其情节排场等要义新鲜奇异却又不失情理;他主张对戏曲兼收并蓄但又有所侧重,欣赏戏曲则偏好词藻、音律、排场而又清淡娴雅的作品。

由以上几个方面我们看到天津市古代文学研究在2003年的一些特点,研究者基本上遵循了严谨求实的学风,能够以科学的态度对待古代文学领域的各个研究课题。这正是天津古代文学研究的可贵之处。再有研究队伍相对稳定,已经形成了成规模的研究群体,许多学者多延续了前几年的研究思路,学术发展的路径清晰,同时,不断有新鲜的血液补充进来,丰富了研究的方向和研究的思路。不过,我们还应该看到,在强势研究领域之外,本市的古代文学研究亟待加强,这与本市研究资源配置不太均衡的现状有关,因此,衷心希望学界能够有效加强学科建设,完善学术梯队,在更多的研究方向上,形成天津的优势,取得更多更好的学术成果。

(本文作者:陈洪,南开大学副校长、教授、博士生导师;陈宏,南开大学文学院副教授)

中国现当代文学研究综述

耿传明　陈　越

2003年,天津市的中国现当代文学研究取得新的进展。研究者积极应对时代的变化,努力思考社会发展中文学及文化思想领域遇到的新问题,并取得了一些重要的学术成果,表现出坚实的专业功力和深厚的人文关怀。以南开大学等院校和研究机构中文学科为中心的天津市现当代文学学术群体的研究成果,在全国学界产生了广泛的影响。

鲁迅研究一直以来都是学界的热点和重点,

① 阮堂明:《论杜甫新乐府诗的产生——以〈兵车行〉的探讨为中心》,《杜甫研究学刊》总第79期。
② 阮堂明:《〈李白集〉中的苏轼诗——〈上清宝鼎诗〉作者考》,《天津师范大学学报》2002年第6期。
③ 张正学:《从〈红楼梦〉看曹雪芹的戏曲思想》,《南都学刊》,2003年1、10期。

2003年，南开大学李新宇、张铁荣分别出版了鲁迅研究专著：《鲁迅的选择》①、《比较文化研究中的鲁迅》②。李新宇针对20世纪90年代以来思想界质疑、批判甚至否定五四新文化和启蒙主义的新保守主义、后现代主义等思潮做出了积极回应。第一章"现代知识分子话语"揭示了现代知识分子的话语立场和鲁迅的密切联系，从对传统的彻底否定中寻求现代性，在对权威话语的反抗中确立现代独立性，捍卫了鲁迅当年的文化选择。第二章"人学思想"，以历史的态度对鲁迅人学思想的形成过程进行了认真清理，考察了其内部构成，认为鲁迅的立人伟业是一个复杂的系统工程，并对其相互关联的内外两面都进行了具体的分析。第三章"启蒙之路"对五四启蒙运动的目标指向进行逐层论述。第四章"鲁迅与他的论敌"通过分析鲁迅与"遗老遗少"、"正人君子"、"革命文学家"等的重要论战，揭示鲁迅立场选择的原因及其精神遗产的宝贵价值。该书重申了鲁迅之选择的正确性和合理性，既有明确的现实针对性，也有较强的学理性，体现了鲁迅研究的新进展。张铁荣新著系鲁迅研究的论文合集，多是关于鲁迅和中外作家的小说比较研究，涉及阿尔志跋绥夫、叶圣陶和乡土小说派作家如许钦文、王鲁彦等，其中《鲁迅和周作人的新诗比较》和《鲁迅与周作人的日本文学翻译观》较能表现出作者的研究特色，史料翔实，观点平稳，虽格局有限，但也自有其创获。

在女性文学研究方面卓有成绩的南开大学乔以钢《论女性文学的学科建设》③ 一文，作者指出：中国女性文学研究从学科意识的萌发到学科理念的形成，经历了近20年的实践过程，现阶段积极推进学科化进程，不仅有利于学科自身的发展，同时也有利于争取在尽可能高的程度上实现女性文学研究的人文价值；当前学科建设的途径和标志包括：明确本学科研究的基本范畴，探索具有中国本土特色的女性文学理论；确立基本的学术规范和学术运作方式；具有比较充分的学术积累和学术影响；拥有一批从事本学科研究的学术带头人和学术骨干；在国家高等教育体系中获得承认；不断扩大学科内外部的学术联系等。女性文学研究学科建设的发展需要长期脚踏实地、坚持不懈的努力。该文在梳理女性文学研究学科化进程历史脉络的基础上，探讨了学科化的必要性、可能性及其建设目标，学科化的途径与标志，并就学科建设中的一些问题发表了很好的看法。

"现代性"问题成为学界热点之后，在中国现当代文学研究领域也引发了震荡。现代性视野的引入，打破了既有的研究格局，带来了研究范式的更新，有着重要的意义和作用。南开大学耿传明出版了专著《"现代性"的文学进程——二十世纪中国文学的动力与趋向考察》④，为已发表且在学界有一定影响的研究论文之合集，表现出作者对于现代性问题的一以贯之的思考。该书对现当代文学史上的重大主题和具有典型性的作家和作品在"现代性"的历史文化进程中所呈现的价值和意义，进行了深入独到的分析，既是文学研究，也是对20世纪中国文化思想发展历程的考察和反省。第一部分："新世纪"与"新文学"——躁动的现代性；第二部分："现代性"历史文化进程中的"时代写作"与"个人性写作"；第三部分：异声同啸——多元文化语境中的"解构"与"守望"。作者从"现代性"的问题视域出发，将20世纪中国文学看作一个具有内在连续性的整体来考察，打破了现当代文学的固有研究范型，拓展了文学研究的理论空间，有着较强的开拓性和创新性。

随着研究观念的转变和研究格局的转换，传统意义上的中国现当代文学研究在起点上有向前延伸的趋势和必要，近代文学或称晚清民初文学也被纳入了研究范围。天津师范大学郝岚《被道德僭越的爱情——林译言情小说〈巴黎茶花女遗事〉和〈迦茵小传〉的接受》⑤ 一文，通过分析最具影响最有代表性的林译言情小说的遭遇，指出其在中国当时社会环境下被接受和受重视的，并非其中张扬个性自由、婚姻自主的反封建思想，而是与中国传统精神相契合的道德教化主题，由此导致"误读"，《茶花女》中的反封建思想没有在中国现代言情小说中真正成长，而后者最终演化成鸳鸯蝴蝶派小说等大众

① 李新宇：《鲁迅的选择》河南人民出版社2003年版。
② 张铁荣：《比较文化研究中的鲁迅》，南开大学出版社2003年版。
③ 乔以钢：《论女性文学的学科建设》，《南开学报》2003年第2期。
④ 耿传明：《"现代性"的文学进程——二十世纪中国文学的动力与趋向考察》，中国文史出版社2003年版。
⑤ 郝岚：《被道德僭越的爱情——林译言情小说〈巴黎茶花女遗事〉和〈迦茵小传〉的接受》，《天津师范大学学报》2003年第6期。

消闲读物。

在对文学团体及文学思潮的研究中，学衡派及其新人文主义思想已成为关注的热点，得到重新认识和评价。天津师范大学高恒文撰写的《“学衡派”对唯科学主义的批评》① 一文，分析了“学衡派”批判唯科学主义思潮的原因及具体内容，指出“学衡派”集中批评杜威的哲学和教育思想及其在中国文化界教育界的影响的策略性，其矛头所向是五四新文化运动及其倡导者胡适。

新诗研究一直备受关注，在当今诗歌处于文坛边缘的环境下，对新诗本体特征、历史境遇等问题的研究也就具有很强的现实性。南开大学李润霞一直致力于当代诗歌的研究，发表了论文《朦胧诗：一代人与一代诗的崛起》②，依据新的史料从新的角度来重新审视和评价朦胧诗，认为朦胧诗的崛起标志着现代主义诗歌的重新崛起和新的启蒙时代的到来，具有重要的时代意义。论文《历史与生命的长歌——论李瑛20世纪90年代的诗歌创作》③ 通过比照李瑛过去40年的诗歌，指出其自20世纪90年代以来，在诗学观念、创作主题和情感基调等方面发生了显著的转向。天津师范大学张林杰发表了《三十年代都市文化市场中的新诗境遇》④ 和《都市视角：研究30年代诗歌的一个角度》⑤，对新诗发展史上具有重要意义的30年代诗歌，从新诗与都市文化环境的关系入手进行探讨，思路独特而新颖。前者从30年代诗歌与都市文化市场的关系来透视新诗的危机；后者从创作、传播、接受等方面分析新诗与都市文化环境的密切关系，以30年代孕育发展并成熟于上海的翼诗歌动和现代派诗歌为例，具体分析都市文化环境对诗人文化立场、创作思想和诗学追求的影响及其创作特点。

20世纪90年代是一个值得回顾的年代，其间发生了众多的文学和文化事件，产生了诸多引起广泛争议且影响深远的思想讨论和交锋。南开大学李新宇出版专著《走过荒原——90年代中国文坛观察笔记》⑥，对文坛所作的观察和思考，涉及对一系列文学及文化现象的看法、对文艺思潮及思想界争论的思辨，对作家作品的阅读感受和文学评论等等，内容广泛，观点鲜明，既有情感冲击力也有理论深度，为20世纪90年代留下一份个人化的记录。

文艺思潮是社会思想潮流和倾向在文艺领域的体现，是文学研究的重要内容，从宏观上来把握并描叙它是一项重要而又颇有难度的工作。天津师范大学夏康达在与徐景熙合作的论文《关于当前文艺思潮若干问题的思考》⑦ 中将中国文艺进入新时期后的文艺思潮概括为现实主义、现代主义、通俗文艺“三头推进”，认为这一文艺思潮裹胁下的新时期创作和评论虽然呈现出多元和繁荣局面，但也存在诸多令人忧虑的现象；对创作和评论界若干带倾向性和有一定普遍性的问题，比如信念问题、人性问题、性爱问题、叙事问题等进行了评述，强调创作和评论与文艺思潮具有互动关系。南开大学刘俐俐的论文《知识分子身份认同与艺术描写的空间》⑧，以现代修辞学和文化研究的相关理论，对宗璞的短篇小说《我是谁?》与张贤亮的《男人的一半是女人》进行分析，指出两者中的知识分子自我认同在艺术描写中呈现出了不同的艺术空间，而“身份认同层次越丰富，可描写的空间越大”。天津社会科学院文学所阎立飞的《双城记：津、沪小说中的城市记忆和想象——以林希、王安忆为例》⑨ 分析其对津沪两个城市的文化书写所隐含的文化身份问题，作者指出，林希对天津历史上的市井人物和买办家族的描绘以及王安忆对上海的女性化阐释，各有特点也各有缺失，均体现了全球化背景下文化身份认同的焦虑和危机。天津师范大学曾艳兵在《河南社会科学》组织的“当代视野中的20世纪中国小说纵横谈”中发表了《告别“崇高”之后——后新

① 高恒文：《“学衡派”对唯科学主义的批评》，《天津师范大学学报》2003年第6期。
② 李润霞：《朦胧诗：一代人与一代诗的崛起》，《文艺研究》第5期。
③ 李润霞：《历史与生命的长歌——论李瑛20世纪90年代的诗歌创作》，《江汉论坛》2003年第9期。
④ 张林杰：《三十年代都市文化市场中的新诗境遇》，《天津师范大学学报》2003年第2期。
⑤ 张林杰：《都市视角：研究30年代诗歌的一个角度》，《南京师范大学文学院学报》2003年第3期。
⑥ 李新宇：《走过荒原——90年代中国文坛观察笔记》，广西师范大学出版社2003年版。
⑦ 夏康达、徐景熙：《关于当前文艺思潮若干问题的思考》，《天津师范大学学报》2003年第5期。
⑧ 刘俐俐：《知识分子身份认同与艺术描写的空间》，《中国文化研究》2003年第4期。
⑨ 阎立飞：《双城记：津、沪小说中的城市记忆和想象——以林希、王安忆为例》，《天津社会科学》2003年第5期。

时期小说一面观》[①],在世界文学的后现代主义语境下来观察中国后新时期小说,揭示其与后现代主义的某些共同倾向和特点,作者指出,后新时期作家丧失了古典意义上的"崇高",并以潘军的小说《流动的沙滩》为例,说明后新时期创作的重要特征之一就是与后现代主义小说一致的不确定性。

2003年是孙犁先生逝世周年和九十周年诞辰,"孙犁与天津"研讨会于7月9日在天津日报社举行。中国作家协会党组书记金炳华,市委副书记刘胜玉出席会议并讲话。京、津两地文学界三十多人参加,围绕"孙犁与天津"主题,就作家、文化名人与地域文化、经济与社会发展之间的关系,以及如何推进文学、文化建设与社会进步之间的关系展开了广泛而深入的探讨。

(本文作者:陈明,南开大学文学院讲师)

外国文学研究综述

孟昭毅

天津市外国文学学科在天津市改革开放的大潮中得到了长足的发展。尤其是进入21世纪,面对中外文化、政治、经济交流日益紧密的大趋势,外国文学在中外文学交流中的作用越来越大。外国文学开始发展为由比较文学与世界文学组成的新的学科体系,以应对令人激动的全球化的可能,推动中外文学、文化交流的大潮向前发展。

由于天津师范大学、天津教育学院、天津师范专科学校的合并,目前天津市外国文学学科的研究主要集中在南开大学、天津师范大学、天津外国语学院3所高校中。2003年天津市外国文学界共发表论著8部,译著12部,论文、译文80余篇,教材、教学参考资料20余部等,表现出天津市外国文学学科已有的雄厚基础与强劲的发展势头。这种趋向主要表现在发表论著译著,论文译文的主要是天津本地高校培养和从外地高校引进的中青年学者或博士、教授,他们一般都具备博士或硕士学位,年富力强,在本专业是学术前沿人物,其学术著作或论文已在国内外国文学界引起强烈反响。

南开大学王志耕教授撰写的《宗教文化语境下的陀思妥耶夫斯基诗学》[②] 一书在对俄国文学尤其是陀思妥耶夫斯基文学有深入研究的基础上,从宗教文化的维度对陀氏诗学的本质进行了深入的探讨。正如马建辉在《中华读书报》的书评中指出:"像陀氏发现了'人身上的人'那样,《陀学》发现了'陀氏身上的陀氏'。按照正教神学的理解,人是神照着神自己的样子造出来的,因此,人既具有人的特质,同时也具有神的特质,只不过神的特质常常是遮蔽或潜在于人的特质之下的。陀氏发现了'人身上的人'的同时,也在显现着自身的'人身上的人',因为,他'想做一个人'(陀氏语),并且他也是俄罗斯人民中的一员。"

"王志耕所做的把对象置于文化语境来看视的这种研究,实质上是一种回归对象本身的努力,即他要努力回到陀氏的精神世界,从而得出更为贴近陀氏思想本身的理解与解释。比如很多研究者都注意到陀氏小说的心理化特色,并对之加以研究和论述。可实际上,陀氏本人对心理学是否定的,他宣称自己在作品中所描绘的是'人类灵魂深处的一切',而心理学物化了人的心灵,是对'神性'的人的贬低。这样看来,只是从宗教文化的意义上,这种现象才是可以理解的,也只有在宗教文化的语境中,人们才能够真正抵达陀氏,进而真正把握到陀氏诗学追求的底蕴。"此书已达到《陀学》研究的前沿水平。

南开大学王立新教授在2003年不仅发表了《特质文本与主题:希伯来神话研究三题》[③] 和《论天津

① 曾艳兵:《告别"崇高"之后——后新时期小说一面观》,《河南社会科学》2003年第2期。
② 王志耕:《宗教文化语境下的陀思妥耶夫斯基诗学》,北京师范大学出版社2003年版。
③ 王立新:《特质文本与主题:希伯来神话研究三题》,《外国文学评论》2003年第2期。

近现代史上的犹太文化与犹太社区》[①] 两篇关于犹太文学文化的论文，而且还与石梅芳合译了以色列丹·巴哈特、沙龙·萨巴尔合著的《耶路撒冷3000年——石与灵》[②] 一书，在这部图文并茂的译著中，荟萃了世界各地有关耶路撒冷历史与文化的艺术珍品，兴味盎然的历史文本与绮丽迷人的艺术精品交织在一起，使耶路撒冷这座历史名城展现出真实与想象，精神与物质交相辉映的独特魅力，为人们开启了一扇洞窥耶路撒冷神秘内涵的窗口。耶路撒冷是世界不同文化和宗教背景的人们所关注的历史文化名城，是无数艺术家创作的主题和灵感的源泉。这本译著揭示了耶路撒冷何以成为历史文化名城的文化传统、现实地位、经济水平、地理位置及地缘政治等诸多条件，尤其是深厚的文化积淀以及这种文化对于人类生活所具有的深刻影响等卓尔不群的文化品格，表现出译者学者型的深厚历史文化知识和专业学养。

天津师范大学在比较文学与世界文学专业获得博士学位授权的同时，比较文学、外国文学都得到了长足发展，而且推动了天津市该专业走向全国前列的步伐。

天津师范大学教授孟昭毅的学术专著《比较文学通论》[③] 是一部带有学术个性的著作，它以比较文学理论与实践相结合的论述方式，对比较文学理论进行了全面的、深入浅出的阐发，对比较文学实践进行了分析。正如著名学者乐黛云在此书的序中评价说："这部书总结了他多年来的教学实践，包含了使学生易于掌握的大量实例和学生感兴趣的各种问题，特别是除过去谈的较多的中西方文学比较外，更着重讨论东方各地区文化与文学的比较和东方文化作为一个整体与西方文化的关系和对照，并在此基础上作出了很多新的有意义的结论。"她还着重强调评论说："特别值得一提的是该书的实用性，如'影响研究举隅'、'平行研究实例'、'跨学科研究探得'、'阐发研究示范'、'接受研究技巧'等章节都是寓理论于实际，用大量实例，使读者很容易接受。"这部专著曾多次被中国比较文学教学研究会推荐、讨论，并已引起比较文学界同仁的广泛关注，代表了比较文学研究前沿性的学术动态。

天津师范大学马凌在《外国文学评论》上发表了《诠释、过度诠释与逻各斯——略论〈玫瑰之名〉的深层主题》[④] 一文。艾柯的《玫瑰之名》是一部多层次、多角度诠释的奇书，也是作者借以表现自己诠释理论的文学载体。艾柯支持诠释，但是反对过度诠释，并将过度诠释溯源至神秘主义。过度诠释的动力，来自于逻各斯中心主义。《玫瑰之名》的深层主题，不仅是对世纪文化结构，更是对逻各斯中心主义的颠覆，因此具有了更大的诠释示范意义。《外国文学评论》2003年第1期的"编后记"中重点指出："尤其是马凌文中所提到的艾柯关于'诠释'、'过度诠释'之论说，其实是一个非常重要、然而却没有受到我们文学理论界重视的论题。"以此来说明该文在理论上的创新意义。天津师范大学李运兴教授在翻译理论和普通语言学研究方面也取得了很大的成绩，在国内颇有影响。他的学术论文"A Turn in the Linguistic Approach, Perspectives: Studies in Translatology, V11"被A&HCI收录。

天津外国语学院教授、青年学者佟立的专著《西方后现代主义哲学思潮研究》[⑤] 是国家社会科学基金青年项目的研究成果。本书以马克思主义哲学、邓小平理论和"三个代表"重要思想为指导，运用国外最新的有关文献，用比较哲学的方法，对西方后现代思潮进行了全方位、多层面的系统研究。南开大学车铭洲教授代表国家社科基金项目评审专家组在该书的《序》中，对其给予了很高的评价，他指出，该书"有深度，有创见，有具体的分析和批判，对于人们全面地理解后现代主义的基本观点和现实影响，对于人们开展对后现代主义的批判和分析，都具有较高的学术价值和现实意义"。该书出版后受到了本领域有关专家和学者的良好评价和重视，书中的有关论述被诸多学者在其著作中引用，促进了我国学界有关后现代主义的深入研究。

天津外国语学院程幼强的专著《网络在中国外语教学中的功效》[⑥] 基于作者在美攻读教育学博士学位期间所从事的一项教学实验的经历，从科学—实证的角度对教育技术在中国高等学校外语教学

---

① 王立新：《论天津近现代史上的犹太文化与犹太社区》，《中国社会历史评论》2003年第4集。

② 丹·巴哈特、沙龙·萨巴尔著，王立新、石梅芳译，山东画报出版社2003年版。

③ 孟昭毅：《比较文学通论》，南开大学出版社2003年版。

④ 马凌：《诠释、过度诠释与逻各斯——略论〈玫瑰之名〉的深层主题》，《外国文学评论》2003年第1期。

⑤ 佟立：《西方后现代主义哲学思潮研究》，天津人民出版社2003年版。

⑥ 程幼强：《网络在中国外语教学中的功效》，天津科技出版社2003年版。

中的应用作尝试性的评估研究。值得注意的是书中提到的两个观点:一是教育技术在高等学校外语教学中的应用作评估研究;二是教育技术必须由专业教学人员直接携带进入课堂才能真正为教学所用。作者有关由谁携带教育技术进入课堂的观点对于当前主流观点来说是个挑战。传统的教育观念通常认为教育技术应该由电化教学人员携带进入课堂。但作者认为,只有学科教学人员直接携带技术进入课堂,根据学科特点、教学规律和教学目的对教学内容进行技术设计,才能实现技术与教学的有机结合。该书发表后受到该领域有关专家和学者的重视和好评,对于推进教育技术功效研究具有现实意义。

天津外国语学院的一些教师 2003 年还翻译出版了(天津科技翻译出版公司出版)两套外国文学小丛书。一套是由张滨江教授主持和审校的《哈佛蓝星双语名著导读》,另一套是《外国文学名著导读丛书》,它们的出版都在广大读者中引起很大反响。尤其是《哈佛蓝星双语名著导读》,它是风行全美的哈佛蓝星笔记,是将名著阅读与文学欣赏融会贯通而编写成的名著导读。它们以经典性和流行性并存的名著为素材,以明晰的风格和地道的语言著称。每本都包括著作的创作背景,人物分析,主体解析,篇章解读,重要引文释义,作品档案,并附有相关的思考题,推荐的论文题,要点注释以及推荐阅读篇目等。该书出版后颇受读者欢迎。

天津市外国文学学科在 2003 年的研究中主要表现出下面几点研究倾向。

1.对希伯来到犹太的文学文化研究

天津市对该领域的研究是有传统的。早在 20 世纪后半叶,南开大学著名教授、圣经文学研究专家朱维之先生就曾垦拓了这一领域,并使之成为全国研究基地。现在南开大学王立新、天津师大马凌等,都在他们的专著和论文中表现出对这一研究传统的继承,以及对犹太文学流散性的关注。国际上对流散写作或流散现象的研究始于 20 世纪 90 年代初的后殖民研究。但进入全球化时代以来,伴随流散现象而来的新的移民潮日益加剧,一大批离开故土流离异国他乡的作家或文化人便自觉地借助于文学这一媒介来表达自己流离失所的情感和精力。犹太文学以及犹太作家的写作便成为世界文学历史进程中的一道独特的风景线:既充满了流浪弃儿对故土的眷恋,同时又在字里行间洋溢着浓郁的异国风光。由于这些写作是介于两种或两种以上的民族文学与民族文化之间的,因而既可与本土文化和文学进行对话,同时又以其“另类”特征跻身世界文学大潮中。当前,流散研究以及对流散文学的研究已成为全球化时代后殖民和文化研究的另一个热门课题。毫无疑问,在这一大的背景下,“流散写作”则体现了全球化时代的一种独特的文学现象。在这方面天津市高校学者的研究在国内同行中居于前列。

2.对生态批评和生态文学的研究

20 世纪 90 年代以来,随着生态环境日益恶化,生态批评异军突起,其主要任务之一即努力发掘文学作品中的生态思想,反思人与自然的关系,是以生命为中心,还是以人类为中心,成为两种不同的思想传统,成为人们在不同的价值观念指导下,对待自然的两种不同态度和两种不同的道德标准。前者将自然视为需要尊重和热爱的伙伴,后者则把自然看作是供人类索取和利用的资源。佟立的专著《西方后现代主义哲学思潮研究》中对此问题多有涉及,如提出后现代主义哲学的价值基准与价值体系等。天津师大马凌的论文《征服与回归:近代生态思想的文学渊源》[①] 所探讨的正是当前比较文学与世界文学研究的热点问题,即生态文学的问题。新兴的生态批评把全面梳理历史上的生态思想作为重要任务,并将文学中自然观念的演变纳入其研究领域。该论文从分析西方文学传统入手,认为无论是古希腊、罗马文学传统,还是古希伯来——基督教文学传统,都体现出两种对立的心态,即回归自然与征服自然。由此派生出两类自然原型意向,历经中世纪、文艺复兴、古典主义一直到近代定型为两大模式:阿卡狄亚与帝国。这种对立而又互补的制衡性质,其影响一直持续到今天。该论文涉及到当前外国文学的前沿问题。

3.对文学发生学的研究

天津师范大学教授王晓平的系列论文《楚辞东渐与日本文学传统》[②] 等,都是从文学流程的原点出发,对文学影响接受的全过程进行寻根溯源的研究。天津师范大学孟昭毅教授的《比较文学通论》中的许

① 马凌:《征服与回归:近代生态思想的文学渊源》,《外国文学研究》2003 年第 1 期。
② 王晓平:《楚辞东渐与日本文学传统》,《东方丛刊》总 45 期,2003 年第 3 期。

多实例，尤其是影响研究和接受研究两章及选例都是文学发生学的好例证。文学发生学的研究需要对中外各种文体，如神话、传说、史诗、戏剧、小说等的发生与流变有一个较全面的辨析，需要有较深厚的学术功底和对该领域知识的全面了解。目前文学发生学的研究正在成为国内比较文学研究的热点与前沿问题，天津市外国文学学科的专家学者在这方面有突出的研究成果，并有相当的影响。

4. 对生成语法的研究

生成语法理论是当代国际语言学研究的主流语言学理论之一。天津师范大学外国语学院在生成语法音系学研究方面居国内领先地位。

天津市外国文学学科2003年承担国家社会科学基金项目有3项，承担省部级项目8项，新申报省部级项目共6项，这使天津市外国文学学科有了更加坚实的发展基础和美好的前景。

（本文作者：孟昭毅，天津师范大学文学院院长、教授、博士生导师）

新闻与传播学研究综述

何 平

2003年，频频发生的国内外大事件给了媒体充分展现的机会：SARS疫情、伊拉克战争、孙志刚事件、神州五号发射成功……媒体铺天盖地的报道不仅激起了普通受众的密切关注，也引发了2003年度新闻传播学界诸多热门话题。天津学者们的目光较多地集中在以下7个议题上：主流媒体的舆论引导职能研究、媒体伦理与新闻道德研究、网络媒体社会责任研究、传播思想与文化研究、新闻史研究、传播学理论研究以及编辑学理论研究。

一、主流媒体的舆论引导职能研究

“主流媒体的舆论引导职能”是SARS后媒体研究的一个重点话题。

SARS最初在中国的广东省登陆时，只是被模糊地称为“非典型性肺炎”。面对这来势凶猛的不明传染病，中国媒体几乎全都采取了“不作为”的态度，结果造成了舆论引导缺失、流言四起的恐慌状态。直到2003年4月20日之后，各大主流媒体才终于完全真实地公开报道疫情。这种真实的主流声音，最终抑制住了各种夸大其词的传闻，同时又激发了全国团结一致抗击非典的决心，显示出媒体在舆论引导方面的巨大作用。

媒体在整个抗击非典过程中态度和角色的转变，引起了学界的极大关注。特别是传统的主流媒体在赢得受众信任后，所产生的巨大的引导舆论的能量更令研究者们非常振奋。天津学者孙瑞祥在《主流媒体社会动员和舆论引导能力的生动展示》一文中指出：“突发事件报道中主流媒体的观点与态度直接影响到公众对问题的认识与情绪。……主流媒体是维护公民知情权的重要社会力量，发挥着信息主渠道的作用，……处在信息不对称状态下的公众，需要从值得信赖的主流媒体得到确实的情况以消除谣言带来的困惑。”①

同时，孙瑞祥还以SARS报道为例，具体分析了议题设置法对于实现社会动员和舆论引导的积极作用。他认为：“在突发危机事件中，新情况、新问题随时出现，如果媒体不能做到科学预见、精心策划与正确引导，就会陷入被动，就有可能造成新的社会恐慌与混乱。在此次报道中，主流媒体保持了应有的理性与热情，基本做到了决策果断，调度有序，报道适时适量适度，展示了高水平的社会动员和舆论引导能力。……报刊通过版面的突出编排，广播电视通过声像的即时传送和滚动播出，网站通过高密度的信息集中发布，构成了别具一格的非常时期的非常报道，取得了比较理想的传播效果。”②

但也有学者指出，开放后的SARS报道在议题设置等方面仍然存在一些不足。南开大学马瑞洁在一篇论文中提道：“公开透明不等于放任自流，客

① 孙瑞祥：《主流媒体社会动员和舆论引导能力的生动展示》，《新闻战线》2003年第8期。
② 孙瑞祥：《主流媒体社会动员和舆论引导能力的生动展示》，《新闻战线》2003年第8期。

观报道不等于取消引导。”作者认为，主流媒体在SARS报道中的议题设置还是有些过于集中，“传媒应从社会稳定的大局出发，适当控制媒体对突发性灾难事件的报道量。尤其当灾难性事件对社会稳定形成威胁的时候，更有必要在尊重公众知情权的基础上，引入适当的宏观调控机制，把握好总体的报道平衡”①。

非典使人们充分认清了信息公开的重要性，为了确保公众知情权，强化主流媒体的舆论引导作用，“新闻发言人制度”在我国设立。但也有研究者认为，在信息公开制度方面更急需的还是法律支援。喻国明认为，新闻发言人制度并不能解决根本问题，在监管不利的情况下，它甚至有可能成为封锁信息的工具②。

二、媒体伦理与新闻道德的探讨

针对SARS报道中部分媒体人文关怀欠缺的现象，天津学界发出了“灾难报道需要人文关怀”的呼声。马瑞洁认为：“人文关怀说到底是对人的尊重，新闻工作者必须根据实际的报道需要权衡利弊，力求以同时满足新闻和伦理双方面要求的方式进行报道。……新闻记者不应该为了满足微小的知情需要，而去侵害他人的隐私。……新闻媒体的人文关怀还表现为以更多的笔墨展现灾难中的人性光辉。新闻报道应当更注重表现人与悲剧进行斗争的勇气，鼓励受众正视现实，自觉接受灾难的挑战，在奋斗中体会人生的价值。”③

陈力丹也撰文批评了媒体以“英雄赞歌”的形式过分宣扬医务人员的牺牲，认为这是对生命的轻视和对死亡的麻木。媒体更应该关注“怎么会发生这样的悲剧，如何尽快地、科学地避免悲剧重演，有关领导应承担什么责任”，而不是用“富于情感的语言来描写死亡”④。

天津师范大学的李秀云则通过对中国新闻学理论家任白涛先生新闻伦理思想的综合评述，提出了新闻道德的3个基本问题：新闻道德与新闻价值、新闻道德与新闻生命、新闻道德与新闻宣传。她提出新闻道德是新闻生命的基础，新闻宣传必须服从于新闻道德，当新闻价值与新闻道德发生冲突的时候，应当把新闻道德放在首位⑤。

三、网络媒体社会责任研究

2003年10月10日，“2003中国网络媒体论坛”在北京召开。为期两天的论坛，主题就是研讨中国网络媒体的社会责任。论坛号召和呼吁中国的网络媒体以及网络媒体工作者能够严格自律、恪守职业道德，真正担负起网络媒体的社会责任。

天津学者刘鹤文认为提升网络新闻信任度已经成为网络媒体必须共同努力的首要目标。他撰文剖析了2003年3月28日互联网上流传的“盖茨被害”的假新闻，指出在这个国内互联网有史以来最大的假新闻事件之后，人们对网络新闻的信任度已经降至冰点——以至随后的真新闻“张国荣跳楼自杀”根本得不到网民的信任，“直到报纸、广播、电视等传统媒体纷纷报道之后，才打消了网民的疑虑”⑥。

同时，刘鹤文也对网络媒体的社会责任进行了解读。作者认为，尽管网络媒体的一些固有特点使得网络媒体很难具有和传统媒体一样的权威性，但网络媒体仍然应该力争使网络新闻真实准确、具有权威性。其次，网络媒体应当充分发挥信息提供速度快、数量大的特点，更好地尊重公民的知情权⑦。只有做到了这些，网络传媒才是真正成熟的传媒，才能承担起媒体本应承担的社会责任。

四、传播思想与文化研究

2003年，部分天津学者开始从文化学和哲学角度来考察大众传播学及媒体作品的构成，他们普遍认为文化关照在大众传播研究中是不容忽视的一个要素。

马艺在《试论我国电视纪录片的文化构成与自卫》一文中指出：“电视纪录片作为一种文化现象包含着物质层面和精神内核两个层次。其物质层面指电视纪录片的表现手段，精神内核指电视纪录片创作者的艺术观点，它的背后凝集着极其深刻的内涵，即人的思维方式、生活体验、审美选择等。因

① 马瑞洁：《从SARS报道反思灾难新闻的社会责任》，《中国记者》2003年第6期。
② 喻国明访谈录，《防止新闻发言人封锁新闻》，《瞭望东方周刊》2003年12月11日。
③ 马瑞洁：《从SARS报道反思灾难新闻的社会责任》，《中国记者》2003年第6期。
④ 陈力丹：《非典报道与生命权意识》，《新闻记者》2003年第6期。
⑤ 李秀云：《任白涛：中国早期新闻道德改革的倡导者》，《军事记者》2003年第5期。
⑥ 刘鹤文：《浅谈新闻网络媒体的社会责任》，《天津师范大学学报》(社会科学版)2003年增刊。
⑦ 刘鹤文：《浅谈新闻网络媒体的社会责任》，《天津师范大学学报》(社会科学版)2003年增刊。

此，后者决定了作品的表现形式，也体现了创作者的文化意蕴和价值观念。”①

作者通过对《话说长江》、《丝绸之路》、《话说运河》、《中华之剑》、《藏北人家》等一系列不同时期优秀电视纪录片的分析，提出电视纪录片的诞生、成型与发展始终以文化底蕴为其生命力的源泉，而这种文化底蕴“不仅包括传统的文化积淀，还包括现实社会思潮及影视理论的影响”。

南开大学传播学系系主任何平则将大众传播学理论与历史学相结合，运用传播学理念反思历史文化，通过剖析历史文化和传播功能逐渐式微的现实，提出“近代新史学以来，中国史学的叙事性传统趋于萎缩”是导致这一情况的直接原因。因此，他认为：“史学振兴的途径在于复兴传统的历史叙事，充分借助大众传播媒介，参与大众文化消费产品的生产，同时应该建立旨在史学社会化的‘应用史学’学科并从学术机制上予以积极扶持。”②

五、新闻史研究

新闻史研究历来是新闻传播研究领域的一个重要组成部分。2003 年的新闻史研究主要围绕梁启超、黄天鹏等著名报学思想家的学术思想和办报实践展开。学者们希望通过重温近代报学思想，起到以古鉴今的作用，为当前的新闻学理论建设提供一定的参考。

南开大学石云艳撰文总结了梁启超先生流亡日本期间先后创办《清议报》、《新民丛报》、《新小说报》的办报历程，作者认为：“梁启超办报以‘广开民智’、救国报国为宗旨，提出了‘思想新而正’、‘材料富而当’、‘报事确而速’以及经济上独立等基本原则。……梁启超的新闻思想不仅具有一定的反封建进步意义，而且也是新闻报刊史上的宝贵财富。”③

李秀云则认为，梁启超是中国新闻史上提出新闻舆论监督思想的第一人：“梁启超从新闻舆论监督的基本内涵、理论依据与必要条件 3 个方面较为系统地阐述了新闻舆论监督思想。”④

天津师范大学的王薇则将研究重点放在近代天津租界报业史方面。天津租界当年是外国人在华宣传的核心阵地，英、日、德、俄等各国报纸云集。王薇认为，西方人对新闻事业管理的观念要比当时的中国政府先进很多，这样一来“报纸在租界内，虽然不能畅所欲言，但远比清政府统治下的环境好得多，所以维新派宣传自己的政治主张，也往往以海外和租界为主要舆论阵地……这里既有殖民者的利益，也有清朝当局、北洋政府的利益；既有较为宽松的办报环境，也有国人办报发言的强烈愿望。但无论如何，租界毕竟打破了专制当局的言论垄断局面，为国人提供了阐释观点的论坛，为新生的政治力量宣传主张，使正义的舆论得以生存和发展”⑤。

六、传播学理论研究

当代传播理论研究呈现出研究视角的综合性、研究路径的多元性与研究方法的反思性等特征。运用传播社会学理论观照我国新闻传播与当代社会发展，是一种正在形成中的研究路径，具有广阔的理论发展空间与实际应用价值。在这一新兴研究领域，天津学者孙瑞祥做出了有益的探索。2003 年，他推出专著《新闻传播与当代社会——一种传播社会学理论视阈》⑥，在传播社会学领域做出了一次积极的探索。

孙瑞祥在这本专著中梳理了发端于西方 20 世纪 60 年代末以来的传播社会学理论进程，界定了传播社会学的基本含义，提出了一些传播社会学的研究方法论，作出了运用传播社会学方法解读我国当代新闻传播实践的尝试。

另外，作者还比较明确地提出了传播社会学的研究框架，并结合我国传媒实践，提出了一些有针对性的理论观点与应对策略。

复旦大学新闻学院教授、博士生导师张骏德先生这样评价这本专著：“本书不是基于对传播社会学的本体论研究，而是运用其理论、方法与视角，对新闻传播与当代社会发展的相关命题予以探讨。本书以新闻传播研究的当代走向为核心，以我国新闻传播实践为关注点，以新兴的传播社会学理论与

① 马艺：《试论我国电视纪录片的文化构成与自卫》，《天津师范大学学报》（社会科学版）2003 年增刊。
② 何平：《对中国史学的传播学思考》，《华侨大学学报》（哲社版）2003 年第 3 期。
③ 石云艳：《梁启超流亡日本时期的办报活动及其新闻思想》，《南开学报》（哲学社会科学版）2003 年第 5 期。
④ 李秀云：《梁启超的新闻舆论监督思想》，《南开学报》（哲学社会科学版）2003 年第 5 期。
⑤ 王薇：《近代天津租界与报刊》，《天津师范大学学报》（社会科学版）2003 年增刊。
⑥ 孙瑞祥：《新闻传播与当代社会——一种传播社会学理论视阈》，天津社会科学院出版社 2003 年版。

方法为研究路径，理论上具有一定的前沿性。”①

七、编辑学理论研究

2003年全国编辑学理论研讨会于2003年4月16日至18日在天津召开。来自全国出版界、高等院校的专家学者四十余人出席了会议。本次会议的主题是：结合新形势下编辑出版工作的发展，探讨以编辑活动的基本规律为中心的编辑学基本理论问题。

专家们在会议上主要讨论了以下议题：(1)策划编辑和策划编辑制；(2)当前编辑出版实践中的理论问题；(3)编辑活动内部规律和外部规律；(4)传播媒介的发展轨迹及其与编辑活动演变的关系；(5)编辑理论基础建设；(6)知识经济时代编导实践的基本特征和编辑规律问题；(7)文化制约编辑活动的规律；(8)编辑活动与编辑学的基本规律；(9)对现代编辑功能的再认识；(10)编辑概念与编辑活动基本规律；(11)编辑学中的变量因素；(12)编辑劳动规律；(13)编辑规范问题；(14)杂志与期刊辨析等。

其中南开大学传播学系赵航教授的发言《编辑学中的变量因素》，引起了与会者的关注，有专家认为该发言打开了我国编辑学研究的一个新思路。赵航在发言中提出，编辑学涉及许多变量因素。世间许多事物的规则、原理、规律大多并不复杂，问题在于如何控制它在运动过程中的变化，这种变化是由变量因素来决定的。就编辑学而言，其间的变量因素已被我们逐步地认识到，总的看来还很不够，而这可能就是20年来研究编辑学的一大“障碍”，是很多“说不清”、“道不明”、“两张皮”研究现象的引发原因之一。

中共天津市委宣传部副部长张秉诚到会讲话。中国编辑学会常务副会长邵益文在闭幕讲话中提道，今后编辑学研究的任务仍很艰巨，要继续坚持“双百”方针，发展学术争鸣。要重视总结实践经验，发动广大实践者参与学术争鸣，这是编辑学走向成熟的根本途径。

除了以上理论研究之外，天津新闻与传播学界继续致力于学科建设工作。南开大学广播电视专业学生电脑试验室于2003年正式建成并投入使用，他们开设了多媒体制作、DV摄制等门课程，丰富了天津广电专业教育。天津师范大学的《广告平面设计》与《新闻编辑学》这两门课程在许椿副教授和刘鹤文副教授的带领下，被确立为优秀课程建设立项，许椿还发表了教研论文《广告专业教学改革的三点尝试》②。

（本文作者：何平，南开大学传播学系副教授）

天津文学研究综述

王之望

2003年，天津文学研究又取得新的进展。主要表现是：在学术活动方面，孙犁研究会召开学术讨论会并部署有关研究规划，梁斌研究会研究部署了纪念梁斌90诞辰事宜，解放区研究会召开了纪念毛泽东诞辰110周年及学习《讲话》学术会议，南开大学和天津师范大学分别召开了梁启超学术讨论会和文献学学术讨论会，天津作协在市委宣传部直接支持领导下举办了第二届天津优秀青年作家奖的评选活动、重奖了优秀青年作家王松。天津作协还与市文联、天津社会科学院文学所联合召开了张宝树散文创作研讨会。

在科研方面，研究进一步深入，取得了一批新的优秀科研成果。我市科研人员在报刊发表了数量较多的评论天津文学的学术文章，除了《天津社会科学》、《天津大学学报》、《天津师大学报》、《文学自由谈》等刊物外，还在《光明日报》、《文艺报》等全国性报刊刊发了作品。与此同时，又出版了三部学术研究专著。一是王之望主编的《三星丽天》，以天

① 张骏德：《对传播社会学理论与实践的积极探索》，《新闻战线》2004年第7期。
② 许椿：《广告专业教学改革的三点尝试》，《天津师范大学学报》(社会科学版)，2003年增刊。

津文学为主体，从各不同层面与上海和北京文学展开对比研究；一是张宜雷主编的《图说20世纪天津文学》，以图文并茂的形式，勾勒了20世纪天津文学发展历程；一是王全聚主编的《天津文艺评论集》，内收我市文艺评论家近年撰写的40余篇论文。这两部著作分别为天津社会科学院和天津市社科规划重点课题。

2003年的天津文学研究，以上述三部学术著作为主要标志，表明研究重心已从一般地总结历史经验，朝着整理天津文学发展的历史脉络和与其他城市相比较，这样纵横两个方向深入开掘与拓展，并且都取得了一定进展和收获。在研究中，有以下几个问题值得人们特别予以关注。

（一）关于谁是中国现代话剧最早剧作家和导演。一些中国现代话剧史家认为，自1922年洪深参加上海戏剧协会的第三次演出以后，中国话剧才开始有导演的职务。郭武群副研究员经过认真考证，指出中国现代话剧的第一位导演应该是张彭春①。他从1916年留美回国后，就任南开新剧团副团长，彻底摈弃了该团编剧与排戏同步进行的落后方式，采用欧美流行的导演责任制。由于当时导演的称呼还未出现，故媒体将他称为“导排”。他于1916年执导的话剧《醒》和1918年导演的《新村正》，被公认为规范成功的现代话剧。关于话剧创作，有些版本的中国现代文学史著作，将胡适发表于1919年的《终身打事》视为现代话剧的第一部作品。郭武群认为，这也是“有悖史实，是不确切的也是不公正的”②。他指出，张彭春才是运用白话文形式创作话剧的第一人。他的三幕剧《入侵者》、寓意剧《灰衣人》、独幕剧《醒》、五幕剧《新村正》，分别写于1915、1918年，比胡适早4年，连胡适本人也供认不讳，1915年2月14日《胡适日记》写道：“仲述（张彭春的字）喜戏剧文学，已著短剧数篇。近复著一剧名曰：Thc Lntrude——《外侮》，影射时事，而用心亦可取，不可谓非佳作。吾读剧甚多，而未尝敢自为之，遂令仲述先我为之。”

（二）关于“津味”小说。新时期以来，以冯骥才、林希为代表的一批作家，创作了大量地域色彩浓郁的优秀作品，被评论界称之为“津味”文学。那么，它的实质是什么？有学者认为，津味“是一种文化，是一种艺术现象，是一种具有人类学意义的文学成就”③。也有学者认为，津味是“一种民俗的文化阐释”④。王之望认为，从文化的角度论“味儿”比较笼统，只说到了一般本质而未说到特殊本质。他在《津味读解》一文中，认为“津味”应当是对那种具备鲜明地域文化色彩生活所作的高度审美价值的整合与超越⑤。他同时认为，这也是它与“报人小说”家所津津乐道的旧“津味”的根本区别。关于“津味”的表现形态，林希认为：“文学作品中的‘味儿’，主要的还是指作品中的地域特色，而这个‘味儿’，又主要指的是作品中所描绘的地方风习和地域生活气息，离开了地方特色，自然就谈不上什么‘味儿’了。”⑥ 王世诚认为，“任何地方‘味儿’的小说其地域色彩是首要前提，它包括语言、风俗等”，“以地域文化去把握大文化”⑦。王之望认为，“津味”表现于具有天津特色的市井风味，富有天津人文特色的人物群像，以及有天津地方特色的语言运用等方面⑧。张春生则认为，小说“津味”主要表现在一个“杂”字和一个“变”字上⑨。

不少学者对于“津味”小说作家之间的不同追求和特点进行了深入研究。张宜雷比较了冯骥才与林希的作品认为：“两人的小说都常写清末民初天津风俗民情，但角度有所不同。如果说冯骥才是身在其外，从一个智者的角度来观察、反思，那么林希就是身在其中，以一个津门大宅末代孽子的身份来感受、品味。冯骥才多一分‘旁观者清’的清醒，林希多一分目击身受的执著。冯骥才较为含蓄而注重文化象征意味，林希则是要淋漓尽致地把天津市井生活的原生态五光十色、林林总总一股脑儿地揭示出来。故而两人虽同样注重地域文化特色，小

① 张宜雷主编：《图说20世纪天津文学》，延边大学出版社2003年版。
② 张宜雷主编：《图说20世纪天津文学》，延边大学出版社2003年版。
③ 林希：《“味儿”是一种现实》，《文学自由谈》1994年第4期。
④ 周海波：《津味，一种民俗的文化阐释——林希小说读札》，《当代作家评论》1999年第4期。
⑤ 王之望：《津味读解》，《天津文艺评论集》，中国文联出版社2003年版。
⑥ 林希：《后记》，《天津闲人》，北京出版社1998年版。
⑦ 王世诚：《“津味”林希》，《天津闲人》，北京出版社1998年版。
⑧ 王之望：《津味读解》，《天津文艺评论集》，中国文联出版社2003年版。
⑨ 张春生：《林希“津味小说”初探》，《天津大学学报》2002年第4期。

说风貌却并不雷同。”[①] 此前，张春生也曾区别林希与其他“津味”作家说：“其实在林希之前，天津作家写津门也颇具特色，但很少林希的这种‘味’。”“前者突出写了天津的特征，人杰地灵，如《津门大侠霍元甲》、《燕子李三传奇》等等。后者贵在以自己的风格，烧制出一种口味。林希没有以作家的身份旁观、描绘津人津事，而是用进入和感知，把自己和他们一块熬制出来。当然在视角上，也是一种全知全能写法，但却在作品里留有自己的身影。”[②] 刘乐群则将冯育楠、冯骥才、林希、肖克凡等“津味”作家进行比较分析，认为他们依次在人物刻画取向上为：“真人、奇人、能人、凡人”；在情节建构上为：“逸事、俗事、世事、琐事”；在生活画面态势上：“实态、变态、极态、生态”；在情感和理念透射上则为：“信念、意念、理念、欲念”[③]。

（三）关于“津味”与“京味”。林希说：“至于说到‘津味小说’，这本来也是有针对性的，因为先有了‘京味小说’，而天津作家写天津的小说，自然也就要被人称之为是‘津味小说’了。”[④] 王世诚说，所谓“天津味儿”，“都是某种积淀深厚的文化体现”，生命人文体验的不同，就会有不一样的“味儿”。“就以玩蛐蛐而论吧，大江南北的公子哥儿都玩，北京人、苏州人可能会玩得温良恭俭，但惟有天津爷们几乎玩进了人命，这就是地域文化对人的生存心态的塑造作用了”。“对林希来说，天津市井传奇之所以不同于北京、南京的市井传奇，换言之，天津故事之所以值得一讲，别人之所以愿看，便在于它骨子里有一股无法取代的‘津味’。因而，尽管小偷全中国、全世界都有，但惟有在天津他才是‘高买’，虽为下里巴人，却也至情至性，敢作敢为，甚至也讲仁义道德，……与其说是相士文化（它与传统的权术文化有共通处）在天津找到了一个大显身手的舞台，勿如说是天津这块风水宝地为它塑造出了一种全新的独特风采，它与天津历史共命运，与‘津味’融为一体”[⑤]。

王之望则分析了“津味”与“京味”的相同或相近点，其一是所选择的时代背景大致相仿佛，比较集中于清末民初的旧中国；其次是题材类型比较接近，着力展现市井生活百态和人生命运；三是审美追求上，竭力表现“入俗之美”即雅与俗的融合之美。但是，二者的区别也十分显著。最突出的一点，是文化视角的差异。“京味”写作的“文化底蕴博大沉厚而尤重于对忧患本色的着意坚守”，“津味”则立足于对天津历史文化做独特反思，而不是背负过重的使命压力。现成的例证是，二者都有一种喜剧美的特质，但“津味”比较轻松风趣，而“京味”则较沉痛酸楚。具体讲，譬如文化风情不同，由商埠文化背景和特定社会网络所决定的津门风情与官场文化背景下的京城风情迥异，天津人的婚丧嫁娶、待人接物皆以金钱为杠杆儿，谁有钱谁摆阔，而不似北京那般地等级森严。又如人物的“集体性格”和人文气质有别，“津味”文本中的人物大体有自己特定的尊容和嘴脸，其中所谓奇人、能人、怪人居多，就是天津特殊社会文化的产物。再如语言运用上也不一样，“津味”作品以天津方言为基础进行加工、提炼，形成刚健、流畅和风趣的审美特点，与“京味”的“官话”本色不同。二者在创作实绩上有较大差距，京味”创作历时悠久，作家阵容强大，在各个领域、各个阶段都取得了非凡的成就，而“津味”写作不过才刚刚开始。“津味”创作主要在小说，远不及“京味”的以小说为主干，以散文、诗歌、戏剧和影视为羽翼，已形成全方位、多层面和立体交叉构成的大局面。这种差别，恰好说明“津味”写作有着更加宽阔的发展空间[⑥]。

（四）关于“工人文学”。20世纪五六十年代，天津以董迺相、滕洪涛、阿凤、万国儒、张知行等为主要代表的一批工人作家，活跃于天津乃至中国文坛。其中，尤以万国儒的成就最高，时有“南胡北万”之称。对于万国儒的创作，茅盾曾赞扬说：“给了我们很多风趣盎然，而又意义深长的仅二三千字或仅有千余字的短篇；这在短篇小说不能短的今天的时尚中，不能不引人注意。”[⑦]，孙犁也赞赏他的小说：“是多情趣的，涉及生活，也比较广泛。他的思路比较

① 张宜雷主编：《图说20世纪天津文学》，延边大学出版社2003年版。
② 张春生：《林希“津味小说”初探》，《天津大学学报》2002年第4期。
③ 刘乐群：《津味小说的四种观照》，《文论报》1993年5月8日。
④ 林希：《后记》，《天津闲人》，北京出版社1998年版。
⑤ 王世诚：《“津味”林希》，《天津闲人》，北京出版社1998年版。
⑥ 王之望主编：《三星丽天》，延边大学出版社2003年版。
⑦ 茅盾：《读书杂记》，作家出版社1963年版。

广，也比较活泼。”① 进入新时期以后，特别是近几年批评界对“工人文学“的评价，分歧比较大。张宜雷主编的《图说20世纪天津文学》和孙玉蓉《留下历史的足迹，刻入不泯的碑文——万国儒论》一文，对他们的创作做了较高和较积极的评价。二位学者分别指出：“天津工人文学创作活动的业绩，在天津文学史，乃至全国文学史中，都留下了光彩的一页。”② 万国儒“作品一直保持着作者素有的朝气蓬勃、朴实无华的特色。他以丰富多彩和不断进步的作品，使自己成为在全国有影响的工人作家”③。

对于“工人文学”创作，臧策认为，“作为一种在世界文学史的范围内都并不常见的极为特殊的文学现象”，其研究价值是“不容置疑”的。但却认为，在总体上它是文学发展中的一种“退行”。“用今天的眼光来看”，可以发现：其文本还基本停留在“故事”的形态上，叙述话语过分粗糙与单调，有些作品简直就是虚构的通讯。概括起来，“1.缺乏文学价值；2.思想观念陈旧，虽也属边缘群体的写作，但却是‘遵命文学’而非‘异端’；3.文化含量低、可读性差，且缺少商业利用的价值。这些都是不争的事实”④。

（五）关于“南胡北万”。上海的工人作家胡万春与天津的万国儒，是五六十年代工人文学创作的突出代表，并称“南胡北万”或“北万南胡”。他们的创作，在当时引领风骚，颇负盛名。对这两位工人作家，近年来也出现一些不尽相同的批评意见。邢广域认为：“万国儒在工人作者中是最有影响的一位，在当时的文坛上，他与上海的胡万春有‘南胡北万’之称，他的作品深受广大工人读者的欢迎。”⑤ 孙玉蓉在《留下历史的足迹，刻入不泯的碑文》中，也持“并列”一说。

臧策在《话语流变中的“工人文学”》里，虽然并不否认“并列”说，但对胡与万的创作成就和特点做了比较深入的对比分析。他指出，“‘南胡’与‘北万’毕竟是工人创作的佼佼者，他们的成就体现了南北两种不同话语资源优势”。“南胡”的作品中，刻有“上海那难以磨灭的现代都市文化印记”。他在当时的语境下，开启了以鲁迅为代表的“五四”新文学话语资源，为他的创作提供了来自“五四”新文化的“关联文本”。他“反映旧社会”的小说虽然无法超越“诉苦”的模式，但还是超越了“工业题材”的八股，相对而言也更为自由一些。正因为如此，他的这些小说，普遍好于以“苏联文学”为话语资源的“工业题材”小说。万国儒以淳朴的语言，反映新生活，传达普通劳动者的心声和愿望，与“南胡”一样，颇受文坛关注。“他是个真诚的，非常勤奋的作家”，“应该说，就‘工业题材’这个令许多专业作家都知难而退的领域来说，万国儒也已经做得相当不错了”。但是，与“南胡”相比，“北万”的话语资源判然有别。“天津虽然与上海有着许多相似的地方，但上海的那种作为现代都市的‘洋气’，却只存在于一些租界地区，并不为一般的下层民众所接受。天津历史上的义和团运动、火烧望海楼等，都表明这里的本土民间文化对‘洋’是非常排斥的。这种土/洋之间的紧张对峙关系，在口音、习俗以及生活上的方方面面，都表现得很明显。所以天津的一个普通技工，是不会满口‘婆司’、‘培令’地说洋字眼的。在这种文化背景下，‘北万’的话语资源不同于‘南胡’，也就是顺理成章了”。臧策进一步分析了胡与万由于话语资源不同而形成的影响局限：“就如同胡万春学不来北方作家一样，北方的广大工人作者也同样没法去学胡万春。而万国儒的创作则无疑给北方的广大工人作者提供了一个范本，其在‘工人文学’领域的影响是深远的。”⑥

本市学术界还对津、京、沪三市文学的人文背景、发展现状与未来趋势，以及历史上的“京派”与“海派”之争对天津文学的影响等问题，展开了比较深入的研究，取得了一些较有深度的科研成果。有关学术团体和单位组织力量，对于孙犁、梁斌、鲁藜等重要作家进行有计划的研究，一批新的研究成果不久可望面世。天津社会科学院文学研究所承担的《天津文学志》和《天津文学史》两个大型学术工程，也在按计划顺利进行之中。总之，天津文学学科工在点与面两条战线齐头并进，深入开展。

（本文作者：王之望，天津社会科学院研究员）

① 张宜雷主编：《图说20世纪天津文学》，延边大学出版社2003年版。
② 《孙犁文集》（四），百花文艺出版社1996年版。
③ 孙玉蓉：《留下历史的足迹，刻下不泯的碑文——万国儒论》，《天津作家论》，延边大学出版社2002年版。
④ 臧策：《话语流变中的“工人文学”》，《三星丽天》，延边大学出版社2003年版。
⑤ 邢广域：《工人文学创作》，《图说20世纪天津文学》，延边大学出版社2003年版。
⑥ 臧策：《话语流变中的“工人文学”》，《三星丽天》，延边大学出版社2003年版。

历 史 学

史学理论与史学史研究综述

庞卓恒 吴 浩

2003年,在广大史学工作者的辛勤努力下,天津史学理论与史学史专业的学科建设与学术研究取得了新的成果。在学科建设方面,天津师范大学将历史与发展研究所改建为现代社会历史理论与实际研究所,由李学智教授任所长,著名历史学家庞卓恒教授担任名誉所长,旨在更有力地推进社会历史理论研究。庞卓恒教授主持的《史学概论》课程被评为国家级精品课程。他撰写的《唯物史观与历史科学》一书也被教育部研究生工作办公室推荐为研究生教学用书,由高教出版社再版。学术研究方面,2003年天津学者虽然没有史学理论与史学史方面的学术专著出版,但相关的学术论文不仅数量众多,而且研究领域有所拓宽,学术思想、学术观点和研究方法也体现了一定的创新性,兹分述如下。

一、史学理论研究的新进展

(一)关于历史教育目的和中学历史教材改革的思考

中学历史教学改革问题是当前教育界与学术界讨论的一个热点问题。庞卓恒在《历史教学》2003年第1期发表《历史教育的根本目的是培育科学的历史观》一文,对历史教育的目的和中学历史教材应建构什么样的知识体系等问题提出了自己的见解。他认为,历史教育的根本目的是培育学生科学的历史观,也就是培育学生具备科学地"鉴往知来"的文化素质和能力。以此为指导思路,在重新编写历史教材时,一切与这个根本目的无关或关系不大的内容,就应大刀阔斧地砍掉,一切与这个根本目的相关的内容,就应尽可能纳入教材,尤其与其关系最密切的那些内容,应当不惜课时和篇幅,尽可能生动、详细地讲述。在如何建构历史教材知识体系的问题上,作者提出,我们必须抛弃过去那种以"五种生产方式"为中轴线构建起来的知识体系框架,从21世纪中国面临的那些紧迫问题去反观历史,去展示与那些紧迫问题相联系的历史过程、事件及其内在的规律。该文发表后引起了一定的社会反响。

(二)关于历史学学科性质的探讨

历史学是科学(Science)还是"人文学科"(Humanities)这是一个西方史学界长期争论不休的问题。庞卓恒和吴英从语义上对"人文学科"、"人的科学"(Human Science)、"科学"的含义做出界定。他们认为"人文学科"在西方主要指研究人类精神领域的学科,它不能从自己研究的现象中归纳出可以被"客观检验"的"一般法则",只能通过研究者自己心灵的"内省"做出个别描述、判断或价值评价。"人的科学"在西方尚无公认的确切含义,中国人将其翻译为"人文科学",显然是不正确的。而"科学"乃是揭示事物存在和变化的规律,并能通过实践检验那些规律的知识体系。史学上这场"人文学科"与"科学"之争实质上是人本主义与科学主义两种社会历史观和方法论的对立的表现。这两种历史观与方法论都看到了真理的一个侧面,但由于它们不能回答其视为决定历史发展的"精英意志"或"结构"、"模式"自身产生、发展与演变的逻辑,因而它们均不能跨越"人文学科"与"科学"之间的鸿沟。唯物史观由于从因果必然性上揭示出人类为谋求生存和发展而从事的劳动生产实践活动必然不断提高自身的物质和精神素质,从而必然推进人性与社会不断从低级向高级发展,由于揭示了这样一个人类社会发展的普遍规律,因而从根本上解决了人本主义与科学主义所不能回答的问题,从而指引历史学成为一门揭示事物存在和变化的规律,并能通过实践检验这些规律的科学。因此,只有在唯物史观指导下,历史学才是一门真正的科学[①]。

① 庞卓恒、吴英:《历史学是科学还是"人文科学"》,载瞿林东主编《史学理论与史学史学刊》2002年卷,社会科学文献出版社2003年版。

（三）对世界文明发展规律的探索

关于“文明”问题的研究，长期以来一直是学术界的一个热点问题。庞卓恒考察了西方学术界对于“文明”几种有代表性的界说，指出这些界说虽有一定道理，但也存在很大的缺陷。为此，他提出了自己对于“文明”含义的界定：文明或文化是一定人群在谋求生存和发展的长时期共同的经济、社会、政治和精神等领域的社会实践活动中形成的价值体系和相应的生产生活方式，以及相应的物质和精神的人工制品（器物、制度、习俗和精神领域的符号体系）的总和。其核心是人们从社会实践活动中产生出来、反过来又制约和规范人们的社会实践活动，并决定各种行为方式、思维方式和人工制品兴废更迭的价值观。只有理解了社会发展的普遍规律，才能看清楚文明兴衰的规律。西方学者汤因比、池田大作、保罗·肯尼迪、沃勒斯坦等人对近代以来大国兴衰及其原因的探讨，以及他们对21世纪前景的预测，都涉及到对文明兴衰规律的探讨，其见解虽不乏独到之处，但其共同的缺陷在于：他们都没有从社会历史发展的根本规律去思考和论证文明兴衰原因，因而他们的总结与预测显得“空泛无力”。唯物史观揭示出社会历史发展的普遍规律，根据这一规律，生产能力的消长才是决定文明与国家兴衰的根本因素。人类社会九大文明与近代以来各大国的兴衰均说明了这个真理。随后作者以唯物史观为指导，对21世纪的前景做出了不同于西方学者的预测。作者认为，随着落后国“后进赶先进”的步伐加快，世界必将越来越走向多极化；随着生产力的高速发展和经济全球化的推进，造成世界大多数国家与人口都达到大体相当的生产能力水平，人类社会在21世纪有可能走向世界统一；21世纪中国生产力总体水平有可能与美国大体相当，但中国“天下一家”的文化传统决定了中国不会称霸①。

（四）对于史料性质以及史实、解释、规律关系的研究

雷戈从理论上对史料的性质做出了界定，他认为由于历史已经成为过去，不再为史料所指向，史料只能指向自己，所以史料应该是一套只有能指却无所指的语言符号。史料并不是历史，史料里包含的内容也不是历史，对史料性质的分析本质上是一种“元分析”，它先在地决定了在此基础上展开的整个历史研究过程及其可能产生的所有结论。史料的客观性不同于历史的客观性，史料只有主观性的一面，它的客观性是一种只存在于史料系统内部的语言的客观性，它无法证明历史的客观性，因此，历史研究的客观性只能是运用史料的规范性，即语言游戏的规则性。关于史料与历史理论（方法、观念）的关系，他认为，一切历史理论都是历史学家从历史本身直接获得的，是他们思维的创造性建构，史料自身不能直接产生理论，但可以充分限制理论。所有历史规律（目的、本质、意义）都是人们使用历史理论、历史方法对史料加以精细解读的结果，因此，它们都是史料意义上的历史规律，真正历史意义上的历史规律虽然存在，却不可能通过历史研究发现。因此，历史学的目的既不在于通过研究史料去发现历史规律和历史本质（因为这不可能），也不在于通过整理史料而去弄清历史事实和历史真相（这也不可能），而是去说史料让它可能说的话②。

庞卓恒从另一个角度探讨了史实、解释、规律三者的关系。他认为，史料自身不能“说话”，对于任何史实的叙述都难免渗透着对史实的解释。解释是否符合历史的客观实际，取决于解释所依据的理论。无论是“人总要趋利避害”之类的“常理”解释，还是所谓的“中观理论”解释，其解释力都是很脆弱的，经不起实践的检验。只有求助于唯物史观揭示的“生产能力推动人类自身和人类社会由低级向高级发展”的普遍规律，才能从因果必然性上阐明人类社会发展的差异，从而使历史研究符合历史的客观性，揭示出人类社会发展的共同规律③。

三、史学史研究的新进展

（一）宏观层面的理论研究

2003年天津学者在中国史学史研究的宏观层面取得成果主要集中在对中国史学史的学术体系与中国史学发展前景的思索以及对整个唐代学术史时代特征的总结两个方面。开阔的视野、深邃的历史眼光是这一层面研究的一大特色。

1. 中国史学史学术体系与中国史学发展前景

针对当前史学界存在着对中国史学史的基本性质与特点认识不清的问题，乔治忠对中国史学史

---

① 庞卓恒：《从世界历史看文明兴衰的规律》，载国家图书馆编《部级领导干部历史文化讲座》，北京图书馆出版社2003年版。

② 雷戈：《论史料》，载《史学月刊》2003年第8期。

③ 庞卓恒：《史实·解释·规律》，载《光明日报》2003年8月19日。

学术体系的内容、深层特征与学术意义进行了深入的探讨。他认为,中国史学史学术体系包括学术任务与研究内容两种结构。学术任务就是清理自古以来的史学遗产,阐明中国史学的演进过程,揭示中国史学发展的一般规律及特有规律。研究内容则包括历史观、史学思想、历史编纂学、官方修史制度和史学活动、史家的史学活动、史学评论、史学和其他社会因素的相互作用7个方面。中国史学史学术体系深层特征在于学科的内涵完整,学术前景的继进性,研究系统的开放性。而建设中国史学史的学术体系的学术意义,他认为可以归结为4点:为建立和丰富史学理论提供必要的条件;有助于历史研究的全面和深入;有助于其他学术史、专门研究的全面与准确;有利于端正史学研究的学风①。

关于中国史学未来的发展前景,乔治忠认为应注意3点:史学的学术研究与其社会应用间的关系应更加合理;历史学在今后的发展中,应当力求认识的创新和知识的更新;史学发展的学术性总结与史学批评,需要步入正途②。

2.唐代学术史与史学发展时代特征的总结

张国刚从宏观的角度对于整个唐代学术史的时代特征进行了总结。他认为,唐代学术有其独特的发展环境和多方面的成就。从形式上看,唐代学术表现出浓重的注疏学特征;从内容上看,三教融合,趋向心性之学时期是唐代学术发展历史趋势。从学术传承上看,唐代学术是连接汉学与宋学之间的桥梁,它总结了汉魏以来的学术发展、开启了宋明学术新风的时代特色。关于唐代的史学发展,张国刚是将其置于整个唐代学术发展的背景下去考察的。他认为,总结与创新均是唐代史学发展的时代特征,这突出表现在以下几个方面:史学从经学中独立,成为乙部之学;官修史馆的设立;史学注疏学的形成以及以《史通》、《通典》为代表的私家史学著述在史学内容与史学体例等方面的总结与创新③。

(二)微观层面的实证研究

2003年微观层面的研究成果主要集中在对历代官方修史活动与修史制度的研究、对史学名著内在特点的探讨以及对老一辈史学家治学成就的缅怀与追忆3个方面。

1.对唐代与清代官方修史活动与修史制度的研究

岳纯之对唐代官方修史活动以及官修史书的特点进行了深入的研究。他的研究主要集中在3个方面:唐代史馆的人员设置和史料来源;唐代官修《晋书》速成的原因及其存在的问题;唐太宗与编修《晋书》的关系。

关于唐代史馆的人员设置和史料来源问题,岳纯之经过大量的史料考证认为,唐代史馆的工作人员大致可分为三个层次,即监修国史、一般史官和其他勤杂人员。监修国史,是修撰国史的总负责人,始设于贞观三年,之后形成定制;一般史官分为两个层次,即史馆修撰和直史馆,他们是史馆修撰人员的主体,职责主要为修撰国史、实录;勤杂人员则是唐代史馆为修撰史书提供各种服务的人员,计有楷书手、典书、亭长、掌固等。唐代史馆的史料来源主要有诸司报送、起居注、时政记提供、史官自行采集和馆外人员主动提供四种形式,其中前两项为基本来源,后两项则是重要的辅助来源④。

关于唐代修撰《晋书》速成的原因及其存在的问题,岳纯之首先对修撰《晋书》的人数进行了考证,他认为,关于《晋书》的撰写人应以今本《唐会要》的记载最为可信,即共有21人。正是由于这些人之间做了细致明确的分工,各司其职,互相配合,一百三十卷的《晋书》才会在短短两年内完成。速成的《晋书》具有以往同类史书所不具备的许多优点,但也存在内容遗漏、错谬相沿、取材不当、照应不够、诠配不伦等不少缺点⑤。

关于唐初重修《晋书》的原因这个问题,学术界普遍将重修《晋书》活动的发起与太宗联系起来,竭力在太宗身上寻找原因。岳纯之不同意这种做法。通过大量的史料考证,他认为,唐太宗虽曾颁布重修《晋书》诏,但他与重修《晋书》活动的发起并无特殊关系。唐初重修《晋书》是因为此前诸家"晋书"在内容、体裁、史学观、史料采择等方面存在各种缺陷,不能适应唐初的政治形势和时代要求。唐太宗虽为《晋书》撰作了几篇史论,但有的是出于其晚年

① 乔治忠:《论中国史学史的学术体系》,载瞿林东主编《史学理论与史学史学刊》2002年卷,社会科学文献出版社2003年版。
② 乔治忠:《中国史学发展前景之我见》,《北京师范大学学报》,2003年第1期。
③ 张国刚:《略论唐代学术史的时代特征》,《史学月刊》2003年第6期。
④ 岳纯之:《论唐代史馆的人员设置和史料来源》,《烟台师范学院学报》(哲学社会科学版)2003年第3期。
⑤ 岳纯之:《论〈晋书〉的速成及其存在的问题》,《烟台大学学报》(哲学社会科学版)2003年第1期。

的政治焦虑,有的则出于个人的兴趣爱好,不应视为重修《晋书》的原因①。

乔治忠就清初官修《明史》的问题与香港大学何冠彪博士进行了商榷。何冠彪通过挖掘新的史料,提出"清顺治朝已修成编年体《明史》,纪传体《明史》的编纂于顺治十二年已经开始,清康熙初年《明史》仍在纂修之中"3个新观点。乔治忠通过大量的史料考证对其进行了反驳。他认为,清顺治、康熙初年清统治者仅仅是出于狭隘、短视的政治目的才组织纂修《明史》,《明史》实际上两次处于停修的状态,因此,顺治朝并未修成编年体《明史》,也没有纪传体《明史》的议修和编修,而康熙六年九月《明史》的纂修再次中止。何冠彪之所以提出错误的观点在于其过于轻信个别存在问题的史料②。

此外,乔治忠对清入关前汉文文献存档制度的形成,以及关于汉文文件的处理机制、关于汉文档案的编录副本、汉文档案在纂修《清太宗实录》中的利用等问题进行了深入的考析。他认为,后金保存汉文文件的意识,起自与明朝将领袁崇焕书信往来的议和交涉,至清太宗朝初年已形成汉文档案的存档制度。汉公文文件,在存档上有单单保存、上簿、录副、选译收录于满文档册等不同层次。汉文档案在清朝纂修《清太宗实录》中,仅仅间或用于校订载文,没有作为基本史料利用。因此,这些汉文档案史料价值极高,在今天的史学研究中仍有很大的开发空间③。

2.对史学专著内在特点的探讨

雷戈通过对《古史辨》所收录和编辑的史学评论文章的分析和研究,深刻地揭示了《古史辨》中史学评论的基本特点。他认为,《古史辨》不但是一部理性考辨古史的文集,而且也是一部自觉批评史学的文集,系统性、专题性、自觉性、理论性、客观性、社会性是其史学评论内容的基本特点④。

乔治忠、王盛恩则从另一个角度深入探讨了汉赋对《史记》创作的影响。他们认为,司马迁的《史记》不仅得益于西汉武帝时期政治、经济强盛的社会条件,承袭了先秦以来史学发展积累的成就,而且还从西汉大赋的精神气度、文章结构、创作手法获得启示与借鉴。《史记》的创作学习了大赋的恢宏气势,借鉴了大赋有系统地归类式描述结构,同时,也受到大赋夸饰、渲染写作文风的深刻影响⑤。

3.对老一辈史学家治学经验与成就的缅怀与追忆

老一辈史学家具有扎实的史学功底、严谨的治学态度以及持正的为人品格,他们的治学经验与治学成就本身就是我国史学发展过程中一笔珍贵的财富。张国刚⑥、乔治忠与姜胜利⑦分别撰文缅怀与追忆了已故著名史学家杨志玖与杨翼骧两位先生对中国古代史以及中国史学史的研究做出的巨大贡献。孙卫国则回顾了50年代末60年代初以翦伯赞、郑天挺等为代表的老一辈史学家努力破除"史学革命"、"以论带史"、"打倒王朝体系"带来的消极影响,坚持以客观公正、认真负责、求实严谨的"历史主义"态度组织编写高校历史教材,并最终取得颇有建设性成就的动人事迹⑧。

最后需要指出的是,关于西方史学史的研究,2003年成果比较少,仅限于孙卫国的《西方书籍史漫谈》一篇文章,因此也就不再细述了⑨。

(本文作者:庞卓恒,天津师范大学历史文化学院教授、博士生导师;吴浩,天津师范大学历史文化学院研究生)

---

① 岳纯之:《唐太宗与〈晋书〉》,《历史教学》2003年第4期。
② 乔治忠:《论清顺治朝与康熙朝初期对〈明史〉的纂修——兼与香港大学何冠彪博士商榷》,《河北学刊》2003年第3期。
③ 乔治忠:《清太宗朝汉文档案文献考析》,《中国史研究》2003年第1期。
④ 雷戈、蔺学才:《〈古史辨〉中史学评论的基本特点》,《聊城大学学报》(社会科学版)2003年第2期。
⑤ 乔治忠、王盛恩:《试论汉赋对〈史记〉的影响》,《史学月刊》2003年第4期。
⑥ 张国刚:《关于50年代中国史学的一点评价——重读杨志玖先生〈隋唐五代史纲要〉》,载瞿林东主编《史学理论与史学史学刊》2002年卷,社会科学文献出版社2003年版。
⑦ 乔治忠、胜利:《杨翼骧教授的史学成就及其学术特点》,《史学史研究》2003年第2期。
⑧ 孙卫国:《历史主义对"史学革命"的一次反拨》,《淮北煤炭师范学院学报》(哲学社会科学版)2003年第1期。
⑨ 孙卫国:《西方书籍史漫谈》,《中国典籍与文化》2003年第3期。

中国古代史研究综述

乔治忠　孙文阁

在全国史学界，天津市的中国古代史专业名列前茅，一直处于领先地位。2003年在中国古代史的研究与学科建设上，又取得了十分突出的成绩。

其一是学科建设取得新的进展。南开大学中国古代史专业是全国重点学科，在同类专业中曾排名全国第一。2003年连续举办"多元学科视野下的中国社会史研究"和"明清以来华北社会经济研究"两个国际学术研讨会，推动了学科建设、学术交流，扩大了学术影响。《南开史学家论丛》第二辑、《中国社会史研究丛书》第二辑也相继出版面世，其中包括许多中国古代史研究的新作。

其二是学术论文与学术著作数量可观，水平提高，内容丰富。据不完全统计，2003年天津市中国古代史研究领域共出版学术专著20部，整理古籍2部，编写研究生教材2部，发表学术论文130余篇。这些论著涉及中国古代历史的诸多方面，如中国古代政治制度、政治思想、政治人物的研究；中国古代社会史、经济史、学术文化史、对外关系史的研究；中国古代文献与器物的考证与研究等。这些学术成果，就其内容的广泛性而言，在全国史学界相同专业中具有十分突出的特点，以下予以概略的叙述。

一、政治史与政治思想史研究

关于古代政治制度史，南开大学李治安著《元代政治制度史研究》（人民出版社2003年版）曾获得第三届中国高校人文社会科学研究优秀成果三等奖，是作者多年研究元代政治制度的一个总结性成果，全书共分四个主要组成部分，即中央政治制度、地方行政与监察制度、投下与蒙古诸王制度、中央与地方的关系。书中特别对元代的行省制度及中央军事制度等前人研究较少的问题重点探讨，提出了许多值得重视的见解。柏桦的《明清州县政治体制研究》（中国社会科学出版社2003年版），则对明清的基层地方政治体制作了细致的叙述，并且从政治学的角度进行了分析。杜家骥《清朝满蒙联姻研究》（人民出版社2003年版）一书深入考察清代满族与蒙古族上层的联姻问题，分析了其中的政治取向和政治效果。此书将政治制度史的研究与民族关系的探讨结合起来，从而揭示了清廷巩固其统治的一个侧面。张国刚的《从中西初识到礼仪之争》（人民出版社2003年版）一书，从明清中西外交关系的角度切入，抓住"礼仪之争"这一冲突，论述了中国的"礼制"反映的政治制度与政治观念。

学术论文涉及政治制度内容者甚多，其中专题性研究如南开大学胡宝华的《唐代"进状""关白"考》（《中国史研究》2003年第1期），对唐代的弹劾制度进行了研究，认为唐代从唐中宗开始，弹劾程序逐渐发生了变化，增加了"进状"和"关白"手续，御史拥有的自主弹劾权限因此受到了很大程度的削弱。这是对唐代政治制度研究的新的发现。其他尚有刘敏的《论汉代的兵和兵役》（《历史教学》2003年第12期），林延清的《明代都察院的审计职能》（《中国审计报》2003年12月17日），杜家骥的《〈星源集庆〉及其史料价值》（载日本《满族史研究》2003年第5期）和《清廷与蒙古亲王僧格林沁家族与清皇家的时代政治联姻考述》（载《历史档案》2003年第1期）等文。

政治思想史领域的研究，硕果累累，有诸多专著出版，并且发表论文30余篇。南开大学刘泽华先生出版的论文集《洗耳斋文稿》（中华书局2003年版），为多年积累的研究成果，是"南开史学家论丛"第二辑中的一部，涉及历史学的许多方面问题，但政治思想史研究是其中的精华内容。刘泽华、张荣明合撰的《公私观念与中国社会整合》（中国人民大学出版社2003年版）则是一部新著，抓住思想史上"公"与"私"这一对对立统一的观念，剖析了中国古代的社会和政治问题。其他著述如葛荃的《权力宰制理性：士人、传统政治文化与中国社会》（南开大学出版社2003年版）、季乃礼的《三纲六纪与社会整合——由〈白虎通〉看汉代社会人伦关系》（中国人民大学出版社2003年版）等书，均将政治思想史与社会政治史的研究有机结合起来，由思想史的角度分析社会政治发展大势形成的深刻原因。

古代公私观念的研究成为2003年古代思想史研究的热点之一，刘泽华认为中国古代的公私观念成型于春秋战国时期，但是“立公灭私”成为主流意识，取消了“私”的正当性与合理性，它与君主制度互为表里，为专制制度整合社会资源、控制分配权提供了理论依据①。相关论文还有张分田的《“天下为公”是中国古代的统治思想》（《阴山学刊》2003年第3期）、葛荃、张长虹的《“公私观”三境界析论》（《天津社会科学》2003年第5期）等。刘畅的论文《先秦“尚大”思维论》② 认为，在先秦思想界，涌动着一股“尚大”思潮，其本质在于对社会与人生终极依据的追求与探索。此外，张荣明对汉代的政治思想与文化进行了考察，发表3篇学术论文：《论董仲舒的政治神学》（《天津社会科学》2003年第4期）、《汉代儒术与政治信仰》（《天津师范大学学报》2003年第5期）、《秩序宗教与生命宗教——对汉晋儒教、道教产生和基本功能的考察》（《南开学报》2003年第6期）。何平发表了《殷纣“地—母”崇拜与原始本体观》（《南开学报》2003年第6期），探讨上古时期的社会意识问题。

对政治人物的评述是中国古代政治史研究的重要内容，张分田的专著《秦始皇传》（人民出版社2003年版）、李冬君著《孔子圣化与儒者革命》（中国人民大学出版社2003年版），均从历史上的热点人物着手剖析政治问题。学术论文的数量较多，而且多颇有新意，如天津师范大学张玉兴的《太平公主浅论》（《历史教学》2003年第9期）对唐代的太平公主进行了评价，他指出，电视连续剧《大明宫祠》对太平公主的刻画加入过多艺术夸张的因素，往往偏离历史真实。林延清的《仁宗张皇后与明初政治》（《史学月刊》2003年第8期）认为，在探讨明初政治时，应当重视仁宗张皇后的作用，她在仁宣时期和正统初年皇位更迭中，以及在抑制宦官势力，约束外戚等方面，功不可没，堪称是一位女政治家。刘敏的《汉新禅代中的刘歆》（《史学月刊》2003年第7期）认为汉、新之际，名儒、贤达党附王莽者甚众，刘歆不幸被过多地指责。陈晓东的《胤禵与明珠关系考证》（《满族研究》2003年第2期），提出清康熙朝的大臣明珠与胤禵是叔外祖父与外孙的关系，但并没有密切的政治关系。此外，还有南开大学王力平发表《杜伯·杜衍·杜陵——传说中的杜氏先祖与汉代杜氏世家》（《寻根》2003年3月），天津师范大学的秦贤宝、肖立军撰《顺治帝的三位后妃》（《历史教学》2003年第7期）等等，均涉及历史人物。

二、古代社会史的研究

中国古代社会生活史的研究，是天津市历史学科的优长项目。社会史内涵广阔，举凡宗族问题、文化起源和传承问题、生活习俗问题、灾害与疾病的社会对策问题、人口和社会教育机制、管理机制等等问题，皆可归并其中。中华书局2003年出版了冯尔康的文集《顾真斋文丛》，这也是《南开史学家论丛》第二辑中的一部。文集选编了冯尔康的有关论文36篇，内容涵盖了清代的社会制度、社会生活、文化习俗等多方面内容，是多年来研究中国社会史的结晶。

其他学者新发表的学术论文有20多篇，涉及明、清两代者居多，亦有通贯性的专题研究。例如南开大学常建华研究了明代的宗族问题，发表3篇文章：《明代墓祠祭祖述论》（《天津师范大学学报》2003年第4期）、《明代徽州宗祠的特点》（《南开学报》2003年第5期）和《明代徽州的宗族乡约化》（《中国史研究》2003年第3期）。他认为，明代嘉靖、万历年间南方地区流行墓祠祭祖，与宗祠的普遍化以及宗族组织化是同步发展的。明代中叶徽州的不少宗族在朝廷的推动下制定族规，设立族长，制定乡约，从而宗族被组织化，加强了宗族与官府的互动关系。余新忠则对清代的疾病与医疗机制进行了深入研究，他认为，人痘接种术大约在清初传入江南地区。牛痘传入后，官府介入而加以推广，不过主要动力仍来自地方社会力量③。他还认为，瘟疫绝不仅仅是自然生理现象，而是关涉医疗乃至整个社会机制与文化问题④。目前中国史学界对中国疾病医疗史，尤其是身体史的探讨还极为薄弱，有待深入发掘的论题极多，资料的搜集、利用与

① 刘泽华：《春秋战国的“立公灭私”观念与社会整合》，《南开学报》2003年第4、5期。
② 刘畅：《先秦“尚大”思维论》，《社会科学辑刊》2003年第5期。
③ 余新忠：《清代江南种痘事业探论》，《清史研究》2003年第2期。
④ 余新忠：《自然灾难史：思考与启示》，《史学理论研究》2003年第4期。

适当的研究方法，都需要加以探索和创新[①]。王利华的论文《历史前期华北生态与社会互动变迁关系研究》(韩国《大东文化研究》2003 年 12 月)，将自然生态与社会发展结合考察，体现了学科交叉的思路与方法。天津师范大学的王玉亮的论文《河北北部文明起源进程中的特点》(《廊坊师院学报》2003 年第 4 期)，认为河北北部文明起源过程有着鲜明的特点，向文明社会迈进的过程中具有文化多元和不平衡性，起源早但很晚才进入文明社会。

具有社会史内容的研究，还有朱彦民《殷卜辞所见先公配偶考》(《历史研究》2003 年第 6 期)，谭晓玲的《浅析元代的判决离婚》(《内蒙古大学学报》2003 年第 3 期)，胡中生的《明清徽州的人口买卖与婚配》(《安徽史学》2003 年第 2 期)，闫爱民的《汉晋王室婚姻的嬗变》(《中国中古史论集》天津古籍出版社 2003 年版)，天津师范大学张沛之《元代中后期汪古马氏的社会关系网络——以马祖常为例》(《青岛师范大学学报》2003 年第 4 期)等。而何孝荣《明代南京寺院研究》(佛光山文教基金会，2003 年版)一书，对明代南京佛教寺院进行了综合考察[②]。

三、中国古代经济史与对外关系研究

在经济史领域，天津市学者 2003 年共发表论文十多篇。南开大学的许檀对河南洛阳与周口地区的商业进行了个案考察，认为洛阳商业的兴起约在康熙年间，清代中叶达到鼎盛。它不仅是河南府的商业中心，也是陕甘地区与中原及南方各省商品流通的重要通道[③]。而周口是清代河南的著名商镇，在清代中叶达到鼎盛，是河南东部与江南商品流通的一个重要枢纽[④]。江晓敏则讨论了唐宋时期中央与地方的财政关系，有助于深入了解古代官方经济制度及其运转机制[⑤]。

工商经济与对外贸易是经济史研究很受关注的问题，其中张国刚的《明清之际中欧贸易格局的演变》(《天津社会科学》2003 年第 6 期)一文认为：明清时期中国与欧洲的贸易关系中，欧洲处于主动地位，不能不说与中国统治当局采取的“抑商”政策有关。王薇的《论中朝两国间最早的谈判贸易》(《天津师范大学学报》2003 年第 4 期)一文，认为 15 世纪初叶，明朝政府派遣使团进行了首次境外大宗官方贸易，中朝两国就马匹的价格、数量、质量和交易方式进行了成功的商谈，具有明显的商业特征。蔡礼彬的论文《从出土材料看战国时期平民手工业者》(《求是学刊》2003 年第 5 期)，则分析了战国时期的贫民手工业者的情况，成淑君发表了《交通贸易与明代山东三府土地开发》(《史学集刊》2003 年第 4 期)和《“自是神人同爱国，岁输百万佐升平”——明代泰山碧霞灵应宫香客经济初探》(《济南大学学报》2003 年第 3 期)两篇论文。

此外，古代中国在政治、文化方面的对外关系研究，也是天津市 2003 年度新的特色，一是多扎实、深入的史实考证，二是较为重视中朝关系史。

白新良《康熙朝奏折和来华西方传教士》(《南开学报》2003 年第 1 期)清理、考订康熙朝满、汉文奏折中西方来华传教士的史料，发现当时来华西方传教士达 100 余人，有些名字为他书所不载。教皇特使多罗离京时间、康熙帝致罗马教皇信函颁发时间等问题，也可由奏折所载内容予以解决。南炳文《“郑成功献日本书”的送达者非桂梧、如昔和尚说》(《史学集刊》2003 年第 2 期)对明末郑成功给日本德川幕府送交信件的事迹进行了考订，指出给郑成功送信的是和尚桂悟而非“桂梧”，所谓另一和尚“如昔”是不存在的，纠正了历来的讹误认识。孙卫国在涉及中朝关系史的研究上发表 2 篇论文：《试论明遗民之东去朝鲜及其后裔世代对明朝的思怀》、《试论朝鲜王朝崇祀明朝东征将士之祠庙》，又与郑克晟合作发表《试论多尔衮与朝鲜的几个问题》[⑥]。文章考述朝鲜王朝优遇明朝遗民与立庙崇祀明东征将士的情况，表现出朝鲜一面臣服于清朝、一面极端怀明的复杂关系。他还认为，清初多尔衮明智地采取对朝鲜的德化政策，稳固了与朝鲜宗藩关系的基础。常建华研究了朝鲜 17 世纪的族谱，认为朝

① 余新忠：《中国疾病、医疗史探索的过去、现实与可能》，《历史研究》2003 年第 4 期。
② 按：此书先已出版，2003 年又于海外再印。
③ 许檀：《清代中叶的洛阳商业——以山陕会馆碑刻资料为中心的考察》，《天津师范大学学报》2003 年第 4 期。
④ 许檀：《清代河南的商业重镇周口——明清时期河南商业城镇的个案考察》，《中国史研究》2003 年第 1 期。
⑤ 江晓敏：《唐宋时期的中央与地方财政关系》，《南开学报》(哲学社会科学版)2003 年第 5 期。
⑥ 依次见北京大学韩国学中心编《韩国学论文集》2003 年总第 10 辑、总第 11 辑，《清史论集：庆贺王钟翰教授九十华诞》，紫禁城出版社 2003 年版。

鲜的族谱受到了中国传统文化，特别是宋代儒学的熏染①。此外，在民族关系方面的论文有葛亮的《论汉代的民族“和亲”并非民族间的政治联姻》（《河北学刊》2003年第6期），认为汉代所谓民族间的“和亲”之“亲”，意为亲近、亲附、亲善，没有“婚姻”的含义。汉代的“和亲”与民族政治联姻不能混为一谈。这个观点值得特别注意。

四、器物、文献考订与学术文化史研究

古器物和文献是古代史研究的重要依据，它本身也是古代历史内容的表征，2003年天津市的研究成果多且功力深。南开大学刘毅《商周印纹硬陶与原始瓷器研究》（《华夏考古》2003年第3期）认为：陶器和瓷器从商周时期开始形成两个不同的发展序列，二者各自发展，互有影响，且时代越晚，其关系越疏远。二者的联结点是特殊的陶器——印纹硬陶。贾洪波的《论令彝铭文的年代与人物纠葛——兼略申先生西周金文“康宫说”》（《中国史研究》2003年第1期）通过对令彝及相关铜器铭文和史实的综合考察，认为令彝的年代应在周昭王时期，因而唐兰的“康宫说”也是正确的。贾洪波的《爵用平议——兼与〈青铜爵的功用、造型及其与商文化的关系〉一文商榷》（《江汉考古》2003年第1期）对爵的功用做了考证，与学术界先前的说法进行商榷。冯好的论文《关于商代车制的几个问题》（《考古与文物》2003年第5期）认为商代早期存在辇车是毋庸置疑的，商朝的车有人力车、羊拉的车，但马车恐怕尚未出现。这皆为十分扎实、严谨的专业性论文。

南炳文的《〈万历起居注〉〈明神宗实录〉和〈李文节集〉中的李廷机内阁奏疏》（《西南师大学报》2003年第4期）从史料学上比较了三种文献的互补关系。白新良的论文《已刊康熙朝满汉文奏折正误》（《清史研究》2003年第4期）认为：中国第一历史档案馆组织学者整理出版的《康熙朝汉文朱批奏折汇编》、《康熙朝满文朱批奏折全译》，提供了珍贵史料，但译文错误不少，作者进行了具体的指摘与辨析。天津师范大学杨效雷著《清儒易学举隅》（香港国际学术文化资讯出版公司，2003年）一书，梳理和研究清人的《周易》学的成就和思想。

赵伯雄《朱熹〈春秋〉学考述》（《孔子研究》2003年第1期）指出：宋代大理学家朱熹对儒学经典之书大都作过注释、讲解和赞扬，惟独对《春秋》一书见解颇可玩味。他虽然没有否定《春秋》的经典地位，但旗帜鲜明地反对所谓《春秋》“一字褒贬”说，反对以“例”说《春秋》的做法，对《春秋》“三传”以及程颐、胡安国的《春秋》学都提出了批评。这在当时是一种可贵的客观求实精神。张国刚的《略论唐代学术史的时代特征》（《史学月刊》2003年第6期）、孙立群的《论魏晋士人的“觉醒”及其社会背景》（《中国中古史论集》天津古籍出版社2003年9月）、李瑞兰的《鬼谷子师徒的价值追求及其归宿》（《鬼谷子研究文集》陕西旅游出版社2003年版）等多篇论文，分别对有关学术文化问题做出清理与探讨。陈德弟的文章对中国古代魏晋南北朝、五代后唐的官府藏书事业作了叙述。

史学史研究是学术文化史的重要方面，2003年成果亦属丰硕。乔治忠《清太宗朝汉文档案文献考析》（《中国史研究》2003年第1期）一文对清太宗时期汉文档案保存制度进行了考述，分析了汉文档案与满文档案的关系，指出清朝纂修《清太宗实录》时，汉文档案仅仅间或用于校订载文，并未作为基本史料利用，故其中丰富的资料仍具有极高的研究价值。《论清顺治朝与康熙朝初期对〈明史〉的纂修》（《河北学刊》2003年第3期）一文认为：清顺治朝与康熙朝初期，官方纂修《明史》的成绩甚微，清廷当时出于狭隘、短视的政治目的开设明史馆，致使《明史》两次处于既未实际纂修又不明言废止的状态。乔治忠、王盛恩合撰的论文《试论汉赋对〈史记〉创作的影响》（《史学月刊》2003年第4期）提出：汉赋特别是司马相如的作品，备受西汉统治者青睐，司马迁也极其推重，《史记》的创作乃是学习了大赋“控引天地，错综古今”的恢宏气势，借鉴了大赋归类式描述结构，也受到大赋夸饰、渲染写作文风的影响。姜胜利对清代的明遗民史学进行了探讨，认为明遗民在民族思想和忠义思想激励下，积极研治明史，主要采取两种形式，一是私家撰修，一是襄助官修②。李小林的《万历官修本朝正史活动

① 常建华：《17世纪的朝鲜族谱》，《史林》2003年第4期。
② 姜胜利：《明遗民与清初明史学》，《安徽大学学报》2003年第1期。

的倡导者——陈于陛》(《第九届明史国际学术讨论论文集》2003年9月)一文,论述了明万历时期陈于陛对修史的贡献。王盛恩的《孙甫史学发微》(《史学史研究》2003年第3期)认为北宋史家孙甫是引经入史的倡导者和实践者,他的史学思想及其史学成就,对于宋代史学风气的转变和编年体史书的复兴具有重要影响。

总而言之,天津市2003年中国古代史学科成果斐然,发展态势良好,学术队伍扩大,新生力量成长,研究的广度、深度进一步扩展,对研究方法的创新有所探索。今后的趋势将会在已有丰富成果的基础上,经过整合而创树足以卓立于史学界的大的系统性研究工程,政治思想史、社会史研究形成的系列丛书,已经展现出这样的端倪。但在学科发展中,还存在一些值得注意的问题,例如,就全市而言,仅南开大学的中国古代史学科驰名全国,天津师范大学也有所发展,而其他高校与研究机构却未加重视。历史学科的重要性毋庸多论,而我们在历史研究上不能割断历史,如何在全市社会科学发展中建设中国古代史学科,令学术研究氛围活跃起来,是一个需要解决的问题。

(本文作者:乔治忠,南开大学历史学院教授、博士生导师;孙文阁,南开大学历史学院博士研究生)

中国近现代史研究综述

陈振江　张　博

2003年,天津学者关于中国近现代史研究进入了一个新的阶段,不仅体现出鲜明的地域特色,同时,在诸多领域利用新的理论范式进行了深入研究。具体表现在:天津地域史研究继续升温,不仅专题性文章较以往明显增多,且有多部很有分量的专著问世。在中国近现代史的其他领域,也出现了新的研究趋向,许多学者把目光瞄向了交叉学科,并利用交叉学科的理论从事历史学研究;另外,一些学者在一年内关注的领域较为集中,使得公开发表的文章和论著集中在政治史和社会文化史等领域。

一、天津史研究逐步升温,高水平论著不断出版

2004年12月23日是天津设卫建城600周年,以这一重大城市庆典为契机,从2003年开始,天津史研究开始升温。天津社科院、南开大学等科研单位的有关学者不断开拓天津史的研究课题,研究成果也不断问世,形成了新一轮的天津史研究高潮。

1.天津史专著集中出版

2003年,与天津史有关的专著共3部,且每部专著均立足于不同的着眼点。但不管是从宏观上对天津史进行探讨的专著,还是从某一角度进行微观探讨的著述,均是在对前人研究成果进行认真梳理的基础上,从新的视角对天津地域史的相关领域进行深入的探讨。这些专著多为社科基金资助项目,论者有着丰富的天津地域史研究经验,这也使得这几部专著水平达到了一定的高度。

这3部专著基本上是由天津社科院历史研究所研究者领衔或独立完成。由天津社科院历史所的学者完成的《解读天津600年》,本书虽然是一部概述性的专著,但综观全书,从整体上把握了天津建城600年来城市演进的主体脉络和特征,探索了天津城市的性格和发展规律①。

2003年,天津社科院刘海岩还从城市空间的视角出发,对城市空间与社会的关系进行全方位的论述。该书在体例上有所突破,不同于一般城市史的叙述方式,将空间的概念引入城市史的研究中。在开篇将影响城市社会变迁和发展的空间领域进行专门论述,从海河水系对天津城市发展的影响到城市社会生活的空间变迁,无处不体现着空间对城市发展的作用和影响。因而,也就该书体例编排突破传统城市史研究的樊篱,改变了以往以时间顺序探

① 张利民主编:《解读天津六百年》,天津社会科学院出版社2003年版。

讨城市发展的方式[①]。

此外，由张利民、许檀、周俊旗、汪寿松等专家学者共同完成的《近代环渤海地区经济与社会研究》也在本年度问世。该书是国家哲学社会科学"九五"规划重点项目的最终成果，是第一部研究环渤海地区近代化进程的学术专著。由于近代天津在环渤海地区的地位和作用，在书中，作者们对天津地方史的研究也多有关照。该书在总结了传统时期环渤海地区经济发展状况后，重点研究了在世界市场的冲击下，环渤海地区在对外贸易和工农业发展，交通环境的变革，商业与商品市场网络的重构，社会结构和生活质量的转变，以及城镇体系的重组；论证了各经济区域发展重心的东移和经济重心的转变。在这部著作中，许檀根据档案资料指出，天津从漕运城市转为港口城市的时间应该是清代雍正年间，并非前人指出的在天津通商开埠之后[②]。

2.高水平论文层出不穷

除了关于天津地域史的专著以外，这一年，学者们从不同的角度对天津史的方方面面进行了探讨，涉及到政治、经济和社会文化等诸多领域，并且视角独特，理论前瞻性较强。

刘海岩从生态史的角度出发，希冀对生态环境与天津社会变迁的问题进行探讨，并着重论述了海河水系形成的历史及其与天津城市化的关系；环境、资源与天津城市空间结构演变的关系；天津水资源控制与利用的历史；人为因素对海河水系形成的影响及其长期形成的负面作用；水灾对天津城市化的多重影响等[③]。

江沛从在天津娼业历史沿革的同时，从公娼业的变迁与构成、娼业人员群体构成、娼业行规、娼业经营与收支分配、暗娼业活动特征等方面，对20世纪上半叶天津市娼业结构及其影响进行了细致而深入的分析，试图从社会史角度透视娼业的变动规律。在娼妓、窑主、嫖客的构成及其生活实态等问题上，他指出：娼业的产生与发展具有经济、社会、生理、伦理等较为复杂的原因，客观的认识这些原因是控制娼业泛滥的基本前提。此外，作者还对1949年—1957年天津娼业改造问题进行了论述，通过对20世纪四五十年代之交天津娼业基本情况的概述及此时娼业改造方针、有别于京沪娼业改造做法的原因、改造状况、游妓暗娼问题的出现以及最终解决的全景式描述，较为详尽地展现了新旧政权交替时代大城市社会变革迅速而又复杂的一面。文中对当时娼业改造的经验与教训的总结，对于今天解决相同社会问题具有启示作用[④]。

此外，关于天津社会史、文化史等诸多领域也有新的研究论文问世，侯杰以近代中国著名媒体《大公报》为研究对象，通过对《大公报》创始人英敛之及其后继者张季鸾、胡政之、吴鼎昌和王芸生等大公报人的历史考察，探讨大众传媒与中国近代社会文化变迁的关系问题。认为《大公报》的出现与持续发展，本身就是社会文化变迁的体现[⑤]。同时，作者还从《大公报》与晚清中国社会文化变迁等不同角度对该报在晚清时期为开发民众智识做出了许多切实的努力和贡献，进行探讨，作者认为《大公报》在晚清时期推动了中国社会文化的转型[⑥]。

二、前沿学科成果丰富

2003年，天津历史学者在中国近现代史领域的另一个显著的特色是，一些领域上继续保持着在全国的领先水平，对前沿学科的把握非常到位，同时，有许多研究成果公开发表，并在相关领域受到了国内同行的认同。

关于20世纪上半叶中国乡村社会变动问题，近年来受到了国内学者的普遍关注，而天津的学者在这一领域的研究成果颇有建树。王先明提出，辛亥革命前后，随着社会改革浪潮的高涨，中国乡村制度的变革也提上了议事日程。以警察新制取代保甲旧制，成为当时乡村制度改革的主要趋向。但这一趋向在民国时期却发生逆转，不仅新制未能在乡村社会得以确立，反而传统的保甲制度又在乡间社会复兴，并构成最基本的社会控制制度。这一历史演变进程能够让人更加深入地体悟中国乡村社会近代化演变的历史

① 刘海岩：《城市空间与社会——近代天津城市的演变》，天津社会学院出版社2003年版。
② 张利民等著：《近代环渤海地区经济与社会研究》，天津社会科学院出版社2003年版。
③ 刘海岩：《生态环境与天津历史的变迁》，《城市》2003年第5期。
④ 江沛：《二十世纪上半叶天津娼业结构论述》，《近代史研究》2003年第2期；《1949—1957年天津娼业改造问题论述》，郭德宏、朱华主编：《中国近现代社会转型问题研究》，中国环境出版社2003年版。
⑤ 侯杰：《英敛之、〈大公报〉与近代中国社会文化变迁》，《天津社会科学》2003年第1期。
⑥ 侯杰：《大公报与晚清中国社会文化变迁》，《广东社会科学》2003年第3期。

特征[①]。同时,对于20世纪30年代的县政建设运动,王先明也提出了独到的见解,并发表论文进行探讨,在文中,作者以江苏省江宁县、浙江省兰溪县、山东省邹平县与菏泽县、河北省定县五个县政建设实验县为样本,透析了县政建设运动的缘起和五个实验县的实验概况,评述了这个运动的历史特征和它对中国乡村现代化影响。他认为,20世纪30年代的中国乡村已处于全面崩解之中,对于中国这样一个后发展中国家来说,国家政权的优先合理化及其对于乡村现代社会力量的培育,既是"救治"乡村危机和启动乡村现代化的最基本前提,也是乡村现代化获得持久发展的根本保证[②]。

此外,在中国近现代政治制度史的研究方面,天津的学者也有新的论述问世。邓丽兰指出,中国引进欧美政制之时,恰逢议会民主制度盛极而衰的一个降潮过程。20世纪上半叶欧美的改造代议制浪潮深深影响了孙中山及知识精英的宪政理念,也深深影响了南京政权的政制变迁。"改造代议制"抑或"重回代议制"的争论围绕"五五宪草"的制定在三民主义的宪政论者与西化的宪政论者之间展开,知识界的政制辩论涉及宪政救国、民主与独裁、行政改革、五院制度等,"人事"与"制度"的纠葛贯穿其中,强有力政府与行政现代化成为各派别的共识。南京政府的政治改革取法欧美"专家内阁"的形式,却拘泥于"五院制度"而无法走向体制变迁。这一段宪政史是世界范围内的"民主主义自焚"现象在中国的一幕重演。民国宪政的这一段曲折揭示出传统大国走向民主之路的艰难,表明制度移植应借鉴人类文明中经过长期检验的成果,制度的养成也非一蹴而就,而需要一个培养的过程[③]。

在中国现代史的某些领域,天津学者在认真解读大量资料的基础上,作出了重新评价,如半个多世纪以来,民国史学界对发生在1946年春天的反苏运动及其性质的认识上,一直持否定态度或讳莫如深。江沛在解读大量资料的基础上,在系统阐述这一运动的产生背景、发展过程及其影响,就以往学界认为国民党操纵运动、运动中的反共口号及《新华日报》被砸事件进行了具体分析,对反苏运动的性质及主流做出了重新评价[④]。

对于中国现代化进程问题,王先明从中学的内在结构及其文化模式变动的历史对比中,进行了新的诠释。作者指出,20世纪之初,当人们深痛于中国多次的战败和变革的顿挫后,才生发出一种历史的清醒:时谓"兵战不如商战,商战不如学战"。国人的眼界也终于超越了"坚船利炮"和"铁路矿产"的器物制造,开始从学的层面寻求改造中国的方案,由此引发传统中学的现代性建构,中国现代化进程由物的层面深入到学的层面[⑤]。

三、交叉学科异军突起

2003年,天津学者在中国近现代史方面的研究上,还有一个比较显著的特点,那就是在交叉学科的利用上和研究方面,取得了一些新的进展。

邓丽兰指出,近年来,学术界更注重于对近代思潮及流派的非政治解读,有力地推进了思想史研究的深化,作者在文中鲜明地提出对下层民众心态史的研究、思想流派间的比较研究是思想史深入探讨所必须关注的研究方向;近代思想史研究领域的拓宽如对科学史及技术史的探讨,同样是弥补以往思想史研究中的不足之处[⑥]。

在中国近代经济史领域,天津学者在交叉学科的利用上,取得了一些新的研究成果,并且较为集中在天津近代企业的技术进步与现代化、近代公司治理等领域,先后公开发表了多篇论文。作为近代中国北方的工业中心,天津企业的技术进步是使其成为工业城市的诸多因素中的重要因素之一。宋美云通过1912年至1936年期间,对天津近代企业技术进步的状况、特点以及效应等问题的考察,通过技术进步具有代表性的行业和典型性企业进行实证性的分析,系统阐述企业引进先进机器设备、实施技术革新、改进生产管理方式、培育优秀人才等方面的技术进步方式,进而把握天津近代企业先进技术引入与发展的历史轨迹[⑦]。

近年来,学者们对与女性史的研究逐步深入,

① 王先明:《辛亥革命后中国乡村控制体制的演变——民国初期的乡制演变与保甲制的复活》,《社会科学研究》2003年第6期。
② 王先明:《20世纪30年代的县政建设运动与乡村社会变迁——以五个试验县为基本分析样本》,《史学月刊》2003年第4期。
③ 邓丽兰:《域外观念与本土政制变迁——民国知识界的政治观念与参政(1920-1930年代)》,中国人民大学出版社2003年版。
④ 江沛:《一九四六年春反苏运动评析》,《江西师范大学学报》2003年第1期。
⑤ 王先明:《现代化与传统中学结构变动》,《深圳职业技术学院学报》2003年第2期。
⑥ 邓丽兰:《解读方式演变及其他》,《新哲学》第1辑,大象出版社2003年版。
⑦ 宋美云:《天津近代企业技术进步与现代化》,《企业发展中的制度变迁》,上海社会科学院出版社2003年版。

天津学者在这方面的研究也颇有见地。侯杰从分析近代知识女性吕碧城的女子教育思想和女权观念等入手，认为吕碧城在天津兴办女学和当时的时代大背景有着密不可分的联系。在男性社会精英的帮助和支持下，吕碧城的女子教育实践活动取得了很大的成功，教育思想日益成熟，并产生一定的社会影响。吕碧城的近代女子教育思想和实践，特别是其女权主张，是探讨近代社会性别关系变动等问题的一个例证①。

此外，2003年，天津的有关院校和科研单位还组织了一些规模较大的学术研讨会，对近代中国著名历史人物梁启超和明清以来的中国社会经济变迁等问题进行了深入的探讨。

（本文作者：陈振江，南开大学历史学院教授、博士生导师；张博，南开大学历史学院博士研究生）

世界史研究综述

陈志强

天津世界史学科在2003年获得稳步发展，主要表现在以下几个方面：

第一，学科建设完成了调整组合，为该学科未来可持续发展奠定了良好基础。

首先，南开大学历史学院在实施“211”工程一期项目和教育振兴行动计划“985”工程一期：“亚太地区历史与多元文化研究”项目中，以建设国内外一流历史学科为总目标，在学科整体建设、师资人才培养、改善教学环境、提升办学水平、提高学生综合素质、加强科研质量等方面，扎实稳健地大踏步向前迈进。实施教育部两大项目以来，他们继续强化这一特点，在重点学科内精心进行调整，结合本单位科研优势，选择最具有学术价值和现实意义的研究方向，确定了其内部结构调整。经过精心准备和工作，在学校领导和各级部门的大力支持下，南开大学世界史学科再度通过了国家重点学科评审，2003年初由教育部正式颁布，成为全国同类学科中4个获得批准的单位（北京大学、南京大学、东北师大）之一。在此次重点学科申报初审评议中，南开大学世界史学科获得了较高的得票率，表明全国同行对天津南开大学世界史学科实力的肯定。

学科建设的关键是高级人才的培养和师资队伍的建设，南开大学根据学科建设和发展的长远规划，加大力度引进和培养人才，从国外引进了多名学有所成的高级人才，其中包括美国博士1人，英国博士1人，还从国内其他高校和科研部门引进高级人才3人，他们均匀为这一领域的国内顶尖人物或具有良好发展潜力的青年学者，充实了南开大学世界史学科的整体力量，为下一步的发展定了坚实的基础。在引进人才的同时，他们注意创造良好的氛围，为人才的发展提供条件，使人才脱颖而出，目前南开大学世界史学科有1名青年学术骨干获得“全国优秀青年教师”，2名中青年教师入选“跨世纪人才”，1名青年教师获得“优秀青年教师”称号，还有多人次获得全国性科研与人才奖。该学科在注意顶尖人才的发展的同时，全面打造年龄结构合理、学科分布适当、具有强大发展后劲的师资队伍。目前，南开大学世界史学科所有45岁以下的青年教师已经具有或正在攻读博士位，其中3/4以上获得过出国进修学习的机会。他们还制定了一系列鼓励高水平教学科研工作的制度，极大激发了世界史学科各层次师资的积极性，形成了良好的教学科研环境。目前，南开大学世界史学科已经形成了以李剑鸣、陈志强、王晓德、杨栋梁教授为学术带头人的强大师资队伍，其质量和数量优势在国内均属领先。

其次，天津师范大学历史文化学院世界史学科在学科建设和调整整合方面也取得了可喜的进展。经济—社会史作为一门新兴学科，在我国刚刚起步。十余年来，天津师范大学历史文化学院一直致

① 侯杰：《近代社会性别关系的变动——以吕碧城与近代女子教育思想和实践为例》，《天津师大学报》2003年第6期。

力于这一学科研究,并已形成自己的特色,可概括为“一个中心、两个交叉”,即以西欧向现代社会转型研究为中心,实现经济史与社会史的交叉、世界史与中国史的交对,坚持整体的、民众的、跨学科的研究视角。具体分为三个相互关联的研究方向:经济生活与社会变迁,宗教文化与社会变迁,以及中西社会转型比较。该学科已被列为天津市十五重点投资学科,400余万元的投资额为这一学科的发展提供了较为雄厚的经济保障。

第二,教学科研结硕果,高质量学术成果不断问世。

南开大学世界史学科实施“教育振兴行动计划”以来,全面启动“精品工程”,制定了高水平学术专著的出版计划,并确定了全国重要出版社作为出版单位。共出版专著80部,编著10部,译著5部,发表论文1500余篇,其中2003年度出版专著10部,发表论文50余篇,在《中国社会科学》、《历史研究》等顶尖刊物发表论文24篇,许多成果获得了省部级奖,不仅创造了南开大学世界学科获科研项目的记录,而且在全国高校中也遥遥领先,名列第一。2003年南开大学世界史学科获教育部社科优秀成果二等奖1项、三等奖2项、天津市社科优秀成果一等奖1项,二等奖2项。

2003年,天津世界史学科在多个研究方向取得可喜成果。例如,美国历史与文化研究方面发表《本土资源与外国史》(李剑鸣,《南开学报》2003年第2期)、《关于美国制造业体系和劳动力稀缺论的讨论》(韩铁,《世界历史》2003年第3期)、《关于“美国化”与全球多元文化发展的思考》(王晓德,《美国研究》2003年第2期)、《试论美国公司法向民主化和自由化方向的历史性转变》(韩铁,《美国研究》2003年第4期)、《美国法律史研究中有关私人产权的几个问题》(韩铁,《美国问题》2003年第1期)、《美国法律史研究领域的赫斯特革命》(韩铁,《史学月刊》2003年第9期)、《人权·主权·霸权——透视美国人权外交》(洪国起、董国辉等合著,世界知识出版社2003年版)等一批高质量论文和专著;加拿大史研究方面包括《加拿大西部诸省的省内建设与经济多样化》(付成双,《南开学报》2003年第3/6期);拉丁美洲研究方面的成果包括《劳尔·普雷维什经济思想研究》(董国辉,南开大学出版社2003年版)、《浅谈现代化进程中发展中国家政府职能的定位——以拉丁美洲国家为例》(洪国起,《拉丁美洲研究》2003年第1期)、《美国对北美殖民地的重商主义政策及其影响》(王晓德,《拉丁美洲研究》2003年第6期)、《美国开国先辈们的自由贸易思想探析》(王晓德,《世界历史》2003年第2期)、《新教伦理与英属北美殖民地商业精神的形成》(王晓德,《社会科学战线》2003年第3期)、《中国世界史研究领域中的精品巨著》(王晓德,《史学月刊》2003年第9期)、《秘鲁现代化迟缓原因探析》(韩琦,《世界历史》2003年第4期)、《拉丁美洲的早期工业化》(韩琦,《拉丁美洲研究》2003年第1期)、《论拉美古代印第安文明及其遗产》(韩琦,《聊城大学学报》2003年第4期)、《拉美经济发展理论最杰出的先驱——读〈劳尔·普雷维什经济思想研究〉》(韩琦,《拉丁美洲研究》2003年第5期)、《经济全球化与“中国—外围”理论》(董国辉,《拉丁美洲研究》2003年第2期);国际关系史研究方面的成果包括《第二次台湾海峡危机与中美关系》(赵学功,《当代中国史研究》2003年第3期)、《试论亨利·鲁斯对中国抗日战争的报道及其影响》(罗宣,《南开学报》2003年第6期)、《美国与第一次印度支那战争》(赵学功,《美国研究》2003年第4期)、《论20世纪七八十年代日本的石油危机对策》(李凡,《世界历史》2003年第3期)、《略论里根政府的对日政策与美日关系》(赵学功,《日本研究论集》,南开大学出版社2003年)、《诺门坎事件爆发原因及对日苏关系的影响》(李凡,《历史教学》2003年第10期)、《关于反恐与美国对亚洲政策的几点思考》(赵学功,《国际观察》2003年6期)、《略论尼克松政府对越南战争的政策》(赵学功,《东南亚研究》2003年4期)、《第一次委内瑞拉危机与美英关系》(赵学功,《历史教学》2003年第7期);日本史研究的成果主要包括《独生子女政策与中国人家庭观念变化》(李卓,《神户大学学报》2003年10月1日)《日本家训浅论》(李卓,《南开学报》2003年第6期)、《东京审判与日本的对策》(宋志勇,《日本学刊》2003年12月3日)、《全球化与东亚的政治行政改革》(宋志勇、王振锁,天津人民出版社2003年版)、《战前日本政党的兴衰》(王振锁,天津人民出版社2003年版)、《近代以来日本经济体制变革研究》(杨栋梁,人民出版社2003年版)、《日本“21世纪COE计划述要》”(杨栋梁,《日本学刊》2003年8月5月15日)、《日本的外来文化摄取之道》(赵德宇,《国际先驱导报》2003年8月14日)、《东京审判研究》(宋志勇,《南开学报》2003年第2期)、《日本人文社会科学研究现状与发展》(宋志勇,中国社会科学出版社 2003 年版);世界古代文明史研究方面主要成果包括《贻书堂史集》(王敦书,中华书局 2003 年版)、《国际关系视角中的世界史》(陈志强,《史学集刊》2003 年第 4 期)、《历史研究变革大趋势下的世界史重构》(陈志强,《历史研究》2003 年第 1 期)、《拜占廷帝国史》(陈志强,商务印书馆 2003 年版)、《理性、人性和美——希腊神话拟人特征剖析》(王以欣,《南开学报》2003 年第 5 期)、《学贯中西,桃李天下》(王敦书,《博览群书》2003 年第 7 期)、《18 世纪俄国来华留学生及其汉学研究》(肖玉秋,《汉学研究》第 7 集,中华书局 2003 年出版)。关于使用现代技术开展史学研究的课题也取得了新成果,如《网络时代史学研究手段的革新》(罗宣,《史学集刊》2003 年第 4 期)。经济社会史学科取得的成果主要包括《经济社会史丛书》(侯建新主编,济南出版社 2003 年版,第一辑 5 种)、《英国法律传统与中世纪地方自治》(陈日华,《天津师范大学学报》2003 年第 1 期)、《北京临时参议院立法活动程序、规则的若干考察》(李学智,《历史教学》2003 年第 5 期)、《近代英国民众休闲生活的法治改革》(李斌,《廊坊师范学院学报》2003 年第 4 期)、《〈欧洲中世纪的生活〉读后》(王亚平,《世界历史》2003 年第 5 期)等。

总之,2003 年度天津世界史学科获得了稳步发展。

(本文作者:陈志强,南开大学历史学院教授、博士生导师)

经济社会史研究综述

龙秀清　侯建新

至 2001“经济—社会史全国学术研讨会”召开以来,天津师范大学经济社会史研究中心的成员一直在消化与思索与会学者们就经济—社会史学科的概念、方法与范畴等方面提出的诸种评论与建议,以谋求运用唯物史观的理论与方法,使之本土化,建立有中国特色的经济——社会史学科。所以,近两年仍处于苦苦探求的阶段,公开发表的成果为数不多。不过,在蓄势待发中,与天津学界的同仁们一起,在实证研究方面仍取得了一些富有创建的成果,并开拓了一些新的研究领域;同时,前几年发表的成果也日益引起史学界的广泛关注,并有良好的社会反响。2003 年的经济—社会史研究大体围绕以下几个问题展开。

一、权利视野下的中西比较研究

权利作为历史的产物,属于一定的历史范畴,同时它又是一种社会现象,普遍存在于日常生活中。社会变革和转型总是和某种新的权利观念联系在一起,并随着这种权利观念的逐步制度化而发展。而权利,尤其个体权利,深刻影响了西方政治法律制度,浸润了西方人日常生活的历史与现实。以个体权利为视角,重新审视西方和我国的历史,对于推动我国的世界史和中国史研究,深化以中西社会转型比较为中心的经济社会史研究,势必开拓出一片新天地,并产生深远影响。

侯建新教授是这一研究的发起人,在 2003 年《历史教学》发表的一篇对他的采访中,侯建新系统地阐发了发起这一研究的原因:以经济基础为出发点研究西欧资本主义的起源,长期以来是国内研究这一问题的主要方向。关于资本主义萌芽问题的讨论,也是中国学者用力最勤的课题。但似乎一直没有取得令人信服的答案,因为中国并不缺乏资本主义萌芽,而首先出现资本主义萌芽的意大利也没有成为第一个工业化国家。所以,与其讨论资本主义萌芽,不如研究与比较原始积累,原始积累评估比所谓资本主义萌芽的描述更具有实质性与可比性。不论是西欧还是中国的资本原始积累,核心问题是劳动生产率,在前工业社会当然主要指农业劳动生产率。他曾对英国中世纪晚期和中国明清以来的农业劳动生产率做过深入的探讨,并得出两个结论:其一,英国中古晚期农业劳动生产率处于成倍增长的上升趋势,中国中古晚期劳动生产率则明显地处于衰滞状态;其二,如果两国进行比较,一个令人吃惊而又无法拒绝的事实是:英国15~16世纪的农户粮食劳动生产率相当于同期中国明代中期的2倍有余,而且,由于清代的农业劳动生产率低于明代,所以英国15~16世纪的数据比中国19世纪中叶超出的更多。作者强调,西欧的原始积累所以能够成功,是因为在所谓原始积累之前,西欧已经经历了长时期的、普遍的小规模积累,可称为"前原始积累"。亦即说,在较为剧烈的原始积累前,西欧农村经济与社会已取得了长足的发展,是个体农民普遍的相对富足而不是普遍的贫困孕育了原始积累的基础。那么,西欧为什么能够不断地增进"前原始积累"从而推动西欧的社会转型?显然,经济问题不能完全由经济因素来回答①。

在作者看来,西欧中世纪个体财富增长、从而社会财富增长最隐蔽的"秘密",在于西欧很早就形成了一种社会关系原则,一种在社会上(包括上层和下层)取得广泛共识并有着广泛实践的社会生活,其核心部分就是原始的个体权利。原始积累(包括前原始积累),不仅是物质积累的历史,也是精神积累的历史。换言之,也是原始个体权利以及与此相关的社会法律政治体系发展的历史。西欧生产者很早就有抵制统治者过分侵夺的自卫手段,一种个体权利的底线——哪怕很微弱、很原始的个体权利,比如,不能随意提高地租,随意增加劳役,惩罚农奴必须经过法庭审判等,但它可能成为个人财产相对独立发展的重要保障。有越来越多的证据使历史学家们相信,即使在劳役地租的条件下,负有劳役义务的人或农奴竟能有财产和财富的积累。没有原始个体权利,就没有原始积累②。

那么,何谓"个体权利"呢?近两年,作者又倾力进一步探讨与澄清这一概念的渊源、发展过程及其对西欧社会转型的影响。个体权利及逐渐形成的法律政治制度与主体权利(Subjective Right)观念密切相关。主体权利观念在西方有悠久的历史,以往人们将这个概念的确定归于14世纪的英国学者奥坎姆,现在则追溯得更远。近年来美国著名学者蒂尔尼著书认为,主体权利的语言来自12世纪教会法评论家的著述,也就是说自12世纪即已开始了这个观念与实践的形成过程。正是这一过程将日耳曼人马尔克制度、古代罗马法和中世纪基督教思想三要素熔为一炉,初现近代西方文明的最早雏形。主体权利观念是西方文明之魂,自那一时期起逐渐浸润了西欧社会的整个肌体。像儒家思想深深弥漫于数千载的中国传统社会一样,西欧的历史到处都可以发现主体权利及其实践的足迹。即使在农奴制最残酷的条件下,社会下层和中层也可能有团结和抵抗的手段。它是无形的,也是有形的。没有它,我们难以想象英国早在12世纪便出现被称为现代人权思想之源的"大宪章",13世纪末叶出现雏形国会;同样,教会与王权抗衡,市民城市取得特权特许状,农奴在法庭上与领主斤斤计较,富裕农民(约曼)和富裕市民阶层形成,乃至出现与教会、世俗贵族并驾齐驱并逐渐取而代之的"第三等级",这一系列西欧历史上最经典的社会现象,都与其息息相关。中世纪的个体权利涵盖团体权利,诸如同样对社会起了推动作用的村社权利、贵族权利、市民权利、行会权利、商人权利等,"大宪章"等就是这些权利的体现与实践。西欧中世纪是封建等级社会,所以中世纪个体权利是等级权利。原始的个体权利有别于现代个人权利,不过二者之间并没有一道不可逾越的鸿沟。虽然日耳曼人文明起步较晚,但他们原始个体权利的发展,很快成为经济活动的法律保障机制发育的"原汤",也是其后西方近代政治、经济制度的生长点。他们的物质生产力和精神生产力相互依存,互动发展,均为近代西方人所传承。反观传统中国,数千年奉行义务本位,没有权利的思想和语言传统,直到民国初年才首次出现"权利"和"宪政"一类的词汇与概念。主体权利薄弱甚至缺位基础上建立起来的法律政治制度压抑财富,首先压抑的是创造财富的个体和群体。这无疑是中国文明的要害,一个致命薄弱点,也是中西社会差异之关键。中国要发展,有待于一个保障市场经济健康运行的法治社会的建立③。受此启发,天津师大博士生陈日华也认为,英国的法律传统在本质特征上体现着权利的概念,保护着主体的权利,这是形成中古英国地方社会自治的重要原因④。

在个体权利基础上形成的西方政治法律制度

① 赵文君整理:《廿载不变的追求——侯建新教授访谈录》,《历史教学》2003年第10期。
② 赵文君整理:《廿载不变的追求——侯建新教授访谈录》,《历史教学》2003年第10期。
③ 侯建新:《个体权利与中西社会转型比较》,《史学理论研究》2004年第1期;《主体权利与西欧中古社会演进》,《历史教学问题》2004年第1期。
④ 陈日华:《英国法律传统与中世纪地方自治》,《天津师范大学学报》2003年第1期。

能否成功地嫁接或移植到中国？这是近代以来中国人孜孜以求的梦想，也是中国史学界长期探求的问题。李学智教授的专著《民国初年的法治思潮与法制建设》(中国社会科学出版社2004年版)以丰富扎实的第一手资料全面系统地探讨了民初的法治思潮与法制建设情况，全书6章，分专题研讨民国初年的法治思潮、立法活动及法制建设等诸方面的情况及它们之间的相互关系。作者认为，民初的法治思潮是清末立宪思潮在辛亥革命推翻封建专制制度的新的历史条件下的发展，表现于革命党人和各界人士要求将中国建设成民主共和的法治国家的强烈愿望。这股勃勃涌动的法治思潮对国会立法活动起了重要的推动作用。民初的法治思潮与法制建设活动，对当时和后世的政治、经济及社会生活产生了广泛和深刻的影响，是我国由传统的人治社会向现代法治社会转制过程中一次可贵的努力和尝试。他的专题论文也从不同的角度探讨了西方议会政治在民初中国实验的艰难历程①。地方自治思潮也经历了类似的命运。南开大学的李国忠博士两度撰文，对西方地方自治思潮传入中国的百年经历作了总体考察，作者指出，由于反动势力十分强大、社会矛盾错综复杂、传统思想等因素的影响，地方自治在近代中国要真正扎根是十分艰巨的②。王先明、魏继昆、宋成浩等人对乡村治理、宪政理念及法治思想在近代中国的实践作了个案分析，并得出了同样的结论③。

看来在缺乏个体本位的近代中国要实现以个体权利为基础的西方法律政治制度，处境维艰，大多只能化为流星。这也正好说明了侯建新教授在权利研究方面的前瞻性与预见性，因而他的这一研究代表了我国学者在探讨中西社会差异及其发展速缓问题上的新进展与新突破，已引起学界的普遍关注。《历史教学》对他的研究作了专门的采访与报道④。此外，他近年来出版的专著也受到普遍的赞誉。其《社会转型时期的西欧与中国》(济南出版社2001年版)及《当代西方史学流派》(中国人民大学出版社1996年初版，2000年再版)两书在2003年被教育部列为大学研究生通用教材；其《农民、市场与社会变迁：冀中11村透视并与英国乡村比较》(社会科学文献出版社2002年版)已引起各大网站如《中国经济史论坛》(www.guoxue.com)、《城市看点》，以及《中国农村研究网》等的关注，认为它“资料丰富，以论证与分析见长”、“富有启发性”、“有助于纠正人们在中国农村经济研究中的某些常识性错误”。著名史学家朱寰先生指出，作者将11村微观实证研究与华北地区乃至全国的宏观研究有机结合起来，还与前工业社会的英国农村进行比较，的确难能可贵。“中西融会，多所创新，实实在在地推动了我国历史比较研究，推动了经济—社会史与农民史的研究”。吉林大学刘德斌教授2003年在对该书的评论文章中，也充分肯定了作者在这一高难度的结合中做出的宝贵贡献，称其开辟了中国农村现代化问题研究的崭新视野，“该书透露着作者多年来对历史、现实和理论深入探索中所凝结的浓郁的忧思与睿智，是近年来难得一见的高质量学术著作”⑤。侯建新教授主编的《经济—社会史：历史研究的新方向》(商务印书馆2002年版)被多所大学列为研究生必读书目，他主持的“经济社会史学科”也被视为“史学界值得注意的动向”，掀起了一场富有生命力的“史坛旋风”。

二、休闲史研究的起步

随着社会经济的发展及生活水平的提高，娱乐休闲也越来越引起人们的关心，这自然逃不过历史研究者的眼界。近两年，此类问题也被纳入历史研究的范畴，并成为以探讨“小人物日常生活”为特征的经济—社会史的一个新的学术增长点。历史上的休闲是怎样的？在社会转型过程中，人们的娱乐与休闲方式是否会发生变化？南开大学的倪士光博士与天津师大的李斌博士对此作了有益的探讨。前者评述了中世纪西欧的重要娱乐方式之一——骑士比武大赛，认为比武大赛是西欧中世纪骑士生

① 李学智：《北京临时参议院立法活动程序、规则的若干考察》《历史教学》2003年第5期。

② 李国忠：《中国地方自治百年发展论略》，《南开学报》2003年第5期；《民初国会制宪中中央与地方关系论争述评》，《山西师大学报》2003年第1期。

③ 王先明、李伟中：《20世纪30年代的县政建设运动与乡村社会变迁——以五个县政建设实验县为基本分析样本》，《史学月刊》2003年第4期；王先明：《辛亥革命后中国乡村控制体制的演变——民国初期的乡制演变与保甲制的复活》，《社会科学研究》2003年第6期；魏继昆：《试论民国时期梁漱溟宪政态度之转变》，《历史教学》2003年第1期；宋浩成：《中西方法治思想差异比较及原因分析》《山东科技大学学报》2003年第2期。

④ 见《历史教学》2003年第10期。

⑤ 刘德斌：《中国农村现代化研究的新视野——评侯建新〈农民、市场与社会变迁〉》，载《史学集刊》2003年第2期。

活中重要的军事行为和社会活动，历代的骑士们为了各自的利益和喜好积极地投身于这项活动，使其在西欧的历史中延续了数百年。教会出于自身的观念和利益曾对比武大赛予以强烈抨击和禁止。围绕比武大赛所表现出的冲突，反映了骑士和教会双方社会利益和思想观念的差别和矛盾①。

李斌则以英国为例，探讨了英国近代民众休闲生活的法治改造。他认为，在近代英国民众休闲生活变迁过程中，法治起到了不可替代的作用，主要表现在如下几个方面：打击、改造血腥体育娱乐运动，使民众休闲方式更加文明。限制街头演艺活动，整治城乡街头集市，有效整顿了社会秩序。通过法治行动培育良好的民众休闲生活环境，另外还通过立法使民众的休闲时间习惯发生了变化，有利于社会发展。当然，这一研究刚刚起步，无论是在休闲理论还是在实证研究方面，都还有待深究与申论。

三、疫病社会史的开拓

历史学对包括瘟疫在内的疾病医疗的疏忽，在相当一段时间内，乃是一个世界性的普遍问题。不过，至少从 20 世纪 70 年代开始，这一倾向在西方史学界就已出现改观，至今，探讨历史上的疾病医疗以及藉此透视社会和文化的医疗社会史和身体史研究，是当前史学研究的前沿领域，并业已成为主流史学的一部分。而在中国史学界，自 20 世纪 80 年代以来，虽然随着社会史研究的兴起，衣食住行已越来越多地受到研究者的注目，但直接关乎生老病死的疾病医疗，仍基本上是历史学的“漏网之鱼”。或许是受到 SARS 给人类生活造成的巨大冲击和影响的推动，近年来中国史学界才开始关注包括各类疫情在内的自然灾难史研究，以期从疫病以及医疗问题入手，展现历史上人类的生存境况与社会变迁的轨迹。

在这方面，南开大学余新忠博士开展的疫病社会史研究具有重大的开创价值。余新忠被誉为“新生代学人”，他出版的《清代江南的瘟疫与社会——一项医疗社会史的研究》（中国人民大学出版社 2003 年版）显示出少有的研究活力。专著以七章共计 36 万字的篇幅对有清一代江南地区（含苏南、浙西、浙东）瘟疫流行的状况、社会与政府的对策及其与中国近代化的关系，作了全面系统地探讨，提出了令人信服的新见解。该项研究因其“论题新颖”、“资料翔实”、“视野开阔”与“跨学科的研究方法”而入选“2002 年全国百篇优秀博士论文”。他还对清代江南种痘事业进行了探讨，认为，人痘接种术大约在清初传入江南。施种牛痘始于道光年间，到光绪二十年前后，江南大多数县都创设了牛痘局。与接种人痘不同，牛痘传入后，官府很快介入，积极加以推广，不过，创设的主要动力似乎仍来自地方社会力量。人痘或牛痘的足迹到清末已遍及江南城乡各地，但到清末只有三四成以上的婴儿接种痘苗。种痘对清代江南人口的增长虽然起到了一定的作用，但不宜估计过高②。余新忠的研究也引起了学界的关注，《史学理论研究》曾以“自然灾难史：思考与启示”为题举办了圆桌会议③。

当然，余新忠研究瘟疫问题的主题是以此来揭示清代的国家与社会的关系。他认为，从对疫情的反应来看，社会力量仍表现出非常的活力，但它与国家力量之间并不存在根本和体制性的矛盾与对抗，相反，两者是合作、互补与互动的关系。这一新的认知模式虽然比那种盲目套用西方的“市民社会”或“公共领域”等解释模式可能更切合实际，但似有进一步申论与明晰的必要。

四、妇女家庭史的新进展

2003 年妇女家庭史方面的研究颇具活力，不仅有理论探讨，实证研究，还有学术总结。天津师大杜芳琴教授探讨了妇女史、社会性别史与经济—社会史的相互关系。作者认为，从国内外近一个世纪学术与社会发展的历史看，社会史、经济史虽然都十分关注与妇女相关的各种社会问题，但它们并不能代替妇女—社会性别史。三者之间是一种交叉、互补的关系，而不是包容的关系。妇女—社会性别史作为历史学的一个新的生长点，它不只关注妇女的生活与命运，以及历史上两性之间的关系，同时，还担负着对以往历史知识建构的全面审视和包括两性经验在内的新的历史知识建构的任务。因此，

---

① 倪世光：《从比武大赛看骑士与教会的冲突》，《南开学报》2003 年第 3 期。

② 余新忠：《清代江南种痘事业探论》，《清史研究》2003 年第 2 期。这方面的研究还可参见余新忠：《关注生命——海峡两岸兴起疾病医疗社会史研究》，《中国社会经济史研究》2001 年第 3 期；《20 世纪明清疾病史研究述评》，《中国史研究动态》2002 年第 10 期；《从社会到生命——中国疾病、医疗史探索的过去、现实与可能》，《历史研究》2003 年第 4 期。

③ 余新忠：《疫病社会史研究：现实与史学发展的共同要求》，《史学理论研究》2003 年第 4 期。

它应该成为整个历史研究中观察、分析、阐释的一个新视角和新方法,进一步拓展延伸历史研究的视野与空间,为历史研究注入新的活力[①]。

实证研究方面,侯杰与郑全红都探讨了近代中国家庭与性别观念方面的变化。前者以陈撄宁和吕碧城两个近代女性的职业选择为例,探讨了女性主体意识的萌生及其对男权至上的社会关系的冲击,认为女性在受到男性引导的同时,也对男性的观念和行为产生着深刻的影响[②]。后者则认为,民国时期的家庭发生了带有时代印痕的由传统家庭向现代家庭的嬗变。在这一嬗变进程中,家庭呈现出过渡性、不平衡性、冲突与矛盾性、偏激性等几大特征[③]。柏华与胡中生对明清时代的婚俗与人口买卖问题作了研究。前文论及收继婚风俗与明代法律的冲突,后者以卖身契文书为据,探讨了明清时期徽州的人口买卖行为与婚配之间的关系,认为通过这种卖身和婚配,在一定程度上缓解了生存压力和性别紧张[④]。实证研究方面最见功力的还数南开大学江沛教授对20世纪天津娼业结构的研究。他在概述天津娼业历史沿革的同时,从公娼业的变迁与构成、娼业人员群体构成、娼业行规、娼业经营与收支分配、暗娼业活动特征等方面,对20世纪上半叶天津市娼业结构及其影响进行了分析,试图从社会史角度透视娼业的变动规律。并认为,在近代中国,娼业的存在首先是一个社会经济问题,其次才是一个伦理问题[⑤]。

最后,邢铁对20世纪中国家庭史研究作了总结。他把20世纪的中国家庭史研究分为3个阶段:(1)"五四"前后到40年代末以批判封建家长制与夫权为目的的奠基时代;(2)50年代初到70年代末的停滞时期;(3)70年代末到现在的高潮时期。作者认为,自80年代初以来家庭史的研究已完成了从社会学、人类学向历史学的转变;在深度和广度上均有拓展,是近百年来中国家庭史研究成果最多、论题最多的时期,并在家庭形态、家庭生活、家国关系等问题上取得了一定进展,提出了很多以前没有注意到的问题,而且,在多学科交叉研究中拓宽了视野,为进一步的研究奠定了学术基础。同时,也存在一些偏差:一是研究对象与研究目的错位;二是与婚姻史、家族史的研究混淆;三是还没有成熟的中国家庭史研究理论和方法。据此,他认为中国家庭史研究要发展成为独立的学科,还有很长的路要走[⑥]。

五、新视野:日常生活史

日常生活史是经济—社会史研究的一个有待开发的新方向,借鉴西方的学术理念与方法就显得尤为重要。近年来,天津师大的王亚平教授致力于此方面学术精品的翻译与学术动态的评介,卓有成效,为经济—社会史学科增添了新的视野。她2002年翻译出版的《欧洲中世纪的生活》在考察了影响日常生活的先决条件,即机制、环境和人与人之间的关系之后,按照西欧中世纪传统的三个等级的社会结构的观点,较为详细地阐述了从事社会生产活动的农民、从事精神活动的(祈祷的)修道士、从事战争的骑士,以及对中世纪社会结构的改变产生重大影响的市民阶层的日常生活;分析了存在于中世纪的社会群体的机制(制度)、空间(组织结构、居住的条件和形式)、人(相互之间的关系)和他们的经济活动(财产、收入、支出和社会活动等方面);着重强调了各个等级不同的心态、生活习惯和生活作风,并将它们与西欧封建社会政治制度和法律制度有机地结合起来。从而极大地增加了我们对中古时代日常生活的了解[⑦]。2003年翻译的《欧洲近代生活?家与人》则栩栩如生地叙述了近代早期欧洲的家庭生活,包括家与户、生育与教育、婚姻与性、寿命预期与死亡等,并重点探讨了宗教对家庭生活的影响[⑧]。

总之,2003年天津的经济—社会史的研究较往年有所进展,有所开拓与创新;新领域的开拓,尤其是"权利旋风"的刮起,使这一学科显示出少有的活力。同时,由侯建新教授为首的天津师大经济社会

---

① 杜芳琴:《历史研究的性别维度与视角——兼谈妇女史、社会性别史与经济—社会史的关系》,《山西师大学报》2003年第4期。

② 侯杰、秦方:《男女性别的双重变奏——以陈撄宁和吕碧城为例》,《山西师大学报》2003年第3期。

③ 郑全红:《传统向现代的嬗变:民国时期家庭模式与观念的鼎新》,《河北学刊》2003年第6期。

④ 柏桦:《从收继婚风俗看明代的律例》,《北京行政学院学报》2003年第3期;胡中生:《明清徽州的人口买卖与婚配》,《安徽史学》2003年第2期。

⑤ 江沛:《20世纪上半叶天津娼业结构述论》,《近代史研究》2003年第2期。

⑥ 邢铁:《二十世纪国内中国家庭史研究述评》,《中国史研究动态》2003年第4期。

⑦〔德〕汉斯-维尔纳·格茨:《欧洲中世纪生活》,东方出版社2002年版。对该书的评介见王亚平《〈欧洲中世纪的生活〉读后》,《世界历史》2003年第5期。

⑧〔德〕里夏德·范迪尔门:《欧洲近代生活?家与人》,东方出版社2003年版。

史研究中心,不仅致力于学术研究的创新,也在尝试着学术普及的工作。目前,他们已创办了一份刊物和一个网站。刊物《经济—社会史评论》以西方经济—社会史学科的学术视野为基本框架,融学术性、思想性与社会性于一炉。其“实证求真、关注现实、贴近大众”的独特风格必将引起广泛关注。《经济—社会史评论网》以该刊物为依托,以推动经济—社会史学科的本土化为宗旨,致力于学科理论与方法的介绍,学术前沿信息和学界动态的发布,以及各类专题研究与相关资料的交流和讨论。作为天津师范大学经济—社会史研究中心的信息平台,网站与本中心的学术研究工作,以及本中心的刊物一道,为推动经济—社会史学科乃至中国历史学的发展竭尽心智,为中国社会的现代转型提供有益的启示和精神、学术资源。网站设有“中心概况”、“域外文萃”、“本土文丛”、“学者访谈”、“学位论文”、“中心刊物”、“学术动态”、“资料中心”等栏目,现已开通,欢迎点击。网址:www.eshistory.com/www.eshistory.net。中文通用网址:经济社会史评论。

(本文作者:龙秀清,天津师范大学历史文化学院教授;侯建新,天津师范大学历史文化学院院长、教授博士生导师)

天津史研究综述

张利民

2003年,在天津史的研究中具有特殊的意义,这就是2004年是天津设卫600周年,所以天津史的研究可以说是开启天津设卫600年纪念活动之序幕。2003年的研究成果,主要集中在天津在全国的政治和经济地位、天津城市发展的阶段性等总体性论述,天津城市社会和经济的近代化过程,以及城市文化的特征等方面。

一

关于天津史的总体性研究,主要有天津社会科学院历史研究所为天津设卫600年撰写的《解读天津六百年》,这是天津自建卫以来600年历史发展横断面的研究。该书将历史与现实结合,开阔了研究视角,运用了城市史的理论和方法,总结了近年来的最新成果,根据天津在不同时期发展转变的特征和规律,确定了能够反映天津城市发展主要脉络的空间环境与城市功能、经济发展与经济地位、城市社会与控制、教育、文化与生活的近代化等五个方面进行研究和探索。该书在结构上注重空间环境、城市功能、行政区划、社会控制和文化定位的研究,论述了能够体现天津600年发展阶段性和继承性的主要方面,分析天津城市不同时期发展的特征和在全国的位置,以阐释天津发展的轨迹和规律。该书首先根据天津自然和社会环境、行政建制、空间扩展、经济发展、在全国的地位以及全国现代化进程,对天津历史发展阶段进行划分。天津的600年被划分为传统城市形成与发展、从传统性质城市转变为近代城市、发展和腾飞三大阶段,并在各大阶段内又进行了较详细的划分。以往多是分期研究,没有就天津城市发展进行总的阶段划分,难免有研究理论、方法和评价的不一致、不衔接,甚至相互矛盾之处,更难以看到各时期的转变和传承关系。该书的阶段划分虽然是初步的且并不成熟,但有助于对天津长期发展进行整体研究和把握,更能够较清晰地了解天津各个时期发展的特征和在全国的地位,使读者对天津600年的发展有一个更清晰的认识,也体现了作者对天津历史的总体把握。其次,该书将研究重点集中在自然环境、社会环境、城市功能和文化定位等方面,意图在某些问题上取得突破。认为天津城市的形成和发展均与海河息息相关,海河是决定天津城市形成及其发展规模的主要因素,也制约着该城数百年发展的方向和进程;并通过对人口、行政建制与管理、社会控制和社会保障等社会环境的分析研究,强调人和社会因素对城市发展的重要作用,强调自然环境与社会环境的协调是城市发展的关键所在。对城市功能的研究也有一定的进展,通过分析城市功能的演变,认为天津的主要功能是经济功能，但随着自然和社会环境、国家政策计划等诸多因素的变化，在全国的地位和作用在不同时期有较大的不同，强调在把握城市主要功能的基础上，城市定位和规划对城市发展将愈来愈起到了十分重要的指导作用。但是该书对当前天津城市各方面的发展在总体把握上还有一定的差距，如何运用现代化的手段进行数据处理和分析上还缺少相当的功力，在一些专题研究中缺少与其他领域的呼应，也缺乏对政治运动和政党等论述①。《中国共产党天津历史大事记》是中共天津党史的编年体著作，记述了自中国共产党创立以来，在天津所进行的各种活动，有助于从政治和政党等方面研究天津。

二

天津城市社会的研究有较大的突破，研究成果中有的引入了生态环境、传播学、成本交易等不同学科的理论和方法，有的将天津的个案研究与整体研究相结合，从更深层次对中国城市社会进行解析。

《空间与社会——近代天津城市的演变》是研究天津城市社会的学术专著。但是，作者并没有将研究的视角仅仅局限在天津城市社会的分析研究上，而是把生态环境、空间与社会结构结合在一起，从新的视角重新审视近代天津，给读者对19～20世纪之交天津社会的近代化历程一个立体的感受。作者通过研究河道水系对天津城市形成的双重效应、近代运载工具对城市空间以及居民分布的影响、人口结构与社会阶层的演进、生活居住环境与公共事务的近代化等，论证了生态环境、城市环境与城居人口、生活方式之间的互动关系，探讨了生态环境对城市空间和社会的促进和制约作用，剖析了在城市社会中国家权力与社会之间、不同阶层之间关系所具有的不同特征，以及近代中国城市生活方式的一般特征，演示了天津这个较典型城市的具体而丰满的社会结构。作者认为，开埠通商使天津开始打破闭塞的传统时代步入开放的近代社会；进入20世纪后天津社会发生了重大的转折，近代教育、新技术的出现，以及城市资源和人口在空间上的重新配置，促使城市结构发生重组。同时，作者强调，新与旧、传统与现代，在城市社会演变中并非仅仅表现为非此即彼、完全排斥和互不相容的简单过程，城市社会的近代化也不是一个直线性的进化过程，从天津城市社会的演化看，城市社会的演变是一种多向度的复杂的过程，体现为两者之间的复杂的互动过程，城市社会正是在这种互动中不断地发展和演变。城市社会的研究是目前中国社会史关注的焦点，该书对天津城市社会结构的实证性研究，既有建立在新的史料基础上的分析和论证，也有对城市社会、城市史研究的理论创新，显示了作者深厚的理论功底和较强的研究能力②。《解读天津六百年》中，除了研究天津行政区划与建制的沿革外，还有专门论述社会控制和经济社团的章节，并纵贯天津城市发展的600年，给研究者整体的长时段的感受。

天津商会历来是天津史研究的重要方面，在全国有一定的影响。2003年关于商会的研究也有所深入。有的论文引入了交易成本的理念，分析了天津商会的民间性和半官方性，最后肯定了商会组织的中介性。作者认为，作为一种民间管理组织主要侧重于维护和发展工商业者的共同利益，致力于运用完善和健全的规章制度进行管理。因此，商会在工商业与政府之间都是较为理想的中介组织③。

《20世纪上半叶天津娼业结构述论》，是多年来首次以娼妓作为研究对象的论文。论文主要利用了天津市公安局档案馆藏的解放初期该局对妓女的调查材料和20世纪30年代对天津市妓女妓户的调查等，研究解放前天津市娼妓业。论文描述了天津公娼业的数量、等级和地理位置的变迁，认为公娼业集中地区与工商业的发展有一定的关系；分析了包括妓女、窑主、嫖客等在内的围绕妓户形成的人员群体的构成，认为妓女80%是因贫困而为，对嫖客也做了职业分类，主要是小贩、商人和劳动者，但根据妓户等级在职业构成上有较大的差别；另外对妓户的行规和对妓女的控制、经营和收支分配，以及暗娼游妓的特征等进行了论述和分析。论文认为20世纪上半叶天津娼业的发展，与当时社会经

① 张利民主编：《解读天津六百年》，天津社会科学院出版社2003年版。
② 刘海岩：《空间与社会——近代天津城市的演变》，天津社会科学院出版社2003年版。
③ 宋美云：《近代中国商会中介性的制度分析——以天津商会为个案》，《天津社会科学》2003年第3期。

济结构的变动有着明显的因果关系，因此，娼妓业的兴衰首先是一个经济与社会的问题，其次才是一个道德问题[①]。

有的论文从“迷拐”和“折割”等传闻的可能性解析天津教案，认为这些传闻促使激发起来的广大民众已经陷入一种传播学上所谓“集体无意识”的失控状态，曾国藩在查办该案件时一度也认为查勘传闻是关键，但是在外国的压力下只好放弃。作者从传媒学角度诠释该案件后认为，传闻并非孤立地生成，与大范围反洋教的势态紧密相连，也与教堂的环境和教方行为、外交的讹诈和武力威胁有关，使民众反侵略的激情演进，故有其政治性和合理性，同时也不应该否认包含着非理性的因素[②]。从天津《大公报》中的时势评论来论述民国初年的政局，也是利用传媒来解析中国的社会[③]。

三

天津经济的发展，尤其是经济近代化进程仍然是学者们研究的重点。《近代环渤海地区经济与社会研究》一书，是第一部研究环渤海地区近代化进程的学术专著。天津是环渤海地区的中心，自然也是该书研究的主要方面。该书重点研究了在世界市场的冲击下，环渤海地区在对外贸易和工农业发展、交通环境的变革、商业与商品市场网络的重构、社会结构和生活质量的转变，以及城镇体系的重组。该书对于天津经济近代化的研究，不仅充分肯定了开埠通商后内外贸易迅速发展带来的商业繁盛，近代工业促使城市经济结构的转变，进而经济功能成为城市的主要功能；而且分析了天津对外贸易和近代工业体系的特征，并从商品流通网络和城市体系等方面阐述了天津经济地位的迅速增强，论证了近代以后天津是华北乃至西北等地区经济中心的地位。同时，作者在论述了环渤海地区三个经济区域的同一性、特殊性和经济落差的基础上，认为三个经济区域近代工业的主题构架不同，各有各的经济中心和中心城市、各有各的经济腹地和商品流通网络。三个经济区域之间的联系，是以中心城市和大中城市之间互补互利性的横向流通为主要方式，并没有形成跨省区的环渤海经济区域。这就是环渤海地区经济发展和区域之间经济联系的特点。作者通过对环渤海地区经济发展空间的研究，提出了近代以来该地区经济发展的空间上最显著的转变是，各经济区域经济重心的东移，由内地的以首都或省会等政治经济城市为中心，开始转向沿海，并呈现出多元化的趋势；经济中心也由行政首府转为通商口岸和交通枢纽城市，其中天津、青岛和大连的经济发展最有代表性。这种经济布局符合近代经济的发展，其走势一直延续到现在[④]。在《解读天津六百年》一书中，设立了对外贸易、商业、工业企业、金融组织和市场、中心市场的孕育和发展等章节，概要地论述了天津城市经济的发展和演变进程。《论近代中国北方外向型经济的兴起》是从历史地理的空间角度，研究天津开埠以后，港口与腹地之间形成的经济互动关系，作者认为，天津进出口结构的变化是北方社会经济变迁的主要体现，促使北方地区由传统的农、牧产业结构向现代化外向型经济转变[⑤]。

有的论文从近代天津企业发展的挑战与机遇入手，通过对具有代表性的行业和典型性企业的实证性分析，系统阐述了企业引进先进机器设备、实施技术革新、改进生产管理方式、培育优秀人才等方面的技术进步方式，进而塑造了一批具有先进企业文化的经营典型；也阐述了经济社团如何为企业提供新技术信息、打开新产品销路、调节商业纠纷、勾通企业与政府等环节，减少市场交易成本等对企业技术进步的引领与调控作用。文章还将天津企业技术进步与上海进行了分析和比较，并认为尽管技术进步推动了天津经济近代化，但是，也要看到阻碍技术进步的社会的、政治的和企业自身的因素，致使企业技术进步艰难和曲折，发展步履缓慢[⑥]。

《海河干流史研究》一书是以海河为主线的学术著作。该书论述了海河和海河水系的形成、海河的功能、海河带来的灾害和治理，作者认为海河水

① 江沛：《20世纪上半叶天津娼业结构述论》，《近代史研究》2003年第2期。
② 董丛林：《“迷拐”、“折割”传闻与天津教案》，《近代史研究》2003年第2期。
③ 王印焕：《从天津〈大公报〉的时评看民初政局》，《民国档案》2003年3期；吴元康：《天津〈大公报〉载孙中山佚文》，《历史档案》2003年第2期。
④ 张利民等：《近代环渤海地区经济与社会研究》，天津社会科学院出版社2003年版。
⑤ 樊如森：《论近代中国北方外向型经济的兴起》，《史学月刊》2003年第6期
⑥ 宋美云：《天津近代企业的技术进步与现代化》，《企业发展中的制度变迁》，上海社会科学院出版社2003年版。

系的分合变迁由自然和人为两个因素，只是受人类的改造和利用的影响很大，时代越晚，社会越进步，人类的作用就越显著；传统时期海河的主要功能是运送漕粮，近代以后开始成为对外贸易的通道，承担着天津与国外和国内经济腹地经济联系的重任。作者还利用社会控制等理论分析了海河的存在与变化对城市人口的移动、职业的选择、经济的发展、道路交通的建设和城区的空间演变的影响，认为海河对城市各方面的发展演变都起着控制性的作用。该书以板块形式，吸收了历史、地理和经济学的一些理论方法，对研究城市与环境的互动关系有一定的学术价值，只是在内容配置上对近代部分论述较少，如天津海河作为港口连接了世界市场和国内市场、海河的治理等略为单薄，海河给天津城市的社会架构、居民生活和娱乐方式，以及伦理道德价值取向带来的更深层次的影响，也缺乏必要的提炼和总结①。

四

关于天津文化艺术的研究，至今仍然缺乏深入的研究。值得一提的是，《解读天津六百年》中有章节专门论述了天津文化的定位。作者在综合近期研究成果的基础上，分析了天津的文化底蕴，认为海河是传统文化积累的一个输送带，芦盐产销和商业发达是润滑剂，加速了城市文化的尽快成型；是生态环境和社会决定了天津城市文化的形态和结构，使其在兼有多源性和兼容性的基础上，具有顺应时代和创新的特点。近年来海河两岸综合开发工程即是文化创新的集中体现。《南市文化风情》以不同的写作风格记述了天津南市的过去和现在②。政协天津市文史委员会编辑的“近代天津名人丛书”出版了《十大戏曲家》和《十二大名医》，记述艺术和医学领域的知名人士。《天津影剧娱乐业谈往》是20世纪20年代以后经营电影业的亲历者的回忆，颇具史料价值③。关于新闻出版的文章，介绍了天津租界内兴办的报刊和解放前夕天津出版业的期刊状况④。值得一提的是，1884年7月至1885年3月任法国驻津领事的林椿的日记由政协文史委员会翻译刊发，记录了当时法国领事在天津与李鸿章围绕中法战争的交涉，进而订立了《中法天津新约》，从当时外国人的日记可以更深入了解到在外国武力威胁等压力下，清政府和官员的对外政策⑤。另外，还有一些介绍天津公共交通和建筑的文章，有助于了解当时市民的生活和观念的变化⑥。

2003年天津地方史志编修委员会又编辑出版了河北和西青2部区志和军事、出版、外贸、人事、邮电、商检、检察等6部专业志，基本完成了《天津通志》的预定计划。为了纪念天津设卫建城，该委员会组织人员编辑《天津文化通览》丛书，目前已经出版了天后宫、大直沽、水西庄、杨柳青、老城厢、海河带风物等多部，既有多人合作的文集，也有独立撰写的著作，颇具趣味性、鉴赏性和可读性。

从2003年的主要成果可以看到，天津城市社会的研究比较深入，视角开始注重环境对城市发展的作用，娼妓的分析研究也具有开拓性，在天津发展阶段的划分上也有所突破，在城市管理、社会控制和商会研究中引入了政治学、地理学和经济学的理论方法；而且，一些研究从城市史、社会史等宏观的高度着眼，从微观的实证性研究着手，总结其典型性和特殊性，力图在构架和方法论等方面有所开拓。

（本文作者：张利民，天津社会科学院历史所所长、研究员）

① 王伟凯：《海河干流史研究》，天津人民出版社2003年版。
② 李正中：《南市文化风情》，天津人民出版社2003年版。
③ 参见《天津文史资料选辑》2003年第3期。
④ 曹聪孙：《抗战胜利后天津出版的期刊概况》、房建昌：《近代天津租界内所办报刊》，《天津文史资料选辑》2003年第2期。
⑤ 林椿：《和李鸿章过招的三百天——一个法国驻津领事的日记》，王佚名译《天津文史资料选辑》2003年第1期。
⑥ 刘海岩：《电车与早期天津公共交通》，《今晚报》2003年6月30日—7月6日；丁天顺：《张彪和他的“天津张园”》，《文史月刊》2003年第7期；林耕、刘辉：《天津老城传统民居》，《城市》2003年第3期。

管 理 学

管理科学研究综述

齐二石　李晓梅

一、引言

作为现代科学系统中的一个相对的学科类别，管理科学已逐步形成了较为系统的科学理论基础和学科体系。虽然管理科学建立自身的科学理论基础在时间上比其他的自然科学、社会科学、工程技术学科要晚得多，并且目前在理论界和实务界对其本质、价值和功能存在着不尽一致的理解，但随着生产社会化的发展，管理科学作为一种相对独立的社会职能，已经成为现代世界任何一个国家、任何一个组织发展、进步所不可缺少的科学支柱。作为涵盖管理与工程两个领域的交叉学科，管理科学与工程学科高等教育的状况一定程度上会影响和制约国家经济的持续发展。随着我国改革开放政策的实施，管理科学与工程学科高等教育的环境发生了重大变化，教育的观念、模式及内容在进行着不间断的变革。WTO的加入，使得国外竞争者更方便、更快捷地参与到国内市场的激烈竞争之中，于是我国的管理科学与工程学科便开始面临机遇与挑战并存，改革与发展并重的紧迫局面。如何把握机遇，迎接挑战，如何变压力为动力，是管理学者应当深思的课题。

管理科学与工程学是运用工程技术理论与方法来解决组织系统的管理问题的学科，其学科体系由管理科学与工程学科基础理论、管理科学理论及应用领域等层次构成，具体涵盖了管理科学、信息管理与信息系统、工业工程和工程管理等四个专业①。

有关部门曾对我国200名管理专家学者进行过问卷调查，对我国管理科学与工程学科的发展状况和能力作了总体评价，评价结果见图1所示②：

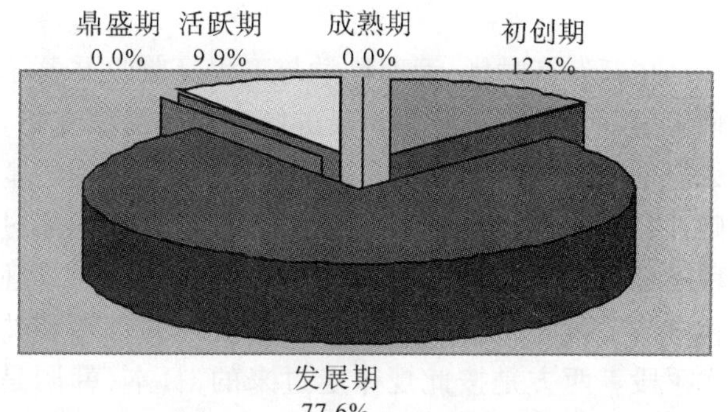

图1　我国管理科学与工程学科发展阶段总体评价

从图1可以看出，绝大多数管理专家学者认为，我国管理科学与工程学科已经完成学科发展的初创与开拓期，开始进入学科的发展期。

调查结果还显示，我国管理科学与工程分支学科领域(方向)的发展阶段是不均衡的：基础管理理论研究处于初创期→发展期，还未完成开拓与初创的任务；应用性管理学科领域大多数处于发展期，有些处于发展期→活跃期阶段，有些正处于初创与发展阶段；基本方法技术学科领域，在整体上处于发展的较高阶段，除在有关组织与行为调节措施、决策支持系统研究等领域处于初期开拓与发展阶段外，大多数处于发展期→活跃期。

管理科学与工程和工业化是一种共生的关系，它是实现工业化目标的基本技术支持体系。在国家工业化的过程中，管理科学与工程对提高企业管理基础和竞争力是必不可少的规律性手段。台湾清华大学的陈茂生教授曾做过如下的比喻：将生产力比作水桶中的水(D)，专业工程技术比作水桶的一个耳子(A)，而管理科学与工程应是另一个耳子

① 齐二石：《中国管理科学与工程类专业教育教学改革与发展战略研究之一》，高等教育出版社2002版。
② 管理科学学科发展战略研究组：《自然科学学科发展战略调研报告——管理科学》，北京科学出版社1995版。

(B),而水桶的提升点(C)为工商管理。企业发展的目标是多提水,但如果缺乏管理科学与工程,水桶只有一个耳子(A),技术上再下功夫,也只能提出半桶水,不可能提满水(如图2)。

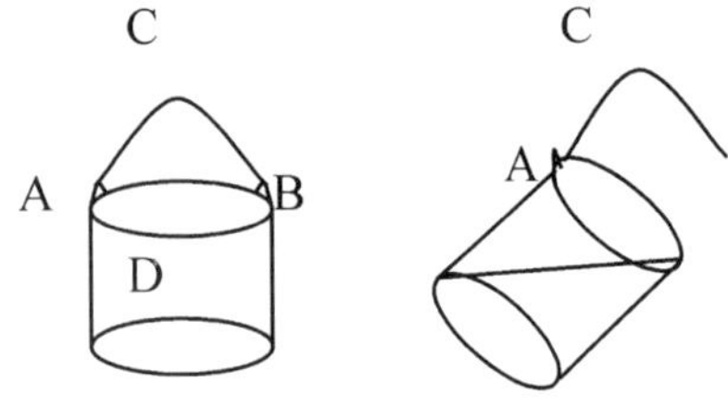

图2 企业发展关系示意图

在新经济时代,管理科学与工程又兼收并蓄了现代信息技术的手段而为新的管理模式提供支持。无论是在买方市场或卖方市场的环境下,管理的基础、效率、成本始终是企业竞争的资本,这个积累过程不能省略,它是企业提高竞争力的基础,而管理科学与工程是支持企业经营目标实现的哲理和技术手段。西方是按此规律走过来的,日本、韩国是这样走过来的,中国也不可能例外①。

二、管理科学的发展成果

21世纪我国社会经济的发展将遇到社会转型、经济增长方式转变、资源有限等现实问题,同时社会经济发展越来越依赖于管理者的智慧、才能、经验、洞察力、应变力和创新能力等,因此我国管理科学的研究应重点选择制约我国社会经济持续发展重大难题中的深层次科学问题进行理论研究,选择有利于提高我国企业的管理水平和管理技能以及宏观管理急需解决的实际问题进行实证研究,力争取得重大理论创新与实践突破。

1.管理科学学科发表论文、出版物及理论体系研究

2003年,管理科学与工程学科的专家学者不断积极探索,勇于创新,在国内外重要期刊发表了大量的高水平学术论文。其中顾培亮撰写的《Parameter data envelopment analysis model based on C2GS2 – PC2GS》和《Stock market time series data miming based on regularized neural network and rough set》、王正欧撰写的《Identification of nonlinear time varying systems based on recurrent neural networks》和《Effect to technological advancement on structures of energy supply and demand in china》、李敏强撰写的《A New Association Rules Mining Algorithms Based on Directed Item sets Graph》和《The Study of Epitasis Based on the Random Walk Model in Fitness Landscapes of Schemata》、唐万生撰写的《Probability Criterion for a Dynamic Financial Model with Short – Selling Allowed》、何桢撰写的《Multi – varied analysis in process qualysis and control》、张世英撰写的《Fuzzy Modeling Algorithm for Complex systems Based on Stochastic neural Networks》和王春峰撰写的《Ants foraging mechanism in the design of multiproduct batch chemical process》、贺国光撰写的《A study on the short – term prediction of traffic volume based on wavelet analysis》、赵晓松撰写的《Design of Probe for Measuring High – reflective Sculptured Surface》、刘希珍撰写的《Hydrogen Production from Methanol Using Corona Discharges》、李波撰写的《Fuzzy Modeling Algorithm for Complex systems Based on Stochastic neural Networks》和刘英宗撰写的《Government supervision over residence project quality》等优秀论文分别被EI和ISTP检索。其中傅利平撰写的《当今世界科技发展与我国科教兴国战略》获天津市教委人文社会科学研究成果奖。

同时,出版了《工程经济学与管理经济学》、《科学、技术、社会(STS)》、《非线性系统在中国(Dynamics in China)》、《诊断与治疗:揭示中国的股票市场》、《成因与对策:透析中国的通货紧缩》、《城市创新系统》、《管理经济学应用、战略与策略》、《以Excel为决策工具的管理经济学》、《怀德曼项目管理词汇手册》、《宏观经济政策与发展规划》、《公共部门风险管理》、《现代咨询方法与实用》、《投资项目可行性研究》、《会计学》、《实用经济法》、《工程咨询概论》、《投资项目可行性研究》、《工程经济学》等多部高水平著作、译著和教材,丰富了专业领域的读物市场,满足了广大师生和专业技术人员的学习和工作需求。其中张世英等撰写的《非均衡经济计量建模与控制》获第七届天津市优秀图书奖。

此外,在管理科学理论体系方面,赵黎明等完成的"城市创新系统研究"获海南省科学技术进步奖;马向阳等完成的"我国国有资产流失及其治理研究"获河南省科学技术进步奖。

2.管理科学学科的横向及纵向项目合作

2003年,管理科学与工程学科完成或在研涵盖

① 齐二石:《中国管理科学与工程类专业教育教学改革与发展战略研究之一》,高等教育出版社2002版。

了国家863项目、国家基金委项目、国家攻关项目、国家各部委项目、天津市科委项目及天津市自然科学基金、社会科学基金等范畴的项目近200项,大大超出了往年各项目数量总和。这其中既包括了"多目标进化算法的理论与应用研究"和"连续时间金融模型的贝叶斯分析"这样的基础理论研究,也包括类似于"实施6西格玛质量改进的关键技术研究"和"军工科研项目评价及资金优化配置研究"这样的优化技术研究;既包括了"中国城市治理的理论与应用研究"和"东、中、西结合部区域经济可持续发展理论与实践研究"这样的战略研究,也包括"航天重大型号产品协同管理模式"和"IT项目开发风险管理的模型与体系研究"这样的行业管理体系研究;既包括如"我国灾害救助研究"和"天津市高级人才资源决策支持系统"这样的宏观管理课题,也包括像"基于企业经营业绩的经营者报酬激励制度的研究"和"基于e-化建筑的精益建筑模式研究"这样的微观管理课题。同时,通过对管理科学与工程学科研究成果的应用,完成了对中国航天科工集团、华北油田、太原重型机械集团有限公司、光宝电子公司、天津市鼎盛工程机械有限公司、天津市蓄电池厂等近百家企事业单位不同规模的改造和战略分析及评价,为我国及我市企事业单位的发展及完善做出了突出的贡献。

三、管理科学研究发展趋势分析

《面向21世纪教育振兴行动计划》中指出在改革开放和现代化建设新时期,邓小平同志反复强调,实现社会主义现代化,科技是关键,教育是基础。管理科学作为社会发展核心动力的知识的重要组成部分,一方面为观念、体制、制度及规范的创新提供理论指导和知识保证;另一方面,其研究成果和人才培养在社会启蒙、社会设计等方面能有效地为科学技术创新提供永续的动力和强大的诱因、为技术与经济的有机结合、技术与社会的和谐整合创造必要的资源条件。

现代管理科学理论仍在不断创新,这同时带动管理科学专业的教学模式、教学方法、教学手段进行更新,并对知识结构进行调整,着重研究管理理论、强调管理方法及管理手段的创新等方面①。

2003年管理科学学科在原有学科建设的基础上,天津市管理科学学科的学者及专家就高等学校管理科学研究成果的产品转化及加速企业建立现代企业制度和加快以信息化带动工业化快速发展的步伐做出了突出的贡献,并围绕基础研究、理论体系研究及应用研究等方面进一步拓展了研究范围。

1.基础研究

针对管理科学的基础研究主要包括以下12个方向:(1)管理哲学;(2)管理科学研究的方法论;(3)基于知识管理的现代项目管理研究;(4)组织效率;(5)企业管理模式理论与方法研究;(6)企业间信息系统无缝连接的理论模式与标准研究;(7)融知创新与领导力研究;(8)基于网络环境的企业信息系统一体化模式研究;(9)旅游预警系统与可持续发展研究;(10)模糊多层次优化理论研究;(11)工程项目全生命周期集成化管理研究;(12)系统分析与系统建模方法技术。

2.理论体系研究

目前有关管理科学的理论体系研究主要围绕以下16个方面:(1)现代制造系统管理模式与管理技术体系研究;(2)面向中小企业整体管理现代化与竞争能力提高的工业工程理论及应用研究;(3)复杂系统理论与管理科学、运筹和决策及应用研究;(4)虚拟组织与网络组织结构;(5)团队管理与组织创新;(6)国家创新体系的结构优化与制度设计;(7)知识挖掘的信息管理系统;(8)信息系统的安全保障技术;(9)业务流程重组和过程再造;(10)敏捷制造与并行工程;(11)认知功效与人因工程;(12)复杂系统的特征、演化规律及其模拟技术;(13)人力资源市场管理与社会保障体系;(14)货币政策与财政政策的体制安排与协同效应关系;(15)资本市场发展与风险投资管理;(16)财务管理、成本控制理论及体系等研究。

3.应用研究

今后管理科学基础及理论的应用研究主要会围绕以下10个方面展开。

(1)基于信息集成的工程建设项目集成化管理系统(EPCIMS)的研究与开发;(2)现代社会物流系统的分析、设计与应用研究。该研究主要解决专业物流系统和区域物流系统的分析、规划、设计与实施的管理技术体系的研究与应用;(3)基于物流配送与供应链的管理系统集成;(4)基于工业工程理论的企业咨询工具集研究;(5)运用数据挖掘和博

① 齐二石:《中国管理科学与工程类专业教育教学改革与发展战略研究之一》,高等教育出版社2002版。

弈论等数学方法解决实际问题；(6)商业集成化管理系统的研究与开发。专门研究商店、商场、分布式便利店系统及连锁店系统的现代管理系统分析、设计和过程管理，以提高现代化管理水平，降低成本、提高效率，开发研制高水平的集成化分析与设计工具等，为商业系统管理现代化提供高水平技术支持；(7)医院及医疗系统管理体系与技术的研究与应用。以天津市现代医疗系统及典型医院的管理组织、管理过程的重构及物流、资金流、信息流的集成化管理系统，提高医院及医疗系统的现代管理水平、服务效率与服务水平，降低成本，提高顾客满意度；(8)旅游系统管理与方法研究；(9)网络环境下企业经营运营战略与跨国经营战略问题；(10)高技术产业技术创新的轨迹与管理模式。

尽管我国在管理科学学科发展过程中取得了“短而快”的硕果，但同世界发达国家相比，我们仍存在很大的差距。因此，要积极地学习国外相关学科的先进经验，同时还应注意必须要将这些“学来之物”进行“本土化”改良，结合我国社会经济转型特征和多元化结构格局的管理问题进行创新研究。只有重视我国经济的多元化结构和转型社会经济特色，才能创造出适应未来发展特点、具有中国特色的管理科学研究成果。如何利用动态的、调适的观点积极探索东西方管理思想有效整合的视角与方式，关注组织系统与外部环境的适应性及其整体协调的重要性，从而使得管理科学研究满足发展的需要，甚至超前指导管理的实践，这是我们取得成功的必由之路。① 为此，我国管理科学研究将围绕诸多社会发展与学科发展的关键问题，结合实际，实事求是，坚持“以我为主，博采众长，融合提炼，自成体系”的发展思路，以促进管理科学学科的可持续协调发展。

(本文作者：齐二石，天津大学管理学院院长、教授、博士生导师；李晓梅，天津大学管理学院博士研究生)

工商管理研究综述

李维安　马连福

2003年，天津工商管理学科的广大学者，理论联系实际，脚踏实地，瞄准学科前沿，锐意创新，在工商管理学科的各个研究领域取得了丰硕的研究成果。

一、公司治理研究取得标志性成果

随着中国经济改革逐步进入到公司治理创新阶段，公司治理理论与实践研究成果更加丰富。南开大学国际商学院李维安教授的专著，南开大学出版社出版的《公司治理》，是中国第一本主要从管理学的角度对公司治理进行探讨的开拓性著作②。该书在2002年获得天津市社会科学优秀成果特等奖之后，在2003年又获得第十届孙冶方经济科学著作奖。

2003年11月15～16日，以“公司治理改革与管理创新”为主题的第二届公司治理国际学术研讨会在南开大学召开。出席这次会议的有中国大陆官、产、学界人士和来自德、美、日、英、加、韩等国和港台地区的学者和企业家300余人，大会就中国公司治理的现状、问题与对策、世界范围公司治理的研究方法与成果、资本结构、股权结构与投资者关系、内部治理机制等方面的问题进行了交流探讨。

2003年11月17日，以1994年诺贝尔经济学奖获得者泽尔腾命名的“泽尔腾经济管理实验室”揭牌。致力于公司治理机制等方向的试验研究，建设世界一流的试验管理学实验室。

2003年12月，以李维安教授作为首席专家主持首批教育部人文社科重大攻关项目“中国民营经济的制度创新与发展研究”投标项目获得资助，将公司治理研究拓展到民营企业制度创新及其治理

① 郭菊娥、席酉民：《我国管理科学研究的重点问题剖析》，《管理科学》2004第4期。
② 李维安等著：《公司治理》，南开大学出版社2001版。

研究方面。

在公司治理研究领域，学者们的讨论主要在以下几个层面展开。

1.公司治理实证研究

南开大学公司治理研究中心"跨国公司治理课题组"对天津经济开发区200余家三资企业进行了历时两年的调查，提出了一个跨国公司股权结构战略两阶段演进模型，揭示了跨国公司在华独资倾向增强的深层原因，是追求股权结构战略改进的预期收益①。李维安等在研究企业信用与股权和董事会的关系时，从406家调查样本中选取了249家中国上市公司的数据，对其进行了实证研究。并指出了由于交易时滞、信息不对称和内生性交易费用给交易带来的障碍，而企业信用这种安排可以以信号、抵押、担保的方式部分地消除这种障碍②。

2.人力资本治理研究

企业的存在、发展、成熟与衰退的演化过程蕴涵着不同特征的任务。李维安教授等认为，企业家创新精神不足是当前中国企业经营者所面临的普遍问题。在文化背景和经济体制原因之外，公司治理制度的不完善是企业家创新精神不足的微观根源。为了培育企业家的创新精神，就必须从公司治理制度层面入手，完善企业经营者的选任、激励以及相应的科学决策机制，最大化企业家的创新效用，从而诱导其创新行为③。彭正银教授运用过程与效果两因素将任务的复杂性分成5阶(包括0阶)，深入地剖析了这5阶复杂性任务与资产的专用性，尤其是人力资本的通用性、专用性、专有性及通用的专有性之间的对应关系，指出复杂性任务与人力资本的不同组合其治理成本存在着差异，其选择的治理模式也应有所不同④。企业知识管理日益受到关注，但作为其重要基础的组织行为层而没有得到应有重视。袁庆宏教授从组织行为视角，揭示知识管理在员工个体、组织整体及组织间网络等3个递进层次上面临的基本难题，提出一个基于组织行为视角的知识管理递进模型。模型中构造了以员工知识创造活性为源泉，以组织体知识交换与共享活性为平台，以企业与外部组织的知识网络活性为价值实现途径的对策体系⑤。也有的学者认为由于新经济、新企业的兴起，改变了企业自愿的相对稀缺性和配置方式，新型企业的治理结构对人力资本的价值状态具有明显依存性⑥。齐善鸿等人在从法律意义对现代公司加以理解的基础上；借鉴现代心理学、伦理学和社会学的观点，指出公司在本质上是"集合人"。论证了公司的精神与人格问题是最终决定制度成效之关键⑦。

3.公司治理评价研究

在公司治理理论研究的基础上，学者们认为公司治理理论研究只有满足公司治理实务的需要才能丰富与完善⑧。2003年4月27日，南开大学公司治理研究中心在多年理论研究基础上，正式推出了国内第一个作为上市公司治理状况"晴雨表"的中国公司治理评价指标体系(简称南开治理指数)。指标体系发表后，就引起了《经济日报》、《香港大公报》等多家媒体的广泛关注与报道。同行专家也给予了较高的评价，一致认为南开治理指数的推出不仅填补了我国公司治理状况评价研究领域的空白，也标志着中国公司治理评价研究与国际全面接轨。

4.公司治理研究领域的拓展

(1)银行治理。20世纪90年代中期之前，商业银行更多地是被当作公司治理的一个重要监督机制。1997年开始的东亚金融危机才使银行业自身的治理问题受到普遍关注。1999年9月巴塞尔委员会发布的《加强银行机构的公司治理》和2002年6月初中国人民银行颁布的《股份制商业银行公司治理指引》，使商业银行的治理结构问题成为全球和我国关注的焦点。商业银行具有诸多不同于一般公司的特点，并由此决定了其公司治理的特殊性。李维安教授等在对商业银行公司治理的一系列基本问题进行探索性研究的基础上，构建商业银行公司治理的一般模式，提出我国商业银行公司治理改革的目的是通过董事会的构建，降低治理成本

① 李维安：《跨国公司在华独资倾向成因分析：基于股权结构战略的视角》，《管理世界》2003年第3期。
② 李维安：《股权、董事会治理与中国上市公司的企业信用》，《管理世界》2003年第9期。
③ 李维安：《企业家创新精神培育：一个公司治理视角》，《南开经济研究》2003年第2期。
④ 彭正根：《人力资本治理模式的选择——基于任务复杂性的分析》，《中国工业经济》2003年第8期。
⑤ 袁庆宏：《企业知识管理中的组织行为难题》，《中国人力资源开发》2003年第9期。
⑥ 袁庆宏：《从主流公司治理到新企业治理：人力资本价值与高技术企业治理》，第二届公司治理国际会议论文，2003年11月。
⑦ 齐善鸿：《现代公司治理中的法人人格建设》，第二届公司治理国际会议论文，2003年11月。
⑧ 南开大学公司治理研究中心课题组：《中国上市公司治理评价系统研究》，《南开管理评论》2003年第3期。

和回避治理风险的思路[①]。(2)传媒集团公司治理。中国传媒集团的公司治理是个十分复杂的问题,同其他产业相比,传媒集团公司治理的研究具有较强的独特性。有的学者在剖析国外传媒集团公司治理模式的基础上,客观分析了中国传媒集团公司治理的特殊性及现状。针对目前传媒集团产权残缺、委托人残缺及管理者激励机制欠缺等问题,提出了中国传媒集团“三级治理”的公司治理模型,特别强调政府治理、外部治理、内部治理三者有机结合的综合治理[②]。(3)财务治理。有的学者以委托代理理论、控制理论解释公司治理与会计控制之间的关系,提出公司治理机制是实施会计控制的基础。要在决策、激励、监督约束“三大机制”中整合会计组织结构、资金监控机制、会计与审计信息网络,将会计控制纳入到公司治理路径之上[③]。(4)网络组织的治理边界是网络组织运行管理的对象和范围,是对构成网络组织诸结点协同运作领域的界定,集结点职能、责任以及治理活动的范围与程度,表现为网络组织对各结点产生效应的界限[④]。

二、创业管理研究方兴未艾

进入新世纪以来,创业与创业精神受到广泛关注,人们并不单纯研究个体的创业行为,而是将创业与创业精神拓展到已经存在的公司甚至是大公司,拓展到非营利组织和整个社会,创业与创业精神成为动态复杂环境下管理者的思维模式和行为准则。创业管理作为一门新兴的交叉学科已经受到广泛关注,创业管理是对传统管理理论的一种挑战,成为理论界与实际部门共同面对的具有时代特征的研究课题。

经全国 MBA 教育指导委员会批准、由南开大学国际商学院、南开大学 MBA 中心主办的“首届创业学及企业家精神教育研讨会”于 2003 年 9 月 27～28 日在南开大学召开,来自全国五十余所院校的八十多位专家教授和成功企业家围绕创业管理、企业成长、中小企业、企业家精神、创业教育等主题开展了深入研讨。在研讨会上,天津学者纷纷提出了有创见性的观点。如张玉利教授认为,创业并不专指个体创建企业,而是当今社会发展所需要的普遍行为,并且有关企业家精神的研究领域正在不断被拓展。天津财经大学张维教授指出,面对日益活跃的创新热潮,应该加强创业教育研究,构建适合中国国情的创新教育课程体系。南开大学国际商学院王永贵博士主张有必要把企业家精神、企业和小企业管理教育区分开来,把他们与传统的管理教育区分开来,根据学员的差异化需求对企业家精神教育进行更为科学的分类,如创业教育、小企业教育、自营教育、小企业感知度教育等。

此外,张玉利教授认为创新和冒险精神中蕴涵的不确定性导致创业过程的动态性和复杂性,但从创业的构成元素出发,发现创业是创业主体感知机会后的资源整合行为,并遵循从感知机会到组建创业团队,获取创业必须资源的逻辑进程[⑤]。企业家的创业活动通常被认为是非理性的行为,是一种随机因素综合作用的结果,是企业家进取与冒险倾向的体现,应该从理性角度考察企业家的创业活动[⑥]。

三、营销管理研究百花齐放

1.品牌营销

品牌研究一直成为学者关注的焦点。品牌定位和品牌延伸是一种相互依赖、相互制约、共同发展的关系,二者作为两种品牌资本增值战略,在品牌增值的控体战略中都扮演着举足轻重的作用[⑦]。联合品牌战略作为一种新的品牌战略,受到世界著名企业的青睐,但是联合品牌的成功要求双方必须提供优势资源来参与合作,无论是生产能力、渠道,还是技术、管理经验,都应该体现企业的竞争优势[⑧]。

2.体验营销

有的学者认为,企业应在深刻把握消费者所需体验的基础上,制定相应的体验营销策略,并通过多种方式向消费者提供体验,只有尽快把体验营销这一新的营销理念付诸于实践,企业才能在激烈的市场竞争中赢得先动的竞争优势[⑨]。随着知识经济的到来,传统经济和服务经济的局限性日益凸现。

① 李维安:《商业银行公司治理:理论模式与我国的选择》,《南开大学学报》2003 年第 1 期。
② 李维安:《中国传媒集团公司治理模式探析》,《天津社会科学》2003 年第 1 期。
③ 程新生:《论公司治理与会计控制》,《会计研究》2003 年第 2 期。
④ 孙国强、李维安:《网络组织治理边界的界定及其功能分析》,《现代管理科学》2003 年第 3 期。
⑤ 张玉利:《企业家创业行为调查》,《经济理论与经济管理》2003 年第 9 期。
⑥ 张玉利:《企业家创业行为的理性分析》,《经济与管理》2003 年第 5 期。
⑦ 韩经纶:《论品牌定位与品牌延伸的关系》,《南开管理评论》2003 年第 5 期。
⑧ 范秀成、张彤宇:《论跨国公司的联合品牌战略》,《外国经济与管理》2003 年第 9 期。
⑨ 陈英毅、范秀成:《论体验营销》,《华东经济管理》2003 年第 4 期。

关联企业与消费者的产品概念正逐渐由核心产品拓展到附加产品和泛产品概念，企业的营销行为也从显性营销向隐性营销转变，并注重塑造产品和企业的良好形象，满足消费者心理需求，进而影响消费者的购买决策不同①。

3.消费者收集信息努力研究

李东进教授在把信息源分为人员信息源和非人员信息源的基础上，建立了消费者搜寻成果与搜寻满意的结构模型，然后根据此模型对中韩两国消费者搜寻信息努力、搜寻成果与搜寻满意进行比较分析，结果发现两国消费者之间在搜寻信息努力上既有共同性又有差异性，最后根据这些研究结果向中韩两国企业提供了为对方国消费者传递信息的策略性建议②。

4.顾客关系管理研究

顾客关系管理无疑已经成为顾客中心时代竞争制胜的关键所在，但这必须以企业对顾客知识进行有效管理为战略支撑。王永贵等在系统地剖析了顾客角色演进的基础上，论证了顾客网络的重要性；在企业资源论的基础上，构造了企业活动矩阵，识别出顾客网络中影响资源与能力转移的关键因素，构建了顾客网络中的知识管理模型③。天津财经大学曹家为教授认为，商品流通组织与流通渠道是各具独立性、又密不可分的局部与整体的关系；只有流通组织具备多种交易职能，流通渠道设计得适合商品流通的需要，才能货畅其流，促进生产和消费。流通组织的选择和流通渠道的设计应有利于提高商品流通的效率，降低流通总成本，增加消费者总价值；应大力促进有限服务批发组织、超级市场和连锁经营组织的发展，提倡垂直型流通渠道、水平型流通渠道和多重商品流通渠道等新型商品流通渠道④。

四、服务管理研究异军突起

随着市场竞争日益激烈，对服务价值关注的越来越多，一些产品的服务竞争更具有深度和广度，服务竞争的延伸性也非常明显，服务竞争强调“以人为本”、“一切为了创造消费者需要的价值”等思想将贯穿于产品的设计、生产和营销的全过程。并认为服务竞争力在很大程度上代表了品牌竞争力⑤。顾客感知服务质量的度量是服务管理理论中最为前沿性的问题，而服务质量评价方法跨文化适用性的界定无疑对借鉴国外先进的评价方法和提高中国服务企业服务质量水平具有积极的意义⑥。一些学者将顾客感知价值嵌入传统的企业战略研究范式之中，从顾客感知价值与企业竞争力的关系提出了服务企业应该确定合理的服务定位和价值主张，加强顾客期望管理、服务过程管理和服务情境管理，努力提高顾客从服务中所得到的功能价值、情感价值和社会价值，实现顾客满意和顾客忠诚，进而创建企业独特的竞争优势⑦。

五、人力资源研究更加细微化

谢晋宇教授认为进入21世纪，职业生涯开发的理论和实践都面临着重大挑战，为了回应这种挑战，职业生涯开发已经进入了一个从理论和实践上重新定义自己的重要时期，新的探索发展使职业生涯开发进入了一个全新的时代，可以被称为“后企业时代的职业生涯开发”⑧。崔勛教授运用组织行为学的理论，在大量的问卷调查基础上，通过对我国员工的组织承诺和离职意愿的实证分析，揭示了员工的性别、年龄、学历、婚姻状况、户口等人口学特征变量和职位、连续工龄、离职次数、晋升概率、晋升次数等职务相关变量对员工的组织承诺有显著影响。同时指出，员工的组织承诺对离职意愿有显著影响。研究结果对提高员工的组织承诺以及预防员工离职具有一定的借鉴意义⑨。李新建教授提出在不同时代背景和外部环境下，对人力资源中介市场有不同的衡量标准，在知识经济时代，多元化、国际化和规范化应该是人力资源中介市场的标志性特征⑩。人力资本的聚集效应在各种正式或非正式的群体中发挥着重要作用，但始终没有被提升

① 罗永泰：《经济类型的营销模式与隐性营销的形成》，《财经问题研究》2003年第11期。

② 李东进：《中韩两国消费者搜寻信息努力的比较研究》，《南开管理评论》2003年第2期。

③ 王永贵：《顾客关系管理：对顾客网络及其知识管理的系统剖析》，《重庆大学学报》2003年第2期。

④ 曹家为：《我国流通组织和流通渠道的设计与选择》，《中国流通经济》2003年第5期。

⑤ 吴晓云：《中国家电行业的发展态势及营销战略选择》，《管理世界》2003年第10期。

⑥ 韦福祥、韩经纶：《文化差异对顾客服务质量感知影响的实证研究》，《南开管理评论》2003年第3期。

⑦ 范秀成、罗海成：《基于顾客感知价值的服务企业竞争力探析》，《南开管理评论》2003年第6期。

⑧ 谢晋宇：《后企业时代的职业生涯开发研究和实践：挑战和变革》，《南开管理评论》2003年第2期。

⑨ 崔勛：《员工个人特性对组织承诺与离职意愿的影响研究》，《南开管理评论》2003年第4期。

⑩ 李新建：《人力资源中介组织与中介市场的发展》，《南开管理评论》2003年第4期。

到理论的高度来研究。罗永泰教授首次提出了人力资本聚集效应这一概念，并认为研究人力资本聚集效应的意义是利用其特点来营造有利于产生人力资本聚集效应的环境，提高企业经营管理水平，加快企业知识创新的进程①。范秀成教授等根据对62家制造业外商投资企业的调查结果，分析了人力资源管理实践与企业绩效之间的关系。研究发现，企业绩效不仅同人力资源管理与企业战略的整合程度有关，而且同企业使用的"高绩效"人力资源管理系统之间存在积极的联系②。

此外，齐寅峰教授认为经理效用最大化行为导致企业投资行为，投资的财富约束与其他约束必然导致融资，即引致融资，引致融资导致企业融资结构的变动，融资结构变动导致内部效应即治理结构效应和外部效应及信号传递效应③。

（本文作者：李维安，南开大学国际商学院院长、教授、博士生导师；马连福，南开大学国际商学院教授）

统计学研究综述

肖红叶　郝　枫

2003年，天津市统计学者在理论方法研究及其应用研究工作，大致取得了以下几方面进展。

一、统计学理论与方法研究

在数理统计研究方面，于忠义撰文介绍了James Bernoulli与《推测术》的学术价值，并对这部伟大著作的现实意义进行评论④；刘民千撰文应用试验设计领域的热点——超饱和设计技术进行研究，探讨如何利用较少次的试验来获取最大信息量⑤；林路撰文对广义线性模型中的最大信息和适宜估计量问题进行研究⑥。

在其他理论研究方面，孙宪华撰文阐述稳健统计在经济指标中的应用和启示，并对稳健统计方法进行探讨⑦，并撰文论述构建客户导向型统计的重要意义⑧；龚凤乾撰文论证统计检验是实证会计研究方法的核心，并对统计检验在实证会计研究过程中的作用进行讨论⑨；肖红叶撰文介绍了复杂科学理论的背景知识和最新进展，及其对科学思想发展和推进人类认识能力的影响和贡献⑩。

在国民经济核算方法研究方面，苏文利撰文建立国内生产总值非线性模型，详细分析模型的各种性质，并对模型的预测精度做出评价⑪；刘保珺撰文应用结构分解技术（SDA）分析不同时期的投入产出表，对投资、消费、出口诸因素拉动经济增长的方式和程度进行研究⑫；宋文新、宋辉、王振涛撰文建立投入产出偏差分析模型，以测度科技进步、最终需求、对外贸易等因素在一定时期内对国民经济及其结构的影响⑬。

在经济计量方法研究方面，王力宾、张文专撰文介绍对纵向数据模型参数进行估计的EM算法，该算法能够一次性估计模型中所有参数，并且多数

① 罗永泰：《论人力资本聚集效应》，《科学管理研究》2004年第1期。
② 范秀成：《外商投资企业人力资源管理与绩效关系研究》，《管理科学学报》2003年第2期。
③ 齐寅峰：《投资的融资效应、自由现金流与企业价值》，《管理评论》2003年第5期。
④ 于忠义：James Bernoulli与《推测术》，《统计研究》，2003年第5期。
⑤ Fang, K. T., Lin, D. K. J. &Liu, M. Q. Optimal mixed-level supersaturated design, Metrika(2003), (3).
⑥ Lin, L. Maximum Information and Optimum Estimating Function. Chin. Ann. Math. 24B(2003).
⑦ 孙宪华：《稳健统计在经济指标中的应用及其启示》，《现代财经》2003年第12期。
⑧ 孙宪华：《构建客户导向型统计》，《中国统计》2003年第4期。
⑨ 龚凤乾：《统计检验：实证会计研究方法的核心》，《现代财经》2003年第2期。
⑩ 肖红叶：《偶然事件是怎样锁定历史路径的——复杂性科学研究背景综述》，《统计与信息论坛》2003年第2期。
⑪ 苏文利：《国内生产总值的非线性混沌预测》，《数量经济技术经济研究》2003年第2期。
⑫ 刘保珺：《关于SDA投入产出技术的结合研究》，《现代财经》2003年第7期。
⑬ 宋文新、宋辉、王振涛：《投入产出偏差分析模型的建立与应用》，《统计研究》2003年第9期。

情况下参数估计值具有收敛性,在这两个方面其都明显优于各种传统方法①。

二、统计学在宏观经济研究领域的应用

在经济增长研究方面,李红继撰文对中国城市经济增长进行实证分析,建立城市经济增长测量模型,并对当前中国城市经济增长面临的问题进行探讨②;曹景林、吴敬撰文利用统计方法和实际资料,对无形资产与经济增长的关系进行实证分析,确定出无形资产的影响因素,并指出可资我国借鉴的国际经验③;梁敏、边馥萍撰文建立数据网络分析模型(DEA),对生产率的相对有效性进行研究④。

在居民消费研究方面,郑丕谔、岳成艳撰文利用集对分析方法和居民消费数据,建立我国城镇居民消费增量预测模型,并评价集对分析方法的应用效果⑤;姚勇、董利(北京)撰文建立 Panel - Data 模型,经验分析收入差距对中国城镇居民消费的影响,认为收入分配和时间预期是中国城镇居民消费最重要的影响因素⑥。

在收入分配研究方面,夏华撰文使用四种不同的方法对全国、地区、城乡、产业的基尼系数进行时序测算,得出四种基尼系数的总体特征和变化趋势,据此建议政府应改善收入分配政策,控制和缩小收入差距⑦。

三、统计学在区域经济研究领域的应用

在区域经济研究领域,天津财经大学统计学系课题组完成了国家统计局计划项目"中国区域国际竞争力发展研究"⑧ 并通过专家鉴定,该项研究建立与国际接轨的评价指标体系,对我国 31 个省市 50 年间的竞争力进行模拟、评价与分析,报告得到了十几个省市的积极反响;丁卫撰文认为,近年来国内外学者对中国地区差距严重程度看法不一致的原因,关键在于对测度地区差距的统计指标选择不同,因此应该对统计指标认真筛选,文章推荐了适宜指标和选择原则⑨;周国富、陈玲撰文分析威廉姆逊"倒 U"假说,比较了国内外学者检验该假说的实证研究及理论评述,并进行评论⑩;蒙少东、张世英撰文构建我国东西部区域经济协调发展的空间模型,并阐述我国现有劳动力与企业如何在东西部区域整合前提下合理流动的科学决策问题⑪。

四、统计学在产业经济与企业管理研究领域的应用

在产业经济研究方面,宋辉、李强撰文运用投入产出模型,定量测算了科技进步对我国产业结构升级的影响⑫;李腊生、张艳莉撰文指出,中国企业提升国际竞争力的途径在于股权结构优化与产业政策选择⑬;冷晓明、刘嘉焜、罗瑞艳撰文运用主成分分析方法对海南省农业发展状况进行研究⑭。

在企业管理研究方面,齐安甜、张维、吴中元撰文对企业并购的期权特征与定价行为进行研究⑮;李会民、王建民撰文研究企业主要经济指标季节变动趋势预测⑯。

五、统计学在金融市场研究领域的应用

在市场风险研究方面,肖芸茹撰文从经济学、统计学、心理学等角度展开对不确定条件下"风险决策"的探讨,并剖析各种决策方法之间的区别和内在联系⑰;樊智、张世英撰文研究金融波动持续

① 王力宾、张文专:《经济计量研究中的 EM 算法》,《数量经济技术经济研究》2003 年第 7 期。
② 李红继:《中国城市经济增长模型的实证分析》,《现代财经》2003 年第 2 期。
③ 曹景林、吴敬:《无形资产与经济增长关系的国际比较》,《现代财经》2003 年第 12 期。
④ 梁敏、边馥萍:《生产率的相对有效性分析》,《数量经济技术经济研究》2003 年第 9 期。
⑤ 郑丕谔、岳成艳:《基于集对论的居民消费研究》,《数理统计与管理》2003 年第 6 期。
⑥ 姚勇、董利:《中国城镇居民消费需求分析》,《统计研究》2003 年第 4 期。
⑦ 夏华:《从基尼系数的测算看我国居民收入状况》,《现代财经》2003 年第 5 期。
⑧ 天津财经大学统计系:《国家统计局计划项目》,《中国区域国际竞争力发展报告》2003 年。
⑨ 丁卫:《测度地区差距最适宜的统计指标》,《统计与信息论坛》2003 年第 2 期。
⑩ 周国富、陈玲:《威廉姆逊"倒 U"假说的争论及评价》,《现代财经》2003 年第 7 期。
⑪ 蒙少东、张世英:《我国东西部区域经济协调发展的空间模型》,《预测》2003 年第 6 期。
⑫ 宋辉、李强:《从投入产出模型看科技进步对中国产业结构升级的影响》,《数量经济技术经济研究》2003 年第 1 期。
⑬ 李腊生、张艳莉:《基于国际竞争力的股权结构优化与产业政策选择》,《统计研究》2003 年第 9 期。
⑭ 冷晓明、刘嘉焜、罗瑞艳:《基于多元统计的农业产业化评价方法》,《数理统计与管理》2003 年第 6 期。
⑮ 齐安甜、张维、吴中元:《企业并购的期权特征分析与定价研究》,《预测》2003 年第 5 期。
⑯ 李会民、王建民:《企业主要经济指标季节变动趋势预测》,《数量经济技术经济研究》2003 年第 4 期。
⑰ 肖芸茹:《论不确定条件下的风险决策》,《南开经济研究》2003 年第 1 期。

性，运用分形市场理论阐明波动持续性的经济含义和市场机制，并对 FITSGARCH 模型和 VaR 波动持续性进行讨论[①]。

在股票市场研究方面，史道济、高峰撰文指出，针对股票收益率等金融时间序列的重尾特征，可使用次指数分布族 S 进行理想的处理[②]；史道济、关静撰文提出，运用二元条件极值分布模型，研究我国沪深股市风险的相关性[③]；崔振南、张慎峰、吴育华撰文应用重标极差分析法（R/S）测定上证综合指数收益率[④]；王增业、余欣佳撰文探讨中国股市风险价格测度方法，并测度了沪深两市平均风险升水之间的差异[⑤]。

在保险市场研究方面，荣喜民、王峥、张奎庭撰文介绍了投资对保险价格的影响机制，并利用倒向随机微分方程建立了以承保风险为控制变量的保险投资定价模型[⑥]。

六、政府统计工作

政府统计机构作为公众了解社会与经济发展状况的职能部门，担负着对社会与经济发展现实状态进行描述与研究的工作。2003 年，天津市各级统计部门按照年初提出的“四新”要求，紧密围绕“三步走”战略目标，把加强统计服务作为中心任务，大力加强统计改革和统计建设，充分发挥统计工作的信息、咨询、预警职能，及时反映天津经济的新发展、新举措、新成果，为全市经济加快发展做出了积极贡献。主要有：(1)紧密围绕经济发展和领导决策，加强对经济运行的统计监测和预警力度。根据经济运行特点，通过统计专报、信息快报、专题调查报告等多种形式，将统计数据和经济形势信息迅速提供给市领导，对党政领导科学决策发挥了重要作用。(2)围绕政府宏观决策，积极开展重大经济问题和热点问题的研究。积极发挥统计部门优势，主动服务决策，全年共完成 150 项专题调研和 10 项科研项目，多项研究立意新颖、分析深入，得到市领导肯定并转化为决策。(3)积极拓展统计服务领域，不断充实服务内容，进一步加大为社会各界服务的力度。紧紧抓住经济发展中领导关心、人民关注的焦点、热点问题，提供“短而快”的统计信息和分析报告。一年来，市统计局共完成统计分析报告 322 篇，向市领导报送《统计专报》118 篇，提供统计信息 256 条，“两厅”采用 205 条。对于上述材料，市领导做出重要批示 38 次。(4)一年来，天津日报、今晚报、新华社、电台、电视台等新闻媒体播发市统计局稿件 225 篇，复采率达到 600%。与市政府新闻办公室、市外事办公室共同编辑的《天津概览 2003》，首次采用中、英、日、韩四种版本，被市委宣传部列为对外宣传精品工程。(5)不断加大统计制度方法改革力度，以推进在地统计为着力点，统计改革取得新突破。2003 年内，建立了服务业季报统计制度，进一步规范了个体私营企业统计制度，并建立了天津市城镇劳动力统计综合报表制度。(6)加强信息化建设，提高工作效率。继续加强网络基础建设，扩展统计广域网覆盖范围；继续推进办公自动化，在全局范围内实现了基础工作电子化和网上资料档案管理；并进一步完善、充实统计信息网的内容和信息。同时，启动网上报表工作，实现数据采集、数据传输、数据汇总上报和数据管理的一体化。(7)加强法制建设和基础规范，为统计数字质量提供法律保障。认真开展统计普法教育，加强统计执法监督指导；进一步提高依法行政水平，开展统计执法大检查工作；从强化统计制度和管理制度入手，加强各级统计基础建设。

（本文作者：肖红叶，天津财经学院统计系主任、教授、博士生导师；郝枫，天津财经学院统计系博士研究生）

---

① 樊智、张世英：《金融波动持续性研究》，《预测》2003 年第 1 期。
② 史道济、高峰：《股票收益率的次指数拟合》，《数理统计与管理》2003 年第 6 期。
③ 史道济、关静：《沪深股市风险的相关性分析》，《统计研究》2003 年第 10 期。
④ 崔振南、张慎峰、吴育华：《上证总和指数的 R/S 分析》，《数量经济技术经济研究》2003 年第 10 期。
⑤ 王增业、余欣佳：《中国股市风险价格测度》，《南开经济研究》2003 年第 1 期。
⑥ 荣喜民、王峥、张奎庭：《投资对保险价格影响研究》，《预测》2003 年第 5 期。

会计学研究综述

于玉林

一、会计学科研究概况

天津市会计学界和实务界,如天津财经大学会计系、南开大学会计系、天津商学院会计系、天津工业大学会计学院、天津科技大学会计系、中国民航学院会计系、天津大学会计系、天津师范大学会计系和其他院校的会计系,以及天津市会计学会及其各专业委员会,积极组织各种会计学术研讨会、会计教育研讨会及各种会计专题学术报告会,并参加全国各种学术研讨会和国际会计学术交流。在各种刊物上发表论文,出版多种学术专著、会计教材和工具书等。其中天津财经大学会计系组织编写的中国会计学会资助项目《海峡两岸会计比较研究》①,对促进海峡两岸的学术交流和经贸往来有重要的现实意义。天津财经大学会计系和部分企业集团共同主办的《现代会计》和天津市会计学会主办的《天津财会》,为会计实务工作者和会计教育工作者提供学术交流的园地,也是与全国同行交流信息的渠道。2003 年,现代会计编辑部出版《现代会计理论研究——〈现代会计〉创刊 100 期文萃》一书②,收录《现代会计》发表的论文 89 篇,共 41.8 万字,主要反映会计基础、财务会计、财务管理、成本管理、审计、无形资产及其他方面的理论研究成果和工作经验。天津市会计学会出版《2003 会计学术论文集》一书③,收录天津市理论与实务工作者论文 68 篇,共 70 万字,集中反映了会计界讨论的热门话题,如企业内部会计控制、会计诚信、会计信息失真治理、全面预算管理和会计工作创新等问题。

二、会计学研究的主要问题

2003 年,是会计学繁荣发展的一年,天津会计学界通过学术研讨会和课题研究,探讨了各种财务会计问题,其中主要有:

(一)企业内部会计控制

财政部 2001 年发布《内部会计控制规范——基本规范(试行)》④ 以后,引起会计界的广泛关注。为使企业内部会计控制正常进行,需要建立和实施内部控制制度。企业内部会计控制的问题很多,主要有以下两个问题:

什么是内部会计控制,有两种观点:第一种观点认为,内部会计控制是本单位的会计人员采用专门手段,按照一定标准,使经济活动(或资金运动)达到预期目标的进行过程。第二种观点,是财政部发布的《内部会计控制规范——基本规范(试行)》中的规定:"内部会计控制是指单位为了提高会计信息质量,保护资产的安全、完整,确保有关法律法规和规章制度的贯彻执行等而制定和实施的一系列控制方法、措施和程序。"比较以上两个内部会计控制的概念,前者表明是动态的内部会计控制概念,内部会计控制是达到预期目标的进行过程;后者表明是静态的内部会计控制概念,内部会计控制是制定和实施的一系列控制方法、措施和程序的总称。这两个概念都具有会计控制系统的基本要素:会计控制的主体,是"单位的会计人员"或"单位";会计控制的客体,是"经济活动(或资金运动)"或会计信息、资产和法规;会计控制的目标,是"预期目标"或"提高会计信息质量,保护资产的安全、完整,确保有关法律法规和规章制度的贯彻执行";会计控制的手段,是"采用专门的手段"或"一系列控制方法、措施和程序"。应该说两个内部会计控制的概念基本是相同的。内部会计控制有哪些控制方法?在财政部发布的《内部会计控制规范——基本规范(试行)》的第四章"内部会计控制的方法"中,规定"内部会计控制的方法主要包括:不相容职务相互分离控制、授权批准控制、会计系统控制、预算控制、财产保全控制、风险控制、内部报告控制、电子信息技术控制等"。有人认为,这只是一种内部会计控制基本的或主要的控制方法。实际上,在内部会计控制过程中,根据会计控制的需要可以采用各种会计控制方法。

① 于玉林主编:《海峡两岸会计比较研究》,经济科学出版社 2003 年 12 月版。

② 于玉林主编:《现代会计理论研究一〈现代会计〉创刊 100 期文萃》,中国财政经济出版社 2003 年 11 月版。

③ 天津市会计学会编:《2003 会计学术论文集》,天津人民出版社 2003 年 11 月版。

④ 财政部:《内部会计控制规范——基本规范(试行)》,2001 年版。

因而,内部会计控制方法是多种多样的,可以有以下方法:(1)按其信息反馈,有闭环控制法和开环控制法;(2)按其关联结构,有集中控制法和分散控制法;(3)按其控制性质,有前馈控制法、反馈控制法和防护性控制法;(4)按其组织形式,有职务控制法、授权控制法和会计系统控制法;(5)按其控制方式,有目标控制法、程序控制法、结构控制法和跟踪控制法;(6)按其控制标准,有法规控制法、制度控制法、政策控制法、预算(计划)控制法、定额控制法和责任控制法;(7)按其控制依据,有凭证控制法、账簿控制法和报表控制法;(8)按其控制对象,有全部控制法、单项控制法、财产保全控制法、成本控制法和风险控制法;(9)按其控制过程,有事前控制法、事中控制法和事后控制法;(10)按其可观察性,有黑箱控制法、灰箱控制法和白箱控制法等。

(二)会计诚信

国内外发生一系列企业和会计师事务所假账丑闻,引起各级领导和广大财务会计人员的关注,相应要求加强诚信教育。天津市注册会计师协会和会计学会专门组织这方面的征文和教育活动。对此,提出以下观点。

在社会主义市场经济条件下,诚信是会计人员、会计师事务所和注册会计师职业道德的重要方面,是处理单位与单位之间和人与人之间会计关系的道德准则。诚实守信要求:实事求是,从实际出发,独立、客观、公正地办理实际事务,反映实际情况,说老实话,办老实事,言行一致,反对阳奉阴违、弄虚作假。

会计师事务所要以诚信为核心,为创办品牌而努力。事务所诚实守信才能实现它的宗旨和发展方向,取得业绩和社会公信力,并引导员工为此而奋斗。如果事务所不讲宗旨,不讲道德,不讲诚信,就会失去共同的奋斗目标,失去行为的正确规范,失去团队精神的根本,失去社会信任的基础。诚信对于会计师事务所具有无比重要的意义:诚信是事务所生存和发展的基础;诚信是事务所服务质量的直接标志,诚信是事务所的财富之源。

会计师事务所诚信的内容主要包括:在对外招揽、承接业务时,对事务所的资质、专业胜任能力等方面的宣传要恰当表述;在承做业务时,要保持应有的独立性;在执行审计、评估等业务时,要严格遵守独立审计准则、评估准则等执业规则和职业道德准则,为客户出具客观、公正的具有法律效力的审计鉴证;在接受有关部门的行业管理与监督时,要按有关规定履行相应的职责与义务;与同行之间要保持良好的工作关系,能相互配合、协同发展,不损害同行利益等。

(三)会计信息失真治理

会计信息是国家、地区和主管部门进行经济决策,社会公众和投资者了解和判断企业经营成果,企业领导和群众进行管理和理财的重要依据。因而,必须保证会计信息的真实性。

对于会计信息的真实性,有3种不同的观点:合规真实观、相对真实观和绝对真实观。大部分人认为,合规真实观是客观的、正确的。同时,相对真实观也是客观的正确的,不能要求会计信息绝对真实。

会计信息失真是披露的企业资产、负债、所有者权益、收入、费用、成本和利润等信息是虚假的,虚列、多列、不列或者少列,失去真实。会计信息失真原因,有人指责是会计造假。对此,大多数人持有不同的看法,认为会计信息失真的原因是多方面的,主要原因有:(1)故意行为造成的会计信息失真,主要有:领导者个人利益驱动;会计人员犯罪活动。(2)非故意行为造成的会计信息失真,主要有:企业管理不善;会计机构、会计人员执法不严;会计机构、会计人员监督不力;会计人员和相关人员素质不高。会计信息失真的根本原因是某些领导者个人利益驱动的故意行为。

会计信息失真要标本兼治。(1)重点是治本。会计信息失真的根本原因是治本所在,也就是要治理"领导者个人利益驱动"。从源头上根本治理会计信息失真,在会计信息失真治本的过程中,要与加强和改进党的作风建设、与领导人员反腐倡廉相结合,只要有决心,从整体上说,治本是可以做到的。(2)普遍是治标。从会计信息失真的一般治理来说,主要对策是:以德治理会计信息失真;以管治理会计信息失真;以法治理会计信息失真。

(四)全面预算管理

天津市的一些企业很重视全面预算管理并取得很好的效益。在会计界对此也进行了热烈的讨论。预算管理是企业为了有效地组织生产经营活动和完成经营目标,利用预算对内部各部门、各单位的资源进行分配、控制和考评的过程。预算是对未来一定时期某种事项的计划(或安排)。企业的全面预算包括财务预算、业务预算、资本预算与筹资预算等[①]。财务预算是为实现企业经营目标,对未来一定时期财务活动(资金的筹集与投放、各项收入与支出、企业经营成果及其分配等)的计划(或安排),财务预算综合反映各项业务对现金流量和经营成果的影响,通常包括现金流量预算、预计损益表、预计资产负债表。业务预算是反映预算期内企业可能形成现金收付的生产经营活动(或营业活动)的预算,一般包括销售或营业预算、生产预算、制造费用预算、产品成本预算、营业成本预算、采购预算、期间费用预算等,企业可根据实际情况具体编制。资本预算是企业在预算期内进行资本性投资活动的预算,主要包括固定资产投资预算、权益性资本投资预算和债券投资预算。筹资预算是企业在预算期内需要新借入的长短期借款、经批准发行的债券以及对原有借款、债券还本付息的预算。

全面预算的内容也有不同的认识。有人认为,全面预算应该由业务预算和财务预算两部分构成。也有人认为,全面预算就是财务的全面预算,因为资本预算、筹资预算与业务预算的内容基本上属于财务预算的内容。因此,全面预算体系按财务预算内容性质不同划分构成要素,全面预算体系包括:(1)采购预算;(2)生产预算(直接人工预算、直接材料预算、制造费用预算和产品成本预算);(3)损益预算(销售或营业预算、营业成本预算、其他业务收支预算、期间费用预算和营业外收入与支出预算);(4)筹资预算;(5)资本预算(固定资产投资预算、权益性资本投资预算和债券投资预算);(6)现金预算;(7)综合预算(预计资产负债表)。

(五)公司治理与会计

公司治理是学术界的热门话题。公司治理离不开从会计工作方面对公司进行治理。公司法人治理结构是公司制的核心。1999 年 9 月 22 日中共十五届四中全会通过的《中共中央关于国有企业改革和发展若干重大问题的决定》指出:“对国有大中型企业实行规范的公司制改革。公司制是现代企业制度的一种有效组织形式。公司法人治理结构是公司制的核心。要明确股东会、董事会、监事会和经理层的职责,形成各负其责、协调运转、有效制衡的公司法人治理结构。所有者对企业拥有最终控制权。董事会要维护出资人权益,对股东会负责。董事会对公司的发展目标和重大经营活动作出决策,聘任经营者,并对经营者的业绩进行考核和评价。发挥监事会对企业财务和董事、经营者行为的监督作用。”

公司法人治理结构的理想模式是:股东会的所有者对企业拥有最终控制权;董事会要维护出资人权益,对股东会负责,董事会对公司的发展目标和重大经营活动作出决策,聘任经营者,并对经营者的业绩进行考核和评价;监事会对企业财务和董事、经营者行为进行监督。公司法人治理结构理想模式的标志:各负其责,股东会、董事会、监事会和经理层,能够明确和履行各自的职责;协调运转,股东会、董事会、监事会和经理层,能够相互联系、相互协调地运行;有效制衡,股东会、董事会、监事会和经理层之间,能够按照一定规范,相互制约和相互促进,推动公司健康的发展。在建立和健全公司法人治理结构中,有些股份制公司还存在一些问题:股东会流于形式;董事会为内部人控制;监事会形同虚设。

公司治理方式目前主要有两种:一是内部治理,所有者通过股东大会、董事会,以“用手投票”的方式约束经营者行为;二是外部治理,所有者通过市场定价,“用脚投票”方式,以及产品和经理人的市场竞争等方式约束经营者行为。我国公司治理结构具有证券市场不发达、不完善,股权高度集中、资本市场对经营者的约束不强,董事会的内部人控制企业经营等特征。因而,我国公司法人治理结构的治理方式,从中国的实际情况出发,采用以内外部治理相结合,以内部治理为主的公司治理模式。公司治理的过程实际上是建立和健全现代企业制度的过程,是加强企业管理、“管理要科学”的过程。在公司内部治理时,要强化监事会的职能,并充分发挥会计监督的作用,通过会计监督去促进企业加强管理并建立和健全现代企业制度。

公司治理需要会计监督,是因为:通过会计监督,督促经理层落实股东会和监事会的有关决定,以便发挥其作用;通过会计监督,督促有关部门提供真实、完整的会计信息,以便股东会和监事会了解企业真实的经营情况,采取相应的措施;通过会计监督,督促各个部门认真贯彻执行党和国家的方针、政策、法律、法规和制度,以便维护企业正常的经营秩序;通过会计监督,督促各个生产和经营单

① 财政部:《关于企业实行财务预算管理的指导意见》,2002 年 4 月 10 日。

位,发展生产,加强经营,提高经济效益,增强市场竞争力;通过会计监督,协调与外部各方面的监督,正确处理各种经济关系,维护企业的正当利益。

(六)网络会计与财务

进入21世纪,网络经济对企业会计在会计核算前提、一般原则、会计核算、会计管理、会计组织和会计人员等方面产生了多方面的影响。

1.网络会计

在网络环境下形成的网络会计体系其内容结构与一般会计体系相比较,有其特点。网络会计体系包括:(1)网络会计的目标;(2)网络会计的职能;(3)网络会计核算基本前提;(4)网络会计一般原则;(5)网络会计数据处理系统;(6)网络财务会计报告;(7)网络会计信息;(8)网络会计规范;(9)网络会计组织;(10)网络会计人员;(11)网络会计国际协调等。

在网络环境下,是否要坚持原有的会计核算基本前提(会计假设),有截然不同的两种观点。(1)会计主体。不少人提出:网络环境下会计主体大大延伸,网络环境下会计主体多元化和不确定性;因此,会计主体假设可定义为“经济利益相关的联合体”,或“相对会计主体”,来代替传统会计主体假设。也有人认为,随着网络技术的发展,虚拟企业这种新的组织形式并没有改变会计主体前提的实质,在网络会计中仍然要坚持会计主体前提。(2)持续经营。不少人提出:在网络环境下,虚拟企业是一种临时性结盟组织,且分合迅速,生命周期极短,显示出“即时性”特征,因而持续经营前提不再适用了,继之而起的应是“项目经营假设”,或“暂时性假设”、“面临解散假设”。也有人认为,不论虚拟企业经营时间的长短,在网上开展经营活动,虚拟企业同样可以按照持续经营前提和有关规定进行核算。(3)会计分期。不少人提出:网络经济时代,虚拟企业的组成成员之间的松散联盟,可以在短期内组合,也可以在短期内解除,每次交易结束后编报一次财务会计报告即可。同时,在电子联机实时报告系统建立以后,会计报表在瞬间便可形成。这样,会计分期假设已没有必要,而相应以“网上实体交易期间”作为会计期间。也有人认为,虚拟企业在网上经营也是有长期的和短期的,或是“瞬间”的,但都需要坚持会计分期假设编制会计报表,表明是在一定年度和月度编制的会计报表。(4)货币计量。不少人提出:在网络经济时代,传统意义上的货币发展成为电子货币,出现无纸化,虚拟企业最重要的人力资本和知识产权却无法用货币计量;同时,“网上银行”的兴起,电子货币的出现,汇率变动频繁,货币需求不稳定,冲击了币值稳定假设,可以选择“币值变动”假设代替货币计量假设。也有人认为,虚拟企业通过网上银行,以电子货币结算,电子货币只是改变了货币的形式和结算方式,但并没有改变货币的实质,网络会计还必须以货币(电子货币)为计量单位,全面、系统地反映企业财务状况和经营成果。

2.网络财务

网络财务工作是网络企业经营管理工作的核心,通过网络财务工作,可以共同实现缩短企业间的时空距离、简化企业机构、统一调配经济资源等活动,实现数据远程处理、数据及时传递、远程报表、远程报账、远程查账、远程审计以及财务监控等功能,并开展网上采购、网上销售、网上支付、网上催账、网上报税、网上报关、网上保险、网上投资、网上外汇买卖、网上询价和网上服务等活动,使企业在激烈的市场竞争中得以生存与发展。什么是网络财务,有多种认识:(1)“网络财务 = 网络+财务”。(2)网络财务是运用网络财务软件的在线财务管理。(3)网络财务是一种财务管理软件系统。(4)网络财务是支持电子商务和网上理财服务的财务管理软件系统。对以上观点,有人认为,以上(1)、(2)两种认识,是对网络财务的说明;而(3)、(4)两种认识是把网络财务(网络财务工作)等同为财务管理软件,是不妥当的。网络财务是企业网络经济中为提高经济效益,借助网络系统的资金运动(财务活动)及其所体现经济利益关系(财务关系)的总称。在网络环境下的网络财务,与一般企业财务在内容上没有显著的区别,由于采用网络手段,使网络财务发生一些变化。网络财务管理包括:(1)网络资金管理,财务人员要通过网络系统对资金进行管理:资金集中管理;协同各方优化使用资金;建立网上银行关系;处理网上经济事项;实施网上结算。(2)网络成本管理,财务人员要通过网络系统重视成本管理降低成本:扩大电子商务降低成本;电子商务可以节约商品交易成本;利用网上信息降低成本。(3)提高网络经济效益,一切网络经营活动应以提高经济效益为目标,利用网络行销,开发网上资源,网上利用专利。

三、加强会计学科建设

天津财经大学会计学科是天津市地方高校的

重点学科，而其他高校的会计学科有的是本校的重点学科，都在加强建设，使会计学科得到较快的发展。天津市每年一次的会计教育研讨会，探讨了会计学科的建设，提高了建设会计学科的认识。

会计学科建设要明确会计学研究方向。一般有：会计理论与方法、财务会计、成本会计、特殊业务会计、专业会计(民航会计)、税务会计、政府会计、非营利单位会计、管理会计、财务管理、成本管理、财务分析、计算机会计、国际会计、无形资产会计、会计法规、会计教育和审计等。这些专业研究方向，反映了会计领域的各个方面，适应社会各方面的需要。各个学校根据本校实际情况选择确定会计学科研究方向。

建设会计学科，基本思路是继承性、开拓性、特色性和体系性。要加强会计学科建设，既要有战略上的规划，也需要有策略上的措施。主要是：(1)制定学科建设规划；(2)培养合格人才；(3)建设科研网络；(4)争取科研项目；(5)有标志性成果；(6)开展各种形式的科研活动；(7)加强国际间的学术交流；(8)整合现有研究所；(9)建立一支以中青年、博士为主体的、科研教学水平较高的学科队伍；(10)加强重点学科建设的领导。学科建设需要学校加强领导和支持，也需要其他各学科的协作和帮助，在统一筹划下取得新的成就。

(本文作者：于玉林，天津财经大学会计系教授、博士生导师)

情报与档案管理研究综述

刘春茂

2003年，随着数字化、网络化技术在情报档案管理等信息管理领域应用的横向、纵向的不断展延，带动了该研究领域内容的拓宽和深化，情报学、档案学研究在2003年也呈现出若干与时俱进的研究内容和特色。

1.研究领域的主题分布

2003年，天津市在情报与档案管理研究领域的主题内容表现为理论研究与实践总结并重，并与学科前沿相吻合，体现了天津市在该学科研究领域中一定的特色和在全国的影响力。通过检索我国主要的中文学术期刊数据库，并在此基础上进行反映其内容本质的“概念分析”，在近130篇主流的学术论文中，分析出其中的研究主题的近似分布。

表1 天津市2003年情报与档案管理研究领域的主题分布

研究主题	篇数	比例%
高校图书情报工作	21	16.7
专业、公共图书馆建设研究	25	18.8
数字图书馆与信息资源建设	10	7.9
信息资源组织	7	5.6
特色文献研究	7	5.6
情报学基础理论研究	7	5.6
学科教育	4	3.2
信息检索	3	2.4
用户研究与分析	3	2.4
信息计量与统计	3	2.4
专业化档案工作	12	9.5
档案管理与保护工作	10	7.9
档案学基础理论研究	7	5.6
电子文件研究	4	3.2

2.研究领域的作者情况

从检索出的上述主题的研究论文,来看作者分布,作者队伍主要由两类人员构成:高等教育机构的教学和科研人员;图书情报及档案管理机构的工作人员。前者所撰写的学术论文较为注重理论研究、学术前沿性,以及一定理论体系的创新性。而图书情报及档案管理机构的工作人员则大多侧重实践性较强的研究。这一点可明显地从表1的基础性主题分布的数据中看出。这种学术研究的态势体现了这一学术领域研究的普遍特征。南开大学、天津师范大学两校拥有该研究领域较为全面的、不同层次的专业设置和研究队伍,其研究成果在全国业已形成一定的优势地位,从而也体现出天津市在该领域研究中的核心特色。

3.研究内容

根据天津市2003年在情报与档案管理领域研究主题的分类,择其大端介绍该领域的相关研究主题的核心研究内容。

(1)高校图书情报工作的研究。高校图书情报工作是2003年天津市在该领域研究中的核心主题。这些学术论文主要围绕着数字化、网络化环境下,高等院校的图书情报机构如何依托自身信息资源的优势,在提高素质的基础上,向用户提供优质、高效的信息服务。《天津高校Unicorn联合图书馆建设》一文介绍了建设与国际接轨的天津高校Unicorn联合图书馆的具体方案①。《高校数字图书馆现状及思考》一文针对我国高等院校数字图书馆建设的现状进行了总结,对存在的问题做了比较分析、研究,提出了优化高等院校数字图书馆建设的一些建议②。《可持续发展背景下大学图书馆走向知识服务的思考》一文,从开展知识服务、知识创新、服务创新、构筑大学图书馆知识服务的平台以及依法治馆、促进大学图书馆事业的可持续发展几个方面,探讨了在追求可持续发展的背景下高校图书馆服务由提供信息服务转变为综合性知识服务的模式,并指出只有不断创新,才能推动和促进高校图书馆事业的健康发展③。《高校图书馆电子阅览综合化管理》一文主要提出了高校图书馆电子信息服务的新模式——电子阅览综合化管理模式④。《高校图书馆建设与服务教学一线的设想》一文提出了新世纪的高校图书馆须紧跟时代要求,改革服务模式,由提供文献线索为主的间接服务转向以提供直接信息为主的信息服务,以更好地服务于教学第一线⑤。《天津市高校图书馆书目资源共享系统的模式与功能》一文认为:书目资源的共建、共享是图书馆自动化管理工作的必然发展趋势。该文从实际出发,介绍了天津市高校图书馆书目资源共享系统的模式与功能,并提出了建立天津市高校图书馆书目资源共享系统所需要的条件⑥。《业务外包——高等学校图书馆发展的新模式》一文从业务外包的概念出发,分析了高校图书馆业务外包的含义,对其实行业务外包的优势进行了研究,总结了高校图书馆深层次业务外包的主要方式和实施业务外包的策略⑦。《网络环境下高校图书馆信息资源建设的策略及问题》一文对网络环境下信息资源的类型特点进行了分析,并在此基础上提出高校图书馆在信息资源建设过程中应采取的策略和应注意的问题⑧。除了这些研究之外,还有一些研究人员对高校图书馆的领导素质、咨询服务的模式,以及如何有效地开展信息检索服务等问题也展开了较为深入的研究。

(2)专业、公共图书馆建设的研究。专业、公共图书馆建设主要研究独特类型图书情报机构的工作特性,如少年儿童图书馆、中学图书馆、中等专业学校图书馆、企业以及各类特色信息服务机构。如《网络环境下海洋专业图书馆的信息服务》一文,在分析海洋专业图书馆信息服务现状的基础上,探讨了网络环境下海洋专业图书馆的信息服务模式,提出应重点开展特色馆藏的数字化与服务、文献传递服务、网络信息组织与导航服务、海洋科技查询服务、国际水科学和渔业情报信息共享服务以及专题文献跟踪与分析服务,以推动海洋专业图书馆的发展⑨。《论数字化时代中等专业学校的文献信息工作》一文从数字图书馆的意义、现状等方面入手,论述了数字化、网络化图书馆对中等专业学校文献信

① 毛垣生:《天津高校Unicorn联合图书馆建设》,《图书情报工作》2003年第10期。
② 秦卫平、吕颖:《高校数字图书馆现状及思考》,《津图学刊》2003年第6期。
③ 于秀婷、赵建明:《可持续发展背景下大学图书馆走向知识服务的思考》,《大学图书情报学刊》2003年第4期。
④ 王轶琚:《高校图书馆电子阅览综合化管理》,《图书馆工作与研究》2003年第6期。
⑤ 杨玉琴:《高校图书馆建设与服务教学一线的设想》,《津图学刊》2003年第5期。
⑥ 黄雪梅、史永强、王南:《天津市高校图书馆书目资源共享系统的模式与功能》,《河北科技图苑》2003年第6期。
⑦ 沙淑欣:《业务外包——高等学校图书馆发展的新模式》,《情报资料工作》2003年第6期。
⑧ 李娜:《网络环境下高校图书馆信息资源建设的策略及问题》,《津图学刊》2003年第5期。
⑨ 杨鹰:《网络环境下海洋专业图书馆的信息服务》,《海洋信息》2003年第4期。

息工作的影响[①]。《浅谈中学图书馆对学生信息素养的培养和引导》一文探讨了在现代信息环境下中学图书馆对学生信息素养的培养及教育,以及中学图书馆职能的变化等问题[②]。

(3)数字图书馆与信息资源建设的研究。数字图书馆与信息资源建设的研究主要围绕着数字图书馆的建设、评价以及与之密切相关的数据库等信息资源建设的问题进行了较为深入的研究。《论数字图书馆的知识管理与知识导航》一文阐述了知识管理在图书馆事业中的内涵和沿革及其与信息管理、人力资源管理、知识经济和知识产权管理的相互关系,进而展示了图书馆主导管理模式的演进[③]。《国外数字图书馆绩效评估研究述评》一文系统地介绍了国外自20世纪90年代中期以来开展的数字图书馆绩效评估研究项目、制定的相关标准、公开发表的相关文献以及取得的初步成果,指出了数字图书馆评估所面临的挑战[④]。《数字图书馆建设过程中的标准化问题》一文指出:数字图书馆是一项复杂的系统工程,标准化是建设我国高水平数字图书馆、促进各方通力合作以及充分实现资源共享的基础,它对于我国在情报信息领域尽快赶超发达国家有着重要意义[⑤]。《音乐院校特色馆藏资源分析及其数字化建设的原则》一文针对音乐院校特色馆藏资源的艺术内容以及表现形式的特殊性进行了分析研究,归纳总结出进行数字化建设的具体对策,并在此基础上提出音乐院校特色馆藏资源数字化建设所应遵循的原则[⑥]。

(4)情报学基础理论研究。情报学基础理论研究是情报学研究的核心内容之一,主要涉及目前情报学研究前沿中的相关问题。《网络环境下情报学研究的知识化》一文提出了在网络化时代,随着现代信息技术的发展,情报学呈现了知识化的趋势。该文从知识、知识组织、知识管理三个方面分析了情报学在知识经济环境中的发展状况及未来趋势[⑦]。《网络环境下情报学新特点研究》一文指出:随着全球网络化的推进,情报学得到了进一步的发展并且产生了一些新的特征:由"小"情报观向"大"情报观的转变;知识创新的产生和知识管理的应用;更加重视用户的信息认知以及面向用户的资源组织形式[⑧]。《网络环境下相似性原理研究意义》一文通过对情报工作理论与实践案例的分析,指出了在建立网络环境下情报学理论的过程中,相似性原理会发挥出重要的作用[⑨]。《情报科学中的符号语言学》一文系统地分析了符号语言学的基本内容和模型,并探讨了其在信息组织、信息检索以及信息系统建设中的作用[⑩]。

(5)档案学理论与实际工作的研究。档案学理论与实际工作的研究这一研究领域主要涉及专业化档案工作、档案管理与保护工作、档案学基础理论研究以及电子文件研究等主题。其总体研究特色表现为理论与实际工作并重、前沿与基础研究兼顾。

《二元档案实践浅论》一文提出档案实践活动的核心是档案整理,档案整理的内容包括档案的实体整理和档案的信息整理,它们是性质不同的两大档案整理实践活动。并在此基础上分析了其所必须遵循的原则及其相互的关联[⑪]。《档案物质实体的双重构成》一文分析了档案物质实体的双重构成,并提出将电子文件和电子档案视为"虚拟存在"是一种错误的认识的学术观点[⑫]。此外,对"档案结构的数学模型的探讨"等研究也体现出天津市在此领域研究中的特色。

总之,天津市情报与档案管理领域的实际工作者与理论研究工作者通过不懈的努力,在2003年取得了较为丰硕、较有影响的研究成果。这些研究成果既体现出该研究领域自身的逻辑结构的变化,又体现出该研究领域一定的辐射力及张力。

(本文作者:刘春茂,天津师范大学信息资源管理学系主任、教授)

① 马俊龙:《论数字化时代中等专业学校的文献信息工作》,《河北科技图苑》,2003年第6期。
② 李军:《浅谈中学图书馆对学生信息素养的培养和引导》,《图书馆工作与研究》,2003年第6期。
③ 尹洪淇:《论数字图书馆的知识管理与知识导航》,《津图学刊》2003年第6期。
④ 刘文梅:《国外数字图书馆绩效评估研究述评》,《津图学刊》2003年第6期。
⑤ 叶凡:《数字图书馆建设过程中的标准化问题》,《津图学刊》2003年第1期。
⑥ 许霭春:《音乐院校特色馆藏资源分析及其数字化建设的原则》,《津图学刊》2003年第5期。
⑦ 来玲:《网络环境下情报学研究的知识化》,《情报资料工作》2003年第1期。
⑧ 胡英华、刘春茂:《网络环境下情报学新特点研究》,《情报科学》2003年第5期。
⑨ 徐久龄、许莲莲:《网络环境下相似性原理研究意义》,《情报资料工作》2003年第2期。
⑩ 王知津、黄欣:《情报科学中的符号语言学》,《情报理论与实践》2003年第4期。
⑪ 桑毓域:《二元档案实践浅论》,《档案学通讯》2003年第5期。
⑫ 刘新安:《档案物质实体的双重构成》,《档案学通讯》2003年第4期。

新 学 科

舆情学研究综述

刘 毅

舆情研究是在全面建设小康社会、开创中国特色社会主义事业新局面的大背景下发展起来的。舆情研究对于建立执政党和政府与民众之间的良好联系,获得各项法律法规、制度、政策措施等实施效果的信息反馈,及时解决民众的利益问题,以及推动民众参政议政和丰富人民当家作主的民主形式等,都具有重要的现实意义。作为一个新兴的研究领域,舆情研究在理论与实践的紧密结合中不断拓展和创新,引起了社会的广泛关注和重视。

一、舆情研究基础理论的建构

由王来华主编的《舆情研究概论——理论、方法和现实热点》于2003年9月出版,是我国第一部系统地从理论上、方法上和实践上综合探讨舆情问题的专著,该书的出版标志着我国舆情研究基础理论框架的初步确立。

(一)对舆情概念的界定

目前,我国对“舆情”这一概念还没有统一的认识,王来华对舆情的定义是:“舆情是指在一定的社会空间内,围绕中介性社会事项的发生、发展和变化,作为主体的民众对作为客体的国家管理者产生和持有的社会政治态度。如果把中间的一些定语省略掉,舆情就是民众的社会政治态度。”[①] 这个定义把民众的意愿限定在民众的社会政治态度方面,外延相对缩小了,但是,它所包含的民众与国家管理者之间利益的基本含义变得更加突出。具体来看,当把舆情视为民众的社会政治态度时,就会发现它不是每个个体的心理活动,而是群体的心理活动,它所包含的情、知、意因素,常常表现为一个具有丰富内容的社会心理活动的结构体,这个结构体包含着基本态度、主张和要求、社会印象和社会判断、情绪和感受评价,以及其他具体和零散的态度反应等几个依次上升的层面。

(二)对舆情构成要素的研究

1.舆情主、客体及其特征

舆情主、客体是舆情概念中的重要构成元素,王来华对其概念及特点进行了深入的阐述:作为舆情主体的民众,从内涵上看,民众是处于一个国家中被管理者位置上的人群。可是,舆情是民众对国家管理者的社会政治态度,因此,民众是舆情的主体。从舆情角度看民众的主要特征有以下几点:(1)民众依赖国家管理者作为自己的利益代表。(2)民众具有做出社会政治态度反应的相关素质。(3)民众的范围是不包括国家管理者在内的其他各种社会群体。而作为舆情客体的国家管理者,应该包括在执政党、人民代表大会、政府以及军队等国家机器中从事管理工作的领袖、精英、普通工作人员等。舆情在表面上表现为民众对一些中介性社会事项的社会政治态度,但是,从根本上看,是民众对各种中介性社会事项的“生产者”和调控者——国家管理者的社会政治态度。国家管理者是作为来自民众的社会政治态度的受体,因此,就处于舆情客体位置上。从舆情研究的角度看,国家管理者有如下一些主要特征:(1)国家管理者作为从事国家和社会事务管理的人群,扮演着其所在机构的各种角色。(2)国家管理者是中介性社会事项的控制者和协调者。(3)国家管理者的人群构成是一种“金字塔”形,在其底部的人员与民众之间的联系更直接和密切[②]。

2.中介性社会事项

毕宏音认为,中介性社会事项与社会心理学和舆情研究中提出的“公共事务”等概念具有相似性,

① 王来华主编:《舆情研究概论——理论、方法和现实热点》,天津社会科学院出版社2003年版。
② 王来华主编:《舆情研究概论——理论、方法和现实热点》,天津社会科学院出版社2003年版。

它们都具有刺激人们心理的作用。但是,相比较而言,中介性社会事项不仅外延宽,而且体现了它作为民众的社会政治态度的刺激中介的重要性质。这一点可以从中介性社会事项具有的两个重要特征体现出来:(1)中介性社会事项是国家管理者权力运行的结果。在国家管理者实现管理国家和社会事务的各项权力和义务的过程中,不管工作目的如何,都会产生一个或多个工作结果,而这个结果从舆情看就是“中介性社会事项”,如国家管理者制定和实施各种政策、方针、措施等。(2)中介性社会事项是民众的社会政治态度即舆情的刺激物。中介性社会事项主动或被动地“送达”民众身边时,在多数情况下会直接对民众产生刺激作用,民众的社会政治态度即舆情会立即出现。不过在现实生活中,舆情出现的时机、形式、强度以及演化机制等又常常是复杂的①。

3.舆情空间

舆情空间是一个十分抽象的概念,王来华指出,舆情空间是指民众社会政治态度形成、变化和发生作用的情境,也是舆情主客体和空间中其他基本因素之间的多维“互动”的情境。舆情空间是结构化和复杂多变的。一般而言,舆情空间包括硬空间和软空间。“硬空间”是指舆情发生的各类有形的场所,包括组织或团体空间(如教育场所、工作场所、朝觐场所等)、地域空间(如居住区和社区等)、设施空间(社会场馆或其他社会场所)、日常生活空间(家庭活动、交往、文娱生活等场所)。“软空间”是指影响舆情产生和变化的诸多无形因素,如法律道德等秩序规定因素、角色规定因素、目标规定因素和民族文化传统因素等。舆情空间具有一些重要特征,如内含因素的多样性和发生作用的综合性。在舆情空间中,不仅包含舆情的主客体和中介性社会事项,还包含了各类有形和无形的制约或推动因素。所有这些因素之间的相互结合和作用决不是一种简单的大杂烩,而是要素与要素之间的相互影响、相互作用,是要素与要素之间的有机互动。简言之,它的基本状况就是多种因素围绕在舆情的主体和客体周围,当发生中介性社会事项刺激时,各种因素规范和调节着舆情主体的社会政治态度,同时也规范和调节着舆情客体的态度。此外,舆情空间还具有空间的变动性、空间的层次性和相对界限性等特征②。

二、对现实舆情问题的多视角研究

舆情研究与多种社会科学研究有着广泛和密切的联系,而与现实问题的紧密结合又赋予了舆情研究鲜明的时代特征。因此,舆情研究涉及诸多社会热点问题,并且作为一种辅助决策的重要依据日益受到广泛的关注和重视。

(一)突发性群体事件和舆情

近年来对突发性群体事件的许多研究表明,干部与群众的关系问题是群体事件存在、发展、变化的主线。也可以说,突发性群体事件从某种程度上反映了舆情的主客体关系。王来华、陈月生根据基础舆情研究理论,从舆情的主客体关系及其本质对突发性群体事件进行了新的认识和阐述,提出要重视舆情,畅通民众利益表达渠道是妥善处置突发性群体事件并建立有效预防机制的重要前提的观点。

其中,除了重视舆情信息的表达、监测和反馈以外,论者还提出了关于“管道”和“社会安全阀”问题。首先,“管道”可以理解为通道、渠道、路径等,其基本含义是国家管理者与民众之间在舆情方面建立比较稳定、有效和快捷的沟通和联系。“监测”和“信息反馈”一般只是为国家管理者提供了了解舆情的手段,而“管道”则为国家管理者和民众双方提供彼此对话甚至感情和意见交流的方式,更快、更好地实现舆情的直接和间接表达,特别是使民众能够主动地参与某些具体社会事项的决策过程,使国家管理者能够直接倾听民众的意见、建议等。其次,根据科塞尔对“社会安全阀”的定义,“内部冲突”是一种至关重要的安全阀机制。借鉴科塞尔关于使安全阀机制制度化的思想,寻求建立某些制度化的方式,进一步加强对话和沟通,让某些人发泄各种情绪,其中甚至包括了“敌意”在内的不良情绪,这种发泄应当通过“管道”和“安全阀”等机制,有效地避免突发性群体事件的发生,减少对社会正常秩序所产生的消极影响,并且有助于转化和改变一些不良的社会政治态度,避免灾难性的局面最终出现。最后,在现实生活中,为了做好各种涉及具体社会事项的工作和协调好国家管理者与民众之

① 毕宏音:《中介性社会事项》,载王来华主编《舆情研究概论——理论、方法和现实热点》,天津社会科学院出版社2003年版。
② 张丽红:《舆情空间》,载王来华主编《舆情研究概论——理论、方法和现实热点》,天津社会科学院出版社2003年版。

间的关系，我们应该重视舆情信息，在充分认识舆情的表现和变动机制的基础上，使我们对突发性群体事件的发生、应急处置和有效预防的把握更加完整、全面和主动，在建立应急处置和预防机制方面更加科学，就可能使我们实践“三个代表”重要思想的工作落在实处①。

（二）对反腐败问题的舆情视角研究

温淑春从舆情视角对民众的反腐情绪及其疏导方式进行了探讨。她指出，反腐败情绪是民众的一种重要情绪，这种情绪需要得到宣泄。其宣泄方式有3种，即积极的宣泄方式、消极的宣泄方式和偏激的宣泄方式。尤其是对于偏激的宣泄方式，有其独特的心理基础，例如，受偏执心理、嫉妒心理以及报复心理等的驱动，可能会成为社会安定的破坏者。从这些方式看，反腐败情绪具有“多面性”特点，换言之，这种情绪有时会带来好的结果，有时会带来坏的结果。因此，面对这些反腐败情绪，重在疏导，并应该建立科学的民众反腐败社会制度：建立全民的反腐教育制度，提高全民的反腐败素质；创立普遍的民众监督制度，减少民众在反腐败问题上的消极和偏激情绪；实行公民反腐败的激励制度，鼓励民众对反腐败做出贡献；完善公民反腐败的保护制度，减轻民众顾虑②。

（三）社会心理压力及其不良转化

近年来，人们的社会心理压力增大已经成为一个社会问题，由此引发的社会不良情绪和社会事件频繁发生。民众的情绪与态度决定着国家的方针、政策能否得到顺利的实施，决定着社会是否能够良性有序的发展。而社会心理压力是能很好地反映政府政策的恰当与否的一个重要方面，如果政府政策制定得不恰当或不能有效地解决社会问题，那么，就有可能引起人们的社会心理压力，产生一系列情绪反应；又由于社会心理压力属于负面情绪，一般都是消极的，心理压力一般直接关系到个人的利益与生存，压力的爆发力比较强烈，有可能比一般的社会情绪有更多倍的负面社会后果，影响社会的发展与稳定。

刘月平从社会心理压力与舆情的关系出发，对我国社会转型时期人们社会心理压力产生的原因和表现进行了分析，指出我国社会转型时期人们社会心理压力主要表现为：贫困的压力、贫富差距拉大和社会不公平的压力、社会竞争加剧的压力、社会失范和诚信危机的社会环境压力、人际关系紧张的压力和学生群体的压力，这些社会心理压力可能会向不良情绪和不良行为两个方向转化。不良情绪会直接影响人的健康以及相关的学习、工作和人际交往等诸方面，并可能诱发心理、精神类疾病，影响人的感知、思维、做事的动机以及认知和态度。下岗职工集体上访、到政府门前绝食静坐、阻塞道路交通，以及社会上伤人、杀人、抢劫、盗窃等违法犯罪活动、轻生、自杀等事件都和社会心理压力有密切的关系。为此，研究者还提出建立疏导和缓解社会心理压力的制度和机构，包括政府在制定政策前要切实了解民意，了解民众的承受力，如我们现在有的地方已经实行的各种民众听证会制度等；在政策的实施中，还要有民众反映情绪的机制，取得民众的理解，从而就会减少民众的社会心理压力。此外，还包括健全和完善社会心理咨询机构，社会心理咨询机构是否健全和完善是社会是否发达的标志。通过社会心理咨询机构专业人员的咨询和帮助，可以有效地减轻和缓解人们的心理压力，并预防人们不良行为的发生③。

（四）民众主观生活感受与舆情

感受作为人们的一种心理活动样式，与感觉、情绪和态度的基本含义是相通的，包含了个体、客观事物或环境、刺激和体验等构成因素。生活感受是与人们的生活联系起来而产生的概念，是指人们对生活的各个方面的主观感受或心理活动反映。生活感受在不少专门研究生活质量问题的专家学者那里也被称为主观感受或主观生活质量，专指人们对生活各个方面的满意状况。王来华、白红光、李莹等人从舆情视角对民众的主观生活质量进行了研究，认为尽管当前物质生活的诸多方面存在着一些贫富不均或发展不平衡问题，可是在整体上人们的生活进入了小康社会，生活质量中的物质条件方面有了较大提高。但是，人们的主观生活质量或生活感受水平却相对不高。从舆情研究的视角看，由于进入小康社会后，民众对生活质量的关注非常

① 陈月生：《群体性突发事件与舆情》，载王来华主编《舆情研究概论——理论、方法和现实热点》，天津社会科学院出版社2003年版。
② 郝麦收、温淑春：《腐败现象与反腐情绪》，载王来华主编《舆情研究概论——理论、方法和现实热点》，天津社会科学院出版社2003年版。
③ 刘月平：《社会心理压力及其不良转化》，载王来华主编《舆情研究概论——理论、方法和现实热点》，天津社会科学院出版社2003年版。

突出，因此，围绕生活质量民众的生活感受，实际上就是重要的舆情或民意。

研究表明，首先，在进入小康社会生活阶段后，人们生活质量在物质方面有了较大提高，同时，在整体上人们的生活感受水平却相对不高，多数具体的生活项目的满意水平处于“高于一般和低于比较满意”的得分区间，这反映出在整个生活质量构架中，生活感受因素的某种相对独立性以及与物质生活条件变化方面（特别是在变化程度方面）的不一致性。特别值得关注的是，人们的社会（含社区）生活方面的感受水平相对最低，主要涉及到社会保障、环境和市场秩序等方面，显示出这些方面存在着问题。其次，当前物质生活条件方面的因素直接影响到了人们的生活感受，城市居民中职业、收入、住房等物质生活条件因素是制约人们的生活感受乃至整个生活质量的重要因素，其中，职业因素（特别是其中的下岗失业人员因素）的制约作用更明显。因此，要在整体上提高人们的主观生活感受水平，还需进一步改善居民的物质生活条件，此外，同样十分重要的是，要解决好下岗失业人员的再就业问题，提升这部分人的生活满意程度，以提高整个城市居民的生活感受水平。最后，研究者指出，对于生活感受的研究既具有生活质量问题研究的意义，也具有舆情研究的意义。统计结果表明，生活感受水平偏低的居民具有较多的不利于社会稳定的行为方式倾向。从总体上看，由于在小康社会中民众对生活质量的关注显得非常突出，因此，进入小康社会后围绕生活质量的民众生活感受，实际上也是这一时期比较突出和重要的舆情或民意。从舆情研究角度看待生活质量，将会使舆情研究更加贴近民众的现实意愿，包括他们的社会态度和行为倾向①。此外，李莹还以此项研究中的青年人为样本，对其主观生活质量进行了分析与探讨②。

总的来说，我国的舆情研究是在实践中逐步成长和发展起来的。对于舆情基础理论研究目前还处于起步阶段，以舆情为视角的其他相关学科的理论和现实研究正在成为热点。实践中的舆情应用研究为舆情基础理论研究提供了现实基础，反过来，舆情基础理论研究对舆情应用研究起着重要的指导作用。舆情研究应该继续坚持理论和应用研究的共同发展，争取为繁荣我国哲学社会科学做出贡献。

（本文作者：刘毅：天津社会科学院舆情研究所助理研究员）

东北亚区域经济研究综述

李　冰　姚同发

自20世纪90年代以来，在经济全球化浪潮的推动下，东北亚各国以地缘优势和资源互补优势为基础，以地方间合作和次区域经济合作为先导，开展了多层次、多领域和多种形式的国际交流与合作。特别是进入21世纪之后，东北亚国家政治经济形势发生了一些新变化，给该地区的经济合作和发展带来了新的机遇，在贸易、投资及地方性区域经济合作等方面取得了显著成果。东北亚地区已由各国自主开发，进入了双边及多边合作为主的开发阶段。但是东北亚地区的区域经济合作层次还比较低，在制度性合作上仍然没有取得重大突破；与欧盟和北美相比，东北亚各国间的区域经济合作仍然步履缓慢，跟不上区域内经济发展的内在需要。现就2003年这一研究领域最集中的几个热点问题，分别加以阐述。

一、东北亚区域经济一体化

随着全球区域经济一体化的迅速发展和经济全球化趋势的不断加强，世界正在进入一个区域经济一体化时代。就东北亚地区迈向经济一体化的条件而言，各国各有优长，也各有劣势。从产品市

① 王来华、白红光、李莹：《进入小康社会人们的生活感受：生活质量和舆情分析两个视角》，《理论与现代化》2003年第2期。
② 李莹：《天津市青年主观生活质量调查分析》，《青年研究》2003年第3期。

场分析，日本、韩国在资本技术密集型产品上，中国在劳动力密集型产品上，俄罗斯在资源密集型产品上，分别具有相对价格优势；从要素市场分析，中国、朝鲜有劳动力资源优势，俄罗斯、蒙古有自然资源优势，日本、韩国则具有资本、技术、管理等优势；从规模经济分析，日本作为该地区惟一的发达国家具有明显的规模经济优势，韩国次之，中国、俄罗斯规模经济优势有限，朝鲜、蒙古则有明显的劣势。

近一段时间以来，东北亚各国的地方性经济交流与次区域经济合作，如"环日本海(东海)经济圈"、"环黄海经济圈"、"图们江国际合作开发"、俄罗斯与中国的边境经济合作、中国和朝鲜的边境经济合作等，有很大的发展。就未来东北亚区域经济合作一体化进程的发展，学者和有关国家政府就合作模式问题，提出了许多理论观点和构想，内容包括"设立合作基金"、"成立合作开发银行"、"东北亚经济合作圈"、"中日韩三国贸易自由区"以及"增长三角"等①。从东北亚区域经济一体化的实现路径来区分，这些构想主要包括以下3种：(1)区域内各国首先建立双边自由贸易区等制度化合作机制，之后再将多个双边协议统合，形成全区域的制度性经济合作；(2)几个发展水平相近的国家建立制度性经济合作区，作为该地区经济合作的核心层，其他国家为外围层，然后将核心层逐步扩大，从而使制度性经济合作扩大到整个合作区域；(3)在广泛协商的基础上，区域内的所有国家一步到位建立紧密的经济合作组织②。这些构想虽然各有利弊，但都要求经济合作的制度化。有学者提出根据东北亚地区各国政治经济形势的变化所带来的机遇，和东北亚地区周边国家双边及多边合作所具备的条件，在这一地区建立跨国经济合作区，包括：中俄建立珲春—哈桑跨国经济合作区；中朝建立珲春—罗津、先锋跨国经济合作区；中蒙之间建立二连浩特—扎门乌德跨国经济合作区；再在中俄、中朝、中蒙建立双边及多边跨国经济合作区的基础之上，逐步发展成为"中俄朝日韩蒙组织合作体"③。同时提出建议：(1)应高度重视这些跨国经济合作区的研究工作；(2)应充分认识东北亚区域合作与促进东北亚地区稳定和经济繁荣的关系；(3)为了促进东北亚地区双边及多边合作应成立一个具有协调性的组织机构④。在积极推进东北亚区域经济合作的同时，研究者提出应清醒地看到所需克服的制约因素，主要包括自身内部、战略利益及外部因素三方面。

二、中日韩经济合作及自由贸易区的建立

近年来，中日韩经济合作有了很大发展，三国之间的相互贸易增长超过了三国在全球贸易中的增长。这一点已经引起了国际贸易界的广泛关注。2002年中日贸易额突破1000亿美元大关，达到1015.37亿美元，日本已连续10年成为中国最大的贸易伙伴，中国也成为日本的仅次于美国之后的第二大贸易伙伴；中韩贸易额达到440.7亿美元，比上年增长30%，中国成为韩国的第二大贸易国；韩日贸易额近570亿美元。中日韩三国的贸易总额已突破2000亿美元⑤。中日韩之间的直接投资作为三国间的经贸合作的重要内容，也占有相当重要的位置。日本是对华第一投资大国，同时也是对韩第一投资大国，中国是韩国第二大投资对象国。2002年日本对华投资总额达50亿美元，累计达到350亿美元，2002年韩国对华投资达到17亿美元，超过了韩国对美投资13.7亿美元⑥。

有学者认为，东北亚区域的经济合作与发展离不开主权国家的合作与参与，但是，组建全方位的主权国家的区域经济集团，对东北亚地区来说条件并不成熟。一方面这一地区的政治环境不稳定，该地区的经济合作始终受到非经济因素的干扰和阻碍；另一方面该地区的一些国家尚不具备参与经济合作体的条件。比如，俄罗斯的政治和经济战略重点始终是在欧洲，对东北亚区域经济合作只有参与的主观意识，并没有较高的积极性，市场体制有待于进一步完善，还没有加入WTO，而且俄罗斯的远东地区经济相对落后；朝鲜的情况更复杂，经济体制仍是高度集中的计划经济，国民经济面临许多困难，还受到西方国家的经济制裁；蒙古虽然也属于东北亚，但其经济总量较少，和该地区其他国家的经贸关系并不十分密切。在这种情况下，中日韩三国率先建立自由贸易区，能够避免一些阻力因素而且有力地促进东北亚区域经济合作。因此，真正实

① 李玉谭、陈志恒：《区域经济一体化时代的东北亚区域经济合作》，《东北亚论坛》2003年第2期。
② 李玉谭、陈志恒：《区域经济一体化时代的东北亚区域经济合作》，《东北亚论坛》2003年第2期。
③ 王胜今、王凤玲：《东北亚区域经济合作新构想》，《东北亚论坛》2003年第1期。
④ 王胜今、王凤玲：《东北亚区域经济合作新构想》，《东北亚论坛》2003年第1期。
⑤ 安志达：《中日韩全面经济伙伴关系的制度性安排》，《中国经济时报》2003年3月27日。
⑥〔韩〕《东亚日报》2003年1月30日。

现东北亚区域经济合作,在区域合作上寻求突破点,不仅符合本地区客观实际,而且是可行性程度较高的战略选择。中日韩是亚洲和东北亚地区经济实力最强的三个重要国家,要实现东北亚区域经济合作,就必须加强中日韩三国的全方位经济合作,组建中日韩经济自由贸易区①。其可行性具体体现在:(1)从世界经济的大背景和大趋势看,区域经济一体化已经是世界性潮流;(2)中日韩三国的经济互补性强,合作发展的潜力大;(3)中日韩在金融资产和制造业方面均有很大优势;(4)中日韩三国都是WTO的成员国和市场经济国家,具有合作的共同经济体制和机制基础②。

有学者认为,建立中日韩自由贸易区不仅有客观的必然性和现实的必要性,而且有重大的战略意义。虽然创建中日韩经济合作体还存在着一些障碍,如三国的社会制度和政治体制差异,三国之间存在着一些历史遗留问题等。但目前这些障碍有的已发生了转变,如政治上的对抗转化为对话,经济上的排斥转化为合作与开放。可以认为,目前建立中日韩自由贸易区的条件和时机已经成熟。建立中日韩自由贸易区的重大战略意义体现在:(1)有利于东北亚地区的和平与安全;(2)能够增强防御金融危机的能力,有利于中日韩三国的经济发展;(3)促进东北亚区域经济合作与东亚经济圈的形成③。

还有学者提出,中日韩三国经济互补性的最重要一点就是劳动力资源上的互补,这是迈向合作的第一步。中日韩在劳动力资源合作方面具有巨大的可能性和现实性。日本由于长期以来的持续低生育率,未来10年将出现人口负增长,人口老龄化程度越来越高,国内面临结构型劳动力短缺。日本依靠自身的人力资源将难以满足国内对劳动力的需求,从而出现对外国人力资源的需求。韩国的情况与日本类似,只是出现的时间比日本晚一些。随着加入世界贸易组织,中国正以积极的姿态参与到全球化的进程中。由于劳动力资源的互补性,开展中日韩之间的劳动力合作,提高就业率,可以促进东北亚地区经济的共同发展。为促进区域的整体合作,必须制定从全局利益出发的指导性政策,它不但可以从宏观上把握劳动市场的动态,制定适合于各国的政策指南,而且可以减少各国之间的摩擦,增加相互合作。2000年11月,在新加坡举行的东盟—中、日、韩领导人会晤(“10+3”)中,三国已经把2002年确定为“中日韩人员交往年”,并在加强人力资源开发与合作方面达成了共识④。

三、东北亚区域内国家与外部的合作

从全球范围看,经济区域化发展十分迅速,北美自由贸易区和欧盟已经相当成熟,非洲和拉美区域化进程也在加速,东盟—中、日、韩(10+3)的东亚合作机制已引起了国际上的广泛关注。中国—东盟自由贸易区的启动,对中、日、韩制度性合作起到了示范和推动作用。中国—东盟自由贸易区设想是2000年在新加坡召开的第4次中国—东盟领导人会议期间提出的。2001年在文莱举行的第5次中国—东盟领导人会议上,中国与东盟就未来10年建立自由贸易区达成共识。2002年11月中国总理和东盟10国领导人签署了《中国—东盟全面经济合作框架协议》,决定到2010年建成中国—东盟自由贸易区。中国率先启动与东盟自由贸易协定的谈判,对日本和韩国造成了极大触动,之后日本和韩国与其他国家间自由贸易协定谈判进程开始明显加快⑤。

2002年1月日本首相小泉纯一郎提出了以构建日本东盟全面经济合作伙伴关系为主要内容的“小泉构想”,1月13日,日本与新加坡正式签署了“日本—新加坡新时代经济伙伴关系协定”,首开战后日本双边自由贸易协定先河,同时和墨西哥的谈判也在紧锣密鼓地进行。2002年11月5日,日本与东盟发表了《日本—东盟全面合作伙伴关系领导人联合宣言》,宣布双方将首先在金融服务、信息通讯技术等领域展开合作。日本地区贸易战略的转变,将会给东北亚区域经济合作创造有利环境,增加中日韩经济区域集团化的动力⑥。

东盟—中、日、韩“10+3”机制的加强,为中、日、韩制度性合作构筑了稳定的平台。在东盟与中日韩领导人“10+3”会晤机制的推动下,中、日、韩政府

① 金成男:《中日韩经济合作的历史使命——关于建立中日韩自由贸易区》,《东北亚研究》2003年第3期。
② 金成男:《中日韩经济合作的历史使命——关于建立中日韩自由贸易区》,《东北亚研究》2003年第3期。
③ 金成男:《中日韩经济合作的历史使命——关于建立中日韩自由贸易区》,《东北亚研究》2003年第3期。
④ 杨雪:《欧盟共同就业策略的形成及其对中日韩劳动力合作的启示》,《东北亚论坛》2003年第4期。
⑤ 李玉谭、陈志恒:《区域经济一体化时代的东北亚区域经济合作》,《东北亚论坛》2003年第2期。
⑥ 李玉谭、陈志恒:《区域经济一体化时代的东北亚区域经济合作》,《东北亚论坛》2003年第2期。

间合作也取得了很大进展①。

四、中国东北图们江地区开发与东北亚区域经济合作

图们江地区作为东北地区重要的对外开放区域,被称为东北亚的"金三角",在当前世界经济全球化、区域化的大背景下,其国际合作开发取得了显著的成绩。有学者认为,图们江区域项目是东北亚区域合作重要的经济支撑,它在东北亚区域经济合作中占有十分重要的地位。其次,从已经具备的各方面条件来看,图们江周边地区是相关国家开放程度最高的地区之一,是相关国家赋予政策最优惠的地区之一,因此这一区域是东北亚地区各国开展区域经济合作的最现实的载体。再次,从发展前景看,图们江地区是生产力要素最佳结合的地区,具有发展经济的巨大潜力,随着图们江区域项目的不断推进,必将有力地带动东北亚各国间的经济合作②。有学者提出,图们江项目还存在以下一些问题:政府推动和专家研究意见没有结合,致使该项目在推进过程中出现断层,规划缺乏操作性,主线不明确,难以实施;图们江项目区缺少可操作的大项目支撑,条块分割,形不成合力;对俄、朝经贸合作力度不够,缺乏沟通,信息不灵,各相应部门及企业在市场、项目、政策上未能有效对接③。

五、天津在东北亚区域经济合作中的作用

关于在天津建设东北亚开发银行。建设东北亚开发银行最早是由韩国前总理南德佑提出来的。他同时提出了建设东北亚开发银行的必要性:(1)东北亚地区经济发展的前提条件是建设道路、港湾、机场等交通设施,电信、电话等通信设施,教育、文化等社会设施,为此需要庞大的内资与外资;(2)东北亚国家间的经济统合是时代的要求,为此应当推进向交通(陆运、海运、航空)及通信工具网络的多国合作所需要的事业;(3)东北亚开发银行不仅要履行金融职能,而且可以在收集域内国家经济情报、分析个别国家经济问题及经济政策,增进域内国家间的相互理解与合作方面做出重大贡献;(4)今后在国际贸易中要求透明度,发达国家如果以双边的方法追求利权,就很容易招致所谓"经济侵略"或"霸权"的误会,对国家关系也会产生不好的影响,东北亚开发银行可以通过参加国间的信息交换和多边协议起到减少这种危险的作用。1991 年东北亚开发银行的构想在天津召开的东北亚经济论坛上得到了进一步的具体化。2000 年 5 月在天津召开的东北亚经济论坛金融专家会议,为设立东北亚开发银行做出了设置特别委员会的决定④。天津应该抓住这一机遇,利用已有的优势争取实现这一构想。

把天津建成东北亚物流中心。1987 年国务院发展研究中心将天津市定位为"环渤海地区的经济中心,发展方向是建设成为现代化港口城市和我国北方重要的经济中心"。在大京津总体规划中,天津被列为"制造中心和物流中心"。近年来,日益发展的现代物流产业正在天津市的整体经济结构中扮演着越来越重要的角色。天津作为北方最大的港口城市和重要交通枢纽之一,具有无可争议的优势。诸如"中储股份"已成为上市公司,中运的物流中心也落户天津。目前天津虽然有先天的优势,但物流业的成本还高于其他城市,发展的水平还不高。在信息化时代下的物流潜能,诸如信息交流、商品现代化配送等方面还有很多文章可做。作为天津市的支柱产业,现代物流业在 2003 年进入一个大发展时期。2003 年初,天津市召开"人大"和"政协"两会期间,天津市高层领导在听取政协工商联组意见和建议时强调,天津要充分挖掘潜力,聚集更多人流、物流、资金流和信息流,增强天津作为中国北方重要经济中心的作用。围绕制定发展计划,天津市政府对现代物流产业的发展列出了四项重点工作:加大物流基础设施建设,在 2002 年 80 个亿投资的基础上,2003 年将达到 100 亿;工商企业剥离物流功能的企业达到 5%,增加物流业务量 10 亿;扶持 10 个现代物流典型,发展第三方物流,吸引跨国公司落户天津;建设物流信息平台⑤。本着这一思想,天津完全可以通过积极挖潜,努力发展成为东北亚地区的物流中心。

(本文作者:李冰,天津社会科学院《东北亚学刊》编辑;姚同发,天津社会科学院东北亚研究所副所长、研究员)

---

① 李玉谭、陈志恒:《区域经济一体化时代的东北亚区域经济合作》,《东北亚论坛》2003 年第 2 期。
② 崔军:《推进图们江区域项目实施的目标和任务》,《东北亚论坛》2003 年第 3 期。
③ 崔军:《推进图们江区域项目实施的目标和任务》,《东北亚论坛》2003 年第 3 期。
④〔韩〕李炯根:《日本对于建立东北亚开发银行的立场及启示》,《东北亚研究》2003 年第 2 期。
⑤ 高鹏:《天津现代物流蓄势待发谋划十年"争霸"东北亚》,新华网 2003 年 6 月 19 日。

学术专论

关于“三个代表”重要思想的若干理论问题

荣长海

一、有关提法和概念的疏理和确定

1.“三个代表”提法的由来和演变

2001年2月，江泽民同志在广东视察时最早提出了“三个代表”的三句话。当时全国正在搞“三讲”活动，一般认为它是针对党的建设而提出的。2002年2月开始有按照“三个代表”的要求的提法。2002年8月“三个代表”重要思想的提法正式出现，“三个代表”的理论层次获得新的提升。

2.三个“三个代表”和“三个代表”重要思想体系的展开

在实际运用中存在着三个意义上的“三个代表”。“三个代表”的三句话可称为小“三个代表”。中“三个代表”指党的建设这个层面的“三个代表”。大“三个代表”即理论层面意义上的“三个代表”，就是我们现在通用的“三个代表”重要思想。

在这三个“三个代表”的关系中，小“三个代表”只是大“三个代表”即“三个代表”重要思想的核心内容，不能把它等同于大“三个代表”的全部内容。中“三个代表”是生发出大“三个代表”的关节点，这就是说，我们可以从党的建设这个切入点推演出“三个代表”重要思想理论体系的全部内容。因为谈党建，必然涉及党的领导方式和执政方式，涉及党和人民的关系，涉及社会的各个方面的发展，即涉及政治、经济和文化各方面。这样，整个中国特色社会主义的发展都属于“三个代表”重要思想的内容。

3.“三个代表”重要思想的主题

关于这个问题，有不同的理解。比较权威的提法有两个：一是《“三个代表”重要思想学习纲要》中明确提出的是“发展”，二是胡锦涛同志在“七一”讲话中提出是“中国特色社会主义”。相比较而言，后者的提法更为科学。把“三个代表”重要思想主题确定为中国特色社会主义，即突出了这个理论体系的中国特色即区别于其他发展理论，又可以通过中国特色社会主义这一宏伟事业的前后一贯的伟大实践，把这一实践中先后出现的伟大理论成果毛泽东思想、邓小平理论、“三个代表”重要思想的一脉相承关系有机地联系起来。当然，这两个主题的提法也可以统一起来，即“三个代表”重要思想的主题是中国特色社会主义，中国特色社会主义的主题是发展。

4.“三个代表”重要思想的精神实质

对这个问题的理解更为广泛，没有统一的认识。关于“三个代表”重要思想的精神实质，有人说是与时俱进，有人说是先进性，或说是立党为公、执政为民。相比较而言，把与时俱进作为其精神实质更为恰当一些。因为“三个代表”重要思想的理论体系的整体和其具体内容，都是与时俱进的表现。而先进性对应的只是中“三个代表”即党建工作。立党为公、执政为民对应的则更是具体的党建问题。因此，提“三个代表”重要思想的精神实质是与时俱进更为准确一些。

二、“三个代表”重要思想的历史地位

这是一个非常重要的理论问题。如果我们仅仅从文献上或文字上进行考证和推理，“三个代表”重要思想仅仅是邓小平理论的子项理论。因为党的十五大报告和十六大报告对这两个理论的内涵界定，从逻辑上讲就是这样的。但这样讲是不符合实际的。同为党的指导思想，“三个代表”重要思想与邓小平理论应当是并列的。这一点可以从建设

中国特色社会主义的实践角度去分析和认识。

一方面，不断变化的中国特色社会主义新实践，需要理论上的不断创新和发展去解释它，指导它。从当前我国社会主义发展的实践来看，确实有不少重要方面在邓小平理论中未被涉及或论述不多。这可从世情、国情和党情三个方面去分析。总体来看，邓小平理论主要应对的是20世纪70年代末到90年代前期的国际国内形势。“三个代表”重要思想则面对的是20世纪90年代后期以来至新世纪的国内外情况。具体来看，世情方面邓小平理论的时代背景为：政治上从战争与革命转向和平与发展，经济上要正确认识资本主义市场经济和资本主义的发展，文化上要防止西方腐朽的东西在开放的条件下进入国内影响我们的发展；“三个代表”重要思想的时代背景在于：政治上发生苏东剧变和出现政治多极化趋势，经济上主要解决市场经济与经济全球化问题，文化上要应对全球化带来的文化冲突，防止西化、分化。国情方面，邓小平理论在政治上主要是确立和坚持党的基本路线，经济上从计划经济向市场经济转变，解决人民的温饱问题，文化上解决一手硬一手软的问题；“三个代表”重要思想在政治上主要是做好党建工作，并进而推动整个政治体制改革，经济上要解决公有制与市场经济的结合问题，文化上要在世界各种文化相互激荡的情况下弘扬和培育民族精神。党情方面，邓小平理论主要明确党的阶级基础为工人阶级、群众基础为农民阶级，注意吸收知识分子中先进分子入党；“三个代表”重要思想要面对的党情是：包括知识分子在内的工人阶级和广大农民都发生分化，社会又产生6个新的阶层，党需要增强自己的阶级基础，扩大自己的群众基础。上述三个方面的发展变化，必然带来理论上的发展和创新，“三个代表”重要思想对邓小平理论的全面发展由此得到了证明。

另一方面，通过中国特色社会主义实践这条主线，我们可以在理论上把毛泽东思想、邓小平理论、和“三个代表”重要思想贯通成前后相继又相互独立的思想体系发展史。也就是说，我们可以以中国特色社会主义道路的探索历程为依据，在理论上作出如下的判断和概括：毛泽东是中国特色社会主义道路的先驱者，邓小平是中国特色社会主义道路的创立者，江泽民是面向新世纪新阶段中国特色社会主义道路的发展者。这样，“三个代表”重要思想的历史地位就得到了科学的阐明，它与马克思列宁主义、毛泽东思想，特别是与邓小平理论的相互关系就得到了科学的证明。

三、“三个代表”重要思想的理论体系和主要内容

把“三个代表”重要思想作为一个理论体系看待，必然涉及它的体系结构和主要内容。这里，我们提出一种探索性的想法。

(1)一条主线，即中国特色社会主义实践。抓住这条主线，我们可以说清楚“三个代表”重要思想与毛泽东思想、邓小平理论之间的继承与发展关系，从宏观上把握“三个代表”重要思想的历史地位和作用。

(2)两大方面。其一，“三个代表”重要思想进一步回答了什么是社会主义、怎样建设社会主义的问题。其二，它创造性的回答了建设什么样的党、怎样建设党的问题。这里也就在内容上明确了“三个代表”重要思想与邓小平理论的关系。

(3)三个论断。即“三个代表”的三句话。它是“三个代表”重要思想的核心内容。也就是说，“三个代表”重要思想所以成为独立的思想体系，是以这三个论断为重要标志的。

(4)10条经验。即党的十六大报告中阐述的1989年党的十三届四中全会以来13年的实践的10条宝贵经验。这10条经验被概括为我们党的基本经验，它的每一条都有两句话，分别代表邓小平理论和“三个代表”重要思想的具体表述，很有理论价值。

(5)三大规律。即共产党执政规律、社会主义建设规律和人类社会发展规律。这是“三个代表”重要思想中最具有理论色彩的部分，也是目前我们学术界还很不重视的一个部分。深入研究三大规律，不是要求我们重复一遍马克思主义的基本原理，而是要求我们以马克思主义为指导，紧密结合已有的实践，深入分析新情况和新问题，努力提出具有规律性、创造性的新见解。

对于“三个代表”重要思想的研究，我们当然也可以像以前研究邓小平理论一样，采取专题式的方法。胡锦涛同志在“七一”讲话和“九三”讲话中，都提到了“三个代表”重要思想需要研究的若干重大理论问题，这是我们开展专题研究的重要依据。但无论如何，把“三个代表”重要思想作为一个思想体系看待和研究，既是我们学术理论界光荣的使命，也是我国社会主义实践发展的迫切需要。我们只有抓紧工作，才会不辱使命。

（本文作者：荣长海，天津社会科学院副院长、天津师范大学教授、博士生导师）

哲学的实践转向与领域哲学的兴起

陈晏清

一、哲学的实践转向是时代性的哲学转向

这个问题要从马克思主义哲学的产生谈起。马克思主义哲学是哲学的变革,是新哲学,是新的世界观。与之相对应的是旧哲学、旧的世界观。过去通常讲,马克思主义的哲学变革是以彻底的唯物主义取代了唯心主义和形而上学的唯物主义。这种说法是对的,但不到位。与马克思主义相对应的旧哲学,如果从唯物主义与唯心主义的对立表述有些问题,应当说,现在的西方哲学都是新哲学,都是对旧哲学的否定,因为旧哲学就是指的近代哲学。19世纪中期旧的哲学经过停滞、混乱、低潮,最终实现了由近代哲学向现代哲学的转折。正是在这样的背景下马克思主义哲学产生了,而其他西方哲学流派也是在这种历史背景下产生的。因此,马克思主义哲学作为一种新哲学,它首先对应的是旧哲学,是近代哲学。这里有一个问题,就是你用什么样的思维框架来看马克思主义哲学的“新”。过去的理论框架是,马克思主义哲学是新哲学,是彻底的唯物主义哲学,它对旧哲学的否定就是否定了唯心主义和不彻底的唯物主义,这样的概括就得出了,只有马克思主义哲学才是新哲学的结论。那么马克思主义哲学与其他西方哲学都是对立的,彼此只能是论战,谈不上对话沟通。上述这种说法虽然我们过去很熟悉,但它究竟对不对呢?这种说法是对的,但不到位,说它对的理由是它符合事实,说它不到位是从对唯物主义传统的态度,不足以说明不同哲学时代即新旧哲学时代的区分。当然,不同哲学时代唯物主义会有不同的形态,唯物主义哲学的水平也是不同的,而唯物主义哲学形态的区别、唯物主义哲学水平的高低只是不同哲学时代相区分的一个方面,而不是全部,也不是它最基本的方面。不同哲学时代最基本的区别是哲学思维方式,唯物主义不同形态的区分也是基于哲学思维方式的区别,唯物主义不同形态的区别除了实践发展的水平,科学的划时代发展等等是它的客观基础以外,就哲学自身发展逻辑讲,唯物主义不同形态的区别也是基于哲学思维方式的区别。古代唯物主义和近代唯物主义、现代唯物主义之间的不同,首先就在于它们之间思维方式的不同。同一个时代的哲学家,不论是唯物的还是唯心的,他们基本的哲学思维方式是一样的。如,古代哲学的基本思维方式是本体论的,近代哲学的基本思维方式是认识论的,现代哲学的基本思维方式是人类活动论的,而不论是唯物主义哲学还是唯心主义哲学,因为基本哲学思维方式是由时代条件决定的,是历史规定的,是那个时代的哲学家所不能超越的。标志一个哲学时代终结的,是那个时代哲学思维方式的改变,而不能把同一种哲学思维方式所包容的不同哲学观点的理论分歧,包括唯物主义与唯心主义的分歧提到首位,提到区分哲学时代的标志。哲学时代的划分利用的是历史的大尺度。马克思的哲学变革首要的是用新的哲学思维方式取代了旧的哲学思维方式,如果仅仅从唯物主义形态的变化来理解马克思主义哲学变革的意义就非常浅、非常片面。马克思主义哲学变革的意义是首先变革了一个哲学时代、变革了哲学的思维方式,它之所以能够用彻底的唯物主义哲学来代替唯心主义和形而上学不彻底的唯物主义,首先是因为它改变了近代哲学的思维方式。那么,近代的哲学思维方式是什么呢?它是经历了一个认识论转向以后才确立起来的一种哲学思维方式,其基本问题是依靠理性去设计自己的前提和目标,用理性思辨去构造无所不包的体系,哲学的活动完全闭锁在理性的范围内,所以近代哲学又被称作“唯理性主义者”或“思辩”、“形而上学”的哲学思维方式等等。这说明近代哲学脱离现实的人,脱离现实人的活动、人的世界的思辩活动,用马克思的话说就是“醉醺醺的、孤耸入云的”一种哲学,这样一种倾向越来越强烈以致走到了尽头。到19世纪中叶整个哲学陷入低谷和停滞的状态。出路在哪里呢?就在走出认识论的范式,走出主客分离的认识范式,打破“唯理性”的哲学传统,来面向现实的生活,面向现实的人、现实的人的活动和世界,这就叫做“实践转向”。马克思的哲学革命就是要打破近代的哲学思维方式,确立一

种新的哲学思维方式，这就是马克思主义哲学产生的思想理论背景，包括马克思主义在内的现代哲学对近代哲学的超越，就是强调要从旧的哲学所认识的那种抽象的自在世界即脱离人的生活、与人无关的，回到与人相关的现实生活世界中来。回归生活实践或说实践转向是一种世界哲学的共同走向，是由近代哲学向现代哲学的转向，是一种哲学时代向另一个哲学时代的转向，是一种时代性的哲学转向。当然马克思的哲学转向有其特殊性，马克思是要解放无产阶级、解放全人类。我们之所以为21世纪哲学的转向讨论19世纪中期的哲学转向，这里的原因很值得深思。我个人认为问题就在于我们旧的哲学没有走出现代，受苏联斯大林体系的影响太大，他们把马克思主义哲学僵化、教条化，从而堵塞了通向实践、通向现实世界的道路，因此我们回过头来进行讨论，这对我们理解现在哲学的走向，理解领域哲学很有帮助，是个远背景。上世纪末本世纪初以来越来越强化的关注现实问题的哲学研究方向体现了马克思主义的哲学精神，是马克思早就指出的哲学转向，它符合这个世纪、这个时代哲学发展的大趋势，符合哲学发展的自身逻辑。

二、关于哲学的“实践转向”的马克思主义的理解

80年代中期关于“实践唯物主义”的讨论，几乎全国老、中、青哲学学者都参与了。其中对马克思哲学实践性的理解，分三个阶段。第一阶段对马克思哲学的实践性，即《实践论》中讲的马克思哲学的两个最显著的特点，“一个是它的阶级性，一个是它的实践性”，是最原始最浅层的理解。不过“实践唯物主义”讨论在一定时期内主要服从哲学原理体系改革的目标、哲学教科书体系改革的目标，不仅把实践性作为哲学的态度，而且确立了实践观点在马克思主义哲学中的核心地位，即把实践作为整个马克思主义哲学的核心范畴，以它为核心来建构一种对马克思主义哲学的新的解释体系和新的教科书体系，这个讨论到90年代初告一段落，这是对马克思主义哲学实践性理解的第一个阶段。现在对实践性的理解，是把它作为时代性的转向，作为世界性的哲学运动，哲学思维或哲学范式的变更，我认为这是对马克思主义哲学实践性认识的一种深化、一种推进。马克思主义哲学的产生和它的实践观点的确立，应当说它是带动了一种世界性的哲学运动，实践了一种时代性的哲学转向，这就从近代哲学进入现代哲学。我们现在的哲学转向仍在这个范畴内。上述三个阶段体现了对马克思哲学实践性的本质和其意义的认识的深化。哲学面向生活，回归实践即哲学的“实践转向”指什么意思呢，是指哲学是对人类自身生活的反思，它不是指向脱离人的世界，不论物质世界还是精神世界，也不是指向脱离了现实世界的抽象的人自身；而是指向人的活动，人的生活，指向人生活其中的现实世界。体现这个指向或转向，最重要的涵义是哲学是人类生活的一个方面，是人类生活本身而不是人类生活之外的东西，就如同马克思说的“哲学不是世界之外的遐想，就如同人脑虽不在胃里但也不在人体之外一样”。如果把人类生活比做一个机体，那么哲学就是这个机体的头脑。哲学与人类生活是分不开的，就像头脑与身体分不开一样，脱离了哲学，我们人类就无法生活。哲学家首先是人，然后才是哲学家。所谓哲学思考，就是人在自己生活中、活动中已有所体验、有所领悟、有所认识的东西，在更深层上再加以思考、加以反思，从而为人类的生存提供智慧和意义。除此之外，哲学家与其他人没有任何区别。而哲学家能够思考的，也只能是自己的活动的生活，自己生活其中的世界。这就是马克思的哲学观，是其哲学观的要点，是其推进哲学的“实践转向”的理由。用这种观念、这种理解，去指导哲学活动，那就是：哲学研究必须面向现实生活，哲学的新的生长点只能是在我们时代的现实生活中，哲学所要解决的问题只能是时代遇到的问题。

三、领域哲学的兴起是哲学“实践转向”的结果和表现

哲学体系改革告一段落之后，90年代初期，领域哲学纷纷兴起，如社会哲学、政治哲学、经济哲学、文化哲学、人文哲学、宗教哲学以及原有的科技哲学、伦理道德哲学、艺术哲学等等。兴起的原因很显然，市场经济的发展、社会生活的巨变，问题的层出不穷，现实生活需要更加贴近各个领域生活实践的哲学。再有就是哲学自身发展的需要。哲学的实践转向是哲学自身发展的一种趋势，也是自身发展的需要。哲学转向实践、转向人的现实生活，首先就要寻找走向现实生活的通道，这实际上是哲学视角的转换，就是要打破体系哲学的影响。如何实现这个转向呢？当然，哲学是一种总体性的思考，但现实世界直接呈现于哲学家面前的显然不是总体的，因而哲学思考的切入点不能是总体的，只能是某一点或某几点，只能是现实世界的某一个或某几个方面。浅白地说，哲学思考不能从总体入手而只能从方面入手，即不能从体系入手，而要从问题入手。当然，哲学思考不能简单停留于问题的层面，不能满足于对具体问题的理论解答，要遵循对世界对人生的总体性的理解，而要达到这个目的又只能从具体问题入手。这些具体问题又只能存在于具体的领域，即便是各个领域都共有的普遍性的问题，就其存在的方式说也是分别存在于各个领域中，不会有任何游离于各个领域之外的问题。所以哲学研究不能从头脑出发、不能从概念出发，而要从实践和现实生活出发，这就不能不深入到各个具体的现实生活领域。90年代中期以后领域哲学的兴起确实是实践哲学转向的必然结果。哲学要与时俱进，必须寻找新的生长点，新的生长点只能存在于现实生活的土壤中。现实生活非常复杂，不是一点或几点能包容得了的，人们所熟悉的只是各个领域的哲学，哲学家的身份也越来越不清楚，也可能同时是社会学家、历史学家、心理学家、文学家，他们都是从自己活动的领域提出问题，有所认识、有所体验、有所领悟，并提升到更深层次加以思考进而形成哲学。这种转向贯彻下去到当代哲学，专业哲学的色彩越来越淡。这说明哲学视角转换以后，领域哲学的兴起是必然结果。关于领域哲学主要谈两点看法。一是领域哲学的兴起是哲学的大趋势，现在兴起是正当其时，这正是我前面讲的大趋势。归根到底，当前我国领域哲学的兴起是社会大变革的产物，而哲学的大变革如何实现，大家都在探讨。变革时期旧的理论解释不了现实生活了，新的理论还没形成，所以现在是哲学研究最活跃的时期或者说真正需要哲学的时期。毫无疑问，我们创造新的理论就是要创造新的原理，原创性的研究就要出新的原理，否则就不是原创性的研究，在个别的具体问题上拿出新的解释不是原创性。而且理论创新不仅需要研究个别原理还有研究马克思哲学的新形态。哲学理论的与时俱进，不仅包括个别理论原理也包括理论形态的更换。但决不能以体系哲学的研究与思维方式去建构新形态，不能从某些自认为无可争议的、普遍规定的规律出发，用一些陈旧的概念范畴去编织一个新形态。此路根本走不通。而应是面向现实生活、面向新的时代，对现实的各个发展过程做出理论概括再加以综合，而且必须从开始就认定，这样的概括和这样的综合都是历史，永远不能把它看成是完成了。当前首当其冲最紧迫的是把握住这个时代的问题，即把握住新时代新哲学的生长点，这就需要深入到这个时代的各个领域中去，先发展领域哲学，然后才有可能初步地建构马克思主义哲学的新形态。二是领域哲学只是哲学研究的入口或切入点，其最终关注的还应当是第一哲学，如本体论、价值论和认识论等，这是我千百次重复强调的话。领域哲学代替不了第一哲学，领域哲学的兴起能有力地推动第一哲学的发展但它不是第一哲学，它有助于发挥第一哲学的社会功能但不能取代这个社会功能。人类之需要哲学最主要的是在于需要人类生活意义的终极关怀，所以人类永远不会停止形而上的追求，这是第一哲学的任务，领域哲学完成不了。当代西方领域哲学的兴起，我虽并不完全肯定这个，但它是作为世界性哲学转向的一种表现、一种趋势、一个重要思想的背景，即“拒斥形而上学”的呼声，这对哲学发展的影响是很明显的，是有片面性的，尤其是所谓后现代主义思想家提出取消“专业哲学”，以至于取消哲学本身，这是我们不能赞同的。我们的态度应当是，不拒斥形而上学，不拒斥第一哲学，不能没有终极关怀，但其应该是植根现实世界的终极关怀，应是由各个领域哲学切入，在各个领域哲学充分发展基础上建立的第一哲学。这是就我们国家整个哲学事业来说，而非就每个哲学工作者而言。我们对社会哲学的研究就是力求由此入手，为中国马克思主义哲学的发展探寻第一路径。马克思哲学变革的一个重要环节，即是社会性维度的引入，这个维度在现代哲学里是很重要的。那么社会哲学它作为对社会生活的总体性把握，这样一种哲学研究对具体的理解社会性维度显然是极有意义的，由此探寻第一哲学的具体化、现实化的发展，探讨中国马克思主义哲学的发展应当是有益的。当然，其他领域的哲学都有各自的特殊意义，都有可能推进第一哲学的发展，我们对其他领域的哲学应是真诚的朋友关系，不应有门户之见，不可互相排斥，而应互相补充合作。哲学具有主体性、反思性，这是哲学的根本特点，也是其根本性优点，是哲学以外的任何“理论”所不能具有或代替的。哲学的总体性、反思性，靠哲学思维所具有的思辩性来达到，没有思辩就没有哲学。哲学的思辩性是哲学的洞察力之所在。依赖于这种思辩，它可以达到事物的最深层次；依赖于这种思辩，它就可以寻根究底；它能寻根究底，也就可以瞻前窥远。所谓哲学的批判性、超前性都依赖于此。我们所反对的是脱离现实的抽象的思辩，然而对现实生活的深层把握却不能没有思辩。哲学的与时俱进应与其他理论不同，应具有超前性，能够引导现实活动，引导时代前进。显然，只有经验认识没有思辩是不行的。

关于领域哲学的发展及创新意义。以前的哲学基本是元哲学的探讨，不论是本体论还是认识论，当然也有对某领域的研究，但未真正形成系统。到了近代，市场经济的发展，社会生活的日益多元化，使哲学有了新的发展领域，新的发展，新的生长点。这样就为哲学的创新、发展新的路径和入口，提供了新的视角。正是领域哲学的纷纷兴起，才有利于哲学的兴盛和发展，这样也可以实现哲学与具体社会学科的结合和联盟，从而对具体科学研究成果的进一步的理解和提升。这说明哲学的发展离不开与其他学科的交插，使哲学更贴近生活，更贴近具体科学并从中吸取营养，甚至借鉴其研究方法使之对哲学创新更有意义。

从当前哲学的发展看，无论是中国还是世界，领域哲学的兴起是一种趋势，它表明了哲学思维方式的一种转向，这并不意味忽视对元哲学的研究，它最终关心的还是第一哲学意义的问题。这实质上是哲学表达方式的多元化，表明了当代哲学在宏大的叙事之外努力寻找各种哲学的演说方式，从不同的测定对世界的理解和把握。领域哲学虽是对某一领域的重大哲学问题的研究，但其意义并不仅限于这一领域，而是从中揭示出人类对一般世界的理解。当然，元哲学对世界的理解是多种理解的一种，即原维度；而从不同领域、不同侧面、不同角度把握这个世界，也是一种哲学的关注，这些认识都有价值和意义，达到对整体人类生活的把握，比如“政治哲学”是从政治领域对人类世界的一种把握，对人类生活总体意义的思考。以往的哲学是本体论哲学认识论哲学，马克思主义哲学实现了变革。马克思主义哲学是立足于人类生活的一种新的哲学，它与旧哲学的主要区别是思维范式的不同。旧哲学的缺陷是把现实生活抽象化、形而上学化，如本体论只扫描人类社会实践的一个方面即面向世界的方面把世界的本源作为它追求的第一哲学，实际是把实践的某一方面片面化作为终极关怀，近代哲学把人的实践生活的主体性方面思想的、认识的、意识的方面或说人的方面孤立化、抽象化。旧哲学与近代哲学实际上是各执一端，使之版面化、形而上学发展，形成了脱离生活辩证连接的思维方法。马克思主义哲学认为，只是抓住世界或者只是抓住人的认识，实际上没有抓住现实世界。因为现实世界是处理人与世界关系的一种生活活动，从人与世界的辩证关系中思考一切哲学问题。

（本文作者：陈晏清，南开大学哲学系教授、博士生导师）

中西两种不同的政治思想体系

徐大同

一、什么是政治思想

政治思想(political thought)，也称为：政治思潮(political trend of thought)，或称为：政治学说(political theory)、政治理论(political theory)、政治哲学(political philosophy)等。无论如何称呼，内容大体相似。一般国外学者通常都称为政治学说、政治哲学，如萨拜因的《政治学说史》、莫基切夫的《政治学说史》，施特劳斯的《政治哲学史》等。我们这里按照我国学者的惯例称作政治思想。

按照一般的说法，人类的社会活动可以分为经济、政治和文化三大领域，各个领域反映社会的不同侧面，包含各自的内容。关于政治领域的内容，恩格斯的一段话很能说明，他说：“在全部纷繁和复杂的政治斗争中，问题的中心始终是社会阶级的社会和政治的统治，即旧的阶级要保持统治，新兴的阶级要争得统治。”[①] 这就是说,在阶级社会中,只有掌握统治权,才能按照本阶级或集团利益的要求整合社会,协调矛盾,稳定秩序,促进发展,实现本阶级或集团的目的。因此,如何夺取统治权,建立什么样的统治权,如何维持统治权,对现有统治权的态度等就成为政治领域的核心问题。

从一定意义上讲,政治思想的根本目的,就是为各阶级或集团实现上述目的“出谋献策”。这种“谋”或“策”,可因民族、时代的不同而不同,也可因阶级、集团的不同而相异,甚至每个人由于其所处的背景不同也有差异。由于各种思维方式的不同,也可能表现为不同形式,如理性的、科学的;抽象的、实践的,等等。我们审视古今中外各个时代、各民族和国家的各种政治思想,不论其思维方式、价值观念有何不同,研究方向、具体内容有何差异,也不论各种思想表现的形式、当时的作用和对后世的影响如何,其性质无不是反映社会各阶级、阶层或集团的政治理想、政治要求,或设计一套政治方案、或为实现其政治统治出谋献策,总之是为其夺取、维护和发展对社会的政治统治服务的。

因此,政治思想就是适应一定时代需要,反映一定社会阶级、阶层或集团利益的政治理想、政治态度和政治要求,为其设计夺取、建立和维护政治统治的方案和为实现其统治出谋献策。

由此可见,政治思想的核心问题始终是国家政权问题。因此,如何认识国家、组织国家、管理(治理)国家是政治思想的主要内容。它集中表现为各种政治观点、政治主张和政治学说。

一般来说,政治思想具有如下一些基本特征:

1.阶级性与社会性

政治思想作为政治范畴的一个基本内容,它必然具有阶级性。

首先,政治思想的阶级性是由于在阶级社会中各阶级都有各自的政治理想和政治要求,都要为实现各自的阶级目的而奋斗。因此各阶级、阶层也就有各自不同的政治理想、政治主张和政治学说。每个阶级都各有其独立的政治思想。可以说一个社会有多少阶级,就有多少种政治思想。

其次,政治思想的阶级性表现为统治阶级的思想是每个社会的统治思想。虽然各阶级由于其政治利益和要求不同各有其政治思想。但是,掌握政权的统治阶级总是力图把本阶级的政治意识和政治观点说成是代表整个社会的。由于其所占有的统治地位,并掌有政权,便能够利用手中掌握的各种工具,通过各种渠道,影响人们的政治意识和政治观点,这也就是所谓的政治社会化。作为统治阶级来说,这也是其文化统治的一部分。

当我们重视政治思想的阶级性时也还应该承认其具有社会性。可以说政治思想的阶级性是蕴涵在社会性之中的。例如我国古代,人们都认为国家、君主是“天”所设立的,所谓“天佑下民,作之君,作之师”[②]这种政治观久而久之积淀为一种民族意识。但各阶级对此的理解并不相同:统治者认为是“天”命我来进行统治的,老百姓必须顺从;而老百姓则认为“天帝”之所以建立君王的目的是要给老百姓做“好事”。因此,大家所公认的一个“天”(这是政权的来源),要求却不一致。老百姓不顺从时,统治者以“天罚”的名义惩罚;老百姓被逼造反时,也打出“替天行道”的旗帜。西方的平等观也是如此:近代资产阶级追求的是“法律面前人人平等”,是一种形式的平等;而无产阶级所要求的平等则是“消灭阶级”。平等是共同的追求,但对平等的理解是不同的。

2.时代性与继承性

马克思主义认为,任何思想如果不能适合时代需要,也就丧失其生命力。同样,历史发展到一定阶段必然要求产生与之相适应的思想观念以反映这个时代要求。政治思想必须对时代所提出的问题做出概括、总结和回答,这是政治思想的生命力所在。可以说任何一种政治思想都是“应时而生,适时而变”的。例如,虽然自然法思想在西方政治思想中一直就存在,但是,自然权利理论却只能在近代产生,因为,正是在这个时候,新兴资产阶级开始感到专制王权的束缚,急于伸张个人的生命、自由和财产权利。古老的自然法学说就增加了自然权利的内容。

不同的历史时期,社会都有其各自不同的特

① 《马克思恩格斯选集》,第3卷,第334页,人民出版社1995年版。
② 《尚书·泰誓》.《孟子·梁惠王下》作:“天降下民,作之君,作之师。”

点。然而，人类社会又不是“断裂”的，而是一种“延续”的发展过程。后一个时代都是由前一个时代发展、演变而来。因此，人类历史就是一个延绵不断的继承史，一个民族的历史就是一个民族延绵不断的继承和发展史。人类历史具有时代性，又有继承性。同样，政治思想也是既有时代性，又有继承性。这就是说，每个时代的政治思想都有其时代特点，但是后代的政治思想又总是从前代继承而来。因此，我们研究政治思想时既要看到它的时代性，又要承认它的继承性。看不到政治思想的时代性，就不能认识它的性质；不了解政治思想的继承性，便不能认识它的思想传统。比如，以儒家思想为代表的中国传统政治思想，我们必须认识它的时代性，就是它属于中国封建社会的政治思想，它是为封建统治者服务的，具有封建性；但是，我们也要承认它是经过世代的继承而积淀下来的历史文化传统，构成中国传统文化的主流。

正确认识政治思想的时代性和继承性，可以使我们不至于只强调政治思想的时代性，而否定其继承性；也不至于在提倡继承思想文化传统时忽视时代特点。我们必须立足于现时代，从我们所处的时代出发，有选择地继承优秀的传统文化遗产。

3.民族性与交汇性

世界是由多民族组成的。各个民族的人民在自己所生成的环境中，通过自己的辛勤劳动，创造出了自己的物质文明、政治文明和精神文明。由于每个民族生活的环境不同，又使各个民族所创造的思想文化有着各自的特点。这就形成了各不相同的民族文化。而作为民族文化重要组成部分的政治思想自然也具有民族性。

一个民族的政治思想是在长期历史过程中形成和发展起来的。在长期发展过程中，逐步地成为一种政治思想体系，并构成政治文化定势。这种定势往往被该社会的政治、法律制度确认下来，并深入到每个社会成员的心灵和行为习惯之中，取得全体社会成员的共识。其中优秀部分构成一个民族的政治文明，并积淀为该民族的民族精神组成部分。

虽然各民族形成和发展的条件不同，形成了各民族政治思想的特色，但总的来说，人类社会各民族之间又不是相互隔绝、不相往来的。特别是随着科学技术的发展，更缩短了各民族间地理上的距离，这为人类思想文化的交流提供了更为方便的条件。我们反观人类社会历史，可以发现各民族思想文化的相互交流和相互影响是历史的定势，是不可避免的，也是人力所不能阻挡的。因此，政治思想又具有一定的交汇性。

但是，在文化交汇过程中，民族性还是起着决定作用。这就是说，首先，民族的就是世界的。一个民族之所以能在世界上存在，主要就是由于它具有不同于其他民族的特点。如果没有这些特点这个民族也就失去其存在的价值。因此，只有坚持民族特点才能立足于世界。其次，当一个民族借鉴、吸取其他民族思想文化时，其基本立场是从本民族的需要出发，要与本民族的实际相结合。任何原封不动，照抄照搬的态度都是不可取的，最后都是要失败的。此外，任何外力强加的办法同样是要碰壁的。文化的交流必须是立足于本国国情，从本国需要出发，对外民族思想消化借鉴，为我所用。而且这是交互的，不是单方面的，更不是强加的。随着人类社会各民族交往的发展，思想文化的交流会日益频繁，交融汇合之点会更为广泛，会有更多的共识，这是不能否定的。但是以此为由否定思想文化的民族性也是不正确的。

二、中西两种不同的政治思想体系

作为政治思想的对象，中国和西方并无二致，都是为维护一定阶级、阶层或集团的政治统治服务的政治观点、政治主张和政治学说。但是由于历史上中国和西方国家在地理环境、生产方式、社会结构、政治制度以及民族变迁等方面存在着诸多的差异，中西两种政治思想体系也呈现出互不相同的面貌和特征，中西政治思想不同之处甚多①。自近代梁启超、严复以来，关于中西文化之比较的文献不胜枚举，并在20世纪30年代和80年代先后形成两次所谓的“文化热”。在这两次文化论争中，中国文化本位论、全盘西化论、调和折衷论、综合创新论等观点不一而足；而中西政治思想之比较问题又是其中较为引人注目的一个重要问题，然而专门比较中

① 这里所说的中西只是指中国和西欧北美一些主要国家的政治思想体系。

西政治思想的著作却惊人的罕见[①]，即使现有的一些说法也不够准确和简练。这里仅就其主要区别方面概述以下几点：

1.两种政治思想体系的思维形态不同

许多学者已从不同学科方面指出中西文化在思维形态上具有很大的差异。中国文化表现出很强的务实性，强调知行合一；而西方文化则表现为唯理性，强调逻辑思辨。这一特征表现在诸多领域，政治思想也不例外。

中国系统的思想体系产生于春秋战国时期。当时正当社会变革，“礼崩乐坏”，天子丧权，诸侯称霸。这时，诸子百家适应时代需要先后登上政治舞台，他们“皆欲以其道易（治）天下”。“道”者，“路”也。就是说，他们所谓的“道”，实际都是治国平天下“应走之路”，即治理国家的基本原则和方法，也就是所谓“治国之道”。司马谈在《六家要旨》中对诸子百家的分析就是对这一点很好的说明，他说：“天下一致而百虑，同归而殊途。夫阴阳、儒、墨、名、法、道德，此务为治也。”[②] 就是说诸子百家虽然观点不同，但其目的都是在于提出一套治理国家的方案。可见，中国古代系统的思想体系从一开始就与政治实际紧密联系，而主要解决统治者“做什么”和“怎么做”的问题，是一种具有明显的务实性的思想体系。中国古代也就把政治理解为对国家事务的管理，所谓“政者事也”，“治者理也”；这种特色从先秦时起就成为中国政治思想的一贯传统。几千年来，各个历史时期的思想家们也都无不是在治理国家问题上提出各种不同的见解和主张。

中国传统政治思想家们在分析、说明政治现象时并不注重其结论的逻辑性、系统性，而着重其实际效用。因此，他们出于实现自己政治抱负的功利动机，往往着重于如何使自己的观点被统治者接受，即以其“治国之道”“以干世主”。另外，在论证方法上也是借助简单类比和形象譬喻，而不注重逻辑推理和证明。所以，虽然中国传统政治思想中不乏理性思维（尤其是辩证思维），但它主要是一种“实用理性”，也即所谓“经世致用”之学。

与中国传统政治思想的务实性形成鲜明对比的则是西方政治思想的唯理性。所谓唯理性是指西方思想崇尚“理性”思辨，重视事物发展的本质和规律。

古代希腊是西方文化的发祥地，当其摆脱神话和英雄时代后，随即进入自然哲学时期。受当时社会条件影响，一些思想家开始探究自然、宇宙的奥秘，也就是要探寻宇宙事物生成的“始基”、本原及其发展规律。它主要关注的是“是什么”和“为什么”的问题。古希腊著名思想家亚里士多德有一段话，可以作为对西方思想这一特点的精辟概括，他说：“所谓科学显然是对原因的知识的取得”；又说，“如若人们为了摆脱无知而进行思考，那么，很显然他们是为了知而追求知识，并不以某种实用为目的”[③]。西方的政治思想也体现出较为浓厚的思辨色彩，表现为追求“知识”的倾向。

古希腊的哲学家们将政治现象、政治生活看作是自然现象的一部分，政治的运行要受到自然法则的支配。同时，出于对知识的热爱、追求，希腊人在政治思维上具有一种从产生、性质、目的、作用等方面认识和理解社会政治现象的特点，蕴涵有一种探求“真知”的批判创新精神。这种特点不仅促使对政治现象的研究较早地作为一个独立的研究对象和研究领域而出现，并且促使对政治现象的研究注重知识的完整和系统。因此，西方在古希腊时期政治学作为一个独立的学科就已经产生，并出现了《理想国》和《政治学》这样的鸿篇巨制。

到了中世纪，基督教神学在思想领域占据了统治地位，政治学和其他一切学科都被纳入神学体系，成为“神学的婢女”。但是，从根本上说，基督教神学在思维形态上仍然带有理性主义的特征，具有追求知识、探求事物本质的倾向，不过是用上帝理性代替了人的理性，将对具体知识的追求变为对上帝的存在和本质的认识和理解。基督教神学虽将对上帝的信仰作为最高理念，但在一定程度上也承

① 据作者所知，近30年来，除了《中西传统政治文化比较研究》（徐大同、高建主编，天津教育出版社1997版）外，专门研究中西政治思想、政治文化比较的中文著作大概只有两本，即柏维春的《政治文化传统：中国和西方对比分析》（东北师范大学出版社2001版）和张明贵的《比较中西政治思想》（台北：五南图书出版有限公司2003版），而《政治文化传统》一书无论在编章布局上还是在具体观点上都受到了《中西传统政治文化比较研究》的影响。

②《史记·太史公自序》。

③ 亚里士多德：《形而上学》，苗力田主编《亚里士多德全集》，第2卷，第32页，中国人民大学出版社1991年版。

认人的理性的存在。不过,它认为人的理性的任务应该是为信仰服务,阐明信仰所指示的“真理”,引导人们认识上帝的存在。基督教神学也追求知识的系统和完整,并借助抽象思辨的方法建立了无所不包的神学体系。

到近代以后,随着资本主义生产方式和现代科学的产生和发展,西方社会在经历了文艺复兴、宗教改革和启蒙运动之后,理性再次成为其文化的内核。正如恩格斯在《反杜林论》中所指出的:启蒙思想家们“不承认任何外界的权威,不管这种权威是什么样的。宗教、自然观、社会、国家制度,一切都受到了最无情的批判;一切都必须在理性的法庭面前为自己的存在作辩护或者放弃存在的权利。思维着的知性成了衡量一切的惟一尺度”①。在这种情况下,思想家们对政治现象的观察和思考更加趋于系统和完整。

与此同时,西方近代科学的发展也为政治研究提供了更多的新方法,几乎每一种新的科学发现和科学方法都被运用到政治领域。霍布斯试图将牛顿力学用于人类心灵的研究;格老秀斯、斯宾诺莎将几何学的演绎法引入政治学和伦理学;孟德斯鸠在其著作中开始有意识地使用社会学的方法;而卢梭在他的著作中大量引用人类学和旅行家的笔记。

直到19世纪中期以后,随着资本主义工业化的发展,资产阶级统治的确立,欧洲政治思想从“应然”走向“实然”阶段。因此,除了传统的思维方式以外,也开始向务实性发展,着重提倡研究“实在的”、“实际的”问题。还须指出的是,美国的政治思想虽然来源于欧洲大陆,按其思想体系说是与欧洲大陆一脉相承的,但在发展中也形成了自己的务实的特点。

2.两种政治思想体系的侧重点不同

前面已经指出,政治思想的核心问题是国家问题,如何认识国家、组织国家和管理(治理)国家是政治思想的主要内容。但是,中西政治思想的侧重点并不相同。

中国传统的政治思想主要不是解决如何认识国家、如何组织国家的问题,即建立何种形式的政体问题,而是要解决在君主的最高统治下如何治理国家,也就是为君主提供所谓的“治国之道”。荀况的一段话很有代表性,他说:“彼国措者,非封焉之谓也,何法之道,谁子之与也。”② 这就是说国家问题主要是用什么原则、方法和由什么人来治理。因此,中国古代的政治思想特别注重如何在维护君权之下,处理君臣关系、君民关系,即统治阶级内部以及统治者与被统治者之间的关系问题,以便使统治长治久安。它始终把重点放在人际关系和治国原则的研究上,关注人的行为的道德准则和为政、从政的方法。

对于认识国家、组织国家的问题,传统政治思想从来没有给予高度重视。这是因为一方面中国自古就认为国家是“奉天承运”(奉天之命、承祖之运)而来;另一方面,中国自从国家产生以后,国家制度基本上是君主制,自秦以后,中央集权的君主专制制度又成为几千年基本的国家制度。分封与割据虽然也曾出现过,但统一的君主集权制则是主流形式。一直到了清末,一些思想家才在西方思想的影响下,开始提出重新认识国家和变革国家政制的问题。因此,中国政治思想史呈现出从管理国家到认识国家、组织国家这样一个顺序。

不同的是,西方的思想家们在探讨政治问题时,普遍地关心和要求解决的是人为什么要过政治生活,为什么要建立国家的问题。他们试图通过对国家的起源、本质、作用、分类等一系列问题的论证,达到对国家完整的认识。

另外,政体问题也是西方思想家特别关注的问题,这是由西方历史情况所决定的。早在古希腊,历史上和现实中就存在各种政体形式。这使得希腊人普遍地把他们政治生活的优良与否和国家的形式联系在一起。认为现存的政体并非惟一可能的选择,而要寻找一种能够实现“正义”、“善”的良好政体形式。这就形成了西方政治思想中国体和政体不分的现象,他们常常将政体的不同视为国家性质的不同,政体的改变就意味着国家性质的改变。古希腊的这种普遍观念对政治思想家的著作产生了重大影响,他们将寻找、设计最优良的政体作为他们思考、著述的目标。最著名的例子就是

①《马克思恩格斯选集》,第3卷,第355页,人民出版社1995年版。
②《荀子·王霸》。

《政治学》,它是亚里士多德及其弟子对希腊一百五十多个城邦进行调查分析,总结其利弊得失之后的结果。西方政治思想在主题上的这一特征经由中世纪一直传承到近代,并最终产生了丰硕的政治文明成果。

总之,西方政治思想从古代一直到近代,始终重视如何认识国家、组织国家的问题;管理国家的问题直到19世纪末期才引起思想家们突出的关注。因此,西方政治思想史在国家问题上呈现出从认识国家、组织国家到管理国家这样一种顺序。

3.两种政治思想体系的发展轨迹不同

中国传统政治思想发展的轨迹可以说是"一贯型"的,几千年"一以贯之"。虽然中国在历史上经历了多次的王朝更迭,政治思想的表现形式也发生过多种变化,并曾受到外来文化的撞击和影响,但是却"万变不离其宗",所谓"天不变道亦不变",几千年基本精神不变,主流不变。这种主流从其基本内容说,可以一言以蔽之曰君主集权主义。对于这个问题,国内学者已经多有论说①。中国传统政治思想的各种形式,也都是为君主的一尊统治出谋献策,制造理论根据和社会舆论。

早在殷周时期,就已提出所谓"普天之下莫非王土,率土之滨莫非王臣"的"王天下"思想。君主集权思想即已经开始萌芽。在诸侯异政,百家异说的春秋战国时期,重新建立统一的王权就成为百家诸子的共同政治理想。儒家孔子的"尊周"、孟子的"定于一"、荀子的"隆一"、墨家的"尚同",特别是法家的集大成者韩非所谓的"要在中央,事在四方,圣人执要,四方来效"②,更明确地主张中央集权的君主专制制度③。秦始皇片面推行法家思想,结果秦王朝二世而亡。汉代统治者为了寻求长治久安之策,结合秦王朝灭亡教训,对先秦思想文化资源进行了总结、选择和取舍,一些思想家也积极地与统治者合作,使其思想上升到政治操作层面,于是,汉武帝接受董中舒"罢黜百家,独尊儒术"的主张,使儒家思想成为中国传统政治思想中维护专制君主统治的主体思想,历经几千年不衰。但这并不是说,中央集权君主专制主义在思想形态上就没有发生过任何变化,相反,它是"不变中有变"。中国传统政治思想在历史发展过程中,也经历了具体形态上的变化,作为其主体的儒家思想也不断地受到法家、道家、阴阳家、佛教思想等影响,并与之结合,形成"王霸道杂之"、"儒法合流"、"儒道互补"、"儒道释三教合一"等学术景观,衍变出谶纬学、玄学、理学等形态。

西方政治思想的发展轨迹则可以说是"演变型"的。在横断面上,西方政治思想不仅在各个历史时期都是派别林立,诸家杂陈;而在纵向上,西方政治思想更是经历了不同政治观的演变过程。

根据政治秩序建立的来源的看法,西方政治思想经历了自然政治观、神学政治观和权利政治观的演变。当然,这几种政治观并不是只存在于某一时期,而只是反映某一时期的典型政治观。自然政治观是古代希腊、罗马时期的基本政治观,它将政权的来源看成是自然而然形成的;基督教神学政治观是西方中世纪的基本政治观,它认为一切事物,包括世俗政权,都来源于上帝的安排;权利政治观则是西方近、现代的基本政治观,政治权力的建立是来源于维护个人权利的要求。

但是,我们说西方政治思想的发展是演变型的,并不等于否定它内在的继承性和一致性。也就是说,西方政治思想的发展是"变中有不变",其中的某些基本要素始终没有中断,它们构成了西方政治思想的基本精神。这些要素包括自由、平等、民主、法制等这样一些价值观念及其制度建构,而这些观念恰恰正是西方自由主义的内涵。因此,我们可以把自由主义看作是贯穿于西方政治思想的一条主线,整个西方政治思想史就是自由主义滥觞、孕育、形成和发展的过程。

需要指出的,这里所说的自由主义不是指某一

① 刘泽华:《中国的王权主义》,上海人民出版社2000年版。刘先生主张中国传统社会政治上体现为王权主义。这个看法我是赞同的。但是"王权"基本是各个国家都曾存在过。为了体现我国传统社会政治制度的特点,我们采用了君主集权主义,即历史上无论采取何种形式,但国家最高权力始终掌握在君主手中。分封制是皇帝主动把地方权力分与下面同姓或异姓;割据则是地方势力持力跋扈所形成的地方独立王国。我国自秦汉建立中央集权制以后,诸侯贵族便逐渐失去政治统治权。只能"食邑",不能统治。虽然也有分封,但诸侯王只可"自娱宫中,不得干预政事"《三国志·吴志》。

②《韩非子·扬权》。

③ 这里所说的君主集权就是指国家的最高权集中掌握在君主手中的国家管理形式,君主专制则是形式上国家一切权力由君主个人独断的一种体制;中央集权是指如何划分中央和地方关系的国家结构形式。

种意识形态、社会政治运动,也不是某一种经济政策、生活方式;而是一种政治价值和政治观念。具体地说其基本特点有:它以个人主义(个体本位)为认识社会的基石;将个人的自由和权利作为出发点,主张平等;坚持民主政治,将国家视为维护个人自由和权利的工具;主张限制政府的权力,赞同宪政、法治;强调妥协的必要性,主张通过改良的办法实现社会进步等。

在古希腊和古罗马时代,虽然还存在极不平等的奴隶制,完整的个人权利观念还没有形成,在整体主义政治观下的自由还主要是一种"古代人的自由",直接民主的政体形式往往对个人自由构成威胁。但是,公民之间的平等观念、法制精神在古典时代已经开始形成,而且作为近代自由主义之理论外壳的自然法理论和社会契约论思想也已经开始萌芽。尽管神学世界观笼罩了西方中世纪,但我们也应该看到,古代流传下来的思想要素,如平等、自由、民主、法制等思想也都以不同的形式在西方保存下来。基督教在理论和制度两个层面上也孕育着自由主义的内涵,并对近代自由主义产生了重大影响①。直到近代,自由主义思想在其形成和发展过程中,占据了西方政治思想中的主导地位,成为政治思想中的主流。所谓其他各种流派,除少数思想派别外,基本上都是自由主义思想的发展或变体。

三、正确对待中国政治思想传统,准确认识西方政治思想成果

任何政治思想都有产生和存在的根据和理由,从而也就都有其各自的利弊得失。

中国传统社会是农业社会,以小农经济为主的自然经济是整个传统社会的经济基础。同时,中国整个历史过程中血缘关系的纽带始终没有割断。这种情况就造成了几千年来的封建君主集权统治,秦朝以后,更是形成了中央集权的君主专制制度,缺乏民主,法制不昌。

但是为了维护其统治,历来强调务实的"治国之道";提倡"重民"的民本思想;主张仁政、德治、德法并举的治国方略;积累了系统丰富的治理国家的经验,等等。这些无疑地都具有深刻的封建内容,专制因素。但我们也应该给予马克思主义以历史的科学分析,认真地予以总结,"去伪存真"、"取其精华,去其糟粕"。

西方政治思想也是源远流长的,它是经过几千年人类文明发展的结晶,对人类社会的发展做出了巨大的贡献。尤其近代以来,西方国家政治、经济、科学、文化都走在现代化的前端,成为各国实现现代化的基本参照系。它的影响可以说遍及全世界,也包括近代中国。因此认真地学习、吸取和借鉴都是必要的。

然而在研究中西政治思想中,必须注意防止两种教条,即除"马教条"外,还有"洋教条"。

所谓"马教条"就是以教条主义、本本主义的态度对待马克思主义。

我们研究政治思想必须坚持以马克思主义的基本原理为指导。马克思主义是人类文明发展到一定阶段的科学结晶。坚持马克思主义并不等于凝固、封闭,更不是僵化地理解马克思主义。与时俱进是马克思主义的理论品质,坚持马克思主义,只能采取实事求是、开拓创新的态度。结合具体实际,不断在坚持基本原则的前提下推动马克思主义的发展,才能永葆马克思主义的青春活力。

所谓"洋教条"就是食洋不化,照抄照搬西方。如前所述,任何政治思想的产生和发展,都要受本民族特点所制约。西方政治思想是适应西方社会特点和需要产生、发展、变化的。因此,我们学习、吸取、借鉴西方政治思想,必须结合我国具体情况,适合我国实际需要。拒绝学习、借鉴是不对的;但是不考虑我国具体特点与西方政治思想的历史渊源、社会背景的根本不同,不加分析地全盘照搬照抄西方的模式更是完全错误的。

总之,我们应当做到在马克思主义基本原理的指导下,正确认识中国政治文化传统,准确认识西方政治文明成果。这是我们学习、研究中外政治思想史时特别需要注意的问题。

(本文作者:徐大同,天津师范大学政治与行政学院教授、博士生导师)

① 参阅从日云:《在上帝与恺撒之间——基督教二元政治观与近代自由主义》,三联书店 2003 年版。

与时俱进，正确认识社会阶层的积极分化

朱光磊

为什么要用“阶层分析方法”来补充“阶级分析方法”？这是因为，随着经济生活的多样化，社会阶级阶层构成也发生了趋向于多样化的变化。如果说过去的中国，在社会结构上是一个“阶级社会”的话，那么现在就已经变成了一个“阶级”和“阶层”并存的社会，即由“三明治”变成了“千层饼”，分化和组合出了许多新的社会利益群体。

研究社会阶层构成的目的是什么？第一，从政治学角度讲，政治问题说到底是处理社会利益关系问题，而阶层和阶级、民族是现时代最主要的三大社会利益载体。不研究社会各阶层，就不可能真正了解中国政治。第二，为了完成一项有关文化积累。第三，是为了使各阶层通过了解我们的成果，增强实现现代化的信心，让各阶层都认识到本阶层是现代化建设的重要力量。

目前阶层关系调整的主要方向是什么？一是采取一切可能的政治、政府和法律手段，控制贫富差距的不恰当地扩大，限制贫富差距带来的各种副作用。二是充分认识城市化在民族复兴和社会进步中的伟大历史意义，充分认识城市化将给中国社会阶层进一步积极分化可能带来的深远影响，充分理解工人阶级一体化、农民阶级大分化、知识分子扩大化和民工大流转在中国社会结构良性调整中的特殊价值。

一、社会转型与当代中国政治生活中的三大关键课题

中国的社会转型应该从多角度、多方面来考虑，而不能简单地看成是从计划经济到市场经济。事实上，中国的社会转型是多方面转型所构成的一个复合体，而这方方面面的转型时间起点并不一样。比如，从传统社会向现代社会的转型，是从鸦片战争开始的，历经波折，经历了建立新民主主义的经济、政治、文化，发展至现在建设有中国特色社会主义，已经进入了“总结期”。这个转型真正完成的最主要标志，是社会结构中三个最主要的系统——经济、政治、文化三方面之间建立起稳定的平衡关系。再如从计划经济向市场经济的转型，显然是从70年代末开始，按照步骤一步一步往前走，中国加入世贸组织无疑加快了这一转型的步伐。到21世纪初，中国社会所正在进行的一系列重要的社会转型都陆续进入了“总结期”。

由此看来，中国的社会转型具有内涵多、起点不一的特征。这对我们是压力也是挑战，也必然对我们的政治生活提出许多新的问题，其中，有三个是目前最关键问题：

第一，社会结构发生了很大变化。我们正在从一个简单的社会结构发展到一个非常复杂的社会结构，这种社会结构的变化既是一种社会变化，也是一种政治变化。过去强调这种关系是冲突性的，现在应该更新观念，强调调整，强调用新的方法来处理。

第二，政治生活中的各个基本要素之间的关系问题。如何使这些关系进一步协调，使之实现规范化、法治化，也是与社会转型密切相关的。例如，过去我们党是“通过领导来实现执政”，随着社会的发展要转变为“在执政中实现领导”。显然这两者的实际含义是不同的。“领导”是一个政治概念，“执政”是一个法律概念。现在的一系列做法，表明我们党正在努力做到通过依法执政来体现自己对国家生活的领导作用。

第三，中央与地方的关系问题。这方面的改革，绝不是一个简单的“权力下放”问题。“每一级都管理所有的事儿”的现象，肯定会逐步改变为“每一级主要管理特定的事儿”。问题关键是，要通过科学的论证，搞清楚应该在哪些方面要坚持中央集权，在哪些方面要实行政治性分权，在哪些方面要实行行政性分权。

二、社会转型中的阶级阶层结构及其关系的主要变化

在中文里，“阶级”和“阶层”的含义是有着明确的区别的。阶层的最基本的含义，是指阶级中的更细小的集团。对阶层之所以做更具体的分析，主要在于在考虑生产方式因素的基础上，我们又考虑了他们的劳动方式和收入分配方式等更具体的因素。

我们从90年代初开始，通过十多年的研究，逐渐感到阶层应该还有其他层面的含义，比如总有一些社会集团不够一个阶级的程度，但它相对稳定，就可以称之为一个新的阶层。

目前中国的阶级、阶层分为四大类型。

第一类，基本阶级和阶层，一个是工人阶级，一个是农民阶级。工人阶级中有五个阶层，即蓝领工人、白领工人、知识分子、官员、退休职工。这里讲白领工人是狭义的，讲的知识分子也是狭义的。农民阶级包括三部分，有农业劳动者，即从事种植业和养殖业的劳动者，乡村干部和乡村知识分子。

第二类，新兴阶层，指在中国历史上没有出现过，改革开放后出现并发挥积极作用的群体。这主要有三个：乡镇企业职工、民工和企业经营者。

第三类，复新阶层，就是在旧中国曾经存在，建国后在政治运动中被打掉，在改革开放中重新出现并发挥积极作用的社会群体，即个体劳动者和私营企业主。私营企业主的社会属性不能简单、僵化地归其为资产阶级。其最主要的特殊性在于，它是在党的政策帮助下成为资本所有者的一个社会集团。由于中国社会改革的特点，这些人大都没有脱离原来他们所处的阶级和阶层，表现为一种“两栖人”。

第四类，交叉和过渡性阶层，如军人、大学生、失业者，来自于不同的阶级和阶层，若干年后又会分散到各个阶级和阶层当中去，属于过渡性的社会群体。

这种把阶级阶层分为四组的划分方法，其优点是比较开放，不排队，不戴帽，缺点是不够完全、不够均衡。

关于阶层关系的问题，我们有这样一个分析框架，即横向看社会矛盾主要体现在四个方面，一是高收入阶层与低收入阶层之间的关系；二是高收入阶层与党和政府之间的关系；三是低收入阶层同党和政府之间的关系；四是若干低收入阶层之间的关系。纵向看，社会矛盾分为三类：一是某些历史遗留的矛盾；二是改革开放条件下新出现的矛盾；三是矛盾的萌芽。社会还处在不断分化的过程中，有些矛盾还未完全表现出来。

三、贫富差距的阶层化，显性化及其制约因素、类型和政府控制

当前，可能促成贫富分化的因素可归纳为19个，两大类。第一大类是自然历史因素，有6个：①资源不足，生态条件悬殊。②城乡二元结构。③农村人口过度膨胀导致劳动力供给冲突。④陈旧的婚姻习俗。⑤教育问题。初等教育给劳动者提供的是简单的劳动技能，发展初等教育有利于减小收入差距；高等教育是一种选择性教育，是人力资本投资。⑥“胜者全得”，如特聘教授、明星等。这些是自然因素，过去我们不考虑它，现在社会恢复到常态就都不可避免地表现出来了。第二大类是政策和体制因素，其中有13个：①反对平均主义的政策导向，如让一部分人一部分地区先富起来；②非公有经济；③对外开放；④税制改革滞后；⑤腐败；⑥灰色收入；⑦垄断行业的存在；⑧退休年岁低；⑨住房体制改革；⑩股份制改革；⑪失业；⑫经济负增长时，相比较低收入者损失会更大一些；⑬男女收入不平等。

但是，社会中也有一些因素在限制着贫富分化。主要有：①社会主义理想；②公有制、按劳分配的法定地位；③共同富裕的目标制约；④作为一种文化的“均贫富”的观念；⑤土地制度；⑥劳动力的社会流动；⑦乡镇企业的发展；⑧工会的存在。现阶段作用不大明显，但是以后会陆续发挥重要的作用。

对于贫富差距问题的治理，要强调“政策组合”。这个政策组合有两类：一是控制性政策，它可以直接缩小贫富差距。二是限制性政策，这种政策虽不能缩小贫富差距，但能减缓它的副作用。

四、世纪之交中国社会阶层分化的基本趋势和基本性质

关于中国社会阶层分化的基本趋势，重要的是把握这样几个问题。一是农民会进一步分化，特别是城市化进程将会进一步投入新的要素。现在我们越来越倾向于强调要把农民工看作是工人阶级和市民的后备军。我国1997年从业人员中从事第一产业的人员首次少于从事二三产业的人员。这是一个了不起的变化。二是工人阶级会发生新的整合。现在的工人阶级是有城市户口的公有制企业的蓝领；有乡镇企业工人；有私企、外企的工人和民工。随着改革进程的加快，这几部分人的共同点将越来越多，差别会越来越少，从而逐渐整合成世界上最大的工人阶级集团，它将对中国政治经济发展带来新的推动力量。另外，从全球经济发展和构成来看中国的白领会有所增加，但比例不会太高。三是非公有制的成分将会增加，“两栖人”的现象有可能会减少。四是贫富差距问题在相当长的时间内不会有明显的改变,关键是怎样通过控制性政策和限制性政策来抵消它的副作用。

英国19世纪著名法学家亨利·梅思曾指出:"迄今为止,一切进步性的社会运动,都是一场'从身份到契约(fromstatustocontract)的运动。"国际学术界公认,这个"传诵不衰的名句"深刻"概括了人类文明史"。这个提法并不可能穷尽社会发展的真理,但它确实是至少从一个重要的侧面,比较深刻地说明了社会发展的一个重要特征。恩格斯肯定了这一说法,他说:这句话就其进步性而言,我和马克思在《共产党宣言》中早就说过了。

中国目前的阶层分化在其几乎所有重要的方面,都表明中国正加快步伐向"契约社会"过渡。自学考试制度、国家公务员制度、差额选举制度、住房制度的改革等,无不使利用身份优势获取利益的余地大大缩小。现在,越来越多的人认识到,以才华和成就为基础,通过社会选择会缔造服务社会和发展自我的机会,才是牢靠的和光彩的。以往老实的农民、世故的市民、小心谨慎的知识分子等都在学习运用契约的方式与外界打交道,并据此保卫自己的合法权益。同时,人们也不再惧怕流动,社会生活节奏加快了,社会活力增加了。

中国近二十年的阶层分化运动证实了这一判断的生命力。中国是一个发展中国家,传统因素的影响相当大,许多历史任务,比如民主化、法制化等被遗留到了现阶段来完成。如前所述,许多身份性的因素在当代中国社会阶层分化的过程中受到了不同程度的削弱。现在,公有制企业中的工人、官员、知识分子等原先占有较大既得利益的阶层,对身份的依赖已大大减少,农民则是突破了身份的束缚迈向了广阔的市场,个体劳动者、私营企业主及从业人员等更是在既没有身份优势,又没有身份束缚的起点上开始了其发展历程。这一过渡证明,中国的社会阶层分化是一场进步性的社会运动。

(本文作者:朱光磊,南开大学周恩来政府管理学院院长,教授、博士生导师)

重塑政府文化:政治文明与行政体制改革建构的一个思路

葛 荃 刘学斌

近年来,关于政治文明的讨论十分热烈,有学者提出,政治文明指"人类改造社会所获得的政治成果的总和"①。如果把人类社会关于政治领域各个方面思考、举措和选择都纳入政治文明的范围,那么政治文明的涵盖当然是会比较宽广的,包括政治主体、政治关系、政治意识、政治行为、政治制度等等②。这样一来,从政治文明的层面思考行政体制改革问题,也就具有了学理逻辑的必然性。

一、政府——政治文明的主要创造者和体现者

人类社会的政治现象繁杂多变,研究者们对政治的界定亦参差不一,不过在有些问题是认识上是一致的。例如学术界普遍认为,政治的核心问题是国家政权问题,这是政治最本质的方面。因而政治就是各种社会集团为了维护自身的经济利益,而争夺、维护、巩固国家政权,并运用国家政权管理社会生活的活动。政府是国家政权的代表,国家政权是通过政府的存在和活动来表现自己的。从"政府"的角度看政治文明,其意义体现在以下几个方面。

首先,政府是一个重要的政治主体。我们所说的"政治"正是在政治主体及其活动、以及政治主体间的相互关系的运动和发展中体现出来的。政治主体不仅可以是单个的个体,也可以是一个政治组织、政治团体。政府就是一个机构庞大、人员众多、组织严密的政治组织。它作为国家权力的代表,依法拥有巨大的权力,是公共权力的实际持有者和行

① 金太军:《政治文明:历史发展与中国特色》,《政治学研究》2002年第3期。

② 郑慧:《政治文明:涵义、特征与战略目标》,《政治学研究》2002年第3期。

使者。同时,政府又有雄厚的物质基础和先进的技术手段,有力地调节着政治、经济、文化诸领域的社会关系和活动,其影响力渗透到社会的各个方面。在政治生活中,政府作为政治主体的地位是极为重要、不可替代的。

如果说,政治文明首先体现为政治主体文明,政治主体的文明程度是政治文明程度的重要标志,那么,考察一个国家的政治文明,就应该首先考察政府所体现出的政治文明程度。政府权力的合法性,政府组织的产生途径、政府运作程序、政府的活动方式等,都是政治文明的重要内容。不仅如此,政府既是政治文明的体现者,同时也是政治文明的创造者。政府作为权力机关,是政治规范及社会规范的制定者、执行者和维护者。它确定政治发展的目标,拟定政治改革和政治建设的计划,进行政治动员,主持政治运作,领导和推动政治进程,积极主动地按照其意志改造现实政治。这些活动中符合社会发展方向、推动人类文明进程的成果均属于政治文明的范畴。

其二,政治关系既包括政治主体之间的关系,也包括政治主体与政治客体之间的关系。政府作为政治权力主体的主要承载者,即处于复杂的政治关系之中。在实际政治运作过程中,会成为诸多政治关系的焦点。如果说在现代社会中,以政府为焦点的政治关系包括众多层面,且错综复杂,诸如政党与政府、公众与政府、各种利益集团与政府、非政府组织与政府的关系等等,那么这些政治关系的和谐程度、发展变化,以及政府对于这些政治关系的协调、调整、互动和梳理整治,将会集中体现出一个社会的政治文明状况。

其三,政府作为一种政治组织是有意识、有意志的。政府内部经由系统整合而形成的政治价值观念、被政府构成人员作为共同认可的政治思想,所具有的政治态度、政治认识等都是政治意识文明的有机组成部分。这些观念意识层面的东西对于政府运作本身具有一定的凝聚作用,对于政府工作人员的行为和选择具有一定的规范作用;同时,伴随着政府运作的实际过程,它们还会影响到其他社会团体和一般社会成员的政治意识。它们的发展状态体现了政治文明的发达程度。

其四,政府的地位和作用是通过一系列政治行为体现出来的,它通过各种政治行为干预政治生活,介入政治过程,表达其政治意志,发挥其政治影响力。政府政治行为的规范性程度、合法性程度及合理性等等都体现了政治文明的的状态和发展程度。

其五、政府制度是政治制度的主要内容。政府制度的性质、形式、形成、变化都体现着政治文明的状况和发达程度,并影响着整个政治文明的发展。而且,人类社会在走向文明的过程中所取得的政治性成果,最终往往需要通过制度、法律或法规来加以确认和巩固。因此,政府制度的实际状况和变化、发展也在一定程度上体现着政治文明的发展水平。

以上分析说明了这样一个事实,即政治文明与政府是紧密相关的。在当前推进行政体制改革的呼声日渐高涨,行政体制改革已经提上议事日程的形势下,勾勒政治文明与政府的内在联系,将会使我们清楚地看到推进行政体制改革与政治文明的种种关联。因之我们认为,从政治文明与政府的关系角度来思考此二者间的相互影响与互动,是推进行政体制改革的一个重要的思路。

二、政府文化——透视行政体制改革的独特视角

政府文化是政府在其运作和管理活动中逐渐形成的,它的类别、特点受到政治体制、社会条件、历史条件、民族文化以及生产方式、生活方式等因素的影响。政府文化是其成员所共同持有和遵循的政治信念、态度、认识、情感及政治价值的复合体。它是政府得以存续、运行和发展的文化条件或精神因素。政府文化的载体是政府的成员,即其工作人员,所谓政府文化即渗透凝聚在政府工作人员的精神内里或思想深处,制约和影响着政府成员的行为与选择,因而也就影响着政府的运作。同时,政府文化又是政府发展的主观动因。从"政府文化"的层面审视行政体制改革,我们会关注到那些行政规制背后的主观制约因素,剖开政府运作表象内部的人的主观条件,使我们得以追根溯源,打开封闭着政府"行政行为"的庄严肃穆的体制之门,触摸到影响着人们行为选择的——或因循守旧,或奉公守法,或无私奉献,或贪污受贿——人心内里即灵魂深处的动因。

概括而言,政府文化是政治文化的一个具体研究论域。与一般意义上的政治文化研究相比较,其研究的对象与方法论没有太大的差别。只是政府文化研究对象的角色感更为明确,更具有群体性和层级性。由于政府文化是在不同程度上为政府运作和政府行为提供合法性论证,因而从这样的角度审视行政体制,必将更为集中和深刻,能够介入前所未有的研究界面,做到理论创新;同时在制度、规制和操作等方面亦得以推陈出新。

政府文化具有协调内部关系、整合政府力量的功能。政府内部存在着各个机构、部门和个人等多重层面的错综复杂关系。其中,既有正规的组织化的关系,也有非正规非组织化的关系。这些关系的组合、协调或冲突都会直接影响着政府运作的效能和政府的实际管理能力。对这些现象或问题的协调处理,除了人们最容易想到的法律、规章制度或思想政治教育等途径,还需要通过政府文化的角度进行调整。通过政府文化的建构和调整,政府的行政功能将会得到更为有效的凝聚与整合,从而使得政府运作的效能与行政管理绩效达到最佳状态,有助于真正实现高效廉洁的现代政府管理。

三、重塑政府文化——推进行政体制改革的必然选择

目前,我国政界、学界均已认识到政治文明的重要价值和巨大意义,并将建设政治文明作为现代化建设的重要目标提出。鉴于政府在政治生活中的重要地位和作用,以及政府对政治文明的重要建设意义,建设政治文明应首先从政府做起,从而推动整个国家的政治文明进程。如果把行政体制改革视为提升政治文明的一个关键环节,那么,建构政府文化正是推进行政体制改革的重要步骤,从建设政治文明的必然性来看,重塑政府文化是推进行政体制改革的一条必由之路。

也可以说,重塑政府文化无非是从政治信仰、政治价值观及政治意识等方面进行的行政体制改革。当前我国政府文化中,与政治文明和高效廉洁政府目标相背离的现象很多,要言之,如官本位思想浓厚,敬业精神淡薄,等级观念和特权思想明晰,没有平等意识和对人的尊重,因而缺少最基本的人文精神。法制观念、规则意识极度缺乏,惯于弄虚作假,实际没有政治信仰,因而形成对政治权力和多种利益的极度嗜利心态,等等。这些政府文化现象表明,80年代以来在政治体制改革方面的种种努力常常事半功倍,甚而功亏一篑的原由除了外在的制度法规不健全、不完善,往往还在于“人心”!在于作为政府权力载体的政府成员们的思想、精神、心态等主观因素的阻碍与破坏。

因之在我们看来,行政体制改革不仅仅是法律、规制或制度的改革,还应该包括——或曰必须包括政府文化的重塑。换言之,如果我们不能对那些执掌行政权力,主持政府运作的政府成员个人的行为选择具有信心,无论怎样健全完善的法规制度在极度膨胀的权力欲、嗜利心态和特权观念面前都将是苍白无力的。人类的文明史已经表明,基于道德自律的敬业精神、规则意识等等并不是高薪、高官培养出来的,而是植根于明晰的政治信仰、明确的价值观念和明了的人文精神。这一切,当从政府文化中循序培育影响而来。

当代中国政府文化的重塑过程既非朝夕之功,其率先之举是要在理论上,对政府文化的论阈界定和研究层面归纳梳理。需要保留和发扬传统政府文化中的合理部分;吸收和借鉴外国政府文化中反映客观规律,符合社会发展方向,并能为我们所借鉴的部分;总结二十年来我们在政治体制改革方面成功经验。要讲真话,求真理,以期切实推进当代中国的行政体制改革。因此,这种重塑的政府文化理应具有以下几种基本特质。

一是贯穿民主和法治精神。民主和法治都是近现代以来人类社会政治文明的重要成果。民主是我国社会制度的内在要求和重要特征,也是政治文明建设的重要内容。依法治国是现代政治文明的重要标志,是中国共产党领导人民治理国家的基本方略。政府文化当以民主和法治建构其政治价值体系,使民主和法治精神贯穿于政府制度、法规和一切活动中,使之成为每一个政府成员行为选择的基本准则。

二是具有服务意识和富于进取精神。政府文化中官本位思想的浓厚,必然滋生官僚主义和助长腐败现象,这是形成高效廉洁政府的最大障碍。因而政府文化应确立服务意识,明确政府自身的社会角色,使政府文化由官本位转向人本位暨公民本位。这既体现了政府的公众性和民主性,也符合公共权力由国家向着社会回归的大趋势。同时,随着市场经济的建立和完善,以及中国在更大程度上融于世界,政府所面临的新情况,需要解决的新问题必将层出不穷。因此,任何保守、僵化、不思进取的思想和行为都很难适应动态多变的现代社会。惟有充满进取精神的政府文化,才能推动政府积极主动地适应社会需要,实现政府的管理效能。富于服务和进取精神的政府文化是政府成员实现行政管理高效廉洁的内驱力。

三是尊重科学,注重效率。科学与民主是相辅相成,相互促进的。在现代社会,科学民主与政治的结合更为紧密。科学对于作为社会管理者的政府意义十分重大,运用科学手段,采取科学方法,尊重科学规律是现代政府重要特征。因此,政府文化的建设中也必须贯穿科学精神。任何迷信的、陈腐的,屈从于习惯、惯例的观念都是与科学精神背道而驰的。在充分市场化、国际化的当代社会,对于政府工作的效能要求必然越来越高,当电子政务、信息政府等概念不仅被人们熟知,而且要用于操作的今天,科学精神必然要成为重塑的政府文化的基本特质。

(本文作者:葛荃,南开大学法政学院教授,博士生导师;刘学斌,南开大学法政学院政治学系研究生)

城市治理理论与中国城市政府的转型

南开大学中国城市与区域经济研究中心
《城市治理研究》课题组

一、城市治理的内涵

(一)城市治理是经济全球化条件下城市政府与城市管理的新发展,是城市政府的延伸,是广义的城市政府

全球化和地区化对城市发展模式、城市政府的管理模式提出了挑战,要求人们探讨适合于全球化和信息化发展的,符合时代潮流的城市发展模式和适应时代变革要求的城市政府管理模式。城市治理就是在这种条件下提出并被实践着的城市管理的新模式。

(二)城市治理是一个复杂的治理体系或治理结构

城市治理本身是指一个体系结构,它包括下面的形式:(1)城市市民与城市政府的关系,主要指其委托代理关系,这是城市治理最基本的问题;(2)城市政府内部科层组织内的关系,主要指政府内的委托代理关系;(3)城市政府在多层级政府体系中的关系,主要指城市内市政府与区政府,城市政府与上级政府及中央政府间的关系,在城市化和城市郊区化发展的过程中城市体系内城市间的关系;(4)城市政府与跨国公司间的关系等。

(三)城市治理是城市政府的深化,是城市政府统治的现代发展形式,是城市公共管理的发展

城市治理是在复杂的环境中,政府与其他组织和市民社会共同参与管理城市的方式,在此过程中城市政府必须协调其内部、政府与市场间、政府间、政府与跨国公司间、政府与市民社会及其他组织间的关系,以合力来促进城市的发展和城市竞争力的提高。从城市政府到城市治理既是城市政府的深化和现代发展,又是城市管理方式的巨大转变。好的城市治理不仅要求城市政府的效率、有效性、责任性、透明性和回应性,要求城市政府管理方式的巨大变革,而且要求非政府部门的充分发展和服务水平的提高与市民社会的广泛参与和民主意识的增强。

(四)城市治理不同于传统的城市管理,城市治理是非线性的,而传统的城市管理是线性的

传统的城市管理强调城市政府决策沿城市政府组织的等级结构执行的过程,而城市治理是说明城市政府的决策包含着非传统的政府因素在内,是决策的多元化发展,这种决策进程的转变一方面显示传统政府职能的稀释(dilution)和政府组织的精干(lean),另一方面说明在复杂多变的环境中的城市发展中,越来越多的城市利益相关者对城市的一种主动参与,城市的兴衰不再只是政府的事,而是与城市价值(city value)相关的主体的事情。从而可以认为,城市治理是城市管理的现代发展。

二、城市治理兴起的原因

(一)城市治理兴起的理论沿革

治理与城市治理理论有其丰富的理论渊源,其深刻的思想主要来自于经济学中的新制度经济学、公共选择理论与博弈分析、城市科学中的城市可持续发展理论与城市政制理论(Urban Regime Theory),政治与公共管理学中的政府理论与新公共管理思想等领域。

20世纪70年代末兴起的新公共管理运动以其前所未有的声势席卷整个西方世界:英国20世纪80年代兴起的私有化运动,美国20世纪90年代的"政府再造",加拿大的"2000年的公共服务",法国的"公共服务的振兴"等等。新公共管理的核心思维和实践是放松和解除政府管制、公共企业和公共服务的私有化、市场化、经济与政府运行机制的自由化等。在这种时代的大背景下,作为公共管理的新范式,治理理论才出现和兴起,又加上城市时代城市的愈加重要性,城市治理才得到越来越多人的垂青。城市治理中的市场化倾向、企业家化倾向、政府服务的顾客导向等均与新公共管理有很深的渊源,有些为新公共管理所倡导或直接实践。可以说,城市治理是城市公共管理的最新范式。

(二)城市治理的兴起是全球化和城市化不断深化的现实要求

20世纪80年代以来,经济全球化与信息化的浪潮以前所未有的气势席卷全球,成为国家和社会发展的最重要推动力量;与此同时,世界范围的地区化浪潮亦汹涌澎湃,分权和多中心治理成为时尚。全球化和地区化不仅极大地影响着国家的发展,而且更为重要的是带给城市以机遇和挑战,使城市从国家的影子中阔步迈向世界竞争的舞台,城市直接参与全球经济,其地位和作用也随之提高,城市与地区间的竞争也日趋激烈。如何发展城市,如何管理和治理城市,如何提高城市的竞争力等诸多问题正引起全世界的思考。

越来越多的人们认识到,城市已成为最"短缺"的资源,而投资建设于城市将成为具有惊人回报率的一种投资。如果说充满生机和活力的城市是经济增长和国家繁荣的发动机,那么发动机的灵活运转则需要一个高效的城市政府,需要对城市政府的发展理念、运行机制、管理效率、有效性与回应性等进行深刻的反思。成功的城市依赖于良好的政府,幸福的生活取决于政府的机制。城市治理就是为了创造一个好的城市政府,创造一个富于创新的以迎接全球化挑战的政府。

城市治理并非经济全球化的产物,但经济全球化的发展如同历史洪流冲击着城市与城市治理,改变着城市的发展环境,塑造着新的城市发展机制,赢来了城市发展的新治理时代。

三、城市治理的主要内容

(一)城市治理体系概述

城市治理既是决策过程又是决策的制定工程,分析城市治理首先要明白城市决策的参与者,这既包括正式的组织又包括非正式的组织,既有城市内部的参与者又有城市外部的参与者。城市政府是城市治理的主体之一亦为核心的主体,城市政府、城市市民、城市私人赢利组织、城市非政府组织构成城市的内部治理体系,而城市政府、跨国公司、国际组织、具有相关利益城市、城市所在的多级政府体系中的政府构成了城市的外部治理体系。内部治理体系与外部治理体系共同构成城市治理这一复杂的系统(或称之为广义城市政府),系统各组成部分的相互作用构成了这一系统的运动等。

城市治理的主体要素与城市治理体系的形成

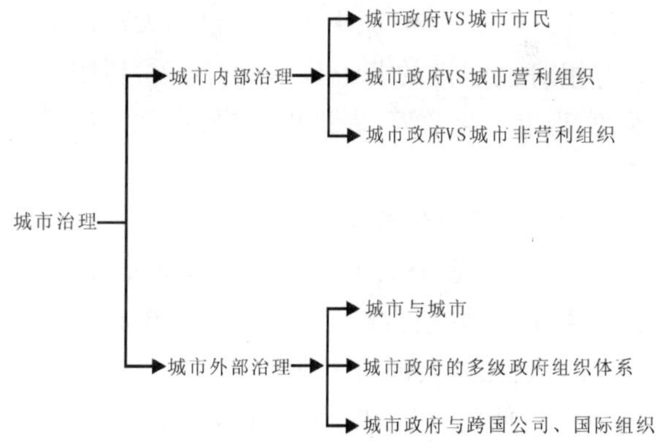

城市治理体系中的交互作用

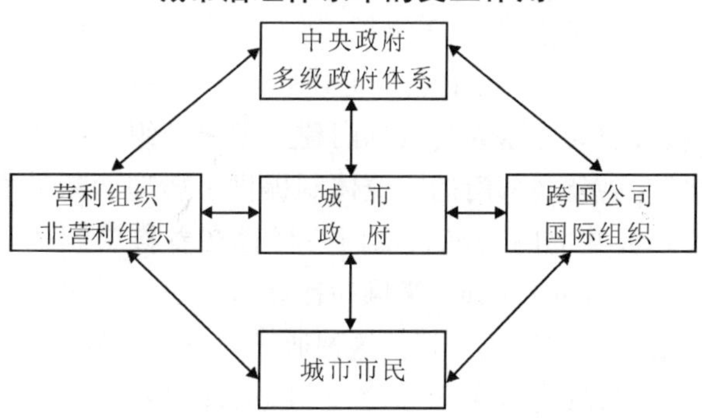

(二)城市政府治理

城市政府治理是城市治理的核心和主要解决的问题,没有一个良好的适应时代要求的现代化的城市政府,城市治理的良好愿望便无法实现。

1.城市政府职能治理

(1)塑造城市核心职能。政府的能力是政府有效地提供公共物品的力量,只要有利于提升政府能力的政府职能,我们均可称之为核心职能。由于公共物品的性质、规模经济等因素的影响,城市政府的核心职能也处于不断的变动之中。我们把政府的核心职能分为下面的两个方面:第一,城市纯公共物品的提供职能;第二,城市竞争力的城市政府职能。

(2)市场化城市政府职能。城市政府职能的市场化包括两方面的内容,一为公共企业或传统垄断企业的市场化,二为城市政府公共服务的市场化。市场化城市政府职能主要有几种途径:民营化、私有化、竞争机制的引入、公私伙伴关系的建立。

(3)政府服务的设计与优化。①顾客导向的服务文化,即树立顾客满意为组织发展核心的理念。②推行质量管理和质量政府,即推行政府部门的全面质量管理和ISO9000系列标准等等。③一站式服务(One - Shop Service),即让政府顾客在一特殊区位可以得到全面周到快捷和方便的服务。④分解和软化政府组织,即将原来无所不包的大部门分解成具有相对独立性的若干执行部门。⑤利用信息技术,实现电子化政府,提供更快捷、更优质的政府服务。

2.城市政府组织治理

(1)建立核心公共部门,精简其他公共部门。核心公共部门是执行政府核心职能与核心能力的公共部门,它在公共部门中处于主导地位。通过建立核心公共部门,可以提高政府的效率,降低政府运行的成本,政府组织由金字塔型向扁平型转变。

(2)建立学习性组织,进行有效的组织学习。学习型组织理论重点是论述企业的学习型组织的问题,但其思路为公共部门建立学习型组织提供了借鉴,为公共部门的官僚体制提供了病理诊断的思路。公共部门与私人部门一样存在着科层制的通病,公共部门官僚主义倾向比私人组织有过之而不及。学习型组织是根治这种通病的一剂良药。

(3)政府业务流程之重组,从管理和统治到高质量的服务。再造政府业务流程从以官僚为中心转为以城市顾客(城市广义的市民)为中心,这种转变要求:其一,思维转型,从有利于官僚组织的运作到有利于政府顾客的价值增殖,即从官僚为中心到以顾客为中心;其二,以核心公共部门为突破口,从而推动其他公共部门的流程再造;其三,流程再造以充分赋权为基础。

(4)推行政府的战略管理和全面质量管理,建立战略型城市政府与质量型政府。推行质量管理通常有全面质量管理(TQM)、美国国家质量奖(MBNQA)、ISO9000等几种形式。

(三)城市治理模式

城市治理模式较为典型的有三种,即企业化城市治理模式、国际化城市治理模式和顾客导向型城市治理模式。

1.企业化模式

企业化城市治理模式流行于北美、欧洲的中小城市,很多大城市也受此影响,因此,企业化模式是最为广泛的城市模式之一。

(1)企业化模式的内涵。企业化(entrepreneurize)有两层意思,一是城市的企业化,即把城市作为企业,利用企业的管理方法来管理城市,使具有公共管理特点的城市向更好管理技术的私人企业靠近;二是城市政府的"企业化",一方面将竞争机制引进城市政府组织,一方面将城市政府的角色定位为企业家。一般把这种特殊的区域或城市称之为企业化区域或企业化城市(entrepreneurizing area or city)。

(2)企业化模式的内容与特点。①城市政府组织的企业化。②城市政府将城市看作企业来经营和管理。③一般存在一个具有魅力的市长、经理或市长、经理群体。④广泛采用城市形象设计提高城市形象。⑤进行城市营销,将城市卖给跨国公司。⑥政府决策的形成和实施广泛依靠各种各样的公私伙伴关系(public - privatepartnership)来完成。

2.国际化模式

(1)国际化模式的内涵。这里的国际化包括两层含义:一是城市分工的国际化,即城市必须要参与国际分工,并在国际分工中不断提升城市价值与竞争力。二是城市参与国际分工的形式。一方面是跨国公司与城市产业簇集;另一方面是城市所依赖的区域与城市体系或城市集团。城市政府在治理城市时,要充分考虑到这两方面的因素。

(2)国际化模式的内容和特点。①城市管理主体的多元化与国际化。②城市基础设施等硬件的现代化,并被纳入区域性的城市体系和世界城市体系中去。③城市运行规则的国际化与现代化。④城市的特色和个性化发展。

3.顾客导向型模式

80年代以来,兴盛于西方国家的政府改革运动(又称为新公共管理运动),其重要特色是建立顾客导向型政府,提供与最好企业相同的政府服务,争取政府的顾客的最大满意度。

(1)城市政府顾客的内涵。城市政府的顾客即是公民,只要是纳税人和接受政府提供的服务者便称之为政府的顾客。城市政府顾客根据不同的标准又可分为内部顾客和外部顾客、一般顾客和核心顾客、竞争顾客和非竞争顾客。根据顾客对城市价值的贡献度,又可把城市顾客分为重要顾客、主要顾客、普通顾客和小顾客等。

城市政府顾客的分类

城市政府顾客之所以重要,主要是因为城市的价值来自于城市顾客忠诚和顾客价值的提升,而获得顾客忠诚和提升顾客价值首先要使城市顾客满意。对于城市政府来说,重要的工作就是促进城市顾客价值的提升,只有这样才能提升城市价值与城市竞争力。

顾客满意、顾客价值与城市价值

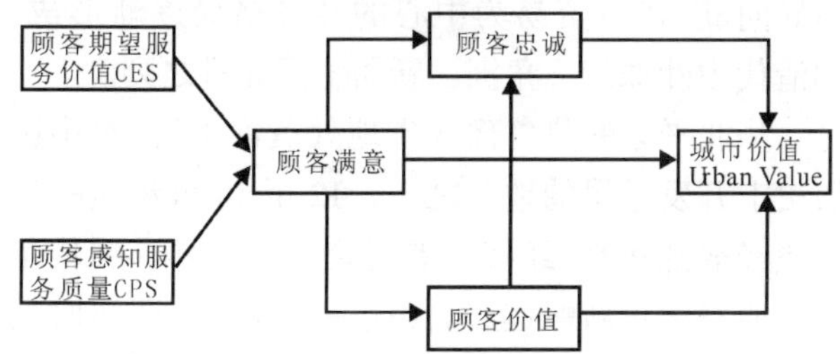

(2)顾客导向型模式的内容与特点。①从城市政府发展的理念上认识到城市顾客的重要性。②分析和分解城市政府各部门的顾客,弄清各个政府部门的顾客特点,在此基础上测算每个政府部门的顾客满意度。③再造城市政府流程。④降低城市政府成本。⑤在影响顾客满意的5个方面(服务价值方面、环境价值方面、人员方面、政府和城市形象方面、附加价值方面)下功夫进行改进。

四、对中国的启示和中国城市政府的转型

国外特别是发达国家城市治理理论和模式的形成和发展不是偶然的,是各国城市政府为适应经济全球化的要求而对城市政府管理体制、内容和方式做出的调整。这对于刚刚加入WTO的中国特别是中国的各级城市政府来说,应该是具有很现实的启示和借鉴意义。

1.改革开放以来中国城市政府管理的变革

(1)城市政府组织的变革。改革开放以来中国城市政府管理的最显著特色是持续不断的城市政府组织变革,从1980年至2002年变革进程一直没有停滞过。中国城市政府组织变革在众多领域取得了不同程度的进展,同时也存在诸多问题有待解决。首先,政府改革没有跳出"精简——膨胀——精简——膨胀"的怪圈;其次,政府职能转变力度小于政府机构改革的力度;最后,部门分割,权责不清,部门利益集团化倾向得到发展,从而影响了整个城市公共决策的效率和实施的可能性。

(2)中国特殊经济区域的出现及其管理体制。中国特殊经济区出现于中国改革开放后,开展了中国城市管理体制的新的探索。中国特殊经济区包括经济特区、经济技术开发区、保税区、高新技术产业园区、边境贸易区等。中国特殊经济区的管理体制可以划分为几种类型:①准政府模式/管委会模式;②企业模式/蛇口模式;③传统政府模式/市政管理模式;④一城多个特殊经济区域的管理模式;⑤一区多园的管理模式。

(3)城市间竞争日益激烈并成为城市政府管理进一步变革的演进动力。1980年的改革开放和财政分权及其行政分权的中央与地方政府的关系改革使城市政府的独立性增强,城市竞争也随之而来,随着中国加入WTO,中国经济进一步融入全球经济,城市间的竞争愈加激烈,并具体表现为资源竞争、产品竞争、人力资源竞争、吸引投资竞争、公共物品竞争、城市政府竞争、国际城市竞争等各个方面。这将促使中国的城市政府管理的改革进一步深化。

2.中国城市政府的转型

深化中国城市政府管理的改革涉及诸方面的问题,借鉴国外城市治理的理论与实践,最重要的

首先是城市政府的改革和转型。①政府职能转型：从经营企业向经营城市；②政府视野转型：从内向型向国际型；③政府理念转型：从层层行政审批向顾客满意；④政府成本转型：从高成本向低成本；⑤政府管理主体转型：从一元化向多元化；⑥政府组织转型：从官僚型组织向核心、竞争、学习型组织。

关于明清时期经济发展与中国近代化研究的再思考[①]

许　檀

关于明清时期经济发展与中国近代化道路的研究，是长期以来中国史学界一直在着力探讨并引发激烈争论的一个重要问题。20世纪50年代开始的关于资本主义萌芽的讨论，80年代初关于中国封建社会为什么长期延续的讨论，以及近年来关于“过密化”理论的论争等，其核心都涉及：明清时期中国经济是发展还是停滞？中国的传统经济还有没有内在的发展动力？如果有发展的话，又如何说明这种发展？90年代以来，持“停滞论”者似已明显减少，但持“发展论”者也还未能给出一个令人折服的解释。不过可喜的是，越来越多的学者开始打破旧的思维模式，多方位、多角度地进行探索，笔者也是其中之一。

笔者认为，以往的研究较多地集中在生产力和生产关系领域，重生产、重分配，却在很大程度上忽视了流通在经济发展中所起的作用。改革开放二十多年的历史进程给我们一个十分重要的启示：市场机制的建立对于中国经济发展的重要意义。正是基于这样的认识，笔者主要是从市场发育、商品流通和地区经济发展的相互关系角度探讨明清以来中国经济的发展轨迹和发展动力问题。

一、明清时期中国经济发展的轨迹和特点

明清时期中国经济发展的轨迹和特点至少可归纳为三个方面，即区域经济的发展、商品流通的扩大和城乡市场网络体系的形成。分别简述如下：

(一)区域经济的发展

各具特色的区域经济的发展是明清时期中国经济发展的一个重要内容和特点。中国地域辽阔，南北东西自然条件差异很大，发展背景各不相同。明清时期各区域的发展轨迹与特点也有较大的差异，并逐渐形成几个颇具特色的经济区。

以太湖平原为中心的江南，自唐宋以来一直是全国经济最发达的地区。明清时期江南的发展主要是合理利用各项资源，进一步提高生产的集约化程度。高投入高产出的农业经营方式是江南经济的特色之一；农副产品加工业，特别是丝、棉纺织业的发达是江南经济的又一特色。市场发育起步较早，城镇人口和非农业人口比例较高，其市场化、都市化进程都远远走在全国前列。

珠江三角洲的开发大体始于宋代，南宋时已有粮食输出，明代中叶商业性农业迅速兴起。乾隆二十二年的“独口通商”政策将与西洋各国的贸易限定于粤海关一口，更使其获得特殊的发展机遇。农业生产结构变化，经商人口急剧增加，一个以外贸为导向、以转口贸易为中心的经济格局逐渐形成。到清代中叶珠江三角洲已跃居全国先进之列。

华北平原的冀鲁豫3省地处黄河下游，是中国历史上开发最早的地区之一。12至14世纪这一地区屡经战乱兵燹，经济发展受到严重破坏。明代华北平原经济重新崛起，清代进一步发展。明清时期华北平原经济的发展主要表现为种植结构的调整，农副产品加工业的兴起和农村集市网的形成等。

长江中上游地区以江西开发最早，从元末起江西开始向湖广移民。两湖地区的开发是随着江西

① 本文原为笔者2003年1月在天津市历史学会“创新论坛”的发言，刊出时作了补充。

移民的大量涌入而开始的，明代中叶形成第一次开发高潮，清代前期为第二次高潮，并进一步推进到四川盆地。“江西填湖广，湖广填四川”，大规模的移民与开发过程相伴随。清代前期已形成“江浙粮米历来仰给湖广，湖广又仰给于四川”的粮食供求格局。

此外，清代对东北的开发也成效显著。经过200年的移民开发，清代中叶其农业经济已有长足的发展，成为新的商品粮供应基地，农产加工业、商业等也有了初步发展；到清末民初已基本达到关内大部分省区的发展水平。

（二）商品流通的发展

商品流通的发展是明清时期中国经济发展的又一显著特点。这一发展不仅表现在流通范围、流通规模的扩大，更为重要的是流通布局的宏观变化。

从明代到清代，全国商品流通的范围明显扩大。明代长期禁海，长江航运亦不甚发达，南北贸易以运河为主干，东西贸易主要局限于长江中下游。清代随着海禁的开放，华北平原、长江中上游各省的经济发展，以及东北、台湾等新区的开发，沿海、沿江贸易都有大规模的发展。据《中国资本主义的萌芽》一书估计，清代中叶我国内河航运里程已达5万公里以上，沿海航线1万公里，已基本达到近代的规模①。同时，清代随着国家版图的扩大和边贸的发展，新疆、蒙古与中原的贸易也有大规模的发展，山西商人开辟的经蒙古草原直抵俄罗斯的北疆贸易路线也长达万里之遥。

清代，全国商品流通的品种和数量都较明代有大幅度的增长。首先，粮食流通量的增长十分显著，运河、长江的粮食流通量都从明代的数百万石增至上千万石，沿海的粮食流通量更是大幅度增长；其次，随着棉花、烟草等经济作物种植的扩大，花生、蕃薯的引种和推广，它们都成为清代流通中的大宗商品；随着外贸的发展，呢绒制品、钟表、眼镜等洋货的输入也有所增加；而豆饼、麻饼、芦苇、荆条、桑皮、香屑等低值商品成为长距离流通中的大宗商品，更是明代所罕见的。

税收额的增长从另一个方面反映了流通规模的扩大。康熙年间全国关税总额为一百二十余万两，乾隆嘉庆年间增至400万~500万两，一百二十余年翻了两番；关税在全国财政收入中所占比重也从康熙年间的3.6%上升到12%左右②。同期，全国主要税关的税率未见有大幅度的提高，税收额的增长主要应是商品流通量增长的结果。

从明代到清代，全国商品流通最重要的发展应是宏观布局的变化，即从运河流通为主转向以沿海、长江流通为主。运河作为一条以漕运为主要目的的人工水道，其航运价值自然无法与海洋相比，因而清代海禁开放之后，逐渐为海运所取代乃势所必然；另一方面，随着长江沿线经济的发展，长江这条全国最长、水量最丰的天然河道，其航运价值日益被开发利用，成为贯通东西的经济大动脉和重要流通渠道。流通格局的这一变化，既是全国性经济布局变化的重要表征和组成部分，也代表着经济发展的必然趋势。

（三）城乡市场网络体系的形成

城乡市场网络体系的形成，是明清时期中国经济发展的又一重要内容和组成部分。这一市场网络体系可分为流通枢纽城市、地区性商业中心和农村集市三大层级③。

流通枢纽城市，主要指作为全国性或大区域流通枢纽的城市，其贸易范围一般可以覆盖数省，并多为国家级的税关所在地。在交通工具落后的传统时代，水路运输是最便捷、低廉的运输方式，故流通枢纽城市多分布在重要水道沿线。明代禁海，南北物资交流主要依赖京杭大运河，流通枢纽城市也多集中在运河沿线，如临清、淮安、扬州、苏杭等。清代随着海禁的开放和长江中上游诸省的经济发展，沿海、长江航运渐取代运河成为全国最主要的流通干线，沿海、沿江一批重要的流通枢纽城市迅速兴起，运河城市则渐趋衰落。实际上，近代最重要的通商口岸城市如上海、厦门、广州、天津、汉口、重庆等都是在清代前期崛起的。

除上述较大的流通枢纽城市之外，明清时期因商业发展而兴起的地区性商业中心数量更多。它们在商品流通中发挥着承上启下的作用，其贸易范围大多能够覆盖1~2个府10来个县，或者更大些。

① 许涤新、吴承明：《中国资本主义的萌芽》，人民出版社1985年版。
② 许檀、经君建：《清代前期商税问题新探》，《中国经济史研究》1990年第2期。
③ 见许檀：《明清时期城乡市场网络体系的形成及其意义》，《中国社会科学》2000年第3期。

如江西的赣州、大庾、樟树、吴城、河口、玉山、景德镇,山东的济宁、聊城、章丘、胶州、黄县、烟台、周村、潍县、博山,河南的周口、赊旗、北舞渡、洛阳、开封、朱仙镇等。其他各省此类地区性商业中心的发展也大体相同,少则数个,多者可达十余个。

农村集市的发展,也是明清时期经济发展中一个十分引人注目的现象。中国历史上农村集市起源很早,但它的大规模发展是在明中叶以后,是随着商品经济的发展而发展的。到清代中叶,全国集市总量至少可达22000~25000个,集市密度大体在每100平方公里1~2集,平均交易半径4~6公里。也就是说小农赴集贸易一般只需1~2小时的路程,步行半日即可往返①。农村集市网形成,是明清时期城乡市场网络体系形成中最为关键的一环。正是由于这一集市网的形成,才使得城、乡市场联结成为一个整体。

区域经济的发展、商品流通的扩大,以及城乡市场网络体系的形成,三者之间是密切相关的,既相辅相成,又相互促进。一方面,各区域自身的发展使之对市场的依赖不断增加,区域间的经济交流日益频繁,市场网络逐渐形成;另一方面,区域之间经济联系的加强,商品流通的扩大,又使各区域可以扬长避短,因地制宜地发展,从而形成各自的经济特色,并获得较高的收益。换言之,因地制宜的地区发展有赖于区域之间的商品流通和优势互补;而商品流通的发展,又有赖于一个畅通的、有相当规模的市场网络;明清时期城、乡市场网络体系的形成,既是区域经济发展的结果,也是大规模的商品流通的产物。

二、明清时期中国经济发展的实质

明清时期中国经济发展的实质,或者说明清时期中国经济中最具时代意义和历史意义的发展,是向市场经济的转化。具体而言,就是政府对经济直接干预的逐渐减弱和市场机制在经济发展中作用的不断加强。

政府对经济直接干预的减弱,与生产直接相关的是从明代中叶开始的一系列赋役制度的变革:力役折银和匠班制的废除,一条鞭法→摊丁入亩,使农民逐渐摆脱了官府的人身控制;赋税折银则使农业生产与田赋脱钩,有利于小农的自主经营。这一赋役制度的变革为各家各户各地区因地制宜地发展经济解除了枷锁,提供了广泛的可能。与流通相关的政策变化,如:漕运制度中允许漕船带货→雇商船海运→最终废除漕运,从明代的禁海→清初的开海,从乾隆二十二年的"独口通商"→鸦片战争后的开口通商;市场管理方面,从明初的禁牙→明代中叶设立官牙→清代前期整顿牙行、税收制度,等等。这一系列的制度变化,无疑为市场网络与市场机制的逐渐形成打开了绿灯,提供了可能。

最迟在乾隆—道光年间,全国范围内已形成一个涵盖广阔、运作自如的城乡市场网络体系。通过这一市场网络,商品流通几乎可以覆盖全国的每一个州县,甚至每一个村落,从而将自然条件、发展程度各异的各经济区域联结成为一个整体,使地区之间分工互补,调整经济布局,优化资源配置成为可能。明清时期中国传统经济在生产力和生产关系没有重大突破的条件下,仍然保持着内在的动力与活力,主要就是市场机制在起作用。明清时期城乡市场网络体系的形成,是传统经济向市场经济转化的一个重要标志。

关于传统经济向市场经济转化的起点,我认为大体可定在明代中叶。明代中叶开始的赋役制度的变革是实现这一转化的重要的前提条件。如果没有赋税征收与生产的脱钩,小农就不能自主经营;没有小农经营的自主性,就不可能形成因地制宜的区域发展;没有区域经济的发展,商品流通就没有物质基础;而没有一定规模的商品流通,就不可能形成市场网络体系。这是一个渐进的过程,同时也是一个相互促进的过程。

三、近代化过程中的市场化进程

工业化与市场化,可以说是经济近代化中两个最重要方面。中国的工业化无疑是引进的,是鸦片战争后才开始的;但市场化进程是中国既有的、自发的。明清时期城乡市场网络体系的形成,是中国近代化过程的一项重要内容。

实际上,中国近代市场体系的建立是以明清时期发展起来的城乡市场网络为基础的。19世纪中叶西方资本主义入侵之后,并不是创建了一个新的市场体系,而是利用和部分地改造了中国原有的市场体系来为之服务。鸦片战争后,帝国主义列强选

① 关于集市的各项数据,详见许檀《明清时期农村集市的发展》,《中国经济史研究》1997年第2期。

择的通商口岸几乎全部都是明清时期，特别是清代前期发展起来的商业城市，它们或者是中央一级的税关所在地，或者是地区性的商业中心。

表1所列是1840～1860年代我国沿海开设的通商口岸。其中，第一次鸦片战争后开设的五个通商口岸，正是康熙二十四年（1685年）清政府在东南沿海设立的江、浙、粤、闽四海关，其关署分别设在上海、宁波、广州、厦门和福州（闽海关有两处衙署）。它们在清代前期一百数十年的南北贸易中得到很大发展，已成为东南沿海重要的流通枢纽。其中以广州、上海发展最著，厦门、福州、宁波稍次之，潮州则是粤海关的一个重要分税口。第二次鸦片战争后开设的北洋三口中天津发展较早，营口和烟台的崛起是在乾隆—道光年间。

表1　1840～1860年代沿海开设的通商口岸

口岸名	所在省份	开放年月
广　州	广　东	1843年7月
厦　门	福　建	1843年11月
上　海	江　苏	1843年11月
宁　波	浙　江	1844年1月
福　州	福　建	1844年7月
潮　州	广　东	1860年1月
天　津	直　隶	1861年1月
营　口	奉　天	1861年4月
烟　台	山　东	1862年1月

然而在近代史的论著中，对这些通商口岸城市开埠之前的发展水平往往评价过低，这一方面夸大了帝国主义对中国经济发展的影响，另一方面也忽视了中国传统经济内在的发展动力。例如：近代史的论著中一般多把天津开埠以后的发展表述为从一个漕运城市转变为海港城市，实际上天津的这一转变过程早在雍正乾隆年间即已开始了。对上海的定位也存在类似问题，如将开埠前的上海描述为不过是全国“一千三百多个县城当中规模并不算宏大”的一个，这是不符合历史实际的。我们并不否认上海开埠之后的飞速发展，需要强调的是，它作为东部沿海最大的港口城市的地位实际上在乾隆—道光年间已经奠定。

一个更具典型性的例子，在近代史论著中往往把开埠之前的烟台称做“一个渔村”。而税收资料显示，烟台是当时山东沿海税收额最高的港口。咸丰九年（1859年）烟台所在的福山县沿海贸易税收为12123两，占山东沿海14州县海口税收的28.6%。郭嵩焘的奏报对此有一个说明，“烟台为南北之冲，海船经过收泊较多于他处，故此一口（收税）为较盛”。英国驻烟台领事馆在《1865年烟台贸易报告》中也写道：“在《天津条约》签订之前，烟台的贸易已表明它是一个重要之地”，“将近30年来，它和渤海湾的其他几个港口一起成为欧洲与中国商品的巨大贸易中心”。也就是说，最迟在道光中叶烟台已成为西方商品输入华北的重要转运码头。第二次鸦片战争后，烟台在山东诸口中首先被外国侵略者看中选为通商口岸，显然是由于它当时在山东沿海贸易中的地位，而绝非侵略者的拓荒之举①。

营口开埠之前的发展脉络也一直未引起应有的关注，不少学者认为东北开设的第一个通商口岸是牛庄，后改为营口。实际上，东北开设的第一个通商口岸就是营口，它是在清代前期随着东北沿海贸易的发展而兴起的。所谓“牛庄”有狭义和广义之别，狭义的牛庄系指海城县西40里的牛庄城；广义的牛庄则是指牛庄驻防城所辖之海口，也就是辽河海口码头的总称，其具体地点在乾隆年间经历了一个从牛庄→田庄台→营口的迁移过程，至乾隆末嘉庆初已移至营口，当时称“没沟营”。据税收统计，嘉庆二年“牛庄属没沟营”海口征收税银37527两，嘉庆三年为21899两，分别占当年东北沿海税收总额的31%和26%，在东北沿海二十余个港口中仅次于锦州，居第二位。最迟在道光末或咸丰初年，没沟营已超过锦州成为东北沿海税收额最高的港口。咸丰九年二月办理海防事务的钦差大臣僧格林沁曾十分明确地说：“没沟营为奉省咽喉重地，各处商船即在彼停泊，不能驶至牛庄。查上年和约内原有牛庄通商之议，设使夷人必欲前往牛庄，应由该将军委员明白晓谕，各处商贾皆在没沟营聚集，俗谓赴牛庄者即系没沟营地方，牛庄并无商贾行肆。”即咸丰八年《中英天津条约》中虽然写的是牛庄，但此时的牛庄城因辽河淤塞，海船已不能进入，辽河海口真正的海船停泊码头就是营口②。

① 许檀：《清代前中期的沿海贸易与山东半岛经济的发展》，《中国社会经济史研究》1998年第2期。

② 许檀：《清代前中期东北的沿海贸易与营口的兴起》，《福建师范大学学报》2004年第1期。

传统经济的近代化是一个较长的历史演进过程。然而，长期以来我们的研究以1840年为界被划分为古代史（封建社会）和近代史（半封建半殖民地社会）两大段。研究明清史的学者大多到乾嘉年间嘎然而止，研究近代史的学者则以鸦片战争为起点，两大部分互不相接，各唱各调，在相当程度上忽视了历史发展的连续性。近年来已有不少学者呼吁打破1840这一界标。以1840年作为近代化研究的起点，一个最大的弊端就是将历史人为地割断，因而使中国的近代化历程成为无源之水，无根之木。换言之，这种分期在很大程度上限制了中国近代化过程的研究，使之很难真正摆脱“冲击—反应”模式的影响。这一点，在通商口岸研究中尤为明显。

四、简短的结语

经济的发展有其连续性。近代化是一个历史的过程。中国的近代化过程无疑渗入了外来势力的影响，但不能因此而忽视中国传统经济自身的发展动力。以往的中国近代化研究基本上是以1840划线的，但以1840年作为起点，实际上必然夸大帝国主义对中国经济发展的影响，也就无法真正摆脱欧洲中心论的阴影。

（本文作者：许檀，南开大学历史学院教授、博士生导师）

现代化与传统中学的结构性变动

王先明

20世纪之初，当人们深痛于中国多次的战败和变革的顿挫后，才生发出一种历史的清醒：时谓“兵战不如商战，商战不如学战”。国人的眼界也终于超越了“坚船利炮”和“铁路矿产”的器物制造，开始从学的层面寻求改造中国的方案，由此引发传统中学的现代性建构，中国现代化进程由物的层面深入到学的层面。因而，从中学的内在结构及其文化模式变动的历史对比中，或可观照到中国现代化进程的另一景观。

一

在近代中国，关涉社会文化发展方向的历史性论争，五四以前有两次：即洋务时期的中西之争和戊戌时期的新旧之争。前后两次所论争的主题和焦点不同，但所展现出的历史趋向却是相同的：即因应着社会结构的变动，中学开始由传统走向现代。

1866年12月11日，总理衙门大臣奕䜣等人奏请在同文馆增设天文算学馆，招生对象不限于八旗子弟，而扩大到满汉举人、五贡生员，以及正途出身五品以下京外各官，延请西人教习。经过一段洋务实践后，洋务官员们已经认识到西方列强的船坚炮利和机器制造的精密，无一不是从天文、算学中来；如果不研习“西学”即天文、算学，不从根本上下功夫，所谓的“求强”就无济于事。一个月后，奕䜣又上一折，不但重申前议，而且对于反对派提出的“舍中法而从西法”“拜夷人为师”“实乃奇耻大辱”的言论进行了抨击。由此，触发了近代中国历史上的第一次文化论争——“中西之争”。

在同文馆设立算学馆时，朝堂上的争论可算是近代中学与西学第一次大交锋，冲突的焦点是如何对待西学的问题。以大学士倭仁为代表的守旧派主要从两个方面提出反对西学的论点：

第一，天文、算学等西学即使有用，也为益甚微，属于一艺之末，可从工匠中选取从学人员，不应令科甲正途之士从此末艺。应保持科甲正途官员的纯洁性，守尧舜之道，成明体达用之才。张盛藻认为西学的引入是“若令正途科甲人员习为机巧之事,又借升途、银两以诱之,是重名利而轻气节[①]”。因而,“无论偏长薄技不足为中国师,即多才多艺,层出不穷,而华夷之辨不得不严,尊卑之分不得不定,名器之重不得不惜”[②]。结论是“西教本不行于中国,而总理衙门请皇上导之使行也”。坚持杜绝西学。

第二,国家自强根本,不在机巧技艺,而在纪纲气节。大学士倭仁则从根源上彻底否定了同文馆存在理由,提出:立国之道,尚礼义不尚权谋;根本之图,在人心不在技艺。今求之一艺之末,而又奉夷人为师……古今来未闻有恃术数而能起衰振弱者也。天下之大,不患无才。如以天文、算学必须讲习,博采旁求,必有精其术者,何必夷人,何必师事夷人[③]?

对于倭仁等人坚拒西学的条陈,奕䜣等总理衙门的主持人连续拟折上奏,一方面陈述引入西学的必要性和紧迫性,一方面针对反对派的意见进行驳斥。奕䜣等人的主要论据为:

第一,天文算学本“为儒者所当知,不得目为机巧”。因而,朝廷取用正途学习,因其“用心较精”,“亦于读书学道无所偏废”。此举不过是“借西法以印证中法,并非舍圣道而入歧途,何至有碍于人心士习耶”[④]!

第二,“欲图自强”并筹思“长久之策”,当讲求制造机器、枪炮之法;而“制造巧法,必由算学入手”。况且,“今日之学,学其理也,乃儒者格物致知之事,并非强士大夫以亲执艺事也”[⑤]。

第三,“忠信为甲胄,礼义为干橹”是道义空谈,仅“取誉天下”,而不可能折冲樽俎,制敌之命[⑥]。

天文算学馆的“中西之争”只是一个开端。此后,在1874年围绕着设厂制造船炮机器和筹备海防问题,在1880年围绕着建筑铁路问题的论争,是规模更大,辩论更加激烈的“中西之争”。表面上看,海防之争和铁路之争似乎都是具体行政措施的讨论,但实际上由此而引发的争议却更多地涉及到不同价值观的学术文化层面和变法改制的重大问题。

洋务时期的“中西之争”,诚如丁伟志所言:“这场庙堂之上的争论的实际意义,却在于通过主张引进西学和反对引进西学之争,把如何处理中学和西学的关系问题,提上了中国近代文化史的日程。”[⑦]

维新时期的“新旧之争”,却与洋务时期的“中西之争”有着完全不同的历史内容与时代特征。发生在洋务派与顽固派之间的“中西之争”,虽然历时甚久,但冲突基本上局限于朝臣之间,而且争论的焦点是要不要引入西学的问题,其结果是以“中学为体西学为用”为原则,使西学获得了合法合理的认可。但维新时期的“新旧之争”却几乎牵涉到整个学术文化界,论争的问题并不是要不要引入西学的问题。

洋务运动之后,西学与中学的关系问题,事实上已经在“中体西学”的框架内获得了社会认同,从一定意义上说,中西学之间的关系问题已经获得了历史性解决。所以,即使是被视为顽绅的王先谦、叶德辉等人,也并不一般地反对西学:“今日之事亦趋重西学者,势所必至,及湘人俨分新旧二党之说,则其中有尚须剖析者,不可不为吾友明之。所谓西学者,今日地球大通,各国往来,朝廷不能不讲译学。……故声光化电及一切制造矿学皆当开通风气力造精能……朝廷之所采者西学也,非命人从西教也。……今日谓趋重西学,则其势必至。”[⑧] 湘绅们为了表明他们对于西学的态度,在《湘绅公呈》中还特别提示:方今朝廷言学中西,并采属见……吾辈草野寒儒遵奉宸谟,岂于西学尚有嫌忌?已商之坊肆,将新学书局一律改为西学书局,以免康学冒

① 朱有瓛:《中国近代学制史料》第1辑上,华东师范大学出版社1983年版。
②《筹办夷务始末》同治朝卷四九。
③ 同治六年二月十五日大学士倭仁折,《筹办夷务始末》同治朝,卷四七。
④《筹办夷务始末》同治朝卷四七。
⑤《中国近代学制史料》第1辑。
⑥《筹办夷务始末》同治朝卷四八。
⑦ 丁伟志、陈崧:《中西体用之间》,中国社会科学出版社1995年版。
⑧《王祭酒与吴生学兢书》,《翼教丛编》卷6。

托，是亦正名杜害之一端也”①。叶德辉在答友人书中也表述了大体相同的观点，甚至还批评反对西学者说：“古今无百年不变之学，何论文字之粗迹乎？今之视西艺若仇雠者，一孔之儒也，借时务为干进者，猥鄙之士也。”② 所以，在新旧之争中的旧学家们却在相当程度上接纳了西学，所谓“治汉学者，尚考据者，通经而求致用者，愈当研究现今之西学”③。

问题显而易见，与“中西之争”时倭仁提出的旨在反对西学的“立国之道，尚礼义不尚权谋，根本之图，在人心不在技艺”的观点不同，“新旧之争”时的“新学”反对者们矛头所向并不在西学，而是别有所指。那么，“旧学”反对“新学”内容的重点是什么？我们可以通过《翼教丛编》及当时的论争情况，作出一个基本判断：

第一，“孔子纪年”问题。宣传维新思想的《强学报》一直受到社会各界的普遍关注，甚至也颇受朝廷中主张改革的实力派人物如张之洞、袁世凯等人的支持。但是，1896年12月出版的《强学报》封面大书“孔子卒后二千三百七十三年”的新纪年，以与光绪二十一年并列，并发表了《孔子纪年说》，以康有为的孔子改制倡言变法，由此引发了“旧学者”们的激烈反对，此举导致了张之洞的严令封杀。

第二，“春秋公羊学”问题。对今文经学的公羊学曾有过研究的叶德辉指斥说：“时务学堂梁卓如主张公羊之学以佐其改制之谬，三尺童子无不惑之。余曾从事二传之学，出入门户，颇能别其是非。……大抵公羊之学便于空疏，沈文起所谓书短而易习，义浅而易推。……一人唱，百人和，聪颖之士既喜其说之新奇，尤喜其学之简易，以至举国若狂，不可收拾。”④ 张之洞虽力主汉宋兼通，但“平生学术最恶公羊之学，每与学人言，必力诋之，四十年前已然，谓乱臣贼子之资”⑤。学术门户上的不同，使“新旧之争”更形激烈也更见深刻，叶德辉痛心疾首地声言：“公羊之学以之治经尚多流弊，以之比附时事，是更启人悖逆之萌。”⑥

第三，以中学比附西学的问题。对此，孔宪教作《正界篇序》称：“兹有所谓《春秋界说》、《孟子界说》二书，与其师友《长兴学记》、《輶轩今语》等书列为中西门径七种，湘人见者莫不群相骇异。”“今康、梁之书，言春秋则比之于公法，言微言大义则比之于婆罗门及释氏耶稣矣，害道乱真，莫此为甚。”⑦ 他们认为康、梁“以六经并入西学”的做法，导致了学术日漓，人心摇动。

第四，“孔子改制”问题。这是旧学家反对新学的首要问题，在《翼编》序言中就申明了他们的基本立场：康之《孔子改制考》、《新学伪经考》在于伪六籍，灭圣经也；托改制，乱成宪也，是害道乱真的邪学。可以说，《孔子改制考》一问世，就引发了旧学派的全力进攻，王先谦、叶德辉痛诋此说“无父无君”，是“破坏儒教的王统与道统，夷孔子与先秦诸子并列，使史学继文字学之后脱离经学的羁绊而独立”的“康学”⑧，并要求朝廷处死此人。《湘学报》发表康有为的孔子改制言论后，张之洞立即下令该报必须改正“素王改制之说”，“南皮词甚严厉，有揭参之意”。因此，《湘学报》从第37期起，开始连载张之洞的《劝学篇》，对康、梁之说多有批驳。

从戊戌时期的“新旧之争”来看，旧学家们非但不排斥西学，反而对西学采取了相对宽容的接纳态度，他们所着力反对的是所谓“新学”。从中西之争到新旧之争的历史进程，其实主要完成了两大历史任务：认同西学，并纳西入中；以现代化目标重构中学即新学。因此，新旧之争已经超越了中西之争两种异质文化的紧张拒斥阶段，而发展为重构的新学与原构的旧学的时代性对垒。同时也表明，中国现代化进程也由物的层面扩展到学的层面。

---

①《王祭酒与吴生学競书》，《翼教丛编》卷5。
②《王祭酒与吴生学競书》，《翼教丛编》卷6。
③《翼教丛编》附录。
④《叶吏部与石醉六书》，《翼教丛编》卷6。
⑤ 张之洞：《抱冰堂弟子记》，《戊戌变法》四。
⑥《叶吏部与石醉六书》，《翼教丛编》卷6。
⑦ 孔宪教：《正界篇》，《翼教丛编》卷4。
⑧ 朱维铮：《五十年来中国之新史学》，《周予同经学史论著选集》，上海人民出版社1993年版。

二

“新学”是19世纪末和20世纪初中国社会的流行语。它与鸦片战争后所谓的“夷学”，二次鸦片战争后所谓“洋学”和洋务时期的“西学”的话语完全不同。因为无论“夷学”还是“洋学”、“西学”，尽管不同用语体现着文化价值判断的不同，但其所指内容却是同一的，其内容和形态相对确定。新学却是重新建构中的中学，是中学现代化的一个历史过程。因其处于重构的动态进程中，其形态和内涵常常使人有一种“身在庐人”之感。所以，梁启超说，这时处于一个“旧学澌灭，新学未成，青黄不接”的时代[①]。当然，这并非梁启超个人的认识，而是一个时代的特征，如孙雄在《道咸同光四朝诗史一斑录三编》《自序》中也说道：“近岁新学甫有萌芽，旧学已渐陵替，有青黄不接之叹。”[②] 20世纪初年的中国，回应西方挑战的历史进程已经进入所谓“学战”时期，传统中学的现代化已经是整个学界乃至社会的共同认识。

人们的眼界特别关注着新旧学的更替问题。但是，重构中的新学并没有一个完整的形态和确切的内涵，以至于何谓新学也成为一个社会性的困惑：庚子重创而后，上下震动，于是朝廷下维新之诏，以图自强。士大夫惶恐奔走，欲副朝廷孔亟之意，莫不曰新学新学。虽然，甲问诸乙，乙问诸丙，丙还问诸甲，相顾错愕，皆不知新学之实，于意之何[③]。

作为传统中学的现代重构，近代新学的形成，事实上是中学现代化的一个过程。因而，正在形成中的新学的不确定性、模糊性也是不言而喻的。这正是时人“相顾错愕，皆不知新学之实”的原因所在。

但是，尽管新学的形态和内容并不十分清晰，但它形成的历史走向却依然有迹可寻。对此，梁启超曾作过一个总括性评述。他说，鸦片战争前后，中学的发展形成三种趋势：一是乾嘉汉学发展中孕生出来的今文经学在与古文经学经过“交绥”后，渐成气象，是为第一种趋势；二是经世致用之学经龚、魏之推动和曾、左提挈诱掖，“讲求实用”是为第二种趋势；三是“坚信泰西之优胜，而有模仿之必要”，以薛福成、郭嵩焘力倡“效法泰西”是为第三种趋势。三种趋向在甲午战争之后以“学战”为先的社会潮流推助下，由康、梁等新学家们汇为一体，遂建构起近代新学模式，以应对社会现代化进程的现实需求。“康南海者，于此三种趋势，各集其大成，而复熔之于一炉，抟之为一体……”“在政治则促起维新之自觉，在青年思想上，则促起新学之自觉”[④]。因此，中学的现代性建构过程，实得力于传统中学的今文经学、经世学和西学三种趋向的汇通与整合。

中学的现代性建构依循三条纵线汇流发展而成，三源汇流是近代新学建构的基本趋向。所谓新学正是传统中学的现代重构，那么从横向结构来看，其构成要素也有三个元素，即经学、诸子学和西学[⑤]。因此，从文化结构而言，无论西学还是传统中学即旧学，其内在结构都是一元的，而近代新学却是二元的，即由中学和西学两种文化本体要素同构而成；从文化模式而言，西学自有体用（即西体西用），旧学即传统中学也自有体用（即中体中用），而近代新学却只能是中体西用。所以，无论从构成要素还是从文化模式上看，近代新学都有其独特的时代特征和历史品格。它是适应中国社会现代化进程需要，中学自身现代化的一个历史形态或者说是一个进程。

这个层面的发展，从另一角度更深刻地揭示了中国近现代历史的推演进程。梁启超所言：“有清一代学术，初期为程朱陆王之争，次为汉宋之争，末期为新旧之争。”[⑥] 这与王国维所讲的“国初之学大，乾嘉之学精，道咸以降之学新”的历史判断一

①《中国历代民德升降原因表》，《梁启超选集》，上海人民出版社1984年版。
②《国学萃编》第5期。
③ 冯自由：《政治学序言》，《政治学》前附，广智书局1902年版。
④ 素痴：《近代中国学术史上之梁任公先生》，《追忆梁启超》。
⑤ 梁启超：《亡友夏穗卿先生》，《饮冰室合集·文集之四十四（上）》。
⑥《中国近三百年学术史》，《梁启超论清学史二种》。

致，突出了新学作为中学现代性重构的时代价值和意义。

三

现代化进程不只是物质层面的推进和跃迁，从本质上而言，现代化更主要体现为人的现代化。然而，如果没有中学的现代化重构，人的现代化乃至于社会现代化的进程就会缺乏持续的基本动力。所以当洋务新政与戊戌维新遭受顿挫之后，国人才深切地感受到"学战"和"新民"之重要。然何以"新民"？何以"学战"？如果西学未能融入中学，如果传统中学不能走出旧学的桎梏，实现中学的现代性重构，所谓"学战"和"新民"的时代任务根本无从谈起。因此，甲午之后，近代"新学"的建构即是这一时代的要求。这是中学现代化进程的第一个高潮期。

近代"新学"的出现，对于历史发展的推动至少体现为几个方面：一是启动了传统中学的现代转型过程，并由此导致了旧学的衰亡。20世纪之初，对于"新学"的呼求和努力已经成为社会思潮或时代话语，整个中国的学术文化呈现出一种前所未有的趋新性，即王国维所讲的"道咸以降之学新"。即使此后一度复兴的"国学"，也是在"新"的轨迹上的发展，而不是旧学的复活。旧学已然失去对社会的影响力，已是不争的事实。二是为社会变革和持续发展提供了基本的学理动力。尽管"新学"没有一个完整的形态，甚至其内容芜乱庞杂，但晚清的一系列变革和发展，所依凭的学理基础和动力都源于"新学"。而且站在时代前列的进步人士，所高举的旗帜都是"新学"。三是为文化结构的深层变革和发展提供了必备的条件。由此引发了"新史学"和"诗界革命"的出现，并为"新文化运动"创造了必要的历史前提。

但是，近代新学实际表现为动态性很强的中学重构过程，具有相对的不确定性和模糊性，由此造成20世纪之初国人对于新学的"相顾错愕"。同时，对于它的历史价值，也难免有各种不满。作为一直致力于"新学"创建的梁启超，在1923年回顾历史时评述说：我们闹新学闹了几十年，试问科学界可曾有一两件算得世界的发明，艺术家可曾有一两种供得世界的赏玩，出版界可曾有一两部充得世界的著述？哎，只好等第三期以后看怎么样罢①。

对此，毛泽东也有一番不同寻常的评述：……在当时，这种所谓新学的思想，有同中国封建思想作斗争的革命作用，是替旧时期的中国资产阶级民主革命服务的。可是，因为中国资产阶级的无力和世界已经进入到帝国主义时代，这种资产阶级思想只能上阵打几个回合，就被外国帝国主义的奴化思想和中国封建主义的复古思想的反动同盟所打退了……所谓新学，就偃旗息鼓，宣告退却，失去了灵魂，而只剩下它的躯壳了②。

类似的批评当然还有很多。然而，在今天，当我们清醒于现代化既是一个发展的目标，也是一个不断运行的历史过程时，我们的评判当会更加客观和历史。作为传统中学现代化进程中的孕生的近代"新学"，其实也只是一个历史过渡，它既是中国社会现代化进程的一个方面，同时也是中学现代化建构的漫长过程中的一个阶段。它的历史价值和作用，既因应于中国现代化发展过程的需要，同时也受制于中国现代化进程本身。

当中国现代化的目标还有相当的距离时，当中国现代化过程本身仍有不确定性时，我们对于传统中学的现代性重构的确定性要求，就是一种非历史的奢望。一句话，传统中学的现代化既是中国现代化发展的产物，也必然依赖于中国现代化的实现。当然，二者的互动性及其关联性，具有进一步探寻的学术价值和现实启示。

（本文作者：王先明，南开大学历史学院教授、博士生导师）

①《五十年中国进化概论》，《梁启超选集》。
② 毛泽东：《新民主义论》，《毛泽东选集》第二卷，人民出版社1991年版。

网络治理:基于网络形态的治理理论

彭正银

网络组织作为配置资源和交易方式的一种形式,是介于企业组织形式与市场模式之间的中间性组织形态,如虚拟企业、战略联盟、中小企业集群、Web公司等。网络组织的不断发展与信息技术的快速应用,扩展了公司的生存空间与发展环境,引发着公司治理形式的变化。如在网络组织中存在着企业间的协调问题、资源配置问题、维护单个企业利益问题等,关乎到多个企业间的治理问题。这样,一种以网络组织或形态为基础的治理形式开始兴起并发展。

一、从科层到网络:治理环境的演化

1.科层治理的理论架构

科层治理一般所言是指以"股东利益至上"为原则、以层级组织的权威为依托的公司治理形式,属于企业内的制度安排。正如科斯(Coase,R.H)在其《企业的性质》(1937)一文中所指出的"企业与市场是经济组织制度的两极"。因此,科层治理与市场治理(MarketGovernance)被认为是两种基本的治理形式。科层治理以节约组织成本,尤其是代理成本为要约;而市场治理则是以节约交易成本为原则。威廉姆森(Williamson,O.E.1979)继承和发展科斯的企业理论,以三重维度——不确定性、资产专用性与交易频率对不同的交易范式加以界定。科层治理的架构则是以三重维度为基础来试图解决企业的组织成本,尤其是代理成本的问题。

科层治理结构是有关董事会的功能、结构以及股东的权力安排。各治理主体的治理动机源于利益的驱动,包括权益性收益、制度性收益(或寻租)与因机会主义所获得的收益,如股东需要在降低风险的条件下获取投资的回报,经营者需要职位收益的满足以及提高名誉的期望等。

公司需要治理的核心理由是存在不完全合约(Incomplete contracts)①。不完全合约的存在导致委托——代理各方激励的不相容、责任的不对等。而科层治理则是通过合约关系对委托——代理各方的责、权、利进行配置,其关键的功能是如何配置公司的控制权②。科层治理的行为则是通过治理机制(激励机制、约束机制为其两大重要机制)来实现治理的目标,其根本的目标是保护股东或委托人的权益,并使其利益最大化;监督经营者或代理人的行为以防止其偏离所有者的利益。这样,可得出在三重维度的环境中,科层治理的理论架构(如图1所示)。

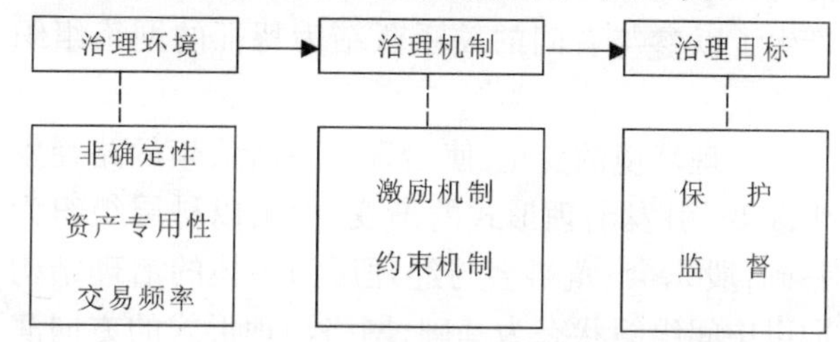

图1 科层治理的理论架构

2.治理环境的变化

在科斯的企业理论中,企业是以非市场方式——科层组织对市场进行替代。另一方面,企业是一组契约的集合体。但在战略联盟、企业集团这些以网络为基础的组织形式中,企业与企业所形成的市场交集,不仅仅有市场的价格机制起作用,而且企业间的契约也发挥着效力。因此,在企业与市场之间,存在着一个中间组织。这种中间组织并不是对企业与市场的替代,而是以兼有企业与市场某些特性的杂交(hybrids)形式而存在。这可从威廉姆森以三重维度为基础所分析的规制结构上得到理论证明:企业的出现是不确定性大、交易频率和资产专用程度高的结果。当这三个维度变量处于低水平时,市场则是有效的协调方式,而处于这两者之间的是双边、多边和杂交的中间组织形态。就企业间网络而言,这些中间组织形态表现为企业间复杂多样的制度安排。

构成网络组织形态的一个重要基点是非正式组织能充分发挥效力。这不仅包括企业里的非正

① Zingales, L. Corporate Governance[Z]. NBER working paper, Cambridge, MA: National Bureau of Economic Research, 1997.
② 李维安等:《公司治理》,南开大学出版社2001年版。

式组织，而且包括以社区为基础、个体与群体的关系（relations）或纽带（ties）而形成的非正式组织。这些关系或纽带以嵌入（embeddedness）的方式，通过双边或多边交易（dyadic or multilateral Exchange）的质量与深度来对个体或组织进行非正式的控制，尤为重要的是社会资本通过这些关系或纽带嵌入网络组织①，并在其中进行流动、链接与定位。因而，社会关系与其交易不仅是非正式组织形成的基础，而且促进正式组织与非正式组织间相互联结，扩充组织的活动规模与空间，扩展组织的边界，触发治理环境的变化。因此，在中间组织形态中，市场原则、组织准则与社会关系共存，市场机制、组织机能与关系效力相互渗透。正是这种共存与渗透，才产生了以参与者间的关系联结为特征的网络组织形态。

治理环境的变化，使治理任务所依赖的路径发生改变，引发治理形式的渐变，即由以科层组织为基础，股东会、董事会与经理层为主体的治理结构向以中间组织状态为基础，网络治理形式的方向演化。这是因为：

（1）科层治理结构在快速变化的环境中显得反应滞后。面对环境的快速变化（highly volatile environment），科层治理结构在信息的获取、传输、利用与反馈上往往会有一段滞后期，势必影响管理决策的制定与实施。而股东因受科层治理模式中定期会议制度的限制，难以与董事会、经理层进行及时的信息交换与沟通，形成“无为治理”，削弱治理的整体效应。

（2）科层治理结构所提供的渠道具有较小的选择性。股东会、董事会与经理层相对固定的治理模式，会议的定期制或预定制，以及股权与层级的限制，使科层治理的范围与程度都显得窄小，不仅小股东或内部职工的治理行为存在诸多的制约，而且外部的非股东个体与群体参与治理可选择的渠道也为数较少。

（3）科层治理结构中股东行为往往具有被动性与消极性。由于治理渠道较少及信息的不对称，股东、非股东个体与群体参与治理的成本会大大地提高。对股东而言，往往只能采用被动与消极的行为——“用脚投票”的方式来参与治理。而非股东的个体与群体，要么是通过改变游戏规则来实施强制性治理（如政府），要么是利用变更合约或“毁约”来进行治理（如银行、供货商），类似如消费者的个体与群体的治理往往只能停留在设想中而难以实施。

而在网络组织中，信息的透明度及流动较为充分，信息的对称性提高，使治理者能进行及时的信息交换、反馈和共享。同时，社会关系的嵌入为各行为主体提供为数众多的可选择的治理渠道和机会，节约治理成本，方便治理行为，从而提高公司内部治理者、股东群体、外部的非股东个体与群体参与治理的主动性与积极性，强化治理的效果。表1对网络治理与科层治理之间的差异进行了综合的比较。

表1　科层治理与网络治理的比较

比较对象	科层治理	网络治理
理论基础	企业理论	中间组织理论
组织形式	正式组织，权威结构	正式与非正式组织，关系链接
治理时效	滞后	及时
治理渠道	少	多
治理成本	高	低
治理行为	被动与消极	主动与积极
制度形态	企业内的制度安排	参与者间的关系安排

二、网络治理的理论架构

在网络组织形态中，个体与群体的关系或纽带形成社会网络（Social Network），成为网络治理的基础网络组织。而社会关系网络以两种嵌入的方式影响经济的活动和结果②：一是关系嵌入（relational embeddedness）。它是以双边交易的质量为基础，表现为交易双方重视彼此间的需要与目标的程度，以及在信用、信任和信息共享上所展示的行为。二是结构嵌入（structural embededness）。它可以看作群体间双边共同合约相互连接的扩展，这意味着组织间

① Granovetter, M. 1985, Economic Action and Social Structure: A Theory of Embeddedness[J]. American Journal of Sociology, 91(3): 481－510.

② Nohria, N. &Eccles, R. G. 1992, Networks and Organizations: Structure, Form, and Action[A]. Granovetter, M. Problem of Explanation in Economic Sociology[C]. Boston: Harvard Business School Press, 25－56.

不仅具有双边关系，而且与第三方有同样的关系，使得群体间通过第三方进行间接地连接，并形成以系统为特征的关联结构。因此，结构嵌入是众多参与者互动的函数。Jones 等认为，在网络治理中，结构嵌入对交易的协调（coordination）与维护（safe-guard）至为关键。

相似的，企业、组织之间以显现的（explicit）或隐含的（implicit），暂时的（provisional）或无时限的（open - ended）合约组成企业间、组织间网络（Inter - firmsorInter - or ganizations Network），以协调与维护企业间、组织间的交易，对环境的变化保持相机的适应性。企业间、组织间网络的形成既有来自外生要素的整合，如利用技术资源的分布或依赖资源的社会结构同其他组织建立纽带，以满足资源的需要与对不确定环境进行管理，同时又是源于内在因素的驱动，即组织的行为与社会网络的关系结构驱动组织间网络的形成①。可以说，企业间、组织间网络既是资源、资本、信息的主要发源地，又是网络治理的对象与客体。

与此相比，有形网络（如 Internet，Intranet）则利用其高效的信息传播方式与宽广的信息流渠道，构成网络治理的技术平台，对网络治理的有效运作给予有力支撑。

因而，网络治理所言的网络应是“三网（社会网络，企业间、组织间网络，有形网络）合一”。基于此，网络治理是以社会关系、经济结构、技术要素的整合过程为基础，衍生成的一种广义的具有协调效力的行为。

Jones 等（1997）扩展了交易费用经济学理论，引入任务复杂性这一维度，使网络治理建立在四重维度的交易环境中：（1）供给稳定状态下需求的不确定性；（2）人力资产强定制交易（customized exchange）的专用性；（3）时间紧迫下的任务复杂性；（4）网络团体间的交易频率。在此基础上，Jones 等以社会机制为基础提出了网络治理的理论模型。但该模型并没有突出治理机制这一关键要点，而且社会机制作为网络治理的基础并不能对治理机制本身进行替代。

利用 Jones 等四重维度的理念，通过对 Jones 等网络治理模型的修正，本文提出网络治理的理论架构，如图 2 所示。

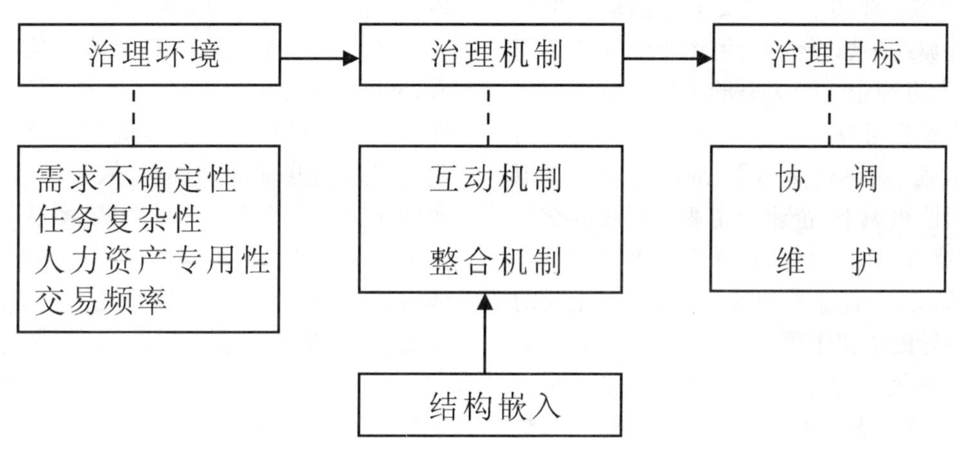

图 2　网络治理的理论架构

三、结语：基于治理形态演进的分析

科层治理中，企业因其强制性计划与行政性命令形成一个具有极强的权威组织而位于“三极制度框架”演进过程的极点上（见图 3），它被看成内部一体化的市场的替代物，运用组织的权威来节约交易费用。从企业这一极向市场那一极推演，组织的权威性会随着范围的扩大而逐渐减弱，但在科层组织内，命令与权威仍在进行交流与解决冲突中发挥着主导作用。

① Gulati，R.&Gargiulo，M.1999，Where do Network Come from? [J].American Journal of Sociology，1999，104：1439 - 1493.

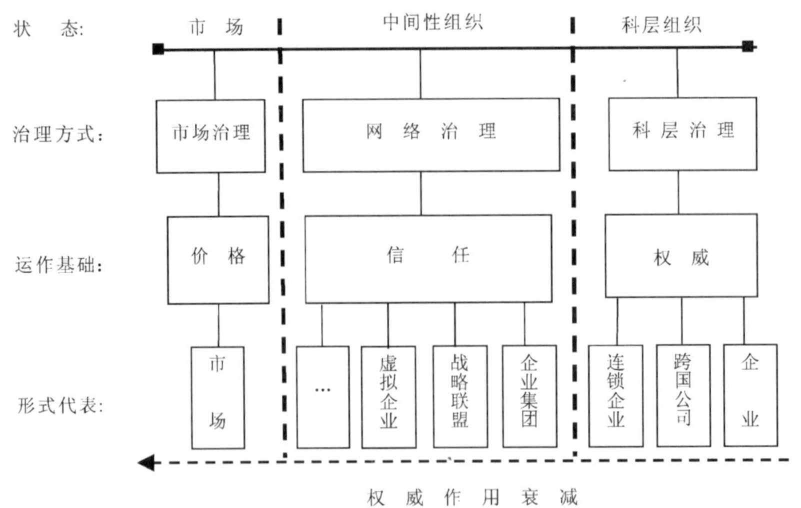

图3　三分法与组织的演化

在中间性组织形态中,组织间以各种社会关系、经济行为相联接,其治理形态表现为网络治理。当资源配置的方式以中间性组织形态展开时,交易的既不是通过无关联的交换也不是通过行政的权威来产生,而是中间性组织中的企业以互惠的、潜在的与共同的支持行动而形成的结果①。单个企业的权威力量会在企业边界外的交易中削弱。虽然企业间可通过契约来加以约束,但由于契约的不完全性,信任成为协调企业间关系的主导力量。信任能为中间性组织防止机会主义提供一个有效力的交易治理的基础②。在企业集团、战略联盟与虚拟企业这些中间性组织中,企业与企业所形成的交易集合中,既有竞争,又有合作,这样不仅市场的价格机制起协调作用,而且随着权威的减弱,企业间的信任发挥着主导的协调作用。

在市场的一极,则是达到无权威的、非强制性的、无正式组织的状态。市场有协调的功能但无整合的效力③。市场治理是通过完全竞争,依靠价格机制来发挥主导作用。

从形态对应的视角看,网络治理与中间性组织相对应。网络既是资源配置的一种形式,同时也是一种治理的形式。治理的参与者既构成一个特定资源依赖关系的网络,同时又嵌入着相应的社会关系网络。网络治理可看作是正式或非正式的组织和个体通过经济合约的联结与社会关系的嵌入所构成的以企业间的制度安排为核心的参与者(个体、团体或群体)间的关系安排④。

网络治理有三层含义:从专用化的联合资产上看,网络治理中的博弈各方所关注的不再是单个主体中股东权利的最大化,而是网络整体价值的最大化⑤;从价值共享的过程看,依赖于信任关系,网络治理能有效地解决个体与团队、团队与团队的利益冲突以及公共物品配置的合理性问题;从共同的集体目标看,网络治理的目标之一是协调,即参与者在战略、决策与行动上进行沟通,保持合作的有效性。另一个重要目标是维护,即维护参与者作为竞争者的交易与利益以及网络的整体功效与运作机能⑥。

(本文作者:彭正银,天津财经学院企业管理系副教授)

① Powell, W. W. 1990, Neither Market nor Hierarchy: Network Forms of Organization[J]. In Staw, R. &Cummings, L. L. (Eds), Research in Organizational Behavior. Greenwich, CT: JAI Press.

② Larsson, Rikard. 1993, The Handshake between Invisible and Visible Hands[J], International Studies of Management & Or ganization., 23(1): 87 – 106.

③ Larsson, Rikard. 1993, The Handshake between Invisible and Visible Hands[J], International Studies of Management & Or ganization., 23(1): 87 – 106.

④ 彭正银:《网络治理理论探析》,《中国软科学》2002年第4期。

⑤ Gulati, R. 1998, Alliances and Networks[J], Strategic Management Journal, 19: 293 – 317.

⑥ Zingales, L. Corporate Governance[Z]. NBER working paper, Cambridge, MA: National Bureau of Economic Research, 1997.

天津经济社会发展对策研究

保持天津经济较快发展对策研究

王　雄

今后几年，是我市全面实现“三步走”战略目标，构建社会主义和谐社会，实现党中央、国务院对天津在全国经济格局中战略部署的关键时期，要在今后相当长的时期保持经济较快增长，必须按照市委、市政府提出的指导今后发展的重要方针、原则和具体措施，深入研究今后若干年的发展对策。要不断解放思想，坚持思路上的与时俱进；不断提高驾驭形势的能力，保持工作上的持之以恒。要适应新形势，抓住新机遇，再上新水平，牢牢把握加快发展的主动权，推动经济更快更好地发展。

一、适应新形势，抓住新机遇

与20世纪90年代相比，我市经济面临新的历史性发展机遇：一是国际产业结构调整和转移加速，新的国际分工趋势有利于我市今后较长时期经济发展；二是国内区域经济发展格局进一步完善，环渤海区域经济发展面临新的飞跃，我市的龙头带动地位更加明确，发展空间大大拓宽。

在国际上，随着世界产业结构的升级和加快转移，国际经济分工也出现了新的特点。一方面，是产业转移加快，电子、机械、重化工业等产业加快向发展中国家转移，我市以雄厚的经济技术基础和邻近渤海油田等资源产地，得天独厚地成为承接国际产业转移首选地之一；另一方面，是国际经济分工出现新趋势，以往按照不同产业实现的国际分工，日益让位于按照商品流通的不同阶段实现国际分工。在劳动密集型、资金密集型、技术密集型、智力密集型等产业梯度转移形成的国际分工的基础上，按照研发、生产、销售及服务的经济运行全过程重新进行国际分工的趋势越来越明显。发达国家在世界市场的商品循环上，更多地占据研发、销售及服务的效益比较高的分工领域，而把效益较低、资源能源消耗大的生产转移到发展中国家。我市位于东北亚地区的中心位置，是太平洋与欧亚大陆的交汇点，地处华北京津冀城市群，科技比较发达、交通便利、市场体系比较完善、腹地广阔，十分有利于占据新的国际经济分工中的研发和市场环节。

在国内，目前，我国正在制定第十一个五年发展规划和2020年远景发展目标，正在制定京津冀区域经济发展规划，有关部门也将着手制定相关产业发展规划。国家对环渤海区域的产业结构、项目摆放、交通网络、资源配置等，都将做进一步的统筹规划。在这些事关全国经济发展的大格局中，将更加注重统筹区域经济发展、统筹国内发展与对外开放。其中，对环渤海区域的经济整合将更加突出优势互补、共同发展。天津在环渤海区域具有十分明显的产业和开放带动优势，在未来的环渤海区域经济发展中，可以发挥更大的作用。近年来，胡锦涛总书记和温家宝总理等党和国家领导人，多次对天津的发展和带动环渤海区域发展做了重要指示、对天津滨海新区的规划和建设作出重要指示。最近，国家高层进一步明确，天津滨海新区能够像深圳、浦东那样发挥带动区域经济发展的重大作用，这无疑给我市新世纪的发展提供了重大历史机遇。

但是，我市不仅面临着难得的历史性发展机遇，也面临着世界性的资源能源紧张、全球化市场竞争激化、欧美等主要发达国家贸易保护趋势增强、引进关键技术的难度加大、土地和资金的供应趋紧,以及原材料和能源价格大幅上涨、结构性的劳动力短缺和成本上升、环境恶化、发展不平衡等严峻挑战。我们必须在机遇和挑战中,不断探索更加适合天津经济发展的路子。

二、克服制约因素,深化对策研究

随着我国经济规模不断扩大、市场经济体制不断完善,城市经济发展对区域经济的影响和作用越来越强,分工越来越明确。我市是一个资源和市场两头在外的经济中心城市,对外依存度很高,国内国外资源和市场的变化,对我市经济发展影响很大。但是,我市由于地处太平洋与欧亚大陆的交界处,拥有优越的地理位置和便捷的交通网络,腹地范围广阔,十分有利于我市全方位开放,充分利用国内外的市场和资源,克服资源与市场的制约。

我市的经济发展,要始终坚持不断扩大对外开放,要把我市的经济发展,放到扩大国际合作和环渤海区域经济合作的大格局中去考虑,放到抓住20年战略机遇期,全面建设小康社会的总体目标中去考虑;放到环渤海区域和北方各省市优势互补、东北亚各国合作共赢的新视角中去考虑。

今后经济发展,要进一步注重考虑以下几方面。

一是要坚持开放领先,抓住党中央、国务院对我市滨海新区在振兴环渤海区域经济中的作用进一步明确的机遇,加快融入东北亚和环渤海区域经济,以开放带动改革,加快市场经济体制的完善;以开放带动环渤海区域经济整合,打造振兴环渤海区域经济的新引擎。

二是要坚持“高水平是财富、低水平是包袱”的观念,走科技路、吃科技饭,充分利用各方面的科研力量,大力引进先进技术,大力发展自有技术,不断增强自主创新能力,使我市成为环渤海区域乃至东北亚地区重要的技术研发和创新基地。

三是要坚持走新型工业化道路,大力发展循环经济,构建集约型、节约型、生态型发展模式,重点发展科技含量高、自主创新力度大、带动性强的产业,使我市成为环渤海区域龙头产业的聚集地。

四是要坚持立足天津,辐射环渤海、面向东北亚,进一步跳出地域和产业的局限,积极发展跨区域合作、功能齐全、涵盖面广的外向型服务业。

五是要坚持统筹城乡一体化发展。加大工业反哺农业、城市反哺农村的力度,充分发挥工业对农业、城市对农村的带动作用。把安民、富民作为发展沿海都市型农业的重要内容。

三、把增强科技创新能力放到更为重要的战略位置

当今世界经济发展中,科技创新发挥着越来越大的作用。技术更新速度加快,产品生命周期缩短,新技术层出不穷。我市的经济发展,一定要把科技创新摆在头等重要的战略位置。依靠科技创新,打破资源、环境和市场等对经济发展的制约。

要进一步树立科技自主创新意识。增强追求科技进步的紧迫感和自觉性,加快技术创新主体与知识创新主体的建设,强化自主创新能力的培养;要加快引进技术的消化吸收,注重原始创新与集成创新、二次创新的互动,形成自主创新的高地;注重社会科学和自然科学的融合,为自主创新注入新的动力。

加快科技创新,就要充分发挥科技人员的作用。要为他们的工作、生活创造良好的环境;要大力培养人才,加快引进人才,加紧自主创新队伍的培养;要大胆使用人才,加大“学科带头人”、“创新团队”等研发人才培养力度,不断激发全社会的创造活力。

要促进产学研联合、官产学研联合,探索一套注重引进和创新,能够尽快把科技成果应用到生产中的机制。对有明显优势的研究领域,要重点建设一批运转效率高的研究基地,建立新的运行机制。

要进一步营造自主创新的良好环境。要以共享机制为中心,加快建设以大型科学仪器、科学数据与科学文献为代表的研发公共服务平台,建设好科研信息网络平台,建设好一批服务于经济社会发展的科技孵化器、工程中心、重点实验室;要加强宏观战略研究,进一步做好中长期科技发展规划。通过规划,安排好自主创新的时序,以实施重大战略性产业项目为载体,推进我市自主创新工作的开展。

四、大力发展外向型、区域性、国际化的现代服务业

最近几年,我市服务业的发展虽然很快,绝对值增长很多,但在全市经济总量中的比重没有预期的增长,其原因,一方面是国际资本投资我市制造业迅速增长,特别是我市重化工业的迅猛发展,在经济总量和比重方面占据了很大优势。同时,也是由于我市服务业的服务对象比较单一,市场比较狭隘，发展的速度和水平受限制。在经济全球化和区域化迅速发展的今天，要加快我市服务业发展，到2010年达到基本实现现代化国家的平均水平。加快我市服务业的发展，必须进一步加大为环渤海区域经济服务的力度、加大为东北亚等国际经济发展服务的力度，把我市的服务业与国内外的经济发展更紧密地联系在一起。同时，进一步拓宽服务领域，深化服务内容，建立起服务国内外的、完善的现代化服务体系。要按照“扩大总量、优化结构、拓展领域、提高水平”的要求，抓住关键环节，加快服务业的发展。

1.建设服务环渤海和东北亚的物流交通网络

按照市委、市政府的要求，我市把构建区域内方便快捷的大交通网络，作为推进区域经济合作的重要举措。以海港、空港，铁路、公路为中心，加快构建现代交通网络。

加快“两港”建设。把天津港建设成为东北亚枢纽港。到2010年，货物吞吐量将达到3亿吨，集装箱达到1000万标准箱，进入世界十大港口之列。把天津滨海国际机场建设成为中国北方航空货运中心。2008年，旅客吞吐能力力争增加650万。使“两港”成为环渤海区域对外开放的重要交通枢纽。

加快“两路”建设。拓宽京津公路天津段，建设京津城际铁路客运专线和京津高速公路复线，加快京沪高速公路天津段、威乌高速公路天津段、津汕高速公路天津段、津蓟高速公路延长线的建设速度。通过公路和铁路，建设起我市的经济发展城市圈。

2.加强区域口岸合作

推进快速通关工程建设，是适应经济全球化和区域经济一体化加速发展的必然要求。要充分发挥天津港在我国北方规模、功能等方面的优势，积极推进与腹地口岸在功能上互为延伸，实现优势互补；要围绕环渤海区域经济发展，加强港口之间的联合；要加强、完善海陆多种方式联运合作，联合建设“内陆无水港”，把港口功能向腹地延伸；要加强异地快速通关合作，完善相关服务措施，不断扩大天津口岸快速转关和直通的区域，为腹地货物进出口提供方便快捷的“目的港通关”服务；要加强通关信息联网合作，逐步与中西部地区联网，实现天津与腹地通关业务的互联互通和信息共享，建成覆盖环渤海区域乃至东北亚的口岸合作网络。

要加快建设电子口岸，构建电子政务、电子商务、电子物流为一体的国际贸易服务信息平台。建成和完善国际贸易与航运服务中心，集聚政府监管机构、贸易航运服务企业和中介机构，为环渤海、中西部地区进出口企业提供高效便捷的通关服务。

3.加快建设国际化现代物流业

发展现代物流不只是提高企业竞争力的问题，还是国民经济发展中的一个重要问题。加快发展现代物流，对于转变经济增长方式，提高经济整体运行质量和效益，走新型工业化道路，都具有重要的战略意义。要充分发挥天津腹地广阔的优势，以现代交通体系为支撑，大力发展现代物流业。

要围绕建设北方航运中心和国际物流中心，发展国际化现代物流业，大力发展远洋和航空运输。规划建设航空货运基地、开发区工业物流园区、保税区国际物流园区、邮政物流区等六大多功能物流基地。沿外环线筹建4个规模较大的货运中转中心。重点培育一批大型专业物流企业，积极发展第三方物流。鼓励有条件的制造业集团向物流业延伸。要加快建设以天津港集装箱和散货物流中心、开发区工业物流中心和保税区物流中心等为重点的国际物流体系，搭建现代物流平台。

要进一步加快京津冀区域物流一体化的发展，形成以天津为龙头、辽鲁为两翼，积极推进环渤海物流一体化的发展格局。环渤海区域与日本、韩国三地按照优势互补、协调发展的原则，加强合作，共同打造东北亚国际性物流体系。

4.创新金融服务体系

建立现代金融服务体系。积极拓展债券、信托、租赁和保险市场，发展商品期货交易。建设北方最大的产权交易市场。形成统一的土地交易市场和完善的房屋交易市场。完善金融组织体系，充分发挥渤海银行的作用。积极支持国有商业银行改革，建立天津市农村合作银行。继续引进外国外地银行、保险机构，优化证券经营机构。

鼓励金融创新。制定和完善合伙经营、合作经营的管理办法，发展股份制企业，办好集合信托和基金业务，支持有条件的企业发行债券和上市，促使更多的社会闲置资金转化为企业资本。加快建设信用信息基础数据库，完善社会诚信体系。

五、加快发展壮大以龙头产业为核心的现代工业

适应新形势的要求，我市工业要进一步加快调整转型。工业经济在我市经济总量中一直占有重要地位，近年来，我市国内生产总值的一半以上是工业提供的。当前，关键是要按照市委确定的加快转变经济增长方式，走新型工业化道路，构建集约型、节约型、生态型发展模式的要求，结合新的实践，深化发展思路。根据近年来工业发展的成功经验，下一步，要继续增强发展龙头产业、扩大产业集群的思路，重点做好三方面的工作。

1.做强核心产业，培养大的产业集群

现代工业发展和竞争取胜的关键，是要有强大的核心产业和产业集群。要巩固已有支柱产业，培育新的优势产业，大力提高优势产业集中度，在进一步做强优势产业的基础上，培养一大批产业集群。

按照全市的安排，要结合国有企业改革和工业东移，集中力量，加快建设一批关系天津发展后劲的重大工业项目，包括大乙烯炼化一体化、中化工新材料基地、天碱搬迁、高新纺织园、金耀生物工程基地等，要围绕培育大产业集群，组织实施好中芯国际芯片生产线改造等十大重点嫁改调工业项目。特别是要集中力量改造提升化学工业，以乙烯炼化一体化、渤海化工园、蓝星化工新材料基地三个超百亿元的大项目为龙头，建设以大港石化化纤基地、临港石化海洋化工基地和泰达精细化工基地为核心的，具有相当规模和聚集效益的石化工业走廊，形成千万吨级炼油以及百万吨级乙烯、合成树脂、聚氯乙烯等产品规模和完善的产业链条，使我市成为集石油化工、海洋化工、煤化工为一体的国家级乃至世界级的重要化工基地。要加快电子信息、汽车、化工、冶金、纺织、医药、新能源、新材料等基地建设，形成电子、化工、冶金销售收入超千亿元的三大产业集群，不断提高优势产业占全市工业的比重。以建设国家级的电子信息产品制造基地为目标，加快芯片生产线改造项目建设，增加高端产品比重，使产业集群的优势得到更大的发挥。

2.不断扩大和延伸产业链

把握世界产品发展的新动向和产业结构调整的新特点，提高优势产业集中度，延长产业链，努力扩大我市产业与周边省市企业以及国际企业的关联，争取吸收更多的优势产业进入我市的产业集团，同时也争取我市更多的企业参与跨省市企业集团和国际跨国公司。

3.加快打造著名品牌

当前的经济竞争，越来越体现在品牌的竞争上。品牌已经成为企业最具有价值的生产力，也是衡量一个城市经济水准的一种标志。在经济全球化的今天，像我市这样的大城市，不能依靠低成本的优势拓展市场，而要把依靠创建国内外著名品牌的优势拓展市场放在首位。当前，我市的经济比重最大的是制造业，但产品自有著名品牌少，效益很难进一步提高，要把加速打造著名品牌，作为我市经济工作的战略性任务，认真抓好，争取在主要产业上，形成自己的著名品牌。

打造著名品牌，首先是技术的自主创新，没有自主创新的技术，品牌就没有竞争力，先进的自有技术和著名品牌之间是相互作用的。我市打造著名品牌，首要的是技术创新和引进消化吸收国内外先进技术，培育壮大自主知识产权产品。1999年以来，我市已累计实施了80项重大高新技术产业化项目和60项重点高新技术产业化项目，全部拥有自主知识产权，对产业带动作用大，成效显著。今后，我市要进一步加强技术创新，加快实施抢占行业制高点的核心技术和高新技术产业化项目，扶持共性技术或关键技术的研究开发和推广应用，加快技术创新和产业升级，创造更多具有自主知识产权的名牌产品。

六、壮大安民、富民型都市农业

农业在我市经济总量中虽然比重较小，但影响很大，直接关系到我市经济社会的稳定。要进一步突出市场经济在配置资源、价格形成等方面对我市农业发展的作用，引导农业向使农民安居乐业方向发展，形成安民、富民的都市型农业。

1.要统筹市区和郊区县的经济，促进城乡一体化发展

要加强城乡统一的经济社会发展规划，统筹基础设施建设，统筹重大产业项目布局，统筹社会事业发展，统筹城乡劳动力市场，不断扩大公共财政覆盖农村的范围和领域。市区要充分利用海河开发等重大机遇，重点发展服务业和城市型工业，努力探索与郊区联合到郊区发展的新路子。要加快小城镇建设，合理配置各种生产要素，做到人口集中、产业集聚、土地集约。

2.大力推进农业产业化经营

优化种养结构，提高基地化、规模化生产能力，抓好优质产业带建设，扩大特色产业基地规模。培育壮大龙头企业，搞好农产品深加工，加快发展农村专业合作组织，完善龙头企业和农户的利益联接

机制,促进农户进入产业化体系。推进农业标准化,不断提高农产品质量安全水平。

3.加强各区县的联合与协作,增强综合实力

郊区县要以增加农民收入为目标,组建和壮大农业产业化"龙头"企业,规范和发展开发区和乡镇工业园,制定和实施小城镇发展规划。要提高郊区工业化水平。围绕发挥区县优势和为大工业配套,调整郊区工业布局和产业结构,突出特色,扬长避短,培育壮大骨干企业和优势产业群。继续推进郊区工业向园区集中,提高投资强度和土地利用效益。

七、尽快把滨海新区建设成为振兴环渤海区域经济的龙头

保持我市经济持续发展,很重要的是要进一步扩大与环渤海区域的经济合作,而扩大区域经济合作,当前最重要的是要有核心区的带动。要按照党中央、国务院对全国经济格局的战略部署,尽快把滨海新区建设成为振兴环渤海区域经济的龙头。

经过十多年的艰苦奋斗,滨海新区的经济实力显著增强,带动作用越来越明显。随着我国经济格局的进一步完善,滨海新区显现出更加广阔的发展前景。党中央、国务院十分重视滨海新区的开发建设,把规划和建设好天津滨海新区,作为国家发展战略的重要组成部分,许多中央领导同志从全国经济发展的大格局,从加快天津经济发展、振兴环渤海区域经济的高度,都对规划和建设好滨海新区做出重要指示,这是我市滨海新区发展的重大历史机遇,我们一定要抓住这个机遇,尽快把滨海新区规划建设好。

1.要体现"闯"的精神,争取"先试先行"的政策

当前,我们规划和建设滨海新区所面临的国内外形势,与10年20年前,开发建设深圳特区和浦东新区有很大不同。我们不仅面临发达国家更多的贸易保护主义倾向,也面临着发展中国家实行特殊经济政策地区的激烈竞争。必须充分利用我们的有利条件,大胆创新发展思路,走出一条适应21世纪世界经济发展潮流,具有天津特色的滨海新区发展道路。要进一步解放思想,按照邓小平同志经常讲的,思想更解放一点,胆子更大一点,步子更快一点;"要克服一个怕字,要有勇气";"什么事情总要有人试第一个,才能开拓新路";"试第一个就要准备失败,失败也不要紧"的精神去做,大胆试、大胆闯,在滨海新区造就一种敢于创新、善于创新、支持创新、允许犯错的氛围,我们要注重研究新情况、发现新问题、提出新办法、加快新实践,使滨海新区永远保持一种开放的、宽容的、兼收并蓄的创新环境。

滨海新区的规划和建设,既要注重借鉴深圳和上海浦东的经验,争取后发优势;也要争取"先试先行"的先发优势。对深圳、浦东过去的成功经验,我们要仔细研究,能够用的,拿来就用;对他们正在探索的新措施,我们要密切注意,同步研究,争取更早的用于实际工作。同时,我们也要抓紧根据自己的情况,研究新思路、新措施。特别是要能够在中央即将实行的各项改革措施上,争取中央赋予天津滨海新区改革开放政策的先试先行权,使滨海新区具备在全国的改革开放走在前面的条件。

2.把滨海新区建设成为中国北方对外开放的高地

从深圳和浦东的经验看,整合区域资源,带动区域经济发展,一定要有一个高度开放的龙头地区。通过高度开放的龙头地区更广泛和充分的利用国内国外两个市场、两种资源,来促进区域经济的发展。天津市委、市政府对滨海新区的定位是立足天津,服务环渤海,辐射"三北",面向东北亚,就是要顺应当前经济全球化、区域化的发展趋势,加快扩大滨海新区的对外开放。发挥好滨海新区的对外开放优势,把市场化的资源配置手段与现代化的标准、国际化的通则、规范化的公共服务更好的结合起来,形成高水平、规范化的市场体系和机制,进一步发挥连接国内外市场的整合作用,建成我国北方对外开放的高地。当前,要在整体推进对外开放的过程中,加快区港联动的进程,努力创造条件,争取建成我国北方第一个自由贸易区。

3.滨海新区的规划要与全市的发展规划紧密协调

按照科学发展观的要求,要在全市十一五规划和城市规划总体空间布局框架下,根据新区的定位目标和环渤海、东北亚区域经济合作的需要,编制新区发展规划。要加强滨海新区与市中心区和京津经济带的联系,合理规划滨海新区城市空间布局和产业功能区。

从1998年到2003年,我市GDP年增长率分别为:9.3%、10.0%、10.8%、12%、12.5%、14.8%。2003年,人均国内生产总值突破3000美元。预计2004年可以达到4400美元左右。按照这个增长速度,我市可以提前2~3年基本实现"三步走"战略第

三步所提出的，达到人均GDP6000美元目标。当前，我市经济发展的有利条件很多，又面临着发展的重大历史机遇，全面贯彻落实市委、市政府的决策部署，我市的经济一定能够保持更快更好的发展。

（本文作者：王雄，中共天津市委财经工作办公室副主任、副研究员）

天津社会事业发展现状问题研究

潘允康

自改革开放以来，在中共天津市委和市人民政府的领导下，天津在坚持以经济建设为中心的同时，兼顾社会事业的发展，朝着经济社会协调发展的总目标前进，取得了较大进展。二十多年来，天津的社会事业发展一直走在全国的前列，从来自各方面的统计数字和新闻报道中能证实这一点。根据中国社会研究权威机构——中国社会科学院社会学研究所的研究结果，各省市区全面实现小康社会实现程度综合指数排序中提供的关于社会发展情况，天津的综合指数为87.9，仅低于北京(93.2)、上海(92.3)，高于全国平均水平(68.7)，居全国各省市自治区第三位，其中社会结构93.4(全国78.8)、人口素质98.0(全国72.0)、生活质量90.0(全国62.5)等，也都在前列，居全国第三位。以下就有关问题分别阐述。

一、天津社会事业发展的主要特点

1.坚持科学发展观，形成经济与社会协调发展的总体战略

党的十六届三中全会提出了“坚持以人为本，树立全面、协调、可持续的发展观”。中共天津市委、市政府认真学习贯彻科学发展观，形成经济与社会协调发展的科学思路。确定经济与社会协调的总体发展战略，实现跨越式发展，是天津近十几年来发展中的一个突出特点。还在1994年，市委、市政府就提出“二五八十”的发展思路和四大奋斗目标，这一战略发展目标，经过广大干部群众历时9年的顽强拼搏，提前一年全面实现了。现在全市人民正在按照“整体推进，协调发展，追求高水平，实现新跨越”的总要求，加快实施“三步走”第二步战略部署，其中大力发展海河经济是新的战略举措之首。这一战略以综合治理海河周边环境为切入点，直接或间接带动相关产业的发展，形成对经济发展的推动力和新格局，以经济发展推动社会发展，促进环境建设和改善；以社会发展和环境建设保障经济发展，实现经济、社会和环境发展的协调一致。可以预见，新的海河两岸综合开发方针的实施，必将大大推动社会事业发展和环境改善，取得经济和社会发展双效应。

2.城市建设进展快速，初步展现了最适宜人居创业的大都市形象

多年来天津一直把改善城市环境作为促进经济发展和改善人民生活的大事来抓。2000年天津市委、市政府提出“增加群众收入，改善生活环境，提高文化品位”新三件事。近年来，我市以治河、治路为中心，励精图治，使城市环境有了很大改观。先后治理了津河、卫津河、月牙河、复兴河(南围堤河)，使破烂不堪，污水横流，垃圾遍地的地方，变成清水，绿树，堤岸绿地成荫，景色优美的去处。另外，我市又以改善交通状况为中心，从另一方面改变城市环境，配合危陋平房改造，拓宽道路，打通卡口，修建新桥。2003年我们没有松劲，又以改造老城厢为中心，继续改善天津环境。其他方面也是捷报频传，如津蓟高速公路通车，北塘排水河改造工程告竣，从开发区到市区的轻轨铁路建成通车，地铁一号线、城市快速路施工正忙，蓝天、碧水、安静等六大环保工程胜利实施，旧楼改造、灯光夜景等工程按期完成，建成银河公园、塘沽外滩公园，全年新增绿化面积2500万平方米，比上年增加2倍……天津的面貌年年变，月月变，天天变，有的人说，“在天津几天不出门就认不得地方了”，并不夸张。

天津的面貌大变，但天津人没有就此停步。2003

年底天津有关部门又提出“五项重点任务”：全力加快海河开发；全面提高市容环境水平；构建现代化大都市道路网络，加快基础设施建设；加快住宅建设，大力发展房地产业；加快城建经济发展，实现产值、效益同步提高。要实现“五个重点突破”：在提升城市规划、建设、管理文化品位上实现重点突破；在扩大招商，吸引民间资本上实现重点突破；在推进城市建设管理市场化进程上实现重点突破；在改善投资环境上实现重点突破；在构筑人才高地、发挥人才优势上实现重点突破。这些规划和举措的实施，将使天津变成最适宜人居创业的大都市。

3.社会稳定，人民生活富裕祥和

天津不仅创造了良好的自然环境，还有着良好的社会人文环境。随着天津的经济发展和人民收入的增加，人民生活富裕祥和，正在向小康社会迈进。2003年本市居民人均可支配收入为10313元（新口径），高于全国的8472元，增长10.5%，增幅创近五年来最高。不仅城市居民家庭收入增加，农民的收入也有明显增长。农民人均纯收入5861元，增长10.3%。根据中国社会科学院社会学研究所的调查评估，表明全国消费水平和生活水平之一的恩格尔系数为44.2，天津为38.7，低于全国水平，仅仅高于北京等，位居各省市第三。近年来为了创造稳定祥和的社会环境，天津构筑了社会治安和社会保障两大安全体系。天津的社会治安状况一直较好，在全国名列前茅。犯罪率低，破案率高是天津的显者特点。天津市公安机关以维护社会长治久安，服务本市的改革、发展和稳定的大局为己任，始终保持高压态势，坚持严打方针，预防为主，打防结合，有力保障了国家和人民群众生命财产的安全。

继续建立和完善有力的社会保障制度，是安定民心，救助弱势群体，解决社会问题，保持社会稳定的十分重要的方面。我市在完善社会保障制度，解决下岗职工就业，扶助弱势群体方面做了很多工作，取得了较大进展，2003年9月8日本市召开了全市就业工作会议，通过了《天津市2003—2005年再就业总体规划和工作安排》。预计2003年到2005年新增就业岗位61万个，其中分流安置下岗回流人员3万人，解决新增劳动力（含大学生）就业20万人。到2005年，城镇登记失业率控制在4%以下。为此确定了今后三年就业和再就业工作的的重要任务：千方百计开拓就业领域，增加就业岗位数量；发挥政策引导效应，加大政府促进就业力度，消化下岗失业人员存量；加强宏观调控，用足用活政策，分流企业改制减员增量；健全机制，创造环境，保持较低的失业人员常量。《天津日报》从各个角度报道了这方面的消息：“团市委创办实体解决再就业——未来超市创三千就业岗位”（2003年8月27日）；“本市妇女再就业得到联合国有关驻华机构认可表示一向世界推广天津模式”；“创业小额贷款成功扶助六千女工再就业，引用孵化器概念创建妇女创业服务中心”（2003年9月7日）；“四大体系助推规模再就业，工会系统52家再就业服务联社直接安置下岗职工33000人次，今后每年实现安置20000人”（2003，9，15）；“累计发放贷款2219万元，促3000余人实现再就业——助推再就业，金融下保单”（2003年9月17日）。2003年我市的就业和再就业工作取得了突破，实现新增就业岗位18.1万个，安置下岗失业人员12.1万人，消化存量下岗人员3万人，城镇登记失业率3.8%，低于全国水平。2003年除去大力解决下岗失业问题外，在社保的其他方面也有许多举措，比如进一步调整了最低工资标准，由每月的450元涨到480元（宝坻、武清、宁河、静海、蓟县由440元调整为470元）。这些举措都为2004年社会保障事业的进一步发展奠定了基础。据天津市民政局提供的信息，目前，天津市已初步形成以最低生活保障制度为核心、其他救助制度和多种救助方式相配套的6大社会救助系统，包括生存权益保障系统、生活支撑保障系统、突发应急保障系统、时令解困保障系统、特殊补充保障系统、外部环境保障系统。其中，城镇低保、农村低保和五保供养构成生存权益保障系统。另外，帮扶下岗人员创业的天津模式，即创业培训与小额贷款的紧密结合已经示范全国。截止到目前，经创业培训的下岗失业人员创办企业近五千家，创业贷款金额已累积发放三千五百多万元，带动25000人实现就业，小额担保贷款还款率超过90%，实现了创业培训与自谋职业的可持续发展，在全国处于先进水平。在国务院召开的推广下岗失业人员小额担保贷款全国电视电话会议上，本市劳动和社会保障局向全国介绍了创业培训与小额贷款紧密结合，双赢互动，促进下岗失业人员自主创业的经验，受到国家劳动和保障部的高度评价。

4.创造了良好的精神状态和精神氛围

人要有精神，一个城市要有精神。天津在过去二十多年来的经济和社会发展中形成了特有的天津人精神:积极进取,奋发向上;造福人民,知难而进;万众一心,共创大业;同心同德,敢打硬仗;自尊、自信、自强;谦虚谨慎,不骄不躁……靠这种精神,在中共天津市委、市政府领导下,天津实现了经济和社会协调快速发展的目标。

天津的良好的精神状态和精神氛围是天津人在为建设美好家园的奋力拼搏中铸造的。作为"三五八十"四大奋斗目标之一的危陋平房改造工程,不仅创造了巨大的物质成果,也创造了宝贵的危改精神,这就是:造福人民,知难而进;万众一心,共创大业。这种精神,体现了天津人民自尊、自信、自强的可贵品格,体现了天津人民积极进取、奋发向上的坚强意志,体现了天津人民同心同德、敢打硬仗的必胜信心。这种巨大的精神力量是鼓舞天津人民战胜各种困难,实现加快发展的巨大动力。天津市注重"弘扬危改精神",营造了促进天津发展的精神氛围。2003年春,一场突如其来的灾难"非典"袭击了中国,也袭击了天津。在这个突发事件面前,中共天津市委在党中央的领导下,牢记群众利益无小事这个道理,把人民群众的身体健康和生命安全放在第一位,把防治"非典"作为各项工作的重中之重,一手抓防治"非典"这件大事不放松,一手抓经济建设这个中心不动摇,带领天津人民,迅速行动,沉着应对,果断决策,靠前指挥,在很短的时间内,就控制了"非典"疫情,取得了抗击"非典"的阶段性重大胜利。这次胜利充分体现了党对人民群众高度负责的精神,充分体现了社会主义制度的巨大优越性,极大地增强了中华民族的凝聚力。它再次证明了党的领导的坚强有力,具有应对突发事件、驾驭复杂局面的非凡能力;证明了中国社会从上到下,从高层到基层的组织社会的特征;证明了天津人民顾大体,识大局,守纪律,听指挥,有凝聚力,有战斗力;使天津精神得到进一步检验,得到进一步铸造,得到进一步发扬光大。

在全国青少年教育问题引发关注,青少年犯罪率明显上升时,天津的青少年犯罪率却下降了。据有关方面透露的数字,天津市青少年犯罪占全部犯罪人的比例从1979年的83.5%,下降到2004年的44.9%,下降了38.6个百分点。为此,全国未成年人思想道德建设经验交流会在天津召开,我市和平区介绍了他们创造的构建学校、社区、家庭"三位一体"未成年人思想道德教育网络的经验,经各大媒体报道后在全国引起热烈反响。中宣部长刘云山在会议讲话中充分肯定天津的经验,他说,建立健全学校、社区、家庭"三位一体"未成年人思想道德建设网络,对推进青少年思想道德建设具有十分重要的作用。各地要积极借鉴天津和平区的成功经验,结合各自实际,创造性地开展工作,扎实推进未成年人思想道德建设。

5.科教兴市,教育事业长足发展

教育兴旺,天津兴旺。多年来天津贯彻执行科教兴市战略,教育事业长足进展。还在1999年8月,市委主要负责同志在教育系统调研时就指出,天津全面上水平,全市教育要率先上水平,要求再建几所"南开"、"耀华",全面启动中小学布局调整这项跨世纪宏伟工程。1999年12月,市委七届五次会议通过的《中共天津市委关于深化教育改革全面推进素质教育的若干意见》明确提出,用6年左右时间,基本完成全市中小学布局调整的目标,并着力加强普通高中学校的建设。2000年天津第一所示范性高中——天津二中建成投入使用。到2003年本市首批31所示范高中全部建成投入使用,65%的新高中生享受优质教育,建成161所规范化中小学和104所村办小学,高中阶段入学率达93.1%。以重点搞好中小学基础教育为龙头,天津的各项教育事业都得到较大的发展,高等教育毛入学率达到49%。据国家统计局发布的统计结果,天津教育发展的主要指标居全国前三位。目前,作为全国惟一的省级教育网,"天津教育科研宽带骨干网"已建成使用,九百二十多公里的宽带光纤覆盖了18个区县。抓今天的教育,就是抓明天的生产力,这是关系天津可持续发展的,带有战略意义的大事。

6.城市化进程加快,并将进一步发展

城市人口占总人口的比例,是一个国家、一个地区城市化水平和社会发达的标志之一。按这个衡量标准,目前世界主要发达国家的城市人口比例都超过70%。中国从20世纪后半叶开始,特别是改革开放以来,也经历了大规模的城市化进程。1950年时,全世界城市化水平为28.4%,发达国家为51.8%,发展中国家为16.2%,中国为11.2%;1980年,全世界城市化水平为41.3%,发达国家为70.7%,发展中国家为30.5%,中国为19.4%。目前中国的城市化水平在37%~40%,而天津的城市化水平在57%左右,不及发达国家,但高于全国水平。城市化是一个城市经济社会发展的综合显示指标,它标志着天津的产业结构正在得到调整,从第一、第二产业向第三产业转移，人口结构正在由农业向非农业、农村向城市转移，生活方式正在城市化，以城市生活方式取代农村生活方式。

7.社会事业和旅游业良性互动，成为社会事业发展的重要标志

旅游业是与社会发展密切相关，互相渗透的经济产业。旅游业发展不仅能增加财政收入，而且可以带动相关产业的发展，促进城市建设和改造，促进环境美化和保护。大力发展旅游业也是发展文化产业，提高本市文化品位的重要举措。和全国其他城市相比天津市的旅游资源并不丰富，但由于本市注重社会事业发展，把发展旅游业作为发展第三产业的重点，积极实施旅游资源的开发和优化组合，促进了旅游业的蓬勃发展。以对外发展旅游业为例，1997年我们接待海外游客为280377人，创外汇收入为18009万美元，到2001年我们接待的海外游客为421422人，创外汇28017万美元，分别比1997年增加14万人和1亿美元。到2001年底，本市已拥有日本、美国、俄罗斯、韩国、德国等15个国家和地区的客源市场。2003年天津的旅游业继续发展和保持增长，仅以2003年"10.1"黄金周为例，在短短7天里近四百万游客尽兴津城(7天共接待游客392.39万人次)，比2002年"10.1"增长10.2%。全市旅游观光购物的总收入15.95亿元，同比增长15%，其中旅游总收入达到9.88亿元，同比增长17.1%。黄金周期间，全市共接待大型旅游团队3026个。一些旅行社还组织接待了来自日本、韩国、美国、加拿大、英国、荷兰、东南亚等国家和我国香港、澳门、台湾地区的旅游团队。2003年我市国内旅游收入395.02亿元，接待游客3751.12万人次；国际入境旅游收入3.295亿美元，接待游客48.9017万人次，旅游总收入422.33亿元。本市"三五八十"目标的提前实现带来了城市巨变和不断涌现的新景观，为广大游客开辟了更加广阔的旅游空间。海河外滩公园的的落成，津蓟高速公路的开通，碧水工程、灯光工程等全面启动和实施，使全市旅游功能日新月异。各旅游区景点特别是新建成的旅游景区的旅游活动吸引了大批的本市和外地游客。旅游业的发展，不仅带动了经济增长，也带动了社会发展，是社会发展的重要标志之一。

以上我们概括了天津社会事业发展的主要方面和主要特点。除去上述内容外，天津的文化、卫生、体育等方面事业也有较大发展。中共天津市委、市政府在为人民做的新三件事中提高文化品位是其中一件。图书商城的建立，鼓楼商业街的开市，天津博物馆基本建成等是我市近两年来文化品位进一步提高中的新的亮点。2003年全市人民团结一致，抗击"非典"，促进了天津卫生事业的新发展，近年来，天津在经济发展的同时，增加了对卫生事业的投入，改建了海河医院和一中心医院，完成了血液中心、传染病医院一期和人民医院的主体工程，特别是增加了对社区卫生事业的投入，社区卫生服务站遍布城乡楼群里巷，社区和农村卫生服务网络基本形成，300万人有"家庭医生"。卫生部充分肯定了天津的"六位一体"的社区卫生服务模式，并向全国推广。天津的人口出生率在7.14‰，实现了控制人口的预期目标。天津的体育事业也日渐兴旺，亮点纷呈。几年前我们成功地举办了世乒赛；天津女排的姑娘们连续夺冠，为天津人民争光；2008年北京举办奥运会，部分比赛项目在天津进行，也为天津体育事业的发展提供契机，奥林匹克中心体育场已开工建设。

二、天津社会事业发展中的若干问题和制约因素

在过去的年代里，天津的社会事业虽然有了很大发展，有很好的形势和局面，但也存在不容忽视的问题，分析这些问题和影响天津社会发展的制约因素，对天津未来的发展是十分重要的。从宏观上看，从比较的意义上说，天津的社会发展还比不上世界发达国家城市，在国内处于京、沪等直辖市之后。如果单纯以城市和城市相比，天津的位置就更不容乐观。

中国社会科学院社会学研究所曾经搜集并发表过世界85个百万人口以上大城市10项社会指标资料，并将这些指标综合打分评估，排出85个城市得分顺序。第一位是加拿大的蒙特利尔，得分92分，第二位是日本的东京，得分90分，中国的北京得分58分，排名26位，中国的上海得分57分，排名27位，而天津得分51分，排名40位。就国内比较而言，天津在和全国省市直辖市的比较中名列第三，但如果单纯与城市相比，就不容乐观了。在中国社会科学院社会学研究所的研究报告中，在国内57个城市小康和现代化指标体系中，天津的综合指数排序在第17位，不仅在北京、上海之后，而且在深圳、广州、厦门、杭州、无锡、南京、青岛、大连等城市之后；社会发展在第13位，也不在最前面。天津社会

发展面对的主要问题是：

1.城市环境仍要进一步改善

尽管近些年来天津一直在下大气力治理环境，市容市貌有了很大改观，但“环境死角”依然存在，宏观环境治理和微观环境治理的关系处理得不很好，各种环境污染问题仍没有得到彻底解决，城市交通拥堵不畅等也不容忽视。目前在天津市的环境建设和改造中，我们还面临一些环境建设中的薄弱环节，比如在我们大力宣传和实施海河开发总体战略之时，也不能忽略海河环境的日常保护问题。从解放桥到大光明桥处处可见海河带状公园年久失修，垃圾遍地，污秽不堪的情景，海河中也常常见到各种垃圾、漂浮物和大片的浮萍，海河带状公园内缺少垃圾箱，行人随手乱丢垃圾，这些有碍观瞻的现象和我们正在实施的总体开发战略十分不协调。如果我们及时解决这些问题(其实不用大的财力、物力和人力就可解决)，既提升了天津的总体形象，也使海河开发战略更加深入和鼓舞人心。再比如2003年本市已开始了对城乡公共厕所的改造，2004年应有明显的成效，天津这个国际大都市要率先解决这个在国际国内都有很大影响的老大难问题。再比如天津的马路餐桌问题、个别马路的占道经营问题以及城郊接合部脏乱差问题都是环境死角，是环境改造中需要解决的突出问题。

天津的环境污染问题也不容忽视。《国际统计年鉴》提供的资料显示，在世界60个城市总悬浮颗粒物的排位中印度的德里排第一，加尔各答排第二，中国的北京第三，天津第四；天津的二氧化硫含量为80微克/平方米，排第七位，另外在工业废水、工业粉尘、废气、噪音等方面的污染也比较严重，急需采取有力措施治理。

近来，天津的交通问题日显突出了。虽然我们在不断修桥拓路，大力进行城市交通基础设施建设，但仍然不能满足日益增加的物流和人流的需求，不能应对私家车大量增加等新情况，因此，出现了亟待解决的上下班高峰时期堵车塞车现象。

2.城市社会稳定问题仍需关注

在天津影响社会稳定的潜在问题依然存在，主要表现在社会保障制度建立和实施还不能满足社会的需要，社会治安问题依然存在，社会应对突发事件的准备和能力不足，对新生的社会问题还缺少成熟的应对办法等。尽管我们近些年来已经大力加强了社会保障制度的建设和实施，但由于原来的基础薄弱，一切从头开始，且人口众多，新生的社会问题多，所以它还远远不能满足社会日益增长的需要，不能应对人口老龄化、下岗失业、贫困、医疗等方面的变化，不能满足庞大的弱势群体的需求。以下岗失业问题为例，尽管近年来我们在解决下岗失业，安排人们再就业方面取得了很大进展，但我们仍然面临着较多新的失业问题和较大的再就业压力。下岗和再就业是个动态的过程，随着改革的深化，会不断出现新情况、新问题。在岗和上岗的人都可能再下来，这是今后一个较长时期必然存在的问题。现在天津究竟有多少下岗职工，是个动态数字，很难精确。2003年底全国城镇登记失业率为4.3%，城镇登记失业人数为800万人，形势比较严峻。在这种情况下，本市形势再好，也不可能一枝独秀，2003年底全市下岗失业人员为10万人，据推算，未来由于企业兼并、破产、裁员、劳动合同中止等原因，还将有10万人下岗，我们必须面对挑战。以有力的措施(包括已经实施的措施和各种新措施)解决下岗职工的再就业问题。

天津的社会治安状况在全国相对是比较好的，但在全国犯罪率上升，社会矛盾冲突比较尖锐，国际恐怖主义猖獗的情况下，天津隐含的各种不稳定的社会因素仍然存在，社会人文灾害、自然灾害、各种突发事件随时可能发生。而我们的社会预警系统尚未建立健全，各种应对突发事件的措施仍不够先进、科学，这些都使社会稳定受到威胁，社会安全面对考验。

3.面对日益加快的城市化进程的挑战

在世界和中国的城市化趋势下，天津的城市化进程正在加速。随着城市的膨胀和扩张，一些新的问题产生了，诸如城市建设用地扩大中的用地结构问题、城市交通问题、城市住宅问题、城市能源和供水问题、城市环境问题、流动人口问题等。以城市用地和用地结构为例，2001年天津的城市建设用地(即建成区面积)为424.06平方公里，2003年增加至487.47平方公里，两年时间增加14.95%，如果按该比例计算，13年后的天津城市面积将比现在扩大一倍，在不准随意侵占可耕农田的方针下，怎样解决城市的用地问题？再看用地结构，2003年我市城市的基本用地结构为：居住用地占24.6%，工业用地占23.9%，共用设施用地占10.5%，道路广场用地占9.1%，仓储用地占7.1%，绿地占9.3%，市政公用设施用地占2.9%。从以上结构看，我市工业用地及仓储用地的比例过大,两项合计就占了31.0%,而公用设施用地、绿地、道路广场用地、市政公用设施用地的比例偏低,特别是公用设施用地、绿地的比例偏低,用地结构需要调整。天津现在的总人口有1200万左右,其中流动人口有200万~300万,约占总人口的四分之一到五分之一。对于庞大的流动人口,我们还缺少一套成熟的管理经验和办法。

4.教育事业发展中的新问题

在过去的年代里,天津的教育事业确实取得了较大的发展,但仍存在许多令人关注的问题。比如尽管我们基本完成全市中小学布局调整的目标,并着力加强普通高中学校的建设,努力建设更多的示范校,但仍不能满足人们的需求,依然是"僧多粥少",因此而出现了许多相关的问题,诸如"升学大战","教育乱收费"(如择校费)等,尽管人们怨声载道,政府及相关部门也采用各种办法试图解决这些问题,但收效甚微。统计数字表明,2003年我市城市居民家庭人均教育消费支出638元,比10年前的1993年增长5.6倍,年均递增20.7%。从居民家庭消费支出结构看,家庭教育支出占消费性支出的比重逐年增高,2003年达到8.1%,超过了衣着、家庭设备用品、文化娱乐、交通、通讯和其他商品,负担沉重。以交通支出和各种培训班费及择校费为例,2003年家庭人均培训班、择校及其他教育支出102元,与1993年相比年均递增26.1%,占家庭教育支出的比重由1993年的10.3%提高到2003年的16%,提高5.7个百分点。我们提出了多建几所"南开"、"耀华"式学校的口号,而且确实加大了投资力度,使一些学校在楼堂馆所和设备上已经达到甚至超过"南开"、"耀华"的水平,但同时出现的问题是,"硬件"上去了,"软件"上不去,"硬件""软件"不配套,怎么办?"南开"、"耀华"、"一中"等名牌学校有长期的发展历史,与其说校舍和教学设备先进,不如说这些学校有一种特殊的精神氛围,有与众不同的办学思路和方针,有一支强教师队伍,有一群好学生,这都是多年奋斗和累积的结果,大多是看不见,摸不着的,要形成他们的精神、氛围,要有他们那样的老师和学生,要造出他们那样的教学质量和效果,非一朝一日之事,不是盖几栋大楼,添几件设备就能解决的。因此,建"南开"、"耀华"等一流学校的关键不是"硬件",而是"软件","软件"跟不上,光有"硬件"是不能达到目的的。另外仅就"硬件"说也有个"可持续"问题,比如我们解决了"第一次投资"(初始建设费用),后面还有维护、维修、使用操作和消费问题,高档设备的维护使用也常常是高费用的,有些学校建立了标准的高级游泳馆,但却不能向学生开放,原因是使用和维护费用太高。为此多向学生收费是不行的,因为它不符合建馆的初衷,而不收费则又难以维持场馆的正常使用和运行,因此不得不暂时关闭起来。

另外,虽然我们普及了高中教育,职业教育却相对薄弱。,特别是职业教育的工种专业还缺乏针对性,不能满足社会需要,影响了就业质量。据统计,我市农村劳动力的平均受教育水平仅为7年,在劳动人口中大专以上水平的只有6%,初中以下的占20%。从技术工人结构上看,,技能人才结构不合理,整体水平较低。2003年初对全市26385个用人单位的调查,在170万职工中,有技术工人82万人,其中初级占57.27%,中级占32.02%,高级占8.91%,而技师、高级技师仅占1.87%。在这种情况下,会出现有就业岗位也上不去的情况。

5.社会事业发展还不能满足人们的需求

随着人的生活水平的提高和生活方式的改变,人们不断提出一些新的生活需求,诸如新的消费需求、休闲娱乐需求、心理调试和心理安慰需求等。我们的社会事业发展还不能满足人们的这些需求。主要表现在社会事业发展的针对性还不强,不能在认真研究人的需求的基础上,科学地制定发展规划;社会事业发展的速度还不够快,还不能满足人们日益增长的新需要。比如,在当前的社会转型中,人们面对新生事物和社会变迁可能很不适应,许多人有或多或少的心理障碍和心理疾病,但我们的心理卫生、心理治疗、心理服务机构缺少,离社会的需要相差甚远。类似这样的问题还很多。

产生天津社会事业发展中的问题原因,制约天津社会事业发展的因素是多方面的。在以经济建设为中心的前提下,如何树立科学的发展观,正确处理经济发展和社会发展的关系,实现以人为本,协调发展的问题,并没有完全解决,人们要认识和把握其客观规律还要有个过程;社会事业的发展需要经济基础,我们的经济总量还不够大,手中的钱还不够多,是制约社会事业发展的又一重要因素;社会转型巨大,变迁的速度快,不断出现新情况,人们不断提出新需求,社会发展还不能跟上形势的变化等。

三、天津社会事业发展的若干对策建议

为贯彻以人为本,全面、协调、可持续发展的方针,天津在坚持以经济建设为中心的同时,社会事业应该继续健康发展。为此,我们必须充分认识现代社会的发展趋势和主要特征,建立、健全现代社会控制运行系统,抓住天津社会事业发展中的重大问题和关键环节,实施突破,使天津社会事业的发展再上一个新台阶。

1.正确认识现代社会的主要特征,建立现代社会控制、运行系统

我们可以用五句话来高度概括现代社会的主要特征,即现代社会是以人为本的社会;现代社会是高流动与高风险的社会;现代社会是从乡村到城市的社会;现代社会是新型的组织社会;现代社会是追求现代生活方式和生活质量的社会。现代社会控制和运行系统主要包括“社会组织运行系统”、“社会生态系统”、“社会控制和安全系统”、“社会保障和支持系统”和“社会服务系统”。根据现代社会的主要特征和建立现代社会控制、运行系统的要求,结合天津的具体情况,要加快对天津社会事业进一步发展中的若干问题进行对策研究。

2.天津社会事业进一步发展的对策建议

(1)建立以社区为中心的新的组织社会。现代社会是以人为本的社会,是个人的权益和利益被高度尊重和保护的社会,是个性高度伸张的社会,又是高度服从的组织化社会。2003年春,中国社会抗击“非典”取得成功的经验告诉我们,建立现代社会组织运行机制是十分重要的。这一运行机制的基础是基层组织和社区。随着我国社会的转型,我们的政府职能正在发生变化,从“大政府小社会”转变为“小政府大社会”。计划经济体制下政府包揽一切的格局正在改变,政府的许多职能转向社会,交给社会,由社会其他职能部门承担。以往的“单位制”解体了,人们对单位的依附降低了,“单位人”正在逐步变为“社会人”、“社区人”。人口老龄化、家庭小型化、生活水平小康化、住房格局单元化、下岗失业等社会问题显形化、社会利益主体的多样化等,都使人们对社区的关注、参与和依赖加深,社区和社区建设问题变得越来越重要。社区已经成为今天和未来社会的基本单元,是新的组织社会的基础。天津的社区建设在过去的年代里已经有了很大的发展,面对新形势的需要,天津的社区建设还要再发展,以适应新形势的需要。要实现这个目标,结合我国的国情,主要应在加强社区党建、加快社区管理体制改革、培养现代社区意识和形成良好的社区氛围等几个方面下工夫。其中加快社区管理体制改革是主要任务,从行政和法制两个方面,理顺街道、居民委员会和社区及社区各企事业单位的关系,确立街道、居民委员会在社区的中心地位,明确其社区建设的职能是十分重要的。

(2)创立城市社会公共安全系统。有迹象表明,随着社会的变迁,社会公共安全问题已日趋凸显。各种社会问题、自然灾害、恐怖主义时时威胁人们的安全,破坏社会的正常生活秩序,使社会不稳定。因此创立城市社会公共安全系统是十分必要的。为此要搞好社会风险分析与预测,制定社会公共安全规划,建立各种应急救援系统,建立公共安全信息管理系统等。新的城市公共安全系统可包括城市工业危险源子系统、城市公共场所子系统、城市公共基础设施子系统、城市自然灾害子系统、城市道路交通子系统、恐怖袭击和破坏子系统、城市突发公共卫生事件子系统等。

(3)建立天津劳动和社会保障信息系统。社会保障问题是我们面临的突出问题。有完善的社会保障制度,才能体现社会主义制度的优越性,我们的人民才有安全感,我们的社会才有真正的稳定。近年来,我们在建立、健全社会保障制度方面已经有了很大进展,现在我们面对的问题是在完善和加快社会保障制度建设的同时,如何将“养老”、“医保”、“失业”、“工伤”、“生育”等五大保障和保险系统协调统一起来,以使政府能实施更有效的宏观调控,使社会每一个公民有“知情权”,了解自己在社会保障和保险体系中的位置,以及怎样使用该制度来维护自己的权益,配合政府及有关部门落实各种保障和保险制度的实施。因此建立天津劳动和社会保障信息系统是首当其冲的,只有信息确切、畅通,才能使保障实施到位、有效。劳动和社会保障信息系统可由核心业务系统、宏观决策系统、公众服务系统、办公自动化系统和对外接口系统等五个子系统组成。

(4)进一步抓好教育,切实实施科教兴市战略。要抓好天津教育,当前迫切需要解决两个问题。一是教育中的“软件”建设,主要是教师队伍的建设;二是抓好职业教育,培养造就高素质的产业大军。目前这两个问题我们都注意到了,但要解决这些问题,见到明显成效,还有许多工作要作。和硬件建设相比,教育中的“软件”建设需要较长的时间。俗

话说“十年树木,百年树人”,是说人才培养的长期性和艰难性。建一所一流设备的学校不难,只要有钱就行。造就一支优秀的教师队伍很难,需要更大的投入和更长的时间。近年来,在市委、市政府的关心和支持下,天津实行了“人才强教”和“人才强校”战略,构筑高水平人才培养和聚高基地,已经有一定成效,大大提高了教师和校长的素质。此项工程,不能停下。“十五”期间实施的“特聘教授制度”、“中青年骨干教师出国研修计划”、“资助中青年骨干教师教改和科研立项”、“分批分期组织校长任职资格培训”等好的做法不仅要坚持下来,而且在办法上要有创新。“十一五”期间,教育的发展中的“软件”建设,应放在发展教育的首要位置来抓。

在抓好基础教育的同时,抓好职业教育,是我们面临的又一重要任务。目前和未来,和全国一样,本市急需大批高级技术人才、高级技工,因此大力发展职业教育十分重要,是落实科学发展观,实施科教兴市战略,提高经济整体素质的重要环节。必须下大气力搞好职业教育、职业培训,办好高、中等职业院校,从办学思想、办学模式、办学体制上都要创新,面向市场,以就业为导向,以服务为宗旨,使职业教育有较大发展,为实现“三步走”战略提供强有力的人才支撑。

(5)坚定不移地推进城市化进程。尽管天津的城市化水平在57%(按城市人口占总人口比例计算),高于全国水平,但专家预测,在“十一五”期间天津的城市化进程还会加快,这是不可改变的大趋势。面对城市化进程的挑战,我们需要解决三个问题。其一是应对农民工进城问题,或者说是流动人口问题。我们应从社会流动有利于社会发展的理论高度,从城市化是解决三农问题的基本出路的战略高度看待这个问题。彻底转变观念,转变做法,由以往的对流动人口的偏见,转变为今天的积极态度,充分认识和肯定流动人口对我市的建设和社会生活做出的贡献;从过去的围堵、轰赶、限制,到今天的欢迎、安置、服务,使流动人口尽快地、顺利地融入天津社会,在天津的经济和社会发展中发挥他们的作用。为此,我们必须创立创新流动人口的管理办法,以适应现实需要;进一步加快产业结构调整,通过第一、第二产业向第三产业的进一步转移,提高城市化水平;加大城市建设和城市管理的力度,搞好城市建设规划,提高城市管理水平,着力解决城市管理和城市建设面对的三大问题:污染和环境保护问题、交通问题、住宅问题。

(6)关注生活方式的改变和对生活质量的追求。随着社会的发展,人们的生活水平正在不断提高,向小康迈进。人们生活方式的改变和对生活质量的追求对社会的发展提出新的任务和需求,社会应当满足这种需求。新的研究表明,人们在追求生活方式和生活质量方面出现了一些新特点:由追求“现代生活方式”到追求“健康生活方式”;“休闲成为生活的主题,文化与精神消费成为新的热点”;“心理问题日益突出,幸福观念的迅速更新”;“不同群体,特别是社会中坚人群的健康状况越来越值得关注”;“老龄化问题提出越来越多的新需求”。社会应当研究这些变化与特点,有针对性地提出相关的卫生、文化、体育、心理、环境等社会事业的发展方针和规划,以满足社会的需要。

(7)进一步加大对社会事业的投入。社会事业的发展需要有经济基础,许多社会事业的发展是不能产业化的,需要有经费投入。近年来随着经济的发展,我们对社会的投入不断增加,2003年本市财政一般支出中,教育支出年初预算为429450万元,汇编预算485996万元,预算执行475751万元,执行为汇编预算97.9%,比2002年增加14.5%;医疗卫生支出年初预算为123600万元,汇编预算159491万元,预算执行152705万元,执行为汇编预算95.7%,比2002年增加30.4%,都在增加。特别是2003年初发生了“非典”疫情,为抗击“非典”,医疗卫生投入较大。然而,也有投入减少的,比如从财政基金支出上看,文化事业建设费年初预算为4700万元,汇编预算为2838万元,预算执行为2838万元,执行为汇编预算100%,比2002年反而减少了34.5%。由于各种原因,我们对社会事业的投入还远远不能满足社会事业发展的需要,缺口仍然较大。要使社会事业得到较大发展,还必须增加对社会的投入。

以上提出了促进天津社会事业进一步发展的几个主要方面,以此为突破点和切入点,天津社会事业必将快速全面发展,再上新水平、新台阶。

(本文作者:潘允康,天津社会科学院社会学研究所所长、研究员)

天津文化产业发展现状与趋势分析

王　琳

一、当今国际国内文化产业发展的特点与趋势

2002年11月8日，中国共产党第十六次代表大会召开，江泽民同志在大会报告中专门论述了“积极发展文化事业和文化产业，继续深化文化体制改革”的问题，他指出：“发展文化产业是市场经济条件下繁荣社会主义文化，满足人民群众精神文化要求的重要途径”，因此要“完善文化产业政策，支持文化产业发展，增强我国文化产业的整体实力和竞争力。”这个论述包含着对中国经济、社会、文化发展现状的深刻认识和战略引导，充分显示出了发展文化产业是坚持“先进文化的代表”的伟大创举。由此，2002～2003年中国文化部文化产业司发布了“积极推进文化事业体制改革”和“文化产业继续向市场经济迈进”两大任务。应该说，中国文化产业的发展正是遵循上述两条思路进行的：文化事业体制改革是文化产业发展的基础，而向市场经济迈进则是其发展的目标。为了更准确地分析天津文化产业2003年的发展现状与未来3年的发展趋势，首先要了解当今国际、国内文化产业发展的大环境。

（一）当代国际文化产业发展的格局与趋势

纵观20年来世界经济和文化的发展变化，文化产业作为当代人类社会新的财富创造形态及其所产生的巨大的乘数效应，正日益引起国际社会的普遍关注和激烈竞争。近来，世界文化产业发展有三个方面的动向值得我们注意。

一是世界范围内进行的经济结构和战略性调整中文化产业的比重增大，文化产业已成为一些发达国家扩大对外贸易的主导型产业和国民经济与社会发展的支柱产业，尤其是像美国和英国这样一些经济大国，文化产业占GDP比重已经超过了传统的制造业。

二是科技进步突飞猛进，信息技术和网络手段更为深入地用于文化产业的产品开发和传播，数字化趋势正在给文化产业的存在形态和发展趋势带来革命性的变化，数字电视、数字电影、数字娱乐、数字出版正在改变着人们的文化消费习惯，使得文化产业的发展更加显出前所未有的重要分量，“推动信息产业和有关文化产业的结合”已成为世界性潮流。

三是跨国文化产业集团的影响日益增大，渗透力越来越强，跨国文化资本的全球流动和文化资源配置方面的巨大作用，已经成为影响国际文化产业格局的变动、世界文化市场的走向、国际文化秩序和文化关系重组的重要力量。

上述三个方面必然会对已经加入世贸组织的中国文化产业的发展构成重要影响，同时也为中国文化走向世界，中国文化参与全球市场竞争创造了条件，提供了机遇。

（二）当前中国文化产业发展的特点、格局及其趋势

受世界上述三方面因素变动的影响，中国文化产业在近年飞速发展。据《中国统计年鉴》2000年卷中社会就业人口“教育、文化艺术及广播电影电视业”指标，1999年我国文化产业从业人员总数为1568万人，占全社会总从业人员的2.22%；2000年文化产业总产出约为4993.43亿元，年末固定资产原值约达7087.64亿元，约占全国固定资产原值的9.9%；同时据2000年《中国统计年鉴》，教育、文化艺术及广播电影电视业增加值在1998年即已占第三产业的7.2%，占国内生产总值的2.3%；最能体现文化产业发展水平的莫过于增加值增长率了，其实质反映了文化产业发展的速度及趋势。1999年中国文化产业增加值比1998年增长了10.2%；据此预测，中国文化产业如能在未来7年内保持10%～14%的发展速度，可望在2010年达到国民经济支柱产业的目标。

文化产业在我国的迅速崛起，是改革开放20年来国民经济和社会发展获得巨大成果的重要标志，是国民经济战略结构顺利调整，社会主义市场经济体制基本建立，全方位对外开放格局基本形成的重要标志；是以信息技术为主体的高新技术产业异军突起的重要标志。毫无疑问，文化产业将继续成为我国下一轮经济发展的重要增长点。

在未来几年内，中国文化产业发展走向总体上

将呈现如下几个特点:一是区域文化产业竞争全面展开,全国范围内的文化产业非均衡发展态势进一步突出,中央和地方文化产业整体规划和协调发展进入新阶段;二是媒体产业的竞争将演变和扩大为文化产业整个领域的竞争,行业壁垒和市场准入之间的矛盾将充分展开,经济体制深度改革的成果,将在文化产业领域里得到广泛的应用;三是以信息产业带动文化产业结构的战略性调整,文化产业的数字化进程将成为提升文化产业综合竞争能力的主要趋势;四是国内金融资本与产业资本的融合,信息设备制造业、软件开发业与信息服务业的融合,旅游业与现代农业的融合等趋势将构筑文化产业新构架;五是在 WTO 规则框架下文化产业对世界各国的多领域、宽范围的开放,将引领中国文化产品、文化企业、文化产业集团进一步走向国际市场;六是在文化产业发展的裂变中,社会资本和国际资本将多渠道、多形式地进入文化产业的核心区域;七是国际政治、经济、文化各变量的影响力将日益突出;八是政府与市场的兼容性格局基本形成,市场失效和政府失效都将得到有效克服;九是复合型、高素质人才竞争日趋激烈,尤其是能适应多种产业融合需求的文化资本运行人才、系统数字艺术软件开发人才和媒体产业经营管理人才,将成为各类文化产业集团、文化投资集团争斗的焦点。

通过对国际国内文化产业发展的特点与趋势的比较分析,我们认为,天津文化产业目前正处于文化资源重新优化整合,国际国内经营资本正在向文化产业领域聚集(尤其是向海河文化带的聚集),媒体产业综合优势正在形成,数字化等高新技术已经向文化产业集拢,政府与市场之间的兼容格局基本形成,市场正逐步成为文化产业经营的主角,整体文化产业规划正在加速实现的发展阶段。下面,我们将从经济贡献、产业格局、特点与趋势等方面进一步分析天津文化产业的现状。

二、年天津文化产业的现状与特点

面对国际国内文化产业风起云涌般的发展态势,天津市委高度重视文化体制改革和文化产业发展,尤其党的十六大后,市委提出实现文化产业的加速发展的目标。目前,天津文化产业已在全市经济社会发展中占有一席之地。

(一)天津文化产业的现状和在国民经济中的地位

1.天津文化产业的结构与经济贡献

天津文化产业主要包括新闻出版业、广播影视业、文化娱乐业、文艺演出业、艺术教育培训业以及文(物)博(物馆)图(书馆)业等。同时从广义文化产业内涵上看,也涉及文化旅游、会展、广告业等。如从文化产业单位属性分,则分为国有企业、民营企业、私营企业和港澳台企业几种形式。

据不完全统计,截至 2002 年,天津各类文化单位 9220 个,从业人员 15.3 万人;资产总额 334 亿,其中固定资产 210 亿。总收入 126 亿,利税总额 12.5亿,创造增加值 56.2 亿,占全市国内生产总值 2.78%,占第三产业比重为 6.25%,若加上文化旅游业,增加值已占全市 GDP 的 6%以上。初步形成了以新闻出版业、广播影视业、文化旅游业、文化娱乐业、文博图书馆业、信息网络业等为骨干的文化产业格局和体系,请见下表。

表 2　　2002 年天津文化产业经济效益增长表　　单位:亿元

时　间	利税总额		增加值		增加值占 GDP 比重	
2000	6.61	100%	21.34	100%	2.6%	-
2002	12.5	89.1%	56.2	163.4%	2.78%	0.07%
备　注	右位为增长比例.从 2000－2002 年,文化产业利税总额年均递增 44.55%,增加值年递增 81.7%;占 GDP 比重年均增长 0.04%.					

(注:作者根据有关数字绘制.其中不含文化旅游业增加值,故上述增加值占 GDP 比重为窄口径数字。)

2.天津文化产业发展的特点

首先,文化体制改革速度加快。在天津经济持续快速健康发展的同时,市委把深化改革、加快文化产业发展摆在日益重要的位置。2001 年底,市委制定下发了《天津市文化发展“十五”计划和到 2010 年规划纲要》,提出到 2010 年,把天津建成国际文化交流中心城市之一,文化产业成为全市经济发展的支柱产业。中办 17 号文件下达后,市委宣传部成立了“改革办公室”,指导和推动文化体制改革和文化产业发展。党的十六大后,市委提出天津作为一个历史资源丰富、文化底蕴深厚、朝着建设国际化大都市目标迈进的直辖市,有条件也能够实现文化产业的加快发展。2003年6月,市委成立了海河开发改造工程文化设施规划领导小组及办公室,集中组织协调领导全市特别是海河两岸文化遗存的保护开发利用和文化设施的规划建设。目前,宣传部正牵头开展全市文化产业、文化设施及海河文化带的规划调研工作。新闻出版、广播电视、文化娱乐等业的资源整合、资产重组等工作也在市委的统一领导下积极稳妥地推进。

从2000至2003年始,市委加大资源整合力度,实行多元投资,先后建立了一批注册资金在1000万元以上的现代企业,包括天津津源影视有限责任公司、天津广播电视网络有限责任公司、天津北方网股份有限公司、今晚快递股份有限责任公司、天津每日新传媒发展有限责任公司、天津假日传媒发展有限责任公司、天津金文图书城股份有限责任公司等,总注册资金达2.4亿元。各公司不断完善内部管理,实现资源共享,运营情况普遍良好。

其次,文化产业基础设施投资加快,科技含量大幅度提高,形成了明显的产业优势。近几年,天津累计投资近三十亿元建成了广播电视新闻中心、天津日报大厦、今晚报大厦、天津自然博物馆、天妃宫遗址博物馆、天津华厦未来少儿艺术中心、天津图书大厦等标志性文化设施。其中图书大厦营业面积、智能化程度全国领先。天津博物馆也于2003年内建成。维修改造了中国大戏院、天津大剧院、梁启超“饮冰室”等一批有影响的文化场馆。同时建设了一批大型文化广场,如市民广场等。基辅号军事主题公园等一大批社会办文化项目加紧建设。另一方面,近几年,宣传文化系统累计投入5亿多元进行设备改造和更新换代。目前,广播电视数字化、网络化制播水平,报纸印刷、电影放映水平均处全国先进行列;中国数字图书馆天津分馆也为全国第一个建立的省级数字图书馆。

其三,媒体资源整合和运行机制改革配套推行,市场收益明显提高,成为国内领先产业之一。2002年,经中宣部和国家新闻出版总署批准,天津日报报业集团、天津广播电视电影集团挂牌成立。这两家集团成立后,迅速着手理顺内部关系,实行媒体资源整合、财务委派等一系列内部机制和运行体制的改革。天津日报报业集团以《天津日报》为龙头,形成了由《天津日报》、《每日新报》、《天津青年报》、《假日100天》、《采风报》、《球迷报》、《天津汽车报》、《新广角》杂志、《蓝盾》杂志、《天津日报电子版》等组成的七报两刊一网的报刊体系,拥有3张日报、4张周报,总发行量达150多万份。近年来,报社狠抓内部管理、结构调整和资源整合。2002~2003年,天津日报集团拥有总资产7亿多元;总收入突破4.4亿元(同比增长21%),其中广告收入3.4亿元(同比增长18%);实现利税6000万元,净利润1400万元(同比增长70%)。2002年天津日报集团和天津广电集团销售收入分别达到4.4亿、5亿元;其中广告收入与上年分别同比增长125.8%、67.8%。目前,“今晚报报业集团”和“天津出版发行集团”的筹建工作也在抓紧进行。连锁经营、物流配送工作不断推进,现代化的印刷工业园正积极筹建。

其四,文化产业单位在体制改革的基础上,向市场要效益,努力提高市场占有率,获得了经济、社会效益双丰收。如天津人艺、天津歌舞剧院、天津京剧院等建立了一批与市场机制相衔接的工作室、创作室、剧组,根据各艺术门类的等级和特点,拉大收入档次。出版局所属北洋电子音像出版公司,1992年30万元起家,抢抓商机,有效拓展北美市场,目前已在北美地区开设12家较大规模的连锁分店,现已达到2200多万元的资产规模。此外,各文化产业单位努力打造精品,向市场要效益。天津京剧院排演的现代京剧《华子良》和人民艺术剧院的话剧《为你喝彩》,双双进入国家戏剧舞台十佳精品工程入围作品,歌舞剧院排演的芭蕾舞剧《精卫》,已成为天津的品牌剧目。杨柳青画社、泥人张工作室、电影公司、文物公司、拍卖公司等经营性单位通过对内加大改革力度和对外开拓市场,实现了两个效益双赢。2003年,天津芭蕾舞团通过出让两年的冠名权成功吸引本市大型企业金耀集团(药业)600万元资金,为艺术院团进行市场化运作进行了有益的探索。

其五,海河文化带的开发与建设将进一步优化天津文化产业结构,在整体上提升天津文化产业竞争能力。海河两岸的综合开发将建设一大批标志性文化设施,如海河音乐厅、数字化广播电视中心等;天津城市发展博物馆、天津工业博物馆、天津博物馆等。以及一批具有天津浓郁地方文化特色的大型文化设施如海河楼、大剧院、音乐会堂、京剧大观园、天津文学馆(院)、天津美术展览馆、天津画院等。建设一批纯经营性文化设施,如北方文物交易中心、杂技马戏城等。在海河两岸综合开发建设中,预计将投资近百亿元进行文化设施建设,将兴建和改扩建文化设施50余处。这将大大提高天津文化产业的地位,完善文化设施体系,提高城市文化品位。

同时将在海河文化带的建设中引入竞争机制,有效运用现代资本运作模式,充分开展文化产业领域的资本运作,积极引入风险投资机制,建立文化产业创业园、产业园,海河文化带的建设将极大地增强天津文化旅游业的规模效益;以天津设卫建城600周年和北京举办2008年奥运会为契机,带动文化会展业的发展;同时,建设海河文化带将有效促进各类文化消费,带动文化产业深度发展。

(二)发展天津文化产业目前存在的矛盾与问题

其一,思想观念还需进一步转变。多数同志都认识到加快文化体制改革,加快文化产业发展,在市场竞争中求生存、谋发展是大势所趋、必由之路,但在具体问题上依然存在议论多,行动少的问题,个别同志还存在"等靠要",甚至仍寄希望于国家把文艺院团包起来。

其二,体制上的障碍尚未彻底打破。文化产业仍存在政事不分、政企不分、管办不分的现象,单位之间、部门之间尚缺乏相应的协调合作机制,因条块分割而影响整体发展的情况仍然存在。对发展文化产业的政策性支持还不够明确,发展文化产业还没有形成良好的政策和法律环境。

其三,我市文化产业实力相对较弱。与北京、上海等城市相比,我市文化产业的总体规模、竞争实力和市场扩张速度都比较小。如北京、上海的广告市场总额都在100多亿元以上,我市仅30亿元。

其四,资源整合的力度还需要进一步加大。我市文化资源和历史文化遗存比较丰富,有很多可以开发利用的空间,如近代政治文化遗迹、对外开放遗存等,包括一些优秀的专业人才,还没有完全"搞活",同时不少资源还比较分散,需要借助有效途径集中实力,打响品牌,拓展市场。

其五,文化产业多方融资的比例相对较低。近年来我市通过业内融资发展文化产业刚刚起步,与发展的需要和先进地区比较还有相当距离。全国文化产业上市公司已达16家,天津明显滞后。

其六,管理人才相对短缺。我市文化产业人才培养和激励机制尚不健全,当前最缺的是既懂业务,又善经营、会管理的复合型人才。

三、2004~2005年天津文化产业的发展趋势与政策体系建设

(一)天津文化产业短期经济贡献预测

(1)2003~2005年天津文化产业经济贡献发展目标:天津文化产业近3年经济贡献预测请见下表。

表3 **2003~2005年天津文化产业经济贡献增长表(参考)** **单位:亿元**

时　间	利税总额		增加值		增加值占GDP比重	
2003	14.25	14%	64.1	14%	2.92%	0.05%
2004	16.1	13%	72.4	13%	3.1%	0.06%
2005	18.0	12%	81.1	12%	3.31%	0.07%
备　注	右位为增长比例。从2003~2005年,文化产业利税总额年均递增13%,增加值年递增13%;占GDP比重年均增长0.06%。					

(注:作者根据有关数字绘制.其中不含文化旅游业增加值,故上述增加值占GDP比重为窄口径数字)

要想在"十五"时期推进天津文化产业向支柱产业迈进,其发展速度必须超过国民经济发展速度。我们根据1997~2000年文化产业发展速度进行预测,2003~2005年天津文化产业增加值分别为64.1亿、72.4亿、81.1亿;其占GDP比重分别为2.92%、3.10%、3.31%,其上缴利税总额分别为14.25亿、16.1亿、18.0亿。增长速度分别为14%、13%、12%,其占GDP比重分别增长0.05%、0.06%、0.07%。

(2)2004~2005年天津文化产业结构发展目标:重点将发展新闻出版、广播影视、文化旅游、文化休闲娱乐、文化会展、文艺演出、文化中介及文化艺术

教育等行业。在这些行业中,还将注重引入风险投资和资本运作机制,运用高科技手段,发展非国有资本为主体的文化产业。

(3)天津文化产业中长期发展目标:未来5~10年,天津文化产业的发展目标是:充分利用国内国际两个市场、两种资源,体现天津中心城市功能和发展方向,初步建立起适应社会主义市场经济发展的政府调控市场、市场引导企业的文化产业运行框架;形成以高新技术为支撑的多元化、网络化、规模化的产业发展格局;建设和培育天津文化产业园,创建国家级文化产业创新与研究基地;使文化产业创造的增加值每年以20%以上的速度快速增长,5年后全市文化产业增加值占全市GDP 6%以上,把文化产业培育成我市国民经济重要的增长点,为推动天津新一轮经济和社会发展发挥重要作用;同时遵循"三年大发展,五年新跨越,十年建成国际文化交流中心城市之一"的总体要求,争取10年后在把天津建设成为与现代化国际港口大都市地位相适应,与政治、经济发展水平同步的国际文化交流中心城市之时,文化产业成为全市经济发展的支柱产业。

(二)推进天津文化产业快速发展的政策支持体系建设

(1)加强分类指导,在文化系统全面推进管理、分配、激励等内部机制改革。对可经营的文化产业如网站、广告、造纸、印刷、发行等行业,以及一些与大众生活、娱乐紧密相关的报纸、出版社,如《假日100天》、《采风》、古籍出版社等,要强化经营管理,努力增加收入。对图书馆、博物馆等公益性文化单位,应在满足群众文化需求的同时,力所能及开展创收。对全面参与市场竞争的文化企业,要按现代企业制度的要求进行规范,尽快做大做强。

(2)加大结构调整力度,推进文化产业集团化建设。要不断加大文化系统体制改革力度,优化文化资源配置,调整文化产业结构布局,适时组建文化发展集团。出版发行业,要以市新华书店为龙头,对现有国有图书网点布局进行调整,增扩网点,发展连锁,加快实现全市连锁经营和统一配送;将通过土地转换、贷款、融资和职工入股等方式筹措资金,分两期建设占地2000亩的印刷工业园;加快出版发行集团建设和今晚报报业集团的组建;各文化产业集团要积极开展跨行业兼营和跨地区经营,推动文化产业朝着规模化、集约化方向发展。同时进一步建立和完善现代企业法人治理结构,逐步形成现代化文化产业框架体系。

(3)实施品牌战略。要实施精品工程,突出特色品牌。在文化产业和产品上"有进有退",做到求新、求特、求专、求精。不仅要发掘利用好天津的近代历史文化、民间传统艺术,以及天津的京剧、曲艺和芭蕾舞等老品牌,还要抓住海河开发改造和天津实施"三步走"战略的良好契机,努力打造新品牌,从而做到新老品牌相映成辉。

(4)进一步坚持市场取向。在文化产业向市场机制转变过程中,进一步转变政府职能,强化竞争意识,加强市场分析,减少管理环节,降低经营成本,完善管理体制和运行机制,提高管理水平。在演出、影视、艺术品等市场率先建立适度竞争的文化中介机制,通过拍卖、代理等方式带动文化市场发展,引导大众文化消费,积极培育文化消费市场。创新市场化运作手段,积极参与国内国际文化产业市场竞争,形成多种经济成分平等竞争的文化产业格局。

(5)积极拓展融资渠道。对以国营为主体的文化产业公司,探索和实施多种形式的资本运作。建立文化产业发展基金,筹建文化产业发展投资控股公司。加大股份制改造力度,力争在3~5年内,有2~3家公司实现上市。引入风险投资机制,发展民营及各种经济成分的文化产业,培育文化产业内的新增长点。同时,还要利用合资、合作、信贷、贴息、置换、债转股等多种形式,吸纳社会资金,拓展文化产业融资渠道。

(6)营造有利于文化产业发展的政策法律环境。支持发展的政策法律环境是文化产业快速发展的根本保证,加强有关文化产业市场化课题研究,以理论创新带动文化产业政策创新。研究制定有利于文化产业发展的各类投融资政策以及资金扶持优惠政策。进一步修改完善包括文物、文化遗存、文化中介、网络、报刊、出版、印刷、广播影视等在内的地方性法规。构建既与WTO规则接轨又切合天津实际的文化产业政策法规体系。

(7)加强经营管理人才队伍建设。建立和完善一整套行之有效的文化产业人才机制,形成招聘、试用、竞争上岗、考评、轮岗、末位淘汰等一整套现代人事管理制度,全面提升人才队伍综合素质。努力造就一支覆盖文化产业各领域的高素质、复合型人才队伍。同时争取在近一两年内建立我们天津自己的高校文化产业培养基地,造就一批适合天津市情的高复合型文化产业人才库。

(8)发挥区位优势,实施可持续发展战略。积极发展京津、环渤海经济文化协作圈,扩大我市文化产品在周边、中原、三北等地区的竞争力,加大对外文化交流和文化产业的外向型合作发展力度。要不断加大文化体制改革力度,加强管理,提高质量,做到人力、财务、资金运作“三统一”,面向现代化、面向世界、面向未来,实施文化产业的可持续协调发展战略。

(本文作者:王琳,天津社会科学院经济社会预测研究所副研究员)

天津发展史上的重要里程碑

——实施“三五八十”四大奋斗目标的成功实践

毛俊杰

2002年12月25日,在中共天津市委八届三次全会上,中央政治局委员、市委书记张立昌郑重宣布:“三五八十”四大奋斗目标,经过广大干部群众历时9年的顽强拼搏,提前一年全面实现了!

回首“三五八十”极不平凡的历程,十年巨变,感慨万千。1994年以来,全市上下高举邓小平理论伟大旗帜,坚持“三个代表”重要思想,年复一年、日复一日,以一天也不耽误的精神忘我拼搏、艰苦创业,硬是在各方面条件不具备的情况下,克服了许多难以克服的困难,办成了许多难以办成的大事,创造了令世人瞩目的辉煌成就。“三五八十”的成功实践,使我们走出了一条坚持想问题、定政策、办事情始终着眼于中低收入的大多数群众,以开拓创新的精神,力争上游的标准,坚忍不拔的毅力,不事声张的作风,知难而进,埋头苦干,努力实现经济快速发展、社会全面进步、人民安居乐业,不断开创改革开放和现代化建设新局面的“天津之路”。

“三五八十”是一幅波澜壮阔的画卷,展示了党的十四大以来,市委、市政府团结带领全市人民,抓住中心不动摇,聚精会神搞建设,一心一意谋发展,在解放思想中与时俱进,在开拓创新中跨越发展的奋斗历程。“三五八十”是一面历史的镜子,反映了各级干部和广大党员牢记党的宗旨,立党为公,执政为民,诚心诚意为广大群众谋利益、办实事的拳拳之心和实际行动。“三五八十”是一个重要的里程碑,开创了天津发展史上最快最好的时期,经济综合实力实现了历史性的跨越,各方面都发生了巨大变化,标志着全市的现代化建设进入了一个新阶段。“三五八十”是一种宝贵的精神财富,深深地印记在每个人的脑海中,植根于广大干部群众的实践里,时时给人以巨大激励和深刻启迪,为实施“三步走”战略,向着更高的目标迈进注入了强大动力。

“三五八十”的确定,是顺应国内外发展大势把中央精神与天津实际紧密结合起来的一个创造

20世纪90年代初,全球经济正处在一个重要的变动和调整时期。世界经济呈现出区域化、集团化的趋势,贸易战和市场竞争日益激烈;新技术革命蓬勃兴起,对社会生产方式、产业结构产生着深刻影响;跨国公司活动领域不断拓宽,促进了经济的相互依存和渗透;国际投资态势的变动,对地区经济发展的作用更加突出。在这样一个复杂多变的经济环境中,亚太地区经济增长迅速,特别是东亚成为世界上发展最快的地区。全球投资趋向的变化、贸易结构的调整、产业分工的重新组合,对我国特别是沿海开放城市的发展提出了严峻挑战,也提供了前所未有的机遇。

1992年,邓小平同志视察南方的重要谈话,精辟地分析了国际国内形势,提出了“发展是硬道理”的科学论断,要求全党“改革开放胆子要大一些”,“看准了的,就大胆地试,大胆地闯”。党的十四大指出,“要紧紧抓住有利时机,加快发展,有条件能搞快一些的就快一些,只要是质量高、效益好、适应

国内外市场需求变化的,就应当鼓励发展”。并明确要求,以上海浦东开发开放为龙头进一步开放长江沿岸城市,加速广东、福建、海南、环渤海湾地区开放和开发。在这样的大背景下,我国沿海城市和地区发展迅猛,一些中等城市更是生机勃勃,许多内陆地区急起直追,形成了一个南北呼应、东西联动、各地竞相发展的蓬勃局面。

面对国内外深刻变化的发展大势,天津该如何有所作为?经验证明,有目标才有奋斗的方向,有目标才有取胜的动力。确定阶段性奋斗目标,必须立足于解决实际问题。当时,在体制转轨的过程中天津面临着许多深层次矛盾和急需破解的难题。最突出的三个问题:一是经济实力较弱,增长速度不快,发展后劲不足。“七五”时期,全国国内生产总值年均递增7.9%,天津是5.2%,居各省市倒数第二位,与先进地区相比存在明显差距,而且经济效益不理想,财政年收入徘徊在50亿元左右。二是由于历史的原因和地震灾害的影响,群众住房条件普遍较差,旧城改造的压力很大。1993年,全市仅2公顷以上的成片危陋平房就达738万平方米,居住着近四分之一的市民,雨季淹泡、冬不保暖,要求危改的呼声非常强烈。三是天津作为老工业基地,受计划经济影响较深,国有企业众多,设备陈旧,技术落后,产品老化,债务沉重。据1993年统计,工业企业厂龄在40年以上的占80%,50年代以前的生产设备占60%以上,资产负债率年均为75%,一些老行业甚至超过100%。

我们党夺取政权之后,始终面临着如何保持党的先进性,巩固执政地位,不断满足人民群众日益增长的物质文化需要这样一个重大课题。共产党是不是先进?只有老百姓认同,才是先进。只有把群众的愿望、群众的利益实现好、维护好,才能保持党同人民群众的血肉联系,才能把人民群众的积极性、创造性调动起来,发挥出去。1993年新一届市委、市政府受命于天津发展的关键时期,深感形势逼人,重任在肩,解决天津的问题关键在发展。看摊守业不行,前进慢了也不行,只能横下一条心,背水一战,顽强拼搏。搞上去,可以向全市人民交出一份合格的答卷;搞不上去或者搞慢了,绝不只是工作好坏的问题,更重要的是失掉了机遇,影响天津在全国应有的地位。为了使天津人民看到希望,把全市人民动员起来,凝聚起来,根据时代的呼唤,形势的要求和群众的企盼,在深入农村、工厂企业大量调查研究的基础上,时任市委副书记、市长的张立昌提出了加快天津发展的“三五八十”四大奋斗目标,并于1994年市十二届人大二次会议上审议通过。这就是:到1997年,提前3年实现全市国内生产总值翻两番;用5至7年时间,基本完成市区成片危陋平房改造;用8年左右时间,把国有大中型企业嫁接改造调整一遍;用10年左右时间,基本建成滨海新区。

“三五八十”的提出,是把中央精神与天津实际紧密结合的产物,是解放思想、大胆创新的结果,是操作性很强的艰巨任务,有着深刻的内涵和长远考虑,体现了把握大势、超前思维的鲜明特点。提前3年翻两番,是要提速、要加快,实现经济的快速发展,使经济总量迅速增加,也是经济基本素质的提高。总量上不去,就没有经济实力,解决任何问题都无从谈起。用5至7年时间完成市区成片危陋平房改造,是解决群众生活中最关心、最急迫的问题,让老百姓及时得到应该得到的实惠。不能让老百姓住着危陋房子进入新世纪。同时,危改也是为了拉动经济快速增长,带动城市经济布局调整,为第三产业的发展腾出更大的空间。用8年时间,对国有大中型企业进行嫁接改造调整,就是针对天津老工业基地这个基本市情,抓住经济体制改革这个中心环节,着力解决企业工艺落后、设备陈旧、产品老化、机制不活等问题,振兴天津工业。但当时又缺少资金,出路只能是深化改革,扩大开放,大胆利用外资,引进先进技术和管理,对国有企业进行嫁接改造调整,从而实现投资主体多元化,使企业机制转换一步到位,增强活力和市场竞争力,对全市发展起到支撑作用。用10年时间基本建成滨海新区,主要是着眼于天津长远发展,为将来积蓄更大的发展后劲。滨海新区有大片的荒地,又有我国北方最大的港口,开发区、保税区都集中在这里,这是一个得天独厚的优势。充分利用这个优势,建成一个加工制造业相对集中、交通能源等基础共用、体现聚集效益、高度开放的现代化工业基地,使其成为全市新的最大经济增长点。

实践证明,“三五八十”四大奋斗目标的确定,顺应了国际国内发展的大势,立足于天津已有的良好基础,贯彻了中央加快发展的要求,代表了全市人民的根本利益,符合经济发展的客观规律。应当说“三五八十”是在天津发展的关键时刻,市委、市政府作出的一个有胆识、有气魄的战略抉择,体现了审时度势、驾驭全局的领导水平,体现了与时俱进、力争上游的境界,体现了立党为公、执政为民的本质,体现了不事声张、埋头苦干的扎实作风,体现了工作前瞻性、创造性和连续性的高度统一。这四大奋斗目标是贯穿天津多年发展的一条主线,把天津的前途与人民的利益紧紧联系在一起,时刻激励着广大干部群众奋发有为的不懈追求。

"三五八十"的实施,是与时俱进的成功实践使天津经济社会发展实现了历史性的跨越

天津近十年的发展,是紧紧围绕"三五八十"四大奋斗目标展开的。全市上下广大干部群众解放思想,与时俱进,紧跟时代前进的步伐,坚持用发展的观点看待条件,用创新的精神破解难题,用全面上水平的标准组织和推动工作,赢得了"三五八十"的圆满实现,使天津的综合实力显著增强,城市地位显著提高,人民生活显著改善,各方面都发生了重大的历史性变化。

一、提前翻两番跨入全国发展较快地区的行列,综合实力显著增强

"三五八十"的核心是加快天津发展。在推进实施的进程中,不仅成立了各级领导小组,分解了任务,明确了责任,落实了制度,而且市委、市政府随着形势的变化和实践的要求,不断用工作思路的深化推动发展。1994 年提出要坚持两条腿走路、两手抓,以开放带改革,以改革促开放,一手抓加快新区的发展,一手抓老城区、老企业改造。1998 年提出要走出一条"依靠科技进步、提高整体素质,实现加快发展、增强经济实力"的路子。1999 年在创新大讨论的基础上,确定了"乘势而上,开拓创新,全面上水平"的工作基调,提出经济工作要以改革总揽全局,抓好结构调整、技术创新、对外开放三件大事。2000 年确定了抢抓机遇、跨越式发展的工作思路,提出经济发展一要速度快,二要水平高。2001 年针对加入世界贸易组织的影响,提出了"接受新考验,开创新局面"的要求。2002 年鉴于"三五八十"四大奋斗目标即将实现,又号召全市"树立更高标准,实现更大突破"。思路的持续创新,有力地推动了工作的创新和实践的发展。经过全市干部群众的顽强拼搏,团结奋斗,天津经济不仅实现了总量的跃升,而且发生了质的变化,迅速跻身于全国发展较快地区的行列。1994—2002 年全市国内生产总值年均增长 12.2%,增幅比全国同期水平高出 3.4 个百分点,近两年增长速度居全国各省区市首位。在经济总量上实现了两次大的跨越:第一次是 1996 年国内生产总值突破 1000 亿元大关,达到 1099.47 亿元,提前 4 年实现国内生产总值翻两番;第二次是从 1997 年到 2002 年,全市国内生产总值又增加 1000 亿元,达到 2051.16 亿元,人均国内生产总值达到 2600 多美元。财政实力也显著增强。改革开放头十年,全市财政收入只有 40 亿~50 亿元,1995 年跨上百亿元台阶,1999 年跨上 200 亿元台阶,2002 年达到 375.8 亿元。由于"三五八十"的实施,全市经济整体素质不断提高,综合竞争能力和抵御风险能力显著增强。经济实现了连续 11 年平均两位数增长,避免了陷入周期性的低速徘徊,经受住了亚洲金融危机的考验、世界经济下滑和国内市场需求不旺等各种不利因素影响。

二、嫁接改造调整取得重大成果,经济结构发生根本性变化

作为老工商业城市,经济结构不合理一直是制约天津加快发展的突出问题。市委、市政府始终把结构调整作为经济工作的重中之重,坚持"在发展中加快调整,在调整中促进发展",使三次产业都有了长足的发展。工业是天津经济的重要支撑。利用外资嫁接改造国有大中型企业,是天津工业重振雄风最直接、最有效的途径。从 1994 年到 2001 年,全市工业企业累计嫁接改造国有老工业项目 1167 个,利用外资 64.82 亿美元。实现了引进一个大项目,形成一个拳头产品,救活一批企业,带动一个行业,在全国率先走出了一条以开放促进国有企业改革和发展的路子。以电子信息、生物技术与现代医药、新能源和新材料为代表的高新技术产业发展迅速,占全市限额以上工业总产值的比重由 1993 年的不到 10%提高到 2002 年的 33%,成为新的支柱产业。其中,电子信息产业成为全市工业的第一大支柱,2002 年完成工业总产值占全市规模以上工业的比重达到 25%。石油套管、LG 电子等一批名牌产品不断壮大,一批大型企业茁壮成长,天津正在成为面向世界的现代加工制造业基地。服务业是城市繁荣的标志。随着现代服务业的发展和传统服务业的改造,第三产业实现较快发展,占全市国内生产总值的比重由 1993 年的 37%提高到 2002 年的 47.5%,金融保险、住宅房产、观光旅游、中介服务等新兴产业空前活跃,大型超市、连锁经营、物流配送

等新型业态蓬勃兴起，中心城市的服务功能进一步增强。以发展现代沿海都市型农业为目标，农业结构调整成效显著，高效经济作物占种植业的比重、养殖业占农业总产值的比重、进入产业化体系的农户都达到50%以上。个体私营经济已经成为全市经济重要组成部分，2002年占全市经济的比重达到20%。

三、技术创新步伐明显加快，经济增长方式发生较大变化

科学技术是第一生产力，是先进生产力的集中体现和主要标志。市场竞争归根到底是科学技术的较量，谁的技术先进、产品技术含量高，谁就能掌握竞争的主动权。天津发展的优势在科技，天津经济的后劲在科技，天津未来的希望在科技。在推进“三五八十”的过程中，市委始终把科技创新摆在突出位置，明确提出，我市经济的发展已经进入全面追求科技进步的年代，“天津经济上水平，首先是科学技术上水平”；必须坚定不移地实施科教兴市战略，走科技路，吃科技饭，力争高人一筹，领先一步；宁可不上低水平的重复建设，宁可少上也不欠技术水平的账，坚决跳出低水平竞争的圈子。全市上下牢固树立科技意识，加大科技投入力度，加快科技体制改革和技术创新体系建设，积极整合科技资源，大力推进科技经济一体化，努力建设“信息港”、“人才港”。10年来天津的科技综合实力明显增强，连续8年位居全国前列。2002年高新技术产业增加值对工业增加值的贡献率达到52.9%。利用高新技术特别是信息技术改造传统产业取得积极进展，纺织、冶金、机械、轻工等行业的落后工艺大多得到彻底改造。高新技术产业化项目取得重大突破，形成了一批新的支柱产业。随着科技产业的蓬勃发展，华苑、逸仙、海洋等一批新技术产业园区迅速崛起。2002年园区实现总产值416.38亿元，10年增长17.6倍。科研攻关力度不断加大，储备了一大批技术项目。全市已经建成各类研发中心101个，国家和市级企业技术中心累计达到80家；10年累计取得重大科技成果9730项，国家科技进步奖153项；数字化技术、光电子技术、纳米技术和膜技术等一批高新技术领域走在全国前列。科技进步为天津经济插上了腾飞的翅膀，正在走上新型工业化道路。

四、开放型经济格局基本建立，滨海新区成为全市最大的经济增长点

当今世界是开放的世界，开放才能发展，封闭必然落后。天津作为我国北方最大的沿海开放城市，加快发展的根本出路在开放，必须做好对外开放这篇大文章。市委、市政府提出，把对外开放作为战略之举，把建设滨海新区作为谋求更大发展的制胜一招。始终强调实行全方位、宽领域、高层次的对外开放，“同世界经济接轨，与跨国公司同行”，坚持看长远、算大账，让外商有利可图、有钱可赚，着力改善投资环境，千方百计把更多的资金、技术、人才引进来。10年来天津利用外资成就斐然。累计实际利用外资222.3亿美元，相当于改革开放以来的95%以上，年均增长24.2%；国际跨国公司、大财团纷至沓来，目前全球最大的500强企业，在津投资的已有94家、项目200多个。天津外贸出口跃上一个大台阶。2002年全市外贸出口达到115.95亿美元，比1993年增长5倍，年均增长22%。全市外贸依存度由1993年的20.9%提高到47.4%。大外贸格局基本形成，与180多个国家和地区建立贸易往来，机电产品和高新技术产品占全市出口总额的比重分别达到72.7%和42.6%。滨海新区已成为全市最大的经济增长点。2002年新区完成国内生产总值812.7亿元，是1993年的7.2倍，年均递增20.8%，占全市国内生产总值的比重达到40.2%。作为全市工业东移的主要目的地，新区成为我市高新技术产业的重要基地和重化工业区，工业的技术含量高、国际化程度高、聚集效益高，2002年完成工业总产值1700亿元，产值规模超过了许多大中城市。开发区主要经济指标多年来一直在全国排第一，保税区国际物流通道的作用更加明显。天津港年吞吐量超过亿吨，跻身世界大港20强之列。滨海新区已经成为天津加快发展的强大“引擎”，对环渤海乃至我国北方地区的发展正在发挥越来越重要的作用。这10年天津坚持以服务促发展，加强环渤海区域经济协作，积极参与西部大开发，对内开放迈出坚实的步伐。10年累计吸引国内投资349.45亿元。在加入WTO的新形势下，天津作为全国投资回报率最好的地区，已成为国内外客商投资兴业的一方热土。

五、危陋平房改造带动作用巨大，初步形成了现代化国际港口大都市的构架

这些年我市以危改为突破口，大力加强城市建设，坚持“高起点规划、高水平设计、高标准建设、高效能管理”，拉动了经济的快速增长，带动了产业布局调整，带动了相关行业发展，极大地改善了城市环境。虽然市区成片危陋平房改造工程的阶段性目标于1999年提前完成，但危陋平房的全面改造却一直没有停步。截至2003年8月，市内六区累计拆除危陋旧房1841万平方米，新建住宅4965万平方米。全市52万户，163万群众喜迁新居。江泽民同志对此给予高度评价："天津改造这么多危陋房屋，是很了不起的"，"短短六年完成这么大的工程，国内少有，世界罕见。"并为天津危改欣然题词："牢记党的宗旨，造福人民群众。"在危改工程强有力的带动下，1994～2002年城市基础设施投资累计达到1187.5亿元，城市建设取得重大突破。形成了以海港、空港、铁路、高等级公路、市区干道为标志的综合交通体系，高速公路总长度位居直辖市第一，公路网密度位居全国第二。1993年以来，全市投入200多亿元铺设了市区地下管网、完善了自来水、排水、通讯、供热、天然气、电力等地下基础设施。还投入34.3亿元治理了海河干流，防洪、防沥、防海潮的能力明显提高。改造了和平路、滨江道等商业街，重建了鼓楼商贸街。墙子河、卫津河、月牙河、北运河等得到综合治理，两岸居住环境彻底改善。建成天然气进津、集中供热、引黄济津、农业南水北调工程，生产和生活条件有了根本好转。整个城市的面貌焕然一新，正在展现出国际港口大都市的风采。

六、人民群众生活水平显著改善，开始由小康向比较富裕阶段迈进

10年来，市委、市政府坚持"一切为了人民、一切依靠人民"的基本工作思路，坚持想问题、定政策、办事情始终着眼于中低收入的大多数群众的重要指导原则，紧紧抓住增加群众收入，改善生活环境，提高文化品位三件事不放松，围绕全市人民关心的急迫问题，边发展经济，边改善人民生活，让群众及时享受到经济和社会发展带来的成果，广大群众的生活水平不断提高。城乡居民收入显著增长。2002年城市人均可支配收入突破万元大关，比1993年提高2.6倍；农民人均纯收入达到5315元，比1993年提高2.3倍。收入的提高，从根本上改变了市民的消费结构，居民消费正在从20世纪90年代的千元级，向万元级消费迈进，移动电话、电脑、住房、汽车等成为新的消费热点。城乡居民恩格尔系数，分别由1993年的54.6%和150.5%，下降到2002年的36.2%和38.2%。按照国际通用的标准来衡量，天津城乡居民生活已经实现了由温饱向小康阶段的转变；正在由小康阶段向比较富裕阶段迈进。群众居住条件和生活环境明显改善。2002年城市居民家庭资产平均达到25.7万元，全市商品房个人购买比例达到97%，居民住房自有率达到60%，城市人均住房使用面积提高到16.6平方米，住宅供热普及率提高到74.1%。市区人均公共绿地面积达到5.6平方米，建成区绿化覆盖率达到27.3%。随着蓝天、碧水、安静、生态等六大环保工程的全面实施，城市净化美化、灯光夜景建设成效显著，城市文化品位迅速提升。自然博物馆、科技馆、体育中心、平津战役纪念馆、周邓纪念馆，以及图书大夏、华夏未来少儿艺术中心、文化广场等设施相继建成使用，群众文化生活丰富多彩，文教娱乐消费已经占居民消费的1.6%。群众生活得到有效保障。以养老保险、失业保险、医疗保险为重点的社会保障体系初步建成，国有企业下岗职工基本生活费、离退休人员养老金按时足额发放，所有符合条件的城乡困难居民都得到最低生活保障，下岗失业率控制在4%以内。人民群众的生活水平发生了质的飞跃，全市上下心齐气顺，政通人和。

七、教育得到优先发展，各项社会事业全面繁荣

全市各级党委和政府始终坚持"两手抓、两手都要硬"，坚定不移地走经济和社会协调发展的路子。市委把教育摆在优先发展的战略地位，强调"百年大计，教育为本"，"教育兴旺，天津兴旺"，对教育怎么支持都不为过。不断加大教育改革和调整力度，大力发展职业教育，建设一批"南开"、"耀华"式的高中示范校，持续增加教育投入，使天津教育走在了全国前列。1994年在全国率先普及了9年义务教育，1999年又率先基本普及高中阶段教育，高等教育毛入学率超过40%，市民平均受教育年限超过13年，普职比达到5:5。文化和社会事业的发展，体现着经济发展的水平，并对经济发展具有较强的促进作用。这些年，全市的思想政治工作在改进中不断得到加强，精神文明建设在创建中取得显著成效，新闻出版、文化艺术、卫生体育和计划生育等事业进一步发展，成功地举办了43届世界乒乓球锦标赛和34届世界体操锦标赛，竞技体育有了大的突破，10年累计获得国内外单项冠军184个。这些年，全市的民主法制建设取得明显进展，政府职能和工作作风有了很大转变，村务公开、厂务公开、政务公开等工作走在全国前列，依法治市步伐加快，社会政治稳定，治安秩序始终保持全国最好的地区之一。这些年，我们认真贯彻落实“党要管党，从严治党”的方针，扎实有效地推进党的建设新的伟大工程。邓小平理论和江泽民同志“三个代表”重要思想的学习不断深入，“三讲教育”、“警示教育”、“权力观”教育取得阶段性成果，学先进活动不断深入，出现了范玉恕等一批全国先进典型。干部制度改革取得明显进展，党的基层组织建设和干部队伍建设进一步加强，党风廉政建设和反腐败斗争扎实推进，党的领导水平和执政水平明显提高，拒腐防变和抵御风险能力明显增强，为天津加快发展提供了根本保证。

实施“三五八十”以来，全市广大干部群众克服了许多艰难险阻，经受了各种严峻考验，走过了一段极不平凡的奋斗历程。这是一个加快发展的时期，国民经济在不断提速中走在了全国的前列。这是一个深化改革的时期，整个社会在深刻变革中形成了新机制、新体制。这是一个全方位开放的时期，天津在阔步走向世界中增强了竞争力和影响力。这是一个勇于创新的时期，我们在不断解放思想中走出了一条具有天津特点的发展路子。“三五八十”是一个了不起的创举，开创了天津发展的崭新局面。随着四大奋斗目标的全面实现，我们具备了雄厚的物质技术基础，形成了有利的体制环境，解决了前进道路上突出的急难问题，培养锻炼了一支敢打硬仗、善于攻坚的干部队伍，积累了在激烈的市场竞争中加快发展的实践经验。特别是全市人民群众的思想观念、思维方式发生了深刻变化，形成了思进求快、不畏艰难、奋发向上的浓厚氛围，表现出热爱天津、建设家乡的高涨热情和无穷的创造力量，大发展的气势令人鼓舞、催人奋进。所有这些都是长久起作用的因素，为天津实现跨越式发展，奠定了坚实的基础。特别是经历了今年上半年抗击非典的严峻考验，使我们越发深刻地体会到，“三五八十”所创造的巨大物质成果和宝贵的精神财富，为我们战胜前进中的困难和实现更大发展提供了重要保障。如果没有经济连续11年平均两位数增长和财政收入大幅度增加，如果没有大规模的成片危陋平房和二级河道的改造，如果没有嫁接改造和开发建设滨海新区积蓄的强大后劲，如果没有在实施“三五八十”过程中形成的那种迎难而上、敢于胜利的宝贵精神，在短期内有效控制非典疫情是不可能的，实现进一步加快发展也是难以做到的。而且，随着时间的推移，“三五八十”的重要作用和影响，将会更加广泛地显现出来。

“三五八十”的实现，是奋发有为精神的生动体现为天津向着更高目标迈进提供了宝贵经验

以“三五八十”四大奋斗目标的实现为标志，天津步入了一个可以乘势而上、放开手脚、谋求更大发展的新阶段。去年底市委召开了八届三次全会，认真贯彻党的十六大精神和市第八次党代会的部署，明确提出新阶段要树立新标准、制定新目标、展现新面貌，确定了新世纪初“三步走”战略和实现这一战略的五大战略举措、两条基本途径、一个根本保证，描绘了天津未来发展的宏伟蓝图。站在新的起点上，展望“三步走”的美好前景，回顾“三五八十”的发展轨迹，我们更加深切地体会到过去的十年确实是天津发展进程中承前启后、继往开来的重要历史时期，有许多动人的往事和场面需要铭记，有许多工作思路和做法值得回味，有许多宝贵经验和启示将成为进一步加快天津发展的重要遵循。

第一，坚持解放思想、实事求是、与时俱进，在创新中找出路、求发展。我们的事业是全新的事业，没有固定的模式，找不到现成的答案，随着改革开放的深入，许多深层次的矛盾和历史遗留问题绕不开也躲不过，迫切需要新的认识来推动新的实践，迫切需要在创新中攻难关、解难题。天津这些年，始终以解放思想为先导，通过思想观念的更新，不断拿出新招法，闯出新路子。市委反复强调，要按照“三个有利于”标准，坚决冲破一切妨碍发展的观念，坚决改变一切束缚发展的做法和规定，坚决革除一切影响发展的体制性弊端，不断解放和发展生产力。我们要提前翻番，必须保持两位数增长，没有一定的勇气和胆略是很难下决心的，结果全市上下咬定目标齐拼搏，提前4年实现了。我们搞嫁改调的时候，有人担心好的国有企业与外商合资了，国有资本会流失，当时思想阻力很大，也引起了理论界的争论。我们坚持看长远、算大账，实行了全方位的对外开放，紧紧盯住世界一流企业、一流产品，以合理让利促合作，结果盘活了存量，扩大了增量，闯出了一条搞活国有企业的捷径。在危改之初，一些人的畏难情绪也很大，巨额的资金哪里来？5至7年能不能完成？看法并不一致。有的人还算

过一笔账，认为光是往外运拆房的渣土都运不完。结果我们坚持在实践中寻找答案，创造出“货币安置”、“以路带危改”、“区企结合”等许多新思路和新办法，提前一年完成了。事实说明，事在人为，路在脚下，办法总比困难多。实施“三五八十”的过程，就是一个思想不断解放，工作不断创新的过程。解放思想、实事求是、与时俱进是我们党坚持先进性和增强创造力的决定性因素，是时代和实践的要求，也是天津实施“三步走”战略的关键所在。只要始终站在时代前列，进一步更新思想观念，牢固树立创新意识，提高创新的本领，让一切创新的活力迸发出来，让一切创造社会财富的源泉涌流出来，就能不断开创工作的新局面。

第二，坚持把发展作为第一要务，用发展的办法解决前进中的问题。发展是硬道理，是解决所有问题的关键。离开发展，坚持党的先进性、发挥社会主义制度优越性和兴市富民都无从谈起。“三五八十”的提出和实施，就是着眼于加快发展，立足于在发展中解决突出的急难问题。提前3年翻两番，本身就是全面提速，壮大实力；进行危改是从解决百姓住房困难入手，带动相关产业发展；搞嫁改调就是为国有企业注入新的活力，再造老工业基地新优势；建设滨海新区是培育新的经济增长点，为天津长远发展打基础。在“三五八十”推进的过程中，不管世界风云如何变幻，不管自然环境多么困难，我们始终抓住经济建设这个中心不放松，从来没有动摇过加快发展的信心和决心。这些年我们以改革统揽全局，迎难而上，较劲爬坡，下大力量抓好经济工作的三件大事，向结构调整、技术创新和对外开放要速度、要水平，从而占据主动、赢得优势。在新世纪新阶段新的征途上，只要全市上下紧紧抓住重要的战略机遇期，聚精会神搞建设，一心一意谋发展，就一定能够克服任何艰难险阻，一定能够经受住各种考验，推动改革开放和现代化建设从胜利走向新的胜利。

第三，坚持抓住牵动全局的关键问题，努力实施重点突破。善于抓住复杂事物中的主要矛盾和矛盾的主要方面，是唯物辩证法的重要观点，是一种领导艺术和工作方法。多年来，天津的工作就是从分析形势入手，审时度势；超前思维，把长远目标和阶段性目标结合起来，适时地深化工作思路，着眼于全局的关键问题，扎扎实实地进行重点突破。“三五八十”的确定和实施，就是抓重点，重点抓，纲举目张，带动全盘的成功范例。四大奋斗目标看起来是几个单项，实际上涉及的工作内容和领域相当广泛，其作用影响都与全市发展的大局紧密相联。抓住这四个目标，就抓住了全市这一时期工作的牛鼻子。实践表明，抓重点，需要深刻认识发展大势，充分了解实际情况，统筹全局，把握正确的方向；抓重点，需要在头绪纷繁的工作中，分别轻重缓急，按阶段、有秩序地展开；抓重点，需要随着主要矛盾的转移和工作的进展，因时而变，顺势调整。现在，市委确定了大力发展海河经济、海洋经济、优势产业、区县经济、中小企业和个体私营经济五大战略举措，是从自身的独特优势、产业基础和发展潜力出发，找准了“三步走”的用力方向和突破口。我们只要坚定不移地狠抓落实，干好每一年，走好每一步，就能使天津再发生一个新的历史性变化。

第四，坚持树立高标准，不断自我超越，力争上游，勇夺冠军。标准问题，既是一个重要的思想方法问题，又是一个重要的实践问题。市委、市政府对此历来十分重视，一直强调把各项工作放到全局、全市、全国的的总盘中去认识，强调以直辖市和国际港口大都市的标准组织和推动工作，强调与先进相比找差距、取得成绩不自满，强调确立拼一拼、跳一跳才能够得着的目标。在实施“三五八十”的过程中，不论有多大风险、多大困难，从来没有放弃过对高标准的追求。创新大讨论的开展、全面上水平工作基调的提出，跨越式发展思路的确定都是坚持高标准的具体实践，各方面重大成就的取得都是坚持高标准的结果。应当说，坚持高标准是天津工作的宝贵经验，也是新阶段的必然要求。以什么样的标准开展工作，体现着一种觉悟、境界和追求，是事业心、责任感的反映，也决定着工作的水平和成果。天津进入新的发展阶段，最显著的特征就是工作标准更高了，能不能站得更高一些，看得更远一些，在高基数、高难度上实现新的突破，坚持什么样的标准至关重要。我们必须自加压力，树立敢为人先的意识，永不自满、永不懈怠、永不停步，力争上游，不断提高工作水平，积极抢占前列地位，争取更多的“单项冠军”。

第五，坚持立党为公、执政为民，尽心竭力为群众办实事、谋利益。立党为公、执政为民，是我们党全心全意为人民服务宗旨的集中体现，是贯彻“三个代表”重要思想的根本要求，是我们一切工作的出发点和落脚点。天津这些年始终坚持“一切为了人民，一切依靠人民”的基本工作思路，坚持想问题、定政策、办事情着眼于中低收入大多数群众的重要指导原则，形成了很好的传统，积累了十分宝贵的经验。实施“三五八十”四大目标，特别是抓大规模的危陋平房改造，充分体现了群众的迫切期盼，让群众及时得到应该得到的实惠。我们从抓稳定物价、解困和扶贫三件事，到抓增加群众收入、改善生活环境、提高文化品位新三件事，以及每年为城乡居民办20件实事，都是从解决不同时期群众的急难问题和实际需要出发的。实践证明，与群众的感情越近，群众的情绪就越顺；与群众的一致性越多，群众的信任度就越高。在任何时候、任何情况下我们都要把群众的利益放在第一位，把大多数群众是否赞成、是否受益作为决策依据和检验标准，真正做到利为民所谋，情为民所系，权为民所用，千方百计解决好群众的实际生活问题。人民群众是真正的英雄，是先进生产力和先进文化的创造主体，是最深厚的力量源泉。离开人民群众的拥护和支持，我们将一事无成。实现“三步走”是天津新阶段的战略思路，是全市上下的共同责任，也关系着群众的切身利益。只要紧紧地依靠广大人民群众，把群众的积极性、主动性和创造性充分调动起来，把各方面的智慧和力量进一步凝聚起来，同心同德，开拓前进，就能实现既定的目标，就能把宏伟蓝图变成美好的现实。

第六，坚持加强领导班子和干部队伍建设，始终保持良好的精神状态。“三五八十”的顺利实施，是贯彻“三个代表”重要思想，坚持党要管党、从严治党的结果。“三五八十”取得的辉煌成就，与各级领导班子的坚强有力、广大党员干部始终保持良好的精神状态分不开。正是由于各级干部讲党性、讲奉献，顾全大局，深入实际，真抓实干，开拓进取，不畏困难，以自己的模范行动在人们心目中树立了良好形象，赢得了群众的信任与支持，才能够团结带领广大群众攻克了一个又一个难关，实现了一个又一个目标。面对新阶段新任务新的考验，我们要主动适应新形势新要求，切实加强学习，改进领导方式和领导方法，不断提高领导水平和驾驭能力，使各级领导班子真正成为担当历史重任的坚强领导核心。各级领导干部要做全面贯彻“三个代表”重要思想的带头人、开拓创新的带头人、维护大局的带头人、勤政廉政的带头人，自觉增强党的意识、群众意识、自律意识，用人民赋予的权力更好地对人民负责、为人民服务。要始终保持只争朝夕、奋发向上的精神状态，敢于干一些打破常规的事情，敢于做前人没有做过的事情，不见成果不撒手，不达目的不罢休。要时刻牢记“两个务必”，自觉做到与时俱进，紧紧把握时代脉搏，坚忍不拔，埋头苦干，用一流的工作创一等的业绩。

“三五八十”的成功实践说明，天津人民敢于谋大事，善于干大事，能够成大事。“三五八十”以其巨大贡献和深远影响，载入了天津发展的史册。“三步走”战略开始谱写现代化建设更加壮丽的篇章。一个大有希望的天津正在阔步前进。我们坚信，勤劳智慧、富于创新的天津人民，一定会发扬“三五八十”的精神开创更加美好的未来！

（本文作者：毛俊杰，中共天津市委研究室副主任）

环渤海与京津冀地区区域经济整合问题研究

阎金明

当今世界，由特大城市或城市群所构成的区域经济的作用显得越来越重要，区域间的竞争正逐步取代国与国之间的竞争而成为竞争的主体，这已成为一个不争的事实。在我国，珠三角、长三角和环渤海地区三大城市群以其相对较小的面积创造出巨大的财富，显示出蓬勃的区域竞争力和生命力。但也要看到，在一个开放的经济体系中，相对于国际水平而言，我国大城市和城市群的总体实力还不够强，以城市群为代表的区域经济对国民经济的贡献率明显偏低。据中科院发布的《中国城市发展报告》，广州、上海和北京这三大城市GDP占全国的份额分别仅为1.8%、4.6%和2.5%，而纽约、东京、伦敦、汉城的这一比重分别是

24%、26%、22%和26%。由此可以看出，与发达国家相比，我国中心城市及区域经济在总体实力上的差距是十分巨大的。作为我国三大经济区域之一的环渤海地区，今后整合与发展的路该怎么走，是一个值得认真思考的问题。

一、环渤海地区经济发展的优势

所谓环渤海地区，是指由环绕渤海湾以及黄海的部分沿岸地区所构成的经济区域，其行政区划包括北京、天津两大直辖市和河北、辽宁、山东、山西以及内蒙古的部分地区。整个环渤海地区陆地面积127.82万平方公里，占全国领土面积的13.31%，人口为2.6亿多人，约占全国的21.15%。渤海是个内海，被辽东半岛、山东半岛和华北大平原呈"C"字型所环抱。在总长约占全国三分之一的海岸线上，分布着40多个港湾、29个大中小型港口城市[①]。这些港口城市所组成的点和线常常被人们形象地称之为"渤海金项链。"

应当说，尽管在实际合作中存在着这样那样的现实问题，但环渤海地区的发展优势和巨大潜力还是十分明显的。从自然资源上看，矿产有铁矿、硼矿、滑石矿、镁矿、铜矿、铝矿、锌矿、磷矿、石墨等；能源则有华北、胜利、大港和中原四个油田及海上石油，和以山西为主并在河北和辽宁也有分布的煤矿；渤海湾还有着丰富的海洋资源。此外，环渤海地区的农业资源和旅游资源同样十分丰富，具有相当大的开发价值和市场潜力。

从经济区位上看，环渤海地区地处我国华北、东北和西北三大区域的结合部，是沟通东北亚地区和走向国际市场的一条重要通道，同时向西又是通向广阔腹地、连接中亚地区乃至通向欧洲的亚欧大陆桥的一个重要枢纽。区域内铁路以北京为中心，纵横交错，四通八达，公路则有京津塘、京沪、京沈、京福、沈大等高速路为骨架形成密集的三级公路网络。区域内还分布着一大批港口和机场，高效地连接着国内外的人流与物流。

从经济实力上看，环渤海地区目前已经形成了汽车、电子、冶金、石油、化工、重型机械、煤炭、电力等支柱产业。京津地区又是全国科技人才和研发力量最为密集的地区，高新技术产业与现代第三产业的发展始终走在全国的前列。

从区域产业布局方面看，在我国九大城市产业带中，环渤海地区就有京——津、沈——大和济——青三个城市产业带，形成高度密集的、主要以港口城市和中心城市组成的双城型城市产业带与产业集群。同时近年来环渤海地区的城市化进程迅速，而且城市等级规模比较齐全，综合性发展的特征比较显著。

从开放经济发展的角度看，环渤海地区也在中国北方走在了最前面。在1984年我国开放的14个沿海城市中，环渤海地区就占了5个，即天津、大连、秦皇岛、烟台和青岛。5个开放城市同时还设立了经济技术开发区，其中天津开发区在全国国家级开发区中名列前茅；1987年国家又将山东半岛、辽东半岛和环渤海湾地区列为经济开放地带；1991年开始在天津和大连两个港口设立了保税区；1992年，国务院又先后批准满洲里和二连浩特为沿边开放城市。国家在环渤海地区所推出的这些重大举措，使该地区成为中国北方对外对内开放度最高、利用外资和外贸出口发展最快的区域。

环渤海地区经济的发展可以划分为三个阶段：第一个阶段是从20世纪的50年代到70年代末，这个时期属于"均衡布局战略"阶段。这一时期计划经济占支配地位，"条条"管理特色突出，地区间的横向经济联系被人为地割断，追求沿海与内地的平衡发展，尤其重视内地的"三线建设"，因而在中西部地区上了不少大项目。第二阶段始于改革开放之后，以"非均衡发展"为主要特色。本着有条件的地方发展可以快一些的思路，我国经济发展的战略布局开始发生重大变化。政策的着力点和生产力布局的重点转移到东部沿海地区，环渤海地区经济发展的能量开始大量释放，相对于周边地区的优势也越来越明显。第三阶段指90年代后期以及新世纪的大约头十年，我国区域经济发展在经过激烈的竞争之后，将逐步走向"双赢"和"多赢"的时代，区域经济发展趋于相互协调、互利互惠和共同发展。这时的城市群在分工上比较合理，比较优势充分发挥；产业结构明显优化，经济布局合理，规模经济优势得以体现；与此同时，在与世界经济接轨的过程中，环渤海地区间的发展差距缩小，实现共同富裕和全面小康的步伐加快。

二、环渤海地区经济发展中面临的主要问题

毋庸置疑，由于种种原因，环渤海地区的经济

---

① 冯之浚、陈钺：《环渤海地区经济发展战略研究》，河北人民出版社1997年11月版。

发展还远未达到其应有的水平，即现实的增长还是低于潜在的应有增长水平。这其中的因素很多，但可以简要地归纳为以下几个方面：

1.将历史上沿袭下来的行政区域同时作为经济区域，形成今天这种行政区域对经济发展的某种制约。郭鸿懋等学者的研究认为，假设空间交易行为的交易费用为零，那么选择行政空间作为组织各类地区交易活动的空间形态，并且利用现有的各级政府的行政职能网络来承担管理区域经济的责任，其制度成本将是非常低的，因此，这种模式是实行计划经济国家的普遍选择。中国在长期实行的计划经济体制时期就刻意将行政区域与经济区域两者在制度上进行重合。选择这种空间经济组织模式的初衷在于借助行政区域和经济区域两者的边界重合来在一个相同的空间范畴内部进行区域市场整合，借以消除行政边界壁垒导致的交易成本增加，促进宏观经济区域一体化系统的形成。其结果：一是地域经济组织形态在空间上被限制在行政区划内部，跨地区的经济交往和贸易活动基本上消失了；二是在不同的行政区划系统内部形成了另一个以行政中心组织经济的多层次的行政经济网络系统。环渤海地区的问题也正在于此。

2.环渤海地区本身的行政区划关系较为复杂，各地为完成各自的经济发展指标，必然都要争上项目，造成环渤海地区产业同构化问题突出，许多项目难以达到有效规模，使项目的效益大打折扣。从环渤海经济区发展的几个阶段就可以看出，该地区的经济是以多中心的水平分工为主要特色，这有其历史的必然性。而近年来在环渤海地区的项目摆布上又呈现产业结构日益趋同的倾向，客观上造成区域内各省、市之间的竞争性大于互补性问题。

3.环渤海地区各省市联合的意向多于实质性行动，争当区域内“龙头老大”的倾向依然存在。虽然环渤海地区各省市之间已经建立起比较稳定的联系网络，而且在企业技术推广、对口帮扶、干部交流、商业会展和发展外贸出口等方面做了一些工作，但是在资源合理配置和要素流动特别是在共同利益基础上的项目开发和共同组建大型企业集团方面的实质性进展并不大，而这又是通过企业集团的组建、由政府和民间力量共同进一步推动环渤海地区经济合作所急需的，在加入世贸组织以后国内外市场竞争加剧的情况下更是如此。而从地理上看，环渤海地区几个中心城市又都有着作为整个区域经济发展的“龙头”的实力和合理性。从这个意义上说，相关省市各自为战、满足于自我循环式发展的局面仍会持续相当一段时间。

4.从梯度推进的发展模式上看，环渤海地区成为中国改革开放的“第三个热点地区”的难度将越来越大，同时区域内也缺乏建立在共同经济利益上的“兴奋点”。相对于珠江三角洲和长江三角洲而言，环渤海地区各省市在发展的观念和紧迫感方面都显得“落后”，在90年代小平同志视察南方重要谈话之后才走上了发展的快车道。然而由于沿海地区“先走一步”取得了较快的发展，使得中、西部地区和东部沿海地区的发展落差越来越大，因而国家从“九五”期间开始提出了西部大开发战略，鼓励国内外投资者到中西部地区投资。十六大报告进一步将西部大开发战略的实施提到了“关系全国发展的大局，关系民族团结和边疆稳定”的高度。同时“十五”期间国家又提出了“振兴东北等老工业基地”，这种与经济发展的区域布局密切相关的政策上的变化，无疑使原先寄希望于继珠江三角洲和长江三角洲的开发开放之后，环渤海地区成为第三个开发开放的“热点”地区的希望多少有一些落空的感觉。

5.区域内小范围联合的突破也不是很多，尤其是京、津两个特大型城市以及与河北省的分工与协作尚需时日。在一个多中心的区域内，由小范围的联合入手以求取得突破不失为一条可行之路。但近年来在环渤海地区这种小范围联合的进展也不是很快。如在京、津、冀的联合与分工协作中，高层互访虽然接连不断，但政府和企业之间能够找到共同利益进而携手合作的并不是很多，跨地区的企业收购和股份制改造案例更少。在这一地区，借鉴国际经验，解决好京、津两个特大型城市的城市功能和产业分工与布局问题，是摆在环渤海地区经济社会发展面前的一项迫切任务。

6.区域内各省市大多已形成自我循环的“都市经济圈”，寻求联合的意愿自然不会十分强烈。都市圈内部是“五脏俱全”的，因而都市圈之间的相互依存关系一般都比较弱①。相比之下，每个都市圈的对外开放（国际市场）程度比对内开放程度倒要

① 王建：《世纪构想：九大都市圈》，《南方周末》1996年9月27日第2版。

大得多，而环渤海地区就至少分布着京津冀、沈(阳)大(连)和济(南)青(岛)等几大都市圈。在我国加入世贸组织后对外开放领域不断扩大的情况下，上述都市圈各自与国际经济的联系更加紧密，在对外招商引资和发展对外贸易方面则存在着相互竞争这一客观现实。

无独有偶的是，在以上海为龙头的长江三角洲地区的区域经济联合中，人们也发现存在着类似的问题，使各经济区和都市圈的经济联合难以达到理想状态。《南方周末》曾以整版篇幅刊出题为"'大上海'之路受阻何方?"的文章，分析了"深水港之争突显区域壁垒"、"同一产业正面火拼"、"恶性竞争多方受损"和"合作之声决而不行"等等长江中下游区域经济联合中存在的诸多现实问题①。这一现实正好说明，在一般情况下，现行行政区划和地方经济考核体制仍然是区域经济联合中的一大阻碍。这一带根本性的问题得不到解决，将很难出现大规模、大范围的资源优化配置和出于经济利益、能够"双赢"或"多赢"的区域经济联合！

在西方跨国公司的合作中，有所谓"战略缺口"理论、非零和博弈理论和联合经济效应理论等。归纳起来，这些理论都是强调在竞争的环境中，客观要求一个地区或企业所要取得的战略绩效目标与它们依靠自身资源和能力所能达到的目标之间存在一个缺口，限制了它们完全依靠自身资源和能力来实现发展目标。在这种情况下，走联合的道路成为必然选择。在这个过程中，一方的发展并不是以损害另一方为代价，而是在合作中求得非零和博弈的双赢结局，这是大家共同的愿望。同时这种合作又是以合作各方都能充分利用外部共享要素、发挥各自异质技术优势和管理经验为前提的②。这也正是经济联合得以产生、存在并发展的根源所在。

三、城市群的作用及其发展趋势

中科院《中国城市发展报告》认为，中国要在新世纪的头20年实现全面建设小康社会的奋斗目标，加快中国城市化步伐，发挥城市的中心作用是必由之路。中国城市化战略应按面、线、点设计，要培养三大城市群，创建七大城市带，发展若干个中心城市，构建起中国城市经济发展的立体框架。而中国沿海的环渤海湾地区、长江三角洲地区和珠江三角洲地区正在发展成为主导中国经济发展、参与国际竞争的三大城市群，今后中国经济将越来越向这三大城市群集聚。

作为城市化的高级形式，大城市群在中国已经出现，如20世纪80年代开始崛起的珠江三角洲大城市群，以广州和周边县市及深圳作为经济中心；90年代则出现了沪宁杭经济群的集中地——长江三角洲大城市群；再有就是酝酿已久也期待已久的首都经济圈——环渤海湾大城市群③。

一般认为，大城市群在一个国家和区域经济发展中具有非常重要的地位。在"极化"效应的作用下，大城市群不仅有较好的投资环境、综合经济实力，还有完善的城市功能和较高的投入—产出效益，同时也是一个国家和地区经济社会发展的中心，具有较强的吸引力、凝聚力和扩散力。到目前为止，上述三大城市群中的珠江三角洲大城市群和长江三角洲大城市群业已形成，以北京、天津"双核型"城市为中心的环渤海湾大城市群也在逐步形成。与此同时，从东部到中、西部，一系列的城市经济带也正在形成之中，如上海——南京沿线经济带，沿京九铁路经济带，以及西部地区的成都——重庆经济带、西安——咸阳等经济带。在中西部地区，由一批中心城市所组成的特色城市正在出现，这些城市或综合型、政治型、经济型，或交通型、文化型、旅游型，以不同特色发挥着区域中心城市的作用。

该报告的预测显示，我国未来城市发展的核心面、线、点形成后，将有一半的人口、GDP的80%、全国工业产值的90%以及全国进出口总额的95%集聚在这些地域④。

四、环渤海和京津冀地区加快整合的基本理念

从全球看，以世界城市为核心的大都市圈已成为世界经济最为活跃的区域，并开始逐步主导全球经济。特别是伴随着经济全球化，自90年代以来，全球城市纽约、伦敦、东京的人口从减少转为增加，已开始重新成为世界经济发展的重要舞台，Scott将其称为"世界都市圈增长时代"。其世界经济控制

①《南方周末》2002年12月5日，A2版。

② Gary Hamel, C. K. Prahalad, and Wes Doz, "Collaborate with your competitors and wins", Harvard Business Review, January/February 1989。

③ 孙玉波、韩洁:《中国城市化进程必须提速》，新华网2002年12月19日。

④《(2001-2002)中国城市发展报告》是在中国市长协会的组织下，由全国人大常委会副委员长蒋正华，清华大学建筑学院教授、两院院士吴良镛以及首席科学家牛文元等近百名国内外专家共同完成。今后该报告将每年出版一次。

能力不仅在于自身的强大,更在于有一个支撑其发挥控制职能的高度发达的区域,即全球区域。同时区域内一体化和分工协调的程度进一步提高,大大降低了成本,提高了竞争力。

面对这种情况,环渤海地区应尽快采取措施,通过区域整合,求得协调发展。

区域整合的目的主要有:

(1)实现区域生产力的合理布局,充分发挥区域的比较优势。(2)实现区域资源配置合理化和经济效益的不断提高。(3)统筹区域经济协调发展。(4)应对经济全球化的挑战。

要在区域整合过程中自始至终地贯穿“双赢”理念,即整合是为了在现有资源约束条件下,让区域经济产生出更大的能量,使区域内的有关各方都从中受益。例如在国际航运中心建设中就必须认识到,国际航运中心是一个港口体系,有着干线及一大批支线喂给港的配套,而非独立存在。如日本东京湾港口群,分工明确,配合默契,实现多赢。最大港口千叶港,承担原材料输入;横滨港作为东京的外港,主要承担对外贸易功能;东京港以内贸为主;川崎港多为企业运原料和成品;横须贺港以军港为主,兼营贸易,等等,而非在同一层面上竞争。

要在区域整合过程中自始至终地贯穿“互补”理念,即在正常的、良性的竞争过程中,互补应多于竞争。如区域内不同城市所处工业化的不同阶段造成互补的可能,各城市功能的不同所造成的互补的机会,由不同城市商务成本变化形成的“位差”所提供的互补机会等。另外,如何从竞争走向竞合、适应新世纪经济发展的新要求也是需要认真加以研究的。

要在区域整合过程中自始至终地贯穿以京津冀的联合作为“突破口”的理念。区域联合与整合必须寻找一个切入点。在环渤海地区,区域联合的重要切入点应是京津冀的联合。在世界上不少国家的首都都在寻求城市与地区整体协调发展以汇集区域的整体力量来增强其在国际分工中的有利地位和控制能力的今天,大北京地区区域发展不平衡、核心城市辐射能力不强、水资源短缺、生态环境质量不高等问题只有通过区域合作才能得到有效解决,通过区域资源的有效配置实现区域与城市的共同繁荣成为不可回避的一项政策选择。这种现实需求为环渤海地区的整合提供了机遇和突破口。

因此,应将“京津都市圈”及京津城市群的发展问题纳入国家中长期发展规划的考虑范围之内,将这一地区看作是一个整体予以统筹规划,并争取在不长的时期内见到成效。最主要的是在项目摆布上充分考虑两市合理分工,体现各自不同的城市功能。在此基础上,对两市分别确定不同的考核指标,以有效避免种种无效竞争。

要研究“大北京”发展动向与趋势,从区域竞争与合作中获取最大利益。由中科院院士吴良镛教授主持的中科院课题认为,大北京是区域经济发展的必然趋势,并认为京津冀北地区(指辖京津唐和京津保两个三角形地区,含承德、秦皇岛、沧州和石家庄等城市部分地区,中心区面积近7万平方公里,人口约4000万)作为中国的首都地区。由于种种原因,目前的城市除了在国家管理、技术贸易、交通枢纽等方面的基本功能外,对国家和周边地区发展的影响并不大。因此国家必须将大北京地区的城市发展置于提高和促进国家的国际竞争力的高度加以认识并付诸实施①。

该报告称,从世界范围看,大北京既应该是世界城市体系的综合节点、部分国际组织机构的所在地和世界文化网络的管理节点,也应该是知识创新的中心、国内外交通与通讯枢纽和对国际管理、科技人才以及旅游有持续吸引力的适宜居住的城市。具体为:采取“交通轴+葡萄串+生态绿地”的发展模式,塑造区域人居环境的新形态。对于京津冀北地区的发展模式,该报告作了如下设想:

一是沿交通轴,在合适的发展地带,布置“葡萄串”式的城镇走廊。根据实际需要,确定“葡萄珠”的大小和内容,并为未来的发展留有余地。通过引导地区中心的发展,居民可以方便地兼得城乡之利,包括就业、交通、教育、文化功能的满足,并保护好山丘、湿地、濒水地区等的自然形态、自然资源,兼得景观、休闲之趣。在适当的地点,布置科技产业园区等新的城市功能区。

二是将交通轴、“葡萄串”式的城镇走廊融入区域生态环境中,在良好的生态环境基础上塑造区域人居环境的新形态。

五、推动环渤海、京津冀地区经济联合的几个重点

---

①《大北京是区域经济发展的必然》,国研网www.drcnet.com.cn2001年11月6日。

一是从京津和河北省的部分城市具有实质性的经济联合入手,取得突破并产生“示范效应”。比如,可以促进京津唐(山)、京津保(定)等几个三角形区域的联合,在资源、项目、高新技术产业和企业制度变革等方面进行更多的交流与合作。资源的联合就是按照京、津、冀各自在人才、信息、资金、港口、机场设施和原材料等方面的优势,合理确定各地的产业发展方向;项目的联合,要求打破以往争项目、争指标的传统观念,按照发挥比较优势的原则使新上项目形成有效规模,使区域内的产业布局趋于合理;高新技术领域则要发挥京津两地的优势,在推动科技成果的转化方面下力量;结合企业制度方面的改革与重组,则要推动企业实行跨地区、跨行业、跨所有制的相互参股、兼并、租赁和承包经营,使三地区在经济上形成更为紧密的关系。京津冀的联合搞好了,将对环渤海地区的联合起到良好的示范和促进作用。

二是要淡化行政隶属关系的色彩,做到“互利、不争雄”。新世纪的竞争已经是科技、人才和经济实力的竞争。环渤海有关省市区都应按照“三个代表”和实现全面小康的总体要求扎实工作,推动多层次的联合,互利互惠,共同发展,不争谁是“龙头”,只求环渤海地区经济的整体振兴和率先实现现代化。

三是环渤海地区的产业要进一步外向化,还要力争建成1~2个自由港。环渤海地区在中国北方外向型经济的发展中要发挥更大的作用,就要使其产业的外向化水平进一步提高。一方面是提高自身的外向化水平,即更大规模地利用外资改造老企业、建立新型企业和发展外贸出口,从容应对加入世贸组织以后所出现的新情况、新问题;另一方面是要使为广阔腹地走向国际市场提供服务的功能有一个明显的提高和完善,包括金融商贸服务设施、管理部门的高效廉洁以及港口作业的相关服务等。而天津和大连的保税区则应创造条件,向功能更加完善、政策更加宽松、经营更加灵活的自由港方向转变,实现小平同志“在内地再造几个香港”的战略构想。大力发展环渤海地区的外向型经济,还可以在一定程度上弥补因各省市间相互开放度不高所带来的经济上的损失。

四是必须打掉阻碍生产要素自由配置的各种关卡和体制性障碍,实现对外对内的全方位开放,形成环渤海地区的统一大市场。要像党的十六大提出的那样,“冲破一切妨碍发展的思想观念,改变束缚发展的做法和规定,坚决革除影响发展的体制弊端”。因此在环渤海地区,各种有形的和无形的阻碍统一大市场形成的关卡都要打掉,使区域内各种生产要素的流动得以顺畅进行。都市圈之间的相互开放尤为重要,只有在对外开放的同时也实行对内开放的策略并身体力行,才是真正意义上的开放经济,也才能达到让市场对资源配置起主要作用的目的。

五是在推动经济联合过程中还要注意将市场的力量和政府“有形的手”的力量有机地结合起来。这种结合将有助于解决诸如区域内行政隶属关系复杂、各种优惠政策五花八门很难统一等问题。同时发挥有形的手的作用还有利于由国家来统筹涉及区域内跨省市的大型项目,通过发行债券或成立股份制的开发银行来筹集建设资金,协调各省市之间的利益关系等。

(本文作者:阎金明,天津社会科学院城市经济研究所副所长、研究员)

参考资料:

①郭鸿懋等:《城市空间经济学》,经济科学出版社 2002 年 2 月版。
②李国平等:《首都圈:结构、分工与营建战略》,中国城市出版社 2004 年 4 月版。
③朱荣林:《走向长三角》,学林出版社 2003 年 12 月版。
④冯之浚、陈钺:《环渤海地区经济发展战略研究》,河北人民出版社 1997 年 11 月版。
⑤《发展,打破边界》,《人民政协报》2003 年 3 月 24 日。
⑥中国科学院《中国城市发展报告》。
⑦商务部政策研究室课题组:“长江三角洲、珠江三角洲、环渤海地区发展国内区域合作研究”,《国际贸易论坛》2003 年第 3 期。

天津市海河两岸综合开发专题研究

市社联《海河两岸综合开发专题研究》课题组

2002年12月，中共天津市委在召开的八届三次全委会议上确定了“三步走”战略和五大战略举措。作为五大战略举措之一的海河两岸综合开发，引起了全市人民的极大关注。根据市政府的规划要求，海河两岸规划区域全长72公里，横贯市内六区和东丽区、津南区，分上游段、中游段、下游段三大段落开发。海河开发立足于全局性、战略性和综合性，遵循六个主题目标：展现悠久历史文化、发展海河服务产业、突出亲水城市形象、建设生态城市依托、改善道路交通体系和开发旅游休闲资源。首先启动“四二一六工程”，即四条路、两座桥、一条线和六大节点。先期实施十大基础工程：水体治理、堤岸改造、道路交通、桥梁隧道、通航、绿化广场、环境景观、灯光夜景、公共建筑和整修置换。还要建设十楼、十园、十大主题广场。到2015年，天津市中心城区河湖水系形成“一轴、六景、八射、十环、十二园”的河网特色。通过开发改造，充分挖掘海河两岸的土地资源、文化资源、景观资源、品牌资源和经营资源，大力发展金融、旅游、交通、商贸、娱乐、中介等服务业，促进经济进一步加快发展和社会全面进步，使海河成为展示天津现代化国际港口大都市的标志性区域。

由市社联主办的我市社会科学界与自然科学界第十七届联盟活动，拟定了“海河两岸综合开发专题研究”课题。该课题包括了社会科学和自然科学的8个专题，共27个子课题，围绕海河两岸综合开发中亟待解决的一些重要问题，从不同的学科角度，采用不同方法进行深入的前瞻性的研究，并提出可行性对策建议。现将课题研究综述如下。

一、关于海河综合开发经济效果的实证研究

从理论上讲，一个大型综合开发项目的实施，会对本地区的经济发展产生内部经济效果和外部经济效果。内部经济效果有三：促进产业的协调发展和再建，拉动经济增长；培育新兴产业，促进科技的开发；形成产业的收入和资产，增加区域劳动力的雇佣和政府的税收。外部经济效果有六：产品和服务的安全保障、水土保养和环境保护、提供绿色资源和场所、卫生和疗养、教育、保护传统文化和人文景观。

近年来，天津市国民经济连续10年快速增长，经济实力显著增强，群众生活水平明显提高，城市基础设施建设中的一些急难问题基本解决，老工业基地的作用进一步巩固和发展，积累了建设现代化城市的经验，一个跨越发展的新局面已经形成，天津市的现代化建设进入了一个新阶段。海河综合开发项目是在天津经济持续发展背景下的一种战略选择，也是天津提升城市地位、实现产业升级的实际需要。海河开发将对天津经济发展起到重要的拉动作用。根据经济学理论的基本恒等式：国民收入=投资+消费+净出口的测算，海河开发将通过投资与消费来影响天津经济增长。根据海河开发的规划，按1.68的投资乘数计算，将拉动GDP达605亿。按照2002年天津GDP总量2,023亿元估算，海河综合开发对天津GDP的贡献可达到29.8%。1992年到2002年天津GDP年均增长12.2%，如果对GDP的增量与总量的贡献同比，则海河开发对天津GDP的增长贡献可达到3.65百分点。由于海河开发并不完全是额外新增投资，如果按40%额外新增投资计算，那么海河开发将使天津的GDP提高约1.5个百分点，以2002年GDP为基数，则使GDP新增30.33亿元；同时新增就业岗位9.19万个。如果考虑到海河开发所需要的劳动力多为比较初等的劳动力，其劳动生产率可能要低于平均劳动生产率，因此实际新增就业可能会达到10万个以上。

根据上述分析，海河开发对天津经济影响最大的是第三产业，据测算，到2007年，海河开发将促使天津市第三产业产值比重提高到53%左右，比现在提高6个百分点。从短期来看，海河开发需要的是比较底层次的施工人员与制造业工人，而随着开发的进展，增加的就业将主要是服务业，层次也相应提高。因此从总的趋势来看，海河开发促进最大的是第三产业的就业。

在外部经济效果的引发方面，海河开发将促进

政府外部和自我管理以及政府公务员综合素质的提高,将加快教育、卫生、环保布局结构的大调整,延伸海河综合开发的产业影响,提升和优化天津市产业链条。总之,对海河进行综合开发改造的根本目的就是要加快天津城市的环境建设,提升天津城市载体功能,更好地塑造天津市在国内乃至国际上现代化国际港口大城市的形象。

作为政策建议,课题组提出:(1)重视和发挥海河综合开发项目在拉动经济增长、促进产业的协调发展,培育新兴产业以及增加区域劳动力就业和政府的税收等内部经济效果的作用。(2)要重视该项目在改善天津市人文环境,提升天津市民的文化品味,促进城市化进程和城市竞争力的提高方面的外部经济效果的积极作用。(3)海河开发项目的实施对第三产业的正面影响显著,根据开发的进展,在数量和质量上要注重不同劳动力的及时供给。(4)不断培训公务员和广大市民的素质,保护生态和人文环境,塑造天津市国际大都市的形象。

二、融资模式与消费模式分析

完成海河综合开发中市政建设是吸引商业投资的前提,足够的市政建设资金又是完成海河综合开发中市政建设全部项目的前提。寻求新的资金通道的最佳选择是走公用事业"市场化"之路。高新技术突破性发展使得某些传统垄断性公用事业不再具有垄断的特点,很多公用事业借助缔约前竞争并结合政府适当的监督管理,完全可以由商业化的企业来经营。事实上公用事业市场化不仅能提高公用事业运营效率、缓解政府财政压力、减轻地方政府负担,而且还为民间企业拓宽空间。

我市是全国较早在公用事业市场化方面迈出步子的城市之一,1997 年天津通用水务合资公司,是中国政府第一次特许外国公司经营城市水务。公用事业市场化运作方式多种多样,比如合资、合作、参股、项目法人招标、TOT(转让-经营-转让)、BOT(建设-经营-转让)等方式。任何一项大规模的公用设施的融资均会采取多种融资途径并行的方式。而提供资本市场融资是最值得关注的方式。其原因在于公用事业产品的需求相对稳定,周期波动小,行业具有良好的流动性和回报的稳定性,成为近年上市公司和各种投资基金的重点对象,其上市股票极易受到投资者的认可。

就公用事业而言,资本市场融资可有多种途径。主要有发起设立拟上市股份公司;改制设立拟上市股份公司;买壳上市;向上市公司招标。其中,"向上市公司招标"是最便捷和成本最低的途径,宜优先考虑。其方法是从海河开发工程中遴选出具有较好盈利能力的公用事业项目,单独或打包向境内外上市公司招标,无须预先投入资金,政府放开政策就能在较短时间(一般是 3-5 个月之内)完成招标任务,收到良好效果。

海河开发工程融资首先要注重城市主体功能项目融资商业化。在通过天津市收入水平及消费结构的调研分析、国内资本市场和公益事业商业化运作的调研分析后认为,应采取"股份上市公司"为主要渠道的融资方式,提出"向上市公司招标"的最佳途径和选择,因此应该成立"海河工程上市"的专门机构,开始系统地准备工作,把"上市"做为海河工程多元化融资的一个主渠道。其次要使消费模式变动趋势与融资模式同步开发。通过对天津市消费结构和收入变动趋势的分析可以看出,对形成"机构投资"、"上市"、"借贷"为主渠道的融资支持还有缺口(粗略推测 25~30%左右),对上述主渠道"兑资"的支持也有一定缺口。所以继续保持 12%~14%的GDP 增长率是收入保障的关键,降低居民消费的恩格尔系数,提高边际消费倾向,培养"中产"消费层从而改变和提升消费结构是"对接"的关键。因此建议即时成立"海河工程的消费保障"的专门调研机构,开展全面系统的准备工作,制定短、中、长期消费规划,全面动用学术、教育、宣传、媒体等一系列机构功能,适时启动财政、货币、产业等政策,解决"兑资缺口",以保障海河工程融资与消费的对接。

三、海河综合开发中无形资产的开发、利用和管理研究

无形资产是城市经营中一项重要的资产,对于天津这样一个历史悠久,知名度高的城市讲,更有开发的必要性和紧迫性。城市经营是运用市场机制,除把城市资产,包括城市土地、城市建筑、基础设施、城市环境、文物古迹和旅游资源等有形资产,也要把城市历史、城市文化、城市形象、城市生态、城市知名度、建筑风格和城市风貌,还有依附于各种有形资产之上的使用权、经营权、冠名权、各种特许权等的无形资产,通过市场运作获取收益,并投入到城市发展的新领域。

(1)海河两岸拥有大量无形资产资源。经调查考证发现,海河两岸的无形资产主要有城市历史

类、城市文化类、名人效应类、工商品牌类、建筑特色类等共8大类,数百项重要无形资产。

(2)海河两岸无形资产资源利用不足,流失严重。长期以来,大量无形资产随着其所依附的有形资产的拆、改、损、毁而逐渐流失了;也有大量无形资产其所依附的有形资产并未拆、改、损、毁,但也未得到合理开发、利用和管理。以海河两岸交通体系建设现状为例,其主要问题是:对于依附于道路的经营权、冠名权等无形资产的利用很少;许多路名乏味,缺少创意;街道类城市公共开放空间没有得到很好的利用;保护工作尚待完善,有保护的意识,但缺少保护的科学方法;得到保护的许多无形资产又没有得到很好的开发利用;海河这条旅游交通线无形资产开发利用严重不足。

(3)关于海河两岸无形资产开发、利用和管理的对策建议。其一,海河两岸无形资产开发、利用和管理是一个复杂的系统工程,因此必须制定长远规划,有计划有步骤地加以实施。为此,有必要提出海河两岸无形资产开发、利用和管理的对策模型,其主要内容是:以塑造海河品牌为海河两岸无形资产开发、利用和管理的总体目标,以城市经营理念为指导,在开发、利用和管理过程中充分运用CIS的方法。其二,政府在开发项目招投标时要重视无形资产的开发利用。海河两岸无形资产开发仅靠市场的作用是不够的,还需要政府通过政策引导,在海河综合开发建设工程招投标中将无形资产开发作为中标的必要条件。比如在建设项目设计时,要求投标单位的设计方案必须包含对海河、对天津无形资产的宣传利用规划;在道路冠名权、经营权的招投标中优先考虑老字号企业等。其三,政府要将无形资产的开发列入总体规划中,并与有形资产开发相协调。无形资产的开发、利用、收益各个过程都离不开有形资产的配合,比如历史文化特色之于标志性建筑,名人效应之于名宅民居,老字号、老品牌之于餐饮、娱乐、购物、休闲等商贸设施。这就要求政府有关部门在建设规划时,使有形资产规划与无形资产规划并重,使无形资产与有形资产结合起来实现经济与社会效益的最大化。其四,政府在宏观经济政策方面引导全社会重视无形资产的作用。要引起全社会对无形资产的重视,税收等宏观经济政策也是重要的影响手段。比如,对老字号企业给予税收优惠,对获专利尤其是发明专利数量多的企业给予奖励,对被评为国家驰名商标的企业提供宣传方面的优惠等。

四、塞纳河规划与海河及其两岸综合开发改造的比较研究

1.塞纳河与海河的比较

(1)塞纳河与海河的发展基础不同。法国塞纳河拥有良好的天然条件和历史发展基础,河港功能完备。河流平均宽度200米、水深5米,城区12公里的河段有70个港口和33座桥梁(平均每隔300米就架设一座桥梁),交通便利。河流年客运量400万人次,年货物吞吐量2500多万吨,充分发挥了其旅游和运输功能。塞纳河保持了两千年的古建筑风貌,如巴黎圣母院等上千年的建筑物依然保护完好。海河水源基础比较薄弱,两岸历史遗址在很大程度上缺乏保护,需要进行大规模重建,两岸开发的任务与河流治理一样艰巨。(2)河流整治方面。塞纳河原来宽窄不一,水深不一,使用功能杂乱,巴黎市政府用40年持之以恒开展整治工作;相比之下,海河长期缺乏整治和改造,没有发挥其应有的作用。(3)运输功能和高科技手段。塞纳河作为水路运输的枢纽,其客运和货运以及与铁路、公路和航空的联运,减轻了巴黎市的交通压力。航运利用高科技手段,提供航行信息来确保航行安全,提高了运输效率。海河曾经作为中国北方重要的商贸运输河港发挥了重要作用,但近年来由于水位下降使得河港运输功能萎缩。(4)河流运输与城市发展的关系。塞纳河河港运输体系的建立,为巴黎提供了经济和保护生态的城市后勤服务,每年还可解决4.5万个就业岗位。海河开发及其两岸改造的就业空间还有待于扩展。(5)政府的作用和间接的市场化手段。在巴黎,规划的形成和政策的制定,要经过社会各方面的论证和讨论,规划一经形成,就严格遵照执行,体现政府的权威作用。比如,塞纳河沿岸的建筑风格、颜色、建筑高度等方面都保持了规划的一致性,没有任何建筑会脱离整体规划的要求。塞纳河及其两岸的维护采取间接市场化的手段,吸引私人投资和经营,比如:河流允许私人游船公司开展旅游经营活动,政府收取税费;河岸各个港口私人公司租用码头和航运设施,也要向政府交纳高额费用,政府由此增加了财政收入。

2.海河及其两岸开发改造的建议

(1)力争形成海河及其两岸独特的风格。对比起来,海河的天然条件和两岸的维护状况均与塞纳河存在一定的差距,我们应客观分析海河已经具备的条件，充分利用海河有利的地理位置并更好地发挥它的重要作用。为适应天津城市发展需要，应明确海河的独特风格：一是古代与现代相结合。古代遗址的修复区域与现代设施建设区域同时并存；二是河流与两岸密不可分。河流本身的旅游功能与两岸历史文化设施的保护密切配合，形成具有区域吸引力的旅游中心和较高文化品位的景观带；三是社会效益与经济效益兼顾。海河及其两岸开发改造完成后，吸引国内外的投资者和观光者，形成社会和经济效益的双重效果。(2)探索市场经济条件下河流开发的新模式。要引入市场化运作机制，并在以下几个方面有所创新。第一，管理模式创新。在土地使用权出让方面实施封闭贷款管理，开辟绿色通道，简化审批手续。第二，运营模式创新。计划管理部门通过市场招标来确定开发建设单位，并允许提前进行开发建设，然后补充完善计划管理，促进海河开发改造项目尽快投入运营，提高经营效率。第三，融资机制创新。挖掘海河两岸的资源，盘活资产，通过提升沿河土地价值、包装项目发标出售等方式，吸引国内外各类投资主体参与海河开发改造。通过项目融资、世行贷款、BOT、建设债券、企业债务、银行贷款、长期经营权委托等方式筹集资金。(3)产业结构调整与海河开发及其两岸改造相结合。巴黎在向现代化和国际化城市迈进的过程中，曾经历了产业结构升华和空间结构优化的过程。天津市早在海河开发之前就提出了“腾笼换鸟”、“退二进三”、“双优化”、“置换土地”等工程，就是把污染性的产业从城市中心区尤其是从海河沿岸迁移出去。所以，进一步将海河沿岸的工业企业向外迁移是当务之急。(4)恢复海河的河港功能。发挥海河的运输潜力，创造与历史和文化传统相关的河流环境。第一，可以考虑利用河流设施以促进河流文化的保护，像历史上的闸口等传统的工程应该得到保护，同时还要开发创新河流设施。第二，建立并促进有效的河流循环系统，奠定河流港口地区低成本运输体系的基础。第三，进一步利用河流网络体系，建立港口停泊处、船只储运、转载以及与公路和铁路连接形成相互联系的系统。

五、海河开发项目的市场前景分析

1.海河开发规划的商业项目要控制规模

(1)本市商场建设已接近需求上限。根据商业与经济发展的内在规律，在人均 GDP1000 美元阶段，人均商场面积保持在 0.7～1 平方米较为合理。由于近两年天津商业地产投资持续升温，目前全市商场已达 700 多万平方米，人均近 1 平方米。而海河开发仅六大节点工程拟建的商场就达 180 万平方米。本市常住人口只有 700 余万人，中心市区只有 390 万人，流动人口多年稳定在 80 万～100 万人左右，旅游旺季的日最高客流也只有 150 万人。假设海河工程增建的商场全部营业，天津缺乏足够消费客流的矛盾将进一步加剧。(2)商场规模要适度。不断更新经营业态是商业适应现代服务业发展的需要，各个业态也起相互补充的作用，事实上，大型商场的市场份额和利润在不断减少。欧美国家在人均 GDP 为 10000 美元时，购物中心的平均规模只有3～4万平方米，我国在建的购物中心平均规模为 13 万平方米，本市万达商城 16 万平方米，铜锣湾 18 万平方米，建成和在建的 5000 平方米以上大卖场已有 21 家，而这些又都不在海河开发区域之内。因此，海河两岸除了保持原有大商场以外，还要保持一定比例的小型专营店和专业店。(3)要扶植本市商企的合理成长。2000 年后商业主要靠扩充规模支撑，企业盈利没有相应回升，大型企业的盈利更差。本市也有两家曾经进入全国百强的大企业因亏损而被兼并。目前，世界 500 强的前 10 位零售巨头全部登陆天津，在建外资大卖场还有 7 家将陆续开业，本市国有商企的处境岌岌可危。

2.海河规划的写字楼项目要慎重上马

(1)服务业发展取决于城市的经济地位。一些城市的现代服务业所以发达，是因为它们处在“世界城市”地位，即主要的全球金融中心、跨国公司总部所在地、国际性机构集中地、主要的制造业中心、世界重要海空港交通枢纽等，他们开发写字楼有其必要性。天津虽然吸引了世界 500 强中的 90 余家企业投资，但这些企业的总部均未设在天津。因此，必须清楚天津在国际经济分工链环中的位置，才能对本市服务业的发展前景做出正确评估。(2)现代服务业未必需要更多的写字楼。传统服务业需要较多的建筑空间和低等级人才，而现代服务业则需要高技术含量的基础设施和高等级人才，如硅谷的人均办公用房不过 3 平方米。而写字楼不同于其他民用建筑，市场兼容性最差，开发尤需慎重。(3)城市 CBD 不是规划出来的。在海河上游沿线发展 CBD 缺乏操作基础，一是本市写字楼需求不足，在小白楼 CBD 规划区内尚有大量现楼空置；二是市内“烂尾楼”累计达 36 个，位于海河沿岸的 7 个，均是写字楼,这说明开发商对天津写字楼市场还缺乏信心;三是规范的CBD应是小范围内的组团开发,而不是海河规划的带状分布。本市写字楼布局已经分散,极大弱化了海河沿线开发写字楼的可能性。事实上一个城市即使具备发展CBD潜力,通常也需要几十年的开发。

3.对海河规划项目开发的建议

(1)科学测算需求、深化项目规划。海河开发项目分散在各区,由各区分别洽谈,如果在规划上缺少自上而下的市场预测,会导致各区招商对象趋同,给经营带来同质化的隐患。政府必须坚持规划的科学性和公众参与程度,引入听证制度的审批,避免重复建设。(2)内联外引,突出特色,创造商机。提高城市核心竞争力的关键是要形成特色,借海河开发创城市服务品牌,内联外引,恢复万商云集大商埠的气势。为此,对海河开发需要大力增强营销意识,建立专业机构,制订推广策略,使天津服务业高效完备、质优价廉的特色声名远播。(3)提高城市开放度,扩大服务规模。在我国城市化加速的现阶段,吸引更多的外来人口不能只靠降低户籍门槛,要形成吸引投资者定居的多种新移民政策。发展城市旅游业,要学习香港和上海的"购物天堂"经验,利用口岸优势,最大限度做大服务业规模。(4)保持足够的规划弹性,确保土地升值。海河规划要接受"弹性规划"和"表性规划" 的规划理念,不再以使用功能划分地块,而是根据不同建设活动对外界的影响进行划分。例如要占用多少基础设施容量,允许有多少污水或废气排放,对周围环境有无视觉上的影响等。海河招商可引进"法国风情区"和美国堪萨斯城的成功案例。看不准市场投资前景的要从长计议,项目宁可不建,土地不可不留。预留区片暂做生态用地,待市场成熟再伺机开发,以确保土地的升值保值。(5)适当放开住宅建设。在海河上游规划的42平方公里范围内,实际可开发的建筑面积远不止1000万平方米,岸线资源虽宝贵,但不宜套用CBD模式排满商贸项目,造成新一轮的单调景观。可适当放开住宅的开发比例,既满足人们居住的亲水情结,也易于调动开发者的积极性。同时,也可有效地防止城市空心化,增强城市的宜居功能。

六、关于海河旅游开发的构想

1.海河开发中的四大旅游主题系列

(1)生态风光旅游。天津的风光旅游应突出一个"水"字。要发挥海河作为人工环境与自然环境纽带的功能,把海河建设成城市的空气通道、绿色通道、亲水通道。建设贯穿城区的生态廊道的考虑应当摆在工程规划的首位。(2)历史文化旅游。这应当是天津旅游最突出的重点,其中特别是近代的历史文化。要用历史故事把风貌区和历史建筑"带活",形成独有的名牌旅游产品。应当把"看近代到天津"的品牌打响。(3)城市与产业旅游。城市形象是不能靠参差不齐的单体形成的,单体的设计和审定必须符合所在区域的文脉。各个风貌区要形成规模,有规模才能显现出特色,才能聚集和形成效益。要设计规划相当规模地段的城市风格形态,形成鲜明的本土传统文化区、外来传统文化区;同时,应当集中优势资源尽快建设现代化标志区。产业旅游包括商务旅游(如商贸展览会、交易会等)和专项旅游(如投资考察和观光)。商务旅游将始终是天津旅游业的重要支柱。(4)休闲康乐旅游。主要是依托自然资源、城市园林和现代化休闲娱乐设施,开发推出体育、游乐、专题型旅游产品,搞好休闲、购物等旅游服务。

2.海河开发中的五大旅游规划区段

(1)运河区段:屈家店至北洋桥。包括屈家店地带、运河西地带(含桃花寺、北洋大学)、北仓地带、天穆地带(含滦水园分区、天穆分区和南仓分区)。(2)海河中心区段:北洋桥至光华桥。左岸开发:闸北地带、天地玄黄地带(天纬路、地纬路、玄纬路、黄纬路,建旅游区)、粮店街地带(围绕李叔同故居建传统民居风情区)、奥地利-意大利风情区、南站地区(中心商务区)、大直沽地区。右岸开发:西沽地段、北开地带(一是建思源水城,在金华桥下游一侧设"永乐广场",标志天津城的历史起点;二是沿南运河建水西庄-杨柳青-白洋淀的旅游线路;三是把北营门纳入"三河四洲"统一规划)、城东地段(一是古文化街;二是建教育史博物馆;三是把东南角和同庆后整体改造成苏徽风貌区)、中心广场地带、法兰西风情区(要重点建设好两条街:承德道美术街和哈尔滨道文化街)、英伦风情区(必须保护好天津作为北方商务中心的历史形象,整个地段应当控制英伦建筑风貌)、德意志风情区、湘江道地带(建设以文化艺术活动、展览和休闲活动功能为主的功能区)。(3)海河副中心区段:光华桥至外环线。左岸开发:二宫-新仓库地带、天罡地带、智慧城地带。右岸开发:挂甲寺-土城地带(沿河建设体育文化特色的旅游区,建立刘奎龄艺术中心)、复兴门地带(沿河建设现代生态化都市景观)、柳林地带。(4)海河中游区段:外环线至二道闸。建设森林公园,使之成为重要的生态旅游区。(5)海河下游区段:二道闸至入海口。左岸开发:在胡家园地带建滨海产业旅游区;在站前滨河地带加强文化体育服务功能;在外滩地带建滨河观光旅游区;在港前地带,把天津碱厂地区建成工业历史及生态环保旅游区。港前将形成塘沽的物流商务中心。右岸开发:建成海河物流产业区。在外滩对岸建设响螺湾公园,扩建大沽炮台遗址主题公园,结合潮音寺及塘沽其他古迹设计建成历史文化旅游线。

在河口港区大力发展海上和港区旅游。兰鲸岛是海河上惟一的岛屿,是海上游、内河游的枢纽,可以成为海河景观线上的一大中心,应当是海河开发改造规划的重要焦点。

七、关于海河综合开发的两岸建筑风貌及景观效果研究

1. 城市机体的历史生长

(1)城市生长的自然属性。城市的产生是社会发展到一定阶段的产物,它的发展、演变存在着客观的规律。应注意保护那些反映城市历史发展的建筑及建筑组群,能够在城市建设中体现出时间及历史发展的纵坐标。(2)开发是一个历史过程。无论是开发海河两岸还是"塑造"城市特征都是一个历史过程,我们应该在尊重它们的自然属性和历史积淀的基础上使其具有时代意义,否则城市的有机结构将被打破。这种大规模的开发保证了传统城市在新形势下的生命力和继续发展的可能性,同时要避免毁灭传统城市空间以及这种空间所蕴藏的城市文化和人文价值。(3)为城市发展留有余地,使城市体现出各个时代的特征。

2. 城市尺度的定位比较

(1)天津城市尺度特征。城市尺度是指相对城市整体机理、城市框架的尺度把握。在海河两岸的开发项目中,我们要明确城市的尺度特征,以此为基础进行相应的城市设计。一是应该控制海河沿岸的建筑的高度和密度,按照功能分区有重点的建设;二是建筑体量应以适度为标准,形成属于天津市的地域特点;三是在城市外部空间的设计上,注意建筑与建筑之间,建筑与道路之间,建筑与环境之间的关系,尽量营造一个有序的氛围。(2)"海河尺度"的提出。海河与巴黎的塞纳河、科隆的莱茵河相比,不仅在文化上、积淀上存在差距,在城市的性质、城市的尺度以及城市河域两岸的历史遗迹方面都不适宜与这些国际大都市相比较。因此在提出"打造世界名河"和"打造世界名城"的口号时要审慎。我们应在海河开发的城市设计中提倡以提升城市功能为主导,合理建构城市布局,把握好海河尺度,少建或缓建超尺度的建筑单体。在具体的设计工作中要建立正确的城市设计观,实现城市空间的良好运行,在满足人民日益增长的物质文化需求的同时保持城市文脉特色,并实现可持续发展。

3. 建筑形态的设计取向

(1)建筑风貌的历史传承。天津在历史上是一个开放的城市,是一个接受和感染新文化的城市,在开发建设中要传承下来。(2)形态设计的多元组合。21世纪的国际建筑界是一个超时空多元化时代,不会再有风行全球的类似国际式及现代主义浪潮,而是以各自地域、各自不同的空间构成语言描述千姿百态的建筑与城市。海河两岸的建筑形态要借鉴这种时代趋向。(3)建筑形态及风格的时代追求。建筑形态设计的多元性并不是说当代失去了评价建筑的标准。创作符合城市文脉的建筑形态,不仅限于建筑师只能设计或模仿某一时代的建筑风格,而是应以当代审美标准把握设计,并与原有城市环境适度协调。

4. 景观风貌的品质追求

(1)景观设计的品质追求应取功能化、朴素的设计风格,不应追求表面形式、前卫、精英化与视觉冲击效果。(2)建筑景观的品质追求。应强调建筑群体的整体性、地标式建筑的标志性及夜景建筑的再塑性。

总之,在海河两岸的开发建设和景观塑造中应该尊重城市的历史和文脉,按照生态的良性循环,审慎研究各个细节,为人们创造一个优美、舒适、文明、高品质的生活空间。

八、关于在海河综合开发中如何提高城市绿化水平的研究

1. 保留园林文化古韵,提高文化内涵

用现代全新的景观理论指导海河两岸景观带的建设,将这座"传统与现代并蓄、古老与年轻兼存"的现代化城市注入新的生机和活力,展示全新的理念和风貌是建设海河景观带应遵循的原则。

外环线以内海河及上游河道500米范围内,列入市级保护的古树名木有16株,这16株古树堪称海河风景线的掌上明珠。租界园林在天津的出现是近代留给城市的文化遗产，造就了天津中西合璧的园林文化。也体现出西方园林的特征。海河带状公园和塘沽区滨河公园等坐落在海河边上，为海河增添了不少特色和文化底蕴。在开发建设两岸风景带时保护古树，保留并重建租界园林和海河园林公园，以体现天津以水为特色的近代园林文化的历史内涵。

2.突出绿色与水的亲合性，建造以水为特色的景观带

海河贯穿市中心，是一道亮丽的景观带，是城市风韵和灵气所在，要体现园林理水、亲水的理念，就必须改变海河现有的岸形。首先，在海河驳岸的建造上应该在东丽区段做一段生态自然坡岸，取自然缓坡形式，种植草坪，以低矮植被为主，以植物的根系固牢坡岸土壤，形成自然坡岸。人可以接近水面。其次，根据天津湿地、坑、淀、洼、塘多的特点，在东丽区靠近海河边，建一个湿地生态园，种植荷花、睡莲等水生花卉，并营造“荷塘月色”、“芦深荷静”等景点，突出乡土植物特色，供野游、垂钓、观赏，以提高海河两岸的品位和生态特色。再次，海河中下游绿色廊道建设要与海河风景旅游区及天津市环城绿带相连通，廊道中间设步行健身径道和非机动车漫游道，使人与森林亲近。

3.将海河两岸建成具有天津特色的绿色廊道

要以绿为主，因地制宜，要以乡土树种为主，以乔木为主，常绿树种、色叶树种等要形成色块。植物种类要多样性，配置结构要采取复层结构，形成多层次、多景观，三季有花、四季常青，横贯海河两岸郁郁葱葱的“绿色项链”。

4.提高海河两岸绿色廊道的环境生态功能

其一，运用生态学理论和技术，借鉴地带性植物群落的种类组成和结构特点，在海河绿带廊道建设中实施人工植物群落种植，建成具有改善生态环境和观赏美观功能的绿化带体系。其二，发挥海河廊道输送新鲜空气的作用，扩大市中心区绿网面积，在市中心区垂直与海河方向建几条林荫大道，多开辟些绿化广场，让市外新鲜空气顺着海河廊道穿过市区，再横向流入林荫大道和绿化广场，可有效地缓解市中心的热岛效应，改善市中心空气质量。

其三，提高海河两岸绿带的植被覆盖率和叶面积指数，恢复和健全两岸的生物种群，包括乔木、灌木、野牛草类、动物、微生物等，形成一个稳定和谐的自然生态系统。其四，用生态系统中多种成分互惠共生原理，提倡在同一土地单元内，建立多种类、多层次、不同结构的利用环境资源的各种形式的立体结构绿化，以提高土地利用。其五，利用生态系统中植物和能量多层次、多途径转化利用的原理，在绿带廊道不同区段规划布局生态环保林、防护林、森林公园、植物利善园、休闲绿地、健身阳光浴绿地等。

5.提高海河两岸绿色廊道植物配置水平和栽植技术

以开放性的手法进行植物造景，造出植物群体景观效果和自然特色，形成具有一定宽度和丰富度的生态景观林。利用植物的季相变化，采用大绿、大色块的对比手法，营造海河两岸景色各异的四季景观，展现海河两岸植物配置色彩的多样性和林际线的曲线美。提高绿带的栽植技术至关重要，海河两岸风大，质地较差，干旱少雨，栽植不好，容易造成树木死亡。确保植树成活率是栽植技术的关键。

学术活动

天津市台湾研究会学术年会

2003年1月14日，市台湾研究会召开2002年学术年会。会上，台湾问题专家学者围绕当前台湾政治、经济状况，海峡两岸关系的发展及津台两地学术交流等问题作了专题发言。

天津大学台湾研究所所长才家瑞教授以“2002年台湾政情评析”为题作了发言，他认为，就2002年台湾政治形势整体格局看，依然是“泛蓝”与“泛绿”阵营对峙与角力的态势，且有更加激化的趋向。朝野双方几乎在所有重要议题上都互不信任，无法达成共识，致使政坛鲜有妥协与商谈的局面，而对立与冲突，争斗与攻击，屡屡发生，层出不穷。才家瑞指出，目前由国民党、亲民党等组成的“泛蓝”阵营，因处于在野地位，其整合是攸关政治前途和命运的重要课题，其结果对岛内的政治情势具有指标性的影响。而民进党和台联党组成的“泛绿”(“台独”)势力，因处于执政地位，具有相对于在野势力的优势和资源，是决定台湾政局发展的主角。但是由于其“拼政治”、“拼选举”的本色，搞“台独”、搞分裂的逆施，及其内部的矛盾和争斗，也为其自身的发展带来障碍，为其失败种下祸根。可以说，2002年台湾民众所期盼的政局安定与和平的两岸关系，以及岛内经济的复苏与发展，由于台湾政情的不稳定而未能实现，他们所面临的是又一次深深的失望。

张震中理事在“学习十六大报告，看两岸关系发展”的发言中认为，党的十六大报告把“一国两制”和实现祖国的完全统一作为一个独立专题加以论述，在党的历次代表大会中是第一次，充分体现了中国共产党把完成祖国统一作为新世纪三大历史任务之一，实现中华民族的伟大复兴的坚定决心。他概括了大陆对台方针的“变”与“不变”。在论述“两岸关系转变的决定性因素”时，他指出，“两岸关系统一、独立立场的分歧，很大程度上取决于客观条件的变化，其中经济因素最为关键，国际形势的影响也不容忽视。”他强调：“台湾与大陆的僵局还会持续一定时期，在两岸实力消长形势显现后，大陆不会急躁；台湾方面除非政党再度轮替，民进党政府还会困兽犹斗，但肯定无法得逞。长久来看，合是必然趋势，民进党政府应当看到这一点，不要再做无谓的挣扎。”

天津师范大学温淑华教授在题为“台北高雄两市选举与2004年大选之管见”的发言中指出，民进党、陈水扁执政两年多，岛内各方面都出现了不能令人满意的痕迹，造成民怨蜂起，已引起民进党内讧加剧，陈水扁的声望下跌。这就为2004年陈水扁竞选连任的前景蒙上了浓重的阴影。她认为，北高市长选举结果证明，国、亲两党联手合作已初见成效。但是，“泛蓝”阵营要想在2004年大选中取胜，则必须下大力气进行整合，冲破内外阻力，创造佳绩，迎接大选的挑战。

天津社科院台研所所长姚同发研究员在发言中，首先介绍了天津专家学者应邀赴台参加“中华民族团结自强学术研讨会”的情况，接着作了题为“两岸关系：历史见证与当代诠释”的发言。他指出，以多学科视野、大文化格局，透视斑斑可考的文献，历史有据的史料，阐述台湾文化发展的轨迹，勾勒其来龙去脉，追溯其根本来源，理清台湾历史与祖国大陆历史、台湾文化与中华文化主从、源流关系，进而揭示台湾历史、文化之根，全方位地见证两岸关系。我们必须强调一个中国，这是因为中国尚处于分裂状态，主权时时受到挑战，我们希望对一个中国作出当代的诠释，其立意也在于此。

（孙　岳）

天津市政府统计机构成立50周年纪念座谈会

今年3月5日是天津市政府统计机构成立50周年纪念日。2003年2月27日，市统计局、市统计学会共同召开座谈会，纪念市政府统计机构成立50周年。天津财经学院、南开大学、天津大学、天津医科大学等高等院校从事统计教育工作的专家学者及统计职校领导等十几位同志参加了座谈会。市统计学会秘书长高艾玲处长主持了会议。

市统计局局长韩启祥在讲话中，回顾了50年天津市政府统计工作发展历程和取得的辉煌成就，指出统计工作取得的成就和统计科研成果都离不开院校的支持，对多年来各高校为统计工作提供的智力支持与人才支持，为统计事业发展做出的突出贡献表示衷心的感谢。他强调，进入新时期统计工作任务越来越重：在地统计的推行；统计制度、统计调查方法改革力度加大；统计法制建设的逐步完善；宏观经济分析深度地加强等为统计工作提出了新的挑战，实际部门与理论部门要更加紧密配合，推动统计事业的不断发展。

市统计局总统计师张强向与会同志简要介绍了国家统计局和市统计局最近的工作。一是统计制度、统计标准正在与国际接轨，如新核算体系、加入GDDS系统等。二是适应形势发展的统计改革，包括统计范围逐渐扩大，产业统计、统计调查方法、统计传输手段、统计体制改革（在地统计）的研究推行。三是统计面临的挑战。统计数据质量受到中央领导、社会公众的关注。今后改革目标要朝着统计数据让领导放心、群众信赖、国际认可方面努力。

与会的专家学者在发言中，对天津市政府统计机构成立50周年表示热烈祝贺，对天津市统计局、天津市统计学会多年来给予各院校的支持与帮助表示衷心地感谢。与会专家一致认为，统计局与高校之间数十年密切合作、相互配合，为统计事业的繁荣，为统计教育的发展做出了贡献。座谈中，专家们各抒己见，对我市统计事业今后的发展提出了很多好的意见与建议。

（吕学勤）

发展金融市场、振兴天津经济高层论坛

2003年3月23日，由南开大学主办的“发展金融市场、振兴天津经济”高层论坛在开发区举行。来自国内外的知名专家学者，围绕经济全球化背景下中国经济及金融市场，以及建设资本市场，发展金融服务业，改革投融资体制等问题进行了深入研讨。天津市委副书记、市长戴相龙出席论坛并致开幕辞。

戴相龙在致辞中说，这次论坛，对于进一步推进金融业改革发展，加快天津现代化建设具有十分重要的意义。他说，近几年来，世界最大的经济体美国经济开始减速，欧盟经济增长一直处于低位徘徊，日本经济形势也十分严峻。三大经济体同时不景气，导致世界经济增长乏力，经济全球化进程出现减缓趋势。与此形成鲜明对比的是，中国经济发展势头强劲，过去的5年国内生产总值年均增长7.7%，初步建立了社会主义市场经济体制，与之相适应的金融体系也初步形成，金融业在改革中得到稳步发展。

戴相龙强调，加快发展金融市场，多渠道筹集本外币资金，是全面建设小康社会的重要条件。目前，我国社会资金比较宽裕，商业银行外汇头寸充足，可用于贷款的本币资金也比较多。当前，影响社会资金充分运用的主要原因是融资结构不合理，间接融资比例过高，直接融资比例过低，大量社会资金不能转变为工商企业的资本，降低了工商企业获得贷款的能力，也增加了商业银行贷款的风险。因此，中国金融体制改革的当务之急，是进一步发展金融市场，使社会资金得到合理配置，提高社会资金的使用效率。深化金融企业改革，建立金融企业自我发展、自我约束机制，努力降低不良资产的比例，这是发展金融市场的基础。规范发展资本市场，鼓励城乡居民筹集资本发展个体、私营经济，引

导信托投资公司为法人和自然人办理委托投资,发展各种产业基金,建立小型企业投资公司,这是发展金融市场的重点。稳步推进利率市场化改革,这是当前发展金融市场的关键。现在,加快这方面的改革既是必要的,也是有条件的。

戴相龙说,天津实施"三步走"发展战略,对金融业发展提出了更高的要求。今年,全市固定资产投资将达到1000亿元,5年内累计投资接近7000亿元。筹集巨额建设资金,关键是深化金融改革,吸纳各种资金,盘活各种资产,使资金运作活起来。一是进一步完善金融服务体系,吸引更多的国内外金融机构。二是加强企业和银行之间的合作,增加信贷投入。三是多渠道增加企业资本金。四是抓紧上市公司调整重组,增强融资能力。

在论坛会上,罗伯特·蒙代尔教授作了题为"全球经济中的天津经济发展"的演讲。蒙代尔是最优货币区域理论的首创者,被誉为"欧元之父",也是财政与货币政策合理配置理论、从货币角度研究国际收支理论及供给学的先驱。他在分析了全球经济发展走势后指出,人民币对美元的汇率保持稳定,人民币不升值,对于中国经济发展和改革,对于世界经济发展都具有重要意义。他还对天津大力发展港口经济、发展区域经济联合等方面提出了建议。

中国证监会首任主席刘鸿儒作了题为"完善金融市场体系,支持中小企业发展"的演讲。他认为,天津发展潜力巨大,要加快发展关键在于创新,在于不断转变观念、拓宽思路。他重点阐述了如何完善多层次、多元化的金融市场体系,正确处理支持中小企业发展和防范、化解金融风险的关系。

中国人民银行金融稳定局局长谢平研究员、国务院发展研究中心金融研究所所长夏斌教授、南开大学副校长逄锦聚教授、光大永明人寿保险公司副总经理孟兴国也分别作了演讲。

(张继明)

天津市海河两岸综合开发专题研讨会

2003年的两界联盟活动由市社联主持,经市社联、市社科院、市科协共同协商,确定了"海河两岸综合开发专题研究"的活动主题。

4月4日,市社联科研处组织召开了两界联盟关于"海河两岸综合开发专题研究"课题论证会。社联科研处面向两界专家学者征集了15项研究课题。论证会上,专家学者各抒己见,就研究课题的可行性和前瞻性作了充分的分析和比较。市经济发展研究所所长刘东涛研究员首先发言,他认为此次海河两岸综合开发研究课题应对那些相对迫切、实用的问题,例如涉及历史文化保护问题,海河两岸开发、利用后的管理问题,以及能否通过开发解决水资源所面临的一些矛盾等进行针对性研究。市环境科学研究院侯晓珉高级工程师、市水利科学研究所郭春平主任工程师在发言中特别强调应以此次海河开发为契机,努力改善海河水质,加强生态保护,使天津的生态环境得到全面改善。市社科院秘书长王立国研究员提出,专题研究应反映两科联盟特色,突出实效性,并能反映最终成果,接近实证效果。市社科院历史研究所所长张利民研究员从海河历史文化的视角,提出了要重视开发海河与保护、发展天津文化的协调关系等问题。

通过此次论证,共选出八项现实性和操作性较强的课题:(1)关于海河综合开发的外部经济效果的实证研究;(2)海河综合开发中的融资模式分析;(3)海河综合开发中无形资产的开发、利用和管理研究;(4)海河开发的CBD运营效率提高的有效路径研究;(5)海河综合开发与城市经营互动研究;(6)关于海河旅游开发的构想;(7)海河水环境与改善水资源对策研究;(8)海河水资源的现状和利用。

8月1日,社联科研处组织召开的海河两岸综合开发课题研究信息会在市政府会议楼召开。市社联党组书记万新平研究员主持会议。天津市规划院副院长、市海河开发办公室规划部部长肖连望受陈质枫副市长委托应邀出席了会议并向与会专家介绍了海河开发的有关情况。

11月28日,"海河两岸综合开发课题研究成果评鉴会"在市社联召开。会议由南开大学郭鸿懋教授主持。天津市科学学研究所原所长沈龙祥研究员在书面发言中指出，海河两岸综合开发专题研究立题是适时的、重要的。其研究成果明显，提出的思路是明确的，具有一定的操作性。尤其是提出的一些警示性问题、一些对策性建议，对于市领导和有关部门是很有参考意义的。天津社会科学院文学所所长王之望研究员在发言中指出，8个课题论证严密，并具有实用价值，这是自然科学界与社会科学界、实际部门与科研部门两方面力量的综合优势的体现，是两界联盟集体力量的结晶。天津市环境保护科学研究院李小宁院长在充分肯定了研究成果的同时，特别提出研究要从海河开发环境定位问题出发，提出开发中如何搞好环境保护的对策建议是此次研究的关键。天津市经济发展研究所所长刘东涛研究员认为，由于海河两岸综合开发前期研究和论证是比较滞后的，而8个课题从整个海河开发的发展思路入手，结合经济、社会、文化、生态等方方面面，是客观、公正的。但也有不足之处，如开发过程中的高层建筑如何控制，无形资产如何保护、开发等问题还可以进行深入的研究和探讨。南开大学郭鸿懋教授认为，8个课题所进行的研究的确是海河两岸综合开发过程中的前沿问题，各课题组做了大量原始性资料的搜集，许多课题敢于提出自己的主张，很有建设性，操作起来也极具参考价值。特别是天津商学院的孙钰副教授所负责的课题以塞纳河与海河做对比研究很有特色，如果针对海河开发过程中的热点问题，继续深入研究下去应该还有很多空间。南开大学季任钧教授认为，两界联盟以及课题组每位成员为海河两岸综合开发尽了自己应尽的责任，有些建议很具体，利于决策和操作。

市社联党组书记万新平研究员作总结发言。他说，此次搞海河两岸综合开发课题研究的初衷就是要发挥两界专家学者的优势，进行理论上的思考，把握科学性，提出应用性的意见和建议。下一阶段，课题组将根据评审专家们的意见继续修改和完善专题研究，并进行跟踪研究，使研究善始善终。同时社联也将发挥自身优势和作用，尽快将研究成果报送市领导参阅。

（王明辉）

天津社科院学术年会

天津社科院城市经济研究所学术年会

2003年6月7日，天津社科院城市经济研究所召开学术年会，围绕天津市率先基本实现现代化开展研究。全所科研人员共提交15篇论文，每位同志都在会上发言，除对自己的论文观点进行阐述外，还对有关课题研究情况作了说明。与会同志发言踊跃，体现了全所的水平。

在学术年会上，所长韩士元研究员发言的题目是“论城市经济发展的一般规律”；副所长阎金明研究员介绍了“大都市圈经济发展研究”课题的进展情况；王忠文同志发言的题目是“现代城市定位理论及其发展”和“试析天津经济快速健康发展的经验与启示”；王爱兰同志对“新型工业化道路相关理论问题探讨”和“加强信息化建设，提升天津城市竞争力”两个课题进行了阐述；于静涛同志发言的题目是“城郊经济发展中的级差问题研究”；青年研究人员张琴发言的题目是“以港口建设为契机，提升天津城市竞争力”。与会者紧紧围绕天津率先基本实现现代化这个主题，从不同的角度阐释了自己的观点。

（王忠文）

天津社科院文学研究所学术年会

2003年6月10日，天津社科院文学所召开学术年会。与会科研人员围绕“天津文学的发展与特点”踊跃发言，热烈讨论。张宜雷、郭武群的论文运用比较分析的方法，以京沪为参照研究天津文学。郭武群的《京派、海派、卫派文化背景之比较》，论述了独特的天津文化精神和发展前景。张宜雷的《文学的地域性、民族性、世界性》，以天津文学为立论的基点，着重论述了文学的地域性、民族性和世界性三者之间的关系。

与他们的发言相关联，阎立飞、王之望分别将天津文学与北京和上海做比较研究。王之望以《“津味”与“京味”比较论》为题，认为二者所选择的时代背景、题材性质和价值取向都大体一致，但由于津京两市民风民俗和文化精神的差异，文学之“味”便迥然不同，在代表作家及其文本审美追求的时代内涵、文化视角的选撷上各有独到之处，在创作队伍之坚实、题材范围之宽广和创作实绩之丰硕等方面，“津味”较之“京味”则差异尤显。阎立飞在题为《双城记：津沪小说中的城市记忆与想象》的发言中，强调作家文本对都市文化的塑造作用，这种塑造在经济全球化背景下具有身份认同的意义。他以林希和王安亿的城市文本为例，深刻而独到地分析了天津文学特有的文化精神气质。

孙玉蓉和马华在发言中分别阐述了鲁迅、顾随与天津文坛的特殊联系。孙玉蓉的《鲁迅作品与天津》，首次考证了鲁迅《上海所感》、《〈全国木刻联合展览会专辑〉序》及多封书信在天津报刊发表的始末，纠正了有关年谱、评传等著作中的讹误，具有较强的史料价值和学术价值。马华的《顾随与天津》，论述了顾随与天津一生的学术渊源，他著有《顾随全集》4卷，培养出叶嘉莹、周汝昌、郭预衡、史树青等著名学者，却很少受到研究者的关注。马华初步论述了顾随先生的学术思想和独特贡献。他们的发言，立论新颖，所用资料鲜为人知，引起大家的浓厚兴趣。

张春生、陈慧娟把关注的焦点集中于天津的当下创作。张春生的发言题目为“从〈华子良〉等四戏看卫派艺术”，深入分析了获奖四部戏剧的艺术气质、题材选择和审美特点；陈慧娟的“评天津几部长篇小说新作”，简要点评了《另类英雄》、《远离尤物》、《保卫自己》等几部最新长篇小说的成就和特点。由于会前准备充分，大家的发言具有一定学术深度，同时还就共同关心的问题展开了争鸣和讨论，气氛甚为活跃。年会收到了开拓研究领域、提高科研水平、强化学科建设的效果。

（社科院文学所供稿）

天津社科院舆情研究所学术年会

2003年6月13日，天津社科院舆情研究所召开2003年学术年会，与会科研人员围绕舆情研究这个核心，提交最新研究论文10篇，并对论文进行了阐述和讨论，气氛积极踊跃。

所长王来华研究员的论文《对舆情的理解》，在理论层面上对舆情进行了全面、系统的阐释。文章通过大量文献资料对舆情概念和思想的历史嬗变进行了挖掘和总结，阐述和分析了舆情的定义、构成要素以及基本特征，并对构成要素中的“舆情主客体”、“中介性社会事项”、“舆情空间”进行了重点剖析，对舆情产生和变化的基本过程和方式等机制问题进行了探讨。

其他科研人员也结合自己论文的主题，阐述了各自的观点。林竹的论文《舆情的民族文化内涵》指出，舆情具有民族特性，并从舆情角度审视了当今中国人的一些比较典型的民族心理特征；郝麦收以经济社会转型时期为背景，阐述了在此背景下舆情的特征；张克生在《舆情指标体系的设计与运用》一文中，对舆情指标体系的构建进行了积极尝试；陈月生的论文《反映政治生活内容的“顺口溜”》，通过顺口溜这个窗口阐述了舆情对社会政治生活的影响和作用；刘月平在题为《社会心理压力及其不良转化》的文章中，突出了在经济社会转型时期研究社会心理压力的重要意义，并对如何化解社会心理压力提出了建议；李莹的论文《当前主要社会阶层的社会政治态度》，提出不同的社会阶层具有不同的社会政治态度，对不同社会阶层的社会政治态度的研究对于舆情研究具有重要意义；毕宏音的论文《中介性社会事项》，对中介性社会事项的产生、构成和功能进行了分析；张丽红则对《舆情空间》进行了全面阐释，包括舆情空间的划分以及舆情空间和舆情主客体及中介性社会事项的关系；刘毅的论文《民意调查方法和舆情研究》，重点探讨了民意调查方法在舆情研究中的应用问题，并对当前流行的一些信息化技术手段进行了介绍。舆情所本次年会的论文内容不仅涉及了舆情研究的理论层面，同时也涉及了以我国经济社会转型时期为背景的一些现实性研究。

（刘　毅）

天津社科院历史研究所学术年会

2003年6月13日至17日，天津社科院历史研究所召开2003年学术年会，全体科研人员参加并提交了各自的论文，院有关领导和科研处的同志也参加了这次会议。与会者围绕着城市环境的历史变迁而展开研讨，论文涉及文化、社会、法制、区划、经济、环境保护等，涵盖古今中外，既有学科间的渗透和融合，又有整体的论述与个案的分析，对一些理论观点和方法取得一定的共识，也开拓了各自的视野。

有的学者认为，目前中国城市化进入全面加速时期，人口和产业向大中城市集聚的速度不断加快。与此同时，大城市的郊区化进程开始启动，以基础建设、城市景观建设和旧城改造为主要内容的城市现代化进程也全面展开。在这个过程中，历史建筑遗产保护日益成为城市现代化建设中不可或缺的主要内容。

有的文章提出，环境决定人的思想及行为，并认为这是人类社会存在与发展的规律。19世纪中叶以后，中国社会发生了巨变，在这个变化中，天津变化更是突出。环境在变，人也在变，并逐步形成具有自己特性的东西，这种特性反过来又在影响着社会发展的进程。有的文章提出，城市景观有很浓的市民性。认为城市景观建设正是充分满足人们居住生活需要的必不可少的条件，也是吸引周边物质、资金、信息和技术特别是人才的重要条件。因此，城市的主人是人，是市民。

有的论文围绕三个方面对天津和里昂进行了比较：河流、历史与城市空间；不同的发展契机；自然、人文环境与城市的发展。通过分析比较，认为：当前海河工程和老城区的改造，应当更加认真考虑历史遗产的保护与城市开发之间的关系问题。

有的论文认为近代天津商人文化与城市建设之间有着重要的关系。文章主要研究天津商人在近代城市环境建设中的态度、参与意识以及参与的行为方式，也就是以其特有的经商智慧、经营理念，塑造了极具特色的近代天津商人文化。

会上，对城市资源的整合与城市经营战略方面作了深刻的论证，认为要使城市公司化，城市政府官员要像管理企业那样经营城市，搞好城市营销和城市公关，提升城市形象，使城市获取最大的经济效益。

有的论文通过对水西庄的历史地理、名著典籍的记述、文人骚客的咏诵等方面的论述，得出天津在历史上已经有了很高的文化水平，即所谓“雅文化”。

这次会议在理论和方法上有所突破，在有关城市环境历史变迁方面还有一些问题没有展开。与会人员一致认为，这次会议只是一个开端，以后将借助多学科的理论和方法，从深度和广度针对这个课题展开研究。

（王培利）

天津社科院经济社会预测研究所学术年会

世界科学研究目前表现出的三大趋势——理论创新、方法革命、学风变革，体现了科学研究的前沿性和先进性，其中，方法革命将带来理论的全面创新。经济社会预测研究所在2003年7月1日召开的2003年学术年会上深深体会到这一点。

本次年会围绕“经济预测的理论与实践”展开，涉及的理论问题有“经济预测的理论与方法”、“现代经济学与经济预测”、“经济计量模型研究”、“经济预测的方法”、“经济增长周期与经济预测”，涉及的应用实践问题有“现代服务业的地位与作用”、“天津经济进入新的增长周期研究”、“天津海河服务业的开发研究”、“文化产业国际竞争力研究”等。大家在提交的8篇论文中运用一些新兴学科知识以及现代预测学理论，提出不少有创建的观点。

在经济预测的理论基础方面，张智认为，理性、经验、占察三种思维方式与人类的预测思想和文明发展同宗同源，预见、预知始终挑战人类知识与智慧的极限，现代经济预测一般运用经验思维方式和理性思维方式，并且有必要厘清统计学传统和未来学传统在经济预测上的微妙联系与区别。卢卫认为，经济学、数学、统计学的有机结合形成了计量经济学，其在经济预测领域有三个研究对象——经济结构分析、发展趋势预测、经济政策评价。主要方法是运用计量经济模型进行分析。但是，该学科体系还不够规范，随着自然科学基础理论研究的推进，该学科有极大的发展空间。雷鸣对怎样运用数学模型进行经济预测，并对结论进行参数检验提出了独到的见解，使看似天书一样的数学模型变得通俗、易懂、生动。

经济预测最有价值的当数应用领域，刘重从经济预测角度，运用经济周期理论，提出了”天津进入高速增长经济周期”的判断，同时进行了令人信服的论证。牛桂敏与沈艳冰分别论证了现代服务业的发展趋势、在国民经济中的地位、从发展趋势角度选准海河服务业发展方向等重大实践问题。王琳为提升我国文化产业的国际竞争力，运用系统论和美国迈克尔·波特的钻石理论提出了文化产业竞争力的评价体系。与会学者表示，大家要共同努力运用全新方法将预测研究推向新的高度。

（王　琳）

天津社科院社会学研究所学术年会

天津社科院社会学所2003年度学术年会，紧紧围绕重点学科“城市社会学”展开讨论。与会同志就城市社会学研究的主要内容和理论前沿进行探讨，阐述了自己的观点。

所长潘允康在发言中提出，城市人与城市区位的互动是城市社会学研究的主题。城市与乡村相比，其突出的差别就在于城市是由高密度的、异质的、具有现代观念的人群组成，而城市的区位特征大大有别于乡村，是高度人工化的、非自然的聚集形态，因此城市社会学应主要研究城市人与城市区位的结合与互动。张宝义的论文《从城市社会学发展看城市人与城市区位的互动》，通过对城市社会学学科发展不同时期的比较，试图寻找一种一般性的规律。在对学科发展的四个时期——即早期兴起、繁荣、衰落与复兴等阶段进行研究后，发现城市人与城市区位的结合是城市社会学研究的基本问题之一，可以作为研究的切入点。他们对城市社会学提出了自己较为系统、独特的学术观点。阎耀军的论文主要研究城市社会稳定指标体系，提出由生存保障、经济支撑、社会分配、社会控制和社会心理等6个子系统构成的社会稳定理论模型，并根据模型的逻辑结构构建了社会稳定指标体系。与此同时还提出了建立社会稳定的预警预控系统的设想。关颖在《创建学习型城市及其对城市发展的战略意义》的论文中提出，在现代城市中，为适应激烈竞争与知识快速更新的时代，要求人们由组建学习型组织与学习型社区，最终创建学习型城市。学习越来越成为一个人、一个组织以至一个城市保持竞争优势，获得良好发展的必要条件。李宝梁在论文《论经营城市作为现代城市管理理念的形成和实践》中探讨了城市资产与城市价值问题，城市经营的可能性与必要性，政府在经营城市中的职责与作为等。经营城市作为一种新的城市管理理念与管理方式，为城市发展提供了新的视角。汪洁在《女性弱势群体——城市发展中应关注的对象》的论文中利用“五普”资料分析了天津市女性弱势群体的状况，提出对女性失业群体、老年妇女、离异女性及残疾女性群体等应给予更多的关注与物质和精神方面的援助。张雪筠在《城市化与城市文化》的论文中，对城市文化进行解析，基于现代城市的社会结构，城市文化是一种权利化、公民化与法制化社会，具有多元异质性、开放包容性与世俗物质性等，具备城市文化精神的人是构成现代城市的核心元素。王光荣在论文《信息化城市社会初探》中指出，信息技术与信息产业的发展，为城市管理信息化提供了平台，虚拟空间为城市人活动提供了新的空间——第四类空间，为城市分散化、远距离、工作与休闲分离等提供条件。王小波在《城市非持续发展原因探析》一文中，分析了传统发展观念、现代消费主义制度以及我国城市管理体制中长官意志、全球化浪潮下的城市模式等方面原因造成了城市非持续发展的行为选择与后果。

会议讨论热烈，发言踊跃，各抒己见，相互交流，促进了学科的建设与发展。

（王小波）

抗击非典的理性思考研讨会

2003年6月12日，市社联召开“抗击非典的理性思考研讨会”。来自我市南开大学、天津师范大学、天津社科院、中共天津市委党校的十几位专家学者与会。市社联党组书记万新平研究员主持会议。与会专家学者以“三个代表”重要思想和党的十六大精神为指导，密切结合天津市抗击非典的实际，从不同角度总结抗击非典的经验教训，并就如何进一步推进经济社会发展进行了深入的探讨。

与会专家学者认为，面对突如其来的非典疫情，党和政府具有高度的政治敏感性和责任感，始终将广大人民的身体健康和生命安全放在第一位。全市人民在市委、市政府的正确领导下，经受住了严峻考验，这不仅对推动社会主义精神文明建设，而且对推动社会主义物质文明和政治文明建设，增强综合国力，实现中华民族的伟大复兴，都具有重大意义。

非典过后，社会普遍呼唤对人的价值、生命、健康和社会全面发展的关爱与关注，呼吁人类要全面提高自身生活质量和生存质量。同时，非典引发和暴露的社会生活和现代化进程中一些深层次问题成为与会者关注的热点。

学者提出，非典的入侵明确地提醒人类要重新审视在工业化时代形成的发展主义的历史观和人类中心主义的自然观。要反对“人类沙文主义”，树立人与自然和谐统一的理性目标，促进人与自然、人与人、个人与社会、物质与精神、理性与价值、科技与人文等因素的和谐统一。同时，在这次非典灾难中也暴露了一些个人公德意识严重缺乏，社会责任感淡漠，对沿袭千年的生活陋习习以为常，甚至连起码的公共生活的道德准则也不遵守。专家呼吁，严峻的形势迫使我们对自身的生活方式、价值观念、道德习俗作出新的理解和选择。

会上，专家学者还对非典带给人们的恐慌以及非典中出现的愚昧迷信现象（如燃放鞭炮）进行了探讨。学者们认为，当今先进的科学技术以及全球科学家的联合攻关为最终战胜非典带来了可能。只要科学地防范和宣传，非典是完全可以认识和防控的。

与会专家学者分别就非典对经济发展带来的影响，特别是非典对旅游、餐饮、交通、房地产、消费以及对经济结构、经济增长方式和国际竞争力的影响，进行了深入的分析并提出了相应对策。有学者认为，这次非典疫情对旅游业带来了巨大冲击，使人们开始清醒地思考由黄金周所形成的假日经济今后合理的发展方向。会上，学者对拉动GDP增长的“三驾马车”——消费、投资和净出口进行了分析，认为非典对近期消费有抑制作用，消费结构将发生波动；难以对投资构成威胁，投资增长趋势不会逆转；净出口受一定冲击，年内出口下降的情况将持续。因此，非典对经济增长造成的损失可能是短暂而突发性的，可能出现的情况是季度波动，近期会逐渐平稳，经济持续、稳定增长的势头将会继续。

会上，专家学者还就如何提高我国社会应急机制和政府危机管理能力，如何加强政府信息公开制度建设等问题进行了认真的研讨。有学者认为，危机事件的特征就在于突发性和不确定性，危机管理的成败也取决于快速反应能力和随机处理能力。这就需要建立一套危机管理体制。还有学者提出，建立完善的危机管理协调机制，政府需要采取如下对策：第一，建立常设性危机管理领导机构，统一协调处理危机事件。第二，建立由专家组成的危机管理技术支持组织。第三，各地政府必须设立专门负责联络的人员。学者们普遍认为，此次非典事件对我国政府的诸多行为模式提出了挑战，政府内部协调和政府决策模式就是受冲击最明显所在。还有学者认为，在我国，政府信息公开在法律上还没有明确的规定，在实际上也没有制度化、规范化，实行政府信息公开的必要性也没有得到相应的重视。大家一致认为，非典对国民经济和社会生活造成的影响将是短暂的，但对政府官员观念上的冲击和影响则是深远的，各级政府官员要在这次非典事件中总结经验教训，适应现代政府管理发展的要求，转变观念，树立民主、公开、透明、负责、服务的政府形象，以充分反映和代表人民群众的根本利益。

（邓　喆）

学习《“三个代表”重要思想学习纲要》理论座谈会

2003年6月18日，市委宣传部和市社会科学界联合会联合召开学习《“三个代表”重要思想学习纲要》理论座谈会。市委副书记刘胜玉出席会议并讲话。市委常委、市委宣传部部长肖怀远主持会议。市社联党组书记万新平，市委宣传部副部长陈浙闽，市委办公厅副主任戴新来出席会议。

刘胜玉在讲话中首先传达了中共中央政治局委员、市委书记张立昌在6月13日市委常委学习中心组深入学习《纲要》时关于兴起学习贯彻“三个代表”重要思想新高潮的讲话精神，他指出，《纲要》的印发，是深入贯彻十六大精神、兴起学习贯彻“三个代表”重要思想新高潮的重要举措，是我们党思想理论建设的一件大事。我们一定要充分认识《纲要》印发和学习的重要意义，全面深入学习《纲要》，深刻领会“三个代表”重要思想的基本精神，在对“三个代表”重要思想的时代背景、实践基础、科学内涵、精神实质和历史地位的认识上达到新的高度，进一步增强贯彻落实“三个代表”重要思想的自觉性和坚定性。

刘胜玉强调，兴起学习贯彻“三个代表”重要思想新高潮，关键是理论联系实际。在学习宣传《纲要》的过程中，宣传系统要牢牢把握正确的理论导向，紧紧抓住印发和学习《纲要》这一重要契机，充分发挥宣传思想工作的优势；以落实“三贴近”为突破口，在广度上扩展、在深度上推进，在全社会营造学习贯彻“三个代表”重要思想的浓厚氛围，努力在贯彻坚持“两手抓”、夺取“双胜利”的总要求上取得新成效。

刘胜玉要求，在兴起学习贯彻“三个代表”重要思想的新高潮中，社科理论界要大有作为。要在深入学习的基础上，积极做好宣传工作，全面准确深入地宣传“三个代表”重要思想的科学内涵和重大意义，宣传《纲要》的主要内容，推动全市的学习贯彻向深度和广度发展。要围绕重大理论和实际问题，集中力量，加强研究，推出一批有深度、有分量、有说服力的研究成果。要以“三个代表”重要思想为指导，解放思想，实事求是，与时俱进，大胆进行理论探索和理论创新，深入研究和回答全面性、战略性和前瞻性的重大问题，更好地为市委、市政府的决策服务，为三个文明建设服务，为进一步加快天津发展服务，为实现“三步走”战略目标做出新的更大的贡献。

座谈会上，刘景泉、荣长海、朱光磊、李大勇、孙慧敏、杨升祥、罗永泰、赵士辉、李超元、祝尔娟、史瑞杰、赵宏、赵晓呼等先后发言和书面发言,从中央印发《纲要》的重大意义,全面准确地把握“三个代表”重要思想的科学体系,人民的利益高于一切,发展是贯穿“三个代表”重要思想的主题,牢牢把握执政兴国第一要务,以与时俱进的精神学习“三个代表”重要思想,发展先进文化提高城市文化品位,做好理论武装这篇大文章,抗击“非典”是贯彻“三个代表”重要思想的生动实践等不同角度畅谈了学习《纲要》一书的初步体会。大家一致表示,要积极响应中央和市委号召,深入学习、潜心钻研,积极宣传“三个代表”重要思想,在全市学习贯彻“三个代表”重要思想的新高潮中发挥积极作用。本市社科理论界代表四十余人参加了会议。

(陈根来)

学习胡锦涛同志“七一”重要讲话理论座谈会

2003年7月16日,市社联与天津日报联合举办了“学习胡锦涛同志‘七一’重要讲话理论座谈会”。来自我市高等院校和科研院所的10余位专家学者围绕如何深入学习胡锦涛同志“七一”重要讲话和“三个代表”重要思想,学习贯彻市委八届四次全会精神作了专题发言。市社联党组书记万新平研究员主持了座谈会并作了总结发言,天津日报报业集团社长、总编辑张建星向会议致辞。会议发言综述如下。

1.认真学习胡锦涛同志“七一”重要讲话,深化对“三个代表”重要思想的认识

天津社联党组书记万新平研究员认为,在“三个代表”重要思想指导下,天津社联要充分发挥桥梁纽带作用,团结和组织全市社科工作者,与时俱进地推动社会科学的繁荣和发展,为加快实施天津“三步走”战略贡献智慧和力量。天津大学社会科学与外国语学院院长宗文举教授从“三个代表”重要思想与时代精神的角度分析提出,“三个代表”重要思想体现了当今世界和中国发展的时代精神。胡锦涛同志重要讲话,表明“三个代表”重要思想是一个跨地域的、跨民族的反映共同的时代物质文明发展的精神成果。天津商学院副院长魏胤亭教授认为,“三个代表”重要思想说到底反映的是理论与实际的关系。坚持学习理论和指导实践相结合,是学习、实践“三个代表”重要思想的根本要求。中共天津市委党史研究室副主任李文芳研究员认为,胡锦涛总书记“七一”重要讲话对我们坚持用马克思主义的态度学习“三个代表”重要思想,用“三个代表”重要思想武装全党、指导实践,并在实践中不断发展马克思主义,具有重要指导作用。

2.把握“三个代表”重要思想的科学体系,不断推进理论创新

天津师范大学徐大同教授提出,要深化对“三个代表”重要思想的认识,促进政治科学的发展和繁荣。作为科学工作者,要以我们的研究成果帮助人民群众树立科学的正确的政治观、民主观、法制观。天津社会科学院副院长荣长海教授认为,“三个代表”重要思想在建设中国特色社会主义的思想路线、发展路线、发展阶段和发展战略、根本任务、发展动力、依靠力量、国际战略、领导力量和根本目的等重大问题上取得了丰硕成果,对共产党执政的规律、社会主义建设的规律和人类社会发展的规律的认识达到了新的理论高度,开辟了马克思主义发展的新境界。南开大学马克思主义教育学院院长李毅教授认为,学习、实践“三个代表”重要思想要把握好三个环节:(1)坚持解放思想、实事求是、与时俱进的思想路线。(2)坚持和发展马克思主义,以发展的马克思主义指导我们的实践。(3)坚持立党为公、执政为民,以人民利益为出发点,尊重人民群众的主体地位和首创精神。

3.以“三个代表”重要思想为指针,搞好经济理论与实践的创新发展

天津师范大学党委副书记李家祥教授认为,“三个代表”重要思想体现了经济发展理论的与时俱进,是经济发展实践的行动指南。事实表明,“三个代表”重要思想深化了对中国特色社会主义的认识,构成了丰富的内涵,繁荣了面向21世纪的中国经济学,而且指导着中国经济发展的实践不断取得

巨大成就。天津科技大学校长魏大鹏教授从走新型工业化道路的战略思考中提出,新兴工业化道路的发展要求体现出“三个代表”重要思想。为此,我们应该注意以下几个环节:(1)要坚持用信息化带动工业化;(2)要坚持可持续发展观;(3)要坚持扩大就业,增加就业岗位;(4)要坚持加快农业发展;(5)要坚持合理发展第三产业;(6)要坚持实施科教兴国战略。

4.立党为公、执政为民,加速推进高等教育的改革与发展

天津财经学院党委书记李荣教授认为,立党为公、执政为民是马克思主义政党先进性的集中体现。天津财经学院一方面内挖潜力、外创条件,不失时机地扩大招生规模;另一方面,提出了量质双赢的办学理念。全院始终围绕发展这个第一要务,以加强党的建设为保证,努力把学习成果物化为天财事业发展实实在在的成果,努力为科教兴市战略的实施提供更好的人才和智力支持。天津职业技术师范学院院长孟庆国教授认为,我国首批既有本科学历又有技师职业资格证书的“双高”人才在我院诞生,培养国家急需的“双证”人才是实践“三个代表”重要思想的具体体现。我们要进一步认真实践“三个代表”重要思想,乘势而上,奋力开拓,努力开创职业技术师范教育的美好未来。

(陈根来　王明辉)

全面建设小康社会与优质教育发展研讨会

为深入贯彻党的十六大关于“坚持教育创新,深化教育改革”的重要精神,2003年9月4日,市社联和市教育科学学会在天津师范大学逸夫楼联合举办以“全面建设小康社会与优质教育发展”为主题的研讨活动。天津教科院、天津师范大学以及天津市知名的中小学校长共30多人与会。论坛由市社联党组书记万新平研究员主持,市教育科学学会常务副会长王宗敏研究员作会议总结发言。市教育科学学会会长沈德立教授,市教委原副主任赵宝琪,市教育学会常务副会长张凤民等出席会议。

1.优质教育是全面建设小康社会的时代要求

与会专家学者一致认为,全面建设小康社会,迫切要求大力提高人的整体素质,促进人的全面发展。而优质的教育发展,是保证人的整体素质提高,促进人的全面发展的前提和基础。因此,教育的优质化是全面建设小康社会的基本条件之一。有学者从全面贯彻“三个代表”重要思想的角度指出优质教育发展的必要性。还有学者从比较教育的角度指出,要把我国的教育推向世界,重要的一点就要有优质的教育,要弘扬中华五千年的优秀文化传统,培养出具有现代意识和中华文化传统特色的中国人。

总之优质教育的发展是社会发展到一定阶段的必然趋势,是我国教育基本实现普及九年义务教育后的必然要求,也是广大人民群众对现实教育提出的新要求。教育现实呼唤着优质教育。

2.优质教育的含义、特点和模式

与会学者普遍认为,当前实施的优质教育是我国基本普及九年义务教育情况下的大众化的优质教育,而非“英才”教育或者说是“精英”教育。

有学者概括地提出优质教育的特点,认为优质教育具有:①卓越性,它包括目标卓越,过程卓越,教师的卓越、产品的卓越、校风的卓越、条件的卓越、增值的卓越和特色的卓越;②平等性,是大众化的教育而非“精英”教育;③适应性,即最大限度地满足社会与人的发展要求;④学本性,以学生学习为本;⑤绩效性,追求单位时间完成任务的效率;⑥科研性,坚持科研兴校;⑦选择性,允许社会对教育质量有所选择,没有选择就走向平庸;⑧管理性,学校实施全面的质量管理;⑨优师性,把提高教师素质,培训大师级教师放在十分重要的地位;⑩“模糊性”,学校质量比较复杂,比较难以量化。重描述性分析。

根据优质教育的理论基础,有学者概括地提出在教育改革与实验研究过程中形成三种模式。一是以美国学者兰祖利为代表提出的,以“天才三环理论”和“多元智能理论”为理论基础的“丰富教学”模式;二是20世纪70年代末上海师范大学与上海

市实验学校共同探索的“使常态儿童获得超常发展”的教育模式。以上是实施“大众化了的天才教育模式”；三是江苏洋思中学的“中差生成功教育模式”，这也就是一般性学校，甚至办学条件较差的学校也可以争创优质教育，促进学生超常发展。

3.优质教育的建设

关于如何进行优质教育的建设，有学者从宏观、中观、微观的角度作了论述。也有学者提出学校优质教育建议应包括10个方面：①有特色的学校精神文化品质的建设；②具有学校可持续发展的目标；③制定一个符合学校实际的教育实验方案；④学校培植学生的主体人格；⑤建立有利于学生潜能发展的学校课程；⑥实现学校教学过程的最优化(其主要特征是“以学论教”)；⑦关注教师的专业发展，提升教师的生命价值；⑧体现系统整体思维的学校管理；⑨不断完善符合学生发展需要的校内设施；⑩建立为社会服务的公共形象。

会上，多年从事“学习学”研究的学者，从“学习学”的角度论述了学习素质教育与优质教育建设的意义，提出优质教育的建设，首先是学习素质教育的建设。开展学习素质教育建设，学校的领导，教师都要转变教育观念，营造在学校中提高学习素质教育的氛围，这也是建立学习型社会的要求。

(余强基)

首届民营经济发展·天津论坛

由中华工商业联合会和天津市人民政府主办、北京大学经济研究所协办的首届民营经济发展·天津论坛，2003年9月10日在天津举行。来自全国的200多位专家学者和工商界人士汇聚一堂，共商民营经济发展大计。全国政协副主席、全国工商联主席黄孟复，天津市委副书记、市长戴相龙和国务院经济发展研究中心党组书记、副主任陈清泰出席论坛开幕式并作演讲。

中共中央政治局委员、天津市委书记张立昌在论坛开幕之前会见了全国政协副主席、全国工商联主席黄孟复一行。张立昌说，民营经济发展·天津论坛的举办，对于促进个体私营经济的发展，扩大天津的影响，具有十分重要的意义。天津是一个老工商业城市，国有企业比较集中。多年来，我们在积极探索公有制多种有效实现形式中，鼓励和支持个体私营经济放心放开发展，做优做大做强。进入新世纪新阶段，我们把大力发展个体私营经济，作为加快天津发展的五大战略举措之一，努力提高其在国民经济中的比重。我们将进一步深化经济体制改革，加大扶持力度，营造良好的服务环境，吸引更多的民营资本，促进天津经济更快更好地发展。我们真诚地欢迎民营企业家来津投资，谋求更大的发展。

黄孟复在论坛上作了题为“民营经济在环渤海经济圈中大有作为”的演讲。他说，天津是中国近代工业的发祥地之一，是新中国重要的工业基地，在21世纪中国实现新型工业化、建设环渤海经济圈中，应发挥重要作用。他认为，在中国经济新的增长期，区域经济加快发展成为特色，环渤海经济圈的建设势在必行。在国际经济一体化的重心不断向亚太转移的趋势下，要把环渤海地区变成世界重要的商品市场和物流中心、变成中国第三个区域性经济增长区，成为拉动中国北方地区经济发展的一个发动机。黄孟复认为，提升城市竞争力是区域经济一体化的主旋律。天津在环渤海经济圈中的作用是举足轻重的，完全有能力、有条件发挥经济中心城市的地位和作用，与环渤海的经济实现一体化发展。他说，民营企业在环渤海的经济建设中，面临着非常多的机遇，但是也会遇到严峻的挑战。发展民营经济，不仅能解决GDP的增长，更重要的是它能够解决就业问题。民营企业要做大做强，也要考虑社会责任，为国家分忧解难，在全面实现小康社会的进程中发挥更大作用。

戴相龙在致辞中，希望把论坛办成一个持久的、富有成效的论坛，成为促进民营经济发展的重要阵地。他围绕民营经济如何加快发展进行了论述。一是聚集壮大民间资本，促进民营经济跨越发展。壮大民间资本的关键，是把民间中长期不用的资金、特别是居民定期储蓄存款中的一部分转化为民间资本。二是放宽民营企业投资领域，充分发挥民营经济在国民经济发展中的重要作用。三是建立和完善中介服务体系,提高市场配置民营资本的效率。重视改进金融机构对民营经济的服务。四是优化组织结构,推进兼并重组,使民营经济做优、做大、做强。发展产权交易市场,欢迎民营企业参与国有中小企业的兼并、重组和收购。五是天津要扬长避短,促进区域经济联合。认真落实"三步走"发展战略和五大战略举措,实现天津经济跨越式发展,特别要加快京津两市的交通建设,加强京津唐地区经济合作,使环渤海地区成为中国经济快速发展地区之一。

陈清泰在演讲中,就民营经济发展谈了三点意见:第一,民营经济发展进入了黄金时代。改革开放的伟大成果使民营经济发展的环境越来越好。第二,国有经济有进有退的调整,为民营经济的发展让出了空间和资源。第三,中国加入 WTO 将促进我们的市场化改革进程,民营经济发展的市场环境将变得越来越好。党的十六大把民营经济进一步发展所遇到的认识上、体制上、政策上的问题都作出了明确的回答,为民营经济发展提供了稳定的、可预见的环境。

中共中央政策研究室经济局局长李连仲,北京大学经济研究所所长刘伟,北京物美集团董事长张文忠,北京大学经济研究所张高波,香港高盛公司亚洲总裁胡祖六,国家发改委中小企业司顾强,北京大学经济学院院长助理黄桂田,南开大学经济研究所所长周立群分别在会上作了演讲。

与会人员一致认为,民营经济发展·天津论坛为民营经济在环渤海地区的大发展提供了难得的机遇,为与会企业界人士搭建了交流平台。这次论坛的成功举办,为环渤海地区各省市实现优势互补,加强民营经济交流与合作,推动民营资本参与环渤海地区经济发展必将起到积极作用,也为这一论坛的继续举办积累了丰富经验。

(张继明)

中国历代农民家庭规模与农民家庭经济学术研讨会

2003 年 9 月 12 日至 16 日,"中国历代农民家庭规模与农民家庭经济学术研讨会"在山东烟台召开。中国社会科学院吴承明、李根蟠,首都师范大学宁可,南开大学冯尔康、张国刚等近 30 位学者与会。此次会议由南开大学中国社会史研究中心、中国社会科学院经济研究所、中国农业博物馆联合举办,中共山东省烟台市牟平区委、区政府协办。

本次会议涉及五个层面,即"关于研究对象和研究方法的理论思考";"家户区分、农民家庭的规模结构与类型";"农民家庭的生计与消费结构";"分家原则与家庭婚姻关系";"资料的发掘与运用"等来探讨农民的家庭规模与农民家庭经济,力图从社会史、经济史等不同角度,从汉唐至当代的不同历史时期深入透析中国农民家庭的状况,以达到透过农民家庭的历史来认识社会的变迁,深入到农民家庭这一微观层面考察不同时代和地区的社会面貌;考察不同时代和地区社会的政治、经济与文化变动对农民家庭的影响的研究目的。

吴承明研究员回顾了 20 世纪初我国开展社会史大论战的情况。宁可教授认为血缘关系、制度、经济是影响家庭的主要因素。王利华教授认为以家庭史研究农家经济,理论和方法则主要是家庭学、家政学,主要关注经济条件、生产内容和生产状况等怎样影响农民家庭的形态、结构、功能,怎样影响农民家庭的存续和发展,怎样影响农民家庭生活的实际开展,出发点和落脚点在于家庭。为此,提出了"家庭生计体系"的概念。张国刚教授提交的《试论中古时代的复合型家庭结构》的文章通过敦煌文献和吐鲁番文书的分析,认为唐代复合型家庭关系可以区别为两种形式。

此外,来自中国社会科学院姜涛研究员、李根蟠研究员、魏明孔研究员、王曾瑜研究员、郭松义研究员,安徽大学栾成显,南开大学许檀教授,中国农业博物馆曹幸穗等均作发言。与会学者还针对农民家庭规模及家庭经济研究中存在的问题提出了一些思考。如家庭规模本身是一个动态的过程,应将人口规模和结构纳入宏观考察的视野,关注国家权利与地方控制;对于农民群体的考察是把握一个时代大脉络的手段，在利用新的史料的同时，对官方文献的爬梳考订同样不可或缺等。

关注农民的历史对于认识现在的“三农”问题具有重要的现实意义。随着新史料的发掘和利用，对历代农民家庭结构规模尤其是经济运作方式有了更多的探讨空间，准确认识历史上与农民息息相关的各要素(如国家权利与地方控制、赋税、分家析产的原则)的演变趋势成为与会学者讨论的热点。

(南开大学中国社会史研究中心供稿)

学习贯彻“三个代表”重要思想创新思维理论研讨会

由天津市逻辑学会创新思维专业委员会主办的“学习贯彻‘三个代表’重要思想创新思维理论研讨会”于2003年9月20日在天津市政协会议厅举行。参加会议的有来自天津高校、政府机关和企业的50余位专家学者。会议由市逻辑学会会长陶文楼教授主持，与会专家学者就深入学习“三个代表”重要思想，密切联系创新思维的实际问题，创新思维中的科学方法问题进行了广泛讨论。

南开大学教授任晓明在发言中指出：“三个代表”重要思想与创新有本质的联系。第一，“三个代表”重要思想的提出本身就是一种创新。从《共产党宣言》发表至今已有150多年，世界的政治经济格局发生了很大变化，苏联和东欧国家的共产党失去了执政地位。这个历史教训说明，要坚持社会主义道路，惟一的办法是创出一条新路，实质就是执政党必须代表人民利益，立党为公、执政为民。第二，贯彻“三个代表”重要思想，就是与时俱进，不断创新。改革开放以来，我国人民群众的工作和生活条件发生了很大变化，对物质文化的需求也在不断增长，这就要求我们研究新情况，形成新认识，开辟新境界，不断创新。第三，实践“三个代表”重要思想，不仅需要观念创新，而且需要方法创新。我们不能拘泥于原有的思维方式，必须打破陈规，革故鼎新，用“三个代表”重要思想来指导我们的创新实践。

大港区委副书记谢克俭在发言中指出：创新是在前人基础上的超越，是思想认识的升华，是创造性的实践。大港区近年来的创新实践说明，一是要把创新作为发展和解放先进生产力的核心，坚持发展是执政兴国的第一要务。二是要把创新实践提升到不断推进社会主义文化的发展上来，坚持先进文化的前进方向。三是要把创新实践的最终落脚点放在实现最广大人民的根本利益上。

天津财经学院讲师刘明明在发言中指出：创新研究首先要以“三个代表”重要思想为指导。创新研究属于知识创新，应符合先进文化的要求，沿着先进文化发展的方向前进。创新研究不是片面追求“新异”，创新是为了人类的文明进步，为了先进文化和社会生产力的发展，为了最广大人民群众的根本利益。只有这样的创新，才是有意义的。同时，创新研究要“与时俱进”。创新研究要顺应时代潮流，抓住时代特点，研究时代提出的“创新问题”。当前，我国正在深化体制改革，急需突破的理论问题是：体制创新、制度创新问题。我们要全方位地去探讨。特别是要探讨思维方式、思维方法的创新问题。创新研究要面向实践，从实际出发去研究问题，不能停留在“纸上谈兵”。

天津师范大学教授田宏第、副教授张靖在发言中指出：要从根本上割除各种弊端，必须注重对学生创新思维能力的培养，大力推进素质教育。素质教育的目标就是培养学生的创造力——即创新精神的实践能力。素质教育与创新思维有内在的联系，素质教育的根本任务是促进学生的全体发展、全面发展、个性发展。个性发展的根本标志是开发潜能，促进学生健康成长，实现创新精神、创新思维能力和实践能力的和谐发展。开发潜能的最高目标，就是开发学生的创新思维潜能。因此，素质教育是以人为本的创新教育，是以全面发展和提高学生的全面素质为出发点和归宿的教育，是培养和发展学生的创新精神和实践能力的教育。市委党校张维真教授和天津商学院瞿麦生教授以及天津大无缝钢管公司的代表也在会上作了发言。

(张靖)

“三五八十”成就展开幕式

2003年9月28日，天津“三五八十”成就展开幕。市委、市人大、市政府、市政协的领导同志参观后给予了很高的评价，中共中央政治局委员、市委书记张立昌同志说：“以高标准衡量，这个展览办得很好。”

1994年，市委、市政府提出并开始实施“三五八十”四大奋斗目标规划，即“到1997年，实现全市国民生产总值提前3年翻两番；用5至7年时间，基本完成市区危陋平房改造；用8年左右时间，把国有大中型企业嫁接改造调整一遍；用10年左右时间，基本建成滨海新区”。经过全市上下9年的不懈努力，这四大奋斗目标于2002年底提前全面实现。

“三五八十”四大奋斗目标的实现，使天津步入了全国发展较快地区行列，综合实力大大增强，城市地位显著提高，人民生活明显改善，各方面都发生了历史性变化。这是天津发展史上的一个里程碑，标志着我市的现代化建设进入了一个新阶段。为了回顾这段不平凡的历程，全面总结取得的成就和经验，坚定信心、鼓舞士气，认真贯彻落实党的十六大精神和市第八次党代会的部署，加快推进“三步走”战略，把天津建设得更加美好，市委决定举办“三五八十”成就展。这次展览在市委的直接领导下，由市委研究室牵头，市计委、经委、建委、滨海委等系统共同参与了筹备工作。从撰写展览大纲、设计展板、研究表现形式、征集和制作展品等所有环节，都力求高水平，体现思想性和艺术性的统一。筹办人员战胜了突如其来的非典疫情造成的困难，以高度负责的精神，昼夜奋战，一方面抓监控预防措施落实，一方面抓工期进度，做到了两手抓、两促进。

市委副书记刘胜玉在展览开幕式的致辞中指出，“三五八十”四大奋斗目标规划的确定和实施，是天津经济社会发展中具有历史意义的大事，是中央精神与天津具体实际相结合的产物，是全市人民解放思想、开拓创新、与时俱进、奋力拼搏的结果，是具有天津特点的发展路子。他说，“三五八十”的伟大实践，不仅创造了巨大的物质成果，也创造了丰硕的精神成果。所有这些，都是长期起作用的因素，是加快天津发展极为宝贵的财富。这个展览的举办，对于深入开展“三五八十”回顾总结活动，对于教育广大干部群众，振奋精神，鼓舞士气，进一步坚定加快发展的决心和信心，必将发挥重要的作用，产生深远的影响。

“三五八十”成就展开幕以来，全市干部群众踊跃参观，一些市民冒着大雨、踏着积雪自发地观看展览。广大参观者看到天津十年来的巨变，深受鼓舞，备感自豪，进一步坚定了加快实施“三步走”战略的信心。中央和国家有关部门的负责同志、载人航天报告团、一些外省市的领导同志及旅游者参观了展览后，交口称赞天津独特的发展思路，对天津取得的成就和经验给予了充分肯定。“三五八十”成就展已经成为外地人了解天津的重要窗口，天津人民热爱祖国热爱家乡的教育基地。

（马军）

“梁启超与近代中国社会文化”国际学术研讨会

2003年10月13日至15日，“梁启超与近代中国社会文化”国际学术研讨会在天津举行。南开大学为本次会议主办单位之一。来自美国弗吉尼亚大学，法国国家科学研究院，德国特里尔大学、弗仑斯堡大学、柏林自由大学，日本东京大学、京都大学、京都桔女子大学，韩国庆北大学，香港浸会大学、科技大学、中文大学，台湾“中央”研究院近代史所、清华大学、东海大学、成功大学、台湾中国文化大学以及内地的北京大学、南开大学、中国人民大学、中国社会科学院、上海社会科学院、华中师范大学、广东省社会科学院、中山大学、天津社会科学院等高等院校的知名学者150人参加本次国际研讨会，提交论文共100多篇。

在本次会议上，台湾中研院近代史所张玉法院士发表《从改造到动员：梁启超在政治运动中对国民态度的转变》一文，认为梁对国民态度的转变经历了改造国民(包括批判国民)、动员国民的变化，而态度的转变则与政治的背景和运动的性质有关。为此，作者分析梁参与的数次政治运动，揭示出梁氏对国民态度转化的合理性。梁最初希望通过改造国民，由国民改造国家。之后，为了反对共和立宪，他又不得不设法运用国民的力量，动员国民向政府、向外国表达意见。作者认为梁对国民的真正看重，是在五四运动后。因而他在文中说："梁启超那种动员国民、改造国民的精神，在戊戌以后迄于五四以后的20年间，除了短期的为官生涯以外，是不断高涨的。"

法国国家科学研究院巴斯蒂院士在《1919年梁启超游法情形与其晚年贬欧洲的社会文化思想》一文中，从法国档案馆、部分外交部和私人档案中发掘有关梁的新资料进行研究，并提出梁早年是欧洲思想的维护者，到了晚年却明显地贬低欧洲文化。二三十年代，中国人对欧洲的看法，受梁的这一观点影响很大，这对中国思想界来说是比较大的损失。作者认为学界对梁氏在欧洲的活动缺乏研究，而这却是能具体地了解梁的思想转折及其意义的实际环境。南开大学历史学院李喜所教授《剖析梁启超晚年的思想走向——以〈欧游心影录〉为中心》一文，认为梁晚年是呼吁以西方的科学研究方法和辩证思维去重新诠释中国古典文化，使中国文化在创新中走向现代。因此，这种思想文化主张并非如传统观点所说的是"倒退"，而是五四时期中国文化现代转型中的一种新思考，客观上为20世纪30年代新儒家的登台奠定了基础。他在文中指出，梁氏1919年在欧洲一年多的实地考察，逐步改变了过去全面学习西方社会和竭力引进西方文化的思想文化追求，实现了心灵深处新的飞跃。梁试图从中西文化的融合中，达到"心物调和"的境地，创造以中国文化为本位的新文明。

(高冬琴　李钊)

全国音乐院校钢琴主科教学研讨会

2003年10月19日至23日，由天津音乐学院主办的全国音乐院校钢琴主科教学研讨会在津隆重召开。钢琴教育家、中央音乐学院周广仁教授，钢琴演奏家石叔诚，钢琴理论家赵晓生，老一辈钢琴教育家凌远、赵屏国、吴元等出席会议。全国9所音乐学院及附中均派出代表参加，香港演艺学院键盘系主任郭嘉特教授也应邀出席了会议并进行了大师公开课。这是继1991年第一届全国钢琴教学研讨会之后，我国钢琴界、教育界知名教授和教学精英在新世纪的首次聚首，因此在全国引起强烈反响，多家媒体对会议进行报道。

本次研讨会共收到论文20余篇。21位代表在会议上宣读了论文，并以"21世纪国内外钢琴教育的分析与展望"、"20世纪中外作曲家、钢琴家研究"、"现代钢琴教学法探究"为题分别进行了交流，共同探讨新世纪钢琴教学新思路。

中央音乐学院附中钢琴学科主任张晋副教授作了题为"中央音乐学院附中钢琴学科现状与未来展望"的发言。他从教学、科研、教学管理、艺术实践与交流等4个方面对附中的教学工作进行了全面介绍。对未来教学的发展，他认为加强学生对室内乐的适应能力、强化学生的素质教育和培养独立思考的创造能力以及加强艺术实践等方面是附中钢琴教学中应当拓宽的领域。

天津音乐学院键盘系主任谢元教授宣讲了论文《一幅永不褪色的西班牙画卷——阿尔贝尼斯及其"伊比利亚"》。作者深入浅出地分析了《伊比利亚》中的12首作品，指出阿尔贝尼斯的"伊比利亚"以西班牙风土人情为背景，以西班牙民族音乐为素材，从民间音乐中吸取了大量的养分，从而使其音乐具有独特的风格和音响特点。谢元教授还特别提到了在演奏时所应注意的几个层面：深入掌握西班牙音乐的风格特点；音色富于变化；强化手指的灵敏度；注意控制左、右手和各声部的层次与平衡；细心感受西班牙音乐特有的节奏韵律感并增强手指的爆发力。

天津音乐学院的外籍专家、乌克兰敖德萨音乐学院教授达季拉茨卡娅的发言为"巴赫古钢琴作品在20世纪的演绎”。作者认为,由于历史的原因,巴赫在乐谱中所作的提示非常少,这一方面为演奏者提供很多的自由和发挥自己创造力的空间,另一方面也为是否能正确诠释巴赫的音乐提出了问题。她从装饰音、发音、连线、速度节奏、踏板用法等方面阐述了如何正确演奏巴赫的音乐。

中央音乐学院的周广仁教授,上海音乐学院的赵晓生教授和江晨副教授,香港演艺学院的郭嘉特教授分别进行了精彩的学术讲座及大师公开课。

(天津音乐学院供稿)

金融学科发展与人才培养恳谈会

由天津财经学院金融系主办的“金融学科发展与人才培养恳谈会”于2003年10月28日在天津财经学院举行。旨在探讨新世纪金融学科的发展、金融人才的培养和天津财经学院金融学科的发展问题,以期对我国金融学科的发展有所贡献。会议邀请了辽宁大学白钦先教授、中国社科院王松奇教授、中国人民大学张杰教授、南开大学刘玉操教授、武汉大学叶永刚教授等著名金融专家,中国银行监督管理局天津分局郭明其局长以及天津市各大金融机构和部分上市公司领导,天津财经学院金融系的部分教师应邀参加。会议期间主要讨论了以下议题:

1.天津财经学院金融学科的发展

天津财经学院金融学科于1958年全国院系调整中,在南开大学金融系基础上建立。1978年在全国率先建立国际金融专业,1981年开始招收货币银行、国际金融专业硕士研究生,1988年在全国较早地建立保险学专业,1993年被评为天津市重点发展学科,2003年9月获得金融学博士学位授予权,2003年10月设立应用经济学博士后流动站。目前,财经学院的金融学科已经建设了一支高水平、高素质的师资队伍,在人才培养上重视教学质量,重视教学条件的改善,重视对学生综合素质的培养。

2.金融学科的发展

金融学科的发展应立足于9个字:“重定位、再构造、名优特。”(1)在中国更大强度地融入世界经济的同时,中国的金融学科面临着重新定位与调整。如教学内容、教学大纲、教学方法的挑战,重新定位金融学科在整个国民经济中的战略性地位,把金融学科做新、做大、做强,重新定位金融的概念,反思金融的发展热度,重新审视广义金融的范畴。(2)再构造。就是对金融学科体系的规划,对人力、物力、财力的重新组合,要按时代、国家发展要求重新构造。(3)名优特。即“大德大师大家”,在“大师”的统领下,有一批学有专长又互相配合的“大家”,用“大德”“师德”感染学生,而不是简单的学术传承。

3.人才培养问题

在金融人才培养方面,应区分不同层次的人才培养。本科生应着重培养其创新意识,硕士生应培养其创新能力,博士生应强调培养创新成果。对于本科生,应强调“西学为体,中学为用”,教学体系要与国际接轨。但是现在我国的博士生培养存在一些问题,如许多博士生重视理论研究,但是过分强调抽象、数学的分析,脱离实际,不了解中国的特色。提高人才培养质量,对于本科生而言,不仅要重视金融理论知识的教育,还要重视其实践能力的培养;对于博士生,不仅应该熟练掌握现代的经济理论、金融前沿理论,更要有自己的理论体系,有与我国经济金融发展实践相结合的应用能力。

4.金融工程教育

我国加入WTO后,亟需发展金融领域中金融工程。金融工程学科专业的建设是全面的,而不是简单的数学工具和模型的应用。本科金融工程教育重点是强调模型的应用,而不是研究模型本身,博士生教育重点则要研究模型本身,研究新金融产品的风险等。因此,金融工程专业应从思路上将金融工程的教学拓宽。

(李向前)

“欧元之父”蒙代尔受聘天津财经学院客座教授仪式暨专题报告会

2003年10月28日下午，在天津财经学院新校区G座报告厅，举行了隆重的授聘仪式，天津财经学院院长张嘉兴教授向诺贝尔经济学奖获得者、被誉为“欧元之父”的美国哥伦比亚大学经济学教授蒙代尔先生颁发了客座教授聘书。蒙代尔向张嘉兴院长赠送了刚刚出版的中文版《蒙代尔经济学文集》，还应邀作了“世界经济一体化与人民币汇率”的专题报告。副市长崔津渡出席报告会并致辞。参加致聘仪式和报告会的有国内知名学者、天津市金融机构领导、天津财经学院的教师和学生逾千人。

崔津渡代表市政府对蒙代尔教授受聘天津财经学院客座教授和《蒙代尔经济学文集》中文版的出版表示祝贺。他说，该书的出版，有利于推动中国经济学的发展，为深入分析经济全球化条件下中国经济和金融的发展提供科学的理论基础工具。崔津渡真诚地希望蒙代尔教授能够为天津高等教育教学和科研多提宝贵意见。

在专题报告中，蒙代尔教授对中国经济发展的成功给予充分肯定和赞赏。他指出，人民币汇率应当保持稳定，整个亚洲更要保持货币的稳定性，这对于中国和世界经济发展是有利的。蒙代尔表示对中国未来经济发展充满希望，并对未来世界货币格局作出预测，预计2020年将出现美元、欧元、亚元的大货币区并存的全球货币格局，2040年将出现APEC地区统一货币、欧元两大货币区并存的全球货币格局。

罗伯特·蒙代尔出生于1932年，加拿大人。他是现代开放经济宏观经济学的奠基人和主要开拓者，1999年诺贝尔经济学奖得主，是举世公认的“欧元之父”和“供给学派经济学之父”，在世界金融界享有很高声望。在辉煌的学术生涯里，蒙代尔教授撰写了大量经典论文、专著、研究报告，主编了许多重要学术论著。他对国际货币体系演变历史有精湛研究，对欧元的诞生发挥了极其重要作用。

《蒙代尔经济学文集》是蒙代尔的第一部中文论文集，全书共分6卷，收录了作者迄今所有重要的经济学论文，是其数十年学术研究的结晶，对中国经济界和学界具有重要参考价值。

（天津财经大学供稿）

信息化与新型工业化道路论坛

2003年10月28日，由国务院信息化办公室、国家信息产业部和天津市人民政府主办的信息化与新型工业化道路论坛在天津举行。天津市市长戴相龙，中国科学技术协会副主席、中国工程院院士胡启恒，太平洋经济合作理事会秘书长戴维德·派森斯，摩托罗拉总公司执行副总裁、全球事业部总裁兼中国公司董事长吉恩·戴莱尼等出席论坛并致辞。天津市常务副市长夏宝龙主持论坛开幕式。国务院信息化工作办公室副主任杨学山，天津市政府经济顾问叶迪生、市政府秘书长何荣林出席了论坛。

戴相龙在致辞中说，全面推进信息化建设，是抓住机遇、实现社会生产力跨越式发展的重要措施，是提升我国经济国际竞争力的必然选择，是提高政府监管能力、工作效率和公共服务水平的迫切要求。这次论坛的召开，必将对推进信息化建设，加快经济和社会发展发挥积极的作用。

戴相龙说，天津市委、市政府一直把推进信息化建设放在重要位置，不断加强信息基础设施建设，全面实施信息港工程，优先发展电子信息制造业，使信息产业成为天津第一大支柱产业。今年编制的《天津市优势产业发展规划》，进一步明确了电子信息产业的发展方向和产业定位，到2010年，全市规划投资740亿元发展电子信息产业，信息产业产值预测将达到3200亿元。

戴相龙指出,以信息化带动工业化,是率先实现现代化的必由之路。我们将以本次论坛为契机,进一步加强与国内外的广泛合作与交流,借鉴各方面的成功经验,使天津的信息化建设跃上新水平。

胡启恒在致辞中说,此次信息化与新型工业化道路论坛在天津召开,为我们提供了一个很好的机会,使出席论坛的各界人士都能坦诚交流。我们相信,大会必将有力地推动我国信息科技的发展,中国的信息化建设也必将成为21世纪世界舞台上的亮点。

本次论坛紧紧围绕党的十六大提出的坚持以信息化带动工业化,以工业化促进信息化,走新型工业化道路的总要求,以"信息化与新型工业化道路"为主题,同时设有"环渤海信息产业"、"网络与信息安全"、"金卡工程与银行卡产业发展"三个分论坛。这些都是当前国家信息化建设最热门、最引人关注的话题,引起了国内外信息产业界、学术界的广泛关注。本次论坛与第三届PECC国际贸易投资博览会暨2003中国计算机软件网络与通信产品展览会同期举办,以会带展,以展促会,成为万商云集的国际性盛会,对推进国家信息化建设,促进天津经济发展发挥了重要作用并产生了深远影响。

参加论坛的有太平洋经合理事会、太平洋电信理事会,美国、日本、韩国、泰国等16个国家、地区和国际组织的代表,国家有关部委的领导,21个省市自治区主管部门的领导,两院院士,国内知名专家,以及国内外知名企业代表近1000人。

(张继明)

外商投资企业登记管理工作理论研讨会

2003年10月29日,市工商行政管理学会、市工商局外资处联合举办全市外商投资企业登记管理工作理论研讨会。我市各工商分局外资科科长、论文作者和局有关人员共计40余人参加了会议。国家工商总局外资局指导处领导应邀到会指导,主管局领导出席研讨会并讲话。研讨会共收到论文30篇,其中各分局撰写26篇在会上作了交流,共评选出一等奖1名,二等奖2名,三等奖4名。

会议围绕入世后吸引外商投资工作面临的新情况、新问题及其应当采取的对策,外资企业市场准入、资金催缴及后期监督管理工作进行了深入细致的研讨。本次会议的特点:一是范围广,研讨的内容,涉及到外商投资企业登记管理工作的方方面面,既有注册登记、吸引外资和外资立法方面的,也有照后监督管理方面的;二是质量高,这次是继1997年以来召开的第二次外商投资企业登记管理工作理论研讨会;三是针对性强,研讨的论文切合外商投资企业登记管理工作实际,为今后工作提供了一定的可行性、开创性的思路和对策。

(程　毅)

天音声乐论坛

2003年10月29日至11月2日,由天津音乐学院主办的"2003天音声乐论坛"在天津音乐学院召开。来自25个省、市、自治区的71个音乐院校和演出团体、文化单位及香港、台湾的200多位声乐同行出席,交流教学经验和演唱心得,研讨声乐理论,共议中国声乐的现状和未来。

香港声乐教育家、歌唱家费名仪教授作了题为"中国声乐演唱与西洋美声歌唱学派"的学术报告。她简要回顾了民族声乐的历史发展和理论文献,并与西方声乐艺术理论相比较,从而对中国声乐的发展提出了自己的见解:继承优良传统文化,借鉴西洋文化精华。台湾声乐教育家、歌唱家金庆云教授通过对民歌的思考及自己艺术实践的回顾,集中论述了民歌的演唱艺术问题,对实践有一定的指导意义。天津音乐学院声乐教授石惟正以“中国民族声乐的范围、结构及其发展方向”为题作了学术报告。他概述了民族声乐的定义,从静态和动态两个角度分析了民族风格的结构,并对于民族声乐继承传统、借鉴西洋方面提出了自己独到的见解。沈阳音乐学院国际音乐教育中心主任刘捷教授就如何借鉴西方声乐,发展我国声乐艺术谈了自己的深刻体会。沈阳音乐学院副院长刘辉教授的学术报告从“中国民族声乐的文化属性”、“中国民族声乐的审美”、“中国民族声乐对外来音乐文化的借鉴”、“中国民族声乐的时代性和科学合理性”、“中国民族声乐的艺术性”5个方面论述了中国民族声乐的文化定位问题。此外,中国民族声乐学会会长王秉锐教授在报告中谈了中年歌唱演员如何永葆艺术青春的问题。

论坛期间,刘捷、费名仪、石惟正3位教授还上了公开课,内容涉及到歌唱力量的平稳和连贯,如何做到充分的头腔共鸣以及声、字结合中语言动作如何由生活自然达到歌唱中的舒展和自如等问题。一代声乐大师周小燕先生的公开教学,博得了满堂喝彩。

本届论坛还举办了3场音乐会,不仅使论坛在内容上更加丰富,而且又展示了声乐教学的部分成果。前两场音乐会分别由天津音乐学院、沈阳音乐学院、中国音乐学院演出,受到了观众的欢迎。第三场音乐会由男高音歌唱家姜嘉锵,女高音歌唱家吴碧霞、黄华丽为会议代表献上了一台高水平、高质量的音乐会。

(天津音乐学院供稿)

马克思主义哲学史分会2003年年会

2003年11月1日,天津市哲学学会马克思主义哲学史分会2003年年会在天津师范大学召开。会上,代表们围绕主题集中交流了哲学界学习贯彻“三个代表”重要思想的最新体会,共同探讨了在新形势下如何进一步搞好马克思主义哲学教育和科研工作等问题。

1.关于马克思主义哲学的与时俱进

天津大学刘彦生教授在发言中指出:首先,马克思主义哲学要科学总结社会主义实践。第二,要辩证看待马克思主义哲学和现代西方哲学的关系。第三,要正确对待现代西方思维方式成果。第四,要研究当前社会运动现实,客观分析社会进步的新特点。与会代表一致表示,一定要抓住机遇,与时俱进,开拓进取,开创哲学研究新局面。

2.关于“三个代表”重要思想的历史地位

天津师范大学陈尚卫教授从人类社会发展规律、社会主义建设规律和共产党执政规律的历史性探索这个角度,谈了对“三个代表”理论历史地位的认识。第一,从三大规律的态势轨迹来看,马克思主义对人类社会发展规律的认识在先,然后是对社会主义建设规律的认识,最后是对共产党执政规律的认识。第二,从三大规律的逻辑关联来看,应该是前面的规律构成后面规律的基础,后面的规律蕴涵着前面的规律,是对前面规律的深化。第三,“三个代表”重要思想的主旨是揭示共产党的执政规律,但也蕴涵了社会主义建设规律和人类社会发展规律。因此,“三个代表”重要思想从总体上深化了对三大规律的认识,“三个代表”理论是对马列主义、毛泽东思想和邓小平理论的继承和创新。

3.关于“三个文明”协调发展的问题

天津师范大学刘世明教授就“三个文明”发展的理论依据和实践依据作了主题发言。他认为,首先,马克思早在《〈政治经济学批判〉序言》中就认为,任何社会形态都是一定经济、政治和文化的统一体,社会的结构分为经济、政治和文化三个基本结构,相应的社会文明也应是三维结构,即物质文明、政治文明和精神文明。党的十六大报告第一次提出“三个文明”协调发展的理论,是对人类社会发展规律认识深化的概括。其次,随着我国改革和现代化进程的不断深入,人们越来越认识到社会主义现代化是一个全面发展的现代化。第三,党的地位的改变提出了执政党的合法性问题。中国共产党作为执政党应该靠民主制度才能获得最稳固的合法性。第四,历史唯物主义在承认生产力是社会发展的决定力量的同时,并不否认需要和利益在社会发展中的重要作用。第五,社会主义现代化建设是一项宏大的系统工程,经济、政治和思想文化,只有相互配合才能使社会主义物质文明、精神文明和政治文明协调发展,才能带动全社会从根本上改变精神文明内外关系失衡及权力腐败和思想道德滑坡局面。

4.关于社会主义文化建设的问题

天津师范大学王小平副教授分析了中国当代建设审美文化的现实意义。他认为:第一,研究当代审美文化对于目前发展有中国特色社会主义经济具有"龙头"作用。第二,研究当代审美文化对于目前发展中国特色的社会主义政治具有"心智"的作用。第三,研究当代审美文化对于目前发展有中国特色社会主义文化具有"核心"作用。

5.关于依法治国与以德治国的关系问题

天津医科大学周庆华教授就实现"小康社会"的道德途径谈了三点看法。第一,发展经济是进行小康社会道德建设的根基。第二,健全法律是进行小康社会道德建设的保证。第三,继承和创新是进行小康社会道德建设的原则。天津科技大学赵世辉教授就"以德治国"作了发言,他认为;第一,道德与法律相比较,德应当比法更根本。所以,应该强调以德立国,依法治国。第二,以德治国的主体是人民群众。第三,以德治国的关键工程是加大对权力腐败者的惩罚力度。他提出,还有许多问题目前学术界没有完全搞清楚,比方,以德治国的道德标准是什么?人民群众如何参与以德治国?如何实现以德治国与依法治国的相结合等。这些问题还有待于学术界作进一步的研究。有的同志认为,在以德治国的过程中,尤其要加强党员干部特别是广大领导干部的思想道德建设。为此,必须要加大反腐败的力度。面对思想道德建设的艰巨任务,理论工作者要有强烈的使命感和责任感,担负起时代赋予我们的历史使命。

(刘　维)

寿险经营与风险控制国际研讨会

2003年11月9日至10日,由南开大学、北美精算学会与光大永明人寿保险有限公司联合举办的"寿险经营与风险控制国际研讨会"在南开大学隆重召开,天津市副市长崔津渡出席了开幕仪式。中国保监会副主席魏迎宁专程在开幕式上致辞。南开大学党委书记薛进文出席开幕式并讲话。来自国内外近300名寿险业及理论界人士在为期2天的研讨会中以"寿险经营管理与风险控制"为主题,就保险监管与法规、寿险公司经营管理、经营风险与风险控制等方面展开研讨。

会议认为,目前我国保险业仍处于发展的初级阶段,当前的主要矛盾是快速发展的经济与社会对保险业的需求一同及保险业发展滞后的矛盾,使得保险业的三大功能即经济补偿、资金融通和社会管理远未充分发挥。目前我国保险深度和保险密度都还很低,中国保险业发展蕴藏着巨大的发展空间。近年来,中国寿险业的快速发展对寿险公司的经营管理提出了更大的挑战,同时对寿险风险控制提出了更高的要求。由于研讨会的主题与目前中国寿险业的发展息息相关,引起了国内外众多保险公司的高层领导和保险学术机构负责人的广泛关注。

(南开大学供稿)

第二届公司治理国际研讨会

2003年11月15日，由南开大学国际商学院、南开国际管理论坛、香港大学中国金融研究中心和南开大学公司治理研究中心共同主办的第二届公司治理国际研讨会在南开大学召开。来自美国、日本、英国等国家和地区的公司治理研究领域的知名专家，国内学术界专家、企业家等300余人，围绕公司治理改革与管理创新，进行了广泛深入的交流与研讨。

全国人大常委会副委员长蒋正华出席开幕式，并作了题为“完善企业治理结构，推行行业管理改革”的演讲。诺贝尔经济学奖获得者、德国波恩大学教授莱因哈德·泽尔腾应邀作了“有限理性与经济行为”的主题演讲。天津市市长戴相龙、国家审计署审计长李金华在开幕式上致辞。全国政协常委舒圣佑，天津市委常委、滨海新区管委会主任皮黔生，市政府秘书长何荣林等出席了开幕式。

戴相龙在致辞中说，这次国际研讨会的召开，必将对建立现代企业制度，建设诚信体系，完善社会主义市场经济体制起到积极的促进作用。他说，前不久召开党的十六届三中全会，通过了《中共中央关于完善社会主义市场经济体制若干问题的决定》，其核心内容就是通过深化改革和制度创新，建立更具活力、更加开放的经济体系。其中非常重要的一点，就是深化国有企业改革，建立现代企业制度，完善公司法人治理结构，把股份制作为公有制的主要实现形式。公司治理国际研讨会的召开正当其时，对我们借鉴国际经验，研究和抓好法人结构治理，推进制度创新具有十分重要的意义。他希望与会专家学者畅所欲言，大胆探索，在公司治理这个重大课题上取得更多学术成果，为天津改革和发展提供重要理论支持。

李金华在致辞中指出，公司治理问题目前已经成为中外理论界和实务界重点研究的世界性课题。公司治理要做好三个方面的研究：第一，会计信息的真实，是现代公司治理最基本的要求；第二，诚信原则，应该是现代企业家精神的核心内容；第三，建立完善的制约机制，是现代公司治理重要而又有效的手段。

出席研讨会的还有国家自然科学基金委员会管理科学部副主任黄海军，香港大学经济金融学院院长陆炎辉，晓龙基金会执行长曾宪章博士等海内外专家学者。

与会专家学者围绕学术前沿问题进行了广泛的交流与研讨，针对中国企业建立和完善公司治理结构，提升企业的国际竞争力提出了应对之策。

一是公司治理与管理创新。这是现代企业发展过程中密切联系而又相互区别的两个层面。公司治理是保证以股东为主体的利益相关者权益为前提的一整套制度安排。公司治理安排的重大变化从深层次影响企业管理方式的创新，而新型管理方式的不断探索与凝炼，又成为推动公司治理体系演进的现实源泉。二是公司治理评价指数。南开大学公司治理研究中心在这次研讨会上推出了中国上市公司治理指数研究报告。一些学者认为，公司治理理论研究，应当加强关于中国公司治理质量的全面实证研究和为政策设计服务；应以指数的形式建立中国的公司治理评价体系，通过对公司治理影响因素的科学量化，来全面、系统、连续地反映上市公司治理状况，为完善中国上市公司治理机制，提升竞争能力做出贡献。三是利益相关者参与公司治理文化。20世纪90年代以来，公司治理基础理论研究方面出现新的趋向，对原有的公司治理要素及其关系的研究更加深入细化。其主流公司治理理论研究视野，从关注股东与经营者之间的关系调整，发展为包括大小股东间关系、董事职业化、机构投资者与利益相关者参与公司治理文化建设等在内的更加深入的研究体系。四是公司治理边界与复合公司体系中的治理关系。一些专家学者认为，公司治理边界概念的提出，将公司治理基本原理从单体公司延伸到复合公司体系之中，为集团治理、跨国公司治理、网络治理等一系列突破性研究奠定了理论基础。五是中国加入WTO后的影响与机构投资者的治理行为。中国加入WTO之后，企业制度成为新形势下企业竞争力的关键问题。有效的公司治理机制来自长期的市场经济环境熏陶，健全的公司治理规范是整个国际惯例的一部分。完善公司治理结构，提升企业国际竞争力，是中国加入WTO后一项重要应对之策。六是公司治理的实证研究。一些专家学者,围绕公司治理实证研究问题展开了研讨。认为应对公司治理的总体状况、股权结构、董事会结构、控股股东行为等不同方面进行实证性研究,以推动我国公司治理的研究向深入发展,使我国公司治理的研究领域与国际全面接轨。

(张继明)

多元学科视野下的中国社会史研究学术讨论会

2003年11月24日至25日,由南开大学中国社会史研究中心主办的"多元学科视野下的中国社会史研究学术讨论会"有来自中国、韩国的40余位学者出席。

中心主任刘泽华教授致开幕辞,并结合自己所倡导的"思想与社会互动过程研究"实践提出了开展社会史的理论研究的必要性。中心学术委员会主任冯尔康教授作特别演讲"'说故事'的历史学和历史知识大众文化",他的观点受到了广泛的关注:历史学是说故事的陈述之学,它讲道理,但表达方法是寓论于史,并非以讲求哲理、规律为特色,因此历史学不宜放弃陈述之学的特征,而失去自身的特点和价值。厦门大学文学院历史系郑振满教授"从民俗研究历史——我对历史人类学的理解"针对当前尚未形成共识的历史人类学概念问题,认为作为历史学者,应该认清并坚守历史学的本位,从民俗去研究历史,在做民俗研究时,必须借助于人类学的方法。

从国家与社会问题方面提交的论文有:济南大学社会科学院代洪亮《正统文化与民间文化的互动:明清山东士绅视野中的泰山碧霞元君信仰》;上海社会科学院历史研究所王健《正统的消解:明清江南周孝子信仰初考——以常熟为中心》;山东大学文史哲研究院李浩《唐代的村落与村级行政》;中国人民大学清史研究所杨念群《宋以后中华帝国的统治风格为什么会趋于内向——一个多元视角的阐释框架》等。从区域研究的角度提交的论文有韩国全南大学史学科郑炳喆的《明清时期华北社会与国家权力》;山西大学历史系行龙《再论区域社会史研究的理论与方法——兼论明清以来山西区域社会史之研究》;南开大学中国社会史研究中心张思《共同体理论与中国社会研究》;上海社会科学院历史研究所钱杭《公意距正义有多远?——萧山湘湖水利共同体的民间秩序》等。从社会史研究不同侧面提交的论文还有:南开大学中国社会史研究中心王先明《人、人口与社会结构——关于社会史一个基本理论问题之讨论》;中山大学历史系程美宝、刘志伟《18、19世纪广州洋人家庭里的中国佣人》;南开大学中国社会史研究中心张分田《关于社会普遍政治意识研究的若干思考——以民本思想与秦朝统治思想的关系为研究实例》;中国人民大学国际关系学院政治学系萧延中《中国传统"圣王"理念的政治符号学分析——中国传统思想中的"政治正当性"系列研究》;南开大学中国社会史研究中心王利华《略论生态史与社会史的结合:从问题到史观》等。

在社会史研究与社会科学的关系方面,南开大学中国社会史研究中心常建华《社会科学与中国社会史研究历程》全面回顾了20世纪以来中国社会史研究的发展历程,认为社会史研究的进展很大程度上在于源源不断接受社会科学的理论与方法,坚持与社会科学的对话与结合,应当是社会史研究的基本立场,但在历史学向其他学科的开放问题上,应保持"适度",并响应冯尔康先生在2002年中国社会史年会的演讲,提倡将实证研究与理论研究结合起来。

本次会议的讨论体现了"既研究些问题,也谈些主义"的原则,与会学者关注的重点仍然是历史学如何应对多元学科视野的挑战与机遇;坚持历史学的本位开展跨学科的社会史研究也为大部分学者所认可。

(南开大学中国社会史研究中心供稿)

明清以来华北社会经济研究学术研讨会

2003年11月28至12月1日,南开大学中国社会史研究中心举办了“明清以来华北社会经济研究学术研讨会”。来自北京、天津、上海、华北数省以及日本、韩国的50余位学者出席了会议。

明清以来的华北地区处于传统社会向现代社会转变的大背景下,在商品流通、市场发育、社会制度以及民众信仰等方面呈现出许多新特点。以长时段、多角度的眼光透视这一时期的经济发展与社会变迁乃是本次会议的主旨。南开大学魏宏运教授在开幕式上回顾了华北区域史研究的历史与现状,指出“这一领域的研究大有可为”。与会学者围绕会议主题从5个方面探讨了明清以来华北经济状况:

(1)商品流通与市场网络。南开大学许檀教授在《清代河南的商业城镇——以山陕会馆碑刻资料为中心的考察》一文中,将市场划分为流通枢纽城市、地区性商业中心、农村集市等三个层次,从微观层面较细致地对周口、赊旗、北舞渡、朱仙镇、开封和洛阳等城镇的商业发展脉络、商品流通概况分别进行了考察,并对其各自的商业规模进行估算,从而使清代河南省的地区性商业中心了然于目。复旦大学张海英,聊城师范大学王云,南开大学张思,中国人民大学夏明方等学者提交相关论文。日本学者深尾叶子(大阪外国语大学)和安富步(东京大学)共同提交论文《对中国基层社会史研究的理论提议——以1920、1940年的山东省和东三省比较研究为例》。(2)农村经济的发展与不发展问题。中国社会科学院史建云、林刚、史志宏、武力,天津师范大学侯建新,河北大学李金铮,南开大学张东刚等人提交了文章并展开讨论。(3)乡村政治制度与社会秩序,中国社会科学院郑启东。南开大学王先明、祁建民、张思,韩国全南大学校郑炳喆等人提交文章讨论。(4)民间信仰与社会观念。山西大学行龙提交的论文《多村庄祭典中的国家与社会——晋水流域36村水利祭祀系统个案研究》,以晋水流域36个村庄对晋祠神灵的祭祀为主要线索,从多村庄祭典的角度对国家与社会的复杂关系进行了讨论。中国人民大学杨念群,南开大学侯杰,北京大学赵旭东,上海大学张佩国等人也提交论文参与讨论。(5)生态环境、人口与社会救济。这是近年研究的新热点,南开大学王利华的《中古华北水资源状况的初步考察》认为,中古时期山区森林植被良好,具有较强的水源涵蓄能力,黄土高原水土流失尚轻,黄河决溢移徙危害相对较轻,因而华北地区具有良好的水环境。此外,中国社科院江太新,南开大学丁长清,天津社会科学院刘海岩等人也撰文探讨。

南开大学陈振江教授在闭幕式上作了总结,认为本次会议提交的论文大多视野开阔,论证缜密,探讨的问题颇具前沿性;会上讨论激烈交锋,促进了学术交流与理论提升;贯穿着实事求是和创新精神,提出了许多新观点,发掘和利用了很多新资料,大大拓宽了明清史、近代史的研究领域。

(南开大学中国社会史研究中心供稿)

回顾总结“三五八十”理论研讨会

2003年11月28日,由中共天津市委研究室、天津市社会科学界联合会共同主办的“回顾总结‘三五八十’理论研讨会”在天宇大酒店举行。中共天津市委副书记刘胜玉,市委常委、市委秘书长王文华,市委常委、市委宣传部部长肖怀远,市社联主席罗远鹏出席了会议。市社联党组书记万新平研究员主持会议。来自我市高等院校、科研院所和党政实际部门的专家学者和部门领导作了重点发言。

市委研究室副主任毛俊杰认为,“三五八十”的提出,是把中央精神与天津实际紧密结合的产物,有着深刻的内涵和长远的考虑,体现了把握大势、超前思维的鲜明特点。顺应了国际国内发展的大势,使天津各方面都发生了重大的历史性变化。天津市计委总经济师杨振江认为,“三五八十”四大奋斗目标的提前实现，一是改变了天津20世纪80年代经济增长慢于全国的状况，经济发展速度重新走在了全国前列，树立了经济中心城市的形象；二是改变了传统的经济结构，为天津21世纪跨越式发展奠定了良好基础；三是克服了许多在当时看来难以克服的困难，办成了许多老百姓盼望已久的大事，提高了人民生活水平，实现了经济和社会发展的历史性变化；四是整个社会在深刻变革中形成了新机制、新体制和竞争意识，为天津实施“三步走”战略留下了宝贵的精神财富。市建委副主任张顺民在发言中指出，大规模拆迁，改善了居民的居住条件，使城市综合环境质量全面提高，促进了全市经济发展，成为天津加快发展的重要推动力量。因此，2001年天津市委、市政府把房地产业列为“十五”期间全市五大支柱产业之一。中共天津市委党校经济发展战略研究所所长祝尔娟教授认为，从战略角度审视天津快速发展之路，正是市委、市政府审时度势，从天津实际出发，顺应当代世界经济发展潮流，带领全市人民全力推进“三五八十”阶段性目标，实施对外开放战略、技术进步战略、结构调整战略与城市经营战略，逐步形成了四大支撑力，共同推动和支撑天津经济的快速发展。天津市经委副主任刘宏认为，实践证明，国有老企业嫁接调整改造，把改制和改组、改造和加强管理结合起来，盘活存量资产、优化资源配置、调整和完善所有制结构，对国有老企业嫁接改造调整的过程，是建立现代企业制度，是从总体上增强国有企业的活力和国有经济的控制力的一条非常有效的途径，也是天津最具特色的一条改革之路。滨海新区管委会副主任宋联新认为，经过9年的努力，新区建设成绩突显；2002年新区实现国内生产总值820亿元，占全市比重已达到40.2%，实现外贸出口72亿美元，占全市比重已达到62.1%，人均国内生产总值(按户籍人口计算)达到9200美元。滨海新区以占全市30%的土地，占全市10%的人口，创造出了占全市40%以上的国内生产总值，这是历史的跨越，是实施“三五八十”战略的重大成果。天津师范大学党委书记李家祥教授从理论高度深入分析了天津滨海新区的发展成就与主要经验。他认为，滨海新区高新技术产业及现代化工业基地的发展，得益于新区一直重视技术创新能力的培育，企业的技术创新能力获得了较大的提高，使现代化工业基地初步形成。滨海新区经济发展的软硬环境趋于完善，也标志着天津走向了国际港口大都市。

市委副书记刘胜玉在会上作了重要讲话。他说，认真回顾总结“三五八十”的巨大成就和成功经验，对于我们不断加深对“三个代表”重要思想的理解，提高学习贯彻“三个代表”重要思想的自觉性和坚定性，进一步统一思想、提高认识、增强信心、鼓舞士气，加快实施“三步走”战略，开创天津更加美好未来，具有十分重要的意义。市社联党组书记万新平研究员总结了会议：我们要深刻认识回顾总结“三五八十”的重要意义，以“三个代表”重要思想和党的十六大精神为指导，充分发挥理论工作者的智力优势，深入总结“三五八十”成功实践中取得的宝贵经验，大力弘扬“三五八十”奋斗历程中形成的精神财富，深入研究天津改革开放和现代化建设的重大课题，为加快天津“三步走”发展战略，创造天津更美好的未来而努力奋斗。市委、市政府有关部门的领导，高等院校、科研院所的领导和专家学者，以及各有关部门和新闻单位的同志共100余人参加了研讨会。

(曹向东)

对外及港澳台学术交流

第二届海外华人研究与文献收藏机构国际合作会议

由香港中文大学图书馆和美国俄亥俄大学图书馆合办的“第二届海外华人研究与文献收藏机构国际合作会议”于2003年3月13日至15日在香港中文大学举行。香港中文大学校长金耀基教授、美国俄亥俄大学校长Robert Glidden博士、美国俄亥俄州高等教育董事会主席RoderickChu博士、香港中文大学图书馆馆长施达理博士参加了开幕式。来自美国、中国、日本、新加坡、马来西亚、菲律宾以及台湾、澳门等十几个国家和地区的学者120余人出席会议，中国内地20余名代表出席，南开大学图书馆副馆长李广生应邀参加了研讨会。与会代表共提交论文50余篇。

本次会议的主题是“跨国网络:海外华人研究与文献收藏面临的挑战”，涵盖了:“海外华人研究文献”、“海外华人课题的文献收藏、研究与教学”、“海外华人与中国”、“海外华人研究的现状”、“海外华人与商业”等。代表们围绕着主题，进行了热烈讨论，主要涉及“海外华人与华侨”、“华人经济”、“海外华人文化”、“留学生与新移民”以及“华人迁移的全球化”等方面。

（李广生）

第二十九届中国人文科学研讨会

2003年5月3日，第29届“中国人文科学研讨会”在韩国木浦召开，会议由韩国“中国人文科学学会”举办，中韩两国学者70余人出席。10位韩国学者、2位中国学者在大会发言。

大会分为文学分科和语学分科等3个分科进行发言和讨论，每个分科有4人在大会发言。与会者对中国语言、文字、文化的特点和发展，对中国语言与韩国语言的比较，进行了探讨。天津师范大学钟玉秀教授参加了语学分科的讨论，提交论文《略论汉语的“言有序”和表达的新特征》，并在大会发言。大会发表的论文已汇成集。

韩国“中国人文科学学会”是国际会议性质的学会，该学会的宗旨是组织韩国国内大学研究中国文化的学者和中国各大学的学者就中国人文科学进行研究。主要围绕中国的文学和语言进行探讨。通过研究中国的人文科学达到促进韩国学者对中国文学、语言的研究并促进韩国各大学中国语学科的发展和深化，以此加强两国学者学术研究的交流。会议除中、韩两国学者外，还吸收其他国家的学者旁听。

（钟玉秀）

第六十九届国际图联大会

“世界图书馆和信息大会暨第69届国际图联大会”于2003年8月1日至9日在德国柏林市国际会议中心举行。与会代表4560人,来自133个国家和地区,是国际图联大会历史上参加人数最多的一次。中国图书馆学会代表团93人及台湾地区、香港地区代表共144人出席大会。南开大学阎世平代表天津高校图书馆界出席了会议。

大会主题是“知识之门——图书馆:媒体——信息——文化”。除大会主题发言外,主要分专业组进行学术交流,共安排了180个研讨会,并精选了200篇论文编入论文集(CD——ROM)。我国学者有5篇论文入选,如上海图书馆吴建中馆长的《城市教室:上海图书馆的讲座服务》,上海高校图工委庄琦和人大图书馆宋雅范的《面临新挑战:中国图书馆学情报学期刊发展趋势》。

与会者认为:(1)世界各国都十分重视图书馆事业的发展,高校馆更体现出一种现代科技发展趋势——信息化,无论是人文、社科还是自然科学均如此。(2)当今世界正从传统的图书馆向现代数字化图书馆转变,这对馆员提出了更高的要求。各国都重视馆员技能的培养,把对馆员技能的素质培养作为一项面向未来的任务。除去从大学或专科学校招聘硕士图书馆馆员外,着重加强了对现有馆员的在职培训,要求具有必备的专业知识和服务意识,富有团队合作精神,能承受压力,善于交流。

美国国家图书馆学会的发言主要谈了美国到2010年将有大批老的馆员退休,面临人员短缺的困难,他们采取了很多有力措施,吸引毕业生到图书馆工作。他的发言引起了与会各国的关注和兴趣。

会上,来自世界各地的150多家公司和机构向与会代表展示了最新产品和服务项目。如:图书馆家具设备、视听设备与材料,以及各种数据库。

会议期间,代表们参观了德国国家图书馆,洪堡大学图书馆,法国国家图书馆和巴黎大学图书馆等。给与会者留下了很深的印象。

(阎世平)

多边贸易四议题学术交流活动

2003年8月11日至16日,南开大学跨国公司研究中心葛顺奇副教授出访澳大利亚国立大学进行学术交流。学术交流期间,葛顺奇发表了题为“多边投资框架与我国战略利益研究”的演讲,澳大利亚国立大学的Findly教授和陈春来博士分别从不同角度,介绍了其研究成果。

WTO多哈会议之后,根据多哈部长宣言,WTO成员国在谈判模式达成一致的基础上,将在坎昆会议上启动新一轮多边贸易谈判。所涉及的主要议题是投资与贸易、竞争政策、贸易便利化和政府采购4个议题。4项议题对广大发展中国家都是严峻的挑战,发达国家有义务帮助发展中国家进行能力建设和技术援助。在澳大利亚政府的支持下,中澳双方分别从各自国内选择优秀的专家,对新加坡4议题开展中外合作研究。本次到澳大利亚国立大学的访问,就是将已经完成的研究成果加以交流。国内访问团由商务部WTO司王晓东处长带队,国内不同领域的5位专家参加了此次学术交流活动。本次中外合作的研究成果,为制定我国参加新一轮的多边贸易谈判战略具有重要的参考价值。

(葛顺奇)

第十三届国际中国哲学大会

由瑞典斯德哥尔摩大学中国研究系、梅兰达伦大学亚洲研究中心和国际中国哲学会联合主办的“第十三届国际中国哲学大会”于2003年8月16~19日在瑞典的维斯特拉斯市召开。来自中、美、加、英、澳、日、韩、瑞典以及台湾、香港等国家和地区的学者70余人出席。国际中国哲学会创会会长、美国夏威夷大学成中英教授，现任国际中国哲学会执行长、加拿大多伦多大学沈清松教授，国际中国哲学会前任会长刘述先教授、汤一介教授、方克立教授等著名学者出席了会议。现任国际中国哲学会会长、斯德哥尔摩大学中国研究系主任、著名汉学家罗多弼教授主持了这次大会。

会议主题是“全球化背景下的中国哲学与人类意识资源”，与会者围绕“中国哲学与生态问题”、“中国传统哲学的现代价值”、“中国哲学与全球伦理”、“中国政治哲学”、“中西哲学及其比较研究”等专题展开了热烈的讨论。

著名哲学史家、南开大学刘文英教授以“中国古代的生态智慧”为题作了学术报告。刘文英教授认为，中国哲学包含着丰富的生态智慧，儒家、道家和阴阳家均以“天人合一”的理念为基础，建立了自己的生态理想和生态伦理。古老的生态智慧与现代社会有明显的时代反差，但经过新的诠释之后可以提供跨时代的启示。中国人应该充分珍视和利用这种智慧，坚定地选择绿色发展道路。

南开大学李翔海教授作了题为“中国哲学文化生态模式的理论特质及后现代意义”的学术报告。在报告中，他将中国哲学文化生态模式名之为“生机主义的万物一体”图式，认为这一文化生态模式具有和谐性、平衡性、稳态性三个方面的特点，在人类文化面临根本性变革的“现代之后”，中国哲学文化生态模式可为未来人类文化的存在形态提供有益启迪。

（李翔海）

第三届亚洲学者国际讨论会

2003年8月19日至22日，第三届亚洲学者国际讨论会（The Third International Convention of Asia Scholars）在新加坡腊佛（Raffles）城市会议中心召开。会议由新加坡国立大学艺术和社会学院及亚洲研究所共同举办，来自世界54个国家和地区的1000多名学者出席。会议收到论文940篇。中国社科院、北京大学、清华大学、复旦大学、南开大学、厦门大学等单位的36名大陆学者出席会议。南开大学历史学院林延清教授、张载升先生等应邀参加会议。会议采取分组报告和讨论的方式进行，先后举行250场讨论会。

会议议题涉及亚洲地区的科学、技术、考古、历史、经济、政治、文学、电影、哲学、宗教等，而一些诸如移民、网络、性、家庭、养老、民间文化与都市文化等热点问题也引起学者们的关注。这次会议为世界各国和地区的学者相互间交流提供了一个良好的场所。

林延清教授参加了中国古代历史组的讨论，作了题为“论明代财政监督体制”的学术报告，较为全面地阐述了明朝财政监督体制的组成、特征、作用和局限性。他认为，明朝封建统治者为推行财政政策，促进经济发展和社会稳定，大力实施财政监督，为此建立了中央以都察院和六科给事中，地方以按察司和巡按御史为主的监察性质的财政监督体制。同时，还制定和完善了有关财政审计监督的一系列法律和法规，为实施财政监督提供法律保障。明朝财政监督体制是在封建专制政体极端强化的条件下形成的，带有为君主集权服务的特色。同时各个监督机构既有分工，又互相交叉，形成多层次、全方位的监督网络。而监督机构又按行政区划设置，显现了鲜明的时代特征。颇著成效的财政审计监督促成了明初的繁荣；而明朝晚期财政监督体制的败坏，则是明朝覆亡的重要原因。

会议结束后，林延清教授应新加坡国立大学历史系主任李焯然博士的邀请,参观了新加坡国立大学,并和该系师生座谈了中国明史和东南亚历史研究的状况。

(林延清)

第二届东北亚经济合作及发展学术研讨会

2003年8月25日,由韩国经营经济学会、济洲大学和济洲大学经营经济研究所联合举办的"第二届东北亚经济合作及发展"学术研讨会在韩国召开,会议主题为"东北亚经济合作及发展"。清华大学、中国人民大学、南京大学、南京财经大学、中国社会科学院、上海复旦大学、天津财经学院等数十所高校的代表应邀参加。天津财经学院的王涛和韦琳副教授出席会议,并在大会上作了主题发言。韩方协办单位有:济洲道(省)、济洲市、西归浦市、济洲大学、韩国学术振兴财团等,协办方的领导也都出席会议并发言。

王涛副教授的发言题目为"China's join in WTO and its challenge on quality culture and innovation change of Chinese firms",韦琳副教授的发言题目为"the supremacy placement of firms, consolidation and optimization of financial structure"。两位学者的发言均受到与会专家学者的重视与好评,被收录于大会论集。

在3天的会议期间,两国专家、学者就会议主题进行了热烈的讨论,并取得了相当程度上的共识,与会代表考察了韩国高校的办学特色、经济发展状况、企业经营模式等。我院的两位教授也向韩方介绍了天津财经学院的办学特色和天津近几年来经济的快速发展变化,加强了双方的交流与合作。另外,本届会议还确定了下一届会议将在我国首都北京举行,主办方为中国人民大学。

(王　涛　韦　琳)

第七届东北亚自由贸易区与物流合作国际研讨会

2003年8月28日,"第七届东北亚自由贸易区与物流合作国际研讨会"在韩国釜山市召开,会议由韩国釜山发展研究院和日本东亚综合研究所共同主办,中、日、韩、俄、蒙等5国学者共70人出席会议。日本东亚综合研究所所长金森久雄、韩国釜山发展研究院院长金学鲁,中国南开大学东北亚研究中心主任陈钺教授,中国国际信托公司中信国际研究所研究员贾宝波、金风德教授等学者应邀参加会议。会议共提交论文14篇。

会议分4个组进行论文发表和讨论:一组是主题演讲,日本综合研究开发机构理事长盐谷隆英、韩国国际经济政策研究院院长安忠荣、中国南开大学东北亚研究中心主任陈钺先后作主题演讲;二组是关于东北亚自由贸易区形成的目标和任务专题讨论;三组是关于东北亚区域内城市间合作建立物流基础设施专题讨论;四组是综合讨论。会议最后宣读《釜山宣言》。

会议中心议题有两个,一是关于建立东北亚自由贸易区的可能性及其目标、形式和实施步骤;二是关于建立东北亚区域内物流体系的可能性及其对策措施。环日本海经济研究所的一桥郁雄提出了关于建立日韩海底隧道的展望作为推进东北亚物流体系的构想。

陈钺教授在"东北亚自由贸易区的多元结构模式与区域物流体系"演讲中首先从理论上论述东北亚自由贸易区域多元化模式,他提出了"贸易——投资多元结构"作为东北亚贸易共同体的模式。该模式的特点是互补型合作与聚拢型合作相结合,同时使东北亚经济呈现出阶梯型和追逐型的特征。当东北亚共同体建立后,贸易创造效果将超过贸易转移效果。接着陈钺教授又从4个方面论述了东北亚统一的物流合作体系的构建:东北亚各国国内现代化物流体系的构建、东北亚区域内综合物流网络的构建、东北亚全球性物流网络的构建和建设东北亚区域物流网络的对策建议。

（陈　钺）

中国与欧盟联合国人权两公约学术交流网络：结社自由专题研讨会

由爱尔兰大学人权研究中心承办的“中国与欧盟联合国人权两公约学术交流网络：结社自由专题研讨会”于2003年9月1日至2日在爱尔兰戈尔维大学召开（EU - China Human Rights Network Seminar on Freedom of Association Galway，1 - 2 September 2003）。来自中国、爱尔兰、英国、荷兰、奥地利、瑞典、西班牙、丹麦、法国等国的人权研究学者30余人出席会议。中国社科院人权研究中心主任刘海年教授，法学所莫纪宏教授、陈欣新副教授，《环球法律评论》副主编黄列教授，南开大学法学院赵正群教授等10余人作为中方代表出席会议。

会议主题为“结社自由”。具体议题有：市民社会与市场经济；市民组织的作用与功能；非政府组织发展的法律问题；工会的角色与功能；政治与宗教社团等。赵正群教授向大会提交了《非政府组织的作用与功能》和《工会法的修改与中国对结社自由的司法保护》两篇论文。并以工会法新增加司法保护条款为线索就“中国对结社自由的司法保护与界限”问题作了专题报告。

“中国与欧盟联合国人权两公约学术交流网络”项目为经国家外交部、教育部、中国社会科学院会签并经中央领导审批的国际合作项目，于2002年初正式启动。项目宗旨是通过人权学术研究与交流进一步增进中国和欧盟在人权领域的对话与合作，并拓展中欧文化和法学交流与合作。参加的成员有中国的15所高等院校和欧盟15个国家的15所大学。中国社科院法学研究所为中方协调单位，夏勇所长为中方主席；爱尔兰戈尔维大学人权研究中心（Irish Center for Human Rights）为欧方协调单位，威廉·沙巴斯（William Schabas）主任担任欧方主席。

中国与欧盟国际人权公约学术交流网络项目已经举办了多次专题研讨会，研讨的主题分别为透明度与大众传媒规制、获得司法正义的权利、市民社会与结社自由、少数人权利保护等。

（赵正群）

中、韩物流合作国际研讨会

2003年9月10日至13日，由南开大学现代物流研究中心与韩国高丽大学管理学院联合主办的“中、韩物流合作国际研讨会”在韩国汉城召开。参加会议的学术界代表110名，此外还有160多名来自政府部门和企业界的代表。南开大学副校长逄锦聚教授，南开大学现代物流研究中心主任刘秉镰教授等5名学者作为会议主办方代表主持大会并作发言。

会议采用大会主题发言和分专题研讨相结合的方式进行，主要议题：（1）中、韩物流政策的比较与产业合作前景；（2）韩国制造业在华发展与物流服务需求；（3）中、韩物流理论研究前沿问题；（4）中、韩物流领域产、学、研合作的经验。在大会主题发言中，首先邀请中、韩两国交通部的高官对两国的物流政策作了概述和展望，然后由中国南开大学、韩国高丽大学和海洋研究所、美国马里兰大学的学者等作了主题发言。

南开大学副校长逄锦聚教授在大会上作了题为“面向21世纪的中国经济及物流合作”的学术报告。他首先分析了近十年中国经济的发展历程，从总量、结构和对外经济合作等几方面论述了中国经济的发展潜力和特点。他认为中国经历了十几年持续的高速增长,已完成了必要的积累和前期准备,正在迈进工业化和城市化高速成长期。在这个阶段,中国的经济总量一定会继续保持较长时期的高增长率,另外,由于目前中国工商业企业内部释放到第三方物流市场上的有效需求尚不足40%,伴随着市场分工和竞争加剧,这一比率必将不断扩大。在上述两种力量的共同作用下,中国很快会成为世界最大的物流市场。从中、韩两国经贸合作的角度来看,目前韩国的制造业向中国转移的障碍之一就是中国物流企业国际化水平较低,其服务能力尚不能完全满足韩资企业融入国际供应链的要求。在这种情况下,最好的办法是推进以优秀的韩国物流企业与中国本地物流公司结成战略联盟。这种合作不仅有利于韩国物流公司顺畅地进入有巨大潜力的中国物流市场,也有利于快速提升韩国企业的国际竞争力。逄锦聚教授的演讲得到了与会代表的高度评价。

会议期间,与会代表还参观了汉城周边的物流设施和高丽大学物流研究中心,并且签署了南开大学现代物流研究中心与韩国高丽大学管理学院物流研究所合作协议。双方约定,将交换学者和留学生,每年定期举行学术交流会,共同申报课题,并为中、韩物流实业界的合作提供咨询服务。

(逄锦聚)

全球化、区域化与东南欧社会政策的制定国际学术研讨会

2003年9月18日至20日,“全球化、区域化与东南欧社会政策的制定”(Globalisation, Regionalisation And The Making Of Social Policy In South Eastern Europe)国际学术研讨会在希腊召开。会议由设立在英国谢菲尔德大学的国际著名社会政策研究团体“全球化与社会政策研究项目”(“Globalism and Social Policy Programme”, GASPP)与希腊特萨罗尼基城市学院东南欧研究中心(“South East European Research Centre”, SEERC, City College Thessaloniki, Greece)合作举办,是GASPP成立以来举办的第六次国际学术研讨会。来自欧洲、美洲和亚洲各国的社会政策研究学者,以及来自世界银行、国际劳工组织等国际机构的学者共20多人出席,其中有国际知名的全球社会政策研究学者、GASPP的负责人、英国谢菲尔德大学教授波布·迪肯(Bob Deacon)。南开大学社会学系主任关信平教授出席了会议。

会议主要讨论了在全球化背景下社会政策发展中的理论和现实问题。其中包括国际及区域性因素对国内社会政策影响的一般性分析、各种国际组织对东南欧国家社会政策发展的影响情况及其案例分析、国际因素对国内社会政策影响的未来趋势分析。

在此次会议上,与会学者们一致认为,在全球化迅速发展的情况下,国际经济及政治因素对国内社会政策的影响越来越明显。但是对于国际因素对国内社会政策产生影响的程度和作用机制,还需要进一步结合各国和各个地区的实例来加以更仔细的研究。关信平教授在会上介绍了中国社会政策发展状况及其受经济全球化影响的情况。他着重指出,经济全球化不仅对发达国家的社会政策,而且对发展中国家的社会政策也产生了负面的影响。在全球化与社会政策的研究领域中应该更多地注意到发展中国家的情况。此次会议以东南欧国家为例的研究成果可以在对亚洲发展中国家和中国社会政策的研究中加以借鉴。

(关信平)

第十二届东南亚图书馆员大会

东南亚图书馆员大会(Congress of Southeast Asian Librarians,简称CONSAL)是东盟诸国图书馆协会的联合组织,成立于1970年,旨在促进东南亚各国在图书馆与信息领域的合作与发展。大会每3年举行一次会议,由成员国轮流主办。2003年10月19日至24日,由文莱马来语语文局(Dewan Bahasa dan Pustaka,Brunei Darussalam)、文莱图书馆协会主办的"第12届东南亚图书馆员大会"在文莱首都斯里巴加湾召开。来自东盟成员国、中国、日本、朝鲜、印度、美国、英国、澳大利亚、芬兰等国的400余名图书馆与信息专家出席会议,其中包括美国Arizona大学的Hsinchun Chen教授、英国Acumen研究与咨询中心主任Nick Moor教授、中英格兰大学Graham Mathew教授。中国国家图书馆陈力教授、齐欣先生,南开大学图书馆学系于良芝博士应邀出席会议。

本次大会的中心议题是"信息力量"(Information empowerment),主要讨论知识信息在社会经济发展中的作用、民族知识遗产的保存、数字图书馆的建设、信息安全、版权、图书馆的质量、各类型图书馆的发展等方面的问题。会议共安排11场大会交流、1场CONSAL成员国论坛和4场分会讨论。

25位嘉宾应邀作了大会发言。南开大学于良芝博士作了"利益权人支持与中国公共图书馆的发展"的发言。她阐述了当前我国公共图书馆发展所带来的利益的多元化,并以此为背景剖析了图书馆主要利益权人(stakeholders)——政府、企业、社会公众——在图书馆发展中的作用,讨论了公共图书馆如何调动所有支持力量,以谋求自身可持续发展。她指出,改革开放以来,中国地方政府一直是公共图书馆发展状况的最主要决定者,他们在图书馆发展中承担着资金提供者、事业主管者、图书馆管理及服务的参与者等多重角色;企业也对图书馆的发展产生着显著影响,相比之下,大众用户似乎是中国公共图书馆主要利益权人中影响力最小的一个:中国人口中经常使用公共图书馆的比例很小(千分之五),他们参与图书馆决策的机会也比较有限。她提出,在新的世纪里,图书馆职业应该密切关注一些地方政府试图淡化其资金提供者角色的倾向,规避企业界的某些消极影响(如价值观的影响),注重开发大众用户对公共图书馆的支持。

最后,大会就图书馆在信息社会中的作用、民族知识遗产的开发保存、图书馆的发展等问题形成了20余项决议。

(于良芝)

高质量的绩效文化国际研讨会

工程建设业的专业化发展:高质量的绩效文化国际研讨会于2003年10月26日至27日在香港大学研究生院国际会议厅召开,主办单位是国际建设业创新研究会,协办单位为香港测量师学会,承办单位是香港大学建筑学院。来自英国、荷兰、澳大利亚、中国、泰国、香港等国家和地区的研究学者80余人出席会议,知名学者Professor M Bresnen University of Leicester,UK(英国);Professor D McGeorge University of New South Wales,Australia(澳大利亚);R Fellows The University of Hong Kong(香港)出席会议。

会议主题是"国际范围内建筑业的健康发展"问题。会议认为,国际建筑业要健康发展,必须从工程建设管理思想、管理方法和工具以及该地区的具体传统文化多方面进行研究,使得建筑业的研究成果用于指导实践并被实践所检验,从而提高建筑业的绩效。

天津大学管理学院张水波副教授出席会议并以"中国建筑企业的组织文化"为题作大会发言。他介绍了中国建筑业的发展现状,阐述了组织文化发展的4个阶段,介绍了近年来他的最新研究成果:应用心理学的基本理论建立了组织文化对组织绩效的影响系统模型,并利用该模型对建筑企业的组织文化与组织绩效的关系进行了实证研究。研究结果显示出,一个企业的组织文化,不但对企业的成本与效益有一定的影响,同时对于员工对公司的满意度存在很大的相关性。

与会学者对该项研究成果显示出极大的兴趣,亚太工学院(AIT)教授 OUGALANA 博士表示,要采用该模型对泰国的建筑企业的组织文化进行类似研究。

(张水波)

21 世纪 COE 中国学国际学术研讨会

2003 年 10 月 31 日至 11 月 2 日,“21 世纪 COE (Center Of Excellence)中国学国际学术研讨会”在日本名古屋国际交流中心举行。会议由爱知大学中国学研究国际中心主办,来自中国(包括大陆、香港、台湾等)、美国、英国、新加坡和日本等国家和地区的专家学者 250 余人出席。美国加州大学洛杉矶分校鲍姆教授、英国国际战略研究所尼古拉斯·麦克林高级研究员、新加坡国立大学郑永年教授、东京大学沟口雄三教授等和我国中科院刘昌明院士、中国社科院刘志琴研究员、人民大学时殷弘教授、南开大学朱光磊教授和周立群教授等 40 多位知名人士到会演讲。会议采用交流发言和讨论的方式进行。会议共收到论文 40 篇。

会议从政治、经济、文化、环保等多个方面分析中国的现状与未来,展示有关中国问题研究的最新成果,探讨研究中国问题的新视角、新方法和新理论。

朱光磊教授作了“以时间换空间:阶层分化对中国政治发展的推动作用”的主题报告。“以时间换空间”是指通过长达 30~40 年时间的社会阶层分化与重组,来换取中国社会结构的多方面的实质性变化,等待那些推动社会政治发展所必须的社会力量特别是一个强大的工人阶级和知识分子阶层的逐步成长,等待着庞大的农民群体以及其他低收入群体的逐步分解,从而换取长久保持社会政治稳定和有效进行政治体制改革所必需的运作空间。在对农民阶层分化、工人阶级壮大、中等收入群体扩大、“两栖人”长期存在等 6 个方面问题进行分析后,提出政治体制改革的步伐可以适当加快,但“以时间换空间”的原则应当继续坚持。会上,朱光磊教授还与鲍姆教授直接讨论,进行对话。周立群教授作了题为“中国市场化改革的北移与北方经济发展”的发言。他指出:(1)中国市场化改革和经济发展的特征之一是区域发展不平衡,因此有必要对平衡发展的研究引起充分重视。当前,中国环渤海经济带的发展在解决“南北差距”方面有着举足轻重的地位。(2)在中国东部沿海地区已经形成了三大现代制造业生产基地:珠江三角洲、长江三角洲和环渤海经济带,最值得注意的是环渤海经济带显现出快速发展的态势。(3)1996 年之前,环渤海经济带的工业相对增长率一直呈下降趋势,但 1996 年开始,环渤海区域经济开始步入快速增长轨道,将成为中国经济的第 3 个高速增长区,这对中国经济发展具有重要的战略意义。(4)产业结构矛盾突出、技术升级缓慢和国有企业自生能力差是造成环渤海区域制造业竞争力不高的原因,因此,环渤海经济带的代表性城市应从调整优化局部产业结构、强化用新技术改造传统产业和企业治理机制调整等三个角度入手,加快新兴制造业基地的形成和区域制造业产业竞争力的提高,由点到面地实现环渤海区域内的传统产业群向世界制造业基地转化。

两位教授的讲演反响热烈,多家媒体对此进行了报道。

(朱光磊　周立群)

过程思维与全球化时代的教育改革国际学术研讨会

由美国过程研究中心主办的“过程思维与全球化时代的教育改革国际学术研讨会”，于2003年11月1日至9日在美国加州克莱蒙特大学召开。美国、加拿大、澳大利亚和中国学者共30余人出席了会议。中国华中科技大学欧阳康教授、苏州大学任平教授、天津师范大学王秀阁教授等大陆学者10余人出席。

美国过程研究中心主任小约翰·科布，美国过程研究中心执行主任大卫·格里芬，美国宾州狄森学院院长乔治·艾伦，美国全球整合教育中心主任凯旺·格尤拉，加拿大教育基金会罗伯特·瑞靳乐等在大会上作了主题报告。

会议的主题是：揭示以著名哲学家和教育理论家怀特海的过程思想为基础的过程思维对推动全球化时代的教育改革的意义，探讨当代中国的教育改革对过程教育理论的独特贡献。

会议围绕过程哲学的教育理念；全球化时代的整合教育、价值教育、审美教育、环境教育、创新教育、怀特海的教育理论与中国传统教育思想；马克思主义与过程教育思想；过程思维与后现代教育；市场经济条件下的教育改革；当代中国的教育改革；当代美国的教育改革等议题展开了讨论。

王秀阁教授作了题为“创新：当代中国高等教育改革的核心”的主题发言。发言指出教育创新成为当代中国高等教育改革核心的客观依据，即由科学技术和经济全球化快速发展的国际背景所决定，由社会主义市场经济的深入发展所决定，由高等教育改革的深入发展所决定。发言阐述了实现教育创新的理念，即变知识本位观念为能力本位观念，变片面人才观念为全面人才观念，变封闭教育观念为开放教育观念，变短期教育观念为生态教育观念；以及实现教育创新的目标、课程体系、教学内容、教学方法和手段、师资队伍、教育管理等环节与机制。发言还提出了中国高等教育改革与怀特海过程教育理论的联系等问题。

（王秀阁）

旅游发展学术研讨会

2003年11月8日至10日，在台北市召开了“观光业走出困境后的发展”学术研讨会。会议由台湾中华观光管理学会主办。台湾、大陆和来自海外的华人学者以及旅游实业界人士近120人出席了会议。台湾铭传大学观光学院院长、中华观光管理学会理事长吴武忠博士主持了会议。南开大学旅游学系主任王健教授和孙超副教授等大陆学者应邀出席会议。会议提交论文近50篇，大会交流论文12篇。大会的论文交流采用主题演讲和同行专家点评相结合的方式进行。

会议的中心议题是：台湾的旅游业在走出“非典”困境后如何进一步发展。与会者从学术和实业角度进行了充分的研讨。会议认为，“非典”虽然过去了，但“非典”对台湾旅游业造成的负面影响还会在一个较长的时间内继续存在。为使旅游业能够迅速走出低谷，实现新的发展，实业界和学术界要共同研究问题，共同探索一些新的思路。与会学者也希望台湾和大陆加强旅游学术和业务交流，促进两岸旅游业的发展。

王健教授和孙超副教授在发言中介绍了大陆地区旅游教育和科学研究的情况，表达了进一步加强两岸旅游学术和业务交流的愿望，并对台湾旅游业谈了初步观感。

会议期间，与会代表参观了铭传大学。王健教授和孙超副教授还应邀参观了静宜大学、景文技术学院、高雄餐旅学院等院校，与旅游教育界同行一起探讨了联合进行旅游发展课题研究、合作培养旅游管理专业硕博研究生，以及互换访问学者等方面的合作。

（王　健）

21世纪明清史研究方向的新探索国际学术讨论会

由韩国明清史学会主办的"21世纪明清史研究方向的新探索国际学术讨论会"于2003年11月14日至15日在汉城召开,以纪念该学会创立20周年。与会者约100人,明清史专家中国南开大学南炳文教授、厦门大学郑振满教授和台湾师范大学林丽月教授,韩国学者吴金成、郑台燮、朴基水教授等以及日本东京大学岸本美绪教授和京都大学岩井茂树教授,应邀出席会议。

会议共分两个阶段进行:第一阶段有10位学者作大会报告,内容涉及"明清时期的政治与国家"、"明清时代的东北亚形势与国家认识"、"明清时代的物资流通和生活风俗"。第二阶段为大会讨论,与会者就21世纪明清史研究的方向各抒己见。两个阶段的会议使与会者了解了关于明清政治、经济和国际关系的最新研究成果,交流了继续推进明清史研究的各种主张,了解了各国学者的最新研究计划。学者们的发言显示,明清时代的东北亚形势将是韩国和日本学者继续下大力关注的课题。

南炳文教授在会上受到与会学者的普偏重视,其学术报告"洪武祭祀乐章与朱元璋"被安排在第一个大会发言。讨论时段,会议主席又邀请南教授第一个发言。他在发言中指出,应继续加强明清文献资料的整理,继续就明清时期的政治、经济、文化等原已有所研究的领域加强研究。还强调指出,明清时代是当今全球化时代开始形成的时期,因此应站在俯视全球的高度,把明清时代的中国与其时世界的总潮流结合起来,进行研究。要重视总结国与国、地区与地区之间互相交流的经验教训,为今天和将来提供借鉴。此外,还对各国明清史学者间加强交流、协作提出了希望。南教授的发言引起了与会者的强烈共鸣。

会议期间,与会代表参观了韩国民俗博物馆和历史悠久的成均馆大学博物馆等。会后,南炳文教授应邀在成均馆大学作了题为"明代运货载人的车"的学术报告。

(高艳林)

第四届系统科学与系统工程国际会议

由中国系统工程学会、香港理工大学主办的第4届"系统科学与系统工程"国际会议(The Fourth lnternational Conference on Systems Science and Systems Engineering(lCSSSE03))于2003年11月24日至28日在香港召开。会议由香港理工大学承办,国际系统研究联合会(IFSR)、国际应用系统分析研究所(IIASA)和日本系统研究所协办。中、日、美、英等国家的学者120余人出席会议。中国科学院数学与系统科学研究院系统科学研究所顾基发研究员,中科院数学与系统科学研究院汪寿阳研究员,天津大学管理学院郭均鹏教授和赵春青教授等应邀出席会议并作大会发言。

会议涉及系统科学、系统工程、材料科学和管理科学等多个领域,主要围绕系统科学与系统工程的理论和方法及其在实践领域的广泛应用等方面展开了研讨。会上,郭均鹏教授以"基于目标规划的区间判断矩阵的权重求解"(Solution of the Weights of Interval Judgment Matrices Based on Mathematical Programming)为题,围绕区间判断矩阵,区间向量的标准化,基于线性规划的区间权重求解与一致性检验,基于目标规划的区间权重求解与可接受的一致性检验作了大会发言。

(郭均鹏)

中韩国际物流领域的协作及其展望国际研讨会

2003年11月26日至29日,由仁川大学国际物流研究所、韩国港湾经济学会在韩国共同举办了“仁川大学国际物流研究所国际研讨会”。会议主题是“韩中·国际物流的协作与展望——以海运与港口为中心”,集中讨论了上海、青岛、大连等中国港口的现代物流发展状况、东北亚地区如何合作与共同发展等方面的议题。包括韩国港湾经济学会会长在内的100多位业界人士出席并进行了深入的讨论。南开大学现代物流研究中心主任刘秉镰教授出席会议。

会上,刘秉镰教授围绕中国物流市场总体状况及港口物流发展趋势作了演讲,详细介绍了近年来,我国物流业逐步向着社会化、现代化和产业化发展。到2003年底,我国三分之二的省份实现了物流规划工作,工商部门注册的物流企业已经超过15万家,物流业增加值已占到国民经济的5%以上的份额。刘秉镰教授还就在未来的发展过程中,如何合理有效地制定物流产业政策等方面提出了针对性的建设意见。

中国物流专家的演讲受到会议的广泛关注。中韩双方专家一致认为此次会议增加了相互了解,为今后更广泛的合作奠定了坚实的基础,有助于东北亚区域经济协调稳定的发展。仁川日报对会议作了详细报道。

(刘秉镰)

第三十六届国际汉藏语暨语言学国际学术会议

“第36届国际汉藏语暨语言学国际学术会议”(36th International Conference on Sino-Tibetan Languages and Linguistics)于2003年11月26日至30日在澳大利亚墨尔本市拉特鲁普大学召开。会议由国际汉藏语学协会主办,澳大利亚墨尔本市拉特鲁普大学承办。世界各国从事汉藏语及汉语研究的专家学者100余人出席,4位中国学者出席会议。国际知名学者美国国际汉藏语学协会会长马蒂索夫、中国社会科学院民族研究所孙宏开研究员、中央民族大学戴庆厦教授、澳大利亚拉特鲁普大学大卫·布莱德雷教授等出席会议并发言,会议收到学术论文86篇。南开大学文学院洪波教授出席会议。

会议围绕汉藏语历史比较研究、汉藏语语言接触研究和汉藏语语法研究展开了讨论。孙宏开教授提交了题为《汉藏语的“可VP”式问句》的论文,文章认为,汉语的“可VP”式问句在汉藏语系藏缅语族中也存在,因此是汉藏语的一个类型特征。

洪波教授在论文《汉语介词衍生的认知解释》中运用完形认知理论,论述了汉语介词的产生问题。他认为,汉语介词绝大多数都是从动词语法化来的,而动词所以能够语法化为介词,是由于完形认知的促动。完形认知是人类认识世界的一种基本认知方式,在语言认知过程这种认知方式也同样发挥作用。完形认知将认知对象处理成一个凸显的整体,即认知前景,而将其余部分处理成背景。在连动句中,不可能两个动词都被处理成认知前景,因此,必然会有一个动词被处理成背景。被处理成背景的动词由于没有得到认知凸显,因此就会失去作为一个自由动词的一些句法特征,从而导致该动词的语义弱化和虚化,其语法化也就由此而发生了。

目前在国际历史语法学领域里语法化问题是一个研究热点,而语法化动因又是语法化研究的主要问题之一,国外学者提出了认知上的隐喻动因、主观化动因等,但是还没有人从完形认知角度探讨语法化动因问题,因此,本文在语法化理论方面具有原创性。该文的观点引起与会学者的广泛关注和热烈讨论,在语法化研究领域里我国学者的研究成果已经取得了国际认同。

(洪　波)

亚洲伊斯兰饮食、文化与社会研讨会

2003年12月3日至5日,"亚洲伊斯兰饮食、文化与社会研讨会"在新加坡召开,会议由新加坡国立大学亚洲研究中心和社会学系联合主办,来自美国夏威夷大学、密执安国立大学、北西雅图公共学院,日本东京首都大学,中国南开大学,瑞典GÖtebory大学,德国Max Planck学院,印度宗教界,芬兰赫尔辛基大学,印度尼西亚印尼大学,马来西亚马来大学,新加坡国立大学等10个国家的50多位学者出席了会议。会议采用重点主题发言和提问、讨论的方式进行,宣读论文12篇。

会议中心议题是:交流与阐释中国、日本、印度、孟加拉国、印尼、缅甸、泰国、马来西亚和新加坡等国家的伊斯兰饮食、文化与社会,加强彼此之间的交流与沟通。会议认为,长期以来学者对亚洲的研究主要集中于文化、宗教、政治认同和冲突等方面,而忽视了从饮食的角度来理解亚洲穆斯林社会相融与和谐的一面。伊斯兰饮食习俗是穆斯林民族认同最凸现的标志之一,因此饮食是统合穆斯林社会的一个极为重要的因素。会议希望通过亚洲各国研究伊斯兰饮食文化的学者之间的交流与沟通,促进人们对穆斯林社会与文化的理解。

袁同凯博士宣读了题为"Symbolic Meanings In Foodways:Some Examples From The Kazahk Nomadic Groups in Xinjiang,China"(《穆斯林饮食文化中的象征意义:以中国新疆哈萨克游牧民为例》)的学术论文,详细地阐述了中国穆斯林饮食文化的特点及其所蕴涵的深层象征意义。他认为,饮食不仅是人类不可或缺的物质生活,也是十分重要的精神财富。在饮食过程中,我们能够看到的不仅是人们的思想道德、文化素养、生存状态、社会需求等精神和物质活动的表象,更能体悟到人们赋予食物的深层象征含义。能折射出一个家庭或社群的社会级序、性别角色以及权力关系。他提出,对饮食文化进行深入细致的了解,有助于我们进一步探讨一个社会、一个民族的物质生活和精神活动,了解穆斯林民族的饮食文化及其所蕴涵的象征意义,对于我们尊重穆斯林民族的生活习惯,维护民族间的稳定与团结,具有重大的现实意义。

会议期间,与会代表还参观了新加坡国立大学,观赏了享有世界"花园城市"美誉的新加坡市容。

(袁同凯)

第四届海峡两岸继续教育论坛

2003年12月4日至8日,"第四届海峡两岸继续教育论坛"在澳门大学举行。论坛由澳门大学主办,澳门特别行政区政府社会文化司赞助。两岸四地23所高等院校70余名专家学者出席了论坛,提交论文23篇。论坛的主题是:在经济全球化形势下继续教育如何加强交流合作与发展。我市南开大学、天津大学成人教育学院和现代远程教育学院主要领导及有关人员应邀出席。澳门社会文化司司长崔世安博士,澳门大学校长姚伟彬教授出席开幕式致辞。

姚伟彬教授在致辞中表示:进入21世纪,经济全球化掀起大潮,推动了知识型社会的发展。举行论坛的目的,是在此形势下探讨如何进一步加强各大专院校的交流与合作,把握机遇,共同推动海峡两岸继续教育事业的发展。

与会代表围绕论坛主题从不同角度探讨了校际交流合作的方法与途径。澳门大学教育科学院院长苏肖好博士提出:在经济全球化形势下,继续教育如何顺应时代潮流,为社会培养所需人才是一个亟待探讨的问题。面临加入WTO后教育市场的变化,区域间的交流合作不可或缺,港、澳、台、大陆有着共同的文化背景,各地可利用自身的优势开办各种继续教育;根据经济结构调整方向、行业发展趋势,在课程设计方面更具针对性、实用性和前瞻性,适当引进外地高教课程,使新兴学科、交叉学科保持其优势;在教学方法与手段上,继续教育区别于正规学历教育，有其独到之处，要注重理论知识的培育与实践的结合；各校可实行学分互换与师资共享，利用现代教育技术与远程教学，使继续教育打破时空的限制，得到极大的扩展，并可通过网络实现资源共享，极大限度地发挥网络教学的优势，以促进两岸四地的合作及各自学校的发展。

论坛举办期间，《澳门日报》、《新华澳报》、《华侨报》作了相关报道，认为论坛有利于加深彼此了解，加强合作与互补，共同推动海峡两岸继续教育事业的发展。

（杨　英）

两岸三地现代物流学术研讨会

2003年12月9日至13日，由南开大学、香港理工大学、台湾东吴大学在香港联合主办了“2003中华物流论坛”。会议的专题是促进两岸三地现代物流理论的演进与创新。会议集中讨论了国际物流学6个方面的议题。近200名学者参加了会议。南开大学刘秉镰教授出席会议并应邀主持了大会。

会上，刘秉镰教授作了题为“基于价值的物流需求分析与预测方法研究”的学术报告，报告介绍了南开大学最新的研究成果，特别是对于中国现代物流市场的调查研究，认为应探索一种有效的理论分析工具，以系统揭示物流这一新兴服务性产业发展中存在的主要问题，并结合产业经济学的有关理论，研究如何预测、分析并建立相应的评价指标，从而逐步提升我国物流企业的国际竞争力。这一观点在会上引起了很大的反响。

与会人员认为，通过深入研究和探讨在新的经济形势下两岸三地现代物流如何演进与创新的问题，可以增强两岸三地的整体优势和国际竞争力，为学术与产业经营者提供相互交流、共谋发展的广阔空间和机遇。会议的主要研究成果将编辑成集，并公开出版发行。

（刘秉镰）

21世纪初期的中国人口变化学术研讨会

由澳大利亚国立大学主办的“21世纪初期的中国人口变化学术研讨会”（Population Changes in China at the Beginning of the 21st Century），于2003年12月10日至12日在澳大利亚首都堪培拉召开。来自中国、美国、法国、德国、澳大利亚、中国香港等国家和地区的20多位学者参加了研讨会，提交论文20篇。

会议主要就中国人口转变过程中已经发生和即将出现的人口数量、增长和结构问题以及计划生育政策等问题展开研讨。会议认为：第一，对20世纪90年代总和生育率的认识取得进步，认为即便充分考虑出生漏报和瞒报，推算90年代末的生育率水平应该在1.4～1.6，而非官方公布的1.8上下。第二，全国平均基本上进入低生育水平阶段，但是城乡差异巨大，需要更多的措施解决生育水平不平衡及低生育率问题。第三，人口数据质量差是大家公认的问题，一方面，不同资料来源的数据不统一，另一方面，同样来源的人口数据本身存在许多矛盾，在研究中必须慎重评估和修正。第四，人口迁移和流动是过去20年中国最突出的人口现象之一，未来还会大量存在，要从制度、经济、社会等多方面引导合理的迁移和流动。第五，死亡率变更的重要性。伴随老龄化的加剧，人口死亡率水平会进一步升高，但是要特别关注自杀、婴幼儿死亡率的性别差异以及不同死因等。第六，出生性别比偏高和持续升高是中国实现低生育水平过程中出现的新问题，具有明显的地域差异和胎次差异，长期这样可能影响婚姻家庭稳定以及性罪错案件的增加，危及社会安定。

南开大学原新教授参加了会议，提交论文《快速下降的生育率和大规模乡城流迁人口对大城市人口年龄结构的影响：以京津沪为例》，并在大会发言。他认为，中国农村和城市的人口生育行为具有典型的二元特征，大城市的人口转变超前于农村和全国平均状况，且早于全国推行计划生育政策的时间，现在已经处在超低生育率状态，没有迹象显示未来的生育率水平有回升可能。低生育率综合症（高度老龄化、劳动力短缺、甚至总人口不足等）已经在大城市显现。改革开放以来的大量乡城流动人口恰恰起到了缓解城市老龄化进程和增加劳动力的功效。但是，不能忽视农村因大量男性劳动力外出产生的劳动力女性化、老年化和年轻化并存的现象。乡城流动人口是城市发展不可缺少的要素，政府应该在户籍、住房、就业等方面进行制度改革，促使城市业已存在的流动人口真正转变为城市人口，既有利于解决（至少缓解）城市低生育水平综合症，也有利于减少农村剩余劳动力的数量。只有当暂时性的流动人口变为永久性的迁移人口，最终成为城市居民时，他们对城市人口结构的改变才能彻底和持久。

（原　新）

香港及华南道教研究国际学术研讨会

2003年12月11日至13日，“香港及华南道教研究国际学术研讨会”在香港中文大学祖尧堂隆重举行，会议由香港中文大学宗教系和蓬瀛仙馆道教文化资料库联合主办，中外学者近40人出席会议，其中大陆学者12人。中国道教协会张继禹副会长、南开大学侯杰教授、台湾辅仁大学郑志明教授、香港中文大学黎志添教授、日本东洋文库田仲一成教授、次城基督教大学志贺市子教授、新加坡学者王忠仁教授等学者应邀参加会议。会议提交论文27篇，均在大会上进行了交流。会议采用大会发言的方式进行，先后举行8场讨论会。

会议中心议题是：从古至今道教在香港和华南地区流传，主要涉及道教派别、道士团、科仪书、善书、道教音乐等领域。并对罗浮山、省躬草堂、蓬瀛仙馆、青松观、圆玄学院进行探讨，对道教编纳民间俗神进行剖析，以及对新界粉岭彭氏、金钱侯氏元宵乡傩进行解读。

会上，侯杰教授作了题为“神圣与世俗——解读香港道堂中流传的善书”的学术报告。他主要是依据自1996年以来搜集到的流传于香港各道堂的善书，以及1998年在香港进行的5个多月的田野调查获得的各种资料，对于善书中之一种：功过格的产生及其主要内容、社会功能进行了深入剖析，着重从世俗意义上解读功过格。他按照国家法律条例、社会公共秩序和宗族群体利益的顺序，详尽地考察了善书是如何迎合普通民众重现世的宗教心态的，提出善书与官法、善书与公共伦理、善书与家文化等理论命题。他认为功过格这种比较独特的善书形式大量出现并广泛流传，虽然以神权为旗号，却也在超自然观念里关注现世人生，着眼于普通人的行为规范、社会伦理观念和家族日常生活，宣扬积德行善必有报偿等善有善报、恶有恶报的观念。它不仅被用来节制、规范人们的社会行为，又在很大程度上真实地表达和引领了民众的宗教意识。

侯杰教授的论文已被编入本次国际学术会议论文集，即将由香港中华书局出版。

会议期间，与会代表参观了道教文化资料库并在蓬瀛仙馆、圆玄学院、西方寺进行了实地调研。侯杰教授还到香港中文大学、浸会大学、城市大学访学，与香港中文大学金耀基校长深入交换了一些学术看法。

（侯　杰　李　钊）

第二届亚洲实验经济学国际会议

2003年12月16日至19日,“第二届亚洲实验经济学国际会议”在香港科技大学召开。会议由香港政府教育发展基金和香港科技大学商学院提供资金,由香港科技大学实验商务研究中心主办。中外学者共40人出席会议。香港科技大学实验商务研究中心主任兹维克教授致辞。会议邀请实验经济学领域国际知名教授V.L.史密斯作中心发言,然后分小组交流。大会共交流论文32篇。论文涉及用实验以及模拟的方法研究经济、金融、会计、市场、管理等领域的问题。与会代表相互交流了研究心得与体会,使大陆学者对实验经济学有了初步的了解与认识。

实验经济学是一门新兴学科,在我国才刚刚起步。为增进香港与内地的学术交流,促进大陆尽快开展实验经济学领域的研究,香港科技大学商务研究中心特邀请北京大学、南开大学、上海交通大学、中山大学等高等院校的15位大陆学者出席本次会议。南开大学经济学院教授张晓峒出席会议。

南开大学已于2003年秋,成立了以诺贝尔经济学奖得主莱茵哈德·泽尔腾教授为主任的“泽尔腾实验经济学研究中心”。

(张晓峒)

近代中国留学生国际学术研讨会

2003年12月17日至19日,“近代中国留学生国际学术研讨会”在香港历史博物馆隆重召开,会议由香港历史博物馆、中国国家博物馆、香港浸会大学近代史研究中心、香港中国近代史学会共同主办。中外学者近70人出席会议,其中大陆学者20余人。来自中国大陆的中国社科院近代史研究所王奇生研究员,南开大学李喜所教授、侯杰教授,华中师大的章开沅教授,香港中文大学梁元生教授、香港大学冯锦荣教授、浸会大学周佳荣教授、岭南大学马幼垣教授以及台湾地区、美国、日本、澳大利亚等知名学者应邀参加会议。会议采用大会交流发言和分组讨论的方式进行,先后举行17场讨论会。会议提交论文55篇。

著名历史学家华中师大的章开沅教授和美国圣约翰大学的李又宁教授在开幕式上作了主题演讲,就开展留学生研究的学术意义、现实意义和留学生研究的理论、方法及一些具体问题进行了探讨。李喜所教授和侯杰教授分别担任会议主席。

这次会议的主题是探讨近150年来留学生与近代中国社会文化变迁的关系。会议围绕留学生与近代中国,1940~1950年代的留学生政策,留美运动与留美学人,留日学生研究,留学生人物研究,女留学生与妇女地位,留学生与中国学术、中国海军、中国思潮、中国外交、中国经济、中国教育等方面展开了交流和讨论。会议认为,留学生在近代中国担负着特殊的历史使命,对推进中国现代化进程也做出了非常卓越的贡献,应给予充分肯定。

李喜所教授发表了题为《留学生与中国现代学科群的构建》的论文。文章运用丰富的档案和文献资料论述了留学生在创建中国现代数理、生化、天文、工程和文史哲教等诸学科中的奠基性作用。认为在中国传统文化尤其是学术文化向现代转型过程中,现代学科群的构建起了关键作用,主力则是留学生新知识群体。他从宏观上考察了中国学术文化走向现代的基础,具体解读了留学生与现代自然科学以及人文社会科学各学科创建的联系,对一些代表人物也作了较多的评述,勾勒出留学生与中国现代学科群构建的历史轨迹。

侯杰教授宣读了他与高冬琴合撰的论文《近代留日学生与中国社会转型——以新记〈大公报〉三巨头吴鼎昌、胡政之、张季鸾为例》,重点考察了留日学生与留学国日本的种种复杂的关系。阐释他们在民族矛盾空前严重的历史时刻,所出现的矛盾心理变化,以及富于社会责任感与民族骨气的抉择。

李喜所教授等人与来自美、日、澳等国和两岸三地的学者进行了广泛的交流,并为2004年在天津、徐州两地召开“留学生与近代文化国际学术研讨会”进行了宣传。

会议期间，与会代表参观了“学海无涯：近代中国留学生展”，并凭吊了蔡元培、许地山等近代名人墓地。

（李喜所　侯　杰）

科研课题

“十五”规划国家社会科学基金(2003年度)天津市立项课题

马克思主义·科学社会主义

项目编号	负责人	项目名称	工作单位	项目类别	预期成果	预计完成时间
03AKS002	荣长海	作为思想体系的“三个代表”重要思想研究	天津社会科学院	重点项目	专著	2005·3·31
03BKS001	余金成	马克思主义与时俱进的理论品质	天津师范大学	一般项目	专著	2006·6·30

党史·党建

项目编号	负责人	项目名称	工作单位	项目类别	预期成果	预计完成时间
03ADJ003	冯德华	新世纪中国共产党依法执政能力研究	中共天津市委党校	重点项目	专著 研究报告	2006·4·30
03BDJ011	邵云瑞	十三届四中全会以来党的建设创新	南开大学	一般项目	专著 研究报告	2005·12·31

哲学

项目编号	负责人	项目名称	工作单位	项目类别	预期成果	预计完成时间
03BZX017	钱　捷	康德的科学哲学与当代科学革命	南开大学	一般项目	专著 论文集	2006·3·31
03BZX029	刘文英	中国传统哲学的当代价值	南开大学	一般项目	专著 论文集	2005·6·30

经济理论

项目编号	负责人	项目名称	工作单位	项目类别	预期成果	预计完成时间
03BJL005	景维民	完善社会主义市场经济体制研究	南开大学	一般项目	专著 论文集	2006·12·30
03BJL049	陈建国	国际贸易与环境保护	南开大学	一般项目	专著	2005·5·1
03BJL004	陈漓高	经济全球化条件下中国金融市场发展研究	南开大学	一般项目	专著	2004·12·31
03BJL016	刘骏民	虚拟经济、实体经济与货币数量关系研究	南开大学	一般项目	专著 论文集	2005·12·31

应用经济

项目编号	负责人	项目名称	工作单位	项目类别	预期成果	预计完成时间
03BJY014	张晓峒	非经典计量经济学理论方法研究	南开大学	一般项目	专著 论文集	2006·3·1
03BJY046	罗永泰	高新技术企业的虚拟型学习团队构建与成长研究	天津财经学院	一般项目	研究报告 论文集	2004·12·30
03BJY072	李贵春	面向大规模定制的供应链的集成优化方法	天津师范大学	一般项目	论文集	2006·8·28
03BJY103	范小云	结构变革中的中国金融体系系统性风险及其控制	南开大学	一般项目	论文集 研究报告	2004·6·30
03CJY011	许　晖	中国企业进入国际市场风险感知及防范研究	南开大学	青年项目	论文集 研究报告	2005·6·30

政治学

项目编号	负责人	项目名称	工作单位	项目类别	预期成果	预计完成时间
03BZZ004	葛　荃	当代中国社会政治意识与政治文明	南开大学	一般项目	专著 论文集	2005·12·31
03BZZ027	杨　龙	新型工业化背景下的政府职能	南开大学	一般项目	专著 研究报告	2005·12·25
03BZZ010	常士訚	当代西方多元文化主义政治思潮,国外政治学学科发展新特点	天津师范大学	一般项目	专著	2006·6·30
03CZZ012	踪家峰	经济全球化与加速城市化条件下中国城市政府新型智能及其管理研究	天津大学	青年项目	专著	2005·12·30

社会学

项目编号	负责人	项目名称	工作单位	项目类别	预期成果	预计完成时间
03BSH003	汪新建	西方家庭治疗理论的新进展研究	南开大学	一般项目	专著	2005·12·31
03BSH033	张宝义	中国城市化进程中城市移民的犯罪问题研究	天津社会科学院	一般项目	专著 研究报告	2005·5·31
03BSH004	阎耀军	社会学视野中的社会预测基本原理研究	天津社会科学院	一般项目	专著 论文集	2004·10·30

国际问题研究

项目编号	负责人	项目名称	工作单位	项目类别	预期成果	预计完成时间
03BGJ008	张伯伟	东盟自由贸易区与东亚经济合作研究	南开大学	一般项目	研究报告 专著	2004·11·30
03BGJ013	张志超	美国政府业绩预算技术及其对我国的借鉴意义	南开大学	一般项目	论文集 研究报告	2004·10·30

中国历史

项目编号	负责人	项目名称	工作单位	项目类别	预期成果	预计完成时间
03AZS002	张分田	民本思想与中国古代统治思想的关系研究	南开大学	重点项目	专著 论文集	2005·11·21
03BZS007	李治安	元代西部北部六行省与国家统一	南开大学	一般项目	专著 论文集	2006·7·31

语言学

项目编号	负责人	项目名称	工作单位	项目类别	预期成果	预计完成时间
03BYY018	石　锋	汉语语音格局的声学描述和听感测试及其类型分析	南开大学	一般项目	专著 论文集	2006·12·31
03BYY024	田海龙	现代汉语篇章批评性分析研究	天津商学院	一般项目	专著 论文集	2005·12·31
03BYY031	王嘉龄	汉语方言轻声的优选论分析	天津师范大学	一般项目	专著	2006·12·31

体育学

项目编号	负责人	项目名称	工作单位	项目类别	预期成果	预计完成时间
03BTY014	宗华敬	构建以体育科教创新为主体的“休闲与健康”公共服务体系的研究	天津体育学院	一般项目	论文集 研究报告	2005·8·31

“八五”规划国家教育部人文社会科学研究项目天津市立项课题

马克思主义

项目批准号	负责人	项目名称	单位名称
93JA710003	牛星熙	邓小平科学社会主义思想研究	南开大学
93JA710015	常　健	社会主义市场经济体制的建立与社会政治、文化生活的变革	南开大学
93JA710027	左志远	晋冀鲁豫革命根据地财经史	南开大学

哲学

项目批准号	负责人	项目名称	单位名称
93JA720114	刘文英	精神系统研究	南开大学
93JA720058	武东生	中国传统伦理思想与有中国特色的社会主义道德建设	南开大学
93JA720067	李　卓	家庭道德与日本近代化的道路	南开大学
93JA720032	柯礼文	技术发展模式研究	南开大学
93JA720002	封毓昌	能动反映论研究	南开大学
93JA720100	方克立	现代新儒学的整体理论分析	南开大学
93JA7204008	崔清田	名辩学研究	南开大学

文学

项目批准号	负责人	项 目 名 称	单位名称
93JA740007	刘叔新	汉语词汇结构组织和语义关系研究	南开大学
93JA740009	徐朝华	上古汉语词汇史	南开大学
93JA740008	石　锋	现代汉语普通话的句终语调	南开大学
93JA750.11－44096	孙昌武	佛学与中国文学	南开大学
93JA750.11－44109	郝世峰	隋唐五代文学的历史与美学研究	南开大学
93JA750.11－44127	许祥麟	中国古代鬼戏史	南开大学
93JA750.11－44	罗宗强	中国古代文学思想史	南开大学
93JA750.11－44077	刘家鸣	鲁迅杂文与中国文化	南开大学
93JA750.47－99009	朱维之	希伯来文学史	南开大学
93JA750.47－99015	王秉钦	对比语义学与翻译	南开大学

图书馆、情报及文献学

项目批准号	负责人	项 目 名 称	单位名称
93JA870043	来新夏	古典目录学研究	南开大学
93JA870012	张宪春	当代中外大学图书馆事业比较研究	南开大学

历史学

项目批准号	负责人	项 目 名 称	单位名称
92JAGJW122	张　象	殖民化后果与非洲城市的变迁	南开大学
92JAGJW166	陆镜生	美国国内的人权问题研究	南开大学
92JAGJW169	李剑鸣	美国历史上的种族关系研究	南开大学
92JAGJW188	张义德	原苏联知识分子政策研究	南开大学
93JA770026	刘佛丁	中国半殖民地、半封建国内市场	南开大学
93JA770098	冯承柏	美国基金会与中美教育文化交流	南开大学
93JA770049	林延清	明清时期以天津为中心的环渤海地区经济的发展	南开大学
93JA770135	杨栋梁	国家权力与日本的经济发展——战后日本自我调节机制研究	南开大学
93JA770020	刘洪涛	中国古代天文学思想与方法	南开大学
93JA770077	冯尔康	17世纪中叶以来中国的宗族社会和谱牒	南开大学
93JA770130	刘泽华	儒家与汉代社会再整合	南开大学
92JAGJW123	洪国起	使命观与美国对拉美的政策	南开大学

经济学

项目批准号	负责人	项 目 名 称	单位名称
92JAGJW023	滕维藻	战后世界经济三大支柱	南开大学
92JAGJW017	魏　埙	国家垄断资本主义的发展与社会再生产的矛盾	南开大学
92JAGJW194	张仁德	东欧地区各国向市场经济过渡的理论、进程和趋势研究	南开大学
92JAGJW031	陈荫枋	国民经济核算体系国际比较研究	南开大学
92JAGJW145	刘茂山	西欧“社会福利制度”剖析	南开大学
92JAGJW018	陈　钺	西方七国相互关系及其对世界的影响	南开大学

项目批准号	负责人	项　目　名　称	单位名称
93JA790053	逄锦聚	社会主义市场经济下宏观调控体制研究	南开大学
93JA790161	柳　欣	西方经济理论与市场经济	南开大学
93JA790059	贾秀岩	中国农业期货市场战略研究	南开大学
93JA790066	陈建国	我国对外贸易的理论研究与实证分析	南开大学
93JA790094	常修泽	中国“南北”改革开放发展的特点比较及趋势研究	南开大学
93JA790144	齐寅峰	高新技术企业管理研究	南开大学
93JA790163	曹振良	广义价格理论及其应用研究	南开大学
93JA790169	周　冰	我国市场发育的实证与对策分析	南开大学
93JA790025	蔡孝箴	房地产市场研究	南开大学
93JA790044	邹树梅	我国旅游开发中的宏观调控体制	南开大学
93JA790058	戴昌钧	中国和世界主要国家国际企业经营管理比较研究	南开大学
93JA790060	陈炳富	西方发达国家先进生产方式和管理方法研究	南开大学
93JA790085	傅春寰	综合商社如何控制市场	南开大学
93JA790107	谷书堂	社会主义经济学新编	南开大学
93JA790165	张　藐	改革的市场化趋向研究	南开大学
93JA790173	胡永良	中国地区产业发展战略的选择研究	南开大学
93JA790004	钱荣堃	西方国家(英、美、加、日)资本市场比较研究	南开大学
93JA790037	金明律	我国与周边国家(地区)经济合作的战略研究	南开大学
93JA790030	刘茂山	关于我国社会主义经济保障体系的总体研究	南开大学
93JAGAT006	李宏硕	两岸经贸关系的现状、问题和对策	南开大学
92JAGJW079	薛敬孝	日本垄断资本对国民经济的控制	南开大学

政治学

项目批准号	负责人	项　目　名　称	单位名称
92JAGJW130	谭　融	南美军人政治问题研究	南开大学
93JA810022	蔡　拓	市场经济与政治发展	南开大学

民族学

项目批准号	负责人	项　目　名　称	单位名称
93JA850002	邢公畹	侗水语壮傣语比较研究	南开大学

社会学

项目批准号	负责人	项　目　名　称	单位名称
92JAGJW189	侯钧生	乌克兰基本情况研究	南开大学
92JAGJW170	刘珺珺	美国华人的社会状况与发展趋势	南开大学
93JA840016	王处辉	市场经济下企业职工价值取向嬗变与互动研究	南开大学
93JA840018	李竞能	改革开放后人口迅速增长地区控制人口增长的社会经济	南开大学

心理学

项目批准号	负责人	项　目　名　称	单位名称
93JAXLX020	乐国安	中国人自我概念的特点	南开大学

“九五”规划国家教育部人文社会科学研究项目天津市立项课题

马克思主义

项目批准号	负责人	项　目　名　称	单位名称
96JAQ710015	李建松	建立马克思主义理论教育学研究	南开大学
96JAZ710007	张鸿文	社会主义改革成本、成果、效益研究	南开大学
96JAP710012	蔡　捷	当代大学生思想状况和思想特点研究	天津商学院
96JAP710004	荣长海	邓小平社会主义社会发展思想研究	天津师范大学
96JD710002	励维志	加强高校思想政治教育的对策——德育一体化运行机制研究	天津师范大学
98JAQ710001	李　毅	中国20世纪现代化进程与传统文化现代化研究	南开大学

哲学

项目批准号	负责人	项　目　名　称	单位名称
96JAQ720016	李建珊	科学价值论研究	南开大学
96JBY720003	陈晏清	马克思的实践观点与合理形态的辩证法	南开大学
96JBY720005	阎孟伟	当代社会发展趋势和发展观的转变	南开大学
96JBY720006	王南湜	市场经济与社会结构的变迁	南开大学
98JBY720006	杨桂华	社会结构转型时期的社会控制研究	南开大学
98JBY720004	王家骅	东亚伦理精神与社会现代化研究	南开大学
96JBY720.40001	崔清田	中国现代时期逻辑学的发展状况及影响	南开大学

文学

项目批准号	负责人	项　目　名　称	单位名称
96JBZ740006	邢公畹	汉藏语历史比较语言学研究的新方法——语义学比较法	南开大学
96JAP750.11-44031	陶慕宁	中国情爱文学发展史	南开大学
96JAQ750.11-44020	宁稼雨	六朝小说的文化研究	南开大学
96JBY750.11-44018	陈　洪	中国古代小说与佛教	南开大学
96JBY750.11-44016	孙昌武	魏晋南北朝文学与宗教	南开大学
96JBY750.11-44015	张　毅	20世纪宋代文学研究之回顾	南开大学
96JC750.11-44006	李瑞山	清末民初文人心态与文学思潮	南开大学
98JAQ750.47-99002	孟昭毅	东方戏剧叙述学	天津师范大学

艺术学

项目批准号	负责人	项　目　名　称	单位名称
98JC760001	于小冬	藏族绘画风格史研究	天津师范大学

新闻学与传播学

项目批准号	负责人	项　目　名　称	单位名称
96JD860001	马　艺	中国当代新闻史论稿	天津师范大学

历史学

项目批准号	负责人	项　目　名　称	单位名称
96JAP770038	曹中屏	当代韩国史(1945－1995)	南开大学
96JAQ770021	米镇波	近代中国与俄国的边境贸易关系	南开大学
96JAQ770037	哈全安	阿拉伯封建社会形态研究	南开大学
96JBY770005	张荣明	春秋战国社会转型期各阶层政治心态及变迁	南开大学
96JBY770007	朱凤瀚	商周家族制度研究	南开大学
96JBY770013	白新良	明清时期中韩关系研究	南开大学
96JBY770017	祁建民	日伪蒙疆政权研究	南开大学
96JBY770020	张洪祥	近代天津通商口岸史研究	南开大学
96JAP770008	巴新生	周秦汉地方行政制度研究	天津师范大学
98JBY770005	王玉茹	中国近代公司制度研究	南开大学
98JBY770008	李剑鸣	20世纪美国和加拿大资本主义史比较研究	南开大学
98JBY770007	慈鸿飞	20世纪河北与内蒙古地区土地政策变迁及其实践	南开大学
98JBY770002	冯尔康	中国近三百年来的宗族和宗亲会	南开大学
98JBY770011	刘泽华	中国古代政治哲学与社会政治的整合研究	南开大学
98JBY770009	杜家骥	清皇族与国政关系研究	南开大学
98JC770004	朱彦民	商族的起源、迁徙与发展	南开大学
98JC770002	江　沛	民国时期华北农村社会变动研究	南开大学
98JAQ770024	靳润成	明清以来行政区划重大变革与社会经济转型相互关系研究	天津师范大学
96JAPGJW002	杨栋梁	日本市场经济模式研究	南开大学
96JAQGJW004	王晓德	拉丁美洲与北美洲发展道路比较研究	南开大学
96JAQGJW005	洪国起	霸权·主权·人权:美国霸权主义人权外交研究	南开大学
96JBYGJW002	王振锁	日本政局变迁及多党政治的演进	南开大学
98JAQ780002	杜　勇	金文断代方法研究	天津师范大学

经济学

项目批准号	负责人	项　目　名　称	单位名称
96JAP790088	罗泽涛	交通运输基础设施建设的投融资问题研究	南开大学
96JAQ790003	谷书堂	中国经济增长方式转型的现状、途径、难点及2010年预测	南开大学
96JAQ790005	逄锦聚	对外开放、通货膨胀与国民经济可持续发展研究	南开大学
96JAQ790087	刘秉镰	现代经济增长中交通运输业发展动力机制研究	南开大学

项目批准号	负责人	项 目 名 称	单位名称
96JBY790004	高 峰	资本主义国家经济增长方式演变的研究——历史经验与启示	南开大学
96JBY790008	蔡继明	无形资产评估的理论与实践	南开大学
96JBY790010	王述英	产业结构优化目标和机制研究	南开大学
96JBY790012	吴 浙	中国区域经济差异分析与中长期政策研究	南开大学
96JBY790022	佟家栋	贸易保护政策的经济分析	南开大学
96JBY790028	马君潞	西方国家金融市场管制理论与实践发展问题研究	南开大学
96JBY790031	冼国明	企业制度与国际竞争力	南开大学
96JBY790044	郭鸿懋	城市空间结构与城市经济运行	南开大学
96JBZ790001	朱光华	公有制与其他经济成分关系研究——兼论混合经济的生成	南开大学
96JBZ790003	魏 埙	马克思主义政治经济学在当代的地位和命运	南开大学
96JBZ790025	滕维藻	我国对外贸易与经济增长转型的理论与政策研究	南开大学
96JC790012	霍学文	金融资产定价的理论、方法和应用研究	南开大学
96JD790013	周 冰	天津市新技术产业园区的地位及其发展的宏观条件与对策	南开大学
96JD790021	刘志远	各种环境因素对我国会计准则制定及实施情况的影响研究	南开大学
96JD790022	崔 彤	经济效益审计理论与实务	南开大学
96JD790025	黄 楠	中心城市发展、区域经济重组与城镇体系研究	南开大学
96JD790031	周立群	港口与保税区一体化发展研究	南开大学
96JD790042	张世荣	把交通银行办成国际规范化商业银行	南开大学
96JAQ790070	张立民	具有中国特色的社会主义审计体系	天津财经学院
96JD790004	刘恩专	贸易与投资自由化"渐进式"改革的制度经济学研究	天津财经学院
96JD790005	赵晓晨	国际贸易发展的新特点、趋势及我国对外贸易战略	天津财经学院
98JAQ790006	贾根良	东亚国家经济发展模式与金融危机的关系研究	南开大学
98JBY790008	周爱民	中国股市预警系统	南开大学
98JBY790016	何自力	公司治理结构比较——对公司所有权与控制权关系的反思	南开大学
98JBY790011	丁长清	近代天津股份公司制度研究	南开大学
98JC790004	段文斌	国有经济运营中的代理成本及效率的中外比较研究	南开大学
98JAQ790032	唐以今	金融衍生工具交易在中国的运作与分析	天津财经学院
98JAQ790039	白丽华	住房制度改革与住房金融发展问题研究	天津商学院
98JC790010	王兴化	大陆台资企业劳动成本与当地劳动力市场结构的相关分析	天津师范大学
98JD790003	郝寿义	天津市房地产交易系统研究	南开大学
98JD790014	陈 敏	国有资产流失问题研究	天津财经学院
98JD790015	王爱俭	国际金融发展态势与汇率机制研究	天津财经学院
98JD790017	杨玉川	金融期货期权研究	南开大学
99JD790007	邓向荣	关于提高劳动密集型工业产品国际竞争力的对策研究	南开大学
99JD790043	李家祥	世界经济全球化中的中国经济改革与发展研究	天津师范大学

项目批准号	负责人	项 目 名 称	单位名称
96JAZGJW008	宫占奎	APEC问题追踪研究——APEC的经济技术合作	南开大学
96JAQ910004	安合祥	中国固定资产投资计量分析	天津财经学院
96JD910003	张盘铭	市场经济条件下企业经济效益的综合评价与比较研究	天津财经学院

法学

项目批准号	负责人	项 目 名 称	单位名称
96JAQ820014	王 健	"九五"期间中国旅游业发展中的法律问题及其对策的研究	南开大学
98JAQ820013	黎 晖	建立中国企业对外投资政治风险担保机构的法律问题研究	南开大学

政治学

项目批准号	负责人	项 目 名 称	单位名称
98JAQ810004	杨 龙	中国区域经济发展中的政治问题研究	南开大学

社会学

项目批准号	负责人	项 目 名 称	单位名称
96JAP840020	张向东	"九五"期间我国城市居民收入差距动态分析	南开大学
96JAQ840008	关信平	我国贫困地区教育事业发展的微观机制研究	南开大学
96JAQ840011	刘 迁	农村股份经济组织与中国传统家族主义之关系的研究	南开大学
96JAQ840028	李建民	21世纪前期中国人口政策调整与扩展	南开大学
96JBY840004	谭 琳	我国女性地位变化对家庭的影响——性别视角的系统分析	南开大学
96JC840003	陈卫民	中国农村中的婚姻挤压及其社会后果的社区研究	南开大学
97JD840005	谭 琳	我国失业统计方法及现存问题研究	南开大学
98JAQ840002	王处辉	国有企业体制改革与外资企业体制的比较研究	南开大学
98JAQ840007	白红光	中国城市老龄人口社会工作问题研究	南开大学
98JBY840003	吴国存	中国经济转型期城镇劳动力供求及其就业实现研究	南开大学

图书馆、情报及文献学

项目批准号	负责人	项 目 名 称	单位名称
96JAP870009	王知津	现代文摘索引法模式研究	南开大学
98JAQ870006	王德恒	社会科学文献计量理论与方法研究	南开大学
98JAQ870001	刘春茂	社会科学文献定量化规律的研究	天津师范大学

教育学

项目批准号	负责人	项 目 名 称	单位名称
96JD880011	郝永娟	国外幼儿教育理论发展与我国幼儿教育改革的研究	天津师范大学

心理学

项目批准号	负责人	项目名称	单位名称
96JAQXLX009	梁宝勇	成人心理自我调节的研究	天津师范大学
96JAZXLX011	沈德立	中小学生阅读过程的眼动实验研究	天津师范大学
96JDXLX004	梁福成	P300与儿童青少年的注意品质及多动症儿童诊断与矫治	天津师范大学
96JDXLX005	白学军	儿童人面记忆能力发展的实验研究	天津师范大学
96JDXLX006	阴国恩	分类能力的发展及其培养	天津师范大学
97JDXLX001	李幼穗	儿童亲社会行为发展及其培养的心理学研究	天津师范大学
97JDXLX003	高恒利	小学生自我阅读能力培养及对其心理发展影响的实验研究	天津师范大学
97JDXLX004	赵恒泰	中小学生心理适应性的研究与实验	天津师范大学
98JAQXLX001	阎国利	快速阅读过程的眼动研究	天津师范大学
98JCXLX001	李洪玉	青少年空间能力的结构及其发展的研究	天津师范大学
98JDXLX001	乐国安	中小学生心理适应能力的发展与培养问题研究	南开大学
98JDXLX005	吕　勇	中小学生脑功能开发与素质提高研究	天津师范大学

管理学

项目批准号	负责人	项目名称	单位名称
96JAQ630012	金明律	技术创新企业(产品)的实证分析和竞争力研究	南开大学
96JC630001	张玉利	小企业成长的管理性障碍研究	南开大学
96JAP630009	栾甫贵	企业破产财务管理研究	天津商学院
96JD630003	张　坤	我国大型零售企业发展模式研究	天津商学院
98JAQ630001	李维安	现代公司治理结构研究:融资渠道、资本结构与公司治理	南开大学
98JAQ630014	董荣凤	企业决策支持系统的应用现状及未来应用发展趋势分析	南开大学
98JAQ630007	李月平	欧美企业90年代以来的发展的新情况及其借鉴	南开大学
98JBY630003	齐寅峰	我国共同基金发展关键问题研究	南开大学
98JBY630004	周立群	企业家职业化进程与社会培育机制研究	南开大学
98JBY630007	范秀成	品牌资产理论与我国企业的名牌战略研究	南开大学
99JD630002	于玉林	中小企业财务会计模式研究	天津财经学院

“十五”规划国家教育部人文社会科学研究项目天津市立项课题

马克思主义

项目批准号	负责人	项目名称	单位名称
01JA710014	邵云瑞	第三代中央领导集体党的建设理论与实践研究	南开大学
01JA710017	王秀阁	高校师生的思想状况与马克思主义理论教育的调查研究	天津师范大学
02JA710005	赵铁锁	江泽民关于加强党的制度建设的理论与实践	南开大学
02JD710033	平章起	努力改革教育方法,不断更新教学内容,增强“两课”教学实效性	南开大学

哲学

项目批准号	负责人	项　目　名　称	单位名称
01JA720004	王南湜	马克思主义哲学深层中国化问题研究	南开大学
01JA720023	李翔海	当代中国文化保守主义思潮研究	南开大学
01JA720049	严　正	汉代儒家经典诠释学研究	南开大学
01JA720050	王中田	东亚社会伦理与经济发展	南开大学
01JB720004	刘文英	中国传统哲学的智慧资源及其现代意义	南开大学
01JD720003	张晓芒	当代青少年(大学生)综合思维方法研究	南开大学
02JA720009	陆　扬	西方大众文化理论与当代中国大众文化建设	南开大学
03JB720006	韩　强	现代新儒学的两条路线及其汇合	南开大学
03JB720007	李淑梅	意识形态批判与解放的认识兴趣	南开大学

文学

项目批准号	负责人	项　目　名　称	单位名称
01JB740002	石　锋	汉语方言语音格局的声学表现	南开大学
01JB740007	马庆株	结合语义表达的汉语动词和动词性结构研究	南开大学
03JB750.11－44020	刘俐俐	叙事性文本研究中社会文化内涵与文学性关系的新拓展	南开大学
01JB750.11－44010	孙昌武	古典文学中表现的神仙观念和神仙信仰研究	南开大学
03JB750.11－44011	耿传明	清末民初的文学转型与社会群体心态变异	南开大学
01JA750.11－44003	陈　洪	中国白话小说传播及影响研究	南开大学
03JB750.11－44005	彭修银	日本近代文艺学话语对中国现代文艺学科的影响之研究	南开大学
01JC750.47－99001	刘雨珍	日本汉文学史研究	南开大学
01JD760001	范　曾	中国经典书论画论注释与研究	南开大学

历史学

项目批准号	负责人	项　目　名　称	单位名称
01JA770001	张　思	近世以来华北农村的村民自治	南开大学
01JA770041	哈全安	中东现代化比较研究:伊朗、埃及、沙特阿拉伯个案分析	南开大学
01JB770002	陈志强	拜占廷帝国时期巴尔干地区民族、宗教与历史研究	南开大学
01JB770005	王晓德	二战以后美国对外文化政策研究	南开大学
01JB770006	李治安	元代华北地区研究	南开大学
01JB770015	韩　铁	法律与美国资本主义经济的发展	南开大学
01JA770048	龙秀清	天主教的转变与西欧现代化	天津师范大学
03JB770002	赵学功	20世纪50年代的中美英关系研究	南开大学
01JBGJW001	米庆余	日本的东亚战略和政策	南开大学

经济学

项目批准号	负责人	项　目　名　称	单位名称
01JA790016	张俊山	马克思主义经济学与西方经济学的方法论比较研究	南开大学
01JA790042	张彤玉	当代资本主义所有制结构的研究	南开大学
01JA790043	张仁德	转轨经济比较研究	南开大学

项目批准号	负责人	项　目　名　称	单位名称
01JA790072	张东刚	总需求的变动与近代中日经济发展	南开大学
01JA790095	陈建国	国际贸易与劳工标准:理论与政策	南开大学
01JA790140	刘重力	由比较优势到竞争优势——入世后中国外贸出口战略的调整	南开大学
01JA790143	张继勋	网络鉴证下的注册会计师专业胜任能力及其鉴证风险研究	南开大学
01JB790002	朱光华	市场化进程中的政企关系新格局	南开大学
01JB790024	丁长清	海盐与环渤海地区社会经济发展	南开大学
01JB790025	张志超	关于财政政策风险的研究	南开大学
01JB790031	陈宗胜	理顺收入分配关系,提高农民收入水平	南开大学
01JB790037	季任钧	中国沿海地区乡村——城市转型与协调发展比较研究	南开大学
01JB790041	刘秉镰	现代物流产业发展与城市竞争力研究	南开大学
01JC790003	罗润东	新经济条件下劳动力就业理论研究	南开大学
01JD790001	王　玲	经济全球化对我国物流业的影响及对策分析	南开大学
01JD790011	谷俊青	房地产价格指数体系研究	天津财经学院
02JA790034	贺京同	基于行为经济学的中国证券市场微观行为分析	南开大学
02JA790035	王志刚	关于我国食品安全供求的实证研究	南开大学
02JA790036	范小云	结构变革中的中国金融体系系统性风险及其控制研究	南开大学
02JA790037	张再生	城市弱势群体及其就业促进的机制与模式研究	南开大学
02JAZD790005	冼国明	多边投资框架与我国的战略选择	南开大学
03JB790015	盛　斌	国际贸易对中国劳动力收入影响的实证研究	南开大学
03JB790019	李志辉	中国银行业风险控制与资本充足性管制研究	南开大学
03JB790021	王述英	第三方物流与中国物流配送体系现代化	南开大学
03JB790024	王玉茹	近代中国物价、工资和生活水平研究	南开大学
03JB790035	贾根良	“经济学改革国际运动”研究	南开大学
03JB790040	周　冰	过渡性制度安排理论研究	南开大学
03JD790007	于玉林	企业信息化与会计工作重组	天津财经学院
03JD790044	谷俊青	关于深化企业住房货币分配的研究	天津财经学院
03JD790029	尹贻林	我国公共投资方向和范围研究	天津理工学院
03JD790057	王常柏	中国民营企业治理结构转型研究	天津商学院
03JD790022	贾艳杰	天津市城市地价指数体系研究	天津师范大学

法学

项目批准号	负责人	项　目　名　称	单位名称
01JA820025	赵正群	信息公开世界潮流与中国的实践:政务公开法制化问题	南开大学
01JA820035	侯欣一	民国时期地方司法运行状况研究——以西安地方法院为例	南开大学
03JD820014	齐恩平	电子交易合同的法律问题研究	天津商学院

政治学

项目批准号	负责人	项　目　名　称	单位名称
02JA810006	葛　荃	中国政治文化价值结构研究	南开大学
02JA810008	吴春华	社会发展的思想基础与政治实践——西方自由主义史研究	天津师范大学
03JD810001	徐大同	西方政治思想史研究	天津师范大学
03JBGJW002	张睿壮	国际恐怖主义之根源及其根治	南开大学

社会学

项目批准号	负责人	项　目　名　称	单位名称
01JA840004	关信平	当代西方社会福利理论研究	南开大学
01JA840020	陈卫民	中国城镇妇女就业模式转变及相关政策研究	南开大学
01JB840004	乐国安	法治建设对越轨行为的控制作用的机制研究	南开大学
01JC840002	赵万里	电脑网络对工作组织的影响研究	南开大学
01JD840002	李　强	残疾青年心理问题与社会支持	南开大学
03JB840004	朱镜德	现阶段中国收入差别特征转变的理论与对策研究	南开大学
03JB840006	侯钧生	生态社会学研究	南开大学

图书馆、情报与文献学

项目批准号	负责人	项　目　名　称	单位名称
01JA870002	王知津	网络环境下知识组织理论与方法体系构建研究	南开大学

教育学

项目批准号	负责人	项　目　名　称	单位名称
02JA880030	韩映虹	中国儿童死亡教育研究	天津师范大学

心理学

项目批准号	负责人	项　目　名　称	单位名称
01JAXLX009	阴国恩	分类认知加工过程发展与分类能力培养研究	天津师范大学

管理学

项目批准号	负责人	项　目　名　称	单位名称
01JA630002	张金成	服务质量与服务企业绩效关系研究	南开大学
01JA630005	严建援	战略联盟动机对网络化组织形态及其绩效的影响	南开大学
01JA630006	黄福广	企业并购中的财务问题研究	南开大学
01JA630012	申光龙	营销传播管理者工作模型研究	南开大学
01JA630015	王迎军	企业战略柔性的结构、效益与增强途径研究	南开大学
01JA630041	戚安邦	现代项目集成管理技术开发与应用研究	南开大学
01JA630043	张玉利	企业家型中小企业成长战略与组织发展研究	南开大学
01JA630057	谢晋宇	中国企业人力资源开发:角色、行动与态度研究	南开大学
01JD630006	李桂华	企业对企业营销管理问题研究	南开大学

项目批准号	负责人	项 目 名 称	单位名称
01JA630014	郝丽萍	我国证券投资基金业绩评价方法与实证研究	天津大学
01JD630009	梁玉社	ISO9000与中国饭店业管理融合的创新研究	天津商学院
01JA630042	罗永泰	中小企业创立与发展研究	天津财经学院
01JA630045	张林格	互联网环境下的组织行为研究	天津财经学院
03JD630013	范秀成	服务补救的有效性及其影响因素研究	南开大学
03JD630041	吴 捷	大学生心理健康教育教师队伍的培训和资格认定研究	天津师范大学

全国教育科学“十五”规划课题(2003年度)天津市立项课题

项目编号	负责人	课 题 名 称	工作单位
DJA030181	李新建	企业雇员教育生涯与职业生涯交互开发研究	南开大学
DEA030114	戚安邦	MBA商业伦理与职业道德研究	南开大学
DFB030292	宋秋蓉	近代中国著名私立大学成功因素的分析及其启示	南开大学
FBB030720	王 雁	提高小学生心理健康教育实效性的研究	天津师范大学
EHA030431	王光明	数学教学效率论	天津师范大学
DCB020353	马希荣	基于多Agenlgn与CORBA的分布式智能教学平台关键技术	天津师范大学
FIB030866	李海涛	历史教学中的文史结合研究	天津师范大学
FBB030721	张筱伟	网络教育的心理学分析	天津师范大学
DCA030089	游泽清	多媒体教学资源中画面语言研究	天津师范大学
DCB030254	李佩武	GIS技术在现代化地理教育中的研究与实践	天津师范大学
DAB030235	郭志明	国外教师专业化历史走向与我国教师教育创新研究	天津师范大学
DBB030245	梁宝勇	心里辅导教师的培训与资格认证研究	天津师范大学
DBA030085	阴国恩	智慧潜能开发的聪明理论与实践	天津师范大学
FHB030723	国赫福	应用多元智能理论改革教学策略的研究	天津中学
FHB030722	李淑英	促进幼儿获得愉快学习经验的研究	天津市南开区第一幼儿园

天津市哲学社会科学“十五”规划(2003年度)项目

马克思主义·科学社会主义

项目编号	负责人	项 目 名 称	工作单位	项目类别	成果形式	结项时间
TJ03-KS001	魏胤亭	马克思主义中国化的内在逻辑研究	天津商学院	重点项目	专著	2005·12
TJ03-KS002	姜晓梅	中国特色社会主义文化发展思路研究	天津师范大学	一般项目	系列论文	2004·12
TJ03-KS003	武红军	全面建设小康与大学生思想道德培养研究	天津理工学院	一般项目	研究报告	2004·12

项目编号	负责人	项 目 名 称	工作单位	项目类别	成果形式	结项时间
TJ03－KS004	武东生	马克思主义中国化的基本途径和规律	南开大学	重点项目	系列论文	2005·12
TJ03－KS005	李锦坤	马克思主义在当代中国的丰富和发展	天津社会科学院	重点项目	专著	2005·12
TJ03－KS006	王燕京	新中国制度建构的文化透视	天津师范大学	一般项目	专著	2005·12
TJ03－KS007	李克敏	高校"两课"教育若干问题研究——以天津市为例	天津工业大学	一般项目	研究报告	2004·12
TJ03－KS008	宗文举	"三个代表"重要思想与"时代精神"论	天津大学	一般项目	系列论文	2005·12
TJ03－KS009	吴克峰	马克思主义中国化历程中的思维方法论研究	南开大学	一般项目	系列论文	2005·12
TJ03－KS010	韦幼苏	全球化时代我国的文化安全	南开大学	一般项目	系列论文	2005·12
TJ03－KS011	段学芬	中国传统社会理想与全面建设小康社会	天津理工学院	一般项目	专著	2005·12

党史·党建

项目编号	负责人	项 目 名 称	工作单位	项目类别	成果形式	结项时间
TJ03－DJ001	孟宪龄	毛泽东邓小平江泽民关于党的领导制度建设思想之研究	中共天津市委党史研究室	一般项目	专著	2005·12
TJ03－DJ002	石凤妍	党的思想政治工作创新方法论	天津师范大学	一般项目	专著	2005·12
TJ03－DJ003	段志超	中国共产党与社会主义政治文明建设	中共天津市委党校	一般项目	著作	2005·12
TJ03－DJ004	张　静	马克思主义中国化述论	南开大学	重点项目	专著	2005·12
TJ03－DJ005	姬丽萍	论"两个先锋队"	南开大学	一般项目	系列论文	2005·12
TJ03－DJ006	张惠娣	以服务群众为重点构建党建工作新格局	中共天津市委党校	一般项目	著作	2005·12
TJ03－DJ007	魏继昆	忧党与强党：邓小平、江泽民的忧党意识及其特点之研究	天津师范大学	一般项目	专著	2005·12

哲学

项目编号	负责人	项 目 名 称	工作单位	项目类别	成果形式	结项时间
TJ03－ZX001	史瑞杰	"三个代表"重要思想与思维方式变革研究	天津商学院	一般项目	专著	2005·12
TJ03－ZX002	韩永进	技术发展模式的理论和实证分析	天津大学	一般项目	论文集	2005·12
TJ03－ZX003	郭　之	天津市应对城市公共危机的"道德预案"研究	中国民航学院	一般项目	研究报告	2004·12
TJ03－ZX004	佟　立	全球化与后现代主义新趋势研究	天津外国语学院	重点项目	专著	2005·12
TJ03－ZX005	李淑梅	政治哲学视野下的当代自由问题研究	南开大学	一般项目	专著	2005·12

项目编号	负责人	项　目　名　称	工作单位	项目类别	成果形式	结项时间
TJ03 - ZX006	李建珊	科学文化与艺术文化的融通	南开大学	一般项目	专著	2005·12
TJ03 - ZX007	杨　谦	马克思主义哲学中国化研究	南开大学	重点项目	专著	2005·12
TJ03 - ZX008	薛富兴	中国自然审美传统及其当代人文价值	南开大学	一般项目	专著	2005·12
TJ03 - ZX009	李　娜	面向哲学的逻辑学研究	南开大学	一般项目	系列论文	2005·12
TJ03 - ZX010	王建伟	创新思维的哲学研究	天津社会科学院	一般项目	专著	2005·12
TJ03 - ZX011	张　绥	对实践思维方式的唯心主义本质的破解	天津社会科学院	一般项目	专著	2005·12
TJ03 - ZX012	周庆华	弘扬和培育民族精神与全面建设小康社会研究	天津医科大学	一般项目	系列论文	2005·12

语言学

项目编号	负责人	项　目　名　称	工作单位	项目类别	成果形式	结项时间
TJ03 - YW1001	张　旭	现代汉语形态研究	天津师范大学	一般项目	专著	2005·12
TJ03 - YW1002	白人立	英语主动词汇研究	天津师范大学	一般项目	著作	2005·12
TJ03 - YW1003	董莲池	战国铜器铭文汇释	天津师范大学	一般项目	专著	2005·12
TJ03 - YW1004	关　键	现代汉语情态副词的本体研究与教学研究	南开大学	一般项目	系列论文	2005·12
TJ03 - YW1005	王景荣	东干语、汉语乌鲁木齐方言特殊语法现象的研究及与突厥语的比较	南开大学	一般项目	系列论文	2005·12
TJ03 - YW1006	马秋武	天津话三字组连读变调的优选论分析	南开大学	一般项目	专著	2005·12
TJ03 - YW1007	郭继懋	表达视角中的汉语语法	南开大学	一般项目	专著	2005·12
TJ03 - YW1008	意西微萨·阿错	汉语在民族地区的变异与汉语的民族变化	南开大学	一般项目	专著	2005·12
TJ03 - YW1009	王红旗	现代汉语非指称成分研究	南开大学	一般项目	系列论文	2005·12
TJ03 - YW1011	李靖民	翻译转换载体的多元化研究	天津理工学院	一般项目	研究报告	2004·12
TJ03 - YW1012	陈建生	大学生英语口语语料库的研究	天津科技大学	一般项目	研究报告	2004·12

中国文学

项目编号	负责人	项　目　名　称	工作单位	项目类别	成果形式	结项时间
TJ03 - YW2001	高恒文	中国现代文学与中国古典文学的艺术关系	天津师范大学	一般项目	专著	2005·12
TJ03 - YW2002	王之望	天津文学史	天津社会科学院	重点项目	专著	2005·12
TJ03 - YW2003	乔以钢	女性观与现代中国女作家创作研究	南开大学	一般项目	专著	2005·12
TJ03 - YW2004	李剑国	搜神记搜神后记研究	南开大学	一般项目	专著	2005·12
TJ03 - YW2005	耿传明	清末民初社会意识与文学转型	南开大学	一般项目	专著	2005·12

项目编号	负责人	项　目　名　称	工作单位	项目类别	成果形式	结项时间
TJ03－YW2006	卢　翎	90年代都市文学现象研究	天津师范大学	一般项目	专著	2005·12
TJ03－YW2007	董志广	中古士人精神风貌与诗歌流变	天津体育学院	一般项目	专著	2005·12
TJ03－YW2008	王　洋	梁斌评传	南开大学	一般项目	专著	2005·12
TJ03－YW2009	张朝丽	80年代与90年代中国小说创作之比较	天津商学院	一般项目	系列论文	2005·12
TJ03－YW2010	郑铁生	红楼梦叙事艺术研究	天津外国语学院	一般项目	专著	2005·12

外国文学

项目编号	负责人	项　目　名　称	工作单位	项目类别	成果形式	结项时间
TJ03－YW3001	李运兴	翻译研究中的语篇描写	天津师范大学	一般项目	专著	2005·12
TJ03－YW3002	徐颖果	美国华裔文学专题研究	天津理工学院	一般项目	专著	2005·12
TJ03－YW3003	张晓希	中日市民文学的比较研究——以中国明清与日本近世为中心	天津外国语学院	重点项目	专著	2005·12
TJ03－YW3004	索金梅	庞德与中国	南开大学	一般项目	专著	2005·12

新闻传播学

项目编号	负责人	项　目　名　称	工作单位	项目类别	成果形式	结项时间
TJ03－XC001	刘鹤文	中国传统文化传播艺术论略	天津师范大学	一般项目	专著	2005·12
TJ03－XC002	赵　航	未来五年我市图书出版社发行事业的调查研究	南开大学	重点项目	研究报告	2004·12

艺术学

项目编号	负责人	项　目　名　称	工作单位	项目类别	成果形式	结项时间
TJ03－YS001	马华维	艺术管理者心理素质研究	天津音乐学院	一般项目	论文集	2005·12
TJ03－YS002	华　梅	中国近现代服装史	天津师范大学	一般项目	专著	2005·12
TJ03－YS003	刘连群	天津京剧史	天津市艺术研究所	重点项目	专著	2005·12
TJ03－YS004	阎国栋	天津杨柳青年画在俄罗斯的收藏与研究	南开大学	一般项目	系列论文	2005·12
TJ03－YS005	常晓静	20世纪中国音乐与社会的互动研究	南开大学	一般项目	系列论文	2005·12

中国历史

项目编号	负责人	项　目　名　称	工作单位	项目类别	成果形式	结项时间
TJ03－ZL001	龚　关	近代天津金融的市场运作机制(1860～1936)	天津商学院	一般项目	专著	2005·12
TJ03－ZL002	杜　勇	夏商周三代政区研究	天津师范大学	一般项目	系列论文	2004·12
TJ03－ZL003	任云兰	国家与社会:以天津慈善救济事业为视角的社会考察	天津社会科学院	一般项目	专著	2005·12

项目编号	负责人	项　目　名　称	工作单位	项目类别	成果形式	结项时间
TJ03－ZL004	徐　行	周恩来与中国现代工业体系的初创	南开大学	重点项目	专著	2005·12
TJ03－ZL005	郝克路	近现代环渤海区域文化研究	天津外国语学院	一般项目	专著	2005·12
TJ03－ZL006	林延清	明代后妃与明代政局	南开大学	一般项目	专著	2005·12
TJ03－ZL007	肖立军	明代华北卫所府县与天津卫城市发展的关系及启示	天津师范大学	一般项目	专著	2005·12
TJ03－ZL008	成淑君	明清以来天津与京冀地区关系史——以经济社会为中心	天津社会科学院	一般项目	专著	2005·12
TJ03－ZL009	李正中	近代天津知名工商业	天津理工学院	一般项目	专著	2005·12
TJ03－ZL010	陈曼娜	天津近代文化经济史	天津财经学院	一般项目	系列论文	2005·12
TJ03－ZL011	谷俊青	天津房地产经济史	天津财经学院	一般项目	专著	2005·12
TJ03－ZL012	徐　勇	新编中国史话	天津市地方志编修委员会办公室	一般项目	丛书	2005·12

世界历史

项目编号	负责人	项　目　名　称	工作单位	项目类别	成果形式	结项时间
TJ03－SL001	吴　英	战后西方国家白领阶层兴起的社会政治影响	天津师范大学	一般项目	专著	2005·12

部门经济

项目编号	负责人	项　目　名　称	工作单位	项目类别	成果形式	结项时间
TJ03－BJ001	黄松龄	中小企业跨区域合作研究——兼论天津民营企业发展	天津师范大学	一般项目	专著	2005·12
TJ03－BJ002	李建设	天津市高科技企业核心竞争力评价体系及对策研究——以天津市新技术产业园区为依托的实证研究	天津理工学院	一般项目	研究报告	2004·12
TJ03－BJ003	罗丽艳	自然资源价值补偿机制研究	天津财经学院	一般项目	专著	2005·12
TJ03－BJ004	韩传模	天津市会计诚信及职业道德监管评价指标体系研究	天津财经学院	一般项目	研究报告	2004·12
TJ03－BJ005	李慧明	环境资源可持续利用的经济激励机制研究	南开大学	重点项目	研究报告	2004·12
TJ03－BJ006	高正平	中小企业融资新论——我国中小企业融资结构、行为及效率	天津财经学院	一般项目	专著	2005·12

天津经济

项目编号	负责人	项　目　名　称	工作单位	项目类别	成果形式	结项时间
TJ03－TJ001	孙宪华	工业、商业及服务业中次级调查方法的应用研究	天津财经学院	一般项目	研究报告	2004·12

项目编号	负责人	项　目　名　称	工作单位	项目类别	成果形式	结项时间
TJ03－TJ002	张玉庆	天津第五次全国人口普查数据分析与应用研究	中共天津市委党校	一般项目	系列论文	2005·12
TJ03－JJ001	荣新海	把新洋市场建成国际小商品市场的战略思考	中共天津市委党校	一般项目	研究报告	2004·12
TJ03－JJ002	于战平	天津市县城经济竞争力比较研究	天津农学院	一般项目	研究报告	2004·12
TJ03－JJ003	张　堃	加入WTO后我市大型零售商业企业增强核心竞争力对策研究	天津商学院	一般项目	系列论文	2005·12
TJ03－JJ004	孙　钰	巴黎塞纳河与天津海河开发之比较研究	天津商学院	一般项目	专著	2005·12
TJ03－JJ005	荆　平	天津市城市环保和生态建设的可持续发展研究	天津师范大学	重点项目	研究报告	2004·12
TJ03－JJ006	李北柿	天津国有资本实现形式多元化市场化对策研究——天津渤海化工集团股份制改革调研	天津理工学院	一般项目	研究报告	2004·12
TJ03－JJ007	牛桂敏	循环经济与天津可持续发展	天津社会科学院	一般项目	研究报告	2004·12
TJ03－JJ008	韩士元	天津市与世界部分国际化港口城市经济功能比较研究	天津社会科学院	一般项目	研究报告	2004·12
TJ03－JJ009	李素梅	天津市增加民间投资的有效战略研究	天津财经学院	一般项目	研究报告	2004·12
TJ03－JJ010	陈国富	天津市民营经济发展的金融支持体系的构建	南开大学	一般项目	专著	2005·12
TJ03－JJ011	崔　辉	天津市生态工业园建设研究	天津理工学院	一般项目	研究报告	2004·12
TJ03－JJ012	凌　岚	中国中心城市的公共财政制度——天津模式研究	天津财经学院	一般项目	专著	2005·12
TJ03－JJ013	张元萍	证券市场投资效应对天津经济发展的影响研究	天津财经学院	一般项目	研究报告	2004·12
TJ03－JJ014	花绍增	关于天津市扩大就业和再就业问题研究	天津市劳动和社会保障局	一般项目	研究报告	2005·12

经济理论

项目编号	负责人	项　目　名　称	工作单位	项目类别	成果形式	结项时间
TJ03－JL001	白仲林	面板数据计量经济学理论与方法研究	天津商学院	一般项目	专著	2005·12
TJ03－JL002	李腊生	货币政策工具的选择及其有效性研究	天津财经学院	一般项目	专著	2005·12
TJ03－JL003	曹桂全	我国新时期的收入分配政策及其对收入差距影响的理论分析	天津大学	一般项目	研究报告	2004·12
TJ03－JL004	何自力	“三个代表”重要思想与马克思主义经济学理论创新	南开大学	重点项目	专著	2005·12

项目编号	负责人	项　目　名　称	工作单位	项目类别	成果形式	结项时间
TJ03 - JL005	陈　英	现代经济中的创新机制问题研究	南开大学	一般项目	论文集	2005·12
TJ03 - JL006	彭金荣	经济全球化加快发展的态势与统筹国内发展和对外开放	天津师范大学	一般项目	专著	2005·12
TJ03 - JL007	李学峰	资本市场发展与市场经济体制完善研究	南开大学	一般项目	研究报告	2004·12
TJ03 - JL008	于玉林	可持续发展:无形资产资源及其开发与利用研究	天津财经学院	一般项目	研究报告	2004·12
TJ03 - JL009	阎永新	新一代期权定价模型理论研究	天津师范大学	一般项目	系列论文	2004·12
TJ03 - JL010	刘书瀚	提升天津市服务业竞争力的政策选择研究	天津商学院	一般项目	研究报告	2004·12
TJ03 - JL011	高荣政	转型期中国农民弱势处境分析	天津科技大学	一般项目	论文	2004·12
TJ03 - JL012	靳文志	按要素分配的理论渊源	中共天津市委党校	一般项目	专著	2005·12

法学

项目编号	负责人	项　目　名　称	工作单位	项目类别	成果形式	结项时间
TJ03 - FX001	傅　林	对我国公共权力法律监控制度的缺失之研究	天津商学院	重点项目	专著	2005·12
TJ03 - FX002	贾邦俊	城市房屋拆迁中契约化制约机制研究	天津师范大学	一般项目	专著	2005·12
TJ03 - FX003	王志强	犯罪的经济性与刑罚经济性的均衡——对经济型犯罪刑罚预防机理的实证分析	天津社会科学院	一般项目	系列论文	2005·12
TJ03 - FX004	白　冬	行事诉讼人权保障论纲	天津财经学院	一般项目	专著	2005·12
TJ03 - FX005	程开源	独立董事法律制度研究	南开大学	一般项目	专著	2005·12
TJ03 - FX006	于语和	民间法视角的村规民约与村民自治	南开大学	一般项目	研究报告	2004·12
TJ03 - FX007	程宝库	WTO 规则与中国经济法制建设	南开大学	一般项目	论文集	2005·12
TJ03 - FX008	侯欣一	中国近代司法制度的改革——以近现代天津为中心的研究	南开大学	一般项目	专著	2005·12
TJ03 - FX009	苏　越	析企业破产逃债与国有资产流失	天津市政法管理干部学院	一般项目	系列论文	2005·12
TJ03 - FX010	石小娟	WTO 规则与中国金融法制建设	河北工业大学	一般项目	论文集	2005·12

社会学、人口学

项目编号	负责人	项 目 名 称	工作单位	项目类别	成果形式	结项时间
TJ03－SR001	关 颖	社会转型中城市青少年越轨行为研究	天津社会科学院	一般项目	专著	2005·12
TJ03－SR002	李宝梁	我国现阶段私营企业主阶层结构及未来发展研究	天津社会科学院	一般项目	研究报告	2004·12
TJ03－SR003	周一骑	心性之学对国人心理健康及社会稳定的作用	南开大学	一般项目	三篇论文	2004·12
TJ03－SR004	黄 乾	转型期劳动力市场中的排斥问题研究	南开大学	一般项目	研究报告	2004·12
TJ03－SR005	李 强	社会转型期中国人心理困扰的应对行为研究	南开大学	一般项目	研究报告	2004·12
TJ03－SR006	刘集林	现代西化派社会思想及其当代启示	南开大学	一般项目	专著	2005·12
TJ03－SR007	张雪筠	城市化进程中的文化变迁与转型	天津社会科学院	一般项目	系列论文	2005·12
TJ03－SR008	王小波	城市化进程中女性群体的分化与分层研究	天津社会科学院	一般项目	调研报告	2004·12
TJ03－SR009	刘援朝	社会转型期中国邪教问题实证研究及防止对策	公安警官职业学院	一般项目	专著	2005·12
TJ03－SR010	潘永明	当前社会收入差距问题及对策研究——兼论天津市社会收入宏观调控体系的建立与完善	天津理工学院	一般项目	调研报告	2004·12
TJ03－SR011	贺寨平	社会资本对城市贫困家庭收入水平的影响	天津体育学院	一般项目	研究报告	2004·12
TJ03－SR012	索宝祥	恐怖平民化趋势与对策研究	武警指挥学院	一般项目	研究报告	2004·12

政治学

项目编号	负责人	项 目 名 称	工作单位	项目类别	成果形式	结项时间
TJ03－ZZ001	柏 桦	中国古代法律政治观	南开大学	重点项目	论文集	2005·12
TJ03－ZZ002	佟德志	西方政治文明比较研究	天津师范大学	一般项目	专著	2005·12
TJ03－ZZ003	徐大同	西方政治思想史(五卷本)	天津师范大学	重点项目	专著	2005·12

国际问题研究

项目编号	负责人	项 目 名 称	工作单位	项目类别	成果形式	结项时间
TJ03－GJ001	王存刚	世界文化的多样性与中华民族精神的培育与弘扬	天津师范大学	重点项目	专著	2005·12
TJ03－GJ002	张 健	日本与东北亚局势的安全和合作	天津社会科学院	一般项目	系列论文	2005·12
TJ03－GJ003	胡昭玲	经济全球化与中国产业国际竞争力提升研究	南开大学	一般项目	研究报告	2004·12
TJ03－GJ004	张彤玉	经济全球化的各种理论	南开大学	一般项目	系列论文	2005·12

项目编号	负责人	项 目 名 称	工作单位	项目类别	成果形式	结项时间
TJ03－GJ005	张滨江	21世纪美国社会文化新趋势	天津外国语学院	一般项目	论文集	2005·12
TJ03－GJ006	宁 洪	美国的价值观与文化	南开大学	一般项目	专著	2005·12

教育学、心理学

项目编号	负责人	项 目 名 称	工作单位	项目类别	成果形式	结项时间
TJ03－JX001	郝 琦	舞蹈艺术与素质教育的关系研究	天津市教育科学研究院	一般项目	专著	2005·12
TJ03－JX002	李 磊	组织文化建设的心理契约与契约型为分析	天津商学院	一般项目	专著	2005·12
TJ03－JX003	张建华	创建学习型城市的理论与实践	天津工业大学	一般项目	研究报告	2004·12
TJ03－JX004	宋德新	依法治校:党委领导下的校长负责制理论与实践之研究	天津师范大学	一般项目	研究报告	2004·12
TJ03－JX005	王惠来	天津教育600年	天津师范大学	重点项目	专著	2005·12
TJ03－JX006	贾晓波	大学生社会适应性与职业适应能力培养问题研究	天津师范大学	一般项目	系列论文	2004·12
TJ03－JX007	乐国安	心理定势对社会发展的影响研究	南开大学	重点项目	专著	2005·12
TJ03－JX008	宋秋蓉	民国私立大学与当代民办高等教育发展的比较研究	南开大学	一般项目	研究报告	2004·12
TJ03－JX009	兰绍江	天津市法轮功女性骨干分子的心理走向	天津市政法管理干部学院	一般项目	研究报告	2004·12
TJ03－JX010	刘文江	天津市创建学习型社会问题研究	天津商学院	一般项目	系列论文	2005·12

体育学

项目编号	负责人	项 目 名 称	工作单位	项目类别	成果形式	结项时间
TJ03－TY001	苏长来	中国武术奥运发展战略研究	天津理工学院	一般项目	研究报告	2004·12
TJ03－TY002	邵淑月	小康社会天津体育产业发展模式及融资对策研究	天津体育学院	一般项目	研究报告	2004·12
TJ03－TY003	肖林鹏	天津市体育资源调控研究	天津体育学院	一般项目	研究报告	2004·12
TJ03－TY004	李 实	2008年奥运会对提升我市国际声誉的研究	天津体育学院	一般项目	研究报告	2004·12
TJ03－TY005	梅杭强	对天津全面建设小康社会进程中大众民族传统体育发展战略研究	天津体育学院	一般项目	研究报告	2004·12

图书·情报与文献学

项目编号	负责人	项 目 名 称	工作单位	项目类别	成果形式	结项时间
TJ03－TQ001	刘彦庆	建立天津市社科成果查新体系的研究	天津理工学院	一般项目	研究报告	2004·12

项目编号	负责人	项 目 名 称	工作单位	项目类别	成果形式	结项时间
TJ03－TQ002	高 洁	天津市电子政务信息资源的共建与共享研究	天津师范大学	一般项目	研究报告	2004·12
TJ03－TQ003	王知津	基于网络环境的情报教育模式与体系创新研究	南开大学	一般项目	系列论文	2005·12
TJ03－TQ004	伍振华	网络时代档案馆知识管理理论和应用研究	南开大学	一般项目	系列论文	2005·12
TJ03－TQ005	周凤飞	我市高校馆信息资源共享研究	天津工业大学	一般项目	系列论文	2004·12

管理学

项目编号	负责人	项 目 名 称	工作单位	项目类别	成果形式	结项时间
TJ03－GL001	仲丛友	天津企业竞争情报系统的建立与应用	天津科技大学	一般项目	研究报告	2004·12
TJ03－GL002	王文莲	网络条件下经济信息生产社会化模式研究	天津商学院	一般项目	研究报告	2004·12
TJ03－GL003	韦福祥	不同文化背景下顾客服务质量改制模式差异研究	天津商学院	一般项目	研究报告	2004·12
TJ03－GL004	吕荣胜	天津公交/出租服务窗口行业运营模式与管理对策研究——以“08”奥运为契机，塑造天津国际大都市形象	天津理工学院	一般项目	研究报告	2004·12
TJ03－GL005	陈军军	企业信息化与供应链管理模式研究	中共天津市委党校	一般项目	研究报告	2004·12
TJ03－GL006	张忠明	知识型企业技术创新运行机制及其治理的理论与实证研究	天津理工学院	一般项目	研究报告	2004·12
TJ03－GL007	彭正银	网络组织的治理模式创新研究	天津财经学院	一般项目	研究报告	2004·12
TJ03－GL008	张盘铭	区域经济增长与就业协调发展研究	天津财经学院	重点项目	研究报告	2004·12
TJ03－GL009	陈士俊	基于复杂性科学的高技术企业成长机制研究	天津大学	一般项目	系列论文	2005·12
TJ03－GL010	汪 波	服务价格、感知质量与重复购买决策研究	天津大学	一般项目	专著	2005·12
TJ03－GL011	孙 杰	天津市制造业以信息化带动工业化战略的研究	天津科技大学	一般项目	研究报告	2004·12
TJ03－GL012	齐善鸿	独立董事的第三方法人制度设计研究	南开大学	一般项目	研究报告	2004·12
TJ03－GL013	张玉利	天津市中小企业创业管理研究	南开大学	一般项目	研究报告	2004·12
TJ03－GL014	周 建	新经济背景下企业网络组织竞争优势研究——资源基础论观点在企业战略联盟中的应用	南开大学	一般项目	研究报告	2004·12

项目编号	负责人	项　目　名　称	工作单位	项目类别	成果形式	结项时间
TJ03－GL015	马连福	天津上市公司治理水平与经营业绩互动效应的实证研究	南开大学	一般项目	研究报告	2004·12
TJ03－GL016	武立东	中国上市公司董事会结构、行为与公司绩效:理论与实证研究	南开大学	一般项目	研究报告	2004·12
TJ03－GL017	蒋国平	天津市大中型企业战略联盟与并购成长方式实证比较与选择研究	天津商学院	一般项目	研究报告	2004·12
TJ03－GL018	毕小青	衰退市场中企业战略调整路径与实现方式研究	天津理工学院	一般项目	研究报告	2004·12
TJ03－GL019	魏爱琴	转型期国有企业员工心理定势的调适及行为改善研究	天津企业管理培训中心	一般项目	论文集	2005·12
TJ03－GL020	杜　纲	基于核心竞争力的协同产品商务管理模式研究	天津大学	一般项目	研究报告	2004·12
TJ03－GL021	张春瀛	完善社会主义市场机制进程中国有集团公司激励约束系统构建的研究	天津工业大学	一般项目	研究报告	2004·12
TJ03－GL022	万新平	天津市社会科学人才建设对策研究	天津市社会科学界联合会	一般项目	研究报告	2005·12

天津市教育科学“十五”规划重点课题

编　号	负责人	课　题　名　称	单　　位
KSS001	何致瑜	天津市教育现状调查与实现发展目标对策研究	天津市教育委员会
KSS002	徐广宇	“入世”对天津市教育管理的影响及对策研究	天津市教育委员会
KSS003	张宝贵	国外教育发展的比较与追踪研究	天津市教育科学研究院
KSS004	王悦群	关于天津市教育法规体系的研究	天津市教育科学研究院
KSS005	王志平	国际教育发展政策的跟踪与研究	天津市教育科学研究院
KSS006	沙　红	国际质量认证标准与学校教育	天津市教育科学研究院
KSS007	阴国恩	儿童智力开发的聪明理论与实际	天津师范大学
KSS008	汪　波	西部大开发中少数民族管理干部继续教育研究	天津大学
KSS009	王贺胜	网络时代高校思想政治教育创新研究	天津市高等学校思想政治研究会
KSS010	张　红	新时期中学德育工作的研究与实验	天津市实验中学
KSS011	张津元	天津市区(县)教育科研机构的现状与发展研究	天津市河西区教育学会
KES012	王毓珣	关于名师成长与发展规律的调查研究	天津市教育科学研究院
KES013	和学新	天津市实施素质教育的研究	天津市教育科学研究院
KES014	邢　真	优质高中的基本标准及评价研究	天津市教育科学研究院
KES015	赵丽敏	创建区域性办学特色理论与实践研究	天津市教育科学研究院
KES016	王敏勤	转变学生学习方式的研究与实验	天津市教育科学研究院

编　号	负责人	课　题　名　称	单　　位
KES017	康万栋	中小学名校长成长规律及培养策略研究	天津师范大学
KES018	阎国利	小学生快速阅读训练的眼动实验研究	天津师范大学
KES019	张怀君	关于“以学校特色建设提高学校整体办学水平的策略研究”	天津市蓟县教育局
KHS020	王洪才	学科调整与高水平大学建设研究	天津市教育科学研究院
KHS021	孙华志	数字化教育支撑平台解决方案的研究与构建	天津师范大学
KHS022	郭　义	国际针灸教育现状的调查分析及比较追踪研究	天津中医学院
KHS023	刘书瀚	中外高等教育办学理念比较与新时期我国高等教育办学理念的构建	天津商学院
KHS024	元凤江	引入 ISO9000 标准,提高教学质量,加强法制化建设的研究	天津工业大学
KHS025	陈士俊	高等学校学科建设中若干问题的研究	天津大学
KVS026	刘春生	举办本科和研究生层次高等职业教育的理论与实践研究	天津大学
KVS027	杨　延	职业教育实行职业资格认证国际化的研究	天津市教育科学研究院
KVS028	王宪成	职技高师学科建设和研究生培养模式研究与实践	天津职业技术师范学院
KVS029	杨金梅	高等学校开展职业指导促进学生职业素质发展的研究	天津职业技术师范学院
KVS030	孟庆国	本科高校培养技师的实验研究	天津职业技术师范学院
KVS031	宁晓虹	教育股份制研究	天津对外经济贸易职业学院
KVS032	乔丽娟	高考综合能力测试和试卷多样化研究	天津市教育招生考试院
KVS033	龙德毅	社区教育理论及发展趋势的研究	天津市教育委员会
KSS034	刘长兴	完善督导评估机制　推进基础教育现代化	天津市教育委员会
KSS035	苑春鸣	北美教育发展策略的跟踪与研究	天津商学院
KSS036	孙　洁	天津市高校资助经济贫困学生工作的实践与研究	天津市教育委员会
KSS037	王　鸣	联合国教科文组织教育发展策略的跟踪与研究	天津商学院
KS001	张　楠	开创天津教育对外开放新局面的研究——天津教育如何整合电视资源,创建中国电视资源教育研发信息中心	天津师范大学
KS002	韩　丁	加入 WTO 与我市公共教育管理制度创新研究	天津体育学院
KS003	沈　彬	应用 ISO－9000 标准构建医学教育质量保证体系	天津医学高等专科学校
KS004	初明利	构建课内外结合的大学生素质教育模式的研究	天津商学院
KS005	田中人	当代学校道德教育方法及途径的研究	天津中学
KS006	于云和	学生的学习策略与学习方法指导的研究	天津市宁河县教科室
KS007	张同生	青少年儿童心理健康教育的研究	天津市和平区教育科学研究室
KS008	王秀兰	主动教育整体改革实验研究	天津市红桥区实验小学
KS009	武士荣	优化教育关系,培养学生创造个性	天津市实验小学
KS010	董春驹	小学数学课堂教学与智能的促进研究	天津市河东区实验小学
KE011	宋玉珠	历史教学渗透式科技教育的研究	天津市和平区教育科学研究室
KE012	刘国胜	青少年问题意识与现代学习方式的研究	天津市河西区教育局
KE013	桂晓莉	中小学生在校伤害事故的法律问题研究	天津师范大学
KE014	张之鑫	提高心理素质　优化教师队伍的研究	天津市新华中学

编　号	负责人	课　题　名　称	单　　位
KE015	王连笑	中学数字实验室的构建及“数学实验”教学的实践与研究	天津市实验中学
KE016	沙元军	中学劳动技术教育课程发展研究和实验	北京师范大学天津附属中学
KE017	国赫孚	开发学生多元智能,深化教学方式改革的探索	天津中学
KE018	秦泽明	天津市中小学各学科培养学生创新精神和实践能力指导研究	天津市教育教学研究室
KE019	高拉庭	小学生学习方式多样化与学习方法指导的研究	天津市教育教学研究室
KE020	宋复芬	培养学生良好习惯的研究	天津市河西区华江里小学
KE021	马丽莉	寄宿制幼儿园园本课程体系研究	天津市和平区第十一幼儿园
KE022	孙荣俊	幼儿园环境保护教育的研究	天津市红桥区第一幼儿园
KE023	于　曦	高中综合课程开发与学校特色建设的研究	天津市第七中学
KE024	王桂儒	挖掘学生创新型个性潜能教学策略的研究	天津市第一零九中学
KE025	李佩武	基于地理信息系统的现代教育技术的设计、开发与应用研究	天津师范大学
KE026	贾艳杰	“资源环境与城乡规划管理”专业教学内容和课程体系的研究与实践	天津师范大学
KE027	曲建民	中学与大学信息技术教育一体化现状的调查研究	天津师范大学
KE028	陈诗滔	地方普通高校特色学科的建设与培养高素质人才的研究	天津科技大学
KH029	程幼强	大型高等教育外语教学科研网站开发	天津外国语学院
KH030	曹亚克	21 世纪高等院校校长价值最大化的研究	天津工业大学
KV031	马仲立	高职本科教育的研究与实践	天津理工学院
KV032	石莉英	我国职业教育现代化实验方式研究	天津中德职业技术学院
KV033	顾炳余	高职护理专业人才培养模式的研究与实践	天津医学高等专科学校
KV034	王乃彦	中等发达国家教育发展的追踪研究	天津对外经济贸易职业学院
KV035	史学忠	远程高等教育中的素质教育研究	天津广播电视大学
CSS001	李凤堂	关于教师聘任制的法律问题研究	天津市教育科学研究院
CSS002	刘金明	学生的学习策略与学习方法指导研究	天津市教育科学研究院
CSS003	赵俊茹	教师心理素质与中学生心理健康水平相关研究	天津市教育科学研究院
CSS004	姜艳玲	网络和课堂教学环境下 CAI 课件教学设计与制作的比较研究	天津师范大学
CSS005	王宏英	中小学生活型德育模式的实验研究	天津市河西区教育学会
CSS006	宋秋蓉	我市民办高等教育发展现状及其对策分析	南开大学
CSS007	陈志科	教育新形式——“家庭学校”研究	天津市教育科学研究院
CSS008	郝　琦	艺术教育与青少年心理健康的关系研究	天津市教育科学研究院
CSS009	刘春茂	天津市与发达国家与地区教育的比较研究	天津师范大学
CSS010	梁福成	天津市大中学生价值观现状的调查与分析研究	天津师范大学
CES011	朱志华	挖掘潜力,减轻负担,提高学习效能一体化实验研究	天津市静海县实验中学
CES012	刘东菊	创造性游戏与幼儿心智发展的研究	天津市教育科学研究院
CES013	白　燕	幼儿园教育游戏活动的策略与评价研究	天津市教育科学研究院
CES014	王晓辉	幼儿学习资源的开发研究	天津市教育科学研究院

编　号	负责人	课　题　名　称	单　　位
CES015	李幼穗	儿童社会责任意识与社会性发展研究	天津师范大学
CES016	刘希平	儿童青少年外显认知、内隐认知的发展与素质培养	天津师范大学
CHS017	余金成	进入 WTO 后地方高等学校发展研究生教育的形势与对策	天津师范大学
CHS018	董津革	对外汉语口语课程改革研究	天津外国语学院
CHS019	张月琪	新形势下高校教师激励机制的研究	天津师范大学
CHS020	汪　涛	国内外中医药教育现状比较与天津中医药教育发展对策研究	天津中医学院
CHS021	沙洪均	天津高校公办民助二级学院办学体制改革的研究和实践	天津理工学院
CHS022	安　秀	国内外信息化教育的发展与实践的研究	天津科技大学
CHS023	孙　钰	天津市高等教育资源配置的市场化研究	天津商学院
CHS024	宫巨宏	我市高等教育融资问题的研究	天津工业大学
CHS025	王　杰	中国当代第一所大学(天津大学)百年办学思想与人物研究	天津大学
CHS026	张蓓荔	我国与俄罗斯音乐院校教育教学发展的比较研究	天津音乐学院
CHS027	汤全起	美国纽约地区与中国天津地区高等教育比较研究	南开大学
CVS028	蓝　欣	关于中日两国实行职业资格证书制度影响职业技术教育发展的比较研究	天津职业技术师范学院
CVS029	任毅梅	天津市企业教育投资效益的研究	天津职业技术师范学院
CVS030	李充宁	设机械制造及其自动化重点学科培养高技术应用型人才	天津职业技术师范学院
CVS031	任　凯	推进天津社区教育发展的策略研究	天津市教育科学研究院
CVS032	岳　瑛	老年大学和老年教育的发展研究	天津市教育科学研究院
CVS033	王振云	重点示范专业——模具设计与制造专业的建设与研究	天津师范大学
CVS034	张筱伟	教育网络教育的理论与实践	天津轻工职业技术学院
CVS035	李宝洪	构建天津现代远程教育公共服务体系的研究	天津广播电视大学
CVS036	王丽华	高等职业院校素质教育课程建设的研究与实践	天津职业大学
CVS037	林淦生	教育管理人才共通素质结构及其培养	天津师范大学
CVS038	马建标	21 世纪高等教育发展战略研究	天津市教育委员会
CVS039	陈士俊	高等学校在国家创新体系及区域创新体系中的地位和作用	天津大学
CS001	阎常钰	社区教育的理论与实践研究	天津市和平区新华社区学院
CS002	张连生	学校形象建设的理论与典型案例研究	天津师范大学
CS003	李柱金	扩招形式下高等艺术院校发展的研究	天津师范大学
CS004	冯　莉	天津中医药行业产学研运作模式研究	天津中医学院
CS005	黎小沛	体质与健康综合评估的理论与实践研究	天津医科大学
CS006	赵汝生	教育信息化促进教学理念与方式变革的实验研究	天津市第二南开中学
CS007	马静洪	初中课外艺术活动课程化研究	天津市红旗中学
CS008	刘颖霞	青少年学生法制教育的途径的研究	天津市第二中学
CS009	赵洪恩	大学生审美素质与其创造素质的相关研究	天津财经学院

编号	负责人	课题名称	单位
CS010	叶军	天津民办高等学校运行机制研究	天津理工学院
CE011	张金凤	“科学探究”课的课程开发与实验研究	天津市南开实验学校
CE012	杜晖	小学生学习策略的研究	天津市河西区中心小学
CE013	李洪玉	在校青少年学习策略发展的研究	天津师范大学
CE014	杨乃林	构建三元教学体制,推进素质教育的实验研究	天津市宝坻区教育教学研究室
CE015	王惠来	新形势下天津市中小学教师素质现状及其提升策略研究	天津师范大学
CE016	郭龙健	中学生物理学习动机的发展与培养研究	天津师范大学
CE017	王学兰	新课程理念下教学评价方法实验研究	天津师范大学
CE018	杨宝忠	学习型家庭与青少年成长研究	天津师范大学
CE019	仲小敏	课程综合化与教师素质培养研究	天津师范大学
CE020	马杰	研究性学习探索与评价	天津市新华中学
CE021	高洁	初中学生心理健康问题研究	天津市塘沽区第十四中学
CE022	王俊杰	中小学学生学习负担与学生素质发展的研究	天津市河西区教科室
CE023	王海	品德教育的基本内容、途径、方式、方法研究	天津市蓟县下营镇初级中学
CE024	钱荣	面向学生因材施教分层达标实施方案的研究	天津市第二十一中学
CE025	张玉萍	小班化教育的实验研究	天津市河东区向阳楼小学
CE026	宋文华	“群体优化,主动发展”教育改革实验研究	天津市东丽区实验小学
CE027	宋慧华	利用现代教育技术建构艺术课程途径与方法研究	天津师范大学
CH028	张秀云	高师体制转换中生物教学论的理论与实践研究	天津师范大学
CH029	李天侠	利用校园网优化电子商务概论课程研究	天津师范大学
CH030	年莉	方剂学科(中药复方)科学化教育模式构建的研究	天津中医学院
CH031	黄津虹	对影响大学生体质健康指标分析与运动处方的实验研究	天津科技大学
CH032	郭之	中国民航高等教育发展中的文化冲突现象与学校文化自觉问题研究	中国民航学院
CH033	荆学义	高等院校对外汉语教学中的文化素质教育研究	天津外国语学院
CH034	李建颖	高校农科仪器分析课程重构及其网络教学的实现	天津农学院
CH035	边宝林	天津高校科技创新现状与未来发展管理研究	天津商学院
CH036	李晖	大学生压力、应对、心理健康与社会支持关系的研究	天津商学院
CH037	任大庆	网络环境下,现代化大学物理实验教学体系改革的研究	天津工业大学
CV038	王小琼	天津市农业职业教育的现状调查与对策研究	天津农学院
CV039	王欣	加入 WTO 对我国成人高等教育的影响及对策研究	天津师范大学
CV040	杨文霞	社会思潮及其表现形式对高职学校德育影响的研究	天津中德职业技术学院
CV041	康书亭	现代企业教育制度的研究	天津中德职业技术学院
CV042	蒋占和	成人教育信息资源网络建设应用研究	天津市成人教育理论研究室
CV043	张先云	课程改革与教学实验的研究	天津机电职业技术学院
CV044	张国健	高等职业教育电子商务专业建设典型模式的研究	天津职业大学
CV045	马学立	教育信息与学习型社区文化信息网络的建设	天津职业大学
CV046	李昌军	天津市成人高等教育发展现状及对策研究	天津市财贸管理干部学院

天津市教育科学“十五”规划青年基金专项课题

编　号	负责人	课　题　名　称	单　　位
YES001	李淑文	中小学生学习效率现状及影响因素的研究	天津市和平区教育科学研究室
YES002	赵丽霞	中学生学习压力的心理承受力研究	天津市教育科学研究院
YES003	高向斌	义务教育新课程体系的教材教法研究	天津师范大学
YES004	张媛媛	开发利用课程资源,提升学生探究能力	天津市第十四中学
YE005	肖庆顺	教师参与课程发展实验研究	天津市教育科学研究院
YE006	刁雅芸	中学物理科学探究的研究与实践	天津师范大学
YE007	李　虹	在小学习作教学中确立主体发展观提高学习承受力的研究	天津市河北区昆纬路第一小学
YE008	曹锦飞	网络教育资源整合的研究	天津市第四十二中学
YE009	于　燕	构建小学数学探究性教学方式的研究	天津市河西区南楼小学
YE010	刘宗征	高中数学研究性学习教学实验	天津市第四中学
YE011	耿　敏	课堂教学交往互动有效策略的研究	天津市河北区教师进修学院
YE012	徐长青	小学数学指导探究学习模式的研究	天津市红桥区跃进里小学
YE013	刘　虹	小学语文教学开发学生情感领域的实践与研究	天津市红桥区实验小学
YE014	刘艳菊	高中思想政治探究性社会实践研究	天津市第一百中学
YE015	李建泉	提高高中生数学知识应用能力的研究	天津师范大学
YE016	张延江	“过程完整化教学模式”在高中数学中的应用	天津市新华中学
YE017	苏华庆	学生对化学学科学习承受力的研究	天津市新华中学
YHS001	毛富强	大学生 SARS 心理危机预防策略与干预模式研究	天津医科大学
YHS002	王淑莉	走出螺旋——经济全球化后中国高等教育发展战略研究	天津外国语学院
YHS003	苏　丹	新形势下天津地方高等学校中外合作办学规范与监管的对策研究	天津师范大学
YHS004	张　敏	课堂教学的社会学研究	天津商学院
YHS005	刘清华	高校分类发展与入学考试制度改革	南开大学
YHS006	王吉林	天津市高等教育融资方式及其法律问题研究	天津科技大学
YH007	靳　昕	中国高等教育的结合部研究	天津音乐学院
YH008	郭志明	美国教师教育课程变迁与我市教师教育改革	天津师范大学
YH009	李若一	天津市高校定位及其发展策略的研究	天津财经学院
YH010	柴新卫	内隐学习的理论研究及其对高校教学改革的启示	天津城市建设学院
YH011	王春东	发展现代远程教育构建我市终身教育体系	天津理工学院
YH012	陈泽林	大学生心理问题的“健康教育法辅助健康调整法”干预模式的设计与实践	天津中医学院
YH013	张春普	天津市高校定位及其策略的研究	天津商学院
YH014	刘　曼	天津市高校中弱势群体子女教育问题研究	天津师范大学
YH015	吴锡冬	天津市农业推广教育现状分析及其对策研究	天津农学院
YH016	王　庆	天津市高校柔性人力资源规划系统研究与开发	天津商学院
YH017	陈喜明	普通高校教师聘任制中的法律问题研究	天津理工学院
YH018	肖林鹏	天津市高校体育资源与社会互动——共享发展之研究	天津体育学院

编　号	负责人	课　题　名　称	单　　位
YH019	朱新华	大学生审美教育与美育策略研究	天津科技大学
YH020	王丽萍	高校教师工作压力的评价与应对策略的研究	天津工业大学
YH021	李　捷	天津市属高校定位及发展战略研究	天津市教育科学研究院
YSS001	李承宏	构建天津市学习型社会与终身学习体系的研究	天津大学
YSS002	陈卫东	基于自组织理论的"教育、科技、经济"协调发展问题研究	天津大学
YSS003	徐忠兰	推进教育体制创新提升天津教育核心竞争力的研究	天津师范大学
YSS004	辛宪祥	农村中学生心理素质的研究	天津市津南区小站实验中学
YSS005	贾真琳	天津市青少年营养状况分析及营养教育干预的评价	天津医科大学
YS006	黄立芳	高三教师心理健康状况及中医心理干预	天津中医学院第一附属医院
YS007	张玉英	图书馆在终身教育中发挥重要作用的研究	天津职业大学
YS008	李　理	现代教育培训技术之应用研究	天津行政学院
YS009	李士萍	知识股份合作模式界定民办教育产权的法律分析	天津大学
YS010	乔秀梅	中外合作办学项目教学工作水平的评估研究	天津商学院
YS011	赵丹珠	系统控制论在网络课程中的应用	天津广播电视大学
YS012	许春淑	提高财政教育支出使用效率问题研究	天津商学院
YS013	接　励	天津市教师教育创新与实践的研究	天津师范大学
YS014	乐国林	弱势群体子女的大学生涯状况研究	南开大学
YS015	孙玉甫	自我教育能力培养的系统规划与实施方案研究	天津商学院
YS016	徐　菁	天津市全面建设小康社会的教育发展目标与对策研究	中国民航学院
YS017	张桂芸	知识管理技术、知识挖掘技术与网络教育资源整合	天津师范大学
YS018	吴　真	中等职业学校教师心理健康状况、评定标准及干预研究	天津职业技术师范学院
YVS001	祝士明	对话过程与知识习得:职业学校合作教学模式研究	天津大学
YV002	高文杰	高职学生对高等数学学习的承受力的实验研究	天津职业大学
YV003	张海燕	高职院校经营类专业开展创业教育的理论与实践研究	天津职业大学
YV004	吕英芳	高等职业技术教育改革和发展促进我市制造业发展的研究	天津职业大学
YV005	徐红岩	高等职业教育"数控技术"专业改革与我市制造业信息化发展相适应的研究	天津轻工职业技术学院

获奖成果

历年"全国优秀博士学位论文"天津市获奖项目及简介

时　间	获奖作者	指导老师	学位授予单位	作　品　名　称	所属学科
1999 年	左东岭	罗宗强	南开大学	李贽与晚明文学思想	中国语言文学
2001 年	盛　斌	熊性美	南开大学	中国对外贸易政策的政治经济分析	理论经济学
2002 年	余新忠	冯尔康	南开大学	清代江南的瘟疫与社会	历史学
2003 年	丛日云	徐大同	天津师范大学	基督教二元政治观与近代自由主义	政治学

《李贽与晚明文学思想》简介

左东岭在南开大学罗宗强教授的指导下，于1995年7月在南开大学获得博士学位。

《李贽与晚明文学思想》一书共由五章构成：(一)李贽所面临的历史前提。(二)李贽的人格与心态。(三)李贽的哲学思想。(四)李贽的文学思想。(五)李贽与晚明文坛。本书所论系国内外学术界关注颇多但又争议甚大的学术论题，具有相当的难度。作者在全面掌握国内外研究状况的基础上，认真梳理了相关的研究资料，采用文史哲兼通及宏观与微观相结合的研究方法，将李贽置于明代政治史、哲学史及文学思想史的纵横交错的立体结构中，力争还原其真实的历史面貌，因而在诸多方面取得了突破性进展，如李贽复杂独特的人格心态，性空解脱与真诚自然的哲学思想，由超然、真诚与自我放任共构的文学思想等。因而论文完成后深得国内同行专家好评，答辩时被与会的专家学者一致认为是一篇优秀的博士学位论文，是当前李贽研究的最高水平的成果，同时也显示了作者扎实的学术功底与严谨的学风。答辩结束后，该文迅速被天津人民出版社所看中，并于1997年3月由国务院国家古籍出版规划小组主持的"中国传统文化研究丛书"编委会作为优秀学术论著资助出版。出版后在《中华读书报》、《中国图书评论》、《文学遗产》等杂志有多篇文章进行介绍评论，并先后获北方十五省、市、自治区十八家出版社第十三届哲学、社会科学优秀图书奖，北京市第五届哲学、社会科学优秀论著二等奖，1999年被评为教育部组织的全国首届优秀博士学位论文奖。汤勤福先生在其《深思明辨结硕果》(《中国图书评论》1998年第七期)的书评中，认为该书具有三个突出优点：一是"不囿成说，敢于自己立说"，具有强烈的学术创新精神；二是"将李贽文学思想的出现放在明朝正德、嘉靖直至万历时期的思想文化激烈变动的历史大背景下进行研究，深入地进行探讨，也全面地把握住李贽个人的学术思想，比较深入地分析了李贽文、史、哲诸方面的思想观点，形成一个贯通全书的线索。这种分析研究，得出的结论也就比较坚实可信"；三是该书所提出的"许多客观而有创新的见解，是基于对大量资料的精到的辨析基础之上的"，即具有扎实的资料功夫与驾驭材料的能力。蔡钟翔先生在其《视野开阔的个案研究》(《文学遗产》1999年第三期)的书评中说："东岭是罗宗强先生的高足，一承乃师谨严的学风，从钻研第一手资料做起，独立思考，自出机杼，决不拾人唾余。他数易寒暑，呕心沥血，艰辛备尝，走的是一条寻根究底的崎岖之路。所作属于个案研究，而视野却十分开阔。”并认为该书“是很有分量的一家之言，对于推进李贽研究乃至整个古代文论研究，都是一份可贵的贡献”。

《中国对外贸易政策的政治经济分析》简介

盛斌教授在南开大学熊性美教授的指导下，于1999年7月在南开大学获得博士学位。

《中国对外贸易政策的政治经济分析》一文，利用贸易政治经济学的概念框架和方法论来分析中国对外贸易政策制定的政府行为、决策过程和制度约束，考察的对象包括贸易发展战略、进口和出口贸易政策体制以及贸易自由化进程，并以中国工业行业的保护结构为重点，实证性地研究了中央政府、利益团体、公众、世界贸易体系和外国政府对贸易政策决策的影响。

论文共分为九章。第一章为导言，阐述写作的背景、主题、目的和篇章结构。第二章以文献评述的方式概括性地综述了贸易的政治经济学的问题提出、基本观点和方法以及理论和实证研究的脉络、特点和主要结论。第三章描述了中国经济政策决策的宏观政治制度本质、特征以及中国经济改革的政治经济学，为分析贸易政策提供广阔的时空背景。第四章到第六章勾勒和描述了中国贸易政策决策的总体框架结构，并从政府目标和权威、国内利益影响和外国政府及国际贸易制度约束三个方面详尽分析了它们各自的行为动机、行为方式和行为绩效。在第七章新构造的适用于中国的贸易政治经济模型的理论基础上，第八章利用计量技术结合实际数据对中国工业贸易保护结构的政治经济决定因素进行了实证检验，从而基本上验证了前文得出的结论。最后一章总结了本文的主要观点和结论，并就进一步扩展和深化对中国贸易政策政治经济学研究的若干问题进行了初步的探讨。

通过对中国个案的分析和考察，作者得到以下主要结论：(1)在“依存市场的权威主义”和“国家战略主义”的制度下，政府目标和国家利益是中国对外贸易政策制定和实施中所考虑的首要因素，其基本理念包括贸易发展规划、贸易控制、贸易发展战略、产业政策、维护国家经济安全和保障国际收支平衡等。(2)政治民主化和经济改革使国内多样化的利益表达越来越获得合法性，使它们对贸易政策的影响比以前得到加强，其中，中央行政机构和地方政府具有较显著的影响，体现了“代理主义”的作用，而国内各类企业、外国投资者、特殊利益团体以及消费者对最高决策的直接影响效力则是边际性的或趋向减弱。(3)世界贸易体系和国际集体行动对中国的贸易自由化进程的影响是非常显著的，它们改变了中国传统的封闭式的决策体制，多边的(GATT/WTO)、区域的(APEC)以及双边经贸关系促使中国必须适应市场导向、自由开放、规则约束的国际贸易体制，并面对外国政府以及商业利益集团对华战略和政策的挑战。(4)中国工业行业的贸易保护特征是水平较高而结构离散，它们之间的差别表明了国家战略主义的倾斜政策及行业自身政治和经济特征所导致的迥异的游说影响力。实证检验表明那些人均增加值高、比较优势大、对产业需求关联强、劳动密集型生产、创造利润和税收多、国有企业作用较小、反对势力薄弱的行业越能够获得更高的保护率，同时关税和非关税壁垒的贸易保护措施之间呈现出显著性的互补而非替代关系。

论文的研究说明，中国未来贸易自由化改革的成功，不但要取决于最高决策层在贸易政策的经济哲学思想上向市场导向的根本转变，而且还取决于在改革的进程中，能否通过形成优势性的政治联盟和适当的补偿和结构调整机制，克服某些利益集团在政治上的阻碍。国际贸易制度和规则既可以为中国的贸易改革提供目标和参照，也能显著地推动这一进程的实施。

《清代江南的瘟疫与社会》简介

余新忠教授在南开大学冯尔康教授的指导下，于2000年7月获得博士学位。

《清代江南的瘟疫与社会》一书共六章，除绪论和结论外，分瘟疫背景、瘟疫状况、影响瘟疫的相关因素以及瘟疫与社会的互动四个部分逐次展开。

本书是目前国内第一部疾病医疗社会史研究论著。作者通过全面搜集和综合利用官书、方志、医书、诗文集、笔记和小说等多种史料，制成了内容翔实的《清代江南分府疫情年表》，从而为深入研究奠定了坚实的基础。同时，该书没有就瘟疫而论瘟疫，而是将瘟疫史置于国际学术体系中的社会史的背景中加以探讨，在深入研究的基础上，主要在以下几个方面提出了一些新的认识和观点：

第一，全面勾勒了清代江南疫情的时空分布、瘟疫种类，探讨了清代江南疫情的特点。作者认为：清代江南瘟疫的分布，在时间上，呈递升态势；空间上，主要集中在人口稠密和社会经济较为发达的平原地区。其种类以霍乱、伤寒和痢疾等肠胃道传染病为主，并逐年增多。传播途径，以水传播最为普遍。

第二，探讨了当时人们对瘟疫的认识，并对当时瘟疫的成因作了分析。并指出：当时鬼神致疫的观念仍具影响，不过同时也已认识到：瘟疫由戾气所致，戾气由四时不正之气（即反季节气候）混入病气、尸气以及其他秽浊之气而形成，主要通过空气传播。我们认为：江南的社会自然环境非常有利于瘟疫的暴发流行，在众多因素中，灾荒在多数情况下是瘟疫发生的一种必要的诱因，而人口密度在一定的限度内，则是影响瘟疫分布最为关键的因素。

第三，以西方社会和理论为参照系，对中国近世社会的特色和发展道路提出了自己的看法：(1)清代江南在卫生医疗上的进展，虽不无西方文化的影响，不过主体上仍是江南社会自身发展的结果。中国近世社会的变动并不完全由西方文明所促成，其一直在以自己的方式运作。(2)这些变动主要由活跃的社会（非官方）力量所推动，缺乏必要的国家管理和投入。这既有优势，也有很大的局限性。故清末国家力量逐步向民间社会事业渗透，与社会力量的不断活跃一样，都是近世社会发展的需要和表现。(3)对中国的国家和社会，需要以合作与互补这样一种认知模式来认识它们的互动，并从中国社会自身的发展来理解社会力量活跃的意义，即不在于像西方那样促成民主和自由的发展，而在于根据地方的实际需求，弥补官府行政能力的不足和国家在民生政策方面缺乏制度性规定的缺陷。

该论文由中国人民大学出版社收入“新生代学人文丛”于2003年1月出版，甫一出版，恰逢国内非典流行，引起社会各界的广泛关注。《读书》、《中华读书报》、《新史学》、《中华医史杂志》、《文汇报》和《南方周末》等报刊纷纷刊文评论和推介该著，对其学术性和现实意义均给予了高度评价。一些评论指出：该著“是我国大陆医疗社会史的标志性成果”。“显示出作者对资料运用的智慧及成熟的研究态度”。“本书的出版预示着中国医疗史将从边缘性的专门化研究步向多学科交叉互动的新境界。”“是一部真正具有知识增量的学术著作。”“余新忠先生的专著不仅为大陆的医疗史研究开创了一个新的局面，其书中所引发的一些问题也让我们重新去省思‘疾病史究竟该怎么研究？’”2003年底，《清代江南的瘟疫与社会》被《中华读书报》选入“社科年度推荐图书”。

《基督教二元政治观与近代自由主义》简介

丛日云在天津师范大学徐大同教授的指导下，于2001年7月获得博士学位。

本文系统地阐述了基督教二元政治观的基本内涵和主要内容，包括对人及人的生活的二重性解析，对国家的神圣性与世俗性的体认，以及对精神权力与世俗权力、教权与王权、“上帝的物”与“恺撒的物”的区分及其相互关系的认识等。

基督教的二元政治观不仅是一种政治哲学，还是基督徒大众的政治认知方式、政治信仰和政治态度。本文证明，基督教这种政治信仰和态度内化为人们的深层意识，透入西方的社会政治结构，形成政治文化的深层积淀。它构成自由主义产生的政治文化母体。

个人主义是自由主义的理论前提和精神基础，个人及其权利是近代自由主义政治哲学的基石。自由主义者之所以将个人作为出发点和终极价值，是因为基督教为其提供了理论的前提和文化上的深层积淀。

基督教政治哲学对个人主义的贡献在于，它将个人分解为灵魂与肉体，将人的生活分解为精神生活与世俗生活两部分。它从有机的整体主义的世俗社会中，将人的精神生命剥离出来，赋予其独立性和个体性特征，从而确立了“另一世界的个人主义”，为自由主义的形成创造了思想前提。

基督教政治哲学将其关于人的二元性观念投射到国家，形成了对国家的新认识。受基督教影响，西方人的国家观发生了重大转变。基督教对国家的认识浸透着二元主义精神。它通过对世俗权力的神性确认，为国家的存在提供了宗教的合法性，从而抵制了教会内滋长的无政府主义倾向；它又通过对世俗权力及统治者的俗性确认，拒绝了国家僭越的企图，从而消解了国家主义毒素。它肯定国家的有限价值，但拒绝对它的无限信赖。它以冷漠与疏远的情感对待国家，只赋予国家工具性价值和主要是消极性的职能。它坚持基督徒有服从世俗权力的义务，但当世俗权力与上帝的权威发生冲突时，应该服从上帝而不是人。

基督教的二元政治观落实到关于精神权力与世俗权力或教权与王权的区分，以及关于“上帝的物”与“恺撒的物”之间的区分。按基督教政治理论，上述两种权力是不同性质的权力，具有不同的职能。前者负责人的精神生活，使人们得到天堂的幸福；后者负责人们的世俗生活，使人们得到世俗的幸福。精神权力由教会掌握，世俗权力归国家，两者不能合并。在两种权力孰高孰低和两权的界限问题上，中世纪神学家展开过激烈的争论，但争论双方都坚守二元主义的底线，争论的结果使两种权力的区分更为鲜明。

基督教二元政治观的流行，在西方形成一种二元主义的思维定势，直接影响了近代自由主义的政治思维方式。持续上千年的二元化政教关系模式在西方人深层心理上积淀为一种根深蒂固的意识，即国家的权力是有限的，不是绝对的和万能的。

历届“安子介国际贸易研究奖”天津市获奖项目及一等奖简介

届　次	时间	获奖作者	作　品　名　称	获奖等级	工作单位
第二届	1994年	冼国明	论当代对外直接投资理论和跨国公司理论的发展	优秀论文奖	南开大学
第二届	1994年	辛玉兴	开证延迟行为及其法律后果	优秀论文奖	天津财经学院
第四届	1996年	高乐咏　滕维藻	论地区一体化与公司一体化	优秀论文一等奖	南开大学
第四届	1996年	罗小明	关于 FOB 与 CIF 交货性质探讨	优秀论文二等奖	天津财经学院
第五届	1997年	凌　岚　刘恩专	外国直接投资的税式支出研究	优秀论文二等奖	天津财经学院
第五届	1997年	佟家栋	开放经济条件下中国通货膨胀原因的探讨	优秀论文三等奖	南开大学
第六届	1998年	熊性美　盛　斌	东亚经济增长中的要素投入、生产率与政府政策	优秀论文一等奖	南开大学
第六届	1998年	王爱俭	汇率导论	优秀著作三等奖	天津财经学院
第七届	1999年	李坤望　薛敬孝	APEC 区域内贸易增长的因素分析	优秀论文二等奖	南开大学

届　次	时间	获奖作者	作　品　名　称	获奖等级	工作单位
第七届	1999 年	李荣林　陈建国	我国对外贸易的理论研究与实证分析	优秀著作三等奖	南开大学
第七届	1999 年	齐　欣	对跨国公司在中国直接投资中技术转移的效应分析	优秀论文三等奖	天津财经学院
第八届	2000 年	李荣林	非充分就业条件下关税引致投资的福利分析	优秀论文二等奖	南开大学
第八届	2000 年	刘恩专	利用外商直接投资成本——效益研究	优秀著作三等奖	天津财经学院
第八届	2000 年	戴金平	外国直接投资与发展中国家的出口促进	优秀著作三等奖	南开大学
第八届	2000 年	邱立成	外国跨国公司进入与我国民族企业的发展	优秀论文三等奖	南开大学
第九届	2001 年	戴金平　万志宏	政府声誉、投机性货币冲击与固定汇率的维持	优秀论文二等奖	南开大学
第九届	2001 年	李荣林	动态国际贸易理论研究——均衡与非均衡分析	优秀著作三等奖	南开大学
第九届	2001 年	李　平　张　瑾	最佳货币区的内涵、实现条件及欧洲货币一体化	优秀论文三等奖	南开大学
第十届	2002 年	胡昭玲	韩国半导体行业应用进口保护促进出口政策的经验分析	优秀论文二等奖	南开大学
第十一届	2003 年	盛　斌	中国对外贸易政策的政治经济分析	著作奖二等奖	南开大学
第十一届	2003 年	苑　涛	单一产业贸易的增加是否会减轻贸易自由化劳动力冲击	论文奖三等奖	南开大学
第十一届	2003 年	许　晖	中国企业拓展国际市场的模式与策略研究	论文奖三等奖	南开大学

《东亚经济增长中的要素投入、生产率与政府政策》简介

本文是由南开大学国际经济研究所熊性美教授、盛斌教授共同撰写的，发表在《太平洋学报》1997年第2期。获第六届“安子介国际贸易研究奖”优秀论文一等奖。

在过去近三十年的时间里，东亚国家双位数的经济增长给人以极其深刻的印象。它们的人均收入以年5.5%的速度递增，几乎翻了5倍；而“亚洲四虎”的成就要更显赫些。由此令人刮目相看的业绩赢得了“亚洲奇迹”的赞誉。然而另一些经济学家更喜欢冷静地分析和思考，他们对东亚经济增长的可持续性潜力和政府高级的产业指导政策产生了怀疑，由此提出了东亚的“虚幻”或“神话”的论点。本文正是从这一争论出发，结合经济增长理论的发展，从方法论上分析东亚国家经济增长中要素积累与投入和全要素生产率的作用与贡献、生产率决定因素与变化趋势以及政府不同发展模式与战略对生产率的影响，从而力求客观地解释“奇迹”与“神话”这一辩题。论文总结了“奇迹”论和“神话”论的分歧所在，着重分析了测算要素投入与全要素生产率对经济增长贡献的方法论，指出产生“神话”

观点的新古典模型的问题。通过描述投入、生产率变化的规律和比较,反映了东亚国家与发展中国家及发达国家增长来源上的差别,即全要素生产率和要素投入的增长对经济增长的贡献都是东亚国家经济奇迹的重要来源,而人力资本和高投资、开放性和制成品出口是这些国家生产率增长和变动的核心原因。对韩国、中国台湾和新加坡三个样本国家和地区详细的政策分类与总结,发现它们生产率提高的基本经验是外向型战略、市场主导的产业政策或较小信贷直接分配的政府主导产业政策,稳定的宏观政策及更平等的分配政策,揭示了面对同样的外部技术而东亚国家却获得了成功的"秘密"。最后也提出当与发达国家"内生"的技术相比,东亚在向知识密集型产业的转变中面临着新的技术、知识和管理瓶颈,这也是"神话"论的启示。

历届"孙冶方经济科学奖"天津市获奖项目及简介

届　次	时　间	获奖作者	成　果　名　称	成果形式	工作单位
第一届	1984年	滕维藻等	资本国际化与国际垄断组织	论文	南开大学
第一届	1984年	高　峰	马克思的资本有机构成理论与现实	论文	南开大学
第二届	1986年	薛敬孝	耐用消费品副类和再生产周期理论	论文	南开大学
第四届	1990年	魏　埙等	评当代西方学者对马克思《资本论》的研究	专著	南开大学
第八届	1998年	刘骏民	从虚拟资本到虚拟经济	专著	南开大学
第十届	2002年	李维安等	公司治理	专著	南开大学
第十届	2002年	陈宗胜等	中国经济体制市场化进程	专著	南开大学

《马克思的资本有机构成理论与现实》简介

本文是由南开大学经济学院高峰教授撰写,获第一届孙冶方经济科学论文奖。

本文的主题,是论证马克思的资本有机构成理论在分析当代资本主义经济发展中的有效性,并与某些国内外学者认为"20世纪资本价值构成稳定化"的观点进行了论战。

论文的理论部分:首先,讨论了资本有机构成范畴本身,指出其意义在于揭示资本构成对活劳动的直接关系;其次,从社会劳动生产率增长与资本技术构成提高的关系以及资本技术构成提高与资本价值构成提高的关系这两个层次,讨论了资本有机构成提高趋势的原因,同时分析了20世纪以来对这一趋势起抵消作用的若干因素。论文的实证部分:在分析资本价值构成三种计算方法各自利弊的基础上,以美国为代表,估算了制造业和整个物质生产部门在1879~1929年和1929~1979年两个时期的资本技术构成和资本价值构成的长期变动,以检验作者的论断。

论文的核心观点和初步结论是:第一,20世纪以来,资本技术构成的提高趋势仍然十分明显,这表明物化劳动代替活劳动的过程仍然是资本主义生产发展和科学技术进步的一个本质特征。物化劳动节约的重要性日益加强,使资本技术构成的提高速度放慢了,但没有改变资本技术构成提高的基本趋势;资本技术构成的提高和劳动生产率的提高仍然紧密地联系着。第二,20世纪以来,资本价值构成提高的速度大大地放慢了;这部分是由于资本技术构成提高的速度已经降低,由于生产资料的相对贬值和职工工资的相对上涨。生产要素价格变动的抵消作用加强了,但还没有达到扭转资本价值构成提高趋势的程度。总的说来,马克思所揭示的资本价值构成日趋提高的规律在20世纪仍在顽强地表现自己的作用,不过作用的强度有所减弱。第三,马克思提出的资本有机构成范畴今天并未过时,因为20世纪以来资本价值构成的变化主要还是由资本技术构成决定的。从长期趋势来看,资本价值构成和资本技术构成仍然向着提高的同一方向变动,表明资本技术构成仍然是资本价值构成的基础。但是另一方面,因为资本技术构成的提高速度已经放慢,加上资本物质要素价格变动的抵消作用有所加强,所以从中期变动来看,资本价值构成和资本技术构成可能出现反向运动。这时资本价值构成的变化就不能直接反映资本技术构成的变化。因此,我们在研究现代资本主义国家资本有机构成的动态时,有必要把资本价值构成的变动和资本技术构成的变动结合起来进行分析,这样才能更确切地判断资本有机构成的实际变动程度,以及这种变动所具有的经济后果。

《耐用消费品副类和再生产周期理论》简介

本文为南开大学经济学院薛敬孝教授撰写,发表于《南开学报》1985年第5期,获孙冶方第二届经济科学奖。论文在马克思再生产理论的基础上,首先考察了耐用消费品分部类的出现,进而研究了它对生产结构和经济周期的影响。

马克思把社会生产区分为生产资料部类和消费资料部类。而消费品生产又是由种类繁多的产品部门构成的。对这些产品部门根据不同的标准可以有不同的分类。作者通过对历史数据的分析说明了大量耐用消费品在人们的消费生活中占有了日益重要的位置。因此,从产品性质的角度可以把消费资料生产部类分为耐用消费品生产和非耐用消费品生产两个分部类。

上述两个分部类的出现,使再生产公式发生了很大的变化。经过对两大部类的细分和推导,再生产公式便演化为一个新的复杂的包括耐用消费品和非耐用消费品两大生产序列的公式。它从第Ⅰ部类到第Ⅱ部类,使各部类、分部类、亚部类的产品得到了实现,各部门得到了平衡发展。但是,这是在两个分部类间假定具有固定比例的前提下实现的。现实上这一比例却是可变的。在一定条件下只要用于积累的生产资料倾斜于耐用消费品生产系列,它就会较之非耐用消费品生产系列增长更快。事实证明,耐用消费品系列的迅速扩张在现实中是存在的,而且它往往和国民经济的快速增长联系在一起。

耐用消费品生产序列必然对经济周期运动产生巨大影响。马克思认为固定资本更新是经济危机的物质基础,是规定经济周期的一个计量单位。从美国的统计数据中看到,耐用消费品的个人消费已经和固定资本投资相匹敌。耐用消费品和固定资本都发展为一个多年性的生命。耐用消费品的耐用年限也规定了它的消费周期,其消费高潮和消费低潮呈现为周期性伸缩运动。这一伸缩运动直接发生在第二部类的一个分部类上,但是它会波及到耐用消费品生产系列,进而对整个再生产运动发生影响。通过对耐用消费品个人购入与国民生产总值关系的考察,可以认为,耐用消费品的耐用年限大约平均4年稍多一点时间,耐用消费品购入高潮一般都是在危机前两年。从这一意义上来看,耐用消费品生产发展成为短期波动的物质基础之一。当消费品生产部门区分为上述两个分部类后,再生产周期的伸缩也演变为主要是在耐用消费品生产序列中发生。

《从虚拟资本到虚拟经济》简介

本专著是南开大学虚拟经济与管理研究中心主任刘骏民教授所著,山东人民出版社1998年7月出版,全书共240千字。

本书以马克思对“虚拟资本”的论述作为研究

的切入点,考察当代的经济活动的新特征。本书从证券业的发展开始,阐述虚拟资本的新发展,分析这些新发展的意义并揭示其背后的规律,进而揭示出当代经济如何从虚拟资本的发展过程中孕育出虚拟经济,虚拟经济的过度膨胀和货币的虚拟化怎样为当今世界埋下泡沫经济和经济危机的种子。

"虚拟资本"是马克思用来说明股票、债券等证券的本质。"虚拟"一词恰当地揭示了证券的本质特征:既可以作为商品买卖,也可以作为资本增值,但本身没有价值。他们代表的实际资本已经投入了生产或消费过程,而其自身却作为可以买卖的"金融资产"滞留在证券市场上。通过证券,一笔资产可以有双重存在甚至多重存在;同时,一笔资本的运动过程也演化成实体的经济过程或虚拟的经济过程,这就带动了当代经济的社会化和虚拟化同步加深,这一点不仅体现在金融业的发展,而且在房地产业的表现也很突出。作者在本书提出的"虚拟经济"概念有广义与狭义之分。广义的虚拟经济是指除了物质生产活动和与其有关的一切劳务以外的所有经济活动,包括体育、文化、银行、保险、其他金融机构活动、房地产(除去建筑业所创造的价值)、教育、广告业等,对经济的这种新的划分涉及到价值概念和财富的重新定义,也涉及到生产性劳动的重新定义。狭义的虚拟经济仅指所有的金融活动和房地产业,这也是目前虚拟经济研究的重要突破口。

本书从一个新的视角对经济活动的相关领域作了审视与界定,引起了政界、学界的广泛关注和好评,其对"虚拟经济"与"实体经济"的关系问题的研究被写入党中央的十六大报告。本书可以被视为该领域研究的奠基性著作,曾获第八届孙冶方经济学奖、教育部社科优秀成果二等奖等荣誉。

《公司治理》简介

本专著由南开大学国际商学院院长李维安教授主编,何卫东、马连福、武立东、薛有志等参编,南开大学出版社 2001 年 2 月出版,全书共 327 千字。

本书从公司治理的基本问题及其理论发展入手,构筑了包括公司治理主体、客体及治理形式等要素的理论模型,开创性地对公司治理边界、内部治理、外部治理等核心问题进行了阐述。在概括比较分析英美模式、德日模式、东亚和东南亚家族治理模式的基础上,研究了公司治理模式的趋同化取向及转轨经济国家的公司治理问题,进而提出了中国国有企业应实现从"行政型治理"到"经济型治理"转型的观点,以及现阶段改革和完善企业治理机制的具体的可操作性建议。本书还针对企业集团的公司治理、非执行董事在公司治理中的作用等管理实践及理论研究中面临的难点问题及其发展趋向进行了前瞻性探索。

著名经济学家,南开大学谷书堂教授认为:这是我国第一部从管理学角度对公司治理进行探讨的开拓性专著。具有体系的完整性、理论的创新性和实践的可操作性。《光明日报》等评论认为,与同类研究相比,本研究针对公司治理实践中的焦点问题取得了六个方面的突破:即"从治理结构到治理机制"、"从单个法人治理到集团治理"、"从国内公司治理到跨国公司治理"、"从研究公司治理理论到制定《中国公司治理原则》实务"、"从大股东为主的治理到各利益相关者通过各种途径全面参与治理"。本书使我国管理学科对公司治理从单纯的问题研究上升为较完整的系统研究。据此,教育部已将公司治理列为"十五"期间的规划课程,并由作者承担教材建设。

本书及其后续研究成果,有些已被政府有关部门采纳,已经或正在转化为公司治理改革的对策,产生了广泛的社会效益并在企业实践中收到明显的经济效益。(1)基于本书的原理在国内首次提出并根据这一原理制定的《中国公司治理原则》,得到同行专家、政府有关部门和企业界的高度首肯,中国证监会制定的《中国上市公司治理准则》、APEC制定的《亚太地区公司治理准则》也都借鉴了该成果。(2)作者运用本书的理论首次对在华跨国公司合资企业的治理状况进行了调查与实证研究,该项成果为实现中国加入 WTO 之后在公司治理制度层面上与国际接轨、在企业微观层面的"入世",以及指导国有企业的跨国经营,提供了理论上的支持。(3)作者依据本书提出的中国经济型公司治理的构造模式和一系列对策,先后为数十家企业进行了咨询,其中11家企业接受了公司治理的制度设计与战略规划,有5家企业产生了较高的经济效益。

《中国经济体制市场化进程研究》简介

本专著由天津市政府副秘书长、南开大学经济学院陈宗胜教授和南开大学城市与区域经济研究所副所长吴浙副研究员、南开大学经济研究所副所长谢思全副教授等共同编著,南开大学经济研究所及其他有关学术单位的20位中青年学者参编。《中国经济体制市场化进程研究》一书,中文版由上海人民出版社于1999年1月出版发行,全书252千字。英文版 The Extent of Marketization of Economic Systems in China,于2000年上半年由美国著名的诺瓦社会科学出版社(NOVA Science Publishers, Inc., New York)出版。

据文献考察,此书中文版受到国内学者的充分肯定,由国内著名经济学家张曙光等多位学者多次专门撰文作了介绍,称其"具有开创性"、可能成为"新的南开指数";在国外的英文版,美、澳等各主要学术研究机构和大学如美国国会图书馆、斯坦福大学、西澳大利亚大学等均已收藏,并有多篇评介文章发表,称其为"20世纪末关于中国的有价值的研究著作"。

对于中国经济体制市场化程度的测度问题,近年来国内外已经有不少论著对经济体制的市场化程度进行单项指标的测度,因而各自所得出的结论不够一致,甚至大相径庭。本书在讨论有关的问题时,采取了多种方法,并从多个角度,按照"企业—国家—市场"的逻辑顺序,从对企业的市场化的研究入手和对政府行为适应市场化的程度进行评估的基础上,重点考察了商品市场特别是主要的生产要素市场的市场化程度,由此形成了对中国经济体制市场化程度的总体评价。

与此同时,该书还用了较多的篇幅,对农业、工业及外贸部门的市场化程度进行了测度,并考察了市场化程度的区域差异。

由于该书对经济体制的市场化程度的测度是建立在较为完善的理论分析和数量建模的基础之上,所得出的结论比较符合当前我国经济体制改革的客观实际。

在此书中文版出版后,针对国外读者的不同需求,并考虑到经济体制改革的新形势,作者从内容和形式上对英文书稿进行了完善和充实,特别是改写了作为全书核心部分的第一部分 Marketization of China's Economic Systems: Implications, Process and Overall Marketization Degree,对中国经济体制市场化的含义和过程进行了全面的阐述,以帮助国外读者更好地了解有关问题的产生及其发展变化。英文版《中国经济体制市场化进程研究》一书的出版,引起国外学者们的广泛注意,产生了较大的影响。

历届"薛暮桥价格研究奖"天津市获奖项目及简介

届　次	时间	获奖作者	作　品　名　称	成果形式	工作单位
第一届	1998年	贾秀岩等	民国价格史	专著	南开大学
第二届	2001年	曹振良	科技产品商品化问题及其价格形成	论文	南开大学

《民国价格史》简介

本书是南开大学贾秀岩教授与其弟子陆满平教授合著的一部专著。1992年由中国价格出版社出版，并获得价格学领域最高奖——第一届“薛暮桥价格研究奖”。

经济史学的研究是我国整个史学研究的薄弱环节。民国经济史的研究又是经济史学中最薄弱的环节，而我国民国价格史的研究更是一个空白领域。截至20世纪90年代，民国财政史、民国货币史等都有著作问世，惟独缺少民国价格史。

价格学是一门新兴的综合性边缘学科，有其自身的学科体系。《民国价格史》的问世，既填补了价格学体系之中的空白领域，也为民国经济史的研究提供了具有珍贵历史价值的补充。

《民国价格史》的编写，采取了历史分期与期内分区相结合的方法。由于在民国这个特殊的历史阶段中，不同历史时期的政治、经济及社会变化不同，必须结合每一个历史时期的社会政治和经济状况，分析各个历史时期物价变化及其原因，因此，在编写中采取了历史分期的研究方法。按照历史顺序将1911年至1949年之间分为三个时期确定了本书的三编。即第一编为辛亥革命至抗日战争前时期的物价（1911～1937年）；第二编为抗日战争时期的物价（1937～1945年）；第三编为解放战争时期的物价（1945～1949年）。

在这三个时期内，都分别存在不同的统治地域，这些地域的政治、经济和社会情况不尽相同。为了全面而准确地反映各个地域的物价状况，则在历史分期的基础上，采取了期内分区的研究方法。比如，在第一编中，除了国民党统治初期的物价外，还就第二次国内革命战争时期根据地的物价进行汇集和分析；在第二编中，则就国民党统治区、沦陷区、抗日根据地的物价分别进行了汇集和研究；在第三编中，则就国民党统治区与解放区的物价分别汇集和研究。

《民国价格史》是以史实为依据，以实事求是为原则。对物价事件的分析采取客观的态度。譬如，在分析第二次国内革命战争时期革命根据地价格剪刀差之所以较大，并有不断加剧趋势的问题时，除了指出革命根据地经济落后、自然条件差、敌人的军事围剿和严密的经济封锁等原因外，还指出了当时根据地经济政策的偏差，也是导致价格剪刀差加剧的原因之一，主要是商业政策对私营商业打击过重，限制太死，造成商品不流通，赤白区之间的贸易中断。类似这种违背经济规律的自我封锁，经济上的“自杀政策”，不能不加剧根据地价格剪刀差的扩大。

实事求是的客观原则，还体现在对国民党统治时期的一些经济政策和措施的分析上。除了对民国时期历届政府利用物价政策，对广大人民群众进行剥削与掠夺，以及影响社会经济发展的事实予以揭穿外；同时，又对其所制定的有利于促进社会经济发展的物价方针和政策予以肯定。因为物价问题既是一个经济问题，也是一个社会问题，应把它放到整个社会背景下，考虑到当时的政治、经济和军事等方面的变化来研究。如战局的变化，迫使国统区越来越小，法币流通区域也越来越小，即使不实行通货膨胀政策，也同样会使物价飞涨。面对这样的政治、经济和军事格局，再高明的经济学家开出的治理通货膨胀的药方，也是无济于事的。但不能就此否定有些“药方”的科学性与合理性。实际上，有些治理通货膨胀的管理制度、措施，在今天也具有参考、借鉴之处。研究民国价格史的意义，也在于总结历史上的经验教训，做到以史为鉴，史为今用，为我国的价格改革和经济建设服务，为完善我国近代的经济学史研究服务。

《科技产品商品化问题及其价格形成》简介

该文是南开大学曹振良教授所著，获得价格学领域最高奖——第二届“薛暮桥价格研究奖”。

长期以来我国的科研成果无偿转让，否定它是商品，所以在分析科技产品价格形成之前，首先要回答科技产品是不是商品。我们认为是商品。第一,科技产品本身具有商品属性的必要条件,是劳动产品,有价值和使用价值。第二,随着科技进步,一个相对独立的知识产业部门在世界各国已经形成或正在形成,专门从事科技产品开发,为交换而生产,这种社会分工正是生产的必要条件。第三,存在科技产品商品化的经济环境,即存在按商品原则经营科技产品的客观经济基础,亦即充分条件。

科技产品是商品,但有自己的特点,其价值和价格的形成也有自己的特点。一般商品的价值由社会必要劳动时间决定,由 C + V + M 构成,分别按部门平均物质耗费、部门平均工资和社会平均盈利计算,对科技商品来说,其价值量同样不能直接计算,也需通过间接的方法来测定。科技产品是独家经营一次性生产,不存在劳动耗费平均化问题,所以其个别耗费,就可认为是社会必要量,并以此作为测算价值的依据。具体 C 的价值确定,一般按科研过程中的实际物质耗费计算,其中包括实验中不成功的实际耗费。关于 V 的价值确定,一般是按科研工作者的实际工资计算。科研工作者的劳动是复杂的智力劳动,相应劳动者的培养教育等费用也多,其工资应比一般职工要高。关于 M 的价值确定,这是科技商品价值确定中比较复杂,又是很重要的问题。第一,它不能像一般物质商品那样,按社会平均盈利来确定,因为科技商品是独家经营,不存在盈利平均化问题,即它不参加盈利平均化。第二,M 在量上要高于社会平均盈利,相对一般物质商品来说,M 的比重大,同时是智力劳动的凝结。智利劳动是一种高效的倍加劳动,创造的价值多。例如:现在美国每年完成的工作量相当于 4000 亿人年,相当于全世界人口工作量的 87 倍。其根源就在于高能智力劳动者比重大。第三,这种高于社会平均盈利,可以用科技产品应用过程中物化的经济效益来测定。科技产品一个显著的特点是用于生产后能带来新的经济效益,否则就不能成其为科技成果,也就没有推广应用的价值。

科技产品的价值由科技商品开发的实际成本(C + V)和科技产品用于物质生产新增经济效益(M)构成。这也就是科技商品的理论价格,所以科技商品的价值确定,也就是它的价格确定。

历届"吴玉章哲学社会科学奖"天津市获奖项目及简介

届　次	时间	获奖作者	作　品　名　称	获奖等级	工作单位
第二届	1992 年	魏　埙	评当代西方学者对马克思《资本论》的研究	著作奖	南开大学
第三届	1997 年	高　峰	资本积累理论与现代资本主义——理论的和实证的分析	优秀奖	南开大学
第四届	2002 年	高　峰	发达资本主义经济中的垄断与竞争——垄断资本理论研究	优秀奖	南开大学

《资本积累理论与现代资本主义——理论的和实证的分析》简介

本专著是由南开大学经济学院高峰教授撰写,获第三届吴玉章哲学社会科学优秀奖。全书共分四章:第一章,马克思的资本积累理论和围绕这一理论的长期论战;第二章,资本有机构成理论;第三章,相对过剩人口理论;第四章,一般利润率下降趋势规律理论。

马克思主义经济理论与现代资本主义实际紧密结合,是本书采用的基本方法。本书不仅分析了马克思积累理论的渊源和形成,还结合西方马克思主义学派和其他学者的研究与争论,结合现代资本主义发展的实际，深入讨论了有关范畴、原理的确切含义和科学性质；与此同时，本书运用尽可能系统的长期统计资料检验了积累过程的有关长期趋势，深入研究了影响资本积累的条件在当代所发生的重要变化以及这些变化的原因与后果。研究发现，20世纪同19世纪相比，积累过程中若干基本变量(资本有机构成、剩余价值率、失业率、一般利润率等)的长期波动加剧了，各种变量背离一般趋势的变动可以存在较长时期；但是，资本积累规律并未消失，各种经济变量仍在缓慢曲折地向着固有方向发展，各种变量的制约关系和机制作用也没有发生本质变化，它们仍然是支配资本主义经济长期波动和周期波动的决定性因素。

本书在若干具体理论方面也提出了新的看法。在资本积累理论方面，认为应区分资本有机构成与资本价值构成，强调由技术构成变动或由要素价值变动所引起的资本价值构成变动有时会带来不同的经济后果；并依据大量统计资料，对国内外长期流行的关于本世纪以来资本有机构成基本稳定甚至转向下降的论断提出了质疑和不同观点。在相对过剩人口理论方面，强调应从剩余价值规律和资本积累规律的统一来理解相对过剩人口产生的必然性；并从一个新的角度对现代补偿理论进行批评，论证了资本主义经济的内在机制如何制约着资本积累和资本构成的对比关系而使之不能从根本上消除失业现象。在一般利润率下降趋势规律方面，针对西方左派学者有关利润率下降理论的三个主要派别，提出考察利润率下降不应只强调单一因素的作用，而应综合分析三种变量(资本构成、剩余价值率和生产能力利用率)的合力及其消长；本书还根据这一原则探讨了三种基本变量在利润率长期波动和周期波动中的机制作用。

本书的学术价值在于：理论联系实际和实证分析方法的应用为我国《资本论》和现代资本主义经济理论的研究开拓了一条新路；对西方学者有关研究成果的介绍和评论以及在此基础上作出的理论分析和实证分析，大大缩短了我国资本积累理论研究与国外研究水平的差距；大量的经验数据和长期统计分析为我国深入开展积累理论研究提供了一个初步的资料基础；主要的理论分析和理论结论加深了对现代资本主义的经济规律、运行机制和发展趋势的科学认识。

《发达资本主义经济中的垄断与竞争——垄断资本理论研究》简介

本专著是由南开大学经济学院高峰教授撰写，获第四届吴玉章哲学社会科学优秀奖。

本书除导言和结束语外，共分四篇十四章。导言扼要阐述了马克思主义经济学与西方学院派经济学关于垄断理论研究的平行发展过程，概括出理论争论中的四个根本关系问题并提出了作者的观点，作为全书的基本指导思想。第一篇论述垄断资本如何形成并发展到占据支配地位，探讨这一过程的条件和原因。第二篇分析垄断势力的主要表现，讨论垄断条件下的资本竞争形式。第三篇研究垄断价格的特征和垄断利润的来源，探讨垄断条件下价格机制和利润规律的变形。第四篇分析垄断资本对资本主义经济的微观影响和宏观影响，揭示垄断资本发展的经济后果。全书的结构意在形成一个关于垄断资本研究的基础理论体系。

本书的理论创新和学术价值集中体现在以下三方面。(1)长期以来我国学者论述垄断问题大多没有超越列宁有关著作的基本观点。本书则是从当代资本主义实际出发，力图综合国内外马克思主义学者在垄断问题研究上的重要发展，以及西方产业组织理论的大量研究成果，形成一个基础性的马克思主义的垄断资本理论体系，以回答有关垄断资本一般理论的基本问题。这一研究思路和方法本身是创新的。就垄断资本一般理论而言，书中的分析具有相当的广度和深度。本书对大量西方学者有关研究成果进行的广泛评述，及在此基础上提出的理论分析和独立见解，使我国关于垄断资本理论的研究达到一个新水平。(2)本书的基本理论观点，是立足于对垄断问题研究上的两种极端倾向持批评态度。一种是把垄断资本势力绝对化和简单化，过分夸大垄断势力的支配范围与作用，甚至认为垄断势力可以消除竞争和超出资本主义经济规律的制约；另一种是否认垄断资本的存在和现代资本主义的垄断特征，或者为资本主义大公司的垄断行为作辩护。本书从始至终贯穿着对这两种倾向的批评，在垄断与市场、垄断与竞争、垄断与效率以及垄断与经济规律等四个基本问题上坚持辩证的观点，力图作出符合实际的理论分析。书中包含的一些核心观点，如：从资本的本性和利润率下降趋势规律的作用理解垄断资本形成的原因，把垄断竞争当作垄断条件下资本竞争的主导形式，认为利润率的二重平均化趋势是利润率平均化规律在垄断条件下的表现形式，强调垄断对资本主义技术进步和经济增长的二重作用，等等，都在观点上或者在论证方法上具有一定的创新性。(3)本书不仅注重理论分析的深度，而且着力于实证考察。本书充分利用了西方产业组织理论著作中的大量经验研究成果，包含着丰富的统计数据和实证资料，具有较强的现实感和说服力。

“郭沫若中国历史学奖”天津市获奖项目及简介

届　次	时间	获奖作者	作　品　名　称	成果形式	工作单位
第二届	2002 年	丁长青等	中国盐业史	专著	南开大学

《中国盐业史》简介

南开大学丁长清教授等著的《中国盐业史》(3卷本)，人民出版社 1997 年出版，全书共 1899 千字。

《中国盐业史》分为《古代编》《近代当代编》和《地方编》3 编(卷)。论述自远古至今，包括中国盐业资源的分布、盐务管理体制、制盐技术、盐业生产、运输、销售、盐税、盐价、消费、盐务风潮等。

盐是日用必需品，重要化工原料，历代政府(尤其古代)的重要财源。著名史学家郭沫若对盐史高度重视。他在繁忙工作中，还校订《盐铁论》，并于《〈盐铁论〉读本》(科学出版社 1957 年)序中说：“盐铁国营、酒类专卖以及平准均输等财政政策是汉武帝一代的文治武功的经济基础。”但中外并未有一部系统的中国盐业史。本书则填补了这一空白。本书时间跨度之长(从古至今)，包括地域之广(台湾、西藏等全国所有省区均包括在内)，涉及方面之多(盐业产、运、销等各个方面均已涉及)，均为国内外同类著作所仅见。本书是迄今最完备的中国盐业史著作。

本书使用了大量第一手中外文档案资料，提出一系列新的学术观点，填补了中国盐史研究中的许多空白，是一部高水平的学术专著，受到国内外学者的高度评价。2002 年获得第二届郭沫若中国历史学奖。该奖是中国历史学最高奖。它仅授予“在中国史研究方面有突出建树的中国籍学者”。

“孙平化日本学学术奖励基金”天津市获奖项目及简介

届　次	时间	获奖作者	作　品　名　称	获奖等级	工作单位
第三届	2002 年	赵德宇	西学东渐与中日两国的对应——中日西学比较研究	专著二等奖	南开大学

《西学东渐与中日两国的对应——中日西学比较研究》简介

本书是南开大学日本研究院赵德宇教授所著，获宋庆龄基金会第三届《孙平化日本学学术奖励基金》专著二等奖。

本书通过对16世纪中叶至19世纪中叶，以吸收西方天主教和科学技术为主要内容的中日两国西洋学史（涵指中国的西学史和日本的洋学史）的比较研究，梳理出它们之间的差异，并对两者进行新的历史定位，进而论述了它们对中日两国近代史所产生的不同影响。同时对史学界诸多成说提出质疑，并阐释了新的观点。涉及了在两国各自的西学研究中的诸多盲点问题。

全书分为五章。

第一章：通过理论分析，将天主教文化还原为世俗文化，从而解释了天主教在日本迅速传布，以及其后与日本统治者发生冲突而被赶出日本的前因后果，并从社会政治、经济和文化等社会深层的角度探讨了日本统治者与以天主教为先导的西方人的激烈冲突的不可逆转的历史逻辑。

第二章：论述了在华耶稣会士的适应主义传教策略和科学传教策略，以及这种策略所产生的社会效应，即赢得了中国部分士大夫阶层的共鸣，从而在中国产生了以科学技术为主要内容的西学；通过对上述中日两国状况的对比分析，提出整体而言南蛮文化属于宗教文化，而中国西学则属科学文化。

第三章：针对"西学旧货说"和"西学近代说"两种截然相反的评价，具体探讨了中国西学的历史地位，以《崇祯历书》等当时西学著作为依据，着重论证了持续近二百年的西学发展进步的历程，认为西学既非"旧货"，亦非"近代"，而是与西方科学在欧洲的进展相同步的科学。

第四章：认为"江户锁国论"，给人们总体把握日本近世史框定了先入为主的基调，以致于障碍了人们对德川时代总体认识的客观性，提出了以"禁教体制"替代"锁国体制"的观点；探讨了日本兰学产生的社会基础，以及兰学由科学到社会思想的发展脉络；对西学和兰学进行多角度分析，比照出两者的诸多差异，并探讨了产生这些差异的深层原因。

第五章：对两国的西洋学作总体比较研究，以及通过对渡边华山和林则徐西学水平的个案分析，认为自16世纪中期至18世纪前期，日本的南蛮文化以失败而告终，而中国的西学则成功地摄取了先进的西方科学；而从18世纪前期至19世纪中叶，中日两国对西方文化的态度出现了逆转，即日本兰学的兴起和中国西学的萎缩，从而使近代日本后来居上，而近代中国却陷入了半殖民地半封建社会。

机　构

党　政　机　关

中共天津市委研究室

一、工作概述

2003年，市委研究室按照市委提出的"树立更高标准，实现更大突破"的要求，紧密围绕全市中心任务积极主动开展工作，工作质量、服务水平进一步提高。

（1）调研工作成绩显著。一是组织协调全市实际工作部门、理论研究部门和调查研究部门的力量，共同开展全市重点调研课题研究，形成了一批有分量的成果。2003年，市委研究室确定了23项全市重点调研课题。这些课题既是我市改革开放和社会主义现代化建设进程中的重点、难点问题，也是领导关心的热点问题。全市共有66个单位、260多位专家学者和实际部门的同志参加调研，共形成课题研究成果45篇。二是根据全市中心工作的总体部署，针对全市经济社会发展中出现的新情况、新问题，积极开展调查研究，完成了一批高质量的调研报告。围绕"三步走"战略和"五大战略举措"的实施，重点进行了全面提升对外开放水平、加快海河综合开发改造、大力发展海洋经济，以及加快农业和农村发展、加快社区建设、发展文化产业、加强民主法制建设、加强党的建设和精神文明建设等方面课题的调研。全室共完成各类调研报告188篇，许多调研报告得到市领导的批示肯定。三是编刊工作成效明显，刊物质量不断提高。一年来，全室共编发各类刊物300余期，其中《对策研究》70期、《参阅件》100期、《调研工作通讯》12期，《观点与动态》122期。这一年刊物编辑的突出特点是，刊物数量增加，质量提高，树立了品牌，扩大了影响。

（2）高水平筹办"三五八十"成就展。"三五八十"四大奋斗目标的圆满实现，是天津经济和社会发展中具有历史意义的大事。为全面总结"三五八十"的成就和经验，动员全市人民加快实施"三步走"战略，市委决定由市委研究室负责筹办"三五八十"成就展。通过展览，全面反映天津经济和社会发展十年巨变的艰苦历程和全市人民奋发有为的精神风貌。展览筹备工作任务艰巨、责任重大。根据市委的要求，市委研究室抽调人员，集中力量，奋斗了10个月，圆满完成了任务。"三五八十"成就展于2003年9月28日正式开展。中共中央政治局委员、市委书记张立昌等市领导同志在审查和参观时，对展览的筹办工作给予了很高的评价。展览还被评为2003年天津市10件大事之一。"三五八十"成就展览开幕以来，全市各界干部群众踊跃参观。现在"三五八十"成就展已经成为外地人了解天津的重要窗口，成为重要的爱国爱家乡的教育基地。

二、科研成果

2003年，市委研究室共编印《天津经济社会发展情况》、《天津市情概要》、《天津概况》、《2002年十二城市主要经济指标情况》、《2002年全国各地区主要经济指标》、《2003年上半年十二城市主要经济指标情况》等内部资料集、刊100万字。这些资料内容翔实，数据准确，多次受到市领导和有关方面的好评。同时参与完成了《天津信息化年鉴（研究室部分）》、《天津地方志·中国共产党》、《政策研究工作》、《市委研究室机构沿革》等编写任务。与市社联合作编辑出版了《天津巨变的十年》一书,共30万字,以翔实的资料和高度的理论概括,纪录了"三五八十"的辉煌历程和成功经验。

(张 妍 撰稿)

天津市人民政府研究室

一、工作概述

2003年市政府研究室调研工作主要围绕三方面进行:一是根据市政府领导同志要求进行的专项或综合调研;二是根据人大代表、政协委员要求和群众反映强烈的问题进行的调研;三是研究室针对实施三步走战略和五大战略举措出现的新情况、新问题提出的调研题目。以上三类共17个课题,形成了30多万字的调研报告。这里面既有对急、难、热点问题进行的短、平、快的调研成果,也有对经济社会发展深层次问题的探讨研究,做到了立足天津,广泛汲取国内外先进经验,实际工作者与理论工作者相结合,力求有新见解,能解决实际问题,对领导决策起到了重要咨询和参谋作用。

主要课题有:关于吸引民间资本投资城市基础设施的对策研究;关于加快我市水资源统一管理的研究;关于水利投融资体制改革的研究;关于完善我市社会保障体制的研究;关于加快我市电子企业发展的研究;关于加强城市交通管理的研究;关于推进京津冀区域经济发展的研究;关于辟建自由贸易区的研究;关于我市发展海洋经济的研究;关于加快我市电子政务建设的对策研究;关于我市环卫工作情况的调研;关于加快创模步伐,发展循环经济的调研;关于天津老居民区物业管理的对策研究;关于我市南开区发展个体私营经济的调查;关于北辰区经济和社会发展战略的研究;关于桂发祥老字号成功经验的调研;关于市政府政务网情况的调查等。其中,关于加快我市水资源统一管理的研究从天津水短缺和管理多头化的体制性矛盾出发,借鉴国内外成功经验,提出了在市场经济体制下,进一步加强政府对水资源管理的体制的改革意见,供决策参考。关于加强城市交通管理的研究从天津城市交通拥阻不畅的现况出发,分析了存在原因,提出了从根本上改变交通状况的综合方案和立即可着手的主要任务。以上两篇调研成果因具普遍意义均被国务院研究室选入《政策研究与决策咨询》一书。

二、科研成果

2003年市政府研究室共出版了三部书。一是《天津年鉴》。2003年版年鉴共设44个篇目,154个栏目,989个条目,计115万字。与上年版相比,加大了个体私营经济内容篇幅,规范了常规性条目,增设了"地方性法规选篇"和"会展经济"2个篇目,"科学技术"与"社会科学"分别独立成篇。在"综述"篇刊登了《1998~2002年天津经济社会发展综述》、《"三五八十"四大奋斗目标全部提前实现》等文章,进一步提高了年鉴的实用性、资讯性、史料性。2003年版《天津年鉴》扩大赠阅范围到每个市人大代表和政协委员。二是《天津市情简介》。共分6大类,118个条目,8万字。介绍了2002年全市及各区县国民经济和社会发展的重点内容和主要数字。三是编印了《为了新的跨越》(市政府重点调研成果汇编)一书。分上下册,总计93万字。该书汇编了2002年市政府确定的13个重点课题调研成果,涉及今后5~10年全市国民经济和社会发展的主要领域,包括:现代化指标体系、滨海新区建设、对外开放、流通现代化、国际物流中心建设、制造业基地建设、郊区现代化战略、加快高新技术产业发展、区域经济合作、个体私营经济发展战略、规划建设海河服务型经济带和景观带、教育现代化、可持续发展及环境安全战略等。对影响天津发展全局的重点问题和关键环节,提出了一系列明确的目标、思路和对策,对新世纪、新阶段的各项工作具有较高的理论价值和重要的指导意义。

(阎 东 撰稿)

高　等　院　校

南开大学

一、工作概述

2003年，南开大学高举邓小平理论的伟大旗帜，以“三个代表”重要思想为指导，深入学习贯彻党的十六大精神和市委八届三次会议精神，以筹备召开南开大学第七次党代会为契机，进一步加强党的建设和思想政治工作，加强干部队伍建设，深化改革，加强管理，狠抓落实，提高教育教学和人才培养质量，增强科技创新能力，优化育人环境，加快国内外知名高水平大学建设步伐。

(1)社会科学研究工作取得重大进展。2003年，社科处组织教师申报国家社会科学基金项目145项，中标18项，立项率12.4%。其中重点项目1项，一般项目16项，青年项目1项，项目经费总额为129.5万元。组织国际商学院、经济学院和法政学院等单位教师申报国家自然科学基金委管理学部项目33项，此外还及时组织申报了多项主任基金项目。2003年初，在全民抗击非典的战斗中，在逄锦聚副校长主持下，经济学院、国际商学院、法政学院等单位的几十位教师和研究生于4月至5月进行了SARS对中国经济、社会、政治的影响及对策的研究，撰写完成了10多份研究报告。教育部、国家自然基金委、天津市政府及一些媒体非常重视我校上报的研究报告，纷纷索要有关材料或来校采访。在经济学院院长周立群教授的主持下，经济学院的部分师生在5月份也开展了针对SARS的专项研究，向天津市委、市政府及有关部门报送了20多份《研究要报》，市政府的内部刊物摘要登载了部分内容，有的媒体作了报道。我校并及时组织教师申报了以防治SARS为主题的主任基金项目，李维安教授申报的课题《SARS对中国社会与经济的影响及应对管理策略研究》被批准。全年共获得自然基金项目管理学部项目8项。教育部拨出3000万元设立40个重大课题，并在全国范围内公开招标，我校共申报其中6个课题。最终，冼国明和李维安教授在参与竞标的两个课题中胜出，题目分别为“跨国公司与中国国际竞争力研究”和“中国民营经济制度创新与发展问题研究”，每个项目获资助80万元。学校组织申报2003年度教育部博士点基金项目48项，其中15项获得批准，另有一项被批准为专项任务项目。组织教师申报148项天津市社科规划项目，立项52项，共获资助36万元。在2003年度全国教育科学项目申请中，我校教师戚安邦、李新建、宋秋蓉申报的《MBA商业伦理与职业道德教育研究》、《企业雇员教育生涯与职业生涯交互开发研究》和《近代中国著名私立大学成功因素的分析及其启示》被批准为全国教育科学“十五”规划重点课题。此外，南开大学文科教师2003年共承担100多项政府机构及企事业单位委托的横向研究课题，获得研究经费800余万元。全年，文科教师通过认真论证申报获得100多项基础理论和应用理论研究的课题，获得140多项服务社会的对策咨询课题，全年入校研究经费达到1540万元，较2002年增长20%以上。

(2)基地建设顺利通过教育部专家组评估。9月12日，教育部专家组8人来南开大学对教育部重点研究基地APEC研究中心建设3年来的情况进行实地评估。

南开大学党委书记薛进文、校长侯自新和有关同志听取了专家组的评估汇报。专家组组长首先充分肯定了APEC研究中心成立以来取得的成绩，并对学校在基地建设中发挥的作用给予高度评价。专家组还提出了一些整改意见。薛进文、侯自新分别讲话，对专家组莅临南开表示欢迎，并对专家组提出的中肯意见表示感谢，表示学校要据此进一步加强基地建设。APEC研究中心顺利通过检查。与教育部基地检查同时，我校推荐世界近现代史研究中心、现代物流研究中心、公司治理研究中心申报教育部第五批重点研究基地。

(3)广泛开展学术交流活动。2003年，南开大学独办和与外单位合办学术会议143次，参加学术会议1500余人次，派出和来校受聘讲学278人次。如12月举办了“公司治理国际学术讨论会”，与会300多人，全国人大常委会副委员会长蒋正华、天津市市长戴相龙都先后在会上作了主题演讲。

(4)加强制度化管理。为进一步发展南开大学文科科研工作，4月，学校制定印发了《关于进一步提高人文社会科学研究水平的意见》和《人文社会科学研究优秀成果奖励办法(试行)》两个文件。9月又成立了"南开大学人文社会科学发展咨询委员会"，以充分发挥老教授在发展文科中的作用。

二、科研成果

2003年，南开大学文科各单位和全体教师在理论研究、应用研究和对策咨询服务等方面做出了显著成绩，共出版发表研究成果1856项，其中：专著135部，其他出版物242项，发表论文1364篇，研究报告115份。获省部级以上及学科领域最高奖的研究成果24项，其中：教育部第三届高校社科优秀成果奖18项(一等奖2项，二等奖7项，三等奖9项)。李维安教授的著作《公司治理》和陈宗胜教授的著作《中国经济体制市场化进程研究》获得"孙冶方经济科学奖"。在第11届安子介国际贸易研究奖获奖评选中，盛斌的《中国对外贸易政策的政治经济分析》获优秀著作二等奖(一等奖空缺，二等奖2项)，许晖和苑涛分获优秀论文三等奖。12月30日下午，在伯苓楼多功能厅隆重召开了南开大学2003年文科研究优秀成果颁奖大会。校领导薛进文、侯自新、刘景泉、逄锦聚同志和上百名教师出席大会。大会由陈洪副校长主持，党委副书记刘景泉同志宣读了获奖名单。会上，校领导同志向108项获奖成果的作者颁发了奖励证书和奖金。

(孙世欣　撰稿)

天津大学

工作概述

天津大学管理学院2003年在各级党组织领导下，深入学习贯彻十六大精神，加强教职工队伍和学生的思想教育工作，把"三个代表"重要思想贯穿到管理学院的各项工作中。在学科建设、科学研究、人才队伍建设、学院文化等方面圆满地完成了各项工作。一是提高领导班子的政治理论水平，推动了思想观念的更新。2003年，天津大学学生邓小平理论暨"三个代表"重要思想研究会管理学院分会获得优秀分会称号；管理学院团支部荣获校级优秀示范支部、五四红旗示范团支部标兵称号；研究生党支部在天津大学最佳党日活动中获得优秀奖。二是坚持"以我为主，博采众长，融合提炼，自成体系"的办学宗旨推动学科建设。经过长期的实践和探索，已经建立起以管理科学与工程、工商管理、公共管理三大一级学科为基础的管理学科群，同时还建立了应用经济学和控制科学与工程等一级学科。在学科建设中，以管理科学与工程等国家重点一级学科为基础发展前沿研究领域，以保证我们在本学科全国的领先地位。重点突破管理科学理论与方法、系统工程、信息管理与信息系统、公共管理、企业管理、计量金融财务学等研究方向。为此，学院制定了2003年度学科建设发展计划，2003年新建学科(学院)包括：公共管理学院及首批批准管理科学与工程一级学科范围内资助设置二级学科"药事管理"博士点、硕士点，国务院学位委员会首批批准培养"高级教师在职攻读教育硕士学位"管理科学与工程专业学位；教育部批准设置"物流工程本科专业"。三是加强国际交流与合作。学院先后与美国、德国、法国、日本、英国、加拿大、欧共体等20多个国家、地区及组织建立了广泛的教学科研合作及学术交流关系。著名诺贝尔经济学奖获得者赫伯特·西蒙教授为学院名誉教授。四是教学科研相结合，取得一系列科研成果。科研经费年平均增长率30%，2003年到款科研总经费达947万元。2003年-2004年学院教师主持和参加国家自然科学基金、863项目、国家社会科学基金、科技部、教育部、建设部和天津市等课题研究累计96项。科研总经费累计达1650万元，其中纵向课题经费684万元，横向课题经费966万元。2003年学院教师在国内外期刊上发表论文600余篇，其中重要刊物上发表论文310篇，出版教材、学术专著及译著46部(篇)。

2003年，天津大学社会科学与外国语学院认真学习贯彻十六大精神，坚持以"三个代表"重要思想统领各项工作，紧紧围绕教学科研和学科建设这一中心任务，主要做了以下工作。(1)一是我院一名教授参加了天津市委组织的学习贯彻十六大精神宣讲团,为天津市各区、县、局作巡回辅导,同时组织了面向全院教职工的"学习十六大精神系列辅导报告",请本院专家教授分3个主题对教师进行了学习辅导。二是组织新党章和《"三个代表"重要思想学习纲要》学习。三是与学校党委宣传部联合举办了面向全校部分中层干部和我院全体党员的天津大学"三个代表"重要思想理论研讨会,发挥我院的优势,组织5位政治理论课教授就有关理论问题进行交流和宣讲。(2)学科建设有了新的突破。2003年,全院新增了英语语言学及应用语言学、经济法学、中国哲学、中共党史4个硕士点。组织完成了各新增硕士点授课计划、课程设置、课程大纲编写等教学准备工作和招生准备工作。在学习研讨学校中远期规划的基础上,制定出社外学院中远期学科建设规划和师资队伍建设规划。完成"985"学科建设项目二级项目100万元的分解、论证,制定了三级项目实施细则,并落实了图书资料和模拟法庭建设。(3)认真开展"教风、学风建设大讨论"活动,深化教学改革,提高教学质量。英语专业和英专双学位学生2003年英专四级统考通过率98%,八级通过率达100%。2003年,我校2001级大学英语四级全国统考通过率达80%。学院共获批准天津市网络课程立项2项,天津大学教学改革及CAI课件立项13项,优秀课程和重点课程建设立项16项,教材建设立项11项,研究生教学课件立项4项。1人被评为天津市教学名师。(4)努力做好抗击非典型肺炎工作。号召学生党员率先垂范,带头坚持不停课、不离校,并以坚定的信心和积极向上的精神状态影响和带动全体学生。学院党委被评为抗击非典先进基层党组织,两名党员被评为抗击非典优秀共产党员。院团委被授予天津市"抗击非典"五四红旗团委荣誉称号。

2003年,社会科学与外国语学院科研成果丰硕。本年度我院共获批准省部级项目6项。组织召开全院学术交流会2次,提交大会论文120篇,并汇集成《人文与社会科学问题研究文集》正式出版;为鼓励教师发表高水平学术论文,实行重要期刊论文资助政策,全院教师在公开刊物上发表论文约180篇,其中核心期刊或一级期刊近50篇,出版专著、译著6部;获市委宣传部和各类学会奖9项。

(天津大学　供稿)

下属机构

国际教育学院

本院成立于2000年1月,是天津大学所属的二级学院。现任院长董鹏怀。学院的主要职能和任务是:统筹全校外国留学生的招生和教学管理、生活管理以及社会管理工作,承担留学生的汉语教学任务。

该学院现设对外汉语系1个,系下设3个教学部,即本科生教学部、语言进修生教学部、汉语速成教学部。此外,学院还设有5个行政管理部门,现有专任教师与职工40余人,其中副高级职称以上8人,具有硕士学位的13人,在读博士生3人。

学院承传着天津大学在一百多年的办学历程中形成的优良传统与学风,依托天津大学雄厚的办学实力与资源,发挥在50年的长期探索与实践中积累的留学生教育经验,积极贯彻新时期我国来华留学生工作的指导方针,使天津大学的留学生规模不断扩大,办学水平与质量明显提高。近两年,每年各类在校留学生已达千人,居全国理工科类院校以及天津市高校的前列。目前,天津大学的留学生教育已形成多种类、多层次的格局。不仅有长、短期不同的语言进修生、汉语速成生,而且还有进入各专业学习的本科生、硕士生、博士生。留学生的国别也发生了显著的变化,由改革开放初期的十几个国家,发展到30多个国家。留学生数量及国别的增加,为天津大学进一步增添了多元文化的氛围。

目前学院已拥有3个先进的多媒体语音室以及可以满足教学需要的现代化设施的教室。有现代化装备的留学生公寓。全院各类建筑面积近2万平方米,为留学生提供了理想的学习和生活环境。

(国际教育学院　供稿)

王学仲艺术研究所

本所于1986年成立，由日本友好人士捐资命名，建筑在天津大学教学区主干风景线上，面积近900平方米，面临津园湖，绿竹环绕，是招收培养艺术类研究生的重要基地。研究所由原中国书法家协会副主席、日本国立筑波大学艺术系教授、天津市书法家协会主席王学仲先生担任名誉所长。现任副所长张春华。研究所于1986年获“美术学”专业硕士学位授予权，是国内较早成立的文学硕士授予点，是国内理工科大学开办硕士层次艺术教育的首创之举。王学仲艺术研究所现承担着全校本科生的选修课教学和本硕士点研究生的培养以及王学仲先生的文学艺术理论研究的工作。旨在为理工科为主的天津大学创立一个高品位、具有浓厚文化艺术氛围、能开展活跃的文艺交流的艺术教育基地。

该研究所师资包括王学仲和孙征教授，卢善启副教授，孙国喜、聂瑞辰讲师。开设有写意画、工笔画、书法、篆刻、双语课、美术史等多门课程。自1986年至今已培养了数十名研究生，不但为国内诸多高等院校培养了多名艺术教学骨干，而且先后有日本香川大学、秋田大学、甲南女子大学、筑波大学多位学者教授来所进修后载誉归国。艺术所现有美术学硕士生10人(包括一名日本学生)，此外还将艺术类专业课和选修课的开设面向更多的院系，为搞好学校素质教育基地的建设做贡献。

(王学仲艺术研究所　供稿)

天津师范大学

一、工作概述

2003年是我校发展过程中的关键一年。全校师生员工深入学习贯彻“三个代表”重要思想和党的十六大精神，认真落实天津市第八次党代会和市委八届三次、四次全会精神，结合我校改革与发展的实际，明确了今后八年发展的总体构想，取得了防控“非典”阶段性重大胜利，学校事业取得长足进展，圆满实现了”三步走”战略的第一步发展目标，迈出了创建一流水平师范大学的坚实步伐。

1.党的建设和思想政治工作取得新成效

兴起学习贯彻“三个代表”重要思想新高潮。一是重点抓了校院两级学习中心组的学习；二是根据市委组织部和市教卫工委的通知要求，对全校处级干部分期分批进行了轮训，并选派了2名干部到英国剑桥大学学习，选派2名干部赴美国密西根大学学习；三是推进学生党建、知识分子等各方面工作；四是继续开展思想政治工作创新工程，颁布并实施了《天津师范大学教职工职业道德规范》；五是做好本校第六次党代会的筹备工作。

2.学校各项重点工作迅速发展

(1)结构调整深入进行。在学科专业结构调整中，我们根据一级学科的类别，重新组建了符合我市经济建设和社会进步需求的政治与行政学院、经济学院、管理学院、法学院、文学院、新闻与传播学院等6个学院。(2)学科建设成绩喜人。在全国第9批学位授权评审中，我校获得心理学一级学科博士授予权，实现了一级学科博士授予权零的突破；另增列了2个二级学科博士点，使博士点的数量从4个上升至8个；增列了17个硕士点，使硕士点的数量达到了50个。在国家人事部组织的博士后流动站审定中，通过了我校申报的政治学和心理学两个博士后流动站，同样实现了零的突破。提前达到了“十五”建设目标。(3)教育教学狠抓质量。我校有2名教师被评为天津市名师，3门课程被评为天津市精品课程。有2门课程被推荐为全国150门精品课程的候选课程，6门课程被确定为国家级网络优秀课程。(4)师资队伍建设成果显著。如期完成年初制定的引进2~3名学科带头人的工作目标，又有18名教师考取博士研究生，使我校在读博士生人数达到83人，已取得博士学位人数达94人。(5)新校区建设取得突破性进展。(6)开放办学不断拓展。今年，学校继恢复接受国家政府奖学金留学生资格后，与韩国大佛大学联合办学取得成果：两校联办的信息分析与决策、教育行政学两个专业硕士学历班已正式开学;我校今年新增专业——朝鲜语专业的学生在我校完成两年的学业后继续到大佛大学修读两年,取得双方认可的学历。此外,设在新加坡、马来西亚、美国的海外教学基地正在积极落实。

二、科研成果

在获得2003年的科研立项中,共有5个国家级社科项目,4个国家自然科学基金项目,1个科技部重大基础研究前期研究项目。我校科研总经费已达1069.9万元,并且首次出现了六个第一,即第一次获得天津市自然科学一等奖;第一次获得国家重点自然科学基金资助(150万元);第一次获得教育部重点项目(80万元);第一次获得国家社科全资助项目4项,在全国师范院校中居第11位,不算部委院校,居第7位;第一次获得国家艺术类规划资助项目;科研经费第一次突破1000万元。

三、领导视察

2003年2月11日,常务副市长夏宝龙来我校,听取市教委关于天津师范大学、天津理工学院、天津工业大学新校区建设项目情况汇报。8月6日,副市长张俊芳就我校成立"生物信息与药物开发研究院"进行调研,并召开座谈会。我校特聘教授魏冬青博士介绍了研究院的有关情况,副市长张俊芳还参观了魏冬青博士的实验室。9月7日,天津师范大学(天津)校友会代表大会隆重召开。副市长张俊芳等领导与来自我市各条战线的校友代表238人参加了大会。9月10日上午,天津师范大学庆祝教师节暨建校45周年庆祝大会隆重举行,副市长张俊芳、原天津警备区副司令员杨钧少将参加了会议。10月20日,市委副书记、市长戴相龙,副市长张俊芳等领导同志参加了本校召开的高校领导专家座谈会,并视察了本校心理与行为研究中心、现代教育技术实验中心和电教多媒体技术开发与培训基地等。市领导对心理与行为研究中心和现代教育技术实验中心的工作情况给予了高度评价。

下属机构

汉语言文化学院

本学院是从事对外汉语教学与语言学研究的专业学院,成立于1997年10月,其前身是成立于20世纪80年代的中国语言文化中心。现任院长张旭。

该学院现有专职教师32名,其中教授6名,副教授13名,博士(包括在读博士生)6人,硕士8人,博士生导师1名。学院现设有"汉语言文字学"和"语言学及应用语言学"两个硕士点,下设语言理论、汉语修辞语用、文字学、对外汉语教学等研究方向,学术带头人为张旭教授。迄今连续招收研究生16届,已培养中外研究生80多人,全部授予文学硕士学位。主要代表性成果有《语言学论纲》、《中国文字学史》、《词语修辞与文化》、《诗歌修辞句法与鉴赏》、《说文部首形义通释》、《古陶文形体研究》等。2000年以来,主持国家级项目1项,主持省部级重点项目6项;出版学术专著12部,发表学术论文200多篇。学院教师担任的主要学术职务有:天津市语言文字工作委员会委员1人,中国修辞学会常务理事兼副秘书长1人、中国阅读鉴赏研究会会长1人、天津市语言学会副会长2人、天津市修辞语用分会会长1人、天津市对外汉语研究会副会长1人。谭汝为教授曾应邀到港、澳、台地区讲学与交流。

近年来,学院领导十分重视学科建设与发展,大力引进高层次学术人才。本学院教师团结奋进,凭借在学术研究和学科建设上的不懈努力,已成为天津市语言学研究的重镇之一,在天津语言学界占有重要的一席之地。

(天津师范大学　供稿)

天津财经学院

一、工作概述

2003年，天津财经学院在市委、市政府的正确领导下，深入学习贯彻“三个代表”重要思想，按照院党委提出的“强化软件，完善硬件，建设队伍，打铸品牌，艰苦奋斗，跨越发展”的工作方针，许多工作领域取得了突破性进展，迈出了天财跨越式发展的坚实一步，圆满完成了既定的工作目标。

(1)面对突如其来的非典疫情，全院师生员工强化措施、科学防治，夺取了抗击非典斗争阶段性重大胜利。(2)根据教育部年内对我院进行本科教学评估的安排，广大师生按照院党委提出的“评建结合、重在建设、致力创优、推动发展”的指导思想，经过近一年的精心准备和辛勤工作，我院本科办学特色更为突出，硬件设施日趋完善，软件建设不断强化，成果丰硕，得到了教育部评估专家组的充分肯定。(3)年初与农垦集团签署了土地征用协议，使校园面积达到了1500多亩，为今后的发展奠定了重要的物质基础。(4)“十五”一期扩建工程全部完成并投入使用，设备投资931万元。(5)于玉林教授和王晓林教授被评为天津市教学名师。学科建设取得突破性进展，新增2个一级学科博士点、6个硕士点和7个本科专业。(6)加大人才引进力度，年内共引进教师54人，其中博士12人，硕士42人，具有副教授以上职称的19人。(7)本科招生覆盖30个省市自治区，本科生和研究生生源再创历史新高。本科毕业生一次就业率继续在全市高校名列前茅。(8)女篮第四次荣获中国大学生篮球联赛总冠军，实现三连冠。(9)原牧同学在CCTV杯全国英语演讲大赛中取得第一名。(10)学院组织开展“情系本”主题活动和实施领导干部素质拓展工程，其经验受到上级党委的充分肯定。

二、领导视察

2003年3月24日，市委常委、市总工会主席散襄军来我院调研。2003年9月29日，市人大常委会主任房凤友率领市人大常委会执法检查团一行50人对我院实施《天津市节约用水条例》情况进行检查，并对我院节水工作成绩给予充分的肯定。2003年10月11日，应我院邀请，市政协副主席、市统战部部长叶厚荣，市人大常委会副主任、民盟市委主委俞海潮，副市长张俊芳，市政协副主席、致公党市委会主委朱坦，市政协副主席、民革市委会主委陆锡蕾及各民主党派20余人，冒雨来学院了解发展建设和教学科研情况，并进行了参观考察。

三、科研成果

2003年，学院教研人员共获得省部级以上科研奖励29项，获得国家自然科学的社会科学基金项目4项，获省部级项目25项。本年度所表彰的学术论文中，国际引文检索类10篇，占表彰论文总量比重4.41%，依据有关分类标准，有较大学术影响的116篇，占表彰论文总量比重51.10%，普通核心期刊论文101篇，占表彰论文总量比重为44.49%，论文类型结构的变化表明，2003年我院科研工作较好地实现了在增长方式上由量的增长向质的提高转化的发展目标。围绕学科建设，学院举办各类不同的学术会议达50余次。今年10月28日，世界杰出经济学家、诺贝尔经济学获得者、被誉为“欧元之父”的美国哥伦比亚大学教授蒙代尔先生，受聘为我院的客座教授，为500多名师生和各界来宾作了题为“经济全球化与人民币汇率”的学术报告，并为《蒙代尔经济学文集》签名售书。天津市副市长崔津渡受戴相龙市长委托，出席报告会，致贺词。

（天津财经学院科研处　供稿）

天津商学院

一、工作概述

2003年，天津商学院以邓小平理论和“三个代表”重要思想为指导，深入学习贯彻党的十六大和市委八届三次会议精神，坚持发展是第一要务，按照2003年党政工作要点的各项要求，圆满完成了各项任务。

(1)圆满完成天津市第9批新增硕士点的申报工作。政治经济学、国际贸易学、民商法学、食品科学、技术经济与管理5个专业获得硕士学位授予权,实现商学院硕士学位授权点申报前所未有的大突破,2003年商学院硕士点达到12个。(2)2003年引进专职教师62人,其中正副高级职称20人,博士研究生7人,硕士研究生41人。通过实施“千百人才工程”,使师资队伍结构更加优化。(3)努力培养复合型、适应型特色人才。学院举办各类学术讲座80多场,听众人数达万余人。(4)科研处积极组织科研立项工作,严格按照各级各类科研项目管理办法对项目进行管理;同时做好了申报天津市人文社科研究重点基地的准备工作;超额完成了商学院制定的科研项目经费额。(5)学院积极推进与美国佛罗里达国际大学合作建立“天津商学院FIU饭店与餐旅管理学院”项目进程;与美国东密西根大学合作举办人力资源管理硕士研究生班;与澳大利亚查理斯窦大学合作成功举办“人力资源管理”本科班;规范延伸与俄罗斯圣彼得堡制冷与食品工艺大学的合作办学项目。学院并先后与韩国培才大学,美国新奥尔良大学签订合作办学意向书。聘请英国斯蒂芬森博士为我院外国语学院院长。这对引进发达国家教育理念和教育管理模式具有积极意义。2003年学院聘请外籍教师10人次,接待短期访问专家学者8人次。学院选派20名教学和管理骨干赴澳大利亚亚拉托贝大学研修,为我院教育管理与国外大学先进管理水平接轨储备了人才,有力地推动我院国际化办学进程。

二、科研成果

2003年,天津商学院成功申报国家社科基金项目1项,国家教育部“十五”规划重点项目1项,国家教育部人文社科项目2项,国家财政部重点会计科研项目1项,天津市社科类项目30项。组织天津商学院社科类青年科研培育基金项目45项。完成省部级以上社科项目16项,省部级以上项目成果通过鉴定6项。2003年共发表人文社科类论文514篇,著作、教材等其他社科类科研成果91部。2003年商学院申报天津市“十五”重点教材19项,其中4项被市教委批准为天津市“十五”重点教材。正式出版1项。

(天津商学院科研处　供稿)

天津科技大学

工作概述

天津科技大学法政学院2003年有各学科专业教师42人。其中教授2名,副教授13名,讲师18人,助教9人。师资队伍中具有博士学位的3名,硕士学位的32名,教师中有天津市教学名师1名,天津市伦理学专家1名,分别兼任中华人民共和国国史学会理事、天津市中共党史学会理事和天津市伦理学会副会长、秘书长等职。该学院2003年科研成果取得很大进展,在研项目和完成各级各类科研项目23项。其中有全国高等教育科学“十五”规划重点研究课题、全国教育科学“十五”青年专项课题等项目。法政学院的伦理学学科是天津科技大学重点扶持学科,2003年已纳入学校学科发展规划。近年来,先后完成省部级课题(当代大学生道德教育研究、师德建设研究)2项,教委课题(大学生的民族精神教育、生态伦理教育)两项,撰写关于伦理学方面的论文30余篇,分别在《社会科学战线》、《道德与文明》、《马克思主义与现实》和《中国教育报》、《天津日报》等报刊上发表。有些文章被中国人民大学主办的《伦理学文摘》、《思想政治教育》、《精神文明导刊》等刊物转载或复印;有的文章获2003年天津市理论征文一等奖。该研究所人员多次接受天津电视台的专访,配合新闻媒体宣传社会主义公民道德公约,并在天津电视台播报。

天津科技大学经济与管理学院2003年圆满的完成了各项工作。轻工产业技术经济博士学位授权点2003年开时始招收博士研究生。现代化的试验中心设备计202万元,可承担实验项目21项,并以优异成绩通过天津市教委的“高校基础课实验室合格评估”。学院在现有的58人教师队伍中,有教授4人,副教授20人,具有硕士以上学位的教师占教师总数的71%,博士学位(含在读博士生)8人。学

院 青年教师取得天津市青年教师教育教学基本功大赛文科一等奖1项、二等奖1项；天津科技大学教学成果二等奖3项；有3门课程被评为校级精品课。经济与管理学院率先在校内倡导和开展专业课双语教学和多媒体教学，目前拥有双语教学资格的教师10余名，占教师总数的18%，多媒体教学课程占全院课程70%。目前在校学生2074人，其中博士生6人、硕士生64人（含5名日本留学生）、本科生2004人。

经管学院为天津市技术经济与管理现代化一级学会会长级单位，学院教师分别担任该学会会长和秘书长。为更好地发挥天津科技大学的学科综合优势，经管学院主要围绕技术标准、轻工产业技术经济与管理方向进行科学研究，并已取得一定成绩。2003年，学院主持完成国家科技部软科学项目2项、天津市科委软科学项目2项、天津市哲学社会科学“十五”规划课题3项、天津市教育科学“十五”规划课题1项、天津市教委人文社会科学研究课题3项、天津市计委课题1项、天津科技大学科研基金8项，同时承担企事业单位委托的横向课题多项，还参与国家自然科学基金等项目的研究。2003年，在国内外刊物公开发表论文100余篇，其中被《管理科学与工程》、《中国工业经济》、《技术经济》、《现代管理科学》等核心刊物发表的论文占1/3左右，出版学术专著与教材10多部。学院2003年被评为天津科技大学科技工作先进单位（社会科学类第一名）。

（天津科技大学　供稿）

天津医科大学

概况

天津医科大学的前身天津医学院创建于1951年，是新中国成立后中华人民共和国政务院批准新建的第一所高等医学院校，著名内分泌学家、医学教育家朱宪彝教授为首任校长。

1993年12月，国家教委批准天津医学院与天津第二医学院合并组建天津医科大学，1994年5月完成组建。现任校长为中国工程院院士、肿瘤学专家郝希山教授，党委书记为杨桂华教授。学校于1996年通过国家“211工程”预审，1999年在国家计委立项，跻身于97所全国重点建设高等院校的行列。

天津医科大学是国家最先批准试办长学制（原为八年制现为七年制）医学教育的院校之一。学校普通高等教育本科招生专业共11个，专业设置为：临床医学（七年制、五年制）口腔医学（七年制）、麻醉学、医学影像学、医学检验学、预防医学、护理学、药学、生物医学工程学、药物制剂、法学。现有博士后流动站3个，博士学位授权点26个，硕士学位授权点47个。学校现有国家级重点学科3个：中西医结合临床、肿瘤学、泌尿外科学；天津市重点学科9个：内分泌与代谢病、心血管内科、核医学、普通外科学、生物医学工程学、神经外科学与神经病学、影像医学与核医学、微生物学与免疫学、病理学与病理生理学；天津市重点发展学科2个：眼科学、口腔修复学。省部级重点实验室3个：卫生部激素与发育实验室、教育部乳腺癌防治重点实验室、天津市生命科学实验室；校级开放型实验室4个：基础医学中心实验室、临床医学第一中心实验室、临床医学第二中心实验室、肿瘤学中心实验室。学校现有基础医学院、第一临床医学院、第二临床医学院、肿瘤临床学院、公共卫生学院、口腔医学院、药学院、护理学院、眼视光学院、继续教育学院、中西医结合国际学院、高等职业技术学院等12个学院；生物医学工程学系、医学影像学系、医学检验学系、医学人文科学系4个学系；社会科学部、体育部2个教学部。拥有6所直属医院，3所非直属综合性医院，11个研究所。

学校现有教职员工7650人，其中高级专业技术人员1100余人，有中国工程院院士2人，国家级有突出贡献的中青年专家6人，博士生导师77人。学校本部有专任教师480人，大学直属医院临床教师109人，共计589人。其中，正高级专业技术职务教师149人，占25.3%，副高级专业技术职务教师198人，占33.6%，中级专业技术职务教师180人，占30.6%，初级专业技术职务教师62人，占10.5%。

现有在校生6579人,其中博士生265人,硕士生819人,本科生5155人,留学生340人。

"九五"以来新立科研项目943项,是"八五"期间的3.3倍;鉴定科研成果206项,是"八五"期间的2.8倍;获得省部级以上科技奖励130项,是"八五"期间的1.9倍,其中获国家科技进步二等奖3项,三等奖3项;出版科技专著180部,是"八五"期间的1.9倍;发表学术论文4389篇,是"八五"期间的1.4倍。根据中国科学技术信息研究所年度检索报告,2000年我校被中国科技论文统计院国内期刊收录402篇,国内引用377次,均居全国高校第66位。

学校与国外22所大学和学术研究机构建立了长期合作关系,聘任60名国际知名专家为名誉教授和客座教授。留学生教育迅速发展,1998年成立了中西医结合国际学院,作为对外培养高级人才的教学单位。中西医结合临床是国家级重点学科,设有博士、硕士点,是国务院批准的博士后流动站。中国工程院院士、著名中西医结合临床专家吴咸中教授任学院名誉校长;中国工程院院士、天津医科大学校长郝希山教授任学院院长。学院面向世界各国、各地区招收医学专业留学生,可提供英语、法语、日语授课。

(天津医科大学校办公室　供稿)

天津音乐学院

下属机构

音乐教育系

本系于1983年建制,现有音乐教育理论教研室、音乐理论研究室、钢琴(手风琴)教研室、声乐教研室和键盘综合训练实验室。现任系主任胡建华。

音乐教育系现有在任教师、职工35人,其中教授6人,副教授6人,8人具有硕士学位。在校本科学生350人,硕士研究生16人。2000年组建了以学生为主的"青年键盘交响乐团""烛光合唱团"。

建系20余年为全国和天津市各大、中、小学及幼儿园输送了千余名合格的音乐教师。经过教学改革的不断探索,构建了以基本理论、基本知识、基本技能为基础,以音乐教育理论与实践为核心的课程体系。培养具有综合能力的音乐教师、音乐工作者和表演人才。

近年来,各教研室承担的市、院级科研课题4项,键盘综合训练实验室获"2004年市级优秀实验室"单项奖。出版发表的专著、论文百余篇(部)。青年教师山河、张伟、曹俊玲、王莹等在全国各省声乐比赛中获奖。1999年和2002年连续两届在"全国高校音乐教育专业学生基本功比赛"中,有5名学生荣获"五项全能"一、二、三等奖,同时还获得包括"自弹自唱"第一名在内的7个单项奖。

(音乐教育系　供稿)

天津体育学院

一、工作概述

2003年,天津体育学院以邓小平理论和"三个代表"重要思想为指导,深入贯彻落实市委八届三次、四次全会精神,在抗击"非典"的同时,紧紧抓住加快发展这一主线,各项工作取得了新的突破。

(1)学科建设获得突破。2003年,本院在全国第9批博士、硕士学位授权评审中,被教育部正式批准为"博士联合培养单位",我院将与北京体育大学联合招收和培养博士学位研究生。同时,在硕士学位授权评审中,本院申报的“课程与教学论”和“康复医学与理疗学”两个专业均被国务院学位委员会批准为硕士学位授权点。拥有体育一级学科下全部二级学科硕士点,以及2个跨学科交叉的教育学和医学硕士点。本专科专业数量达到14个。跨4个学科门类,并首次拥有了理学门类。(2)人才队伍建设得到加强。坚持以培养和引进高水平学科带头人及专业建设急需教师为切入点,进一步明确引进人才的待遇条件和在职提高学历层次的补贴办法。2003年,本院具有博士学位和在职攻读博士学位的教师18名,占教师总数的9.67%,具有硕士学位的教师占教师总数的17.74%,具有高级职称的教师占教师总数的46%。(3)本院的“健美操”课程被批准为天津市精品课程。(4)招生规模进一步扩大,办学实力有所增强。2003年,本院招生数量继4年扩招后又创新高。共在28个省、市、自治区招生2226人。本院研究生招生也比2002年翻了一番。成人教育招生总数达到700余人。拓宽就业渠道,使毕业生一次就业率达80%以上。(5)加快基础设施建设,校园建设总体规划蓝图已见端倪。(6)防控“非典”取得胜利。本院各级党组织、广大党员和干部根据市委、市政府和市教卫工委、市教委的统一部署,把防控“非典”作为第一要务,组织参加了天津市第17届科技活动周,充分发挥体育资源优势,组织专家积极为防治非典献计献策。在防控“非典”工作中本院共有8个集体、10名个人分别被市教卫工委、团市委评为先进集体和先进个人。(6)充分利用身边的典型事件开展思想教育活动。本院毕业生霍洪雨勇斗歹徒壮烈牺牲,市政府授予他革命烈士光荣称号,本院开展了向霍洪雨烈士学习的系列活动,各新闻媒体对本院的教育活动作了系列性报道。(7)国内外学术交流。一是组织全校教师参加“我国首次残疾人体育科学大会”,学院获得了会议征文组织奖。二是本院与日本国际武道大学建立了友好校际关系;日本、澳大利亚、韩国等国家的专家学者对本院进行了友好访问和学术交流,本院也有6人对美国、日本、台湾、韩国等进行了社科考察,6人参加了国际学术会议;同香港、澳大利亚合作科研项目4项。(8)2003年,本院申报“天津市普通高等学校人文社会科学重点研究基地”,通过了市教委组织的专家评审。

二、科研成果

2003年,本院获批准的国家级课题共有3项、省部级课题8项,此外还承担了其他级别的课题,获得科研经费100余万元。2003年共出版学术专著6部,在国内外公开发行的刊物上发表学术论文72篇,获得省部级科技奖2项。

(王春香　撰稿)

天津医学高等专科学校

概况

天津医学高等专科学校由原天津市职工医学院、原天津市护士学校合并后组建而成,是一所专门培养实用型卫生技术人才的高等专科学校,具有70余年护理教育和20多年成人医学高等教育的历史,荟萃医、护、技、药各类学科,医学高职高专教育特色鲜明,其护理专业基础雄厚、历史悠久,被教育部确定为“高职高专国家级教学改革试点专业”。现任校长沈彬,党委书记晋南征。天津市第二中心医院为学校附属医院。

学校本部为2.4万平方米,附属医院现为2.5万平方米。未来4年,校区总建筑面积将超过9.8万平方米,占地突破10万平方米。本部校园位于市中心区,环境幽雅。拥有阶梯教室、多功能报告厅和现代化多媒体网络教学中心及医学实验实训中心。功能各异的医学实验室、临床示教室以及仿真模拟病房为学生提供了优良的学习环境和条件。图书馆现藏书16.6万册,各种中外科技期刊500余种。《继续医学教育》杂志由学校创办,面向全国公开发行。除附属医院外,学校目前拥有20多所市级综合医院、专科医院以及各区级医院、妇幼保健院等作为校外教学、实习医院,实践教学基础充足。

学校现有专任授课教师182名,教授、副教授112名,他们教学经验丰富,业务素质良好。自建校以来，毕业生总数累计已超过2.7万人，继续医学教育培训2万余人次，岗位培训3万余人次，极大地发挥了天津市医学教育三大培训中心的基地作用。

学校广泛开展对外学术交流，先后与日本神户大学医学部保健学科和芬兰土尔库工业技术大学建立了友好校际关系，一些外国专家被学校聘为客座教授。学校选派多名教学骨干出国考察学习，足迹遍及欧美和亚太地区。

学校坚持“以教学为中心，以科研促教学”的办学思路，设立了基础医学研究室、医院管理研究室和医学教育研究室，大兴科研、教研之风，科研成果丰硕。学校科研工作坚持高水平、广覆盖的原则，广泛实行课题招标，使教师科研意识和能力大大加强，科研成果转化率大为提高。

《继续医学教育》是天津医学高等专科学校受国家卫生部委托，在天津市卫生局主管下创办的。近20年来，杂志发行全国20多个省市、自治区，为广大卫生专业技术人员搭建医学教育信息平台，及时发布国家和地方有关继续医学教育的政策与法规、国家级和省市级CME项目，刊登理论探索方面的文章和学术论文。

下属机构

医学教育研究室

成立于1998年10月，现有专职研究人员3人，在校内外聘有兼职研究员8人。现任研究室主任王瑾。

该研究室主要从事高职高专医学教育发展方向的研究，结合天津市医学高职高专人才的需求研究医学教育理论、方法和教学改革，并针对专科层次各类医疗卫生技术人员的培养目标进行研究。在调查研究的基础上，探索医学教育改革的规律，为学校乃至社会的人才结构调整提供依据，满足社会对医学及医学相关专业大专层次人才的需求。同时，协助市卫生局制定天津市医学教育的发展规划，并协助落实、实施。

在推进学校整体教学水平的基础上，实施高等学校教学质量与教学改革工程，在全校范围内重点开展精品课程建设的理论研究。在进行理论研究的同时，组织全校范围的学术活动和学术交流，对教学中出现的问题进行专题研究；编印《医学相关专业教育资料汇编》和《医学教育信息》，为学校相关部门提供医学教育方面的资讯。近年来，承担及参与部级课题2项，局级课题3项，校级课题3项。主编、参编卫生部规划教材5部，发表论文数十篇。

（刘樑　撰稿）

科　研　院　所

天津社会科学院

一、工作概述

2003年是天津社会科学院按照院党组改革发展基本思路实施改革发展第二阶段五年规划的转折之年，是取得战胜非典和改革发展双胜利的不平凡之年。全院在院党组的领导下，在邓小平理论和“三个代表”重要思想指导下，在社科研究、科研管理、学科建设和人才队伍建设等方面均取得较大进展。

(1)兴起学习贯彻“三个代表”重要思想的新高潮。院党组按照中央的部署和市委的要求，在武装思想和指导实践两个方面作出努力,取得新成效。一是领导班子带头学;二是组织全院党员干部和职工认真学;三是广大科研人员深入开展研究,进行理论创新,完成了一批高质量的科研成果,充分发挥了社会科学工作者的作用。(2)实现了三个转变。根据市委在全市进行"两个务必"教育活动的要求,院党组在抓好自身教育的基础上,开展"摆问题、找差距、定措施、上水平"活动。通过活动实现了三个转变:科研成果实现从增加数量到提高质量的转变;教育产业实现从扩大规模到增强效益的转变;全院实现从巩固外部形象到提升内部素质的转变。(3)抗击非典的斗争取得重大胜利。院党组先后召开了10次会议、4次院长办公会议、6次院防控领导小组会议,制定出49条切实可行的防控措施,保证了全院干部职工和几千名在校师生的身体健康和生命安全。在斗争中涌现出一批先进集体和先进个人。(4)进一步加快人才培养步伐。为此,院党组制定并实施了2003年度全院科研人员继续教育培训计划。在防控非典取得阶段性胜利之后,迅速组织了由部分院领导、研究所长和科研骨干主讲的"科研方法和写作技巧"系列讲座;年内先后批准14人参加高等院校的研究生招生考试,其中5人考取在职博士生,3人考取在职硕士生。今年招聘科研人员12人,其中博士生3人,硕士生9人。至此,我院科研人员和其他专业人员中,博士和硕士(含在学)达到53人,其中具有博士学位的5人,具有硕士学位的24人,在读博士生12人,在读硕士生12人,机关行政后勤职工有28人在职进修大专和大本。(5)教育等产业继续保持健康发展。培训部继续做好与高等院校的合作办学和我院独立开展的高自考助学招生工作,凯乐维留学服务中心继续扩大留学中介规模,新开辟了赴韩国留学的项目,与韩国圆光大学、国立群山大学签订了协议,并开始了选派留学生的工作,出版产业继续调整出版结构,坚持开源节流,经济实力有所增强。(6)图书编辑出版工作迈上新台阶。《天津社会科学》和《道德与文明》进一步强化创新意识,努力贴近现实,不断提高刊物质量。《道德与文明》年初实现了装帧水平的升级,整体形象有很大提高。院出版社的出版选题在"素质教育"和"大众文化"方面逐步形成特色,共有4本书获奖:1本获得第8届全国优秀青年读物二等奖;2本获得天津市优秀图书二等奖,1本获得天津市优秀畅销书奖。(7)狠抓党的建设和思想政治工作不放松。2003年发展新党员10人,年度市级机关党建责任制检查评比中,机关党委被评为先进单位。(8)确定院标、院训并完成院前区修建工程,在即将迎来建院25周年之际,使院容院貌焕然一新。

二、领导视察

5月6日,市委常委、市委宣传部部长肖怀远和副部长陈浙闽来我院检查指导防控非典工作并作指示,李锦坤院长等陪同检查。在下午召开的院防控领导小组会上,分析了形势,提出要按照"坚决、果断、严格、落实"的方针堵塞可能出现的漏洞。会议又提出八条具体措施,并果断决定对全院实行封闭式管理,同时向全院职工和师生发出公开信,要求大家提高认识,团结一致,共同做好防控工作。

三、科研成果

科研工作坚持严字当头喜获新进展。全院科研工作会议之后,院长办公会对科研成果特别是A级成果的鉴定评估作了补充规定。本年度全院共有471项作品申报,经审核27项申报作品未能通过初审。在通过鉴定评估的444项科研成果中,学术专著16项,在"国家级"和"国内重要"期刊上发表的论文133项;有78项成果终审为A级,占参评总数的17.6%,大大低于可评比率的25%,A级成果的质量明显提高。围绕学科建设,全院的各级课题申报、学术年会、学术著作出版基金评审、职称评定、参加全市优秀科研成果评比等,均取得良好成绩。申报国家课题获准立项3项,申报天津市课题获准立项14项。院学术著作出版基金共资助12项院重点课题成果出版,全年出刊《论点建议》39期,其中有6期分获市委常委、市委宣传部部长肖怀远,市政协副主席王家瑜,副市长陈质枫等领导批示。

(天津社会科学院科研处　供稿)

天津市教育科学研究院

一、工作概述

2003年是全面贯彻学习、实践“三个代表”重要思想和邓小平理论，创建全国一流的现代化教育科学研究院重要一年。在市教卫工委、市教委的领导下，院党委和院行政带领全院教职工不断开拓创新，确立新目标，开创新局面，围绕科研开展工作，经过全院职工的不懈努力，全年的各项工作上了一个新水平，科研和行政管理工作有了新的突破。

1.科研水平有较大提升，精品成果喜人，国内外影响力继续扩大。(1)重点调研课题全面完成，调研课题成果结集出版，报市有关领导，得到市委常委、市委教卫工委书记陈超英的肯定。主要有：天津市教育发展的国内外比较与“顺策”研究、全面建设小康社会的教育发展指标研究、职业教育课程改革理念与实践策略研究、学校教师编制的国内外比较与改革研究、国内外民办教育比较与拓展民办教育发展空间研究、天津市高校科研优势现状调查与对策研究、高校领导干部实行任期制的研究等。(2)全国及天津市“十五”课题研究全面推进，一些课题研究已经完成：由市教委主任何致瑜牵头的“天津市教育现状调查与实现发展目标对策研究”课题已基本完成。(3)重要学术会议的召开扩大了天津市教科院在国内外的影响力。

2.行政工作。(1)教科院抗击“非典”工作取得全面胜利。在院党委和院行政领导下，各部门、各党支部和全体党员以及全体教职工坚守岗位，尽职尽责，高度重视抗击“非典”工作，以预防为主，把工作做细做实，工作深入到位，信息畅通。(2)2003年宽带网的建设带动了各项工作的效率和水平整体提升。(3)扩大了科研经营和创收，进一步改善了科研人员的办公条件，全院职工的生活待遇进一步提高。(4)2003年加强了队伍的建设工作，使教科院的综合实力得以全面提高。下半年完成了新轮中层干部竞聘上岗；探索了正高级职称的激励机制，为下一步的计划实施打下了基础。(5)《天津市教科院学报》办刊宗旨突出了思想性、学术性和前沿性，多篇论文被国内有影响的学术刊物转载，转载率达到15%。从而扩大了发行量。

二、领导视察

2003年2月25日，副市长张俊芳率市政府八处负责同志到市教科院调研和指导工作。3月12日，市委常委、教卫工委书记陈超英等领导同志，到市教科院进行调研。7月1日市委教卫工委副书记、市教委主任何致瑜到教科院为调研课题获市教委主任教育决策贡献奖颁奖并讲话。

三、科研成果

2003年12月，天津教科院进行了年度教育科研优秀成果和天津市教委主任决策转化应用成果的评选。全院共有18项作品申报，经审核，2部专著获一等奖，2部专著和1篇论文获二等奖，5篇论文和1篇调研报告获三等奖；有3项获教委主任决策转化应用成果二等奖。2003年全院学科建设、课题申报、学术年会、学术著作出版、职称评定、参加全市优秀科研成果评比等，均取得良好成绩。申报国家课题获准1项，申报天津市课题获准4项，院学术著作出版基金共资助5项成果出版。2003年，本院共有113篇论文在公开刊物上发表，其中一级期刊6篇，核心期刊31篇；出版学术专著13部，其中主编8部，独立撰写5部。

本年度天津教科院与南开大学、天津师范大学合作培养高等教育、课程与教学论硕士生15人；与西南师范大学合作培养博士生5人；与北京师范大学合作举办硕士研究生课程班3个，学生150人。举办天津市基础教育示范高中校长高级研修班一期，共结业33人。

（天津市教育科学研究院院办公室　供稿）

天津市经济发展研究所

一、工作概述

2003年，天津市经济发展研究所以“三个代表”重要思想为指导，认真贯彻落实党的十六大和十六届三中全会以及市委八届三次、四次会议精神，加强思想政治建设，加大内部改革力度，拓宽发展思路，努力适应市场经济环境，克服困难、战胜“非典”，圆满完成全年各项工作任务。

(1)结合本所实际开展了“三上三要”活动。即课题研究上档次，编刊工作上水平，管理工作上台阶；整体素质要提升，组织建设要加强，工作作风要转变。

(2)全所上下共抗“非典”。全所干部职工在党员、特别是党员领导干部的带领下积极捐款，以实际行动支援灾区战胜疫情；实现了抗击非典和研究、编刊的双胜利。

(3)内部改革取得了新成效。根据科研工作需要将原来按产业划分的研究室合并为产业经济研究室；新成立了综合经济研究室；成立了项目咨询部，专门开展对外项目咨询服务；为强化信息和科研管理工作，在原来资料室的基础上，成立了信息室；试办了企业发展研究中心和区域发展研究中心。办公室和编辑部的改革主要是按照制度化、规范化的要求，进一步强化了岗位职责，规范了工作程序，适当调整了岗位。《天津经济》紧密配合我市经济发展办出了新特色。根据2003年我市经济热点问题以及天津的地方特色，结合天津市委八届三次会议、党的十六届三中全会编发了大量与之相关的文章，受到了领导和读者的好评。

(4)深化内部改革。在干部人事管理上实行了竞争上岗和双向选择。以选聘研究室主任为突破口，打破了传统的中层干部领导任命制，尝试了竞争上岗、择优聘任。按照责、权、利相统一的原则，强化了研究室负责人工作的硬性指标和考核办法，加大了室主任对本室人员管理和激励的权利。各研究室和信息室人员实行了双向选择。通过改革，进一步理顺了各室的工作方向和职责分工，科研和管理工作进一步加强。

(5)综合治理、精神文明建设取得新成绩，被评为天津市和金融(综合经济)系统文明单位。

二、科研成果

紧紧围绕我市“三步走”战略目标和五大战略举措以及全市经济和社会发展热点、难点问题开展课题研究工作，为领导决策和我市经济发展献计献策，取得多项研究成果，成果质量不断提高。第一，参与完成了市委、市政府布置的部分课题。如市委书记张立昌同志指示计委组织的《关于被征地农民社会保障制度问题研究》、市长戴相龙和副市长崔津渡责成计委开展的调研课题《天津建立金融控股集团的实施研究》；参加了市计委《天津郊区城市化研究》、《天津市海洋经济发展规划》、《海河综合开发经济指标测算》、《关于天津海洋工业布局研究》、《关于进一步发展天津高新技术产业对策研究》等5项重点课题研究；承担了综合经济工委下达的《关于天津走新型工业化道路的研究》课题、国土资源部确定的天津市国土资源规划项目《天津市2030年社会经济发展目标选择和推动社会经济发展的政策机制研究》；参与完成了市体改办《天津市国有经济战略性调整研究》等课题。第二，积极为我市区域经济发展献计献策。完成北辰区政府委托的《北辰区经济社会发展战略研究》，塘沽区委托的《关于塘沽区发展港口物流业的研究》、《塘沽区产业导向政策研究》，天津市园林局委托的《天津市北方园林市政工程有限公司发展战略研究》，河西区政府委托的《兴建河西都市型工业区的几点建议》；与津能公司合作完成了《天津市热电联产发展战略研究》。第三，《天津经济内参》针对我市经济发展中的热点、难点问题，向市领导和市发改委领导提供参考资料和对策建议共计13篇；《城市区域经济比较》编发我国各大城市经济发展指标、情况、信息资料8期。第四，研究人员广泛开展调查研究，发表了具有超前性和独到见解的研究论文，取得良好社会反应。粗略统计，2003年研究人员在各类会议和在各类公开期刊上发表文章100多篇。第五，为本市区县经济和企业发展服务，完成了各类可行研究17项。第六，承接了并正在完成市发改委《天津市计划通志》的编写工作。

(王凤英　供稿)

天津市艺术研究所

概况

天津市艺术研究所成立于1984年7月，是天津市文化局所属艺术理论综合研究机构，占地1000余平方米，建筑面积1200平方米。现任所长刘连群。

天津市艺术研究所现有研究部门3个，包括：戏剧理论研究室、曲艺理论研究室、综合理论研究室。资料室（正在筹建为文化艺术资料信息中心）1个，行政管理部门2个。全所共有员工38人，其中高级科研人员15人，拥有一些文艺界知名的专家学者和学有专长的中青年科研骨干。天津市艺术研究所以戏剧、曲艺、音乐、舞蹈、美术等艺术门类艺术理论和艺术规律为重点，研究各个艺术门类的发展历史和现状，尤其着重对当前艺术创作、艺术实践中问题的研究、探讨和评论，紧密结合当前舞台艺术的实践，开展科研活动。同时搜集、挖掘、整理艺术遗产，编辑出版艺术研究刊物和专著，发表理论文章，承担国家和天津市的社会科学艺术学科的重点科研项目。编辑《文化艺术信息》，为文化主管部门提供信息服务和决策依据。建所以来，完成了一批国家重点科研项目，其中包括《中国戏曲志·天津卷》、《中国戏曲音乐集成·天津卷》、《中国民族民间舞蹈集成·天津卷》、《中国曲艺音乐集成·天津卷》等，因成绩突出，受到国家有关部门表彰。出版了《天津艺术研究》论文期刊60多期，出版了各类专著、论文集多部，其中有一些成果获得了天津市社会科学优秀成果奖，有的获得文化局表彰。资料室收藏了各类艺术研究图书、画报一万余册，报刊资料多种。尤其是一些戏曲类图书、资料为全市所仅有，具有珍贵的艺术价值。

（天津市艺术研究所　供稿）

天津市科学学研究所

概况

天津市科学学研究所创建于1983年，是天津市科委直属科研事业单位。现有在职职工41名，其中专业技术人员35名，包括高级职称12名，中级职称15名，初级职称8人，具有硕士以上学历的青年科技人员10名，占全所职工总数的37%。

本研究所从事以区域发展战略、科技政策与管理为核心业务的软科学研究和评估咨询服务。研究方向包括：科技与经济发展战略、科技政策与管理、科技发展预测与规划、科技体制改革、科技创新体系建设、高新技术产业规划、科技人才战略、科技统计及分析、可持续发展及综合试验区规划等。评估咨询服务内容有：各类科技项目与研发机构评估、资产评估、中小型科技企业创新基金推荐服务与管理、工程与技术项目评估等，此外本所编辑出版《科学学与科学技术管理》杂志。

本所自1983年建所以来共承担软科学研究项目200余项。在承担的软科学研究项目中，50%以上的科研成果达到国内领先水平，共获得科技进步奖18项，其中获得国家科技进步二等奖2项、三等奖1项；获得天津市科技进步一等奖2项、二等奖3项、三等奖9项；获得柳州市科技进步二等奖1项。近几年来，我所科技人员在完成国家、市级软科学研究项目的同时，先后承担了“天津市高新技术产业发展规划”、“天津市海洋科技发展规划”、“天津市科技创新体系总体设计”和“天津市科技发展‘十五’计划和15年发展规划”等市委、市政府重大决策研究工作。受到了广泛好评，产生了良好的社会效益和经济效益。

本所力争“十一五”期间，以党的“十六大”精神为指导，按照我市实现“三步走”战略的总体要求，以深化内部改革为动力，以造就一支具有国内一流水平的保持相对稳定的专家队伍为根本，以形成核心服务能力和知名服务品牌为重点，开拓创新，强化管理，抢抓机遇，基本实现创建国内一流软科学研究所的总体目标。

（1）机构定位目标：宏观、中观与微观有机结合的地区非营利决策与管理咨询研究服务中心，以符合国际惯例的非营利、公共性服务机构作为长远发展定位，努力把本所办成管理优良、营运高效、服务手段先进、国内知名的区域科技智囊机构。

(2)业务能力发展目标：形成具有核心服务能力、知名服务品牌、有特色和竞争力强的服务业务。使本所成为政府及其他社会用户信得过、靠得住的以科技促进经济、促进社会发展的权威决策咨询研究与辅助决策机构；成为本地区科技项目、研发机构评估、招标、监理、论证及为中小企业创新服务的重要专业服务机构，成为本地区科技统计及科技进步监测权威性研究分析机构；使《科学学与科学技术管理》杂志成为全国同类刊物中特色突出、知名度高的核心期刊。

(3)人才开发目标：形成能级高、信誉好、知识共享的人才群体；形成整体素质高的领导班子和中层干部队伍；引进培养20名左右硕士及以上学位(相当水平)、专业结构合理、创新能力强、能与国内外咨询机构合作的职业专家队伍；集聚一支相对稳定、由市内外知名专家组成的、有良好合作关系的网络专家队伍。

(天津市科学学研究所　供稿)

天津市医院管理学研究室

概况

天津市医院管理学研究室成立于1986年6月，系天津市卫生局附设在天津医学高等专科学校的软科学研究机构，主要承担我市卫生软科学课题的设计、研究及卫生领域的调研、卫生管理专业教学、卫生管理干部培训和卫生管理咨询、指导等工作。该研究室现有专职研究人员5人，其中高级研究人员3人，中级1人，初级1人。现任研究室主任杨文秀。

自研究室成立以来，分别承担并完成了部级课题3项，市级课题1项，局级课题5项，获市卫生局科技进步二等奖和市科技进步三等奖；承担并完成多项局级调研课题，获得天津市教卫系统优秀调研成果一等奖和市优秀调研成果三等奖，在此基础上，出版论著10余部，发表学术论文数十篇。与此同时，参加并完成了市政府组织的“区域卫生规划”研究工作，并提出了基本思路、研究程序和方法，为制定天津市区域卫生规划提供了参考依据。目前，我室在研国家级课题1项，部级1项，局级2项。在此基础上，不断扩大软课题研究范围，并将科研成果转化为生产力。

(医院管理学研究室　供稿)

党　　校

中共天津市委党校

一、工作概述

2003年，中共天津市委党校在市委、市政府和校党委的正确领导下，坚持以邓小平理论和“三个代表”重要思想为指导，深入贯彻落实十六大精神和《中共中央关于面向21世纪加强和改进党校工作的决定》，始终把科研工作“四个服务”的目标贯穿于科研管理工作中，力争以科学化、规范化的科研管理和服务，促进科研工作全面上水平。一是集中力量，搞好国家级、市级和校级项目的申报论证工作。共有国家及省部级社科规划项目、校级项目37项立项。二是加强对全局性、战略性和前瞻性理论和实践问题的研究。对全局性、战略性和前瞻性理论和实践问题的研究是党校科研的重中之重。我们与中共天津市委宣传部等6单位联合开展了天津市社科理论界学习贯彻"三个代表重要思想和党的十六大精神"的征文活动,我校有35篇论文在征文活动中获奖,并收入《继往开来,与时俱进》(天津市社科理论界学习贯彻"三个代表"重要思想和党的十六大精神文集)。尔后,我们又与天津市党建研究会、党校教育研究会联合组织了天津市党校系统学习贯彻"三个代表"重要思想和党的十六大精神的征文活动,共有117篇论文获奖,并首次公开出版了《求真务实,理论创新》(学习贯彻"三个代表"重要思想和党的十六大精神论文集)。同时,我们还与中共天津市委党史办公室联合召开了"纪念毛泽东同志诞辰110周年学术理论研讨会";与哲学教研部联合召开了"文化创新理论研讨会"。三是坚持科学、公平、公正、公开的原则,开展我校第十届、党校系统第三届优秀科研成果评选和奖励活动。在上述两届评选活动中,分别评出第十届校优秀科研成果34项,党校系统优秀科研成果54项,有8所党校获得科研工作组织奖。四是进一步加强制度建设,完善科研工作竞争激励机制。在主管校长的指导下广泛征求教研人员的意见,修订了科研管理制度,并出台了《中共天津市委党校、天津行政学院科研管理制度汇编》,促进了科研管理工作的科学化、制度化和规范化建设,在调动教研人员的科研积极性、加强精品工程和人才工程建设方面发挥了重要作用。五是加强对区县局党校的沟通与交流,树立管理服务新理念。根据全国党校校长工作会议精神与要求,为切实加强新世纪新阶段党校的各项工作,特别是教学和科研工作,与有关部门联合筹备和召开了天津市党校校长工作会议,对天津市党校系统的科研工作进行了新的部署和安排,继续坚持"四个服务"的目标,加强对重大理论和现实问题的深入研究,为在全党兴起学习贯彻"三个代表"重要思想的新高潮提供理论支持和宣传引导。

二、科研成果

2003年,我校共获得国家级与省部级社科规划项目以及校级项目37项,其中,国家重点基金项目1项;省部级项目共27项,包括天津市社科规划项目6项,中央党校及全国党校系统项目5项,天津市教育科学青年项目1项,天津市重点调研课题1项,还有12项参与其他调研课题的研究;"五个一工程"准备项目2项,其中《中国共产党的人民利益观》一文,通过了专家组的评审并成为惟一代表天津市参加中宣部纪念中国共产党建党81周年理论研讨会的理论文章。同时,还与塘沽区委党校合作,将塘沽洋货市场的开发与利用作为研究课题,即《把新洋货市场建成小商品市场的战略思考》,申报市级项目并获批准,这是我校首次与区县局党校加强科研协作,联手攻关的合作项目。

(李志　撰稿)

实　际　部　门

天津市教育科学规划领导小组办公室

概况

天津市教育科学规划领导小组原名为天津市教育科学规划指导小组,成立于1991年4月(津教卫〔91〕17号)。市教育科学规划指导小组代表市人民政府,对全市教育科研工作实行统一规划和指导,由原副市长钱其璈任组长,市教委原副主任于愫任副组长。1997年天津市第二次教育科学研究工作会议宣布,将天津市教育科学规划指导小组更名为天津市教育科学规划领导小组。天津市教育科学规划领导小组是在市政府的关心、指导下,由天津市教委组建,领导我市教育科学规划工作,制定规划、课题指南和管理办法,审批市级教育规划课题,领导重大学术交流活动和重要科研成果的宣传及推广工作,促进我市教育科研事业的健康发展。现任组长是天津市教育委员会主任何致瑜,副组长是龙德毅、李家俊、袁晴凯、张武升、沈德立、翁庆余。

天津市教育科学规划领导小组办公室，是领导小组的职能部门和办事机构，负责统筹天津市教育科学规划课题的管理和日常具体工作，并受全国教育科学规划办的委托，负责天津范围“全国教育科学规划课题”的申报、优秀成果评奖等组织及课题的日常管理工作。天津市教育科学规划领导小组办公室挂靠在天津市教育科学研究院。

我市各级教育科研机构和教育工作者“八五”、“九五”期间共承担市级以上重点研究课题212项，由天津市教育科学规划指导小组审批立项的重点课题154项；“十五”期间，由天津市教育科学规划领导小组审批立项的各类课题632项，其中重点课题157项。天津市教育科学规划领导小组在天津市教育科研过程中的领导功能日益显现。现任教育规划办公室主任张武升（兼），教育规划办公室副主任肖凤翔（常务）。

（天津市教育科学规划领导小组办公室　供稿）

天津市语言文字工作委员会办公室

概况

天津市语言文字工作委员会（以下简称市语委）成立于1986年，第一任语委主任是天津市副市长姚峻。

市语委是市人民政府的工作部门。市语委办公室（简称市语委办）是市语委的办事机构。市语委主任由主管教育的副市长担任，机构设置在教育系统，副主任由教育系统的一名副局级领导兼任，前市语委办设在天津市中小学教育教学研究室。

2000年，为加强我市语言文字工作的行政管理力度，市语委办由市教研室（事业单位）改设在市教委机关，并设立专门处室（语言文字与民族教育处）负责语委的日常工作。2003年，新一届市语委由18个区县主管教育的副区长、30个行业系统领导和5位语言文字专家组成。市语委主任由副市长张俊芳担任。市语委担负着全市语言文字规范的推动和协调工作，以宣传《中华人民共和国国家通用语言文字法》为中心，贯彻落实国家有关语言文字规范和法规、规章；以大力推广普通话，使用规范字，提高全社会的语言文字规范意识和应用能力为根本任务。努力实现“普通话基本普及，汉字的社会应用基本规范“的目标。

（王长海　撰稿）

中共天津历史纪念馆

概况

中共天津历史纪念馆始建于1961年，前身是中共天津建党纪念馆。原址在和平区长春道普爱里17－23号。它是在中共天津地委成立旧址的基础上建立的。“文革”时被迫闭馆。于1991年7月1日重新对外开放。2000年底，为迎接建党80周年，和平区委、区政府决定将原建党纪念馆迁至和平区山西路98号。扩建后的中共天津历史纪念馆于2001年6月24日如期完成，以崭新的面貌展现在全市人民面前。市委书记张立昌同志亲自为新馆题写馆名。现任馆长李尚波。

该馆占地面积933平方米，建筑面积1760平方米，分3层共5个展厅和1个声像厅，展览形式有历史照片、灯箱、图画、图表、声像资料和文物，还有以人物雕塑为主的场景复原陈列。展示了从“五四”运动以来，天津地方党组织的产生背景及过程，以及天津地方党组织成立后领导天津人民进行新民主主义革命、社会主义建设和改革开放80余年的光辉历程。展览分为3个部分，第1部分展出在新民主主义革命时期，天津地方党组织的创建发展及其革命活动；第2部分展出天津解放后在社会主义建设时期艰苦创业的过程；第3部分展出十一届三中全会以后经过改革开放给天津带来的巨大变化。

纪念馆开馆以后,已成为我市重要的爱国主义教育基地和革命传统教育的场所,也是各级党组织和党员教育、举行党团员宣誓的首选场所。为了更大限度地发挥展览馆的教育职能,满足社会各界人士的参观需求,本馆将从2004年7月免费向社会开放。

(董　平　撰稿)

天津觉悟社纪念馆

概况

在天津市河北区三马路三戒里,一处环境优雅、灰砖平房组成的小院格外引人注目,它就是1919年由进步青年创办的革命社团觉悟社经常活动的地方。

觉悟社是周恩来、邓颖超、马骏、郭隆真、刘清杨等人在"五四"运动中创办的,是当时在国内影响较大的革命社团之一。觉悟社由20位社员组成,他们本着"革新、革心"的精神,以"自觉、自决"为主旨,认真研究新思潮,探讨救国救民真理,积极参加实际斗争,成为了当时天津反帝反封建爱国运动的领导核心,在北方的革命社团中享有很高的声望。觉悟社的多数成员后来都走上了革命道路,有8人加入了中国共产党,6人加入了社会主义青年团。其中周恩来就是杰出的代表,马骏、郭隆真、黄爱等为革命献出了宝贵的生命,成为觉悟社的"三烈士"。为了弘扬"觉悟"精神,激励后人奋进,1982年,天津市人民政府将觉悟社旧址定为市级文物保护单位,并成立"觉悟社旧址"陈列馆。1984年9月16日,在觉悟社成立65周年之际,由中宣部批准在觉悟社旧址上成立了天津觉悟社纪念馆。1986年9月10日,邓颖超同志专程来馆视察并亲题"觉悟社纪念馆"匾额。现该馆为市级重点文物保护单位、市级爱国主义教育基地。现任馆长吕淑芳,书记王福伟。

天津觉悟社纪念馆现分成复原陈列室和辅助陈列室两部分:复原陈列室是当年觉悟社社员活动的场所,外墙筑有"觉悟社旧址"石碑,屋内设书桌、铁床等,桌上有文房四宝和马克思著作,外间八仙桌上有社员当年为决定代号而抓阄用的铁盘和纸阄以及学习资料等,再现了历史原貌。辅助陈列室内藏相关历史文献、照片、绘画、雕塑等80余件珍贵文物,全面地展示了觉悟社的创立、成长及奋斗历程。天津觉悟社纪念馆坚持全年对外开放,它以弘扬革命精神为宗旨,以宣传爱国主义为己任,以服务大众为主要工作,在不断的发展过程中,无可替代地成为社会主义精神文明建设的重要窗口。十几年来共接待各界参观群众达十几万人次,并曾先后接待过杨尚昆同志、宋平同志、江泽民同志的夫人王冶萍、李鹏同志的夫人朱琳、台湾著名演艺家凌风的《八千里路云和月》摄制组,以及来自日本、韩国、加拿大、法国等国家和地区的朋友。

(觉悟社纪念馆　供稿)

天津梁启超纪念馆

概况

天津梁启超纪念馆坐落在天津市河北区民族路44-46号。纪念馆是在梁启超故居和"饮冰室"书斋基础上建立的一所名人纪念馆。也是天津市爱国主义教育基地之一。隶属于天津市河北区政府领导。现任馆长吕淑芳,书记王福伟。

天津梁启超纪念馆占地2492.39平方米,总建筑面积2294.90平方米,为两座意大利建筑风格的砖木结构楼房。它是梁启超结束了14年流亡生活回国后的寓所,分别建于1914年和1924年。1984年2月,天津市河北区政府将其列为区级文物保护单位;1991年8月被天津市政府命名为市级文物保护单位;2000年12月,中共天津市委第七届委员会全体会议决定,修复梁启超故居和"饮冰室"书斋,建立天津梁启超纪念馆。2002年10月1日,天津梁启超纪念馆对外开放。

天津梁启超纪念馆本着尊重历史,充分反映近代中国发生的重大事件和中国人民反帝反封建的奋斗历程,突出展示梁启超忧国忧民、立志改革的爱国情怀及其发奋图强、勤于笔耕的精神与原则进行布展。共分两大部分,展览部分设在故居楼内,以"梁启超与近代中国"为主题,分6个专题12个展室,使用上千件历史资料、照片、图表、模型。复原部分设在饮冰室书斋楼内,使用了百余件物品,按照梁启超生前的陈设进行陈列,再现梁启超当年工作和生活场景。

天津梁启超纪念馆在对外开放的两年里共接待观众4万余人,吸引了许多国家的游客以及海外华侨、港澳台的观众和学者。先后接待了原国务院副总理钱其琛、中央党史研究室主任孙英、驻法大使吴建民、驻意大使程文庆、国家文物局局长单祥等。而且还得到了新华社、《人民日报》、《天津日报》、《今晚报》、《团结报》、《新民晚报》、《武汉晚报》、《台湾当代新闻》、中央电视台、天津电视台、凤凰卫视、吉林电视台、台湾年代电视台等新闻媒体的关注与报道。

纪念馆与《今晚报》、南开大学、天津市河北区政协共同举办了"梁启超与近代文化"国际学术研讨会。为了更好地发挥教育作用,与天津第24中学、天津师范大学、天津博安小学等单位结为共建关系,并建立了一支业余讲解员队伍。

(天津梁启超纪念馆 供稿)

天津市电化教育馆

概况

天津市电化教育馆成立于1978年,是市教委直属的教学研究事业单位。内设8个部门(办公室、信息技术研究部、《天津电教》编辑部、教育技术研究部、视频教材制作部、音频教材制作及资料信息部、行政科)。也是我市基础教育、教育技术和教育信息化工作的业务管理部门。

市电教馆为各级各类学校拍摄各种课程视频教材及科教、专题片。在市教研室的紧密配合下,制作小学、初中、高中英语及"汉语拼音听读"录音电教教材;采集并积累了数千小时的教学参考视频资料,为广大中、小学校及教师提供视频复制服务。

市电化教育馆每年举办一次全市性、大规模的优秀课评比活动,至今已连续举办了13届。自1998年以来每年组织一次网络教学优秀课研讨、评比、展示活动,到2003年已连续举办了6届。自1997年以来,我市分别有50所中学和70所小学加入到"全国中小学现代教育技术实验学校"和"天津市中小学现代教育技术实验学校"的行列中来。各实验校工作在我市中小学教育技术和教育信息化工作中起到了很好的辐射和示范作用。天津市小学电教协作组现已发展到15所学校,协作组结合小学课程教材改革中的热点问题加强教育技术的研究工作,推动了小学教学中信息技术与课程整合以及小学课程教材改革。《天津电教》刊物和《教育技术简报》日益起着宣传现代教育理论、教育技术理论和信息技术理论,推动我市中小学教育技术和教育信息化工作的作用。

市电教馆于1995年成立了基础教育计算机辅助教学软件研究开发中心,经上级批准,组建了天津市基础教育信息专家组,并参与了多数关于基础教育信息化工作重要文件的起草和技术方案的论证工作,在教育部有关部门连续举办的7届全国多媒体教育软件大奖赛中成绩突出,累计获奖达126个,市电教馆成为全国惟一连续7届获得优秀组织奖的省市级电教馆。市电教馆还参加了市教委"十五"教育信息化规划专家组工作;参加了天津市教育科研宽带网的建设工作;参加了区(县)网络中心和以光纤为主的"校校通"接入工程中市教委对各区(县)工程的调研、方案论证和现场协调等工作,同时积极组织和推动中小学校园网建设。由市电教馆组织的中央电教馆"十五"重点课题《天津市中小学学科学习网站研究与建设》,目前建设数目经二期扩大已达20个,有的已形成阶段性成果,学科学习网站同时也是市教委中小学教育资源建设的重点项目。

(天津市电化教育馆 供稿)

国家部委人文社会科学重点研究基地

南开大学亚太经济合作组织(APEC)研究中心

一、工作概述

2003年,南开大学亚太经济合作组织(APEC)研究中心的科研工作主要集中在以下几个方面:一是完成由中心负责承担的一年一度的重点科研任务"亚太经济发展报告"及"亚太经济合作组织咨询报告"的撰写工作。二是与国家商务部合作开展名为"中国加入WTO的承诺与中国APEC单边行动计划的比较研究"的有关中国——欧盟双边合作的子课题研究。三是完成与云南省社会科学院、云南财贸学院三方合作开展的中国——东盟自由贸易区经贸关系问题研究。四是完成受天津市政府外事办公室委托开展的"中国周边主要国家和地区外资准入政策比较分析与天津市外向型经济战略研究"咨询研究项目。五是中心除继续开展常规博士生及硕士生的学位教育工作外,还招收了一届世界经济专业的硕士单考班,该班的注册学员共计20名。六是于2003年9月12日,中心作为全国首批第一个接受评估的单位,顺利通过了教育部人文社会科学研究基地专家组的实地评估。同年5月,由于在中心近10年的创建与发展过程中能够坚持发扬与时俱进、开拓创新的精神,取得了不凡业绩,中心主任宫占奎教授被评为天津市市级劳动模范。

二、科研成果

2003年,中心学者发表了《WTO与中国产业发展》、《中国—东盟自由贸易区建设与云南面向东南亚开放》、《中国与东盟经济一体化:模式比较与政策选择》、《公共财政:加入WTO后的财政政策调整》、《中国与亚太经济合作组织》、《能力建设:APEC进程中的关键问题》、《携手合作面向未来》等多部专著、论文和专论。此外,由中心主任宫占奎教授参与主编的《APEC研究—方式运行效果》一书获得了第三届中国高校人文社会科学研究优秀成果一等奖。

三、学术交流

2003年8月19日至22日,由中心主办的"APEC问题研究2003学术年会"在北京召开。来自国家外交部和商务部方面的政府官员以及全国重点高校的专家学者出席了本次会议。会上,外交部、商务部的官员们介绍了中国参与区域经济合作的最新进展、特别是APEC进程以及推进中国-东盟自由贸易区合作的一些新情况。中心主任宫占奎向与会者通报了当年APEC课题的进展以及咨询报告与发展报告的研究思路和要旨。与会的专家学者还围绕全球经济形势、亚太地区的区域经济合作以及APEC进程中的诸多具体问题,提交了论文,展开讨论。提出了不少有益的政策建议。

11月1日至2日,南开大学APEC研究中心、国际经济研究所和商务部国际经贸司在天津保税区联合召开了"10+1自由贸易区合作问题学术研讨会"。会上,商务部国经贸司张少刚处长就中国与东盟合作展开谈判的进展情况以及当前面临的主要问题作了重点发言。该项课题负责人李荣林教授向与会者介绍了研究工作的基本思路、框架和内容要点。

此外,本年度中心学者还参加了"中国-东盟自由贸易区高层论坛"、"欧盟支持中国加入WTO项目结项会议"、"曼谷协定研讨会"、"APEC/ASEM财金合作研讨会"、"亚欧合作问题研讨会"等在国内外举行的学术会议。

在国际交流方面,2003年11月26日,美国卡耐基·梅隆大学终身教授丹尼尔·博格(Daniel Berg)先生应邀来南开APEC研究中心访问。其间,博格教授作了题为“现代服务业对中国的现实及未来的冲击”的学术演讲，并同中心的研究人员举行了座谈。

（吴弘宝　撰稿）

南开大学跨国公司研究中心

一、工作概述

南开大学跨国公司研究中心是我国最有影响的跨国公司研究机构之一。2003 年中心有专职研究人员 11 人，其中博士生导师 9 人，兼职研究人员 11 人；中心主任为冼国明教授。该中心主要研究方向和内容为：跨国公司理论与政策研究、跨国公司与中国经济研究；跨国公司经营战略研究。本中心十分重视高层次人才的培养，注重研究生的理论和方法训练，积极吸收研究生参与课题研究，为社会培养了大量优秀人才，2003 年毕业博士生 10 名、硕士生 20 名。该中心与“亚洲贸易倡议组织”联合举办“贸易与投资以及多边投资框架”国际学术讨论会，与国内外学者专家进行交流合作。

二、科研成果

2003 年中心以建立国际一流的研究中心为目标，密切跟踪跨国公司的发展动态，联系跨国公司对中国经济发展的作用以及相关的政策问题，进行深入的理论与政策研究，发表了大量很有影响的研究成果。其中，出版专著 7 部，发表论文 46 篇，会议论文多篇，在研课题 21 项，研究成果获省部级奖励 3 项。创办电子期刊《跨国公司研究》。

本中心注重跨国公司对我国经济的影响及相关政策的研究，并向各级政府部门提交了 10 多篇重要的咨询报告。

（王小凌　撰稿）

南开大学政治经济学研究中心

一、工作概述

2003 年，南开大学政治经济学研究中心在“三个代表”重要思想指导下，在社科研究、科研管理、学科建设和人才队伍建设等方面均取得较大进展。

（1）深入学习贯彻“三个代表”重要思想和胡锦涛总书记七一讲话。本中心组织成员认真学习了胡锦涛总书记在“三个代表”重要思想理论研讨会上的讲话精神和中共中央政治局常委李长春在 2003 年度国家社科基金项目评审工作会议上的讲话精神，并按照教育部认真学习、宣传、研究“三个代表”重要思想的通知，向教育部报送了 2 篇文章：“劳动价值论与按贡献分配”、“论政府一元论的宏观经济组织与管理”。（2）积极开展“SARS 对中国政治、经济、社会的影响与对策”课题的研究。受学校委托，逄锦聚教授组织了相关学科的多位教授，于 4 月底开始了“SARS 对中国政治、经济、社会的影响与对策”的研究，我中心成员积极参与该课题的子报告：“SARS 对中国经济的影响与对策”的研究。该系列研究涉及宏观经济运行、财政政策、农村医疗、企业运行、引进外资、金融、贸易关系等诸多领域。21 份课题成果已分送市委、市政府、有关经济部门及中央级报刊等 30 余个部门，并产生了较大的社会反响。该课题组的 6 份成果已发表于《新华社内参》和《新华网》、市政府《参阅资料》、《调研报告》、市委《对策研究》；3 份成果全文发表或转发于《经济日报》、《中国经济时报》、《中华工商时报》。

（3）加强学术交流。由南开大学政治经济学研究中心、南开渤海金融研究所和南开大学虚拟经济与管理研究中心联合主办的“中国经济与金融发展论坛（2003）”国际学术研讨会于 2003 年 12 月 27 日至 28 日在南开大学隆重召开。除了大型的国际学术讨论会外，中心还举办小型的学术研讨会约 20 次，通过多种形式的学术讨论会，加强了学术交流，同时也扩大了中心的学术影响。（4）加快人才培养步伐。截至2003年底,中心毕业硕士生92人,其中理论经济学60人,应用经济学32人;毕业博士生55人,其中理论经济学38人,应用经济学17人。在校硕士生77人,其中理论经济学46人,应用经济学31人;在校博士生108人,其中理论经济学88人,应用经济学20人。(5)电子期刊编辑工作迈上新台阶。与教育部人文社科网合作创办电子期刊《政治经济学评论》。2003年共上传两期电子期刊。通过电子期刊的发布,扩大了中心的学术影响及学术交流。(7)加强网络建设步伐。2003年中心网页进行了改版,以全新的面貌与大家见面。中心加强网络建设,加快了网页的更新频率,做到了新闻、科研、会议等内容的及时上传。

二、科研成果

(1)出版两套系列丛书:《面向21世纪政治经济学创新丛书》和《货币与资本市场研究前沿丛书》系列丛书。《面向21世纪政治经济学创新丛书》是政治经济学研究中心承担的教育部人文社会科学重大项目"面向21世纪政治经济学创新"的最终成果。该丛书由逄锦聚教授主持完成,由经济科学出版社出版。《货币与资本市场研究前沿丛书》是政治经济学研究中心承担的教育部人文社会科学重大项目"马克思主义经济学与西方经济学"的最终成果。该丛书由柳欣教授主持完成,由人民出版社出版。(2)由吴树青教授担任顾问,逄锦聚教授、洪银兴教授、林岗教授、刘伟教授主编的《政治经济学》教材第二版于2003年由高等教育出版社出版,该书已被列为教育部精品教材进行建设。该成果是在教育部高教司的支持下,由全国高等学校经济学教学指导委员会组织、由南开大学为主要牵头单位、国内多所院校的著名经济学家共同编写的经济学类核心课程教材。该教材突出了政治经济学的时代特征和理论的前沿性,对资本主义和社会主义经济中出现的新的经济现象进行了抽象和概括,并给予了深刻的理论阐释。(3)由柳欣教授主编的《中国宏观经济运行与经济波动》2003年由人民出版社出版。书中采用了柳欣教授的理论模型,把整个国民经济作为一个货币金融体系,在内生的货币供给基础上,使国民收入核算的统计变量与货币金融体系的统计变量联系在一起,从货币金融体系运行和稳定性的角度来阐述这些变量的决定和变动规律。(4)2003年中心专职研究人员发表论文50余篇,出版论著10余部。承担课题4项,经费32万元。

(冯素杰　撰稿)

南开大学中国社会史研究中心

一、工作概述

2003年,南开大学中国社会史研究中心严格遵守教育部颁发的《普通高等学校人文社会科学重点研究基地管理办法》的"五项标准",从科研人员力量组合、科研成果产出、学术交流、人才培养,以及切合社会实际需求,发挥为国家政府机构出谋划策的咨询功能等方面,大力推动基地建设。(1)科研成果丰硕。从中心建立至2003年,研究人员承担课题数为23项,项目经费314.7万元。其中我中心人员著作被CSSCI核心刊物引用次数达130次,论文被引用达80次,在CSSCI核心刊物上发表论文达40篇,省部级获奖成果9项。(2)学术交流活跃。2003年由中心主办了"中国历代农民家庭规模与农民家庭经济学术研讨会"、"多元视野下的中国社会史研究学术研讨会"、"明清以来华北经济研究学术研讨会"等学术会议;截至2003年到国外的访问学者有11人次,来访学者达9人次。(3)人才培养成效显著。基地自建立以来,培养博士生29人,硕士生20人,2003年在学博士生54人,硕士生35人。(4)对策研究获好评。面对2003年SARS疫情,国家民政部"中国国际减灾委员会"委托本中心就历史上的灾荒与救灾情况作咨询报告,本中心作出了《唐代灾荒与社会》、《清代灾荒及其救治研究》、《中国古代的结社抗灾——以中古敦煌为中心》、《汉代灾荒与社会研究》等4篇约20万字的咨询报告。民政部"中国国际减灾委员会"对咨询报告给予很好的评价。

二、科研成果

2003年,本中心科研人员承担的教育部社会科学重点研究基地重大项目6项,第1、2批项目进展顺利,第3批项目开始启动,具体情况如下:(1)"中国政治理念、国家权力与社会关系研究",2000年立项,主持人刘泽华教授。《光明日报(理论版)》2003年2月18日报道了该课题组在2002年12月14至15日召开的"公私观念与中国社会学术讨论会"。目前这个课题已接近完成,其中3部书稿已经完成,并有一批相关论文发表。(2)"中国家庭史研究——传统基层社会与国家权力关系的历史考察",2000年立项,主持人张国刚教授,研究进展顺利。(3)"明清以来华北区域经济发展与地方社会秩序研究",2001年正式立项,负责人许檀教授。目前已进行4次专题讨论。(4)"20世纪中国社会史研究的回顾与展望",2001年立项,主持人常建华教授。该项目的5个子项目,均在程度不同地进行当中。

本中心2002年申报的"中国社会史料辑刊"、"近500年中国社会结构的变异"两个重大项目,已经正式批准为教育部人文社会科学重点研究基地2002~2003年度重大研究项目,并已启动,资金全部到位。

此外,本中心主办的《中国社会历史评论》年刊由商务印书馆出版,在学术界引起较大反响。《光明日报》(2003年1月14日)和《中国史研究动态》(2003年第5期)对该刊第四卷的出版作了相应的报道;《南开史学家论丛》第2辑由中华书局出版发行。《人民日报》、《光明日报》、中央电视台等重要媒体都给予了宣传报道。《南开史学家论丛》是范曾先生积极筹划并出资支持,由南开大学历史学院、南开大学中国社会史研究中心、南开大学东方文化研究院共同运作出版的。《南开史学家论丛》对整理和保存南开史学家的研究成果,弘扬和激励南开史学研究具有极其重要的意义和价值。冯尔康教授的清代社会史论文结集出版;《中国社会史研究》丛书第2辑《政治理念与中国社会》结集出版。

(南开大学社会史研究中心　供稿)

天津师范大学心理与行为研究中心

一、工作概述

2003年,天津师范大学心理与行为研究中心主在沈德立教授的领导下,以"爱国、尊师、勤奋、认真"为指导思想,严格按照教育部重点研究基地建设计划的5项标准,在科学研究、人才培养、学术交流、资料信息建设与咨询服务、深化科研管理体制改革等方面均取得较大的进展,学科建设取得重大成就。

(1)国务院学位委员会批准心理学为一级学科博士授权点;国家人事部批准为心理学博士后科研流动站。填补了天津师范大学在这两方面的空白。(2)《心理与行为研究》经国家新闻出版总署批准,于2003年1月正式创刊,这是一本综合性的心理学学术期刊,向国内外公开发行。(3)由中国社会科学出版社编辑出版了《半个世纪的心理学生涯——沈德立论文选粹》,本书精选了沈德立先生从1957年到2003年间公开发表的40余篇论文,全书50万字,反映了一名心理学工作者50年的历史足迹和对中国心理学发展的贡献。(4)引进了美国ASL(应用科学实验室)生产的504型眼动仪、加拿大SR Research公司生产的EyelinkII型眼动仪。目前,"中心"拥有3台眼动仪,成为国内眼动研究的核心实验室。(5)"心理与行为网"(www.psytj.net)完成了第3次改版。分中、英两种语言,既面向国内外专家学者开放,又面向全国高校大学生心理健康教育工作者和大学生群体,其在抗击"非典"斗争中和大学生心理健康教育培训工作等方面发挥了重要作用。(6)研究人员深入大、中、小学校,机关、企业、医院作学术报告和心理咨询10余次,受到广泛欢迎。特别是非典期间,4位博士生导师带领"中心"的教师和研究生,从心理学角度,编制了《抗击非典手册》,以自己所学为社会及学校稳定做出了贡献。(7)在研究生培养方面,2003年"中心"进一步扩大了博士生和硕士生招生规模,现有在读博士18人,硕士36人。(8)受教育部社政司委托,中心承办了全国高校大学生心理健康教育骨干教师第五、六期培训班。以"发展与教育心理学"专业为依托,承办了"第2期天津市中小学校长进修班"。此前为支援西部教育，无偿为新疆师范大学举办的“发展与教育心理学研究生课程班”，经过两年的培养于2003年暑期圆满结业。

二、领导视察

2003年10月20日，市长戴相龙和副市长张俊芳到“中心”视察。对“中心”的建设和发展作了重要指示。2003年教师节，受市委常委、市总工会主席散襄军的委托，市总工会副主席赵洪莉等一行专程来我校亲切看望市特等劳动模范沈德立教授，并代表市总工会致以节日祝贺。

三、科研成果

以沈德立教授为首席专家申报的教育部哲学社会科学研究首次重大课题攻关项目《青少年心理健康素质调查研究》在全国招标过程中一举中标，获得80万元人民币的经费资助；阴国恩教授申报的“智慧潜能开发的聪明理论与实践”和梁宝勇教授申报的“学校心理辅导员的培训与资格认证”被列为全国教育科学“十五”规划重点课题；吴捷申报的“大学生心理健康教育教师队伍培训和师资建设研究”被列为教育部人文社会科学“十五”规划课题。2003年，中心发表学术论文30篇，沈德立主编、阴国恩和白学军任副主编的高等学校小学教育专业教材《基础心理学》、《小学儿童发展与教育心理学》由华东师范大学出版社出版。由沈德立、阴国恩主持研制的第二代国产心理学仪器——JGW心理学实验台荣获天津市科技进步二等奖。

（天津师范大学心理与行为研究中心　供稿）

天津体育学院体育人文社会科学研究中心

一、工作概述

2003年是天津体育学院体育人文社会科学研究中心贯彻中共中央体育工作意见精神，认真实践“三个代表”的重要思想，按照院党委发展基本思路，苦干实干的一年。在体育社科研究、学术活动、学科建设和人才队伍建设等方面均取得较大进展。

(1)体育人文社会科学学科建设取得重大进展。2003年，在全国第9批博士、硕士学位授权评审中，体育人文社会科学研究中心被教育部正式批准为“博士联合培养单位”，与北京体育大学联合招收和培养体育人文社会学博士学位研究生。与此同时，在硕士学位授权评审中，我中心申报的“课程与教学论(体育)”专业被国务院学位委员会批准为硕士学位授权点。目前中心已成为可以培养博士和两个一级学科(体育学和教育学)硕士的重要体育人才培养基地。

(2)加强人才队伍建设取得进展。为了培养和引进高水平学科带头人及专业急需教师，中心明确引进人才的待遇条件和在职提高学历层次的补贴办法，积极鼓励优秀青年教师攻读博士学位或出国进修。2003年，我院考取在职博士生2人，硕士生2人。考取教育部硕士学位进修班11人。2003年，我院体育人文社会学学科集聚了一批全国知名的专家学者，其中教授7人、博士生导师3人，学科带头人3人。研究中心主任由天津体育学院院长亲自担任，保障了各项工作的开展。

(3)对外学术交流取得进展。在对外国际交流方面今年我院与日本国际武道大学建立了友好校际关系，韩国东亚大学等外国团体对我院进行了友好访问，我院有6人对美国、日本、台湾、韩国等进行了社科考察，6人参加了国际学术会议。同香港、澳大利亚合作科研项目4项。日本、澳大利亚等国家的专家学者来我院进行了学术交流活动。

二、科研成果

2003年，中心共承担省部级以上资助和横向联合课题10余项，其中获批准国家级课题2项、中央其他部门课题2项、省市自治区课题6项，获得科研经费20余万元。2003年，出版学术专著3部，在国内外公开发行的刊物上发表学术论文40余篇，获得省部级奖1项。

2003年，在天津市教委组织的专家评审中，体育人文社会科学研究中心又被批准为“天津市高等院校人文社会科学重点研究基地”。

（天津体育学院体育人文社会科学研究中心　供稿）

南开大学(国家)经济学基础学科人才培养和科学研究基地

概况

南开大学国家经济学基础学科人才培养基地成立于1999年1月,是教育部批准的全国13个"国家经济学基础学科人才培养和科学研究基地"之一。现任基地主任何自力教授。

基地现拥有教师38人,其中教授16人,副教授15人,高级职称教师占教师总数的82%;博士生导师10人,占教师总数的26%;讲师5人,助教2人;拥有博士学位的教师17人,占教师总数的44%;40岁以下的青年教师获得博士学位和即将获得博士学位的比率达到100%。

本基地的建设方针是:面向21世纪,适应社会主义现代化建设对人才培养的新要求,抓住机遇,迎接挑战;转变教育观念,深化教学改革,不断提高教学质量,建立知识、能力、素质三位一体的复合型人才培养模式,培养理论基础扎实、知识面宽、创新能力强、综合素质优秀的主要从事理论经济学研究和经济管理的优秀人才。

本基地的主要任务是:建设一支学术水平和教学水平高、结构优化、充满活力的师资队伍;在人才培养和教学改革方面起带头、示范和辐射作用;教育质量达到国内一流水平,持续稳定地为相关学科输送高质量的研究生生源;对社会主义经济建设中出现的重大现实问题和具有重大理论意义的经济学问题深入研究,建成我国高校经济学理论研究的重要基地。

经过5年来的建设,基地取得了显著成果:(1)基础学科的地位进一步得到巩固,学科优势得到了进一步的发挥。(2)科学研究取得突出成绩。自建设基地以来,共发表科研论文219篇,其中核心期刊(CSSCI)103篇;出版学术著作58部。获省部级以上科研成果奖11项,其中教育部第三届优秀成果二等奖2项;孙冶方经济科学著作奖1项;天津市社会科学优秀成果一等奖1项。(3)教学研究取得新的成果。基地教师在公开学术刊物上发表教学研究论文14篇,承担了各类教学研究项目21项,其中教育部教学改革研究立项3项,天津市教学改革研究项目1项,校级教学改革项目17项。教学研究成果在教学实践中得到了运用并取得了显著的成效,《面向21世纪理论经济学人才培养模式研究与实践》项目获得2001年天津市优秀教学成果一等奖,《政治经济学》和《西方经济学》课程建设项目获得天津市精品课称号。(4)出版了一批特色教材。自建设基地以来,共出版教材29部,其中10部为经济学专业系列教材。出版后受到广泛好评。(5)形成了富有特色的人才培养模式。基地制定了创新性教学计划,教学计划体现基地人才培养目标和培养规格的要求;在基地实行导师制,指导教师专门负责学生的学习辅导工作;基地的教学组织体现培养理论型人才的要求,每位学生都要完成规定的文献阅读量和论文写作,有条件的还参与教师的科研项目,在科研实践中提高分析和解决问题的能力;大力加强基地本科生的教学实践环节。(6)学生社团在活跃课外生活中发挥重要作用。基地学生自办"经济初学社",是南开大学最大的学术社团,获得"天津市新长征突击标兵"称号。方圆大讲堂成为与学术界和实践部门进行沟通的桥梁。三农学社在引导学生关注农业、农村和农民问题方面发挥重要作用。(7)学生实践和创新能力显著提高。自建设基地以来,基地的学生在教师的指导下系统阅读了包括《共产党宣言》、《邓小平文选》、《国富论》等在内的20部经济学名著,平均每位学生累计完成读书报告字数约6万字。自建设基地以来,基地班学生在公开出版物上发表论文31篇,占基地班总人数的30%。基地学生英语六级通过率为91.17%。基地学生读研究生的比例为40%。

本基地与其他院校基地保持经常性联系,每年定期召开一次全国基地学生学术研讨会。基地还与国内外教学和科研机构建立交流和合作关系,很好地发挥了基地的示范和辐射作用。2003年11月,本基地通过了教育部专家组的终期验收评估检查,被评为优秀基地。

(南开大学国家经济学基础学科人才培养和科学研究基地 供稿)

南开大学(国家)哲学基础学科人才培养和科学研究基地

概况

南开大学哲学系哲学专业是国家教育部首批确定的“国家文科基础学科人才培养和科学研究基地”。基地所依托的哲学学科为一级学科博士授权单位,设有博士后流动站。基地现有专任教师和研究人员37人,其中教授18人、博士生导师14人、副教授17人、讲师2人。教师中具有博士学位者26人,占全部教师人数的70%。教师中1人入选教育部“跨世纪优秀人才奖励计划”,1人获教育部“高校青年教师奖”,2人获“宝钢教师奖”。现在学学生300余人,其中博士研究生60余人,硕士研究生70余人,本科生200余人。基地图书资料室现有中外文藏书1.8万余册,中文期刊140余种。近年来,基地还建成80平方米的计算机房和100平米的多媒体教学实验室,建立了“南开爱智”网络工作站。现代化的教学系统、信息与图书资料系统、教学行政管理系统和教学研究系统已初步形成。基地坐落在南开大学范荪楼,现任基地负责人王南湜教授和王新生教授。

基地建设总体指导思想是:坚持马克思主义的指导,面向现实实践,加强学术研究,以学术研究促进学科建设和教学改革,逐步建立和完善新的课程体系,主要培养理论基础宽厚,学术研究能力强,有志从事哲学研究的专门人才,同时也根据社会发展对多种人才的需要,培养哲学和人文知识宽广,能够掌握相关学科领域的知识和技能,有志从事教育、党政、新闻、宣传及企事业管理工作的应用型人才。

本基地确定了教学改革的总体思路是:以基地建设的标准和人才培养的目标为核心,对课程体系、教学内容和教学方法进行全面的改革,使其能够更好地反映世界范围内经济、政治和科学文化的发展趋势,更好地吸收哲学文化发展的优秀成果,更加符合哲学文化的内在知识结构和实质精神,更能体现“三个面向”的教育发展战略,更有利于人才基本素质的提高和能力的培养。

本基地科学研究的总体特色是:注重对现实社会生活中理论问题的研究,无论是马克思主义哲学学科的社会哲学研究,中国哲学学科的现代新儒学研究,还是逻辑学学科的逻辑学应用研究,都是密切相关于现实社会生活的,而这一点也使基地的人才培养具有鲜明的关注现实社会生活中理论问题的特色。自1995年以来,基地教师共承担科研项目50余项,出版学术著作50余部,在省部级以上刊物发表论文700余篇。共有30余人次获得省部级以上教学、科研成果奖和其他奖项。共举办国际学术会议2次,全国性学术会议6次。基地教师有8人参加境外学术会议;共有台湾学者17人次、外国学者20余人次来哲学基地访问、讲学;基地教师5人次分别到加拿大、韩国和中国台湾讲学。

哲学基地建设所取得的显著效果,对相关学科和其他学科产生了明显的辐射作用。自1995年以来,南开大学外系学生选修哲学系哲学专业课程的人数和课程数逐年增加,哲学基地所开设的全校公选课程成为最受欢迎的课程。哲学基地还与天津大学、天津师范大学、湘潭大学、河南师范大学、洛阳师范学院、华中科技大学、北方交通大学、陆军导弹学院等学校的相关学科建立了教学、科研协作关系,基地的教师受聘为上述学校的兼职教授,对其教学、科研及人才培养产生了积极的推动作用。

(南开大学哲学系　供稿)

南开大学(国家)历史学基础学科人才培养和科学研究基地

概况

1995年,南开大学历史系(2000年组建为历史学院)首批成为国家文科基础学科人才培养和科学研究基地。基地现包括历史学和世界历史两个系。基地现有教师50人,其中教授21(含博士生导师16人),副教授18人,讲师及教辅人员11人,大部分教师都曾在国外著名大学讲学和访问。现任基地负责人王利华教授。

本基地指导思想是:“系统改革、全面建设、注重实效、争创一流”,并按照“一个基地、两个中心”(国家培养高素质历史学专门人才的重要基地和历史学研究中心、社会主义精神文明建设及国家制定现行政策服务的咨询与研究中心)建设目标,充分利用国家专项投入,积极推进各项建设事业,大力改善基础条件,优化教师队伍,改革教学体系,提高教学质量和水平,不断取得新的建设成就:(1)硬件建设成绩显著。基地现有装配精良的计算机房、多功能教室、多媒体教室、基地阅览室和专用书架,专业图书资料的数量成倍增长。(2)基地生培养质量稳步提高。自基地成立以来,每年都有大批学生获得各级各类奖项,如“天津市新长征突击队”、“市级先进班集体”、国家奖学金、“全国史学新秀”一、二、三等奖等;历年级基地生中均有人在核心期刊上发表高水平的学术论文,历届基地毕业生的研究生升学率均在50左右,反映基地生培养注重素质、增强能力、强化基础、拓宽专业、严格管理、提高质量,已经取得了明显的成效。

本基地的教学体系不断改革、完善,充分体现了南开大学“课堂教学——社会实践——校园文化”三位一体的办学特色。积极推进以“精品课程”建设为中心的课堂教学改革,已有3门课程分别获得天津市级精品课和南开大学校级精品课建设立项,多门课程获得市级和校级教学成果奖。基地积极实行开放式、实践性教学,聘请国内外一流学者来基地授课或作学术演讲,实施教学名师建设工程,为基地生开办名师辅导班;积极推进“双语教学”,现有多门课程同时使用汉语和英语授课;大力支持和指导基地学生开展多种形式的学术活动,包括主办内部学术刊物——《春秋》、《纵横》,举行“五四论文”评选和“历史文化周”、“史学演讲比赛”等活动;由教育部高教司专项资助、基地具体组织实施和全国高校历史学人才基地学生参加的“全国史学新秀”论文评奖活动,自1998年以来,已先后举办了4次,产生了广泛的影响,充分发挥了基地的示范和辐射作用。

基地建设成就得到了有关部门的充分肯定,在教育部文科基地中期检查和2002年验收中,基地连续获得优秀。

(南开大学(国家)历史学基础学科人才培养和科学研究基地　供稿)

南开大学(国家)中国语言文学基础学科人才培养和科学研究基地

概况

南开大学“中国语言文学”学科是国家教育部批准成立的“国家文科基础学科人才培养和科学研究基地”。该基地坐落在南开大学校内范孙楼。基地现有一级学科博士学位授予权,内含博士、硕士研究生教育全部8个二级学科,并有自主设置学科4个;建有博士后科研流动站;有教授30人,其中博士生指导教师22名。该基地各项设施和图书资料条件优异,人才培养效果明显,在2001年教育部基地一期建设评估中被评为优秀基地。

基地拥有一大批在国内外享有盛誉的专家学者。主要研究方向:

1.文学方面。(1)文学思想史:由罗宗强开创,系统清理和描述各时期文学思想的面貌、特点及其衔接关系,形成较为完整的研究范型和体系。(2)古代文学与文化:以文学与宗教的关系为重心,研究古代文学与作家心态和传统思想文化各方面的广泛联系,拓展了古代文学研究的范围。学科带头人为孙昌武、陈洪。(3)古代小说与小说理论:李剑国、陈洪为带头人,涉及文言与白话、史料与理论、域内与域外,阵容齐整,门类齐全,角度多样,方法多元,文言小说研究成绩尤为显著,基础坚实,内容系统,填补了薄弱环节。(4)词与词学:有叶嘉莹主持“中华古典文化研究所”。这几个方向相互渗透,彼此互补,产生了一批高质量的成果,如文学思想史系列、文学与宗教系列、文学与士人心态系列、叶嘉莹著作系列、国家级重点教材《中国古代文学作品选》等。现代中国文学与文化:乔以钢的女性文学与性别研究颇具特色；以李新宇、汪晖（兼职）为中心的现代思想文化史的研究特色鲜明。文艺美学与批评：彭修银的东方文艺美学研究、刘俐俐的当代文艺理论与批评研究，各有特点；范曾则在书画艺术批评论方面培养博士。外国文学与文化：王志耕着重探讨俄苏文学与宗教的关联；王立新以希伯来文学与宗教关系为主要方向。

2.语言学方面。比较语言学：以1942年西南联大“边疆人文研究室”为起点，1981年获首批博士授权，是国内重点综合大学仅有的学科点。研究多种民族语言和少数民族语言与汉语的历时共时比较。邢公畹的“深层对应方法”；石锋的音系格局的类型学研究；刘叔新、曾晓渝等的语言接触和影响研究等均取得引人注目的成果，并设有“南开大学比较语言学研究中心”。汉语言文字学：马庆株提出“语义功能语法”；刘叔新提出“词汇结构组织”；周荐主持“词汇学和词典学研究中心”；洪波的汉语史教学与研究及“中国文字学研究中心”，均有突出成绩。语言学及应用语言学：石锋多角度、宽领域地研究实验语音学和音系学，主持开发“桌面语音实验室”获教育部优秀教学成果奖。马庆株的语言规划研究；施向东的汉语等韵学研究；王红旗的语言理论研究都取得了不俗的成绩。

（南开大学文学院　供稿）

学术团体

学会概述

天津市社会科学界联合会

2003年,市社联坚持用“三个代表”重要思想统领各项工作,认真贯彻落实党的十六大和市委八届三次、四次全会精神,积极组织推动全市广大社会科学工作者,努力为天津改革开放和现代化建设服务,各方面工作取得了新进展。

一、把学习、研究、宣传邓小平理论和“三个代表”重要思想作为社联首要任务

一是,党的十六大召开后,与市委组织部、市委宣传部等联合在全市举办了学习贯彻党的十六大精神和“三个代表”重要思想理论征文活动,征集文稿500多篇,评选出一、二、三等奖和优秀奖共151项。优秀论文与领导干部文章编印成100万字的文集出版发行。中共中央政治局委员、市委书记张立昌为文集题词:“继往开来,与时俱进。”6月,社联与市委宣传部联合召开了学习《《“三个代表”重要思想学习纲要》座谈会,市委副书记刘胜玉,市委常委、市委宣传部部长肖怀远出席会议并讲话。7月6日,社联与天津日报社联合召开了学习胡锦涛总书记“七一”重要讲话理论座谈会,并在《天津日报》上用两个整版发表了专家学者的发言。十六届三中全会召开后,社联与市委党校联合举办了学习《决定》报告会,邀请中国社科院张卓元教授作了辅导报告。二是充分发挥社联会刊《理论与现代化》、《天津社联通讯》的阵地作用,围绕“三个代表”重要思想的学习与实践,刊载了李铁映同志的《完整准确把握马克思主义民主理论》等多篇有理论深度和应用价值的理论文章。

二、以改革开放和现代化建设的重大现实问题研究为主攻方向,积极开展应用对策研究

年初以“海河两岸综合开发专题研究”为主题,主办第十七届社会科学与自然科学两界联盟活动,组织两界专家学者开展调研,对15项专题进行论证立项,完成约27万字的调研报告提交市政府做咨询参考。同时开展了“三五八十”回顾总结活动,组织专家学者进行征文和研讨,并编写《十年巨变——三五八十纪念文集》,市委副书记刘胜玉为文集作序。

三、深入开展学术研究活动,推动理论创新和学会建设

在抗击非典的特殊时期以笔谈、网上点评等形式开展社会新阶层问题、现代城市治理问题等各学科领域的前沿和热点问题的研讨。为繁荣发展我市社会科学事业,社联组织编纂了首部100万字的《天津社会科学年鉴》,组织完成了第三届“天津社联奖”内部优秀论文评选工作,组织开展了评选2000－2002年度先进学会和学会工作积极分子活动,完成了学会工作情况的问卷调查,撰写了万余字的调研报告。

四、运用多种形式,大力开展社科宣传普及和咨询服务工作

在抗击非典特殊时期,社联与市电台、电视台合作,开办了“专家观点”等栏目,宣传依靠科学抗击非典,受到广大听众、观众的喜爱。2003年,社联组织相关学会的专家学者深入院校、社区和机关,举办了8场大型科普讲座,为5000余人作了辅导报告,受到普遍欢迎。根据形势发展和干部群众学习需要,社联邀请清华大学闫学通教授主讲“当前国际形势的热点与趋势”、中国社科院齐建国教授主讲“我国经济发展的现状和目标”的专题报告。在抗击非典时期,组织有关社科专家编写出 4 万余字的防治非典科普文章发表,同时还组织推动学会研究会编写相关学科内容的科普读物。此外,社联组建了“天津市鑫联社会科学咨询服务中心”,组织完成了市农垦集团委托的“天津市外环线外侧绿化带建设研究”首项咨询课题报告,为市外贸部门完成了开拓国际市场的论证报告,受到了委托方和有关领导的好评。市社联所属社会科学进修学院与市外国语学院密切合作,招收培养了全日制高自考英语专、本科大学生。同时与有关方面合作,举办了多种专业技术人员职称考试考前培训班,适应了我市人才队伍建设工作的需要。

(天津市社会科学界联合会　供稿)

天津市逻辑学学会

(1)开展创新思维研讨活动。2003 年 9 月 20 日,本会召开了“学习和贯彻‘三个代表’重要思想与创新思维理论研讨会”。会议就深入学习“三个代表”重要思想、密切联系创新思维的实际问题,创新思维中的科学方法以及如何为贯彻“三个代表”重要思想服务等问题展开热烈的讨论。来自本市高等院校专家学者、政府机关和企业的有关人员约 50 人出席,会上有 7 位同志发表了论文。此外,市逻辑学会创新思维分会还分别到大港区和天津大无缝集团公司召开座谈会,研讨如何结合实际、开展创新思维研究工作,提出了一些积极的建议和设想。

(2)努力搞好教学和科研工作。2003 年,本会会员积极开展逻辑学在 MBA、MPA 考前班的授课工作,传授和普及逻辑学知识。与此同时,认真进行科研,出版教材著作共 6 部,论文 10 余篇。由于学术成果显著,马铁军同志被评为全军标兵,荣立二等功。本年度,学会编辑出版了《经济、逻辑、创新》论文集;全年印发了 2 期《天津逻辑通讯》。学会坚持每季度召开一次理事会,研究科研工作或举办讲座。在第三届“天津社联奖”优秀论文评审中,本会推荐的 2 篇论文均获奖,其中瞿麦生教授的论文《符号学与汉语疑问句》获一等奖。

2003 年,学会被评为市社联(2000 - 2002 年度)先进学会,这是本会第三次被评为先进学会。3 位同志被评为学会工作积极分子。

(和　婉)

天津市卫生经济学会

(1)积极参加有关学术交流活动。首先,本会于 2003 年 8 月 29 至 31 日组团赴太原参加“两北(华北、东北)地区第七次卫生经济学术交流会议”。陈力秘书长等 14 人出席,并向大会提交 6 篇论文,其中《论土地转换的可行性》一文在大会交流。会议决定“第八次卫生经济学术交流会议”在天津市召开。其次,学会组织参加了“中国卫生经济学会庆祝 20 周年活动暨第十次学术年会”。会前,学会组织会员围绕 20 年卫生经济改革,针对当前热点、难点问题等方面撰写出 20 篇学术论文,其中 8 篇入选大会交流。孙惠敏的论文《浅谈会计委派制的问题及对策》在分组会议上作了重点交流。同时,学会还推荐了 20 年来从事卫生经济研究工作者及第九届年会以来学会优秀工作者名单。其中蔡文媛同志被授予学会工作荣誉证书,华道芹、郭英芝同志被评为第十届年会积极分子。本会论文作者和学会代表共 13 人参加了会议。会上,卫生部王陇德副部长和孙隆春会长作了重要讲话,常务副会长蔡仁华作了总结。

(2)认真做好学会建设工作。本年度,学会完成了筹备换届改选、学会成立 20 周年活动和第七次学术年会的各项工作。起草了二届理事会工作报告,修改了本会章程,对组建第三届理事会进行了协商;对20年来积极投身卫生经济研究和学会工作的同志进行评选推荐。

(3)为服务行业开展调查研究。2003年,本会积极组织参加中国卫生经济学会第5批研究课题的招标活动,本会杨文秀、张晓玉等人合作的“社区卫生服务多元结构的研究”课题,在深入调查研究、取得大量数据的基础上,对现行模式进行优、缺点分析,提出相关对策建议。此课题经鉴定,评为良好,受到奖励。本年度,本会还参与了产权制度改革调研工作,并提出改革方案供领导参考。此外,本会还先后编印《天津市卫生经济管理改革研究与实践二十年》、《天津市卫生经济学会第七次学术年会论文汇编(续集)》和2003年论文汇编。

(4)参加研修班学习。中国卫生经济学会于2003年9月18日至20日在四川成都市举办了“中国医疗服务营销策略高级研修班”,本会选派4人参加了研修班。华西医大教授徐嘉玲研究员等分别作了“医疗服务营销策略”、“医院经营管理安全分析”等报告。

(文　刀)

天津市环渤海经济研究会

(1)开展理论研究,聚焦京津冀联合。2003年,本会共完成6项课题研究,即“我国北中南三大区域经济发展的比较研究”;“京津冀地区城市化的专题研究”;“发展海洋经济、港口经济,加快实现‘三步走’战略目标的对策研究”;“对东北亚区域经济合作的研究”;“联合发展旅游业的研究”;“发挥市场机制作用,推动区域经济发展的研究”。为深化理论研究成果,本会召开了“三大区域经济发展比较及对策研讨会”,高等院校的专家学者,理论期刊的研究人员和有关领导出席了会议。

(2)积极参与交流,为环渤海地区经济发展出谋献计。4月份,本会组团出席环渤海地区经济联合市长联席会第一次特派员会议,会上谢让志教授就区域理论及环渤海地区经济发展思路作了专题报告;10月中旬,还出席了“碧海行动环保论坛”,共同探讨了相关问题。

(3)发挥协调优势,联合编印《研究文集》。本会与环渤海地区经济联合市长联席会办公室联合编辑《环渤海地区经济研究文集》。论文集收入了天津、丹东、秦皇岛、威海、烟台等环渤海地区各成员市的研究论文。本文集反映了环渤海地区各成员市经济发展的状况和远景设想。文集的出版,不仅有利于环渤海地区各成员市之间的工作交流,也为促进地区经济合作起到了指导作用。该文集于2004年初出版发行。

(4)提高信息质量,开展信息交流。一年来,本会共刊印了《动态与建议》8期。内容、质量水平及实效性等方面,均比去年有较大的提高。《动态与建议》第6期转载的《天津市为何长期被“冷落”》一文,引起民盟天津市委领导的重视,经过研究提出了很多好的工作建议。

本会被评为1999～2002年市级先进社团,荣获市政府颁发奖牌。这是对本会近几年工作的充分肯定。

(文　刀)

天津市城市经济学会

2003年,本会紧紧围绕市委、市政府工作中心,把应用对策研究作为学会工作的主攻方向,坚持理论联系实际,扎扎实实地开展课题调研活动。按照“为促进天津市城市经济发展和社会进步服务”的宗旨,和“向天津市政府和城市经济有关部门提供咨询服务”的任务要求,充分发挥本会在城市经济方面的研究优势，承担了《天津市国土规划实施保障机制研究》课题。这是根据国务院的要求，我市作为全国试点，2003年开始编制的天津市国土规划的相关重点研究课题。

本会对此项课题研究极为重视，由常务副会长魏炳坤、秘书长王维基同志担任课题组组长，负责制定提纲和修改统稿工作；会长韩恩甲，顾问蔡孝箴，副会长杨德全、郭鸿懋、郝寿义等担任课题组顾问，并多次参加了研究和课题论证。课题组成员由大专院校、科研部门的专家学者和实际部门工作者组成。本年度学会召开了4次学术研讨会，反复对课题的主要观点进行研究探讨。为了按期完成任务，课题组还克服了“非典”带来的困难。

课题研究报告运用现代城市经济理论，借鉴国内外经验，立足于天津向国际化城市迈进的目标，着眼于天津国土规划的顺利实施，分八章探讨了实施天津市国土规划的保障机制和保障体系。该课题通过评审后，作为上报国家《天津市国土规划》的研究附件。

本会被评为市社联2000～2002年度先进学会。

（文　刀）

天津市市政工程经济研究会

2003年，在党的十六大精神和“三个代表”重要思想的指引下，本会以理论与实践创新为主旨，紧密结合市政行业的实际组织开展课题研究工作，取得了比较满意的成绩。年度内各会员单位报送的研究成果共53篇，经本会评委会严格评审评定有34篇进入等级，其中一等的3篇、二等的21篇、三等的10篇。

从获奖作品可以看出，在努力提高成果水平的前提下，研究内容有一定的扩展。研究市政基础设施资本经营及投融资多元化方面的文章有3篇；研究建立国有资产管理新体制对市政企业改革发展的影响方面的文章有2篇；研究城市道路及排水系统养护管理体制改革，以及再生水资源开发利用方面的文章有5篇，其中《天津中心城区再生水资源开发利用研究》被评为一等论文；研究公路建设规划及公路收费政策方面的有2篇；研究市政施工企业提高经济运行质量方面的文章有5篇，其中《科技进步是提高经济效益的动力源泉》被评为一等论文；研究企业财务管理及项目成本管理的文章有6篇；研究工程质量管理的文章有2篇；研究法制建设方面的文章有2篇；其他内容的文章还有《浅谈外埠基地建设在市场开发中的战略意义》、《信息技术与管理的变革》、《推行现代人力资源管理模式的实践与思考》等共8篇。

（文　刀）

天津市钱币学会

（1）筹建天津分行钱币展室。2003年，为建立钱币展室，本会整理了人民银行天津分行档案室所藏旧中国“中央银行”等34家银行发行的钞票及样本共440多张，还将分行库存的920多枚旧金属币（包括：刀币、布币、花钱、方孔钱、外国钱币等）进行整理，登记造册，为钱币展室的布展奠定了基础。同时，在筹建天津钱币展室过程中，为加强对钱币实物的规范管理，制定了《天津市钱币学会钱币实物管理暂行办法》。

（2）编写《近代天津钱币（暂定名）》（初稿）。从2002年底本会开始了大量搜集资料和钱币实物照片，2003年4月份开始编写，年底已完成初稿。该书稿分为：①概述；②天津的造币机构及其制币；③银行业发行的天津地名纸币（包括早期的国家银行、地方和商业银行及外国银行发行的天津地名券）；④结束语等四部分。

(3)认真办好《天津钱币》会刊,不断提高刊物质量。从2003年第1期起《天津钱币》增加了版面,由8版增加到12版;从第3期开始,增设了"历史货币"栏目,侧重天津历史钱币的研究。为配合人民币反假币宣传工作,普及人民币知识,提高全民防伪反假意识和提高人民币研究的水平,在《天津钱币》第6、7期突出了反假币宣传。

(4)参加评奖和出版专著。在中国钱币学会举办的第三届"金泉奖"评选工作中,经过本会组织动员和初评,向总会推荐了唐石父所著《中国钱币学词典》和《古钱币》两部书参加评选,其中《中国钱币学词典》获得中国钱币学会第三届"金泉奖"。此外,本会理事齐宗佑先生编著的《咸丰钱的版式系列》编入《中国钱币丛书》,由中华书局出版,在此基础上又出版了《咸丰钱币版式集粹》一书。

(文　刀)

天津市保险学会

(1)贯彻实施《保险法》,组织保险理论研讨。2003年,学会针对新《保险法》关于保险理赔工作的要求,由产、寿险部与各相应的工作委员会共同策划,先后组织了寿险、机动车险保险理赔研讨会。研讨会共发表论文12篇。

(2)根据业务发展实际进行调研。以车险改革和汽车贷款保证保险停办为课题进行调研,撰写了《天津市机动车辆保险改革情况综述》和《由汽车贷款保证保险停办引发的思考》调研报告,对业务动态进行分析并提出建议,上报天津保监办并发至各产险会员公司,供决策参考。

(3)克服困难,组织编撰《中国保险年鉴》(天津版)。

学会克服"非典"疫情的影响,按照分工要求,保证了《中国保险年鉴》天津版编辑工作如期、优质完成,《年鉴》编辑部对天津编辑组的工作给予了充分的肯定。此外,学会还开展了补编1991~1996年《天津保险年鉴》的工作以使天津有一套上至1843年下至现在的既可服务当代,又可惠及后人的完整的保险行业历史资料。

(4)加强内部交流,提高《天津保险通讯》质量。《天津保险通讯》由行业协会主办改由协会和学会共同主办后,成立了《天津保险通讯》编辑部,明确了编辑部的内部分工,办理了内部刊号,增设了"保险论坛"、"与您分享"、"案例分析"等对业务有指导、借鉴价值的栏目,建立了通讯员网络,聘请了47名特约撰稿员,严格执行了时间规定,使通讯出刊时间提前了15天左右,受到各会员公司的普遍欢迎。2003年,《天津保险通讯》共出刊12期,刊登各种文章、信息近600篇。

(5)提高市民保险意识,做好保险知识宣传。按照市政府的安排,为提高市民保险意识,促进保险业务的发展,搞好保险知识的宣传,学会与保监办共同承担并很好地完成了组织宣传保险知识的稿件。

(6)规范管理,做好日常工作。一是加强内部管理,建立健全规章制度,先后制定出《秘书处岗位责任制》、《财务管理制度》等规章制度,使各项工作逐步纳入规范化管理的轨道。二是按照社团管理的要求,规范办会,先后顺利通过审计和年检登记。

本会被评为天津市社联系统2000~2002年度先进学会。

(文　刀)

天津市商业文化协会

(1)组织研讨活动。本会于2003年9月召开了"天津市企业诚信建设研讨会",30余人出席,与会者对企业诚信建设的意义进行了较深入的阐述,并提出了许多可操作性的实施方法。

(2)开办主题培训班。11月中旬,本会举办了"诚信建设与企业国际化"培训班,组织本市有出口权的中小企业管理人员100余人参加培训。学会聘请了国务院商务部商业改革司副司长霍建国、天津师范大学教授谢让志、天津建华工贸进修学院院长胡岩华,分别主讲了"诚信是企业走向世界的基本保证"、"诚信是企业的生命"、"诚信建设与企业发展的互动关系"的讲座。学员们普遍感到提高了认识,开阔了眼界和思路,对本企业的产品走向世界有一定的促进作用。

(3)开展送温暖活动。2003年,本会还与市总工会、天津工人日报社联合组织了为下岗职工、特困职工送温暖活动,学会副会长单位山岚制衣厂和华联商厦捐献了一些羽绒服及生活用品。本会执行会长马伟云教授亲自带队走访慰问困难职工,受到欢迎和感激,并得到了市有关领导部门的好评。

(文　刀)

天津市党建理论研究会

2003年,本会工作重点是,认真贯彻"三个代表"重要思想和十六大精神,按照章程规定开展了深入研究工作和自身建设工作,并取得了较好的成绩。重点做了以下几个方面的工作。

(1)极开展学术活动。一是适应需要,召开学习贯彻"三个代表"重要思想和十六大精神理论研讨会;二是根据重点调研课题的需要开展专题研讨活动,邀请部分专家学者,召开了20余次小型的专题研讨;三是积极参加全国党建研究会组织的有关加强党的建设和执政能力建设的专题研讨活动6次。四是承担了全国党建研究会布置的重点调研课题,组织完成了"改革和完善党内选举制度研究"等4项子课题;五是组织研究和完成了10个重点调研课题,在参考市委组织部调研课题的基础上,针对实际,围绕"改革和完善党内领导方式和领导体制"提出了本会今年重点研究的10个调研课题,经过组织攻关,年内圆满结题。

(2)认真搞好会刊的编辑出版工作。2003年,本会按照会刊宗旨,注重刊物的方向和质量,会刊《党建信息》和《天津市党建研究会通讯》对会员开展理论研究和宣传普及起到了积极的指导和阵地作用。《党建信息》全年出刊24期;《天津市党建研究会通讯》全年出刊4期。

(3)认真搞好组织建设。2003年,本会建立了我市党建研究人才库。在各区县、部委局组织部门、有关学会及各党校、大专院校的领导干部和理论工作者中,推荐具有一定党建研究能力的同志,经市研究会审核,确定了人才库的第一批人员名单,并制定出有关党建研究人才库管理和使用规定。2003年4月,召开了市党建研究会会员代表会议,进行了部分理事人选的调整,修订了《会员会费管理制度》,审议通过了工业系统、商业系统建立分会的意见等事项。

(4)开展评比表彰。2003年,本会与市委党校、市党校教育研究会联合开展"学习贯彻'三个代表'重要思想和党的十六大精神"征文活动,共征集论文267篇,评出获奖论文152篇,其中:荣誉奖35篇,一等奖22篇,二等奖35篇,三等奖60篇。并将有关优秀论文推荐给有关部门参考,编辑出版论文集,并于8月召开理论研讨会。

(龙　言)

天津市法制心理学会

(1)认真抓好本会组织建设。2003年,按照国家《社会团体登记管理条例》规定,本会加强了自身的建设,顺利通过了年检,同时,为加强学会的学科建设,本会又组建了"机动车驾驶人专业委员会"、

"罪犯改造与心理矫治专业委员会",并到社团管理部门登记注册。

(2)积极开展学术活动和普及培训。2003年,本会共召开学术年会、研讨会等13次。以学科建设和社会服务为重点,研究并召开了"经济发展与犯罪的关系"、"弱势群体心理疏导问题"以及政治文明等专题座谈会和研讨会,为解决社会热点问题提供了心理学依据。2003年,学会还主动深入社会,发挥作用,共开展普及活动21次,组织专家学者先后到社区、监狱、学校等单位以"服刑人员心理保健知识"、"法轮功邪教组织反动本质及心理对策"、"青少年心理健康"等为题,召开专题报告会和讲座,收到了良好的社会效果。2003年,本会还选派5人出席中国心理学会法制心理专业委员会第十一次(兰州)全国讨论会,提交论文均收入优秀论文集中。

(3)适应社会需求,开展专题调研,取得丰硕成果。2003年,本会组织会员围绕社会认知、社会动机、社会需要等专题展开调研并把调研成果吸纳到《社会心理学》专著中。会员李晖、刘援朝、韩振起、张德发等教授也从不同角度开展调研活动,撰写了《法轮功邪教组织反动本质和我们的对策》、《对心理倾向中需要探微》、《弱势群体心理特征及疏导》等近10篇调研报告和论文,并收入《法制心理理论与实践》文集中。此外,会员林秉贤教授再版了经过修改的《犯罪心理学纲要》,刘援朝教授出版了《公安警官心理健康必读》,史宝欣教授出版了《医学社会心理学》,李晖教授出版了《大学生心理健康》等专著。

(4)努力办好会刊,发挥阵地作用。2003年,本会会刊《社会心理科学》共出6期,发表论文、研究成果共130篇。青少年心理健康专业委员会也精心组稿,努力办好《青少年心理健康》,全年共出版6期,深受广大师生、家长的欢迎。

(龙　言)

天津市检察官协会

2003年,本会以"三个代表"重要思想为指导,以"强化法律监督、维护公平正义"为主题,紧密联系检察工作实际,检察理论研究工作取得了新的进展。

(1)认真抓好组织建设。2003年,本会组织机构健全,领导班子团结,能够严格按照章程办事,做到年度工作有计划、有落实。自觉维护国家利益和社会稳定,认真完成法人社团登记和年检工作,在今年工作中,协会组织部分会员参加了市社联组织的学术交流活动,参加了市社联召开的"学习'三个代表',推动协会工作深入开展"研讨会。2003年在市社联评选优秀团体活动中,本会获先进协会称号。

(2)积极开展学术活动。2003年,我市各级检察机关在理论研究工作中,把推进司法体制改革和检察体制改革作为检察理论研究的一项重要任务。积极探索检察工作的规律,探讨检察执法活动的科学运行机制,研究检察机关依法独立行使检察权的保障机制。全年共完成这方面专题稿件98篇,向高检院的教育活动专题研讨会报送论文20余篇。本会还选出40篇论文结集成书,促进了检察理论研究的深化和发展。

(3)认真组织调研咨询。2003年,检察理论研究工作贴紧检察工作实际,对执法中遇到的政策性和疑难性问题进行调查研究,提出了许多有创见的理论观点和改进执法工作的对策建议,为领导决策和检察业务的开展提供了咨询服务。一批调研成果受到上级领导的重视,市院公诉处徐强撰写的《关于票据诈骗案件的分析及对策建议》一文引起市委的重视,市长戴相龙对该文作了重要批示。2003年,本会认真落实上级的有关指示精神,在开拓创新、多出精品上下功夫,各级检察院多数正、副检察长深入实际撰写论文,形成了浓厚的理论研究氛围。

(4)办好会刊,编辑文集。2003年,检察协会编辑《法规资料选编》4辑,共计54万余字;将2003年度优秀检察理论文章汇编成《2003年检察理论研究论文选》,共约35万余字。

(龙　言)

天津市监察学会

2003年,本会坚持以邓小平理论和“三个代表”重要思想为指导,紧紧围绕党的十六大,中央纪委第二次全会和中国监察学会的各项任务部署,认真开展工作,取得了一批研究成果。

(1)调研咨询。广泛深入地开展调查研究工作,是天津市监察学会2003年度工作的一大亮点。本会与6所院校组成课题组,就中央纪委委托的重点调研课题“高等院校党风廉政建设问题研究”,开展对策研究,在深入调研的基础上,形成了调研报告《进一步加强党的反腐倡廉能力建设的思考》,获得中央纪委理论研究成果一等奖。该文得到中央政治局常委吴官正同志的重视和批示。本会与河北区纪委共同完成的调研报告《在落实最低生活保障工作中存在的问题及对策建议》,引起市委重视,市委书记张立昌作出批示,对落实低保政策起到了积极作用。本会与师范大学纪委共同完成的《高等院校二级学院财务管理存在的问题及对策研究》,邢元敏同志作了批示,加强了高校二级学院财务管理。

本会完成的《实施“电子廉政建设”,推进党风廉政建设》调研报告,引起领导关注,在中央纪委《党风与党纪》2003年第21期刊登。本会还针对教育乱收费问题展开专题调研,形成了《坚持教育、制度、监督三者并重有效治理中小学教育乱收费的对策与思考》的调查报告,进入领导决策。

(2)对外交流。2003年,本会组织理事到山西、四川、浙江等地进行实地考察,就反腐倡廉制度建设等深层次问题与兄弟学会进行探讨,交流看法,借鉴有益经验。

(3)编辑会刊。为宣传研究成果,促进成果的转化,进一步扩大学会影响,我们将部分调研成果在《纪检监察调研》上刊发,全年共编辑出刊8期。向中央纪委报送调研信息62条。

(4)评比表彰。为落实中央纪委研究室、中国监察学会发布的调研课题,本会采取会员单位认题、上级确认、领导包题、责任到人、完成评奖、考核加分等一套管理办法,调动了广大会员的积极性,推动了学会工作深入开展。共收到调研文章186篇。通过评选,评出特等奖论文8篇,一等奖、二等奖、三等奖论文共40篇,优秀奖论文45篇。

(龙　言)

天津市警察学会

2003年,本会以“三个代表”重要思想为指导,认真贯彻党的十六大精神,积极开展各项工作,取得了明显成绩。

(1)积极开展学术活动。一是完成了《全面建设小康进程中的警务发展战略研究》课题。组织基础理论专业委员会和部分特邀研究员,从警务发展战略的角度,开展理论研究,形成了8篇论文。二是为配合市公安局举办的“贯彻十六大,全面建小康,公安怎么办”大讨论活动,本会开展主题征文活动,先后收到论文近50篇。经筛选部分文章在《警察学研究》上发表,并报送中国警察学会参加论文评选,其中1篇获二等奖。三是先后召开了“预防青少年犯罪理论研讨会”;指导经侦处召开了“打击和预防经济犯罪研讨会”;与市法制心理学会共同筹备召开“法制建设与天津发展”研讨会。四是开展维护民警执法权益的调研。

(2)重视对外交流。一是积极参加四直辖市和全国十六城市警察学会理论研讨活动。二是加强与我市有关行业性协会和有关单位的交往协作,探索联合开展学术研究新路子;三是继续保持与港澳警方的交流;与日、韩、东南亚地区以及欧洲一些国家警察协会建立了联系,增进相互了解,共同开展学术交流活动。

(3)加强组织队伍建设。一是指导经侦处和治安处做好成立专业委员会的筹备工作。二是在原有基础上,健全了学会内部的各项管理制度,特别是重新研究制定了财务管理制度，为学会工作顺利有序开展提供了制度保证。三是加强对各专业委员会和学会小组的指导，活跃基层警学理论研讨活动。四是注重特邀研究员队伍建设，一方面向特邀研究员及时提供国内和国际警务研究资料，让他们便于了解动态，掌握信息，有利研究；另一方面，结合队伍特点，开展有针对性的培训工作。

(4)注重特色，提高会刊水平。2003 年，会刊《警察学研究》注意贴近现实斗争和警员生活，努力办出了自身特色，刊物质量不断提高，受到了领导和广大民警的欢迎。全年共出版发行 4 期《警察学研究》，共 24 万余字，反映了警学理论研究的新成果；出版发行 7 期《警界时空》，每期一万余册，全部赠阅。

(龙　言)

天津市台湾研究会

2003 年，在市领导的关怀和有关部门的指导下，本会严格遵纪守法，认真执行对台方针政策，按照章程规定，积极开展活动。经过全体理事的共同努力，在队伍建设、对台研究、学术交流、为天津经济发展服务等方面，取得了较好成绩。2003 年被市政府授予“先进社会团体”称号，并荣获市社联 2000～2002 年“先进学会”称号。

(1)加强组织建设。2003 年 6 月 30 日，本会成功召开“天津市台湾研究会第二届会员大会”，市委副书记、市政协主席宋平顺到会并作重要讲话，全国台研会执行副会长许世铨、市台办主任曲耕莘、市社联党组书记万新平等到会祝贺。这次大会健全和充实了本会的领导机构，进一步完善了本会的工作体制，加强了本会的组织建设。为实现本会宗旨，做好对台研究和学术交流工作，完成促进祖国统一，发展天津经济的任务，提供了组织保证。

(2)积极开展学术活动。4 月，本会派员参加了全国台湾研究会第五届理事大会；9 月，本会派员参加了市社联举办的 2003 年暑期秘书长研讨班，并在研讨班上就“当前形势下如何做好学会工作”作了交流发言；11 月，本会秘书长参加了全国台研会第五次团体会员会，并就“两岸关系研究现状与理论方法”问题作了系统发言。

(3)着眼于现实，搞好调研咨询。2003 年，按照本会工作要点，各位理事以经济为重点，密切联系实际，结合各自研究方向，发挥专长，大胆探索，深入研究，取得较显著的成果。本会理事撰写了对台研究论文等作品 38 篇。其中政治的 16 篇，经济的 14 篇，文化的 4 篇，其他 4 篇；在《台湾研究》、《两岸关系》等中央级刊物上发表 9 篇，在“海峡两岸关系学术研讨会”等重要会议上发表 4 篇。

(5)注重对外交流。2003 年，本会通过对来访台湾专家学者的接待工作和理事入岛访问，积极开展学术交流活动。一年来，先后接待了金鸿文、庄政、丁介民、林宪同等台湾专家学者，分别进行了不同形式的座谈、交流活动；本会还配合全国台研会接待了台湾大学胡佛教授一行来津观光活动等。本会姚同发、孙胜民等应邀赴岛内进行访问研究和考察，进一步加深了与岛内学术团体和专家学者的交流与合作。

(5)会刊编辑。本会换届之后，《天津台湾研究通讯》与时俱进，组成由会长为主任的编委会，由蔡世彦会长题写刊名的新封面，增添了新的栏目，注重联系实际，努力提高办刊水平，全年出刊 6 期，刊登约 100 篇文章，受到读者的欢迎。

(龙　言)

天津市工人运动理论研究会

2003 年，市工运理论研究会围绕新时期工人运动的新情况、新问题进行了深入的研究和探索，为服务基层工会和职工群众做出了新的成绩。

(1)加强学会组织建设。按照章程规定，2003

年3月，本会顺利召开第二次会员代表大会，总结5年来的工作，确定今后5年的工作任务，修改了研究会章程，选举产生新一届理事会。市委常委、市总工会主席散襄军出席会议并讲话，市社联、市委研究室、市政府研究室的有关负责同志出席了会议。同时，研究会还注重搞好分会建设。年内，工运理论研究分会达到88家，会员人数进一步增加，社会影响力进一步扩大。已经建立分会的单位，主动按照章程和先进分会工作竞赛条件的要求，加强自身建设，不断改进工作，提升了分会的活动质量和管理水平。

(2)积极开展理论与对策研究和培训工作。为不断深化对工人阶级队伍发展规律、经济关系和劳动关系发展规律、工人运动和工会工作发展规律的认识，2003年，本会重点开展了以下问题的研究：其一，关于全面准确把握十六大基本精神，推动工运理论和工会工作创新发展问题的研究；其二，关于深化职工素质工程和百万职工技术创新工程问题的研究；其三，关于推进工会维权机制建设问题的研究；其四，关于健全和创新送温暖、办实事长效机制问题的研究等。2003年，本会针对工会工作领域、对象、环境、条件发生的深刻变化，以及党政领导和职工群众对工会工作的期望，举办了两期培训班，邀请相关领导、专家学者授课，加强对调研骨干的培训，不断拓宽视野，增加知识，提高调研水平，拿出高质量的对策建议。

(3)办好会刊，发挥指导和服务作用。2003年，本会会刊《天津工运》按照“高举旗帜、贴近实际、提高质量、办出特色”的办刊方针，提出了给思路、给观点、给政策、给招法、给信息的目标，抓住基层工作中的热点、疑点和难点，有针对性地选登贴切务实的好文章，多角度地介绍基层工作经验，全年出刊12期，刊登文章约200篇，成为各级工会组织及时掌握全总、市总工作部署和不同时期中心工作的必备读物，在指导和服务基层工作开展等方面起到不可替代的作用。

(4)开展评比表彰活动。在全市各级工会和工运研究分会的协助下，2003年共评出优秀调研成果169篇，其中一级成果20篇，二级成果61篇，三级成果88篇。工运理论研究会纺织集团公司分会等20个单位被评为工运理论研究会先进分会。通过评选和经验交流，达到了激励先进、推动调查研究和各项工作上水平的目的。

（龙　言）

天津市教育学会

2003年，天津市教育学会召开了第五次会员代表大会，选举产生了新一届理事会，会长李闻玺，秘书长刘长兴。本会共下设28个专业委员会。全市数百名特级教师和市级学科带头人均在市、区县教育学会及其专业委员会中担任主要职务。会议的召开，推动了学会的各项工作。

(1)进一步提高对素质教育的认识。2003年，教育学会组织理事会成员认真学习党的十六大文件，深刻领会“三个代表”重要思想，着重解决学会工作如何为教育改革和发展服务的问题，在继续转变观念，推进素质教育等方面取得了一致的认识。

(2)坚持举办督学、校长高级研修班。2003年寒、暑假，本会先后在静海和实验中学举办了两期督学、校长高级研修班，请《中国教育报》主任记者李建平、上海虹口区政府教育督导室副主任盛逸民、清华校长职业化培训中心主任王继华等6位专家学者就新课改、教育现代化和校长职业化问题，进行了具有前瞻性的阐述。

(3)举办了“第四届新世纪杯论文评选”活动。2003年，本会组织专家组对征集到的4595篇论文进行评选，评出一等奖97篇、二等奖699篇、三等奖3005篇。

(4)加强对“十五”科研课题的管理和中期推动工作。2003年，本会对我市基础教育承担的6项国家科研课题进行了推动和管理，并论证和审批区县上报的市级课题共177项。

(5)受市教委委托，完成了中小学教师教育教学成果申报、认定工作。共认定教育教学成果7022件(篇)，其中被认定为市级成果的5722件(篇)，被认定为区级成果的有1213件(篇)。

(6)承办了华北五省市教育学会纪念邓小平同志“三个面向”题词二十周年暨第十二次学会工作协作会。会上兄弟省市之间交流了学会工作经验，并评选出优秀论文317篇。

(7)与京、沪、渝共同筹建直辖市教育学会工作协作会。2003年，本会参加了在重庆召开的首次协作会议。会上，本会介绍了“开展群众性学术活动，不断提高教科研水平”的经验，引起了各市同行的重视。

(8)认真开展评选“先进教育学会和先进个人”的工作，通过对下属分支学会的评选，共评选出先进分会14个，先进个人96个。

(邱　山)

天津市成人教育学会

2003年，本会认真贯彻邓小平理论和“三个代表”重要思想，坚持用科学的理论指导学会工作，取得良好成效，被天津市社联评为“2000～2002年度先进学会”。

(1)积极开展课题调研。2003年，学会组织会员承担了教育部“十五”重点课题“社区教育及发展趋势的研究”、“企业教育可持续发展的研究”两个课题的研究，为此，组织课题组成员赴苏州、上海、宁波，对相关企业、社区教育进行了调研考察。此外，学会还参与了“天津教育2003～2007年行动计划”的调研工作。

(2)积极参与学术研讨和交流活动。12月12日至14日，学会组团参加了“2003年中国成人教育协会年会暨构建学习型社会论坛”，教育部副部长王湛出席并作了重要讲话，与会代表就“构建学习型社会和成人教育创新”这一主题进行了深入探讨。年内，本会还参与筹备组织“2003年天津市职业教育、成人教育改革与发展校长论坛”，并做了大量实际工作。

(3)不断加强学会自身建设。3月29日至4月1日，本会派员赴宁波参加中国成人教育协会举办的学会秘书长工作会议，与各省市同行交流了学会工作经验，探讨了新时期成人教育的定位及发展方向，考察了宁波市的成人教育工作。本会还应邀参加了河北省成人教育学会第三届会员代表大会，学习了兄弟省市的学会工作经验。本年度学会筹备了换届工作；按照规定进行学会年检，办理登记注册手续。

(4)努力办好《天津成人高校联合学报》。为了实现创办名牌《学报》的“名刊工程”，《学报》不断调整，提高办刊质量，突出多校办刊特色，办刊质量得到进一步发展。“成人高等教育研究”、“高等职业教育研究”、“德育工作研究”3个栏目走在同行的前列。2003年，《学报》共出刊5期(增刊一期)，其发表文章的转载率、索引率比上一年有大幅度提高，被全国权威性学术综合评价部门吸收为数据库来源期刊《中国核心期刊遴选数据库》收录；同时被评为首届“CAZ——CD规范”执行优秀期刊。为促进编辑工作上水平，本年度评选出优秀编辑15名。

(邱　山)

天津市党校教育研究会

2003年，本会以邓小平理论和“三个代表”重要思想为指导，深入学习贯彻党的十六大精神，紧紧围绕党校的教育科研工作，积极开展各项活动，不断提高党校的学术水平，推动教学科研工作再上新台阶。

(1)开展理论征文和研讨活动。2003年，本会与市委党校、市党建研究会联合举办了“十六大精神研讨会征文活动”，并编辑出版了论文集《求真务实、理论创新》；召开了党校教育研究会理事大会暨学习“三个代表”重要思想理论研讨会，评出优秀论文15篇。此外,还参与筹备召开全市党校校长会议工作;组织会员参加了第三届“天津社联奖”优秀论文评选工作。

(2)举办我市党校系统主体班次师资培训班。一是配合中央党校搞好师资培训工作,积极组织会员参加中央党校举办的师资培训班。二是会同市委党校有关部门办好我市党校系统主体班次师资培训班,结合党校教学重点,搞好专题示范教学,推动区县局党校提高教学水平。2003年,本会还举办了区县局、大企业党校新任常务副校长研讨班。

(3)搞好学会的基础建设。2003年,本会编印了《天津市区县局党校高级职称简介》,约20万字;编印了《党校工作手册》;完成区县局党校基本情况的统计;在加强本会自身管理的基础上,顺利通过了市社团管理局组织的社团年检。

天津市学前教育学会

2003年,为做好早期人才素质奠基工作,学前教育学会在原有工作的基础上,进一步规范工作程序,提高工作效率和服务质量,创造良好的社会信誉和效益。

(1)纪念“中国幼教百年”活动。“六一”节期间,本会举办了“中国幼教百年”纪念活动,在活动中对优秀论文进行了评选表彰。本市各托幼园所报送论文422篇,根据评审要求,将评选出的优秀论文上报中国学前教育研究会参加全国优秀论文评选。目前正着手编撰《中国幼教百年》优秀论文集。此外,还组织各会员园开展了20所幼儿园学访交流、巡回参观的庆祝活动;召开了大型学会活动成果汇报会。组织会员赴京参加全国“中国幼教百年”纪念活动。

(2)开展课题研究和教育咨询。2003年,为高质量完成科研项目课题,本会组织研究人员分期去北京、大连等地学习交流,还聘请津、京、沪学前教育专家进行学前教育论文的辅导,提高了研究水平。本年度,学会还开展了幼儿家长教育咨询,加强了家庭教育辅导,扩大科学育儿宣传。本会还注重为会员单位的服务,协助更新教学教具、图书玩具,与吉德儿童教科发展中心合作加强儿童产品开发,举办了玩教具、生活用品、图书的展示会。

(3)搞好学会管理工作。2003年,本会加强基础建设,落实岗位责任制,实施规范化管理,做好财务报表的上报、财务和效益的分析工作。此外,筹备了学会改选工作。

(邱　山)

天津市教育科学学会

2003年,天津市教育科学学会以“为教育改革服务,为教育决策服务,为基础教育工作者和会员服务”为宗旨,通过课题管理,开展学术交流,普及教育科学,促进了我市学校教育、教学实践的发展。

(1)召开学会理事扩大会议。会议于4月12日召开,会上传达了中国教育学会2003年工作会议的精神;学会和各研究分会总结汇报2002年工作及学术活动情况,对2003年工作作出了安排;通报了市社联2003年工作安排。

(2)抓好课题研究。2003年,本会继续组织和推动各研究分会承担的中国教育学会“十五”期间的11项研究课题以及学会“十五”期间9项重点研究课题,推进学校的教育改革工作。①教育情报研究分会承担的中国教育学会“十五”重点研究课题《中小学网络教学模式的构建与优化研究》完成了结题工作,研究成果在《天津教育报》作了详细的介绍,并产生较大的社会反响。②学习科学研究分会承担的《学习指导教学模式研究》课题,通过组织全市12个区县10所中学和20所小学的实验,实现了学校教学上的教育思想转变、教学模式转变和学生学习方式的转变。③比较教育学研究分会承担的《双语教学模式的探讨》课题在大、中、小、幼20所学校中开展,学校研究的实践推进了我市双语教学实验工作的开展。④教育史研究分会结合地方教育志的研究,参与了全国教育科学规划重点课题《中国教育史研究》子课题《天津教育史》的编纂工作。2003年以较高的质量完成了《天津教育史》上卷的编纂任务,受到有关专家和领导的一致好评。⑤教育经济学研究分会围绕全国教育重点课题《教育成本分担研究》,承担了《教育成本分担的比较研究》子课题,正式出版了《教育经济学研究》一书。

(3)本会与市社联共同举办理论创新论坛。9月4日,在天津师范大学逸夫楼多功能厅,本会与天津市社联联合举办以"全面建设小康社会与优质教育发展"为主题的理论创新论坛。论坛围绕当前教育改革与发展中的热点问题进行研讨。到会的代表有天津教科院、天津师范大学的专家学者以及天津市中小学教师、校长共30多人,天津广播电台、《天津教育报》、《理论与现代化》编辑部等媒体记者也参加了会议。论坛气氛热烈,发言踊跃,对当前学校教育改革与发展有重要的启发。

(4)组织会员开展现状问题调研。学会重点推动教育管理研究分会的会员深入学校,开展教育调查,通过对天津市优质初中发展情况和民办教育法实施情况的实际调查,写出了调查报告,供领导决策作参考。

2003年,本会被评为天津市社会科学界2000~2002年度先进学会。

(邱　山)

天津市家庭教育研究会

2003年,家庭教育研究会认真贯彻落实《中共中央关于进一步加强和改进未成年人思想道德建设若干意见》精神,落实《天津市家庭教育工作"十五"计划》,团结组织热心家庭教育的专家和专业工作者,积极探索新时期家庭教育的新特点、新规律、新途径;积极协调社会各方面力量,面向家庭、服务于家长,多形式、多渠道宣传普及家庭教育知识,在提高民族素质,促进社会主义精神文明建设方面,发挥了重要作用。

(1)举办了"2003年社区早期教育工作座谈会"。会议于3月11日召开,全市有30多所幼儿园负责人参加了座谈。通过座谈,与会人员认为,幼儿园要充分利用教育资源,面向社区更好地为散居儿童提供优质的教育服务,促进我市家庭教育事业的发展。

(2)制定《武清区妇联关于进一步加强和改进全区家庭教育工作的实施意见》。按照意见精神,开展"创建学习型家庭"、"美德在农家"、"我做合格小公民"、"世纪父母读书"、"家庭百科知识竞赛"、"征集教子格言"活动。在全区中小学生家长中致公开信,举办"优秀母亲报告会",推广家庭教育典型经验,制定家庭教育评估指标体系,检查督导全区家庭教育工作。

(3)开展道德教育活动。与河西区妇联共同举办了"亲子园基地"经验交流会,对散居儿童的早期教育作了一些探讨和经验介绍。与市妇联共同推动实施"小公民道德建设计划",开展了"童心爱心互助求知"活动。用2个月时间,共捐赠图书近20万册,文具6万余件,捐款7万元,衣物7万件。

(邱　山)

天津市语言学会

2003年,学会按照《国家社会团体登记管理条例》积极开展工作,顺利通过社团年检,各项工作取得较好的成绩。

首先,天津市语言学会换届大会暨2003学术年会于2003年10月26日在天津师范大学汉语言文化学院隆重召开,130余人与会,会议由秘书长谭汝为主持。会长马庆株致开幕辞并代表学会第四届理事会作工作报告,副会长高歌东作学会换届报告,副秘书长王洪作财务报告。会议选举产生了第五届理事会:会长马庆株,副会长高歌东、石锋、谭汝为、曾晓渝、张序,秘书长谭汝为(兼)。第五届理事会第一次会议决定聘请王嘉龄、刘树功、王福才为顾问。在学术年会上,中国修辞学会会长、上海外国语大学博士生导师王德春教授应邀作了题为《当代语言学的发展趋势》的学术演讲,受到热烈欢迎。提交论文近40篇,评出优秀论文12篇,其中一等奖空缺,二等奖4篇,三等奖8篇。

其次,市语言学会作为社会科学基础学科的学会,在没有专职人员和经费的条件下,想方设法开展富有特色的学术活动,并且不断加强组织建设,积极吸收新会员,使中青年学者在学会总人数中的比例占到70%以上。特别是,学会既重视加强学术建设、提升理论水平,也重视为社会服务、为三个文明建设服务。在市社联开展的(2000~2002年度)评优活动中,荣获先进学会的光荣称号,高歌东、谭汝为和王洪三位同志被评为学会工作积极分子。

第三,本会会长马庆株教授和市语言学会修辞语用分会会长谭汝为教授由市政府任命为新一届天津市语言文字工作委员会委员,这在全国省级语委中尚数首例。

(和　婉)

天津市世界语协会

2003年,本会严格按照《社会团体登记管理条例》和协会《章程》开展活动,按时进行社团登记并顺利通过年检。理事会成员团结协作,按时召开秘书长会议,研究工作,做到年初有计划,年终有总结,落实有措施,工作有实效。被市社联评为2000~2002年度先进学会,3人被评为学会工作积极分子。

(1)积极开展世界语普及工作。本着“宣传和推广世界语,为改革开放服务”的宗旨,为迎接在北京召开的第89届国际世界语大会,先后在协会内部举办了旨在提高参会会员语言水平的学习班和在校大学生世界语班。特别是在天津外国语学院团委和学生处的支持下,先后在该校开办3期学习班,学员超过百名。结业生中11名同学参加了第89届国际世界语大会,其中3人为大会志愿者,还参加了大会的口语比赛,得到了中华全国世协会长谭秀珠女士的赞誉。本会还在郭庄子中学开设世界语小组,在中学生中宣传、普及世界语。协会办学习班是一种“长期行为”,所有的学习班都是免费的,任课老师都是义务的。

(2)重视对外宣传工作。本会利用世界语的独特作用,撰写文章,编辑资料,大力做好对外宣传工作。日本京都宇治世协机关刊《绿茶》(2003.4.第77期)刊登文章《天津再次接待我刊主编》,文中宣传了天津的变化;日本世界语协会机关刊《东方》(第986期)和亚洲世界语运动委员会机关刊《亚洲世界语》(2003第4期)报道了天津外国语学院的世界语学习班;韩国世界语协会机关刊《亚洲明灯》报道了我会访问韩国的情况。

(3)积极开展对外学术交流。2003年,本会努力做好国内外世界语学术交流工作,友好城市协作有了重大突破。10月1日至4日,本会组团参加在延吉召开的第五届中国世界语大会;2月17日,本会接待了韩国世界语者语言学博士BAK GI WAN夫妇对我市的访问;2月18日至3月1日,日本京都桔女子大学蒲丰彦(KABA TOYOHIKO)再次访津,参观了天津外国语学院的世界语班,并作演讲;5月期间,日本朋友KABA TOYOHIKO给我会寄来防“非典”口罩,体现出世界语促进各国人民友谊的作用。协会高度重视开展对外交流,积极促成了与韩国仁川之间友好城市的定期派会员互访,两会间的互访正在计划进行中。年内,本会还接待了来自波兰、瑞典、日本、韩国等国世界语者8人次,相互进行了广泛的学术交流,促进了双方的友谊。

(和　婉)

天津市会计学会

(1)积极开展学术研究活动。2003年6月,本会举办了新《会计法》实施3周年笔谈会,部分会计界的专家学者、厂矿企业的总会计师、区县财政局长参加。在提交的论文中,他们总结了新《会计法》实施3年来贯彻执行情况,畅谈了体会感想,阐述见解观点,并提出积极的建议。2003年,本会研究确定了会计科研课题15个、会计科研项目5项;举办了以会计诚信、会计职业道德、内部会计控制等为主题的6场大型会计学术报告会;与市社联联合举办了"社会科学宣传普及周"的专题讲座;组织召开2003年学术研讨会,收到论文172篇,评选出一等奖5篇、二等奖10篇、三等奖31篇;组团赴西宁参加了2003年度北方省(市、自治区)会计学会学术研讨会第21次会议,向大会提交论文4篇;召开了5次小型会计专题研讨会,分别就"内部会计控制规范—担保、成本费用、预算"、"会计诚信"、"地方会计立法"等问题进行研讨,并及时将有关对策建议反馈到相关部门;组织了"会计诚信"征文活动,收到论文138篇,评选出一等奖3篇,二等奖14篇,三等奖26篇,并编辑出版了《会计诚信专集》。

(2)加强组织建设,规范学会管理。2003年,为保证学会工作正常有序进行,年初召开了常务理事会议,听取并审议通过了本会2002年工作总结、2003年工作思路、2002年财务决算以及调整会费标准等;按照"机构要小、人员要少、工作要高效"的思路,对学会秘书处内部机构进行了调整;购置使用了用友财会软件(手工、计算机记账并行阶段),进一步规范了学会的会计核算。2003年,本会制定印发了《天津市会计学会会员管理办法》,进一步规范了会员管理工作,全年共发展团体会员2个、个人会员64名;制定了《天津市会计学会科研项目管理办法》,并向市财政局申请,核拨专款300万元设立了会计科研项目基金;举办了"迎新春慰问会计人员专场文艺演出",组织会员参加了"全国会计职业道德百题知识竞赛"活动等。

(3)继续办好会刊,编辑论文集。按照办刊宗旨,会刊《天津财会》全年共编发各类文章152篇,发行量为4550册,比上年增加27.4%。此外,还编印了《天津会计工作简报》15期,将国家和我市的有关财会政策、制度、规定以及工作信息及时地予以宣传。编辑发行了《会计学术论文集(2003)》,收入学术论文113篇,约70万字。

(4)抓好会计人员培训和基层服务工作。本会充分发挥办学优势,面向社会需求,举办了不同类型、不同层次的会计培训班,全年累计培训9012人次。还深入会员单位进行调研,并积极协助船舶工业会计分会解决了天津船舶总公司在住房公积金使用上的难题。在2003年的社团评优活动中,本会被市政府命名为"先进社会团体",并被市社联评为2000~2002年"先进学会"。

(文刀)

天津市税务学会

(1)开展课题调研活动。2003年,本会紧密结合税收征管改革,推进依法治税等税收中心工作的重点、难点问题,积极开展课题调研活动。一是会同科研所由市国税局下发了《关于运用十六大精神指导实践,开创国税工作新局面的思路和措施》、《关于贯彻新〈税收征管法〉及实施细则的情况》等10项调研题目。二是结合当前地税实际工作,安排了"关于保证税收收入稳定、快速增长的对策研究"、"关于加强零散税收管理的研究"等5项调研课题,并组织地税系统的领导和税务人员进行了对策性、实用性调查研究。全年共撰写调研论文和调查报告29篇,召开各种形式研讨会12次,参与研讨人员120人次。这些调研活动,为领导部门决策提供了重要的参考依据。

三是本会承担2项重点调研课题,即中国税务学会的"社会保障税费问题研究"和中国国际税收研究会的“新一轮中国税制改革走向的国际借鉴研究”。按照要求，在认真调查研究的基础上，形成2篇调研论文：《完善现行社会保障体制的现实思考》和《立法、执法、监督——对我国税收法制建设的几点思考》，并提交中国税务学会和中国国际税收研究会举办的理论研讨会，进行了交流，受到好评。

(2)开展优秀成果评选活动。按照2年开展一次评选优秀调研论文活动的惯例，市税务学会、市国际税收研究会、市国税局、市地税局联合行文，下发了《关于评选优秀论文(2001～2003年度)的通知》，并组建了评委会。全市国税、地税系统各单位广大会员和税务人员积极参与评选，提交论文、调研报告77篇，经评委会审定，入选优秀论文77篇，评出一等奖5篇，二等奖20篇，三等奖39篇，鼓励奖13篇。这些获奖论文理论性、应用性、对策性强，有较强的现实指导作用，同时也反映了领导干部深入实际带头搞调研的好作风。

(3)编辑会刊《天津国税调研》。通过创办《天津国税调研》内部刊物，推动了国税系统各级领导和基层税务部门的调研活动。一年来，《天津国税调研》刊发了21篇调研文章，其中市国税局和区县国税局领导撰写了16篇文章，这对指导推动现实税收工作具有很强的指导意义和作用。

(4)加强学会自身建设。按照市社团管理局的规定，按时完成了2002年度年检工作。在加强内部管理方面，进一步完善了各项制度规定，保证了学会工作的正常开展。

(文　刀)

天津市档案学会

(1)举办“档案学会工作经验交流会暨军民迎新春联谊会”。会议于2003年末召开，全市档案会员、武警官兵近300人参加。会上，和平区档案学会理事长徐家伟介绍了和平区做好学会工作的经验，该经验对区县档案学会具有实际的指导意义。

(2)换届改选。9月29日，本会召开第六次会员代表大会。市档案局副局长方昀主持会议。市政协副主席朱坦、中国档案学会会长沈正乐、市社联党组书记万新平、市档案局局长荣华等出席会议并讲话。会议审议通过了学会第五届理事会的工作报告；听取了1998～2002年学会财务收支情况的报告；对先进学会集体、学会工作积极分子和市第四届档案学优秀成果进行了表彰；听取了修订《天津市档案学会章程》的说明和推荐第六届理事会理事候选人的说明；全体与会代表投票选出新一届理事会，理事70人。选举19人常务理事，选举荣华为理事长，刘同芝、方昀、韩宝安、刘福利为副理事长，方昀兼秘书长，吕站国任副秘书长。

(3)普及培训。7月30日，市档案学会在市卫生培训中心举办了“档案与信息化”科普讲座。市档案局副局长、学会副理事长方昀出席并讲话，市政府信息化办公室应用工程处胡盘山处长和市档案技术保护处主任林学奇副研究馆员，分别就“天津信息化发展的道路和信息化如何带动工业化”、“档案信息化的内涵、数字化档案馆、档案工程信息网络、建立档案网站的意义与作用”作了精彩的演讲。约240人参加了讲座。此外，学会还组织了19位会员参加在湖南举办的“新时期学习‘三个代表’重要思想及业务理论培训班”。

(4)组织学术交流研讨。2003年10月14日，市档案学会副理事长方昀、刘福利等参加了在北京召开的第四次京津沪渝档案学会工作研讨会。本年度，本会还组织部分市区、县档案部门论文撰写者7人参加了以“档案文化产业发展”为主题的研讨会。市档案馆杨蕴珠、塘沽区档案馆赵文在会上分别宣读了题为《文化产业在呼唤着档案文化》和《浅谈档案文化的发展》的学术论文，受到与会代表的好评。参加研讨会的7篇论文全部入选论文集。市档案学会副理事长韩宝安等一行2人，参加了中国档案学会主办的第三次全国档案学会秘书长工作会议并座谈交流了新时期做好学会工作新思路。本会组织了第三次华北地区档案学术研讨交流会征文活动，共收论文30篇，审核推荐28篇。年内，市档案学会与档案财税执法单位协作组(12个单位)联合召开了业务工作研讨会，会上就立卷改革、诚信档案、加强学会作用等问题进行交流。

(5)课题研究和成果评选。2003年,本会成立了"信用档案"、"数字档案馆"、"档案文化产业发展"3个专业课题组,开展了课题攻关,取得了较好的研究成果。2003年,学会还组织了第四届档案学优秀成果作品评选活动,共收申报作品184篇,评选出一等奖5篇、二等奖16篇、三等奖70篇。

为及时报道档案学会各项活动信息,2003年,学会先后在《中国档案报》、《档案学研究》、《天津档案》、《社联通讯》、天津档案网上发表宣传报道介绍学会工作经验成果共20多篇。

本年度,市档案学会荣获天津市人民政府颁发的"天津市先进社会团体"荣誉称号,还荣获了天津市社会科学界联合会2000至2002年度"先进学会"的荣誉称号。3名同志被评为"学会工作积极分子"称号。

(和　婉)

天津市旅游学会

2003年度,本会以"凝聚会员智力优势,积极搭建交流学习平台"为宗旨,围绕积极应对非典影响,恢复和振兴我市旅游业、旅游产业拉动与影响力评价等方面,积极开展学术调研和政策研究,进行了卓有成效的工作。

(1)召开对策研讨会。2003年初,我市旅游业的发展迎来了开门红。但突如其来的"非典"给旅游业的发展造成了严重的影响。在严峻的考验面前,我市旅游行业按照国务院、市委、市政府的要求积极应对不利局面,同舟共济,共度难关。为了尽快实现旅游业的复苏,减少对广大旅游企业造成的冲击,本会积极配合市旅游局召开了"为天津旅游业发展建言献策"座谈会。出席座谈会的近百名各位人大代表、市政协委员和民主党派代表带来了各自的意见和建议,为加快旅游业实现振兴复苏,进一步拓宽发展思路,完善服务和管理措施,纷纷踊跃发言,建言献策。由于应对得力,天津市旅游业在全市率先实现振兴和复苏,各项经济指标增长幅度跃居全国首位。

(2)开展调研活动。为了贯彻市委书记张立昌的重要批示,本会配合市委研究室开展了"理顺旅游管理体制,加快天津旅游业发展"的调研活动。通过借鉴北京、上海、重庆等城市的经验,积极开拓思路,在完善体制建设等方面进行了有益的探索。此项调研活动已经结束并形成了《关于理顺我市旅游管理体制的对策建议》的调研报告,成为2005年市委组建旅游局的重要依据。为了进一步明确旅游业的产业优势,从更深层次上揭示我市旅游活动的产业关联和产业波及效应,从而科学地确定旅游业在拉动天津城市、经济、社会发展中的影响力,本会组织参与了市旅游局与天津社会科学院联合开展的"天津旅游产业对经济社会发展的贡献度及影响力的研究",并到江苏等省市进行了专题学习交流。研究课题得出了"天津旅游产业对相关产业的影响力"、"旅游产业的投入率特征"、"需求率特征"、"旅游产业对直接相关产业的带动力"、"旅游产业创造的价值及其对GDP的贡献度"、"旅游产业对社会就业的贡献度"等共计13个重要研究结论,充分论证了旅游业是现代服务业的重要产业和我市国民经济的重要产业。

与此同时,本会还配合市经济研究所开展了"天津市海河两岸综合开发专题研究"项目的子课题—"关于海河旅游开发的构想"的调研活动。此外,本会还参与组织了黄金周旅游市场调研,筹备学会换届改选等各项工作。

(文　刀)

天津市交通会计学会

(1)加强学会自身建设,促进学会工作制度化、规范化。2003年,遵照国家《社会团体登记管理条例》和学会章程的规定,学会在加强自身建设方面注重了制度建设和工作的程序化、规范化。首先,建立健全规章制度。按照中国交通会计学会“五四”职能运行新机制,结合我会具体情况,制定了《天津市交通会计学会职能范围和工作要求》。为了规范培训工作,提高培训质量,制定了《天津市交通会计学会关于会计人员培训工作的管理办法》,并认真遵照执行。其次,按照规定,学会于年初通过市社团管理局年检登记,办理了税务登记。

(2)开展学会研讨交流,促进交通财会事业的改革与发展。首先,学会积极组织课题研究,承担并完成了中国交通会计学会《交通系统物流企业财务会计工作研究》课题研究和科研成果的编纂工作,并通过了中国交通会计学会专家评审组的评定与认可。同时,本会还围绕财务内部控制制度、加强工程成本控制和物流管理等方面组织会员开展了课题研究,共收到论文 26 篇,向《交通财会》杂志推荐并刊用了 5 篇论文,向中国交通运输业财务与会计学术研讨会推荐了 2 篇。其次,学会按照需要举办了学术研讨会。研讨会于 2003 年 10 月 30 日召开,交通局、海事局、公路局、一航局等单位的财务负责人和论文作者共 30 余人出席。在会上交流了《用科学的物流理念管理企业》等 8 篇论文。第三,学会举办了专题报告会,邀请了市财政局所得税处的负责同志就所得税汇算清缴工作进行了报告讲解,各会员单位财务负责人、主管财务决算报告的会计和相关人员参加报告会。报告会受到大家欢迎。

(3)搞好会计人员培训,促进会计人员综合素质的提高。本学会全年举办 6 期 16 个班次的培训,共培训会计人员 1768 人次。

单　　位	培训时间	培训内容	学员人数
交通局天海集团	7.16～7.25	新旧会计制度比较及与税收的差异	394
交通局运管处	8.19～8.21	事业单位会计制度	79
远洋中散、中货公司等	9.15～9.19	会计准则与内控制度	338
港务局	9.22～9.26	投资、收入、非货币性交易准则	713
公路局	10.24～10.26	财务成本管理控制、投资战略与决策	112
港务局	10.27～10.30 11.10～11.13	税收征管法、财务报表分析与披露、所得税汇算清缴	132

(4)编辑出版《天津交通财会》。本年度会刊《天津交通财会》共收到稿件 26 篇,编辑人员对每份稿件认真编审,对刊物的封面封底文章排版重新进行了设计,努力提高办刊质量,充分发挥了宣传、指导和服务作用。

(文　刀)

天津市工商行政管理学会

(1)开展理论研究和课题调研。本会认真组织学术讨论,积极推动调查研究,对完成工商管理任务发挥了支持和促进作用。据不完全统计,2003 年各会员单位共写出调研报告、理论探讨文章近 400 篇,比 2002 年增加了近百篇。在深入展开调查研究、理论探讨的基础上,本会适时召开了全系统优秀调研成果汇报会,交流了各团体会员单位推荐的调研论文,并对优秀成果进行了评审表彰。此外,本会还与市工商局外资处联合召开外商投资企业登记管理工作理论研讨会,通过理论与实际的结合,为外资管理工作提供了不少有益的新思路。

(2)办好内部刊物,完成资料工具书的编撰工作。按照“研究工商行政管理理论,服务工商行政管理工作”的宗旨,本会编辑的内部资料《天津工商管理》共刊载各类文章 100 余篇,近 40 万字,在研究、宣传工商,指导实际工作上发挥了积极作用。

根据发展需要,期刊还在栏目设置、版面设计、内容编排等方面不断改进,取得较好的效果。2003 年,本会还完成了《天津年鉴》(工商行政管理部分)、《中国工商管理年鉴》(天津部分)等项的组稿、编辑和发行等工作;组织配合了天津工商管理史志的编辑工作;完成了国家工商总局《工商行政管理五十年》(天津部分)的撰稿任务;配合天津市建城 600 年庆祝活动,完成了《中国通鉴·天津卷》工商行政管理部分的撰稿工作。此外,还积极推荐优秀文章在《中国工商管理研究》刊物上发表,反映和宣传了天津的工商行政管理工作。

(3)参加学术交流活动,密切与兄弟学会的联系。2003 年,本会派员出席了全国工商学会秘书长工作会议、全国工商学会秘书长研讨班、第二届直辖市工商行政管理理论研讨会以及市社联、市方志办组织的各项学术交流活动。同时,在日常工作中,也注意加强了同外省市和本市兄弟学会间的工作交流与沟通,密切了关系,汲取了经验,提高了工作效率。

2003 年,学会系统总结了历史,撰写了《天津市工商行政管理学会十年工作回顾》和《浅谈新时期工商管理学会的地位和作用》等论文,并刊登在 2003 年第 12 期《中国工商管理研究》上。通过对两文的研讨、写作,明显提高了学会工作人员、联络员的思想水平和做好学会工作的自觉性,得到中国工商学会的肯定。本学会被中国工商行政管理学会授予"1997 ~ 2003 年度先进单位会员"称号,程毅同志荣获 1997 ~ 2003 年度全国工商行政管理学会优秀学会工作者称号。

(文　刀)

天津市对外经济贸易会计学会

(1)加强学习搞好专业培训。2003 年,本会主办了 2 次专业培训:一是 4 月中旬举办的"外经贸企业税收政策"培训;二是 9 月份举办的"进出口业务会计核算及出口相关政策"培训。由于把培训工作和财会人员的年度继续教育有机地结合起来,并且在培训的形式、方法和内容上的改进,得到了大家一致肯定。两次专业培训共有 600 多人参加。

2003 年,本会还组织会员参加中国对外经济贸易会计学会 8 月份在新疆举办的"财务管理相关知识培训",12 月份在厦门和海南举办的"出口退税相关知识培训",以及天津市会计学会举办的 6 期专业理论讲座。

(2)推动财会理论研究,进一步指导工作实践。

一是积极组织推动外经贸企业财会理论研究的评选工作。今年共有 11 篇论文入选,题材广泛,质量提高,通过评议选出 5 篇参加华北地区财会理论研究成果评选活动,并分获一、二等奖。二是为准备参加全国内部控制理论研讨,加强调研,推动我市外经贸企业加强内部控制工作。本年度选定 4 个典型,组织两批人员分别深入企业调研,并组织材料及时推荐给总会。其中:亿利达进出口公司的《如何建立健全适合企业自身发展需求的内部控制框架》、郑宏的《内部控制的发展过程》和《外经贸企业内部控制的改进对策》被评为本年 11 月份在重庆召开的"全国外经贸企业内部控制理论研讨会"的书面交流材料。此次会议本会共有 26 人参加,其中企业家 3 人出席。

(3)开展咨询活动,为全市外经贸企业服务。一年来,本会注重发挥自身的业务优势,在外经贸委政府职能逐步转变的过程中,搭起政府和企业之间的桥梁,多方位地为我市外经贸企业搞好协调服务。特别是咨询业务的从无到有、从少到多是最具体的体现。

(4)认真完成市各有关部门交办的各项工作。一是由市外经贸委交办的,本会参加了年度会计决算布置工作,并积极发挥作用,做好业务咨询。二是本会和市外经贸委计财处共同组织外经贸系统会计、审计人员开展会计职业道德教育活动,在百题知识竞赛活动中,本系统共有近 600 人次参加学习答卷。三是受市财政局、市会计学会委托由本会派人对财政部制定的会计准则、会计制度、内部控制规范等提供修改补充意见。四是协助商务部规划财务司和总会作了几项工作:参与 2003 年度"中国对外经贸财会优秀论文"的评审工作;参与商务部规划财务司和总会共同主持编写的《外经贸企业经营风险与防范》、《外经贸税务操作指南》的编审工作。

（文　刀）

天津市管理学学会

2003年，本学会主要开展了学术研讨和培训办班等活动。

(1)组织会员参加了第二次公司治理国际研讨会。会议于11月15日召开，学会会员围绕以下6个问题进行了探讨。一是公司治理与管理创新，主要围绕公司治理与管理创新的互动展开研讨。二是公司治理评价指数，根据南开大学公司治理研究中心推出的中国上市公司治理指数研究报告，与会者对报告和公司治理评价及其对企业绩效影响展开研讨。三是利益相关者参与公司治理文化，与会者针对公司治理中的利益相关者参与、共生以及公司治理的文化建设与企业精神管理等前沿问题展开研讨。四是公司治理边界与复合公司体系中治理关系，与会者围绕公司治理边界与符合公司体系中公司治理关系展开研讨。五是关注“入世”影响与机构投资者的治理行为，与会者围绕入世后机构投资者的治理行为展开了研讨。六是公司治理的实证研究，与会者认为，应对公司治理的总体状况，或对股权结构、董事会结构、控股股东行为等不同方面进行实证性研究，以推动我国公司治理研究的深入与发展，使我国公司治理的研究领域与国际全面接轨。本次会议在学术界和企业界产生了较大反响。

(2)组织会员参加了“企业管理比较研讨会”。这次研讨会由天津财经学院主办，会上，本会会员就相关主题进行了深入的交流和探讨，并提出了关于提高我市企业管理水平的对策建议。

(3)举办了“职业生涯发展”培训。2003年3月，本会根据现实需要，与其他单位共同举办了“职业生涯发展”培训活动，取得了良好的社会效益。

天津市新技术产业园区会计学会

(1)努力提高财务人员的政治素质，提高为企业服务的质量。按照学会工作计划，认真学习、贯彻“十六大”精神和“三个代表”重要思想，坚决贯彻实施学会工作人员的政治学习制度，提倡“开拓、创新、求实、服务、诚信”的作风。贯彻落实高新区管委会津园区监察〔2003〕141号《关于制定〈为企业优质服务承诺〉的通知》精神，认真履行高新区财政局对企业的四项承诺，即服务态度承诺、提高效率承诺、政务公开承诺、廉政勤政承诺。达到规范服务行为，强化服务措施，提高服务质量的目的。

(2)做好《会计法》执行情况大检查工作。根据市财政局统一部署，本会配合区财政局认真做好《会计法》执行情况大检查工作，全年共检查企业16户。还配合市财政局财政检查分局对相关企业的《会计法》执行情况进行重点检查。

(3)宣传贯彻《内部会计控制规范》。2003年，本会开展以“依法建账、据实核算”为中心的会计基础工作规范化活动，进一步完善会计基础工作管理的制度，努力推动高新区会计基础管理工作上水平。

(4)搞好会计人员后续教育培训工作。全年共举办各项会计人员后续教育培训班8期，培训会计人员共计3280人次。年初，本会组织召开两期“传达贯彻天津市会计工作会议精神暨财税法规知识讲座”，2000余名企业主管会计参加学习。大会的圆满成功得到市财政局、市监察局、市会计学会及广大企业的充分肯定和赞扬。在抗击“非典”时期，本会积极创办了“以笔谈写作交流的形式开展会计后续教育学习活动”，面向会员进行“诚信”及“如何正确处理好会计人员与企业领导关系”征文和大讨论活动。有近500人参加,并在会刊《天津高新区财会》上分2期开辟专栏刊登论文。还将10余篇论文报送市会计学会参加全市论文评奖活动,其中2篇论文评为二等奖。2003年,本会还组织区内70余名财务人员参加了《会计电算化》培训,并全部通过考核领取中级证书。组织区内财会人员参加2003年度会计资格考试及2004年度考试报名工作。发放《会计从业资格证书》200余套。

(5)开展咨询服务活动。在高新区管委会的大力支持下,协助区财政局完成了"天津新技术产业园区财政局网站"的开发、建设工作。利用每月会计报税期,免费为会计开展业务咨询和疑难问题解答等活动,被广大财会人员称为"离不开的好娘家"。

(6)编辑出版会刊《天津高新区财会》。本年度共出版4期,公布了国家最新的财经法规、规章、制度及相关政策、信息,传播高新区动态,交流会计工作经验和体会,深受广大企业的欢迎。

(文　刀)

分会简介

天津市逻辑学学会创新思维分会

天津市逻辑学学会创新思维分会于2000年9月成立,是经天津市社联批准成立,并经市社团局核准登记的二级分支机构。本会现有会员58人,理事11人。名誉主任委员赵琨、李东辉,主任委员齐子祯,副主任委员易水金、谢克俭、韩文彬,秘书长臧忠恕。

本会宗旨:宣传创新思维理论,组织会员开展创新思维科研活动,增强创新意识,提高创新能力,推动创新活动在我市的普及和发展。

主要任务:大力开展创新思维理论及其应用的研究,总结创新思维科研成果,交流创新思维研究经验,面向企事业单位开展创新思维咨询服务,宣传推广创新思维科研成果等活动。

近年来,本会与北京创新研究所共同到天津市政协、市委党校、河东区委、大港区委等机关及企事业单位,举办多场创新报告会及讲座。本会与中央人民广播电台、北京创新研究所和天津钢管公司联合举办"怎样提高创新能力"系列专题节目,共播出30讲。

近两年,本会与全国经济逻辑专业委员会、天津市社联、天津市逻辑学会联合举办"经济·逻辑·创新"研讨会、"理论创新论坛"、"学习'三个代表'重要思想和创新思维理论"研讨会。

(撰稿人:谢克俭)

天津市社会心理学学会管理心理学专业委员会

天津市社会心理学学会管理心理学专业委员会原为本会思想工作心理学专业委员会,成立于1994年6月,于2003年3月改名为管理心理学专业委员会。本会是经天津市社联批准成立,并经市社团局核准登记的二级分支机构。本会现有会员78人,主任王晓霞,副主任刘勇。

本会宗旨:团结管理心理学理论工作者和企事业单位的管理人员,开展管理过程中人的心理活动规律的研究,促进学科建设和企事业单位人力资源开发。

主要任务:组织会员开展科研和学术交流活动;组织专业人员的培训;面向企事业单位管理部门开展咨询服务活动等。

近两年来,本会举办了"管理心理学讲习班",

组织了“管理过程中的思想政治工作”、“管理中的人本观念”等学术研讨会。

（撰稿人：曹杰）

天津市社会心理学学会中小学心理健康教育分会

天津市社会心理学学会中小学心理健康教育分会成立于1994年6月，是经天津社联批准成立，并经市社团局核准登记的二级分支机构。本会现有会员230人，理事21人，理事长贾晓波，副理事长陈世平、刘金明，秘书长高平，副秘书长刘致微。

本会宗旨：团结本市热心中小学心理健康教育工作的干部、教师、心理卫生工作者和心理学理论工作者，配合教育行政部门，推动心理健康教育在中小学的开展。

主要任务：组织中小学心理健康教育领域的科研和学术交流活动；组织专业人员的培训；面向广大中小学生及其家长开展咨询服务活动等。

近两年来，本会与《今晚报》合作举办了面向中小学生和家长的咨询电话“长耳朵热线”。2002年同南开大学心理学研究中心联合举办了“现代心理治疗理论讲习班”，邀请德国著名心理治疗专家N.佩赛施基安先生讲解“积极心理治疗的理论与实践”。

（撰稿人：贾晓波）

天津市社会心理学学会
大学心理健康教育专业委员会

天津市社会心理学学会大学心理健康教育专业委员会成立于1997年4月，是经天津市社联批准成立，并经市社团局核准登记的二级分支机构。本会现有会员58人，主任委员李百珍。

本会宗旨：团结本市高校热心大学生心理健康教育工作的干部、教师、心理卫生工作者和心理学理论工作者，配合天津市和各高校教育行政部门，推动心理健康教育在大学的开展，为培养高素质人才服务。

主要任务：组织大学心理健康教育领域的科研和学术交流活动；组织专业人员的培训；面向广大学生开展咨询服务活动等。

近两年来，本会组织会员在本市部分高校开展了心理咨询服务，举办了“心理健康与成才”等讲座，受到大学生的欢迎。

（撰稿人：曹杰）

天津市社会心理学学会基础理论专业委员会

天津市社会心理学学会基础理论专业委员会成立于1994年6月，是经天津市社联批准成立，并经市社团局核准登记的二级分支机构。现有会员35人，主任乐国安，副主任汪新建。

本会宗旨：团结本市高校理论工作者开展社会心理学基础理论及其应用的研究，促进学科建设和学术繁荣发展。

主要任务：组织会员开展科研及国内外学术交流、理论培训、咨询服务等活动。

近两年来，本会会员申报国家和天津市重点课题4项,撰写专著和教材5部,在核心刊物发表论文15篇。先后邀请德国著名心理治疗专家N.佩赛施基安教授讲解“积极心理治疗的理论与实践”,美国明尼苏达大学K.汤玛斯博士讲授“跨文化心理学”问题。

(撰稿人:曹杰)

天津市警察学会公安基础理论专业委员会

天津市警察学会公安基础理论专业委员会成立于1999年3月,是经天津市社联批准,并经市社团管理局核准登记的二级分支机构。现任主任委员为王同安,副主任委员为王峙浩,会员69人。

本会宗旨:团结、联系有志于公安科学理论研究人员,组织推动有关公安现象的基本关系、基本规律及基本对策方面的研究,为建设有中国特色的公安学基础理论体系,为公安实践和宏观决策服务。

主要任务:按照市警察学会的部署要求,有计划地组织课题研究,开展学术研讨,评选科研成果,进行学术交流。

近两年来,本会组织开展了“全面建设小康进程中的警务发展战略”研究,撰写并发表了8篇系列文章;与市法制心理学会联合召开“法制建设与天津可持续发展”理论研讨会;结合公安工作面临的新情况,组织会员撰写了一批学术价值较高的文章。

(撰稿人:学会办)

天津市警察学会警察法学专业委员会

天津市警察学会警察法学专业委员会成立于1995年,是经天津市社联批准,并经市社团管理局核准登记的二级分支机构。现任主任委员为邢复贵,副主任委员为吴献方,会员10人。

本会宗旨:团结、联系有志于警察法学研究的人士,组织推动警察法学理论与实践的研究,促进我市警察法学的繁荣与发展,为公安机关执法实践和领导决策服务。

主要任务:按照天津市警察学会的部署要求,组织开展警察法学的研究交流、专题调研、学术研讨等。

近两年来,本会组织召开了“WTO环境下的公安法制建设”研讨会;参加了中国警察学会理论研讨会征文活动并获得二等奖;开展了公安执法活动调研,为指导我市公安机关执法实践、提高执法质量,提出了许多好的意见.

(撰稿人:学会办)

天津市教育科学学会教育经济学分会

天津市教育科学学会教育经济学分会成立于2001年,是经天津市社联批准成立,并经市社团局核准登记的二级分支机构。现有会员30人,理事15人,会长刘春生,副会长牛征,秘书长鲍福生。

本会宗旨:团结本市热心于教育经济学研究与教学的科研人员、教学人员、财务人员和研究生,配合教育经济部门,推动我市教育经济学研究在大、中、小学校的开展。

主要任务:组织大、中、小学教育经济与管理专业人员开展科研和学术交流活动;组织专业人员的培训;面向广大教育工作者开展咨询服务。

近两年来,本会主要围绕课题研究开展工作。先后主持了国家哲学社会科学"十五"重点课题等多项研究,出版专著《职业教育经济学研究》,在《教育研究》上发表了《职业教育资源的配置及成本分担的研究》、《职业教育热点问题的研究》等多篇论文,有的论文被人大复印资料《职业技术教育》转载,多篇论文获奖。

(撰稿人:牛　征)

天津市教育科学学会学校管理科学分会

天津市教育科学学会学校管理科学分会于1994年4月成立,原隶属于天津市老校长研究会,于1997年改为天津市教育科学学会的分会,是经天津市社联批准成立,市社团局核准登记的二级分支机构。本会现有团体会员7个,个人会员80人,理事28人,理事长林永禄,副理事长端木阳、尹传江等,秘书长李恩泽。

本会宗旨及任务:围绕天津市教育改革发展中出现的热点、难点和重点问题进行调研,为市领导决策提供服务;参加市政府、市教科院及各级教育学会确定的重点课题研究;深入教育第一线听课、访谈、调查,以传递教育改革最新信息,为教育改革提供咨询服务。

近两年来,本会组织会员深入我市高中示范校进行调研考察,撰写了《关于示范性高中示范作用的意见和建议》的报告(发表在《天津教科院学报》2002年第4期),已被人大复印资料选登。2003年与天津市民办教育学会共同举办学习贯彻"民办教育促进法"大型研讨会,为市政府提供多篇建议报告及论文。先后指导团体会员在中国教育学会、天津市教育科学学会进行"十五"课题的立项和研究工作。

(撰稿人:李恩泽)

天津市教育科学学会比较教育分会

天津市教育科学学会比较教育分会成立于1994年6月,是经天津市社联批准成立,并经市社团局核准登记的二级分支机构。现为第四届理事会,理事长张谦,秘书长华欣,现有会员50人,秘书处设在市教育科学研究院。

学会宗旨和任务:发挥比较教育专业优势,传递国内外教育动态和信息;研究国内外教育教学的改革和发展,发展比较教育学,为基层学校出国访问提供咨询服务。本会呈现出以市教科院、南开大学、天津师范大学、天津商学院、天津科技大学、实验中学、中日大明学校为主要研究力量的比较教育学科团队。

几年来,本会组织会员围绕国内外学术热点问题开展研讨活动,先后参加了全国比较教育年会和世界比较教育论坛大会,提交《国外大学的内外部管理及其启示》、《新世纪我国比较教育的学科定位和理念创新》和《日本高教大众化及其启示》等论文,并收入会议全集。

(撰稿人:张　谦)

天津市教育科学学会教育学分会

天津市教育科学学会教育学分会成立于1994年6月，是经天津市社联批准成立，并经市社团局核准登记的二级分支机构。现有会员110人，理事11人，会长高恒利，副会长康万栋、王志平，秘书长张立富。

本会在市教育科学学会领导下，直接服务于我市教育教学改革发展和研究，不断地结合教育改革的实践及其热点问题积极探索，努力创新，为人才强市开展理论研究工作。

近年来，本会先后组织召开了一些有一定影响的学术会议，如与天津师范大学共同举办“中国当代教育问题及其思考国际学术研讨会”，围绕素质教育和课程改革实践的相关问题，开展学术研究，如在研究性学习、主体性学习等方面，举办了“中青年教育工作者研究成果交流会”等。

（撰稿人：高恒利）

天津市教育科学学会教育心理分会

天津市教育科学学会教育心理分会成立于1994年6月，是经天津市社联批准成立，并经市社团局核准登记的二级分支机构。现有会员110人，理事11人，理事长高恒利，副理事长刘金明、董春驹，秘书长孟四清。

本会宗旨：团结本市热心教育心理与儿童心理研究的理论工作者以及在教育教学一线的广大实践工作者，在教育与教学活动中研究心理学的理论问题，同时推动用最新的心理学理论指导教育与教学的实践。

主要任务：组织有关教育心理与儿童心理领域的科研与学术交流活动；组织开展心理学讲座与培训；对中小学生的心理问题进行咨询等。

近年来，本会先后举办了大型学术活动，如邀请英国著名心理学家瑞文先生作心理测量的报告，与天津日报社、43中学联合举办“中学生和家长心理咨询”活动，多次为中小学生作学术报告等。

（撰稿人：孟四清）

天津市教育科学学会教育情报学分会

天津市教育科学学会教育情报学分会成立于1994年，是经天津市社联批准成立，并经市社团局核准登记的二级分支机构。现有会员875人，理事31人，理事长胡振裕，副理事长徐广宇、沙红等，秘书长徐广宇（兼），副秘书长沙红（兼）。

本会宗旨：团结本市热心于教育信息发展的教育教学工作者，配合教育行政部门，推动教育信息化在教育领域的进一步发展。

主要任务：组织中小学教育信息技术方面的科研和学术交流活动，为中小学课堂教学中信息技术的应用和广大中小学生及其家长正确利用网络提供咨询。

近年来完成国家级、省部级课题10余项。为我市教育系统建立教育互联网，编辑专题资料“现代教育技术与教育改革”，为教育信息技术与教学整合提供了丰富的参考意见。

（撰稿人：沙红）

天津市教育科学学会教育史分会

天津市教育科学学会教育史分会成立于1988年9月,原名为“天津教育史研究会”,1994年6月并入天津市教育科学学会,更为现名。现有会员50余人,理事9人,理事长钱忠源,副理事长孟志咸、梁吉生等,秘书长陈志科,副秘书长孟令梅。

本会宗旨:以马克思列宁主义、毛泽东思想为指导,坚持理论联系实际的原则,遵循“古为今用、洋为中用”和“百花齐放、百家争鸣”的方针。团结和组织有志从事教育史学研究的工作者,运用历史唯物主义观点,研究中国、外国和地方教育活动的历史。探索教育发生、发展的规律,批判地继承人类教育的遗产。为推动我市教育理论建设和教育改革,建立具有中国特色的社会主义教育体系,实现社会主义现代化做出贡献。

主要任务:举办学术会议和学术报告,交流教育史研究成果和经验;协调我会和全市专业(学科)研究会的科研工作。组织重点科研项目的协作研究;介绍国内外教育史研究的动态。与兄弟省市教育史学会开展学术交流活动。

近年来,本会组织会员参与了中国地方教育史志研究会举办的各省市教育史志的咨询评审和《天津教育史》(上卷)《天津通志·高教志》、《天津通志·职教志》的编纂工作等。与南开大学联合举办了“纪念张伯苓先生逝世五十周年学术研讨会”。

(撰稿人:孟令梅)

天津市教育科学学会学习学分会

天津市教育科学学会学习学分会成立于1989年9月,1994年6月并入天津市教育科学学会。是经天津市社联批准成立,市社团局核准登记的二级分支机构。现有理事36人,理事长单树增,副理事长邢真,秘书长朱金梁,副秘书长张津元。

本会宗旨:团结本市志同道合的大、中、小学干部、教师开展学习科学研究,为全面实施素质教育进行教学改革、学习与发展的研究。

主要任务:本会把教会学生学习作为学校教育新使命,教会学生用知识获取知识,改变学生传统被动的学习方式,培养学生的迁移能力、自主学习能力和自学能力,把学校建成学习型学校,迎接学习化社会到来。

近年来,本会先后承担中国教育学会“十五”科研规划课题,并组织26所学校、近千人开展“学习指导教学模式”的研究。

(撰稿人:单树增)

天津市语言学会修辞语用学分会

天津市语言学会修辞语用学分会成立于1997年5月,是经天津市社联批准,市社团管理办公室审核同意设立的二级分支机构。现有会员160人,理事24人。会长谭汝为,副会长高歌东、伊道恩等,秘书长高歌东(兼),副秘书长王玮等。

本会宗旨:团结全市修辞学、语用学研究、教学和应用工作者,开展学术研究和理论研讨,为我市语言文字工作和精神文明建设贡献力量。

主要任务:组织大学、中学以及新闻出版等单位的专家学者和实际部门工作者,开展修辞语用领域的科研和学术交流活动;紧密配合天津市语言文字工作委员会促进语言文字规范化,大力推广普通话;组织专业人员进行语言修辞和社会语用的培训。

近两年来,本会组织会员参与了语委干部业务培训和普通话测试员业务培训,及区、局、媒体的语言文字检查评估工作。谭汝为、徐世英等在相关报刊上开设“推广普通话”“规范社会用字”“词义探幽”、“语言文字”、“天津地名考”“天津地名漫话”“天津卫老胡同”等专栏,刊载系列文章约400篇。还在天津电视台播出了关于“广告语”“店名商号”“社会流行语”等专题谈话节目。

(撰稿人:金修宇)

天津市写作学会中学作文研究专业委员会

天津市写作学会中学作文研究专业委员会成立于1998年6月,是经天津社联批准成立,并经市社团局核准登记的二级分支机构。现有会员25人,理事3人,理事长姜晓华,副理事长徐江,秘书长何宁。

本会宗旨:团结本市热心中学作文教学的教师、教育理论工作者和相关人员,开展作文教学理论和实践研究,促进教学水平的提高。

主要任务:组织中学作文教学领域的科研和学术交流活动;组织教学人员的培训;面向广大中学生及中学教师、家长开展咨询服务活动;编写教材及其他相关资料。

近两年来,本会先后召开“南开大学中文系本科生中学作文教学研讨会”、“北师大天津附中高考话题作文研讨会”等。这些活动经《中国青年报》、《上海语文学习》杂志和《天津教育报》等报刊报道,在全国作文教学界引起广泛的反响。

(撰稿人:李志刚)

天津市写作学会经济应用写作研究专业委员会

天津市写作学会经济应用写作研究专业委员会成立于1998年3月,是经天津社联批准成立,并经市社团局核准登记的二级分支机构。现有会员30人,理事3人,理事长李凯源,副理事长励小杰,秘书长周灵科。

本会宗旨:团结本市热心经济应用写作教学和科研的教师、干部、理论工作者,积极开展写作理论的研究,推广相关的科研成果,促进经济应用学科的发展。

主要任务:组织各大专院校、党政机关、企事业单位从事经济应用写作的工作和教学人员,开展相关的科研和学术交流活动;组织专业人员培训;编写相关教材和其他出版物。

近两年来,本会先后与交通部天津航道局、天津市粮油进出口公司等单位合作,多次开展专业人员培训,受到广泛欢迎。

(撰稿人:李志刚)

天津市艺术学会视听艺术专业委员会

天津市艺术学会视听艺术专业委员会于2004年6月经天津市社联批准成立,是经天津市社团管理局核准登记的二级分支机构。主任委员赵军,副主任委员徐博权,现有会员17人,理事5人。

本会宗旨：组织和团结全体会员，以“三个代表”重要思想为指导，贯彻落实党的文艺方针和政策，研究、创新适应时代发展的视听理论，创作优秀的视听艺术作品，传承发扬老一辈艺术家的优良传统、高尚品格和精湛艺能，培养青年一代视听艺术家和视听艺术工作者，为发展天津视听艺术事业做出贡献。

主要任务：组织会员推动视听艺术的发展，适应新形势，创造新成果，不断发现、不断研究、不断调整、不断进取，更好地为发展社会主义视听艺术服务。

为贯彻《中共中央国务院关于进一步加强和改进未成年人思想道德建设的若干意见》，本会进行了专题研讨和策划。制作了描写抗美援朝我国空军第一次空战的动画示意片《鹰击长空》和动画示意片《郑成功收复台湾》，正在制作《百集系列爱国主义教育动画片》。

（撰稿人：学会办）

天津市统计学会机械分会

天津市统计学会机械分会是在1987年成立的全国机械工业统计学会天津地方学会的基础上，于1998年3月改建组成。本会是经天津市社联批准成立，并经市社团管理局核准登记的二级分支机构。现有会员单位53个，理事19人，理事长李秀涛，副理事长兼秘书长路明，副秘书长董新儒。

本会宗旨：从本市机械工业统计队伍建设的实际出发，结合行业统计部门的工作实际，开展统计理论研究，推动统计工作的改革和创新，提高统计人员的业务水平，发挥桥梁和纽带作用。

主要任务：组织会员开展机械工业统计科研与学术交流活动；有重点地开展专业培训、统计普法宣传和群众性统计活动等。

近两年来，本会组织了“国民经济核算体系增加值计算方法”等统计学术研讨活动；组织了统计岗位培训、统计人员后续教育和统计普法知识竞赛；开展了统计调研分析活动，评选推荐的10余篇论文与分析文章在省部级刊物上发表，其中6篇获奖。

（撰稿人：董新儒）

天津市统计学会卫生统计分会

天津市统计学会卫生统计分会成立于1986年，原名称为天津市卫生统计学会，是中国卫生统计学会团体会员。1998年经市社联批准，市社团管理局核准登记，调整改建为“天津市统计学会卫生统计分会”，是天津市统计学会的二级分支机构。首任会长乔懋彬，现任会长张愈，副会长李建国、梁洪华等，秘书长梁洪华（兼）。现有理事27人，会员214人。

本会宗旨：团结全市广大卫生统计工作者，围绕我市各个时期卫生工作任务，开展理论研究和对策研究，探讨卫生统计的理论、制度、方法和应用，提高卫生统计的科学水平，为我市卫生事业发展做出贡献。

主要任务：组织卫生统计学术和科研活动，研究卫生统计理论，交流卫生统计工作经验；为卫生行政领导决策和制定卫生事业发展规划提供咨询和服务；培训统计干部；开展专题调研工作。

近两年来，本会组织全市医院统计人员开展

“卫生综合统计调查制度”、“医疗救治资源补充调查”和“医院统计信息管理系统”等方面的培训，共计400人次。组织会员参加天津市第七次统计科学讨论会，参与中国统计学会“露露杯”全国优秀统计论文评选活动，推荐论文22篇。

（撰稿人：贾瑞香）

学术期刊

期 刊 概 述

《天津社会科学》

2003年,本刊严格贯彻党的新闻出版方针政策,坚持正确的舆论导向和“双百”方针,为繁荣我国哲学社会科学研究,为社会主义物质文明、政治文明、精神文明建设做贡献。

(1)坚持办刊宗旨,办出学术期刊特色。2003年,本刊坚持办刊宗旨,倡导“提出新问题,发表新观点,传播新信息”的办刊方针,并以重点选题、重点栏目体现刊物特色,增强了刊物的权威性、时代感和品牌效应。先后推出了“马克思主义哲学当代视野”、“现代性问题研究”、“新世纪马克思哲学研究的走向”、“城市社会学研究”、“当代文艺理论研究”、“劳动价值论研究”、“人文社会科学评论”、“政治发展研究”、“大众文化研究”等近20个专栏和重点选题。先后选用了欧阳康《新世纪我国人文社会科学研究的范式转换与方法论创新》(论纲)、张曙光《“社会”与“文化”两种范式之争及其启示》、朱红文《后现代主义、现代性与社会科学》、金吾仑《创新方法论》等一批有影响的稿件。

(2)坚持从严办刊,严把编校关。2003年,本刊从严办刊,严把政治关,执行《中国社会科学期刊质量管理标准》和《社会科学期刊质量管理标准及评估办法》的各项规定。建立了一整套制度,保证编校质量。在审稿上,提出“精选精编”的要求,建立了差错统计制度。实行严格的校对责任制,贯彻终校制,即由主编、副主编承担终校,在编辑管理中有奖有罚,毫不含糊,由此培养出一支作风严谨的编辑队伍。

(3)注重编辑素质培养,强化责任编辑知识体系更新。本刊现有编辑5人,其中具有正高职称的2人,副高职称的1人,中级2人,年龄结构合理。为提高编辑队伍素质业务水平,鼓励编辑参加培训学习、在职深造,更好地实现知识体系的更新,确保站在学科前沿。编辑部还鼓励编辑人员参加学术会议,了解学术动态,加强与学界的联系。

(4)学术影响不断扩大,社会反响良好。2003年,本刊发表论文172篇,被《新华文摘》、《中国社会科学文摘》、《光明日报》、《中国哲学年鉴》等10余家报刊、年鉴转载70篇(次)。据《中国学术期刊综合引证报告》“社会科学类期刊总被引频次分类排序表(社会与管理\综合\社科院系统)”统计,本刊排名第四。2003年本刊荣获国家新闻出版总署“第二届国家期刊奖百种重点社科期刊”称号。

主编:赵景来

通讯地址:天津市南开区迎水道7号

邮政编码:300191

联系电话:022-23075303

电子邮箱:tjshkx@public.tpt.tj.cn

(《天津社会科学》编辑部)

《南开学报》(哲学社会科学版)

2003年,本刊认真贯彻党的新闻出版方针政策和办刊宗旨,坚持正确的舆论导向和"双百方针",执行《期刊管理暂行规定》。以繁荣学术、服务科研、培养人才为己任,刊物的综合质量不断提高,学术影响不断扩大。

(1)推出优秀科研成果。南开大学具有较深厚的人文社科基础、较强的学术研究队伍和学科优势。为展现这一优势,学报在封二、封三开辟"南开大学院系系列介绍"和"南开大学学术研究中心简介"专栏,专门介绍文科各院系和学术研究中心的概况和特色,宣传教学科研成果,刊发学校重点扶持的学科和重点学科、强势学科的研究成果。今年,在所发文章中,省部级基金项目的研究成果占相当比例,另有多篇文章获省部级以上社科奖项。

(2)办出学术期刊特色。学报根据学校各学科的特色,在各学科的版块中,开设了一批有影响的专题研究栏目,如经济学科的政治经济学、历史学科的明清史、文学的文学思想史等专栏,形成了《南开学报》的特色。同时学报还关注社会和学术界的热点问题,开设了"热点学术问题笔谈"栏目,并聘请有影响的学者做栏目主持人,所设专题如"全球化与中国文化"、"虚拟经济理论与政策"、"宗教语境下的信仰与自由"等,几乎每期都在文摘刊物有反响。

(3)建立健全规章制度。本刊重新确立了编排规范,增加了中外文摘要、中外文关键词等编辑项目。严格执行专家匿名审稿和编辑审稿相结合的审稿制度,严格履行三审四校审稿程序,坚持定期业务会制度。这些措施使编辑部形成了认真扎实的工作作风。《南开学报》多年来坚持不刊登商业广告。

(4)注重编辑队伍建设。《南开学报》编辑部现有人员8人,其中,具有正高职称的2人,副高3人,中级3人;拥有博士学位3人,硕士学位4人。年龄结构合理。为提高编辑队伍素质,编辑部鼓励编辑培训学习、在职深造、出国留学和进修,提高业务水平;鼓励编辑参加学术会议,了解学术动态;鼓励编辑在圆满完成本职工作的前提下,独立承担或参与课题研究,现已完成并发表相关的学术著作和论文,并承担了部分教学任务。

(5)学术影响不断扩大。学报转载率在高校文科学报中始终排在前10名之内,在知名文摘刊物的转摘率为70%以上。还被中国人文社会科学引文数据库、中国学术期刊综合评价数据库等多种数据库作为索引或来源期刊。连续两届入选南京大学中文社会科学引文索引(CSSCI)核心期刊。连续三年被《中文核心期刊要目》列入综合类核心期刊。《中国共产党建设八十年及时代特征》一文获"全国五个一工程"第八届"入选作品奖"。

(6)社会反响良好。《中国新闻出版报》发表报道《管理好、创名刊——〈南开学报〉的成功之道》,对本刊给予充分肯定。本刊经济编辑陈瑞香被评为全国优秀编辑,执行主编姜胜利被评为全国优秀学报主编。今年首批进入教育部名刊工程。

常务副主编:姜胜利

通讯地址:天津市南开区卫津路94号

邮政编码:300071

联系电话:022-23501681　23508374(传真)

电子邮箱:xuebao@nankai.edu.cn

(《南开学报》(哲学社会科学版)编辑部)

《天津师范大学学报》(社会科学版)

《天津师范大学学报》(社会科学版)是天津师范大学主办的为学校教学科研服务的综合性理论刊物。创刊以来,严格执行《期刊管理暂行规定》等法规和制度,组织刊发了一批学术质量较高的论文,产生了较好的社会影响。

本刊注意保持和逐步提高刊物的学术质量,注重选用反映学科前沿和研究热点的文章,注重选用理论联系实际,在解决实际问题上有重要参考意义的文章。本刊注意尊重知识产权，所发文章均开列引文出处或参考文献。

2003年度，本刊认真执行教育部办公厅颁发的《中国高等学校社会科学学报编排规范》，努力使期刊的出版编排质量达到国家的标准和要求。为此，进一步健全编辑部内部管理制度，完善和规范稿件审校制度，切实做好稿件三审与学科专家匿名评审相结合的审稿工作。严格执行责任校对制度，稿件校对不低于三个校次。本刊还特别注意校对主体的多元化，采取作者与编者同时校对，不同栏目的责编交换校对等一系列措施，提高了校对的质量。

2003年，本刊整体构思明确，设计思想鲜明，文字无繁简混用，语言规范，无知识性错误，标题、目次、图表、注解、公式、参考文献及标点符号、数字、计量单位等均符合国家编排规范规定。

本刊继续入选为中国人文社科核心期刊；在全国高校社科学报两次评优活动中均被评为“全国百强社科学报”；并在教育部社政司、全国高校社科管理研究会组织的专家评选中被定为《中文社会科学引文索引》(CSSCI)来源期刊；全国高校综合性社科学报35家入选，本刊排位第26名；本刊继续进入“万方数据——数字化期刊群”。在2003年3月12日《光明日报》公布的2002年度《人大复印报刊资料》转载量排名中，本刊进入前30名。

主　　编：李家祥
通讯地址：天津市和平区甘肃路40号
邮政编码：300020
联系电话：022－27232792　27217311(传真)
电子邮箱：sdxb@public.tpt.tj.cn
(《天津师范大学学报》编辑部)

《道德与文明》

为贯彻落实党的十六大精神，深入宣传“三个代表”重要思想，2003年以来，本刊根据专业特点，集中刊发了我国伦理学界对公民道德建设、政治文明建设、诚实守信、社区精神文明建设以及未成年人道德建设等前沿问题、基础理论和广大读者关注的热点问题的研究成果，许多精辟的见解和具有可操作性的对策，引起了学术界和实际工作部门的广泛关注。2003年夏初，为振奋民族精神，鼓舞斗志，抗击“非典”，本刊适时地刊发了题为“万众一心，众志成城”的评论员文章。本年度刊发的许多学术论文被中国人民大学《复印报刊资料》、《新华文摘》、《光明日报》、《中国社会科学文摘》等国内重要媒体转载。

本刊坚持与时俱进的办刊理念，为扩大信息量，自2002年起改为国际大开本，增为5个印张。为提高刊物的整体质量，对刊物装帧及目次编排等方面进行了改进。改版后的刊物外观大气，色调和谐，内文印刷清晰，版心周正，装订工整，突显了庄重、清新、高雅的格调。

现任主编：张博颖
通讯地址：天津市南开区迎水道7号
邮政编码：300191
联系电话：022－23075325
电子邮箱：ddwm@public.tpt.tj.cn
(《道德与文明》编辑部)

《天津大学学报》(社会科学版)

2003年度，本刊认真贯彻新闻出版方针和办刊宗旨，坚持正确的舆论导向，共出刊5期(其中增刊1期)，发表论文165篇，共计146.2万字。在4期正刊论文中，教授和副教授作者占47.4%，国家自然科学基金和省部级基金资助项目占33.3%，校外作者占25.8%。

本年度主要做了以下5个方面的工作：

(1)为反映我校哲学社会科学学科特点，突出理工科大学社会科学版的特色和学术风格，自2003年第1期开始开辟了“建筑与文化”、“经济与管理”、“语言与文学”、“科技与哲学”和“心理与健康”等10个特色栏目，以质量求生存，以特色谋发展，取得了良好的效果。

(2)广泛开辟稿源，积极组织和特约了一批高水平文章，确保2003年每一期都有1名院士亲自撰写的论文，提升了本刊的学术水平。

(3)为了提高社会科学版的办刊水平，扩大对外影响，以学校名义相继聘任加拿大皇家学会院士、不列颠哥伦比亚大学终身教授叶嘉莹女士和北京大学经济管理学院厉以宁教授等国内外著名学者为本刊顾问。

(4)积极发挥广大编委的作用，听取并吸收编委们的工作建议和学术信息，向编委组稿，聘请编委担任稿件的外审工作。

(5)加强了与清华大学、北京大学和南开大学等院校社会科学期刊的联系与交流，密切了与《中国人民大学复印资料》、《中国社会科学文摘》和《万方数据资源系统数字化期刊群》等著名文献检索系统的联系。

本刊2003年度被评为全国理工农医院校社会科学优秀期刊，并于2003年9月顺利地跨入全国中文核心期刊行列，10月以来，又先后被《中国核心期刊(遴选)数据库》和《中国期刊全文数据库(CJFD)》及《中国学术期刊综合评价数据库(CATCED)统计刊源》收录。

主　　编：单　平

通讯地址：天津市南开区卫津路92号

邮政编码：300072

联系电话：022－27403448　27404014(传真)

(《天津大学学报》(社会科学版)编辑部)

《现代财经——天津财经学院学报》

2003年是《现代财经——天津财经学院学报》取得大步跨越的一年。在这一年里，学报编辑部遵照校党委提出的“强化软件，完善硬件，建设队伍，打铸品牌，艰苦奋斗，跨越发展”的工作方针和实施精品战略的总体部署，增强精品意识，以创建特色栏目和全面创新为工作重点，努力提升期刊学术品位和质量。

2003年，本刊先后被评为CSSCI来源期刊和中文综合性经济科学类核心期刊，获首届“CAJ—CD规范”执行优秀期刊荣誉称号，入选“中国人文社科学报核心期刊”。由“会计与审计”、“金融与保险”、“投资与证券”、“财政与税务”等栏目组成的特色栏目群继续保持较大优势地位，全文转载量在全国同类期刊中继续居前列。另据《光明日报》2003年3月20日发布的中国人民大学书报资料中心全文转载量前50名排位，本刊在全国经济类报刊中列第11位，在全国经济类学报中列第3位。

能够进入CSSCI系统，使得本刊在五年内实现三步跨越的目标全部达到，说明本刊作为财经类的专业期刊，在学术领域的地位和影响已经达到国内最高层次，并得到专家、学者的广泛认可，本编辑部在我校创建一流财经大学的工程中成为率先实现目标的部门之一。

主　　编：李炜光

通讯地址：天津市河西区珠江道25号

邮政编码：300222

联系电话：28118414　28126483(传真)

电子信箱：xdcj@eyou.com

网址：www.tjufe.edu.cn

(《现代财经》编辑部　李炜光)

《理论与现代化》

《理论与现代化》是我市综合性学术理论刊物，全年共发表文章115篇。2003年，本刊坚持“二为方向”和“双百方针”，坚持正确的办刊方向，严格遵守期刊管理办法和制度。本刊关注我国现代化进程中的重大理论和现实问题的研究，形成了自己的特色。

（1）围绕重大纪念活动，刊发有分量的文章。2003年在“纪念马克思逝世120周年”之际，发表了中国人民大学胡均《马克思经济理论是我国经济发展和经济体制改革的理论依据》的文章。在“纪念毛泽东诞辰110周年”之际，请北京师范大学教授张静如撰写《毛泽东思想的创新之路》的文章。党的十六大召开以后，发表了国防大学副校长侯树栋中将的文章《新世纪新阶段的伟大行动纲领》。

（2）围绕当前热点问题，约我国著名专家、学者撰写文章。2003年原中共中央政治局委员李铁映在我刊发表了《完整准确地把握马克思主义民主理论》的文章，中国社会科学院经济研究所原所长张卓元撰写的《以完善为主体，推进市场经济体制建设》、中国社会科学院经济研究所所长刘树成撰写的《正确把握经济走势，实现平稳快速增长》的文章，对我国宏观经济做出了科学准确的分析，后两篇文章都被《天津日报》全文转载。

（3）精编精选稿件，产生了良好的社会反响。全文转载和索引转载占所刊登文章的18%。本刊主管、主办单位合一，严格把关，努力提高稿件质量，差错率符合出版局规定的标准。

主　　编：万新平

通讯地址：天津市和平区成都道52号

邮政编码：300051

联系电话：022－2339864923307884（传真）

电子信箱：TJSKL66@sina.com

xxch@tjskl.org.cn

（《理论与现代化》编辑部　宋　奇）

《天津商学院学报》

2003年，本刊严格遵守各项法律法规和宣传出版纪律，严格按照办刊宗旨及专业分工范围出刊。继续坚持以提高学报质量为主线的办刊思路，加大组稿力度，优先发表基金项目的文章，吸纳有价值的外稿，逐步形成自己的特色。

在编辑工作中，严格执行三审制，正确理解和严格执行有关编辑出版标准和规范。为将差错控制在最低的限度，本刊建立了在责任编辑三校基础上的审读制：首先，三校后由具有高级职称的编辑和常务副主编分别审读两遍；其次，再由执行编辑对关键内容重点通读；第三，再上机核红，由此形成三校两读再重点通读的校对制度。本年度还加强了执行编辑职责，制定了编辑激励办法。

2003年，本刊注重编辑的学术交流与业务提高，鼓励编辑开展理论研究，积极撰写学术论文，组织编辑外出参加学术会议。通过交流论文和办刊经验，开拓了编辑眼界，对提高期刊质量起到了促进作用。编辑撰写的学术论文有2篇在新闻出版类核心期刊《中国科技期刊研究》上发表，2篇在中国高等学校自然科学研究会年会上被评为一等奖，3篇在全国商业高校学报研究会年会上被评为一等奖。

2003年，本刊共出版6期正刊和1期增刊，共计133篇文章，80余万字，大部分文章都被全文转载和篇目索引。2003年3月，本刊成为“万方数据－数字化期刊群”全文上网期刊，并被《中国核心期刊（遴选）数据库》收录。2003年7月，经国家新闻出版总署、国务院新闻办审核备案，本刊定为“中国期刊全文数据库”全文收录期刊，同时入选“中国学术期刊综合评价数据库”统计源期刊。2003年，本刊获全国商业高校系统优秀学报一等奖。

2003年度本刊调整了编委会，增补了一些学科的专家，主编和编委会主任由天津商学院院长刘书瀚教授担任，编委会副主任由天津商学院副院长魏胤亭教授和编辑部主任张扬担任。

作为全国商业高校学报研究会的理事长单位，本刊编辑部于2003年10月在成都组织召开了全国商业高校学报研究会第10次年会。

主　　编：刘书瀚

通讯地址：天津市北辰区津霸公路东口

邮政编码：300134

联系电话：022－26667507

电子信箱：xb@tjcu.edu.cn

（《天津商学院学报》编辑部）

《天津市教科院学报》

2003年，本刊明确办刊宗旨，注重突出特色，在2002年的基础上又取得了长足的发展。

（1）完善编校制度。学报在以往三审三校制度的基础上，增加了初审、终校制度与黑马校对，从而将三审三校制度改为四审五校制度。同时为了更好地执行《中国高等学校社会科学学报编排规范》与《中国学术期刊（光盘版）检索与评价数据规范》，采取了一校规范化制度。这些制度的建立有力地提高了学报编审校印装质量。

（2）重视网络扩张。为扩大发行量，提高学报的影响力，使本刊刊发的论文产生后续影响，本刊致力于网站建设与加入期刊网工作，先后加入了中国学术期刊网、中国学术期刊光盘版数据库与国家科技部中文科技期刊数据库等网库，并开设了编辑部固定电子邮箱。

（3）提升编辑素养。本刊现有编辑5人，其中拥有正高职称的2人，中级职称的3人。拥有博士生导师1人，硕士3人。为了更好地实现编辑素养的提升，本刊鼓励在职学习与深造，同时要求提高自身研究能力。本年度本刊编辑主持国家级课题1项，参加3项，主持省市级课题2项，出版专著1部，主编丛书1部，发表论文近20篇。

（4）扩大学报影响。一是提高发行量。在自办发行的基础上，学报加入了邮发行列，相对提高了学报在全国的发行量，2003年度学报发行5000余份。二是提高反馈率。2003年度本刊有23篇论文被《中国人民大学复印报刊资料》、《教育文摘周报》、《教育学文摘卡》等全文复印或转摘，转引率达15.3%。

主　　编：张武升

通讯地址：天津市南开区复康路25号

邮政编码：300191

联系电话：23006452　23003256（传真）

电子邮箱：TJJK@chinajournal.net.cn

（《天津市教育科学研究院学报》编辑部供稿）

《天津经济》

2003年，本刊严格遵守执行办刊宗旨，坚持做到以宣传反映天津市国民经济发展情况为主；以探索研究如何加强和改善宏观经济管理为主；以介绍推广改革开放中建立社会主义市场经济体制的新思路、新主张、新招法为主；以挖掘跟踪企业发展和改革的新点、热点、难点为主。为振兴天津经济发展服务，为市委、市政府和综合经济管理部门宏观经济决策服务，为企业改革和发展服务，为开展经济理论等对策研究服务。2003年，本刊在以下几方面做出努力。

（1）突出地方特色，充分反映天津经济生活。文章选择在保证具有理论研究深度的基础上，突出工作指导性和现实可操作性。先后开设了“领导论坛”、“专访”，以及“海河开发”、“海洋经济”、“新区经济”等栏目，对我市重大经济项目给予重点研究探讨和宣传。

（2）不断增设新栏目。根据不同时期经济热点问题和经济形势，随时增设新栏目，如“发展环境”、

“社会保障”、“公共管理”、“发展比较”、“国际视野”、“政策研究”等。本刊选登的文章坚持首发稿为主的原则。并将专业性和理论性强的文章在编辑手法、栏头设置、标题用语上尽量做到通俗、生动、有新意。

(3)版式设计突出本刊特色。首先,听取多方意见,确定出适合本刊特色的总体风格;其次,设专人负责每期的版式设计;第三,每期初稿设计出后,编辑部反复讨论,主编审定。既保证了杂志的整体风格不变,又做到每期各有特色,力求给人以很好的艺术感染力和审美情趣。

(4)一手抓编辑出版,一手抓学习提高。编辑岗位分明,各负其责,健全制度,明确编辑标准和工作流程。本刊还聘请经验丰富的专家学者作为特邀编审,从内容和文字上整体把关。校对工作中增加交叉校对和总校对,确保期刊质量,差错率在万分之一以下。编辑部组织编辑人员系统学习编辑理论,掌握国家和天津市有关经济方面的政策精神,努力贯彻到工作中去。

主　　编:刘东涛

通讯地址:天津市河西区福建路17号

邮政编码:300202

联系电话:022－83834106　83836403(传真)

电子邮箱:zgtjjj@sohu.com

jj8383@sohu.com

(《天津经济》杂志社)

《心理与行为研究》

2003年,本刊认真贯彻党的新闻出版方针政策和办刊宗旨,坚持正确的舆论导向和“双百方针”,执行《期刊管理暂行规定》。以繁荣学术、服务科研、培养人才为己任,刊物的综合质量不断提高,学术影响不断扩大。

(1)推出优秀科研成果。心理与行为研究是以教育部人文社会科学重点研究基地为依托,以基地在研的重大研究项目的研究成果为基础,因此本刊依托了较强的学术研究队伍和学科优势。

(2)办出学术期刊特色。2003年本刊继续重视学术性,兼顾理论性与应用性、实验研究与调查研究相结合的办刊思路,重点刊登基础心理学、发展与教育心理学和应用心理学各领域中具有创新性的研究论文、报告、综述和动态。

(3)建立健全规章制度。本刊执行《中国高等学校社会科学学报编排规范》,重新确立了编排规范,严格执行专家审稿、约稿和编辑审稿相结合的审稿制度,严格履行三审四校审稿程序。总结办刊经验并及时与同行交流。这些措施使编辑部形成了认真扎实的工作作风。

(4)注重编辑队伍建设。本刊主编是国内外知名的心理学家,编委由国内著名大学的教授、博士生导师担任,并承担审稿工作。特聘《心理学报》原编辑部主任负责稿件的编辑工作。2003年度,本刊还派副主编和编辑部副主任出席了首届中国心理学学术刊物编辑研讨会。

(5)学术影响不断扩大。本刊始终坚持高标准严要求的办刊宗旨,总体质量逐步提高,得到同行的普遍认可。全年共有19篇文章被全文转载,在同类心理学期刊中名列前茅。

现任主编:沈德立

通讯地址:天津市河西区卫津路241号天津师范大学南院106号信箱

邮政编码:300074

联系电话:022－23541213(传真)

电子邮箱:psybeh@mail.tjnu.edu.cn

(《心理与行为研究》编辑部)

《港口经济》

2003年,本刊坚持正确的出版方向,以"三个代表"重要思想统领出版工作。随着刊物的改版增容、稿件水平的提高、栏目设置的完善,质量得到了进一步提高,从而使编辑出版工作迈上了新台阶。

(1)年度活动。2003年3月召开编委扩大会议,来自北京、天津、上海、武汉等地的领导和专家学者共40余人出席。与会者为本刊提出许多新思路、新举措和好建议。11月,本刊作为协办单位参加了在深圳召开的"第一届中国港口经济论坛",会议对建设物流中心城市、以港兴市和推动中国港口业在全球化与对外开放的新格局中健康发展等方面进行了探讨。

(2)内容及栏目调整。2003年1~3期增加了"经济学名家"一栏,先后介绍5位有突出贡献的专家。还增加了"港口省市领导论坛"一栏,为宣传各地港口经济发展,促进交流与合作开辟了新的窗口。

从第5期开始进行改版增容,内文由56页增加至64页,增加了彩色插页,改变装订方式。栏目安排,在巩固原有栏目的情况下,新增"专家聚焦"、"中国保税区"、"区域经济"、"集装箱运输"、"贯彻《港口法》"等栏目,使刊物增加了特色,突出了重点,期刊内涵更加贴近宗旨,外在形式紧跟时代潮流。

(3)重点文章及内容。本刊强化以振兴天津经济和港口经济为目标的特点,分别围绕港口经济、海河经济、建设现代物流中心、完善深水大港等方面加强了组稿、选稿。还与天津市政府外事办公室联合编辑出版了年度增刊。

(4)年度业绩。在2003年天津市优秀期刊评选中,本刊再次被评选为天津市优秀期刊。

执行副主编:郑　化
通讯地址:天津市和平区电台道香榭里
2-1-101
邮政编码:300070
联系电话:022-27845414
022-27837459(传真)
电子邮箱:gkjj2008@yahoo.com
(《港口经济》编辑部)

期　刊　简　介

《城　　市》

《城市》杂志创刊于1988年,由天津市城乡建设研究所主办,是目前城市科学研究领域创刊历史最久的学术理论类刊物之一。在历次天津市期刊质量评估中均被评为一级期刊,并多次获单项奖。本刊为双月刊,国际16开,国内外公开发行。

本刊坚持正确的舆论导向,致力于探索中国城市发展的思路与对策,把握、宣传本行业政策、法规和热点问题,研究城市经济与社会发展的理论与对策,介绍国内外城市规划与建设的动态信息,交流城市经营与管理的经验和成就。

本刊理论性强、知识含量高,设有探讨与研究、城市发展战略、城市化道路、城市经济、城市管理、规划与设计、房地产业、城市基础设施、城市文化、园林绿化、国内外城市介绍等10余个栏目,并兼有科学性、艺术性,用彩色四封和插页展示国内外城市的自然风光和人文景观。在给读者以启迪的同时,更使人感受到城市之美、建筑之美、人文之美。

本刊拥有一批如钱学森、费孝通、吴良镛、张启成等知名学者作为核心作者,使本刊的学术地位、文化品位和专业水准不断提高。

主　　编:王明浩
通讯地址:天津市河西区南昌路116号
邮政编码:300203
联系电话:23243277(传真)
电子邮箱:cshi@chinajournal.net.cn
网　　址:http://www.cshi.chinajournal.net.cn
(《城市》杂志编辑部　李菁撰稿)

《产权导刊》

《产权导刊》于2004年3月10日经国家新闻出版总署批准创办,于2004年5月1日正式创刊并公开发行。本刊为国际型月刊,由天津产权交易中心主管主办,全国产权交易机构联办。

办刊宗旨:坚持健全产权交易规则和监管制度,为建设全国统一、开放、竞争、有序的产权交易市场服务;坚持推动物权、股权、债权、知识产权有序流转,为国有经济结构调整和国民经济发展服务;坚持健全现代产权制度,为完善社会主义经济体制服务。

主要栏目:专家言论、产权理论、产权市场、产权投资、国资管理、产权动态、股市投资、交易案例、企业报道、国外视点、政策法规、产权制度、读者沙龙、财经资讯、产权词典、产权项目。

作为全国产权交易行业的权威刊物,本刊的工作定位是:宣传政策法规,研讨产权理论,披露产权信息,指导产权投资。及时、准确地宣传产权制度改革和产权交易的政策法规,成为党和国家政策法规宣传的窗口;系统介绍产权制度改革和产权交易的基础理论和基本知识,成为观点前瞻的理论研讨阵地;及时披露物权、股权、债权、知识产权及中央企业国有产权转让信息,成为产权供求信息平台;关注产权交易中的热点、难点问题,介绍产权投资经验和技巧,指导广大投资者正确进行产权投资。

《产权导刊》聘请高尚全、杨启先、魏杰、樊纲、贾康、陈宗胜、肖耿等7位全国著名产权理论专家担任本刊顾问;国务院国资委研究中心党委书记李保民博士为本刊编委会主任,全国30家最有影响的产权交易机构老总担任本刊编委会副主任。

主编(社长):高　峦
常务副主编:方建国
通讯地址:天津市河西区绍兴道161号津滨雅都公寓C座4楼B12
联系电话:022-23023782　23023769
81352378(传真)
邮政编码:300204
电子信箱:cqdkbjb@eyou.com
网　　站:www.cqjy.cn
(《产权导刊》杂志社　卢栎仁　丁　健撰稿)

《天津电大学报》

《天津电大学报》于1997年创刊,是天津广播电视大学主办的国内外公开发行的综合性学术理论期刊,属市二级期刊。

本刊以邓小平教育思想和"三个代表"重要思想为指导,积极进行"现代远程开放教育"的理论研究和实践探索,开展各学科的教学研究和学术交流,为促进天津市乃至全国电大系统远程开放教育的改革与发展服务。

主要栏目有:远程教育研究、远教论坛、开放教育、教材与媒体、现代教育技术、教学研究与实践等。

"人才培养模式改革和开放教育试点"项目研究是近年来在全国电大系统中进行的一项国家级科研课题,是实施"现代远程教育工程"的组成部分和重要实验。此项目启动以来,《天津电大学报》紧跟形势,及时开辟新专栏,编辑出版研究成果汇编专辑,对试点工作的深入开展起到了推动作用。

经国务院新闻办、国家新闻出版署审核备案，《天津电大学报》由《中国期刊网》、《中国学术期刊(光盘版)》全文收录，曾荣获首届《CAJ－CD规范》执行优秀期刊奖。在第二届全国电大期刊评比中获优秀期刊三等奖。

历任主编：赵志华

现任主编：史学忠

通讯地址：天津市南开区迎水道1号

邮政编码：300191

联系电话：022－23679939　23679972(传真)

电子信箱：xuebao@tjrtvu.edu.cn

(《天津电大学报》编辑部供稿)

《经营与管理》

《经营与管理》杂志是天津市企业管理协会主办、国内外公开发行的综合经济类期刊，于1983年创刊。本刊一直坚持“追踪时代热点，切准企业脉搏，传播经营之道，介绍管理经验”，为企业服务，为企业家服务的办刊宗旨，深受企业界的欢迎，尤其是著名作家蒋子龙主持担纲杂志的“经济快语”栏目以来的近10年间，我刊已成为许多读者刻意收藏之期刊。

本刊辟有经济快语、探索与改革、观察与思考、管理纵横、创新战略、域外采风、企业之声、说长道短等近30个栏目，尤以“本刊专访”栏目更显我刊特色，该栏开办十几年来，一直由我刊记者深入企业，采访一线改革及管理的经验，记者足迹踏遍贵州、黑龙江、内蒙古、江苏、安徽等20多个省市，约200家企业。由于采访内容真实，文章特点鲜明，已成为我刊的金牌栏目。

本刊先后被评为“全国企业管理优秀期刊”、“中国工业经济类核心期刊”、“天津市一级期刊”。

历任主编：宋福成　孙洪福

现任主编：牛国锋

通讯地址：天津市南开区水上公园路16号

邮政编码：300074

联系电话：022－23359690

(《经营与管理》杂志社编辑部供稿)

《天津政报》

《天津政报》是天津市人民政府主管、天津市人民政府办公厅主办的政策指导性刊物。《天津政报》于1949年创刊，原为市政府的内部刊物。2001年经国家出版署批准向社会公开发行，为半月刊，2004年按照中央的要求，本刊在全市一定范围内实行了免费赠阅。对免费赠阅以外的读者，实行自愿自费订阅。

本刊具有传达政令的法定地位。2000年3月，《中华人民共和国立法法》以立法的形式，确定了地方政府政报作为同级政府行政规章标准文本的法律地位。在《天津政报》刊发的市政府规章、规范性文件与正式文件具有同等效力。

本刊坚持“传达政令，宣传政策，指导工作，服务社会”的办刊宗旨，集中准确地刊发政府行政规章和规范性文件，选登国务院及国务院办公厅的文件，突出政策性、法规性、权威性和指导性的办刊特色。

本刊主要栏目有：国务院令、国务院文件、国务院办公厅文件、市政府令、市政府文件、市政府任免通知、市政府办公厅文件、市政府备案文件、大事记、收发文目录、统计资料等。

本刊是各级政府部门依法行政的政策依据，是基层单位依法办事的政策向导，是广大人民群众学习和掌握方针政策的必备刊物。在推进政府依法行政，保障人民群众对法规政策的知情权及对政府施政行为的参与权、监督权等方面，《天津政报》将发挥愈来愈重要的作用。

现任社长：袁彦彤

通讯地址：天津市和平区大沽路167号

邮政编码:300040
联系电话:022－23317940
电子邮箱:tjzbs@tjzb.org
网　　址:www.tjzb.org

(《天津政报》编辑部供稿)

《天津支部生活》

《天津支部生活》创刊于1949年,公开发行于1951年,是新中国成立后创办的第一本地方党刊。目前为中共天津市委机关刊物,由中共天津市委主办。当前发行数为15万余份,是各级党组织和广大党员不可或缺的党建教材。

办刊宗旨和方针:宣传贯彻党的路线方针政策和市委精神;报道基层党组织思想、组织、作风建设经验,介绍优秀党员的事迹;剖析社会热点问题,弘扬社会主义精神文明建设成果;为读者提供信息和服务。"上着天、下着地"是《天津支部生活》多年来一以贯之的指导思想。"上着天",就是刊物要及时宣传、贯彻中央及市委精神。"下着地",就是要使刊物贴近基层、贴近党员,解决他们急需解决的问题。

本刊主要栏目有:卷首篇、专稿、理论(含新精神、每月党课、前沿观点等子栏目)、经验、实践、时政、绿野、服务(含党务咨询、申请人园地、老党员之友、爱心广场、编读往来等子栏目)、知识、信息、党风等。

本刊于1992年被评为首届华北十佳期刊、天津市优秀期刊,之后屡次荣获华北地区优秀期刊、天津市优秀期刊称号。江泽民、李瑞环、彭真、邓颖超等国家领导人先后为本刊题词。

历任领导:聂元素、王剑清、肖　元、杜　力、乔昭庆、张鸿飞、吴公绍、温建欣、傅克温

现任领导:贾锦石(社长、总编辑)

通讯地址:天津市和平区泰安道5号
邮政编码:300042
联系电话:23326118　23322790(传真)
电子信箱:zbsh@dwzx.net
网　　址:http://www.dwzx.net

(中共天津市委天津支部生活社总编室供稿)

《求　　贤》

《求贤》杂志是天津市惟一人才类期刊,1994年创刊。2000年面向国内外公开发行。近年来,《求贤》的覆盖面不断扩大,影响力日益增强。2004年被评为天津市社科类一级期刊,由天津出版总社主办。

本刊坚持以邓小平理论和"三个代表"重要思想为指导,坚持为建设高素质的党政干部队伍、专业技术人员队伍和企业经营管理队伍服务,为推进干部人事制度改革,开发人才资源,促进经济建设做好宣传工作。

本刊坚持"为求知者引路、为求贤者荐才、为成功者张榜、为奋进者搭台"的办刊方针,认真吸纳先进的办刊理念,开阔办刊视野,改进办刊方法。在内容上,针对读者需求进行了充实调整,使文章的权威性、指导性、可读性进一步增强;在栏目设置上,在保持原有特色的同时,突出了求贤论坛、领导艺术、基层党建、人力资源开发、热点聚焦、求贤方略、人才风景线、求职向导等栏目;在装帧设计上,做了较大的改进,使刊物更加生动活泼。《求贤》杂志作为新形势下宣传组织人事工作和各类人才的先进事迹,研究人才理论的阵地,已在社会上和同行中赢得了良好的赞誉。

历任总编:李汉鑫　路　平

现任总编:赵荣华

通讯地址:天津市和平区泰安道17号
邮政编码:300042

联系电话:022-23326328
电子信箱:QXZZ@TjPnet.gov.cn;rs.qxzz@fc18.com

(《求贤》杂志编辑部供稿)

《天津体育学院学报》

《天津体育学院学报》是天津市教委主管、天津体育学院主办的国内外公开发行的综合性体育学术期刊。1981年9月试刊,试刊名为《体育教学与科研》,1982年内部出版发行,1986年正式创刊《天津体育学院学报》。

本刊始终贯彻"以反映校内教学、科研、训练方面的科研成果为主,全面报道体育科学领域最新的前沿研究成果;开展校内外学术交流、争鸣活动;传播有理论、实践价值的体育科研信息;架设体育理论与运动实践的桥梁;促进本校教学科研工作的开展,推动体育的科学化进程"的办刊宗旨。

本刊先后开辟特邀论坛、专题研究、成果报告、百家论坛、教练员与学者沙龙等特色专栏。本刊贯彻不断创新的精神,在体育学术界享有较高的声誉。

本刊连续被评为中文体育类核心期刊,多次被评为天津市一级期刊和优秀期刊。先后被加拿大国际体育文献数据库、《中国学术期刊综合评价数据库》、《中国人文社会科学引文数据库》、中文科技期刊数据库、CA(美国《化学文摘》)、AJ(俄罗斯《文摘杂志》)、《中文社会科学引文索引》、CSA(美国《剑桥科学文摘》)等国内外重要数据库收录为来源期刊,成为体育科技期刊中惟一被三种国际著名检索系统同时收录的刊物。1999年,在全国优秀高校自然科学学报及教育部优秀科技期刊评比中荣获三等奖(高等体育院校学报中仅有两家获奖);2001年,首批入选"中国期刊方阵",成为全国体育高等院校学报惟一入选的期刊。2004年,在教育部组织的"全国高校优秀科技期刊评比"中获得一等奖。

历任主编:陈家琦　杨文勋　高铭鼎

现任主编:李宗浩

通讯地址:天津市河西区卫津南路51号
邮政编码:300381
联系电话:022-23012636(传真)
电子信箱:xb@tjipe.edu.cn

(《天津体育学院学报》编辑部　李　军撰稿)

《环渤海经济瞭望》

《环渤海经济瞭望》于1987年创刊,是天津市发展和改革委员会主管,天津市信息中心主办的国内外公开发行的经济综合类月刊。由环渤海地区近30个城市(天津、青岛、大连、烟台、沧州、济南、保定、唐山、秦皇岛、廊坊、威海、承德、太原、沈阳、营口、东营、淄博等)共同协办。创刊10多年来,本刊在改革的大潮下,阔步走向市场,以崭新的媒体形式为环渤海地区及全国的经济发展做出了应有的贡献。

作为环渤海经济区惟一公开发行的区域性经济期刊,本刊一直注重舆论导向,始终不渝地关注该区域的经济社会发展全貌。以"立足环渤海,面向全国,瞭望世界,沟通信息,促进地区经济合作与发展"为办刊宗旨。以"让世界了解环渤海,让环渤海走向世界"为办刊方针。

本刊根据经济形势发展,不断优化栏目,先后推出本刊特稿、环域在线、经济纵横、瞭望视点、对策研究、博士论坛、经营管理、财金投资、行业展望、企业星辰、网络经济、国际观察、人物点击、渤海聚焦等栏目。所设重点专栏"本刊特稿"、"环域在线"主要报道环渤海区域发展动态及发展思路,"渤海聚焦"专栏,全面系统报道本区域内各市地概况,为扩大环渤海地区宣传力度不懈努力。

本刊先后两次荣获期刊整体设计奖和"经济协

作先进单位”称号。

历任主编：林开明　孙铁铭

历任社长：张承通　尹国良

现任主编：王战果

现任社长：樊月龙

通讯地址：天津市河西区友谊路39号

邮政编码：300201

联系电话：022－28131745　88379850（传真）

电子信箱：hbhjjlw@vip.sina.com

（《环渤海经济瞭望》杂志社　王颖振撰稿）

《天津外国语学院学报》

《天津外国语学院学报》是1993年底创刊的学术类期刊，由天津外国语学院主办。1999年向国内外公开发行，并入编中国学术期刊光盘版。近年来，本刊不断发展成熟，影响日益扩大。

办刊宗旨：坚持以邓小平理论为指导，坚持正确的政治方向，遵守出版业的法律、法规，以出版反映外语教学与科研最新成果的学术论文为己任，努力促进学校各学科的发展，加强与兄弟院校及国内外同行的学术交流与联系，为培养现代化建设人才创造条件，使教学与科研学术带头人脱颖而出。

本刊注重自己的学术品位和学术质量，努力做到：(1)树立精品意识，强化特色。本刊不同于一般的社科类期刊，专业特点要求学报栏目要具有自己的独特之处。10年来，学报以翻译研究、外国语言研究、外语教学研究、外国文学研究等几个栏目为主，形成了连续而稳定的特色版块，2002年荣获中国人文社会科学学会颁发的“优秀栏目策划奖”。2003年起改为双月刊。(2)立足本校，开放办刊。本刊一方面反映本校的特色和学术水平；另一方面又开阔视野，密切关注学术研究动态，反映最新研究成果。近年来，一些知名学者纷纷为本刊提供力作，同时全国各语种教学和研究人员也大量来稿。

现任主编：修　刚

常务副主编：魏晋慧

通讯地址：天津市河西区马场道117号

邮政编码：300204

联系电话：23285743

电子信箱：journal@tjfsu.edu.cn

（《天津外国语学院学报》编辑部供稿）

《天津成人高等学校联合学报》

《天津成人高等学校联合学报》是全国惟一一家多校联办的、国内外公开发行的教育科学综合性学术理论刊物，于1999年创刊，双月刊。经国家新闻出版总署批准，由天津市成人教育学会为主要主办单位，天津25所成人高校、高职院校合办。主管单位为天津市教育委员会。

本刊宗旨：坚持正确的政治方向和质量第一的原则，坚持“双百”方针，认真践行“三个代表”重要思想，按“代表中国先进文化的前进方向”的要求，立足天津、面向全国、面向高职教育和成人高等教育事业，理论创新紧密结合经济社会和高等院校的工作实际为导向，不断开拓新思路、树立新理念，紧贴经济社会和高等院校的工作实际，开展学术研究，搞好科研成果的交流与展示，在推动我国职成教育的改革和发展中，发挥应有的作用。

本刊先后设置校长论坛、构建终身教育体系、成人高等教育研究、高等职业教育研究、教学探讨与实践、政法研究、德育研究、艺体研究、图书馆及信息技术研究、语言文学、经济与管理工程、计算机技术及应用、应用技术研究等20多个专栏。

本刊被3个全国性学术期刊光盘版出版社全文转录，制成光盘版在国内外公开发行，还被中国期刊网等3个全国性网络作为整选刊源全文引入互联网系统。本刊还被确定为中国核心期刊（遴选）数据库全文收录期刊，被评为首届中国《CAJ－CD规范》执行优秀期刊，从而成为全国13个权威学术机构及综合评价机构的全文收录期刊。

现任主编：龙德毅

常务副主编：李全奎、叶中瑜、冯金泉

通讯地址：天津市南开区王顶堤迎风道

邮政编码：300191

联系电话：022－23363789(传真)

电子信箱：chengrenxuebao@yahoo.com.cn

(《天津成人高等学校联合学报》编辑部供稿)

《科学学与科学技术管理》

《科学学与科学技术管理》于1980年创刊，是由中国科学学与科技政策研究会、中国管理科学研究院、天津市科学学研究所共同主办的关于科学技术管理理论与实践研究方面的综合指导类期刊。

本刊宗旨：以邓小平理论为指导，坚持四项基本原则，宣传新兴学科——科学学理论；交流科学管理经验；探讨科技发展的各种问题；研究科技体制改革中的有关问题及政策；评价国外科技管理方法和经验；讨论民营科技发展相关问题，为提高我国科技管理水平做好宣传和服务工作。

常设栏目：科学学研究、科技政策研究、科技发展战略、创新管理论坛、知识管理、信息技术管理、科研管理、区域科技发展、人力资源管理、企业技术进步、科技评价、探讨与争鸣、高教管理研究、可持续发展、专家论坛、研究报告。

本刊于1992年和1996年分别荣获第一届、第二届全国优秀科技期刊二等奖和一等奖；荣获华北地区第三届“优秀期刊奖”、第五届“特别荣誉奖”；1999年获得首届国家期刊奖提名奖；历年均被评为“天津市优秀期刊”和“天津市一级期刊”；从1992年至今，连续被北京大学“中文核心期刊”课题组及北京大学图书馆评为“科学·科学研究类期刊”中文核心期刊，并被历年选为《中文社会科学引文索引》(CSSCI)、《中国人文社会科学核心期刊要览》和《中国学术期刊综合评价数据库》来源期刊。并在国内重要检索途径的转载摘登排序中名列前茅。本刊为世界“IAIA”组织团体会员单位。

历任主编：何钟秀　吴敬华

现任社长：马其慧

现任主编：柳卸林

通讯地址：天津市河东区新开路138号

邮政编码：300011

联系电话：022－24324911　24324829

电子信箱：kxx518@163.net

(《科学学与科学技术管理》杂志社　张洋撰稿)

《天津师范大学学报》(基础教育版)

《天津师范大学学报》(基础教育版)于2000年6月创刊，由天津师范大学主办，是研究基础教育科学的学术理论刊物，国内外公开发行。本刊严格遵守国家宪法和法律，坚持党的基本路线，遵守党的有关宣传纪律，遵守党和国家有关新闻出版的方针、政策和法规。认真贯彻党和国家的教育方针、政策，热切关注国内外教育特别是基础教育研究与实践的最新动态，反映基础教育教学的成果，汇集基础教育改革的成功经验，探讨基础教育发展的新路子，自觉努力成为高等师范教育与基础教育部门密切联系的纽带，成为基础教育理论与实践相互贯通的桥梁，成为广大基础教育工作者发表最新科研成果的学术园地。

本刊以重大选题、重点栏目来体现刊物特色，设置的主要栏目有：基础教育理论研究、新课程改革研究、教师教育、教学研究、德育研究、比较教育、探索与争鸣、考试研究、现代化教育技术等。

本刊于2002年5月被评为天津市一级期刊；

2002年8月被评为中国高等院校优秀人文社会科学学报;2003年4月荣获首届《CAJ—CD规范》执行优秀期刊奖。成为“中国学术期刊综合评价数据来源期刊,中国科学引文来源期刊”和中国人文社科引文来源期刊。

现任主编:汪耀进

通讯地址:天津市和平区甘肃路40号
邮政编码:300020
联系电话:022-27236789
电子信箱:tjsdxbjc@public.tpt.tj.cn

(《天津师范大学学报》(基础教育版)编辑部 况 琳撰稿)

《职业教育研究》

《职业教育研究》杂志是由天津工程师范学院主办的职业教育研究性刊物。本刊于1982年7月试刊,定名为《职业教育研究资料》,内部发行;1985年更名为《职业教育研究》,双月刊,国内公开发行;1994年1月更名为《现代技能开发》;2004年1月恢复《职业教育研究》名称,并改为国际16开本。

办刊宗旨:立足学院,面向全国,为我国的职业教育理论和应用问题的研究成果,提供一个发表的平台,开展职业教育学术理论与应用研究,推广职业教育研究成果,坚持专业指导与信息服务相结合。为我国职业教育改革和发展服务,为学院建设服务。

主要栏目:理论研究、高职专论、师资培养、教学研究、交流与探讨、中职教育、招生与就业、教学研究、实验实训、教育技术、海外职业教育、职业教育史料等。

1998年和2001年先后两次荣获全国优秀职教期刊一等奖。

历任主编:李宗尧、齐树华、薛景文、王宪成

现任主编:孟庆国

通讯地址:天津市河西区柳林东
邮政编码:300222
联系电话:022-28116509 88181519
电子信箱:zhyjyyj@263.net
网 址:http//jnkf.chinajournal.net.cn

(《职业教育研究》杂志编辑部 二平撰稿)

《天津音乐学院学报(天籁)》

《天津音乐学院学报(天籁)》是天津音乐学院主办的国内外公开发行的音乐学学术季刊。于1985年创刊,定名为《音乐学习与研究(天津音乐学院学报)》。1998年第4期更为现名,并公开发行。1999年起,副刊取名为“天籁”。

本刊遵循“以质量为生命”的办刊宗旨,始终执行“为新人立言,为新论铺路”的办刊方针,发表音乐史学、民族音乐学、作曲技术理论、音乐表演艺术理论、音乐美学、音乐教育学等研究领域的前沿性研究成果。

本刊为适应时代要求和学院教学、科研的发展需要,经多次改版,扩充了版面,实现了刊物的国际标准化,并取得了良好的社会效益,学术影响日益扩大。对天津音乐学院主办的一系列重要学术会议及相关理论研究成果均设专栏。本刊已入编2003年《中国人文社会科学学报年鉴》,并已加入中国学术期刊网。

历任主编:杨今豪 许勇三 石惟正

现任主编:姚盛昌

通讯地址:天津市河东区十一经路57号
邮政编码:300171
联系电话:022-24160056 24313950(传真)
电子信箱:tl-xb@263.net

(《天津音乐学院学报(天籁)》编辑部供稿)

《天津市财贸管理干部学院学报》

《天津市财贸管理干部学院学报》原名称是《商业管理与教育》，于1999年创刊。本刊是天津市财贸管理干部学院主办的国内外公开发行的社科类综合性学术刊物，主要面向成人教育系统及高职高专教育系统的研究者、教职员工及在校学生，以及商业经济理论工作者、商业企业经营者及商业战线职工、教育教学工作者。

本刊坚持以马列主义、毛泽东思想、邓小平理论和“三个代表”重要思想为指导，坚持“百花齐放、百家争鸣”的方针，传播和积累科研成果，促进教育教学工作和企业改革发展，突出理论与实践相结合，强调刊物的探索性和科学性，为繁荣我国哲学社会科学研究、为两个文明建设服务。

本刊始终坚持“探索学海前沿、研究市场经济、纵论成人教育、放谈商贸之道、遵循敦教励学、追求崇实尚公”的办刊思路，逐步形成以会计专业、财贸金融、税务税收为重点的，具有成人教育特色及商业特色的6项专栏，先后推出了经济科学论坛、企业管理探索、金融会统分析、教育教学研究、信息文献处理、纵论放谈等有影响的专栏。目前本刊已被《中国科技期刊数据库》、《清华大学中国学术期刊电子杂志社》全文收录。

历任主编：张立志　史广正

现任主编：李昌军

通讯地址：天津市河东区六纬路82号

邮政编码：300170

联系电话：022－24020435

电子信箱：shanhongen@sina.com

（《天津市财贸管理干部学院学报》编辑部
王　远撰稿）

《天津市社会主义学院学报》

《天津市社会主义学院学报》于2003年2月创刊，是经国家新闻出版署批准，由天津市社会主义学院主办的国内外公开发行的哲学社会科学类综合性学术期刊。本刊注重突出统战学术性、理论创新性和知识可读性。以精品的形象凝聚统一战线理论研究队伍；以清新务实的文风吸引统一战线广大成员和统战干部；努力形成自身的办刊风格。

本刊宗旨：坚持以马列主义、毛泽东思想、邓小平理论和“三个代表”重要思想为指导，贯彻理论联系实际和“双百”方针，为建设中国特色社会主义政治、经济、文化服务；为巩固和发展新时期爱国统一战线服务；为培养统一战线三支干部队伍服务；为学院的教学与科研服务。

主要内容：学习、研究、宣传党的统一战线理论、方针、政策；总结统一战线各领域工作的经验；展示统一战线和其他社会科学理论研究的新成果。

主要栏目：统战理论与实践、多党合作理论研究、民族宗教、知识分子、非公有制经济、人民政协、求同存异、观察思考、历史顾往、同根同源、中华文化、社院建设、学员论坛、调查研究。

现任主编：于　文

通讯地址：天津市南开区鞍山西道340号

邮政编码：300193

联系电话：022－27381295

电子信箱：tjsyxb@yahoo.com.cn

（《天津市社会主义学院学报》
编辑部　孙鸿斌撰稿）

《天津市工会管理干部学院学报》

《天津市工会管理干部学院学报》是天津市工会管理干部学院主办的国内外公开发行的工会理论和教学及社科理论有关问题的综合性学术理论刊物。本刊于1990年创刊，刊名为《工会理论与实践》，1994年更名为《当代工会》。1998年经国家新闻出版署批准为国内外公开发行的季刊，并更为现名。

本刊坚持以马列主义、毛泽东思想、邓小平理论和“三个代表”重要思想为指导，坚持党的基本路线，正确把握办刊方向，着重探讨社会主义市场经济建设中遇到的工会理论与现实问题以及思想理论领域有关热点问题，开拓视野，拓展思路，积极探索工会工作新模式、新方法，为我国社会主义现代化建设和工会建设服务，为教学和科研服务。

本刊主要栏目有：工运理论、民主管理、劳动经济、社会保障与保险、理论研究、工会工作、工会主席园地、工会干部教育、专稿、思想评论、热点透视、调查与思考、探索与争鸣、教育与教学、素质教育、专业和学科建设、企业文化、精神文明建设、文史论坛、国际共运、文摘之页、学员之窗等。

本刊2001年至2003年被中国人民大学书报资料中心索引或转载，目录索引152篇，全文转载26篇。2003年成为“中国期刊全文数据库全文收录期刊”和“中国学术期刊综合评价数据库统计源期刊”。

历任主编：马成云

现任主编：王炳起

常务副主编：王海峰

通讯地址：天津市河东区津塘路79号

邮政编码：300170

联系电话：022－24020019

电子信箱：tjxbooi@yah.com

（《天津市工会管理干部学院学报》编辑部　赵莲英撰稿）

《世界文化》

《世界文化》是由天津市教委主管，天津外国语学院主办，以编译为主，国内外公开发行的综合类文化期刊（月刊）。创刊于1980年，原名称为《文化译丛》，1986年更为现名。

本刊以“关注世界文化现象、采撷人类文明成果、介绍异国风土人情、传递现代生活信息”为宗旨，以“增进国民文化素质、提高国民文化品位、开阔国民文化视野、拓展国民文化情趣”为任务，其主要读者为高中以上文化层次的知识群体。

主要栏目：关注、艺术、人物、他乡、往事、感悟等。创刊20多年来，本刊始终坚持正确的舆论导向，坚持高雅的品位，成为帮助人们科学、准确地认识和了解世界的重要窗口之一，在社会上产生了积极的影响。本刊办刊质量不断提高，每年都有多篇文章被《读者》、《青年文摘》、《知识之窗》、《科技文粹》、《报刊文摘》等转载。

本刊已被《中国学术期刊（光盘版）》和科技部西南信息中心《中文科技期刊数据库》收录，被“全国信息资源共享工程国家中心”全刊转载在其信息网络平台上。

历任主编：王　菜　唐菊珍

现任主编：修　刚

通讯地址：天津市河西区马场道117号

邮政编码：300204

联系电话：022－23241371　23288540

电子信箱：yukexin@tjfsu.edu.cn

（《世界文化》编辑部　轩川撰稿）

《图书馆工作与研究》

《图书馆工作与研究》于1979年6月创刊，是天津图书馆、天津市图书馆学会和天津市少年儿童图书馆联合主办的专业学术性刊物。

本刊以马列主义、毛泽东思想为指导，贯彻“二为”方向和“双百”方针，坚持党的基本路线，遵循理论联系实际，坚持知识性与学术性相结合、普及与提高并重的办刊方针，为推动图书馆学研究和促进图书馆学事业发展做贡献。

本刊坚持内容上以学术论文与业务经验总结相结合，系统性文章与专论性论文相结合。力争在图书情报领域传播、推广、普及新知识、新技术、新信息。先后创办理论研究、图书馆事业、图书馆现代化、数字图书馆、参考咨询、文献资源建设、书目数据建设、研究生之页、文献工作与研究、读者工作、四库学研究、儿童图书馆等栏目。特别是近年来本刊在全国率先开辟“两岸文荟”栏目，成为图书情报界同类刊物中的特色，为推动海峡两岸图书情报界的交流，增进了解、相互学习、相互借鉴起到了重要作用。

本刊自1989年以来连续5次被中国图书馆学会评为“全国优秀图书馆学期刊”，被北京大学图书馆编辑出版的国内权威期刊评介工具《中文核心期刊要目总览》(连续四版)收录为核心期刊，被中国社会科学院文献信息中心评为“中国人文社会科学核心期刊”，同时被《中国人文社会科学引文索引》等确定、选用为来源期刊。

历任主编：董长旭　刘久昌

现任主编：陆行素

通讯地址：天津市南开区复康路15号

邮政编码：300191

联系电话：022-23368221

电子信箱：TSGG@chinajournal.com.cn

(《图书馆工作与研究》编辑部　杨慧漪撰稿)

大事记

2003年

一月

3日　天津市海河两岸综合开发宣传工作会议召开。市委副书记刘胜玉，市委常委、市委宣传部部长肖怀远及副市长陈质枫出席。

8日　市委副书记刘胜玉到市社联调研，检查了解学习贯彻十六大和市委八届三次全会精神的情况。刘胜玉在听取了市社联党组书记万新平的工作汇报后，发表了重要讲话。他充分肯定了市社联各项工作取得的成绩，希望社联党组领导班子进一步增强责任感和紧迫感，适应新形势，抢抓新机遇，落实新举措，把我市社会科学事业继续推向前进。市委办公厅、市委宣传部有关负责同志参加了调研。

11日　市社联与市历史学会联合举办第六次理论创新论坛活动，主题为“中外近代化道路的新审视”。市社联党组书记万新平研究员致开幕词，市历史学会会长陈振江教授和中国世界古代及中世纪研究会会长王敦书教授作主题说明。来自本市高等院校和科研单位的50余位专家与会。

14日　2003年天津市宣传思想工作会议召开，传达全国宣传部长会议精神，总结2002年宣传工作，部署全市2003年宣传思想工作。市委副书记刘胜玉，市委常委、市委宣传部部长肖怀远，副市长俞海潮出席。

16～23日　市政协召开十一届一次会议。会议选举宋平顺为市政协十一届委员会主席，卢金发、叶厚荣、周绍熹、姚建铨、曹秀荣(女)、赵克正、蔡世彦、王家瑜、朱坦、陆锡蕾(女)为副主席，陈福顺为秘书长。政协副主席张好生作十届政协常委会工作报告。

17日　在北京举行的第二届国家期刊奖颁奖大会上，《天津社会科学》荣获第二届国家期刊奖百种重点社科期刊称号，在全国地方社科院和高等院校社会科学同类学术刊物中名列前茅。

18～24日　市十四届人大举行第一次会议。代市长戴相龙作《政府工作报告》，人大常委会副主任罗远鹏作人大常委会工作报告。会议选举戴相龙为天津市市长，夏宝龙、孙海鳞、杨栋梁、崔建渡、陈质枫、只升华、张俊芳(女)为副市长。选举房凤友为市十四届人大常务委员会主任，邢军(女)、王德惠、俞海潮、王述祖、梁肃、陈洪江、左明、张元龙为副主任，乔富源为秘书长。选举张柏峰为市高级人民法院院长，李宝金为市人民检察院检察长。

20日　天津师范大学心理与行为研究中心创办的《心理与行为研究》杂志正式出版。

20～21日　国务院副总理钱其琛来津考察，张立昌、戴相龙等市领导同志陪同考察。

26日　市委宣传部、市社联召开本市第八届社会科学优秀成果颁奖暨社科界新春联谊会。市委副书记刘胜玉出席并讲话。市委常委、市委宣传部部长、市第八届社会科学优秀成果评奖委员会主任肖怀远主持会议。市社联主席罗远鹏即席讲话，老同志杨志华、石坚等出席会议。市社联党组书记、市第八届社会科学优秀成果评奖委员会秘书长万新平研究员作评奖工作总结。

27日　市委宣传部召开各区县宣传部长座谈会。市委副书记刘胜玉，市委常委、市委宣传部部长肖怀远出席，并在会上分别作了重要讲话。

27～29日　本市分别举行劳动模范和院士专家迎新春座谈会。

28日　我市举行首部汇集全市各行各业信息化进程的大型文献资料工具书《数字天津》首发式。

二月

8日　天津财经学院与美国俄克拉荷马市大学

合作举办的长城国际 MBA 项目签字仪式在天津财经学院举行。天津财经学院院长张嘉兴,美国俄克拉荷马市大学商学院院长沃德分别代表双方在协议书上签字。天津市副市长张俊芳,市教委副主任王泓,天津财经学院党委书记李荣、副院长张维和 MBA 中心负责同志等出席签字仪式。此次签署的第十二期合作协议冠名为“长城国际 MBA 项目”。

10 日　本市召开中央驻津新闻单位负责人座谈会。市委副书记刘胜玉,市委常委、市委宣传部部长肖怀远出席。

11 日　我国当代杰出的相声艺术大师马三立逝世,享年 89 岁。

12 日　市委副书记刘胜玉,市委常委、市委宣传部部长肖怀远到今晚报社调研。

13 日　市委副书记刘胜玉,市委常委、市委宣传部部长肖怀远到周邓纪念馆调研。

14 日　我市召开“学习女排精神加快天津发展”大会,中共中央政治局委员、市委书记张立昌,市长戴相龙,市人大常委会主任房凤友等领导同志出席。

同日　《道德与文明》编辑部与中国伦理学会、教育部社科中心、中国人民大学道德研究院在北京共同举办“纪念毛泽东同志题词‘向雷锋同志学习’发表 40 周年研讨会”。《人民日报》、《光明日报》以及中央教育电视台对研讨会作了报道。

25 日　本市召开马三立艺术人生追思座谈会。市委副书记刘胜玉,市委常委、市委宣传部部长肖怀远,副市长张俊芳同志出席会议。中国文联领导李牧、冯骥才和中国曲协领导刘兰芳、常宝华、马季、姜昆、冯巩等艺术家出席。

同日　副市长张俊芳到市教科院调研。教科院院长张武升介绍了教科院发展的历史和现状,汇报了 2003 年教科院工作安排和今后的发展设想。

本市 12 个科技项目及 1 名科技人员获得 2002 年度国家科学技术奖,其中国家技术发明奖 1 项,国家科技进步奖 11 项,国家国际科学技术合作奖 1 项。

三月

1～14 日　南开大学“国家文科基础学科人才培养和科学研究基地”揭牌。

7 日　市社联举行第三届“天津社联奖”优秀论文的复评和终评工作。共有 151 项成果获奖,其中一等奖 20 项;二等奖 40 项;三等奖 91 项。

12 日　市委常委、教卫工委书记陈超英在教卫工委副书记杨希禄的陪同下,到市教科院进行调研。教科院有关领导参加了调研活动。

21 日　市长戴相龙会见美国哥伦比亚大学教授、著名经济学家罗伯特·蒙代尔。

22 日　由中央电视台和南开大学等单位联合主办的“电视与音乐教育”研讨会在南开大学举行。中国电视艺术委员会、《中国电视报》、央视“感受音乐贺新春”节目组及南开大学、《光明日报》、《音乐周报》、《中国教育报》等有关单位派员参加。

23 日　由南开大学主办的“发展金融市场,振兴天津经济”高层论坛在开发区举行。市长戴相龙出席论坛并致开幕辞。世界著名经济学家、诺贝尔经济学奖获得者、美国哥伦比亚大学教授罗伯特·蒙代尔,原中国证监会主席、南开大学深圳金融工程学院名誉院长刘鸿儒等发表演讲。

同日　世界最大的信息工业跨国公司——IBM 国际商业机器公司在天津经济技术开发区建立第一个互联网数据中心(IDC)。

29 日　中央精神文明建设委员会授予我市审计局“全国精神文明建设工作先进单位”称号。

本月　在市十一届政协各专门委员会中,担任主任、常务副主任、副主任的本市社科界专家学者有:周根会、万新平、王宪成、王迎军、李荣、杨桂华、罗小明、阎金明、陈雍、张春生、罗澍伟、马炳文、崔锦、才家瑞等。

四月

2 日　南开大学国际经济研究所和跨国公司研究中心与联合国计划发展署所属的亚洲贸易倡议组织联合举办的“贸易与投资以及多边投资框架”国际学术讨论会召开。

3 日　本市召开区县文化事业和文化产业发展现场推动会。市委副书记刘胜玉,市委常委、市委宣传部部长肖怀远,副市长张俊芳出席会议。

同日　天津市党史工作会议召开。会议传达贯彻全国党史研究室主任会议精神,研究部署全市党史工作。中共中央党史研究室主任孙英到会指导工作并讲话。市委副书记房凤友出席并讲话,市委常委、市委组织部部长史莲喜主持会议。市委党史研究室负责同志作工作报告。近 300 人参加会议。

同日　由南开大学美国历史与文化研究中心主办的“面向 21 世纪的美国和中国”国际学术研讨

会在南开大学正式拉开序幕。来自美国、韩国、香港及北京大学、清华大学等高校和科研机构的近百名美国问题研究学者出席。

4日　为落实我市社会科学界与自然科学界第十七届联盟活动拟定的“海河两岸综合开发专题研究”课题，课题领导小组聘请10位学者组成专家组，对申报课题进行充分论证并从中筛选出8项分课题作申报立项。市社联、市科协和社科院两界三方的领导出席，这些单位的科研处还共同研究制定了课题管理办法。

10日　天津港保税区举办的2003天津·中国国际汽车金融大型国际研讨会开幕，副市长崔津渡、中国建设银行行长张恩照、中国人民保险公司董事长唐运祥出席。

15日　本市召开非典型肺炎防治工作会议，传达全国非典型肺炎防治工作会议精神，部署本市非典型肺炎防治工作。

16~18日　全国编辑学理论研讨会在天津召开，来自全国出版界、高等院校的专家学者40余人出席会议。本次会议主题是：结合新形势下编辑出版工作的发展，探讨以编辑活动的基本规律为中心的编辑学基本理论问题。

17日　中央电视台副台长张长明一行来津调研。市委副书记刘胜玉，市委常委、市委宣传部部长肖怀远会见张长明同志一行。

18日　本市举行《跨越发展中的天津》大型易地采访活动开幕式。市委副书记刘胜玉，市委常委、市委宣传部部长肖怀远出席会议。

同日　梁启超纪念馆正式开放。

20日　我市举办第四届中国·天津“海河之春”音乐节大型宣传日活动，市委副书记刘胜玉，市委常委、市委宣传部部长肖怀远，副市长张俊芳出席。

同日　本市在武警医学院附属医院发现非典型肺炎确诊病例，并对疫点实行封闭隔离。

21日　本市健全非典报告制度。市卫生局每天通过新闻媒体向社会公布非典型肺炎疫情。

同日　市委副书记刘胜玉，市委常委、市委宣传部部长肖怀远到广播电视网络有限公司调研。

22日　市政府召开会议，部署全市社会性预防和控制非典工作。

25日　市委副书记刘胜玉到蓟县汉墓考古现场调研。

27~30日　国务院非典型肺炎防治工作督查组来津，了解本市非典疫情，督导检查非典防治工作。

30日　市委召开常委扩大会议，学习胡锦涛同志重要讲话精神，研究部署本市预防非典型肺炎工作。

同日　全市研究室主任工作会议召开。中共天津市委副秘书长、市委研究室主任曹达宝作了“认真学习落实市委八届三次全会精神，进一步提高为领导决策服务水平”的讲话，会议总结了全市调查研究工作，宣布了全年23个全市重点调研课题，聘请23名专家学者担任市委研究室特约研究员。

本月　在全国党校系统第四届优秀科研成果奖评选工作中，天津市党校系统共获6项优秀科研成果奖，其中，市委党校获得5项。同时，市委党校还获得全国党校系统第四届科研工作组织奖，冯德华、杨升祥获得全国党校系统优秀科研管理工作者奖。

五月

1日　中共中央总书记、国家主席胡锦涛在天津检查非典型肺炎防治工作。随行的有中共中央政治局委员、国务院副总理兼卫生部部长吴仪，中共中央政治局候补委员、书记处书记王刚，张立昌、戴相龙同志陪同，分别到市卫生防病中心、和平区小白楼街崇仁里社区、河西区越秀路街教师村社区和家世界友谊路超市检查防治非典工作情况。胡锦涛在听取市委、市政府的汇报后，发表了重要讲话。

2日　市委召开常委扩大会议，传达贯彻胡锦涛总书记在津重要讲话精神。

6日　市委常委、市委宣传部部长肖怀远和副部长陈浙闽先后到社科院、社联检查指导防控非典工作并作指示。

14日　本市举行农村防治“非典”宣传教育工作会议。市委副书记刘胜玉，市委常委、市委宣传部部长肖怀远，副市长孙海麟同志出席会议。

26日　天津市高校联合数字图书馆UNICORN图书馆自动化集成管理系统在天津财经学院正式开通。这标志着天津财经学院图书馆从手工操作到自动化、数字化的历史变革，从而实现了与天津市各高校图书馆互利互联互通，资源共享，使逸夫图书馆迈入了数字化图书馆时代。

同日　天津市教育科学研究院与英国纽卡尔

斯大学签署交流项目合作协议，主要内容是以英语为教学语言对中国教师进行学科双语教学短期培训。

28日　副市长张俊芳出席接受中国红十字会支援我市抗击非典捐赠仪式。

本月　市社联与市政治学会、市行政管理学会、市领导学研究会、市党建研究会、市社会科学主义学会、市法制心理学会联合召开主题为“政治文明与行政改革”的第七次理论创新论坛活动，鉴于抗击“非典”的特殊时期，活动以“笔谈”的形式举行。活动重点就“政治文明建设是中国特色社会主义的必由之路”、“中国共产党与社会主义政治文明建设”等进行了研讨和交流。

本月　南开大学中国社会史研究中心与南开大学历史学院合作整理，由中华书局刊印的《南开史学家论丛》第一辑出版发行。该丛书是南开老一代史学大师们的个人文集，第一辑中囊括了郑天挺先生的《及时学人谈丛》；雷海宗先生的《伯伦史学集》；杨志玖先生的《陋室文存》；王玉哲先生的《古史集林》；杨生茂先生的《探径集》；杨翼骧先生的《学忍堂文集》；来新夏先生的《三学集》；魏宏运先生的《锲斋文录》。文集共八册。

六月

2～3日　中共中央政治局委员、书记处书记、中宣部部长刘云山同志来津对我市文化体制改革和文化产业发展问题、怎样进一步兴起学习“三个代表”新高潮、怎样坚持“两手抓”等问题进行调研。

6日　市委常委、市委宣传部部长肖怀远对《论点·建议》第106期天津社科院文学研究所王之望撰写的“关于举办我爱天津电视知识大奖赛的建议”一文批示：“建议很好”。

7～14日　卫生部和世界卫生组织联合工作组对天津进行考察，高度评价本市抗非典经验。13日，世界卫生组织发言人在日内瓦宣布解除到天津市旅游警告，并将天津从“近期当地传播”名单中删除。14日，卫生部发出通知，取消天津等省区市传染性非典型肺炎流行地区。

9日　我市举行“来自红区的报道”采访活动总结座谈会。市委副书记刘胜玉，市委常委、市委宣传部部长肖怀远，副市长张俊芳出席。

10日　我市召开宣传系统领导干部会议，学习传达刘云山同志视察天津重要讲话精神，市委副书记刘胜玉，市委常委、市委宣传部部长肖怀远出席会议并讲话。

12日　市社联召开“抗击非典的理性思考”研讨会。来自我市高等院校和科研单位的专家学者与会。

18日　市委副书记刘胜玉，市委常委、市委宣传部部长肖怀远，副市长张俊芳到市电子音像出版物批销中心调研考察。

同日　市委宣传部和市社联联合召开学习《“三个代表”重要思想学习纲要》理论座谈会。市委副书记刘胜玉出席会议并讲话。市委常委、市委宣传部部长肖怀远主持会议。社科理论界代表40余人参加。

20日　市委副书记刘胜玉，市委常委、市委宣传部部长肖怀远，副市长张俊芳出席“传递亲情共结平安”专题电视文艺演出录制活动。

23日　本市召开抗击“非典”先进党组织和优秀党员事迹报告会，市委常委、市委宣传部部长肖怀远，市委常委、市委组织部部长史莲喜出席并讲话。

24日　市委副书记刘胜玉，市委常委、市委宣传部部长肖怀远，副市长陈质枫、张俊芳赴海河开发现场进行调研考察。

26日　天津师范大学新闻传播学院正式成立，下设新闻学系、广告学系、广播电视新闻学系，具有传播学硕士学位授予权。该校1960年创立天津地区第一个新闻学专业。

27日　《求是》杂志社总编辑王天玺同志来我市进行讲座，市委常委，市人大、市政府、市政协党组成员，市委各工委书记，市委办公厅、研究室、组织部、宣传部等有关负责同志出席。

同日　天津社科院召开学术报告会，李锦坤院长作题为《学习方法·思维方式·科研方法》的专题学术报告。

30日　本市召开纪念中国共产党成立82周年暨表彰先进党组织和优秀共产党员大会，有72个先进党组织和174名优秀共产党员受到表彰。

本月　市社联与市政治学会联合举办第八次“理论创新论坛”活动，主题为“时代与国情”。这次活动采取笔谈形式。

本月　市委组织部、市委宣传部、市委党校、市社联与天津日报社联合举办的学习贯彻“三个代表”重要思想和党的十六大精神征文活动圆满结束。共征集文章500余篇，评出一等奖29篇，二等奖23篇，三等奖33篇，优秀奖66篇。获奖文章和领导干部撰写的理论文章分别收入《与时俱进，继往开来——天津市社科理论界学习贯彻“三个代表”重要思想和党的十六大精神文章集》，《与时俱进，继往开来——天津市领导干部学习贯彻“三个代表”重要思想和党的十六大精神文章集》，中共中央政治局委员、市委书记张立昌专门为《文章集》题词：“与时俱进，继往开来。”市委常委、市委宣传部部长肖怀远为《文章集》撰写了序言。

25日　本市自4月20日发现首例非典病例，至5月18日，累计报告非典确诊病例175例，死亡14例，疑似病例137例，经治疗和排除全部出院。5月18后全市没有新增确诊病例。5月21日后没有新增疑似病例。6月25日，定点医院已无确诊和疑似病人。

七月

1日　市教科院9项调研课题获市教委主任教育决策贡献奖。市委教卫工委副书记、市教委主任何致瑜到市教科院颁奖并讲话。

4日　市社科院编写的第110期《论点·建议》介绍了天津社科院历史研究所张利民同志撰写的专著《近代环渤海地区经济与社会研究》。市委常委、市委宣传部部长肖怀远对该文批示：“(1)这是一部有意义的、服务现实的学术著作；(2)建议加重滨海新区对环渤海经济圈拉动作用的研究”。

5日　我市举办学习《“三个代表”重要思想学习纲要》报告会。中宣部理论局副局长路建平同志作报告。

7~10日　市委举行八届四次全会，通过关于认真学习胡锦涛同志“七一”重要讲话，兴起学习贯彻“三个代表”重要思想的新高潮的决议。

12日　中共中央政治局委员、市委书记张立昌，市长戴相龙会见出席2003年天津防治传染性非典型肺炎学术研讨会的中国工程院院士钟南山、侯云德一行。

16日　市社联与《天津日报》联合举办学习胡锦涛同志“七一”重要讲话理论座谈会。来自我市高等院校和科研院所的10余位专家学者出席并作专题发言。市社联党组书记万新平研究员主持座谈会并作总结发言。

22日　本市7所大学、26名知名教授当选为第5届国务院学位委员会学科评议组成员。

23日　副市长张俊芳会见美国佛罗里达国际大学对外办学及再教育学院院长大卫·格瑞斯曼一行。

24日　中央宣讲团来津举行学习贯彻“三个代表”重要思想报告会。

本月　市社联与天津财经学院联合举办第九次理论创新论坛活动。本次论坛以“企业网络组织及其治理”为主题。

本月　天津社科院院长李锦坤一行出访韩国，与韩国国立群山大学、圆光大学确定了双方在派遣留学生以及开展合作研究等多项领域建立合作关系，并与上述两所大学校长签订了由社科院向其派遣中国留学生的协议。

本月　天津市教科院与山东省济宁孔子学府实施联合办学，由天津市教科院派出2位专家到孔子学府帮助筹建学校、招聘教师、招收学生，建章建制并参与管理。

八月

1日　海河两岸综合开发课题研究信息会召开，我市社会科学界与自然科学界两界三方20余人参加。市规划院副院长肖连望受陈质枫副市长委托出席会议并介绍了海河开发的有关情况。市社联党组书记万新平研究员主持会议并作总结发言。

1~6日　市委宣传部举办“抗击非典斗争英雄模范事迹报告活动”。

8日　本市召开学习贯彻“三个代表”重要思想宣读(试讲)活动，市委副书记刘胜玉，市委常委、市委宣传部部长肖怀远出席并讲话。

21日　2002年度天津市科学技术奖励大会召开。天津赛象科技股份有限公司总经理张芝泉获天津市科技重大成就奖，并获得50万元奖励。天津医科大学名誉教授乔丹·M·菲利普斯先生获天津市国际科技合作奖。2002年度本市有13个项目获国家技术发明奖、科技进步奖和国际科技合作奖。同时，全市评出科学技术奖246项。

24日　台湾大学历史系荣誉教授陈捷先应南开大学中国社会史研究中心邀请，在南开大学历史学院多功能厅作了题为“清史研究及满文老档”的报告。在校的40余名博士和硕士研究生参加了报告会。

九月

4日　教育部首届“高等学校教学名师奖”揭晓，南开大学政法学院朱光磊教授、数学学院顾沛教授，天津大学建筑学院王其亨教授获此殊荣。

同日　市社联与市教育科学学会联合举办以“全面建设小康社会与优质教育发展”为主题的第十次理论创新论坛活动。论坛由市社联党组书记万新平研究员主持，会长沈德立教授出席，常务副会长王宗敏研究员作总结发言。30余人参加。

6日　天津财经学院与天津日报报业集团公司实行强强联合，共同创建新型教育产业——经报学院，经市教委批准正式成立。新成立的经报学院是在津报集团原“津报进修学院”基础上组建的。

9日　市长戴相龙、副市长张俊芳、市政府秘书长何荣林慰问教育界的专家学者代表。

10日　由中华工商业联合会和天津市人民政府主办，北京大学经济研究所协办的第1届民营经济发展·天津论坛开幕。全国政协副主席、全国工商联主席黄孟复，市长戴相龙，国务院经济发展研究中心党组书记、副主任陈清泰出席。

同日　天津市宣传思想工作座谈会召开。市委副书记刘胜玉，市委常委、市委宣传部部长肖怀远出席。各区委县委、市委各工委分管副书记、宣传部(处)长；宣传系统副局级以上领导干部；市委宣传部机关各部门负责同志出席。

15日　常务副市长夏宝龙出席我市职业经理人高级研修学院揭牌仪式。

同日　全国首家杨柳青年画专业博物馆落成。

16日　市委副书记刘胜玉，市委常委、市委宣传部部长肖怀远、市委常委、市总工会主席散襄军出席电视剧《红旗谱》开机仪式。

18日　市委召开学习贯彻“三个代表”重要思想推动会，市委副书记刘胜玉，市委常委、市委宣传部部长肖怀远出席。

20日　市翻译工作者协会等联合举办的“天津高校第七届翻译比赛”闭幕，共评出一等奖3名，二等奖6名，三等奖8名，优秀奖12名，河北工大等4所高校获得优秀组织奖。

21～24日　市社联2003年学会秘书长研讨班在湖南举行，18个学会(研究会、协会)的60余人参加了会议，研讨主题是：创新学会工作思路，交流学会工作经验，提高学会管理和工作水平。

25日　澳洲昆士兰大学亚洲商业史中心黎志刚博士访问了南开大学中国社会史研究中心，就明清以来的社会生活问题与中心研究人员交换了意见。

26日　市政府召开天津市社会团体工作经验交流大会。市社联等被评为先进业务主管单位，市社联所属市法制心理学会等8个学会被评为先进社会团体，马伟云等7名学会负责人被评为先进工作者。

27日　由南开大学国际商学院、南开大学MBA中心主办，全国MBA教育指导委员会赞助的首届创业学暨企业家精神教育研讨会在南开大学开幕。300余人出席会议。会议论文集收录了来自国内外的学术论文近60篇，代表了上述研究领域的最新学术成果。

28日　本市“三五八十”成就展开幕。中共中央政治局委员、市委书记张立昌，市委副书记房凤友、宋平顺、刘胜玉、邢元敏等市委、市人大常委会、市政府、市政协领导同志出席开幕式，并与各界群众一起观看成就展览。市委副书记刘胜玉在开幕式上致辞，市委常委、市委秘书长王文华主持开幕式。

29日　经国务院学位委员会和天津市学位委员会批准，天津财经学院金融学、企业管理2个专业取得博士学位授予权，管理科学与工程、社会保障、世界经济、国民经济学、劳动经济学、区域经济学等6个专业取得硕士学位授予权。

本月　我市有30项课题获准立项为2003年度国家社科规划课题，共获研究资助23万元。

十月

13～15日　由南开大学历史学院中国近现代史研究所、今晚报社、河北区人民政府、天津古籍出版社和天津市梁启超研究会联合召开纪念梁启超诞辰130周年“梁启超与近代中国社会文化”国际学术研讨会。市委常委、市委宣传部部长肖怀远出席开幕式并讲话。来自美、法、德、日、韩等国家和中国台湾、香港、内地的150位专家学者出席。梁启超之子、中科院院士梁思礼，梁启超之孙、著名学者梁从诫等梁氏后裔也专程来津出席。

15日　京津沪渝社科联协作会在北京召开。四地社联工作者共20余人与会。天津社联党组书记万新平同志介绍了天津社联工作情况和经验。会议代表还就相关问题进行了对口交流。

18～19日　由南开大学经济学院城市与区域经济研究所主办，中国人民大学、兰州大学区域经济研究所协办的第二届全国区域经济学学科发展研讨会在南开大学举行。会议主题为“面向21世纪的区域经济学教学和科研”。来自国内40多所院校、研究机构的100多位学科带头人、教学和科研骨干出席。与会代表就区域经济学课程设置、教材编写和区域经济学的基础理论研究等问题,及未来发展方向进行了研讨。

19日　庆祝本市与神户建立友好城市关系30周年纪念大会在津举行。中共中央政治局常委、国务院总理温家宝,日本首相小泉纯一郎分别致信祝贺。中共中央政治局委员、市委书记张立昌会见神户代表团一行,出席纪念大会。市长戴相龙、神户市市长矢田立郎、对外友好协会会长陈昊苏分别致辞。

19~23日　由天津音乐学院主办的全国音乐院校钢琴主科教学研讨会在津隆重召开。钢琴教育家、中央音乐学院周广仁教授、钢琴演奏家石叔诚、钢琴理论家赵晓生,老一辈钢琴教育家凌远、赵屏国、吴元等出席会议。

20日　市长戴相友和神户市市长矢田立郎签署《天津·神户建立友城关系30周年会谈纪要》。

同日　市长戴相龙、副市长张俊芳、市政府秘书长何荣林出席我市高校座谈会。

同日　应天津财经学院的邀请美国哥伦比亚大学著名教授王念祖先生,在该校进行为期一周的讲学活动。讲座内容涉及人民币汇率、全球化、中国的比较优势、环境与经济发展的关系等问题。

22日　市社联与市建设有中国特色社会主义理论研究会和市社科院邓小平理论研究所联合举办"天津社联理论创新论坛暨天津社科院邓小平理论研究所成立10周年"纪念活动,主题为"三个代表"重要思想研究。会议由市社联党组书记万新平研究员主持,本市高等院校和有关部门专家学者40余人参加。会上,社科院副院长荣长海教授作了"关于'三个代表'重要思想的若干理论问题"的主题发言。

23日　中国·天津商业联合与发展第四届国际年会召开,常务副市长夏宝龙出席。

同日　经国家人事部和全国博士后管委会审批,天津财经学院建立应用经济学和工商管理两个一级学科博士后流动站。

25日　作为"百年南开系列纪念活动"的序曲,由南开大学国际商学院、MBA中心、南开国际管理论坛主办的"海峡两岸管理比较研究"学术研讨会在南开大学召开。本次讨论会邀请了台湾方面的管理学者、企业家以及在大陆研习的台湾MBA学生与会,天津市有关单位领导、产业界和学术界以及关注海峡两岸发展的校内外管理学者和企业家参加。

27日　市长戴相龙会见世界著名经济学家罗伯特·蒙代尔,并聘请其为天津市市长顾问。

28日　中共中央政治局委员、市委书记张立昌、市长戴相龙、国家信息产业部部长王旭东、太平洋经济合作理事会秘书长戴维德·派森斯出席第三届PECC国际贸易投资博览会暨2003中国(天津)计算机软件网络与通信产品展览会开幕式。

同日　市长戴相龙、中国科学技术协会副主席胡启恒、太平洋经济合作理事会秘书长戴维德·派森斯、摩托罗拉总公司执行副总裁吉恩·戴莱尼出席信息化与新型工业化道路论坛开幕式。

同日　由天津财经学院金融系主办的"金融学科发展与人才培养恳谈会"召开。会上,金融专家、金融界代表就新世纪金融学科的发展和人才培养的思路、方法展开了热烈的讨论,为财经学院金融学科的发展以及金融人才培养提供了良好的建议。

同日　诺贝尔经济学奖获得者、被誉为"欧元之父"的美国哥伦比亚大学经济学教授蒙代尔先生受聘天津财经学院客座教授仪式举行,张嘉兴院长颁发聘书。蒙代尔向张嘉兴院长赠送了刚刚出版的中文版《蒙代尔经济学文集》,并作了题为《世界经济一体化与人民币汇率》的报告。副市长崔津渡出席报告会并致辞。参加致聘仪式和报告会的有国内知名学者、天津市金融机构领导、天津财经学院的教师和学生逾千人。

29日　天津音乐学院成功主办了"2003天音声乐论坛"。来自25个省市、自治区71个音乐院校和演出团体、文化单位及来自香港、台湾的200多位声乐同行齐集海河之滨,交流教学经验和演唱心得,研讨声乐理论,共议中国声乐的现状和未来。

本月　中共天津市委党校第十届优秀科研成果评奖工作结束,评出优秀科研成果34项,一等奖2项,二等奖14项,三等奖18项。

本月　韩国圆光大学郑甲源总长(校长)与国立群山大学林海正总长(校长)率团先后访问天津社科院。李锦坤院长会见代表团,双方签署了开展合作研究的备忘录。

十一月

9~10日　由南开大学、北美精算学会与光大永明人寿保险有限公司联合举办的"寿险经营与风险控制国际研讨会”隆重召开，副市长崔津渡出席了开幕式。中国保监会副主席魏迎宁在开幕式上致辞。来自国内外近300名寿险业及理论界人士围绕“寿险经营管理与风险控制”这一主题展开研讨。

11日　日本政府向南开大学捐赠“同声传译设备”项目签字仪式在南开大学举行。

12日　我市与法国留尼汪大区建立友好交流与合作关系签字仪式举行，市长戴相龙、副市长只升华、市政府秘书长何荣林出席。

14日　经国家人事部和全国博士后管委会批准，天津财经学院应用经济和工商管理两个一级学科建立博士后科研流动站。

15日　市社联与市委党校联合举办学习《中共中央关于完善社会主义市场经济体制若干问题的决定》报告会。著名经济学家张卓元教授应邀来津作辅导报告。我市社会科学学术团体、高等院校、市委党校、科研院所的专家学者和有关部门、区县局的领导干部400余人出席。

15～16日　第二届公司治理国际研讨会在南开大学召开。来自中国、美国、日本、英国等国家的知名专家、企业家300余人出席，围绕公司治理改革与管理创新进行广泛深入的交流研讨。全国人大常委会副委员长蒋正华出席研讨会开幕式，并作了题为《完善企业治理结构，推行行业管理改革》的报告。诺贝尔经济学奖得主、德国波恩大学教授莱因哈德·泽尔腾应邀作了《有限理性与经济行为》的主题演讲。市长戴相龙、国家审计署审计长李金华、南开大学校长侯自新分别致辞。全国政协常委舒圣佑，市委常委、滨海新区管委会主任皮黔生，市政府秘书长何荣林、南开大学党委书记薛进文、副校长逄锦聚等出席。研讨会期间，南开大学公司治理研究中心推出中国公司治理评价指标体系——“南开治理指数”。

17日　诺贝尔经济学奖获得者泽尔腾、南开大学李维安教授、香港中文大学唐方方教授、香港大学张俊喜和宋敏教授共同发起的“泽尔腾实验模拟研究室”在南开大学举行揭牌仪式。

18日　市社联召开“学会情况专题调查座谈会”，市城市经济学会、市党建研究会等6个学会重点介绍和交流了体会和经验。

21日　市社联召开学会组织管理委员会扩大会议，对申报先进的学会和学会工作积极分子进行了认真审批，会议决定对市国际贸易学会等40个先进学会和122名学会工作积极分子予以表彰。

24日　南开大学葛墨林教授当选为中国科学院院士。

24～25日　由南开大学中国社会史研究中心主办、常建华教授主持的“多元学科视野下的中国社会史研究学术研讨会”在南开大学举行，来自我国和韩国的40余位学者出席会议，就社会史研究如何应对其他社会学科的冲击与回应展开讨论。

27日　国家语委在南开大学举行了“全国语言文字标准化技术委员会汉语语汇分技术委员会”成立大会。该委员会是全国语言文字标准化技术委员会下设的6个分技术委员会之一，也是惟一设在北京之外的分技术委员会。同日，“南开大学词汇学与词典学研究中心”举行挂牌仪式，这标志着天津已成为国内汉语词汇学的研究中心。

同日　来津参加“相聚金秋——第三届天津市海峡两岸大学生文化交流活动”的台湾代表团一行50余人到南开大学参观访问。

28日　市委研究室与市社联联合主办“回顾总结‘三五八十’理论研讨会”。市委副书记刘胜玉，市委常委、市委秘书长王文华，市委常委、市委宣传部部长肖怀远及市社联主席罗远鹏出席会议。市社联党组书记万新平主持，7位同志作了发言，刘胜玉同志在会上作重要讲话。

同日　由南开大学中国社会史研究中心主办的“明清以来华北社会经济研究”学术研讨会在南开大学召开，来自国内和韩国、日本的50余位学者出席会议。

本月　经国务院学位办批准，南开大学正式获准设立公共管理硕士专业学位(MPA)。

十二月

1日　由南开大学法政学院主办的“社会学研究在政府决策中的地位”国际学术研讨会举行。陈洪副校长出席并讲话，法政学院院长朱光磊致开幕词。中国社会科学院、北京大学、清华大学、中国人民大学、加拿大萨斯喀彻温大学和天津市的专家学者出席。

2日　经中共中央批准，黄兴国同志任天津市委委员、常委、副书记，免去其浙江省委常委、委员和宁波市委书记职务。夏宝龙同志任浙江省委委员、常委、副书记，免去其天津市委常委、委员职务。

6日　“京津晋高校大学生纪念改革开放25周年暨第二届高校大学生学习‘三个代表’重要思想

研讨会"在南开大学举行。30多所高校的近百名代表参加。

同日　国务院国有资产监督管理委员会、天津市人民政府共同主办的国有经济结构调整与产权市场发展高级研讨会举行。

7日　中国社会工作教育协会第四次年会暨"中国社会工作教育理论与实践学术研讨会"在南开大学召开。亚太社会工作教育协会会长、香港和台湾地区社会工作教育机构的负责人、著名学者、全国100多家社会工作专业院系的教育工作者,国家教育部、民政部及我市有关部门的领导出席了会议。南开大学法政学院院长朱光磊教授主持,南开大学党委副书记刘景泉出席并讲话。

11~13日　中共中央政治局常委、国务院副总理黄菊在天津考察工作。张立昌、戴相龙陪同,先后到滨海新区和汽车工业公司、钢管公司等企业进行考察。

12日　市14届人大常委会第7次会议决定,任命黄兴国为天津市副市长,免去夏宝龙天津市副市长职务。

12~13日　以中国人民大学校长纪宝成为组长的教育部专家组对南开大学国家经济学人才培养基地建设进行了检查验收。

13日　受教育部委托,以对外经济贸易大学校长陈准民教授为组长的专家组一行14人对天津财经学院本科教学工作进行了评估考察。期间,市委常委、教卫工委书记陈超英会见了专家组成员,副市长张俊芳出席汇报会并讲话。专家组听取张嘉兴院长关于本科教学水平评估评建汇报。经过5天实地考察,教学评估结果为优秀。

16日　我市宣传系统召开会议传达学习全国宣传思想工作会议精神。市委副书记刘胜玉,市委常委、市委宣传部部长肖怀远出席。

同日　市委副书记刘胜玉,市委常委、市委宣传部部长肖怀远出席"井冈山精神"大型展览开幕式,中共江西省委宣传部副部长、省文联党组书记俞向党同志及我市有关方面的领导同志出席。

18~31日　"中国印、舞动的北京——第29届奥运会会徽巡展(天津站)"活动举办。市委副书记刘胜玉,市委常委、市委宣传部部长肖怀远,副市长孙海麟出席开幕式。

19日　市长戴相龙到天津师范大学作形势报告,市委常委陈超英、副市长张俊芳出席。

同日　2003年天津市高校科研管理研究会学术年会在天津工业大学召开,市教委、市知识产权局和市各高校的有关领导出席。天津工业大学校长张宏伟、副校长肖长发出席并讲话。

21日　中共天津市委党史研究室、中共天津市委党校、天津市中共党史学会联合召开纪念毛泽东同志诞辰110周年学术研讨会,100余人参加了会议。

24日　教育部副部长吴启迪、中国高等教育学会会长周远清在天津市副市长张俊芳的陪同下来到南开大学,听取了南开大学、天津大学紧密合作办学情况的汇报。之后,受教育部部长周济的委托,吴启迪、周远清在张俊芳的陪同下看望了国际数学大师陈省身先生。视察了天南大联合研究院大厦工地、"南开之星"计算中心和天津大学。下午,专程赴泰达学院视察。

同日　本市举行毛泽东同志诞辰110周年座谈会。市委副书记刘胜玉,市委常委、市委宣传部部长肖怀远出席。

同日　为纪念毛泽东同志诞辰110周年,由中共中央党史研究室、中共天津市委联合摄制,中共天津市委宣传部、市委党史研究室、天津电视台联合承制的电视文献专题片《延安时代》录制完成,先后在天津电视台和中央电视台播出,赢得了广泛好评,被誉为我市电视片创作近年来的精品力作。

25~27日　市委举行八届五次全体会议。讨论《中共天津市委常委会2003年工作报告》,通过《中共天津市委2004年工作意见》。

27日　以原清华大学党委书记方惠坚教授为组长的全国高等学校设置评议委员会专家组一行7人对天津财经学院申请更名天津财经大学进行实地考察。市委副书记邢元敏,市委常委、市委教卫工委书记陈超英、副市长张俊芳,市教委主任何致瑜会见专家组一行。

27~28日　由南开大学政治经济学研究中心、南开渤海金融研究所和南开大学虚拟经济与管理研究中心联合主办的"中国经济与金融发展论坛(2003)"国际学术研讨会在南开大学召开。党委副书记刘景泉出席并致词。中国社会科学院经济研究所、国务院发展研究中心、国家计委宏观部及清华大学、北京大学等有关高校和研究机构的代表及来自韩国、日本的代表出席。

28日　市社联在市人民艺术剧院举办"经典话

剧片断”演出专场，慰问全市社会科学工作者。

30日　市社联举办形势报告会，邀请清华大学国际问题研究所所长阎学通教授就“中美关系与台湾问题”作专题报告。

本月　天津市“十五”社科规划2003年度申报课题共有182项获准立项。

本月　天津社科院出版社出版的《写给农民的书》荣获由国家新闻出版总署和共青团中央共同主办的“第八届全国优秀青年读物奖”二等奖，这是该出版社成立以来首次在国家级图书评奖活动中获奖。

本月　受市教委委托由天津市教科院举办的首期天津市示范高中校校长高级研修班(自2002年9月～2003年12月)历时一年有余，正式结业。

统计资料①

2003年天津市国民经济和社会发展统计公报

天津市统计局

2004年2月20日

2003年是我市实施“三步走”战略的第一年。全市人民在市委、市政府领导下，以邓小平理论和“三个代表”重要思想为指导，深入贯彻党的十六大和市委八届三次全会精神，全面启动五大战略举措，扎实苦干，开拓创新，积极应对国内外形势的新变化，在取得抗击非典阶段性重大胜利的同时，经济发展上了一个新台阶，社会事业全面进步。全市主要经济指标增幅创近年最好水平，人均生产总值突破3000美元，“三步走”战略第一步目标胜利实现。

一、经济发展

经济总量

国民经济快速健康发展。全年实现全市生产总值2386.94亿元，按可比价格计算，比上年增长14.5%，增速比上年加快2个百分点，创1996年以来最高增幅，居全国各省市自治区前列。全市人均生产总值由上年的22380元增加到25874元，按当年汇率折算，折合3126美元，比上年增长13.8%。

三次产业全面发展。第一产业完成增加值89.7亿元，增长6.1%。第二产业是推动全市经济快速增长的主要力量，完成增加值1212.34亿元，增长17.8%，比上年加快3.5个百分点，对全市经济增长的贡献率达到62.8%。第三产业积极化解非典负面影响，完成增加值1084.9亿元，增长11.5%。三次产业的比重分别为3.7%、50.8%和45.5%。财政收入大幅增长。辖区内财政收入718.3亿元，比上年增长22.8%，其中全市财政收入完成451.74亿元，增长20.2%，增幅较上年提高1.8个百分点。增值税、消费税、营业税、企业所得税、个人所得税分别增长16.7%、32.7%、24.5%、13.6%和18.7%。全年财政支出350.01亿元，比上年增长16.6%。其中基本建设支出增长34.7%；科教文卫支出增长17.7%。

劳动就业

就业和再就业工作取得新进展。2003年全市新增就业岗位18.1万个，比上年增加4.1万个，增长29.3%。安置下岗失业人员12.1万人，比上年增加3.1万人，增长34.4%，首次实现新增就业人员数量大于新增下岗失业人员。全市社会从业人员510.9万人，比上年增长3.7%，其中第一产业83.19万人，第二产业219.43万人，第三产业208.28万人；城镇社会从业人员299.95万人，比上年增长1.4%。全年人才和劳务市场共接待292.26万人次进场择业洽谈，61.22万人次达成初步意向。城镇

① 资料来源于《天津统计年鉴》。

登记失业率为3.8%,比上年下降0.1个百分点。

价　格

消费价格总体保持平稳。全年城市居民消费价格总水平比上年上升1.0%。其中食品类价格受四季度粮油等商品价格上扬的拉动上升3.3%,衣着类价格下降11.9%,家庭设备用品及维修服务价格下降3.5%,交通和通讯类价格下降3.0%。全年城市商品零售价格总水平比上年下降2.6%。

生产和投资领域价格上升明显。全年工业品出厂价格比上年上升2.5%,原材料、燃料及动力购进价格比上年上升8.7%,固定资产投资价格上升2.6%。

土地和房屋价格普遍上升,全年土地交易价格上升3.0%,房屋销售价格上升4.1%,其中商品房销售价格上涨4.0%,私房交易价格上涨5.0%,房屋租赁价格上升0.9%。

固定资产投资

固定资产投资总量上了一个新台阶。全年全社会固定资产投资完成1046.72亿元,比上年增长29.0%,增幅比上年提高13.9个百分点,为1995来以来最高水平。投资呈现多元化。国有投资528.60亿元,比上年增长28.2%;民间投资314.00亿元,增长33.8%;外商及港澳台商投资204.12亿元,增长24.3%;民间投资占全社会投资的比重达到30%,比上年提高1.1个百分点。地方单位投资892.14亿元,增长31.6%;中央单位投资154.58亿元,增长15.5%。从产业投向看,第一产业投资9.38亿元,增长26.8%;第二产业投资402.3亿元,增长24.1%,其中工业投入382.5亿元,增长23.5%;第三产业投资635.04亿元,增长32.3%。第三产业投资占全市的比重为60.7%,交通运输邮电业、房地产业、文教卫生等社会事业和城市建设投资分别增长42.5%、32.2%、76.5%和75.4%。

农　业

农业生产稳步发展。全年农业总产值193.50亿元,比上年增长6.2%。其中种植业产值88.80亿元,增长2.2%;畜牧业产值77.00亿元,增长11.0%;渔业产值26.10亿元,增长5.1%;林业产值1.60亿元,增长2.4%。

农业结构调整进一步深化。养殖业占农业总产值的比重达到53.3%,比上年提高1.7个百分点;经济作物占农作物播种面积的比重达到58.0%,比上年提高6.7个百分点。

农业产业化经营成效显著。至年末,全市已有龙头企业396个,资产1000万元以上的企业120个。其中被列为国家级龙头企业7个,市级龙头企业36个。全市进入农业产业化体系的农户占农户总数的60%。全市无公害蔬菜基地、畜禽基地、牛奶基地和水产基地分别达到552个、98个、112个和68个。

主要农副产品产量增加。全年棉花产量9.47万吨,比上年增长51.8%;蔬菜产量602.78万吨,增长3.2%;肉类总产量52.41万吨,增长16.8%;禽蛋产量24.25万吨,下降0.9%;奶类产量43.23万吨,增长28.7%;水产品产量29.83万吨,增长4.4%。受播种面积减少及气候条件影响,全年粮食总产量119.29万吨,比上年减产18.53万吨;平均亩产308.1公斤,比上年增产12.9公斤。

工　业

工业生产增势强劲。全市工业完成增加值1103.37亿元,比上年增长18.4%;完成总产值4370.76亿元,增长24.1%,其中规模以上工业完成增加值1027.79亿元,增长20.1%;完成总产值4049.61亿元,增长26.1%。

重工业增速和比重继续提高。规模以上工业完成轻工业增加值242.19亿元,比上年增长16.0%,完成总产值1095.39亿元,增长20.8%;完成重工业增加值785.60亿元,增长22.1%,完成总产值2954.22亿元,增长28.7%。轻重工业产值比例为27:73。

优势产业带动作用明显。电子信息、汽车、医药、冶金、化工以及新能源等六大优势行业完成工业总产值2775.04亿元,增长28.9%,占规模以上工业总产值的比重达到68.5%,对工业增长的贡献率达到79.2%。

高新技术产业发展迅速。高新技术企业完成总产值1235.87亿元,比上年增长22.6%,占规模以上工业总产值比重为30.5%。新产品开发和产品出口规模扩大。全年新产品产值971.51亿元,增长22.6%;全市工业完成出口交货值983.91亿元,增长20.6%。

全年主要产品产量如下：

	单　位	2003 年	比上年增长(%)
原　油	万吨	1316.30	8.3
天然气	亿立方米	8.49	-4.4
原　盐	万吨	220.48	-8.3
发电量	亿千瓦时	319.95	18.9
生　铁	万吨	342.65	20.3
钢	万吨	565.95	17.4
成品钢材	万吨	1031.47	42.6
无缝钢管	万吨	91.67	9.2
水　泥	万吨	449.31	17.7
乙　烯	万吨	23.00	8.1
纯　碱	万吨	82.01	3.2
烧　碱	万吨	79.89	25.2
化学纤维	万吨	29.76	30.7
移动电话机	万部	3139.72	10.0
轿　车	万辆	17.25	82.7
摩托车	万辆	114.80	37.7
内燃机	万千瓦	973.91	81.7
纱	万吨	7.45	-8.1
布	亿米	2.51	1.2
食用植物油	万吨	17.35	-12.6
方便主食品	万吨	14.47	32.0
葡萄酒	万吨	3.05	10.5
房间空气调节器	万台	241.83	99.0
微波炉	万台	969.87	68.2
彩色显象管	万只	268.41	21.0
电子元件	亿只	840.77	13.2
显示器	万部	677.83	24.8

工业产销衔接较好。规模以上工业完成销售产值4004.37亿元，比上年增长21.6%。工业产品销售率为98.88%，其中重工业为99.43%，轻工业为97.41%；国有企业为100.34%，外商及港澳台商投资企业为99.59%，股份制企业为98.58%。

工业经济效益继续提升。规模以上工业企业经济效益综合指数为147.6，比上年提高14.5点。企业利润大幅增长，全年实现利税总额391.06亿元，增长24.6%。其中实现利润231.88亿元，增长30.2%；实现税金159.18亿元，增长17.3%。

建筑业

投资规模扩张拉动建筑业增长。全年建筑业完成增加值108.97亿元，比上年增长12.1%；完成总产值498.66亿元，增长46.6%。全年房屋建筑施工面积3348.22万平方米，增长35.3%；房屋建筑竣工面积1601.05万平方米，增长54.3%。全市建筑施工企业共承接施工项目22863个。按产值计算的全员劳动生产率人均达15.25万元，增长29.8%。

交通运输邮电仓储业

交通邮电业综合服务能力明显增强。全市交通运输邮电仓储业完成增加值256.03亿元，比上年增长14.7%，增幅比上年提高2.9个百分点。

以港口为中心的海陆空立体交通网络进一步发展。天津港15万吨级航道一期及北大防波堤项目竣工。天津港已与世界上160多个国家和地区的300多个港口建立业务联系，港口货物吞吐量16181.6万吨，比上年增长25.4%，其中进口5270万吨，增长28.4%，出口10911.6万吨，增长24.0%。集装箱吞吐量301.5万国际标准箱，增长25.2%。综合运输能力进一步加强。全年各种运输方式完成货物运输总量39532.66万吨，比上年增长13.6%。其中，铁路运输10082.1万吨，增长11.8%；公路运输20114万吨，增长6.8%；水路运输

8762.75万吨,增长36.8%。全年客运量4668.1万人,增长0.7%。机场旅客吞吐量110.1万人次,增长0.8%;机场货邮吞吐量5.66万吨,增长13.9%。

电信和邮政业务大幅上升。全年邮电业务总量完成111.97亿元,比上年增长24.2%。其中电信业务总量103亿元,增长26.1%,实现电信业务收入66.2亿元,增长12.2%。年末长途光缆线路总长度达到2704.08公里,增长42.2%。局用电话交换机总容量403.35万门。全市公网固定电话和移动电话用户达到737.7万户,增长22.3%。公网固定电话用户达到354.3万户,净增58.3万户,增长19.7%。移动电话用户达到383.4万户,净增76.3万户,增长24.8%。全市公网电话本地通话量达到140亿次,增长11.1%,短信业务总量达到14.69亿条。全年邮政业务总量8.97亿元,增长5.7%,发送函件22033.93万件,增长8.5%,特快专递321.5万件,增长11.8%。

国内商业

商业流通规模继续扩大。全市批发零售贸易餐饮业完成增加值211.92亿元,比上年增长10.8%。

市场的积聚作用明显。2003年末,全市共有各类市场760个,其中生产资料市场123个,消费品市场608个,生产要素市场29个。各类市场成交额712.79亿元,比上年增长16.2%。年成交额超亿元商品市场全年成交额498.39亿元,占市场总成交额的69.9%。

零售餐饮市场经历了4、5月份的短期波动后迅速回升。全年社会消费品零售总额1074.05亿元,比上年增长14.1%。其中批发零售贸易业零售额727.1亿元,增长12.5%;餐饮业零售额109.91亿元,增长7.2%。家居用品及装修装饰、通信器材、文体用品、汽车等新的消费热点逐渐升温。限额以上批零贸易业全年通讯器材零售额增长1.1倍,家具类增长18.4%,汽车增长1倍,体育娱乐用品类增长49.9%。

流通业招商引资取得新成果。年内又有易初莲花、欧倍德、沃尔玛、百盛、灿坤等知名集团在津投资建店。截至年末,外资零售业店场达120多家,世界500强中已有22家跨国商贸集团在津设场建店。北京物美、温州麦购等国内知名连锁集团纷纷来津投资建店。商业设施建设增势迅猛。全年开工面积129万平方米,竣工面积108.7万平方米。

金融保险业

金融保险服务力度显著加大。全市金融保险业实现增加值91.81亿元,比上年增长24.7%。年末全市各类金融机构达2837家,其中银行类机构1594家,非银行类机构1243家。渤海银行获国家批准筹建。年末金融机构从业人员达4.7万人。

金融业对外开放步伐加快。花旗银行在津设立分行,截至年末,在津外资银行分行15家,外资银行代表处4家,获准经营人民币业务的外资银行有8家,其中6家已经开展业务。总部设在天津的外资保险公司2家,外资保险驻津代表处3家。

当年新增存贷款创历史最高水平。截止2003年末,全市中外金融机构本外币存款余额达到4362.6亿元,比上年末增长29.9%,净增额为1003.77亿元,比上年净增额多增503.74亿元;本外币贷款余额达到3791.22亿元,比上年末增长32.1%,净增额为920.31亿元,比上年净增额多增537.63亿元.其中,中长期贷款余额1573.93亿元,比上年末增长64.3%。个人消费贷款增长加快,年末余额达到261.42亿元,比上年末增长29.8%,其中住房贷款余额218.84亿元,比上年末增长28.6%。

证券市场平稳。截至2003年末,本市共有境内上市股票23只,其中当年上市1只。各类证券成交额1322亿元,比上年增长12.1%,其中股票交易额1123亿元,增长8.8%。全年调剂外汇总额13亿美元,比上年增长41.9%。

保险业务规模不断扩大。全年保费收入75.31亿元,比上年增长16.0%,其中财产险保费收入15.56亿元,增长8.0%,人身险保费收入59.75亿元,增长18.0%。支付各项赔款给付17.36亿元,比上年增长51.0%,其中财产险赔款10.11亿元,增长48.0%;人身险给付7.25亿元,增长56.0%。年内太平保险天津分公司和恒安标准人寿保险公司相继开业。至年末,全市有各类保险公司14家,其中财产保险公司7家,人身险保险公司7家。保险中介机构17家,其中保险代理公司12家,保险经纪公司2家,保险公估公司3家。

房地产业

需求扩大拉动了房地产业的大发展。全市房

地产业增加值为119.87亿元，增长17.4%，增幅比上年提高13个百分点。受海河开发和路桥建设带动，房地产开发投资大幅增长，全年完成211.39亿元，增长20.2%。商品房销售创历史最高纪录。全年实现商品房现房销售面积786.5万平方米，销售收入202.3亿元，分别比上年增长39.5%和43.4%。存量房交易688.3万平方米，比上年增长94.8%；成交金额86.3亿元，增长1.2倍。其中私房成交面积504.6万平方米，增长1.2倍；成交金额71.4亿元，增长1.3倍。公房置换面积183.7万平方米，增长49%；置换金额14.9亿元，增长55.2%。

二、改革开放

所有制结构

所有制结构调整取得新进展，非公有制经济比重继续提高。全市公有制经济实现增加值1302.33亿元，占全市生产总值的比重为54.6%；非公有制经济增加值1084.61亿元，比重为45.4%，比上年提高3.5个百分点。其中外商及港澳台商经济增加值530.83亿元，占全市生产总值的22.2%，比上年提高1.5个百分点，私营个体经济增加值539.45亿元，占全市生产总值的22.6%，比上年提高2.6个百分点。

各种所有制工业企业共同发展。全年国有及国有控股工业企业完成工业总产值1456.51亿元，比上年增长28.6%。在规模以上工业企业中，股份制工业企业总产值1172.56亿元，比上年增长29.4%；外商及港澳台商投资工业企业总产值1896.06亿元，增长30.3%。股份制和外商及港澳台商投资工业企业总产值合计占规模以上工业总产值的比重达到75.8%。

私营个体经济发展壮大。全市私营个体经济年末注册资金969.45亿元，比年初增加401亿元，增长70.5%；私营和个体经营户达到24.78万户，比年初增加1.44万户；从业人员92.09万人，比年初增加15.14万人；全年实现税收34.97亿元，增长41.4%。《关于进一步加快个体私营经济发展的意见》及相关配套政策的实施，为私营个体经济向公交、供水、燃气、供热、污水处理、垃圾处理等行业发展开辟了新的空间。

国有资产管理与国有企业改革

经济体制改革继续深化，市场化程度进一步提高。新的财政体制和税收体制改革方案出台实施。农村税费改革试点顺利进行。整顿规范土地市场秩序，制定和实施了国有土地有偿使用管理办法。产权交易中心完成交易额151亿元，并与北京、河北、河南、山东、山西等地产权交易机构组建了中国北方产权交易共同市场。

国有企业改革迈出重要步伐。工业加大了大集团重组和中小企业改制力度。完成了钢管公司48.5亿元股权回购，实现了医药、纺织、工程机械行业的重组整合。全年有106户工业中小企业完成了股权改制，已分块搞活58户，累计有364户竞争力差的企业退出市场，提高了中小企业整体素质。天津港股份制改造取得重要突破。商业重组改革力度继续加大。全年有12家大中型商业企业实行股份制改造，7家集团实现内部资源优势整合，组建了津食集团和百货大楼集团，劝华集团整合重组进入实施阶段，采取多种方式退出国有资本的小企业超过500家。

行政审批制度改革

政府行政审批制度改革进一步深化，2003年对原有的审批事项进行了第三轮清理，取消审批事项121项，转变管理方式事项55项，经过三轮清理，累计精简审批事项达到666项。进行了企业工商登记并联审批改革试点。

社会保障

企业养老保险扩面征缴工作取得重大进展。年末参保缴费企业职工人数达到168.5万人，比上年末增加3.85万人。企业基本养老保险基金征缴收入为62.28亿元，增加10.34亿元。由养老保险统筹基金支付的企业离退休人员养老金月人均水平达到707元，比上年增长19%。年末全市参保缴费的职工达到175.8万人，参加基本养老保险的离退休人员为97.61万人。

医疗保险改革进一步深化。制定了完善城镇职工基本医疗保险制度的10项政策措施。年末全市参加基本医疗保险人数为242.92万人，比上年末增加34.42万人。其中：职工165.17万人、退休人员77.75万人，分别比上年末增加25.97万人和8.45万人。按企事业划分来看，企业参加基本医疗保险人数为192.4万人，机关和事业单位为50.52万人，分别比上年增加27.48万人和6.94万人。

失业保险参保人数增加，领取失业保险金人数下降。年末失业保险参保人数193.45万人，比上年末增加3.9万人；领取失业保险金的失业人员9.5万人，比上年末减少2.9万人。

国内合作

内联招商引资实现高增长，区域经济合作取得新进展。全年吸引外地在津投资协议额172.2亿元，增长80.5%，实际利用内资112.2亿元，增长83.7%。外地企业在津投资超过500万元的项目有273个，主要投向房地产开发和商贸物流业。我市与"三北"地区的经贸往来进一步加强，签定合作项目35个，合作金额达25.9亿元。加强了京津冀区域经济合作。京津两市商定增建京津高速公路南北两个通道，加强京津两市经济发展重点区域的联系，加强天津港为北京的服务，实现京津两大机场共同发展。

天津对甘肃省、西藏昌都地区、重庆龙宝移民开发区的对口支援和帮扶工作进一步加强，有力地促进了当地经济的发展。

对外贸易

对外贸易规模进一步扩大。全市外贸进出口总值293.71亿美元，比上年增长28.7%。其中进口149.97亿美元，增长33.5%；出口143.74亿美元，增长24%。加工贸易出口仍占主体，一般贸易出口增长加快。全年加工贸易出口91.47亿美元，增长17.4%，占全市外贸出口的比重为63.6%。一般贸易出口48.36亿美元，增长35.1%，增幅比上年提高28.1个百分点。外商及港澳台商投资企业、个体私营企业出口增长幅度高。外商及港澳台商投资企业出口114.27亿美元，增长25.4%，占全市出口比重为79.5%；个体私营企业出口增长2.1倍。对美国、欧盟、日本、韩国和东盟等五个主要出口市场的出口额分别增长8.9%～43.6%，合计占全市出口的比重达到78.9%。

出口商品结构继续优化，机电产品和高新技术产品出口高速增长。机电产品出口91.8亿美元，增长24%，占全市出口比重为63.9%，机电产品中的高新技术产品出口48.1亿美元，增长48%。

口岸辐射作用不断增强。全年天津口岸进出口总值461.67亿美元，比上年增长26.4%，其中进口202.1亿美元，增长23.2%；出口259.57亿美元，增长28.9%。在天津口岸进出口总值中，外省市的比重达到51.7%，北京、河北、山西进出口货值居前三位，分别占20.3%、10.7%和3.6%。

吸收外资

利用外资步伐加快。全年新批三资企业941家，比上年增长15.3%；直接利用外资合同额35.13亿美元，增长74.3%；实际到位16.33亿美元，增长62.9%。全年新批投资额在500万美元以上的大项目198个，增长60.9%。来自日本、意大利、新加坡、德国、英国、香港等国家和地区的直接利用外资合同额分别增长1～4.5倍。世界500强企业中，已有98家来津投资。企业增资踊跃，全年增资企业达到382家，增资总额10.95亿美元，其中外方增资额9.23亿美元。制造业招商引资占主导地位，直接利用外资合同额21.54亿美元，增长94.7%，占全市的61.3%，电子通信、交通运输设备、化学原料、机械设备、医药制造业等行业引资均超过1.5亿美元。服务业利用外资也保持较快增长，直接利用外资合同额13.28亿美元，增长48.6%。

对外承包工程和劳务合作

对外经济合作发展迅速。全年对外承包工程、劳务合作、设计咨询业务共实现营业额4.05亿美元，比上年增长51.0%。全市具有对外经济合作经营资格的企业59家，对外工程承包和劳务合作业务遍及80多个国家和地区，涉及工业、农业、建筑业、服务业等领域，年末在国外劳务人员1.13万人。全年引进国外先进技术成交合同381项，合同金额9.67亿美元。新批境外机构51个，其中在境外投资生产企业38家，总投资4250.74万美元，在总投资额中中方投资3796.42万美元。

旅　　游

受非典影响，国际旅游略有下降，国内旅游小幅增长。全市共有星级宾馆85家，旅行社233家，其中国际旅行社19家，国内旅行社214家。全年共接待国际旅游人数48.9万人次，比上年下降3.4%，其中外国人45.6万人次。国际旅游外汇收入3.29亿美元，下降3.8%。全年接待国内旅游者3751.12万人次，比上年增长1.1%；国内旅游收入395.02亿元，增长1.3%。全市共有5.31万人次出国旅游，旅游花费7.83亿元。旅游资源开发力度加大。当年建成玉龙滑雪场和天津热带植物观光园,天津国际游乐港、“东方公主”号游轮等一批在建旅游项目和设施进展顺利。

滨海新区

滨海新区在全市经济发展中的地位明显提高。滨海新区实现生产总值970亿元,比上年增长20.0%。新区地方财政收入57.73亿元,增长21.0%;实现工业总产值2133.21亿元,增长30.3%;完成固定资产投资464.08亿元,增长65.2%;外贸出口89.87亿美元,增长24.8%,占全市外贸出口的62.5%;直接利用外资合同额24.46亿美元,增长58.2%,占全市的69.6%。

天津经济技术开发区实现生产总值445.23亿元,比上年增长25.1%,主要经济指标在国家级开发区中继续保持领先。第二产业增加值354.90亿元,增长28.3%,占全区生产总值的比重达到79.7%。工业总产值超亿元的企业达到108家,比上年增加20家,产值合计占全区的91.8%。电子通讯、机械制造、医药化工、食品饮料等四大支柱行业完成工业产值占全区工业总产值的91.4%。

天津港保税区实现生产总值83亿元,比上年增长38.2%。国际物流中心建设迈上新台阶。保税及非保税货物进出区总值92.30亿美元,增长42.0%。保税区已成为汽车、汽车零部件、电子产品及电子元器件、钢材、机械设备等商品的物流分拨配送基地,其中自保税区分拨、销售的进口汽车达4.9万辆,继续保持全国领先地位。海港保税区、空港物流加工区、空港国际物流区已开工建设。

三、城市建设和管理

海河两岸综合开发

海河两岸综合开发改造全面启动。海河清淤216万立方米,堤岸改造完成8.9公里。海河东路、海河西路等4条道路基本建成,慈海桥、大沽桥开工建设,狮子林桥成功顶升。六大节点规划编制完成,古文化街海河楼商贸区、运河经济文化商贸区、大悲院商贸区开工建设。全年海河两岸综合开发完成投资56亿元。

基础设施建设和城市绿化

城市基础设施建设全面铺开,进展顺利。全年城市基础设施投资263.67亿元,比上年增长34.2%,占全市的比重达到25.2%,主要投向地铁、轻轨、港口、公路等重要基础设施项目。津蓟、唐津高速公路竣工通车。津滨轻轨开始试运行。地铁一号线进入主体施工阶段。新增高速公路里程179公里。完成了海河东路、金钟河大街、卫国道等一批主干道路的扩建,四化河、北塘排水河、月牙河二期3条河道改造全面完成。拓宽和打通了西湖道、复康路等一批卡口道路。城市灯光夜景建设初具规模。完成了207幢高层建筑、510幢多层建筑、158幢特色风貌建筑整体灯光装饰,156幢大中型公共建筑实施了里光外透,安装了76处绿地小品灯光。

新建银河公园、海河外滩公园等一批绿地广场和社区公园,全市新增城市绿化面积2500万平方米,建成区绿化覆盖率达到31%,城市人均公共绿地面积6.5平方米,比上年增加0.9平方米。

公用事业

城市交通更加便捷。年内新开公交线路15条,开通10条校车线,延长60条公交线路,至年末,全市公交运营线路达到351条,公交运营车辆6158辆,运营出租车31939辆。全年公交客运达6.22亿人次。进一步改善运营环境,年内更新车辆800余部,新建公交枢纽站3处。

公用事业取得新进展。全市自来水综合生产能力368万立方米,全年自来水售水量6.3亿立方米,其中生活用水3.05亿立方米。家庭燃气用户208万户,年末城市居民家庭燃气气化率97%。集中供热普及率达到77.2%,比上年提高3.1个百分点。旧楼区环境改造治理取得突破,65处旧住宅区纳入物业管理。

环境保护和治理

环境综合整治取得新成效。年末全市有环境监测站20个,创建国家环保模范城市六大工程进展顺利。天津市危险废物处理处置中心建成投入使用。西青区杨柳青镇被国家命名为全国首批环境优美镇。开展了“百万市民环境大清整”活动,有效地促进了环境卫生、城市管理和文明程度的提高。

大气环境质量继续改善,可吸入颗粒物均值较上年下降3.6%。全年空气质量达二级良好水平以上天数为264天，占全年总天数的72.3%。烟尘控制区60个，烟尘控制面积557.3平方公里。

声环境质量处于较好水平。其中城市区域环境噪音平均声级为55分贝，与上年持平；道路交通噪音平均声级为68.2分贝，比上年下降0.2分贝。环境噪声达标区总面积539.1平方公里，覆盖率为78%，比上年提高2个百分点。

水环境治理状况良好。加强了对于桥水库库区和引滦、引黄河道水质巡查和监测，引滦和引黄天津段总体水质较好，饮用水源地各月水质达标率均为100%。

生态环境保护力度加大。全市生态示范区6个，自然保护区8个，自然保护区面积15.33万公顷。建成了以蓟县中上元古界地质自然保护区为核心的蓟县国家地质公园。

信息化建设

信息基础设施建设水平进一步提升。宽带城域网建设完成，光缆总长度达到1.9万千米，宽带无线微波已覆盖市区，核心交换能力达到2000G，城市出口带宽达到21.2G。天津电信通信枢纽工程、互联网数据中心等重大信息基础功能平台相继投入使用，提升了面向社会和公众的信息服务能力。新闻浏览、视频点播、信息查询、远程教育、远程医疗、视频会议、网络游戏等被广泛使用。

信息技术应用继续扩大。2003年全市38个委办局的248项审批项目实现了网上受理，受理范围占市级行政审批总数的40%。口岸信息平台、工商并联审批、企业信用、知识产权、民政管理、网上纳税、网上政府采购等重点工程的实施，有效地提高了政府城市管理、市场监督和为民服务的能力。互联网拨号上网用户达到206万户，比上年增加56万户；互联网专线用户达到1949户，新增631户；互联网宽带用户达到18.9万户，新增16.9万户。医保联网顺利起步，联网医院达到101家。以“校校通”、校园通和远程教育为主的教育信息化发展迅速。今晚报呼叫中心和津工超市合作，开通了电话销售和网上销售服务。自来水远程抄表已在市内一些大型住宅区实现。网上房屋交易市场集中了995个楼盘、879个开发企业的信息。全市13家金融机构共发行银行卡1823万张，清算交易金额66.6亿元，比上年增长2.2倍。发放公务卡1.6万张。城市公共汽车一卡通进一步普及。

四、社会事业

科　技

科技创新能力进一步提高。全年取得市级科技成果1203项，其中属于国际领先水平59项，达到国际先进水平311项。全年获国家科学技术奖14项。全市累计实施重大高新技术产业化项目66项，科技成果应用率80%以上。为神舟五号飞船提供了高效电源和导航设备。全市专利申请量达到6812件，比上年增长27.1%，其中发明专利申请比上年增长60.8%，占全市专利申请量的48.9%，授权专利2505件。科技队伍继续扩大，市属国有企事业单位专业技术人员32.3万人。当年新增中国科学院和中国工程院院士5位，在津两院院士共计28位，其中中国科学院院士13位，中国工程院院士15位。成功举办了“第三届PECC投资博览会暨2003中国(天津)计算机软件网络与通信产品展览会”和“信息化与新型工业化道路论坛”。

科技创新体系建设得到加强。IC设计与数字产品、动力电池等一批科技专项启动实施，生物技术、海水淡化等领域的科技攻关取得新进展。华苑软件产业园被确定为国家级软件出口基地。至年末，全市共有国家级和市级企业技术中心90家。技术市场成交活跃。全年技术交易市场共签订技术合同7278项，合同成交额42亿元，比上年增长15.6%。

新技术产业园区实力不断增强。全年园区实现技工贸总收入668.95亿元，比上年增长35.3%；技工贸总产值561.97亿元，增长35%；利润总额25.73亿元，增长34%；税金总额28.84亿元，增长31.9%；出口销售收入13.63亿美元，增长30.3%。

教　育

高等教育规模继续扩大。全市普通高校和高等职业技术学院37所，当年招生8.6万人，比上年增长24.1%，年末共有在校学生24.5万人，毕业4万人；全年招收研究生0.85万人，比上年增长29.4%，在学研究生2.1万人，毕业研究生0.33万人；中等职业学校当年招生4.4万人，比上年增长9.2%，在校学生13.5万人。高等教育毛入学率达到49%，比上年提高了5个百分点。

中小学教育质量不断提高。全市在校初中学

生40.6万人,毕业生14万人;普通高中当年招生7万人,比上年增长18.7%,在校高中学生18.3万人,毕业生4.5万人;高中阶段入学率93.1%。小学当年招生8.5万人,在校学生61万人,毕业生13.2万人。幼儿园在园幼儿20万人,学龄儿童入学率99.97%,小学生升学率98.97%。全市各区县小学全部进入实施新课程的实验。

教育布局进一步得到有效调整。首批31所示范高中学校全部建成并投入使用。医大"211"工程和一批模范小学开工建设。

文　　化

文化艺术、新闻出版、广播影视、图书、档案事业成绩斐然。年末全市共有艺术表演团体15个,文化馆、科技馆19个,博物馆16个,公共图书馆31个。天津博物馆、泰达会展中心和图书馆相继建成,进一步提高了城市文化品位。全年共出版各类报纸82386.51万份,杂志4609.72万册,图书6772.39万册。全市现有广播节目7套,综合人口覆盖率为100%;市级电视节目7套,综合人口覆盖率为99%,全市有线电视用户达到180万户。成功地举办了"中国民族戏曲优秀剧目大汇演"、首届老年文化艺术节、第二届家庭文化艺术节、第四届滨海艺术节、毛主席诗词音乐会等大型文化活动。推出了京剧《华子良》、芭蕾舞剧《精卫》、话剧《为你喝彩》等艺术精品。创作演出了《我们必胜》特别文艺节目和"我们携手同行"系列文艺节目。

卫　　生

卫生事业稳步发展。年末全市共有卫生机构2671个,其中医院500个,卫生防疫机构25个,妇幼保健所(站)11个。年末卫生机构拥有床位4.27万张,比上年增长0.9%,其中医院、卫生院床位4.16万张,增长0.8%。全市拥有专业卫生技术人员6.1万人,比上年增加0.4万人,其中医生2.59万人。每万人拥有医生27.8人,拥有医院床位44.6张。卫生资源调整进展顺利。改造了海河医院和一中心医院,完成传染病医院一期工程和人民医院主体工程。社区卫生服务和农村卫生服务网络基本形成。

非典型肺炎防治工作取得阶段性重大胜利。出现非典疫情后,全市及时封锁疫点疫区,切断传染源,制定了各项防控措施,建成一批发热门诊和留观所,建立了非典医疗救治体系,仅用28天就控制了疫情。

体　　育

竞技体育硕果累累。我市运动员在全国高水平比赛中共获金牌16枚,银牌13枚,铜牌19枚;在亚洲三大赛中获得金牌9枚,银牌1枚,铜牌2枚。在世界三大赛上获得金牌5枚,银牌3枚,铜牌1枚。天津女排获全国联赛和锦标赛冠军。网球、武术、女子佩剑、男子吊环等项目进一步确立了在全国的优势地位。成功举办了第十二届亚洲男排锦标赛、国际室内田径邀请赛、丰田杯国际乒乓球邀请赛等十多项国内外赛事。天津奥林匹克中心体育场开工建设。

群众体育蓬勃开展。全面实施《全民健身计划纲要》二期工程,在全市18个区县配建了23套全民健身工程,在267片居民小区配建了364处健身设施。在全市开展了"阳光健身活动",举办了首届国际山野运动大会,创编了第一套市民广播体操。

社会福利与救助

社会福利事业不断发展。国家抚恤、补助各类优抚对象24547人,全市低保对象26.74万人,其中城镇低保对象24.13万人,与上年相比减少了近6万人。各种福利院床位16478张,收养10910人。全市有救助站7个,全年救助58857人天。全市社区服务设施1901处,社区服务中心102个。农村社会保障网络覆盖率达到74.3%。全年销售社会福利彩票1.06亿元,筹集福利资金0.39亿元。

五、人口与人民生活

人　　口

人口增长继续得到有效控制。2003年末全市常住人口1011.30万人,比上年末增加4.12万人;年末户籍人口926.00万人,比上年增加6.95万人,其中农业人口376.26万人,比上年减少1.65万人,非农业人口549.74万人,增加8.60万人。全年人口出生率为7.14‰,比上年下降0.35个千分点;人口死亡率为6.04‰,与上年持平;人口自然增长率为1.10‰,比上年下降0.35个千分点。

居民收入与储蓄

城乡居民收入实现较快增长。全年城镇单位

从业人员人均劳动报酬 18628 元，比上年增长 14.8%。据抽样调查，全年城市居民人均可支配收入(按新口径计算)10313 元，增长 10.5%；农民人均纯收入 5861 元，增长 10.3%。居民储蓄增量高于上年。年末城乡居民储蓄存款余额 1991.76 亿元，比年初增加 332.27 亿元，比上年净增额多增 114.66 亿元。

居民消费

城乡居民消费同步增长。城市居民人均消费性支出 7868 元，增长 9.4%。其中居住、交通通讯和医疗保健三项支出分别增长了 17.5%、26.5%和 11.7%。农村居民人均生活消费支出 3015 元，增长 8.5%，其中居住、交通通讯支出分别增长 20.1%和 10.8%。居民生活质量进一步提高。绿色健康家电、现代通讯工具成为新的消费热点。年末城市居民每百户家庭拥有影碟机 49.6 部，空调器 90.9 台，移动电话 77.8 部，电脑 34.1 台，吸尘器 24.3 台，饮水机 31.3 台，淋浴热水器 82.7 台。农村居民每百户拥有彩电 110 台，洗衣机 90 台，空调器 32 台，影碟机 31 部，电脑 7 台。

居　　住

城乡居民居住条件和环境继续改善。全年房屋拆迁总量突破 450 万平方米，综合整修旧楼区 324 片，近百万居民受益。城市居民人均住房建筑面积 23.10 平方米，使用面积 17.46 平方米，比上年增加 0.8 平方米。农村居民人均住房面积 24.44 平方米，比上年增加 0.1 平方米。

经济和社会发展中存在的主要问题是：第三产业发展还不够快；部分国有中小企业尚未摆脱困境；就业和再就业压力仍比较大；城乡居民整体收入水平还不够高，部分群众的生活还比较困难；部分商品及原材料价格出现上涨过快苗头。

注：1.2003 年各项统计数据为快报数。

2.按国家统计局规定，各地区 GDP 中文名称由“国内生产总值”改为“地区生产总值”，本公报中“全市生产总值”即为原“国内生产总值”。

3.全市生产总值、各产业增加值和总产值绝对数按当年价格计算，增长速度按可比价格计算。

4.规模以上工业企业包括全部国有企业和年销售收入在 500 万元及以上的其他各类型工业企业。

5.利用外资的相关指标口径与上年有所调整，增长速度按可比口径计算。

6.城市居民人均可支配收入指标新口径与原口径相比，扣除了个人缴纳的养老保险基金、失业保险基金、医疗保险基金、住房公积金和出售财物收入。

STATISTICAL COMMUNIQUE ON THE 2003 NATIONAL ECONOMIC AND SOCIAL DEVELOPMENT OF THE CITY OF TIANJIN

Tianjin Municipal Bureau of Statistics

February 20, 2004

The year of 2003 is the first year of implementing "Three - step" development strategy. Under the leadership of Tianjin Municipal Party Committee and Tianjin Municipal Government, the people of Tianjin guided by Deng Xiaoping Theory and the important thought of "Three Repr-esents", went deep into carrying through the spirit of the 16th National Congress of CPC and the Third Plenary Session of the 8th Tianjin Municpal Party Committee, Five strategic measures were completely started. Tianjin people actively re-sponse to the new changes in the international and domestic situation, devoted every effort to eliminate the negative effect brought by the SARS epidemic with a pioneering spirit and worked diligently. The city's economy exceeded to a new step, social undertakings progressed in a comprehensive way. The main indicators of economy in 2003 presented the fastest increase in recent years. The per capita GDP exceeded 3,000 US $, the Step 1 aim of "Three - step" development strategy was successfully realized.

Ⅰ. Economic Development

Economic Strength

The national economy of Tianjin developed rapidly and soundly. The gross domestic product of Tianjin was 238.694 billion yuan, up by 14.5 percent in comparable prices, 2.0 percentage points higher than that in 2002 . The economic growth was the fastest one since 1996 and listed the leading position among all provinces, municipalities and autonomous regions. The per capita GDP grew from 22,380 yuan of the previous year to 25,874 yuan, or 3,126 US $ equivalent at current exchange rate, up by 13.8 percent.

The three industries developed completely. The primary industry reached 8.97 billion yuan of the value - added, up by 6.1 percent over last year. The secondary industry remained a main motive force for the municipal economic growth, the value - added of secondary industry was 121.234 billion yuan, up by 17.8 percent over last year and 3.5 percentage points higher than that in 2002, it contributed 62.8 percent to Tianjin's economic growth. Eliminating the negative effect brought by the SARS epidemic, the value - added of the tertiary industry was 108.49 billion yuan, up by 11.5 percent. The proportion of the three industries was 3.7 percent, 50.8 percent and 45.5 percent respectively.

Financial revenue grew rapidly The year's total financial revenue of area under Tianjin's jurisdiction was 71.83 billion yuan, up by 22.8 percent, of which,. the total financial revenue of Tianjin amounted to 45.174 billion yuan, up by 20.2 percent and 1.8 percentage points higher than that in 2002. The added value tax, consumption tax, operational tax, enterprises income tax and individual income tax increased by 16.7 percent, 32.7 percent, 24.5 percent, 13.6 percent and 18.7 percent respectively. The annual financial expenditure was 35.001 billion yuan, up by 16.6 percent, of which, the expenditure of capital construction increased by 34.7 percent, the expenditure of science, education, culture and public health increased by 17.7 percent.

Labor Employment

New progress was made in employment and re - employment. New increase of job positions was 0.181 million, 41,000 more than 2002, up by 29.3 percent. In 2003, 0.121 million laid - off workers were re - employed, 31,000 more than 2002, up by 34.4 percent. This is the first time that amount of new increased employed personnel exceeded new increased laid - off workers. Employed personnel totaled 5.109 million, up by 3.7 percent, of which, those in primary industry were 0.8319 million, those in secondary industry were 2.1943 million, those in tertiary industry were 2.0828 million. Urban employed personnel totaled 2.9995 million, up by 1.4 percent. In 2003, the talent and labor market received 2.9226 million people looking for jobs, 0.6122 million of them formed initial intention of their jobs. In 2003, the registered unemployment rate in the city and towns was 3.8 percent, 0.1 percentage point lower than that in 2002.

Price

The consumer price remained steady. Urban consumer price increased by 1.0 percent in 2003. Of which, food increased by 3.3 percent due to the rising of grain and oil at the fourth quarter, clothing decreased by 11.9 percent, household appliances, articles and repair services decreased by 3.5 percent, transport and telecommunications decreased by 3.0 percent. Urban commodity retail price decreased by 2.6 percent than 2002.

The price of production and investment rose obviously. The ex - factory price increased by 2.5 percent, the purchasing price of raw material, fuel and power increased by 8.7 percent, the price of investment in fixed assets increased by 2.6 percent.

The price of land and housing rose slightly. The price of land exchange increased by 3.0 percent, the selling price of housing increased by 4.1 percent, of which, the price of commercial housing increased by 4.0 percent, the price of private housing increased by 5.0 percent, the renting price of housing increased by 0.9 percent.

Investment In Fixed Assets

The growth of investment in fixed assets of the city took a new stride, totaled 104.672 billion yuan in 2003, up by 29.0 percent over the previous year and 13.9 percentage points higher than that in 2002, creating the fastest record since 1995. The city brought variety to invest. Of this total, the investment of state - owned units was 52.86 billion yuan, up 28.2 percent; that of non - state - owned home - funded enterprises was 31.4 billion yuan, up 33.8 percent; that of foreign - funded enterprises was 20. 412 billion yuan, up 24.3 percent. The proportion of non - state - owned home - funded enterprises to total investment in fixed assets was 30 percent, 1. 1 percentage points higher than that in 2002 . The local units completed 89. 214 billion yuan, up 31.6 percent; the central units completed 15.458 billion yuan, up by 15.5 percent. Investment in primary industry was 0.938 billion yuan, up 26.8 percent; that in secondary industry was 40.23 billion yuan, up 24.1 percent, of which, the industry investment was 38.25 billion yuan, up 23.5 percent; that in tertiary industry was 63.504 billion yuan, up 32.3 percent, the proportion of tertiary industry was 60.7 percent, the investment of transportation and post, real estate, culture, education and public health, city construction increased by 42. 5 percent, 32.2 percent, 76. 5 percent and 75.4 percent respectively.

Agriculture

Agriculture developed stably. The gross agriculture product was 19.35 billion yuan, up by 6. 2 percent than previous year, of farming 8.88 billion yuan, up by 2.2 percent; of animal husbandry 7.7 billion yuan, up by 11.0 percent; of fishery 2.61 billion yuan, up by 5.1 percent; of forestry 0.16 billion yuan, up by 2.4 percent.

The adjustment of agriculture structure continued to deepen. In the gross agriculture product, the proportion of fish - breeding and poultry - raising was 53. 3 percent, 1. 7 percentage points higher than that in 2002 . The proportion of economic crop in total agricultural crops rose to 58.0 percent, 6.7 percentage points higher than that in 2002 .

Great achievement was obtained in industrialized management of agriculture. By the end of 2003 , there were 396 leading enterprises, including 120 enterprises with capital of over 10 million yuan. Of which, 7 enterprises were named as state - level leading enterprise, 36 were named as municipal - level leading enterprises. The rural households involved in cooperated peasant organizations accounted for 60 percent of total rural households. There were 552 harmfulness vegetable bases, 98 poultry bases, 112 milk bases and 68 aquatic products bases.

The major farm and sideline products output increased in 2003 . That of cotton was 94, 700 tons, up by 51.8 percent; vegetable was 6.0278 million tons, up by 3.2 percent; that of meat was 0.5241 million tons, up by 16.8 percent; that of eggs was 0.2425 million tons, down by 0.9 percent; that of milk was 0.4323 million tons, up by 28. 7 percent, that of aquatic products was 0.2983 million tons, up by 4.4 percent. Effected by the decrease of sown areas and weather, the output of grain was 1. 1929 million tons, decreased 0.1853 million tons than 2002 ; the output of per mu was 308. 1 kilogram, increased 12.9 kilogram.

Industry

The industrial production developed rapidly. The value - added of industry was 110.337 billion yuan, up 18.4 percent; the total gross output value of industry was 437.076 billion yuan, up 24.1 percent; of which, the value - added of industry above designated size(all state - owned enterprises and others with annual sales of exceed 5 million yuan, same to next) was 102.779 billion yuna, up 20.1 percent, the gross output value of industry above designated size was 404. 961 billion yuan, up 26.1 percent.

The growth rate and proportion of heavy industry continued to improve. The value – added of light industry above designated size was 24.219 billion yuan, up by 16.0 percent over the previous year, the gross output value of light industry was 109.539 billion yuan, up 20.8 percent; the value – added of heavy industry above designated size was 78.56 billion yuan, up by 22.1 percent, the gross output value of heavy industry was 295.422 billion yuan, up 28.7 percent. The proportion of light industry and heavy industry was 27:73 .

The promotion function of advantageous industries was obvious. The total output value of electrocommunication, automobile, medical and pharmaceutical industry, smelting of metals, chemical industry and new power was 277.504 billion yuan, up 28.9 percent, accounting for 68.5 percent of the gross output value of industry above designated size, contributing 79.2 percent to the growth of industry.

Development was quick in the high & new technology industry. The gross output value of industry of the high & new technology industry was 123.587 billion yuan, up 22.6 percent over last year and its share in the gross output value of industry above designated size was 30.5 percent. The scale of new products and exports of industrial products was expanded, the value of new products of the year was 97.151 billion yuan, up 22.6 percent; the value of exports of industrial products fulfilled 98.391 billion yuan, up 20.6 percent.

The following lists the output of major products:

	Unit	2003	Increase over 2002(%)
Crude oil	10,000 tons	1316.30	8.3
Natural gas	100 million cubic meters	8.49	-4.4
Crude salt	10,000 tons	220.48	-8.3
Electricity	100 million kwh	319.95	18.9
Pig iron	10,000 tons	342.65	20.3
Steel	ditto	565.95	17.4
Finished steels	ditto	1031.47	42.6
Seamless steel tube	ditto	91.67	9.2
Cement	ditto	449.31	17.7
Ethylene	ditto	23.00	8.1
Soda ash	ditto	82.01	3.2
Caustic soda	ditto	79.89	25.2
Chemical fiber	ditto	29.76	30.7
Mobile phone	10,000 sets	3139.72	10.0
Car	10,000	17.25	82.7
Motorcycle	ditto	114.80	37.7
Internal combustion engine	10,000 kw	973.91	81.7
Yarn	10,000 tons	7.45	-8.1
Cloth	100 million meters	2.51	1.2
Vegetable oil	10,000 tons	17.35	-12.6
Staple Food	ditto	14.47	32.0
Wine	ditto	3.05	10.5
Air Conditioner	10,000	241.83	99.0
Microwave Oven	10,000	969.87	68.2
Tricolor Tube	10,000	268.41	21.0
Electronic Element	100 million units	840.77	13.2
Monitor	10,000	677.83	24.8

The production and marketing situation were adapted to each other better. The sales output value was 400.437 billion yuan, up 21.6 percent. The sales ratio of industrial products was 98.88 percent, of which, that of heavy industry was 99.43 percent, that of light industry was 97.41 percent, that of state – owned enterprises was 100.34 percent, of foreign funded enterprises was 99.59 percent, of share – holding enterprises was 98.58 percent.

The economic efficiency continued to improve. The overall coefficient of economic benefit in industrial enterprises reached 147.6 , representing an increase of 14.5 points over the previous year. The profit of enterprises grew rapidly, profit and tax totaled 39.106 billion yuan, up 24.6 percent, of which, profit totaled 23.188 billion yuan, up 30.2 percent, tax totaled 15.918 billion yuan, up 17.3 percent.

Construction

Construction industry grew effected by the increasing of investment. The value – added of the city's construction industry was 10.897 billion yuan, up by 12.1 percent. The output value of construction totaled 49.866 billion yuan, up by 46.6 percent. Floor space of building under construction totaled 33.4822 million square meters, up 35.3 percent; floor space of building completed totaled 16.0105 million square meters, up 54.3 percent The construction enterprises contracted a total of 22,863 construction projects. The all – personnel labor productivity was 152,500 yuan per person calculated by output value, up by 29.8 percent.

Transportation, Posts & Telecommunications and Storage

The comprehensive service function was enhanced obviously. The value – added of transportation, posts and store industries in 2003 was 25.603 billion yuan, up by 14.7 percent, 2.9 percentage points higher than that in 2002 .

A well – developed network of the traffic appeared which Tianjin port linked all – sided with the railway, the air and the highway as well as the sea. The Phase I of 150,000 – ton class channel and Beida Breakwater put into use. Tianjin port contacted 300 ports for the business in more than 160 countries and regions all over the world. In 2003 , the cargoes loaded and unloaded at Tianjin Port weighed 161.816 million tons, up 25.4 percent over 2002 , of which, the cargoes that get into the port weighed 52.7 million tons, up 28.4 percent, the cargoes that get out of the port weighed 109.116 million tons, up 24.0 percent. As for the transportation of containers, 3.015 million international standard containers were loaded or unloaded in 2003 , up 25.2 percent. The comprehensive transport capacity was enhanced. The total volume of cargo transport was 395.3266 million tons, up by 13.6 percent over the previous year. Of this total, the cargo transportation by railways was 100.821 million tons, up 11.8 percent; by highways, 201.14 million tons, up 6.8 percent; by water transport, 87.6275 million tons, up 36.8 percent. The volume of passenger transportation was 46.681 million person – times, up by 0.7 percent over the previous year. Airport passenger handling capacity was 1.101 million person – times, up by 0.8 percent; airport cargo & mail handling capacity was 56,600 tons, up 13.9 percent.

Posts and telecommunications developed rapidly. The business transactions of postal and telecommunication service in 2003 was 11.197 billion yuan, up by 24.2 percent, of which, the business transactions of telecommunication service was

10.3 billion yuan, up 26.1 percent, the business revenue of telecommunication service was 6.62 billion yuan, up 12.2 percent. By the end of 2003, the length of long – distance optical cable reached 2,704.08 kilometers, up 42.2 percent. The total telephone switch capacity was 4.0335 million telephones. The total number of fixed telephone users and mobile phone users was 7.377 million, up 22.3 percent. Fixed telephone users numbered 3.543 million, 0.583 million more than the previous year, up by 19.7 percent. Mobile phone users numbered 3.834 million, 0.763 million than the previous year, up 24.8 percent. The calling transactions of public network reached 14 billion times, up 11.1 percent, the business transaction of mobile SMS reached 1.469 billion messages. The business transactions of postal service was 0.897 billion yuan, up 5.7 percent, letters delivered reached 220.3393 million, up by 8.5 percent, the express mail reached 3.215 million, up by 11.8 percent.

Domestic Commerce

The scale of commerce circulation was enlarged. The value – added of wholesale, retail and catering trade completed in 2003 was 21.192 billion yuan, up by 10.8 percent.

The gather role of markets was obvious. By eh end of 2003 , there were 760 markets in Tianjin, including 123 markets of production material, 608 consumer goods markets, 29 markets of production factor. The volume of trade of all markets was 71.279 billion yuan, up 16.2 percent. The volume of trade of the markets with annual volume of trade of over 100 million yuan was 49.839 billion yuan in 2003 , and sharing 69.9 percent of total volume of trade.

The retail and catering markets bounced back quickly after the short – term drop took in April and May. In 2003 , the total sales volume of retailed consumer goods was 107.405 billion yuan, up by 14.1 percent. Of which, the sales volume of wholesale and retail trade was 72.71 billion yuan, up 12.5 percent; of catering trade, 10.991 billion yuan, up 7.2 percent. Rapid growth was recorded in sales of household articles, housing decoration, communication means, cultural and sports articles and automobiles. Calculated by statistics on retail and wholesale enterprises above designed size, the retail of selling communication means increased by 1.1 times; the retail of selling furniture increased by 18.4 percent; the retail of selling automobiles increased by 1.0 times, the retail of selling cultural and sports articles increased by 49.9 percent.

New achievement was made in absorbing investment in the field of circulation. In 2003 , many world famous groups such as Lotus Supercenter, OBI , Wal – Mart, Parkson, Chankun, developed their business in Tianjin. By the end of 2003 , there were more than 120 foreign capital retail stores, of the top 500 enterprises in the world, 22 had developed business in Tianjin. Some domestic chain groups such as Meijing Wumei and Wenzhou Maigou also invested and developed in Tianjin. The construction of commercial facilities developed rapidly, Floor space of commercial facilities under construction totaled 1.29 million square meters, floor space of commercial facilities completed totaled 1.087 million square meters.

Finance and Insurance

The service function of finance and insurance sector was enhanced obviously. The value – added of the city's finance and insurance industry was 9.181 billion yuan in 2003 , up by 24.7 percent. At the end of the year, there were 2,837 financial institutions of various kinds – 1,594 banking institutions and 1,243 non – banking institutions, which employed a staff of 47,000 people. Bohai Bank was approved to establish by the state.

The pace of opening to the outside world of finance and insurance was quickened. Citibank founded its branch in Tianjin. By the end of 2003, there were 15 branches and 4 representative offices of foreign – funded banks, 8 foreign – funded banks in Tianjin were authorized to deal with RMB business, of which, 6 foreign – funded banks had done business. There were 2 foreign – funded insurance companies that their headquarters located in Tianjin and 3 foreign – funded insurance representative offices.

The new increased deposit and loan created the highest record in history. By end of 2003, the balance of saving deposits in various forms in all home – funded and foreign – funded financial institutions of Tianjin totaled 436.26 billion yuan, 100.377 billion yuan more than the previous year and 50.374 billion yuan more than the net increased saving deposits in 2002, up 29.9 percent over the end of previous year. The year – end value of loans in various forms in all home – funded and foreign – funded financial institutions stood at 379.122 billion yuan, 92.031 billion yuan more than the previous year and 53.763 billion yuan more than the net increased loans in 2002, up 32.1 percent over the end of previous year. Of which, medium and long – term loans totaled 157.393 billion yuan, up 64.3 percent over the end of previous year. Loans to individual consumers increased quickly, the balance stood at 26.142 billion yuan, up 29.8 percent over the end of previous year, of which, the balance of housing loans stood at 21.884 billion yuan, up 28.6 percent over the end of previous year.

Securities market developed steadily. By the end of 2003, there were 23 listed stocks in the city, of which one stock had just got listed within the year. The total securities business volume was 132.2 billion yuan, up 12.1 percent over the previous year, including stock transaction volume of 112.3 billion yuan, up 8.8 percent. The yearly adjustment volume of exchange was US $ 1.3 billion, up 41.9 percent.

The scope of insurance business was expanded continuously. In 2003, the insurance premium of Tianjin totaled 7.531 billion yuan, up by 16.0 percent over the previous year. Of this total, the premium of property insurance was 1.556 billion yuan, up 8.0 percent, that of life insurance was 5.975 billion yuan, up 18.0 percent. The insurance companies paid an indemnity of 1.736 billion yuan as reparation for various insurance programs, up 51.0 percent, of which, the indemnity of property insurance was 1.011 billion yuan, up 48.0 percent, the indemnity on life insurance was 0.725 billion yuan, up 56.0 percent. Taiping Insurance Tianjin Corporation and Hengan Standard Life Insurance Corporation opened business in 2003. By the end of 2003, there were 14 insurance corporations in Tianjin, of which, there were 7 property insurance corporations and 7 life insurance corporations. There were 17 insurance agents in Tianjin, including 12 insurance agent corporations, 2 insurance management corporations and 3 insurance quotation corporations.

Real Estate

Real estate industry developed rapidly along with the arousing of requirement. The added value of real estate was 11.987 billion yuan, up 17.4 percent, 13 percentage points higher than that in 2002. Effected by the developing of Haihe River and construction of roads and bridges, investment in real estate grew rapidly, totaled 21.139 billion yuan, up by 20.2 percent. The sales of commercial housiing created a new record in the history. In the year, the total floor space of sold commercial housing was 7.865 million square meters, sales revenue totaled 20.23 billion yuan, up by 39.5 percent and 43.4 percent respectively. The total floor space of sold and bought existing housing was 6.883 million square meters, up 94.8 percent; which brought value of 8.63 billion yuan, up 1.2 times. Of which, the floor space of sold and bought individual housing was 5.046 million square meters, up 1.2 times and brought value of 7.14 billion yuan, up 1.3 times. The total floor space of sold and bought public housing was 1.837 million square meters, up 49 percent and brought value of 1.49 billion yuan, up 55.2 percent.

II Reform and Opening up to the Outside World

Ownership Structure

New progress was made in adjustment of ownership structure, the proportion of non - public - owned economy continued to increase. The added value of public - owned economy was 130.233 billion yuan, accounting for 54.6 percent of Tianjin's GDP ; that of non - public - owned economy was 108.461 billion yuan, accounting for 45.4 percent of Tianjin's GDP , 3.5 percentage points higher than that in 2002 . Of which, the added value of foreign funded enterprises was 53.083 billion yuan, accounting for 22.2 percent of GDP , 1.5 percentage points higher than that in 2002 , that of private and individual economy was 53.945 billion yuan, accounting for 22.6 percent, 2.6 percentage points higher than that in 2002.

All kinds of industry developed fully. Among the total industrial output value of industrial enterprises above designated size, the industrial output value of state - owned and state - holding enterprises was 145.651 billion yuan, up 28.6 percent; that of share - holding enterprises was 117.256 billion yuan, up 29.4 percent; that of foreign funded enterprises was 189.606 billion yuan, up 30.3 percent. The industrial output value of state - holding enterprises and foreign funded enterprises accounted for 75.8 percent of the total industrial output value above designated size.

The private and individual economy developed continuously. The registered capital of private and individual economy totaled 96.945 billion yuan, 40.1 billion yuan more than the beginning of the year, up by 70.5 percent; by the end of 2003 , the number of private and individual economy was 247.8 thousand, 14.4 thousand more than the beginning of the year; there were 920.9 thousand personnel in private and individual economy, 151.4 thousand more than the beginning of the year; the taxes totaled 3.497 billion yuan, up 41.4 percent. Along with the implementing of "the suggestion on quickening to develop private and individual economy" and related policies, private and individual economy began to develop in the fields of public traffic, water, gas and heating supply, sewage treatment, garbage treatment and so on.

Management of State - owned Assets and Reform of State - owned Enterprises

The reform of economic system continued to deepen, the market economy developed continuously. The reform scheme of new finance system and tax system began to implement. The experimental units of rural tax reform ran smoothly. The city restructured the order of land market, established and implemented the management system of state – owned land non – free using. The city sealed transactions of property rights involving 15.1 billion yuan, founded North China Property Right Transaction Common Market with Beijing, Hebei province, Henan province, Shandong province, Shanxi province and so on.

New progress was made in reform of state – owned enterprises. Great effort was made in the reestablishment of large – sized industrial groups and the reform of medium and small enterprises system. In 2003 , the city completed the re – buy of share ownership of Tianjin Steel Pipe Corporation involving 4.85 billion yuan, realized the reestablishment of medicine, textile and engineering machinery sectors. There were 106 medium and small industrial enterprises complete the reform of share ownership, 58 enterprises re – appear the vitality. A total of 364 enterprises with low competition ability had withdrew the market. The whole strength of medium and small enterprises enhanced. Great achievement was made in the reform of Tianjin Port. The reestablishment of commercial enterprises continued to develop. In 2003 , there were 12 large and medium – sized commercial enterprises complete the share – holding reform, 7 groups complete the reorganization of interior structure. The city established Jinshi Group and Department Store Group, reestablished Quanye – Hualian Group. There were over 500 small enterprises withdraw state – owned capital using kinds of pattern.

Reform of Administrative Examination and Approval System

The reform of administrative examination and approval system continued to deepen. In 2003 , the city carried out the third management for original approval items, cancelled 121 items and changed 55 items on management way. After three times of management, a total of 666 items were simplified. The city also carried out the experimental units on enterprises registering and the reform of union of administrative examination and approval.

Social Security

Great progress was made in participating pension insurance and paying insurance funds. By the end of 2003 , 1.685 million staff and workers participated in pension insurance and paid insurance funds, 38.5 thousand staff and workers more than the end of previous year. Income of pension insurance totaled 6.228 billion yuan, 1.034 billion yuan more than previous year. Per capita old age pension of retired pensioners paid by pension insurance funds was 707 yuan, up by 19 percent over previous year. By the end of the year, a total of 1.758 million staff and workers participated in pension insurance and paid insurance funds, 0.9761 million retired pensioners participated in pension insurance.

The reform of medical insurance further deepened. The city formulated 10 policies on improving basic medical insurance of urban employees. By the end of 2003 , 2.4292 million persons participated in basic medical insurance, 0.3442 million persons more than the end of previous year. Of which, 1.6517 million staff and workers and 0.7775 million retired persons participated in basic medical insurance, an increase of 0.2597 million and 0.0845 million over the end of previous year respectively. Grouped by enterprise, institution and agency, for enterprises, 1.924 million persons, institution and agency, 0.5052 million persons, an increase of 0.2748 million and 0.0694 million over previous year respectively.

More people participated in unemployment insurance, less people received unemployment insurance funds. By the end of 2003 , 1.9345 million persons participated in unemployment insurance, 0.039 million more than the end of previous year; 0.095 million persons received unemployment insurance funds, 0.029 million less than the end of previous year.

Domestic Cooperation

The utilization of capitals from other domestic regions increased rapidly, new progress was made in cooperation of district economy. In 2003 , the contracted utilization of capitals from other domestic regions reached 17.22 billion yuan, up by 80.5 percent, the actual investment was 11.22 billion yuan, up by 83.7 percent. Among all the projects, the number of projects with investment of over 5 million yuan was 273 , mainly focused on real estate and trade logistics. The economic trade activities among Tianjin and Northeast China, North China and Northwest China regions was further enhanced, the contracted projects was 35 , involving contracted capital of 2.59 billion yuan. Tianjin enhanced the cooperation of Beijing, Tianjin and Hebei province. Bejing and Tianjin decided to newly build two roads for Jing – Jin expressway, strengthened the relation of key areas of the two cities. Tianjin port would improve the service for Beijing, Beijing Airport and Tianjin Airport developed together.

Assistance and support of Tianjin to GanShu, Changdu of Tibet and Longbao Immigration District of ChongQing was further enhanced and promoted the development of local economy.

Foreign Trade

Foreign trade continued to develop. The total of foreign trade import and export was 29.371 billion US $, up by 28.7 percent. In which, import was 14.997 billion US $, up by 33.5 percent, export was 14.374 billion US $, up by 24.0 percent. Exports of processing trade continued to be the major part, exports of general trade quickened to develop. In 2003 , exports of processing trade was 9.147 billion US $, increased by 17.4 percent, accounting for 63.6 percent of total exports. Exports of general trade was 4.836 billion US $, up by 35.1 percent, 28.1 percentage points high than that in 2002 . The exports of foreign and Hongkong, Macao, Taiwan funded enterprises, private enterprises increased rapidly. The exports of foreign and Hongkong, Macao, Taiwan funded enterprises was 11.427 billion US $, up 25.4 percent, accounting for 79.5 percent of total exports; the exports of private enterprises increased by 2.1 times. Exports to the United States, EU , Japan, Korea and ASEAN increased by from 8.9 percent to 43.6 percent, the five major exports markets accounted for 78.9 percent of total exports.

The structure of exports was further optimized, the exports of electrical – machinery products and high and new technology products grew rapidly. In 2003 , the exports of electrical – machinery products completed 9.18 billion US $, up 24 percent, accounting for 63.9 percent of the city's total exports. The exports of high and new technology products totaled 4.81 billion US $, up 48 percent.

The radiate function of Tianjin port was remarkably strengthened. In 2003 , the total volume of import and export through Tianjin Port was 46.167 billion US $, up by 26.4 percent. In which, import was 20.21 billion US $, up by 23.2 percent, and export was 25.957 billion US $, up by 28.9 percent. Among the total import and export, the proportion of other provinces and municipalities was 51.7 percent, Beijing, Hebei and Shanxi occupied the first three positions, accounting for 20.3 percent, 10.7 percent and 3.6 percent respectively.

Introduction of Foreign Investment

Foreign investment quickened to grow. In 2003 , 941 foreign – funded enterprise projects was approved in Tianjin, a rise of 15.3 percent over 2002 ; the contracted foreign investment increased by 74. 3 percent up to 3. 513 billion US $, the actual foreign direct investment was 1.633 billion US $, up 62.9 percent. A total of 198 large projects whose total investment is above 5 million US $ was approved, increased by 60.9 percent. The contracted foreign investment from Japan, Italy, Singapore, Germany, United Kingdom and Hongkong increased by 1 time to 4. 5 times respectively. Of the top 500 enterprises in the world, 98 had already invested in Tianjin. Enterprises actively increased investment in Tianjin. In this year, a total of 382 enterprises increased investment involving investment of 1.095 billion US $, of which, foreign investment totaled 0.923 billion US $. Foreign investment in manufacturing held the dominant position, the contracted foreign investment totaled 2.154 billion US $, up 94.7 percent, accounting for 61.3 percent of total investment in Tianjin, the investment in electronic and telecommunications, transport equipment, chemical raw materials, machinery equipment, medical and pharmaceutical products all exceeded 0.15 billion US $. The foreign investment in tertiary industry increased rapidly, the contracted investment in 2003 was 1.328 billion US $, up by 48.6 percent.

Foreign Contract Projects and Labor Cooperation

Overseas economic cooperation developed rapidly. In 2003 , Tianjin concluded turnover of 0.405 billion US $ in the field of foreign contract projects, labor cooperation and design consulting, up by 51.0 percent. A total of 59 enterprises were approved to undertake overseas economic cooperation, carried out business with more than 80 countries and regions in the world, covering the fields of industry, agriculture, construction, tertiary industry. At the end of the year, 11,300 workers from Tianjin were working abroad. The city signed 381 contracts of advanced technologies from abroad with the total contracted value of 0. 967 billion US $. The construction of 51 overseas agencies had been approved of, including 38 manufacturing enterprises with the total investment of 42.5074 million US $, including Chinese investment of 37.9642 million US $.

Tourism

Under the influence of SARS epidemic, the international tourism of Tianjin saw a slight decrease, domestic tourism saw a slight increase. There were altogether 85 star hotels, 233 travel agencies, including 19 international travel agencies and 214 domestic travel agencies. In 2003 , overseas tourists to Tianjin numbered 489 thousand, down by 3. 4 percent from the previous year, including 456 thousand foreigners. Foreign exchange incomes from overseas tourists stood at 0.329 billion US $, down by 3.8 percent. Domestic tourists to Tianjin numbered 37. 5112 million, up by 1. 1 percent; incomes from domestic tourists were 39. 502 billion yuan, up 1. 3 percent. Meanwhile, 53, 100 Tianjin residents also traveled abroad, spending a total of 0.783 billion yuan. Tianjin actively developed tourism resource. In this year, it constructed Yulong Skiing Field and Tianjin Tropical Botanical Touring Garden, some tourism projects and facilities were constructing smoothly, including Tianjin International Pleasure Port and "East Princess" Pleasure - boat.

New Coastal Area

The role of New Coastal Area in promoting Tianjin's economic development was improved obviously. The gross domestic product (GDP) of 2003 was 97 billion yuan, up by 20.0 percent over the previous year. The local financial revenue was 5.773 billion yuan, up 21.0 percent; the total industrial output value was 213.321 billion yuan, up by 30.3 percent; the investment in fixed assets was 46.408 billion yuan, up by 65.2 percent; export was 8.987 billion US $, up 24.8 percent, accounting for 62.5 percent of the city's total export; the total contracted foreign investment was 2.446 billion US $, up by 58.2 percent, accounting for 69.6 percent of the city.

Tianjin Economic - Technological Development Area (TEDA) realized 44.523 billion yuan of added value in 2003, up 25.1 percent over previous year. The major economic indices of TEDA remained on the top of national development areas. The added value of its secondary industry was 35.49 billion yuan, up 28.3 percent, accounting for 79.7 percent of its total GDP. There were 108 enterprises whose total industrial output value is above 0.1 billion yuan, 20 enterprise more than that in 2002, the total output value of these enterprises accounted for 91.8 percent of the total output value of TEDA. In 2003, the total output value of the four pillar industries, namely electrocommunication, machinery manufacturing, medicine and chemical industry, catering industry, accounted for 91.4 percent of the total output value of TEDA.

In 2003, Tianjin Port Free Trade Zone (TPFTZ) realized 8.3 billion yuan of added value, up 38.2 percent. The construction of International Circulation Center forged to a new step. The total value of goods entering or leaving TPFTZ was 9.23 billion US $, up 42.0 percent. TPFTZ had become circulation base of automobile & its parts, electronic products, electronic element, steel, machinery equipment and other goods, the automobiles of entering, leaving and selling from TPFTZ numbered 49,000, remaining the top position in China. TPFTZ were constructing port free trade area, the airport circulating and processing area and international circulating area.

Ⅲ Urban Construction and Management

Comprehensive Development and Rebuilding along Haihe River

Comprehensive development and rebuilding project along Haihe River started completely. In this year, a total of 2.16 million cubic meters silt were cleared, 8.9 kilometer of dike shore completed reconstruction. The construction of Haihe East Road, Haihe West Road and other two roads completed basically, Cihai bridge and Dagu bridge began to construct, Sizilin bridge was successfully promoted. The programming of six projects was finished, the construction of Gulou trade area of ancient culture street, canal culture trade area, Dabeiyuan trade area started in this year. The investment of comprehensive development and rebuilding project along Haihe River in 2003 totaled 5.6 billion yuan.

Construction of Infrastructure and Urban Greening

Construction of city infrastructure developed smoothly. Investment in city infrastructure construction reached 26.367 billion yuan, up 34.2 percent, accounting for 25.2 percent of total investment, mainly used for subway, light rail, port and highways. Jin – Ji expressway and Tang – Jin expressway were opened to traffic. Jin – Bin light rail was put into trail operation. The construction of Subway Line1 started in the year. The length of newly increased expressway was 179 kilometers. The extension of some main roads including Haihe East Road, Jinzhonghe Street, Weiguo Road completed, the reconstruction of Sihua River, Beitang draining River and the first – phase of Yueya River also completed. Some roads including Xihu Road and Fukang Road were joined up. The construction of light night view was initially completed. There were 207 high buildings, 510 multi – layers buildings and 158 special features buildings complete light decoration, 156 large and medium – sized public install outside – seeing light, 76 scenic green areas install lights.

In this year, the city built some green square and gardens, including Yinhe Gargen and Haihe Outside Pool Garden. The newly increased green area totaled 25 million square meters, the green coverage rate grew to 31 percent, the per capita public green area in the city reached 6.5 square meters, 0.9 square meter more than that in 2002.

Public Utilities

City transit became more convenient. There were 15 bus lines and 10 school bus lines open, 60 bus lines extend the length of lines in 2003 . By the end of 2003 , There were 351 bus lines, bus running in Tianjin numbered 6,158 , a total of 31,939 taxicabs were in operation for passengers. 0.622 billion passengers were transported by buses. The city continued to improve running environment, renewed 800 buses and built 3 public transit hub stations in this year.

New progress was made in public utilities. The production capacity of tap water reached 3.68 million cubic meters, there was 0.63 billion cubic meters of tap water sold in the year, of which, 0.305 billion cubic maters were sod for living water. At the end of 2003 , there were 2.08 million gas users in Tianjin, the gasification rate of fuel for urban households was 97 percent. The thermal rate was 77. 2 percent, 3. 1 percentage points higher than that in 2002 . New achievement was made in management of old residential zones, a total of 65 old residential zones were brought into property management.

Environmental Protection and Control

New achievement was made in environmental control. By the end of 2003 , there were 20 environmental monitoring stations in operation. Six projects of constructing Tianjin into a model city in terms of environment protection ran smoothly. Tianjin Dangerous Waste Products Handling Center put into use. Xiqing Yangliuqing Town was named the first national beautiful towns in this year. A total of 1,000,000 citizens took part in environment cleaning activity, effectively improving the environmental hygiene, urban management and civilization level.

Air quality was improved continuously, Content of PM_{10} in the air was down by 3.6 percent. There were 264 days in which the air quality was at and above Grade II, accounting for 72.3 percent of the total of yearly days. The city had 60 smoke and dust control zones with the total space of 557.3 square kilometers. Voice quality maintained a good level. The average sound level was 55 decibel, maintaining the same level in 2002 ; the equivalent sound level of traffic noise was 68.2 decibel, 0. 2 decibel lower than that in 2002.There were 539. 1 square kilometers where the noise pollution was brought under the specified level, the coverage rate reached 78 percent, 2 percentage points higher than that in previous year.

Water environment control progressed good. The city strengthened the check and supervision of water quality of Yuqiao Reservoir, Luanhe River and Yellow River led to Tianjin, the drinking water was 100 percent in terms of quality.

Ecological environment protection continued to enhance. Tianjin had 6 ecological demonstration areas and 8 nature protection areas with the total area of 153,300 hectares. Tianjin built Jixian National Geological Park, the core part was the Grand Canyon Nature Protection Area.

Information Construction

The information infrastructure had been further developed. The construction of broad – band network completed, There were 19,000 km of optic fiber had been laid, broad – band wireless microwave had covered the whole city, the kernel capacity of the trunk board – band network reached 2,000 Gbps, the brand width at the exit of the city was 21.2 Gbps. Some key information function platform put into use and improved the information service ability for society and public, including Tianjin Telecommunications Engineering and Internet Data Center. Many services were used broadly, such as news review, ordering TV program, searching information, remote education, remote hospital, TV meeting and network game.

The scope of IT application kept expanding. In 2003, 248 items of 38 government departments began to be examined and approved by network, accounting for 40 percent of total approved items. A lot of key projects began to implemented and improved the ability of city management, market supervision and service for public, including Tianjin Port Information Platform, Industry and Business Merged Examination and Approval, Enterprise Credit, Intelligent Property Right, Domestic Affairs Management, Net Paying Tax and Net Government Purchasing. By the end of the year, there were 2.06 million Internet users in Tianjin, 0.56 million more than that in 2002 ; 1,949 Internet special – line users, 631 more than that in 2002 ; 0.189 million Internet board – band users and 0.169 million more than that in 2002 . Net medical insurance started smoothly, a total of 101 hospitals took part in the network. Education informatization developed rapidly (including school – to – school e – communication, campus networks and remote education). Evening News Public Service Center united Jingong Supermarket opened telephone sales and net sales. Tap water remote recording system began to use in some large – sized residential zones. Net house trade market collected the information of 995 projects of 879 real estate enterprises. 13 financial institutions issued 18.23 million of bank cards, the transaction value totaled 6.66 billion yuan, up 2.2 times than previous year. The city issued 16,000 pieces of official business cards. The "All – in – one" card of public transit became further popular.

Ⅳ Social Undertakings

Science and Technology

Innovation ability in science and technology continued to improve. In 2003 , the city reported 1,203 items of municipal – level scientific and technological achievement. Among the major achievement, 59 items leading in the world, 311 items are world advanced level. In 2003 , 14 national awards for science and technology were received. A total of 66 projects in high and new technology had been implemented, of which 80 percent had been put into operation. The city provided efficient battery and navigable equipment for Shenzhou No.5 airship. There were 6,812 applications for patent received in 2003 , up 27.1 percent over previous year, of which, invention applications increased by 60.8 percent and accounting for 48.9 percent of total applications, 2,505 patents were authorized. Tianjin continued to expand its contingent of scientific and technological workers, work units in the state economic sector employed a total of 323,000 technical workers in various specialized fields. In 2003, 5 Tianjin scientists became academicians of the Chinese Academy of Sciences and the Chinese Engineering Academy. By the end of the year, Tianjin had 28 academicians, including 13 academicians of the Chinese Academy of Sciences and 15 academicians of the Chinese engineering Academy. The city successfully hosted The Third PECC Investment Exposition and China (Tianjin) Computer Software Network & Communications Products Exposition and The Forum on Informatization and New Industrialization.

Innovation system in science and technology was enhanced. A number of projects started to implement, including IC design, digit products and motive battery. New progress was made in scientific research of biology technology and sea water downplays. Huayuan Software Park was named state – level software export base. By the end of 2003 , the city had 90 city – level and state – level enterprise technology centers. Technology market was brisk. In 2003 , a total of 7,278 contracts on the transfer of technology were signed involving a transaction value of 4.2 billion yuan, up by 15.6 percent.

The strength of Hi – tech Industry Park was enhanced. The total of income from technology, industry and trade was 66.895 billion yuan, up by 35. 3 percent. The total value of output was 56.197 billion yuan, up by 35 percent. Profit completed was 2.573 billion yuan, up by 34 percent, tax was 2.884 billion yuan, up 31.9 percent. The sales income earned from export was 1.363 billion US $, up by 30.3 percent.

Education

Enrollment of higher education was enlarged continuously. In 2003 , Tianjin had 37 regular institutions of higher learning and advanced vocational and technical colleges. They enrolled 86 thousand students, up 24. 1 percent, the total number of their students reached 245 thousand by the end of 2003 , the number of students graduated from higher education was 40, 000 . There were 8,500 enrolled graduated students, up 29.4 percent, the number of graduated students reached 21,000 , the number of graduated students graduated from higher education was 3,300 . Secondary vocational schools enrolled 44,000 , up 9.2 percent, the total number of students reached 135,000. The gross entrance rate of high education in Tianjin was 49 percent, 5 percentage points higher than the previous year.

The teaching quality of middle and primary schools was improved. There were 406 thousand junior school students and graduated 140 thousand; the regular senior schools enrolled 70 thousand students in 2003 , up 18. 7 percent, the number of students in senior high schools reached 183 thousand, graduated 45 thousand; for senior high school, the entrance rate was 93.1 percent. The primary schools had 610 thousand pupils including 85 thousand new entrants, graduated 132 thousand. There were 200 thousand children in kindergartens, the attendance rate of school – age children was 99.97 percent, the enrollment rate of junior secondary schools was 98.97 percent. The primary schools began to try out new courses.

The distribution of education was adjusted effectively. The first 31 high – quality senior middle schools completed construction and put into use. The construction of "211" project of Tianjin Medical University and a number of high – quality primary schools started.

Culture

Great achievement was made in culture and art, press and publication, radio, film and television, library and film – protection. By end of 2003 , the city had 15 art – performing groups, 19 culture and scientific technology centers, 16 museums, 31 public libraries. The city built Tianjin Museum, TEDA Meeting Exhibition Center and Library, the cultural status was further improved. Newspapers issued were 823.8651 million copies, magazines, 46. 0972 million copies; books, 67.7239 million copies. The Tianjin People' s Radio Station had presented seven programs, the coverage rate of population was 100 percent; Tianjin TV had seven channels and the coverage rate of population was 99 percent, there were 1. 8 million households covered by cable television networks.. In 2003 , the city successfully hosted a series of cultural activities, including China Race Drama Excellent Programs Performance, the First Old People Culture and Art Festival, the Second Family Culture and Art Festival, the Fourth Binhai Art Festival and Chairman Mazedong Poem Phrase Concert. The city performed Peking opera "Hua Ziliang", ballet opera "Jingwei" and drama "Applause for you". They also performed special program "We should win" and "We goes forward holding the hands".

Public Health

Public health developed stably. By end of 2003 , there were 2,671 medical and health facilities and in which, 500 hospitals, 25 public health and epidemic prevention and cure facilities and 11 women and children health facilities. By end of the year, these facilities had 42.7 thousand beds, up 0. 9 percent, of which, hospitals had 41.6 thousand beds, up 0.8 percent. There were 61 thousand professional public health personnel including 25. 9 thousand doctors, 4, 000 more than that in previous year. There were 27.8 doctors and 44.6 hospital beds per 10,000 persons. The resource of health care was adjusted smoothly. The city rebuilt Haihe Hospital and Tianjin No.1 Hospital, completed the construction of the Phase I of Tianjin Infectious Disease Hospital and Tianjin People Hospital. The medical service network in communities and rural area took shape initially.

Phased achievement was made in prevention and cure of SARS epidemic. Upon the occurrence of SARS epidemic, the city built SARS curing system, blockaded the epidemic areas preliminarily and cut off epidemic source, established a series of prevention measures and a number of fever out – patient service. SARS epidemic was controlled in 28 days.

Sports

Great achievement was made in athletic sports. Tianjin athletes won 16 gold medals, 13 silver medals and 19 bronze medals in the domestic games. In the Asian Games, the city' s athletes won 9 gold medals, 1 silver medal and 2 bronze medals. During international games, the athletes from the city won 5 gold medal, 3 silver medals and 1 bronze medal. Tianjin women volleyball team won champion in national championships. A number of sports items occupied a dominant position in domestic games, including tennis, martial arts, women fencing and man ring. Tianjin successfully hosted more than 10 domestic and international games, such as the twelfth Asia Men Volleyball Championships, International Indoors Track and Field Events Invitational Game, "Toyota Cup " International Table Tennis Invitational Game. The construction of Tianjin Olympic Central Stadium started.

The mass sports developed vigorously. The city implemented the phase II of national fit – keeping outline, built 23 national fit – keeping engineering in 18 districts and counties, built 364 projects in 267 residential zones. Tianjin developed "sunshine fit – keeping activity", hosted the first International Countryside Sports Meeting, created the first citizenry broadcast gymnastics.

Social Welfare and Relief

Social relief developed continuously. A total of 24,547 received social relief, 267.4 thousand residents benefited from the city's fund for ensuring a minimum standard of living, of which, the urban residents numbered 241. 3 thousand, 60,000 less than that in 2002 . There were 16,478 beds in social welfare institutions and received 10,910 inmates. The city had 7 relief stations, receiving 58,857 person/day. There were 1,901 community service facilities, 102 community service centers. The coverage of social security network in Tianjin's rural area reached 74.3 percent. In 2003 , 0.106 billion yuan worth of social – welfare lottery tickets were issued, raising 0.039 billion yuan worth of social funds.

V Population and People's Life

Population

The increase of population was controlled effectively. By end of 2003 , the city's permanent resident population reached 10. 113 million and that was 41.2 thousand more than the previous year. The registered population was 9.26 million, increased 69.5 thousand more than the previous year. Among the total population, 3.7626 million were agriculture population and 16. 5 thousand less than the previous year, 5.4974 million were non – agriculture population and 86 thousand more than last year. The birth rate of the population was 7. 14‰ , 0. 35 per thousand points lower than the previous year. The mortality rate was 6.04‰ , maintaining the same growing level; the natural growth rate of the population was 1.10‰ , down 0.35 per thousand points.

Personal Income and Savings

The income of the urban and rural residents increased quickly. The per capita reward of urban employed personnel worked in units was 18,628 yuan, up by 14.8 percent. The per capita annual disposable income of urban residents (calculated on new coverage) was 10,313 yuan, up by 10.5 percent. The average net annual income of the peasants was 5,861 yuan, up by 10.3 percent. The newly increased savings deposit in 2003 was higher than the previous year. By the end of 2003 , the balance of urban and rural residents' savings deposit totaled 199.176 billion yuan, 33.227 billion yuan more than the beginning of this year, 11.466 billion yuan more than tthe net increased saving deposits in 2002 .

Personal Consumption

Personal consumption increased synchronously. The per capita consuming expenditure was 7,868 yuan, up by 9.4 percent expenditure for housing, transport and telecommunication, medicine and medical service increased by 17.5 , 26.5 and 11.7 percent respectively. The per capita annual living expenditures of rural households was 3,015 yuan, up by 8.5 percent, expenditure for housing, transport and telecommunication increased by 20.1 percent and 10.8 percent respectively. The residents' life quality continued to improve. Green household appliances, modern communication products, entered local families. By the end of year, the number of VCD/DVD players owned by per hundred urban households was 49.6 , air – conditioners was 90.9 , mobile phone was 77.8 , computers was 34.1 , vacuum was 24.3 , drinking machine was 31.3 , shower heater was 82.7 .The number of color TV sets owned by per hundred rural households was 110 , washing machines was 90 , air – conditioners was 32 , VCD/DVD players was 31 , computer was 7.

Housing Conditions

The dwelling condition and the living environment of the urban and rural residents further improved. In 2003 , houses demolished were 4.5 million square meters, the city renovated 324 old residential areas and improved the living environment of 1,000,000 residents. By end of 2003 , the per capita construction house space in the urban area reached 23.1 square meters, the using space was 17.46 square meters, 0.8 square meter more than that in 2002 . The per capita dwelling space in the rural area was 24.44 square meters, 0.1 square meters more than the previous year.

Major problems that remained in economic performance and social development included: the development of the tertiary industry was not quick; some state – owned middle & small – sized enterprises operated facing to difficulties; there were pressure in employment and re – employment; the income level of urban and rural residents was not high, the living of some people were difficult; the price of some goods and raw materials appeared the evidence of growing too quick.

Note:

1. All figures in the communique are preliminary statistics.
2. According to the regulation of National Bureau of Statistics, Gross domestic product of each region is named gross region product in Chinese, the gross domestic product of Tianjin in the communiqué refer to original GDP .
3. The gross domestic product of Tianjin, the value – added and output value are calculated at the current price of the year, where as growth rates are calculated at comparable prices.
4. Industrial enterprises above designated size refer to all state – owned enterprises and other enterprises with annual sales of over 5 million yuan.
5. The coverage of relative indicators of foreign investment is adjusted in this year, the growth rates are calculated at comparable prices.
6. Compared the new coverage to old one, the per capita annual disposable income of urban residents deducts the part paid by individual of pension insurance funds, unemployment insurance funds, medical insurance funds and housing funds and income of selling wealth and properties.

天津在全国的地位

POSITION OF TIANJIN IN THE WHOLE NATION

指标	Item	1997		2003	
		天津 Tianjin	占全国比重 As Percentage To Nation (%)	天津 Tianjin	占全国比重 As Percentage To Nation (%)
一、年末户籍人口(万人)	Registered Population(year－end)(10 000 persons)	899.80	0.7	926.00	0.7
二、社会从业人员(万人)	Total Persons Employed(10 000 persons)	513.33	0.7	510.90	0.7
三、地区生产总值(亿元)	Gross Domestic Product(100 million yuan)	1235.28	1.7	2447.66	2.1
第一产业	Primary Industry	69.43	0.5	89.66	0.5
第二产业	Secondary Industry	643.88	1.7	1245.29	2.0
第三产业	Tertiary Industry	521.97	2.3	1112.71	2.9
四、财政、金融(亿元)	Governmet Finance and Banking(100 million)				
地方一般预算财政收入	Local General Budgetary Financial Revenue	89.91	2.0	204.53	2.1
一般预算财政支出	General Budgetary Financial Expenditure	122.78	1.8	312.08	1.8
金融机构本币存款余额	Deposits of Financial Institution	1634.95	2.0	4033.51	1.9
金融机构本币贷款余额	Loans of Financial Institution	1502.91	2.0	3426.02	2.2
五、限额以上工业总产值(亿元)	Gross Output Value of Industry(Above Designated Size)(100 million yuan)	2838.21	2.5	4049.61	2.9
轻工业	Light Industry	1309.11	2.4	1095.39	2.2
重工业	Heavy Industry	1529.10	2.7	2954.22	3.2
六、主要工业产品产量	Output of Major Industrial Products				
钢(万吨)	Steel(10000 tons)	236.79	2.2	565.95	2.5
生　铁(万吨)	Pig Iron(10000 tons)	185.33	1.6	342.65	1.7
水　泥(万吨)	Cement(10000 tons)	209.00	0.4	449.31	0.5
平板玻璃(万重量箱)	Plate Glass(10 000 weight cases)	300.20	1.8	262.77	1.0
发电量(亿千瓦时)	Electricity(100 million kwh)	166.53	1.5	319.95	1.7
原　油(万吨)	Crude Oil(10000 tons)	645.90	4.0	1316.30	7.8
原　盐(万吨)	Salt(10000 tons)	226.31	7.3	220.48	6.8
天然气(亿立方米)	Natural Gas(100 million cu.m)	7.58	3.3	8.49	2.4
汽　车(万辆)	Motor Vehicles(10000)	16.03	10.1	17.25	3.9
自行车(万辆)	Bicycles(10000)	336.78	11.2	833.93	18.0
移动电话(万部)	Mobile Phone(10000 units)	207.90		3139.72	17.2
化学纤维(万吨)	Chemical Fibers(10000 tons)	10.79	2.3	29.76	2.5
纱(万吨)	Yarn(10000 tons)	13.61	2.4	7.47	0.8
布(亿米)	Cloth(100 million m)	4.98	2.0	2.51	0.7
机制纸及纸版(万吨)	Machine－made Papers & Paperboards(10000 tons)	40.56	1.5	17.76	0.4
彩色电视机(万台)	Color Television Sets(10000 sets)	59.16	2.2	112.41	1.7
家用电冰箱(万台)	Household Refrigerators(10000 sets)	0.69	0.1	29.17	1.3

续表 Continued

指标	Item	1997 天津 Tianjin	1997 占全国比重 As Percentage To Nation (%)	2003 天津 Tianjin	2003 占全国比重 As Percentage To Nation (%)
空调器(万台)	Air Conditioners(10000 sets)	17.79	1.8	241.84	4.8
七、农林牧渔业总产值(亿元)	Gross Output Value of Farming, Forestry, Animal Husbandry & Fishery(100 million yuan)	140.47	0.6	193.44	0.7
八、主要农产品产量(万吨)	Output of Major Farm Products (10 000 tons)				
粮　食	Grain	206.16	0.4	119.29	0.3
肉　类	Meat	18.70	0.4	52.41	0.8
蛋　类	Eggs	17.71	0.9	24.25	0.9
水产品	Aquatic Products	18.98	0.5	29.83	0.6
九、全社会固定资产投资(亿元)	Total Investment in Fixed Assets (100 million yuan)	498.66	2.0	1046.72	1.9
十、运输、邮电、通信	Transportation, Post & Telecommunications Services				
港口货物吞吐量(万吨)	Freight Handled at Ports(10000 tons)	6789	7.5	16182	8.0
社会货物运输量(万吨)	Freight Traffic(10000 tons)	25090	2.0	35252	2.3
邮电业务总量(亿元)	Post & Telecommunications Services (100 million yuan)	34.28	1.9	115.71	1.6
十一、商业、外贸、外经	Commerce, Foreign Trade & Foreign Capital				
社会消费品零售总额(亿元)	Total Retail Sales of Consumer Goods (100 million yuan)	535.02	2.0	922.27	2.0
外贸出口总额(亿美元)	Total Value of Exports in Foreign Trade (USD 100 million)	50.18	2.7	143.74	3.3
实际利用外资额(亿美元)	Foreign Capital Actually Used(USD 100 million)	34.23	5.3	17.06	3.0
十二、教育、科技、卫生、文化	Education, Science & Technology, Health Care, Culture				
学校数(所)	Number of Schools(unit)	4158	0.6	2070	0.4
专任教师数(万人)	Full - time Teachers(10000 persons)	11.19	1.1	11.31	1.0
在校学生数(万人)	Students Enrollment(10000 persons)	164.41	0.8	163.23	0.7
研究与试验发展经费支出(亿元)	Expenditures of Research and Development(100 million Yuan)			40.43	2.7
国有单位专业技术人员数(万人)	Scientific & Technical Personnel in State - owned Units(10000 persons)	55.98	2.7	46.50	2.1
医院、卫生院(个)	Number of Hospitals(unit)	483	0.7	485	0.8
医院、卫生院床位(万张)	Number of Hospital Beds(10000 units)	3.95	1.4	3.81	1.3
医生数(万人)	Number of Doctors(10000 persons)	3.25	1.6	2.28	1.2
图书出版数(万册)	Number of Books Published(10000 copies)	8209	1.1	6772	1.0
杂志出版数(万册)	Number of Magazines Issued(10000 copies)	4867	2.0	4610	1.6
报纸出版数(亿份)	Number of Newspapers Issued(100 million copies)	5.79	2.0	8.24	2.2

天津、北京、上海、重庆、广州主要经济指标(2003 年)

MAIN ECONOMIC INDICATORS OF TIANJIN, BEIJING, SHANGHAI, CHONGQING & GUANGZHOU, 2003

项 目	Item	天津市 Tianjin	北京市 Beijing	上海市 Shanghai	重庆市 Chongqing	广州市 Guangzhou
土地面积(平方公里)	Land Area(sq. km)	11919.7	16807.8	6340.5	82403	7434.40
# 城市建成区面积	Developed Area	487.47	654.5		654.95	608.00
户籍人口(万人)	Registered Population(10000 persons)	926.00	1148.8	1341.77	3130.1	725.19
人口自然增长率(‰)	Natural Growth Rate(‰)	1.10	-0.1	-3.2	2.7	2.24
社会从业人员(万人)	Total Employment Personnel	510.90	703.3	813.05	1726.36	521.07
第一产业	Primary Industry	83.19	62.7	73.72	892.23	95.88
第二产业	Secondary Industry	219.44	225.8	317.12	298.42	200.17
第三产业	Tertiary Industry	208.27	414.8	422.21	535.71	225.02
城镇单位从业人员(万人)	Persons Employed in the Urban Units (10000 persons)	191.01	491.2	160.73	557.19	277.46
城镇单位从业人员人均劳动报酬(元)	Per Capita Remuneration of Persons Employed in the Urban Units(yuan)	18511	24841.6	25565	12440	28237
地区生产总值(亿元)	Gross Domestic Product(100 million yuan)	2447.66	3663.1	6250.81	2250.56	3496.88
第一产业	Primary Industry	89.66	95.6	92.98	336.36	105.63
第二产业	Secondary Industry	1245.29	1311.9	3130.72	977.3	1508.12
第三产业	Tertiary Industry	1112.71	2255.6	3027.11	936.9	1883.13
人均地区生产总值(元)	Per Capita Gross Domestic Product(yuan)	26532	32061	46718	8077	48372
地区生产总值指数(上年=100)	Indices of Gross Domestic Product (preceding year=100)	114.8	110.7	111.8	111.5	115.2
第一产业	Primary Industry	106.1	103.3	102.3	104.2	100.3
第二产业	Secondary Industry	118.0	111.9	116.1	116.0	121.6
第三产业	Tertiary Industry	111.8	110.3	108.0	109.4	111.2
人均地区生产总值指数(上年=100)	Indices of Per Capita GDP (preceding year=100)	114.0	109.4	111.2	112.1	114.2
全社会固定资产投资总额(亿元)	Total Investment In Fixed Assets (100 million yuan)	1046.72	2157.1	2452.11	1269.35	1175.17
地方一般预算内财政收入(亿元)	Local General Budgetary Revenue (100 million yuan)	204.53	592.5	899.29	161.56	274.77
一般预算内财政支出(亿元)	General Budgetary Expenditures (100 million yuan)	312.08	734.8	1102.64	391.36	370.09
金融机构本外币年末存款余额(亿元)	Deposits of Financial Institutions (year-end)(100 million yuan)	4362.60	20243.6	17318.38	3512.82	8676.72
# 城乡居民储蓄存款	Savings Deposit of Urban and Rural Residents	1991.76	5293.5	6054.6	1896.56	3727.33
金融机构本外币年末贷款余额(亿元)	Loans of Financial Institutions (year-end)(100 million yuan)	3791.22	11853.1	13168.05	2976.67	6127.27
保险业务保费收入(亿元)	Premium(100 million yuan)	75.31	278.1	289.93	57.93	117.28
保险业务赔款支出(亿元)	Claim(100 million yuan)	17.36	31.2	61.97	14.53	20.31
城市商品零售价格指数(上年=100)	Retail Price Indices of Urban Commodities (preceding year=100)	97.4	98.2	99.0	99.5	
城市居民消费价格指数(上年=100)	Consumer Price Indices of Urban Households(preceding year=100)	101.0	100.2	100.1	100.6	100.1
工业品出厂价格指数(上年=100)	Ex-factory Price Indices of Industrial Products(preceding year=100)	102.5	101.5	101.4	100.6	99.6
原材料燃料动力购进价格指数(上年=100)	Raw Materials, Fuel and Motive Power Purchasing Price Index(preceding year=100)	108.7	104.7	106.4	104.9	105.7
固定资产投资价格指数(上年=100)	Price Index of Investment in Fixed Assets (preceding year=100)	102.6	102.2	102.4	102.9	
房地产销售价格指数(上年=100)	Price Index of Real Estate Sales (preceding year=100)	104.1	100.3	120.1		
城市居民人均可支配收入(元)	Per Capita Annual Disposable Income of Urban Households(yuan)	10313	13883	14867	8094	15003
城市居民人均消费性支出(元)	Per Capita Annual Expenditures for Consumption of Urban Households(yuan)	7868	11124	11040	7118	11571

注:上海单位从业人员及人均劳动报酬均为在岗职工口径。广州市存贷款为中外资金融机构人民币存贷款。

Note: Persons employed in the unit and per capita remuneration in Shanghai refer to working staff and workers. Deposits and loans in Guangzhou refer to RMB deposits and loans of home-funded and foreign-funded finamial institutions.

续表 Continued

项目	Item	天津市 Tianjin	北京市 Beijing	上海市 Shanghai	重庆市 Chongqing	广州市 Guangzhou
农民人均纯收入(元)	Per Capita Annual Net Income of Farmers(yuan)	5861	6496	6658	2215	6130
农民人均生活费支出(元)	Per Capita Annual Living Expenditures of Farmers(yuan)	3015	4655	5670	1583	4116
城市人均住房使用面积(平方米)	Per Capita Using Space of Urban Households(sq. m)	17.5	18.7	19.0	18	17.23
农村人均住房面积(平方米)	Per Capita Dwelling Space of Rural Households(sq. m)	24.44	33.95	59.03	31.45	36.01
农业总产值(亿元)	Gross Output Value of Agriculture (100 million yuan)	193.44	237.9	247.29	488.57	180.67
农业总产值指数(上年=100)	Indices of Gross Output Value of Agriculture (preceding year=100)	106.6	104.2	101.1	104.6	100.65
全部工业总产值(亿元)	Gross Output Value of Industry (100 million yuan)	4370.76	4021.4	11266.62		4705.91
#限额以上	Above Designated Size	4049.61		3810.4	1588.99	4017.83
全部工业总产值指数(上年=100)	Indices of Gross Output Value of Industry (preceding year=100)	124.1	119.2	131.4		126.52
#限额以上	Above Designated Size	126.1	120.1		126.7	129.43
港口货物吞吐量(万吨)	Freight Handled at Ports(10000 tons)	16182		31621	3244	19200
集装箱吞吐量(万标准箱)	Handled Containers (10000 TEU)	301.5		1128.25	48.1	335.07
邮电业务总量(2000年不变价)(亿元)	Post and Telecommunications Services (at 2000 Constant Price)(100 million yuan)	115.71	304.0	278.87	121.29	216.13
社会消费品零售总额(亿元)	Total Retail Sales of Consumer Goods (100 million yuan)	922.27	1916.7	2220.64	835.52	1494.27
外贸进出口总额(亿美元)	Total Value of Imports and Exports In Foreign Trade(USD 100 million)	293.71	189.3	1123.97	25.95	349.41
#出　口	Exports	143.74	168.5	484.82	15.85	168.89
直接利用外资签订合同数(个)	Number of Foreign Direct Investment Contracted(unit)	941	1360	4321	187	870
直接利用外资合同额(亿美元)	Foreign Direct Investment Contracted (USD 100 million)	35.13	32.7	110.64	5.53	35.11
实际利用外资额(亿美元)	Foreign Capital Actually Used (USD 100 million)	17.06	21.5	58.50	5.67	30.64
#客商直投	Foreign Direct Investment	16.33	21.5		3.11	25.81
接待(过夜)旅游人数(万人次)	Accommodated Tourists(10000 person/time)	17.21	185.1	431.84	23.45	2369.82
旅游外汇收入(亿美元)	Foreign Exchange Earning from International Tourism (USD 100 million)	3.29	19.0	20.53	1.13	16.22
人均绿地面积(平方米)	Per Capita Public Green Areas in Urban Areas(sq. m)	6.7	11.4	9.16	3.1	9.44
建成区绿化覆盖率(%)	Rate of Green Coverage in Developed Areas(%)	31.0	40.9	35.2	16.6	34.19
高等学校校数(个)	Number of Higher Education Institutions	37	73	57	33	44
高等学校在校学生数(万人)	Number of Students Enrollment of Higher Schools(10 000 persons)	24.52	45.1	37.85	25.53	37.47
研究与发展经费支出(亿元)	Research and Development Expenditures (100 million yuan)	40.43	230.8	128.40	19.64	55.00
研发经费支出相当于GDP比例(%)	Proportion of Research and Development Expenditures to GDP(%)	1.7	6.3	2.06	0.87	1.57
医院、卫生院(个)	Number of Hospitals(unit)	485	459	452	1682	254
医院、卫生院床位(万张)	Number of Hospital Beds(10000 units)	3.81	6.7	8.11	6.0	3.77
医　生(万人)	Number of Doctors(10000 persons)	2.28	4.8	0.74	3.64	2.34

注:上海市农民人均纯收入为可支配收入。

Note: The per capita annual net income of farmers in Shanghai refer to per capita annual disposable income of farmers.

专业技术人员
SPECIAL TECHNICAL PERSONNEL

单位:人 (person)

项 目 Item	全 市 Total 2001	2002	2003	平均每万人口有科技人员 Scientific and Technological Personnel Per 10000 Persons (2003)	平均每万名从业人员有科技人员 Scientific and Technological Personnel Per 10000 Employees (2003)
合 计 Total	**509624**	**482778**	**465039**	**460**	**2435**
一、自然科学专业技术人员 Natural Science	**240361**	**226639**	**232324**	**230**	**1216**
#工程技术人员 Engineering	143753	128997	134556	133	705
农业技术人员 Agriculture	3238	3030	3197	3	17
科学研究人员 Scientific Research	2462	2852	3671	4	19
卫生技术人员 Health Care	64096	60737	60517	60	317
教学人员 Teaching	26812	31023	30383	30	159
二、社会科学专业技术人员 Social Science	**269263**	**256139**	**232715**	**230**	**1218**
#科学研究人员 Scientific Research	1482	916	1040	1	6
教学人员 Teaching	108451	98066	97685	97	511
经济人员 Economy	61943	50485	48594	48	254
财会人员 Accountant	45837	39594	39977	40	209
统计人员 Statistician	7027	4978	4776	5	25
翻译人员 Translator	1185	912	823	1	4
图书、档案、资料人员 Librarian and Archivist	6521	5860	5828	6	31
编辑、记者、播音员 Editor, Reporter and Broadcasting	2558	2651	2760	3	15
体育教练人员 Coach	546	551	548	1	3
工艺美术人员 Arts and Craft	553	418	437		2
文艺人员 Literature and Art	2640	2010	2170	2	11

注:专业技术人员统计范围为国有经济单位。
Note: Special technical personnel refer to state - owned units.

专业技术人员构成(2003 年)
COMPOSITION OF SPECIAL TECHNICAL PERSONNEL,2003

单位:人 (person)

项目 Item	按性别分 By Sex	按受教育程度分 By Education Status		按职称分 By Title	
	#女专业技术人员数 Female	#受过高等专业教育人数 Having Higher Special Education Background	#受过中等专业教育人数 Having Special Secondary School Background	#高级职称人数 Senior Professional Certification	#中级职称人数 Medium Professional Certification
合　计 Total	**221290**	**280894**	**138064**	**52419**	**148667**
一、自然科学专业技术人员 Natural Science	**97365**	**141454**	**76804**	**30085**	**68276**
#工程技术人员 Engineering	36161	83330	42432	16071	37222
农业技术人员 Agriculture	978	1608	1208	367	896
科学研究人员 Scientific Research	1445	3556	76	1482	1321
卫生技术人员 Health Care	41953	27838	28471	5029	16817
教学人员 Teaching	16828	25122	4617	7136	12020
二、社会科学专业技术人员 Social Science	**123925**	**139440**	**61260**	**22334**	**80391**
#科学研究人员 Scientific Research	459	964	36	381	421
教学人员 Teaching	61599	65906	27678	12232	45437
经济人员 Economy	16686	23639	12408	1876	8647
财会人员 Accountant	25727	20292	13122	783	6670
统计人员 Statistician	3468	2069	1378	179	977
翻译人员 Translator	417	796	21	227	291
图书、档案、资料人员 Librarian and Archivist	4257	4129	917	701	2555
编辑、记者、播音员 Editor, Reporter and Broadcasting	1200	2493	116	859	975
体育教练人员 Coach	148	470	50	148	188
工艺美术人员 Arts and Craft	128	241	127	60	148
文艺人员 Literature and Art	765	632	1077	674	1019

社会科学专业技术人员构成(2003年)

COMPOSITION OF SPECIAL TECHNICAL PERSONNEL OF SOCIAL SCIENCE, 2003

单位:人 (person)

行业	Sector	合计 Total	科学研究人员 Science Research	教学人员 Teaching
总计	**Total**	**232715**	**1040**	**97685**
农、林、牧、渔业	Farming, Forestry, Animal Husbandry and Fishery	2480		156
工业	Industry	39096		4223
地质普查和勘探业	Geological Survey and Prospecting	881		135
建筑业	Construction	8915		238
交通运输、邮电通讯业	Transportation, Post and Telecommunications	13039		1206
商业、公共饮食业、物资供销和仓储业	Commerce, Public Catering Trade, Material Supply and Storage	14262		39
房地产管理、公共事业、居民服务和咨询服务业	Real Estate Management, Public Services, Resi – dential Services & Consultancy Services	6795		260
卫生、体育和社会福利业	Health Care, Sports and Social Welfare	6197	26	357
教育、文化艺术及广播电视业	Education, Culture and Arts, Radio and Television	108348	855	90630
科学研究和综合技术服务业	Scientific Research and Polytechnical Services	2862	158	75
金融、保险业	Banking and Insurance	23914		45
国家政党机关和社会团体	Government Agencies, Party Agencies & Social Organizations	164		4
其他	Others	5762	1	317

行业	Sector	财会人员 Accountant	统计人员 Statistician	编辑、记者、播音员 Editor, Reporter and Broadcasting
总计	**Total**	**39977**	**4776**	**2760**
农、林、牧、渔业	Farming, Forestry, Animal Husbandry and Fishery	1086	93	11
工业	Industry	8810	2439	70
地质普查和勘探业	Geological Survey and Prospecting	312	25	4
建筑业	Construction	3260	310	11
交通运输、邮电通讯业	Transportation, Post and Telecommunications	2831	380	17
商业、公共饮食业、物资供销和仓储业	Commerce, Public Catering Trade, Material Supply and Storage	3663	388	6
房地产管理、公共事业、居民服务和咨询服务业	Real Estate Management, Public Services Resi – dential Services and Consultancy Services	2230	353	11
卫生、体育和社会福利业	Health Care, Sports and Social Welfare	2994	221	27
教育、文化艺术及广播电视业	Education, Culture and Arts, Radio and Television	3586	114	2432
科学研究和综合技术服务业	Scientific Research and Polytechnical Services	863	80	83
金融、保险业	Banking and Insurance	8594	49	
国家政党机关和社会团体	Government Agencies, Party Agencies & Social Organizations	30	7	3
其他	Others	1718	317	85

续表 Continued
单位:人 (person)

行业	Sector	翻译人员 Translator	经济人员 Economy	体育教练人员 Coach
总计	**Total**	**823**	**48594**	**548**
农、林、牧、渔业	Farming, Forestry, Animal Husbandry and Fishery	3	465	
工业	Industry	293	12575	
地质普查和勘探业	Geological Survey and Prospecting	7	143	
建筑业	Construction	48	2841	
交通运输、邮电通讯业	Transportation, Post and Telecommunications	51	5085	
商业、公共饮食业、物资供销和仓储业	Commerce, Public Catering Trade, Material Supply and Storage	42	8086	
房地产管理、公共事业、居民服务和咨询服务业	Real Estate Management, Public Services, Resi - dential Services and Consultancy Services	83	1893	6
卫生、体育和社会福利业	Health Care, Sports and Social Welfare	26	407	514
教育、文化艺术及广播电视业	Education, Culture and Arts, Radio and Television	96	490	28
科学研究和综合技术服务业	Scientific Research and Polytechnical Services	91	337	
金融、保险业	Banking and Insurance	11	14157	
国家政党机关和社会团体	Government Agencies, Party Agencies & Social Organizations	16	73	
其他	Others	56	2042	

行业	Sector	图书、档案、资料人员 Librarian and Archivist	工艺美术人员 Arts & Craft	其他 Others
总计	**Total**	**5823**	**437**	**30247**
农、林、牧、渔业	Farming, Forestry, Animal Husbandry and Fishery	53		613
工业	Industry	954	126	9606
地质普查和勘探业	Geological Survey and Prospecting	34		221
建筑业	Construction	97	15	2095
交通运输、邮电通讯业	Transportation, Post and Telecommunications	142		3327
商业、公共饮食业、物资供销和仓储业	Commerce, Public Catering Trade, Material Supply and Storage	98	46	1894
房地产管理、公共事业、居民服务和咨询服务业	Real Estate Management, Public Services, Resi - dential Services and Consultancy Services	144	41	1774
卫生、体育和社会福利业	Health Care, Sports and Social Welfare	248	7	1370
教育、文化艺术及广播电视业	Education, Culture and Arts, Radio and Television	3553	170	6394
科学研究和综合技术服务业	Scientific Research and Polytechnical Services	315	14	846
金融、保险业	Banking and Insurance	44	1014	
国家政党机关和社会团体	Government Agencies, Party Agencies & Social Organizations	3	5	23
其他	Others	143	13	1070

后　记

为了贯彻落实《中共中央关于进一步繁荣发展哲学社会科学的意见》和《中共天津市委关于进一步繁荣发展哲学社会科学的实施意见》精神，全面反映我市哲学社会科学事业发展状况和显著成就，为社会科学界各单位、各学会和广大工作者提供丰富的资料信息，自2003年起，我们开始编辑出版了《天津社会科学年鉴》。

《天津社会科学年鉴》(2004年卷)全面记录了2003年度天津社会科学工作的现状和发展轨迹，展示了学术研究、理论创新、学科发展和学会工作的进展和趋势，具有很强的学术性、现实性、资料性和天津特色。本书集彩色图片、文字图表与各类资料于一体，极具参考与收藏价值。

本书共十四个栏目。在编辑首部《天津社会科学年鉴》的基础上，本卷增加了“学术专论”栏目，以反映各学科理论研究的最新成果和观点；增加了“天津经济社会发展对策研究”栏目，加大了对我市经济社会发展方面的应用对策性研究的分量。在“机构”、“学术团体”和“学术期刊”三个栏目中，除保持原“简介”内容外，还增加了“工作概述”的内容，动态地反映了机构、团体和期刊的年度工作内容和发展变化。

本书在编辑出版过程中，得到各高等院校、科研院所、学会研究会和广大社会科学工作者的大力支持和帮助，市委宣传部、市委研究室、市政府研究室、市教委等单位也给予了诸多指导，天津人民出版社为本书的出版作了大量辛勤的工作，对此我们一并表示衷心的感谢。

编辑出版《年鉴》是天津市社会科学界联合会的一项文化品牌工作，也是天津社科界的一件大事，受到了我市哲学社会科学界的关注和欢迎。今后本书还将不断充实内容，并努力探索创新，进一步提高质量和水平，力争成为天津优秀的文化精品书。

由于我们水平有限，缺乏经验，本书不足之处在所难免，望广大读者提出宝贵的意见和建议，以帮助我们不断改进编写工作。

天津市社会科学界联合会

《天津社会科学年鉴》编辑部

2005年6月18日